Information Science: Theory and Practice in Digital Age

From Information Service to Knowledge Service

数字时代情报学理论与实践

——从信息服务走向知识服务

贺德方 等 编著

中国科学技术信息研究所
中国科学技术情报学会
国家科技图书文献中心

(京)新登字 130 号

内 容 简 介

为适应数字化、网络化时代的需要和信息服务业、知识服务业的发展，本书从理论到实践全面介绍了信息化社会信息服务走向知识服务的特征、规律及其基本内容，信息与知识服务的情报学理论基础与学科建设，信息资源采集与评估，信息组织与构建，数据库建设，情报检索与知识发现，情报研究与咨询服务，竞争情报与知识管理，情报服务与情报用户，情报学教育与人才培养，以及国内外信息服务业与知识服务业发展概况等。本书内容力求体现我国信息工作 50 年实践经验的升华和情报学理论与方法的研究结晶，具有一定前瞻性、学术性，并兼备实用性、普及性，是信息工作人员开展业务工作和提高专业水平和学术研究水平的必读之书，也可作为各种信息教育培训的翔实教材和高校有关专业本科以上教师和学生的参考书。

科学技术文献出版社是国家科学技术部系统惟一一家中央级综合性科技出版机构，我们所有的努力都是为了使您增长知识和才干。

谨以此书献给

中国科技信息事业创立暨
中国科学技术信息研究所
创建 50 周年
（1956—2006）

开发信息系统工程
建设信息化社会

宋健 2006年9月21日

原国务委员、原全国政协副主席 宋健题词
中国科学院院士、中国工程院院士

祝贺「数字时代情报学理论与实践」出版

大力开发信息资源，
积极实行资源共享！

师昌绪
二〇〇六年八月

中国科学院院士、中国工程院院士师昌绪题词加强信息的数字化、网络化建设，为缩小数字鸿沟贡献力量。

胡启恒

二〇〇六年八月

中国科学院院士胡启恒题词

坚持改革开放，
锐意创新，为世
一流发展信息
服务和知识服
务业而奋斗！

乌家培
2006年8月6日

国家信息中心乌家培教授题词

数字时代情报学理论与实践
——从信息服务走向知识服务

特约顾问

李学勇　邓　楠　师昌绪　胡启恒　张景安

顾问

高新民　赵小凡　袁海波　乌家培　刘昭东　梁战平
关家麟　曾民族　徐引篪　吴贺新

编委会名单

主任委员　贺德方

副主任委员　武夷山　邹大挺　赵新力

委员（按姓氏拼音排序）

陈　力　程　鹏　韩　莉　靖继鹏　赖茂生　马费成
缪其浩　沈固朝　沈玉兰　王知津　闫　巍　张　德
张晓林　赵志耘　郑彦宁　周晓英

执行主编

刘昭东　梁战平　关家麟　吴贺新　张　德　韩　莉
武夷山

撰稿人和供稿人（按姓氏拼音排序）

毕 强	陈 超	陈世银	程木林	冯 璐	甘立人
高 洁	顾东蕾	关家麟	韩 莉	韩圣龙	贺 伟
黄水清	靖继鹏	赖茂生	冷伏海	李 贺	李丽娟
梁战平	刘春燕	刘绿茵	刘 敏	刘晓鹏	刘昭东
卢小宾	罗 勇	马费成	毛 军	缪其浩	庞景安
沈固朝	沈玉兰	宋恩梅	宋明娟	苏新宁	孙 琳
王惠临	王曰芬	王知津	蔚海燕	魏瑞斌	吴 丹
吴广印	吴贺新	吴 鹏	吴雯娜	杨建林	叶继元
尹盛鑫	于 薇	余红梅	余玄霞	曾民族	查先进
张爱霞	张 德	张海涛	张庆来	张新民	张翼燕
张左之	赵丹群	赵 捷	赵俊杰	赵新力	赵志耘
真 溱	周建平	周晓英			

编务工作人员

张 德	韩 莉	刘 敏	张 东	于 薇	刘昭东
梁战平	关家麟	吴贺新	贾 佳	王晓丽	

序

　　值此我国科学技术信息事业创立和新中国第一个国家级科技情报机构——中国科学技术信息研究所创建50周年之际，由全国70多位信息专家共同撰写的《数字时代情报学理论与实践——从信息服务走向知识服务》一书正式出版了！对此我谨表示衷心的祝贺，并对编者的辛勤劳动表示感谢！

　　纵观当今世界，科学技术迅猛发展，知识经济初露端倪，社会已经进入数字化时代，信息化已成为社会生产力发展和人类文明进步新的重要动力，并正引领世界经济和社会发生巨大变革。信息社会的到来，为广大科技信息工作者既提供了发展机遇，也带来新的挑战。

　　牢固树立和全面落实科学发展观，坚持走以信息化带动工业化，以工业化促进信息化的道路，是党中央提出的跨跃式发展战略的重要组成部分。信息资源与能源、材料资源一样，都是重要的生产要素和宝贵资源。充分发挥信息资源开发利用在信息化建设中的重要作用，是我们面临的一项紧迫任务。

　　科技信息事业是科技工作的重要组成部分，充分开发利用科技信息资源，大力推进信息服务业的发展，积极促进信息服务向知识服务的转变，不断提高其社会效益和经济效益，发挥公益性信息服务机构在推进国家信息化进程中积极作用，是广大科技信息工作者面临的光荣而艰巨的任务和义不容辞的责任。

　　半个世纪以来，我国的科技信息事业从无到有，积极适应国家在不同历史时期的要求，满足时代发展的需要，以其独特的信息服务方式、信息服务内容，为国家的科技、经济、国防和社会发展做出了卓越贡献。

　　50年光阴，弹指一挥间。我殷切期望科技信息界的广大工作者，继续发挥"耳目"、"尖兵"和"参谋"的作用，认真领会和实践邓小平同志"科学技术是第一生产力"的英明论断,以改革创新为动力,发扬光荣传统,团结奋进、励精图治,努力为构建社会主义和谐社会、建设创新型国家和全面建设小康社会做出自己的贡献。

事业兴旺,人才为本。谨祝愿这本凝聚了信息界专家心血、反映数字时代信息服务观念、内容、方法和积极探索新世纪情报学理论与实践的图书,能够为大力推进我国信息服务业和信息人才队伍的建设发挥积极作用。

祝我国科技信息服务业兴旺发达,再创辉煌!

科学技术部部长、党组书记

徐冠华

2006年10月

前　言

　　当今世界,科学技术迅猛发展,科学成就与技术成果成倍增长,极大地促进了经济与社会的发展。经济与社会的发展,科学与技术的进步,特别是以计算机、通讯、网络、多媒体等技术为代表的现代信息技术的广泛应用,使人类文明进入到数字化、网络化时代。

　　在数字时代,新知识、新技术、新概念层出不穷,信息爆炸现象更加突出。信息与知识作为宝贵的资源,给人们带来万分欣喜,但如何有效地开发利用它们,也给人们带来巨大挑战。旧知识的淘汰,新知识的涌现,信息与知识资源的开发利用,主要是根据信息服务与知识服务的客观规律,通过对信息进行"广、快、精、准"的采集、加工、检索、分析研究和传播来实现的。因此,研究信息服务与知识服务的规律,推动信息服务向知识服务的转变,促进基于信息服务与知识服务的情报学学科建设,必然成为21世纪信息工作者的历史使命。

　　50年前,中国科技信息事业在周恩来总理等老一辈革命家的亲切关怀和直接指导下诞生了,这项事业从无到有、从小到大、由弱变强,为国家经济建设、社会发展和科技进步做出了巨大贡献。伴随着这一宏伟事业的发展,情报学理论与实践在这片沃土上生根、发芽,并且在吸收借鉴国外先进理论与实践的基础上茁壮成长。50年后的今天,无论是社会、人文环境和技术环境,还是经济、社会、科技对信息与知识的需求都在发生深刻变化。为了适应当今时代的巨大变革,编辑出版一部具有前瞻性、学术性,并兼备实用性、普及性的情报学总论类著作是广大科技信息工作者、情报学教育工作者的期盼。

　　值此纪念中国科技情报事业创立50周年之际,我们隆重推出这部书,旨在推进信息服务与知识服务业的发展,推进情报学理论建设,并且为科技信息事业的人才培养及情报学研究生教育提供一部备选教材。参加该书编写的有中国科学技术信息研究所和有关部委科技信息机构的领导、专家，有著名高等学校的教授、博士研究生导师，还有知名信息企业的高级管理人员。

中国科学技术信息研究所已是4度组织撰写情报学和科技情报工作的综合性专著和教材。20世纪60年代初到90年代中分别编辑出版过3部，它们在不同历史时期都发挥了重要的作用。我们期望这部《数字时代情报学理论与实践——从信息服务走向知识服务》，在新时期发挥更重要的作用。在此，特向积极支持、参与本书编辑出版的所有专家学者以及各级领导表示诚挚的谢意！

由于时间仓促，疏漏和不妥之处难免，敬请读者指正。

中国科学技术信息研究所所长

贺德方

2006年10月

目　　录

绪论 ······(1)
第1章　信息与社会发展——信息化社会 ······(3)
§1　数字时代的机遇与挑战 ······(3)
1.1　数字时代的来临与发展 ······(3)
1.2　数字化对社会经济的影响 ······(5)
1.3　数字化的信息资源 ······(7)
1.4　数字环境的知识服务 ······(10)
§2　信息经济与信息产业 ······(12)
2.1　数字时代信息经济特征 ······(12)
2.2　数字时代信息产业形态 ······(13)
2.3　知识服务业的兴起 ······(15)
2.4　知识经济的产生与发展 ······(17)
§3　社会信息化及其测度评价 ······(19)
3.1　社会信息化的概念 ······(19)
3.2　社会信息化的层次和发展内容 ······(20)
3.3　社会信息化测度方法 ······(22)
3.4　社会信息化评价体系 ······(27)
§4　信息社会与知识社会 ······(33)
4.1　信息社会的形成与特征 ······(33)
4.2　知识社会与知识管理 ······(35)
第2章　信息服务与知识服务 ······(39)
§1　信息服务的概念 ······(39)
1.1　信息服务的产生 ······(39)
1.2　信息服务的定义 ······(39)
1.3　信息服务的特性 ······(40)
1.4　信息服务的类型 ······(41)
1.5　信息服务的内容 ······(43)
1.6　信息服务的发展 ······(44)
§2　知识服务的内涵 ······(45)

2.1 知识服务的出现 …………………………………………………… (45)
　　2.2 知识服务的含义 …………………………………………………… (46)
　　2.3 知识服务的特性 …………………………………………………… (47)
　　2.4 知识服务的一些模式 ……………………………………………… (48)
　　2.5 知识服务在发展中 ………………………………………………… (51)
　§3　信息服务走向知识服务 ………………………………………………… (51)
　　3.1 信息服务与知识服务的概念和内涵 ……………………………… (51)
　　3.2 信息服务与知识服务的区别 ……………………………………… (52)
　　3.3 信息服务与知识服务的关系 ……………………………………… (56)
　　3.4 信息服务向知识服务转化的必然性 ……………………………… (56)
　　3.5 信息服务向知识服务转化的方式 ………………………………… (58)
　　3.6 信息服务向知识服务转化的特征 ………………………………… (60)
　　3.7 信息服务向知识服务转化的对策 ………………………………… (61)

第3章　情报学的沿革与发展 …………………………………………… (65)
　§1　情报学的形成 …………………………………………………………… (65)
　　1.1 关于术语、概念和名称 …………………………………………… (65)
　　1.2 情报学的起源 ……………………………………………………… (68)
　　1.3 情报学的发展阶段 ………………………………………………… (68)
　　1.4 情报学形成和发展的动力 ………………………………………… (71)
　　1.5 情报学研究范式的演进 …………………………………………… (73)
　　1.6 国外情报学研究进展 ……………………………………………… (75)
　　1.7 我国情报学发展概况 ……………………………………………… (76)
　§2　情报学的定位 …………………………………………………………… (78)
　　2.1 情报学的名称与定义 ……………………………………………… (78)
　　2.2 情报学的学科性质 ………………………………………………… (80)
　　2.3 情报学学科结构与研究领域 ……………………………………… (86)
　　2.4 情报学的学科地位 ………………………………………………… (90)
　　2.5 情报学目标和方向 ………………………………………………… (91)
　§3　情报学各研究学派 ……………………………………………………… (94)
　　3.1 文献计量学派 ……………………………………………………… (94)
　　3.2 交流学派 …………………………………………………………… (97)
　　3.3 知识学派 …………………………………………………………… (100)
　　3.4 决策学派 …………………………………………………………… (101)

第4章　情报学的建设使命 ………………………………………………… (104)
　§1　情报学面临的机遇与挑战 ……………………………………………… (104)
　　1.1 数字时代情报学的研究对象 ……………………………………… (104)
　　1.2 技术进步的新要求 ………………………………………………… (105)

1.3　用户情报需求的演变 …………………………………………… (106)
　　1.4　信息服务机构多元化 …………………………………………… (107)
　　1.5　从信息服务走向知识服务 ……………………………………… (107)
　　1.6　更加注重个性化服务 …………………………………………… (108)
　　1.7　规范信息服务成为迫切任务 …………………………………… (108)
　　1.8　学科繁衍交叉 …………………………………………………… (109)
　　1.9　情报学学科的新使命 …………………………………………… (111)
　§2　情报学学科建设 …………………………………………………… (111)
　　2.1　情报学学科体系建设 …………………………………………… (111)
　　2.2　学科发展趋势 …………………………………………………… (113)
　　2.3　情报学的研究内容 ……………………………………………… (114)
　§3　数字时代的情报学研究 …………………………………………… (122)
　　3.1　数字时代情报学研究的变化 …………………………………… (122)
　　3.2　情报学的前沿研究领域 ………………………………………… (124)

第5章　数字环境下的信息资源 ………………………………………… (133)
　§1　信息资源概述 ……………………………………………………… (133)
　　1.1　信息资源的概念 ………………………………………………… (133)
　　1.2　信息资源的特征 ………………………………………………… (133)
　　1.3　信息资源的分类 ………………………………………………… (135)
　　1.4　信息资源的分布 ………………………………………………… (137)
　§2　信息资源采集 ……………………………………………………… (139)
　　2.1　信息资源采集原则 ……………………………………………… (140)
　　2.2　信息资源采集步骤 ……………………………………………… (141)
　　2.3　信息资源采集的方法 …………………………………………… (142)
　§3　信息资源评价 ……………………………………………………… (146)
　　3.1　信息资源评价概况 ……………………………………………… (146)
　　3.2　传统信息资源评价 ……………………………………………… (149)
　　3.3　数字信息资源评价 ……………………………………………… (151)
　§4　信息资源建设 ……………………………………………………… (157)
　　4.1　信息资源建设的定义 …………………………………………… (157)
　　4.2　数字环境下信息资源建设的特点 ……………………………… (160)
　　4.3　数字环境下信息资源建设的原则 ……………………………… (161)
　　4.4　数字环境下信息资源建设的基本框架 ………………………… (162)
　　4.5　信息资源的整合方式 …………………………………………… (165)
　　4.6　信息资源建设的综合评价 ……………………………………… (167)
　　4.7　数字环境下信息资源建设面临的问题和挑战 ………………… (168)

第6章　信息组织与信息构建 …………………………………………… (173)

§1 信息描述 …………………………………………………………………… (173)
　1.1 信息编码 ………………………………………………………………… (173)
　1.2 信息标识 ………………………………………………………………… (176)
　1.3 元数据 …………………………………………………………………… (180)
§2 知识组织和知识组织系统 ………………………………………………… (187)
　2.1 知识组织和知识组织系统的概念 ……………………………………… (187)
　2.2 传统的信息组织系统 …………………………………………………… (188)
　2.3 新型的信息组织 ………………………………………………………… (195)
　2.4 知识组织和知识组织系统的标准 ……………………………………… (201)
　2.5 知识组织系统的实践 …………………………………………………… (203)
　2.6 知识组织的发展趋势 …………………………………………………… (205)
§3 数字对象及数字仓储 ……………………………………………………… (208)
　3.1 数字对象技术 …………………………………………………………… (208)
　3.2 数字对象标准 …………………………………………………………… (209)
　3.3 数字对象模型 …………………………………………………………… (210)
　3.4 数字仓储技术 …………………………………………………………… (212)
§4 信息构建 …………………………………………………………………… (214)
　4.1 信息构建概述 …………………………………………………………… (214)
　4.2 网站的信息组织 ………………………………………………………… (216)
　4.3 网站信息构建的规划方法 ……………………………………………… (219)

第7章 数据库技术与应用 …………………………………………………… (227)

§1 数据库技术概要 …………………………………………………………… (227)
　1.1 数据库技术的产生与发展 ……………………………………………… (227)
　1.2 数据库技术的研究领域 ………………………………………………… (229)
　1.3 数据库管理模型及其要素 ……………………………………………… (229)
　1.4 数据库系统体系结构 …………………………………………………… (232)
　1.5 关系数据库 ……………………………………………………………… (232)
　1.6 数据库设计 ……………………………………………………………… (244)
　1.7 数据库系统的研究与发展 ……………………………………………… (247)
§2 数据库技术在图书情报管理中的应用 …………………………………… (249)
　2.1 图书情报系统数据管理 ………………………………………………… (249)
　2.2 数据管理与交换标准 …………………………………………………… (249)
　2.3 数据存储与检索 ………………………………………………………… (255)
§3 内容管理技术与数据库技术之比较 ……………………………………… (263)
　3.1 内容管理的内涵 ………………………………………………………… (263)
　3.2 内容管理技术与一般意义上的数据管理之区别 ……………………… (264)
　3.3 内容管理技术与图书情报检索技术之比较 …………………………… (265)

3.4 数据库技术在内容管理方面的拓展研究 …………………………… (265)
§4 Open Access 与分布式数据共享服务 ………………………………… (267)
 4.1 Open Access 之起源 …………………………………………………… (267)
 4.2 相关标准 ………………………………………………………………… (268)
 4.3 基于 Open Access 的信息服务模式 ………………………………… (281)
 4.4 国内外应用案例 ………………………………………………………… (283)
§5 数据整合与分布式数据服务 …………………………………………… (285)
 5.1 数据整合之内涵 ………………………………………………………… (285)
 5.2 元数据整合与虚拟整合 ………………………………………………… (286)
 5.3 基于互联网技术的 RSS 数据整合 …………………………………… (286)
 5.4 基于 Web Service 的分布式信息服务 ……………………………… (287)

第8章 情报检索到知识发现 …………………………………………………… (298)
§1 情报检索发展概述 ……………………………………………………… (298)
 1.1 基本原理和作用 ………………………………………………………… (298)
 1.2 发展历史和现状 ………………………………………………………… (299)
 1.3 研究范围和内容 ………………………………………………………… (303)
§2 情报检索理论模型与应用 ……………………………………………… (303)
 2.1 情报检索理论模型概述 ………………………………………………… (303)
 2.2 经典检索模型及其应用 ………………………………………………… (305)
§3 情报检索技术(含搜索引擎技术)进展 ……………………………… (309)
 3.1 定性检索技术 …………………………………………………………… (309)
 3.2 量化检索技术 …………………………………………………………… (314)
 3.3 概念检索和模糊检索技术 ……………………………………………… (315)
 3.4 搜索引擎技术 …………………………………………………………… (315)
 3.5 检索辅助性技术 ………………………………………………………… (321)
§4 情报检索基本流程与方法 ……………………………………………… (323)
 4.1 检索流程 ………………………………………………………………… (323)
 4.2 检索类型 ………………………………………………………………… (323)
 4.3 检索策略和方法 ………………………………………………………… (324)
 4.4 检索效果评价 …………………………………………………………… (325)
§5 国内外主要检索系统评价 ……………………………………………… (327)
 5.1 检索系统概述 …………………………………………………………… (327)
 5.2 检索系统类型 …………………………………………………………… (328)
 5.3 检索系统的选择标准 …………………………………………………… (328)
 5.4 商业化检索系统 ………………………………………………………… (329)
 5.5 免费搜索引擎 …………………………………………………………… (331)
 5.6 检索工具指南 …………………………………………………………… (334)

§6 情报检索服务 ………………………………………………………………… (335)
　6.1 情报检索服务方式 …………………………………………………… (335)
　6.2 检索服务效果和用户满意度评价 …………………………………… (337)
　6.3 检索服务发展趋势 …………………………………………………… (337)
§7 基于内容的检索的技术与应用 ……………………………………………… (338)
　7.1 基于内容检索的概念与特点 ………………………………………… (338)
　7.2 基于内容检索的系统架构 …………………………………………… (340)
　7.3 各种媒体基于内容的检索技术及应用 ……………………………… (343)
§8 情报检索的可视化技术 …………………………………………………… (345)
　8.1 可视化与情报检索 …………………………………………………… (345)
　8.2 提问式构造可视化 …………………………………………………… (346)
　8.3 检索过程可视化 ……………………………………………………… (348)
　8.4 检索结果可视化 ……………………………………………………… (349)
　8.5 检索词表(叙词表)可视化 …………………………………………… (350)
§9 数据挖掘和知识发现 ……………………………………………………… (352)
　9.1 概述 …………………………………………………………………… (352)
　9.2 知识发现 ……………………………………………………………… (352)
　9.3 数据挖掘的典型方法 ………………………………………………… (355)
　9.4 知识发现系统的结构 ………………………………………………… (356)
§10 信息过滤和信息提取 ……………………………………………………… (357)
　10.1 信息过滤 ……………………………………………………………… (357)
　10.2 信息提取 ……………………………………………………………… (360)

第9章 信息服务领域 …………………………………………………………… (365)
§1 信息服务领域概述 ………………………………………………………… (365)
　1.1 主要应用领域 ………………………………………………………… (365)
　1.2 基本服务 ……………………………………………………………… (366)
§2 科技信息服务 ……………………………………………………………… (368)
　2.1 科技信息服务概念 …………………………………………………… (368)
　2.2 科技信息服务的形式 ………………………………………………… (370)
　2.3 科技信息服务组织模式 ……………………………………………… (372)
　2.4 科技信息服务获取 …………………………………………………… (373)
　2.5 科技信息服务实例 …………………………………………………… (377)
§3 政务信息提供服务概念 …………………………………………………… (378)
　3.1 政务信息提供服务的概念 …………………………………………… (378)
　3.2 政务信息提供服务内容 ……………………………………………… (379)
　3.3 政务信息提供服务组织 ……………………………………………… (380)
　3.4 政务信息服务获取 …………………………………………………… (382)

§4　商务信息提供服务 …………………………………………………… (384)
　　4.1　商务信息提供服务概念 ……………………………………… (384)
　　4.2　商务信息提供服务内容 ……………………………………… (384)
　　4.3　商务信息服务模式 …………………………………………… (385)
　　4.4　商务信息服务组织 …………………………………………… (386)
　　4.5　商务信息服务获取 …………………………………………… (386)

第10章　情报研究与服务 ………………………………………………… (392)
§1　情报研究基础 ………………………………………………………… (392)
　　1.1　情报研究概念和特点 ………………………………………… (392)
　　1.2　情报研究的作用 ……………………………………………… (393)
　　1.3　情报研究的产生和发展 ……………………………………… (394)
§2　情报研究流程 ………………………………………………………… (396)
　　2.1　明确需求,确定研究题目 …………………………………… (396)
　　2.2　制定研究计划 ………………………………………………… (397)
　　2.3　信息搜集和处理 ……………………………………………… (398)
　　2.4　信息分析和提炼 ……………………………………………… (399)
　　2.5　情报研究成果及其评价 ……………………………………… (400)
　　2.6　搜集成果应用的反馈信息,寻找新的需求 ………………… (402)
§3　情报研究方法 ………………………………………………………… (402)
　　3.1　情报研究方法论 ……………………………………………… (402)
　　3.2　常用的情报研究方法 ………………………………………… (403)
§4　数字时代情报研究的新进展 ………………………………………… (415)
　　4.1　数据挖掘和知识发现 ………………………………………… (416)
　　4.2　知识共享与知识服务 ………………………………………… (417)
　　4.3　网络计量分析 ………………………………………………… (418)
　　4.4　信息可视化 …………………………………………………… (419)
　　4.5　技术监测 ……………………………………………………… (420)
　　4.6　专利地图 ……………………………………………………… (420)
　　4.7　多媒体数据分析 ……………………………………………… (421)
　　4.8　人工智能和专家系统 ………………………………………… (422)
　　4.9　决策支持系统 ………………………………………………… (422)
§5　情报研究常用的软件工具简介 ……………………………………… (424)
　　5.1　Excel …………………………………………………………… (424)
　　5.2　统计分析相关软件 …………………………………………… (424)
　　5.3　系统动力学软件 Vensim …………………………………… (425)
　　5.4　层次分析法软件 Expert Choice …………………………… (426)
§6　情报研究服务示例 …………………………………………………… (426)

6.1　情报研究为科技规划的制定提供参考 ……………………………… (426)
6.2　情报研究为重大工程项目立项提供决策支持 ……………………… (427)
6.3　情报研究为科学研究提供借鉴 ……………………………………… (428)
6.4　情报研究为市场开拓提供服务 ……………………………………… (429)

第11章　咨询服务 ……………………………………………………… (432)

§1　咨询基础 ………………………………………………………… (432)
1.1　咨询基本概念 ………………………………………………………… (432)
1.2　现代咨询性质和功能 ………………………………………………… (433)
1.3　咨询系统 ……………………………………………………………… (436)
1.4　咨询机构 ……………………………………………………………… (437)
1.5　咨询客户与咨询市场营销 …………………………………………… (439)
1.6　咨询人员 ……………………………………………………………… (440)
1.7　咨询职业道德与行为规范 …………………………………………… (441)
1.8　咨询业 ………………………………………………………………… (441)

§2　咨询服务流程 …………………………………………………… (443)
2.1　咨询阶段与周期 ……………………………………………………… (443)
2.2　客户委托与预备性调查 ……………………………………………… (443)
2.3　编写项目建议书 ……………………………………………………… (444)
2.4　签定咨询合同 ………………………………………………………… (444)
2.5　启动和实施项目 ……………………………………………………… (444)
2.6　提出解决方案 ………………………………………………………… (444)
2.7　提交咨询报告 ………………………………………………………… (445)
2.8　项目验收 ……………………………………………………………… (445)
2.9　国际金融机构咨询项目竞标程序 …………………………………… (445)

§3　咨询方法 ………………………………………………………… (445)
3.1　咨询方法的理论基础与体系 ………………………………………… (445)
3.2　咨询方法是解决问题的工具 ………………………………………… (446)
3.3　结构化分析框架方法 ………………………………………………… (447)
3.4　系统分析方法 ………………………………………………………… (449)
3.5　SWOT 分析方法 ……………………………………………………… (451)
3.6　鱼骨分析法 …………………………………………………………… (454)
3.7　波士顿咨询集团市场分析矩阵 ……………………………………… (455)
3.8　企业核心能力与成功关键要素分析法 ……………………………… (457)
3.9　价值链分析方法 ……………………………………………………… (459)
3.10　头脑风暴法 …………………………………………………………… (460)
3.11　决策表和决策树法 …………………………………………………… (462)
3.12　网络规划法 …………………………………………………………… (464)

３.13　线性规划法 ……………………………………………………………(467)
３.14　财务报表分析方法 …………………………………………………(469)
§4　咨询服务种类和案例 ………………………………………………………(475)
４.1　战略咨询 ………………………………………………………………(476)
４.2　管理咨询 ………………………………………………………………(477)
４.3　技术咨询 ………………………………………………………………(478)
４.4　工程咨询 ………………………………………………………………(480)
４.5　信息咨询 ………………………………………………………………(481)
４.6　专业咨询 ………………………………………………………………(482)
§5　信息技术对现代咨询服务的影响 …………………………………………(483)
５.1　信息技术扩展了现代咨询服务的内涵 ……………………………(483)
５.2　信息技术促进了现代咨询服务的知识管理 ………………………(485)
５.3　信息技术推动了咨询服务网络化发展 ……………………………(485)

第12章　竞争情报与知识管理 …………………………………………………(488)
§1　竞争与竞争情报 ……………………………………………………………(488)
１.1　企业竞争、产业竞争与国家竞争 ……………………………………(488)
１.2　竞争情报：概念、分类和内容 ………………………………………(492)
１.3　中国竞争情报的兴起与发展 ………………………………………(495)
§2　竞争情报能力与系统 ………………………………………………………(498)
２.1　组织的竞争情报能力 …………………………………………………(498)
２.2　竞争情报系统的结构分析和功能设计 ……………………………(501)
２.3　企业竞争情报系统 …………………………………………………(505)
§3　竞争情报方法 ………………………………………………………………(508)
３.1　竞争环境监测方法 …………………………………………………(508)
３.2　竞争对手的识别与分析 ……………………………………………(513)
３.3　竞争情报软件和其他工具 …………………………………………(516)
§4　知识管理及其在竞争情报中的应用 ………………………………………(517)
４.1　知识管理与竞争情报 ………………………………………………(517)
４.2　竞争情报过程对知识流的管理与控制 ……………………………(522)
４.3　知识管理工具和方法及其在竞争情报的应用 ……………………(525)
§5　国家竞争情报 ………………………………………………………………(528)
５.1　国家竞争情报实践和理论的发展 …………………………………(528)
５.2　中国国家竞争情报的能力建设 ……………………………………(530)
５.3　国家竞争情报的组织体系 …………………………………………(532)
５.4　中国科技信息工作与国家技术竞争情报 …………………………(534)

第13章　数字环境下的用户研究 ………………………………………………(542)
§1　数字环境下的用户及其信息需求 …………………………………………(542)

1.1　用户及其类型 …………………………………………………… (542)
　　1.2　用户信息需求 …………………………………………………… (544)
　§2　数字环境下的用户信息行为 ………………………………………… (553)
　　2.1　用户获取信息行为的研究 ……………………………………… (553)
　　2.2　用户利用信息行为的研究 ……………………………………… (556)
　　2.3　用户行为与用户心理 …………………………………………… (558)
　§3　数字环境下的用户信息保证与用户信息满意 ……………………… (563)
　　3.1　用户信息保证 …………………………………………………… (563)
　　3.2　用户信息满意 …………………………………………………… (566)
　　3.3　用户信息素质教育 ……………………………………………… (572)
第14章　信息服务与知识服务的管理 ………………………………………… (578)
　§1　信息与知识服务机构及其服务机制 ………………………………… (578)
　　1.1　信息与知识服务机构类型 ……………………………………… (578)
　　1.2　信息与知识服务业的机制 ……………………………………… (580)
　§2　信息与知识服务管理政策与法规 …………………………………… (581)
　　2.1　信息政策 ………………………………………………………… (582)
　　2.2　信息法律 ………………………………………………………… (582)
　　2.3　国内外政策与法规介绍 ………………………………………… (583)
　§3　信息服务与知识服务的知识产权管理 ……………………………… (586)
　　3.1　知识产权的基本概念、内容与相关法律 ……………………… (586)
　　3.2　信息服务与知识服务的知识产权属性 ………………………… (588)
　　3.3　数字时代信息服务与知识服务的知识产权问题 ……………… (588)
　　3.4　信息与知识服务中知识产权的合理使用与保护措施 ………… (592)
　　3.5　信息服务与知识服务的知识产权管理 ………………………… (594)
　§4　信息标准管理 ………………………………………………………… (595)
　　4.1　信息标准的重要作用 …………………………………………… (595)
　　4.2　国内外信息领域的标准化工作概况 …………………………… (596)
　　4.3　信息标准简介 …………………………………………………… (598)
　　4.4　我国的信息领域标准化 ………………………………………… (600)
　§5　信息共享与信息安全 ………………………………………………… (602)
　　5.1　信息共享 ………………………………………………………… (602)
　　5.2　信息安全 ………………………………………………………… (603)
　　5.3　信息共享中的安全保障 ………………………………………… (605)
　§6　信息与知识服务的评价与监督 ……………………………………… (606)
　　6.1　评价与监督是科学管理的手段 ………………………………… (606)
　　6.2　信息与知识服务评价的对象与范围 …………………………… (607)
　　6.3　信息与知识服务评价的体系 …………………………………… (608)

  6.4 评价的方法与工具 ………………………………………………………… (610)
  6.5 信息与知识服务的监督 …………………………………………………… (611)
  6.6 典型案例枚举 ……………………………………………………………… (613)

第15章 信息、知识服务人才培养与情报学教育 ……………………………… (620)
 §1 数字时代信息与知识服务人才需求 ………………………………………… (620)
  1.1 信息与知识服务人才培养与知识更新 …………………………………… (620)
  1.2 数字时代信息与知识服务人才培养必要性 ……………………………… (621)
  1.3 数字化、网络化环境对人才的要求 ……………………………………… (621)
  1.4 社会对信息与知识服务人才的需求 ……………………………………… (622)
  1.5 我国中长期社会发展对信息与知识服务人才的需求预测 ……………… (624)
 §2 信息与知识服务人才培养的目标 …………………………………………… (626)
  2.1 知识结构 …………………………………………………………………… (626)
  2.2 信息素质 …………………………………………………………………… (627)
  2.3 综合素质 …………………………………………………………………… (631)
  2.4 不同岗位与层次的培养目标 ……………………………………………… (632)
 §3 情报学正规教育 ……………………………………………………………… (634)
  3.1 国外主要国家情报本科生、研究生教育概述 …………………………… (634)
  3.2 我国情报学本科生、研究生教育概述 …………………………………… (638)
  3.3 国外信息、知识服务人才培养的发展动向 ……………………………… (644)
  3.4 我国信息、知识服务人才培养的改革与创新 …………………………… (646)
 §4 信息与知识服务人才的继续教育 …………………………………………… (650)
  4.1 信息与知识服务人员的继续教育 ………………………………………… (651)
  4.2 信息与知识资源使用者的继续教育 ……………………………………… (654)
  4.3 远程教育 …………………………………………………………………… (655)

第16章 国内外信息服务与知识服务业发展概况 ………………………………… (662)
 §1 我国信息服务与知识服务业 ………………………………………………… (662)
  1.1 发展过程与概况 …………………………………………………………… (662)
  1.2 国家信息基础结构、系统与服务机构 …………………………………… (669)
  1.3 国家信息政策与计划 ……………………………………………………… (671)
  1.4 数字化信息基础建设 ……………………………………………………… (675)
  1.5 传统信息服务向知识服务的过渡 ………………………………………… (676)
  1.6 我国信息服务业发展的主要问题和走向 ………………………………… (677)
  1.7 港、澳、台地区的信息服务与知识服务业 ……………………………… (679)
 §2 美国的信息服务与知识服务业 ……………………………………………… (683)
  2.1 美国信息服务业的内容与产业门类 ……………………………………… (683)
  2.2 美国信息系统与服务机构 ………………………………………………… (689)
  2.3 美国从信息服务走向知识服务 …………………………………………… (692)

  2.4 美国对知识服务业的基本界定 …………………………………………（694）
§3 日本信息服务与知识服务业 ……………………………………………（695）
  3.1 日本信息服务业的发展 …………………………………………………（696）
  3.2 日本信息服务业的国家战略计划与基础建设 …………………………（696）
  3.3 日本信息服务业的发展特点 ……………………………………………（697）
  3.4 主要信息服务机构 ………………………………………………………（699）
§4 欧洲信息服务与知识服务业 ……………………………………………（701）
  4.1 欧盟的信息服务与知识服务业 …………………………………………（701）
  4.2 英国的信息服务与知识服务业 …………………………………………（703）
  4.3 法国的信息服务 …………………………………………………………（706）
  4.4 德国的信息服务与知识服务业 …………………………………………（707）
§5 俄罗斯国家信息化与信息服务业 ………………………………………（709）
  5.1 俄罗斯信息政策 …………………………………………………………（709）
  5.2 俄罗斯信息服务业 ………………………………………………………（712）
§6 亚太地区国家信息服务与知识服务业 …………………………………（714）
  6.1 澳大利亚的信息服务与知识服务业 ……………………………………（714）
  6.2 韩国的信息服务与知识服务业 …………………………………………（715）
  6.3 新加坡的信息服务与知识服务业 ………………………………………（717）
  6.4 印度的信息服务与知识服务业 …………………………………………（720）
编后记 ……………………………………………………………………………（725）

绪　　论

　　人类历史的长河在流经漫长的原始社会、农业社会、工业社会后，大约从20世纪70年代开始进入"后工业化社会"，即托夫勒（Toffler）和奈斯比特（Naisbitt）所称的"信息社会"，现在又流入光彩夺目的21世纪！

　　21世纪是一个什么样的世纪？它是一个受现代最强大的生产力——信息技术推动而挂满桂冠的崭新世纪！当今有影响的历史学家、经济学家或信息专家，有人把它称为信息化的社会，也有人把它视为一个以信息和知识服务业为主要支撑和动力的知识经济社会，而越来越多的人则从技术发展的角度把它誉为与网络并飞共舞的数字时代！在这一史无前例的人类文明社会中，大家一致认为"信息和知识"是创新演进的灵魂，网络和数字技术是手段的核心。世界各国的社会、经济、科学技术、文化教育、国防、工业生产和商贸活动、个人生活、伦理道德、社会秩序乃至整个客观世界，无不受它的影响、引领和推进。在这滚滚而来的潮流的影响下，我国的科技信息事业、整个信息服务业以及情报学理论研究也正在发生着巨大的变化。

　　信息的内涵、形式、传播范围、价值、作用无不超越传统的范畴，已经紧紧地与数字化、网络化、数字化资源、信息服务业、知识服务业、信息经济、知识经济、信息化社会、知识社会融合在一起。信息已不只是服务人们日常活动的简单内容，也不仅仅是有形或无形的资源，而已经成为数字时代维系和推动社会发展的强大生产力。

　　在新世纪，信息服务正在信息技术的推动下实现质的变化和飞跃，它已从延续了几个时代的以指示信息源为主要服务形式的传统信息服务，向人、机、网相结合的以智力开发为主的数字化知识服务升华！知识技术、知识挖掘、知识服务和知识管理正在构架数字时代的信息服务、信息服务产业、信息经济、信息科学、信息文化和伦理的新秩序——这就是知识服务、知识经济支撑的知识社会！信息提供者、信息用户、信息技术使用者正在逐步走向"三元"合一，使信息化社会的信息人才成为复合型知识人才。

　　在这一历史性的演进和变化中，传统的一切都在变化。信息资源的内容、形态、开发与管理在变化；数据库的构架、检索与数字化、网络化虚拟设置，信息的泛在与共享以及知识发现紧密地结合在一起；情报研究已演进到智能化的知识挖掘、分析、整合，并将其直接转化为生产力的新阶段。

　　在如此变化的信息环境下，反映信息、信息服务、信息产业、信息社会的科学理论——"情报科学"以及其他相关的信息服务科学也都在变化和发展中。当前，人们更为关注的是它在新形势下的创新、丰富和延伸。"情报科学"面临着一系列的挑战和发展机遇，诸如以历史唯物主义和辩证唯物主义的态度探讨"情报科学"的学科建设和定位问题；"情报科学"与"信息科学"、"信息服务业"的理论与实践关系问题；"情报科学"面对网络化、数字化、知识服务和信息化社会的理论建设问题；数字化信息资源开发与服务的规律与手段；中国的"情报科学"如何更科学、更有效地与国际同行接轨以求更快发展等问题。

  本书正是在上述环境背景下，审视和探讨信息技术所带来的数字时代的挑战、信息服务理论与实践的新图景以及信息服务向知识服务的转型。全书力求客观介绍新世纪信息服务业和知识服务业的内容和特点，因此各章都发出一个共同的召唤，那就是：把握数字时代的历史机遇，大力丰富和创新情报学理论与实践，加速推进信息服务走向知识服务。这是新世纪中国信息工作者、信息服务业和"情报科学"研究的艰巨而光荣的使命，是繁荣我国信息服务业和提高情报学水平，把我国信息服务业融入国际信息界，跻身国际先进信息与知识服务行列的必由之路！

[绪论撰稿人：刘昭东]

第1章 信息与社会发展——信息化社会

从20世纪90年代开始,由于信息革命的兴起和信息技术的飞速发展,人类逐步进入了信息社会。信息和知识已经成为社会和经济发展的战略资源和基本要素。直接依赖于知识的生产、创新、传播和应用的信息产业和信息经济,初见端倪,蓬勃发展。

在信息社会,以计算机技术、通信技术和网络技术为基础而发展起来的互联网,已经日益成为人类信息流通的一种新工具和新形式,把人类社会带入数字化时代。互联网冲破传统的时空界限,为人们提供了新的活动舞台。人们在网络空间里逐渐形成新的生活方式、社会规范和思想意识,创造出新的网络文化,形成网络社会。信息和知识通过互联网这个新型传播媒介,以开放、共享、多向、交互的方式和特点,向全球多个角落以几何级数扩张,渗透到人类生活的各个方面。以信息化、知识化、网络化、数字化为基本特征的信息社会在政治、经济、文化、军事、意识形态等领域都呈现出不同于以往各种社会形态的新特点。信息社会与数字时代在向人类发出新的挑战的同时,也为我们提供了难得的发展环境和战略机遇。

§1 数字时代的机遇与挑战

1.1 数字时代的来临与发展

互联网(Internet)自20世纪80年代后期在美国由军用转为公开民用以来,至今已有20年的历史,它已经渗透到人们的日常生活、工作、学习和娱乐当中,影响和改造着我们的社会。

社会学家、"数字时代"概念的创始者之一卡司泰尔(Manuel Castells)认为,数字时代的社会结构将是网络式的,在数字技术的辅助下,社会将没有组织中心,也没有地域边界。计算机对人们生活方式的改变就像20世纪汽车对人的影响,在信息高速公路上,整个地球就变成为一个小小的"地球村"。

美国学者认为,互联网正在成为地球的"神经系统",将把每个人的神经都连接起来,更准确地讲,是把全世界的大脑都联接起来,成为网络"有机体"的一部分。与工业时代不同,数字时代的就业人数将大大增加,但工作场所将更加分散,更多的人将从事知识性的工作,接触的是信息,网络把人们联系在一起。总的趋势是由工业时代的大集中走向数字时代的大分散。和工业文明一样,数字时代也必将创造自己的新文明。

数字时代的基本社会形态特征是网络社会,它是一个由计算机和网络构成的虚拟社会,尽管形式上游离于现实社会以外,但应该认为网络社会是社会在数字时代的最新表现形式和必然发展趋势,它与现实社会始终是紧密联系在一起的。网络化、数字化方式的通讯交流与相互作用,使人们摆脱了人与人之间狭窄时空范围的限制,极大地拓展了人的生存和发展空间,为人们提供了一种全新的工作、学习、思维和娱乐的方式。随着网络的深入发展和普及,数字时代将切切实实地来到我们身边,并表现出与任何其他时代不同的特征。

1.1.1 开放性

在数字时代,人们通过网络交流思想、工作和学习。网络是一个开放的系统,它由无数相对独立的网络系统和主机,遵循一定的规则联结构成。在网络上,人们可以不受国际地域的限制,不受统一管理的约束,通过任何一个网点的计算机就能"漫游"整个世界,并可以将自己的思想、观点通过网络传递到世界的各个地方。

1.1.2 分散性

根据托夫勒的观点,数字文明的新规范将与工业文明的规范相对立。在数字时代,个性化、定制化将取代标准化;及时制造将取代同步制造;集成化将取代专业化;授权将取代集权;"以小为美"将取代"越大越好"。

1.1.3 虚拟性

数字时代的虚拟性主要体现在社会信息的表达和传递不再依靠物质实体,而是将其转换成"0"、"1"的编码形式,实现数字化传输。在数字时代,人们更多的是依靠网址、代号作为标识,无需表明其现实的身份、年龄、性别等自然属性。

1.1.4 共享性

网上的信息资源绝大部分都是公开的,为所有网络用户共有。在数字时代真正实现了人们多年追求的资源共享的理想,数字媒体的出现,更扩大和加速了信息流通和共享的范围。数字图书馆已经成为互联网上文化繁荣的一大景观,构成数字文化的重要组成部分。

1.1.5 智能性

数字时代将更加突出智能化的服务,将人的智慧、计算机和网络有机地结合起来。数据不等于知识,计算机不过是处理数据的有力工具,生产知识需要人类自己来完成。工业革命与信息革命的一个重要区别是,工业革命可以极大地提高"蓝领"工人的生产率,但是信息革命却很难提高"白领"工人的生产率。计算机无法模仿"非数字的智慧特征和人类的创造特性",因此人类创造性的智能研究和开发仍然是数字时代的主要基础。

未来学家乐观地预测,到2020年,数字时代就会到来,当然这主要是对于欧美发达国家而言,对于发展中国家来说,若想拥抱数字时代还有很长的路要走,还需要一系列的技术和社会变革。

1.2 数字化对社会经济的影响

社会的数字化、网络化全面促进了社会经济的快速发展。它不仅从根本上改变着现有社会的生产结构、产业结构、劳动结构,而且也全方位地影响着人们的生活方式、交往方式、工作方式、学习方式,甚至思维方式,并导致人们价值观和伦理观的深刻变革。

社会信息化的过程就是要在国民经济与社会的各个领域广泛采用现代信息技术,最大限度地利用信息资源,使社会经济结构、产业结构以及政府组织结构等发生革命性的变化,即由传统模式向网络化、数字化模式转变。通过这一转变大大提高各级社会管理者的决策质量和对资源的控制、配置和优化能力,推动整个社会达到更高级、更有组织、更高效率的生产和管理水平,促进社会经济的发展。

1.2.1 数字化对社会进步的影响

首先,全社会数字化、网络化的发展将大大促进政府信息化的进程。政府通过互联网实现政府网络与其他网络的互联互通,逐渐建立数字政府,施行电子政务,实现政府行政决策与管理的数字化。

数字政府可以通过各种新技术手段,以更快捷、经济的方式实现信息的收集、处理、传输和管理,使政府的行政效率大大提高。同时,由于数字化信息在更大程度和范围内实现共享,越来越多的问题可以在较低的层级获得解决,大大减少以上传下达为主要工作内容的中层管理,以及因信息传递不及时或错误造成的内部消耗和决策失误。行政程序大大简化,行政人员大大精简,行政效率进一步提高。

数字政府将使大部分政府信息变得透明公开,从而巩固民主政治的基础和成为开放政府的根本。政府将涉及城市规划、工商管理、公用事业、医疗卫生、人事教育、就业劳保、政府采购、招标投标等方面的各类信息向社会公开,不但可以最大限度地提高政府信息资源的利用率,还可以充分体现政府活动的透明性、权威性和及时性,实现社会公众对政府的行政监督,反映公民的要求和呼声,提高政府治理的反应能力和社会回应力。

数字化与网络化政府的建设,将促使未来社会向着多元化和权力分散的趋势发展,平面化的权力结构将取代金字塔式的权力模型。网络为人们提供了一个没有"边界"的世界和无"中心"的自由领域,网络使用者跨越时空的合作与交流必然打破传统地域、层级、部门的许多限制,使得行政程序和办事流程更加简明、畅通。同时,数字时代的政府管理模式还使得非政府组织和跨国公司集团在未来国家的公共管理中也发挥一定的作用。

1.2.2 数字化对经济发展的影响

1. 对经济生产的影响

主要体现在对工业生产、农业生产和现代服务业的影响。

数字化、网络化为企业生产与创新活动提供了更多更新的信息,从而大大缩短产品的研发周期,提高企业生存和发展的核心竞争力。信息交流时效性的加强,使客户需求、企业生产与产品销售三者之间真正实现无缝链接。同时,数字化使企业的管理模式更趋于扁平化和柔性化,推动产品生产与销售的全球化和虚拟化。

数字化网络系统促进农业信息的传播和获取,帮助农民掌握先进技术,了解市场信息,实现科学种植。农业管理部门可以通过网络,指导农民合理调整生产结构,准确及时地获取农业生产中的动态变化资料,制定符合国情的农业发展战略。

数字化的网络还为客户与服务业经营商建立了便捷的沟通和服务方式,推动现代服务业向专业化、精品化、层次化和个性化发展,推动服务业的创新。

2. 对商业贸易的影响

在数字化时代,全球的经济贸易各方都力图通过网络方式进行商业交易,这类活动被称为电子商务。电子商务依据交易主体的不同大致可分为四类:商业-商业、商业-消费者、商业-政府、消费者-政府。数字化技术、网络环境和电子商务的不断发展,给商业贸易领域带来深刻的影响。

第一,电子商务网络为公司、企业提供各种网上服务,使它们可以快捷地了解客户的各项需求信息和其他公司的发展动向,掌握最新市场动态、国内外产业政策变化和国际经济发展趋势。同时,也可以通过网络展示公司、企业实力,扩大知名度,实施品牌战略,提高企业竞争力。

第二,数字化网络技术促进国际分工,各国充分发挥各自的技术、人才优势,带动国际贸易额的增长。

第三,数字化网络技术促进新型贸易方式的发展。网上订货、网上促销、网上谈判、跨国公司内部网络销售等成为国际贸易新的发展形式。以一系列电子商务技术为支持,通过网络化信息资源的交换,开辟了全球统一的大市场——虚拟市场。

第四,数字化网络技术促进经营管理方式的变革。以计算机网络信息技术为核心的电子商务系统,为传统商业贸易的改造提供了手段,促进了国际贸易的深入发展。

1.2.3 数字化对科技、教育的影响

1. 对科技发展的影响

数字化的网络打破了传统科学研究的地域范围,通过网络把各种资源和组织联合在一起,形成联系紧密、跨越时空的合作联盟——虚拟研究所。虚拟研究所使科学研究的信息资源与人力组织在更大范围内实现集成和优化,大大提高科学研究效率,促进创新性研究成果持续产生。

同时,信息资源的网络化加快了信息流通速度,提高了信息资源的共享和利用程度,缩短了科学研究周期,推动了全球科学社会的交流合作,使真正有科学价值和意义的科研成果及时服务和应用于社会。

2. 对全民教育的影响

数字化的网络系统,把全球联接成一个整体,打破了知识和信息获取的时空限制,"E-Learning"已开始深入社会各行各业,极大地拓展了知识、信息的可获得性。开放式的社会网络化在线教育,终将使每一个人都能通过网络实现交互式学习,同时,网络信息非线性的组织方式打破了传统思维的线性逻辑而显示出一种横向的、跳跃性的思维模式,有利于激发人们的创新能力。

3. 数字化对构建和谐社会的影响

数字化的网络系统对于构建绿色生态环境与和谐小康社会也有极大的推动作用。例如，多媒体公共信息服务系统，空气和水质监测报警系统，城市交通管理服务系统，洪水、森林火灾和工业风险环境应急管理系统，城市和地区公共安全预警服务，国家及地区生态环境动态监测系统等等，为行政管理者和广大群众及时提供最新的数据、信息，对于有效管理生态环境、建设和谐小康社会提供实时决策支持。

同时，网络化环境还可以为广大民众提供远程医疗服务和虚拟医院。医护人员可以通过网络，为边远落后地区的居民提供现代化的医疗服务。随着数字化、网络化技术的飞速发展，网络式的交互式医疗服务系统也在不断开发研究，数码化的家庭电子医生正在日益成为现实，使自我预防、自我治疗可以在大范围得到推广和应用。

1.3 数字化的信息资源

数字化信息资源是指用 0 和 1 这两个数字编码表达和传输，并运用计算机技术、网络技术、多媒体、数据库、光盘存储以及超文本技术等进行数字化处理的各种类型的信息资源，包括数字化形式的图书、期刊、报纸、音频、视频资料，以及各种类型的数据库和网络信息资源。数字化信息资源具有海量存取、直接组织、实时传输、媒体多样、虚拟服务、知识管理等特征，可以使人们比以往任何时候更加有效地采集、组织、传播和利用各类知识。数字图书馆就是社会文献资源数字化的必然产物，是人们的信息需求强化与现代高新技术发展的必然结果。

1.3.1 数字化信息资源的类型

1. 数据库

数据库是计算机可读的、有组织的相关数据的集合，是随计算机应用而产生的信息存贮、处理、包装、开发和利用的一种数字化信息形式。数据库内容丰富、类型繁多，包括书目、文献型数据库，数值、事实型数据库，以及声音、图像、多媒体数据库。随着互联网和 Web 的普及应用，各种数据库产品都提供联机服务、光盘产品，以及在互联网和 Web 界面下检索的网络版。

2. 数字化图书、期刊、报纸

数字化图书分为 CD-ROM 型、网络型和 E-BOOK 等多种形式，存储的信息与印刷型图书类似，但其结构和功能较之印刷型图书要复杂得多，尤其是近年来多媒体技术和超文本技术广泛应用于数字化信息的处理中，使数字化图书可以增添图片、声音、动态、影像等多媒体功能。

数字化期刊既包括纯粹数字化、仅有在线版本的数字化学术期刊和电子论坛，也包括印刷型期刊的电子版。数字化期刊具有使用方便灵活，表现形式丰富，可充分利用多媒体技术，具备信息检索和超文本链接功能等传统印刷型期刊无法比拟的优点。特别是网络版数字化期刊，具有出版周期短、期刊容量无限制、内容修订方便、交互性强等优势，成为未来数字化期刊发展的方向。

数字化报纸则是指通过计算机网络以联机方式或在互联网上直接进行传递的报纸，也包括利用光盘发行的报纸全文数据库。近年来，世界上的大报纷纷上网，形成一股强劲的报纸数字化热潮。

3. 联机公共检索目录

联机公共检索目录（Online Public Access Catalogue，简称 OPAC）是一种在互联网上对馆藏信息资源进行远程检索的工具。通过它，读者可以不受时间、空间限制从网上检索图书馆及情报机构的馆藏信息资源。目前，世界上各种类型的图书馆、政府机构，以及文献信息服务部门，绝大多数都通过局域网将本单位的书目资源及联机查询目录接入互联网，面向全球提供 OPAC 查寻服务。因此，OPAC 是利用互联网获取文献信息的最有效途径。

4. 数字化音像资料

数字化音像资料是通过计算机和一定的技术手段，将以磁介质或光介质存贮的音像资料，从模拟信号转化成的数字音像信息。数字化音像资料具有存贮密度高、内容直观真切、表现力强、易理解接受、传播效果好等优点，成为数字化信息资源的重要组成部分。

5. 网络信息资源

网络信息资源是指所有以互联网进行传递或发布的信息资源，主要包括：网络版数据库、数字化图书馆、数字化报刊、馆藏书目信息、数字化音像资料、网上电子邮件、资源链接、网上导航、电子公告、专题讨论栏目、新闻、通告等。网络信息资源内容庞杂，分散无序，数量巨大，规范化程度不高，目前不易被人们查寻和使用。

1.3.2 数字化信息资源的特点

与传统信息资源相比，数字化信息资源具有以下一些显著特征：

1. 存储数字化

数字化信息资源不再利用传统的纸质方式存储信息，而是通过数字化形式存储在磁盘、光盘和网络服务器硬盘上，大大减少了信息资源的物理存储空间。

2. 处理计算机化

数字化信息资源的各种处理过程，包括信息搜集、分类、标引、整序、存储检索和利用等都通过计算机进行，极大地提高了数字化信息资源的处理速度和管理效率。

3. 传播的网络化

数字化信息资源的流通和传播都是利用网络环境运行。无论是数字图书馆的馆藏信息组织，还是文献信息中心的对外信息服务，都是通过计算机网络实现的。

4. 应用的多媒体化

数字化信息资源表现形式多样，不仅有文本信息资源，也有图形、图像、动画、声音、视频等多媒体形式的信息资源，对于用户应用来说，数字化信息资源比传统的信息资源更加生动形象，易于理解和记忆。

5. 组织的分散化

数字化信息资源不可能像传统的信息资源那样存储在少数固定的图书馆或文献信息服务中心当中。而是分散存储于全球不同的数据服务器上，通过网络连接，并遵循统一的访问协议，使用户可以实现跨越时空界限的检索。

1.3.3 数字化信息资源的组织方式

数字化信息资源的组织方式是通过对数字化信息外在和内在特征的表征和整序，达到信

息资源有效利用的目的。目前,常用的数字化信息资源组织方式有以下几种:

1. 文件组织方式

文件通常指一组相关逻辑记录的集合。重要的文件组织方式有3种:顺排文档、倒排文档和索引文档。以文件系统组织和管理数字化信息资源具有简单快捷,适合图形、图像、音频、视频等各种非结构化信息组织管理的特点。互联网上流行的FTP(File Transfer Protocol)就是以文件目录的形式组织信息资源。但文件组织方式在组织结构化信息时缺乏控制力度,同时,随着信息量的不断增加,文件系统的管理越来越复杂,势必加重网络传输的负载,降低数字化信息资源的组织管理效率。

2. 数据库组织方式

数据库方式是将相互关联的数字化信息资源以固定的、结构化的记录格式予以存储,使用户可以通过关键词等不同检索入口进行查寻,得到信息线索,进而获取相应的数字化信息资源。数据库组织方式适用于对大量规范化、结构化的数据进行管理。相对于文件方式而言,数据库组织方式占用空间小,信息组织有序性强,信息利用率高。但该方式不适宜非结构化信息的处理和组织,而且缺乏直观性和人机交互性。

3. 超媒体组织方式

超媒体组织方式是互联网上占主流地位的信息组织方式,它与传统的线性信息结构不同,是利用超文本技术以自然结构方式组织信息,能够充分表达各种信息之间内在的联系,使用户能够方便、灵活地浏览、获取所需要的信息。目前最流行的Web服务就是以超媒体的形式将分布于全球的海量信息组织起来。

4. 主题树组织方式

主题树组织方式是提供一个基于树浏览的简单易用的数字化信息检索与利用界面。主题树方式主要是通过人工发现信息,甄别信息,并进行分类。由人工建立结构化的互联网网址主题类目和子类目,子类目下再进一步细分,最底层类目内按字顺或其他标识进行排序。用户可利用这个相当详尽的等级分类目录体系结构,对网上特定主题信息进行浏览查寻。主题树方式不适用于大型的综合性的数字化信息资源系统,只适用于专业性或示范性的数字化信息资源体系,Gopher、Yahoo、InfoSeek等著名的搜索引擎工具都是这种信息组织方式的典型代表。

1.3.4 数字化信息资源组织技术

应用于数字化信息资源组织的技术,目前主要包括通用标识语言(SGML,XML,HTML等)和元数据两大类。

1. SGML标识语言

20世纪60年代,IBM着手研究通用标识语言(GML)来描述文件及其格式。1978年,美国国家标准局(ANSI)将GML规范成标准通用标识语言(SGML)标准。1986年,国际标准化组织发布了SGML的正式文本,使SGML成为通用的描述各种电子文件的结构及内容的国际标准,为创建结构化、可交换的电子文件提供了依据。利用SGML,可以将来源不同的原始资料,如SGML片断、字处理文件、数据库查寻结果、图形文件、视频文件等各种资料,组装在同一个文件中,利用文件格式定义(DTD)自由定义文件结构,添加标记或验证数字化文件是否符合 DTD 结构。

2. HTML 标识语言

由于 SGML 过于复杂，难于推广应用，于是开发出 SGML 的子集——超文本标识语言（HTML）。

HTML 语言简单易用，它提供了一种文本结构和格式，使用户能够在浏览器上访问使用。HTML 已成为 Web 上的通用语言，利用它可以方便地制作网页，建立超文本链接。但是 HTML 过于简单，随着 Web 文件内容的增多和形式多样化，HTML 越来越显得不适用。

3. XML 标识语言

1996 年，美国公布了新的数据描述语言——XML，并向 W3C 正式提案。XML 继承了 SGML 所具有的可扩展性、结构性及可校验性。XML 避免了 SGML 的复杂性但仍保持其功能。XML 是一个开放式的标准，它包括 3 个相互联系的标准：XML、XSL 和 XLL。这 3 个标准相辅相成，使 XML 在数据标记、显示风格和超文本链接方面功能强大，对数据交换十分便利，被称为 Web 风格的 EDI（电子数据交换）。

4. 元数据

元数据被称为数据的数据，它用来揭示各类电子文献的内容及特征，进而达到对数字化资源组织、分类和标引的目的，是描述数字化信息资源的一种数据格式。

元数据包含的数据元素集用来描述一个信息对象的内容和位置，以便用户能在网络中方便地查找和检索。目前数字化资源比较常用的元数据格式有 MARC、都柏林核心集、VRA 核心类目、REACH 著录元素集等。

都柏林核心集是众多元数据格式中的研究焦点。它是国际组织 Dublin Core Metadata Initiative 参照图书馆卡片目录的模式所拟定的用于标识数字化资源的一种简要目录模式。它包括 15 项广义的元数据：名称（title）、创作或制作者（creator）、主题及关键词（subject and keywords）、说明（description）、出版者（publisher）、发行者（contributor）、时间（date）、类型（type）、格式（format）、标识（identifier）、来源（source）、语言（language）、相关资源（relation）、范围（coverage）、版权（right）。

都柏林核心集的 15 项元数据集既包含了数字化信息资源的重要检索点和超文本链接信息，也包含有关数字化信息资源的描述性信息，是用户通过目录检索、阅览网络化数字信息资源的有力工具和手段。

1.4 数字环境的知识服务

1.4.1 从信息服务走向知识服务

信息技术的飞速发展，正在实现计算、通信、存储、内容处理、交互协同能力等方面的整体更新换代。

现代信息服务是以信息技术为核心和动力发展起来的，信息技术日新月异的发展，直接推动信息服务的不断更新，并逐步向知识服务演变。在未来的知识经济和知识社会中，知识服务将扮演越来越重要的角色。

(1) 知识服务采用高新技术对各类信息进行析取、重组、创新、集成,根据用户的知识需求和问题环境提炼显性知识。

(2) 知识服务更科学、高效、友善地满足科技人员的信息与知识需求。

(3) 知识服务以知识创新为中心,注重信息深层加工服务,最大限度实现知识资源增值。

(4) 知识服务利用信息分析方法,辅以智能化手段(如知识发现和数据挖掘等),挖掘蕴藏于杂多信息中的有用模式。同时,力图将人们大脑中的部分隐性知识显性化,以便对之管理利用。

(5) 知识服务开发网络化知识元数据库,并与各种数据库的全文进行链接,构成内容广泛的知识网络。

(6) 知识服务以用户为核心,针对人们的个性化需求提供具体问题的解决方案和专业化的知识服务,提高用户解决处理问题的能力。

1.4.2 知识服务的关键技术

知识服务要通过高新技术达到控制知识、管理知识和提供知识的目的;利用数据仓库、数据挖掘、数据库知识发现、人工智能技术等从信息中识别出有用模式和知识;利用大型数据库、新型检索技术、智能代理,以及网格技术、组件技术来保证知识的存储、传播和共享。在技术实现过程中要突出实时采集、内容过滤、知识抽取、概念分类、词汇控制、显性知识与隐性知识之间的相互转换。

在技术应用方面,将在获取、提炼、存储、管理、提供和创建知识领域以及实用化和智能化方面迈上新的台阶。在技术应用环境方面,将更加重视动态虚拟资源,多维应用环境,可视化界面等。而在满足用户需求方面则更强调个性化、定制化、系统集成、服务集成等。

综上所述,知识服务应用过程中,需要开发和利用的关键技术见表1.1。

表1.1 知识服务的关键技术

类 别	实 现 技 术
内容选择	互联网内容选择平台
聚类与分类	信息聚类、信息范畴化、信息分类
信息存储	自动标引、数据仓库、数据方块存储
信息检索	精密全文检索、搜索引擎、多媒体检索、跨语言检索、概念检索、基于概念本体的内容检索
信息提供	信息定题提供、信息过滤、推技术、智能代理、在线帮助
内容挖掘	数据挖掘、文本挖掘、信息抽取
内容转换	自动摘要、机器翻译、自动文本生成、数据压缩
人工智能	归纳、案例推理、智能代理、演绎数据库、自然语言前端、知识地图、智能工作流程
可视化	可视化、内容表达、可视界面
协议、规范、标准	Dublin Core/Metadata, XML/RDF, SOAP, UDDI, WSDL, Z39.50, METS, OAI, SCORM
智能基础工具	词汇控制、主题词典、词语网、词库、分类表、概念体系词典
协同技术	网络会议、实时交换信息、虚拟真实、电子学习、白板通信、论坛讨论

资料来源:郑州大学学报,2005,38(4)

§2　信息经济与信息产业

20世纪90年代以后,随着信息技术的飞速发展,知识和信息作为一种作用凸显的生产、服务要素投入国民经济各个领域,并渗透到整个社会的各个部分。人类社会正面临着从工业社会向信息社会的转变,从产品经济向服务经济、从物质经济向信息经济、从资本经济向知识经济的全面过渡。

2.1　数字时代信息经济特征

2.1.1　信息经济的特征

按照马克卢普和波拉特的观点,信息经济可以理解为:国民经济中所有与信息从一个模式向另一个模式转换有关的经济活动领域。他们对信息经济的研究重点是,通过对信息活动、信息资本、信息劳动、信息职业的重新定义,分类并计量化,来定量描述信息经济的结构、规模和发展趋势。我国经济信息专家乌家培等人认为,信息经济是以信息技术为物质基础,以信息产业为部门相成,以信息活动作用的强化为主要特征。在信息经济中,经济活动对信息活动的依赖达到了空前的地步。

简言之,由于社会数字化、网络化环境的改变,信息经济已经发展成为一种与传统物质经济相对应的经济结构,信息化经济将是信息化社会的经济基础。汤姆·斯托尔(Tom Stall)将信息经济的特征总为以下7个方面:

(1)信息经济以知识工业占主导地位的服务业为主,而不是以制造业为主;
(2)劳动力队伍以信息工作者为主体,而不是以机器操作者为主体;
(3)信息经济是以信息为基础的经济,以信用信息流动为主,而不是现金交易;
(4)信息经济主要是制度经济,而不是自由市场经济,呈现出3大经济机构:政府、大公司和工会;
(5)信息经济以跨国经济为主,而不局限于一国范围;
(6)信息经济使个人或公共部门都变得更富足;
(7)信息经济促进社会经济按几何级数增长。

2.1.2　网络经济的概念

互联网的产生是20世纪人类在信息科学与技术领域最伟大的成就之一。随着社会网络化程度的不断加大,社会的物质产品、信息产品和知识产品的生产交流和消费活动等越来越依赖于信息网络。信息网络逐步发展为社会生产活动的主导工具,"网络式"生产关系成为社会成员之间平等合作的主导社会生产关系,社会的网络化直接促进了网络经济(Network economy)的发展。

国际数据公司副总裁皮苏新认为,网络基础设施加上电子商务就是网络经济。其主要特点是：

(1) 网络经济是以现代信息通信等高新技术及互联网为基础的经济。网络经济运行需要许多信息技术的支持，包括 POS、EDI、EOS、VAN 等。

(2) 网络经济是一种直接经济，由于消除了中介环节，极大降低了交易成本，并促进全球市场的形成。

(3) 网络经济是一种虚实结合的经济，基础是现实经济，但其发展依赖于市场信用体系的建立和资本市场的支持。

(4) 网络经济是依赖于智力的经济，人才和知识竞争是其核心，收集和整理成的基础数据与信息是其宝贵财富。

2.1.3 数字经济的崛起

数字革命的核心就是用 0 和 1 这两个数字编码来表达和传输一切传统的信息。数字化首先改变了信息的处理和传输，然后带动了传统物质产品和组织的数字化，出现了数字电视、数字电话、数字图书、数字期刊、数字图书馆、数字家庭等。

1994 年，美国率先提出"国家空间数据信息基础设施"建设，并提出"数字地球"的概念，将其作为政府重要项目予以实施。所谓"数字地球"，就是一个全球范围内以地理位置及其相互关系为基础建立的信息框架和复杂系统，使每个人都可以方便、准确地了解及利用地球上各方面的信息。"数字地球"提出以后，又相继出现了"数字国家"、"数字国土"、"数字城市"、"数字企业"等许多从不同层次和角度分析、建设的数字化信息基础设施系统。

数字化与网络化是紧密相连的，涉及有关数字的转换存取、处理、传输、控制等一系列高新技术，包括：高传输速率的信息传输技术、超大规模集成电路的半导体技术、多媒体技术、数字压缩技术、数据库技术、语音识别、液晶显示、虚拟实在技术等。涉及网络化的关键技术有网络通信技术、网络安全技术和网络服务技术等。

数字化和网络化对信息经济都有很大推动作用，对经济和社会发展具有重要战略意义。美国商务部在 1998 年的一份报告中指出：美国的"数字经济"正在崛起，在过去的 5 年里，信息技术产业为美国创造了 1 500 万个新的就业机会。

信息经济是人类经济发展史上继农业经济、工业经济之后的第三次生产力革命，在信息经济时代，信息、知识成为人们争夺和控制的焦点。在未来的经济社会发展中，科学技术将发挥越来越重要的支撑和引导作用，而信息科学技术的发展构成现代科技革命的标志和核心，成为对未来生产力影响最大和最重要的因素之一。可以预见，未来将建立世界科技-产业以及信息-经济一体化的体系，信息经济将掀起新一轮科技创新能力、信息竞争能力、人力资源能力和社会可持续发展能力的竞争和比拼。

2.2 数字时代信息产业形态

随着知识经济时代的到来与社会信息化水平的日益提高，信息经济的发展规模越来越大，作为知识经济主要产业形态的信息产业在全世界迅猛发展，成为各国国民经济发展的支柱产业和具有战略性的新兴主导产业。世界发达国家信息产业的产值已占到国民生产总值的

45%～75%，甚至更高。重视和加强信息产业的研究，促进信息产业的发展，对于促进国民经济整体协调发展具有重要的战略意义。

2.2.1 信息产业的概念

由于信息产业本身是一个行业多、领域宽、涉及面广的独立产业部门，它的边缘和外延随着时间和环境的变化在不断扩大，人们对于它的认识也在不断地演进发展。因此，关于信息产业的定义，人们从不同的研究角度和研究重点，在不同的历史发展时期，有着不同的提法和论述。例如：

日本学者认为，信息产业是与信息的收集、传播、处理、存储、流通、服务等有关的产业。我国学者认为，信息产业是与信息的收集、传播、处理、存储、流通、服务等相关专业的总称。也有的学者提出综合性更强的定义：信息产业是从事信息技术设备制造以及信息的生产、加工、存储、流通与服务的产业部门。

总之，信息产业是一个综合性的产业部门，它涉及信息技术的研究与开发，信息设备器件的制造，以及信息产品的生产、服务和应用。

2.2.2 信息产业的特征

在数字化、网络化环境下发展起来的信息产业，与其他产业相比较，具有许多新的与信息经济、知识经济密切相关的特征。

(1) 信息产业是知识、技术、智力密集型产业。信息产业的核心技术，如计算机技术、现代通信技术、数字化网络技术等都是当前处于科学技术发展前沿的高新技术，密集了当前社会最新的知识、技术和智力资源。

(2) 信息产业是高渗透型产业。由于数字化、网络化信息传播的广泛性和现代信息技术的高渗透性，决定了信息产业也是一个高渗透型产业。它以信息扩散和反馈为途径，高度渗透于其他产业的结构和形态中，使信息产业的价值体现于其他许多产业的产品和价值当中。

(3) 信息产业是高投入型产业。无论是信息产业中"硬件"设备的制造，还是信息的生产、研究、服务和流通都需要巨额的投资。例如，美、日、西欧国家为开发超大规模集成电路，都投资数十亿美元之多，而诸如"信息高速公路"等国家信息基础设施综合项目的投资更是高达数百亿美元以上。

(4) 信息产业是高产值、高效益型产业。由于技术资金密集，以及科学技术研究开发的强力支撑，信息产业发展较快，增值较高，成为高产值型产业，其产值在国民经济中占有相当高的比重。在美国、日本已成为超过汽车、钢铁、化工等传统工业的第一大产业部门。同时，信息产业中许多知识、智力密集型产业，如软件业、咨询业、情报业都是物资能源消耗很低的"知识产业"、"智力产业"，可获得极高的经济效益。

(5) 信息产业是高增长、高就业型产业。由于信息化社会与信息经济的强力需求，信息产业自 20 世纪 60 年代逐步形成以来，在短短的几十年里，就形成了巨大的规模。现在仍以平均年增长率 20%的速度高速发展。信息产业对就业者的知识水平要求较高，在某种程度上给社会造成结构性失业现象。但是信息产业的发展带动了文化、教育、现代服务业的发展，开辟了许多新的职业途径,因而成为就业需求更大的高就业型产业。

(6)信息产业是节省资源与能源的无公害型产业。由于信息产业大多是知识密集型产业,许多甚至是无资源、能源消耗、无环境污染的"无烟产业"、"头脑产业",所以可以在一国或地区的产业结构中起到结构性节省资源、能源,减少环境污染的作用。同时,通过向社会和其他产业提供信息技术、信息设备、信息服务,直接或间接促进全社会节省资源、能源和减少环境污染。

(7)信息产业是更新速度快,受科技进步影响大的变动型产业。信息产业的更新速度是其他产业所不能比拟的,以计算机产业为例,从计算机发明到现在,仅仅50多年时间,计算机已经进行了5次更新换代。

(8)信息产业是具有战略性的新兴主导产业。随着数字化时代的来临,信息与知识已成为现代社会的主要战略资源。信息产业也成为促进社会信息化进程、决定社会未来发展方向的战略性产业。在工业发达国家,信息产业正在逐步取代钢铁、汽车、石油、制造业等传统产业的战略地位,成为推动社会经济发展的新兴主导产业。

2.3 知识服务业的兴起

当前,全球经济结构调整的一个重要特点是服务业及各国基于服务业进行的国际服务贸易在国际经济中所占的比重迅速加大。无论是劳动就业人数占全部就业人数的比重,还是职工收入占全部国民收入的比重,服务业在发达国家里都已占到60%以上。按世界贸易组织的估计,现在国际服务贸易额已占全世界贸易额的1/4。经济学界将服务业独占鳌头的现象称为"经济服务化",而将服务业占据重要组成部分的经济形态称为"服务经济"。在西方发达国家,近几年以信息服务和专业知识支持为主要特征的现代知识服务业迅速兴起,并日益壮大起来,成为现代服务业中的重要组成部分。

2.3.1 知识服务业的概念

对知识服务业比较系统的研究始于20世纪90年代关于知识产业(Intellect industry)和专业服务公司的研究,包括对知识性公司的评价、智力资本和公司价值之间的关系,以及如何管理智力资本等问题的讨论。

目前关于知识服务业的概念还没有统一的定义,学者们从各自的研究目的和角度,给出不同的定义。比较典型的有:艾瑞·巴尔克(Erik Baark)从研究工程咨询业的角度出发,认为知识服务业是创新型服务业,其主要特点是高技术密集、高R&D投入和高专利产出等。莱纳托·费奥卡(Renato Fiocca)从创新网络角度出发,认为知识服务业是指其主要的投入和产出要素是知识的服务,知识服务业中的人员、知识、关系、经验和能力是其重要的无形资产。保罗·温德拉姆(Paul Windrum)从知识服务业国际比较的角度出发,认为知识服务产业是由依靠特殊的知识和专业特长从事服务的组织所构成的。李工来(Kong-rae Lee)从创新系统的角度出发,认为知识服务产业与普通服务业在许多方面存在差异,知识服务产业的特点是高R&D投入、高创新效率、高速增长和高就业率。

美国商务部将知识服务业定义为:知识服务业是以技术知识、信息或专利权为产品,支持其他产业进行科学、工程、技术推动的服务业,或提供服务时,融合科学、工程、技术等的产业。我国国务院发展研究中心在2001年提出的调查研究报告中,将信息时代背景下的知识服务业定义为:知识服务业,即运用互联网、电子商务等信息化手段的现代知识服务业,其产品价值体现在信息服务的输送和知识产权上,包括计算机软件与信息加工服务、研究开发测试服务、市场服务、商务组织服务和人力资源开发服务等。

通过总结上述不同定义的共同点可以看出,知识服务业的构成要素包括:以知识为主要投入要素,具有较高的创新投入和创新绩效;以现代信息技术为手段,对信息流进行整序、分析,并转化为可用知识;为用户提供信息资源、信息管理和决策支持的服务。

2.3.2 知识服务业的特征

知识服务业不同于以提供体力或资本为主的传统服务业,而是以知识和信息的流通为核心的新经济形态。这种流通不是简单的线性流通,而是在网络化环境中随各种要素间的互动而变化的流通。因此,知识服务业具有鲜明的知识化特征,主要表现在以下几个方面。

(1)知识服务业是高附加值、高收益和高带动性的产业。在知识经济时代,知识超越土地、资本和劳动成为最重要的生产要素,对社会经济发展起主导性作用。知识服务业的服务过程就是知识的生产、传播和使用的过程,加之知识服务业个性化服务的特色,因此利润空间大,产生的经济附加值高,而且运作灵活,风险较低。同时,知识服务业还是一种复合产业,对其他产业具有很高的带动性。

(2)知识服务业要求从业人员具有较高的专业素质。知识服务业的核心竞争力是对知识、信息的利用和创新。因此要求从业人员必须具备深厚的基础知识,较高的专业水平和实践经验。同时,由于知识服务业对象的复杂性和应用方法的多样性,要求融合各种科学知识,发挥整体效应,所以,该行业集合各种专业背景的从业人员以实现知识结构的完整性。

(3)知识服务业具有高度的集聚性和广泛的辐射性。由于科学研究、知识生产,以及高水平知识人才大多集中在经济实力雄厚的大城市,所以决定了知识服务业也大多在大城市得以充分开展。但借助知识的扩散和应用,以及数字化、网络化的环境,知识服务业不仅可以服务于大城市,也能服务于都市以外,甚至辐射带动全国。

(4)知识服务业提供专业化的产品和服务。专业化的知识产品和智能服务是知识服务业的主体,其中包含对于隐性知识的挖掘和提供。

(5)知识服务业强调创新,分工细化。知识服务业要依靠高科技的专业知识、信息和经验,为不同环境和条件下的企业或个人提供个性化服务。这就要求从业人员必须不断更新知识,创新思维。同时,随着知识服务过程的复杂化和专业化程度的不断提高,知识服务业的分工也将越来越细。

(6)知识服务业组织形式灵活,流动性大。知识服务业大多以项目和市场需求为导向,所以组织形式以松散柔性为主,灵活多变,适应条件和环境的需要。同时,知识服务业的核心是人才,决定了知识服务业是高流动性的,可以突破地域限制,具有全球化的特征。

2.3.3 知识服务业的发展

发达国家在 20 世纪 80 年代至 90 年代初逐步进入知识经济时代,知识服务业也相应迅速地发展。1999 年日本东京的知识服务业占东京国民生产总值的 17.6%;西欧国家预测其产业结构调整将使知识服务业在国内生产总值中的比例由近年的 25.4% 增加到 2020 年的 37.5%。

与发达国家相比,我国的知识服务业还处于初级发展阶段。目前我国的知识服务业主要集中在北京及上海等东部沿海城市。2000 年,北京市 7 大知识服务业增加值为 605.9 亿元,占北京市 GDP 的 24%,2005 年知识服务业产值可占北京 GDP 的 35%。到 2010 年将占到 GDP 的 40%,成为支柱产业,实现首都经济的"经济服务化、服务知识化"的战略目标。上海预计 2005 年知识服务业的增加值达到 1 421 亿元,占当年全市 GDP 的 19.5%,从而成为上海第一大支柱产业。

但西部地区受经济发展和人力资源水平的限制,知识服务业发展缓慢,已成为西部开发的最大瓶颈。

同时,尽管我国现代知识服务业的基础——信息产业飞速发展,但另一方面,我国知识服务业的信息化程度还比较低,产业关联度低,技术密集程度低。我国知识服务业的产业规模和扩张能力积累还十分有限。如前所述,知识服务业的发展在很大程度上受城市水平和高新技术产业发展水平的制约。应该针对以上问题,及时采取有力措施,大力发展我国的知识服务产业。

2.4 知识经济的产生与发展

知识经济(Knowledge economy)是"以知识为基础的经济",是指以现代科学技术为核心,建立在知识的生产、存储、使用和消费之上的经济。知识经济是伴随着世界高新技术的发展,尤其是信息技术与信息产业的快速发展应运而生的,它是信息经济质的飞跃和更深层次的发展。知识经济的概念一经提出,就引起世界各国政府的高度重视。目前,有关于知识经济的研究已成为信息经济与信息产业领域最重要的研究课题之一。

2.4.1 知识经济的产生

1997 年初,经济合作与发展组织(OECD)在关于"1996 年科学技术和产业展望"的报告中明确提出了"知识经济"的概念,指出这是建立在知识和信息的生产、分配和使用之上的经济形态。知识经济是以"知识为基础的经济",体现于人力资本和技术中的知识是未来经济发展的核心。据估计,OECD 成员国的知识经济在这些国家的国内生产总值中都已经占据到 50% 以上。

世界各国从 20 世纪 90 年代以后开始重视对"知识经济"问题的研究。除了 OECD 以外,1994 年,加拿大政府在评述科学技术在资源经济向知识经济转变过程中的作用的报告中,在副标题中提出"知识经济社会"概念。1997 年 2 月,美国总统克林顿在一篇研究报告中也正式采用了"知识经济"的术语。1997 年,荷兰经济政策分析局在研究报告《对知识的创造与扩散的投资》中,提出以知识为基础产业的概念。1998年2月,欧盟委员会在未来蓝图《2000年议程》报告中指出,以物质产品的生产为基础的文明已逐步结束,创新、研究、教育和培训将共同构成欧盟内部政策的柱石。中国学术界是从1997年开始引入"知识经济"概念的,并在1998年的"两会"上,强调应重视"知识经济"的研究。

如果从学术研究的角度讨论"知识经济"的内容,则应该从20世纪60~70年代开始,那时就有许多关于未来经济形态的讨论和研究。比较典型的包括:丹尼尔·贝尔(Daniel Bell)提出的"后工业社会";美国著名的社会学家托夫勒(Toffler)1970年在《第三次浪潮》中进一步宣扬"后工业经济"、"超工业社会",认为已经出现了一种不同于工业经济的经济。1982年,奈斯比特(Naisbitt)在《大趋势》中提出"信息经济";1986年,美国的福莱斯特(Forrestal)在《高技术社会》中提出"高技术经济";1992年我国著名学者吴季松在联合国教科文组织《国际社会科学》期刊上提出由自然科学、技术和社会科学支配的经济——"智力经济"的概念,非常接近OECD提出的"以知识为基础的经济"的概念。

2.4.2 知识经济的概念

当前有关知识经济的概念、定义很多,如"知识经济"、"知识产业"、"知识社会"、"知识时代",还有信息经济、网络经济等。这些都是人们对于21世纪即将面临的一种崭新的经济和社会形态以及数字化、网络化环境从不同角度的分析和认识。

在对知识经济有关知识结构的研究中,人们把知识分为两大类:一类是可编撰的知识(Codified Knowledge);一类是"意会的"知识(Tacit Knowledge)。可编撰的知识通常指能够用语言和图形进行系统化处理的知识,也称为显性知识。而意会的知识大多指不可编撰的人类过去积累的经验、智慧、教训等,以及隐藏在人的大脑内部,很难用语言表达的知识,也就是现在所谓的隐性知识。现代软件技术和信息分析方法可以处理几乎全部的"可编撰知识",而未来人类将主要努力开发计算机去挖掘和发现那些目前属于"意会"的知识。

知识经济中"知识"的概念比传统的知识大大扩展了,这是人们对知识深入研究后得出的结果。知识包括6个方面:

(1)事实知识(Know-What),指人类对某些事物的基本认识和了解的基本信息。

(2)原理和规律知识(Know-Why),指对某些事物发生发展机理和规律的认识。

(3)技能知识(Know-how),指做某些事情的方法、技能和诀窍等,属于"技术"范畴的知识。

(4)知道是谁的知识(Know-Who),指知道是谁创造的知识。

(5)知道什么时候的知识(Know-When),指关于事物或活动发生时间的知识。

(6)知道在什么地方的知识(Know-Where),指关于事物和活动在何处发生的知识。

通过对知识概念的深入分析,人们对于知识在经济发展过程中的作用和功能有了更深层次的认识,便于人们对知识经济这一全新的概念,给予比较明确规范的定义。所谓"知识经济"是指区别于从前的,以传统工业为主要支柱,以稀缺自然资源为主要依托的新型经济,它是以高新技术产业为第一产业支柱,以知识资源为首要生产要素的一种可持续发展的经济。知识经济的提出,意味着人类正在进入一个以知识资源的占有与分配,知识的生产、传播与应用为最重要因素的经济时代。

§3 社会信息化及其测度评价

社会信息化是通过现代信息技术和网络设施把社会的最基础资源——信息资源充分应用到社会各个领域的过程。社会信息化是渐进发展的动态过程，其发展的最高阶段就是社会各个方面、各个领域的全面信息化。

由于社会信息化的进程对一个国家或地区的社会、经济、政治活动将会产生极为深刻的影响，所以对一个国家或地区的信息经济发展水平和信息化发展程度的测度和评价一直受到各国政府、学者和研究人员的重视，成为社会信息化理论方法研究的热点问题。

3.1 社会信息化的概念

信息化的概念源于日本。1963 年，梅棹忠夫在其著作《信息产业论》中，首先论述"信息化社会"的发展前景。但他并未对"信息化"的概念给出完整、准确的阐述。1967 年，日本科学、技术和经济研究小组依照"工业化"的概念，正式提出"信息化"概念。他们认为，在 1964 年提出的"信息社会"的概念是在某种静态的意义上，描述一个信息产业高度发展并占主导地位的社会；而"信息化"则描述了向"社会信息化"阶段进行社会变动的过程。社会信息化就是从有形的物质产品起主导作用社会向无形的信息产品起主导作用社会转变的动态过程。

俄罗斯在 1995 年通过和生效《联邦信息、信息化和信息保护法》，其中将信息化定义为"在采用有发展前景的信息工艺形成和使用信息资源的基础上，建立满足社会信息需求最佳条件的有组织的社会-经济和科学-技术进程"。

我国关于"信息化"的论述很多，不同领域和行业的研究人员，从不同的研究角度和出发点，提出不同的概念表达。归纳起来，主要有狭义和广义两种理解，狭义的定义主要有：

（1）信息化是指以计算机技术为核心，生产、获取、处理、存储和利用信息的过程，即信息化就是计算机化，或者再加上通信化。

（2）信息化就是知识化，即人们受教育程度的提高以及由此而引起的知识信息的生产率和吸收率的提高进程。

（3）信息化就是通信现代化、计算机化和行为合理性的总称。通信现代化是指社会活动中的信息流动是基于现代化通信技术进行的过程；计算机化是社会组织内部和组织间信息生产、存储、处理、传递等广泛采用先进计算机技术和设备管理的过程；行为合理性是人类活动按公认的合理准则与规范进行。

广义的定义主要有：

（1）信息化是指国民经济发展从以物质和能源为基础向以知识和信息为基础的转变过程，或者说是指国民经济发展的结构框架重心从物理性空间向知识性空间的转变过程。

（2）信息化就是要在人类社会的经济、文化和社会生活的各个领域中广泛而普遍地采用信息技术，从而全面地、极大地扩展和提高社会生产效率、管理、教育和创新效率以及生活质量的一个历史进程。

（3）信息化是利用信息技术实现比较充分的信息资源共享，以解决社会和经济发展中出现的各种问题。

（4）信息化是指从事信息获取、传输、处理和提供信息的部门与其他部门的信息活动的规模相对扩大及其在国民经济和社会发展中的作用相对增大，最终超过农业、工业和传统服务业的全过程。

由以上诸多定义可以看出，信息化是一种全新的社会发展现象，它是在不断演变的过程中逐渐形成的。首先是在信息经济不断发展的社会条件下，社会信息工作、信息行业逐步发展演变成集中的信息产业的过程，即信息产业化。其次是由非信息企业组成的某类产业在生产经营中重视信息资源的开发利用，大量采用先进信息技术手段，实现高度自动化信息处理，形成产业信息化。第三是社会经济生活逐步实现全面信息化的过程，这实际是产业信息化和信息产业化相互促进，共同发展的过程。传统产业因信息产业和信息技术的渗透推动得到改造并向深度发展，信息产业则由于传统产业的支撑和社会的需求而迅速向广度发展，并逐步从"朝阳产业"发展为主导产业，最终成为第一大产业，达到整个国民经济活动的信息化。最后是随着经济活动领域、行业的不断信息化，人类生活的其他领域，如文化、教育、科研和卫生等也都逐渐实现信息化，最终实现整个社会的信息化，即社会信息化。

信息化是与工业化相互对应的一个概念，工业化是信息化的物质基础，而信息化是工业向更高层次发展的技术环境。工业化的目标是最大限度地开发利用物质和能源资源，向社会提供丰富的物质产品；而信息化的主要目标是最大限度地开发利用信息资源，提高社会各领域信息技术应用和信息资源开发利用的水平，为社会提供更高质量的产品和服务，促进全社会的信息化。

3.2 社会信息化的层次和发展内容

3.2.1 社会信息化的层次

（1）社会信息化从空间层次上可分为全球信息化、国家信息化和区域信息化。

① 全球信息化是指在全球范围内建立信息网络，发展信息产业，支持信息产品的进出口贸易，通过数字化网络推进全球化和跨国数据流交换，实现信息资源共享。1994年9月，美国副总统戈尔在提出建设国家信息基础设施（NII），即"信息高速公路"之后，又提出建立全球信息基础设施（GII）的倡议，建议将各国的NII联结起来，组成世界信息高速公路，实现全球信息共享。1995年2月，欧洲联盟在比利时布鲁塞尔召开"七国集团社会部长级会议"，讨论全球信息社会（GTS）议题。大会通过了8项基本原则和11项指导性计划。8项基本原则是：促进积极竞争；鼓励私营部门投资；确定行动准则框架；保证大众进入社会信息网络；保障提供与进入网络的普遍性；加强公民机会均等的原则；促进文化、语言等的多样化；承认世界范围内合作的必要性，并给予发达国家特别的关注。11项指导性计划包括：全球信息目录计划、全球宽带交互网络计划、教育和培训计划、电子图书馆计划、电子博物馆和艺术画廊计划、环境和自然资源管理计划、全球紧密情况管理计划、全球卫生应用计划、政府"入网"计划、中小规模商业的全

球市场计划,以及海事信息系统计划。

1996年5月在南非召开有30多个发展中国家参加的"信息社会与发展"部长级大会。大会达成3个基本目标:一是就已经提出的全球信息社会概念,发达国家和发展中国家进行对话;二是在发达国家和发展中国家的各个社会成员中,启动实现全球信息社会共享远景目标的工作;三是环绕共享的远景目标,迎接全球信息社会的挑战。

在各国政府纷纷行动的同时,该领域的国际民间组织也成立了,它名为"全球信息基础设施委员会(GIIC)",总部设在美国首都华盛顿战略和国际研究中心(CSIS)。GIIC开展4个方面的工作以促进实现信息共享,提供跨行业、跨产业私营业者聚议的场所,加强不同国家NII建设者的合作联系,促成各国的创新、讨论与研究,促进信息和远程通信技术在教育、医疗和环境方面的应用。

② 国家信息化是指在国家统一规划和组织下,在经济和社会的各个领域广泛应用现代信息技术,开发利用信息资源,加快实现国家现代化的进程。世界工业发达国家起步较早,目前已完成了国民经济各领域的信息化,正在努力实现全社会的信息化。新兴工业化国家也开始进行国民经济各主要部门的信息化。绝大多数发展中国家差距较大,尚处于宣传推广信息技术应用和信息产业起步的阶段。我国政府对于国家信息化工作非常重视,从1997年开始在全国全面推进信息化进程。2003年7月22日,温家宝总理在国家信息化领导小组会议上指出:大力推进信息化,是党中央顺应时代进步潮流和世界发展趋势作出的重大决策,是我国实现工业化、现代化的必然选择,是促进生产力跨越式发展,增强综合国力和国际竞争力,维护国家安全的关键环节,是覆盖现代化建设全局的战略举措。

③ 区域信息化是指国家中某一个地区或某一特别区域范围内的信息化。区域信息化的特点是范围小、投入少、易于实现;通常有较好的硬件和应用基础,可以利用本地区各部门、各单位的信息网络建立区域信息基础设施(RII);一般以中心城市为核心,利用城市的区域政治、经济、文化中心优势,进行信息化建设。区域信息化在社会信息化体系中起着非常重要的作用,它是国家信息化与企业信息化之间的桥梁和纽带。

(2)按照信息化发展递进的层次划分,信息化大致可分为3个层次:第一个层次是劳动工具信息化,在信息化过程中人们首先需要通过信息技术增强劳动工具的信息属性,使劳动工具自动化、智能化,提高劳动生产效率。第二个层次是社会生产力系统的信息化,就是在劳动工具信息化的基础上,进一步实现生产、流通、分配、交换、管理,直至行业的自动化和信息化,最终实现整个国民经济的信息化。第三个层次是社会生活的信息化,包括个人家庭生活、社区生活、社会生活、环境、社会生活方式,以及社会服务和社会管理的各个方面的信息化。

3.2.2 社会信息化的发展内容

1. 发展信息工业

主要指发展以计算机和通信设备为代表的信息设备器材制造业,这是发展信息产业的基础,所以必须优先发展。

2. 发展先进的网络通信系统

网络通信系统是信息化社会的神经网络,因此发达国家都非常重视现代化网络通信系统的建设,把它作为衡量国家和社会信息化水平的重要标准。大多数发达国家都经历了从用于传输文字、声音和图像的专用网,到20世纪80年代的综合业务数字网,90年代的国际计算机互联网络(Internet)和宽带综合业务数字网(B-ISDN)、集成化综合信息网。现代化的网络为推进社会信息化进程奠定了必要的基础。

3. 发展信息服务产业

以现代信息技术和网络通信为基础发展起来的新兴的信息内容产业或信息服务业,如电子数据交换、数据查询和数据传输、数据库联机检索服务、网络化信息服务和信息系统集成等,不仅扩大了信息产业的规模,促进了社会信息资源的开发与利用,而且大大推动了社会信息化的进程,成为社会信息化的又一必备条件。

4. 传统产业信息化

在社会信息化的进程中,几乎所有的产业部门,如农业、工业、商业、交通运输业、旅游业和金融保险业等,都存在信息化的问题,包括生产过程的信息化和管理过程的信息化,通过计算机信息管理系统和现代化通信系统,实现信息资源的开发和有效利用,提高企业的生产经营水平和市场竞争力。

5. 社会管理系统信息化

主要是指政府管理部门的信息化,通过以计算机和网络通信设备为核心的电子政务和数字政府的建立,提高政府部门的办事效率、管理能力和水平,促进社会经济、科技、文化和教育的不断发展。

6. 社会生活全面信息化

社会信息化在各个领域深入发展的结果,促进人类生活各方面的信息化,如消费、家庭生活、文化娱乐、教育和医疗卫生等实现信息化。

3.3 社会信息化测度方法

对一个国家或地区的信息经济发展水平和信息化发展程度进行定量化的测算,可以从数量上揭示不同国家和地区的信息经济发展状况,以及同一国家和地区在不同时期的信息经济发展程度。

对社会信息化定量测度的研究,主要分为两个体系分支:一是以信息经济为统计对象的宏观计量,代表性科学家是美国经济学家马克卢普、波拉特和鲁宾等。二是通过测度社会的信息流量和信息能力等来反映社会的信息化程度,主要方法是依据某些综合的社会统计数字构造测度模型,典型的模型有日本提出的信息化指数模型,以及我国建立的信息化综合指数模型等。

3.3.1 信息经济测度方法

1. 马克卢普信息经济测度方法

马克卢普(Machlup)从20世纪50年代开始研究知识产业,其理论核心是知识产业由"教育产业、研究与开发产业、通信媒介产业、信息设备产业和信息服务业"等5个层面组成,并由此构建了他的信息经济测度体系(见图1.1)。

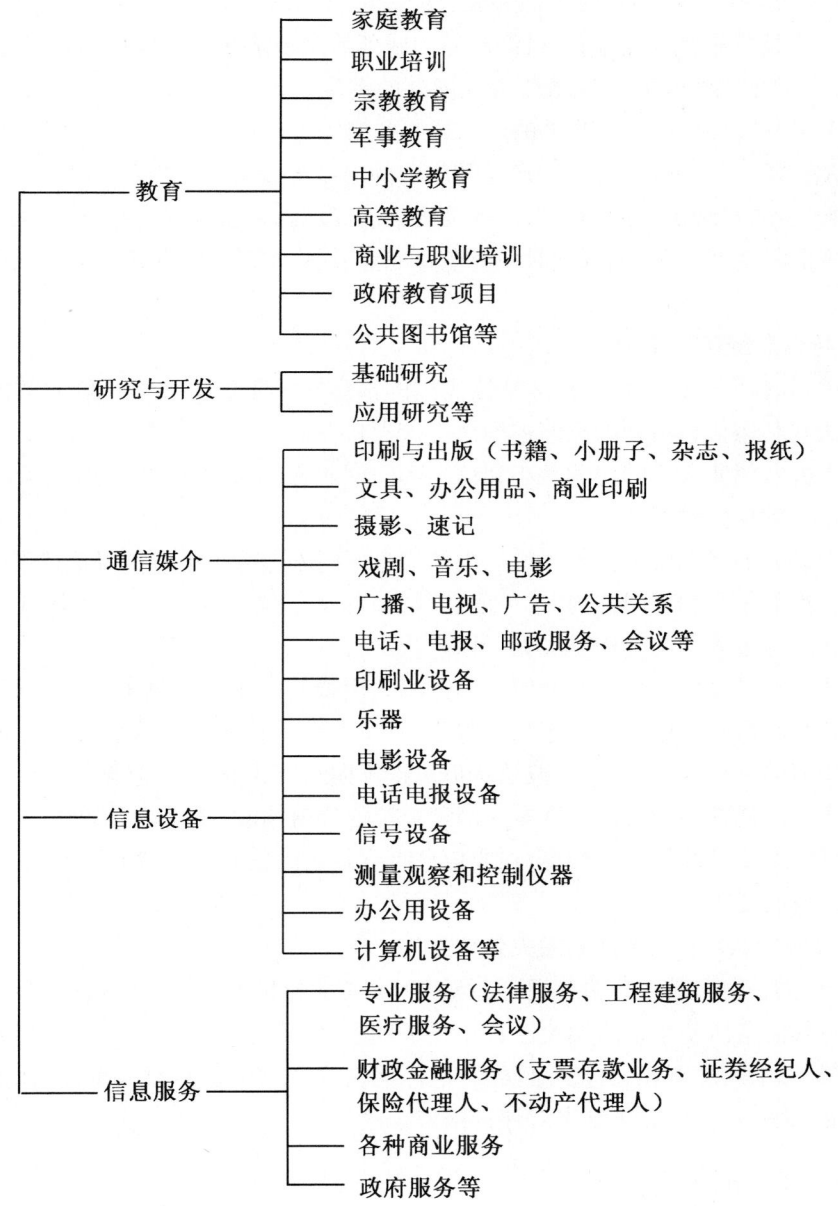

图 1.1 马克卢普信息经济测度体系

马克卢普通过其构建的信息经济测度体系,采用"最终需求法"对信息产业进行测算。具体方法是将信息经济测度体系中的各个项目从现行的统计体系中挑选出来,然后逐个进行测算。

最终需求法,又称为最终产品法,是测算国民生产总值的两种主要方法之一,具体公式为:
$$GNP = C + G + I + (X-M)$$
其中,C——消费量,消费者对最终产品和服务的需求量或消费量;

G——政府采购,对最终产品和服务的需求量或消费量;

I——投资量,生产厂商对最终产品和服务的需求量或消费量;

X——出口额,本国产品或服务在国外的销售额;

M——进口额,从外国购进的产品或服务的销售额;

(X-M)——净出口额,即产品和服务的出口与进口的差额。

马克卢普利用"最终需求法"对1958年美国信息经济的现状进行了测算,为人们提供了关于信息产业发展迅速的实际证据,同时说明信息职业收入的增长率明显高于传统职业收入的增长率。

2. 波拉特信息经济测度理论

波拉特(Porat)是马克卢普之后又一位杰出的信息经济学家。波拉特创立的宏观测度信息经济的方法是利用信息活动的产值占国民生产总值(GNP)或国内生产总值(GDP)的比例,信息劳动者人群占就业人口的比例大小和信息部门就业者收入占国民收入的比例这3个测度指标来衡量社会信息化的程度。

波拉特理论的创新发展是将国民经济中的信息部门划分为一级和二级信息部门。他将直接参与市场交换的企业和部门称为"第一信息部门",而将那些存在于企业团体或政府机构中的信息生产和信息服务部门称作"第二信息部门"。

波拉特认为对一级信息部门的产值测算可以利用最终需求法和增值法,其增加值等于全部销售收入和其经营收入减去中间产品和服务、进口的购买以及外购经营费用。但对于二级信息部门增加值的测算则非常困难,波拉特提出把不向市场出售的信息服务的价值看作是由提供这种服务所消耗的劳动力以及资本这两种资源的价值构成,所以,二次信息部门的增加值可以由两个可定量测算的投入量构成:在非信息行业就业的信息劳动者的收入、非信息行业购入信息资本的折旧费用。

3. 厄斯(Urs)的经济-信息活动相关分析方法

厄斯(Urs)的信息经济测度方法是通过对49个变量的相关分析,来衡量每个国家社会经济发展程度与其信息活动水平的相关性。在此基础上,再确定3个主要因子:文字传播总量、技术和图书馆,每个因子下面又分多个参数,这样就构成3因子多参数模型,以此衡量每个国家的信息活动水平,并依据分析结果对评价国家排序。

3.3.2 社会信息化测度方法

1. 日本信息化指数模型

信息化指数法是日本学者小松清崎介提出的,通过社会信息活动水平测度来评估社会信息化的程度。该方法的优点是既能够从纵向上比较一个国家或地区不同时期的信息化程度,又能够从横向上比较不同国家或地区之间的信息化程度。

信息化指数测算的模型结构是三层次的综合指标体系,通过信息量、信息装备率、通信主体水平、信息系数4个主要因素以及下属的11个变量从各个不同角度具体测度社会的信息化程度,其模型结构如图1.2。

从结构图中可以看出,11个变量是属于不同性质的量,因此不能直接进行计算和比较,首

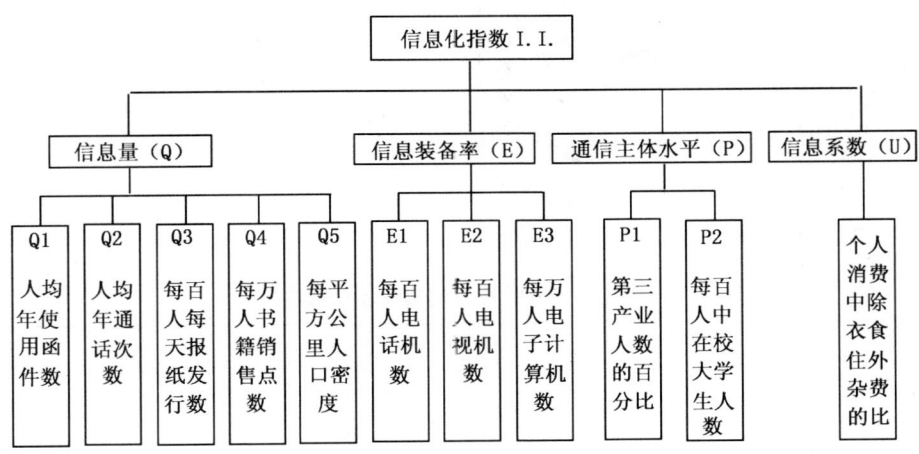

图 1.2 日本信息化指数的模型结构

先需要转换成标准的指数,最后计算求出反映信息化程度的总指标——信息化指数。

为了计算最终的信息化指数,一般可以用两种方法:第一种方法是将基年各项指标值的指数定为 100,然后分别将测算年度的同类指标除以基年指标值,求得测算年度的各项指标值的指数,再将各项指标值指数相加除以次数,就可得到最终的信息化指数;第二种方法是先分别计算 4 个主要因素的指数平均值,即对每一组的变量指数值求平均值,再对此平均值求算术平均值得出最终的信息化指数。

2. 中国信息化综合指数模型(CIIC)

我国学者钟义信等在比较波拉特信息经济测度方法和日本信息化指数法优缺点的基础上,结合我国信息化发展的实际情况,提出了一种新的信息化水平测度方法,称为"信息化综合指数模型",简记为(CIIC)。

CIIC 模型包含以下几方面的因素:信息产业的能力,记为 $I(P)$;信息基础设施的装备能力,记为 $I(E)$;信息基础设施的使用水平,记为 $I(U)$;信息主体的水平,记为 $I(S)$;信息消费的水平,记为 $I(C)$。我国学者认为,衡量一个国家或地区的信息化程度或水平不能只看某一个或几个局部方面,而应当考察其整体的、综合的能力和水平,因此构建了下面的综合指数模型。

$$\text{CIIC} = \sum W(W)I(X) \quad X = P, E, U, S, C \tag{1-1}$$

其中,$W(W)$ 为 4 个主要因素的权重值。

类似于日本信息化指数法,为了便于分析和比较,也需要对数据进行标准化。通常是取 1 年作为基准年,其他年份以基准年为准进行标准化。

$$\text{CIIC}(S) = \text{CIIC} / \text{CIIC}(0) \tag{1-2}$$

其中,CIIC(S)——某年的信息化综合指数标准值;

CIIC(0)——基准年的信息化综合指数值;

CIIC——按照(1-1)式计算的指数值。

由于4个主因素下边还包含若干分指标,所以还应该考虑各自的权重值,于是有:

$$I(X) = \sum a(n)I(x,n) \quad X = P, E, U, S, C \tag{1-3}$$

其中,$a(n)$是$I(x,n)$的加权系数。于是(1-2)式可进一步细化为:

$$CIIC(S) = \sum_x W(x) \sum_n a(n)I(x,n) / \sum_x W(x_0) \sum_n a(n)I(x_0,n) \tag{1-4}$$

其中,$W(X_0)$ —— 基准年的加权系数;

$I(X_0,n)$ —— 基准年的分指标值。

表 1.2 CIIC 完整的指标体系结构

I(P)	信息产业能力
I(P,1)	第一信息部门产值
I(P,2)	第二信息部门产值
I(E)	信息基础设施装备能力
I(E,1)	电话普及率
I(E,2)	电视普及率
I(E,3)	联网计算机普及率
I(E,4)	联网数据库人均容量
I(E,5)	人均网络容量千米数
I(U)	信息基础设施使用水平
I(U,1)	年人均电话次数
I(U,2)	年人均电视收看时数
I(U,3)	计算机平均利用率
I(U,4)	年人均值函数
I(U,5)	年人均书报量
I(U,6)	年人均拥有的音像制品量
I(S)	信息主体水平
I(S,1)	信息业就业人数比率
I(S,2)	每百人中大学生数
I(S,3)	九年制教育普及率
I(S,4)	信息技术研究开发费用比率
I(C)	信息消费水平
I(C,1)	个人平均信息消费指数

采用不同的定量分析方法,例如层次分析法、网络分析法等,可以确定上述指标的权重值,最终计算综合指数值。

3. 信息利用潜力指数模型(IUP)

IUP 模型是一个多变量、多层次的信息环境评估模型,主要反映一个国家的信息基础结构、信息资源,以及需求和使用状况。IUP 模型是联合国教科文组织委托美国加州大学图书情报研究院伯克(Burke)教授和该组织顾问、法国学者迈纽(Menou)共同研究提出的。

全部模型包括变量 230 个,按照基础结构和信息功能两大方面进行分组,共得到 21 个结构组和 17 个功能组,分别属于 3 个结构子集和 6 个功能子集。具体的数据处理步骤包括:

(1) 对原始数据进行标准化,得出各变量无量纲的标准值;

(2) 按不同的组合方式求模型某一部分或全体的算术平均值,即产生一系列的 IUP 指数。其中最重要的一个综合指数称作信息因子 EF-IUP 指数,是有关变量组加权平均的综合结果。

3.4 社会信息化评价体系

3.4.1 我国国家信息化测评指标体系

在世界信息化潮流的影响下,我国对信息化的理论研究和发展水平评价体系的研究也取得一定的进展。2001 年 7 月 29 日,信息产业部、国家信息化推进办公室、中国电子商务协会联合召开国家信息化指标工作会议,正式公布了《国家信息化指标构成方案》,并同时成立国家信息化测评中心(NIEC)。

国家信息化测评指标体系的建立,为测算我国及各地区经济发展提供了重要依据,使国家信息化实现了量化管理,对于科学地评价我国及各地区信息化水平,正确地指导全国信息化的发展具有重要的意义。

整个指标体系包括 6 个一级要素:信息资源、国家信息网络、信息技术应用、信息技术与产业、信息化人才、信息化政策法规和标准等,并在此之下设立 20 个二级指标。指标设置充分考虑了中国的实际情况和可操作性,指标数绝大多数从现有的统计数据中可以获得,其他也可以通过特定调查获得。该体系适合用于国家信息化发展水平地区间的横向比较,可以客观地反映一个国家、地区或部门的信息化水平与发展态势。指标体系的具体构成和说明可参见表 1.3。

表 1.3 国家信息化测评指标体系及其说明

序号	指标名称	指标解释	指标单位	资料来源
1	每千人广播电视播出时间	目前,传统声、视信息资源仍占较大比重,用此指标测度传统声、视频信息资源	小时/千人(总人口)	根据国家广播电影电视总局(简称"广电总局")资料统计
2	人均带宽拥有量	带宽是光缆长度基础上通信基础设施实际通信能力的体现,用此指标测度实际通信能力	千比特/人(总人口)	根据信息产业部资料统计
3	人均电话通话次数	话音业务是信息服务的一部分,通过这个指标测度电话主线使用率,反映信息应用程度	通话总次数/人(总人口)	根据信息产业部、国家统计局资料统计
4	长途光缆长度	用来测度带宽,是通信基础设施规模最通常使用的指标	芯长千米	根据信息产业部、国家统计局资料统计
5	微波占有信道数	目前微波通信已经呈明显下降趋势,用这个指标反映传统带宽资源	波道千米	根据信息产业部、国家统计局资料统计

续表

序号	指标名称	指标解释	指标单位	资料来源
6	卫星站点数	由于我国幅员广阔,卫星通信占有一定地位	卫星站点	根据广电总局、信息产业部、国家统计局资料统计
7	每百人拥有电话主线数	目前,固定通信网络规模决定了话音业务规模,用这个指标反映主线普及率(含移动电话数)	主线总数/百人(总人口)	根据信息产业部资料统计
8	每千人有线电视台数	有线电视网络可以用作综合信息传输,用这个指标测度有线电视的普及率	有线电视台数/千人(总人口)	根据广电总局、国家统计局资料统计
9	每百万人互联网用户数	用来测度互联网的使用人数,反映出互联网的发展状况	互联网用户人数/百万人(总人口)	根据 CNNIC、国家统计局资料统计
10	每千人拥有计算机数	反映计算机普及程度,计算机指全社会拥有的全部计算机,包括单位和个人拥有的大型机、中型机、小型机、PC 机	计算机拥有数/千人(总人口)	根据国家统计局住户抽样数据资料统计
11	每百户拥有电视机数	包括彩色电视机和黑白电视机,反映传统信息设施	电视机数/百户(总家庭数)	根据国家统计局住户抽样资料统计
12	网络资源数据库总容量	各地区网络数据库总量及总记录数、各类内容(学科)网络数据库及总记录数构成,反映信息资源状况	吉(G)	在线填报
13	电子商务交易额	指通过计算机网络所进行的所有交易活动(包括企业对企业、企业对个人、企业对政府等交易)的总成交额,反应信息技术应用水平	亿元	抽样调查
14	企业信息技术类固定投资占同期固定资产投资的比重	企业信息技术类投资指企业软件,硬件,网络建设、维护与升级及其他相关投资、反映信息技术应用水平	百分比	抽样调查
15	信息产业增加值占 GDP 比重	信息产业增加值主要指电子、邮电、广电、信息服务业等产业的增加值,反映信息产业的地位和作用百分比	百分比	根据国家统计局资料统计

续表

序号	指标名称	指标解释	指标单位	资料来源
16	信息产业对GDP增长的直接贡献率	该指标的计算为：信息产业增加值中当年新增部分与GDP中当年新增部分之比，反映信息产业对国家整体经济的贡献	百分比	根据国家统计局资料统计
17	信息产业研究与开发经费支出占全国研究与开发经费支出总额的比重	该指标主要反映国家对信息产业的发展政策。从国家对信息产业研发经费的支持程度反映国家发展信息产业的政策力度	百分比	根据科学技术部、国家统计局资料统计
18	信息产业基础设施建设投资占全部基础设施建设投资比重	全国基础设施投资指能源、交通、邮电、水利等国家基础设施的全部投资，从国家对信息产业基础设施建设投资的支持程度反映国家发展信息产业的政策力度	百分比	根据信息产业部、广电总局、国家统计局资料统计
19	每千人中大学毕业生比重	反映信息主体水平	拥有大专毕业文凭数/千人（总人口）	根据国家统计局资料统计
20	信息指数	指个人消费中除去衣、食、住外的杂费的比率，反映信息消费能力	百分比	根据国家统计局资料统计

国家信息化测评中心（NIEC）根据该测评指标体系，于2002年3月公布了国家信息化指标测算结果，发布了国家信息化水平研究报告。报告显示，中国信息技术应用得到较快的发展，信息技术和网络技术正向各个领域广泛渗透。信息产业持续高速发展，已经成为国民经济的重要支柱产业。1998—2000年，中国信息化水平总指数提高了48.6%，平均每年提高21.9%，大大快于国民经济7%～8%的增长速度。

3.4.2 城市信息化测评指标体系

城市信息化是国家信息化的重要内容，也是社会信息化的主体。所谓城市信息化，就是在城市经济和社会的各个领域广泛应用现代信息技术，提高生产力水平和人民生活质量，提高城市的综合竞争力，加速城市现代化的进程。

建立城市信息化测评指标体系，应该以城市信息化的基本规律为基础，对城市信息化发展的需要进行系统的评估和诊断，了解城市信息化过程各要素变化特点及其相互之间的关系，最终确定测评城市信息化系统状况的指标体系。为了能够正确、客观地反映城市信息化的水平，指导推进我国城市信息化的进程，信息产业部根据《国家信息化指标体系构成方案》的总体要求，提出《中国城市信息化指标体系方案（试行）》，具体指标情况见表1.4。整个指标体系共分信息化基础、信息化发展环境和信息技术的应用水平3大类15项指标。

表 1.4 城市信息化测评指标及其解释

序号	指标名称和单位	指标解释	指标界定	权重
1	每万人城域网带宽（千比特/万人）	信息传输的通畅性指标	城域网带宽是国家批准的公共城域网运营商的带宽，人口为统计年鉴公布的城市辖区内户籍人口	7
2	家庭宽带接入比例/%	居民网络接入的先进性指标	宽带接入指用 ADSL、HFC、LAN、Home PAN、LMDS 等技术，下传速度为 512K/S 以上的网络接入方式，家庭数为统计年鉴公布的数据	7
3	每百户计算机拥有量/台	设备拥有量指标	计算机中不包括各类 PDA 和带嵌入式操作系统的家电设备，城调队与农调队抽样加权数字	7
4	固定电话主线普及率（线/百人）	固定通信类终端设备拥有量指标	每百人多少线	5
5	每百人拥有移动电话数（部/百人）	移动通信类终端设备拥有量指标	每百人多少部	5
6	每百人拥有电视机数（台/百户）	广播类大众传播终端设备拥有量指标	每百户多少台，包括彩色电视机与黑白电视机，城调队与农调队抽样加权数字	4
7	人均 GDP(元/人)	社会经济实力指标		4
8	平均受教育年限/年	人力资源类指标	指某一时点 6 周岁以上人口平均受普通教育年限，(大学文化程度人口数×16＋高中文化人数×12＋初中文化人数×9＋小学文化程度人数×6)÷6 周岁以上人口数。人口数采用人口普查数据	6
9	信息产业增加值占 GDP 的比重/%	信息产业增加值占 GDP 的比重/%	信息产业增加值计算包括信息产品制造业、信息产品销售业和信息产品服务业的增加值	8
10	政策法规完善程度/分	政策环境类指标	是否有电子政务、信息安全、信息化发展规划、信息化工程的监理与管理、公共信息资源共享、电子商务发展、信息普及教育等方面政策法规，采用半定量指标评测，每项 1 分，满分 7 分	7
11	每万人互联网用户数（户/万人）	互联网应用普及指标	按照 CNNIC 标准统计	8
12	上网企业数占企业总数的比例/%	企业信息化水平指标	凡拥有域名的企业均认定为上网企业，域名按 CNNIC 标准统计域名(除含 ac, edu, gov, org 外的所有域名)，企业总数为在工商局登记的注册企业总数	8

续表

序号	指标名称和单位	指标解释	指标界定	权重
13	中小学生每百人在校生拥有计算机量（台/百人）	教育信息化水平指标	所有作为学校固定资产统计的计算机数除以全日制在校生总数	8
14	市政府门户网站年人均访问次数（次/人）	政务信息化发展水平指标	访问次数为门户网站点击次数，人口数为城市辖区内户籍人口	8
15	人均信息消费占总消费支出比例/%	信息消费类指标	包括通信、娱乐教育文化服务消费占居民消费比例，城调队与农调队抽样加权数字	8

3.4.3 企业信息化测评指标体系

企业信息化是国家信息化的重要组成部分，研究制定企业信息化测评指标体系，对于完善和健全国家信息化指标体系具有重要的意义。同时，企业信息化测评指标体系的建立，也有助于企业明确自己信息化的战略和目的，提高可持续发展能力和综合竞争力，促进企业现代化建设进程，在国民经济和全球市场竞争中发挥更加重要的作用。

国家信息化测评中心参考了国内外数十个方案的优点，提出具有中国企业特色的面向效益的企业信息化测评指标体系，企业信息化基本指标可以根据指标加权获得无量纲化总指数，反映企业信息化基本发展状况。具体指标情况见表1.5。

表1.5 企业信息化测评指标体系及其说明

序号	一级指标	二级指标	指标解释	指标构成
1	战略地位	信息化重视度/分	反映企业对信息化的重视程度和信息化战略落实情况	企业信息化工作最高领导者的地位；首席信息官（CIO）职位的级别设置；信息化规划和预算的制定情况
2	基础建设	信息化投入总额占固定资产投资比重/%	反映企业对信息化的投入力度	软件、硬件、网络、信息化人力资源、通信设备等投入
3	基础建设	每百人计算机拥有量/台	反映信息化基础设施状况	大、中、小型机；服务器；工作站；PC机
4	基础建设	网络性能水平/分	反映信息化基础设施状况	企业网络的出口带宽
5	基础建设	计算机联网率/%	反映信息化协同应用的条件	接入企业内部网的计算机的比例

续表

序号	一级指标	二级指标	指标解释	指标构成
6	应用状况	信息采集的信息化手段覆盖率/%	反映企业有效获取外部信息的能力	采集政策法规、市场、销售、技术、管理、人力资源信息时信息化手段的应用状况
7		办公自动化系统应用程度/分	反映企业在网络应用基础上办公自动化状况	是否实现了日程安排、发文管理、会议管理、信息发布、业务讨论、电子邮件、信息流程的跟踪与监控等
8		决策信息化水平/分	信息技术对重大决策的支持水平	是否有数据分析处理系统,方案优选系统、人工智能专家系统等
9		核心业务流程信息化水平	核心业务流程信息化的深广度	主要业务流程的覆盖面及质量水平
10		企业门户网站建设水平/分	反映企业资源整合状况	服务对象覆盖的范围;可提供的服务内容
11		网络营销应用率/%	反映企业经营信息化水平	网上采购率;网上销售率
12		管理信息化的应用水平/分	反映信息资源的管理与利用状况	管理信息化应用覆盖率及数据整合水平
13	人力资源	人力资源指数/分	反映企业实现信息化的总体人力资源条件	大专学历以上的员工占员工总数的比例
14		信息化技能普及率/分	反映人力资源的信息化应用能力	掌握专业IT应用技术的员工的比例;非专业IT人员的信息化培训覆盖率
15		学习的电子化水平/分	反映企业的学习能力和文化的转变	电子化学习的员工覆盖率;电子化学习中可供选择的学习领域
16	安全	用于信息安全的费用占全部信息化投入的比例/%	反映企业信息化安全水平	用于信息安全的费用包含软件、硬件、培训、人力资源支出
17		信息化安全措施应用率/%	反映企业信息化安全水平	信息备份、防非法侵入、防病毒、信息安全制度与安全意识培养等措施的应用状况
18	效益指数	库存资金占用率/%	反映企业信息化效益状况	库存平均占用的资金与全部流动资金的比例
19		资金运转效率(次/年)	反映企业信息化效益状况	企业流动资金每年的周转次数
20		企业财务决算速度/日	反映企业信息化响应水平	从决算指令的发出到完成一次完整的虚拟企业决算所需的最短时间
21		增长指数	反映企业绩效	销售收入增长率、利润增长率

§4 信息社会与知识社会

进入21世纪,人类社会将全面进入信息时代,现代信息技术及网络技术获得高速发展,并广泛应用于社会的各个领域。随着社会信息化程度的不断提高,"信息高速公路"建设的进一步完善,以及以信息网络为基础的数字化环境的建立,大大推动了世界各国社会信息化的进程,促进了全球信息社会与知识社会的形成与发展。

4.1 信息社会的形成与特征

4.1.1 信息社会的形成

西方发达国家信息经济发展比较早,社会信息化程度也比较高,自20世纪70年代,西方学者就开始对"信息社会"问题进行研究。典型的研究包括:美国社会学家贝尔(Bell)于1973年提出"后工业化社会"概念,法国科学家诺拉(Rola)和孟克(Monk)于1980年提交法国社会信息化报告,论述了信息化社会的模式、结构和政策。1982年,奈斯比特在《大趋势》中指出世界正在从"工业社会"转变为"信息社会"。1988年英国马丁(Martin)发表专著《信息社会》。我国学者从20世纪80年代末起,也开始对信息社会理论进行研究。

目前,关于信息社会还没有统一明确的定义,各国学者从不同角度对信息社会的内涵、形成标准和发展历程等进行了探讨。马丁在《信息社会》一书中对信息社会的内涵做了如下论述:"信息化社会是一个生活质量、社会变化和经济发展越来越多地依赖于信息资源的开发和利用的社会。在这个社会里,人类生活的标准、工作与休闲的方式、教育系统和市场都明显地受信息和知识进步的影响。"原苏联学者莫伊谢耶夫认为:"信息化社会是信息技术的发展同自然界、社会和人的高度契合的社会。"我国学者也对信息社会含义提出许多不同的观点,其中论述比较全面的是刘昭东等人提出的定义:"信息化社会是以信息为社会发展的基本动力,以信息技术为实现信息化社会基本特征的手段,以信息经济为维系社会存在和发展的主导经济,以信息文化改变着人类教育、生活和工作方式以及价值观念和时空观念的新兴社会形态。"

对于信息社会形成的标准和标志,各国学者也提出许多不同的看法,从中可以看出人们对信息社会认识的不断深入,其中比较典型的包括:

奈斯比特在《大趋势》中对信息社会发展趋势做出以下一些预测:
(1)知识和信息成为主要的资源和财富。
(2)从农民到工人,再到职员,是职业发展的必然趋势。
(3)信息业的增长成为经济增长的主要因素。
(4)技术的发展从强迫性技术向高技术和与高情感相平衡的方向发展。
(5)信息流动速度的加快促使全球信息化的到来。
(6)人们的生活习惯和生活方式由农业社会的向过去看,工业社会的注重现在发展转向为信息化社会的向未来学习等。

日本学者增田米二在 1982 年出版的《信息化社会》一书中列举了信息社会不同于传统工业社会的 6 个特点：

(1)以计算机作为科学技术的发展核心。

(2)信息革命所产生的大量信息和科技知识被系统化、科学化地组织起来，并加以有效地保存和应用。

(3)由信息网络和数据库组成的信息公用事业成为社会的基本结构，取代了工厂的生产并分配信息产品。

(4)信息化社会的主导工业是"智力工业"，其核心是"知识工业"。

(5)信息化社会以实现"时间价格"为目标，即对未来先行计划，而后予以实现的价值观。

(6)信息化社会发展的最高阶段是大量生产知识和全社会计算机化。

美国学者马丁(Martin)从技术、社会、经济、政治和文化 5 条标准衡量信息社会的形成：

(1)技术标准。信息技术必须成为社会的关键性能动力量。

(2)社会标准。信息必须保证提高人们的生活质量，整个社会要有广泛而强烈的信息意识。

(3)经济标准。信息必须成为经济活动中的关键性因素，既是一种资源、服务活动和流通的商品，也是就业和增值的源泉。

(4)政治标准。信息能够增进民主和自由，加强人们的各种参与和妥协。

(5)文化标准。信息具有文化价值。

我国学者乌家培在总结了国内外有关信息社会的理论和预测之后，提出信息社会形成的 4 条标准：

(1)信息、知识和智力越来越成为社会发展的决定性力量。

(2)信息技术、信息产业和信息经济日益成为科技、经济、社会发展的主导因素。

(3)信息劳动者、脑力劳动者和知识分子的作用越来越大。

(4)社会经济生活分散化、多样化、小规模化、非群体化和节奏加快的趋势日益强化。

4.1.2 信息社会的主要特征

1. 多样性与非同步性

工业化社会的主要特征是规模化、标准化、少品种的大批量生产，要求人们接受同样的规范并且有相同的价值观；而在信息化社会，计算机化可实现多品种小批量的生产方式，提供多种产品和服务，以满足不同的客户和厂商的各类要求，规模个性化的生产模式将在信息社会获得更大的应用与发展。同时，信息化社会将改变工业化社会要求人们工作时间同步化的限制，通过计算机把全部工作综合调整，实现灵活柔性的工作制。

2. 分散性与分权性

信息化社会不同于工业化社会的集中化原则，通常做法是综合各类不同的需求，进行分散处理，然后根据需要再进行集中。工业化社会追求大规模，最终导致中央集权。而在信息化社会则向着权力分散的方向发展，要求企业对社会、股东、职员和顾客各方面的利益相关者的需求给予平衡考虑。

3. 综合性

工业化社会中所有工作都有细微的分工，实行高度的专业化，而信息化社会通过计算机、现代通信和高速互动、共享知识的信息网络实现系统化和综合化生产和服务。

4. 智能性

在信息社会，知识的生产成为主要的生产形式，知识和智力成为创造财富的主要资源。知识创新与技术创新成为信息经济发展最基本的要素，对于知识、高科技以及无形资产和人力资源的依赖，成为信息社会最基本的特征。

5. 虚拟性

在信息社会互联网成为社会经济基本形态之一。互联网为人们提供了一个虚拟的无形空间，把人类带入数字化时代，创造出新的网络文化，形成网络社会。信息化社会是一个"信息泛在"的社会和时代。

6. 超时空性

在信息化社会中，互联网的开发与应用消除了时间和空间的距离，建立了一个超时空的网络社会。网络化使得地球变成了"地球村"，于是因距离带来的摩擦系数大大降低。美国学者将此称为"非摩擦经济"、"零距离"、"低成本扩张"等。

7. 非物质性

在信息化社会中，最基本的组成元素已不是传统物理空间的原子，而是数字化空间中的"比特"，形成信息社会的非物质性特征。英国学者科伊尔认为，世界正越来越进入一个"无重的世界"，"无重的产出也是非物质性的。"经济学家已经开始重视对于"失重"特性的研究，因为它使大部分传统的经济分析方法过时，其关键因素就是非物质性。

8. 可扩展性

数字化时代数据可以共享的技术特征，决定了一个人使用一件非物质性的物体时，并不妨碍别人同时使用。英国经济学家把这种特性称为"无限可扩散性"。在网络环境中，无数读者可以在同一时间同时借阅电子书刊。这一深刻的社会改变，将影响人们生活的各个领域。

4.2 知识社会与知识管理

美国著名管理学家德鲁克(Peter F. Drucker)在总结过去的 20 世纪时指出，在人类历史上从来没有哪个世纪像 20 世纪经历如此多样和激烈的社会变革。在 20 世纪的最后 10 年中，工作和劳动力、社会和政治这一切都在质与量上不同于该世纪早先的情况，也不同于人类历史以前所经历的任何情况。事实上，从 20 世纪末到 21 世纪，人类可利用的知识数量每 5 年就翻一番，人类社会正在从工业社会逐步进入知识社会，德鲁克将其称为后资本主义社会。

4.2.1 知识社会的形态

知识社会是与知识经济的不断扩大相伴而生，逐步发展的。目前关于知识社会尚无统一的定义，简要而言，知识社会是以知识和知识工作者作为社会经济发展的主体和动力。知识社会具有以下一些显著的、不同于以往社会的形态。

1. 知识成为社会的核心和中心资源

按照德鲁克的观点,西方发达国家已经进入后资本主义,它以一种新的资源作为其核心,知识的生产、传播和应用成为经济增长的决定性力量。同时,正在形成的社会秩序和社会进步也是建立在知识基础之上。德国经济学家施特尔认为,当知识不仅是现代经济的基本特征,而且从总体上已经成为社会的组织原则时,这种生活方式称为知识社会比较恰当。

2. 知识工作者成为劳动者主体

在知识社会中,知识型劳动的任务就是使科学知识变为可以使用的知识。这种发展使得智力型劳动所需岗位大量增加,而那些对知识能力要求不高的工作岗位的数量则急剧减少。正如德鲁克所说,后资本主义社会的主要阶级是知识工作者和服务工作者,而不是资本家和无产者。

3. 知识创新成为社会发展的基本动力

在知识社会,主要的社会产业是以知识为生产要素的产业,主要的社会生产者是拥有知识的各类专门人才。知识被定义为"行动的能力",知识每时每刻都在提供新的行动的可能性。知识创新、技术创新、管理创新、制度创新等一系列创新机制在不断发展,形成知识社会特有的创新社会文化。

4. 知识的含义和性质发生根本改变

德鲁克提出,知识在不同时代的性质和作用是不同的。知识是今天最有意义的资源,而土地、劳动力、资本已成为次要的。知识不再是固定的,而是流动的、多变的。所以知识的真正含义是指产生有效行动的信息和集中于可能结果的信息。

5. 社会组织结构的变化

知识社会中所进行的工作是高度专门化的,知识体现在应用中,而应用知识只有在专业化时才有效。知识工作者工作是组织性的,以团队的形式分工合作,因为只有组织才能将知识工作者的专业知识转化为特定工作的绩效。所以,知识社会是组织化的社会。每一个组织都是高度专业化的工具,其目的和功能都是把专业知识结合进某项特定的共同任务中去。

6. 工作和生活方式的改变

随着网络技术和多媒体数字化技术的发展,人们的工作和生活方式都将发生极大的改变。地理位置对工作和生活的限制将大大减少,空气清新、环境优美的城市郊区,以及多元化的社会成为人们生活的首要选择。同时,人们对于知识和精神方面的需求不断上升,在"虚拟空间"流连的时间将逐步超过物理空间,并最终完成对于虚拟网络空间的有效管理。

4.2.2 知识管理的概念与特征

1. 知识管理的概念

所谓知识管理,就是以知识为核心的管理,是指在组织发展过程中对各种知识创造、获取和更新的管理过程。知识管理包括企业信息管理、人力资本管理和知识资本管理。专家认为知识资本应包括人力知识资本、企业知识产权、组织结构资本和市场网络资本等。

2. 知识管理的特征

如前所述,工业经济时代所要求的管理模式是等级制或科层制。该模式强调明确的专业分工和金字塔式的权力结构,追求的是大机器生产的规模化和集中性。自 20 世纪 90 年代以来,随着知识经济时代的到来,一种新型的组织形式和管理模式——知识管理开始出现并引起广泛的关注和重视。

(1)该模式强调灵活性、分权性和应变性,网络式的组织结构逐步取代传统的等级组织结构。

(2)知识管理是管理领域的革命。德鲁克认为,"知识被用于知识本身,这就是管理革命"。在这一革命过程中,管理的组织结构发生重大转变,知识构成管理的基础和核心,与传统的组织管理强调人的职位或工作分工相比,知识管理更加强调人的知识分工或人的素质。

(3)知识管理把知识应用于管理的全过程。这一过程的实质是:"提供知识以找出应用现有知识达到创造效益的最佳方法,这就是所谓的管理。"

(4)知识管理的目标是以知识为基础的组织创新。正如知识管理学家提出的,"创新需要应用知识,而富有高创新精神的组织则依靠知识的获取、整理和传播"。

(5)知识管理是网络结构的管理模式。人类正在步入网络化世界,其突出特点是:共享信息和知识资源,侧重并行的平等关系,每一个成员作为网络结点都有同等重要的意义。因此,网络结构的管理模式具有更大的灵活性、适应性、弹性和柔性。

(6)知识管理更加强调学习和自我管理。在知识时代,技术知识的更新速度加快,要使组织和系统提高应变性和适应性,必须加强学习,即根据需要有效地获取应用知识。所以,知识管理更加强调自我发展、自我管理和自我学习能力。

[本章撰稿人:庞景安]

参 考 文 献

[1] 靖继鹏,吴正荆. 信息社会学[M]. 北京:科学出版社,2004
[2] 孟广均等. 信息资源管理导论[M]. 北京:科学出版社,2003
[3] 靖继鹏. 应用信息经济学[M]. 北京:科学出版社,2002
[4] 美国信息研究所. 知识经济[M]. 南昌:江西教育出版社,1999
[5] 邱均平等. 网络数据分析[M]. 北京:北京大学出版社,2004
[6] 毕强等. 网络信息资源开发与利用[M]. 北京:科学出版社,2002
[7] 冷伏海等. 信息组织概论[M]. 北京:科学出版社,2003
[8] 刘昭东,陈久庚. 信息工作理论与实践[M]. 北京:科学技术文献出版社,1995
[9] 马费成等. 信息经济学[M]. 武汉:武汉大学出版社,1987
[10] 乌家培等. 经济信息与信息经济[M]. 北京:中国经济出版社,1990
[11] 译熙. 走近数字时代[J]. 现代信息技术,2004(7):40~43
[12] 马费成等. 数字时代情报学展望[J]. 郑州大学学报,2005,38(4):5~9
[13] 吴慰慈等. 数字时代图书馆学的发展趋势[J]. 郑州大学学报(哲社版),2003,36(1):5~15
[14] 李志刚等. 我国知识服务业发展的现状、问题和对策研究[J]. 科技进步与对策,2005(6):94~97
[15] 金雪军等. 中国知识服务业发展问题探析[J]. 软科学,2002,16(3):12~16
[16] 陈兴淋等. 我国知识服务业发展现状及其对策研究[J]. 华东经济管理,2005,19(5):53~56

[17] 曾民族. 构建知识服务的技术平台[J]. 情报理论与实践,2004,27(2):113~119
[18] 张新民等. 从信息服务迈向知识服务[J]. 中华医学图书情报杂志,2005,14(1):6~9
[19] 郑永田,金万. 数字图书馆信息资源建设研究[J]. 图书馆学刊,2005,(4):60~62
[20] 卢新海. 政府信息化与政府绩效[J]. 湖北社会科学,2003(10):56~58
[21] 刘刚,娄策群. 政府信息化与社会信息化的互动影响[J]. 情报科学,2005,23(3):342~348
[22] 林聚任,李蕴. 知识社会与知识管理革命[J]. 山东大学学报(哲社版),2001(4):77~81
[23] 尼·施特尔. 走进知识社会[J]. 中国青年科技,2002(9):26~28
[24] 何传启. 走向知识时代[J]. 金三角:经济、科技、社会,2000(6):48~49
[25] 曹勇刚:中国的数字鸿沟问题及对策. 现代情报,2004(11):108~111

第 2 章　信息服务与知识服务

§1　信息服务的概念

1.1　信息服务的产生

在人类社会形成初期,由于生产力的发展水平低下,人类的信息活动仅限于满足生存需要,此时的信息活动处于自然发展状态。随着社会生产力的进步与发展,包括科学信息、生产信息、物质交流信息、战争信息和生活信息在内的各类社会信息大量产生并交换流通,逐步形成了信息交换、传播的社会组织系统,产生了现代意义上的印刷、出版、通信、流通等信息服务的雏形。

20世纪初期,随着工业经济的发展和流通与服务行业的兴起,多种类型的信息交流中心、数据中心与咨询机构开始面向社会提供服务并形成了一定规模,初步形成了服务于社会和经济发展的信息服务体系。这一时期的信息服务,总体来说处于从自发、分散向协调、有序发展的阶段,虽然各部分的信息服务之间的联系松散,但是在服务业务的开展上相互补充、相互促进。20世纪中期以来,随着经济的发展以及科技与经济的结合信息资源的开发、组织和有效利用问题受到了普遍重视,信息服务行业逐渐兴起,信息经济逐渐成为一种新的经济形态,推动了新的社会组织模式和发展模式的形成,特别是20世纪中后期信息技术与网络技术的迅猛发展从根本上改变了传统信息服务的技术手段,为现代化信息服务奠定了坚实的技术基础,将信息服务推进到网络时代。

1.2　信息服务的定义

随着信息化进程的快速推进和信息社会的到来,信息服务业已成为信息产业中重要的组成部分。信息服务作为一种特定范围的信息活动,是与信息和信息工作密切相关的,其含义有狭义和广义之分。

从狭义上讲,信息服务只是信息交流系统(信息搜集、整理、加工、报道、服务、反馈)中的一环,仅指接待用户并为其提供信息产品的工作,是专门信息服务机构针对用户的信息需要,及时地将开发好的信息产品以用户方便的形式准确传递给特定用户的活动。

从广义上讲,信息服务涵盖了整个信息工作内容,包括信息的搜集、整理、存储、加工、分析、传递、利用等各项活动,泛指以产品和劳务形式向用户提供和传播信息的各种信息劳动。

信息服务是一个中介过程，是联系信息源和信息用户的纽带，同时它又是一个不间断的服务过程，与信息工作的各个环节密不可分，它渗透于信息工作的每个环节之中。因此，从广义的角度来理解信息服务更为合理。

1.3 信息服务的特性

1.3.1 社会性

在现代社会的网络环境下，信息服务逐步由封闭走向开放。信息服务的社会性主要表现在两个方面：一方面是信息用户的社会性。在过去封闭的环境里，由于信息传递的不便和信息资源的匮乏，信息服务的对象范围很小，受到地域的限制比较大，而在网络环境下，信息资源极其丰富，信息的传递和信息服务的提供不再受到地域的限制，任何人都可以通过网络提出信息服务的请求、享受信息服务。另一方面是信息用户需求的社会性。社会的发展激发了人们潜在的信息需求，使其呈现出社会化的特点。

1.3.2 知识性

信息服务是一种知识密集型服务，它以信息资源作为重要的生产要素，依靠生产者的智力投入，依托现代化的生产手段，最终产出知识含量丰富的信息产品。信息服务的本质是一种创造性的科学劳动。对于消费者而言，信息服务有助于增加其知识储备，提高其知识水平。因此，知识性是信息服务的一个重要特点。

1.3.3 时效性

信息服务的时效性是由信息本身的时效性决定的，同时也是对提供信息服务的一种客观要求。信息服务产品的生命周期通常比一般产品要短，一台设备可能用上几十年，但是一种软件产品可能在几天的时间内就被其他的新产品所替代。而且，同一般的服务活动一样，信息服务活动也是跟随用户的信息需求变化而改变，新的信息需求产生了，信息服务就要满足这种新的需求，即具有时效性。

1.3.4 共享性

共享性即非排他性。信息本身具有共享性的特点，信息服务的过程是一个信息序化的过程，这个过程不会导致信息的消失或减少，反而会实现信息的增值效应。信息服务提供者在向一个对象提供服务的同时，仍可向其他服务对象提供相同或者不同的信息服务，并且同一个服务对象对于信息服务的利用不受地域和时间的限制，各个对象之间对于相同信息服务的利用互不干涉和影响。所以说，信息服务在时间和空间上，都具有共享性。

1.3.5 针对性

信息服务的针对性和社会性是两个不同的概念，但两者又是对立统一的。社会化是就服务领域的拓展而言的，而针对性是就用户服务而言的。信息服务的社会性为针对性提供了基础,而信息服务针对性是对社会性的深化。在现代信息化社会中,信息资源的极大丰富使得信息服务过程的主动权掌握在用户的手中,用户可以根据自己的实际需求来决定获取何种信息和获取该信息的来源,这使得信息服务的针对性显得尤为重要。同时,随着信息服务业的不断发展,信息服务过程的不断完善,人们的信息需求开始向个性化方向发展,这也要求信息服务具有针对性。

1.3.6 增值性

信息服务是一个增值过程,其增值性是针对用户而言的,主要表现在经过信息服务过程以后,信息在广度、深度、时效性、准确性和关联性等方面有了明显的提高和改进,从而使用户能够更加快捷、方便、准确地获取和利用信息。信息服务是一个由原始信息到信息产品的信息加工过程,信息服务产品经过这个流程凝聚了生产者的智力和劳动,从而具有了更高的使用价值。

1.3.7 网络性

随着互联网的发展,信息服务获得了更广阔的发展空间,网络使信息的获取和利用更加方便。现代信息服务以网络为生产平台,提供网络化信息服务,因此现代信息服务比以往任何时候都更依赖于网络。

1.4 信息服务的类型

1.4.1 按信息服务客体划分

(1)实物信息服务是指在提供信息服务的同时提供信息服务产品的载体,而且这种载体不是单纯的载体,所要提供的信息服务产品如果离开该载体是无法存在或者表达的。例如,某摩托车展会提供的摩托车样品,其结构展示的就是一种技术性信息,这种信息服务产品是不能脱离其实物的,提供该类信息服务的同时要提供信息实物。

(2)交往信息服务是指提供一种交往信息,或者说是在不同的用户之间搭建了一个交往的平台,为各方面交往信息的获取与交流提供渠道。目前,我国很多中介公司所提供的信息服务都应该归属这一类型。

(3)文献信息服务是指所提供的信息来源于文献。在网络建设不完全的情况下,传统的信息服务机构主要提供的是文献信息服务,如图书馆、信息中心、档案馆等向用户提供的信息服务基本上是文献信息服务。

(4)数据信息服务是指向用户提供数据信息,也包括对统计数据的收集、整理、分析等。

1.4.2 按信息服务深度划分

(1)一次信息服务提供的是传统形式的信息产品,如书、报刊、杂志等出版物,以及这些出版物的数据库或数据库存储系统,这些产品均为原始的信息载体。

(2)二次信息服务提供的是获取信息的线索,可分为索引、文摘、题录服务等,同时还包括最基本的参考工具服务(提供事实、数据线索等)。

(3)三次信息服务提供的是对一次信息和二次信息服务结果进行加工后所得到的成果,主要有综述、述评、汇编等形式。

1.4.3 按信息服务内容划分

可以分为科技信息服务、经济信息服务、社会信息服务、管理信息服务、教育信息服务、军事信息服务等,其所提供的信息服务内容分别涉及科技、经济、社会、管理、教育和军事等方面的信息与知识。

1.4.4 按信息服务形式划分

(1)通信服务是指利用各种通信系统,如以远程和本地的有线电话网、无线电话网、有线电视网和计算机数据网为基础组成的现代通信网,通过多媒体技术,为家庭、办公室、医院、学校等提供的文化、娱乐、教育、卫生、金融等方面的信息服务,包括网络服务、移动通讯、固定通讯、邮政业务等。

(2)宣传报道服务亦称大众传播服务,是指通过报纸、书籍、广播、电视、电影等现代化的传播工具,将信息传播给信息接受者的过程。宣传报道服务离不开大众传播媒介,由它们将社会信息加以采集、筛选、加工、生产,并通过先进的印刷技术或电子媒介等,向无法预知的大众进行传播。

(3)新闻出版服务,这类服务实际上包括编辑、出版、印刷、发行或发布等,在信息服务流程中,完成对知识信息的搜集、加工、生产(主要指信息物质载体的生产)、流通(传播),最终产品以纸质书刊文献、音像出版物和电子出版物的形式,为接受者提供服务。

(4)信息提供服务是指根据特定用户的特定要求提供所需信息的活动,特点是直接提供有针对性的信息资源,但并不提供该资源的获取方式等其他相关信息。

(5)信息检索服务是指利用终端设备,通过通信网络,运用一些特定的指令和检索策略,与存储有大量信息的服务器进行人机对话,从而查出所需的特定信息而为用户提供的服务。目前,基于互联网的信息检索服务主要有专利信息检索服务、文献信息检索服务和商业信息检索服务,检索手段也非常丰富,包括全文检索、多媒体检索和网络信息检索等。

(6)信息分析服务是指信息机构(如科技信息研究所、信息中心或各种商业信息机构)按照用户的特定需求进行信息的深加工,形成"综述"、"述评"、"研究报告"、"市场预测分析"之类的信息产品,并提供给用户使用的服务过程。

(7)咨询服务是由现代咨询机构借助于信息资源为用户提供的智力服务,它为用户提供经过加工的专题性信息产品或综合性研究报告,以及在此基础上的决策参考或建议、方案等。

1.4.5 按信息服务费用划分

(1)有偿服务,也可以称为商业性服务,这类服务以营利为目的,通过市场实现信息服务的使用价值。有偿服务按照市场规则运转,投入产出经济核算以具体的组织或个人为单元。

(2)无偿服务,也可以称作公益性服务,这类服务以社会效益为目的,免费或者只收少量费用向社会提供信息服务,由国家承担大部分的投入,如图书馆的文献信息服务等。

此外,按信息服务内容划分,还可以分为科技信息服务、经济信息服务、社会信息服务、管理信息服务、教育信息服务和军事信息服务等。

1.5 信息服务的内容

由于从广义的角度来理解和研究信息服务更为科学、合理,所以我们这里主要探讨广义的信息服务内容。广义信息服务的主要内容包括以下4个方面:

1.5.1 信息检索服务

信息检索服务是指将信息按一定的方式组织和存储起来,并根据信息用户的需求找出有关信息的过程。目前,最重要的信息检索方式是网络检索。计算机网络的应用给信息检索注入了新的活力,使其检索方式、检索策略和检索结果发生了质的飞跃。同时,也给信息检索带来了更大的挑战,信息检索只有适应全球网络化的趋势,引入并充分发挥新检索技术的作用,才能更好地为用户服务。

1.5.2 信息报道服务

信息报道服务是指通过运用不同的新闻信息传递载体(即大众传播媒介或称新闻传播工具)及技术,采集、选择、加工大量事实信息,使之变成新闻信息并传递给受众的过程。其主要服务内容包括事实报道、思想宣传和广告宣传等。

(1)事实报道是指对客观世界发生的各类新情况、新事件及其发展变化状况进行迅速、及时、准确、真实的播放或发布。

(2)思想宣传是指通过新闻部门宣传报道某种主张,提倡某种行为规范,反映民众心声,宣传主流的价值观念。

(3)广告宣传是对商品、劳务、文化、社会等各种信息的有偿传递活动。它可以沟通产销,了解消费,直接或间接地为推销商品服务,也可为消费者选购商品提供一定的参考。

1.5.3 信息咨询服务

信息咨询服务是指利用专门的知识、信息、技能和经验,针对用户需要解决其各种复杂难题,提供解决的建议或方案,或为决策者提供参谋性意见。信息咨询服务的功能主要在于为科学决策服务,其服务的内容主要包括信息分析、决策分析、科学预测、解决方案、评估优选和实证反馈等方面。

(1)信息分析是指信息咨询服务人员为决策者在决策前提供背景情况及一系列可供选择的建议和方案,增强决策者决策的准确性和科学性。

(2)决策分析是指信息咨询服务机构根据自身的知识和经验,对决策方案进行经济、社会、科技等方面的综合分析,提供决策的科学依据。

(3)科学预测是指对决策的目标、过程、结果及未来的发展趋势作出科学的预测,使得决策更加具有长远性、可发展性。

(4)解决方案是指信息咨询服务人员在经过科学的分析研究后,为决策者制定具有可行性的执行方案。

(5)评估优选是指通过对各种方案进行严格的比较评估,选择出最优方案。

(6)实证反馈是指在决策方案选定之后进行实证研究,检验执行的效果,并将分析意见反馈给决策者。

1.5.4 网络信息服务

网络信息服务是伴随着互联网的发展和应用而出现的。互联网是一个开放、内容丰富、收费相对低廉的信息高速公路,为我们提供了丰富的信息资源和服务,主要有电子邮件、电子商务、电子咨询、电子图书馆、电子广告、电子订货、电子公告板、电子数据交换和各类网络增值服务等。

网络信息服务以互联网络为传递信息通道,为用户提供数字化的电子信息,它打破了信息服务的时空界限,使人们可以平等地利用网络信息资源。网络信息服务的出现为信息服务带来了新的发展契机。随着网络技术的发展及由于网络应用而产生网络经济,网络信息服务的外延和内涵都有了新的意义,网络信息服务领域不再仅仅局限于互联网,还包括电信网、有线电视网等提供信息资源的网络,网络信息服务社会化、个性化、一体化、集成化等特点向各个网络提出了更高的要求,为了充分利用和开发网络信息资源,多网合作已成为网络信息服务发展的重点。

1.6 信息服务的发展

信息服务在网络环境下有了突飞猛进的发展,网络为信息服务提供了很多的便利条件,为信息服务注入了新鲜血液,同时也在某种程度上指引了信息服务的发展方向。

1.6.1 信息服务集成化

信息集成是指针对某个既定任务,或是面向某项特定任务,对信息进行集成化的组织和管理。信息服务的集成化主要体现在信息的集成化和服务的集成化两个方面:

(1)信息的集成化是指为了使提供信息服务的数字资源全面而丰富,必须通过知识信息资源共享将分散在本领域和相关领域的专门知识信息资源加以集中组织。

(2)服务的集成化是指为了满足用户对于信息类型和信息载体多样化的要求,必须实现检索系统由单一数据库检索向多个相关数据库的跨库检索过渡。

1.6.2 信息服务预测化

未来信息服务不会局限于对现有信息的搜集、整理和初步加工,为用户提供信息综合化的成果,而是延伸到更高级的信息分析对未来预测的支持作用上。

1.6.3 信息服务主体多元化

信息服务多元化的趋势是指信息服务主体的多元化,即未来信息服务的提供方应该是商业化信息服务机构和公益性信息服务机构并存。其主要原因是：第一，信息服务作为一个新兴产业，当然要追求利润，但是，也有一部分服务仍将是公益性的，如科技信息研究所、信息中心、图书馆等；第二，信息服务的对象并不完全是信息服务机构外部组织或营利组织；第三，即使是在电子信息服务时代，传统的公益性信息服务也不会消失。因此，未来的信息服务主体必然是多元化的。

1.6.4 信息服务社会化

未来信息服务的社会化主要表现在两个方面：一是用户信息需求的社会化。网络化的大背景使得信息服务对象的信息需求从源于本单位扩展到全社会；二是网络资源的组织和共享。网络的发展从客观上突破了信息服务原有的时间和地域的限制，把分布在不同地域、不同数据库的信息资源集合在一起，同时也将不同地域、不同的用户纳入了这个服务体系。

§2 知识服务的内涵

2.1 知识服务的出现

从信息服务到知识服务是近半个世纪信息技术高速发展带动信息服务升华的结果。1962年，美国经济学家弗里茨·马克卢普在其《美国的知识生产与分配》一书中，首先在信息服务和信息产业的基础上提出"知识产业"概念。他认为任何把信息、信息产品、信息服务加工成知识或直接产生知识的生产活动和服务都是"知识产业"。在那以后，美国人更多地称之为"知识服务业"。无独有偶的是，丹尼尔·贝尔也在"后工业社会的来临"中提出了"知识型服务业"概念，并强调它是一种运用智力资源为主的新型服务业。1998年世界银行已发现知识服务业已成为全球经济发展的新的强大动力，于是发表了"知识促进发展"的专题报道，指出以知识为基础的产业产值已占GDP的50%。21世纪伊始的2001年，美国总统信息技术咨询委员会(PTTAC)在向总统布什提交的有关人类知识存取的专门报告中，以及美国国家科学基金会(NSF)在2003年召开的"后数字图书馆的未来"的研讨会上，知识、知识服务乃至知识产业便被强调成为新世纪服务活动的重点。

目前，全球正在发生一场由物质型经济向知识型经济的深刻转变，知识的传播、创新和应用成为推动社会进步的主要动力。进入知识经济时代后，知识成为最重要的生产要素和战略资源，知识创新和应用能力成为组织的核心竞争力。在此背景下，传统的信息服务难以适应知识经济的发展和知识创新的需求，知识服务应运而生。

我国"十五"计划中明确提出"用信息化带动工业化"，以实现经济和社会的跨越式发展，并明确地把信息资源开发利用作为信息化建设的核心，纳入了国家信息基础设施建设的范畴。相应地，以信息资源开发利用为主业的科技信息服务业，也面临着进一步发展和调整。

科技信息服务机构和从业人员面临着严峻挑战。首先，它们自身所拥有的信息资源的优势已逐渐消失，以往用户必须依靠图书馆和期刊杂志来获取信息，而现在，用户可以方便地从其他渠道获取到所需的期刊杂志,一线科研人员甚至可能拥有比信息服务人员更多的信息源;其次,随着外语的日益普及和水平的不断提高,外语已经成为科研人员的基本技能,以往图书情报人员所具有的外语优势也不复存在;第三,随着网络的迅速普及和发展,互联网也不再是情报人员所独享。人们可以克服时空的屏障,通过互联网获得所需的信息。然而,形势的变化和技术的发展在带来挑战的同时,也为我们带来了更大的发展机遇。随着信息时代的到来,人们每天都要接触到大量信息,其中充斥着大量的无用信息,这时用户迫切需要的是能够针对其知识需求,提供有助于解决具体问题的信息和知识服务,而不是在信息的汪洋大海中盲目搜寻。因此,如何对大量信息进行有效的组织和管理,并从中挖掘、整理出有用的信息,并使其转化为知识产品,为用户提供高水平的知识产品,满足用户高层次的知识需求,已成为信息服务机构和情报人员的工作重心。同时,情报人员在这方面也具有一定的先天优势,因此,这也是情报人员体现自身价值、发挥自身作用的大好时机。

总之,在现代信息环境下,以提供信息为主的传统信息服务已不能适应形势的发展,从信息服务到知识服务的进化是大势所趋。知识服务是信息服务发展的必然结果,是科技信息机构未来发展的必由之路。

目前,知识服务主要有两种服务方式:一是静态知识服务方式,即信息机构运用现代先进的信息技术和通信设备,以网络为媒介,向广大知识用户提供知识服务的方式。这种知识服务方式由"知识用户"+"知识服务平台"+"知识仓库"构成。知识服务平台就好比"知识的网络操作系统",自身具有知识服务功能,同时可以对知识仓库的运行进行管理。这种服务提供的直接主体是知识仓库,最终主体是人。目前这种服务方式在国内发展比较迅猛,如在图书馆网站、学术论文网站等都得到广泛应用。二是动态知识服务方式,即知识用户通过中介组织与知识的直接提供主体之间进行交流,这种服务方式存在两种情况:①知识服务交易在知识服务平台进行;②有时,通过知识服务平台仍不能实现知识服务的目的,故而转为知识拥有者对知识用户的直接服务,即知识用户与知识的直接提供主体面对面地开展交流与合作。

2.2 知识服务的含义

知识服务是一种基于一切信息资源(馆藏物理资源和网络虚拟资源)、以用户需求目标驱动的、面向知识内容的、融入用户决策过程并帮助用户找到或形成问题的解决方案的增值服务。知识服务从各种显性和隐形信息资源中,针对人们的需要将知识提炼出来,它以信息服务为基础,并对信息服务提出了更高的要求。

2.2.1 知识服务是用户目标驱动的服务

知识服务关注的焦点和最后评估的准则不仅仅是向用户提供所需的信息,更重要的是通过服务解决用户所面临的问题,这突破了信息服务将信息资源的获取和传递作为工作重点的局限性。

2.2.2 知识服务是面向知识内容的服务

知识服务根据服务对象或用户的需求,动态地收集、选择、分析和利用各种知识信息,对其进行深层次的开发、分析和重组，精选出有用的知识，形成各种符合需要的知识系列产品，提供给用户。它的本质是知识创新。

2.2.3 知识服务是面向解决方案的服务

知识服务的重点是帮助用户寻找解决方案，寻找解决方案的过程也就是对信息和知识不断查询、分析和重组的过程，这个过程中的知识服务是围绕解决方案的形成和完善而展开的。

2.2.4 知识服务是贯穿用户解决问题过程的服务

知识服务贯穿于用户获取、分析、整合和应用知识的全过程，它根据用户的特定要求，为用户提供动态的连续性服务，而不是简单地一次性提供若干知识。

2.2.5 知识服务是面向增值的服务

知识服务不局限于为用户提供现有信息资源的存储位置和获取方式，它更加关注利用服务人员特有的知识、经验和能力来帮助用户解决其基于自身知识、经验和能力尚难以解决的问题。知识服务通过提供专业知识和经验能力为用户创造价值，使自己的产品或服务成为用户的组成部分，它通过提高用户本身的专业知识和实际能力来实现价值，而不是仅仅通过资源占有、规模生产、劳务服务等来实现价值。

2.3 知识服务的特性

知识服务作为信息服务的高级阶段，是基于信息服务的，并对信息服务提出了更高的要求。知识服务本身具有以下特性：

2.3.1 整合性

知识服务是在分布开放的网络环境下，从各种纷繁复杂的信息资源中获取有价值的信息，对其进行分析、归纳、重组、整合，形成有价值的新知识。知识服务的一项重要工作是将难于掌握、不易显现的隐性知识，经过人的智力劳动和计算机的人工智能辅助，转化为可以量化、易于整理、方便表达和利用的显性知识。因此，知识服务具有整合性。

2.3.2 动态性

知识的动态性直接决定了知识服务的动态性，它要求知识服务具有连续性，同时也使知识服务呈现出不稳定的特性。知识的可增长性和可变性，使得对于同一问题的知识服务可能会因时间的不同而有所区别，因此，知识服务要充分调动各种信息资源和知识，不断地依据用户新的需求，进行信息的搜集、加工、重组，通过资源集成、系统集成、服务集成，动态地、连续地实施服务，满足用户的需求。

然而，知识服务的动态性也带来了知识服务的不稳定性，因为服务人员的经验、素质、培训程度等方面的差异，会造成服务水平、服务质量的差异。因此，只有通过建立规范化的服务项目、服务标准和服务方式，才能确保知识服务的水平和质量。

2.3.3 专业性

知识服务的专业性体现在专业化的服务、高素质的人才和细致的专业分工等方面。首先，知识服务是按具体的专业领域组织和实施的服务，要求形成详细有别、深浅各异的多层次的系统的知识产品，以满足用户多层次、多方位的服务需要；第二，知识服务人员要具有良好的教育背景和专业基础，以及较强的学习能力。知识服务人员素质的高低是从事知识服务的机构成败的关键。第三，专业分工细致。知识服务的专业性主要体现在日益细致的专业分工上，如咨询服务可以分为管理咨询、战略咨询、信息咨询等，而管理咨询又进一步细分为企业重组咨询、人力资源管理咨询、生产运作管理咨询、IT实施管理咨询等。

2.3.4 个性化

知识服务是一种个性化的服务，它是针对于某一具体问题，按照不同客户的主题需求进行的个性化应用服务。而且，信息资源的逐步网络化，激发了用户更具针对性、更为个性化的服务需求，使服务手段更加多元化，几乎不受时间、空间和服务对象数量的限制，这样就为知识服务的个性化服务提供了可能。个性化的知识服务按用户需求量身定做，服务方式根据用户的喜好和特点开展，充分体现了知识服务鲜明独特的个性化服务特征。

2.3.5 全球化

知识服务全球化的一个基础就是网络化，当今的网络化是实现知识服务最可行、有效的途径，并为全球化提供了可能。知识服务赖以生存的基础之一是知识的高度共享性和转移性，在网络化条件下知识服务可以不受具体物质条件的限制开展全球化服务。

知识服务不同于传统的信息服务和其他服务，其独特之处有以下几个方面：

——知识服务不仅有增值性和效益高的特点，而且倍增效应和带动效应巨大；

——知识服务要求高素质的从业人员，需要智能高的复合型人才；

——知识型服务有很强的聚积性，一般聚集在具有雄厚经济实力和知识储备的大城市或中心；

——知识服务是全球化服务，其服务业多是跨国企业；

——知识服务业专业分工越来越细；

——知识服务具有高交互性和定制服务的特点；

——知识服务组织形式多样化。

2.4 知识服务的一些模式

知识服务是用户目标驱动的服务，同时又是灵活的、深入的、个性化的服务，它适合建立弹性工作体系和柔性服务机制。从用户的角度来讲，最理想的知识服务模式，应该是一种类似家庭医生、特别法律顾问式的服务，即一种能够提供方便的、个人的、适时的、系统的、高智能的、解决实际问题的服务。因此，根据这些特点，知识服务应提供一种定制化的专业化服务。一般说来，定制化服务包括定制化服务结果、多样化服务过程和个性化服务行为。要提供定制化服务,必须要求知识服务机构(人员)做到:善于了解用户的真实要求;灵活地满足用户的独特需要。在用户方便的时间、地点,使用方便的服务程序,为用户提供优质的服务。而专业化服务则是利用特殊专业知识帮助用户解决特定问题。为了实现这些要求,知识服务通常有以下几种模式。

2.4.1 专业知识中心模式

这种模式以专业知识为基础,以专业信息资源为内容,按专业类别进行知识组织,定位于专业信息资源的集成,向用户提供知识服务。专业信息中心模式可以分为以下3种具体的组织模式:

1. 学科知识中心模式

此模式是将专业信息资源导航、专业化网络检索工具、图书馆资源检索、专业论坛、专业研究和会议动态、专题文献报道、专业咨询等集成在一个层面,这样,一方面通过提供前台服务,能够及时与专家沟通;另一方面能够集中力量展开对重点专业信息资源的建设。同时,独立的组织建制能够使知识服务机构建立与特定服务对象的长期服务关系,从而提供更为具体的连续性服务。

2. 专业化网上知识服务模式

该模式提供专业的网上服务界面和网上资源。其中,专业化网上服务界面主要是依靠建立专业网站,向用户提供经过专业人员精心选择和管理的资源目录或导航库,来定期动态报道专业信息资源的更新情况、专业领域的学术动态,组织专业信息资源评价,为专业用户提供及时的、易接近的专业信息获取窗口。

3. 专业化全面知识服务模式

专业化全面知识服务模式不仅以其"非中介性"为用户获取知识单元提供了便利,而且对知识服务的进一步深入开展提供了一个理想平台。在该模式中要深入到揭示知识单元间的关系,通过严格的评价标准选择信息和分析信息,因而可以说其所提供的信息资源本身即凝聚着许多增值性的服务。

2.4.2 虚拟社区模式

虚拟社区模式定位于向专业信息用户提供信息交流的平台,并且基于该平台为特定的用户提供知识服务,促进虚拟学术团体的课题研究工作,满足用户的信息需求。该模式主要表现形式是利用邮件群、公告版、电子论坛等工具,开展课题知识服务,或通过建立学科公共信息服务体系提供知识服务。该模式支持专业人员之间、用户与知识服务人员之间汇集、交流、发布与专业有关的知识及相关工具与服务,成为专业的集学术、会议、刊物、图书馆等功能为一体的知识服务虚拟社区。当前,这种虚拟社区知识服务模式已被各种研究组织,如专业学会、研究中心等加以广泛利用。

2.4.3 结构化参考服务模式

参考服务是当代知识服务机构一般都具有的一项服务内容。一般的参考服务模式以在知识服务机构的显著位置设置"咨询台"为标志,立足于提高服务的"可接近性"(Accessibility),利用咨询台收集用户接受服务过程中出现的各种问题,为用户提供一个开放的、可接近的服务环境。然而,由于用户提问的内容广泛,数量庞大,与咨询人员相对不足形成了尖锐的矛盾,因此这一模式在实际应用中只能解答相对简单的问题,服务的深入程度不够,更难以展开个人化、专业化的服务工作,从某种程度上说更类似于一种知识服务机构内部资源的"导航"服务。

结构化参考服务模式一方面继承了一般参考服务模式高度可接近性的优点,另一方面又通过建立细分的咨询体系为咨询服务的进一步深化提供可能。该模式以"层次化"的咨询建制为特征,保留显要位置上的咨询台,为用户解答简单问题和引导用户接受进一步的咨询服务,在此基础上按照问题的难易程度、资源利用量和利用方式或者专业类型等标准划分成若干具体咨询部门,并在人力、资源等方面进行对应的配置和分布。由于结构化参考服务模式立足于用户问题的深入解决且提供了相应的人力和资源支持,在一定程度上为实现服务的个性化和连续性提供了可能,同时也对咨询人员的知识和能力有更大的倚重,因而相对而言,这一模式对咨询人员的知识结构和业务素质有更高更具体的要求。

2.4.4 顾问公司模式

顾问公司模式是一种依靠临时团队提供知识服务的模式,即针对特定任务组织专门的人力、物力展开服务工作。由于这种模式能够降低知识服务的固定运营成本,同时又不影响知识服务的效果,故该模式在科研机构、顾问公司、诊断公司等机构中得到广泛应用,其中包括美国兰德公司、日本野村综合研究所等著名公司。顾问公司模式的特点是:

1. 柔性组织机制

在顾问公司模式下,管理成为一种结合力,组织在得到用户需求以后,按照既定规则和程序建立一定规模的临时团队,这个团队的成员可以是从组织内部的各个部门抽调的人员,也可以是从组织外部聘请的专门人员,这样不仅可以保持组织内部紧凑的人员结构,也减少了团队人员之间复杂的关系,明确了工作目标,营造了良好的工作氛围。而且,在该模式下,任何团队的建立都是根据用户需要进行的,人员更加专业,分工更加有效,所以更能积极有效地解决问题。

2. 嵌入式服务

临时组建的团队目标和责任明确,权力独立,而且团队人员工作比较集中,行动也比较灵活,可以"嵌入"到委托方的组织之中,随时采取诸如现场观察法、参与指导法、专家意见法、调查法、实验法等方法寻求问题的最佳解决办法。所以说,这种嵌入式服务大大加强了服务的深入性,提高了解决问题的效率。

3. 专家的广泛引入

由于知识服务所要解决的用户问题往往具有专业性和复杂性,在面对具体用户问题时,知识服务机构往往需要聘请一些外部专家。这种服务模式使专家的引入更具有针对性,使临时团队的知识结构更加完善,而且该模式通过授权的方式激活了员工的积极性和创造力。从这个层面上讲,顾问公司模式是知识服务的一种理想模式。当然,顾问公司模式的采用需要投入相当大的人力、物力、财力,因而可以有重点地、局部地引入,采取诸如课题知识服务顾问等服务方式。

2.5 知识服务在发展中

2.5.1 建立个性化信息导引机制

个性化信息导引机制是指信息服务部门全面客观地分析用户的信息需求,通过信息挖掘、知识发现、智能代理等技术,对各种信息资源进行过滤,得到用户所需要的、个性化的信息资源精品,并利用电子邮件、频道推送或建立用户个人网页等方式传送给用户。这种机制下的知识服务特别强调跟踪服务,要定期向用户提供新文献通报、定题选报、定题资料摘编等服务;要跟踪用户的使用情况,分析其检索要求,优化检索过程,选择检索结果,逐渐形成用户个人的信息资源系统,使服务贯穿于用户信息搜集、分析和应用,直到解决问题的全过程。

2.5.2 实现"一站式"的参考链接服务

在信息服务发展的基础上,数据库产业建设如火如荼,但是现行数据库虽然种类繁多,涵盖面很广,却分属于不同的数据库供应商,检索平台、检索工具、检索界面都各不相同,不同数据库的文件甚至要用不同的浏览器才能阅读,这给广大用户有效利用数据库资源带来了严重的阻碍。这种情况下,需要一种学术信息导航与发现的工具,将各个不同数据库的检索利用统一到一个平台,即提供"一站式"的参考链接服务。

2.5.3 构建跨越时空的虚拟参考咨询服务模式

跨越时空的虚拟参考咨询服务是指在网络环境下,通过与知识服务机构主页简单链接的方式提供多功能参考咨询界面,用户和知识服务人员可以利用电子表单、邮件交互、在线聊天式实时问答等方式进行沟通。知识服务人员对于无法回答的问题,可以转交给其他专家回答,还可以将无法回答的问题提交给全球参考网络,通过全球参考网络寻找最合适的专家。这种服务模式基于互联网,它可以不受任何时间和空间的限制,用户可以随时向知识服务机构提交问题,也可以随时查询问题答案,以及问题的处理进度。目前,该系统已经在图书馆领域试行。

2.5.4 知识服务体系化

知识服务的发展非常迅速,从内容到方法都已初成体系,显示了该服务业的水平和强大生命力。

目前知识服务体系基本由知识管理、知识组织、知识发现和知识技术四大部分构成。

§3 信息服务走向知识服务

3.1 信息服务与知识服务的概念和内涵

通常认为,信息服务是以向人们提供有用的显性信息为内容的信息传播过程。其特点和

局限性在于:

1. 信息内容限于素材性的信息与显性知识

在信息服务过程中采集、提供的信息,并不要求对其所含的知识内容给予具体的分析、提炼,只是作为素材化的材料直接提供给用户。如一次文献、二次文献等。人们通过各种检索手段,获取的只是文献或数据信息本身,并不一定是知识。

2. 信息服务与隐性知识无关

信息服务采集、提供给用户的只是各种媒体明显呈现的信息,并不涉及对存在于人脑中的、具有创新活力的隐性知识的开发与管理。

3. 信息服务难以系统地满足用户的个性化知识需求

信息服务虽有能快速提供大量信息的优势,但难以简捷而系统地提供知识,以针对性地解决人们的问题。它也无法充分满足用户的知识需求,更无法挖掘各类隐性知识,难以对信息资源进行彻底的开发与利用。这一内在缺陷限制了它的价值空间,也制约了信息服务业自身的发展。

知识服务就是为了适应知识应用和知识创新的需要,通过对用户知识需求和问题环境的分析,针对用户解决问题的需要,经过信息的析取、重组、创新、集成,提炼知识的过程。知识服务的内容主要包含以下几个方面:

(1)可以通过期刊、学位论文、科学书籍、科学数据库等信息和知识源,直接提供显性化的知识。

(2)采用信息分析方法,辅以智能化手段(如知识发现和数据挖掘等),挖掘蕴藏于大量无序信息当中的有序模式。

(3)开发人们头脑中的隐性知识。将隐性知识显性化,并对之进行管理、利用,促进隐性知识和显性知识的相互转化。

(4)开发网络化知识元数据库。从全文数据库中提炼出能够明确表述知识内容的知识元,形成相互印证、相互关联的"网络化知识元数据库",并与各种数据库的全文进行链接,构成内容广泛的知识网络,为用户提供最方便的知识获取途径。如:美国汤姆森科技公司的"Web of Science"数据库。

(5)针对人们的需求提供具体的解决方案,提供专业化的知识服务。

3.2 信息服务与知识服务的区别

3.2.1 数据、信息和知识的定义与内涵

信息服务与知识服务的区别根本上源于信息和知识的区别。由于数据、信息和知识是进行信息服务和知识服务所依靠的最基本的原料,所以对信息服务和知识服务的对比分析,首先应从数据、信息和知识的关系入手。

在情报学理论和实践研究中,数据、信息和知识是最重要的研究对象,也是国内外报刊和日常生活中使用频率极高的概念,这三者之间的关系也逐渐成为学术界关注的重要问题。然而,对于数据、知识和信息的定义及其关系,目前远未达成共识,众说纷纭。

知识和信息,都是对客观世界的反映和认识,本质上是一致的,但程度上是有区别的,信息告诉人们"何时、何地、何人、何事"(When,Where,Who,What),而知识告诉人们"如何、为何"(How,Why)。

表 2.1 列举了一些国外学者对数据、信息和知识的定义。从中可以看出,数据、信息和知识在不同场合中具有不同含义。例如,数据可被理解为符号、数值或字符,信息可被看作一种商品、产品或事物。哲学家将知识看作已经被证明的真实的信念,而科学家将知识看作被记录的实证研究。

表 2.1 不同学者对数据、信息和知识的定义

作 者	数 据	信 息	知 识
Wiig(威格)		描述状态或情况的事实	真理和信念,观点和概念,判断和预期,方法和诀窍
Nonaka 与 Takeuchi（野中与竹内）		源源不断的有意义的消息流	由这些消息所产生的承诺和信念
Spek 与 Spijkervet	未被解释的符号	有意义的数据	发掘意义的能力
Davenport（达文波特）	简单的观察	有目的的相关数据	由人类创造的有价值的信息
Davenport & Prusak（达文波特与普鲁萨克）	一组分散的事实	试图改变接受者认识的消息	经验,价值观,洞察力,语境信息
Quigley 与 Debons（奎格利与德邦）	没有回答特定问题的文本	回答"何人/何处/何地/何事"问题的文本	回答"如何/为何"问题的文本
Choo 等	事实和消息	有意义的数据	经过证明的真实的信念

数据:是离散、互不关联的孤立的文字、数字和符号,是原始的、未经加工的事实,它自身没有预设的内涵或意义,彼此之间缺乏相关性和目的性。数据源自在阅读、观察、计算等活动中所获取的事实,是数据—信息—知识价值链中的初级阶段。对于这些缺乏相关性的资料,人们需要凭借认知能力对其进行解释,并在以往知识积累的基础上来推断它的意义。但人们并不能马上从数据中发现并识别它的基本架构和相关性,在人们的记忆中也不能抽取到足够多的信息来判断这些数据的价值;所以,人们只能通过将零碎的数据采集在一起来进行识别和推测。数据管理的主要目的是监控整个数据采集过程并确保其可靠性、连续性和完整性。

信息:是通过人的认知能力对数据进行系统组织、整理和分析后,被给予一定的意义和相互联系的事实。数据是形成信息的基础,只有经过处理、建立相互关系并给予明确的意义后,数据才会成为信息。将数据提升到信息的过程,实际上是根据人们认知历史和能力,通过以往的经验和记忆以及在特定专业、职业或文化背景下解读数据的能力,对数据进行吸收、识别和转换的过程。从数据到信息的准确转换,需要人们通过对数据的过滤、组织、归纳和综合,识别和发现数据背后的相关性和隐含意义,对其内涵给予充分的解释和说明,从而达到增值的目的。如果信息并没有提供用户所关心的内容,它仅仅是数据。信息管理的目的是通过信息的系统化和有序化管理,排除不确定性,简化复杂的关系,透过现象看到问题的实质,扩大记忆范

围。信息产品可以独立存在,它没有与特定用户行动发生必然联系。

知识:是通过人的认知能力和经验,通过对信息的推理、验证,从中得出的系统化的规律、概念或经验,是在信息分析基础上提供的解决方案和行动指导,它是言行的基础。根据达文波特的观点,知识比数据和信息更有价值是因为它更贴近行动。知识是结构性的经验、价值观念、关联信息及专家见识的流动组合,是行动和决策的依据和指南。知识产生于并运用于知者的大脑,为评估和吸纳新的经验和信息提供了一种架构。而在一个组织机构里,知识往往不仅仅存在于文件或文库中,也根植于组织机构的日常工作、程序、惯例及规范之中。

在此基础上,知识又可以分为隐性知识(tacit knowledge)和显性知识(explicit knowledge),显性知识是可以表述出来的知识,而隐性知识则难以用文字明确地表述。

比知识更高的是智慧。智慧浓缩了以往的知识和经验,表现出人对事物和事物发展趋势的洞察力和前瞻性。智慧依赖于人们的洞察力、直觉和长期经验,依赖于人的价值观和信仰。

3.2.2 信息和知识之间的区别

在实践中,信息和知识这两个名词经常互换使用,但信息和知识之间存在明显的区别。信息的价值在于它能够及时地满足使用者的一般要求,知识的价值在于它在特定的环境之下可以指导人们的决策和行动。知识与信息的根本不同在于:

(1)知识是关于信念和承诺的,知识随着具体态度、观点或意图而变。

(2)知识是关于行动的,它永远是"针对某种目标"的知识。

(3)知识由语境限定并与语境相关。因此,信息是源源不断的消息,而知识则是扎根于信息持有者的信念和承诺的信息流而创造出来的,知识本质上同人类的活动相关。

3.2.3 信息和知识之间的关系

关于数据、信息和知识的关系,目前主要有两种观点:

(1)价值链模型认为:在数据、信息、知识和智慧的价值链中,数据处于价值链的最下部,而智慧处于最高端,从数据、信息、知识,再到智慧,它的价值在不断增高。

(2)相互转化模型认为,数据、信息和知识是可以相互转化的,对同一条消息,判断它是数据、信息还是知识,主要依赖于接受者自身的知识状态和对它的解释程度,因此,信息和知识的区别取决于用户的观点。但是这两种观点都认为,知识与语境相关,与人相关,与问题解决相关。

从数据上升到信息,主要是在数据之间建立相关性,使其有序化和结构化,在这方面,信息技术可以发挥很大的作用。从信息提升到知识,主要在信息与用户需求之间建立联系,对信息进行解释,给信息赋予意义。要根据用户的需求,对信息进行分析、比较、综合和概括,从中发现问题的实质和核心,并对其发展趋势进行预测。与信息相比,知识与用户的需求是高度相关的,它直接为制定决策和行动方案服务。从数据到信息再到知识和智慧,越往顶端,人的参与程度就越大,隐性知识的含量越高。

一般来说,数据不会自动变成信息,信息也不会自动变成知识。实现从信息到知识增值的关键要素是人,增值程度主要受人的隐性知识的影响。隐性知识的投入比例越大,信息的增值幅度越大。人的隐性知识涉及认知、经验、技术、情感和信仰5个方面，人们调动这5个方面的库存对新的信息进行分析、综合、评价和判断，从而赋予信息以更高的内涵和价值，使其形成物化的知识产品。正是由于隐性知识的介入，知识具有了更多的主观色彩。

3.2.4 信息服务与知识服务之间的区别

信息服务是为用户提供基本"材料"，更多地体现了一种检索和传递的服务，即是否按用户要求提供了文献信息；而知识服务使用户获得由"材料"加工成的"产品"（即信息分析产品）。知识服务实际上是智力服务，是提供一种解决方案的服务，更多地体现了信息机构对知识信息资源开发和创新的服务，体现在是否帮助用户解决了实际问题。有关知识服务与信息服务的具体区别要点如表2.2所示。

表2.2 知识服务与信息服务的区别

	知识服务	信息服务
服务目标	面向解决方案的服务，它关注的焦点和最后的评价不仅仅是向用户所提供的信息，而是通过服务解决用户所面临的问题	注重信息资源的获取和传递，满足于具体信息、数据或文献的提供
服务方式	基于专业化和个性化的服务； 基于分布式多样化动态资源或系统的服务； 基于集成的服务	基于大众化的服务； 基于固有资源或系统的服务； 依靠大而全的系统或服务

具体有以下几个方面的差别：

1. 价值取向不同

与传统的信息服务以信息"资源"为中心的价值取向相比，知识服务体现的是"知识"的价值和"服务"的价值。

2. 服务性质不同

知识服务不再是以规范化的信息资源的收藏、管理和信息的组织、提供为标志，而是以灵活的服务模式充分利用和调动知识工作者的智慧进行的特定问题的分析、诊断、解决方案为标志。

3. 服务目的不同

知识服务是面向解决方案的服务，它关心并致力于向用户提供全面、完善的解决方案；它关注的焦点和最后的评价不仅仅是向用户提供所需的信息，而是通过服务解决用户所面临的问题。与此对应的传统信息服务则满足于具体信息、数据或文献的提供（最多提供综述性质的服务）。

4. 服务层面不同

信息服务主要为组织的技战术目标服务，是较低层面的服务，知识服务主要为组织的战略目标服务，是较高层面的服务，它是信息服务发展的最高阶段和最终目的。

5. 服务增值能力不同

知识服务不像信息服务那样仅限于以序化的方式向用户提供信息的存贮位置和获取方

式,而是将信息析取、整合、创新、集成为可直接应用的知识,进而提高用户知识应用和知识创新的效率,因此知识服务具有更高的增值能力。

6. 服务方式不同

首先,知识服务是基于专业化和个性化的服务,而不是大众化的服务;其次,它是基于分布式、多样化动态资源或系统的服务,而不是基于固有资源或系统的服务;第三,它是基于集成的服务,而不是依靠大而全的系统或服务。

7. 所依托的管理机制不同

信息服务是建立在对信息资源有效管理基础上的一种对用户信息需求的迎合措施,传统的信息管理手段和技术可以较好地满足要求,而知识服务则必须以有效的知识管理作为有力保障。

3.3 信息服务与知识服务的关系

知识服务需要以信息服务为基础,并对信息服务提出了更高的要求。因为任何服务、决策都离不开信息。知识服务也不例外,而且对信息的全面、准确、及时性的要求比以往任何时候更高,因此做好信息服务是实现知识服务的基础。前面所涉及的知识与信息的关系、知识服务中的信息保障等都对信息服务提出了新的研究课题,而知识服务研究的进步又必然会带动信息服务发展。反之,信息服务理论和实践研究中的重大突破也必然为知识服务的研究提供新思路、新方法。因而两者是相互促进、共同发展的。

很显然,知识服务的价值大大超过信息服务的价值,它可以更好地体现情报服务机构和情报人员的价值,大大提高人们获取知识的能力,可以更好地满足用户的知识需求。知识服务已经成为信息服务业的发展趋势。图书情报工作应以信息服务为基础,尽快实现从信息服务向知识服务的跨越式发展。

3.4 信息服务向知识服务转化的必然性

3.4.1 信息技术发展的挑战

信息技术的进步和发展是信息服务向知识服务转化的重要推动力,具体表现在:

1. 数字化与网络化环境要求开展知识服务

随着网络技术的发展和普及,信息资源的数字化和共享化,信息系统的虚拟化,信息获取的方便、快捷和大众化,使得信息的检索、传递和服务逐渐走向非中介化、非专业化和非智能化。在市场经济和信息技术的推动下,各类网络信息服务系统如雨后春笋般迅速成长起来,互联网上的各类信息内容广泛、时效性强,而且众多的出版发行、检索服务和网络信息服务机构主持开发的各种虚拟信息系统正将包括文献信息检索、传递在内的信息服务直接提供给最终用户,导致信息交流体系和信息服务市场的重组。此外,由于计算机和网络技术的普及,信息用户自我服务的能力也在不断提高,他们可以通过网络直接获取自己所需要的信息。这些都将导致原有的信息服务机构丧失掉一部分用户和市场,信息机构对信息服务的垄断地位将不复存在。因此,信息机构必须迅速调整和充实其信息服务的内容和策略,重新定位其核心能力,使现有信息服务向知识服务转变,以保证其在数字化、网络化环境中的社会贡献、用户来源和市场地位。

2. 技术创新为信息服务向知识服务的转化提供了动力

技术创新是指从新产品、新技术设想的生成,经过研究、开发、生产销售到售后服务的一系列活动的总和,是把新的设想、发明,通过工业化变为产品,进而实现商业化应用,并取得经济效益的全过程。技术创新为信息服务向知识服务转化提供了动力和技术保障,新技术的应用使得信息服务的效率和水平有了显著的提高。20世纪50年代,我国信息服务还停留在手工检索的一般性服务上,随着网络技术的普及,特别是计算机技术与现代通信技术的相互结合,将人类带入网络时代,新技术使人们可以进入网络上任意终端获取所需要的信息资源,这就要求信息机构必须提供更高级的信息服务——知识服务。技术创新是开展知识服务的基础和动力,只有研发出高水平的服务技术,信息机构才能在市场竞争中稳操胜券。

3. 信息资源网络化对信息服务提出更高要求

信息资源的网络化为信息服务业的发展提供了方便,它使得信息提供者能够采用新的服务方式,使信息服务更为迅速、高效,更能满足用户的需求。众所周知,传统的信息服务以搜集、加工、整理信息,并提供纸质信息资源为主。在这一过程中,鉴于纸质资源的非共享性及传递的困难性,信息提供机构一般以本地用户为服务对象,信息的提供服务受到地域的严重限制;同时,又因服务工作流程基本采取手工方式,速度与效率低下,而且传统信息服务机构(如图书馆、信息中心等)提供的信息资源只局限于馆藏,随着书刊价格的不断上涨,采购经费的严重不足及用户需求的不断提高,本馆馆藏远远满足不了用户的需求。这一系列的障碍使得传统的信息提供服务进退维谷,发展前景不太乐观,而信息资源的网络化使上述局面发生了根本性的改变。信息资源网络化不仅仅意味着信息有了新的表现形式——网络化信息资源,同时也意味着信息技术的成熟发展和广泛应用以及信息网络的成功建立。

信息资源网络化对信息服务的作用主要表现为:①借助于信息网络,信息机构可以突破自身馆藏的限制,以网络化信息资源作为服务的坚强后盾;②信息资源的网络化意味着信息处理的自动化,这就大大提高了信息提供服务的工作效率,充分体现了即时服务的特点;③用户的需求信息可以通过网络迅速地传递给信息提供者,信息提供者提供的针对性信息也可通过网络迅速传递至用户手中,从而使信息突破了地域限制;④通过信息网络,使得用户的需求信息和反馈信息能够得到迅速地传递,用户与提供者之间借助网络可以进行反复交流,从而充分保证信息服务的用户满意程度。

信息资源网络化为信息服务创造了发展契机,使得信息服务能够进一步提升到知识服务的高度。

3.4.2 信息服务发展的必然要求

信息服务向知识服务转化是信息服务发展的内在必然要求。信息服务过程中用户信息需求和信息行为的变化在不断地推动着信息服务的发展与变化。近几年来,由于科学技术的高速发展,信息用户的知识结构发生了巨大的变化,用户不再满足于只提供文献信息的传统信息服务,他们需要的是经过深加工的、能够解决自己所面临问题的知识服务,如科技人员在研究某一课题时,往往需要了解多个科学领域的方法、成果和发展前景,因此他们希望信息机构能够准确、系统、及时地提供国内外有关研究动态和最新成果的信息。同时,他们的信息需求往往具有超前意识,传统的信息服务内容和手段已经很难适应他们的需求。

现代网络信息环境还带来了用户信息行为的变化。网络的快捷和网上的海量信息资源使用户更加愿意以信息技术和信息网络为基础进行信息收集、交流、分析、重组和发布。考虑到这一点,各种知识型研究机构和管理部门,正在加强知识的利用力度,并且寻求建立共享知识、创造知识的虚拟环境和支撑机构。在这样的环境下,信息机构面临着如何为用户提供有价值的关键性知识服务的问题。

3.4.3 信息服务的创新性需要

信息服务随着环境的变化而不断地发展和创新,其中创新性是信息服务的特性之一。正因为创新性的存在,信息服务才得以不断地发展;也正因为信息服务的创新特点,才促使其超越自身的不足,向着更高层次的服务——知识服务发展。

用户对信息需求的变化需要信息服务做出创新。传统的信息服务模式在知识经济时代已开始表现出后劲不足,今天信息机构的价值定位向"知识服务"转移已成为其生存和发展的一种现实需要。面对新的价值定位,信息机构的经营管理方式迫切需要改革和创新。目前,在市场竞争推动下,国内许多信息机构已逐步通过资源结构重组和人力资源再分配进行了改革尝试,但是似乎仍然无法走上良性循环的道路。事实证明,在当今的市场竞争环境下,仅仅依靠改进现有工作流程和提高系统效率来发展信息机构已难以奏效,只有通过运营模式的全面创新才能从根本上解决问题,因为信息机构和其他经营性信息服务企业一样,面对同一个市场,受同样的经济规律制约,它必须遵循企业的经营思路,才能激发工作的原动力,才能赢得市场竞争。从实质上说,包括信息机构在内的非营利性机构与企业的经营方向并无差异,其目的均为在现有投入基础上尽量增大产出,只不过对前者来说,这种产出并非利润而是服务。

3.5 信息服务向知识服务转化的方式

现代信息技术的发展使得海量信息存储已经不再是难题,网络的普及也使得信息传播交流日趋方便快捷。因此,今天人们获取信息的手段已不再是主要的问题,而主要问题是如何从信息海洋中去识别出有效的、新颖的、潜在的信息与知识,要做到这一点,只有通过知识服务。实现信息服务向知识服务的转化主要有以下几种方式:

3.5.1 个性化信息引导方式

这种方式是在全面客观地分析用户的信息需求后,通过信息挖掘、知识发现、智能代理等技术,对各种信息资源进行过滤,筛选出用户所需要的、专指性强的信息,然后利用电子邮件、频道推送或建立用户个人网页等方式传送给用户。这种方式要求不断跟踪用户对信息的使用情况,分析其检索要求,优化检索过程,选择检索结果,逐渐形成用户个人的信息资源系统,使服务贯穿于用户信息搜集、分析和应用,直到问题解决的全过程。

为了实现这种方式,信息机构需要设立相应的知识服务专职岗位,发挥知识服务专业人员的作用,推动知识化服务,开展专业化和个性化服务。其中,专业化是指根据具体专业或课题组织和开展服务,它要求服务人员具有专业的特长,能够把握用户的问题,保证服务质量。个性化是指针对具体用户的具体需要来提供服务,服务人员要充分了解用户的问题,跟踪用户的决策过程,提供全面的、准确的信息。以高校图书馆为例,从事知识服务的学科馆员应具备以下素质和能力:①学科联络,沟通馆藏学科文献服务;②学科文献资源的采集和评价;③用户参考咨询,了解学科用户情况;④学科用户教育;⑤课题跟踪(从立项到结题);⑥开展情报研究工作。

3.5.2 专业化知识中心方式

这种方式以专业知识为基础,以专业信息资源为内容,以专业类别为组织形式,定位于对专业信息资源的集成,将专业信息资源导航、专业化网络检索工具、图书馆资源检索、专业论坛、专业研究和会议动态、专题文献报道、专业咨询等集成在一个界面,向用户提供知识服务,如国内一些高校图书馆的学科信息导航即属此类方式。国外一些商业化公司对此类服务也进行了深入的研究,如 Ovid 公司建立的名为 OvidOnCall 的临床医学信息平台,将医学新闻、教材与工具书、期刊、数据库、药物数据、网络资源导航等数据无缝融合为一体,使各类医护人员在医疗护理一线通过它迅速获得准确、可靠、经过分析整理的医护信息。

专业知识中心还可以开展多样化的动态服务和集成化服务,充分调动一切资源,利用各种技术和信息,通过系统集成、服务集成等多种方式的联合,利用各种知识、信息和资源,协调和组织人员来提供服务;可以开展网络培训、信息导航、信息组织、信息开发等项工作。

3.5.3 数字参考咨询方式

开展数字参考咨询服务(DRS,Digital Reference Service)已成为现代信息机构不可缺少的重要组成部分。数字参考咨询服务的方式主要有两种模式:①基于电子邮件的咨询服务;②基于实时交互的咨询服务。随着网络咨询业的兴起与发展,已有很多信息机构开展了诸如"电子邮件咨询"、"电话咨询"、"在线实时问答咨询"等项工作(如美国国会图书馆、中国国家图书馆、北京大学图书馆、清华大学图书馆、中国人民大学图书馆等)。其中,由 OCLC 和美国国会图书馆联合开发的 Question2Point 是目前最具代表性的合作虚拟数字参考咨询服务系统。该系统可以在网络环境下,通过与图书馆主页简单链接的方式提供多功能参考咨询界面,用户和馆员可以利用电子表单、邮件交互、在线聊天等方式进行咨询,对于本馆无法回答的问题,可根据本地区合作组的情况,将问题转交给合作组中的其他成员馆回答,还可以将无法回答的问题提交给全球参考网络,通过全球参考网络中的请求管理器(Request Manager)将问题发送到最合适的图书馆。Question2Point 就像互联网本身一样,可以不受任何时间和空间的限制,用户可以随时用 Question2Point 的表单向图书馆提交问题,也可随时查看自己所提交问题的答复,以及问题的当前处理状态。目前,全球已有 300 多家图书馆及信息机构加入到该系统中,国内的清华大学和北京大学也成为该系统的成员。

3.5.4 多渠道检索服务方式

多渠道的检索服务方式能够自动实现集成式检索语言向独立的检索系统的转换，用同一检索指令检索不同的数据库，实现统一的检索结果显示，包括剔除重复的结果，对不同的独立检索系统的检索结果重新进行相关性排序等等。如由美国科罗拉多州大学开发研制的 Savvy Search，将 19 种独立的检索系统的检索汇集在一个界面内，使用户在一个网页内可以同时检索不同的系统，利用该系统除了可以检索万维网网页外，还可以查询 Usenet 新闻、软件、参考工具书、技术报告等各种类型的信息，它同时还是一个多语种的检索系统，可以检索多个语种的不同版本文献。

3.6 信息服务向知识服务转化的特征

3.6.1 全程化与一体化结合

信息机构承担着为用户提供信息服务的任务，而用户又根据各自不同的目的承担着不同的任务，但他们都希望信息机构能够准确而快捷地为他们提供"他们想要的东西"，甚至"他们可能想要的东西"，而不是像过去一样向他们提供"信息机构所有的东西"。那么，这就要求信息机构必须延伸服务层次，更好地满足用户显性的和隐性的信息需求。在为用户提供"他们想要的东西"的同时，超越用户的期望，通过主动向用户询问一些具体的问题，预测用户未来可能的需求，为他们提供"他们可能想要的东西"，从而为他们提供全程化、一体化的知识服务。

3.6.2 个性化与专业化统一

个性化服务是指针对用户的个性化知识需求提供连续性的知识服务。信息机构在为用户提供知识服务的过程中，针对特定用户的具体需求提供定制的知识服务，且服务方式也要根据用户的喜好或特点展开，在用户希望的时间和地点"送货上门"，充分显现知识服务鲜明独特的个性化服务特征。信息机构作为知识服务组织，它的专业化特征是显而易见的，信息机构往往要根据特定用户群的专业化需求，按照具体的专业或课题来组织和实施知识服务，以保证对用户问题和用户环境的把握，保证知识服务的质量，达到最佳的服务效果。

3.6.3 以综合集成为基础

综合集成是指将专家、群体、数据和各种信息与计算机技术有机结合，把各种理论和人的经验与知识结合起来，发挥整体优势，来解决许多用传统的方法难以解决的问题。作为信息机构，在为用户提供知识服务的过程中，由于其经费有限，不可能拥有为用户服务的所有信息和技术，也不可能拥有各方面的专家。为此，信息机构必须采用开放的服务模式，通过动态资源集成、系统集成、服务集成等多种方式联合协作，聘请专家介入，利用现代信息技术、多媒体技术、人工智能技术、虚拟现实技术等解决复杂问题，提高知识服务质量。

3.6.4 以创新服务为核心

知识作为资本，追求增值是它的本性，所以知识服务应该是一种增值性服务，而创新又是增值的基础,所以知识服务是面向增值的创新服务。信息机构作为专业性很强的知识提供者,它为用户提供的知识服务更是一种增值的创新服务,它关注和强调利用自己独特的知识和能力,利用网络信息和馆藏信息,通过深加工形成创新型信息服务产品,为信息用户解决他们自身不易解决的问题,并希望自己的产品和服务成为信息用户需求的核心部分,通过知识和专业能力为用户解决问题,创造价值。信息服务人员通过发挥自己的管理能力、研究能力和创新精神为用户提供创造性服务,以显著提高用户对于知识的应用和创新能力,这充分体现了知识服务的增值性和创新性。

3.7 信息服务向知识服务转化的对策

应当看到,我国的科技信息机构在以往的情报研究与信息服务工作上已经取得了很大的成绩,而且已经部分具备了知识服务的性质。它们所开展的很多研究课题也属于针对特定问题展开分析研究,并提供相应的对策建议,这些都体现了知识服务的特点。但是也应当清醒地认识到,我们的工作离真正的知识服务还有相当差距,还有进一步改进和发展的余地。为此,必须采取相应的措施,努力实现从信息服务向知识服务的转变,使科技信息机构和从业人员发挥更大作用,做出更大的成绩。

3.7.1 转变观念

观念是行动的先导。观念不超前,管理不可能跟上,工作也很难有创新。树立新的服务观念是促进信息服务向知识服务转化成功的关键,特别是对于一些提供传统信息服务的机构尤为重要。长期以来,信息机构一直以自己所拥有的丰富信息资源而在信息服务行业占有垄断地位。但是,随着网络信息资源的发展,信息机构的这种垄断地位已被打破,市场成为衡量一切信息商品和服务的杠杆,适应市场的信息商品和服务将被推广,不适应市场的将被淘汰。信息机构如何确保自己不被淘汰出局而在信息服务市场中占有一席之地,首要任务是创新服务理念,不能墨守成规。要敢于打破传统的信息服务模式,寻求跨越式发展。在市场经济条件下用户存在效益取向,如果信息机构没有比其他机构更强的效益优势,那么即使信息机构免费服务也不能吸引用户。因此,信息机构必须超前思维、超前发展、审时度势,树立信息产业观和效益观,以适应市场经济的需要,把为用户提供有价值的知识服务作为自己的最高宗旨和目标,牢牢把握用户的需求和心理,为用户提供高质量的知识服务。

在信息服务向知识服务转化的过程中,一定要正确处理好三大关系:一是全面服务和重点服务的关系,即以全面服务为方向,突出重点、集中优势、强化功用、重视效益和效率;二是重点用户和一般用户的关系,即以全面服务为方向,以现实用户和重点用户为首选服务对象,开展多形式、多渠道的知识服务,适当发展新用户,充分发挥知识与信息资源效益;三是原有服务和新型服务的关系,即在搞好现有服务的基础上逐步增加新兴服务形式,填补空白点和盲点。

当前,应树立以下观念:

1. 以需求为导向,进行深入的用户需求分析

知识服务的特点就是要为用户提供个性化的、有针对性的、以指导行动和决策为目的解决方案。因此,必须深刻认识我们所面临的形势和任务,准确地了解用户的知识背景和信息需求,在此基础上提供有针对性的情报,有效地满足用户需求。

2. 提供高附加值的情报产品和服务

情报研究人员的能力和价值不仅体现在信息的搜集、获取、占有和提供能力上,更应体现在对信息的分析和加工能力上,体现在情报人员运用头脑中的隐性知识对信息进行解读并使之转化为知识的能力上,这才是情报研究人员的核心能力。只有这样,才能为用户提供具有高附加值的产品和服务。课题研究工作如此,对外咨询服务更需如此。

3. 不仅要满足需求,更要引导需求

我们的工作不仅要有效满足用户的信息需求和知识需求,更要发挥自己的特长和优势,开展预测研究和前瞻研究,走在决策和管理的前头,引导管理和决策。

3.7.2 强化技术保障

传统信息机构的自动化系统所支持的仍然是以文献检索和传递为核心的信息服务,而知识服务却需要一套新型的技术支撑系统。在网络信息环境下,从事知识服务的信息机构必须采用新技术、新设备来装备自己,如信息机构可以利用导航库技术,将互联网上与某一或某些主题相关的节点进行集中、分析、筛选、重组,形成便于用户查找利用的诸如学科专业信息资源系统、特色专家系统等各种信息资源系统;利用网络推送技术,为用户提供个性化的知识服务;利用智能代理技术,进行数据挖掘和知识发现,为用户提供更加智能化、知识化和专业化的信息搜索引擎;利用多语种信息技术真正实现全球知识的共享,使用户能及时而准确地获得最前沿、最广泛的知识与信息。这些新技术都是信息机构进行知识服务不可缺少的部分,信息机构在采用这些技术的同时,更应该注重技术的发现与创新,并将各种单独技术综合集成为一个多功能的技术系统,发挥其整体优势,充分支持信息机构开展各种类型的知识服务。

同时,信息机构还要加强基础设施建设,为知识服务提供技术支撑。信息机构要加强自动化、网络化建设,积极研发基于内容的数据检索、数据挖掘和知识发现的分析技术、组织技术和工具,如导航库技术、推送技术、智能代理技术等,以支持个性化、专题化和智能化的知识服务。

3.7.3 重视资源建设

无论是信息服务还是知识服务,都要以相应的信息资源作为基础。没有必要的信息积累和知识储备,就无法将信息转化为知识,也不可能实现信息服务向知识服务的转变,知识服务只能是无源之水、无本之木。因此,应高度重视信息资源建设,以为知识服务提供坚实的基础。知识服务是以信息资源建设为基础的,信息机构不但要注重有形信息资源的建设,而且要注重虚拟信息资源和特色数据库的建设,要建立全程、全方位的知识信息保障体系,以满足不同用户的需求。同时,信息机构还要大力开发个性化知识库、专业化知识仓库、网络化知识元数据库,以满足用户个性化知识服务的需要。

随着知识经济的发展,知识服务也将向产业化方向发展。要实现知识服务的产业化经营,首先要实现信息资源建设的标准化。为此,信息机构要建立标准化的知识服务平台和知识仓库,知识仓库中所有的专业知识库必须创建于同一标准下,某一专业知识库的用户经授权可以访问其他专业知识库,知识库作为一种信息资源具有重要的价值和使用价值。

3.7.4 加强队伍建设

信息机构要想开展有效的知识服务,要想在市场竞争中处于不败之地,培养高素质的人才是关键。知识服务的目的是给用户提供"解决问题的方案",而不是"单纯的文献信息",这对知识服务人员的素质提出了更高的要求。为此,信息机构必须建立一只高素质的知识服务团队。众所周知,知识服务是一种全新的服务理念,是一种基于人力资源和智力资源的服务,在知识更新、网络化进程飞速发展的今天,单一的信息管理专业人员、计算机专业人员和外语专业人员已不能满足知识服务的需要,而既懂得计算机应用技术和外语工具,又精通一门或几门专业知识,同时具有信息管理技术和服务意识的复合型人才,才是知识服务最需要的。因此,除了大力引进培养复合型知识服务人才外,还要大力倡导团队精神,营造浓厚的团队学习氛围,引导、激励他们的学习自觉性,加强其现代信息技术、网络知识及现代组织理论和方法的学习,全面提高知识服务人员利用知识、创新知识的综合能力。

3.7.5 提高人员素质

高素质的人才是实现知识服务的关键。知识服务对知识服务人员的素质和能力提出了更高的要求,因此知识服务人员必须不断加强学习,提高自身的综合能力。

1. 知识分析能力和决策分析能力是知识服务的首要能力

(1) 知识分析能力是指对用户知识结构和社会知识体系进行分析的能力,是迅速发现符合特定需要的知识单元的能力。欲拥有这一能力,情报人员需要系统学习和研究知识管理和信息管理学专业知识,需具备对相关领域的专业知识背景,需对现有信息资源作广泛深入的调查研究,对用户心理和需要作现实研究和分析,以及对各种科学研究与分析方法的深刻理解与熟练应用。

(2) 决策分析能力则是基于对用户特定问题的分析和相关知识的启示,帮助用户形成解决方案、分析解决方案,从而正确决策的能力。

2. 知识组织与开发能力是知识服务的基础能力

知识服务必须基于对知识的正确分析和运用,而对海量信息的分析运用必须依赖于对信息中的知识进行合理组织和有效开发。

在网络知识时代,面对全新载体的信息资源、全新观念的用户、全新学科领域的知识,信息服务人员必须具备较高的业务水平和工作能力,成为知识服务的导航员、工程师和专家。要实现这一目标,知识服务人员必须具有创新精神和较高的信息管理业务能力;具有较高的外语水平和熟练的计算机操作使用能力;具有多学科专业知识和网络化、数字化等方面的技能。只有这样才能适应信息服务向知识服务转化的需要,成为高水平的知识服务人员。

[本章撰稿人:卢小宾　曾民族　孙　琳　余玄霞　张新民]

参 考 文 献

[1] Dick Stenmark. The Relationship between Information and knowledge. 2002, http://w3.informatik.gu.se/~dixi/publ/iris24-DS.pdf

[2] 野中郁次郎,竹内广隆著. 创造知识的公司——日本公司是如何建立创新动力学的[M]. 科学技术部国际合作司编译. 1999

[3] Ganesh D Dhatt. Knowledge Management in organizations: examining the interaction between technologies, techniques, and people. Journal of Knowledge Management, 2002, 5(1)

[4] Quigley E J, Debons A. Interrogative Theory of Information and Knowledge. In Proceedings of SIGCPR'99, ACM Press, 1999, New Orleans, LA, pp. 4~10

[5] Simon Hudson. The nature of knowledge——exploring an alternative knowledge architecture. Knowledge Management Magazine, 2001, 18 May

[6] 杜也力. 知识服务模式与创新[M]. 北京:北京图书馆出版社,2005,87~92

[7] 初景利,邵正荣主编. 图书馆知识服务战略研究[M]. 北京:北京图书馆出版社,2004,59~67

[8] 王昕,李勇. 咨询服务过程中的知识转移和整合[J]. 情报杂志,2005(4):33~42

[9] 黎艳. 信息服务向知识服务转变的探析. 图书情报工作[J],2003(2):25~28

[10] 陈芳. 面向企业信息化的第三方咨询服务[J]. 图书情报工作,2005(5):36~45

[11] 胡昌平. 面向新世纪的我国网络化知识信息服务的宏观组织[J]. 中国图书馆学报,1999(1):67~72

[12] 杨宁生. 信息服务向知识服务提升的探讨[J]. 农业图书情报学刊,2005(2):156~158

[13] 张丽丽,王程. 信息资源网络化对信息服务的影响[J]. 信息技术,2005(1):78~80

[14] 张宇萌,张树华. 信息服务与知识导航[J]. 中国图书馆学报,2003(1):1~3

[15] 张静. 从知识创新的新视角审视信息情报服务[J]. 中国信息导报,2005(9):69~75

[16] 黄连庆. 面向知识创新的信息服务[J]. 中国图书馆学报,2004(03):25~29

[17] 谢爱辉. 略论网络环境下信息服务的发展趋势和对策[J]. 人文杂志,2005(1):2~3

[18] 邱均平,段宇锋. 论知识管理与知识创新[J]. 中国图书馆学报,1999(03):67~69

[19] 卢小宾. 我国信息企业技术创新能力研究[J]. 情报科学,2004(11):1300~1305

[20] 樊国平. 我国个性化信息服务研究综述[J]. 新世纪图书馆,2005(05):45~49

[21] 柴永红. 论信息服务与知识服务[J]. 情报杂志,2004(4):74~78

[22] 胡昌平,黄晓梅,贾君枝编著. 信息服务管理[M]. 北京:科学出版社,2003,5~18

[23] 张晓林主编. 走向知识服务——21世纪中国学术信息服务的挑战与发展[M]. 成都:四川大学出版社,2001,50~59

[24] 张晓林. 走向知识服务:寻找新世纪图书情报工作的生长点[J]. 中国图书馆学报,2000(5)

[25] 梁战平. 开创21世纪知识型科技信息事业——纪念中国科技信息事业创建45周年[M]. 北京:中国石化出版社,2001

[26] 袁春玲. 信息服务与知识服务[J]. 图书馆学刊,2002(2):32~33

[27] 张新民. 区分数据、信息和知识的质疑理论[J]. 图书情报工作,2003(9)

[28] 张新民. 面向知识管理的信息构建[D][博士学位论文]. 北京:北京大学,2003(5)

[29] 张新民等. 从信息服务迈向知识服务[J]. 中华医学图书情报杂志,2005(1):6~9

第 3 章 情报学的沿革与发展

情报学或情报科学,是 20 世纪中叶产生的新兴学科,经过半个多世纪的发展,它已经确立了自身的研究对象,与研究对象相适应的概念系统,揭示出该对象所固有的某些基本规律,建立了能够解释一定事实的原则、原理、方法和理论。当今,在数字时代来临之际,情报学的理论进一步升华;研究对象和学科内容更加丰富,学科延伸与交叉更为明显。情报学促进科技、经济和社会发展的作用及其社会地位大大加强。因此深化情报学理论研究、加强情报学学科建设已是信息界面临的迫切任务。探讨信息服务、知识服务本质、特征、规律的情报学,它的沿革、发展和建设,将是本章和第 4 章的重要内容。本章将具体介绍情报学产生、沿革和发展的历史,情报学的定位,情报学流派,情报学的机遇和挑战,情报学与信息科学和信息管理学的关系。

§1 情报学的形成

1.1 关于术语、概念和名称

在介绍本章的内容之前,有必要就"情报"、"情报科学"、"图书馆与情报学"等学术概念和学科名称在我国的沿革变化,以及与国际接轨的历史情况作一简略的介绍,以避免由于时而"情报"时而"信息"的提法而可能造成的"概念"不解或混乱。早在 1996 年中国科技情报事业创建 40 周年时,由原国家科委信息司和中国科学技术信息研究所组织专家编写的《信息工作理论与实践》一书就曾对这些学术概念和学科名称做过论述和探讨,他们至今仍不减其参考价值。最近 10 年来,信息技术突飞猛进,我国的信息服务业蓬勃发展并广泛与国际接轨,因此人们更有条件高屋建瓴,以历史唯物主义和实事求是的态度正确解析和认识这些概念的交互与变迁,使已有 50 年历史的中国"情报学"和"情报事业"能够更好、更快地融入国家乃至全球的信息化理论与实践的潮流中。

1.1.1 "情报"与信息

在 20 世纪 50 年代以前,"情报"一词"在我国是有其渊远历史和严格而又明确的定义的"。"50 年代,由于苏联先进的科学技术和科技信息工作的进步知识开始传入中国,'Информатика'和'Information'的术语和概念也在那种特定的历史条件下被译为'情报'而流传我国。'Information'本应对应译成'信息'但是我国当时经济和社会发展的水平,使'信息'

这一术语迟至 80 年代才在我国流传使用。""'信息'这一原本只在计算机科学、信息技术和工程领域中使用的专门术语开始在我国广为流通。这实际上是改革开放的结果，也是我国公共社会对国外'Information'这一术语概念加深认识和理解的结果。80 年代以来，以建设国家的经济信息机构和经济信息系统为先导，各行各业的信息机构和信息系统应运而起。""'信息'术语开始席卷全国，并在很多情况下包括和取代了'情报'概念。'信息'术语已广为社会所接受，'信息'已和国际社会上的'Information'概念对应接轨。而'情报'又在慢慢恢复其根本的内涵。""但是我们也必须清楚地看到，我国的'情报'和'信息'这两个术语，作为具有大体相同语义的两个术语，同时存在还将持续一段时期。然而，'信息'作为具有广义性的上位类概念，'情报'作为相对狭义的专门性下位类概念的客观事实将是不可能改变的。"

但是，人们还必须注意到，人类正在步入信息经济和信息化时代，作为真正"情报（Intelligence）"的信息正在增加，如军事情报、政治情报、经济情报、商业情报、知识产权及竞争情报。中文语义性质的"情报"、"情报工作"，甚至将来严格限于"情报"对象的真正"情报学"，其概念、学科、理论和实践都不会弱化而可能加强。这应被视为一般"信息"升华为"情报"的理论和实践结果。当然，"情报"将永远是"信息"的一个特殊部分。在概念体系内，是其下位类目。因此，中国的"情报学"也永远是"信息科学"的一部分。

1.1.2　情报科学或称情报学

我国 20 世纪 50 年代诞生的"情报科学"或称"情报学"是指一个学科概念。在几十年的流通应用中人们把这两个概念视为等同。我国的情报学学科名称最初来源于俄文"Информатика"。对应英文名称"Information Science"或"Informatics"，最初命名为"情报"学而不是"信息"科学，有几个历史背景：一是 20 世纪 50 年代我国完全处于被封锁的国际形势下，与原苏联保持着特殊关系，与西方欧美国家几乎全无交流和来往；二是长期的封闭状态和警觉意识，使我们把"Информатика"和"Information"都翻译并长期理解为"情报"，把本不是"情报"而是公开的各种专业信息（Information）也视为"情报"，进而产生了"情报事业"、"情报工作"、"情报学"、"情报服务"、"情报检索"等一系列冠以"情报"的术语。"情报科学"的学科体系在那种特殊的历史时空下，在必然状态下自然形成。它在 50 年代至 80 年代具有强大的生命力，它为国家的现代化建设做出了不可磨灭的历史贡献；三是如今广泛应用的"信息"术语迟至 80 年代中期才在我国比较广为的流通使用。图书情报界以及其他各行各业都很自然地把"Information"称为信息。

90 年代以来，随着我国深化改革的步伐，在信息技术、信息产业和信息服务业高速发展的带动下，"情报学"正在步入升华发展的历史新阶段。"情报学"学科的名称开始引发人们的思考，甚至有专家探讨正名的出路。但是至今没有一个较为统一的，被大多数业界人士所广泛接受的更为科学的名称。尽管由"情报学"衍生出不少新的冠以"信息"的术语和学科名称，但作为历史必然产物的"情报学"，至今仍是国家和学术界承认的重要一级学科，是国家整个信息服务业、信息工作理论科学体系中，有较好科学理论基础的学科。

1.1.3 图书馆情报学与图书馆信息学

这两个学科名称和概念实际上是一个学科名称和概念,它来源于欧美的"Library and Information Science"。"长期以来,我国译称的'图书馆与情报科学'(Library and Information Science),这一学科是西方'图书馆学'的发展和延伸。具体来讲,是'信息科学应用于图书馆',使传统的'图书馆学'发展成为现在的'图书馆信息科学'。尽管如此,'图书馆信息科学'决不等同于信息科学,它仅是信息科学的一部分。""在我国,由于 50 年代的国际形势和我国所处的环境,中国完全按照当时苏联的模式引入了'情报科学'和'情报工作'。而这种模式的一个特点是把'情报科学'与'图书馆学'完全分离,成为两个并行的信息系统。而在美国和英国等一些西方国家,它们则在创建大量专业情报中心(即专业信息中心)的同时,仍继续维系和发展了'图书馆与情报科学(即信息学)'的结合,形成了'图书馆与情报一体化的结构。'"

我国经过近 30 年的改革开放,与西方国家密切交流,图书情报界的同仁都已清楚看到并理解,我国的"情报学"大体是欧美"Library and Information Science"中的"Information Science"。

1.1.4 信息科学或称信息学

这一学科的外文名称,英文是"Information Science"又称"Informatics"。它"已发展成为最充分体现现代科学技术水准的尖端学科之一。根据美国信息科学家和美国信息科学学会(ASIS)自 20 世纪 40 年代以来的研究以及联合国教科文组织国际信息计划的研究成果,'信息科学'被认为是'研究信息的性质、运动规律,以及围绕着信息处理而生成的计算机科学的学科。''这门学科与数学、逻辑学、语言学、心理学、计算机技术、通讯技术、系统工程、管理学和图书馆学密切相关。'信息科学不仅具有自然基础科学的属性,而且具有工程技术科学的属性。在信息技术越来越发展的今天,这一学科对社会和经济发展的作用越发光彩夺目"。

国内外许多信息专家也把信息科学这一学科称为横跨自然科学与社会科学的大学科群,是反映现代尖端技术水平和特点的大交叉学科。它和众多学科发生关系,不是涵盖就是应用于这些学科。

"情报学"和"图书馆学"等都是信息科学的一部分,"情报学"如果称为"信息科学"(Information Science),也只能理解是作为大学科群的信息科学的一部分。这就是为什么,尽管原文"Information"是同一单词,而在我国的"情报学"和"信息科学"不能简单化一,"情报学"仍在大量地应用中。但是现在,在大多数情况下人们惯于使用"信息"而不是"情报"这一术语。

以上简述,一方面使我们了解到我们所称的"情报"、"情报学"是历史形成的产物,将其融入"信息"、"信息科学"和"信息服务业",是适应发展的必然选择;另一方面"情报"和"信息"的交互使用也是符合中国国情的一种必然表述。因此,历史性的发展和变化是不以个人的意志为转移的,我们只能顺应历史发展的潮流,以科学创新的精神去研究、影响和推动这种发展和变化。

1.2 情报学的起源

情报学起源于文献学,源头可以追溯到 1895 年比利时学者奥特莱(P. Otlet)和拉封登(La Fontaine)等人创立的国际目录学会(IIB)。IIB 创建的宗旨是对人类社会的知识进行科学的加工整理。1908 年,IIB 在第四届会议上接受了"文献学"(Documentation)这一术语。1931 年 IIB 改名为"国际文献学会"(IID),1937 年易名为"国际文献联合会"(FID)。

文献工作和文献学于 19 世纪在欧洲开始,20 世纪 30 年代传到美国,随后兴起并得以发展。1937 年,美国文献工作协会(ADI)创建,并在 1938 年创办了《文献复制杂志》(Journal of Documentation Reproduction)。由于二战原因,该杂志于 1943 年停办。1950 年开始,又以《美国文献工作》(American Documentation)为名重新出现。1968 年,ADI 改名为美国情报科学学会(ASIS, American Society for Information Science),《美国文献工作》(American Documentation)随之成为《美国情报学会会志》(JASIS, Journal of American Society for Information Science)。2000 年,ASIS 加入了技术内涵,更名为美国情报科学与技术学会(ASIST, American Society for Information Science & Technology),其会志也改名为 JASIST。

除了文献学渊源以外,情报学的产生还具有深刻的社会背景。二战结束以后,美国单方接受德国大量军事、科技情报、报告和资料,如何加工、处理和应用这批信息财富成为加强科技情报工作、研发情报方法、促进美国从"文献学"理论阶段向"情报学"阶段发展的强大动力。当时科学技术已进入了高速的发展时期,科技出版物以及各类文献的数量激增,产生了"情报爆炸"的现象。如何有效解决文献激增与利用之间的矛盾,成为当时人们所面临的重要问题。与此同时,计算机问世并被利用于文献加工领域,新的学术思想及新的学科不断诞生。这些因素成为情报学孕育与形成的强大力量。

1.3 情报学的发展阶段

1.3.1 学科形成(20 世纪 40 年代)

1945 年 7 月,美国科学研究与发展局局长布什(Vannerar Bush)在《大西洋月刊》上发表了《诚若所思》(As We May Think)一文,首次提出了机械化检索的设想,这一极具影响力的文献被视为情报学的开端。1948 年,英国科学家 S. C. 布拉德福发表了《文献工作内容的改进和扩展》,强调了自 19 世纪 90 年代以来蓬勃发展的文献工作到 20 世纪 40 年代所面临的必须革新的局面,揭示了传统文献工作向情报学转移的历史趋向。1948 年,英国皇家学会在伦敦召开了首次国际科学情报会议。这次会议之后,一些科学家开始对如何寻找和获得情报进行研究,并致力于情报服务工作,从而形成了新型的情报收集、加工和服务行业。

1953 年,荷兰学者 J. F. Farrandance 首次提出了"情报学家"(Information scientist)这个名词。两年后,"情报学"(Information science)作为一个学科名称在他的倡导下首次被使用。

情报学出现并成为一门学科,与社会环境的变化与发展有着密切的关系,是科学技术和社会生产发展到一定阶段的产物。

以下几方面是情报学科形成的主要历史背景:

1. 信息的急剧增加

从20世纪初开始的科学技术的飞速发展,科技文献数量激增,也就是人们常说的信息膨胀或信息爆炸,使得科技工作者难以阅读相关领域的全部文献,这就要求有专业人员来为他们提供各个领域的文献摘要、目录、索引等,这也是科技情报人员早期的主要工作,即遏止了信息爆炸。"情报学是20世纪40年代为克服现代科学技术发展带来的情报危机而产生的新兴学科,其目的是将知识信息组织有序化,为用户提供服务。"

2. 信息成为重要资源

从二次世界大战开始,人们意识到信息、情报的重要性。其实早在孙子写《孙子兵法》时他已经认识到能否获取敌人情报是战争成败的重要因素。但这也仅限于情报对战争作用的认识。二战促进了国家对技术的重视,也逐渐使人们意识到情报对战争、对社会、对技术发展等的重大意义。随着时代的发展,工业经济向信息经济转变,信息成为决定社会生产力的重要要素,并成为重要的战略资源得到重视。当时的图书馆学、文献学及相关学科已趋于成熟,为情报学的产生提供了一定的理论基础。

3. 信息技术的发展

信息技术的发展促进了情报学发展壮大。信息通信技术的影响,人们对信息价值认识的转变,加快了社会信息化的进程。计算机和网络的出现,给人类管理信息和利用信息提供了新的平台和技术支持,也促使情报学产生了新的分支学科和学科生长点。虽然情报学是在图书馆学的基础上发展而来的,但从一开始情报学就是相对独立于图书馆学的。图书馆学主要着眼于图书文献资料的保存、查找和管理,而情报学则是在更广泛的意义上研究如何有效地传递、接收和识别信息及其相关技术的应用,是一个更加开放的学科。

1.3.2 初期发展(20世纪50年代)

在这一阶段中,情报学初步形成了学科的研究体系和内容,包括情报组织、情报存贮与检索、机器翻译和情报需求。

美国科学家M. 陶伯、C. N. 莫尔斯、A. 肯特、H. P. 卢恩等人相继研究出单元词索引、叙词索引、组配索引、题内关键词索引以及定题情报服务的原理和装置,为情报检索技术的发展奠定了基础。英国科学家S. C. 布拉德福和B. C. 维克利相继对文献分布理论进行了研究,R. A. 费尔桑、C. W. 克莱弗登分别对分类检索理论和检索系统性能的评价问题作了相关探讨。1957年,美国科学家C. 柴瑞建议在美国把各种交流研究活动统一于情报学;同年,40年代末至50年代美国国内的手工情报检索逐步转为计算机检索系统。1958年,第二次国际科学情报会议在美国华盛顿召开。这次会议使文献工作的范围扩大到了语言学、机器翻译、文摘自动化和索引自动编制、情报科学家的职业教育及相关的其他领域,为情报活动的发展指引了一个新的方向。

1.3.3 快速发展(20世纪60～70年代)

随着计算机技术的日渐成熟,情报学的发展也进入了一个快速发展的阶段,主要研究以计算机为中心的自动化情报检索系统及与之相应的处理技术。1961年,美国化学文摘社用电子计算机实现了"化学题录"的自动编排；1972 年，洛克希德公司的 DIALOG、系统发展公司的 ORBIT 等联机检索系统相继投入使用。以兰卡斯特（Lancaster）为代表的一批学者对于联机系统进行了深入的研究，成为这一阶段情报学发展的主流。1973 年出版的由兰卡斯特与弗依斯（Fayes）编著的《联机情报检索》一书，在联机存取和检索研究领域具有里程碑意义。

除了实用研究以外，情报学在理论研究上也取得了一系列的成果。E. 加菲尔德发明了引文索引并试编成了《科学引文索引》（SCI, Science Citation Index），普赖斯提出了科学文献指数增长定律与衡量科学文献老化的普赖斯指数，原苏联学者米哈依洛夫等人出版了《科学情报原理》、《情报学基础》、《科学交流与情报学》等著作，美国学者 T. 萨拉赛维奇（J. Saracevic）编著了《情报学导论》。

这一时期，文献计量学研究也得到进一步发展。人们对布拉德福定律、齐普夫定律等经验定律做了更进一步的探讨、验证和评价，并寻求在图书馆管理、文献管理和科学预测方面的新应用。

对于学科本身而言，情报学在不断发展完善中逐渐确立了独立于传统图书馆学和文献学的学科地位。联合国教科文组织及许多国家的文献标引、图书分类法中开始使用"情报学"的学科名称。在本学科领域出现了众多的代表人物，并产生了一系列基础文献和核心文献。一批学术团体和专业性学术杂志繁荣发展，情报学教育也得以蓬勃兴起。

1.3.4 研究深化（20 世纪 80～90 年代初期）

在计算机技术、信息技术的进一步发展影响之下，情报学的研究范围和研究深度都得到拓展，主要表现为基础理论研究深化，分支学科研究活跃。

技术应用研究盛行的同时，情报学理论研究相形薄弱。这一问题逐渐为情报学术界所意识到，基础理论研究开始引起越来越多的重视。1980 年，英国情报学家 B. C. 布鲁克发表了题为《情报学基础》的系列文章，将波普尔的"三个世界"理论作为情报学的基础，提出情报学的基本任务是探索和组织客观知识的观点。为了更深入地探讨和解决"情报爆炸"问题，一些学者还从社会、经济等角度来研究信息社会环境中的情报问题。

情报学研究深化的另一个表现是分支学科研究活跃。情报学与另外的学科相结合，形成了一系列新兴的研究领域，包括情报经济学、情报计量学、情报社会学、情报心理学等。这些分支学科从经济学、社会学、心理学等层面对情报问题展开了多维度的分析研究，大大丰富了情报学研究的背景框架。

1.3.5 新的趋势（20 世纪 90 年代中期至今）

网络技术、信息社会的兴起是这一时期的重要特点，这种变革构造出了当代情报学发展的新意境，一系列新思想、新方法、新技术应运而生，情报学研究也由此呈现出一些新的特征。研究对象由传统的以纸质为载体的文献转变为以数字形式存储和传递的信息，网络环境下实现知识的组织和提供成为情报学研究的新课题。

随着学科之间的交叉渗透，情报学与其他学科之间的整合日益显著。对于用户研究的关注反映出情报学由单纯技术维度转向技术、用户兼顾的取向，这在具体的研究内容以及研究范的译意,是信息科学。由于这个概念本身内涵丰富,在国外,很多时候在学术研究和专业教育领域使用 LIS(Library and Information Science)的概念来限定情报学。然而并不是所有的学者都愿意将情报学限定在 LIS 的概念框架之中,人们单独使用 information Science 或者其他相关概念(如 information study)的时候,希望能以此表示一个更广泛意义上的情报学。

在国内,情报学和信息科学之间有着较为严格的区分。一般认为,情报学是信息科学群中的一个子学科,主要研究的是知识的有效管理和利用。由于情报具有知识属性,情报过程与人的智能过程紧密相关,国内有学者提出了一个由 information 和 intelligence 相结合的新术语——infotelligence,即产生于 information、又不同于原有 information、而载有 intelligence 特质的新概念,并建议由 infotelligence science 来取代情报学。这种"争鸣"观点反映出在智能维度的长期缺失之后,情报学研究所出现的对于智能的一种强调和关注。

2.1.2 情报学的定义

按照美国《图书情报学文摘》主编 Donald T. Hawkins 的说法,在 20 世纪 60 年代末期对情报学定义的研究就开始了。1970 年,美国情报科学学会(ASIS)哈罗德·勃考(Harold Borko)主席就倡导其成员展开对情报学定义的讨论。实际上,勃考在 1968 年就给情报学下了如下定义:

"情报学是一门研究信息的行为和属性,以及处理信息使其易于获得和易于使用的最适宜方法的学科。它关注与信息的产生、收集、组织、存储、检索、解释、传播、转换和使用相关的知识体系(the body of knowledge)。它包括在自然和人造系统中的信息表达、有效的信息传输编码、信息处理设施和技术(如计算机及其程序设计系统)的研究,它来源于以下学科并与其相关:数学、逻辑学、语言学、心理学、计算机科学、运筹学、图形艺术、传播学、图书馆学、管理学以及其他类似的领域,具有跨学科的性质。它既有探索问题不考虑其应用的纯科学的成分,又有开发服务和产品的应用科学的成分。"

该定义对美国图书情报学界影响很大,1975 年 ASIS 给出的定义就可以明显看到勃考定义的影子。2001 年,美国《图书情报学文摘》杂志主编在给情报学下一个工作定义时,其描述也基本与此相似,只是增加了一个内容,即:情报学要关注用户间的交流,以及用户在满足其信息需求时的查找行为。

哈罗德·勃考定义的特色在于:

(1) 强调了情报学的基本内容是研究情报的行为和属性,以及处理信息的方法。
(2) 提出了情报学处理信息的易于获得和易于使用的目标。
(3) 提出了情报学关注的对象是与信息相关的知识体系。
(4) 全面描述了情报产生的生命周期。
(5) 总结了情报学相关的科学领域。
(6) 即使在 1968 年这样一个技术应用的早期,也没有忽略情报学的技术成分。
(7) 提出了情报学的跨学科特性。
(8) 提出了情报学纯科学和应用科学的双重成分。

该定义的不足之处在于缺少情报用户及其信息交流、信息行为、信息需求方面的内容,而随着计算机、互联网的普及应用,以及情报学认知观的深入发展,这些内容逐渐得到人们的认识和普遍接受。

很多学者从不同的角度定义情报学,有的学者不仅给出正式的定义,还从情报的含义、情报学的属性和特点等方面对情报学加以描述。如 Machlup(1983)和 Braman(1989)等对信息的描述和定义;再如 1990 年,Buckland 先生通过调查 information 一词的使用情况,将其含义分为三个组,即"作为过程的信息(information as process)"、"作为知识的信息(information as knowledge)"和"作为事物的信息(information as thing)"。作为过程的信息是告知的一种动作,以及被告知的事实;在作为过程的信息中,被感知到的就是作为知识的信息;而作为事物的信息常常被用于修饰数据和文献一类的物体,因为这种物体能够提供信息。Information 所包含的多重含义必然会带来 information science 含义的广泛性。

关于情报的属性和特点也有很多的成果,美国著名情报学家萨拉塞维奇 1999 年撰文指出,情报学有三种主要的特性:第一,本质上是跨学科的,然而与其他学科之间的关系是变化的,跨学科的演变过程远没有中止;第二,与信息技术连接在一起,技术的需要正在迫使和限制情报学甚至是信息社会整体的演变;第三,情报学在信息社会的演变过程中是个积极的参与者,情报学有着强烈的社会和人的因素,这方面的因素远超出其技术因素。这种特性的总结虽然仍强调情报学的跨学科性和技术性,但在情报学与其他学科之间的关系、跨学科过程的延续性、技术在情报学演变过程中的重要性等方面的认识比过去有所推进,特别是强调了情报学中比技术因素更为强烈的人文和社会因素。

到目前为止,情报学的概念是清楚的,但不是完全统一一致的。总体来看,众多的定义都保留了情报学的基本核心内容。

2.2 情报学的学科性质

纵观科学技术的发展史,边缘交叉学科的发展已经历了两代,第一代是自然科学各学科之间、技术科学各学科之间,以及在自然科学与技术科学之间、自然科学和应用科学之间相结合的产物。第二代则是自然科学、技术科学、应用科学和社会科学相结合的产物。从这个意义上看,情报学属于第二代边缘交叉学科,是一门跨自然科学、技术科学、应用科学和社会科学的学科。

在今天,现代科学的发展特点是一方面学科分化越来越多、越来越细;另一方面学科之间的关系也越来越密切,它们相互交叉、相互渗透,已经形成一个有机的整体,一个大的系统。在这样的大科学环境下的情报学,其学科性质具体体现在以下几个方面。

2.2.1 情报学是一门综合性的学科

情报工作就是将人类已有的事实、数据、信息和知识,经过采集、加工、存储、传播和服务,满足用户对于知识和情报的需求,从而更有效地促进科技、经济和社会发展。因此,情报学的研究必然牵涉到情报工作、从事情报工作的人,以及使用情报的人;涉及到文献、信息和知识,关系到在情报信息采集、加工、存储、传播、服务中所设计开发的各种原理、方法和手段。情报学涉及面很广,不是一门单一学科,而是多种学科构成的大学科,是介于自然科学、技术科学与社会科学之间的综合性学科。具体来说，其综合性体现在以下几个方面：

1. 多学科的综合

一般认为，情报学是在图书馆学和文献学的基础上，随着信息论和控制论的形成，在广义的信息技术发展的基础上产生的。情报学要从情报活动中总结出规律和研究方法，需要综合运用自然科学和社会科学的知识。像图书馆学、文献学、哲学、信息科学群中的其他学科、语言学、认知科学、心理学、数学、社会学、教育学、生物、管理学、经济学等学科，都对情报学的理论与方法体系的形成产生了一定的影响。在情报学的整个产生和发展历程中，始终伴随着与其他学科的融合，情报学站在自身的角度一直在不断吸取着其他学科中对情报学的研究、发展有用的理论和方法，形成自己特有的理论和方法论。

2. 多种知识和技术的综合

情报学是一门纯科学，又是一门应用科学，这决定了它必须是一门综合了多种知识与技术的科学。情报学的理论研究需要有多门相关学科的理论与实践知识的支持，只有充分了解相关学科，才能不断发展自身。同时，情报学实践的主要目的之一是为组织和个人的决策提供可供行动的知识。知识来源于各种信息，为了达到这一目的，情报实践中就要对信息的搜集、加工处理、分析进行研究。信息的搜集，需要图书馆学、社会学、心理学、语言学等学科的知识为依据，以计算机、通信等技术知识为手段。在信息的加工处理中，更是离不开上述学科以及管理学、数学、经济学等相关学科的知识和技术。情报工作经常是具有各学科背景的专业人员协同参与的，充分综合各学科知识和技术的工作。

3. 情报研究成果的综合性

情报研究是情报学的重要领域，是一项为决策服务的研究活动。情报研究的成果，更是体现着综合性。首先，作为决策本身，其形式和要求总是多种多样的，只有对它进行纵向和横向的综合分析，才能充分满足决策服务的要求。其次，任何决策都不是孤立的，而是在一个综合的大环境下进行的。比如一个科技决策，不仅要考虑科技问题，而且还要考虑到经济、社会及环境，考虑到是否可持续发展等。情报研究的成果，必须是把先进性、经济性、适用性、科学性等有机地结合起来的一个综合的成果。在当前的知识服务大背景下，综合性得到更充分的体现，在信息和知识的搜集、加工、处理、研究的基础上做出的情报研究成果，必须切入用户的问题和环境，融入用户解决问题的过程中，其每一步都体现着综合性的特点。

2.2.2 情报学是一门交叉性的学科

情报学的理论和方法是建立在多学科综合、交叉、渗透的基础上的，这样的基础决定了情报学必然具有十分突出的交叉性特点。与情报学相关和交叉的学科很多，分述如下。

1. 情报学与文献学

文献学的研究对象主要是记录知识的文献、资料，而文献资料又与情报有着不可分割的联系，是传递交流情报的重要载体，因而也是情报学所要研究的对象。情报学与文献学关系密切，情报工作与文献工作也有很多共通点，在有些国家，甚至把两者作为一体。

但我国的情报学界认为两者虽然有很多交叉，但还是有很多不同的。文献资料是情报工作的重要组成部分，但情报不局限于文献，非文献形式的情报来源同样是情报学重要的研究内容。

2. 情报学与图书馆学

图书馆是人类文明的产物，有着悠久的历史，它是收集、整理、保存、传播人类文化知识的宝库。情报学与图书馆学有着密切的关系，图书馆学中的编目与分类、存档与索引、检索与获取等技术对情报工作提供了理论和方法。

但同时，情报学并不等同于图书馆学，图书馆是以图书期刊为对象，以馆藏、出纳、阅览等为工作重点，情报学以信息和知识为对象，以内容开发利用为重点，广泛采用情报技术来产生、搜集、整理、检索、传递、分析和利用情报。情报学对信息的加工组织会使它们产生质的飞跃。

3. 情报学与档案学

档案一般是指国家、个人、科学活动相关的文件与卷宗，是对人类实践活动的真实的记录，具有原始记录性、真实性和凭证性的特点。档案学与情报学都属于信息科学群，都是以信息为对象，以信息的加工和服务为使命。

档案学以档案为研究对象，它与情报学在信息的收集、处理、传递等方面有着明显的不同。情报学以情报和整个情报交流过程为研究对象，强调信息的交流与传递，具有动态性和开放性；而档案学的研究范围没有情报学那么宽泛，研究对象一般具有滞后性和保密性的特点。

与不断快速发展，逐渐走向网络化和数字化的情报学相比，档案学的发展相对比较缓慢。但情报学的很多新的方法和探索给档案学提供了新的研究方法和思路。

4. 信息科学群中的情报学

信息在当今与材料、能源一起被称为人类最重要的三大资源之一，众多学科都在以信息作为研究对象。这些以信息为基本研究对象的学科组成了信息科学群，情报学也是其中之一。信息科学群是以信息为研究对象，以信息运动规律和应用方法为主要研究内容，以扩展人类信息功能为中心研究目标而形成的一个横断性、综合性的学科群体。

最初人们认为信息科学(IS)是用数学方法研究信息计量、变换和传输的一门学科。但随着对信息本质认识的加深，信息科学的外延不断扩大，涉及信息的产生、收集、组织、存储、检索、传播、利用的各个领域和各个方面。它既包括研究信息形式的信息论和控制论(信息检测、识别、通信、存储等，偏重于自然科学技术)，又包括研究信息含义、价值的认知论、咨询论、决策论、系统论和智能论(信息阐释、评价、表达、优化、再生等，偏重于人文、社会科学)。其核心是研究信息、知识和智能的转化理论与信息论、知识论和智能论的统一理论。信息科学是横跨自然科学和社会科学的综合性的大学科群，凡与信息、知识、情报、智能有关的学科或领域均可全部纳入或部分纳入信息科学群。

信息科学群的崛起，是信息现象日趋复杂化、信息爆炸性增长、知识重要性增加、信息技术飞速发展等因素相互作用的结果。不同学科领域对信息现象的共同探索，形成了信息科学群。

D. A. Marchand 认为，信息科学群包括如下一些学科：情报学、图书馆学、计算机科学、信息学和信息论、系统理论和系统分析、控制论、运筹学、机器人学、人工智能、认知心理学、决策科学、符号学、认知科学等。当然，这不可能是信息科学群的完整结构。由于信息现象的广泛渗透性，无论是在自然科学和工程技术方面，还是在社会科学和人文科学方面，甚至哲学方面，都存在着对信息现象进行研究的大量学科领域。但归根结底，信息科学群的目标是提高人类信息功能的整体水平。以这一目标为中心,信息科学群的发展将越来越深刻地揭示和阐明自然界和社会领域中信息运动的客观规律,越来越深刻地揭示和阐明人类思维领域中信息加工和处理的内在机制,从而为人类认识世界和改造世界,为人类智能的充分释放提供有效的理论、方法和工具。

综合有关研究,信息科学群的研究范围应包括:哲学中有关信息范畴的研究;控制论、系统论、协同论和耗散结构理论中有关信息一般功能的研究;认识论、认知科学、思维科学和脑科学中有关人类精神信息与智能活动的研究;探索信息本质特性的信息论、符号学、语义学、元信息学;以信息交流与管理为对象的情报学、图书馆学、文献学、档案学、博物馆学、传播学、新闻学、教育学等;与社会科学各分支的交叉学科如信息社会学、信息经济学、信息心理学、信息政治学、信息法学等;自然科学和工程技术诸领域中有关各种物理信息、生物信息、生理信息、遗传信息、工程信息、机器信息的研究,等等。

可见,情报学是信息科学群的一个分支学科,在其中起着重要的作用,为信息科学群各个范畴提供新思路、新概念和新方法。

2.2.3 情报学是一门极富渗透性的学科

科学发展的规律告诉我们,学科之间的交叉渗透是学科发展的内在动力。学科之间的交叉渗透有两种不同的表现:一是学科之间的相互作用和相互影响,就像生物与环境之间关系一样,既相互支持,又相互制约;二是学科之间知识的融合、融通、借用和移植,这种作用往往促使学科出现新的生长点和增长点,从而拓展学科的研究领域。

学科之间的交叉渗透的途径同样也有两个:其他学科对本学科渗透、影响,和本学科向其他学科的渗透、影响。其他学科对本学科的渗透、影响,形成了本学科发展的生态环境,一个学科的持续发展,需要相关学科的支持,同时也受其他学科的制约。本学科向其他学科的渗透、影响形成了本学科的应用领域和影响力。对其他学科产生影响越大,学科发展的动力越强大,学科发展的前景越广阔,学科发展的基础也就越牢固。

情报学在整个学科发展的历程中,不断地引入哲学、社会科学和自然科学的新理论和新技术,不断移植其他学科的思想和方法,发展和丰富着自己的理论与实践,并促使着一个个相对独立的研究领域和学科分支的产生和发展。

在吸收其他学科渗透的同时,情报学作为一门交叉性的边缘学科,它对于相关学科的发展也产生了一定的影响。情报学的发展过程中形成的一系列理论与方法,也渗透到了相关的学科中,这种渗透体现在几个方面,最直接的表现是相关学科与情报学直接结合所形成的学科分支,如把情报学的理论与研究方法直接应用于医学研究领域所形成的医学创新等。

其次,表现在其他学科在其研究中参考了情报学的理论与方法。对核心期刊所作的引文分析表明,现在已经有越来越多的像计算机、统计学、医学、农学、经济学等非情报学领域的文章引用情报学的论文,这表明情报学的研究正在越来越深入地渗透到这些学科的研究中。

还有,我们还能看到很多把情报学的理论和研究方法直接用于相关学科、对相关学科发展产生重大影响的例子。如,情报学的理论和技术对图书馆学和文献学的技术和应用所产生的影响;把情报学的检索、分类理论应用于计算机领域,在现在的数字化环境下,信息的组织、内容的表达、信息的传播等都需要情报学的理论来作为支持;情报学的基于非相关文献的知识发现给医学、化学等很多领域的研究带去了新的研究方法,并且直接导致了这些学科中新的科研成果的产生。类似这样的渗透还很多,情报学要发展,走出去向其他学科渗透和扩展是一个很重要的举措,只有这样才能巩固和发展情报学。

2.2.4 情报学是一门有强烈时代色彩的学科

情报学的研究需要不断关注人、记录的知识和工具三大对象,涉及情报与社会、情报与服务、情报与学习三大领域。同时它还需要研究情报与科技、经济和社会发展的关系,反过来又研究伦理道德、政策和法规对情报服务业的影响,等等,而这些无一不是与时代特点密切相关,这就决定了情报学必定是与实践紧密结合的,富有强烈时代色彩的学科。

1. 情报学是时代的产物

情报在人类的历史上由来已久,但情报学作为一门学科的产生与发展是与时代的发展紧密联系在一起的,是人类社会发展到一定阶段的产物。在 19 世纪末叶,自由资本主义开始向垄断资本主义发展,工业生产规模不断扩大,科学技术也随之迅速发展,发展到 20 世纪 40 年代二战前后,专业、学科分支日益增多,科研课题也日趋复杂,以往以个体研究为主的研究转变为社会化的集体劳动,许多重大课题的研究,往往需要组织社会各方面的力量才能完成。在这种情况下,作为记录科研成果、传播科技知识的科技文献数量也急剧增长,传统的图书馆工作已经很难满足科学研究对于情报的需求,任何科研人员更不可能依靠个人的力量去取得他所需要的各种情报资料,分散、零星的情报服务不再适应现代科学技术发展的实际,当然更不能适应战争时代人们对于情报的需要。于是有组织的科技情报工作相继出现,逐渐形成了作为一门独立学科的情报学。

情报学在其随后的发展历史中,也是始终带有极强的时代特征,始终与当时的政治环境、经济环境、科技环境、文化环境等密切相关,这一点从情报学不断变化的定义、不断变化的内涵和外延的确定上也可以看出来。

21 世纪是知识经济蓬勃发展的时代,也是人类社会信息化空前的时代。数字化革命和互联网的发展,使网络经济、电子商务、数字图书馆、数字地球、网络信息资源管理、数据挖掘、知识发现、知识管理等新概念、新领域不断涌现,给情报工作的模式、手段、理念带来了巨大的挑战,主要体现在两个方面:一是信息载体形式和信息存在形式的变化;二是信息存储、信息处理、信息传输形式的变化。挑战同时也为情报学带来了一个全新的发展环境,情报学必须从学科的外延、内涵、理论、方法到工作实践进行发展和变革,以和当前的科技水平和社会发展相适应。情报学总是与时代同步,这不仅是学科发展的需要,也是时代的需要。

2. 情报学的发展受国情、政策等的影响

情报学既是一门纯科学,又是一门应用科学,它的研究离不开实践,而实践总是在一定的时代背景下进行的,这就决定了情报学的发展必然会受到时代的影响。情报学理论方法的研究主要探讨和研究情报的性质、现象和过程、各种理论范式、情报学与相邻科学的关系等学科建设方向。这些研究决定着情报学必须关注社会进步、信息与经济活动、信息政策法规等,在大的时代背景下发展自己。

情报学研究又是一项政策性很强的社会活动。情报研究的目的是为决策提供可供行动的知识。任何一个国家在发展中,都需要根据本国的社会制度、自然资源情况、发展程度、人口素质、科学文化水平等因素,通过正确的政策的引导,推动社会、科技、经济向预定的目标发展。情报研究必须在发展政策的指导下进行,这是情报研究活动社会政策性特征的体现。情报学只有适应国情和政策的需求,才能体现出自己的价值,得到进一步发展。

2.2.5 情报学是一门前瞻性的学科

情报学不同于其他学科,它不针对自然客体,而是以信息为研究对象,以形成思维产品为目的,其主要任务是提供知识,这些知识是建立在所有相关领域信息的基础之上的,这一特点使情报学必定具备前瞻性和超前性。具体来看,表现为:

1. 情报学的研究内容决定了情报学的前瞻性

情报学的核心领域涉及的主要研究内容可包括:理论方法研究、情报检索、情报分析研究、知识管理、应用及服务、人才培养、用户研究等。这些领域基本上都是以精神客体为研究对象,其产品也是精神产品,这使情报学不同于其他硬科学的研究,它可以直接综合利用其他领域最新的研究成果,使自身的研究总是具有超前性和前瞻性。

2. 情报服务的要求决定了情报学的前瞻性

情报服务的主要目的是为决策提供支持,消除决策过程中的不确定因素。这就时常需要跟踪、比较、评估和预测未来的效果、发展趋势和可能产生的影响等,这样的特点决定了情报服务必须具有超前性和前瞻性,只有具有前瞻性的情报服务,才能对实践、对未来具有指导作用。

国家经济体制和政策以及科技体制和政策从根本上决定了情报工作的发展方向。随着我国改革开放的发展,新的经济体制逐步建立和完善,人们的情报意识和信息观念大大增强,使我们的情报工作直接与经济建设密切相关。情报工作也逐步深入到以企业为主体,使企业成为情报服务与经济工作接轨的载体。情报学在企业中的应用包括企业知识管理、企业竞争情报与企业决策等,可以说现在企业是应用情报学的重要舞台。

当前人类社会已进入到知识经济时代,信息与知识是经济发展的重要资源,一个国家的经济实力、经济的全球化、电子商务、电子政务以及信息经济的快速发展等,对情报学学科的发展与创新同样是重要因素。情报需求是刺激情报工作发展的一个重要参数。在经济全球化、网络化、信息化的今天,各层次的信息需求都呈上升趋势,这种不断改善的经济环境势必会影响到情报学的发展与创新,使情报服务带有明显的时代色彩。

3. 知识服务的要求决定了情报学的前瞻性

情报学传统的服务主要是基于资源提供服务,提供有形的信息内容,这种服务方式常被称作为信息服务。在知识经济的时代背景下,情报学的服务也必须由信息服务转向知识服务。知识服务是基于满足用户任何需求和决策目标的一种服务,是一种不再满足于"我是否帮助你找到你所需要的信息",而是着眼于"我是否帮助你解决了你想要解决的问题"的服务。知识服务是面向用户的服务,是基于用户对信息资源的需求而开展的服务。它所关心的不仅是为用户传递、检索或提供了什么信息资源,更要考虑通过信息服务机构的服务,为用户解决了什么问题。知识服务要贯穿于用户解决问题的全过程。

虽然随着以计算机、通信网络、多媒体等为代表的信息技术的发展，读者可以通过互联网进行公共书目查询、文摘索引光盘检索，还可以利用全文数据库及电子期刊等轻而易举地获得大量的知识和信息。而且可以跨地区远程获得知识信息。但信息量的增加并不意味着用户获取信息的增长，并不是所有读者都具备获取所需知识信息的能力。情报信息部门拥有大量的知识储备，这使情报人员能够更好地根据用户的具体需要，进行有关知识内容的筛选、分析、组织、重组，并应用于实践中，提出解决问题的方案。情报工作技术与设备也朝着数字化、智能化、网络化的方向发展，情报工作人员改变原来传统的单一的服务模式，形成提供"集成化、协作式"的网络服务模式，为用户提供更个性化、深层次的服务。所有的服务过程中，情报人员都要基于多种信息和知识，通过开放的模式，通过团队，通过创新来提供服务，每一步骤和过程，都离不开前瞻性的假设和验证。

2.3 情报学学科结构与研究领域

2.3.1 学科结构特征

任何一门学科，都可以划分为若干个领域和子学科，并表现出一定的结构形式和特征，情报学也不例外。

1981年，美国学者怀特（H. D. White）和格瑞菲斯（B. C. Griffith）通过研究，将情报学划分为5大分支：科学交流、文献计量、一般理论、情报检索以及由Zipf和Shannon为代表的先驱者集团。其中，文献计量位于中心位置，科学交流和情报检索分别位于其两侧，一般理论处于文献计量与情报检索之间，而体系图下方是先驱者集团。

1998年，怀特和麦凯恩（K. W. McCain）在统计分析的基础上，分别得出了1972—1979年、1980—1987年、1988—1995年3个时期的情报学领域著者分布图。虽然时段不同，但这3个图样呈现出一个共同的特征，即类似于澳大利亚版图：沿海地区发展迅速，而中部地区却人口稀少。按照聚类分析，情报学学科主要分为文献与交流、情报检索这两大领域，分别位于分布图的左、右两边。具体来看，文献与交流领域中，引文分析处于上方，科学交流处于下方。在右边的情报检索领域中，实验型检索人员（experimental retrievalists）位居上方，而实践型检索人员（practical retrievalists）以及用户理论位于下方。两大领域的上端是较为分散的文献计量学，下端是一些理论，为情报学所引入的外来学科。

3个分布图所表现出来的共性，说明情报学在整体上具有稳定性。与此同时，3个图形之间也存在着一些差异，这些差异在一定程度上反映出情报学结构的细微演变。在研究者的数量上，情报检索较文献与交流而言，占据着明显优势，但这种优势随着时间的推移在慢慢减小。这表明两大领域的研究力量正逐渐趋于平衡。从领域内部来看，文献与交流最初主要侧重于文献计量研究，而后加入了引文分析。随着研究范围的扩展，"领域分析"（domain analysis）成为这个分支的新名称，它包含了比文献计量更为广阔的主题，例如科学与专业交流、科学社会学、知识社会学、学科间的交互影响等。在情报检索聚类区域，著者可以分为两类，一类主要从事算法研究，称为情报检索的"硬"区域；另一类关注用户与系统之间的关系，称为情报检索的"软"区域。20世纪80年代之后，认知观开始为越来越多的学者所倡导，面向用户、注重人机

交互的情报检索成为情报学研究的主要课题,这一类的研究学者也随之增多。

虽然领域分析与情报检索各自都形成了较为集中的研究群落,但作为情报学的子领域,两者之间却相互隔离,缺乏交流。因为除了有少数的著者散布之外,这两大领域之间几乎是空白区域。萨拉塞维奇曾经预言:当领域分析与情报检索这两大领域能够互相连通之时,就是情报学羽翼丰满之日。这也意味着待基础研究和实践应用有机结合的时候,情报学就会成为一门成熟的学科。

2.3.2 学科研究领域

对于情报学研究内容、所包括的领域、所涉及到的相关学科这些问题,很多的学者进行了研究,以下是一些具有代表性的观点(基本按照时间先后顺序)。

1. 克莱姆纳的情报学概念框架

克莱姆纳(I. M. Klempner)在 1969 年提出了情报学的概念框架,将情报学分为 3 个部分:概念部分,包括索引、文摘、分类、词表建设、主题词工作、文献选择、重要特征的开发;存储传播部分,包括存储传播渠道分析、网络、高效的组织和管理;利用部分,包括相关性评价,管理评价,社区满意度评价,国家和国际的文化、道德、休闲或者社会政治目标的满足程度。

2. 拜尔琼和英格沃森的情报学基本元素和主要领域

1978 年拜尔琼(N. J. Belkin)提出了情报学的 5 个基本元素:人类认知交流系统中的信息、渴望得到信息的观念、信息系统和信息传输的效果、信息和生成者之间的关系、信息和用户之间的关系。彼特·英格沃森(P. Ingwersen)在这 5 个基本元素的基础上,提出情报学的核心领域包括:信息计量学、信息查询、信息检索、信息管理和信息检索系统设计 5 个方面,他还建立了这 5 个基本元素以及 5 个情报学领域之间的映射关系图,提出情报科学未来的 5 个趋势是:让技术适合人类;在更广泛的意义上而不是仅仅在科学技术的意义上理解信息,将信息既看作是个人认知的必要补充,又看作是社会的重要资产;改善信息获得的灵活性以促进信息的利用;从文献处理到信息提供;多样化地完善认识论观点。

3. 萨拉塞维奇提出的情报学重要概念和特别领域

美国情报学家萨拉塞维奇(T. Saracevic)在 1999 年撰文说:目前情报学中包含有最具影响力的 3 个概念;第一是 20 世纪 50 年代出现的基于形式逻辑的"信息检索";第二是随后不久出现的与人的信息需要和信息评价直接有关的"相关性";第三是使信息系统与人之间的交换与反馈成为可能的"交互作用"。

而情报学的特别领域包括以下内容:实验的信息检索、引文分析、实践的检索、书目计量、普通图书馆系统理论、科学交流、用户研究和理论、OPAC's、从其他学科引进的概念、索引理论、引文理论和交流理论。

4. 伯杰·霍兰德的理论

伯杰·霍兰德(Birger Hjúrland)2000 年在《信息处理与管理》杂志上撰文认为,每个学科都有自己的基本概念或范畴,在图书馆情报学学科中,其基本概念或范畴包括(按英文字母顺序排列):交流,概念和内涵(语义的),文献/文本的检索,知识领域、学科、信息、信息技术、信息系统、信息查询、信息检索,知识和知识表达。文献特别是学科文献,媒体,记忆机构(图书馆、档案馆、博物馆等），相关性，用户。

5. 霍金斯等人的理论

2001年，《图书情报学文摘》（ISA）的主编唐纳德·T·霍金斯（Donald T. Hawkins）在回溯了情报学概念发展的历史，分析了众多情报学的定义之后，绘制了一个情报学映射图（information map）（见图 3.1）。从图中可以看到，按照霍金斯的总结，情报学的内容包括：信息的属性、信息获取、信息产业/市场/参与人、知识组织、出版业、信息经营/经济、数据库产品、电子信息系统、联机搜索、最新资料通告、数据库设计、历史。围绕着情报学核心领域的相关学科和领域包括：计算技术、行为科学、法律和政府、图书馆学、统计学、传统形式的交流、网络化的交流。

两年后，霍金斯与另外两位作者 Signe E. Larson 和 Bari Q. Caton 一起，共同完成了开发情报学分类表体系的工作，他们通过由数据库编辑、参考图书馆员、文摘索引工作者共三个人组成的团队，以 3 000 篇情报学文摘为样本，进行了两次试验，验证了新的情报学分类体系。

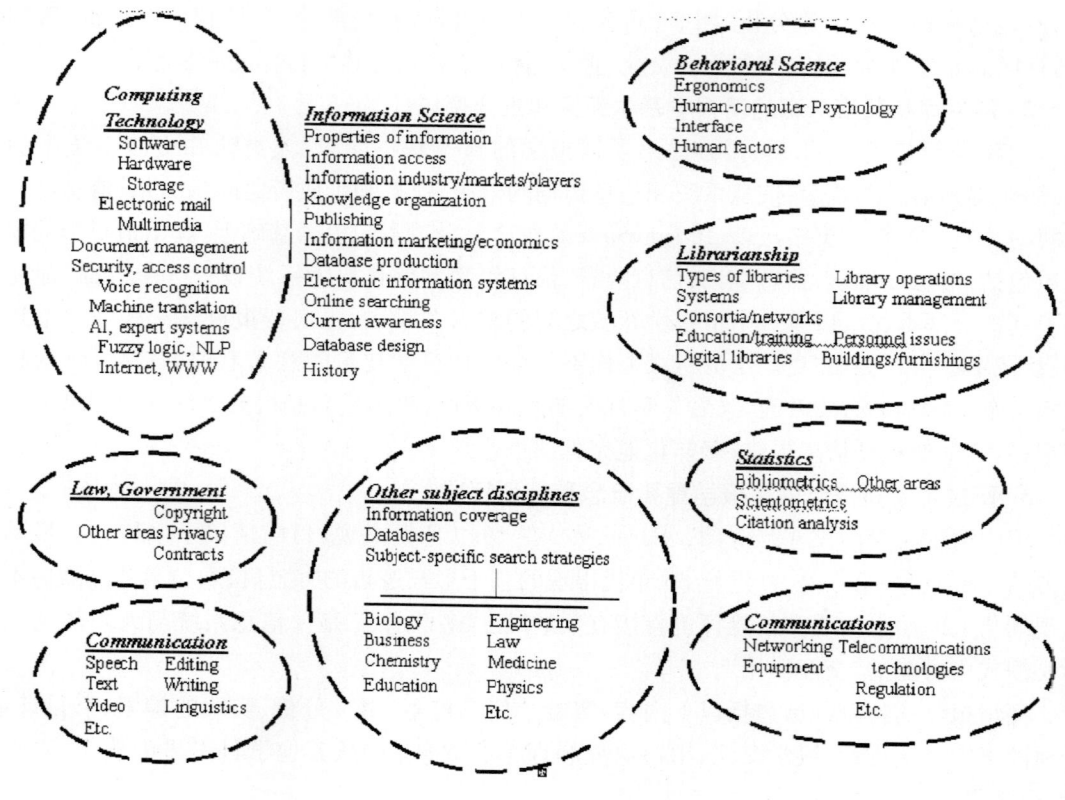

图 3.1 情报学映射图

资料来源：T Hawkins Donald. Information Science Abstracts: Tracking the Literature of Information Science Part 1: Definition and Map. Journal of the American Society for Information Science and Technology, 2001, 52(1):51

霍金斯等人的情报学分类体系将情报学的内容划分为11个部分：情报学研究、知识组织、情报职业、社会事务、信息产业、出版发行、信息技术、电子信息系统和服务，特定主题资源及其应用，图书馆和图书馆学，政府、立法信息及发布。

他们所建立的体系反映了情报学新的定义特点，是面向实际的，在印本和电子数据库搜索两种情况下都易于被《情报学文摘》(Information Science Abstracts)的编制者和用户使用。

2.3.3　情报学的变与不变

情报学从产生发展至今，随时代的变化而变化，出现了若干学科名称、多种的学科定义，学科结构也发生了变化，在学科研究领域方面也有不同的描述，因此有人认为情报学是一个变化很快的学科。情报学的定义要回答情报学到底是什么，到底做什么的问题，这是情报学最基本的东西。情报学科应有一个基本稳定的基础，变化只是局限于某些方面的内涵以及某些理论和实践的拓展。

从前文提到的1968年Harold Borko给情报学下的定义，到2001年Donald T. Hawkins在美国情报学学会会刊JASIST 52卷第1期上提出的情报学的工作定义，以及30多年来众多情报学家对情报学内容的描述和概念领域的划分，我们不难看出，自20世纪60年代末期以来，情报学的核心内容、研究对象并无大的改变，很多学者都提到的信息获取、存储、检索、传播、利用，信息系统及其设计开发，图书馆学、信息计量，信息处理（如索引、文摘、引文、分类、词表等方法），信息处理技术等问题，这些是情报学最初的基本研究内容。随着学科环境的变化和学科研究的深化，情报学在用户研究、交流、信息关系研究、相关性、交互、知识组织与表达、知识管理、信息经济和信息市场等方面有所拓展。

从发展过程来看，情报学的改变主要表现在以下几个方面：

1. 研究对象有所深化

情报学的研究对象先后经历了3个阶段，即从以文献为研究对象，转向以信息为研究对象，而后又转移到以知识为研究对象。在文献对象阶段，情报学主要研究对文献的外部和内部特征并进行描述，向用户提供检索和利用服务。随着信息技术的发展，情报学者开始利用技术手段对各种载体形式的信息进行组织、表达、检索和共享，大大提高了信息的利用效率。网络环境下，情报学研究的重点在于知识单元的深层揭示，知识单元之间逻辑关系的发现挖掘，以及知识交流过程特点和规律等问题。这也是情报学研究从物理层次的文献单元向认识层次的知识单元不断扩充和深化的过程。

2. 研究领域有所拓展

早期的情报学研究主要集中在情报检索、情报系统设计开发、文献计量等方面。20世纪90年代中期之后，网络和社会环境的变化，技术的推动以及学科交叉使情报学研究呈现出多元化的发展格局，出现了一系列具有代表性的研究主题，并产生了诸多新的学科生长点，如数据库中的知识发现(KDD)、语义网(Semantic Web)、3G(Great Global Grid)现象、信息构建、元数据、小世界现象等，极大地拓展了学科的研究领域。

3. 一些新的概念和对象的引入

如相关性概念最初不是情报学核心的概念，情报学早期引入相关性概念，主要是因为它在信息检索系统中的重要性,而现在相关性的含义不断丰富,拓展到内容管理、网站信息构建等方面,它在学科领域内应用越来越广。

4. 侧重点有所变化

从关注技术、关注信息的载体转向更多关注于信息环境、信息接受者转变。由机构范式、系统范式到认知范式的转移,以及阐释学范式的兴起,反映了情报学研究取向的变化,即由单一的技术维度向人文—技术双重维度的转变。

虽然历经了这些变化,但情报学的目标和根本任务并没有改变,仍然是要解决信息、知识的日益增长与人们有效利用之间的矛盾,对知识进行有效管理和利用。

2.4 情报学的学科地位

2.4.1 学科的重新定位问题

情报学的学科定位,直接与情报学的研究对象相关,由于人们对情报学研究的基本对象一直没有深刻的认识,因此,情报学的学科定位亦处于争鸣之中。当前我国情报学研究对象与范围的泛化现象,使得情报学的学科定位更加的模糊,情报学迫切需要重新定位。

F. Machlup 等人在研究信息这一跨学科现象时,曾试图建立情报学的核心研究领域,并划定情报学与其他学科的边界。令人遗憾的是,这一尝试因过于强调情报学的"纯科学"性质而没有取得应有的成功。20 世纪 90 年代以来,许多西方学者试图从综合的、宏观的角度去分析情报学及其相关学科间的关系,以确定情报学的学科地位。他们或是从分析情报学的跨学科属性入手,或是利用引文分析和内容分析等方法对情报学的学科关系和发展趋向进行研究。

"P. Ingwersen 从情报学的认知观出发,构筑情报学研究的基本框架。但是,他把信息管理作为情报学的基础研究领域之一,与信息检索等内容并列则着实令人费解",看来,仍有必要从澄清有关学科基本概念入手重新认识情报学的核心问题以及情报学在信息科学群中的地位。国内学者提出并得到人们认可的观点:"信息链理论"由事实(Facts)—数据(Data)—信息(Information)—知识(Knowledge)—情报、智能(Intelligence)5 个链环构成。"事实"是人类思想和社会活动的客观映射。"数据"是事实的数字化、编码化、序列化、结构化。"信息"是数据在信息媒介上的映射。"知识"是对信息的加工、吸收、提取、评价的结果。"情报"、"智能"则是运用知识的能力。换句话说,事实、数据、信息、知识、情报五个链环组成"信息链"(Information Chain)。在"信息链"中,事实、数据、信息具有物理属性,知识、智慧、情报具有认知属性。人通过信息组织与管理,知识组织与管理来实现事实、数据、信息、知识、情报相互转化。知识本身也是一种信息,情报本身也是一种信息,相互之间可以转化。但是,知识、情报不是一般的信息,而是体现人的认知因素而且在运用中能改变人的行为的特殊信息。信息存在于"波普尔三世界理论"的全部的 3 个世界中(客观物理世界、主观精神世界、客观知识世界),知识存在于主观精神世界和客观知识世界,但不存在于客观物理世界中,因此知识包含于信息之中。情报也存在于主观世界和客观的概念世界中,是活化了的知识信息,包含于知识、信息之中。

Richelson 在 2000 年提到:"情报分析是情报学的基本内容,信息是情报的输入。"情报是对信息的分析和提升,因此,信息科学是情报学的基础,情报学是信息科学的子学科。

情报学与文献学和图书馆学有着深厚的渊源关系,通过不断发展完善,情报学逐渐确立了独立于传统图书馆学和文献学的学科地位。联合国教科文组织及许多国家的文献标引、图书分类法中开始使用"情报科学"的学科名称。在本学科领域出现了众多的代表人物,并产生了一系列基础文献和核心文献。一批学术团体和专业性学术杂志繁荣发展,情报学教育也得以蓬勃兴起。这些都成为情报学取得独立学科地位的标志。

除了自身的学科地位以外,情报科学家还必须明确地向世人说明本学科对整个社会的贡献所在,以体现学科的社会价值。很多学者不仅研究情报学自身的结构,还研究情报学在整个科学体系中的作用以及在社会中的地位。

当今社会,"信息"概念越来越被频繁使用,越来越多的领域和行业引入了信息管理和利用,信息和知识的组织管理成为社会普遍需要的一种技能,比如网站建设中的网络信息组织和管理、信息构建就是如此。这样的情形,可以看作是图书情报学知识的普及应用程度在加强。图书馆和信息中心由于数字信息的需求而得到了更多的投资,情报专家和图书馆学家越来越多地参与到有社会影响力的大型数字化科学研究项目当中,并取得了前所未有的成果,可以说情报学的社会影响力在加强。

但是情报学家们在推广普及他们自己的理论和思想方面还做得很不够。在很多场合下,社会并不明确他们对信息组织和管理专家的需要。人们使用着情报学的思想和方法,但并没有让这些东西带上情报学的标签。

2003年,美国情报科学技术学会主席哈恩女士为了回答科学学会委员会(Council of Scientific Society)主席提出的"20世纪你们的专业学会5~7个最重要的、代表性的、最基本的发现是什么?"这个问题,进行了调研,在对学界著名情报学家进行咨询以及参考教科书和历史性研究论文的基础上,她认为"发展"一词比"发现"一词更适合于描述情报学的活动,她将学科的重大发展归纳为5个方面:测度了信息爆炸——通过建立书目计量学领域;抑制了信息爆炸——通过发明引文索引系统;将计算机应用于文献和文献记录的处理——通过计算机存储和检索系统;研究了用户的信息查询、需求和选择行为;建立了国家信息政策。

哈恩女士的总结是基于情报学在社会发展背景中的作用,主要还是宏观意义上的。它对于明确情报学的学科定位,普及和推广学科的理论和方法具有重要意义。

2.5 情报学目标和方向

2.5.1 认知过程链的观点

在学术界存在着认知过程链的说法,即人的认知过程具有从数据到信息到知识到智慧这样的认知阶梯。从认知过程链的观点看,情报学可以看作是研究数据、信息和知识的产生、组织、存储、解释、传输、转化和利用的现象、特点和规律的科学,其目的是通过对数据、信息和知识的处理和传播等过程促进人类对知识吸收和对智慧的获取。

情报学要达到的目标是促进信息的激活、促进人类认知过程从数据到智慧的转化,而这一点正是我们对情报学这个学科准确定位的基础。当前有关信息的处理和传播的科学有很多,与其最为密切的学科有通讯科学、计算机科学、新闻学、传播学、信息加工心理学、信息管理学等。在分析它们之间的异同后,不难发现,尽管这些学科在研究对象上有相同之处,在研究内容上有交叉重叠之处,但它们对信息研究要实现的目标不同。以情报学和传播学为例,在情报学领域,有众多的学者比较了情报学和传播学的异同,提出了不少有价值的论点。鲁宾(B. Ruben)在分析了两个学科的基本范式的差异和相似之处后认为:"情报学强调结果测度和评价、情报传输功能的有效性、情报存储和检索的适宜性、任务完成和问题的解决、组织或传播情报的系统及其服务等的效用和价值等;而传播学考察的问题强调个人成长、关系发展、新闻和娱乐、组织过程、社会化和文化发展。"

尽管鲁宾提出情报科学范式的主要理论焦点是情报传输,但从他所使用的词汇"测度与评价、有效性、适宜性、问题解决、效用和价值"中可以得出这样的结论:情报学范式的焦点不是情报传输的过程,而是情报传输后对接收方最终起到的作用和影响,也就是对接收方认知方面的影响;而新闻学与传播学明显不会以此为其研究的重点。同样可以说明,对信息相关问题的研究:通讯科学以信息准确、不失真的传输为目标,计算机科学以通过计算机实现信息处理传播为目标……而只有情报学是以研究通过对数据、信息、知识的处理和传播达到促进知识吸收和智慧的获得为目标的。

正因为情报学与其他科学的研究目标的差异,导致了情报学与其他科学在对数据、信息、知识、智慧的研究角度上的差异,情报学的实质是通过对这些认知元素转化过程、特点和规律的把握,形成理论认识,以指导实践中采用各种辅助手段和方法,促进、加速和便利认知阶梯的进化。

2.5.2 情报学的基本任务

情报学经历了几十年的发展,学科生存的环境和条件发生着变化,但情报学的基本任务一直是明确的,那就是不断总结和发展信息科学理论,指导并采取各种手段,解决情报供求关系的矛盾,促进个人以及社会的信息吸收、知识利用和智慧获得。也就是说让人们能有效地传播已积累的知识,不断吸收并应用新知识;通过信息的存储和检索,唤起人们对知识的记忆;通过对信息和知识的有效利用,推动人类社会、经济和科技进步。

在社会发展过程中,由于情报供求关系矛盾的主要表现形式不同,所以情报学发展各个时期关注的焦点不同。情报学发展的第一阶段,情报供求矛盾主要体现在文献的大量增长和利用的矛盾上,当时的信息主要集中于信息机构中,因此解决供求矛盾的方法是采用机构范式,对数据整理和信息组织以及文献工作规律进行研究;在第二阶段,情报供求矛盾重要体现在信息技术飞速发展后,人们利用技术手段建立和使用信息检索系统的矛盾上,因此解决供求关系矛盾的方法是采用系统范式,研究信息交流、交流系统、检索系统以及技术条件下人与信息的关联;在第三阶段,情报供求关系矛盾主要体现在信息泛滥和知识获取困难的矛盾上,因此解决供求关系矛盾的方法是采用认知观,关注信息化社会的信息环境与信息管理,以及在这个环境下的信息吸收、知识理解和评价问题。

2.5.3 情报学的目标

布什的《诚若所思》一文对情报学产生了巨大的影响,该文较为全面地提出了解决知识利用问题的思路,为情报学确立发展目标奠定了理论基础。

情报学诞生前期的著名学者如布什(Bush)、威尔(Well)和奥特莱(Otlet)等对社会知识问题的关注是惊人地相似,文章的内容有异曲同工之妙。结合他们的观点,追寻情报学自1945年以来的发展道路,便可发现:情报学现在以及今后所追求的目标将永远是使人类正在增多的信息和知识得到更为充分的利用。

回顾情报学所取得的研究进展,从最初的分类体系、主题词表、索引等文献信息组织方法应用,到关于认识地图的构想,进而发展到数据库技术、知识挖掘、知识库、语义网以及对知识单元的描述、揭示、整合和组织,我们看到,情报学家一直都在为实现学科的基本目标——增多并充分利用信息和知识而努力。随着理论方法的日益完善和技术手段的不断进步,情报学正在逐步发展成为一门成熟的信息科学分支学科。在学科日渐成熟的过程中,我们离情报学的目标也将越来越近。

2.5.4 情报学的发展方向

情报学在今后的发展方向是:

(1)适应社会发展和技术发展的变化,开创思想家与知识总和之间的崭新关系,让人类真正占有所有知识并从中获取进步。

社会的发展带来信息需求的变化,技术条件的更替带来支持工具的变化,思想家和研究者们与知识之间的联系在不同的时代总是具有不同的特征和不同的要求,比如在纸质载体时代、计算机单机时代和计算机网络时代,思想家们与知识之间的联系手段和联系方式都有所不同。情报学要研究这样的特征和要求的变化,不断开创出思想家与知识总和之间的崭新关系,不能让知识埋没和流失,而要促进知识有效地为人类占有。

(2)研究更有效的记录手段和工具。

各种记录手段除了能有效地记录科学家们的研究成果,还应记录科学家们的研究轨迹。目前人类已经能够基本解决科学家的研究结果的记录和传播问题,但还没有解决记录科学家们的整个研究轨迹并加以传播的有效手段。情报学今后不仅仍然需要强化研究成果知识的记录和传播问题;还要开创研究轨迹知识的记录和传播的方法和技术,让研究者们真正能随时忘记暂时不需要的信息,而在必要的时候又能很快找到它们,让研究结果的知识和研究过程的知识都能为人类所拥有。

(3)研究知识获取的智能方法。

记录中有难以记数的奇思妙想,还有大量产生这些思想的经历,信息的需求者们如何能够进行精细地检索已成为当代信息获取的一大挑战。人类正在研究开发大脑处理信息的智能方法,这必将成为情报科学的重大任务。今天,我们信息存储与检索方面有了前所未有的进步,解决了由计算机存储和快速检索的问题,但是存储和检索的方法和效率问题仍然存在,如我们的全文检索,仍然主要采用词汇的匹配,而不是信息的匹配或知识的匹配。情报学要研究如何在智能轨道上主要通过建立联系来选择而不是单纯依靠索引来选择信息。

(4)不断研究如何利用新的技术手段来解决知识的记录、存储、检索、传播和利用问题。

情报学发展的历史也是新技术不断应用的历史,探求新的技术方案来解决知识的存储和利用问题是情报学家们永远的工作。要跟随现代技术的发展步伐,更多制造能帮助科学家处理、获得和传播信息并进行复杂的数学计算的工具和方法,以满足当代文明最挑剔的要求。

(5) 解决信息和知识的共享问题。

信息的共享可以通过信息的传播和普遍性的信息服务来实现,知识的共享却必须通过知识需求者的亲自参与以及个性化的服务来实现。当前的情报学在解决知识的共享方面一直在努力但成效不大。布什在他的文章中提出"将会有一种新的职业出现,这就是轨迹制作者。大师们的遗产将不只是他个人加到世界仓库中的东西,而将成为他的信徒们共享的整体的知识框架。"情报学经历了近60年的发展,但还没有真正意义的"轨迹制作者"这样的职业出现,可以设想如果该职业成为社会的一个常见现象,知识的共享将得到很好的推动。建立完整的"轨迹制作"的理念和方法是情报学今后发展的方向。

§3 情报学各研究学派

情报作为一种普遍存在的社会现象,是人类社会发展的产物,自从有了人类,就有了情报的交流活动。与人类情报交流和情报实践的悠久历史相比,情报学的历史较为简短,是一门年轻的学科。实际上,学科的形成是一个渐进的发展过程,是人们对情报实践和情报学的认识不断深化的标志。在情报学研究者的共同努力下,通过对不同学科的借鉴和创新,情报学逐步形成了自己的特有领域和理论,涌现出不同的理论流派。

情报是一种多维的现象,致使情报学也必定是一个多维的学科,因而情报学流派异彩纷呈。本节从理论基础、研究对象和范围、研究方法和应用目标的角度出发,结合情报学的主要特征,从中选择了学术界所熟悉的有影响的研究学派进行介绍和讨论,包括文献计量学派、交流学派、知识学派、决策学派。

3.1 文献计量学派

在相当长的历史时期中,情报的主要载体是文献,对这类情报源分布和演变规律的认识促成了对文献计量的研究。文献计量学派借助文献的各种特征的数量,采用数学与统计学方法来描述、评价和预测科学技术的现状与发展趋势。

考察文献为载体的情报的生产、流通和利用过程,我们发现文献会随着情报一同参与情报交流的全过程,形成源源不断的流。此时的情报流实际上是指出版物和未发表的材料的总和。因此,可以通过对文献的统计分析来揭示情报产生、分布和利用的动态规律。

对文献计量化的实践最早可以追溯到1917年动物学教授科尔(F. T. Cole)和博物馆馆长伊尔斯(N. B. Eales)对比较解剖学刊物的统计并用作国别的分析工作。他们采用统计书目技术将1543年至1860年有关解剖学的出版物按国别、学科和年代进行了统计分析和研究,探明了解剖学文献在世界各国的分布趋势,为进一步研究该学科的发展提供了充分的根据。科尔和伊尔斯的研究工作可以说是文献计量学派早期最有代表性的事件之一,其影响逐步引起了学术界的关注。1969年,英国学者普里查德(A. Pritchard)首次提出了"文献计量"这一术语,

约维茨在这里讨论的情报量显然是指决策者在决策过程中表现出的情报量,也即情报状态,这与文献中包含的情报的量是不同的。资料或文献中包含的情报量他们以 QI 来表示,并可与前面讨论的 I 关联起来。

在给定数据集合 D 在某一时刻 t 时的情报量,可以表示为决策者接收到这些数据后决策者的决策状态的变化,$QI(D,t) = I(t) - I(t_0)$,这个量值可以是正、负、零。

约维茨的这一看法与布鲁克斯的情报基本方程有着一个重要的相同之处,这个共同之处在于对情报效果的定量描述,我们将布鲁克斯的基本方程稍作移项,即可得到:

$$\Delta I = K[S+\Delta S] - K[S]$$

这与约维茨的公式很像,这说明,他们都认为情报是使用户的知识结构(或情报量)发生变化的那一部分内容。当然,在对情报的具体定义上,这两个理论体系是不一样的。二者的另一个不同之处是,约维茨将是否改变知识结构作为判定标准,但布鲁克斯却没有提到,约维茨定量地给出了情报的"效果",从公式 $QI(D,t)=I(t)-I(t_0)$ 中可以看出,情报量可能是正的,但也可能是负或是零,这样的情报性质指标不仅在实际的定量情报分析中是有用的,而且在我们从理论上定性分析情报时也是必要的。

约维茨的决策学派对决策过程进行了动态分析,描述了内部情报的流动以及外部文献中的知识向内部情报转化的结果和数量关系。此外,他还以数学为工具,建立了一系列的数量测度模型,符合"科学知识数学化"的要求和趋势。

决策学派分析的对象是以决策者为主体的情报过程,它对于建立用户情报行为的理论框架有着重要的意义。但就人类情报实践的整体而言,用户情报行为过程只是其中的一个基本层次,情报系统的情报行为以及社会的情报行为,是与此相联系但又表现出各自独立的性质,需要我们采用不同的方法论和概念框架去加以描述和分析,研究的情报实践的两个层次。

[本章撰稿人:马费成　宋恩梅　余红梅　周晓英　王知津　刘昭东]

参考文献(见第 4 章末)

第 4 章　情报学的建设使命

§1　情报学面临的机遇与挑战

信息技术飞跃发展,以数字化和网络化为重要特征的数字时代的到来,用户情报需求多样化,信息服务机构多样化,学科之间交叉渗透,都为情报学的发展提供了极好的机遇,但同时也带来了挑战性的压力。认清压力,抓住机遇,才能进一步促进情报学发展。

1.1　数字时代情报学的研究对象

计算机和网络的出现加强了全球化趋势,经济、科技、服务、教学、知识乃至危机都呈现了全球化趋势,全球竞争与合作并存的模式在强化,资金流、物流、信息流等呈自由流动之势。我国情报学专业正在突破传统的图书文献模式,走向更广阔的领域并与国际接轨。

知识经济时代的来临使信息的战略意义凸显,信息资源尤其是知识资源的开发与利用成为国家、组织、个人创新的源泉与基础,成为社会竞争主体把握市场、获取先机、赢得核心竞争力的战略资源。我们处在工业经济向知识经济的转型时期,情报学的核心是知识处理与知识服务,是知识经济时代的核心产业。

服务科学的提出也为情报学的发展提供了条件。情报学是一门应用性较强的服务性学科,这种服务功能以前曾被分散在各个相关的科学领域。数字时代信息的寻找已不困难,信息泛滥要求情报服务人员提供给用户的不是信息,而是情报和知识,现在情报学需要对学科重新定位,明确其核心,加强其服务功能。

21世纪是信息和网络的世纪,亦称数字时代,它正在构造出当代情报学发展的新义境,一系列新思想、新方法、新技术应运而生。在新的义境中探讨情报学的新问题,对促进情报学的发展具有特别重要的意义。数字时代的到来给情报学的发展创造了新的机遇,但同时也带来挑战。

计算机技术一直在促进情报学科发展。Google等搜索引擎的高效信息服务,以及模式识别、语义分析、神经网络、数据挖掘、智能分析技术和知识技术的发展之快,使监测和跟踪能力提高,对情报学学科发展影响极大。情报学者的优势在于他们拥有对文献的组织能力,而计算机学者具有较强的技术能力。要想对知识进行有序组织并提供知识服务已经不可能是单独哪个领域的任务,情报分析也不会成为单一的技术工作,它还需要情报人员的智慧和经验。根据纳什的博弈论,只有进行合作,才能共同促进知识服务和情报服务的深化。

当前情报学的发展呈现出知识化的趋势,情报学的研究对象也经历了从文献到信息又到知识的转变。

马费成教授曾提出:情报学要想取得突破,在微观上需要解决两个关键问题:一是知识信息的表达和组织必须从物理层次的文献单元向认识层次的知识单元或情报单元转换;二是知识信息的计量必须从语法层次向语义和语用层次发展。知识组织也有3个层面:语法组织、语义组织和语用组织。对文献的外部特征进行分类、描述只是最基本的语法组织,要想给用户提供良好的信息或知识服务,真正遏止信息爆炸,解决人们的信息饥渴,必须深入到语义组织。目前正在研究的知识挖掘、知识库、语义网等新兴的网络组织工具正是对知识单元进行描述、揭示、整合和组织,进行语义组织层面的研究。

知识组织的发展水平又决定了知识服务的层次。知识组织的对象是知识单元以及知识单元之间的逻辑关系。这种研究更多表现出的是一种技术维度。知识服务面向的是用户。因而除了技术应用以外,还涉及到众多的人的认知及影响因素。"在揭示知识特征的基础上,情报学还要关注用户的认知感受和使用体验。寻求二者之间的结合点。这种结合不是一种简单的匹配。而是能够实现隐性知识和显性知识之间的相互转化,以促进知识的创新。技术理性和人文价值是情报学的双重特征。将二者有机结合,双向度均衡发展。对于新形势下情报学的发展具有重要的意义。"

"信息的序化和转化应是情报学的两大核心领域",知识作为情报学的研究对象,不仅包括知识组织这个序化过程,也包括通过信息分析得到知识和情报的过程。要满足用户的知识需求,提供高质量的知识服务,其中必然包括知识组织和情报分析。

1.2 技术进步的新要求

20世纪90年代以来,遗传工程技术、空间技术等高新技术,尤其以计算机技术、网络技术为代表的信息技术发展迅速,极大改变了人们的工作方式和生活方式,也对情报学理论和实践提出了许多新要求。

现代信息技术在实现方式上主要表现为数字技术。为了叙述方便,可以将信息技术概括为信息处理技术、信息传递技术和信息网络技术。信息处理技术涉及到信息的转换、存取、处理和压缩技术,半导体技术和软件技术发展在这一方面具有重要作用。信息传递技术涉及光纤通讯技术、无线电通讯技术、卫星通讯技术等。信息网络技术是融合了信息处理技术和信息传递技术而形成的技术,它把计算机通讯、邮电通讯和广播电视3种不同的信息传输方式融成一体,从而大大提高了信息处理和传输能力,互联网就是网络技术发展的一个标志。

信息技术,尤其是网络技术的突飞猛进,为情报学的发展提供了重要物质技术基础,同时对如何发展情报学也提出了新的要求。情报学者要有效利用现代信息技术,提高情报采集、加工、存储、检索、分析、传递和评价等环节的效率;要加速开发情报信息资源,加强公共数据库、大型数据库和专题数据库的建设,使各类型的情报源形成高度有序状态;要改善情报服务条件和服务水平,充分发挥情报在决策中的重要作用,培养培训情报学专门人才。现代技术是一把"双刃剑",一方面它促进了人类社会的快速发展,但另一方面也提出了许多新问题,例如信息爆炸、信息污染、信息伦理、黑客、计算机病毒、网络安全、数字鸿沟等。加强对这些问题的研究，能够丰富和发展情报学理论体系，并促进情报学理论与实践的紧密结合。

1.3 用户情报需求的演变

情报用户是情报交流的末端，是情报传递的归宿。任何情报信息系统，都是以情报用户和用户情报需求为支撑的。离开了情报用户，情报也就没有了意义。情报用户需求是用户对情报的要求和利用的总和，也就是情报用户对所需情报产生的欲念、愿望及意向，对情报系统表现出来的内容需要，由此而形成的对情报源的阅读、理解、消化、吸收、借鉴引用等行为。在信息经济的环境之下，用户的情报需求从科技信息转向经济信息，进而向社会信息的综合索取迈进；同时由单纯的文献需求转变为知识需求。

1.3.1 情报需求的多样化

由于受科学技术和学科产生背景的影响，情报学在发展初期带有浓重的科技情报色彩，情报学研究也主要围绕科技情报工作领域而展开，研究实际的情报工作方式，建立情报工作组织系统，并根据用户需求确定不同情报系统的职能，用户的科技信息需求也表现出微观化、多样化、实用化、时效化和深层化等特征。

随着信息技术和我国经济的高速发展以及全球经济一体化进程的加速，经济活动和经济现象成为社会关注的重要焦点。人们在工作、学习和生活中需要解决的经济问题日益增多，因而其信息需求从以往的科学研究和管理领域对科技信息的需求，迅速转向对描述和表现经济活动和经济现象的经济信息的需求。

在信息社会背景下，不断完善的情报环境、良好的情报意识和较强的情报能力，激发了大量存在于社会的潜在的情报需求，不同层次的需求，不同类型的需求，遍及社会的各个领域。例如，对旅游信息、城市信息、安全信息、文化信息、生活信息等的需求明显在增强。

在网络社会中，情报用户对社会信息的需求呈现出社会化、个性化、专门化的趋势。与此同时，先进的信息技术又使情报用户对现代化社会信息服务环境的依赖性逐渐增强。另一方面，情报工作人员素质的提高创造了优质的情报服务，使得社会有偿信息服务备受瞩目。据中国互联网络信息中心的统计报告显示，用户认为将来最有希望的网上事业有：网上购物、网络通信、网上学校、网上有偿信息服务等。

1.3.2 从文献需求到知识需求

美国未来学家奈斯比特说过：我们在信息海洋中被淹溺，但却不得不面临知识饥渴。这形象地描绘了我们目前所身处的困境，一方面是日益泛滥的信息，而另一方面，却是有用知识的缺失。信息环境的变化，现代科研环境 e-Science 的出现，用户获取信息的机会成本不断上升，使得用户对信息服务的要求越来越高，他们所需要的已不是简单的文献信息查询和提供，而是对知识的直接获取和利用。从发展过程来看，用户需求遵循了一条递进的规律，即依照文献需求—信息需求—知识需求的层次演进，这与情报学由语法到语义，再到语用层次的发展路径相互对应。

1.4 信息服务机构多元化

在欧洲和美国,信息服务机构无论从种类还是从性质而言多元化早已形成,而在我国,则是随着市场经济、信息产业和信息服务业的发展,在最近十年才刚刚形成。

中国科技情报学会名誉理事长刘昭东认为,美国的信息服务机构分为5个层次:美国政府重点支持的信息服务机构,州政府支持的信息服务机构,美国教育系统的信息服务机构,公司企业所属的信息服务机构,独立经营的各种私人信息机构。它们构成了一个相互补充、既合作又竞争、既有公益信息服务又有商业信息服务的多元一体化的国家信息服务系统。

在我国,信息服务体系主要由产业信息服务和公益性信息服务两部分构成。公益性服务机构是以公益性信息服务为主体的信息服务机构,如图书情报部门、科研机构、国家(地区)信息中心等,他们服务所需的经费主要来自国家财政,服务对象主要是社会公众和政府决策、管理和服务部门。其最终目的是提高信息使用的普及率,拓展信息的使用范围,促进知识、教育、文化的传播,促进决策、管理与服务水平的提高,提高社会信息化水平。产业信息服务是企业化、市场化运作的信息服务机构,以信息的生产、流通、传播等方式来为用户提供特定信息服务。如信息服务提供商(ISP)、信息内容提供商(ICP)、在线服务提供商(OSP)、网络接入提供商(IDP或IAP)等,其主要服务方式有信息提供服务、数据库服务、软件服务、咨询服务等。由于信息资源分布的不均衡、信息用户需求的差异性及信息用户的分散性等因素,在资源共享、互利互惠、既合作又竞争的前提下,许多信息服务机构常常采取不同方式结成某种联盟,共同为用户提供服务。信息服务机构也在朝多元化的方向发展。

1.5 从信息服务走向知识服务

在现代信息环境下,信息网络的普及、信息资源的数字化和信息系统的虚拟化改善了信息资源的不均衡分布,使信息获取变得日益方便、普遍和简单化,信息检索与传递走向非中介化、非专业化和非智力化。从虚拟协同和联合、互联网推理服务、多语言实时自然语言处理、泛在计算基础设施、网格计算,到概念本体的建造和管理、内容自动化、提供服务、语境捕获和基本原理、起源和信托(Provenance and Trust)、知识维护、语义网等知识技术的发展,为深层次地、便利地开发信息资源提供了条件。互联网(Internet)实现了计算机硬件的连通,万维网(www)实现了网页的连通,网格技术将试图实现互联网上所有资源的全面连通。

信息服务正在从以"信息资源"为中心向以"用户为中心"的方向发展。以人为本、可持续发展、信息生态、和谐社会、开放存取等现代理念不断贯穿在信息服务活动当中。尤其是在信息服务的基础上,信息服务机构正在朝知识服务的方面迈进。张晓林认为:"知识服务是以信息和知识的搜寻、组织、分析、重组以及知识和能力为基础,根据用户的问题和环境,融入用户解决问题的全过程中,提供能有效支持知识应用和知识创新的服务。"知识服务首先是一种观念,一种认识和组织服务的观念。杜也力认为知识服务的特点是:以用户为中心,以用户满意为目标;面向解决方案,贯穿用户信息活动的始终;面向知识内容,实现知识价值;面向创新服务;服务内容个性化;基于综合集成。

图书情报机构设立之初,向信息用户提供的主要是文献的线索,例如卡片目录、机读目录、网络目录。后来发展到全文提供以及"一站式"服务;在资源整合和重组的基础上,设立了学科门户导航、专业主题信息网关。随着网络技术和用户研究的深入,推出了智能代理、个性化定制等新型的服务模式。由文献服务转向信息服务,是对传统图书情报服务模式的突破。但信息服务主要侧重于静态的信息资源建设,对于知识单元的识别以及知识体系的分析却无法胜任,因而知识获取和智能决策的提供只能由基于虚拟整合资源体系的集成式协同知识服务来完成。

与传统的信息服务相比,基于用户的决策目标、面向知识内容是知识服务最突出的特点。知识服务要求将分布式多样化的动态资源组织成一个逻辑整体,针对用户的特定需求对知识单元进行解析、重组、链接,并向其提供专业化和个人化的服务。知识服务需要相应的技术平台基础,要求能够充分支持基于内容的数据挖掘、信息内容分析和动态集成,并支持以用户为中心的信息交流和知识应用。网络化学术信息交流体系、开放式数字图书馆、数字化参考咨询服务系统、立足于特定专业领域的知识库等,都是目前较为典型的面向知识服务的信息系统。

1.6 更加注重个性化服务

随着经济的发展、社会的进步和人们文化水平的提高,人们的消费观念和消费方式经历了基本消费时代、理性消费时代,再到现在的感性消费时代。感性消费时代的最大特点就是人们在购买商品时常常诉诸于情感,逐渐摒弃了"从众心理"而转向"求异心理"。人们对信息服务的需求呈现出多层次、多元化、个性化的特点。信息服务机构也相应面对不同的用户、用户的不同需求推出非常有特色的个性化服务。个性化信息服务包括两方面内容:个性化信息和个性化服务。个性化信息是反映个体个性特征(如追求新奇)的一切信息,同时还包括个体特定的信息需求组合,如追求新奇而表现的对新潮前卫信息的需求组合。个性化服务包括服务时空的个性化(在用户希望的时间和地点得到服务)、服务方式的个性化(根据用户个人偏好提供服务)和服务内容的个性化(用户各取所需,不再千篇一律)。

首先,个性化服务应该是能够满足用户的个体信息需求的一种服务,即根据用户提出的明确要求提供信息服务,或通过对用户个性、使用习惯的分析而主动地向用户提供其可能需要的信息服务。其次,个性化信息服务应该能够根据用户的知识结构、心理趋向、信息需求和行为方式等来充分激励用户需求,促进用户有效检索和获取信息,促进用户对信息的有效利用并在此基础上进行知识创新。门户网站、个人主页、电子邮箱、QQ等及时通信系统、Blog平台等手段可以使信息服务机构随时随地为不同用户提供个性化信息服务。

1.7 规范信息服务成为迫切任务

在信息生产、搜集、处理、积累、储存、检索、传递和消费过程中发生的经济关系和社会关系变得日益多样化和复杂化,这些关系由于人为的不正当作用而被扭曲,产生矛盾和冲突,如信息技术的滥用问题、网络和信息资源的安全、信息产业发展的不平衡、信息侵犯、信息利益分配不公问题等。这些问题的解决一方面得益于信息政策、法规来进行约束和管理,另一方面也要通过信息伦理、信息道德的普及和提高来规范信息服务从业者及用户的行为。信息政策法规和信息伦理是从两个角度来规范人们在信息活动中的种种行为的,一个是以政府为主导,一个是以信息活动中的群体为主导。

信息政策法规是信息政策、信息法和其他信息法律、条例、规章等的统称。它包括信息政策、信息法,以及调节信息领域经济关系和社会关系的行政法规、地方性法规、自治条例、单行条例、部门规章和地方规章等。我国的信息政策法规起步较晚,信息政策法规体系不完整、范围狭窄、与国际兼容性差。

信息伦理是指涉及信息开发、信息传播、信息的管理和利用等方面的伦理要求、伦理准则、伦理规约,以及在此基础上形成的新型的伦理关系。信息伦理通过反映人们在社会活动中的信息交往规律,确定个体的信息道德规范,将人类信息行为的合规律性与合目的性统一起来,追求信息时代的社会和谐与持续发展。信息时代的到来,使人们社会交往中的信息交往层面逐步占据主导地位,人的信息行为对个体利益实现和社会发展的影响作用越来越大。人的信息行为与其直接作用于客体对象的行为不同,它可以通过不同的传播媒介进行,其作用具有间接性,人与人之间的利害关系常常不能直接呈现出来。因此,信息伦理不仅要在人的信息交往中实现其对个体功利的调节功能,而且要将追求信息时代的社会和谐之目的融入个体的道德人格中。

1.8 学科繁衍交叉

技术飞跃发展,用户情报需求多元化,信息服务机构多样化,学科之间交叉渗透,为情报学的发展提供了极好的机遇,但同时也带来了压力。

情报学在近60年的发展历程中,不断吸收和移植其他学科的理论方法,同许多学科门类、学科群组、学科之间形成了一种复杂的交叉关系,图4.1描绘了情报学与信息科学及其他学科的关系。该图显示,处于信息科学群中的情报学不仅与信息科学所属的各个分支学科交叉,而且在更深的层次上与自然科学、社会科学中的许多领域融合,广泛采用系统科学、数学等学科的研究方法开展复杂性、定量化研究。尤其是在现代信息技术支持下,跨越了传统的学科边界,使学科情景变化得日益复杂,难分彼此。

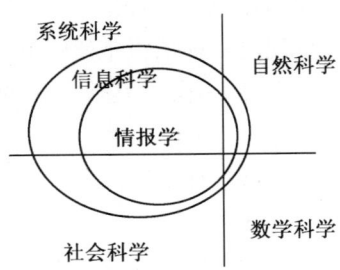

图 4.1 信息科学的整体定位及其与情报学的关系

在数字化环境下,情报学的研究内涵更加丰富,许多新兴的学科领域如数字图书馆、知识管理、信息构建(IA)和数据库知识发现(KDD)、语义网、本体等研究热点持续涌现,并且产生了许多重要的成果。对于先辈学者们可望不可即的内容检索、纯情报提供、知识服务逐步成为现实。尤其是现代信息技术与当代管理学融合产生了新兴的信息管理学科,它与情报学携手,在不同的层次和范围、采用不同的方法研究解决知识和信息的管理利用问题,使得情报学内涵不断丰富的同时外延也不断扩展,已经走出原先较为封闭的状况,在吸收其他学科先进技术和理念的同时,也渐渐对其他学科产生更多的影响和渗透。

随着情报学研究领域的不断扩大,情报学知识应用范围日益扩展。企业知识管理、竞争情报、元数据、信息咨询、信息资源管理等领域的研究成果与实践工作紧密相连,渗透到社会信息所涉及的各个范域。这有利于情报学从实践中获得新的研究内容,寻找出情报学学科发展新的增长点。

由于情报学学科知识的普适性,情报学专业人员职业定位不再像以前那样局限于图书情报工作部门。情报学专业的学生可以到各个领域从事与信息管理、情报服务等相关工作。瑞典图书情报学研究者 Lena Olsson 在她的博士论文中曾描述图书情报学领域的专业策略模型(图 4.2)。这是一个启发性的模型,它提供了一个新视角,对整合图书情报知识有所帮助,同时也勾勒出了图书情报工作人员与专业人员广泛的就业前景。

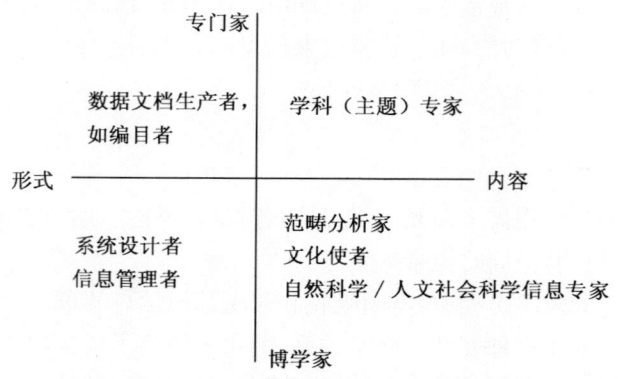

图 4.2 图书情报专业知识模型

进入 21 世纪,情报学在原有研究领域和热点和基础上,又表现出新的发展趋势:

首先,从文献信息到科技信息、经济信息,再到社会信息;从以纸质载体为主的文献单元,到纸质载体、磁性载体多种载体并重的知识单元,情报学的研究内容和范围在不断拓展。但由于研究者从不同的角度进行研究,呈现出一种情报学研究的泛化趋势。

其次,情报学与其他学科不断交叉,既引进了其他学科的一些理论和方法,也把自身的一些理论和方法渗透到了其他学科。

第三,情报学研究内容在向很多领域延伸,对社会活动的各个层面都产生了影响。情报学研究一定要立足实际,坚持自己的学科优势,发展自己的特色,这样才能使其研究有深度。要避免出现那种只是一些概念上的炒作,与实践工作相脱节的现象。

第四,由于情报工作的广泛性,决定了情报学人才的就业领域十分广阔,既可以在图书情报部门工作,也可以到企业的信息中心。而且情报学专业毕业生的就业呈现一种非常模糊的状况,不再像过去那样就业仅局限于图书情报部门。

第五,由于情报学与其他学科的相互影响和其自身发展的不断开放,出现了许多新的学科,这些学科都将成为情报学发展的增长点,如知识管理、信息构建。当然,如何凝聚情报学独特的学科领域或核心竞争力是当前面临的关键问题。

1.9 情报学学科的新使命

情报学的产生是科技发展的产物,是为了解决"信息爆炸"带来的信息积累与查找利用之间的矛盾而诞生的,这也是情报学重要的历史贡献之一。但直到 21 世纪的今天,这个任务仍然没有完成,因此,继续遏制信息爆炸,为用户提供知识服务仍是情报学的主要使命。

新世纪情报学的使命正在横向纵向加以延伸,同时在内涵与层次上加以深化。首先,情报学的使命着眼点不应仅仅是情报本身的价值、结构、功能的描述和情报生产到提供利用过程及其规律的挖掘以及社会情报现象的描述,而应延伸至情报在人类社会经济、政治、管理、文化、法律、物质文化生活的各个领域的应用、贡献与价值等实现问题。以广阔的视野面向国家整体信息事业,为推进社会经济信息化进程,为加强国际信息交流与合作,实现更有效的信息资源管理和知识管理,加速服务业的发展,为建立结构合理的现代化知识服务体系,提供有力的理论指导。其次,数字时代情报学的研究要突破文献,深入到知识单元,与语法组织相比,语义组织更是重点,文献提供服务不再是情报学的主要任务,知识服务才是其未来的发展趋势。另一方面,对情报、情报活动、社会情报现象的研究不应仅仅着眼于其本身内涵、外延与规律的总结描述,而应该深至人类吸收理解知识情报的规律、人类信息需求规律、人类信息行为规律的探索,而不是停留在粗糙简单的层面。因为,新世纪情报的内涵概念除了涉及其信息形态、知识形态的客观存在属性外,它还步入到智能、智慧等认知的高度,具有高度的认知属性。这也是情报学与一般的信息管理学和相关学科的根本区别所在,是情报学将长远维持独立学科的重要依据。

情报学的学科任务是情报学学科使命的具体化,布鲁克斯指出:"情报学的任务就是探索和组织客观知识。"一般说来,情报学科的具体任务可以概括如下:

(1)解释与认识世界——描述情报(知识)与情报现象。包括情报的价值、功能、结构、种类等等;解释情报现象,把握其中的规律特点,实现对该世界的解释以及加强人们对该领域的认识。这主要依靠情报学的理论发展来推动。

(2)改造世界——情报的序化与转化。序化,即情报(知识)搜集、组织、加工、整理、检索、评价、选择、提供利用等一系列过程以及信息活动的管理,研究人们的信息需求心理、信息吸收机理、认知规律等等促进知识服务水平的提高。具体到社会各领域,即研究如何有效地开发与利用信息,以提高人们的知识水平和智慧,提高管理决策的水平,提高个人、企业、国家的竞争力,丰富人们的物质精神文化生活水平,促进社会物质文明与精神文明的发展。

§2 情报学学科建设

2.1 情报学学科体系建设

随着情报学学科的改名、变革,人们对情报学体系的研究也更加关注。严怡民教授和马费成教授对国内外的学科体系作了详尽的总结和讨论,这里着重介绍情报学的 3 个体系:理论体系、学科体系和学体体系。

情报学的理论体系是对情报学分支学科具有普遍指导意义的情报学基础理论体系。具有代表性的理论体系包括：布鲁克斯的"知识学派"，他认为情报学的基本任务是探索和组织客观知识，并提出了著名的布鲁克斯方程式；原苏联米哈依洛夫的科学交流学派，它将交流学和情报学结合起来，建立了情报学交流学派的理论体系；美国约维兹的"决策学派"，他认为情报是对决策有价值的数据，他从决策论的角度出发，揭示了情报与用户以及特定场合之间的联系。

在国外理论体系的影响下，国内学者分别提出了学科体系和学体体系。情报学学科体系是指情报学原理体系和各分支学科（分支领域）一起构成的系统的情报学体系结构。国外具有代表性的学科体系是萨瑞塞维奇提出的，他把情报学分为理论情报学和应用情报学。理论情报学主要研究作为一种普遍存在的社会现象的情报以及作为一种过程的科学交流的特性、情报用户及利用、情报系统的情报过程及评价、情报系统的环境等各类问题。应用情报学研究知识交流的技术问题，即情报技术在情报加工和传播中的应用；情报的表达，包括情报检索语言，各种文献情报存贮和检索的逻辑原理与方法；情报系统，特别是情报检索系统的设计、发展和使用；情报产业的发展等。

在萨瑞塞维奇学科体系的指导下，国内也提出了许多情报学学科体系。

2.1.1 情报学根树框架

运用系统论理论，参照钱学森的观点，应用根树的概念和形式可将情报学理论体系分为3个层次（情报服务工程、情报技术科学、情报学理论）及若干分支。第一层是情报服务工程，研究向情报用户提供各种情报的方式、方法；第二层是情报技术科学，是上述应用技术服务的理论基础；第三层是情报学原理，即情报学基础理论。

2.1.2 王万宗的"四分法"

王万宗教授提出了情报学学科体系的"四分法"：

（1）情报学的基础理论部分：包括情报学的对象，社会情报现象，情报学的性质、目的和范围，情报活动的发生、发展等；

（2）用户及其需求部分：包括用户需求及需求的产生和类型，解决需求的行为，用户需求内容分析等；

（3）技术方法的原理部分：包括社会信息传递的原理和方法，社会信息流通状态分析，文献、信息选择与整序的理论方法；

（4）情报系统及其管理、经营部分：讨论情报系统及国家情报体系、系统的组织与管理、情报服务的类型、组织方式及工作方法、工作评价与效益评价等。

2.1.3 文献"四分法"

情报学学科体系包括理论情报学、应用情报学、技术情报学和管理情报学，构建了网络时代的情报学学科体系。在网络时代，由于管理问题日益突出和重要，因而将管理情报学作为单独的一个组成部分列出，反映出网络环境下情报学对于管理问题的重视。

无论是前网络时代的学科体系,还是网络时代的学科体系,都是与情报学当时的研究对象和核心领域相适应的。这些学科体系具有明显的承接性,从中反映出国内学者对于理论—技术—应用这种思路的认同和倡导。而这种思路似乎更像是一种通则式的方法,大多数的学科都可以以此建立起自己的理论框架。

学体体系是以情报学为核心学科,以情报为主题范围,与相关学科共同构成的统一的框架结构,形成描述"社会情报活动"大系统的趋全性、综合性、多学科知识体系。情报学学科不是单独一门学科,而是由自然科学、技术科学和社会科学构成的一个跨学科的领域,也是一门综合性的横断学科。梁战平研究员认为:情报学包含人、记录的知识和工具3大部分,涉及情报与社会、情报与服务、情报与学习3大领域。其学科体系是研究贯穿于各门学科的情报问题的规律性。学体结构包括3个层次,顶层是情报学;应用层包括科技情报学、图书文献情报学、军事情报学、商业情报学、政治情报学、经济情报学、医疗健康情报学、社会情报学、战略情报学、竞争情报学等;基础层包括:人工智能、计算机科学、智能科学、教育学、认知科学、美术、社会学、电信学、图书馆学、组织心理学、控制论、通信科学、通信理论、博弈论、网络空间计量学、文献计量学、文献学、密码学、词汇学、语言学、科学计量学、知识科学、演讲学、语义学、精神语言学、机器人学、符号学、分类学、生存系统、语言学以及各行各业的专门知识等。情报学显然会从其他学科吸收知识和技能,大大增强情报学自身的核心能力,包括比较卓越的学科知识创造力,强大的学科整合能力,高效的学科组织创新能力以及创造学科特色的能力。

情报学的理论体系一直是学者们关注的问题,随着情报学研究对象的变化,情报学体系的研究也出现了"百花齐放,百家争鸣"的局面。若按以上3个方面综合起来,情报学体系就更显完善。

2.2 学科发展趋势

情报学的学科走向大致可以从8个方面加以概括:

第一,从文献信息世界走向知识内容世界,再迈向智慧目标。

第二,从文献计量学走向科学计量学,再走向网络空间计量学。

第三,从单一学科走向交叉学科和多学科,共同解决一些重大问题,例如,如何把隐性知识转化成显性知识的问题;如何以人为主,利用计算机和网络将人的思维、知识和智慧集成起来,通过高速网络来传输人类的知识与智慧结晶,解决科学进步和经济发展中遇到的复杂问题等等。

第四,信息工作是情报学学科发展的基础。目前,我国科技情报、图书文献情报、经济情报、竞争情报、产业情报等都已初具规模,但是信息尚未形成重要的国家资源,因此尚未能构成国家综合国力的要素,与中国和平崛起形成极不对称的反差。为了在激烈的国际竞争中维护我国的各方面利益,以及为维护国家整体利益提供坚实的基础和可靠保证,确实需要在国家层面上建立起"规划统一、资源共享、服务社会"的信息体系。只要信息工作做好了,从信息情报上升到智能情报、情报学学科水平就会得到提高。

第五,从技术应用层面走向理论层面,并形成以知识为基础的新理论。因为目前情报学理论基础非常薄弱,从事信息工作的人往往只重视实践,只重视完成任务。一旦出现重大变革时,没有本学科自己的理论指导,往往容易迷失方向,容易充当他人的角色和进入别的领域。因此理论研究非常重要。

第六,情报学的最高价值在于情报和知识的存取及其挖掘利用。我国的情报学学科发展必须与国家的需求、国民经济各部门的需求以及各行各业发展的需要相联系。情报和信息应该为国家经济安全、社会安定、食品和能源保障、产权保护、技术转移、专利纠纷、提升研发能力、风险规避、危机防范、解决贸易摩擦和自主创新等等做贡献。

第七,现在的信息工作处在一个开放的系统中:只能在85%的白色信息和10%的灰色信息中活动,不能在5%的黑色信息中活动;只能在法律规范内活动,不能超越法规;受伦理道德的约束,不能采取不正当的手段,因此更需要人的智慧、使命感和事业心。有素养、有开拓能力、有实践经验的情报人才非常重要,是情报学学科发展的根本保障。

第八,形成崭新的情报学学科架构,情报学专业教学将作重大变革,各院校将形成各具特色的情报学教育,有些专于科技情报,有些长于商业情报,有些强在竞争情报,有些精于文献情报,有些突出在战略情报。总之,情报学专业人员应遍布在各行各业,是属于知识勘探者、导航者、解释者和创新者。

2.3 情报学的研究内容

2.3.1 核心研究内容

情报学具有多元化的研究内容。国内外很多学者从不同的角度来论述情报学的学科体系,从不同的视角反映了情报学的研究内容。国内有代表性的观点包括武衡在《中国大百科全书(情报学、图书馆学、档案学卷)》中提出"三分法",国内外学者也曾提出四分法和二分法。

随着信息通信技术突飞猛进的发展和竞争与合作环境的形成,情报学研究视野和研究内容在不断地拓展和深化,情报学同信息科学群的其他学科协调、融合、互补,进入整体更新的发展阶段。情报学研究在向"information"扩展泛化的同时,又有向"intelligence"聚集的迹象,我国的情报学的学科定位以及人们对情报学在信息科学群中的地位在广度上扩至"information",在深度上达至"intelligence"。情报学研究逐步从局限于科技情报到泛信息研究回到一个恰当的层面——知识层面,并呈现出多元化、集成化、技术化、定量化和知识化的态势。

2.3.2 理论研究

情报学理论研究就是从实践中分析提炼出关于信息和信息工作及其发展的客观规律,主要包括情报学基本概念、基本理论;情报的性质、现象、过程和规律;情报学研究对象、范围、模式;情报学学科体系;情报学研究范式;情报学的沿革与发展;情报学学科建设;情报学主要分支学科与领域等问题。

1. 情报学原理

情报学原理是指对情报实践工作进行科学分析之后所做的概括性表述,包括情报的定义、属性以及情报学的性质、任务,情报交流模式,情报学的其他理论等。目前情报学研究中比较成熟的原理有情报产生原理、情报序化原理、情报传递原理和情报增值原理。

情报产生原理涉及到情报源等基本概念、情报与各种社会现象的联系和作用等问题,其核心包括6个定律:作者分布定律、文献分散定律、词频分布定律、文献增长定律、文献老化理论和文献聚类定律。

信息序化原理是情报理论研究的核心,序化的目的就是使信息从无序转化为有序,以提高信息的利用率,其依据是耗散结构理论。主要研究信息组织的原理、方式、方法及相关技术和应用,如知识组织理论、情报检索语言理论与方法等。

信息传递原理主要研究情报传递、交流和存取的行为、过程、模式、理论、方法及相关技术和应用,如情报检索理论、技术和方法,信息共享理论、模式、技术和方法等。

信息增值原理及信息的吸收利用原理是布鲁克斯在情报作用于知识结构方面提出的基本方程式,如进一步探讨知识结构,这种知识集合的最初形式是图书馆,现在是数据库,将来则是智能化的思想库。随着人工智能软件的开发应用,文献中的知识及其相互关系将被充分揭示,进而获得充分利用,最大限度发挥信息的功能和作用。

2. 情报学理论体系

严谨科学的理论体系是学科独立的基础,是学科成熟的标志。情报学自创建以来,学者们为情报学理论的构架做出了杰出贡献,如:国外的属性结构情报理论、科学交流理论、社会传播理论等;国内的三个层次理论、三个研究规范、原理体系/学科体系/学体体系论、根树框架论、全球情报外延论等。

情报学的理论体系构建随着时代的发展不断进化。从情报、情报系统、情报活动出发,或扩大研究范围,或更新研究方法,或增加分支学科,或深化研究内容。20世纪70年代,基于"科技—交流"的情报学理论体系的创建,推动了情报学很多重点研究领域的发展,如科技情报学、文献计量学、情报语言学等。卡尔·波普尔"世界3理论"奠定了情报学理论体系构建的知识基点,同时随着现代信息技术的发展,基于"社会—知识"的情报学理论体系逐步形成,致使情报学面向社会应用产生众多的分支学科和研究领域,如情报经济学、情报社会学、信息计量学、知识管理论、竞争情报等。基于情报学的科学交流观和社会知识观,在适应社会信息化背景出现的"大情报观"的推动下,网络和信息资源成为情报学研究的两大主题,基于"信息资源—网络"的理论体系开始建立,使情报学研究视野大大拓展,如信息资源管理、信息伦理、信息素养、网络计量学等。

随着情报学研究知识化趋势的凸现,信息的表达和组织从物理层次的文献单元逐步转向各种载体的知识单元,信息的计量从语法层次逐步转向语义和语用层次,情报学不仅要研究网络环境下的情报交流,更要研究情报转化与增值、情报与智能的结合,研究以知识为中心的情报活动,基于"信息—知识—智慧"的情报学理论体系开始建立。情报学的研究内容进一步深化,与其他学科交叉、融合和互补也进一步明显,并出现了众多的研究热点和领域,如知识组织、知识地图、信息构建、知识服务、认知和用户需求、知识发现,以及对知识管理、知识产权、知识创新、知识基因等领域的研究,这些热点领域也是情报学研究知识化趋势的集中体现。

3. 情报学分支学科

随着信息化社会的到来、情报学应用领域的拓展和信息技术的广泛应用,在情报学自身发展规律的推动下,情报学的研究内容不断创新,出现了众多的分支学科,如:

(1) 信息伦理学

信息伦理学形成的主要原因是全球信息伦理问题的出现。信息社会中出现了很多伦理问题，而这些问题不是仅仅靠法律就能够解决的。从信息的活动周期看，信息伦理学包括对下列问题的研究：信息生产中的伦理问题，包括知识产权保护、知识和信息的共享等；信息收集与组织中的伦理问题，包括信息审查制度、知识自由等；信息传播中的伦理问题，包括信息获取的自由与平等、误传信息(misinformation)等。

(2) 信息法学

信息法学主要研究在信息产生、传播、收集、处理、存储、应用、交换等环节中所产生的各种社会关系，包括不同的信息主体之间转让信息所形成的各种权利义务关系。信息法学的研究内容中，包括信息法律现象的研究、信息法律规范的研究、信息立法的价值与运行研究，同时不同学科领域的研究人员对信息法学有不同角度的研究。

从当前学术研究的现状看，信息法学研究有下面几个热点研究领域：信息自由与平等、信息共享与产权保护、信息安全、信息犯罪、信息网络中的法律冲突、信息法律制度建设等。对这些重要研究课题的突破将会对信息法学的内容体系和学科建设起到关键的支撑作用。

(3) 信息政策研究

信息政策产生的根本动因是要求制定一种有利于促进社会信息化发展的信息战略。信息技术的广泛应用为信息时代的人们提出了许多问题，诸如信息安全、保密、污染、犯罪、冲突、个人隐私、知识产权等。尽管人们千方百计地采取各种先进的信息技术手段来处理这些问题，但至今还不能完全彻底地解决。为此，各国政府根据不同的国情，力图以信息政策来平衡、协调各种利益和关系，解决信息社会所带来的一系列信息问题。越来越多的人深刻认识到信息政策研究对国家经济、社会发展的重要意义，对信息政策的研究、制定愈来愈重视。

(4) 信息经济学

信息经济学是在信息技术进步和信息产业发展的时代背景中产生的。我国近10年来社会经济的全面信息化为信息经济学理论与实践的发展提供了时代背景。信息经济、信息市场、信息产业等课题频繁地出现在情报学学科发展的前沿。有关信息经济学的研究内容主要有：信息经济学的研究对象与学科属性问题，学科体系的构建问题，信息经济的特质与功用，大力发展信息经济的策略，信息经济与知识经济的关系，信息资源的开发和利用问题，国际信息经济学的研究内容及主要方向，信息经济学与情报经济学是否同一的问题等。

2.3.3 应用研究

情报学的应用研究主要探讨情报和情报工作的基本理论、技术与方法在不同领域的具体应用和发展，包括情报交流、传递和利用过程及其所采取的方法与手段，情报的获取、组织、存储、检索、研究、发布以及整个提供服务过程的最佳实践。其核心研究内容包括以下几个方面：

1. 信息源

随着现代科学技术的迅猛发展，信息源呈现出数量大、类型复杂、文种多样、重复交叉严重、新陈代谢频繁的发展趋势。要有效地获取与开发利用这些资源，就必须深入地了解、分析它们的特点、结构以及它所表现出来的总体规律性，并根据情报部门的性质、任务和服务对象等因素,运用科学的方法和现代化信息技术手段,以优化的形式向各层次用户提供其所需的情报资源。这是应用情报学需要深入探讨和不断实践的一个基本课题。

信息源研究主要探讨信息源的特点、分类,信息源的确定、评价、选择,信息源的分布规律,信息采集的途径、方式、方法手段、工具,信息资源共建共享、信息资源配置等内容。在数字化、网络化、知识化、智能化时代,信息源的变化也推动和促进了情报学研究内容的拓展和延伸,数字信息源的发布、采集、组织、评价、共享等成为重要的研究课题。

2. 信息组织

信息组织的中心内容是对信息的描述、揭示以及序化。信息组织主要研究和探讨情报加工处理的基本概念、主要环节和方法;信息描述方法与相关标准,如著录、标引、信息标识、元数据、ISO2709、MARC、GB209、HTML、XML 等;信息组织的原则、理论、方法、技术、质量控制;具体的信息组织方法,如分类法、主题法、分类主体一体化法、知识地图、Web 网站构筑、信息构建、信息可视化等内容。

20 世纪的情报学为组织知识所创造的各种分类法、主题法、索引法、文摘法、引文分析法等都是以文献特征为基本标识单元,借助文献实体来进行的,这实际上是在组织文献而不是在组织知识,这种方式只能向情报用户提供文献线索。随着情报学研究知识化趋势的显现,如英国布鲁克斯的"知识地图"思想、来源于英国道金斯"思想基因"思想、印度的斯·科·森的"情报基因"理论,以及随后由它发展而来的国内刘植惠的知识基因理论等。信息的表达和组织从物理层次的文献单元逐步转向各种载体的知识单元,从语法层次的信息组织逐步转向语义和语用层次的信息组织。我们正在经历着信息组织从文献整理走向知识组织的过程。

3. 情报检索

情报检索是指查找特定需求情报的过程。这个过程涉及两个基本问题:一是检索工具的组织;二是利用检索工具查找所需情报。检索语言是信息组织的语言工具,也是信息组织研究的主体内容。与其密切相关的还有检索工具、检索系统和检索技术。

情报检索主要研究和探讨情报检索的基本概念、理论、历史沿革发展;各种信息检索工具与系统建立、使用与评价,如智能检索系统;各种检索语言,如主题检索语言、分类检索语言、自然检索语言等;各种检索技术,如传统的文献检索、全文检索、多媒体检索、超媒体/超文本检索、联机检索、光盘检索、网络检索、跨语言检索、搜索引擎、智能代理等技术;检索方法与策略、检索效果评价,检索可视化,知识的挖掘/知识发现等。

网络时代,情报检索将受到普遍重视,并朝着更加灵活、实用、界面友好、智能化和可视化等方向发展,具体包括:在统一友好的界面上,全面实现分布式、跨语言、跨平台检索;提供主动的信息推送服务;实现信息检索可视化和智能化等。

4. 情报(信息)服务

随着信息社会、数字时代的到来,人们对信息的利用已渗透到社会生活的各个方面,信息用户存在着广泛化的趋势,同时,对信息的个性化、知识化、深层次的需求也日益明显,情报学研究正在向着以用户为中心的方向转移。在用户及信息需求变化的拉动下,情报服务经历着面向信息资源、面向信息交流过程、面向信息用户的变化过程,逐步走向更加广阔的空间。

情报服务主要研究和探讨情报(信息)服务的基本概念、对象、方式,产品和产业及其评价。

具体包括情报分析研究,如情报分析研究的方法与技术、情报研究在各个领域的应用、各类情报分析系统、情报研究成果的撰写和评价等;信息需求与用户研究,如信息需求与用户研究的意义、内容、任务,信息需求规律、特点,用户信息心理与行为规律,用户信息需求评价,用户信息需求调查研究;信息服务,如信息服务的内容、方式、手段、途径、原则规范、领域、模式、监督、效果和效益评价等;信息服务业的构成、发展、运营模式等。

情报分析研究是情报工作的核心内容,主要是通过信息的挖掘、抽取、综合分析、加工和提炼,提供咨询服务、决策支持服务及构建相应的信息系统。如竞争情报系统、电子数据处理系统(EDPS)、决策支持系统(DSS)、群体决策支持系统(GDSS)、在线分析处理(OLAP)系统、计算机支持协同工作(CSCW)等。

用户研究对情报学理论和实践的多个领域都有重要影响。随着情报学研究向以用户为中心的方向转移,其实质是以用户信息需求为中心,用户研究方面出现了一些新的创新领域,如情报吸收理论、用户的信息认知、网络环境下信息需求模式研究、用户满意度研究,以用户为中心的信息服务体系的构建等。

随着情报服务的领域不断扩大、服务内容不断拓展和深化,情报服务在逐步从信息服务走向知识服务。信息服务将从共享通信向共享计算、设备、信息、知识、智力等发展;从获取信息和提供信息产品转向提供解决问题的方案和知识产品;从标准、单一、固定内容的信息服务转向动态、综合、快速响应的知识服务;从单一作业发展到知识交流和协同空间;从劳务服务和标准服务转向增值服务和个性化服务;从固定资源和大而全系统服务转向动态虚拟资源的知识服务;从按信息服务机构组织的业务流程转向按用户行为过程组织的业务流程;从浅层次信息加工处理转向深层次知识加工处理。总之,信息服务向知识服务方向的发展是明显的。

5. 信息事业管理

信息事业管理主要研究和探讨信息事业管理相关的概念、法律法规、教育培训、活动,信息机构、信息人员、信息基础设施与经费等的组织管理配备,信息事业的发展规划等;信息教育与人才培养,包括信息素养、能力结构研究,信息教育研究机构与教育培训模式方法研究,课程设计、师资配备研究,信息教育的国内外比较研究,信息教育史研究,教育制度研究,网络教育、正规院校教育、在职培训、继续教育等的研究。

信息教育与人才培养包括数字鸿沟、计算机文明、信息技能、专业结构、人才素质、教育制度、在职培训、继续教育、网络教育、网络学习等核心课题。

2.3.4 技术研究

技术研究主要探讨情报采集、组织、检索、开发利用和管理过程中采取的各类技术。其研究领域主要涉及以下几个方面:

1. 现代信息技术

主要研究和探讨现代信息技术,包括计算机技术、通信与网络技术、多媒体技术、数据库技术、信息安全与信息系统安全技术等及其在情报学中的应用与改进。

2. 信息处理与组织技术

包括文本、图像、音频、视频等信息的采集处理技术、压缩与存储技术、数字化技术等;知识的表达、分析与整序技术,比如文本内容自动处理、自动标引、自动摘录、自动分类、自动翻译、信息提取等信息内容技术,超媒体与超文本技术、文本挖掘与数据挖掘(数据采掘)技术、知识发现、数据仓库技术等。

3. 情报检索技术

检索技术与方法由检索算法确定,检索算法主要来自于数学理论和方法,采用的数学模型不同,其实现技术与方法也不同。目前,常用的检索技术包括布尔检索、加权检索、全文检索、超文本检索、多媒体检索、智能检索、跨语言跨平台检索、搜索引擎等。

多媒体信息检索的应用主要体现在特征表述的检索和多媒体对象的直接匹配检索两个方面。智能检索主要表现在用户检索接口的友好和检索过程具有学习性两个方面,即检索系统能够把自然语言的检索提问自动翻译成系统能够理解的检索式,并能够根据用户的检索行为进行学习,建立检索模板库。智能检索目前较为热门的研究课题包括检索智能代理和智能搜索引擎等。跨语言检索采用的技术一般是建立多语言的机器词典或语料库,输入一种语言的检索词,通过词典或语料库把其翻译成多种语言进行检索。

随着人工智能在自然语言理解、机器翻译、专家系统、知识挖掘等诸多领域的发展,智能信息检索系统的建立,网络信息智能搜索引擎等技术受到普遍关注。随着语义网的发展,语义检索将成为今后的发展方向。

4. 信息服务技术

包括信息传递技术、推送技术、获取技术等。推送技术是指按照用户指定的时间间隔或根据发生的时间把用户选定的数据推送给用户的计算机数据发布技术,是目前网络知识服务发展较为快速的一个领域。

2.3.5 方法论研究

情报学研究的方法论是情报学建设的核心内容之一,情报学研究方法的突破往往带动整个情报学的发展。方法论研究主要探讨以下几个方面:

(1)情报学的各种具体研究方法的创新、改进与应用,如各种研究方法的特征、性能、适用范围、应用等。

(2)各种研究方法的评价分析研究,包括各种研究方法的优势、劣势、应用效果、发展趋势等方面的评价、比较和分析。

(3)其他学科方法的移植与改造,包括情报学中借鉴、移植哲学社会科学、自然科学、工程技术科学等领域的方法。

(4)方法体系结构的研究,包括各类方法的分类原则与标准、研究方法与研究领域的相关性等。

2.3.6 研究方法

我国情报学研究方法体系结构中具有代表性的一些观点包括:

1. 情报学研究方法的"三分法":

(1)哲学方法;

（2）一般方法：包括逻辑思维方法、社会调查法、系统分析法等；

（3）具体方法：包括相关分析方法，如逻辑分析法、关联树法、内容分析法、引文分析法、聚类分析法、因子分析法、路径分析法等；预测方法，包括线性趋势外推法、移动平均法、指数平滑法、指数增长模型、生长模型、时间序列分解法、线性回归法、非线性回归法等；评估方法，包括一般评估方法、技术经济评估法、层次分析法、技术评估法、价值工程、可行性研究等。

2. 情报学研究方法的"四分法"

（1）哲学方法；

（2）中介方法：包括信息论方法、系统方法、控制论方法、数学方法等；

（3）一般方法：包括技术经济评估法、德尔斐法、趋势外推法、创造性思维方法、灵感性思维法、形象思维法、综合法、推理法、分析法、对比法等；

（4）特殊方法：情景分析法、引文分析法、文献计量学方法等。

3. 情报学研究方法的"六分法"

根据情报学研究方法的六大来源领域将其划分为：

（1）逻辑学的方法：如分析与综合、归纳与演绎、比较与分类、联想与反驳等；

（2）系统分析的方法：如关联树法、环境扫描法等；

（3）图书情报学的方法：如内容分析法、引文分析法、文献计量学法、文献加工法、文献检索法等；

（4）社会学的方法：如实地调查法、问卷调查法等；

（5）统计学的方法：如相关分析法、聚类分析法、回归分析法、模型的建立与统计检验等具体方法；

（6）未来学（预测学）的方法：如德尔斐法、趋势外推法等。

由以上体系可以看出，情报学研究方法可以大致划分为移植与引用其他学科的方法和情报学专有的方法两大类。情报学如何进一步实现本身方法的创新突破并为其他学科提供基础的科学研究方法，是情报学提高自身学科地位、发展壮大的重要途径。

4. 情报学相关研究方法

情报学的研究方法多种多样，既有从其他研究领域引入的比较成熟的科学方法，如社会调查法、数学分析法、系统分析与评价方法等，又有情报学所特有的针对性较强的研究方法，如内容分析与揭示方法、引文分析法、文献计量统计方法、基于文献的知识发现法等。

（1）引文分析法

研究文献的被使用和被引用，反映了研究的质量或影响。自20世纪60年代初以来，由于《科学引文索引（SCI）》的创办，引文分析法已成为一个有相当深度和广度的情报学分支。对引文这一线索进行研究，可以了解某项发明或技术的应用范围、现状、创造水平、发展趋势等。

（2）系统科学方法

从系统论、控制论和信息论出发，主要研究科技情报系统的结构、功能和最优设计，以及解决科技情报系统的最佳运行、实现最优服务等问题。

（3）文献计量法

文献计量是情报学与数学、统计学等相互交叉和结合而产生的研究方法。在文献计量研究方法中,布拉德福定律、洛特卡定律、齐夫定律、引文规律、文献老化规律、文献增长与冗余等已形成理论体系。文献计量法开始向其他学科输出、扩散、渗透,利用文献计量统计方法,可以描述和解释许多分布机制相似的社会现象,如收入分布、利润分布、人口分布、通信间隔分布等。

(4) 科学计量法

科学计量法试图通过定量方法寻找科学活动的内在规律和准规律,并为更有效率地开展科研提供指导。20世纪60年代初,D.普赖斯等人倡导并采用定量方法来研究科学自身,E.加菲尔德创建了"SCI"大型数据库,是为科学计量学的肇端。30多年来,许多情报学研究人员在该领域作出了许多重要成果。此外,社会学和政策研究人员也投入到这一新领域的研究,使其研究对象不断增加,研究领域不断拓展——科学研究的生产率问题、科研资金投入的最优化、预测学科发展趋势、识别不同学科之间以至科学活动同技术活动之间的联系、科研绩效评估、描述科学活动规律和准规律、研究科技人才和科技教育问题等等,形成蔚为大观之势。

(5) 信息计量法

1988年,英国情报学家布鲁克斯和他的学生埃格希(L. Egghe)主张用信息计量学代替文献计量学,提出了如下信息计量的发展逻辑过程:书目统计学→文献计量学→科学计量学→信息计量学。信息计量学的提出表明情报学定量化研究已由文献单元深入到文献中的各个信息单元、知识单元;已由文献计量分析发展到信息计量分析,而达到了一个新的高度,最终将真正实现"知识信息的计量必须从语法层次向语义和语用层次发展"的这一飞跃。

(6) 网络计量法

1997年,Almind和Ingwersen首次提出网络环境下引文分析的概念和"网络计量学"(Webometrics),将传统信息计量方法应用在Web分析上,就诸如语言、单词、词汇、频次、作者特征、作者合作的能力和程度,对作者的引文分析,学科或数据库增长的测量,新概念、新定义的增长,信息的测量,检索措施的形式与特征等进行了研究。网络计量法可用于研究互联网的知识结构、学科性质、信息组织特征,研究网络环境下的科学信息交流规律,探讨学科、机构、国家、地区的科学发展趋势,研究网络用户的信息需求和网络查寻行为,指导网络建设和网站管理。

(7) 基于文献的知识发现法

由于科技文献和知识的爆炸增长,科学分工越来越细,跨学科的信息传递变得更加困难,知识也随之产生分裂,并且随着知识的持续增长,分裂现象将会更加严重。尽管现代每个人懂得的东西越来越多,但是必定有许多未被人们发现的知识点、知识领域之间的相互联系。假设某学科发现医学状况A与症状B相联系,另一个完全不同的学科发现某营养成分缺乏C与症状B相联系,则A与C也发生了关系。但是两个完全不同领域的学科隔行如隔山,A与C的联系则长期蛰伏着,未被发现。1986年,美国芝加哥大学情报学专家K. Swanson博士创立了基于文献的知识发现法,并开发了Arrowsmith系统。

§3 数字时代的情报学研究

根据美国科学基金会 ACP 蓝带研究组的研究以及英国 AKT 研究组的研究，今后 10 多年，情报学的核心研究内容将转向以下 6 方面：

(1) 对大量分散的知识信息进行收集、储存、组织、共享和集成，对物理对象的模拟传感器的数据和信息进行数字化；

(2) 对全球网络空间信息进行批量知识变换和开发利用；

(3) 开发各种功能强大的智能化工具，使各种相关联的信息转变成新知识；

(4) 以新的范式进行信息分类、信息表达（如标准、协议、格式、语言）、数据挖掘、信息转化、信息可视化；

(5) 开发先进的知识技术（AKT），更好地管理知识；

(6) 创建新的情报学理论。

3.1 数字时代情报学研究的变化

3.1.1 理论体系的变化

情报学几十年的发展历程中主要的研究对象是文献，许多理论方法也是以文献为基础的。当前情报学的研究更需要关注情报与社会、情报与大众传媒、情报学与相邻学科的关系。情报学的研究对象和重点在发生变化。

3.1.2 研究方法的变化

方法论研究在每个学科中都占有重要地位。情报学的方法论体系中最有特色的就是文献计量学。文献计量学是对文献的增长、老化、分布等规律的描述，在数字环境和网络时代，文献计量学已经迫切需要改进，信息计量学、网络计量学正在兴起。新的学科研究对象呼唤新的理论方法的出现。

3.1.3 研究特点的变化

在数字环境下，情报学的研究对象、历史使命以及研究内容都不同于以往的研究，研究特点也呈现出多视角、交叉性、方法的移植性、以人为中心、与信息技术关系密切等特征。

情报学是首先将计算机技术应用于文献存储和处理中的，它天生就倾向于技术的单向发展维度。并且，随着信息技术的发展，情报学获得了长足发展的技术动力支持，人们对技术的崇拜与热情有增无减，从传统的情报检索技术到各种信息自动分类/聚类、知识挖掘、知识发现、信息构建、数字图书馆、知识地图等等研究热潮，无一不体现出情报学研究的技术主导方向。

情报学突出的学科交叉特性必然要求其研究的综合性和交叉性。情报学领域的研究涉及到许多相关学科:经济、管理、计算机、法律等,这必然要求研究者具有相关学科的背景知识,或与相关学科的学者进行合作研究。情报学的这种与其他学科的交叉融合要求我们注重从知识、用户、管理等多元视角进行研究。

情报学方法论是情报学学科体系的重要组成部分。方法论的完善与更新是学科发展和创新的重要标志。情报学作为一门综合性学科,其方法也大部分是从其他学科移植来的。我们鼓励合理的移植,并在移植的方法的基础上创新。

3.1.4 文献组织转向知识组织

情报学文献组织的方法从分类法、主题法到元数据,已经比较成熟。知识组织可以建立在文献组织理论的基础上,目前基于本体论的知识组织是研究的热点。知识组织作为提供知识服务的基础,将是情报学以后的研究重点。

3.1.5 语法检索转向语义检索

信息检索是目前情报学提供的主要服务之一,但人们对信息检索的结果一直不满意,这促使语法检索向语义检索的转变。语义检索是基于语法检索,但又高于语法检索,它从认知学和解释学的角度来改进检索,提高效率。目前,语义网的构建也是情报学的研究热点。

3.1.6 文献管理转向知识管理

情报机构要提供知识服务,对文献、信息的管理要深入到知识单元,进行知识存储和管理。知识获取、知识提取、知识发现、知识表述和分类、知识挖掘、自然语言理解、语料库、知识工程应用研究、知识管理与统计学、机器学习、自动推理、问题求解、人类常识和专业知识的分析研究、最佳实践(Best practice)和实践团体(Community of Practice,COP)、协同网是现在的研究前沿。

3.1.7 信息服务转向知识服务

信息服务将从共享通信向共享计算、设备、信息、知识、智力等发展;从获取信息和提供信息产品转向提供解决问题的方案和知识产品;从标准、单一、固定内容的信息服务转向动态、综合、快速响应的知识服务;从单一作业发展到知识交流和协同空间:从劳务服务和标准服务转向增值服务和个性化服务。服务科学也作为一门新兴学科出现,如何用知识产品和问题解决方案更好地为用户服务也是情报学的研究内容。

3.1.8 信息技术占据越来越重要的地位

情报学的产生是以布什的"As we may think"为开端。他的机器检索思想是情报学的萌芽,与计算机技术有着天然的联系,这种关系随着数字时代的到来将会更加紧密。信息技术可包括信息数字化、全文检索、搜索引擎、多媒体内容检索、自动标引、自动翻译、自动摘要、数据挖掘、文本挖掘、信息提取等信息内容技术,计算机与网络技术支持的知识内容加工和知识吸收、转换等,数字图书馆技术。

3.1.9 情报学教育的改革

数字时代的情报学教育需要新的人才定位、新的课程体系和新的培养模式。需要研究的问题包括：情报学人才应具备的技能、专业结构、素质、教育制度、在职培训、继续教育、网络教育、网络学习等课题。

3.2 情报学的前沿研究领域

3.2.1 从信息技术走向知识技术

关于知识技术的表述非常多，经归纳，其内涵至少包括3层意思：① 是信息技术的延伸和扩充，增强了处理知识能力的新一代信息技术；② 用于知识采集、模型化、重用、检索、提供和维护整个知识生命周期的技术；③ 实现以语义网为核心的互联网第三次革命的关键技术。

目前，应用于情报学领域的信息技术在整体上更新换代，并就不同领域的不同主题和不同侧面，提出了知识技术这一概念。它在理论和实践中发展迅速，如语义网、知识网站设计技术、知识架构、内容可视化技术、知识发现与挖掘技术、知识表达技术、知识网格、知识仓库技术、知识本体、协同技术等。

1. 语义网技术

语义网由 Berners-Lee 于 1998 年首次提出，并将其分为 3 个部分：资源描述框架（RDF）、XML 和命名域（Namespace）。语义网是对当前互联网的一种扩展，其目标是通过使用概念本体和标记语言，使互联网资源的内容能被机器理解，提供智能索引、基于语义的内容检索和知识管理等智能服务。它实际上是一种智能网络技术，能理解人类语言，并能推理，不仅可以理解词和概念的涵义，而且还能理出其间的逻辑关系。语义网的开发利用很大程度上取决于是否有通用的技术标准，是否有遵循这些技术标准的工具，是否具备有效的本体及建立于其上的知识库。

现在，语义网越来越为世界所关注，它也将是情报学大有作为的领域。这方面的研究项目有：面向自然语言处理的语法、语义计算机模式的研究，潜在的语义索引，复合词的分析模型研究，自动构成多语种词库，存取多语种信息，用户自适应集合分类法研究，知识共生现象研究，网络知识搜寻代理等。

2. 信息检索技术

随着网络技术和信息技术的发展，信息检索技术的研究也再次成为信息服务的热点技术。近年来，信息检索技术的研究方向主要有：信息检索模型、自动文摘、文本分类和聚类等信息组织技术、搜索引擎技术、信息过滤、信息抽取、问答系统、内容管理等。

信息检索模型有多种，包括布尔模型、向量空间模型、扩展布尔模型、概率模型、模糊集模型、潜在的语义索引模型、神经网络模型等，其中，布尔模型是人们最为熟悉、应用较为广泛的模型。然而，以布尔逻辑为基础的联机信息检索系统的地位正在受到以向量空间为基础的信息检索系统的严峻挑战。在美国，以反映信息检索新技术、新思想、新理论闻名于世的 TREC 试验计划中，绝大多数信息检索系统是以向量空间为基础的，代表着信息检索的未来发展趋势。

目前搜索引擎的研究内容包括词处理、索引技术、提问处理、相关反馈、体系结构、检索结果处理、Web 信息采集、元搜索引擎等。

信息抽取是从一段文本中抽取指定的事件、事实等信息，形成结构化的数据，并填入一个数据库中供用户查询使用的过程，是信息检索的进一步深化。其研究重点包括命名实体的抽取、实体之间关系的抽取、事件或观点的抽取、信息抽取在知识发现等方面的应用。

当前，信息检索已经发展到网络化和智能化阶段，适应网络化、智能化和个性化的需要是信息检索技术发展的新趋势。

3. 网格技术

欧洲各国正在投入大量人力、物力研究网格技术，主要目的是将各种网络信息资源连接起来，像今天的电力网格一样，方便地送到每个用户那里。目前在互联网上，信息资源分散在各个网络站点，将来可以通过网格技术，在世界范围内对用户提供各种一体化的信息服务基础设施，也就是将分布于全世界的计算机、数据、信息、知识等组织成一个逻辑整体，用户可通过网格门户透明地使用整个网格资源。其核心技术包括：信息优化使用技术、网格资源管理技术、网格中的作业调度技术和网格安全技术。

网格具有 3 大功能：资源共享功能、协同工作功能和虚拟化功能。目前已经正式运行的网格有英国的 e-science、美国宇航局的"信息动力网格"、美国"太网格"、美国卫生研究院的"生物信息学研究网格"、美国能源部的"粒子物理学数据网格"等。

4. 知识发现与挖掘技术

知识发现与挖掘是一个以数据库、人工智能、数理统计、可视化 4 大支柱技术为基础，多学科交叉、渗透、融合形成的新的交叉学科，其研究内容十分广泛。知识发现是从数据中发现有用知识的整个过程；知识挖掘是按照既定目标对大量数据进行探索，揭示隐含其中的规律并进一步将之模式化的有效方法，是知识发现的核心。知识挖掘方法可粗分为：统计方法、机器学习方法、神经网络方法和数据库方法。当前知识挖掘的研究热点包括：Web 知识挖掘、生物信息或基因的数据挖掘、文本挖掘、可视化的知识挖掘和分布式知识挖掘等。

5. 信息可视化技术

信息可视化是从科学可视化、数据可视化逐步发展起来的，信息可视化由结构化、显示空间化和人机交互界面 3 部分组成，主要应用于没有几何属性的抽象信息，揭示信息之间的关系和信息中隐藏的特征，并将数据信息和知识转化为一种视觉形式，便于用户理解庞大的多维数据以及它们相互之间的关系。

在信息可视化中，显示对象主要是多维数据，研究重点是：设计和选择什么样的显示方式才能便于用户了解庞大的多维数据及它们的关系，可视化变量研究、可视化模型的研究、符号系统的研究、空间认知与信息传输研究、心理学和认知科学的研究、虚拟现实研究等是信息可视化的主要研究领域。信息可视化在商务、金融和通信等领域都有十分广阔的应用前景。在数字图书馆领域也有广泛的应用，如信息检索过程可视化、信息检索结果可视化和映射知识领域可视化等。

作为一个新的学科领域，目前绝大多数工作还处在发展新技术和构建新系统阶段，同时，已经出现了一些实用工具,如概念图、思维导图(Mind Map)、认知地图(Cognitive Map)、语义网络、思维地图(Thinking Map)等。

3.2.2 从信息组织走向知识组织

当前,信息组织正朝着信息组织方法集成化、组织技术智能化、内容揭示深入化、组织系统兼容化和标准化、组织工具易用化、组织结果可视化,以及组织理论多元化的方向发展,逐步走向知识组织。知识组织是揭示知识单元、挖掘知识关联的过程和行为,其目标不仅在于对知识存储进行整序,而且在于辅助和融入分析、归纳、推理等方法之中,实现知识挖掘。

1. 知识组织系统

知识组织系统(KOS,Knowledge Organization Systems)是对各种对人类知识结构进行表达和有组织阐述的语义工具的统称,是实现知识服务的关键技术之一。在迈向语义网的进程中,知识组织系统的类型从结构和功能上来看可以划分为两方面,一是显示概念关系在结构上的强弱;二是对自然语言的控制程度。常用的知识组织系统的结构从总体上讲,正在从弱结构向强结构的方向发展。知识组织系统的特点在于词汇控制,侧重于对同义词、近义词进行控制,侧重于对同形异词、多义词、含糊词进行控制。强调对概念之间等级关系进行显示,揭示概念之间的各种关系。知识组织系统包括建立在文献单元基础上的分类法、叙词表等情报检索语言,建立在知识单元基础上的概念地图(Concept Maps)、概念本体(Ontologies)等。

本体是一个关于某些主题的、层次清晰的规范说明。它是一个已经得到公认的形式化的知识表示体系,它包含词表(或名称表/术语表),词表中的术语全是与某一专业领域相关的,词表中的逻辑声明全部是用来描述那些术语的含义和术语间关系的,即它们是怎样和其他术语相关联的。因此,本体提供了一个用来表达和交流某些主题知识的词表和一个关系集,关系集是词表中术语间关系的集合。本体是语义网中知识组织的核心,具有声明(Statement)、公理(Axiom)、类(Concept,Class)、属性(Property,Slot)、函数(Function)、实例(Instance)6大要素。

根据应用领域的不同,可把本体分为4种:领域本体(Domain ontology),指包含特定学科领域的相关知识的本体;顶级本体、上层本体或通用本体(Generic ontology),指涉及具有普遍意义的客观世界的常识的本体或覆盖若干个领域的本体;应用本体(Application ontology),指包含特定领域建模的全部所需知识的本体;涉及知识表示语言的本体,被称为表示本体(Representation ontology)。在基于 Web 的智能信息检索应用中,本体通常作为用户感兴趣领域的领域模型,同时还可以用作进行文档统一注释的知识表示语言体系和标准。

本体主要可以解决以下问题:在用户间或软件代理间达成对于信息组织结构的共同理解和认识;复用专业领域知识;使专业领域内的学术观点和假设变得更加明确;分析专业领域的知识体系结构等。

2. 信息构建

信息构建(IA,Information Architecture)是19世纪70年代中期兴起、90年代末期得到广泛推崇和发展的一种信息组织和管理理论及方法。其基本含义包括:

(1)信息系统内组织、标引、导航和检索体系设计的总和;

(2) 为帮助用户访问信息内容并完成任务而进行的信息空间结构设计；

(3) 为帮助人们查找、管理信息而对网站进行构造与分类的艺术和科学；

(4) 将建筑设计原理引入数字领域的新兴学科和行业。其核心内容包括信息的组织、标引、导航和检索。组织系统由信息组织方案和组织结构两部分组成，是决定网站 IA 成功与否的关键因素，也是建立导航系统和标引系统的基础。导航系统不断为用户提供路径线索和标志，常见的导航系统有全局导航系统、局部导航系统和支持嵌入式链接的特别导航系统等。标引系统是向用户展示组织和导航系统的手段，Web 站点中的标引主要包括对导航系统、索引项、嵌入式链接、标题的标引和图标标引体系。检索系统与导航系统互为补充，以更好地满足不同用户的需求。元数据、控制词表和词库作为后台部件将各个系统紧密无缝地整合起来。

在信息构建广泛兴起后，出现了知识构建（KA, Knowledge Architecture）这个新词汇，但对 KA 的深入研究还不多见。一般而言，KA 是基于 IA 基础之上的信息构建形式，具有知识组织、知识导航、知识标识和知识检索的功能，是使知识更易于理解和吸收的工作理念、工作过程和工作方法，也是信息构建未来的发展趋势和方向。

3.2.3 从信息服务走向知识服务

知识服务是用户目标驱动、面向知识内容、面向解决方案、面向增值服务并贯穿用户解决问题过程的服务。在众多的知识服务中，推送服务、定题服务、查新服务、个性化服务、主题信息网关服务、数字图书馆等是近年来的研究和应用热点。

1. 主题信息网关

主题信息网关（Subject-based Information Gateway，SBIG）指具有严格质量控制、服务于特定专业领域、提供深入知识组织与分析的资源目录系统。它们作为知识组织机制和可靠的知识门户，成为专业领域的基础信息支撑机制。作为一种高质量的信息服务，它具有如下特点：

(1) 以联机方式集成提供互联网上许多站点和文档的链接；

(2) 根据信息的质量和范围标准智能地选择专业领域的信息资源；

(3) 智能地产生内容描述、构建浏览和分类结构。

自 1996 年 DESIRE 一期工程开始，SBIG 就在欧洲范围内逐渐普及，一大批面向数学、工程科学、医学、社会科学的 SBIG 相继建立。一些 SBIG 还联合在一起构成更大的资源发现网络（如英国的 RDN），并在此基础上进行了包括元数据、受控语言、信息的自动获取和分析、自动分类在内的大量的学术研究，获得了极其丰富的研究成果。

社会科学信息网关 SOSIG（The Social Science Information Gateway）致力于为社会科学、商业和法律领域内的研究者和实践者提供可靠的、经过挑选的高质量的互联网信息，是 SBIG 的杰出典范。SOSIG 主要由 SOSIG INTERNET CATALOG，SOSIG SEARCH ENGINE 和 SOSIG SCIENCE GRAPEVINE 组成，同时针对注册用户提供界面和内容的定制功能。SOSIG 充分体现了 SBIG 的设计原则：检索和浏览并重，内容精挑细选，不断更新，服务创新。SOSIG SCIENCE GRAPEVINE 以研究群体为导向，将社会科学领域的研究者、新思想、新办法统统汇聚在一起，成为一个不断产生创新的平台。

2. 个性化服务

在数字时代,个性化信息服务的建设成为资源、技术和用户共同关心的课题。个性化信息服务具有以用户为中心、纵深化、专业化、数字化、网络化、交互性、主动性和智能性等特征,它的主要内容包括:使用环境的个性化,如资源环境、工具环境的个性化;服务时空的个性化;服务方式的个性化,如检索、咨询、培训等服务的个性化;服务内容的个性化等。个性化信息服务的实现涉及两个重要环节,一是根据信息活动中所涉及的各种用户需求构建个性化用户模型;二是根据已建立的用户模型形成与需求匹配的个性化信息集合;所涉及的关键技术包括用户建模技术、信息过滤技术、界面定制技术等。此外,为建立个性化的信息服务环境,还要考虑信息资源组织、用户隐私保护、服务队伍等问题。个性化信息服务的实现途径和方法包括定制服务、为科研机构和管理部门实现知识管理提供服务、面向科研项目和科研人员提供有特定需求的定题服务、利用文献计量学提供学科信息分析服务等。

信息服务向知识服务的转向,必将促进情报学研究方向的重大转变。当前,应当重点关注的、向知识服务转向的研究方向包括:构建基于网格技术、Web Services、语义网等的资源共建共享网格;整合信息资源,按照服务任务和需要,甄别、过滤真伪混杂的信息,通过数据仓库、知识库、联邦数据库、数据集成等方式把异质信息资源整合为均质知识资源;研究显性知识和隐性知识的互动和互换机制、工具和手段,以人为本的个性化服务技术和模式;研究确立知识服务技术体系;研究网络参考、智能代理、决策引擎、内容可视化等新技术和新应用,提供知识服务和决策支持等。

3.2.4 其他研究领域

情报学在自身发展和与诸多学科相互交融的过程中仍在不断丰富其研究内涵,数字图书馆、知识管理、面向服务的架构、竞争情报等研究热点持续涌现。

1. 知识管理研究

知识管理不仅包括对知识本身的管理,还包括对知识有关的各种有形资源和无形资源的管理,涉及知识组织、知识设施、知识资产、知识活动、知识人员等全方位、全过程的管理。目前的研究热点在于:知识组织、知识链、知识发现、自然语言理解、知识管理工具、知识转换模式和 4 力场(4 Ba's)研究、实践社区、最佳实践库、智能代理、知识网络化研究等。

2. 数字图书馆研究

数字图书馆正引发一场全球范围内的文化媒介迁移运动。图书馆、博物馆、档案馆等一些文化机构将进入经济开发的中心地带,传统文化资源将被开发成经济资源,导致一个国家的文化生态根本上发生变化。数字图书馆需要跨行业、跨学科、跨地区、跨国界的合作,共同解决技术问题、管理问题、运营问题和法律问题等,不同学科将从不同领域对发展数字图书馆作出贡献。情报学的理论、方法、技术是建设数字图书馆的重要支柱,同时情报学也将吸收数字图书馆集成的各个学科的养分进一步实现现代化。

3. 面向服务的架构

要想真正实现知识服务,主要解决知识表达、获取、组织、存取问题,其关键技术体现在语义网、知识组织系统和面向服务的架构(Service-Oriented Architecture, SOA)。SOA 是在分布式环境中,以 Web 服务标准为基础,将各种功能都以服务的形式提供给最终用户或者其他服务。

服务是整个 SOA 实现的核心。SOA 架构的基本元素是服务,SOA 指定一组实体(服务提供者、服务消费者、服务注册表、服务条款、服务代理和服务契约),这些实体详细说明了如何提供和消费服务。遵循 SOA 观点的系统必须要有服务,这些服务是可互操作的、独立的、模块化的、位置明确的、松耦合的,并且可以通过网络查找其地址。

服务所涉及的层次要比组件、函数、流程更高,而且在业务上可以找到与之直接对应的概念或实体。服务打破了系统间的藩篱,使一个机构的人力资源系统、财务系统、数据仓库管理系统、客户关系管理系统、文献信息管理系统等达到服务集成。

4. 小世界现象

从很多的人口中任意挑出两个人,这两个人彼此认识的概率有多大?任意挑出的两个人之间要达到彼此认识的最短链条是多长?1967 年,哈佛大学社会心理学家斯坦利·米尔格拉姆(Stanley Milgram)作了一个实验。他给内布拉斯加州奥马哈市随意选择的 300 多人发信,要求他们把他的这封信寄到波士顿市一个独一无二的"目标"人,分别由每个人独自联系。米尔格拉姆告诉每个发信人有关目标人的信息,包括姓名、所在地、职业,如果发信人不认识这个目标人,就把这封信寄给他们认为与目标人比较近的,而且是他们认识的一个人。于是形成了发信人的链条,链上的每个成员都力图把这封信寄给他们的朋友、家庭成员、商业同事或偶然熟人,以便很快到达目标人。米尔格拉姆发现,有 60 个链条最终到达目标人,链条中平均步骤大约为 6,这个结果被说成"六度分离"(Six degrees of separation)而广为传播。"六度分离"在学术上称为"小世界现象"或"小世界问题"。近年来,小世界现象引起了数学家、情报学家、物理学家、计算科学家、行为科学家、数理经济学家的广泛兴趣,并对其进行了深入研究,展现出广阔的应用领域。现在,我们生活在一个网络的世界中,互联网上的信息传播是我们情报学的重要研究课题;而且统计表明,尽管互联网上信息数以亿计,但网络的特征路径长度 L 最多达到 19,因此互联网连接具有小世界现象。可以运用小世界网络理论来改善互联网中的信息流。"小世界现象"对于情报工作者如何快捷、准确获取网上信息提供了新思路。

[本章撰稿人:梁战平　蔚海燕　张爱霞　叶继元　魏瑞斌　顾东蕾　高　洁]

参考文献(第 3~4 章)

[1] 刘昭东等. 信息工作理论与实践[M]. 北京:科学技术文献出版社,1995

[2] 武衡. 情报学. 中国大百科全书·图书馆学情报学档案学卷[J]. 北京:中国大百科全书出版社,1993,13~20

[3] Bush Vannevar. As we may think. The Atlantic Monthly,July,1945

[4] Ingwersen Peter. Info. And Info. Science. Encyclopedia of Lib. And inf. Science, Vol 54, issue 17, Editor:Allen Kent and Harold Lancour, Publisher:M. Dekker, New York,1994

[5] Saracevic Tefko. Information Science. Journal of the American Society for Information Science,1999,50(12):1051~1063

[6] 汪冰,岳剑波. 情报学基础理论研究进展[J]. 情报学进展 1998—1999 年度评论. 北京:航空工业出版

社,1999,1~30

[7] 陈文勇. 情报学理论的范式分析[J]. 情报业务研究,1989(6):385~389,404
[8] 王美鸿. 图书资讯学研究的另一取向:诠释学[J]. 图书馆学与资讯科学,2000,26(1):53~60
[9] 邹永利. 关于情报学认知观点的思考. http://www.dybook.com/app/news/view.jsp? Information_Id=I0000012,检索日期:2004-9-12
[10] 意义·理解·阐释——情报学的哲学基础:现代阐释学[J]. 情报理论与实践,2002(5):378
[11] 赖鼎铭. 资讯研究的典范变迁[J]. 图书情报工作,1997(5):2~11,34
[12] 王进孝. 20世纪90年代中期以来的美国情报学研究[J]. 资讯传播与图书馆学,2002(3):73~84
[13] 宋丽萍. JASIST与情报科学历程[J]. 图书情报工作,2005(1):22~25,33
[14] 杨晓雯. 从CoLIS刊图书馆学与资讯科学研究之发展[J]. 图书馆学与资讯科学,2000,26(1):61~78
[15] 马费成,宋恩梅. 我国情报学研究的历史回顾(Ⅰ)[J]. 情报学报,2005(4):387~397
[16] 梁战平. 论情报学研究[J]. 中国信息导报,2003(1):12~15
[17] 马费成,宋恩梅. 我国情报学研究的历史回顾(Ⅱ)[J]. 情报学报,2005(5):515~523
[18] 霍忠文. Infotelligence Science 论纲[J]. 情报理论与实践,1998(1):6~8
[19] 姬鹏宏. 智能信息学:情报学的发展与定位[J]. 情报理论与实践,2002(6):404~407
[20] Hawkins Donald T. Information Science Abstracts: Tracking the Literature of information science part1:Definition and Map. Journal of the American Society for Information Science and Technology, 2001, 52(1): 44~53
[21] Borko Harold. Information Science: What is It? American Documentation, 1968 (1): 3
[22] Hawkins Donald T. Tracking the Literature of information science part1:Definition and Map, Journal of the American Society for Information Science and Technology, 2001, 52(1): 44~53
[23] Buckland Michael K. Information as A Thing. Journal of the American Society for Information Science, 1991, 42(5):351~360
[24] 叶继元. 图书馆学、情报学与信息科学、信息管理学等学科的关系问题[J]. 中国图书馆学报,2004(3)
[25] 梁战平. 情报学若干问题辨析[J]. 情报理论与实践,2003(3)
[26] 殷占兵. 情报学与信息管理学的比较分析[J]. 现代情报,2004(9)
[27] 宋恩梅. 情报学与信息管理学的比较分析[J]. 图书情报知识,2002(1)
[28] 黄欣. 论情报学与信息管理学的互动关系[J]. 情报杂志,2002(5)
[29] White H D, Griffith B C. Author Cocitation: A Literature Measure of Intellectual Structure[J]. Journal of the American Society for Information Science, 1981, 32(3):163~171
[30] White H D, Mccain K W. Visualizing a discipline: an author co-citation analysis of information science, 1972—1995 [J]. Journal of the American Society for Information Science, 1998, 49(4): 327~355
[31] B Hjúrland, H Albrechtsen. Toward a New Horizon in Information Science: Domain-analysis [J]. Journal of the American Society for Information Science, 1995, 46 (5):400~425
[32] Persson O. The Intellectual Base and Research Fronts of JASIS 1986—1990 [J]. Journal of the American Society for Information Science, 1994, 45 (1):31~38
[33] Klempner I M. Information Science Unlimited? A position paper. American Documentation, 1969, 20: 339~343
[34] Belkin N J. Information Concept for Information Science[J]. Journal of Documentation, 1978, 34: 55~85

[35] Birger Hjúrland. Library and Information Science: Practice, Theory, and Philosophical Basis. Information Processing and Management, 2000, 36: 501~531

[36] 文庭孝,龚蛟腾. 论情报学研究对象的变革及其学科发展[J]. 情报资料工作,2004(5):5~7,13

[37] Hahn Trudi Bellardo. What has Information Science Contributed to the World?. Bulletin of the American Society for Information Science and Technology, April/May 2003

[38] 周晓英等. 认知过程链与情报学的新定位[J]. 情报资料工作,2003(3)

[39] Ruben B. The Communication-Information Relationship in System-Theoretic Perspective. JASIS, 1992, 43(1): 19

[40] 周晓英等. 情报学的起源与方向[J]. 情报科学,2004(2)

[41] 岳剑波. 情报学的学科地位问题[J]. 情报理论与实践,2000(1)

[42] 严怡民. 情报学概论(修订版)[M]. 武汉:武汉大学出版社,1994

[43] 庞恩旭. 从情报学理论体系的建构看情报学的发展[J]. 现代情报,2003(5)

[44] 冯茜,王晓鸿. 文献计量学的过去、现在和未来[J]. 兰州大学学报(社会科学版),2000(6)

[45] 邱均平,王宏鑫. 20世纪文献计量学发展的层次分析[J]. 高校图书馆工作,2000(4)

[46] 邱均平. 信息计量学第四讲:文献信息离散分布规律——布拉德福定律[J]. 情报理论与实践,2000(4)

[47] 邱均平. 信息计量学第六讲:文献信息作者分布规律——洛特卡定律[J]. 情报理论与实践,2000(6)

[48] 罗式胜. 文献计量学[M]. 广州:中山大学出版社,1994

[49] 邱均平. 信息计量学第九讲:文献信息引证规律和引文分析法[J]. 情报理论与实践,2001(3)

[50] 胡明. 国内外情报学理论体系的比较研究[J]. 情报杂志,1995(9)

[51] 刘植惠. 科学情报交流学派奠基人——米哈依洛夫[J]. 情报理论与实践,1995(2)

[52] 张新华. 情报学理论流派研究纲要[M]. 上海:上海社会科学院出版社,1992

[53] 师宏睿. 布鲁克斯情报认知观研究[J]. 图书馆理论与实践,2001(6)

[54] 马费成. 论布鲁克斯情报学基本理论[J]. 情报学报,1984(4)

[55] 汤兆魁. 情报学理论结构体系剖析[J]. 文献工作研究,1994(2)

[56] 马费成. 述评约维茨的情报学理论观点[J]. 情报学刊,1984(4)

[57] 申静. 情报学理论体系的比较研究[J]. 情报杂志,1990(2)

[58] Bates M J. Information and knowledge: an evolutionary framework for information science [J]. Information Research, 2005, 10(4): 239

[59] 冯思椿,谢仁兴. 情报研究学基础[M]. 北京:科学技术文献出版社,1994

[60] 梁战平,梁建. 情报学学科发展前瞻性研究[J]. 中国信息导报,2005(6):21~26

[61] 梁战平. 情报学的新发展[J]. 情报学报,2001(2):130~135

[62] 马明,武夷山. Don R. Swanson的情报学学术成就的方法论意义与启示[J]. 情报学报,22(3):259~266

[63] 孟广均,徐引篪. 国外图书馆学情报学研究进展[M]. 北京:北京图书馆出版社,1999

[64] 孙岚玲. 情报学科特性在网络环境下的发展[J]. 情报探索,2004(6):7~8

[65] 田稷,马景娣,缪家鼎. 图书情报类核心期刊被非图书情报类期刊引用情况分析研究[J]. 情报学报,23(5):561~565

[66] 王崇德. 情报学引论[M]. 天津:天津大学出版社,1994

[67] 王万宗. 情报学概论[M]. 北京:北京大学出版社,1988

[68] 许志强. 试论情报学的定义与学科性质[J]. 西昌师范高等专科学校学报,2004,16(3):132~134

[69] 张晓林主编.走向知识服务[M].成都:四川大学出版社,2001
[70] 吴颖红,顾朝晖.试论情报学研究核心的扩展式[J].情报杂志,2005(11)
[71] 程广龙.多学科影响下的情报学研究[J].现代情报,2005(9)
[72] 赖茂生,张莉扬.情报学的学科发展与教育问题[J].情报学报,2003(1)
[73] 谢晓专.我国情报学研究现状与发展趋势(一)
[74] 谢晓专.我国情报学研究现状与发展趋势(四)
[75] 马费成.在数字环境下实现知识的组织和提供[J].郑州大学学报,2005(7)
[76] 王知津,张桂玲.网络时代情报学学科体系的结构与特征[J].情报理论与实践,2002(5)
[77] 姬鹏宏.智能信息学:情报学的发展与定位[J].情报理论与实践,2002(5)
[78] 宋恩梅.情报学与信息管理学的比较分析[J].图书情报知识,2002(2)
[79] 严怡民.情报学理论研究[J].情报学进展(第一卷),中国国防科学技术信息学会
[80] Marcia J Bates. The Invisible Substrate of Information Science. Journal of American society for information science and technology. Vol 50 Issue 12
[81] 褚峻.从学科发展中的若干问题看情报学教育的选择[J].图书与情报,2001(1)
[82] Machlup F, Mansfield U. The Study of Information interdisciplinary Messages. New York, Wiley, 1983
[83] B C Brooks. The foundation of information. Part I Philosophical Aspects [J]. Journal of Information Science. 1980, 2(3,4):125~133
[84] 解怀宁,肖春艳.我们所认为的情报[J].图书情报工作,2000(1)
[85] 孙建军,成颖.情报学专业教育改革思路[J].中国图书馆学报,2004(2)
[86] 赖茂生.情报学教育的现状与发展[J].情报理论与实践,2003(1)
[87] 詹德优.论图书情报学课程体系的构建[J].中国图书馆学报,2001(2)
[88] 秦铁辉,程妮.基于知识管理的图书情报学教育变革[J].图书情报工作
[89] 严怡民.现代情报学理论[M].武汉:武汉大学出版社,1996
[90] 臧兰.论情报学学科体系[J].情报学刊,1992(5)
[91] 柯平.当代情报学理论体系的构建[J].情报学报,2004(6)
[92] 吴慰慈,张久珍.信息技术革命影响下图书馆学情报学分支学科的建构[J].中国图书馆学报,2001(5)
[93] 靖继鹏,郑荣.我国情报学学科发展的创新机制及创新领域研究[J].情报学报,2005(3)

第 5 章　数字环境下的信息资源

§1　信息资源概述

1.1　信息资源的概念

对于信息资源这一概念的内涵,人们做过很多的探究,其中比较有代表性的有狭义和广义两种理解。就狭义而言,信息资源着眼于信息本身,表现为反映一定内容的信息的集合。而广义的理解则将信息资源看成是支撑信息活动的信息、技术、设施、人员等各种要素的总和。

就实践来说,前面所述信息资源的广义理解外延过于宽泛。相较而言,狭义的理解把信息资源视为以资源角色出现的特殊信息,更能抓住这一概念的核心——信息。在传统的图书文献领域,信息以图书、文献等相对固定的形式组织起来,便于直观地以狭义的方式认识信息资源,因此狭义的信息资源定义得到了广泛的支持。然而在数字环境中,情况比较复杂:单一系统内部,信息呈多层次、立体型的分布;多个系统之间存在复杂的协作、交互、整合。这时,要分辨哪些信息充当了信息资源就不是那么简单了,所以像广义的定义那样以系统的视角来理解信息资源是有必要的。综上所述,数字环境中的信息资源就是在数字环境中存在的信息活动体系里充当重要资源的信息。

1.2　信息资源的特征

在前面对信息资源概念的讨论中可以看到,对信息资源的认识有很大的功用性的考虑,强调把握信息资源必须从需求出发。然而,需求的多样性是如此的丰富,其存在也处于一种动态变化的状态,决定了需求驱使下的信息资源必然形态复杂多变。因此,对信息资源特征的把握可在一定程度上降低信息资源多样性给研究带来的困难,是信息资源研究中必不可少的重要一环。

1.2.1　信息资源作为一种资源的特征

信息资源作为一种资源具有资源的共同特征。

1. 需求性

离开了需求的事物不能称为资源,任何资源都体现了一定需求,这一点对信息资源尤为突出。在数字环境中,每天都要产生海量的信息,然而在特定的系统里,信息在一定需求驱动下,依照一定的规律组织起来,只有这部分信息能够系统地得到利用,因此在特定系统中这一部分反映了一定需求的信息才构成信息资源。

2. 稀缺性

信息资源的稀缺性本质上和经济学里所指的稀缺性是一致的,即资源相对于需求的有限性。这里举出两类比较有代表性的稀缺性表现形式:一是信息资源的生产需要成本的投入,决定了其使用不可能是无偿的,从而决定了使用者无论出于什么样的需求都只能获取很有限的一部分;二是信息资源会随着时间和使用"折旧",这是因为信息内容本身有一定的时效性,对信息资源的需求也有一定的时效性。

3. 可配置性

这里所说的可配置性是指资源是一种能够为人们基于一定目的选择性地分配和使用的事物,亦即资源的使用方向和使用效果可以人为干预。

1.2.2 信息资源的一般特征

信息资源作为一种特殊的资源,还具有不同于一般资源的特征,这些特征如下:

1. 交互性

经济学里讨论价值和使用价值的时候强调商品的价值只有在流通过程才能体现出来,没有流通,哪怕使用价值再大,价值也不存在。与此类似,交互对信息资源至关重要,可以说有交互才有信息资源,否则即便事物的属性和结构再精妙,内涵再丰富,也不可能反映成信息资源。这一点在生物学上有个很好的例子:如果没有复制过程中转录和翻译的需要,序列(核酸序列和蛋白质序列)只能算是一种结构,不能体现出信息承载的特点,也就不会被当成重要的信息资源,从而生物信息学也就不会产生。由此交互过程是信息资源存在的前提。

2. 共享性

很多资源的使用具有排他性,如:一块煤烧光了就无法再烧了。但信息资源的使用却体现出一种共享性,比如甲看过一本书,过后乙再来看,甲看过的内容乙同样可以看得到。再如,在网络上共享的一份文件,不考虑出现故障的情况,此文件无论被下载复制了多少份,所蕴含的信息都是一样的。

3. 主观性

信息资源的主观性特征可以表现在以下几个方面:

(1)信息本身带有主观性。尽管信息是对客观事物的一种反映与再现,但它是一种从需求出发、具有主观性的反映;

(2)信息资源的生产与构建过程具有主观性;

(3)信息资源的交互与共享具有主观性。信息资源的交互与共享有对信息资源自身引用与复制,同时还涉及在主观认识的指导下对信息资源的提取与再加工的过程;

(4)信息资源的使用具有主观性。信息资源使用过程中的配置与使用效果都受到了使用者主观性的影响。

4. 时效性

信息资源具有鲜明的时效性,体现在以下几个方面:

(1)信息资源本身的内容具有时效性。例如某种技术得到很好的应用与发展的时候,它相关的信息资源价值就比较高,而随着时间的推移,技术落伍,相关技术信息的价值就要大打折扣。

(2)构筑信息资源的系统有生命期。信息资源是用一定的逻辑概念体系对客观事物反映与再现的产品,这种体系本身具有一定的时效性或者说生命期。

(3)记录和传播信息资源的载体和介质具有一定的寿命。传统书本式的信息资源表现比较明显,在数字环境中采取合理的复制与备份策略可以使这方面的问题得到一定程度的改善。

5. 能动性

信息资源的能动性又被称为驾驭性。信息在事物的相互作用中不仅是一种重要的媒介,更有着前驱性的作用。例如在工业领域,硬件没有软件的支持是没法工作的。另外,信息资源的能动性还体现在物质和能量形式的资源能够在相关信息资源的推动下得到更加有效的开发和利用。

6. 累积性与再生性

很大一部分信息资源也是在原生性的信息资源生产出来后,继承和消化的结果,这就构成了信息资源的积累性。积累性是信息资源延续过程的一种量变形式,当信息资源积累和继承到了一定的程度,就会产生与之对应的一种质变性质的发展,产生包含新的内涵的信息资源,这就是信息资源的再生性。

1.2.3 数字环境赋予信息资源的一些特征

在数字环境中的信息资源是信息资源的一种特殊类型,数字环境赋予了它的一些特殊性质:

1. 完整性

数字环境中信息以一种多层次的、立体的系统形态存在。一定的系统提供了一定的上下文,与之联系,信息才能正确展现出来,孤立的信息片段很难得到正确理解与应用。这是信息组织成为一种系统体现出来的特点。

2. 多样性

数字环境中信息资源的多样性主要是由两个不同的因素决定的。第一是系统的复杂性。数字环境使得信息以立体的、具有复杂的结构的系统组织起来,甚至还允许多个这样的系统共同构成更高级的体系。这就意味着在这样的系统里,信息资源的存在具有不同的作用、不同的地位和不同的形式,具有多样性的特点。第二是数字环境提供了基于不同的需求构建多样化系统的条件,使得信息的使用和组织多样化,从而决定了信息资源的多样化。

3. 动态性

数字环境使得信息的实时更新与同步成为可能。在这样的环境里,信息资源自身的存在和其包含的内容都体现出了动态变化的特点。

1.3 信息资源的分类

分类是一种体系,任何分类体系都蕴含着一定的认知角度,对数字环境中的信息资源进行的分类也是从不同角度对其进行认识的过程。以下叙述几个从不同角度考察数字环境中的信息资源得出的分类体系。

1.3.1 传统的信息资源分类

可以沿用信息源的分类方法来划分信息资源。例如：

(1)按信息的存在方式分为：记录型的、实物型的和思维型的。记录型信息资源是信息资源存在的基本形式，也是信息资源的主体。信息以一定的记录形式组织起来存储在介质上(包括传统介质和各种现代介质)形成记录型信息资源，如图书、期刊、数据库、网络等。实物型信息是由实物本身来存储和表现的知识信息，如某种文物、样品、样机。思维型的信息资源主要包括人脑内部的知识信息，包括人们掌握的诀窍、技能和经验。思维型信息资源的管理和开发利用有一定难度，但也并非一片空白，人力资源系统实质上就是这种资源的管理调度系统。

(2)按信息的生产过程分为原始信息资源和加工信息资源。原始信息资源又称为一次信息资源，它是人类社会实践活动中直接产生或得到的各种数据、概念、知识、经验及其总结。加工信息资源是根据特定的需求对原始信息资源进行加工、分析、改编、重组后生产的信息资源。根据其加工方式和深度的不同又可分为二次信息源、三次信息源。

(3)按信息产生的时间顺序分为先导信息资源、实时信息资源、滞后信息资源。先导信息是一种前瞻性的信息，如天气预报、科学展望、市场预测等；实时信息是指在社会活动过程中产生的信息源，如日志、实验记录、产品、讲座或报告等；滞后信息是指某一社会活动完成之后产生的反映这一活动的信息源，如报刊、会议等。

(4)根据信息的学科内容把信息资源划分为面向科技的信息资源、面向社会的信息资源、面向经济的信息资源和面向管理的信息资源等。

(5)按存储介质把信息资源分为纸本的、胶片的、光盘的、磁盘的。

(6)按存储的模式分为集中式的、分布式的。

目前应用比较广泛的一种分类体系将信息资源分为：

① 非数字化的信息资源，以印刷载体资源为代表，俗称印刷型信息资源；

② 以电子介质存储起来的信息资源，俗称电子信息资源；

③ 数字化的、通过网络访问的信息资源，通常称为网络信息资源。

这种分类方法存在着明显的缺陷就是网络信息资源和电子资源之间有重叠，它自身体现了信息资源应用发展的不同阶段，受历史因素的影响，在情报学和图书文献领域目前依然应用得比较广泛。

1.3.2 数字环境下信息资源分类

更为科学一些的做法是依据信息资源在数字环境中的作用对信息资源进行划分。

(1)基础信息资源。在一个系统里起到基础性作用的资源，如：在文献查询与借阅系统中的图书、期刊、索引等是用户最终使用的对象，是整个系统存在的基础。

(2)辅助信息资源。这种信息资源能提高系统的性能，但它们存在与否不影响系统的基本功能得以实现。例如：查询系统后台的词表。

(3) 功能性信息资源。基础信息资源是系统构建和满足最终需求的基础,然而并不便于系统具体实现的直接应用,所以系统里存在一类重要的、直接为系统功能实现而存在的资源,可以称为功能性信息资源。如:某信息决策系统中的各种统计公式和统计信息。

(4) 交互信息资源。数字环境中的系统基于一定的标准或者协议进行交互,系统中存在按照这些标准或者协议组织起来用于交互的信息资源可以称为交互信息资源。

从信息资源适应交互和共享的能力出发,可以将信息资源分为:

(1) 局地的信息资源。只考虑满足特定的系统需求,忽视了交互性,以特殊形式组织、存储的信息资源。

(2) 遵循标准元数据规范的信息资源。遵循某种标准的元数据规范将信息组织起来,使之可以方便地交互和共享。

(3) 遵循某种通用协议的信息资源。在遵循某种元数据的基础上更进一步,使得信息资源可以以一种规范的方式共享、交互与使用。

1.4 信息资源的分布

信息资源分布研究的对象是信息资源或者信息资源的若干要素及属性(例如:信息资源的生产者、关键词等)在某种空间上的分布规律。这里提到的空间具体可以指的是时间、载体、地理空间等等,根据研究角度而定。这方面的研究成果除了定性的成果外,也有一些采用了数学工具,得到量化的规律。尽管很多量化的结论还仅限于经验公式的阶段,缺乏更严谨的论证,但对在特定范围内的实践来说有很好的应用价值。

1.4.1 信息资源分布的"马太效应"

"马太效应"来自于基督教圣经的"马太福音"一章中的一则故事,故事中主人对财富分配的方式体现了一种正反馈的机制,俗称"马太效应"。

信息资源的传播与利用很典型地体现出这种效应。越有影响力的生产者的作品越容易受到重视,作品越受到重视生产者的影响力就越大;越受关注的内容相关的资源越丰富,与内容相关的资源越丰富,内容就越"热";总言之,在传播与利用中占优势地位的信息资源,其优势越来越大,处于劣势的信息资源,其劣势也会越来越加剧。

1.4.2 经典的文献分布规律

对信息资源的传统认识主要着眼于文献,因此对文献分布规律的研究是历史最长、研究最深入的。本书第3~4章介绍的布拉德福定律、齐夫定律、洛特卡定律等就是几个经典的成果。尽管这些成果来源于对文献的研究,如果应用得当,对其他类型的信息资源也有借鉴意义。

1.4.3 信息在时间上的分布规律

1. 指数增长律

普赖斯研究信息的增长趋势时以文献量为纵坐标、年代为横坐标建立坐标系,然后将不同年代的文献量逐点标出来,以光滑曲线连结各点来表示文献随时间增长的规律。

需要特别强调的是指数增长律所提的文献数量是指该年与之前各年的文献总数,并不是指该年新发表的文献数量。

2. 信息老化规律

信息资源产生以后,随着时间的推移其价值会逐渐下降,这一现象被称为信息的老化(又称为衰减)。文献信息的老化包括以下四种情况:文献中所含信息仍然有用,但现在已被包含在其他更新的论著中;文献中的信息仍旧有用,但现在正处于一个人们对其兴趣下降的学科;文献中的信息仍旧有用,但为后来的著作所超越;信息不再有用。

衡量已经生产的信息资源的老化速度有一个很重要的概念即借用物理学中"半衰期"的概念得到的信息资源的半衰期,它指的是某学科领域现时尚在利用的全部信息资源中的一半是在多长一段时间内生产的。

对信息资源老化所做的研究比较重要的一个指标还有普赖斯对文献被引次数随时间的递减做统计分析后提出来的普赖斯指数:某一学科领域内,对发表年限不超过 5 年的文献的引用次数与总的引用次数之比值。一般来说,普赖斯指数越大,文献老化的速度就越快,与之对应的半衰期就越小。

在这里应该注意到:文献老化的指标是宏观统计的结果,它反映的是某个学科领域内大量文献的总体情况,个别或少数文献体现出来的情况有可能与之不符。

影响信息老化的因素有很多,可粗略地归纳为以下几点:

生产信息资源的过程。有的信息资源由理论研究而来,有的产生于应用实践之中。相较而言,理论研究所做的工作比应用实践周期更长,生产信息资源的过程更严谨,相应的信息资源老化过程也比较慢。

信息面向的学科发展阶段。学科处于上升和发展中,其信息的新陈代谢比较快,信息资源老化也快,学科成熟以后信息更新比较慢,其信息资源老化速度也慢。

信息的需求和环境。对某种信息需求越旺盛,生产环境越好,信息资源的新陈代谢就越旺盛,信息资源老化速度也越快。这一因素和其他的因素是相互联系的,例如:信息需求旺盛通常意味着应用开展得多,也就意味着信息更新比较快。

1.4.4 信息的扩散与分布

信息扩散原理描述了信息流传递过程中信息传播的规律性,它包括信息扩散(与分布)的多向对称性和信息传递的密度递减法则。信息扩散原理影响着信息资源在空间上的分布。

1. 信息扩散的多向对称性

信息扩散的多向对称性指信息在传递或扩散过程中,如果通过的介质(包括自然介质、社会介质)空间是均匀同质的,对在任意方向上与信息源距离相同的不同空间点而言,所接收到的信息是同样的。其扩散形态就像往足够大(可以忽略边沿的影响)的池塘中间扔下一粒石子后激起的环形水波那样对称,故称为多向对称性。

要强调这一规律成立的前提条件是介质空间均匀同质。实际条件下往往不具备这样的条件,所以要根据具体介质空间的结构与特点来考虑。这就引申出其他一些信息扩散规律:

(1)拓扑原则

假设介质空间不是完全均匀的,但处于某个阶段时在某一个方向上是均匀的,这样就可以沿着这些方向逐段连出拓扑图样,线段就表示了"信息栈",在线段的交点处进行拓扑变换(换栈)。

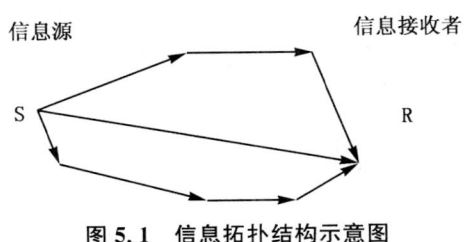

图 5.1　信息拓扑结构示意图

(2) 多路传递

多路传递法则又称多通道原则,指在信息提供者至信息接收者的信息传递过程中,除了信息接收者与信息提供者的直接沟通之外,还可以通过其他的通道,或经过或不经过信息栈而将信息传递给信息接收者。

2. 信息扩散的密度递减法则

信息在一定的空间中传播,受其过程中种种因素影响传播的路径(对时间来说是过程)越长,信息衰减的程度越大。

这里的空间指的是广义的空间,它可以是介质空间、时间以及精神空间。在介质空间上的密度递减最为常见,物理形态的信息载体在物理扩散中递减从而产生信息密度递减,如:电磁信号的衰减。时间上的信息密度递减其实就可以由前面提到的信息老化来理解。精神空间的信息密度递减比较好的例子是某种信息在不同学科中的分布:本学科领域内相应信息的出现密度最高;其次相近学科的信息内在联系比较多,信息出现的几率也比较大;在内在联系越少的学科内该信息的密度就越小。

§2　信息资源采集

信息资源采集就是根据信息用户的需求、机构的性质和任务,用科学的方法收集、检索和获取特定信息资源的过程。信息资源是开展信息服务的物质基础,其质量的优劣将直接影响信息服务的整体效果。在信息来源极为丰富,信息流通渠道相对畅通的今天,把好信息资源采集的质量关是提高信息服务水平的关键,是信息服务机构的立身之本。

信息资源采集最困难的是前期选择工作。要在浩瀚的信息海洋中准确地将所需资源选择出来是不容易的。如何才能满足需求?如何确定不同专业、不同类型、不同载体、不同语种的信息资源比例?如何合理使用和分配采集经费以达到效益的最大化?这些都是实施信息资源采集过程中需要考虑的问题。简而言之,信息资源采集就是要解决两个问题,即:采集什么和怎么采集。采集什么是原则性问题,怎么采集是技术性问题。本节将从这两个问题入手进行阐述。

2.1 信息资源采集原则

1. 科学性原则

信息资源数量庞大、形式多样、内容重复分散,这给信息的选择和搜集带来了极大的困难。因此,需要采用科学的方法研究信息资源的分布规律,选择和确定信息密度大、信息含量多的信息源。要用科学的指标体系来对信息资源进行评价。对信息资源的价值进行评价是一个复杂的课题,针对不同的用户群体、不同的应用目的、不同的载体形式会产生不同的衡量指标。不同性质、任务的信息服务机构,可依据自己的实际情况选择或制定适当的评价指标。

2. 针对性原则

信息服务机构应根据本单位的性质、任务和服务对象的不同,对信息资源的采集进行规划。一方面,必须以用户的需求为导向,认真分析和研究用户群体的构成、文化背景、行为特点、阅读习惯等;另一方面,要了解自身的资源拥有状况、软硬件条件等,综合考虑各种因素,确定采集的范围和重点。只有保证信息资源采集的针对性,扬长避短,合理配置,才能提高信息资源的利用率,避免信息资源的浪费。

3. 系统性原则

信息资源的连续性和系统性是发挥其效用的前提条件。如果一个信息服务机构采集和积累的信息资源缺乏连续性、系统性和完整性,就不能在需要时满足用户的需求,从而使信息服务丧失信誉。系统可分为纵的系统和横的系统。纵的系统按产品、工艺、学科、专业或专题进行积累;横的系统可按信息资源载体或类型进行积累。一般来说,专业性信息服务机构可偏重纵的系统,综合型信息服务机构可偏重横的系统。但两种系统并不互相排斥,可结合采用。

4. 共建共享原则

信息服务机构在资源建设中应加强合作,共建共享信息资源系统。在信息爆炸的今天,任何一个信息服务机构都没有能力,也没有必要去搜集所有的信息资源。大至主权国家,小到一个图书馆,都必须正视全球信息化浪潮的冲击。美国学者贝克(S. K. Baker)在她编辑的《资源共享的未来》一书中指出:"今天的图书馆正生存在一个相互依赖的时代。每一个图书馆都必须将自己视为世界图书馆体系的一部分,必须摆脱自给自足的状态,必须发现迅捷而合算地从世界图书馆体系中获取资料并送到自己用户手中的方式,必须随时准备将自己所收藏的资料提供给世界各地的其他图书馆。"信息资源建设应尽量避免不必要的重复,改变封闭自守的状况,分工合作、协调推进,形成一个布局合理、共建共享、开放的信息资源体系。

5. 准确、及时性原则

信息资源的时效性和针对性决定了对信息资源的采集必须做到准确、及时。采集的信息资源应能准确地反映当前各学科和工程技术领域的最新研究和技术成果以及新动向。

6. 经济性原则

经济性原则是指信息服务机构在信息资源采集中应合理使用经费,以最小的购置成本获取最佳的使用效果和最大的社会效益。信息采集前,要进行预算,根据经费情况调整或重构信息资源的采集规划;信息资源采集时,要根据本机构信息资源配置的要求和经费情况,选择合适的采集方法,比如,可选择和参与集团购买,以得到相对优惠的价格;信息资源采集后,要对信息资源的利用状况进行跟踪分析,根据利用情况调整信息资源的建设规划及经费流向,杜绝不计成本效益的资源闲置、重复投资等现象。

7. 发展性原则

选择什么样的信息资源不但要考虑资源的当前价值,还要考虑其是否有利于社会的信息化和网络化进程,有利于标准化、规范化和资源共享的实施。同时,要考虑到社会发展和用户需求的变化,要有一定的前瞻性。当代信息资源的增长和老化在不断加速,要做好信息采集工作必须时刻关注科学技术和经济发展的水平、动向和趋势,随时留意新的信息源和信息渠道的产生和发展,充分估计用户未来的信息需求,有预见性地采集信息资源。只有这样,才能既满足当前的信息需求,又适应未来的环境变化。

2.2 信息资源采集步骤

信息资源采集程序一般分为需求调研、制定采集方针、采集工作实施、用户反馈及结果评价几个步骤,在操作过程中,可以根据实际情况有所变化。

1. 需求调研

信息资源的采集必须要做好需求调研工作,这是保证信息资源采集工作效率和质量的关键,是信息资源采集过程中必不可少的重要环节。需求调研工作主要包括以下几个方面:

(1)明确本机构的性质、任务、目标、发展方向及服务对象。单位的性质、任务、定位、服务对象不同,信息需求就不同,采集策略也就不同。

(2)用户需求调研。开展切实有效的用户需求调研是提高采集准确性的最好手段之一。可采用书面调查、网上调查、询问调查及座谈讨论等方式进行。一般来说,学科专家对本学科的规划、发展方向及本单位科研人员的研究重点比较了解,超前意识较强。采访人员要经常与专家进行沟通,将征订目录发给专家圈选,将停订、新订信息告知专家,征求专家对增订、停订的建议。专家参与采访可帮助选准资源,保证信息资源的学术性、代表性。另外,采访人员要经常与流通部门沟通,了解资源的利用情况,通过多种途径加强与广大读者的信息交流,让他们有表达自己想法的机会。流通部门和普通读者的建议也是选择信息资源的参考依据。

(3)信息资源拥有状况调研。首先,要对本单位信息资源收藏情况有个总的了解。例如本单位的收藏重点是什么？特色资源是什么？各类型信息资源的比例是否合理？属本单位服务范围的各学科领域是否都有文献保障？重点学科是否得到倾斜？是否存在严重的不均衡现象？其次,需要对信息资源的利用率进行统计分析,以信息资源利用率指标作为确定续订和停订的重要参考依据。

2. 制定采集方针

在上述调研工作基础上,并考虑资源共享、协作分工、合理布局等因素,确定信息资源采集的内容、范围等。因为不可能满足用户的全部需求,要兼顾重点原则和系统原则,确定采集内容。采访方针的制定要有长远规划,要根据资源状况、经济实力、读者人数以及任务、目标来确定适当的采集规模。

3. 采集工作实施

信息资源采集工作包括收集资源目录、圈选收集的书目信息资料、与已有资源或共建共享单位拥有的资源进行查重、选择采集途径和方法、采集等,同时还涉及组织、协调、事务处理、财务等多项工作。

采集信息可通过图书代理和发行机构的征订书目、各种书刊评价、新书预告、书展及各种文献信息检索工具获取。各主要联合征订机构也会在自己的网站上发布电子征订数据供用户下载或在网上征订。采访人员要主动从各种渠道搜集所需书目,广泛了解出版发行动态,以便对信息资源进行选择与评价。

采访人员常用的图书检索工具有:《全国新书目》、《全国总书目》、《科技新书目》、《社科新书目》、《外国图书联合目录》和《外文新书通报》等,主要报道国内外已出版的最新图书、新书预告、征订书介绍、重要图书出版消息。期刊检索工具有:《全国报刊简明目录》、《中国报刊大全》、《中文科技期刊简介》、《中国科技期刊联合目录》、《全国西文期刊联合目录》、《乌利希国际期刊指南》(Ulrich's International Periodicals Directory)、GBIP网络版在版书目查询系统(Bowker's Global Books In Prints)等等。

4. 用户反馈及采集结果评价

及时收集用户反馈信息并对采集结果进行评价,并据此调整和完善采集策略、途径和方法,不断改进采集工作,提高采集工作质量和效果。

2.3 信息资源采集的方法

2.3.1 采购

1. 传统采购方式

采购是系统地采集和积累有价值的信息资源的主要方式。对于公开出版发行的书刊和数据库等信息资源,可通过各种指南来选择和购买。订购和现购是两种主要的采购模式。

订购是按各级出版社、图书发行中心或图书零售公司的图书发行目录和征订书目,根据需要订购图书的方法。这种方法的优点是选择性强,系统性强,采购人员可以根据自己的需要,有计划地选择各类图书,特别是对采购多卷型、丛书型、连续性的图书有很好的效果。订购的信息来源包括征订书目信息、书刊评价信息、各种检索工具以及用户的荐订信息等。在订购时应尽量选择信誉高、服务质量优、价格优惠、合作状况好的发行渠道,并建立相对稳定的协作关系以确保订购的连续性和高效性。

国外图书的发行渠道有一定的特殊性,由于订购手续和外汇管理的原因,我国外文图书传统的采购途径主要是通过中国图书进出口公司、中国教育图书进出口公司、中科图书进出口公司、中国经济图书进出口公司、中国国际图书贸易总公司等采集外文原版图书。

现购是指采购人员直接到书店或书展现场选择,购买图书的方式。采购人员可直接翻看图书,根据图书的内容进行鉴别,决定取舍。现购图书到馆速度快、到货率高,采购后图书很快就可以到馆加工,缩短了与读者见面的时间。现场采购还可掌握出版市场热点,发现畅销书、热门书,在第一时间购进,尽量满足读者的需求。但现购的购书面较窄,一些销售面较窄、学术性较强、较专深的图书书店一般不愿意提供,容易造成漏购。

随着社会网络化、信息化的发展,信息资源建设向着数字化、网络化和虚拟化方向发展,文献采访工作出现了一些新的动向,产生了一些新的模式,如网上采购,集团采购等。

2. 网上采购

网上采购又叫在线采购、网络采购,就是利用计算机网络,以电子商务的形式,直接向网上书店购买文献的过程。网上采购既可采购网络出版物,又可以采购传统的印刷型出版物、音像制品、软件等。

网上书店的书目数据库一般规模都较大,最大的达 300 多万种图书,少的也有几万或十几万种。例如,Amazon 网上书店就集中了全美多达 5 万家出版商出版的 310 万种图书。另外,网上书店利用网络的载体优势,提供每本书的封面、摘要、主题词、主题标目、详细目录,作者简介等信息,从多个角度介绍图书的相关信息。有的网上书店还有畅销书排行榜、重点书目、新书介绍、书评、书摘、特价书专栏等相关信息,对于采购人员准确地了解图书的内容和特色非常有利,这些都是传统的印刷型书目难以比拟的。

网上电子结算、电子货币支付、计算机账目自动核算,不仅快捷方便,而且彻底改变了传统图书采购阅订单、划订单、人工计算账目、跑书店送订单等繁琐、低效的工作方式,节约了大量的人力、物力和时间,提高了采购工作的效率。

虽然网上采购能有效地减少图书流通环节,提高采购工作的效率,但现阶段我国图书馆和信息机构应用网上采购这种方式还不普遍,信用问题是网上采购需要跨越的第一个障碍。其次,我国目前还没有适用的法律来规范电子商务中的认证、纠纷等问题。再次,由于电子商务的虚拟特性,信息安全存在漏洞,这些因素都在一定程度上制约了网上采购的发展。

3. 集团采购

伴随着电子出版业的快速发展,电子资源正在成为一种新的媒体形式。由于电子资源传递迅速、信息量大、检索途径多等特点,越来越受到读者和采访人员的青睐。然而,很多大型电子期刊数据库的订购价格十分昂贵,仅靠一个机构的力量很难支付巨额费用,单个信息机构向供应商采购很难在价格上有优势可言。集团采购就是在期刊价格不断上涨和出版业加强垄断的双重压力下产生的。

所谓集团采购,就是由多家单位联合购买电子资源,统一和供应商谈判,以争取在价格上得到更大幅度的优惠。集团采购采用自愿加入的原则,采购方一般由有影响的几个信息机构牵头,定期或不定期发布采购信息,以临时集团或固定集团的形式进行电子资源采购。采购联合体可以是地区的、全国的,也可以是国际性的联合体。采用集团采购方式的对象绝大多数是电子出版物和数据库。目前有些地方也将连续出版物列为集团采购的范围。

我国的集团采购开始于 1997 年,该年清华大学图书馆组建了全国第一个联合购买电子资源的集团"Ei Village 中国集团"。同年,国家自然科学基金委和美国 Science 周刊达成协议,购买 Science Online 在中国的使用权,Science Online 成为我国首例全体公民可以免费访问的电子资源。在电子资源的集团采购中,中国高等教育文献保障系统(CALIS)发挥了积极的主导作用。截至 2004 年,CALIS 共组团 48 次,引进数据库 199 个,全国共有 721 个高校和科研机构 2 903 个馆参加。

集团采购具有以下优势:

(1)集团采购可以获得更大的价格优惠。采用集团采购能借助联盟的力量对电子出版物市场的价格和竞争结构产生影响,打破出版商的价格垄断,通过与出版商协商和谈判降低采购价格。以 2005 年 CALIS 组织的集团采购美国物理联合会 AIP 数据库和美国物理学会 APS 数据库为例,共有 84 家高校和科研单位参加了 AIP 集团,93 家单位参加了 APS 集团。参团订购的单位可以选择订购美国物理学会 APS 的全部 8 种电子期刊,美国物理联合会 AIP 的全部 10 种电子期刊或 AIP 在线会议录。参加集团订购的成员均可免费使用 SPIN 书目资料库。并在价格上得到更多的实惠:2006 年 AIP 集团价格为 7 613 美元,年费用增幅为 7%;2006 年 APS 集团价格为 7 049 美元,年费用增幅为 7%。

(2)集团采购能争取更好的服务及技术支持。巨额集团资金通常能引起出版商的高度重视,因此对集团成员馆的具体要求能根据实际情况进行修改,对使用中遇到的问题能认真解答,对维护工作能给予指导,定期举行用户培训,从而更好地保证网络资源的正常运行。

(3)集团采购有利于信息机构联盟的形成,最终实现信息资源共建共享的目标。集团内的各馆通过网络专线或镜像站点等方式使用电子资源,避免了电子资源的重复建设,使文献资源布局更合理。通过组织集团采购,可以促进集团内各馆在培训、服务、电子资源使用等方面的交流和合作,促进各馆之间的了解,为进一步合作奠定基础。

(4)集团采购有利于形成专业的文献保障体系。各成员机构从实际出发,按学科分工收藏,减少重复,增加品种,有利于提高收藏文献的覆盖率,强化各机构的特色收藏。

集团采购虽然具有上述优势,但也存在一定的问题:集团采购的大部分电子资源购买权限一般是当年使用权,若不再购买该资源,信息机构订购的所有资源将转瞬即逝,无法保障信息机构和用户的利益。对于有永久使用权的电子资源,信息机构也没有拥有权,当原有的资源提供商变更时,如何保证信息机构和用户的使用和服务?对于镜像服务和本地服务的软硬件购买及硬件维护和数据更新都需要经费投入,如何在集团成员间进行平衡?对于具有永久备份的电子资源,由谁保存?如何向其他成员机构提供服务?费用如何分担?等等,这些都是集团采购中值得探讨的问题。

2.3.2 信息资源采集的非购入方式

信息资源采集的非购入渠道主要有呈缴本、征集、交换、捐赠、复制等。

1. 呈缴本

呈缴本又称缴送本或样本。这是为完整地保存出版物,由政府法令规定各类出版社每出版一种新的出版物,必须向指定的图书馆免费缴送一定数量的呈缴本。我国接收呈缴本的部门有中国版本图书馆、国家图书馆等,各部门各地区图书馆接收本部门、本地区范围内出版发行部门的呈缴本。

2. 交换

交换分国际交换和国内交换。这是指利用本单位特色的信息资源与国内外其他科研文教机构或文献收藏部门交换有价值的,特别是难以通过贸易渠道买到的出版物的过程。通过交换渠道获取信息资源既可以节约经费,又能及时地获得最新的科技信息。交换工作应本着"以我所有,换我所需"、"平等互利"和"扩大宣传"的原则开展。交换范围和重点原则上依据本单位的采访范围、收藏重点和特色来选择。

3. 征集

征集是各类非正式出版物的采集方式之一,是获得许多内部图书资料、非卖品等难得书刊资料的主要来源。可以主动地与有关机关团体、科研单位取得联系,索取他们出版的内部书刊、内部资料,也可采取刊登广告的方法征集。

4. 捐赠

捐赠是个人或团体将部分或全部藏书捐赠给某一指定图书馆的过程。捐赠是获得珍贵书刊的重要来源。

5. 复制

对于通过其他采集方式不能获得的缺藏书刊,可在法律许可范围内采用复制的方法代替文献原件入藏。复制方式包括静电复制、照相复制、缩微复制、转录、数字化扫描、网络下载等,具体应根据文献学科、类型、保存时间等选择最优的复制方式。提供阅览服务时要注意知识产权保护问题。

2.3.3 网络信息资源的采集

互联网的快速发展及其在国际范围内的迅速普及使得网络上的信息量呈指数性增长。对网上丰富的免费信息资源进行采集,作为传统信息的扩展和补充,可以在一定程度上解决图书馆面临的经费困难,因此日益受到图书馆界和信息界的重视。但网上信息资源庞大无序,在给人们提供丰富的信息资源的同时,又给人们的有效利用提出了很大的挑战。我们在采集网络信息资源时,除遵循文献采集的一般原则外,还要特别遵循以下原则:一是互补性原则,网络信息资源的采集是对馆藏文献资源的补充,要与印刷型文献相辅相成,衔接互补,形成布局合理、结构优化、功能强大的文献信息保障体系。二是可靠性原则。由于网络信息资源质量良莠不齐,鱼龙混杂,因此应尽量采集由政府、学校和科研院所、大型企业、商业网站等有较高信誉度的机构提供的网络资源,保证采集到的网络信息资源的可信度。

网络信息资源采集的方法主要有以下几种。

1. 人工采集

所谓人工采集,就是以人工方式对网络信息资源的内容进行评价和甄别,有选择地对网络信息资源进行保存归档的过程。这种采集方式可以有效地保证资源质量。但这种方式也存在一些问题:首先是在选择归档主题时具有较强的主观性;其次,与大量网络资源相比,人工采集的内容是非常有限的,不可避免地要遗漏许多有重要价值的资源;第三,人工采集成本高,随着网络资源的急剧增多,人工采集会遭遇人员、资金两大"瓶颈"。

2. 自动获取

所谓自动获取就是利用网络信息采集器(Web Crawler,也称作网络爬虫 Web Worm、网络蜘蛛 Web Spider、网络机器人 Web Robot),通过网络页面间的链接关系从网络自动地获取页面信息,并且随着链接不断向整个网络扩展的过程。

目前,网络信息资源的采集技术并没有一个统一的分类标准,但根据目前国际上一些流行的看法,信息采集基本上可分为以下几种:

(1)基于整个 Web 的信息采集

这种信息采集主要是指从一些种子URL(United Resource Locator)扩充到整个Web的信息采集。由于采集的范围和数量都非常巨大,因此对采集速度和存储空间要求很高。这类信息采集有较强的应用需求,目前在实际应用中占主流地位。

(2) 增量式Web信息采集

增量式Web信息采集是指采集器在需要的时候采集新产生的或者已经发生变化的页面,对于没有变化的页面不进行采集。增量式信息采集能极大地减少数据的采集量进而极大地减小采集的时空开销,因此它已成为实际系统的首选和研究热点。但是,增量式信息采集在减小时空开销的同时,却增加了算法的复杂性和难度,比如说,如何判断某个页面是否变化,如何根据页面的变化快慢分配系统的采集能力等。

(3) 基于主题的Web信息采集

基于主题的Web信息采集是指选择性地搜寻与预先定义好的主题相关的页面。主题一般可以是关键词,也可以是样本文件。和基于整个Web的信息采集器相比,基于主题的Web信息采集器不采集与主题无关的页面,所以极大地节省了硬件资源,保存的页面也因数量少而更新更快。但它的问题也是显而易见的:如何定义有实际意义的主题,如何在采集时判断页面与主题的相关性以及如何控制关于主题的查全率等。和基于整个Web的采集器相比,基于主题的采集器的最大不同就是要对提取出来的URL增加主题相关性判断。

(4) 基于元搜索的信息采集

元搜索引擎对用户提交的查询请求通过多个领域或门户搜索引擎进行搜索,并将结果整合后以统一的界面提交给用户。一般元搜索引擎并不保存Web页面的索引文件,但一些复杂的元搜索引擎会保存为它服务的每个搜索引擎的信息特征,以便能够在用户查询到来后做出好的搜索引擎选择。元搜索引擎软硬件开发的费用较低。

3. 基于呈缴本制度的协商方法

基于呈缴本制度的协商方法是指由图书馆与网络出版机构进行协商,将呈缴本制度扩展到网络文献领域,出版社根据协议定期将被选择的网络文献通过物理媒体移交或通过网络传递给图书馆,或者是图书馆根据协议从出版社网站上进行镜像复制或直接使用软件获取。

不管采取哪种方式采集,都需要得到网站所有者(包括网络出版机构)的积极配合,例如一些控制访问的网站资源的获取、数据库网站的采集以及深层网络资源的访问等等。上述几种采集方式并不是相互排斥的,可以根据不同情况结合使用。

§3 信息资源评价

3.1 信息资源评价概况

信息资源评价是采用数学、统计学等各种定量以及定性方法,对信息资源的组织、存储、分布、传递、相互引证和开发利用等进行定量描述和统计,以便揭示信息资源生命周期过程中的数量特征和内在规律。

信息资源评价作为一个不断发展的领域,经历了从传统信息资源评价到数字环境下的信息资源(如数据库建设与评价、网络信息资源等)评价的发展历程,被广泛应用于各种与信息有关的活动,如专业数据库建设和其他知识管理系统、科学技术指标和信息源的选择、网络上科学信息的分析和评价等各个领域。

3.1.1 信息资源评价的目的和意义

信息资源评价旨在通过对信息资源的定量和定性研究,为信息资源的有序化组织和合理分布、信息资源的优化配置和有效利用、信息资源管理的规范化和科学化提供必要的依据。信息资源评价具有以下重要意义:

1. 促进图书情报机构信息资源建设

信息资源评价在信息资源建设各个方面具有重要作用,特别是在数字化、网络化的今天,信息资源评价可用于确定资源收集的方针、选择核心期刊,通过信息资源的各项评价指标,如文种结构、等级结构、学科结构、收藏专业期刊连续性,收集与复印的成本,读者的阅读倾向,以及数字信息资源的开发利用,数字图书馆虚拟馆藏的建设等。对图书情报机构的信息资源建设及投资提供评估和优化,使各项工作得到客观根据,从而为信息资源建设提供决策。

2. 推动信息服务向知识服务发展

信息技术的发展,使研究信息资源评价单元在微观层(即内容单元层次)上的分布规律成为可能。如通过表征知识单元的关键词或主题词在微观层次上,即在事实和内容单元水平上揭示了科学信息离散分布的规律,在此基础上建立知识单元分布模型,从不同角度分析文献单元和知识单元的集中、聚类、分散状态。随着信息资源评价单元的深度和广度不断扩展,必将推动信息服务向知识服务的方向发展。

3. 用于科学评价与人才评价,有助于调整信息资源采集重点

利用信息资源评价的理论和方法来开展科学研究的定量评价是一种崭新的重要途径和有效方法。随着信息资源评价的推广和普及,科学研究的定量评价已成为国际上的一种通行做法和普遍趋势。

评价科学人才一般是通过研究论文表现出来的。所以,信息资源评价对人才评价提供一定的量化指标,如收录引证等。

信息资源评价应用于科学评价和人才评价的结果有助于信息采集部门掌握重点学科和专家,调整采集重点。

3.1.2 信息资源评价的原则

1. 科学性原则

从信息资源的概念及特征出发,采用定量和定性相结合的方法。选取能准确反映信息资源整体情况和各个构成要素的适当指标。

2. 系统性原则

信息资源评价强调对信息资源的整体评估,因此评价指标之间应相互联系或相互补充,成为一个系统化的完整体系。评价指标应有针对性,不能千篇一律;应通俗易懂、便于操作;应具有较强代表性;应通过尽可能少的指标从多层面去反映信息资源状况。

3. 标准性原则

评价指标的标准性是信息资源评价的核心要求。评价体系所涉及概念的界定、指标的实质含义和范围、指标的单位都要有明确的规定和统一的标准,避免在内涵和外延上的交叉和矛盾。

4. 可操作性原则

在考虑指标科学性的同时,不仅要使选取的指标能客观地反映问题,而且还要保证在这些指标中获取较为准确的数据,完成评估的任务。

5. 可比性原则

评价数据是信息资源评价分析判断的基础。因此,在设置评价指标时,必须注意数据的可比性,这样才便于比较分析,才能得出有说服力的结论。其指标体系既要符合中国国情,反映中国信息资源建设的实际,又要能进行国家间信息资源开发利用的比较;既可以纵向测算国家(或地区)信息资源建设的历史进程,又可以横向比较不同国家、不同地区间信息资源开发利用的差异。

6. 动态性原则

信息资源的评价指标体系应随着时代的变化、技术的发展进行及时的修订,从而使其评价结果在信息资源管理、开发利用等各个方面真正发挥作用。

3.1.3 信息资源评价的主要工具及方法

1. 主要工具

(1)引文数据库

传统信息资源评价基本涉及的领域有:文献计量学总论、引文分析和核心期刊、集中与分散定律、文献统计与应用、引文分析方法、在科技预测与管理中的应用、在人才评价方面的应用、文献增长与老化率等。其中取得的最重要的成果为引文数据库。

美国科学信息研究所编制的引文数据库包括《科学引文索引》、《社会科学引文索引》、《艺术与人文科学引文索引》。《科学引文索引》(Science Citation Index,SCI)是美国科学信息研究所(ISI,Institute for Scientific Information)于20世纪60年代初在费城创刊的,该所所长、科学计量学家尤金·加菲尔德(Eugene Garfield)是创始人。SCI从全世界大约10万种期刊中选取了3 000余种"核心期刊"作为其来源期刊,每年提供大量(约60万篇)的有关基础数据,现在已是当代世界最为重要的大型数据库,而且已经被当做评价基础研究和应用研究成果的一个重要的国际评价体系。SCI的意义在于它揭示了科学技术文献之间、作者之间的引证与被引证的相互关系,从而反映出科学的继承和发展的某些特点和规律性。SCI的每一部分索引的内容都与文献的相互引用密切相关。因此,SCI不仅是一种大型的文献信息检索工具,而且是引文分析的极为重要的工具之一。

我国目前已建成的引文数据库有中国科学技术信息研究所开发的《中国科技论文与引文数据库》(CSIPC),中科院文献情报中心开发的《中国科学引文数据库》(Chinese Science Citation Database,CSCD),南京大学中国社会科学研究评价中心的《中文社会科学引文索引》

(Chinese Social Science Citation Index，CSSCI)等。

这些数据库为信息资源评价研究提供了所必需的大量数据，有效促进了信息资源评价的全面展开。

(2)搜索引擎

数字环境下，网络计量学的研究要借助于搜索引擎来展开。如 Google 的 link 检索，能够查找连接到某个站点的所有网站和网页数。另外，搜索引擎本身的算法也会借助于信息资源评价的基本理论，如 Google 的 pagerank 技术，其基本思想就来自传统文献计量学中的文献引文分析，即一篇文献的质量和重要性可以通过其他文献对其引用的数量来衡量，在这样一个假设基础之上，一个网页的质量和重要性也可以通过其他网页对其超文本链接的数量来衡量。并据此计算出每个网页的重要性综合指标，即网页级别，确定搜索结果排序。

目前国内外的搜索引擎已从最初的主题指南发展到独立型搜索引擎、混合式搜索引擎、元引擎及分布式搜索引擎等，其性能正日趋完善。

2. 主要方法

信息资源评价常用方法有：

(1)统计学方法，如抽样程序、抽样规模、确定抽样间隔和统计测试，以及运用统计学知识对数据进行整理、分析、建立模型、找出规律等；

(2)数学模型分析方法，如根据布拉德福定律、齐夫定律、洛特卡定律建立数学模型，进行定量评价；

(3)系统分析法，即采用信息资源多项评价指标的综合评价和系统分析方法，结合各种专家系统、模型系统对信息资源进行全面深入的评价；

(4)问卷调查方法，包括问卷调查设计，提问的问题和选项的分值，数据收集，结果分析等；

(5)计算机辅助的各种定量分析方法，随着信息资源的数字化、网络化，用计算机辅助的各种定量分析方法，如图论分析法、词频分析法、链接分析法等，在数字信息资源评价中得到了广泛应用。

3.2 传统信息资源评价

3.2.1 传统信息资源评价概况

传统信息资源评价主要指印刷型信息资源，涉及图书、期刊、会议文献、科技著作、科技报告、工具书等。在图书馆学和情报学领域，有着长期从事文献选择和评价的传统，并早已形成系统而成熟的评价传统文献的方法和指标体系。传统文献评价的出发点基本上以内容为主，外在特征为辅。其评价指标包括：信息资源的主题和学科覆盖范围，包括学科深度、广度等；内容评价，即内容的准确性、权威性、独特性、及文本质量等；针对性，即目的和用户群，应考虑不同用户对文献内容的深浅程度要求，选择适合用户阅读要求和需求能力的文献；价格；信息来源，如与最新版本的权威性书目工具进行核对，进行定性与定量分析；时效性及利用率；用户评估等。传统信息资源评价主要针对文献进行评价，其评价单元主要以篇、册、本为单位的文献单元。

3.2.2 传统信息资源评价方法

传统信息资源评价方法主要包括书目核查法、统计分析法、引文分析法、用户评价法、藏书结构分析法等。

1. 书目核查法

书目核查法是用于图书馆馆藏信息资源评价的一种传统方法,是将被调查的馆藏资源与一些标准书目、核心书目逐一核对,以确定被调查文献的实际水平。所谓标准书目,主要是指由有关权威机构编制的、说明进行有关学科的学习或研究所必须具备的文献目录,或专门为有关图书编制的必备书刊目录。而核心书目则是由有关单位编制的、反映那些学科的学术价值高、读者经常利用的书刊的目录,这些书刊将构成图书馆藏书的核心部分。

书目核查法具有定性与定量分析双重特征,是非常有效和实用的评估方法,在国外已得到广泛的应用,但由于书目核对是通过标准(核心)书目与馆藏文献的抽样比较和分析来评价馆藏质量,只是抽样比较和分析,因而具有一定的相对性和模糊性。

书目核查操作方法具体可行,如可将英文期刊与《乌利希国际期刊指南》进行比对,或与ISI的期刊列表比对,统计出核心或重要期刊的种数与比例;也可与数据库出版商的最新目录进行比对。还可利用中国图书进出口总公司、北京市图书进出口公司、中国国际图书贸易总公司等国内书商出版的每月新书目录,国外书商提供的新书报道单,出版社免费赠送的书目只读光盘,出版社放在互联网上的新书目录或库存目录等。

2. 统计分析法

统计分析法是利用各种统计资料、数据,对图书馆藏书进行分析评价。常用的衡量标准为藏书流通借阅量及藏书利用率。

传统信息资源统计分析常用统计指标:
- 馆藏文献量指标
- 用户量指标
- 借阅量指标

传统信息资源统计常用统计方法:
- 文献利用率
- 文献流通率
- 用户到馆率
- 用户阅读率
- 文献拒借率
- 需求满足率

传统信息资源统计常用分析方法:
- 分类分析法
- 对比分析法
- 动态分析法
- 相关分析法

- 结构分析法

3. 引文分析法

所谓引文分析法，就是利用各种数学和统计学的方法以及比较、归纳、抽象、概括等逻辑方法，对科学期刊、论文、著者等分析对象的引用和被引用现象进行分析，揭示其数量特征和内在规律的一种文献计量研究方法。

引文分析法自 20 世纪 20 年代开始在国外兴起，我国 60 年代初就开始对其进行介绍。进入 80 年代以来，其理论研究和实际应用都取得了很大的成就。引文分析法主要有以下几方面的应用：

- 评价核心期刊
- 研究文献老化规律
- 研究期刊质量与其他期刊关系
- 分析学科之间关系
- 评价人才
- 评价组织、地区或国家的科学能力和学术水平
- 研究科学技术的发展史和趋势

4. 用户评价法

用户评价法是以用户为中心的评价方法，即是通过用户的试用和反馈，决定是否购买或保留资源。用户评议一般采用专家评估法，由参与评估的专家对文献的文种、类型、用户获取文献的主要线索、时间、效果、信息资源对用户需求的满足情况等提出评价、建议和意见。

5. 馆藏结构分析法

馆藏结构评价一般包括五个方面：

- 学科结构——统计各学科馆藏的比例，分析与读者需求的切合度；
- 等级结构——考察馆藏各学科、类型文献是否具有一定的层次级别，这种级别与读者的需求类型、需求层次是否相符；
- 文种结构——分析馆藏文献的文种比例，与读者熟悉的语种情况是否相符，与出版情况的分析对比等；
- 时间结构：新入藏文献的比例情况；
- 文献类型结构：图书与期刊比例，印刷本与电子文献比例，实体与虚拟馆藏比例等。

3.3 数字信息资源评价

3.3.1 数字环境下信息资源评价的新特点

在数字化环境下，信息资源呈现出信息量大、结构复杂、多样化等特点，如信息处理自动化、传播途径网络化、信息来源多样化、载体多样化、获取途径多样化，数字信息资源评价具有大量运用计算机辅助工具和引文数据库等特点。近年，商业数据库评价、网络信息资源描述和组织、网络学术信息资源建设、网络学科导航和信息门户建设、虚拟馆藏建设等正成为在数字信息资源评价领域的新热点。

3.3.2 电子信息资源评价

1. 电子信息资源评价的意义

电子信息资源,又称电子出版物,主要是指由出版商或数据库商生产发行的、商业化数据库、全文电子期刊、电子图书和多媒体资源等。电子信息资源其主要类型为数据库,包括参考数据库(书目、文摘、索引)、全文数据库和事实数据库。进行电子信息资源评价具有以下意义:

- 了解数据库学科及内容结构
- 加强资源整体优化建设
- 提高资源利用率
- 作为图书情报机构调整资源建设方向和服务内容的依据
- 为电子期刊数据库的建设策略作指导

2. 电子信息资源评价体系

(1) 内容评价

内容评价主要是对电子信息资源收录内容及相关情况进行分析,确定数据库收录是否全面、准确、权威、时效性强,主要包括:

- 总体收录情况:主要收录的资源类型及其数量,包含的时限范围。例如以收录期刊和会议录为主的参考数据库和全文数据库,就要明确列出包含有多少种期刊和会议录,涵盖的年代范围,统计数据库要说明包括哪些类型、哪些年代的统计数据。从目前情况来看,仍然是收录内容和年限越多越好。
- 权威出版物和全文出版物收录情况:收录的核心期刊,通常是以超过30%为佳;如果是全文数据库,则包含的全文出版物应不低于50%。
- 学科收录范围:电子信息资源包含的学科分析,以评估图书馆的需求作为标准衡量。
- 数据来源情况:例如,参考或全文数据库包含的出版物多数是否来源于学术性较强的出版社或学会;事实数据库中,其包含的统计数据、基因图谱、化学反应式等是否来源于权威机构或专业学会,如果是,则可以确定数据库具备较强的学术性。
- 数据库之间的重复情况:相同类型的数据库之间的内容是否有重复,重复程度如何。

(2) 系统功能和检索评价

评价电子资源系统功能及检索系统功能,主要包括检索功能、检索技术、检索效率、结果输出等方面。

检索功能有:

- 简单检索
- 自然语言检索
- 复杂检索
- 图像检索
- 提供多种检索限定方式
- 可检索的字段
- 用户满意度

检索技术有：
- 布尔检索
- 位置算法
- 词根检索
- 禁用词表
- 引文检索
- 组配检索
- 截词检索
- 优先运算
- 扩展检索或近义词检索
- 检索限定

另外，还应考虑个性化服务、其他链接功能等。

(3) 试用评估

在电子信息资源试用过程中，应广泛宣传，并面向用户做全面调查，试用结束后应撰写电子信息资源试用分析评估报告，其内容包括：
- 数据库基本情况和内容
- 与现有馆藏交叉重复情况
- 试用情况：统计数据、读者反馈
- 价格情况
- 其他参考因素：文献收全率、系统更新速度、访问方式、配套设施、检索系统、备份政策等

(4) 经济分析

电子信息资源的经济分析包括价格分析（即性价比及可承受能力分析）、并发用户数计算、文献存档（永久使用权限）、流量费用等各个因素。

(5) 使用评价

使用评价是评价电子信息资源的重要指标，电子信息资源使用情况包括文献点击、下载量统计、访问次数、检索时间、浏览全文和文摘的数量、每类文献的访问情况统计等。

3.3.3 网络信息资源评价

1. 网络信息资源评价简介

网络信息评价是采用数学、统计学等各种定量和定性方法，对网上信息的组织、存储、分布、相互引证和开发利用进行定量描述和统计分析，以便揭示其数量特征和内在规律的一门新兴分支学科。网络信息评价研究的根本目的是通过对网上信息的计量研究，为网络信息的有序化组织和合理分配、网络信息资源的优化配置和有效利用，以及网络管理的规范化和科学化提供必要的定量依据。

网上信息的计量对象主要涉及 3 个层次或组成部分：网上信息本身的直接计量，既包括数字信息和文字信息，又包括集文字、图像、声音为一体的多媒体信息等；网上文献、文献信息及

其相关特征信息的计量问题;网络结构单元的信息计量问题。

目前网络信息资源评价主要研究集中在:

(1)网络文献特征的测度;

(2)基于引文分析法的网络信息分布研究;

(3)基于用户的网络信息分布研究;

(4)对搜索引擎搜索效果的比较分析等方面。

2. 网络信息资源评价的必要性

(1)解决网络信息资源的特点与用户利用之间的矛盾

网络信息资源与传统文献资源相比,具有以下特点:

● 信息量大,来源广泛,内容涵盖了政治、经济、科技、教育、文化、娱乐等几乎所有领域的信息资源;

● 信息层次多,品种多样。既包括各种电子文献,也包括一些印刷型文献的网络版,其主要形式有文本、图像、声音、软件、数据库等;

● 非线性排列,具有超级链接特性以及交互性;

● 信息内容庞杂,质量参差不齐,在学科、行业和地理位置上具有非均衡性;

● 信息资源分散无序,具有非控制性;

● 信息传播速度快,更迭频繁,网络及网络信息资源处在一种动态的变化之中,而这种变化是没有人能够预测和控制的;

● 信息发布自由,网络信息资源本身的组织管理并无统一的标准和规范,世界各地不同国家采取不同的语言、不同的形式向互联网上发布各类信息,并可供多人随时无限次使用,资源提供者和受众者无数;

● 信息获取与站点有关。

这些特点在一定程度上妨碍了用户有效利用网络信息资源,有必要对其进行必要的梳理、组织、评价、推荐。

(2)解决检索的准确性和网络信息的广泛性之间的矛盾

搜索引擎是进行网上信息资源搜索的主要工具,但目前检索功能、检索结果还并不理想,有些搜索引擎还存在对检索信息的时间、范围、形式、语种不能进行限定,不允许对检索结果进行二次检索等问题,元搜索引擎技术还没有成熟。因此,有必要在用户检索之前做好信息资源评价工作,作为搜索引擎的有益补充。

(3)传统的信息资源评价已不能满足网络信息资源评价的需求

文献计量学对纸质文献的增长规律和老化规律的研究模式已不能适应对网络信息资源评价的需求。因此,建立网络环境下高效、准确的理论模型已成为迫切需要解决的问题。

3. 网络信息资源评价的主体和客体

(1)网络信息资源评价有以下主体

● 学术领域专业人员。某一学术领域的专家由于熟知本专业的研究方向,对网络信息资源的评价具有相当的权威性。

● 信息机构服务人员及图书馆学、情报学专家。探讨、研究互联网信息资源的评价与选择是近年来国内外图书情报界的热门课题之一。

● 互联网用户。通常一些网络管理机构会定期通过调查问卷的方式组织网络用户投票评选"用户推荐的优秀站点排行榜"。

● 网上评估服务机构。目前,许多网站推出了"站点精选"、"Cool Links"等服务栏目,对互联网信息资源进行评论。

● 进行网上资源评价的出版物。一些传统出版商经常根据读者的需要出版一些互联网信息资源指南工具书,如"Internet International Directory"、"World Wide Web Yellow Pages"等在国际上就比较有名。

(2) 网络信息资源的客体

网络信息资源主要包括网站信息资源和网页信息资源两种。因此,我们对网络信息资源的评价也就是对这两种资源的评价。网站信息资源既包括站点本身,又包括网站包含的各种具体信息。因此,评价的对象一是具体的网上信息资源(包括信息的内容属性和存在形式、状态、附件等外部属性);二是网站/页面(即信息的载体)。

4. 几种主要的网络信息资源评价方法

网络信息资源选择与评价主要有定性评价方法、定量评价方法、定性与定量结合法(层次分析法、链接分析法、第三方评价法、评价性元数据方法)等。

(1) 定性评价方法

定性评价方法是指按照一定的评价指标,从主观角度对网络信息资源所做的优选和评估。定性评价因人而异,因此有很大的变动性。具体的操作,就是制定一个评价表,然后由评价人员根据问题回答来给定每个项目的指数,或者回答"是"或"否",根据"是"的数量的多少确定网络信息资源的质量。

(2) 定量评价方法

定量评价方法是指按照数量分析方法,利用网上自动搜集和整理网站信息的评估工具,从客观量化角度对网络信息资源进行优选和评价。目前网络信息资源的定量评价方式主要是利用网络技术实现网站的访问量统计和链接情况统计。一般说来,站点被用户访问的次数越多,网站被链接的数量越多,说明越重要。

(3) 定量与定性结合法

● 链接分析法

利用链接方法评价网络信息资源的步骤,包括选择合适的搜索工具,从不同的角度统计链接,并计算出 Web 影响因子(WIF),最后,分析站外链接的类型及特征。

● 第三方评价法

第三方评价法主要是相对于网络信息资源的发布者(所有者)以及网络信息资源用户而言的,目前主要的形式有商业性的专业网络资源评价网站和信息机构提供的网络资源评价服务。

● 用户评价法

用户评价方式主要是由有关网络资源评价的专业机构向用户提供相关的评价指标体系和方法,由用户根据其特定信息需求从中选择符合其需要的评价指标和方法。

● 层次分析法

层次分析法（AHP法）是美国运筹学家、匹兹堡大学教授托马斯·萨蒂（Thomas L. Salaty）于20世纪70年代中期提出的一种定性和定量分析相结合的系统分析方法。层次分析法的基本步骤如下：

◆ 将复杂问题概念化，找出研究对象所涉及的主要因素；

◆ 分析各因素的关联、隶属关系，构建有序的阶梯层次结构模型；

◆ 对同一层次的各因素对于上一层次中某一准则的相对重要性进行两两比较，建立判断矩阵；

◆ 由判断矩阵计算被比较因素对上一层该准则的相对权重，并进行一致性检验；

◆ 计算各层次相对于系统总目标合成权重，进行层次总排序。

● 评价元数据法

元数据（Metadata）是描述数据的数据。元数据是网络信息资源管理的重要工具，包括描述性元数据和评价性元数据两类，描述性元数据用于网络信息资源的描述和定位，如都柏林核心集（Dublin Core），Web Collections，CDF，MCF 以及 RDF 等，其中影响最大的是都柏林核心集。而评价性元数据则用于网络信息资源的发现与评价，包括互联网内容选择平台和资源描述框架两种。以元数据为基础的网络信息资源评价，实质上是对网络信息资源进行认证一个过程。在很大程度上，其成功依赖于信息提供者能主动参与认证和用户对认证机构、评价标准、认证结果的信赖程度。

5. 国内外网络信息资源评价的主要成果

（1）OASIS 评价系统

由 Wilkinson，Bennett，Olive 等于 1997 年创立。OASIS 是由英文单词 objective，accuracy，source，information，span 的首字母所组成，表示网站（页）信息是事实还是推论、信息的准确可靠性、信息来源、信息内容、信息时间跨度5个方面的评价标准。

（2）IPL 的六选择标准

IPL 信息选择标准是：提供全面的信息而不是仅仅提供信息的途径并且信息内容的使用频率要高；信息持续、定期地更新；图像对信息起补充作用而不是转移了人们的视线；对非图像浏览器只提供文本的界面；信息经过认真的校对，无语法和拼写错误；包含与信息相关的活的链接。

（3）OPLIN 的电子信息源采集标准

OPLIN（美国俄亥俄州公共图书馆信息网络）有12条采集免费信息的指标：资源的目的性、权威性、广告和电子商务性、用户适用性、内容真实性、准确性、传播面、主题覆盖面、信息独特性、稳定性、可用性以及形式状况。

（4）10C'原则和 CARS'检验体系

南开大学的李培和刘淑华将网络信息资源评价标准归纳为"10C'原则"和"CARS'检验体系"。10C'原则即内容、可信度、批判性思考、版权、引文、连贯性、审查制度、可连接性、可比性和范围。CARS'检验体系即可信度、准确性、合理性和支持度。

（5）SOSIG

SOSIG 对互联网信息资源的评估主要从3个方面考虑：内容标准、形式标准和操作标准。

(6)LII

LII(Librarians Index to Internet)是经图书馆员选择和评价后的公共图书馆互联网资源索引,它从评价实践中总结了4大评价标准,即内容、权威、范围和设计。

网络信息资源的评价的研究相对来说是比较新的领域,一些术语尚不规范,评价体系尚不够健全,评价方法的研究尚不够深入,因此网络信息评价需要不断地进行研究和完善。

§4 信息资源建设

随着数字图书馆理论研究和工程实践的快速发展,信息机构的资源建设正在逐步地从"文献资源建设"时代过渡到"数字信息资源建设"时代。

4.1 信息资源建设的定义

信息资源建设是人类对处于无序状态的各种媒介的信息进行有机集合、开发、组织的活动,其结果形成信息资源。目前,信息资源可分为文献信息资源、数字信息资源、虚拟信息资源。图书馆的信息资源建设,就是对上述信息进行搜集、整序,以为用户所用。

一些专家、学者认为应将信息资源建设定义为:信息资源建设就是图书情报部门根据特定的目的和任务,通过规划协调,将社会文献信息予以选择收集、组织管理,形成具有特定保障能力的信息资源体系,以满足本单位读者和整个社会用户的信息需求的全部活动与过程。

4.1.1 我国信息资源建设理论的形成

互联网的兴起和发展给图书馆和信息中心带来大量复杂的资源建设问题,而传统的文献资源建设研究方法和研究成果无法满足新环境下的资源建设需要。20世纪90年代,我国图书情报界的一些学者已经意识到文献资源建设理论的局限性,萌发出信息资源建设的理论观点。到1999—2000年,我国对信息资源建设的研究进入了高潮时期,一般认为信息资源建设对象是包括传统文献、电子出版物和网络信息在内的涵盖范围较广的信息资源,提出将文献资源建设概念深化为信息资源建设。

信息资源建设的理论体系应包括三大部分,即基础理论研究、文献资源建设理论研究和网络信息资源建设理论研究。

4.1.2 信息资源建设的理论体系

从学科体系角度来讲,信息资源建设属于应用图书馆学和应用情报学的一个分支科学。信息资源建设理论体系(见图5.2)涉及到三大部分内容:

(1)信息资源建设的理论基础,包括学科理论的研究对象、内容、方法、理论基础及学科定位等。

(2)原来的文献资源建设理论的研究。虽然在网络化、数字化环境下,文献资源建设失去了"统帅"地位,但仍然是当前馆藏建设的重要组成部分,其原有的理论体系仍然适用于现代有形文献资源建设实践。

(3)数字化信息资源建设,主要包括实体馆藏文献数字化建设、数据库建设、网络信息资源建设和信息资源共建共享,这是传统文献资源建设理论所未能涵盖的部分,也是目前信息资源建设的研究重点。

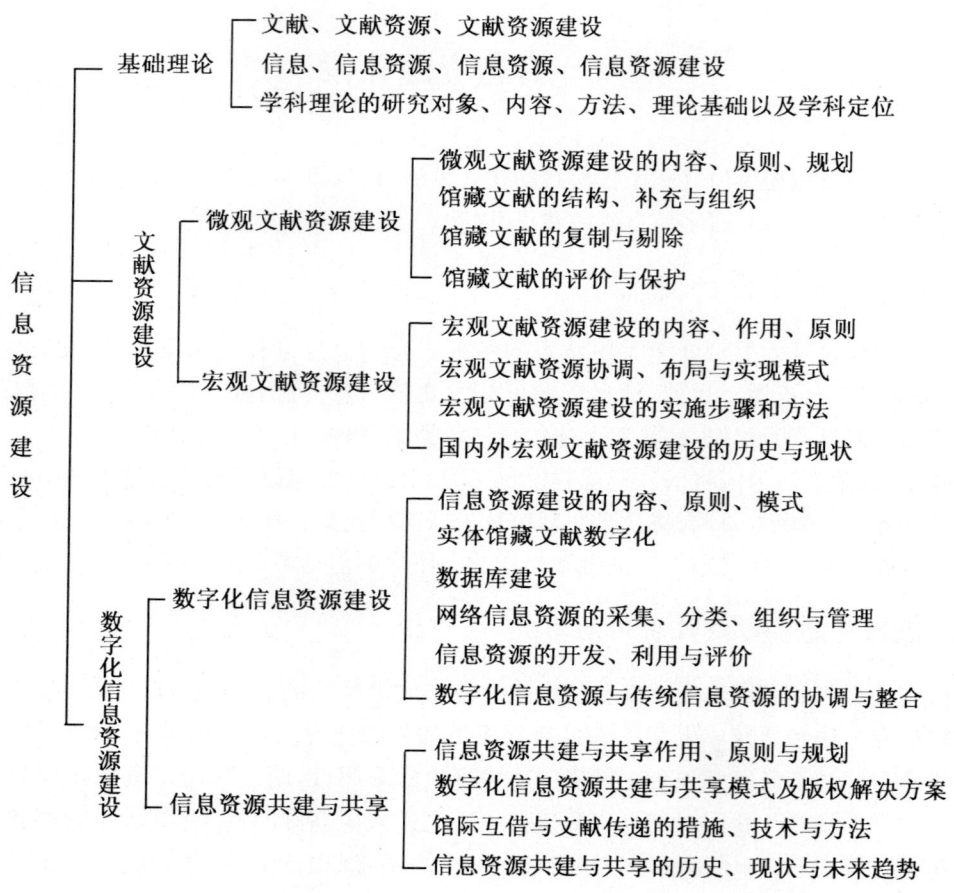

图5.2 信息资源建设理论体系结构

数字化信息资源建设的研究重点:一是数字化信息资源的特点、结构、获取方式及质量评价、数字化信息资源的选择与组织方法、网络信息资源的建设方案、网络信息资源的组织管理、数字化信息资源与传统信息资源的协调等问题;二是网络环境下信息资源的共建共享作用、原则与整体规划,信息资源整体开发和利用模式及版权解决方案,馆际互借与文献传递的措施,文献信息的高效检索及快速传递技术与方法,信息资源共建共享的历史,现状与未来发展趋势等问题;三是实体馆藏文献的数字化加工、数字对象永久保存与管理、网络化应用、版权处理等问题。

4.1.3 信息资源建设的链状循环过程

在网络化、数字化环境下,信息资源构成发生了巨大变化,从整体上看信息资源建设主要应包含5个要素:信息资源体系结构的设计、信息资源采集与筛选、信息资源组织与有序化、信息资源集成与整合、信息资源导航与利用。

基于信息资源建设要素的分析,有专家提出一种图书馆信息资源建设链模型(见图5.3)。

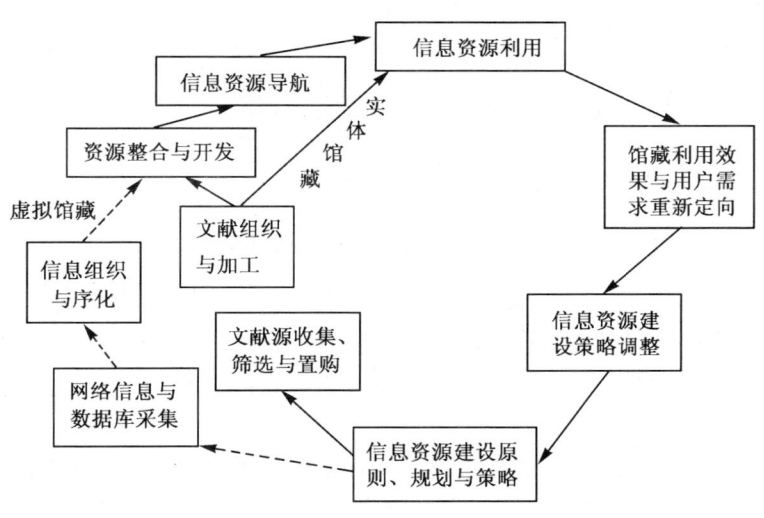

图 5.3 图书馆信息资源建设的链状循环模型

在图5.3中,内环为实体馆藏组建过程,外环为虚拟馆藏组建过程,内外循环在资源整合与开发处融合。然后,馆藏资源通过传统文献服务方式和网络化服务方式得到利用,同时信息资源建设体系在被用户不断利用的过程中逐步得到完善。该模型表明,从收集信息到使用信息,其中间过程是一个完整的工作循环,或称为一个完整的生命周期。缺少任何一环或存在任何一环的缺陷,都会影响信息资源建设的总体效果。在信息被利用的过程中,分析馆藏利用效果和了解用户新的信息需求方向,进行信息资源建设策略的再调整和继续进行信息采集,从而展开新一轮工作循环,信息资源建设也就开始了新的生命周期。

4.1.4 数字图书馆的信息资源建设理论框架和过程

我国数字图书馆信息资源建设应以相关学科知识和数字信息资源建设理论为基础,由选题开始,通过资源调研、功能调研、技术与规范的准备,到试验性生产、规模化生产,直至数字化信息资源的网上发布和服务。在此过程中兼顾相关技术与法律问题的研究与实践,通过用户的参与,不断丰富资源内容。整个信息资源建设的理论设计框架如图5.4所示。

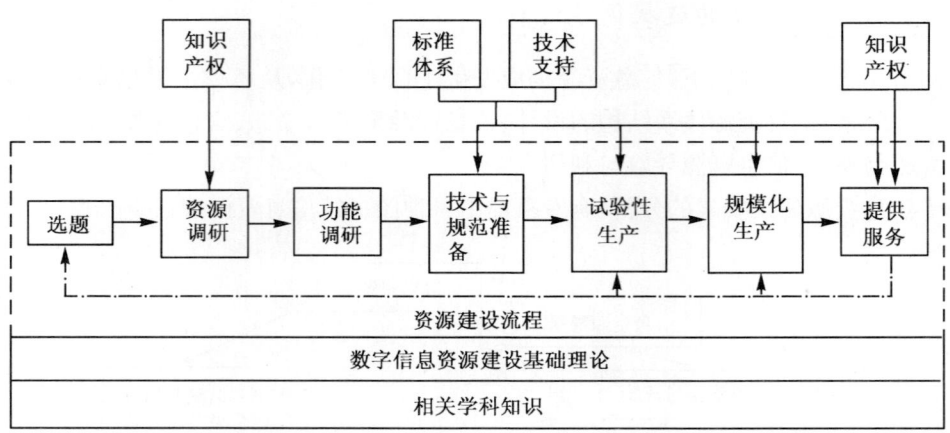

图 5.4 我国数字图书馆信息资源建设理论框架和过程

该框架是一个相对封闭的循环系统,上一个建设流程的终结为新一阶段信息资源建设提供了选题,并反馈作用于信息资源形成环节。框架内各要素相互依存、相互制约。

4.2 数字环境下信息资源建设的特点

在数字环境下,信息资源建设的对象不再仅仅是传统的文献收集,而是涵盖了传统文献、电子出版物、网络信息等在内的广义上的信息资源;信息资源建设的内容和任务不再仅仅是文献资源的采集和编目,而是扩展到数字信息资源的采集与整合、网络信息的组织与整合以及馆藏实体文献的数字化工作;信息资源建设的手段和模式也从传统的自动化阶段进入到网络平台建设时代,从封闭的单馆资源建设和服务阶段进入到开放协作的多馆资源共建共享时代。

1. 信息资源建设数字化

信息资源建设的数字化特点主要体现为信息资源的数字化存储。虽然目前的信息资源数字化建设方式多种多样,包括原生数字信息资源采购、实体馆藏文献数字化、网络信息采集等,但是无论采用哪种数字化建设方式,我们都不得不面对快速增长的数字信息资源,如何永久存储和管理好这些数字信息是当前信息资源建设的一个挑战。信息资源的数字化存储与备份是信息资源建设的基础性工作,同时也是数字图书馆进行信息资源网络化传输和服务的前提。

2. 信息资源建设网络化

信息资源建设的网络化特点,一方面体现为网络信息成为虚拟馆藏资源的重要组成部分,另一方面体现为信息资源建设技术手段的网络化。在网络信息资源日益丰富的情况下,信息资源建设应该对网上信息资源通过各种方式系统地搜集、组织和管理,建立虚拟信息资源系统,并使其成为图书馆信息资源的一部分。同时,采访人员可以进行网络在线订购,既能缩短采购周期又能降低成本,编目人员可以进行网上联合编目,达到"一次制作多次使用、一方编制多方共享、一种形式输入多种形式输出"的目标,实现"提高加工效率、促进资源共享、加快信息传递"的目的。

3. 信息资源建设多维化

由于信息技术的高速发展,信息资源产品及其形式日益多样化,信息资源建设不仅要考虑实体馆藏文献,还要考虑虚拟馆藏文献。此外,信息资源建设本身就是一个动态的过程,需要不断地在多维空间中寻求与社会需求同步匹配的坐标。因此,在数字环境下信息资源建设具有明显的多维化特点:信息资源来源多维化、信息资源配置多维化、馆藏结构多维化和信息资源建设对象多维化。

4. 信息资源建设协作化

在网络化、数字化环境下,信息资源的剧增和采购经费的不足,使得任何一个图书馆都不可能网罗所有的信息资源,同时读者的需求也日益多样化,使得任何一个图书馆都不可能完全依靠本馆资源满足读者日益增加的信息需求。面对这种状况,图书馆必须树立信息资源共建共享的观念,加强与其他图书馆的分工协作,共同构建相对完善的信息资源保障和服务体系。

5. 信息资源建设标准化

为充分实现信息资源的共建共享,我们必须尽可能地按照统一的标准规范来进行信息资源建设。随着数字资源的数量和规模不断增大,用于资源管理维护和检索的成本也在成倍地增长。只有有效地利用各种标准规范,才能实现数字信息资源的分布式检索和异构系统之间的互操作,才能在信息技术迅速发展的条件下保障信息资源的长期有效利用。我们甚至可以预言,不满足信息资源建设标准的数字信息资源,在数字时代将很难生存下去。

4.3 数字环境下信息资源建设的原则

在数字环境下,信息资源建设是一项全新模式的、过程更为复杂并由多个环节构成的系统工程,因此数字信息资源建设应继续遵循"藏以致用"的建设方针,并不断强化"用户至上"的服务宗旨。

1. 现实性原则

一切从实际出发,是信息机构信息资源建设的根本原则。立足现实就是要根据国家、地区、系统以及本单位信息资源的实际情况,根据现有的人力、物力、财力、技术、设施、政策等可能条件,采取各种方式方法,合理高效地配置信息资源。在条件允许的情况下,积极引进新的技术和方法,把信息资源建设好。

2. 需求导向原则

信息机构必须根据自身的性质、任务和服务对象的实际需求,充分利用现有人力、财力、技术和设施等可能条件,规划、选择、收集、组织、整合和管理信息资源,最大限度地满足用户的信息需求。

3. 系统性和整体性原则

信息资源建设要站在整体发展的高度,洞察用户需求的变化趋势、资源共建共享等外部环境的需求和资源建设的发展规律,不断完善资源体系,以实现整体优化和动态调解。一般来说,对于特色学科领域和重点信息资源,更要力求保持系统性、连续性、完整性。无论是何种载体的信息资源,一经决定就要按照连续性、系统性的原则配置资源。

4. 特色性和共享性原则

特色信息资源是信息机构生存与发展的基础,没有特色的信息机构必将失去存在的价值。信息资源的特色性有多种含义,如学科特色、行业特色、地域特色、类型和载体特色、时代特色、民族特色、国别特色、语种特色、政党社团组织特色、人物资源特色等。任何一个信息机构都不可能包罗万象，但是每一个信息机构都有可能根据自己的情况和客观需要，重点地去做好某种特色或某些信息资源的建设。在数字化、网络化环境下，只有促进特色信息资源的广泛共享，才能实现更大的社会和经济效益。特色性是信息资源共享的基础，共享性则是特色化的必然结果。

5. 时效性原则

信息资源建设要考虑用户的时间和成本效益，以优质的管理和服务使读者方便、快捷、有效地获得所需信息。在数字环境下，用户对信息资源建设的时效性提出更高的要求。坚持信息资源建设的时效性原则，首先必须注重信息资源的组织和整合，进而在整合和集成的基础上进行信息资源的深层次开发和知识挖掘工作，促使信息资源组织从形式组织向内容组织和知识组织的方向发展。

6. 合法性原则

我国已经正式加入世界贸易组织，信息资源建设中不能损害所有者的知识产权，要有保密意识，在信息资源建设中不泄露国家或单位机密，在信息资源转型建设中要对信息资源载体注意保护，不能使之受到损失。信息资源建设要注意开发健康、有益的信息产品与信息服务，避免给用户和公众带来信息污染和负面影响。

4.4 数字环境下信息资源建设的基本框架

在数字环境下，信息资源建设应本着"统一筹划、多方位、多渠道、立体化"的指导思想，从本单位自主、外部引进和机构间协作三方面加强数字信息资源建设。

（1）本单位自主模式：馆藏文献资源数字化。是指信息机构在对馆内现有文献信息进行分析、综合的基础上，进行有序、系统的数字化加工和网络化组织，并以新的方式提供给读者。

（2）外部引进模式：数字化信息资源的购入和网上信息资源的开发，即虚拟馆藏信息资源建设。有针对性地购买电子出版物，是当前信息机构数字信息资源建设的有效途径之一。据有关专家估计，世界上电子出版物数量大约占全部出版物的25％。信息机构只要有资金，就能购买到数字化文献资源。此外，收集和组织网络信息资源也是图书馆数字信息资源建设的重要途径。

（3）机构间协作模式：信息机构间信息资源共建共享。信息机构之间实行信息资源共建共享不仅是解决信息剧增与馆藏能力不足这一矛盾的重要途径，也是满足读者多样化、全方位、个性化信息需求的重要途径。

4.4.1 馆藏文献的数字化建设

馆藏文献数字化一般有两个含义：一是从外部通过电子出版物的购买、网络资源的下载等方式获取数字化文献或信息，增强馆藏数字化程度；二是在信息机构将非数字化馆藏资源数字化，以实现资源的计算机管理、网络传输和数字化存取。本文谈的是后一种情况。尽管实体馆藏文献数字化主要表现为现有信息机构馆藏形式的一种转换，但它却涉及信息管理、信息保存、信息服务和信息研究等方面的一系列变化和发展。作为信息资源建设的重要工作内容，实体馆藏文献的数字化工作具有保护馆藏文献、提高文献利用率、促进科学研究、提高管理效益等重要意义。

1. 数字化对象的选择

实体馆藏文献数字化是一项复杂的工程,在选择文献数字化对象时必须考虑文献价值、用户需求、文献形体状况、技术的可行性与版权等因素。

(1)文献价值。文献是否具有持久价值是依据人的主观判断的,因而文献价值的判断就十分令人棘手。文献利用率的大小只能作为判断文献价值的参考因素。为克服文献价值判断的主观性、局限性,有必要在确定数字化对象前进行广泛的专家与用户调研。

(2)用户需求。使用频率高、用户需求大的文献应优先考虑数字化。这类文献的数字化,不仅有利于对原件的维护,也为用户的存取提供了便利,是受用户欢迎的。

(3)文献形体状况。形体损坏或字迹模糊不清的馆藏应优先考虑数字化,以抢救文献的信息内容,避免信息在不稳定媒体上进一步丢失,同时也有利于用户存取这类文献。

(4)技术可行性。不同物理形式或不同特征的原件,例如装订资料、散页资料、照片、底片、彩色或黑白文献等,模数转换技术对其信息转移的支持程度不同,有些暂时无法达到满意的转换效果,也不宜进行数字化;数字化工作相关的硬件、软件发展很快,价格也在不断调整中,对于某些文献的数字化工作,可以等待技术发展成熟时再予以考虑。

(5)版权考虑。版权是制约文献数字化对象选择的一个重要问题。如果拟数字化对象受版权保护,必须在得到版权所有者允许后方可数字化。

2. 数字化工作模式

馆藏文献数字化工程一旦启动,人力、物力、财力、技术等需求就会立即提到议事日程。信息机构应根据工程性质、机构实力和被数字化文献性质等因素选择适合本单位的数字化工作模式,以综合考虑成本效益和工作效率。

(1)自主开展模式。是指由本单位职工利用本单位设备来进行馆藏文献数字化工作,并对图像进行处理、存储与归档管理。该模式需要投入大量资金和时间进行设备购置和人员培训。一般来说,经济实力雄厚、人力资源充沛的单位才有条件考虑采用这种模式。

(2)业务外包模式。是指通过签订合同,把整个项目或项目的一部分包给专门从事这种工作的公司来完成。数字化工程业务外包通常由专业的系统集成企业提供专门的数字化工程解决方案并进行施工,完成采集数字图像并将它们处理到储存介质上,通常也包括一些相关的建议,如数字化和生产策略、颜色校正、数字元数据的管理等。为保证业务外包顺利进行,减少各类风险,必须制定严格的、全方位考虑的合同以保护本单位利益,必须有专人直接参与业务外包的管理,以减少和控制风险的发生。

(3)综合模式。是指本单位与外包服务商以协作方式,整合内部力量与外部资源,共同开展数字化工作。它一般有以下三种形式:

● 由内部职员来数字化源文件,外界服务人员把数字图像处理到光盘上和进行磁盘备份等来达到归档和存取的目的,它缩减了与数字化相关的某些管理工作。如果机构内部人员有数字化方面的专长或某些文献不宜采用外界人员处理,可以采用这种方式。

● 外界服务人员同内部职员在同一地方共同完成数字化原件的工作。在共同的工作中,机构内的工作人员可获得相关的技能与经验,同时可监督数字化质量。

● 外部采购整个数字化工程,依靠内部资源进行后期的处理工作。这种方式适用于数字化的原件不是珍贵的原始材料,或是原件的胶片拷贝。这种协作方式可以使本单位把精力主要集中在数字图像的存取和应用项目的处理中。

4.4.2 网络信息资源开发

网络信息资源开发是指信息资源拥有者或搜集者对网络原始的、初级的信息资源进行搜集、组织、加工、整理、宣传、发布、传递的过程和行为。网络信息资源的采集原则、范围和方法参见本章第 2 节。网络信息资源的组织方法主要有 3 种:分类法、主题法、主题与分类相结合法(参见第 6 章)。

(1) 分类法:随着数值、图像、图形等非文献型信息在网络信息资源中的比重越来越大,分类法独有的按学科、专业集中文献,并从知识分类角度提示各类文献在内容上的区别和联系,提供通过知识分类检索文献的途径和代码标识,为组织网络信息资源提供了一条行之有效的途径。分类法限定了信息资源的学科范围,适用于族性检索,便于提高信息检索的检全率、检准率和检索速度。

(2) 主题法:在网络环境下,信息资源的主题组织方法主要是通过自然语言处理方法,对关键词、自由词和出现在文献题名、摘要或正文中的语词经过规范处理后直接作为文献主题标识,按字顺排列进行组织,并结合参照体系和其他方法来间接地表示概念之间的关系,实现从事物名称检索文献途径,使用关键词来创建数据库,靠搜索引擎提供支持。网络信息资源的标引方式主要有自动标引(抽词标引和赋词标引)、专业人员的标引和网页制作者提供的元数据。主题法在语言上弥补了分类法在检索特定事物、特定主题方面的不足,适用于特性检索。

(3) 分类主题一体化:这是数字图书馆信息知识组织比较适用的模式,也是今后的发展方向。分类法可以给予信息资源一个科学的分类系统,而主题法则使信息资源中所包含的信息能得到充分揭示。分类主题一体化采用分类法与主题法有机结合而形成的一种标引语言。这种方法使分类法和主题法在传统的信息资源组织的基础上,充分发挥各自的特有功能,做到扬长避短、优势互补,进行有机的结合和发挥最佳的整体功能。

4.4.3 信息资源的共建共享模式

从总体上划分,信息资源共建共享模式可分为集中型共建共享模式和分散型共建共享模式。集中型共建共享模式是指全国范围内或全国性某一系统范围内建立起来的信息资源共享模式;分散型共建共享模式是指小范围内如某一区域、某一系统或某几所大学范围内建立起来的信息资源共享模式。根据跨越空间和涵盖资源范围大小的不同,集中型共建共享模式又可分为全国性跨系统共建共享模式、全国性系统内共建共享模式、地区性跨系统共建共享模式、地区性系统内共建共享模式。

(1) 全国性跨系统共建共享模式:该模式是指建立全国性的,集各地区、各系统信息资源为一体的信息资源共享体系。其优点是便于集中管理,信息资源可以大范围内实现共享,有利于用户查询,提高检索效率。不利之处在于组织协调工作量大。

（2）全国性系统内共建共享模式：该模式是指公共、高校、科研、中国科学院等系统分别建立本系统的信息资源共享保障体系，统一协调系统内各有关单位，共同构筑系统内信息资源管理体系、书目信息存取体系、信息资源利用体系及传递体系，使全国系统内的读者共享系统内的信息资源，如国家科技图书文献中心、中国高等教育文献保障体系等。建立全国性系统内信息资源共建共享网络，可以最大限度地避免系统内信息资源建设的重复现象，集中使用系统内信息、人力、物力、财力资源。同时，它是开放的，欢迎其他系统的图书馆和信息机构加盟。这种全国性系统内信息资源共享建设形成规模，就可以逐步实现公共、高校、科研三大系统联网，最终实现全国范围内信息资源的共享。

（3）地区性信息资源共建共享模式：该模式包括地区性跨系统和地区性系统内信息资源共建共享模式，是指以省、市为单位，建立省、市范围内跨系统或系统内信息资源共建共享网络，如广东省公共图书馆网络化系统、上海地区文献信息资源协作网等。地区性信息资源共享模式有其明显的优势，在全国性信息资源共享建设模式中无法彻底解决的许多问题，在这种模式建设中可以迎刃而解，比如协调相对简单、建设速度快、见效快，更新改造容易，等等。我国区域性信息资源共享建设在过去的几年里积累了丰富的经验，是值得提倡的一种建设模式。

（4）分散型共建共享模式：规模较大的信息资源共建共享模式在数字化资源建设、软硬件基础设施建设、应用系统开发、标准规范与法规的制定和推行以及人才培养等方面都要预先做一些准备工作，并且情况较复杂，指挥协调困难，需要强有力的协调机构、严密的组织形式和巨额投资。相比之下，分散型共建共享模式建设规模小，投入资金少，资源组织容易，相互协调简单，人力资源可就地开发启用，建设成效快。比如，OCLC就是在这样的模式上逐步发展起来的。该模式是先小规模建设，再逐步扩大规模，比较适合我国的国情。

此外，国外的一些信息资源共建共享模式也是值得我国借鉴的。比如：馆藏地域协作模式、馆藏主题协作模式、馆藏组织协作模式、协作采购制度模式等。我国信息资源共建共享在整体规划、团结协作、政策保障、技术支持等方面仍存在着不足和有待改进的地方，借鉴国外的成功经验对完善我国的信息资源共建共享模式具有重要意义。

4.5 信息资源的整合方式

"信息资源整合"是指信息资源优化组合的一种存在状态，是根据系统论的原则，依据一定的需要，对各个相对独立系统中的数据对象、功能结构及其互动关系进行融合、类聚和重组，将其重新结成为一个新的有机整体，形成一个效能更好的、效率更高的新的信息资源体系，从而全方位地为科学研究、决策提供信息保障。

在数字环境下，信息资源已由单一的纸质文献发展为纸质与电子出版物、网络数据库等多种类型共存的形式。这些信息资源提高了信息机构的信息资源保障能力，但是也给图书馆的信息资源采集、组织、管理和服务工作提出了挑战。一方面，印刷型文献资源与数字化信息资源之间有相互脱节的现象，另一方面，还普遍存在着不同数字化资源之间缺乏联系的现象。因此，进行馆藏信息资源的整合和揭示是信息机构急需解决的问题。信息资源整合的基本模式有以下几种方式：

1. 基于 OPAC 的资源整合

基于 OPAC 的资源整合是信息机构馆藏信息资源最基本的整合方式，国内大多数信息机构已经达到这一层次的整合，技术相对来说也较成熟。基于 OPAC 的资源整合实际上是一种目录级的整合，根据整合对象的不同，可分为馆外整合与馆内整合。馆外整合的实质是实现本馆与不同的异构 OPAC 数据库的整合，当前较多地采用 Z39.50 协议来完成，先将所要整合的馆藏书目数据库映射成本馆专用模型，再根据本馆要求建立统一的检索接口，最终建立书目整合检索系统。馆内资源整合是指将 OPAC 书目信息与数字资源的整合，整合的基础是 MARC，也就是对数字资源进行 MARC 编目，并在 MARC 记录里增加 856 字段"电子资源地址与存取"字段，主要是记录被著录的数字资源的存取地址和存取方式。随后把这些 MARC 记录整合到 OPAC 检索系统中，形成实体和虚拟馆藏的书目整合检索系统。

2. 基于数据源的资源整合

基于数据源的整合也就是资源导航整合，即通过数字资源的 URL 建立数字资源的导航系统。目前国内外信息机构导航整合用得较多的主要是提供按字母和主题的入口方式。数据源整合对庞杂的资源进行合理有效的排序和整合，使资源能清晰有序地供用户选择检索。但导航整合仅适合于对资源状况缺乏了解的用户。导航整合的另一困境和基于 OPAC 的资源整合相同，即数字资源的 URL 会因为馆藏的调整、数据库的增减、刊名的变化等各种原因而失效，这直接导致导航整合的可用性下降。另外，导航整合仅实现了按形式整合的功能，不能提供内容层面上的服务，因此这种整合必然成为向内容整合的过渡阶段。

3. 基于系统的整合

这种整合方式在国内较为流行，一些技术力量较为雄厚的信息机构已经开发出这种异构数据库检索平台，并已进入试运行阶段。异构数据库统一检索平台是一个用于同时调用多个数据库和搜索引擎进行资源检索的软件系统，它可以帮助用户同时在多个数据库中进行检索，并同时得到多个数据库的结果。对用户而言，这些异构数据库是透明的，用户所看到的只是一个简单、明了的界面，不需要知道各数据库不同的检索方法，避免了需要逐个登录数据库、输入检索条件的麻烦，使用方便、快捷，使用户觉得就像在使用一个数据库一样。但是这一整合方式在给用户便利的同时，也包含着不可避免的缺陷，如检索效率低，系统响应时间长，无法对结果进行去重处理，不能整合所有的资源。

4. 一体化综合整合

人类的知识是一个相互联系的有机整体，因此很有必要对数据资源进行一体化综合整合，把信息机构的资源库建设成一个核心知识库。一体化综合整合是一种基于知识体系的整合，通过相关技术软件来保持知识体系的整体性和关联性。当前该整合方式国内外研究和应用的热点是采用虚拟法来整合数字资源，应用较多并得到较多认同的系统有 Exlibris 公司的 Metalib with SFX，INNOPAC 公司推出的 MAP(Millennium Access Plus)，Endeavor 公司开发的 ENCompass with LinkFinderPlus 等系统。其中，SFX 是一种新的数字资源无缝链接整合软件系统，它可以把不同来源和不同通信协议的信息完全融合，使不同类型、不同风格的数字资源实现无缝链接，其技术为机构提供特制的链接，实现在异构的分布式信息系统之间的无阻碍导航。SFX 的最大优势是不仅能完成从二次文献到全文的链接，还能实现从文摘到文摘、全文到全文的链接,也就是各种类型数字资源的融合。

5. 基于知识服务的整合

整合的最终目标就是建立体系化的知识系统,更好地为用户提供一个知识化、智能化、个性化的知识服务系统。以资源为基础,以用户服务为中心,以技术为手段,围绕资源,创造一个有良好组织和管理的动态学术信息门户是目前所关注的重要方面。其主要功能是通过对某学科数字资源的分解和重组,按知识体系的关联性、主体性组织成网状相互联系的知识资源系统。用户进入该系统后,即能获得满足科研教学所需的基本文献和资料。

4.6 信息资源建设的综合评价

4.6.1 信息资源建设的评价内容

在数字环境下,信息资源建设评价的主要任务是对用户通过网络获取信息资源的行为过程和效果进行评估,并将评估结果作为进一步加强或改善信息资源建设的依据,如此循环往复,逐步提高信息资源保障能力和服务能力。

1. 对信息资源保障能力的评价

可通过用户从网络获取信息资源的满足率和方便程度两个角度来进行评价。例如:数字化信息资源的类型和数量、学科覆盖面、文种覆盖面以及数据更新周期、回溯时限等;网站服务平台的软硬件条件、功能、收费标准等。

2. 对信息资源质量的评价

(1)信息选择的质量。一是所购买的数字化信息资源的质量,特别是对大型数据库和全文数据库,应考察其覆盖的核心期刊、重点学术图书等;二是网络信息资源的搜索和"过滤"质量。

(2)信息组织的水平。应考察能否把馆内和馆外各种信息资源加以搜集、鉴别和科学整理组织,转变为有序可传递的信息,使其成为信息机构信息资源体系的有机组成部分。信息机构对信息资源的组织水平越高,其信息资源就越便于被用户利用。

3. 对信息资源共享程度的评价

(1)馆藏文献数字化的比例。馆藏文献数字化能极大地提高文献资源共享的速度和效率,在评价信息机构的馆藏共享水平时,应着重考察是否选择馆藏中最能体现本馆特色的或有独特价值的印刷型文献进行了数字化处理,并从馆藏文献数字化的数量、质量、可传播的范围、利用的方便程度入手测评。

(2)特色数据库建设。信息机构不仅要购买、租用或链接国内外的商业性特色数据库,而且应自行开发建设有特色的数据库。特色数据库的数量、质量、规模、实用性和使用效益等是反映信息资源共享程度的另一重要标志。

4. 对信息资源利用统计的评价

包括网站访问人数统计,二次文献检索统计,浏览、下载或订购全文统计,到馆阅览人数阅历、借阅书刊数量等。

4.6.2 构建综合评价体系的基本流程

信息机构信息资源建设由于受到较多不确定因素的影响,采用常规的经验方法难以科学、快速地对其做出评价。图5.5是参考决策论中的层次分析法,通过对影响因素的对比分析,遵循宏观研判(定性)→定量排序(定量)→分析评价(再定性)的辩证思路,提出如下图的构建综合评价体系的基本流程。

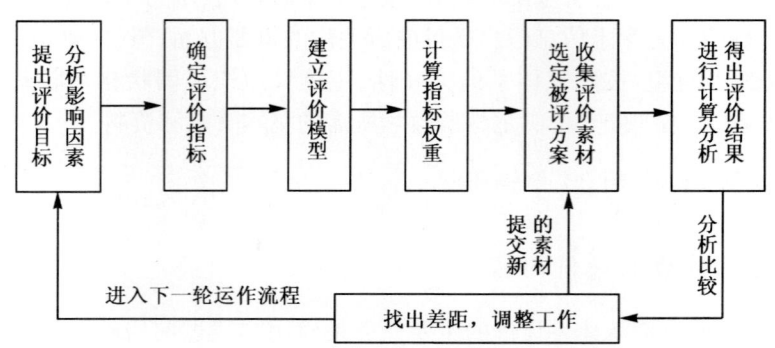

图5.5 信息资源建设评价的基本运作流程

第一步,分析信息机构信息资源建设所涉及的各类影响因素,筛选对评价具有关键性控制作用的一组因素或指标。以此为基础,首先建立起信息机构信息资源建设评价的层次结构指标或参考体系。

第二步,科学地确定各评价参数的相对重要性或权重,采用有关运算方法求算排序值。在此基础上,分析评价馆际之间、年度之间信息资源建设的质量,寻找并优选出最佳质量点。

第三步,深入分析层次结构模型中某些难以量化的定性指标的特点和内涵,提出在信息机构信息资源建设评价过程中对这些指标的考评和赋值方法。

第四步,开展综合评价的实例研究,验证评价方法体系的可行性,展示该方法体系的应用前景。

在实际评价工作中,信息机构需要对具体问题做具体分析。通常,信息机构在评价中只注重工作业绩,而忽略了工作的最终效果,这实际上是忽视了信息资源建设的特殊性。信息资源建设的价值是潜在的,并且具有时滞性,某些工作不能完全出效益,或者也不会马上就见到效益,这需要通过分析评价来加以甄别。

4.7 数字环境下信息资源建设面临的问题和挑战

4.7.1 实体馆藏与虚拟馆藏的建设关系问题

近年来,存取与拥有问题已成为国内外信息机构的研究热点之一。目前,较为流行的观点是强调存取而不是拥有,甚至有人认为可以以存取取代拥有。实际上,"存取"和"拥有"作为信息机构信息资源建设的两种方式,应该是相互辅助、共存互动的关系,而不应是对立的。那种以"存取"取代"拥有"的主张不仅是不可取的,也是不现实的。这是因为:

(1)网络中以全文存取的信息资源,尤其是学术信息资源的数量有限,而目前已经大量存在且今后仍将继续大量生产的印刷型文献,是否有可能且有必要转化成数字化信息仍是一个值得探讨的问题。

（2）以异地存取方式获得文献的费用过高，尤其是外文文献信息的费用还比较高。如果通过存取方式为读者提供文献信息所支付的费用高于本馆订购该文献信息的费用，那么存取就失去了意义。

（3）目前对网络信息资源还没有形成比较规范的筛选、评价和控制机制，因而和印刷型文献相比，其内容混乱庞杂，变化频繁，污染严重，要想从中挑选出适合信息机构服务的那部分信息还显得比较困难。因此，如果过分依赖以存取方式获得的网络信息资源，就不可避免地会降低信息机构信息服务的质量。

（4）网络信息资源的累积和保存还没有形成稳定可靠的社会机制，网络信息的安全问题至今也尚未得到较好解决，因而也就难以建立起持久的、系统的、稳定的提供利用的社会渠道。

在馆藏发展的实际工作中，不同的信息机构可以根据各自的性质、任务、读者需求、资源类型、经济情况等各种因素，对拥有还是存取采取不同的方针，确定本馆的馆藏发展模式。比如，国家级信息机构可以采取以拥有为主的方针，地方公共信息机构可以采取以存取为主的方针，专业型信息机构或研究型信息机构可以采取拥有和存取并重的方针。此外，在信息资源共建共享的大环境下，信息机构不能孤立地决定是采取"拥有"还是"存取"的馆藏发展模式，而必须把拥有与存取的问题置于资源共建共享的大背景中去考虑，信息机构之间应该在拥有与存取之间进行适当的协调和分工，明确各馆必须相对完备地拥有某学科某些类型的文献，形成自己的馆藏特色。

4.7.2 知识产权问题

我国著作权法（2001年10月27日通过）第22条规定："图书馆、档案馆、纪念馆、博物馆、美术馆等为陈列或者保存版本的需要，复制本馆收藏的作品"可以不经著作权人许可，不向其支付报酬，但应当指明作者姓名、作品名称，并且不得侵犯著作权人依照本法享有的其他权利。根据《最高人民法院关于审理涉及计算机网络著作权纠纷案件适用法律若干问题的解释》（法释[2004]1号）第2条，作品的数字化形式和新的数字化作品均受著作权法保护，任何媒体，不论是传统媒体，还是网络媒体，未经著作权人许可，也不符合法定许可的条件，擅自复制、转载、传播他人作品的，均构成侵犯著作权，应依法承担运律责任。从这两个法律文件，我们可以看出我国现行司法机关是站在严格保护著作人权利的角度来制定法律条款的。在数字环境下，我国图书情报机构在实体馆藏数字化、虚拟馆藏建设、信息服务等方面都面临着严峻的知识产权环境，正处于生存和发展的关键时期。知识产权问题是信息资源采集系统建设中必须注意的问题，本书第14章将有专门的论述。

4.7.3 数字信息的长期保存问题

由于数字信息在技术基础、利用方式和管理机制等方面的特殊性，它的长期保存面临着很多新问题。例如，磁介质和光学介质的不稳定性使数字信息的保存期要远低于传统介质；信息技术的迅速变化使得利用数字信息的各种技术和软件随即过时；数字信息的相互链接给数字信息单元的内容范围确认和版本内容组织、存储等造成很大困难；数字信息的知识产权法律和管理机制尚不完善，数字信息长期保护中涉及的权利许可、权利转移、内容转移与存储，以及相应的经济与管理问题还有待解决；数字信息交流传播机制已经打破传统的信息存储责任体系，急切需要重新定义和建立数字信息长期保护的责任体系，等等。一些发达国家正在积极研究建立数字信息保护的责任体系及相应的选择标准，以改变数字信息保护长期以来的放任自流的状况。目前，我国还没有建立起数字信息保存的责任体系和组织管理机制。各信息机构大多各自为政地根据本单位的用户信息需求和馆藏发展需要，通过多种方式、多种途径来建设和组织各种数字信息资源。信息机构长期以来担负着保存人类文化遗产的重要社会职能，是保障公民自由获取各种信息资料的社会文化信息机构。如何尽快建立起科学合理的适合中国国情的数字信息长期保存的组织管理机制，使各级各类信息机构在分工协作的基础上，根据社会政治经济、科教文化发展需要，并结合本单位的用户需求，对日益增长的有较大使用价值和保存价值的数字信息资源进行长期存储和保护，是当前我国在信息资源体系建设中亟待解决的重大课题。

4.7.4　标准化问题

在数字环境下，信息资源建设需要建立和遵循关于数字化加工、资源描述、资源组织、资源互操作和资源服务等方面的标准和规范，需要采用和遵循内容编码、数据通信、计算机系统、安全、管理、知识产权、服务运营等方面的标准和规范，这样才能保证所建立的资源和服务的可使用性、互操作性和可持续性。目前，我国信息资源标准化建设存在的主要问题是：标准规范不统一；标准的制定和发展满足不了现实需要；缺乏普遍接受和广泛应用的关键标准；缺乏对标准规范建设的系统化把握；缺乏对标准规范的开放描述和开放应用；缺乏开放、联合、共享的标准规范建设与应用机制等等。可喜的是，随着国内信息机构对标准规范建设的重视和大型标准研究项目的实施，如《中国数字图书馆标准与规范建设》项目，信息资源建设标准化问题已经有了明显改善，但是要真正解决上述问题，还有很长的路要走。

4.7.5　技术挑战

数字图书馆是采用现代高新技术所支持的系统工程，涉及数字化技术、海量信息存储技术、超大规模数据库技术、网络技术、多媒体信息处理技术、信息抽取与分析处理技术、基于内容的智能检索技术、自然语言处理技术、网格技术、信息安全技术等等。目前，国外发达国家虽有规模型的相关成果问世，但仍处于研究实验阶段，许多技术仍在探讨之中。我国数字图书馆的研究与建设起步较晚，在技术水平方面与国际目前水平相比之下有不少的差距。尽管在我国的数字图书馆建设过程中，已经解决了许多诸如文本描述、压缩等技术，但在建设中所需的一些关键核心技术还未取得突破性的进展。因此，我国必须加大投入对一些关键技术进行自主研究和实践，才能为数字图书馆的信息资源建设提供坚实的技术保障。

除此之外，正在兴起的Google等"全球网上图书馆"对图书情报界的挑战和冲击也是不可忽视的。因此，推动图书馆、信息机构自身的变革，加快发展，应对挑战，这是历史赋予我们的使命。

[本章撰稿人：沈玉兰　尹盛鑫　吴雯娜　刘春燕　程木林]

参 考 文 献

[1] 爱弥尔·涂尔干,马塞尔·莫斯. 原始分类[M]. 上海:上海人民出版社,2005
[2] 马费成. 信息资源开发与管理[M]. 北京:电子工业出版社,2004
[3] 李忠强. 试议图书馆中文图书的采购渠道[J]. 贵图学刊,2005(2)
[4] 蔡迎春,康红. 图书馆网络采访的评价及其发展趋势[EB/OL]. 2006(5), http://www.nlc.gov.cn/forlibs/caibian/conf2005/conf2005_caiyingchun.htm
[5] 尹源,沈霞. CALIS全国高校医学图书馆电子资源的回顾和展望. 首届CALIS全国高校医学图书馆工作会议,2005-4-20
[6] 白献阳. 电子资源集团采购的优劣分析[J]. 四川图书馆学报,2005(3)
[7] 李盛韬,余智华. Web信息采集研究进展
[8] 曹作华. 图书馆信息资源建设与评价[M]. 江苏:中国矿业大学出版社,2003:3~65
[9] 李以敏,江丽丽. 专业图书馆信息资源建设浅谈[J]. 中国图书馆学报,2003,29(3):99~100
[10] 单晶鑫,庞景安. 试论我国数字图书馆信息资源建设框架[J]. 国家图书馆学刊,2005,51(1):53~56
[11] 彭绪庶,蒋颖. 资源数字化标准问题研究[M]. 北京:资源数字化标准问题研究,2005,36~37
[12] 王蕾. 发挥图书馆在西部大开发中的作用[J]. 内蒙古图书馆工作,2002(3):13~15
[13] 曹作华. 从图书馆学五定律到信息资源建设五原则的思考[J]. 情报理论与实践,2003,26(6):534~536
[14] 李香溶. 数字化图书馆文献资源建设的思索[J]. 兰州石化职业技术学院学报,2004,4(4):52~54
[15] 黄韬. 网络环境下图书馆特色数字资源建设的途径与方法[J]. 图书馆学研究,2001,(6):46~47
[16] 王燕冰. 图书馆网络信息资源建设模式及其服务理念[J]. 农业图书情报学刊,2005,17(6):11~13
[17] 王怀诗,沙勇忠. 馆藏文献数字化:意义、进展和问题[J]. 图书馆学刊,2004,26(2):15~17
[18] 刘家真. 馆藏文献数字化的原则与方法(下)[J]. 中国图书馆学报,2001,27(6):45~48
[19] 刘家真. 馆藏文献数字化工作模式的选择[J]. 中国图书馆学报,2005,31(2):43~46
[20] 姚海法. 数字图书馆网络信息资源采集与整合研究[J]. 情报理论与实践,2004,27(6):605~608
[21] 李安. 国外几种信息资源共建共享模式及其对我国的启示[J]. 情报理论与实践,2004,27(1):100~102
[22] 许萍华,丁申桃. 数字资源整合目标与模式探讨[J]. 图书馆杂志,2005,24(5):32~34,38
[23] 马文峰. 数字资源整合研究[J]. 中国图书馆学报,2002,28(4):64~67
[24] 孔莉,孙梅. 馆藏信息资源的整合方式研究[J]. 图书馆学刊,2005,27(2):60~61
[25] 王红,李锦秋,陆音. 数字图书馆信息资源整合模式的研究[J]. 科技情报开发与经济,2005,15(7):41~42
[26] 黄晓斌,夏明春. 数字资源整合研究的现状及发展方向[J]. 情报理论与实践,2005,28(1):75~77
[27] 张和芬. 复合图书馆信息资源建设及其评价[J]. 中国信息导报,2004,(3):35~37
[28] 刘君. 复合图书馆的信息资源建设问题[J]. 图书馆学研究,2004,(3):44~48,68
[29] 刘颖. 我国数字图书馆建设中的三大难点问题[J]. 图书馆学研究,2004,(11):14~16
[30] 张志文. 试论信息资源开发的对策[J]. 常州工学院学报,2002,10(2):90~93
[31] 韩晓玲. 网络信息资源组织管理探讨[J]. 山东行政学院山东省经济管理干部学院学报,2005(68):64~66
[32] 付先华. 网络信息资源的选择与评价[J]. 武汉理工大学学报(信息与管理工程版),2005,27(3):98~

101

[33]　吴才唤.网络信息资源组织中的若干矛盾与分类主体一体化思想[J].情报方法
[34]　刘永,邱均平.信息标识语言与信息资源管理[J].档案管理,2005(4):18～19
[35]　郑艳平.信息资源共享研究领域的新成果[J].图书情报知识,2005(106):112～113
[36]　胡生林,孔令均.论信息资源的异同[J].农业图书情报学刊,2005,17(7):42～44
[37]　王宏鑫.信息计量学理论基础研究[J].情报科学,2003(21)-7
[38]　李颖.中国文献计量学实用研究的新进展[J].现代情报,2005(4)
[39]　高俊宽.文献计量学方法在科学评价中的应用探讨[J].图书情报知识,2005(2)
[40]　唐小兵,江翠平.博导系列访谈马费成教授[J].高校图书馆工作,2004(1)
[41]　王若冰.基于信息资源建设质量评价的统计指标体系探讨[J].情报杂志,2005(6)
[42]　黄知义,周宁.Google 搜索引擎的 PageRank 技术及其优化研究[J].图书馆学研究,2005(8)
[43]　吴世清.文献计量学的研究历史及其作用[J].江苏图书馆学报,1992(5)
[44]　邱均平.信息计量学(一)第一讲信息计量学的兴起和发展[J].情报理论与实践,2002(23)-1
[45]　王知津,郑红军,张收棉.网络计量学的理论、方法及应用[J].中国图书馆学报,2005(4)
[46]　肖龙,张宇红.电子资源评价指标体系的建立初探[J].大学图书馆学报,2002(20)-3
[47]　苏广利.互联网信息资源评价研究[J].情报资料工作,2001(6)
[48]　孙瑨.网络信息资源评价研究综述[J].大学图书馆学报,2005(23)-1

第 6 章　信息组织与信息构建

信息和知识的海量性、无限性和无序性与人们使用它们在时间、精力上的有限性以及选择性之间形成了尖锐的矛盾。为此,信息组织与信息构建便成为使信息和知识有序化,便于用户高效利用信息和知识的基础建设之一。本章包括信息描述、知识组织和知识组织系统、数字对象及数字仓储、信息构建 4 节内容。

§1　信息描述

信息描述,亦称信息资源描述,是指根据信息组织和检索的需要,对信息资源的主题内容、形式特征、物质形态等进行分析、选择、记录的活动。信息描述是信息资源组织中最基础的工作,也是信息资源组织的重要内容。

1.1　信息编码

1.1.1　信息编码的概念

信息编码(Information Coding)是将信息赋予具有一定规律性、易于人和计算机识别与处理的符号体系的过程。编码的过程是信息分类和标识的过程,其实质是对信息进行量化或字符化处理。这一过程的直接产物称为代码。代码表示和反映了某一信息的名称、属性、状态,可以是文字、字母、数字等各种符号。

信息编码标准化是计算机进行信息处理的前提和基础,也是各种信息管理系统之间进行数据交换和信息共享的重要技术基础。

1.1.2　信息编码的基本原则

1. 惟一性原则

尽管编码对象有不同的名称、不同的描述,但编码必须保证一个编码对象仅赋予一个代码,一个代码只反映一个编码对象,即代码与相应的编码对象一一对应。

2. 规范性原则

代码应尽量参照国际标准、国家标准、行业标准,与其协调一致。

3. 可扩展原则

代码结构必须适应编码对象的发展与变化,为新的编码对象留有足够的备用代码。

4. 简洁性原则

在满足应用要求和可扩展的前提下,代码结构应当简洁,代码位数尽可能少,以节省计算机处理时间和存储空间,降低差错率。

5. 稳定性原则

在应用环境与需求发生变化时,代码结构应保持相对稳定,具有适应变化和容纳变化的能力。

1.1.3 信息编码的类型

信息编码按照其编码方式主要分为层群码分类法和面群码分类法两种类型:

1. 层群码分类法

层群码分类法将编码对象按选定的属性或规则逐次地分成若干层次类别,并排成一个有层次、逐级展开的分类体系。在这个体系中,同位类类目之间存在并列关系,下位类与上位类类目之间存在隶属关系。同位类类目不重复,不交叉。各层次依次组合形成多码段,形成群码。若在分类的末层加上一个码段流水号,即形成编码。该编码中包含分类和流水号两个独立部分,合成后成为编码对象的惟一标识。其优点是:

①层次性好,能较好地反映类目之间的逻辑关系;

②使用方便,既符合手工处理信息的传统习惯,又便于计算机处理。

它的缺点是:

①结构弹性较差,分类结构一经确定,不易改动;

②效率较低,当分类层次较多时,代码位数较长,影响数据处理的速度。

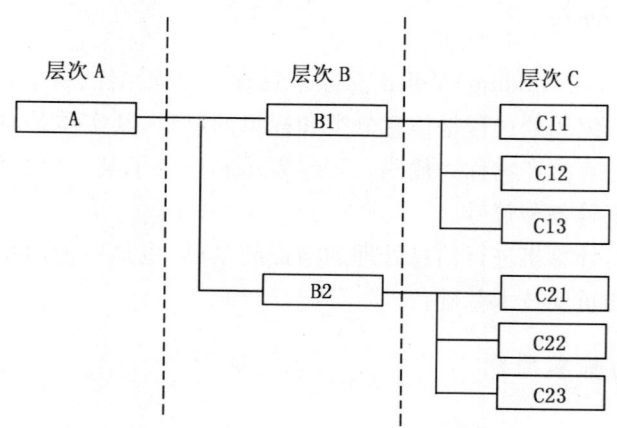

图 6.1　层群码分类法示例

例如图 6.1,B1、B2 相对于 A 为下位类,A 相对于 B1、B2 为上位类,B1 和 B2 为同位类,C11、C12、C13 为流水号。层次 ABC 形成了 3 个码段。A、AB1、AB2 均为分类,AB1C12 表示编码对象的一个编码。

2. 面群码分类法

面群码分类法是将编码对象的若干属性或特征视为若干个"面",每个面中又可分成许多彼此独立的若干类目。使用时,可根据需要将这些面的类目组合在一起,形成一复合类目。各面之间是平行的,没有隶属关系。不同面的类目没有交叉和重复。"面"有严格固定的位置,具体位置根据实际需要来确定。各面在编码中都是独立码段,"面"的组合即为编码,无须另加流水号,所以生成的编码是分类和编码对象标识的统一体。其优点是:

① 具有较大的弹性,一个面内的类目改变,不会影响到其他面;
② 适应性强,可根据需要组成任何类目,同时也便于计算机处理;
③ 易于添加和修改类目。

它的缺点是:
① 不能充分利用容量,可组配的类目很多,但有时实际应用的类目不多;
② 难于手工处理信息。

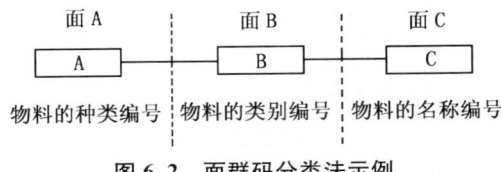

图 6.2 面群码分类法示例

例如图 6.2,面 A、B、C 为 3 个独立码段,它们的组合即为编码。对于面 A 种类编号,将"1"定义为进口,"2"为国产;面 B 类别编号,"1"为器材,"2"为原材料;面 C 名称编号占三位,如"001"为 550M 放大器等。则编号为"11001"的器材为进口 550M 放大器。

1.1.4 信息编码模型

为了能够采用统一的方式表示各种各样的信息编码,可以用信息编码模型来描述信息编码的规则。针对以上两种编码方式,考虑如图 6.3 所示典型的编码:

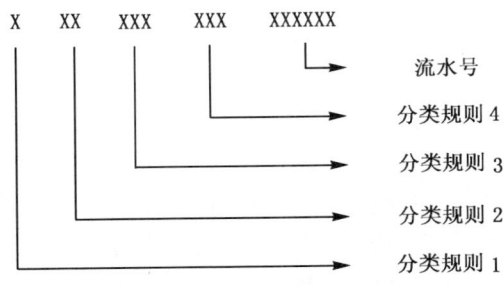

图 6.3 典型的信息编码

一个编码内具有意义的各分段信息称为码段。不同的信息编码主要体现在分类编码规则的制定以及信息编码中码段的划分。不管是层群码还是面群码,分类编码规则都是编码的基础。对层群码来说,编码规则之间具有严格的隶属关系,这种隶属关系可以通过树状结构将其表示出来。对面群码来说,各种编码规则是相互平等的,可以认为这样的编码规则是一种特殊的层群码编码规则树,只不过这种规则树只有根结点。

流水号是根据信息本身所隶属的类别,由系统进行自动排号的。常用的一种是局部编码方式。流水号作为一种特殊的局部编码,它没有上述所表示的编码规则,而是定义在应用领域中的某种特殊规则。

一种编码对象对应一个信息编码。一个信息编码可以包含0~n个分类码段和0~n个流水码段。分类码段和流水码段又可以抽象为码段对象,同时可以为一个码段对象定义一个字符集。因此,我们可以获得如图6.4所示的信息编码模型:

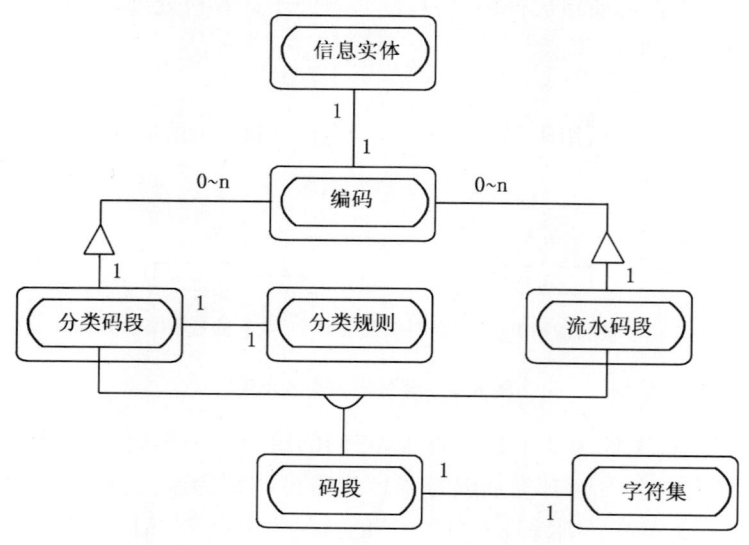

图6.4　信息编码模型

通过图6.4所示的编码模型,我们可以对信息编码进行统一描述。编码模型提供的服务可以为应用系统提供编码申请和编码解释,最终实现信息编码的集成管理,以及编码和应用系统的分离。

1.2　信息标识

1.2.1　信息标识的概念

信息标识(Information Identifying)是用标识语言对信息资源的名称、内容、形式、地址等信息进行表示的活动。标识语言的发展顺应了网络信息资源共享的客观要求,体现了分布式信息资源管理思想,解决了信息资源管理的物理集中和逻辑集中的客观矛盾。

1.2.2　数字对象惟一标识符

1. 数字对象惟一标识符的引入

分布的、动态变化的数字信息资源的基本单元是数字对象。数字对象可以是简单的数字文件(如文本、图像、视频、声音或音乐文件),也可以是由多个数字文件按照特定结构所组成的复合对象(如多媒体图书、课件等)。这些数字对象作为网络环境下的基本信息单元,可能存放在分布的多个数字资源库中,可以有多个复本或物理位置,可以被修改或重新组合,可能被移动或删除。为了提供互联网上不同系统之间的互操作,需建立惟一标识的框架体系来标识这些数字对象。

数字对象惟一标识符(Digital Object Unique Identifier)技术通过永久性的逻辑标识符来惟一地标识每个数字对象,从而使数字对象的标识独立于物理位置、应用系统和存取协议,有效链接数字对象的多个版本和多个复本,可以在惟一标识符的基础上实现跨系统的指向、链接和读取。

2. 惟一标识符的系统框架

互联网中数字对象的标识基准是统一资源标识符 URI(Uniform Resource Identifier)命名机制。最初规定 URI 由 3 部分组成:URN(Uniform Resource Name,统一资源名称),为数字对象的逻辑名称;URC(Uniform Resource Characteristics,统一资源属性),为描述数字对象的元数据;URL(Uniform Resource Locator,统一资源定位符),为物理上对数字对象定位和获取的机制。目前 URN 仍在建立之中,URC 已逐步让位于专门的元数据(如 Dublin Core 等),而 URL 已成为基于 HTTP/DNS 的物理获取机制。更为一般地,一个标识系统应由以下部分组成:

(1)命名域(Namespace),代表一定标识系统,在该系统内遵循统一的命名规则和程序。

(2)惟一标识符(Unique Identifier),在特定命名域内,按一定规则给予数字对象的惟一和永久名字。

(3)命名机构(Naming Authority),按照一定规则和权限管理命名过程的机构。

(4)命名登记机构(Registry),存储命名登记数据的系统。具体存储内容可以是标识符元数据、标识符地址、标识符地址元数据,辅助进行数字对象检索或地址解析。

(5)地址解析系统(Resolution System),负责将数字对象的惟一标识符转换成相应的物理存放地址。

1.2.3 数字对象惟一标识系统

国际上通用的数字对象标识系统有 Handle,DOI(Digital Object Identifier,数字对象标识符)、SICI(Serial Item and Contribution Identifier,连续出版物及文章标识符)、BICI(Book Item and Component Identifier,图书及章节标识符)、PII(Publisher Item Identifier,出版商项目标识符)、PURL(Persistent Universal Resource Locator,永久通用资源定位符)等。

1. Handle

Handle 是一个基于互联网的分布式数字对象命名与标识系统,最初作为美国计算机科学技术报告项目(Computer Science Technical Reports,CSTR)的一部分,由美国国家研究倡议合作组织(Corporation for National Research Initiatives,CNRI)负责研制,并成为网络计算机科技参考图书馆系统(Networked Computer Science Technical Reference Library,NCSTRL)的资源标识子系统。

(1)Handle 标准

Handle 由命名机构 Naming Authorities(前缀)以及该命名机构的惟一本地标识(后缀)组成,中间用"/"隔开。其中,每个命名机构又可能下辖若干子命名机构 Nasegment(Naming

Authority Segments），中间用"."隔开，整体构成一个树状结构。

在 Handle 系统内，命名机构可以是按组织结构、地理界限、管理安排、技术需要等因素来划分，而且每个命名机构所负责命名的资源范围可以是分布或集中于网络的。

(2) Handle 应用

目前，Handle 系统已被美国国会图书馆、美国国防技术信息中心和国际数字对象标识基金会等采用。下面介绍 Handle 的两个应用实例：

● 美国国会图书馆 NDLP 项目

美国国会图书馆的国家数字图书馆工程（National Digital Library Program，NDLP）是"美利坚回忆"的组成部分。在该项目中，美国国会图书馆与 CNRI 合作，用 Handle System 来标识国会图书馆馆藏资源中的数字对象。

● 美国国防技术信息中心 DVL 和 Handle 服务项目

国防虚拟图书馆（Defense Virtual Library，DVL）是由美国国防技术信息中心（Defense Technical Information Center，DTIC）、国防部高级研究计划局（Defense Advanced Research Project Agency，DARPA）和 CNRI 共同提出的数字图书馆项目。在该项目中，整合了 CNRI 的 Handle 系统，利用 Handle 控制 DVL 中的文本文档、图片、音频和视频资源。

2. 数字对象标识符 DOI

DOI 是由美国出版商协会（The Association of America Publishers，AAP）下属的技术委员会于 1994 年设计的数字环境下保护知识产权和版权所有者商业利益的系统。它引进一种出版业标准的数字信息识别码，以支持出版商与用户之间各种系统的相互转换，为版权与使用权之间的协调管理提供基础。DOI 现由国际数字对象标识符基金会（International DOI Foundation，IDF）管理。

(1) DOI 标准

DOI 的组成为：<DIR>.<REG>/<DSS>

DOI 由前缀和后缀两部分构成，中间用"/"分开。前缀也由两部分构成，中间用"."分开。其中，<DIR>为目录代码（Directory Code），是一个常量"10"，表示 DOI 是 Handle 系统的一个具体应用；<REG>为登记机构代码（Registrant Code），即 DOI 系统的子命名机构，由 IDF 负责分配，一般为四位阿拉伯数字。<DSS>为 DOI 后缀，由出版者给定，主要继承已存在的标准标识体系，如 SICI、PII、ISBN（International Standard Book Number，国际标准书号）、ISSN（International Standard Serial Number，国际标准连续出版物号）等。

示例：标识一篇题为"Developmental expression of a DNA repair gene in Arabidopsis"（由 Elsevier Science 出版），在这里，后缀是基于 PII 的，即：10.1016/S0921877797000232。

(2) DOI 应用

DOI 在电子期刊、电子图书、电子商务等领域的应用非常广泛，许多大型出版商、政府机构、图书馆及信息用户纷纷加入支持 DOI 的 IDF 组织，应用 DOI 的文献开始从英语这一单一语种向多语种发展，并且用于声音、图像等非文本对象的编码也在探索之中。下面介绍 DOI 的一个应用实例：

开放式参考链接系统——CrossRef

CrossRef 是多个出版商联合建立的开放式参考链接系统,1999 年作为 DOI-X 项目开始试验,2000 年 9 月成为 IDF 授权的第一个注册代理机构。加入 CrossRef 的学术出版商对其出版的学术论文用 DOI 进行标识,并向 CrossRef 提交相应的 DOI、URL 和简单元数据,其中 DOI 和 URL 存入地址数据库(Location Database),DOI 和元数据存入元数据库(Metadata Database)。当用户在其他论文的参考文献中看到该论文时,只需点击该论文的 DOI 即可通过链接 CrossRef 的地址数据库和元数据库进行检索,获得相应的 DOI、URL 和元数据,从而获得该论文的摘要或全文。目前,包括著名的 Elsevie Science、IEEE(Institute of Electrical and Electronics Engineers,电气和电子工程师协会)等出版机构均加入了 CrossRef。

3. SICI

(1)SICI 标准

SICI 的结构是:Item segment ＜Contribution segment＞ Control segment。具体来说,SICI 由期刊段、内容段、控制段 3 部分构成,如图 6.5 所示。

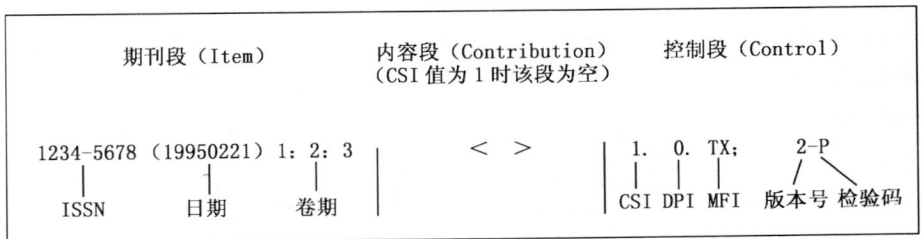

CSI—Code Structure Identifier,编码结构标识;
DPI—Derivative Part Identifier,文献部分标识;
MFI—Medium/Format Identifier,介质格式标识。

图 6.5　SICI-1996 基本结构

Item segment(期刊段)包括:ISSN (chronology) enumeration,即国际标准刊号(日期)卷期号。

Contribution segment(内容段)包括:Location: Title code: Local number,即:位置:标题代码:局部号码。

示例标识期刊文章:Peters, P. "Information Age Avatars". Library Journal, V. 120, n. 5, March 15, 1995, p. 32,其 SICI 标识符为:03630277(19950315)120:5＜32:IAA＞2. 0. TX;20。

(2)SICI 应用

SICI 的应用广泛,可以运用到电子数据交换(EDI)、SISAC 的条形码设计、Z39.50 请求、统一资源名称(URN)、电子邮件等方面。SICI 支持连续出版物的各个环节的管理,包括订购、登记、催缺、在线存取使用、版权管理、数据库链接和原文传递等。

SICI 作为惟一标识单册连续出版物及单篇文献的代码,被广泛应用到其他标准当中:在 UNIMARC 使用手册中提到,对 014 字段(论文标识号)的著录可以使用 SICI 来标识;在 DC 元数据引文工作组草案中,将 SICI 运用到连续出版物论文层次和单册层次作为惟一标识符使用。

1.3 元数据

1.3.1 元数据概述

1. 元数据的定义

元数据的英文名称为 Metadata。该词最早出现于美国航空航天局（National Aeronautics and Space Administration，NASA）的《交换格式目录》中。关于元数据的定义，最常看到的是"元数据是关于数据的数据（data about data）"。国际图联（International Federation of Library Associations & Institutions，IFLA）将"元数据"定义为：元数据是关于数据的数据，它是识别、描述和指明网络化电子资源定位的数据。哈佛大学数字图书馆项目把"元数据"定义为：元数据是帮助查找、存取、使用和管理信息资源的信息。根据这个定义，元数据既适合于电子资源，又适合于非电子资源；不仅包括编目信息，也包括其他管理和存取资源的信息。美国图书馆协会（The American Library Association，ALA）对元数据的定义为：元数据是结构、编码数据，描述信息款项的特征，辅助描述数据的标识、发现、评估和管理。

2. 元数据的类型

1998年美国盖迪信息研究所（Getty Information Institute）的吉利兰-思韦特兰德（J. Gilliland-Swetland），根据功能将元数据划分为管理元数据、描述元数据、保存元数据、技术元数据和使用元数据5种类型，见表6.1。

表6.1 元数据的类型

类　型	定　义	实　例
管理元数据	用于管理信息资源的元数据	(1)采购信息；(2)权限和复制跟踪；(3)法定访问要求的文献；(4)本地信息；(5)数字化选择标准；(6)版本控制和相似对象的区别；(7)记录保存系统产生审计跟踪
描述元数据	用于描述或识别信息资源的元数据	(1)编目记录；(2)查找帮助；(3)专门索引；(4)资源间超链；(5)用户注释；(6)由记录创建者产生的保存记录元数据
保存元数据	与信息资源保存有关的元数据	(1)资源物理条件的文献；(2)保存资源的物理和数字版本的行动；(3)如数据更新、移动
技术元数据	与系统如何发挥功能或元数据如何发挥作用有关的元数据	(1)硬件和软件文献；(2)数字信息，如格式、压缩比例、缩放比例、常规；(3)系统反映次数跟踪；(4)真实和安全数据，如密码、口令
使用元数据	与信息资源利用级别和类型有关的元数据	(1)展示记录；(2)使用和用户跟踪；(3)内容再利用和多版本信息

资料来源：Gilliland Swetland, J Anne. Defining metedata. In: Baca, Murtha, ed. Introduction to metadata: pathways to digital information. U.S.A.：Getty Information Institute，1998.3

3. 元数据的应用

元数据应用最多的领域包括数字信息、数字图书馆、数字档案、数字博物馆、教育信息系统、地理信息系统、空间信息系统、多媒体信息系统等等。同时元数据在电子政务、电子商务、远程教育、电子出版和数字科研等领域广泛应用。

在国外，已有许多研究元数据的机构推出各种功能的元数据规范。在众多的元数据项目中，都柏林核心（DC）是应用最广、影响最大的一个国际性项目。在我国，由中国科学技术信息研究所牵头，中国科学院文献情报中心、国家图书馆、北京大学图书馆、清华大学图书馆、上海图书馆等单位承担的项目《我国数字图书馆标准规范建设》已推出网络资源、学位论文、会议论文、音频资料等元数据规范。

4. 元数据的发展

（1）多种元数据规范体系并存

由于元数据标准的使用不受语言或国别的限制，任何组织根据各个应用领域的需求，都会制定和实施元数据规范，来管理和约束本组织的信息资源利用和交换。因此，元数据的广泛应用必然导致出现多种元数据规范体系。

（2）元数据的深度开发

目前元数据标准主要是对信息资源的表层特征进行描述和管理。随着人们逐渐意识到知识开发和利用的重要性，对信息内容的描述和管理问题日益引起关注。因此，元数据深度开发已成元数据的必然发展趋势。

（3）元数据实现技术的研究和应用

元数据实现技术的研究涉及元数据互操作技术、元数据信息可视化、元数据的智能处理等领域。元数据实现技术的应用将会推出各种元数据应用系统。

1.3.2 主要元数据标准

1. 都柏林核心（Dublin Core，DC）元数据

（1）DC 元数据简介

DC 元数据于 1995 年 3 月在美国俄亥俄州的都柏林召开的第一届元数据研讨会上产生，是以会议所在地的名字命名的。之后定期召开一次国际研讨会，对都柏林核心进行一定的补充和修订，不断完善都柏林核心的结构和功能。都柏林核心以其简练、易用、可扩展等特性，成为得到广泛认同的网络资源描述元数据集。

（2）DC 元数据结构

DC 由 15 个基本元素组成，分成三大部分：资源内容描述部分有题名、主题、描述、来源、语言、关联和覆盖范围；知识产权部分有创建者、出版者、其他责任者和权限；外部属性描述部分有日期、资源类型、格式和标识。

（3）DC 元数据应用

当前，DC 已成为美国国家信息标准 Z39.85 和国际标准 ISO 15836 的内容，其在网络信息资源的应用已遍及全世界，除了图书馆和信息机构，政府、企业、科研机构、教育机构、商业机构等领域都广泛使用。在我国，由国家图书馆、上海图书馆、中国科学院文献情报中心等单位完成的"中国国家试验型数字式图书馆项目"的元数据方案共分为都柏林核心元素（DC）定义及其限定、资源描述框架（Resource Description Framework，RDF）及其含义、实施实例及说明以及实施建议四个部分。

2. 机读目录(Machine-Readable Catalogue, MARC)元数据

(1) MARC 元数据简介

MARC 元数据是用于在计算机条件下描述、存储、交换、控制和检索著录数据的标准。MARC 起源于 1966 年由美国国会图书馆牵头组织的一个项目。最初的 MARC Ⅰ的目的是探索以机读形式产生目录数据的可行性,1968 年 MARC Ⅱ问世。20 世纪 80 年代,在 MARC Ⅱ的基础上出现了 USMARC,并成为美国国家标准。其他国家由于不同的需要,也在 MARC Ⅱ基础上研制出了自己的 MARC。为了防止失控并且方便国际交换,国际图联于 1977 年研制出"Universal MARC Format",简称 UNIMARC。1991 年,我国有关部门在 UNIMARC 的基础上编制了《中国机读目录通讯格式》(CNMARC),此后又经过多次修订。1999 年,美国的 USMARC、加拿大的 CANMARC、英国的 UKMARC 融合成为一种格式,并以 MARC21 的名字发布了新的版本。

随着计算机技术的发展,MARC 格式由原来图书资料格式陆续发展出期刊、视听资料、电子档案等多种格式,以适应不同类型信息的处理。MARC 的修订与应用,使得书目著录能够为计算机识别,图书馆可通过 MARC 这一标准实现资源共享。但是,MARC 缺乏管理信息,如缺少知识产权、保存信息,不能满足对权威性、用户文件和级别评估的要求。美国图书馆网络开发部和 MARC 标准办公室,与有关专家开发了基于 XML 的书目元数据体系《元数据对象描述体系》(Metadata Object Description Schema, MODS),并且开发了 MARCXML 标准。

(2) MARC 元数据结构

在我国机读规范文档的建立中,中文编目普遍采用的是 CNMARC,西文编目普遍采用的是 UNIMARC,MARC21 是一种被许多国家广泛应用的格式。下面主要介绍这几种 MARC 的结构。

● MARC21 结构

MARC21 共有 5 种并列格式:规范数据的 MARC21 格式、书目数据的 MARC21 格式、分类数据的 MARC21 格式、团体信息的 MARC21 格式和馆藏数据的 MARC21 格式。MARC21 记录包含 3 个元素:记录结构、内容标识、记录的数据内容。

MARC21 记录结构主要由记录头标区、目次区和可变字段组成。

记录头标区(Leader)。位于每一个记录起始部分,是为处理记录提供信息的数据元素。这些元素包含有数字和代码值,并且通过相应字符位置来加以区分。头标区固定长度为 24 个字符。

目次区(Directory)。由若干目次项组成,每个目次项固定为 12 个字符长,包括字段标识符(3 个字符)、字段长度(4 个字符)和字段起始字符位置(5 个字符)。可变控制字段的目次项按字段号的数字升序排在前面,可变数据字段的目次项根据字段号的第一个数升序排列在后面。记录中可变数据字段的存储顺序可不必按照其相对应的目次项顺序。目次区最后由一个字段终止符(其 ASCII 值为 30)结尾。

可变字段(Variable field)。MARC21 记录的数据组成可变字段,每个可变字段又通过这个字段存储在目次项中 3 个字符长的数字字段号加以识别,以一个字段终止符结束。记录的结尾用记录终止符(ASCII 值为 29)结束。可变字段又分两种类型：①可变控制字段(Variable control field)，指 00X 字段；②可变数据字段(Variable data field)，指 01X-8XX 字段。

MARC21 内容标识主要包括字段标识符、指示符和子字段代码。

字段标识符(Tag)。是用于识别各字段的 3 位数字代码，也称为字段号。MARC21 字段中不同的字段标识符是以标识符的首字符来定义的。

字段指示符(Indicator)。是指在每个可变数据字段中开始的两个位置的字符。指示符可以是小写字母或数字。

子字段代码(Subfield code)。是指当要求对字段分开处理时，在这个字段数据元素之前的两个字符。

● CNMARC 结构

CNMARC 记录遵循 ISO2709 标准，与通用 MARC 一样，由三部分构成：记录头标区、记录目次区、记录数据区。

头标区描述整个记录的基本参数，固定长度；

目次区由若干个目次项和末尾一个字段分隔符组成，总长为 12N+1(N 为目次项的个数)；

数据区由多个数据字段组成，实际记载著录数据。数据字段可能是定长或者变长的，数据字段可包含指示符和若干子字段；数据字段有必选和可选，有些数据字段可重复。

CNMARC 的记录数据区的标识系统有 3 种符号，即标识符、指示符和分隔符，它与通用的 MARC 标识符号系统一致。

我国各类型图书馆计算机集成系统，到目前为止，一直使用 CNMARC 元数据进行书目数据的描述，支撑着图书馆自动化业务工作的开展，在读者信息服务中发挥了不可替代的作用。为了便于不同系统书目数据交换，CNMARC 采用 ISO2709-1984(GB2901-82)文献信息交换用磁带格式交换，检索协议符合信息检索(Z39.50)应用服务定义与协议描述 ANSI Z39.50-1995。

(3)MARC 元数据应用

MARC 元数据从研制之日起，就一直在图书馆、信息部门和数据库服务公司使用，经过了多次修改和提高，逐步完善了其功能。虽然出现了许多新的描述元数据规范，但都没有完全取代 MARC 元数据，图书馆还是使用 MARC 元数据进行书目数据的标引。为了实现 MARC 元数据与其他元数据的互操作，MARC 标准办公室已推出 MARC 与 DC 的对照，MODS 与 DC 的对照，以便元数据系统能够自动映射。

3. 学习对象元数据(Learning Object Metadata，LOM)

(1)LOM 元数据简介

学习对象元数据(IEEE LOM)，由 IEEE 学习技术标准委员会 P1484.12 学习对象元数据工作组建立，用以完整、充分地揭示一个学习对象。学习对象是指任何数字化或非数字化的实体，包括多媒体内容、教育内容、教育软件和工具、参考资料等。学习对象的属性指其类型、作者、所有者、发行类型、格式、应用环境、教学要求等。

(2)LOM 元数据结构

LOM 将描述学习对象各方面特征的元素分为 9 个基本类别：
- General(通用类)，集合了与学习资源总体内容有关的元素；
- LifeCycle(生命周期类)，集合了与学习对象产生与应用生命周期相关的特征；
- MetaMetadata(宏元数据类)，对学习对象元数据进行描述的元素集合；
- Technical(技术类)，包括学习对象的技术特征元素集合；
- Education(教育类)，包括描述学习对象的教育学和教学学特征的元素集合；
- Rights(权利类)，包括与学习对象使用有关的元素；
- Relation(关系类)，描述与该学习对象关联的其他资源的元素集合；
- Annotation(注解类)，包括对学习对象教学的注解；
- Classification(分类类)，包括与对象分类有关的元素。

每个类别下设置有若干元素，每个元素定义了名称、解释、多值性、域、类型、附注和示例，许多元素可自动生成或通过模板生成。

(3) LOM 元数据应用

通过 LOM 元数据信息，可以实现对教育资源的分类、管理、查找、评价和共享。目前，LOM 元数据被广泛应用在网络教育中，它主要用于教育信息资源的组织；用于教育信息资源的检索与导航；用于教育信息资源数据库的设计与维护；用于系统管理机制的描述等。

4. 在线信息交换(Online Information Exchange, ONIX)元数据

(1) ONIX 元数据简介

ONIX 元数据是世界出版行业针对图书出版发行和销售的供应链制定的元数据标准。2000 年 1 月，美国出版商协会 AAP 出版了 ONIX 产品信息标准第一版，即 ONIX 1.0。在英国，图书行业交流委员会(Book Industry Communication, BIC)于 1998 年出版了 BIC Basic 标准。在欧洲，电子数据交换组织(Electronic Data Interchange to Europe, EDItEUR)开发了 EPICS(EDItERU Product Information Communication Standards, EDItERU 产品信息通信标准)。ONIX 元数据就是在美国的 ONIX 1.0、英国的 BIC Basic 以及 EDItERU 的 EPICS 等标准的基础上发展起来的，由 BICBasic 和 EDItEUR 维护。2001 年 7 月推出 ONIX 2.0 版，在稳定了相当长时间之后，于 2005 年 2 月推出了 ONIX 2.1 的最新更新。

(2) ONIX 元数据结构

ONIX 的元素分为两类，头标数据元素和产品数据元素。每一类下面都设有很多元素，部分元素下还设有子元素。ONIX 元素的定义均采用 ISO/IEC11179 标准，即从名称、标识、版本、注册机构、语言、定义、选项、数据类型、最大使用频率和注释等 10 个方面对元素进行定义。ONIX 的独特之处在于头标数据元素，这部分元素主要提供发送文件的细节，适用于出版发行供应链的特定要求。而产品数据元素是 ONIX 的主体，描述的内容详细全面。

头标数据元素提供所发送文件的细节，均是明确定义的。每一元素都规定了字符类型和长度以及在 DTD 声明中作为参数实体的规范词汇和相应代号。这些数据元素都是可选的。在 2.1 版中，头标数据元素为 25 项。产品数据元素共分为 26 类，总量达 472 个。

(3) ONIX 元数据应用

ONIX 元数据定义了一系列关于电子图书的数据项，不仅可以用来构建成功的、有竞争力

的电子图书市场,还能够定位和使用电子图书的数字内容,对网络销售、图书馆、信息提供中心、出版界无疑具有划时代的重要意义。就读者而言,电子图书消费者处于数据接收末端,会接收来自不同渠道、不同来源的多种信息,ONIX 能够让消费者自由地在各种数据间按一定方式进行筛选,从而满足自己的购买、阅读需求。

1.3.3 元数据管理与应用

随着元数据在各个学科和专业领域的应用越来越广泛,出现了越来越多的元数据标准,因此需要对这些不同标准的元数据进行有效管理与应用。

1. 元数据登记系统

(1) 元数据登记系统的概念与意义

元数据登记系统(Metadata Registry,MR)是对元数据的定义信息及其编码、转换、应用等规范进行发布、登记、管理和检索的系统,支持开放环境中元数据规范的发现、识别、调用,以及在此基础上的元数据转换、挖掘和复用。元数据登记系统可以发挥多重作用:

- 有助于元数据的管理。
- 促进元数据的应用。
- 支持元数据之间的转换。
- 支持元数据的挖掘。

(2) ISO/IEC11179 与元数据登记

ISO/IEC11179 是数据元素规范描述和标准化(Specification and Standardization of Data Elements)的一项国际标准,为各类 MR 提供了一个基本框架。ISO/IEC11179 在 2000 年前为数据元素的描述和登记规范,2000 年开始更名为 Metadata Registry,规定了完整的数据元素登记机制。

ISO/IEC11179 分为 6 个部分:

- 第一部分:数据元素规范说明和标准化框架。
- 第二部分:数据元素的分类。
- 第三部分:数据元素的基本属性。
- 第四部分:数据元素确切说明的规则和指南。
- 第五部分:数据元素的命名和标识原则。
- 第六部分:数据元素的登记,描述了数据元素登记管理机构的功能和规则。

(3) 元数据登记系统的结构

目前大部分元数据登记系统的结构是由前台和后台两大部分组成,前台是系统及其管理者与用户交互的界面,后台包括系统数据库和一系列管理机制。整个系统最重要的部分是系统数据库,储存登记的元数据的具体信息、登记的要求、描述规范、管理规则等,不同的系统采用各自适当的数据库类型。用户界面(Registry Client Interface)在系统和用户之间起着连接作用,目前的元数据登记系统提供浏览界面和查询界面。通过浏览界面对登记到系统中所有元数据(或数据元素)进行了解,例如某些系统以字母顺序列出系统内的元数据(或数据元素)。用户通过查询界面可以查找特定类型的元数据(或数据元素)。登记界面属于后台的管理系统,大部分系统不向用户直接提供开放性的登记入口,而是必须先与管理者取得联系后才能有进行下一步的可能。

(4)元数据登记系统实例

目前互联网有很多已经建立的元数据登记系统,下面以环境数据登记系统为实例进行介绍,该系统是基于 ISO/IEC11179 构建的。

环境数据登记系统(Environmental Data Registry,EDR),是美国环境保护局负责管理的一个系统,是关于环境数据的定义、来源和使用的权威的、全面的参考数据源。EDR 不包含具体的环境数据,而是关于环境数据的描述信息、解释信息,使环境数据更容易被理解。EDR 的建立一方面是通过信息共享减少元数据和数据元素的重复建设,另一方面维护公众的知情权,使公众更容易和方便地获得有关他们的健康和环境的信息。

目前系统中已登记的数据元素共 8 942 个,提交信息的组织有 53 个,信息来源共 1 617 个。在系统的用户界面提供了关于系统的 6 个功能入口:简介区(Introduction)、数据标准区(Data Standards)、更新标准区(Newsletter)、检索区(Search)、下载区(Download)、相关应用区(Related Applications)。今后,EDR 将会对现有系统的数据元素和应用元数据进行扩展,并且通过标准化的方式对数据元素和元数据的发展进行跟踪。

2. 元数据互操作

(1)元数据互操作的必要性

在分布式信息环境中已经有多个元数据格式存在,它们都得到了不同程度的应用。人们需要通过元数据的互操作来实现信息的共享、互换,以及透过系统、语言和地理位置的界限访问数据库,减少创建和维护一个数据库所需的时间,进而加强元数据标准的通用性,使得复杂、异构、不同学科的数据库进行整合成为可能。通过元数据互操作,可以保障任意系统的用户能在整个分布式环境中发现、检索、利用所需要的任意资源和服务。

(2)元数据互操作的层次

为了使计算机能够理解并进行操作,元数据必须存在于一个元数据体系之中。一个元数据体系要规定元数据的 3 个方面:语义、描述规则和语法。

对应于元数据体系的 3 个结构,元数据的互操作需要解决 3 个层次的问题:一是来自语义上的障碍,如语义差别、款目与集合差别、多版本问题等。二是来自描述规则的差异,如使用方法、描述方法和词汇的差别。三是来自句法或语法的异构,可以理解为计算机之间能够读懂并进行处理的程序语言的不同。

(3)元数据互操作的实现方法

元数据互操作作为分布式环境下数字信息服务的关键技术,已经得到深入研究和初步应用,其实现方法主要包括:元数据转换(Metadata Crosswalks)、元数据复用(Metadata Reuse)、元数据开放搜寻(Metadata Harvest)。

元数据转换又称元数据映射,是指通过一定的映射模板,实现两个元数据格式间元素的直接转换,涉及到语义映射、结构转换、应用转换等方面。转换的基本形式有一对一转换,通过中间格式进行转换,通过逻辑模型实现转换,以及单向转换和双向转换。

元数据复用是指通过不同方法复用一个或若干元数据格式的部分元素或属性,形成一个应用规范(Application Profile),以便描述复杂对象,扩展元数据格式适用范围,兼容不同元数据,促进元数据的相互转换。

元数据开放搜寻是指利用元数据开放搜寻机制来实现元数据的互操作,典型机制是开放存档倡议 OAI(Open Arehival Initiative,OAI)。通过元数据搜寻协议来支持用户对分布的数字对象存储库的开放检索。OAI 以 DC 元数据作为公共元数据格式,支持对多种元数据格式的查询。

§2 知识组织和知识组织系统

2.1 知识组织和知识组织系统的概念

知识组织起源于文献组织和信息组织。20 世纪末,知识作为战略资源和企业竞争力要素其地位不断提升,知识组织可便利用户使用和消费信息,并帮助他们发现和生产新的知识。由于数据库、计算机和互联网将知识的载体和传播渠道多元化,形成了"信息爆炸",如何简便、快速利用各种知识成为用户关注的焦点,也使知识组织面临挑战。

知识组织系统(Knowledge Organization System,KOS)是知识组织实践中工具、方法和标准的总称。林达·希尔(Linda Hill)等认为数字图书馆由馆藏、服务设施和知识组织系统 3 部分组成,如图 6.6 所示。

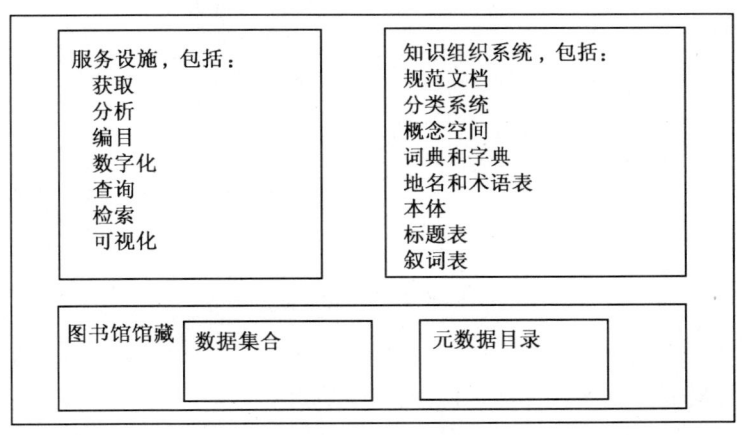

图 6.6 数字图书馆中馆藏、服务设施和知识组织系统

KOS 在以图书、期刊等印刷型文献为主要知识载体的时代,主要表现为分类法和主题词表,用于标识文献的主题特征,方便排架,用户通过各种目录系统可以方便地定位和获取文献。为了准确标识和方便利用,图书馆、信息机构还通过规范文档、地名人名规范词典等手段完善 KOS,促进文献书目的共享。电子资源和数据库的出现使图书馆、信息机构进入复合馆藏时代,在传统的作者、出版商、图书馆、信息机构到读者的文献生产和传播渠道的基础上,数据库和网络成为信息的重要媒体,丰富了传统的信息传播模式,也为图书馆、信息机构的 KOS 系统带来新的挑战。传统的 KOS 系统既面临数字化和网络化,也需要借助本体(ontology)和自由分类法(folksonomy)等方法来扩大信息组织能力,提高信息组织的质量。形式上一种 KOS 由标识(或标签,类号,类名)、含义和关系 3 部分组成。其功能可归纳为对特定的知识进行描述、定义和导航。各种 KOS 往往以某学科知识体系为模式,为特定目的而设计,并带有文化和历史的沿革。

KOS 的结构类型可分为树、网、簇 3 种。树的结构,自顶向下,适合从抽象到具体的分类法;簇的结构,从主题出发,聚合相关的概念和术语,适合主题词表、叙词表等;网的结构,既可以看作树和簇的综合,也可单纯理解为多个主题之间平面的相关,适合描述现有的自由分类法和本体。

KOS 作为概念标识系统,在 Web 信息服务环境下的应用范式发生了根本转变。如图 6.7 所示,在互联网之前,图书馆员使用印刷版 KOS 对印刷型文献进行处理,这种方式可看作"从书到书"的过程。互联网使印刷型的 KOS 和文献演变成网上数字对象。标识系统和标识对象的数字化导致交叉标识,如用网络版 KOS 标识印刷版的文献,或使用印刷版 KOS 标识网络信息资源,受控语言的交叉标识可看作"从 Web 到书"和"从书到 Web"的阶段。URI 的统一命名机制使互联网上所有信息对象数字化,文本、图片、多媒体和词表都成为数字对象,这使 KOS 向"Web 到 Web"的应用范式发展。

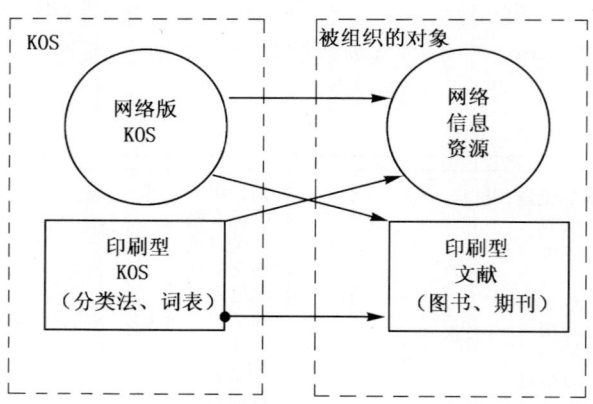

图 6.7　KOS 系统和被组织的对象

KOS 网络化的结果是搜索引擎(Search Engine)和最终用户在知识组织过程中承担越来越重要的角色。大量的信息在被大量的用户使用的同时,发生了某种"自组织"的行为。

2.2　传统的信息组织系统

2.2.1　分类法

分类法是图书馆字顺式目录的延伸。从 19 世纪 80 年代美国图书馆学家杜威编制十进制分类法(Dewey Decimal Classification,DDC)以来,分类法已在图书馆广泛应用,并编制了国际十进制分类法(Universal Decimal Classification,UDC)、冒号分类法(Colon Classification,CC)等不同类型的分类法。分类法用文献的内容特征和主题来标识文献,将主题相似的文献

集中,并用适当的号码标识。分类法根据内容、编制方法、使用对象和应用范围的不同,可分成如下几种类型:
- 按覆盖的主题范围的不同,可分为通用分类法和学科分类法;
- 按语种的不同,可分为单语种分类法和多语种分类法;
- 按使用区域的大小,可分为国际分类法和国家分类法。如 DDC 是国际十进制分类法,中国图书馆分类法(简称中图法)是国家分类法;
- 按编撰主体的不同,可分为正规分类法和自制分类法;
- 按用户使用场所的不同,可分为信息服务人员用分类法和用户用分类法;
- 按结构的不同,可分为层类式分类法和分面组配分类法。

实际操作过程中常见的分类法是通用分类法、国家分类法、学科分类法和自制分类法 4 种。

表 6.2 不同类型的分类法

序 号	类 型	例 子
1	通用分类法	DDC、UDC、LCC
2	国家编制的通用分类法	BC、SAB、中图法
3	学科专题分类法	工程索引分类法(EI Classification)
4	自制分类法	Yahoo 分类

分类法是文献编目中的重要工具和基本手段。传统的文献编目可分为手工编目和计算机编目。手工编目是以馆藏卡片为中心的知识组织过程。以文献编目为例,其基本流程为:把每一种文献内容和形式上的主要特征,按照一定的方式和方法记录在卡片上,使读者和信息服务人员通过这张卡片就能了解和识别信息源,从而使它在目录中起到揭示和宣传信息源的作用。文献著录所遵循的方法称为著录法,按照著录法所编制成的每一张卡片(即一条记录),也叫做一条款目。为了满足读者从不同角度查索文献的需要,需要从多种角度揭示、宣传藏书,因此同一种书,需要编制几条不同的款目,用以组织各种不同的目录。比如,书名、著者、分类和主题目录,把编制好的各种款目,按照一定的规则组织起来,使之成为有逻辑性的体系,也称"排卡片"或"排目录"。

组织目录时所遵循的方法叫做目录组织法,有音序法、字顺法等。在确定文献的主题特征时,需要利用分类法,信息服务员通过查看文献内容,根据经验判断文献的学科分类,并通过查阅图书分类法确定文献的分类号。图 6.8 是一个典型的文献著录卡片项目。其中索书号是由分类号和书次号两部分组成的。

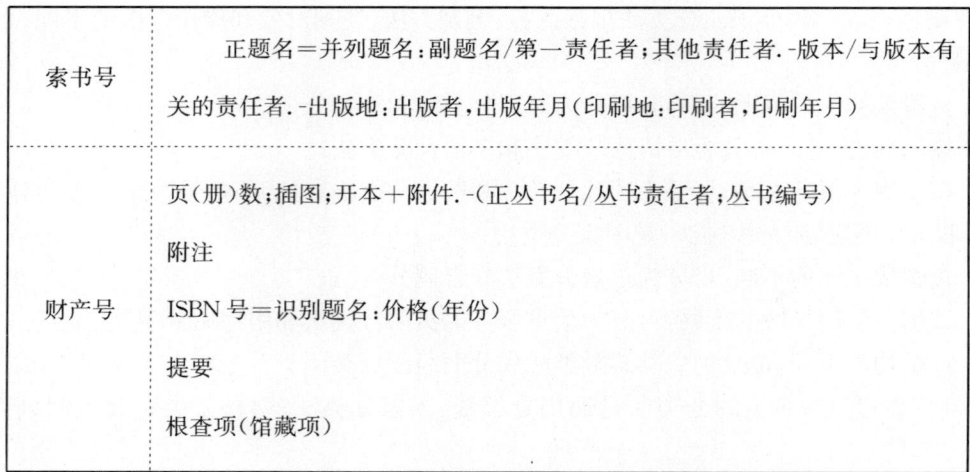

图 6.8　图书著录卡片的基本著录项目

计算机编目是将上述过程计算机化,即图书馆员利用计算机编目软件对各种文献进行描述,并利用计算机自动生成的各种目录。计算机编目大大节省了信息服务员的时间,并且为信息服务机构的目录共享提供了技术保障。国际图书馆界在20世纪60年代开始使用MARC,并开始推行文献集中编目模式,文献编目数据的套录开始普及。20世纪90年代图书出版领域纷纷推出在版图书编目(Cataloguing In Publication,CIP),信息服务机构可以通过套录和CIP获得文献的编目数据。

20世纪60年代以后,计算机和文献数据库技术的应用使文献标识单元不断"细化",分类法类分的对象从图书"细化"到期刊的"文章",此时分类法的类目不断扩充和复杂,也出现了新的分类法如国际十进制分类法,新兴的词表技术开始作为文献主题的标识工具,并在各种信息检索系统(如Dialog联机检索系统)中大量使用。20世纪90年代中后期,网络文献异军突起,逐渐在数量上超过印刷型文献,传统的分类法和词表面临数字化和网络化的挑战。经过百年的发展,分类法的使用主体也逐渐从从事具体编目业务工作的信息服务人员转移到用户和读者,对分类法的简易化和使用效率提出了新的要求。

尽管用分类法号码标识网络文献不很方便,但全文检索和自动标引代替分类法还为时太早。许多门户网站、联机公共目录(Online Public Access Catalog,OPAC)仍然在继续使用分类法来提供信息的浏览和导航功能。如Yahoo使用DDC的一些类目组织网址目录。美国国会图书馆的分类法网络(Classification Web)将国会图书馆分类法和国会图书馆标题词表(Library of Congress Subject Headings,LCSH)一体化编制,成为多个美国图书馆的联机公共目录。学科信息门户使用象DDC、UDC组织和分类各种网络信息资源。分类法在网络环境下仍大有可为,但需要扩展分类法功能,例如用于网络信息资源的分类显示和浏览、集成不同的信息系统的通用结构和按内容特征和主题来标识印刷型文献。

2.2.2　主题词表

主题词是经过规范化的、具有检索意义和组配性能的单词和词组。主题词在国外的文献中又常被称为叙词(Descriptor)。由主题词和非主题词按照一定顺序组织和编排后就形成主题词表。主题词表一般由主表和若干附表组成，主表按照音序或者字顺方式排列主题词和非主题词，附表则根据类型、种属对主题词进行划分和聚类。主题词是反映文献主题的所有语词的形式概括，它同标题词、单元词、叙词和关键词的关系是类和实例的关系。

(1)标题词：标题词是采用预先搭配好的语词，直接反映文献主题；

(2)单元词：单元词脱胎于标题词，它利用词汇的基本单元组配成文献主题；

(3)叙词：综合了单元词和标题词的长处，采用布尔逻辑组配作为反映文献主题和进行检索的语法规则；

(4)关键词：直接抽取文献中表达主题概念的相关词。用关键词编制索引在图书情报领域有很长的历史。有代表性的是题内关键词(Keyword In Context，KWIC)和题外关键词(Keyword Out Context，KWOC)。

叙词表发展可追溯到 1876 年美国图书馆学家卡特(Charles A. Cutter)发表的"字典式目录规则"。1895 年，美国图书馆协会印发《美国图书馆协会标题表》。1947 年美国人穆尔斯(Calvin N. Mooers)首先提出了叙词、叙词法等名词术语。1951 年，美国人陶伯(Mortimer Taube)提出了元词法，通过组配标引来进行检索。1959 年美国杜邦公司编制出用于文献检索的叙词表。1960 年美国武装部队技术信息局出版了计算机用的主题词表《ASTIA 词表》。1969 年英国电气化公司艾奇逊(Jean Aitchison)编制了《分面叙词表》(Thesaurofacet)。20 世纪 80 年代后期随着电子计算机在信息服务领域的普及与应用，叙词语言成为信息检索语言的主流。目前国外编辑出版的叙词表达到上千种，在建立数据库、编辑检索刊物、主题索引等方面广泛应用。叙词表此后被现代情报检索广泛应用。

我国的叙词语言的研究和应用以 1964 年为界分成两个阶段。1964 年以前属于标题表的发展阶段，1964 年以后进入叙词表发展阶段。1971 年航空工业部编制了《航空科技资料主题表》。1979 年由中国科学技术情报研究所、北京图书馆历时 5 年，集合了 505 个单位，9 000 人参加编辑完成了《汉语主题词表》。20 世纪 80 年代是我国叙词表发展的高峰时期。目前已完成或接近完成的词表数量已有近百部。编制方法由手工向计算机编制过渡。编制技术出现分面叙词表以及大型综合性词表的等级关系全显示等的突破。20 世纪 90 年代以后，互联网和文献数据库的兴起是叙词表面临新的发展机遇，很多研究者转向如何利用叙词对网络文献进行分类，如马张华等研究如何利用词表构造分类浏览体系；陈树年讨论搜索引擎中网络分类法的应用。张琪玉还提出学科—事物概念组配型检索语言。主题词表的出现也增加了文献编目的内容，主题词作为文献编目的一部分纳入编目体系。

主题词表(叙词表)的编制应遵循相应的国际和国内标准。国际标准有 ISO2188 和 ISO5964 等叙词表的编制标准，我国可参照的标准有国家标准 GB13190-91《汉语叙词表编制规则》、GB/T3680-1995《汉语叙词标引规则》等。主题词表也在政务信息管理和档案管理领域大量使用，如我国出版的《公文主题词表》、《档案主题词表》等均采用主题词表的方式，但在词间关系和具体主题词的选择方面，进行了适当的简化。

主题词表的使用分信息服务人员使用和用户使用两种。对信息服务人员来说，在对具体文献进行主题标引时，需要根据文献中出现的关键词等特征信息，查询印刷型或者电子版的主题词表,获得对应的经过规范化的主题词,然后通过编目程序进行标引;对用户而言,在向具体的期刊投稿时,需要根据期刊投稿要求提供文章的主题词,此时需要查询对应的主题词表(如国际物理学主题词表),获得主题词后完成投稿,而在检索时,也可以通过查询主题词表获得准确的检索词,提高文献的查准率。主题词表直接采用词汇而不是抽象的分类号来标识文献的主题特征,便利了信息服务人员和用户的使用,适应了文献数据库和检索系统的发展需求。为了综合分类法和主题词表的优点,信息服务人员开始编制分类和主题一体化词表。

分类主题一体化,是指将分类检索语言与主题检索语言融为一体,从而形成一种兼有两种语言的标引和查找功能的检索语言。分类主题一体化的优点包括分类与主题组配检索,提高检准率、实现系统的扩检、缩检功能,提高检全率;通过分类与主题的对应,实现系统的缩检功能。

分类主题一体化词表的编制模式可分为4种:① 改造分类表。即对一部现存的体系分类法进行分面改造,使之成为一部半分面分类表,同时要对分类表的词形、词义等实施严格的词汇控制,用机编词表软件,自动生成一部对应的字顺叙词表。② 改造叙词表。通过对叙词表的分面改造,将叙词表的范畴索引和词族索引改造为一部分面或半分面的分类表,或合成新的范畴索引,从而改善词表的分类显示功能。③ 提高词表的易用性。对现有的分类表和叙词表进行标引,编制双向对照索引。④ 新编分面分类表、自动生成字顺叙词表。

美国国家医学图书馆(NLM)编制的《一体化医学语言系统》(Unified Medical Languang System,UMLS)是典型的分类主题一体化词表。UMLS 由超级叙词表(Metathesaurus)、语义网络(Semantic Network)、信息源图谱(Information Sources Map,ISM)和专家词典(Specialist Lexicon)四部分组成。UMLS 通过超级叙词表,对概念词进行了不同层次、不同角度的控制,如形态学控制、词汇学控制、语义和语用控制等。通过词典专家程序和自然语言程序,同时计算两个概念的共现频率、特殊事物的共现数据,以及语义网络推理、识别和转换,使系统的自然语言理解和处理成为可能。UMLS 也可看作情报检索语言集成系统,它包括语言翻译、自然语言处理、语言规范化和跨数据库检索的词汇转换,用户在联接情报源(病案记录、书目数据库、事实数据库以及专家系统)过程中检索,帮助用户从电子病案系统、书目数据库、图像数据库、事实数据库、专家系统等各种联机情报源中检索和获取综合性或特定性的情报信息。

2.2.3 后控词表

根据文献先加工标引后检索利用的流程,通常将分类法和主题词表这些在文献标引阶段进行控制的做法称为"先控";"后控"则发生在文献的检索利用阶段。美国情报学家兰开斯特(Frederick W. Lancaster)指出:"普通叙词表属于先控词表,而把若干词或词的片断构造成一个检索策略,则属于一种后控过程"。后控词表的目的是改善关键词检索性能,是指检索系统在标引阶段使用自然语言,不对标引进行严格控制,而在检索阶段才对检索词进行控制。

后控词表利用先控语言的原理和方法编制自然语言检索用词表,它主要是对自然语言中大量存在的等同关系、等级关系和部分相关关系进行控制和提示,具有自学习功能,可根据检索的需要将新概念和新术语及时地加入词表中,是一个动态词表。用户通过浏览词表选用检索词,或者系统自动执行查询调整(主要是扩检),这样既减轻了用户负担,又提高了系统的易用性和检索效率。后控制词表是"自然语言检索和人工受控语言结合的最佳范例"。

后控词表从20世纪80年代情报检索系统中兴起(如Dialog联机检索系统),随着信息检索系统,特别是90年代以后全文检索系统逐渐成为主流,全文检索系统的用户更多地用自然语言或者自由词(关键词)进行检索,系统的准确性越来越依赖后控词表的质量。在全文检索系统中,由于没有进行同义控制,同一主题文献在检索系统中大量分散。系统的查全率也相应降低;非同一主题的文献由于没有区分多义词和词义含糊词而混用,因此难以灵活地进行扩检、缩检和改变检索范围。后控词表既可提高查全率,又可提高查准率,但后控词表必须不断更新,并保持相当的数量规模,而且词间关系仍然依靠人工编辑。

张琪玉总结了4种后控词表编制模式:① 将标引所用的自然语言检索标识整理成词表;② 积累检索式中的用词,由人工判别整理成词;③ 利用现成的叙词表作为后控词表的代用品;④ 将自然语言检索标识与某种词表或分类表对应。李新华将后控词表的编制模式归纳为7种:词典实现模式,积累提问式模式,词形实现模式,聚类控制实现模式,词频统计模式,人工智能模式,神经网络模式。侯汉清在编制新闻数据库后控词表的过程中采用了将自然语言检索标识与《中国分类主题词表》对照的方式,将标引中积累的自由词作为入口词建立词典。

后控词表在全文检索系统中得到广泛的应用。全文检索系统不直接使用用户的输入词汇进行检索,而是先与后控词表里的词进行匹配和比对,如果词表中有这个检索词,系统将自动利用这个词及其等同词进行检索,同时在检索结果中显示等级关系词和相关词,供检索用户参考、选用。这样将大大提高检索系统的查全率和查准率。

后控词表已在Google和百度等检索系统得到广泛的应用。社会科学信息门户(Social Science Information Gateway,SOSIG)中使用的人文和社会科学电子叙词表(Humanities and Social Science Electronic Thesaurus,HASSET)以完整的主题词表的形式作为搜索引擎的可调用组件实现辅助检索。AltaVista检索系统具有根据检索式自动反馈一系列相关检索词的功能。通过利用分词技术,停用词典(Stop Lists)技术,词表扩展技术和与用户在检索时的交互,实现了本质上的概念检索。其关键技术是系统内置了一个同义词、相关词词典。如在Google中检索"基因工程",在检索结果页面的下方将提示"相关搜索:基因工程原理、基因工程药物、基因工程管理、基因工程ppt"等若干相关检索词汇,支持这种相关检索的是数量巨大的后控词表。同样,后控词表还可提示用户的输入错误,如在Google中搜索"microsft",系统会自动提示你:"您是不是要找:microsoft"。

后控词表的词汇数量和词间关系是检索系统性能的关键,但是随着检索系统规模的扩大和用户的增多,后控词表的质量越来越依赖用户的使用,后控词表正在向某种程度的"不控制"和"自组织"发展。将后控词表向用户公开,利用适当的方式(比如维基百科)吸引用户的参与,将大大降低后控词表的维护成本,同时利用XML格式,通过网络实现不同后控词表之间、后控词表与分类法、主题词表的共享和集成,实现基于网络的后控词表,将持续地改进网络检索系统的性能。

2.2.4 规范文档

规范文档(Authority Files,又称权威文档)是从图书馆员编目工作和图书馆的协作入手的一种知识组织系统。它在某种程度上与后控词表类似，不同的是它比检索系统出现的更早，最初是为了国际图书馆之间交换和共享书目数据，同时也为了指导编目过程中的规范化，提高图书馆书目检索系统的准确性。

在文献编目过程中工作人员要对标引进行规范控制，以实现书目款目中标目的标准化，从而建立规范记录，形成规范文档。其目的是为了完善目录的汇集功能和查询。规范文档分名称规范档（含丛编规范档）和主题规范档（含分类规范档）。前者规范数据的主要描述对象是个人名称、团体名称、会议名称、统一题名、丛编题名、主题词等的统一标目及其各种参照，后者规范数据的主要描述对象是普通主题，以及用作主题的个人名称、团体名称、会议名称、统一题名、丛编题名、地理名称等的统一标目和各种参照。

1978年，IFLA就已成立了"国际图联国际规范系统工作小组"，并编写了《规范款目和参照款目指南》（GARE, Guidelines for Authority and Reference Entries, 1984年正式颁布）。而由于各国的主题规范数据存在较大的差异，其标准的编制较之GARE滞后，直到1988年IFLA才正式成立"主题规范文档指南工作组"，并很快也为主题规范档建设编写了《主题规范款目和参照款目指南》（即GSARE, Guidelines for Subject Authority and Reference Entries, 1993年正式颁布）。建立名称规范，确保检索点的惟一性和一致性，曾是提高手工目录体系的查准率与查全率的有效举措。对书目数据库来讲，机读规范档同样具有规范检索点（如同义异名的统一，异义同名的区分）、提高数据库查准率与查全率的作用。

随着MARC格式的推广，名称规范档与主题规范档已逐步引入书目数据库。机读名称规范库的建立，为用户构筑起名称与主题检索词汇的有效参考，用户可借助规范档提供的入口词以及参照系统，确定合适的检索词，进行扩检、缩检，提高检索的效率。在此环节下规范文档和后控词表的作用类似。同样要在书目数据库中建立分类体系，提供类目的层次与网络结构，还须制定分类法的机读格式，即分类号的规范档。在机读目录中设置分类法字段，只是提供了分类检索途径，要根本解决新旧类号的对照，还有赖于建立机读型的分类体系及其类目的沿革说明、参照系统等。人们通过机读型的分类体系，可以很方便地确定所需的分类号及其对应的旧类号，从而查全所需的文献。USMARC已经制订了包括书目数据格式、名称与主题规范格式、分类数据格式在内的机读数据格式系列。国际图联也已决定依据USMARC分类数据格式，制订包容性更强的UNIMARC分类数据格式。CNMARC在制订名称与主题规范格式的基础上，参照UNIMARC拟定CNMARC格式系列的分类数据格式，实现了《中国图书馆分类法》的计算机版本。

建立规范文档是信息服务人员知识组织工作的主要内容，其目的是保证整个知识组织系统的有序，编制规范文档不仅是规范文档本身，而是利用规范文档完善整个书目和文献数据库的质量，提高记录与记录、数据库与数据库之间的相关性和准确链接，从而改善信息检索系统的查准率。以建立规范文档为代表的图书馆员规范工作是知识组织工作的组成部分，和后控词表相比，规范文档更侧重于前控，即在文献加工和整理环节上提高准确性，其目的和用意是明确的。但是在目前整个网络和数据库的信息环境下，信息的生产、加工和传播已经突破了传统模式，仍然由信息服务人员主导记录的规范工作将无法应付信息的爆炸性增长和大量的重复和冗余信息泛滥，信息机构将发现以手工方式维护规范文档将越来越困难，需要结合分类法、主题词表和后控词表等多种方式,特别是设计一种最终用户可有效参与的规范文档维护和使用模式,从维基百科全书的发展可显示网络用户的参与对改善数据质量的重要作用。

2.3 新型的信息组织

2.3.1 本体(Ontology)

本体是在语义网(Semantic Web)环境下新型的知识组织机制。万维网的发明人麻省理工学院万维网协会主席蒂姆·伯纳斯·李(Tim Berners-Lee)认为:语义网是一种能理解人类语言的智能网络,它不但能够理解人类的语言,而且还可以使人与电脑之间的交流变得像人与人之间交流一样轻松。美国纽约州雪城大学教授秦健认为:语义网(Semantic Web)是当前互联网的延伸,在语义网中信息被赋予清晰的定义与含义,因而计算机和人可以更好地合作。语义网的目标是要充分发挥互联网的潜力,最终使技术能够让机器支持全球化的知识交流。实现语义网的核心是对本体(Ontology)的开发和利用。

本体是被共享的概念模型的明确的、形式化的规范说明。本体最早是哲学家寻求统一的概念体系来描述现实世界的研究课题;信息服务人员则用分类法和主题词表将文献描述规范化;人工智能(Artificial Intelligence,AI)专家则通过希望本体来描述一切,其目的是让机器可以理解、思考和推理。为了机器的理解和推理,世界需要明确的编码、规范的说明,并且形成模型,以促使机器可以按照各种逻辑推理。

本体对客观世界的概念进行抽象化和规范化描述,以形成模型,包括:概念的集合(如实体、属性等)、概念定义和概念间的联系,本体对概念及约束条件都明确的定义。本体描述的是共同认可的知识,反映的是相关领域中公认的概念集,它所针对的是团体,而不是个体。它在语义层次上描述知识,具有良好的概念层次结构和逻辑推理能力。

本体按详细程度和领域依赖度分为4类:顶级本体(Top Ontology)、领域本体(Domain Ontology)、任务本体(Task Ontology)和应用本体(Application Ontology)。

● 顶级本体:最普通的概念,如空间、时间、内容、物体、事件、行为等,它们不依赖于具体的问题和领域,至少在理论上是被大众公认的概念。

● 领域本体:普通领域(如医药、汽车等)中的概念及概念之间的关系。

● 任务本体:普通任务或行为(如诊断、销售等)中的概念及概念之间的关系。

● 应用本体:依赖于特定领域和任务的概念及概念之间的关系。这些概念常与某一特定活动的完成相关。而且,领域本体与任务本体通常可以理解(表述)为次于顶级本体的并列关系。

在人工智能领域,知识建模依赖知识库,建立问题求解技能和环境存在的联系。AI的研究者侧重问题求解而忽视了问题存在的环境。知识的表达依赖于特定的任务。进入20世纪90年代以来,任务独立(task-independent)的知识库(本体)的价值被重新关注。构造本体的目的都是为了实现某种程度的知识共享和重用,本体的分析澄清了领域知识的结构。本体可以重复使用,从而避免重复的领域知识分析。统一的术语和概念使知识共享成为可能。互联网也使本体在通讯、互操作和系统工程方面发挥作用。本体提供一组术语和概念来描述某个领域,知识库则使用术语来表达该领域的事实。例如,医药本体可能包含"白血病"、"皮肤病"等术语的定义,但它不会包含对某一病人患某一疾病的诊断,而这正是知识库所要表达的内容。

本体的构造要比分类法和主题词表复杂得多。托马斯·格鲁博(Thomas R. Gruber)指出,本体构造需要遵循清晰(Clarity)、一致(Coherence)、可扩展性(Extendibility)、编码偏好程度最小(Minimal Encoding Bias)和本体约定最小(Minimal Ontological Commitment)5个原则。乌斯秋德和格鲁林格(Uschold & Gruninger)提出了本体构造的方法学框架,从确定目标和范围,分析词汇和概念,到规范编码和重用,基本与主题词表的建设流程类似,但本体对概念关系的定义比主题词表复杂。

具体的本体开发环境和工具有美国斯坦福大学知识系统实验室的 Ontolingua、KACTUS 项目使用的 CML(Conceptual Modeling Language,概念建模语言)、英国 Open 大学知识媒体研究所的 Tadzebao 和 WebOnto。

本体的研究项目众多,但实际部署应用的案例很少,原因是本体的构建十分复杂,而其"三段论"的推理模式很有限,无法支持复杂的判断。为了实现知识的重复利用,本体还需要大量的研究和实践。值得关注的本体研究项目有 CYC,WordNet,CommonKADS,Knowledge Sharing Effort。

CYC 是位于美国得克萨斯州奥斯汀的 MCC(Microelectronics and Computer Technology Corporation,微电子和计算机技术公司)的研究项目,其目的是通过本体开发为常识推理(Common Sense Reasoning)提供基础。CYC 中的知识用一阶谓词逻辑的变种 CYCL 表达。知识库中包含简单的声明、推理规则、推理控制规则。在知识库的基础上,可以使用推理机产生新的推断。CYC 本体按照模块(module)组织,称为微理论(microtheories)。每个微理论包括某一特定领域知识和推理所需的概念,如空间、时间、因果、智能体等。某一领域本体可能包括多个微理论,以反映该领域建模的不同侧面和前提。CYC 是微理论的网络,该网络的并集为若干领域提供本体约定。

Knowledge Sharing Effort 是美国 DARPA 项目资助,由斯坦福大学知识系统实验室承担。其目的是使得知识系统的开发者能够从可重用的模块库中选择构件,进行装配,形成所需的新系统。该项目分为四部分内容:

(1)不同语言表示的知识库之间的翻译机制(KIF,Knowledge Interchange Format,知识交换格式);

(2)在一族表达范式之间建立共同的语言版本和推理模块;

(3)基于知识的系统之间的通讯协议(KQML,Knowledge Query and Manipulation Language,知识查询和处理语言);

(4)本体库,即为构造领域知识库而预置的基础。KIF 用于表示概念和概念之间的联系。Ontolingua 是独立于特定表示系统的本体定义机制,它允许用 KIF 定义类、关系和对象,并能将这些定义翻译成几种特定的表示语言。Ontolingua 还进一步定义了框架本体(表示本体),来支持本体的移植。

本体和主题词表、分类法的区别是它的智能程度更高,面向机器理解而不是面向人的理解。主题法以研究特定事物为中心,揭示与特定事物有关的全部或部分问题,以表达事物主题概念的规范化词语字顺的先后次序排列。分类法是按照知识门类逻辑次序,层层划分、逐级展开的列举式线性结构组织信息,它将分类表中的术语组织在一个等级体系结构中,每一个术语和其他术语具有一个或多个从属关系。本体可以是关于特定领域或主题的词表,但本体不像词表基本面向人的理解,而是对词表中术语的概念化描述以满足机器的识别。本体包括领域内的人们所共同理解并认可的概念、说明概念范畴及其互相之间关系的定义,在本体概念化结构内进行推理的条件限制与规则。本体对于特定知识领域的分析理清了知识的结构,在给定的知识领域内,它的本体就是该领域内知识表示的核心系统。

2.3.2 SKOS

简单知识组织系统(Simple Knowledge Organisation System,SKOS)试图在语义网的框架下,建立一套标准规范,涵盖目前的分类法、主题词表、各种术语表和词汇表。同本体相似的是,它也采用 XML/RDF 的编码格式和标准规范,但是在语义逻辑推理方面要"简单得多",因此也有人称 SKOS 是一个轻量级的本体,或者是现有各种知识组织系统在语义网络下的兼容方案。

SKOS 最初由欧洲 SWAD 项目(European project SWAD-Europe)支持。SKOS 目前已经纳入 W3C 的标准化日程。2005 年 SKOS 的核心词汇工作草案提交 W3C,其目的是指导用户如何使用 SKOS 的核心词汇来构建 XML/RDF 版的分类法和主题词表。SKOS 用 RDF 的格式定义了 3 套词汇来标识各种知识组织系统,它们是:SKOS Core(核心词汇)、SKOS Mapping(词汇映射)和 SKOS Extensions(词汇扩展)。并且开发了一套应用程序编程接口(Application Programming Interface,API),支持用 web 服务(Web Service)的方式对各种知识组织系统进行交互。

SKOS 的核心词汇是 RDF 的应用,它利用类和属性来定义知识组织系统,包括概念、词汇以及概念之间的各种关系。图 6.9 和图 6.10 是利用 SKOS 表示一个叙词款目(经济合作,包括它的上下位类、范围注释和相关类目)。

```
经济合作
    UF 经济协作
    SN 包括国家内和国家之间的银行、贸易和产业的合作
    BT 经济政策
    NT 经济一体化
    RT 经济相互依赖
```

图 6.9 叙词款目

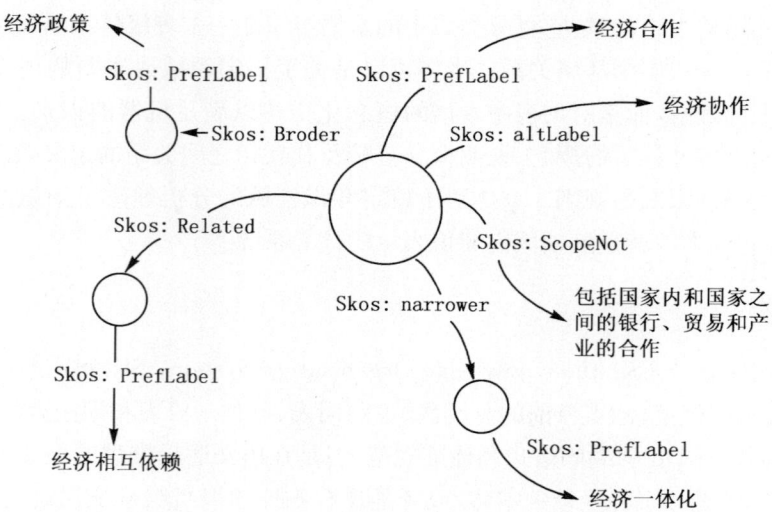

图 6.10　RDF 格式和 SKOS 词汇描述叙词

如图 6.10，圆圈代表不同的概念(用词汇标识)，概念之间的关系用箭头表示，关系词汇是 SKOS 事先定义好的。图 6.10 用 RDF 编码的结果如以下框文：

```
<rdf:RDF
    xmlns:rdf="http://www.w3.org/1999/02/22-rdf-syntax-ns#"
    xmlns:rdfs="http://www.w3.org/2000/01/rdf-schema#"
    xmlns:skos="http://www.w3.org/2004/02/skos/core#">
  <skos:Concept rdf:about="http://www.ukat.org.uk/thesaurus/concept/1750">
    <skos:prefLabel>经济合作</skos:prefLabel>
    <skos:altLabel>经济协作</skos:altLabel>
    <skos:scopeNote>包括国家内和国家之间的银行、贸易和产业的合作.
    </skos:scopeNote>
    <skos:inScheme rdf:resource="http://www.ukat.org.uk/thesaurus"/>
    <skos:broader rdf:resource="http://www.ukat.org.uk/thesaurus/concept/4382"/>
    <skos:narrower rdf:resource="http://www.ukat.org.uk/thesaurus/concept/2108"/>
    <skos:narrower rdf:resource="http://www.ukat.org.uk/thesaurus/concept/9505"/>
    <skos:narrower rdf:resource="http://www.ukat.org.uk/thesaurus/concept/15053"/>
    <skos:narrower
```

```
rdf:resource="http://www.ukat.org.uk/thesaurus/concept/18987"/>
    <skos:related
rdf:resource="http://www.ukat.org.uk/thesaurus/concept/3250"/>
    </skos:Concept>
    </rdf:RDF>
```

SKOS通过词汇映射机制和扩展词汇,与其他的概念大纲实现互操作。

2.3.3 自由分类法

自由分类法是互联网用户自发地用标签(Tag)对网络信息标记和分类,并与他人共享标签的过程和结果。自由分类法的特点是自由、共享和动态更新。

● 自由指任何人都可以对其感兴趣的内容进行标识,提供一个或者多个标签,或什么也不做,仅浏览他人的标签。人们不必了解DC修饰符,也无需查询杜威十进制分类法。

● 共享即任何人对内容进行标注后,他人可立刻看到这些标签,如果觉得标签不合适,还可以增加或者修改,常用的标签按字顺排列,形成如图6.11所示的标签总图(TagCloud)。用RSS的方式订阅感兴趣的标签对应的资料,或发现志同道合者和他们的标签。

africa amsterdam animal animals april architecture art australia baby barcelona beach berlin birthday black blackandwhite blue boston building bw california cameraphone camping canada canon car cat cats chicago china christmas church city clouds color concert day dc dog dogs england europe family festival film florida flower flowers food france friends fun garden geotagged germany girl graffiti green halloween hawaii hiking holiday home honeymoon hongkong house india ireland island italy japan july kids lake landscape light london losangeles macro march may me mexico moblog mountain mountains museum music nature new newyork newyorkcity newzealand night nikon nyc ocean paris park party people photo portrait red river roadtrip rock rome san sanfrancisco school scotland sea seattle show sky snow spain spring street summer sun sunset sydney taiwan texas thailand tokyo toronto travel tree trees trip uk urban usa vacation vancouver washington water wedding white winter yellow york zoo

图 6.11 自由分类法形成的标签总图

● 动态更新：是随着人们使用不同标签标识内容信息，标签总图中一些标签字号变大，一些标签逐渐"淡出"人们的视野，这种更新使人们可随时发现当前的"热点"和"走势"。

自由分类法便利了信息组织和共享，更容易被大多数用户接受使用。原因是它比传统的等级分类和分面分类法更接近大众。

自由分类法在 2005 年上半年引起广泛关注，并迅速在 Technorati、MySpace 等多个系统中推广应用。国外专家纷纷撰文评论自由分类结构在应用中的问题，与此同时我国的郑云深、洪波（keso）和文心等博客也对自由分类法的统计分布，商业应用方面进行了有益的尝试和探索。自由分类法已不再停留在概念上供学者讨论和用户选择，而是如何更好地应用，在什么范围内应用了。

自由分类法对元数据实现了增值，体现在：

（1）从导航到共享：从前元数据的制作由专业人士负责，其主要功能是提供一个浏览和导航的结构；而自由分类法则将元数据的制作和使用全部归于大众，并将元数据的共享作为核心和公共价值的体现；

（2）从复杂到简单：为了最大限度地吸引用户的参与，自由分类法简化很多，简化的界面，简化的操作和使用，并通过标签总图的方式来显示标签的变化情况；

（3）从生产到消费：元数据推行的前提是大多数人编辑元数据，而自由分类法的目的是大多数人能够使用标签（而不是贴标签）。

自由分类法并不是信息组织最终解决方案，它和元数据一样面临诸多挑战，无法像电子邮件、即时通信和 RSS 那样成为互联网的事实标准。

① 如何应付更多的对象？自由分类法如何对人（P）、地点（P）和任务（T）等复杂的对象进行有效标识和共享，虽然目前像 43thing.com 等网站都进行了有益尝试，但前景并不明朗；

② 商业应用前途不明。虽然多数人承认自由分类法在管理企业内部信息、促进知识管理方面有明显的优势，甚至连 IBM 公司都宣称在内部网开始利用自由分类法组织企业资讯，一些内容管理软件（drupal）和网志撰写工具（wordpress）亦纷纷支持自由分类法，但至今自由分类法的商业成功案例较少；

③ 自由分类法提出了基于大众互动的信息架构，这种信息架构依赖于尽可能多的用户的参与，并且无法事先确定细节，这对原有的网站可获得性（accessibility）提出了新的问题；

④ 如何应对垃圾信息（spam）和不合理使用（abuse），目前自由分类法的做法是交由用户自行鉴别。

自由分类法是下一代互联网（Web 2.0）的重要特征，它强调用户的有效参与，但是自由分类法既不是一成不变，也不会停留在文本信息组织，而是要快速演化和升级的。随着大众持续的需求和新的技术手段，它推陈出新的速度会远远快于目前元数据和语义网，互联网用户和互联网将使自由分类法不断完善，克服不够精确、多语种支持不够、垃圾标签等问题。在用户充分参与的前提下，自由分类法可提高知识组织效率，个性化的需求和市场使元数据和数据更密切的融合。自由文化的兴起，使创新跨越了学科、国界、文化和时空，新一代互联网正在用鼠标和键盘改变整个互联网的信息组织方式，自由分类法展示了人在信息组织中的能动性，通过人和信息技术共同配合，实现信息的有序化。

2.4 知识组织和知识组织系统的标准

知识组织系统的标准以叙词表的编制为主,标准发布的单位有国际标准化组织(International Organization for Standardization,ISO)、万维网联盟(World Wide Web Consortium,W3C)、国家信息标准组织(National Information Standards Organization,NISO)等。如 ISO 制定了 ISO 2788《单语种主题词表编制与修订准则》、ISO 5964《多语种主题词表编制与修订准则》国际标准。ISO 2788 和 ISO 5964 是 2 项关于如何构建叙词表的国际标准。前者针对单语种叙词表,后者针对多语种叙词表。两项叙词表的重要内容是不但明确了叙词作为概念和词汇的规范表述,而且定义了叙词之间的标准关系,即"用、代、属、分、参",并且通过范围注释(Scope Note)来明确叙词的内涵。美国国家标准局也颁布了 Z39.10,Z39.19 等一系列同知识组织相关的标准,其中 Z39.10 对应的国际标准是 ISO2146。我国已颁布的知识标准有:《GB 3860-83 文献主题标引规则》和《GB/T 3860-1995 文献叙词标引规则》等。除了叙词表的编制标准以外,2000 年以来关于主题图(TopicMap)和本体(如 OWL)也颁布了相关标准。

美国肯特州立大学的曾蕾教授(Marcia Zeng)主持的网络知识组织系统(Networked Knowledge Organization System,NKOS)项目是 KOS 领域的重要研究机制。NKOS 通过工作组会议,在欧洲数字图书馆年会、都柏林元数据年会等会议中,以召开专题会议的方式推进国际 KOS 的研究和交流。NKOS1997 年的会议主题是研究在网络环境下创建交互式的知识组织系统(包括叙词表在内)。重点讨论了数字图书馆中叙词表的使用、基于叙词表的元数据、分布式检索环境中的主题词汇和网络信息的自动分类等方面的问题。1998 年探讨的是"术语集和分类工作应用于数字馆藏发展和网络检索的研究",主要强调在网络环境中如何加强叙词表的实用性。1999 年 NKOS 会议讨论了网上分布式叙词表的相关问题,其中包括叙词表如何应用于资源描述体系、微软的叙词表和元数据、具有网络界面的多叙词表管理系统等。2000 年的工作组会议主题转向本体论,讨论了构造和维护网络受控词汇和术语集的项目。2001 年起 NKOS 开始关注不同知识组织系统如何通过映射、互操作等方式实现知识组织系统的整合,并尝试了人工和自动化两种方式。2002 年 NKOS 的研究主题是知识组织系统有效的数字图书馆的服务系统,包括文化遗产保存系统中的分类和组织问题。2003 年则开始将传统的知识组织系统应用到语义网的建构中,具体有农业本体的构建,主题图(TopicMap)的应用等。2005 年 NKOS 和英国数字图书馆联席会议合作举办研讨会,主题是不同类型的知识组织系统的整合以适应网络服务系统的需要、如何利用新的技术手段开展知识组织和知识组织系统的标准化进展。2006 年 7 月 NKOS 年会在奥地利维也纳召开,会议主题是全球学习型社会知识组织(Knowledge Organization for a Global Learning Society)。

2.4.1 Z39.19 标准

Z39.19 的全称是单语种受控词表的构建、格式和管理指南(Guidelines for the Construction, Format, and Management of Monolingual Controlled Vocabularies),2005 年版本是其自 1974 年推出第一版以来的第四次修订。Z39.19 的 2005 版本最大的变化就是将各种知识组织系统统一考虑,从可选词单到叙词表,并且将知识组织系统应用的对象从传统的文本文献扩展到网络文献和多媒体，大大扩展了标准的使用面。其目的是通过词汇控制的手段来改善网络存储和检索系统的效率。

Z39.19 词汇控制原则是词义消歧、同义词控制、等级关系和相关关系。它定义的可选词单、同义词环、叙词表和生物分类表（taxonomy）4 种受控词汇。

图 6.12 反映了四种受控词汇随着复杂程度的增加，控制措施的增强。其中可选词单控制较少，随着结构的复杂化，控制手段不断增多，叙词表则有词义控制、等级控制和关系控制等多种手段。

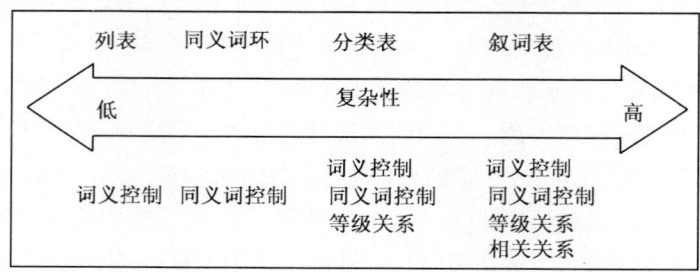

图 6.12　不同受控词汇的控制手法和区别

Z39.19 中规定的关系要多于 ISO 2788，它设计的词间关系包括等同关系、等级关系和相关关系都可进行详细的细分，可以看出 RDF 的影响，传统的用代关系体现在等同关系中，属分关系成为等级关系，而参照则细化为原因、过程、动作等类似分面的关系。

Z39.19 的修订适应了网络知识组织系统发展的需求，在综合考虑网络信息检索进展的基础上。认为按主题查找信息仍是主流。将多种知识组织工具按照一定方式整合利用，不断提高检索效率，同时也为语义网的建设应用奠定基础。

2.4.2　主题图（TopicMap）

主题图（Topic Map）起源于 HyTime（ISO 10744），1999 年获得国际标准组织的认证，2000 年成为国际标准（ISO/IEC 13250：2000 Topic Maps）。2001 年 3 月 2 日发布 XTM（XML Topic Maps，XML 主题图）第一版，2001 年 10 月，XTM DTD 被 ISO 13250 所采纳。XTM 标准详细规定了用于创建主题图的 XML 标签集和相应的语法规范，由于采用 HyTime 标准来定义主题图的语法，又被称为 HyTM，2002 年由 TopicMaps.Org 负责修订第二版（ISO/IEC 13250：2002）。ISO/IEC 13250 主题图为网络信息的组织和利用提供了规范。

主题图是一套用来组织信息的方法，以提供最佳的信息导航。主题图将所有可能的对象，不论具体存在的物质或是抽象的概念，皆统称为主题。从描述主题本身的属性开始，进而组织与此主题相关的所有资源，对这些资源进行定位，最终将所有相关的主题，依据彼此间的关系及相对与该关系的角色，建构出一个信息主题图。主题图就是一个由主题、关联性以及资源实体组成的集合体，因此，主题图的架构可分为 3 部分，简称为 TAO。

① 主题—Topics（T）。根据 XTM 标准，主题就是现实事物的具体化。主题可以是任何的名词，如名称（Name）、基本名称（Base Name）、显示名称（DisplayName）和排序名称（Sort Name）。其中基本名称是必须的。而显示名称和排序名称则可根据需要设置，主题图标准并没有将所有主题可能用到的名称都罗列出来，而只是选择了几个有代表意义和特殊用途的做

了规定。主题类型(Topic Types)是主题所归属的类别。

② 关联——Associations(A)。关联是一个描述两个或多个主题间相互关系的连接元素,表示主题间的语义关系,将具有相同关系的主题汇集成群。这种主题图与信息资源的分离性,还使得同一个主题图可以被用于多个不同的信息资源,就像一个信息资源可以拥有多个主题图一样。

③ 事件或资源实体——Occurrences(O)。主题链接的一个或多个可寻址(addressable)的信息资源,可以是内部或外部链接,如同资源指引类型的资源指引角色(Associations Role),也被视为主题。

马建霞等利用主题图技术开展了沙尘暴研究领域知识导航中的试验性应用。在试验中,通过对比研究一些典型的基于主题图的应用实例,确定了试验的技术路线,确定了构建主题图本体(ontology)的原则、方法和步骤,试验了主题图的合并机制,选定了两种具有代表性的可视化软件 Omnigator 和 Inxight 进行对比,开发了主题图编辑、存储和导出的工具和基于主题图标引文献的工具。

盛小平从事物(things)、关系(relationships)、属性(attributes)、事物种类(kinds of things)、关联(context)这 5 方面对主题图和资源描述框架大纲(RDF)进行了比较,认为主题图可标引信息资源并建立相应索引、交叉参照、引文体系等,可链接复杂主题范围的分布资源来建立虚拟知识体系,可通过主题概念与资源的不同链接在同一资源集合上定制面向不同用户的界面。主题图可解决信息的发现性(findability)问题。RDF 主要应用于语义网络,也可作为一种内容管理技术、知识管理技术、门户技术和电子商务的支撑技术。

2.4.3 OWL

OWL 是语义 Web 上发布和共享本体的语义置标语言,由 W3C 的本体工作组开发,2004 年 2 月 10 日成为 W3C 正式推荐标准。它代表了面向 Web 的本体表示语言的发展。它是 RDFs 的扩展,并源自 DAML+OIL Web 本体语言。OWL 能够被用来清晰地表达词汇表中的词汇含义以及这些词汇之间的关系。OWL 相对于 XML、RDF 和 RDF Schema 拥有更多的机制来表达语义,而又与它们兼容。简言之,OWL 这种本体描述语言,可以用来描述 Web 文档和应用中内在的类和关系。

曾新红在借鉴国外相关研究成果的基础上,提出了用 OWL 表示《中国分类主题词表》的具体方案,认为《中国分类主题词表》形式上是面向术语的,但其每一个正式主题词(即首选词)都可以被视为一个概念,因此可以采用面向概念的模式将其表示为本体。即词表中的每一个正式主题词都既表示为 Concept 类的 individual,也表示为 PTerm 类的 individual。属、分、参等关系在概念与概念之间声明,分类号和范围注释(Scope Note)属性也面向概念定义而不再面向术语定义。

2.5 知识组织系统的实践

2.5.1 杜威十进分类法(DDC)和学科信息门户 BUBL Link

BUBL Link 是英国斯特拉斯克莱德大学(Strathclyde University)的数字图书馆研究中心

(Centre for Digital Library Research)建设的网络学术信息资源导航系统。它利用 DDC 分类法组织和提高网络资源的导航系统。图 6.13 为 BUBL Link 的首页。

图 6.13 BUBL Link 的首页

BUBL Link 利用 DDC 的十个大类作为主导航系统，整个 DDC 浏览体系分 3 个级别，网络学术信息资源位于第三级 DDC 类目。BUBL Link 对每个类目下的网络信息进行筛选和评价，保证每个三级类目下所包括的信息数量在 5 条和 15 条之间，节省用户的时间。在高级检索页面中也支持 DDC 分类号和关键词等进行组配检索。除了采用 DDC 构造分类浏览系统以来，BUBL Link 还根据国家、学术信息类型和关键词提供浏览和导航系统。在 BUBL Link 中，DDC 分类法不仅仅是图书馆员对网络学术信息分类的工具，而且成为用户使用网络信息导航系统的界面，为用户提供了与传统图书馆书目检索系统一致的浏览界面。

2.5.2 医学主题词表（MeSH）在 PubMed 中的应用

医学主题词表（Medical Subject Heading，MeSH）是用来表达医学文献主题的规范化词表。它是对生物医学文献进行主题分析、标引和检索时使用的权威性词表。通过 MeSH 浏览器，通常可以检索到需要的主题词。MeSH 有 82 个副主题词表（Subheadings），针对某方面主题与特定的主题词组配。MeSH 归纳了 93 个副主题词并确切定义，每个副主题词只可能和某一类或多类主题词组配。反过来每类主题词只能和 93 个副主题词中某个或某几个副主题词组配。

PubMed 系统是由美国国家生物技术信息中心（National Center for Biotechnology Information，NCBI）开发的用于检索 MEDLINE 和 PreMED-LINE 数据库的网上检索系统。MEDLINE 是美国国立医学图书馆最重要的书目文摘数据库，内容涉及医学、护理学、牙科学、兽医学、卫生保健和基础医学。收录了全世界 70 多个国家和地区的 4 000 余种生物医学期刊，现有书目文摘条目 1 000 万余条，时间起自 1966 年。用户在 Pubmed 输入检索词后，

Pubmed 会按顺序使用如下 4 种表对检索词进行转换后再检索。其中一种是利用 MeSH 转换表(MeSH Translation Table)进行转换,包括 MeSH 词、参见词、副主题词等。如果系统在该表中发现了与检索词相匹配的词,就会自动将其转换为相应的 MeSH 词和 TextWord 词(题名词和文摘词)进行检索。

2.5.3 农业本体服务构建

农业本体服务(Agricultural Ontology Service,AOS)是联合国粮农组织(Food and Agriculture Organization,FAO)农业信息中心开发的农业领域的多语种叙词表检索和浏览服务。它将标准和规范应用于本体服务,以帮助构建和标准化多语种术语,供全球若干不同的农业信息系统应用。农业本体服务以多语种的农业叙词表(AGROVOC Thesaurus)为基础,利用本体的方法进行结构化和标准化,可以被世界范围的不同系统所使用。它描述多种语言的农业资源,并将这些资源有机联系起来。在获取这些资源过程中增加功能性及相关性,降低随机性;为共享农业领域内的通用的术语描述、定义和术语间关系提供一个框架。农业本体服务计划建设概念服务器(Concept Server)以实现从多语种叙词表的维护到基于 OWL 语言的本体服务。其基本结构如图 6.14 所示。

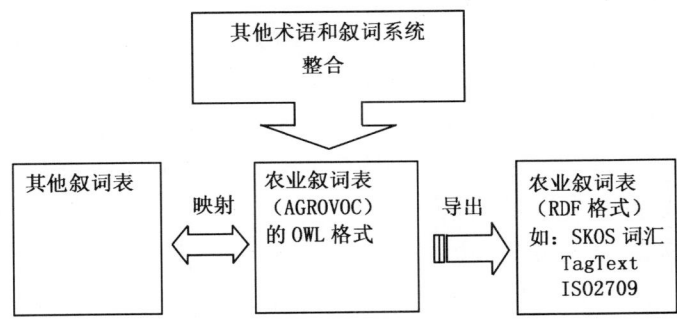

图 6.14 农业本体服务架构图

2.6 知识组织的发展趋势

知识组织系统的发展趋势重点是网络化和自动化,其目的是借助网络和计算机的力量,实现海量数据的有序化,并且能够持续地组织新的资料。知识组织自动化可以从自动分类、自动聚类、数据挖掘和信息抽取,以及信息可视化等。

2.6.1 自动分类

自动分类就是用计算机系统部分或者全部代替人工,按照一定的分类标准或分类参考,对文献信息等对象进行分类和组织,基本过程是在给定的分类体系下,根据文本的内容自动地确定文本关联的类别。自动分类可看成将未标明类别的文本映射到已有的类别中,映射规则是依据已掌握的若干样本的数据信息,总结出分类的规律性而建立的判别公式和规则,根据判别规则确定新文本的类别。

自动分类始于20世纪50年代末,国际商用机器(IBM)公司的卢恩(H. P. Luhn)在词频统计分析基础上提出了自动分类概念。常用的自动分类算法包括KNN算法(K-Nearest Neighbor)、支持向量机算法(Support Vector Machine,SVM)、向量空间模型算法(Vector Space Model,VSM)和贝叶斯算法(Bayes)。我国自动分类研究始于20世纪80年代中期,张琪玉、王永成和侯汉清等人开展了文献或图书的辅助或自动分类研究,并陆续研制出计算机辅助分类系统和自动分类系统,由于中文存在分词的问题,这些系统主要集中在中文处理领域。也提出过基于仿人思想的自动分类算法,以《中图法》为基础的分类知识库——分类法与主题词表对照数据库实现辅助分类的方法。

自动分类不但是图书情报领域的研究热点,而且也是计算机和信息处理领域的关注对象,但是侧重点略有不同。图书情报领域的自动分类更侧重对书目记录等元数据的自动分类研究,而后者则重视不同的算法以及自然语言处理。研究项目包括OCLC自动标引和自动分类研究的Scorpion和FAST规范词表库建设、美国国会图书馆的BEAT (Bibliographic Enrichment Advisory Team,书目丰富顾问组) 项目、美国锡拉丘斯(Syracuse)大学承担的NSDL (National Science Digital Library,美国国家科学数字图书馆)项目(其CNLP致力于抽取元数据进行分类)、自动元数据生成应用(Automatic Metadata Generation Applications Project,AMeGA)和INFOMINE开发的自动分类软件iVia。

信息处理领域的自动分类算法通常有两种分类方法:信息分类是按照定义好的人为的划分进行分类,例如:教育,娱乐,商业等等;自动类聚是依照信息在空间的夹角,并且对信息进行聚类(Cluster)的查找。自动聚类(Clustering)的方法有3种:

(1)现有的依靠大量样本进行NNet训练后进行单次模糊模式识别的方法;
(2)平移算法或卷积(自相关)算法;
(3)移动窗口算法(Sliding Window)。

自动分类无论是算法还是被分类的对象,都仍处在实验室阶段。如大量的自动分类都是基于文本的,基于图像和多媒体的分类仍处于试验系统。对于知识组织系统而言,如何有效地编码来支持自动分类和标引,曾经是关注的重点之一。但是无论是XML,还是后来的本体(ontology),都无法跳出"模式匹配"的基本线路。2000年以后,针对网页信息的自动分类研究呈上升趋势,但自动分类仍然有漫长的研究路途要走。

2.6.2 从数据挖掘到信息抽取

数据挖掘是从大量数据中提取出隐含的、特别的、未知的、有潜在价值的信息。它自动在大型数据库里面找寻潜在的预测信息,探测新的模式。数据挖掘工具扫描整个数据库并辨认隐藏模。

数据挖掘开始于数据集。数据集是指从特定场合或过程中测量和记录下来的一组数据。数据可以有各种各样的形式,如数字形式的,或音像形式的。数据可以有各种各样的分类,如连续型数据和离散型数据。在数据采集之后,需要进行抽样和清理工作。清理的结果就是得到数据样本集。数据仓库是一种数据存储的有效形式,非常利于数据挖掘。之后,就可以使用各种数据挖掘的算法了。数据挖掘比较常见的任务包括:解释性数据的分析、描述性建模、预测性建模、模式和规则的识别、文字图像信息的搜寻。数据挖掘算法根据挖掘方式可以分为有教师型和无教师型，也称监督学习和非监督学习。在有监督学习中，先给定一个教师信号，对训练样本集中的每个输入样本能提供类别标记和分类代价，并寻找能降低总体代价的方向。在无监督学习算法中并没有显式的教师。系统对输入样本自动形成聚类。数据挖掘的工具可以分成 3 类：通用的工具、综合 OLAP/数据挖掘工具和特定应用领域的工具。在数据挖掘中，知识组织系统主要用于概念的需求和模型的构建，并且类似关键词挖掘等技术还有助于发现科技热点和趋势。

数据挖掘强调在结构化和数值型的数据中寻找规律，而信息抽取则重视在非结构化数据中挖掘意义。信息抽取技术指的是直接从自然语言文本中抽取事实信息，并以结构化的形式描述信息，供信息查询、文本深层挖掘、自动回答问题等应用，为人们提供有力的信息获取工具。信息抽取系统的主要功能是从文本中抽取出特定的事实信息，被抽取出来的信息以结构化的形式描述，可以直接存入数据库中，供用户查询以及进一步分析利用。信息抽取系统的处理对象是自然语言文本，尤其是非结构化文本。但广义上讲，除了电子文本以外，信息抽取系统的处理对象还可以是语音、图像、视频等其他媒体类型的数据。

从自然语言文本中获取结构化信息的研究最早开始于 20 世纪 60 年代中期的美国纽约大学开展的 Linguistic String 项目，以及由耶鲁大学罗杰·先克(Roger Schank)及其同事在 20 世纪 70 年代开展的有关故事理解的研究。信息抽取技术研究侧重于利用机器学习技术增强系统的可移植能力、探索深层理解技术、篇章分析技术、多语言文本处理能力、WEB 信息抽取以及对时间信息的处理等。在应用方面自成系统以外，还往往与其他文档处理技术结合，建立起功能强大的信息服务系统。至今，已经有不少以信息抽取技术产品为主的公司出现，比较著名的有：Cymfony 公司、Bhasha 公司、Linguamatics 公司、Revsolutions 公司等。推动信息抽取研究进一步发展的动力主要来自美国国家标准技术研究所(NIST)组织的自动内容抽取(ACE)评测会议。

信息抽取系统需要知识库的支撑。在不同的信息抽取系统中知识库的结构和内容是不同的，但一般来说，都要有：一部词典，存放通用词汇以及领域词汇的静态属性信息；一个抽取模式库(Extraction Patterns Base)，每个模式可以有附加的(语义)操作，模式库通常也划分为通用部分和领域(场景)专用部分；一个概念层次模型(本体)，通常是面向特定领域或场景的，是通用概念层次模型在局部的细化或泛化。除此之外，可能还有篇章分析和推理规则库、模板填充规则库等。

2.6.3 信息的可视化

可视化是一种计算和处理的方法，它将抽象的符号表示成具体的几何关系，使研究者能亲眼看见他们所模拟和计算的结果，使用户看见原本不能看见的东西。信息可视化(Information Visualization)是处于在数据、计算和用户之间的一种交叉活动，最初目标是将待处理数据中的特征和模式传达给用户，辅助用户进行实验验证、经验发现和获得知识。这种以人类为中心的活动强调了人类感知、认知、行为和社会活动等作为一个整体的重要性。

信息可视化是用一维或者多维图的方式反映信息在主题和分类方面的分布和层次等级关

系。近年来又提出知识可视化。艾普勒等人(M. J. Eppler)认为：知识可视化是在科学计算可视化、数据可视化、信息可视化基础上发展起来的新兴研究领域,应用视觉表征手段,促进群体知识的传播和创新。知识可视化领域研究的是视觉表征在提高两个或两个以上人之间的知识传播和创新中的作用。目标在于传输见解、经验、态度、价值观、期望、观点、意见和预测等,并以这种方式帮助他人正确地重构、记忆和应用这些知识。知识可视化与信息可视化有着本质差别,信息可视化的目标在于从大量的抽象数据中发现一些新的见解,或者简单地使存储的数据更容易被访问；而知识可视化则是通过提供更丰富的表达他们所知道内容的方式,以提高人们之间的知识传播和创新。

派福奥(Paivio)的双重编码理论为知识可视化提供了理论基础,同时以视觉形式和语言形式呈现信息能够增强记忆和识别。知识可视化将知识以图解的方式表示出来,为基于语言的理解提供了很好的辅助和补充,降低了语言通道的认知负荷,加速了思维的发生。知识可视化发展趋势为：

(1)二维到多维的转变,当前的知识可视化技术大多是依靠计算机的二维屏幕实现的,将与虚拟现实空间相结合。

(2)静态向动态、交互的转变。知识可视化不能仅仅是为了知识传输的静态对象,而是需要建立一种迭代的、协作的过程,使得可视化过程动态发生。

§3 数字对象及数字仓储

3.1 数字对象技术

随着数字信息资源的不断增加,对信息资源的描述提出了新的要求。人们希望通过将多种类型的信息有机的组织起来,同时将元数据和操作方法一并封装,从而建立内容集成、结构复杂的数字资源单元,它可以全面揭示数字信息资源存在的多样性、数字信息资源内部组成的复杂性以及数字信息资源之间的关联性特征。针对这些数字信息资源描述的新需求,在20世纪90年代西方学者最先提出了数字对象的概念。利用数字对象,人们可以明确地揭示数字信息资源的特性,这些特性是传统载体信息资源所不具备的或者无法以机器可处理的方式明确地揭示出来的,例如：数字资源内部各组成部分之间的关系,以及数字资源之间的关联关系等。

从数字对象的功能需求来看,数字对象至少应具备以下两个特征：

(1)数字对象不仅仅是数字内容(文件)的二进制字节集合

首先,数字对象应该包括对其本身的描述(元数据),而这种描述又可以分成三种类型：用于数字对象管理的描述、用于数字对象发现(检索)的描述和用于数字对象保存的描述。其次,一个数字对象中可能包含多个相互关联的数字内容实体,甚至可能包含一个指向其他数字对象的嵌套结构,而组成数字对象的内容实体或嵌套数字对象可能存储在本地地址空间中,也可能是分布式的存储在网络上的异地地址空间中。

(2)读者不是通过简单的拷贝方式获得数字内容

接到读者对于某个数字对象的获取请求后,信息服务机构将这个数字对象分发给读者,分发过程可能不是简单的文件拷贝,可能包含格式转换、编码解码、压缩解压以及合并拆分等过程。比如:一个数字对象存储一段数字乐谱,可以将这段乐谱分发(拷贝)给读者,也可以通过音频合成器将数字乐谱变成音频分发(播放)给读者,不同的分发方式需要不同的分发器(disseminator),每个分发器代表了数字对象可以呈现给读者的一个视图(View),因此数字内容分发器应该和数字内容实体本身一样成为数字对象的一部分。

综上所述,一个数据对象通常由三部分组成:数字内容实体集合及其结构、数字对象的描述(元数据)、数字内容的分发机制(通常使用独立于软件平台的服务描述规范进行描述,例如:Web 服务描述语言等),这与面向对象程序设计方法中将对象的属性与方法进行统一封装的设计理念非常相似。

3.2 数字对象标准

3.2.1 元数据编码与传输标准(METS)

METS 是美国国会图书馆为数字对象的编码、描述、管理、交换、显示等制定的一个以 XML 为基础的数据架构标准。它主要包括 7 个部分的内容:METS 头标区(metsHdr)、描述性元数据区(dmdSec)、管理性元数据区(amdSec)、文件组区(fileSec)、结构图区(structMap)、结构链接区(structLink)、行为机制区(behaviorSec),见表 6.3。

表 6.3 METS 的结构

名称	描述
METS 头标区	METS 文档的本身描述信息,包括 METS 文档的创建者、编辑者等
描述性元数据区	数字对象的元数据,可以是 MARC、DC 等多种格式。元数据可以在 METS 文档内部编码,也可以通过 DOI(数字对象标识符)等资源定位机制指向一个独立的包含元数据信息的外部实体
管理性元数据区	数字对象的管理信息,包括数字对象的创建、存储以及知识产权信息等。与数字对象的元数据类似,其具体内容既可以在 METS 文档内部编码,也可以通过指针指向一个独立的外部实体
文件组区	组成这个数字对象的计算机文件及其分组
结构图区	概括了数字对象的层次结构,并且将对应的内容文件和元数据链接到结构图的相应元素中
结构链接区	记录结构图部分中的分层节点之间的链接关系
行为机制区	记录 METS 对象中的内容实体所关联的可执行的操作,包括操作接口和操作定义两个部分

从以上结构可以看出,METS 标准具备以下特点:
● METS 全面完整地表达了数字对象的概念
● METS 标准具有良好的扩展性

● METS 标准具有较强开放性

METS 标准提出已经 8 年,作为一个数字对象的实用逻辑模型,目前已经成为数字图书馆界进行数字对象分析的主流标准,得到了广泛的支持。同时,在广泛领域的应用案例也促进了 METS 的进一步发展。目前,已经采用 METS 标准的机构与项目有:中国高等教育数字图书馆项目、中美百万册书数字图书馆合作计划、美国 OCLC Digital Archive 项目、美国国会图书馆 Digital Audio-Visual Preservation Prototyping 项目、The Digital Library Federation 等。

3.2.2 运动图像专家组(MPEG-21)标准

MPEG-21 是运动图像专家组(Moving Picture Expert Group,MPEG)最新制定的多媒体信息描述框架标准。该小组是专门从事多媒体视频/音频压缩技术标准制定的国际组织,先后制定了 MPEG-1、MPEG-2、MPEG-4 和 MPEG-7 等系列标准。最初的三个 MPEG 标准关注的是视频、音频压缩与网络传输方面,到了 MPEG-7 开始关注多媒体信息描述方面的问题,MPEG-21 标准是以 MPEG-7 为基础发展而来,总体上来讲是一个支持通过异构网络和设备使用户透明而广泛地使用多媒体资源的标准,其目标是建立一个交互的多媒体框架。MPEG-21 也在一定程度上解决了多媒体信息的内容管理、内容重定位以及各种知识产权的保护等问题。

用户、使用和数据项是 MPEG-21 标准的 3 个基本概念。

① 用户(USER):MPEG-21 中的用户可以指世界各地的个人、消费者、团体、组织、公司、政府以及其他标准化组织和主体。MPEG-21 将信息的提供者与信息的使用者同等对待。

② 使用(USE):使用发生在用户之间,它包括内容创建、内容提供、内容存档、内容定级、内容增强和递送、内容聚集、内容传输、内容发表、内容零售、内容消费、内容提交、内容管制等。

③ 数字项(Digital Item):数字项是一个结构化的数字对象,也是 MPEG-21 标准的核心,它是按标准进行表达、标记并带有描述性数据的数字资源及其相关内容(图像、数据文件、音频、视频等)的集合。

目前图书馆领域已开始注意 MPEG-21 标准,美国 Los Alamos 国家实验室数字图书馆使用 DIDL 构建了其数字对象模型。

3.3 数字对象模型

3.3.1 灵活可扩展的数字对象仓储体系结构模型

灵活可扩展的数字对象仓储体系结构(Flexible Extensible Digital Object and Repository Architecture,FEDORA)起源于 1997 年美国国防高级研究计划局和美国国家科学基金会(National Science Foundation,NFS)资助康奈尔大学开展的一个研究项目。FEDORA 模型在 METS 基础上进行了扩展,它提出由结构内核(structural kernel)和功能分发层(disseminator layer)来共同组成一个复合数字对象,将对信息的操作与信息本身分离。其中,结构内核容纳了数字对象内容(比特流形式)、对象的元数据,以及对这个对象进行存取控制的数据。功能分发层是对这些数据进行的操作,它包括主功能分发器(primitive disseminator)和内容类型分发器(content-type disseminators)。主功能分发器支持有关结构内核数据类型和对内核数据进行读取的服务功能,内容类型分发器则支持内嵌数据格式的转换机制,如图 6.15 所示。

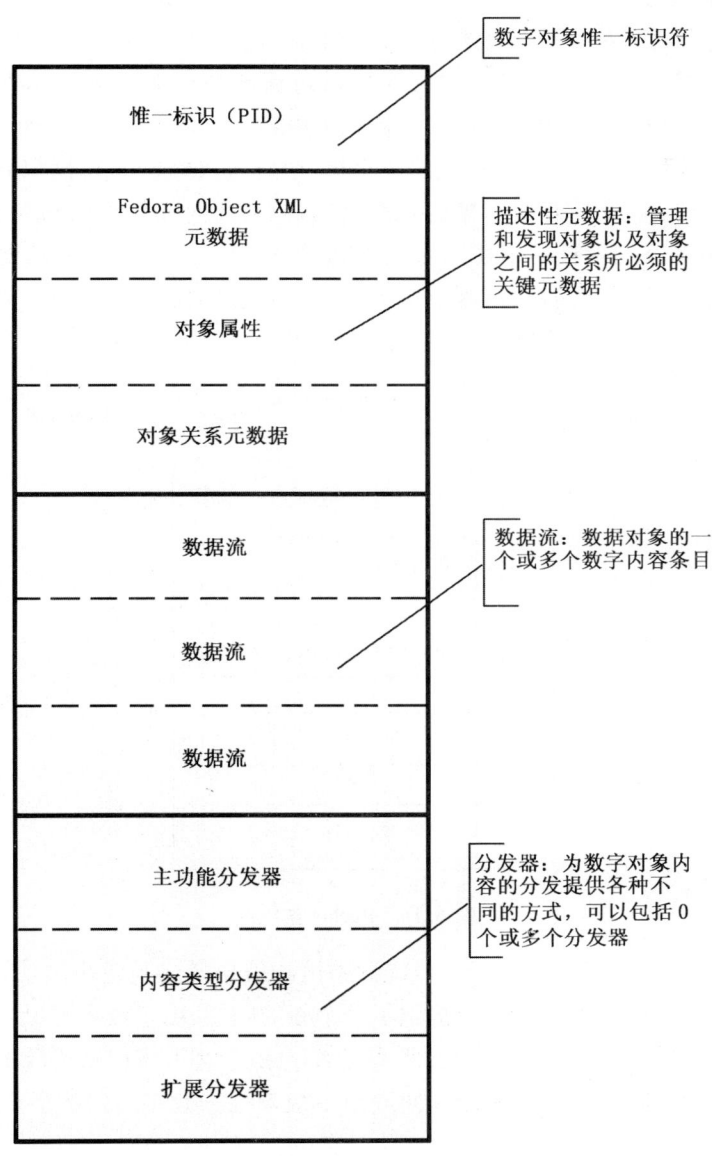

图 6.15　FEDORA 数字对象结构图

FEDORA 对象模型主要侧重于数字对象的可伸缩性、灵活性、可扩展性研究,将数字对象的结构组织与服务分离,实现对象的可扩展性以及对象内容的多样性输出。以 FEDORA 模型为核心的 Fedora 系统是一种免费开放源码软件,已经在美国康奈尔大学、耶鲁大学、弗吉尼亚大学、印第安纳大学、西北大学,美国国家科学数字图书馆、英国格拉斯哥-苏格兰大学、丹麦技术大学、澳大利亚昆士兰大学等大学和机构使用,被证明特别适合处理复杂的多层次数字对象。

3.3.2 Bucket 模型

Bucket 是由美国国家航空航天局（National Aeronautics and Space Administration，NASA）开发的复合数字对象管理集成方案和技术标准。它能将与同一对象相关的所用文本文档、原始数据、软件、图片、视频等集成在一起进行管理并提供访问。Bucket 的对象具有智能化的特点，能够自动识别外界的访问并提供相关内容。

Bucket 对象模型包括 4 个层次：元素（Element）、包（Package）、桶（Bucket）、文档（Archive），参见图 6.16。元素是组成对象的基本数据，包括指向外部数据和其他对象的指针；包代表信息类型，由多个元素按一定规则组成，如数据集合、软件集合、手稿集、元数据集等；桶（Bucket）是一个基本的数字对象，由多个包组成；文档则是对象的管理层，实施对象内部管理以及与外部的交互。Bucket 是侧重于解决信息集成问题的数字对象模型。

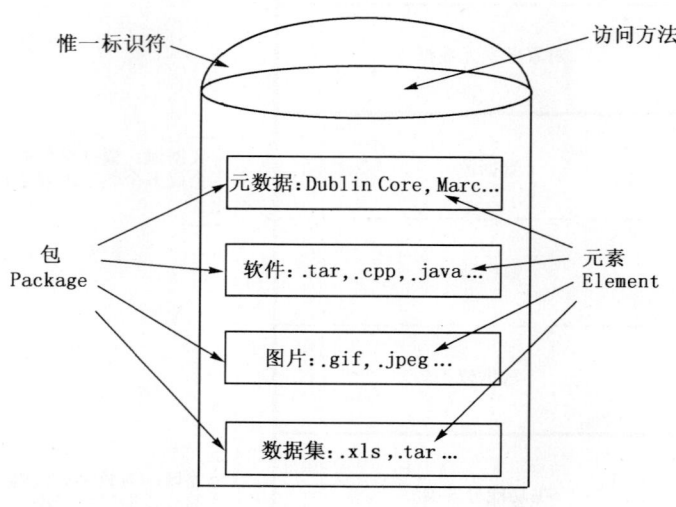

图 6.16　Bucket 结构图

可以看出"数字对象"继承和发展了传统图书馆的信息描述与组织方法，是一种适合数字图书馆需要的信息组织模式，但同时也提出了一个新的问题：由于数字对象内部组成结构的复杂性，仅仅使用文件管理系统或数据库管理系统来存储、管理数字信息资源不能实现对数字对象的有效管理和高效服务，需要一种全新的应用系统来维护数字对象的生成、存储、服务以及销毁的全过程。

3.4　数字仓储技术

对数字对象进行管理、长期保存并提供基础服务的应用系统就是数字仓储系统（Digital Repository），又称数字对象管理系统（Digital Object Management System）。它提供了一系列的功能用以实现数字对象的摄取、存储、保存，以及访问。目前最有影响的数字仓储模型是 OAIS 参考模型。

3.4.1 OAIS 模型

OAIS(Open Archival Information System,开放文档信息系统)是一个数据仓储的逻辑参考模型,它由美国国家航空航天局和美国太空数据系统咨询委员会(Consultative Committee for Space Data Systems,CCSDS)联合制定,旨在定义数字仓储系统中所必须的功能模块的概念模型,它已于 2003 年正式成为 ISO 标准(ISO 14721:2003)。OAIS 的功能模型见图 6.17。

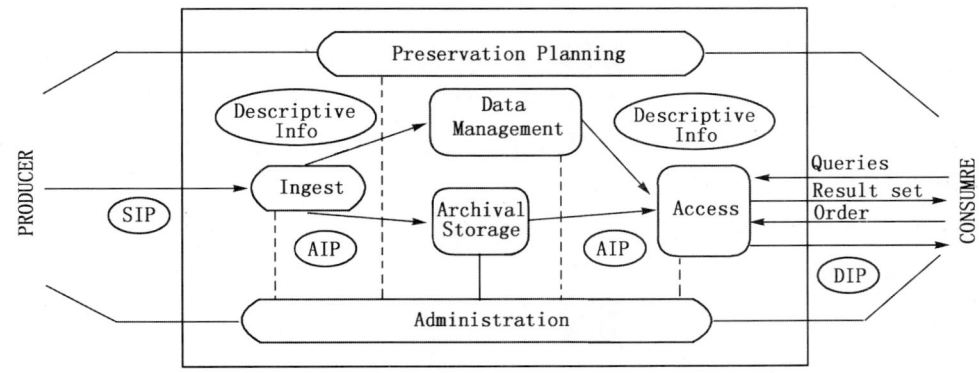

图 6.17　OAIS 功能模型图

OAIS 模型根据数字对象在数字仓储系统中的不同状态定义了 3 种信息包:提交信息包(SIP)、归档信息包(AIP)和分发信息包(DIP)。数字仓储系统摄取、维护以及分发数字对象的过程实际上可以描述成不同信息包之间的转换过程。

OAIS 模型中,信息包转换过程可以分为以下 4 个步骤:

(1)数字对象的生产者将数字对象以及一些描述信息(来源、存储访问方式等)合并在一起组成 SIP 提交给 OAIS 系统;

(2)OAIS 系统的摄取模块(Ingest)接收 SIP,经过完整性验证以后将 SIP 转换成 AIP,档案存储模块(Archival Storage)实现了 AIP 的存储、维护、检索等功能;

(3)数据管理模块(Data Management)可以将 AIP 中的描述元数据分离出来单独管理,用于检索;

(4)访问模块(Access)接收并处理用户请求,将 AIP 转换成 DIP 提交给用户。

OAIS 模型能够在同一个存储体系下容纳各种类型和格式众多的数字内容,并为目标用户提供对这些数字内容长期稳定的服务,因此该模型被广泛应用于创建信息环境、出版系统和长期保存系统。目前国外已经提出了许多基于 OAIS 模型的实用的数字仓储解决方案,如麻省理工学院的 DSpace 系统、康奈尔大学与弗吉尼亚大学图书馆合作的 Fedora 系统、哈佛大学的数字仓储系统、OCLC 的数字仓储系统等。国内的清华大学图书馆同德国哥廷根大学图书馆、美国康奈尔大学图书馆和法国奥塞大学图书馆一起加入由 Springer 出版社倡议的 EMANI——"数学文献电子化文档网络"项目,合作进行数学类数字资源长期保存系统的研究。

3.4.2 其他数据仓储项目

1. DSpace

DSpace 是美国麻省理工大学和 HP 公司合作开发的数字资源仓储项目，该项目开始于 2000 年。DSpace 是一个专门的数字资源仓储系统，它管理和发布由数字文件或"数字流"（bitstreams）组成的数字条目（item），并且允许创建、索引和搜索相关的元数据以便定位和存取该条目。

2. PREMIS 项目

PREMIS 是 OCLC 和研究图书馆联盟（Research Libraries Group，RLG）在 2003 年合作成立的一个国际工作组，旨在在 OAIS 概念模型的基础上定义出一套可实施的适合各个领域的数字对象核心保存元数据集，并且起草一份支持该核心元数据集的数据字典，同时检查、评估在数字仓储系统中保存元数据的编码、存储和管理策略。

2005 年 11 月，PERMIS 工作组赢得了声望很高的英国数字仓储大奖，该方案发布至今不到一年，但是已经在业界产生了不小的冲击，可以预料会对未来的数字图书馆项目产生比较深刻的影响。

§4 信息构建

4.1 信息构建概述

信息构建（Information Architecture，IA），可以看成是数字环境下，尤其是针对网站的一种集信息组织管理与方法于一体的研究。

4.1.1 信息构建概念

美国建筑师沃尔曼（Wurman）在 1976 年提出信息构建，他当时对信息构建的具体描述为：将数据中固有的模式进行组织，变复杂繁琐为简单明晰。当今信息时代的"信息爆炸"实际是"无用信息的爆炸"，信息不能告知人们想要了解的东西，人们因此感到焦虑和饥渴。他认为，把复杂的信息清晰地描述出来、向人们提供可理解的信息，可以消除信息焦虑。

随着互联网的发展和迅速扩展，研究者们开始将信息构建理论引入网络信息组织的研究与实践中，针对网站提出了狭义 IA 的概念。狭义 IA 可以看成是关于如何组织信息和设计信息环境、信息空间结构的一门艺术和科学，具体包括对信息组织的整体架构，包括对信息导航、信息搜索与信息标记系统的规划与设计，以帮助人们在网络和 WEB 环境中更成功地管理信息，更有效地促进用户信息任务的完成。

与狭义信息构建相对，广义信息构建将针对于所有信息管理应用领域，比如一个组织的信息管理，这时信息构建的应用意味着运用信息构建顶层规划思想、运用集信息内容组织与信息用户、信息组织环境于一体的信息生态理念，对一个组织的信息要素（如信息内容资源、人员、技术设备资源)进行整合与合理配置,以实现用户对信息资源最有效的使用。

4.1.2 信息构建研究的发展

信息构建研究分为前网络期和网络期两大阶段,两个时期的研究分别代表着两大观点,即:使信息可视和可理解;帮助人们更加成功地找到和管理信息。这两种观点也正是这两个时期 IA 实践的主要特色。前者的代表人物是 IA 的创始人沃尔曼,也是 20 世纪 70 年代中期以来的 IA 主要实践者,他的主要研究对象是原子信息(书本),研究焦点主要集中在信息二维的页面展示和版面编排。后者的代表人物是 Louis Rosenfeld 和 Peter Morville,他们在 20 世纪 90 年代中后期才加入到 IA 实践行列的,他们的主要研究对象是电子信息(网站),研究主要集中在网站的信息结构和组织。

国内对信息构建的理解、应用研究起步于 21 世纪初。信息构建问题最早是由中国科技情报学会理论方法与教育专业委员会和中国国防科技信息学会情报学术专业委员会,于 2001 年 12 月在湖北老河口举办的"新世纪初情报学学科建设、发展与应用研讨会"会议上提出。此后可以说信息构建研究在国内的影响力开始逐渐扩展,业内学者们纷纷著书、撰写论文,并积极致力于信息构建的实践探索。如今,信息构建还被列为国家自然科学基金研究方向的资助规划中的重点支持领域,这预示着我国的信息构建研究将进入到由探索到成长的升华阶段。

4.1.3 关于信息构建研究的基本内容及其理解

万维网将信息构建分为两个方面:一是关于网站的信息内容组织技术方法;二是关于网站的信息内容组织规划与管理方法。

1. 关于网站的信息内容组织技术方法

这一层面的信息构建主要是针对网站导航体系建设、分类体系建设、搜索体系建设、标记体系建设的技术方法研究,它们构成了网站信息内容组织的最基本内容。

与图书馆相比,网站还处于成长期,信息内容怎么组织,传统的分类与主题方法怎么结合网站特点进行科学而灵活的应用,网站数字化特点又在催生什么新方法新技术,都是信息构建第一层面需要研究的内容。尽管目前各个网站都在不同程度上运用着上述方法,但是效果参差不齐。一方面网上信息资源正在以惊人的速度不断增加,另一方面信息搜索精度愈来愈难以满足用户需求,因此精细化的组织网站信息内容成为了必须。将网站设计中的内容组织独立出来作为专门的研究领域,实际上是信息构建问世的意义所在。

2. 关于网站的信息内容组织规划与管理方法

网站的信息内容组织规划与管理方法包含 3 个层面的内容:

一是集用户、环境、内容于一体协调发展的网站信息建设的基本理念。这是有别于一般网站建设,并实现如前所述的信息构建基本内涵的重要思想。其中最核心点是用户,也就是说,网站的信息内容组织从根本上说应该围绕用户。

二是自顶向下(Top-down)、自底向上(Bottom-up)的信息组织规划思想。即信息构建过程中,任何导航体系、分类体系、搜索体系都必须依据本网站所属的组织机构的环境特点、用户特点,对网站内容的顶层划分架构进行设计,如按组织业务内容划分(如企业的产品营销、产品设计、客户服务等)、按组织部门功能划分(如政府网站)、用户使用内容划分(如高校可划分教师、学生、领导等),然后再考虑底层应该配置什么内容的信息资源,这就是自顶向下(Top-down)规划思路;而自底向上(Bottom-up)规划主要是针对网站底层信息内容是否要进行主题、元数据标引等决策。

三是从规划到设计、到执行管理的信息构建程序,在这里提出了信息构建应该遵循的科学的、规范的管理方法,也是上述的信息生态学理念以及自顶向下(Top-down)、自底向上(Bottom-up)信息组织规划思想在操作层面上的具体实现步骤,这是进行网站信息内容建设的质量保证。

4.2 网站的信息组织

网站信息组织是信息构建基本内容,包括网站导航体系建设、分类体系的建设、搜索体系的建设以及标记体系的建设。根据设计规划思路,又可分为自顶向下(Top-down)的组织与自底向上(Bottom-up)的组织。

1. 导航系统(Navigation)

网站的导航系统(也即网站栏目体系)是信息组织的主要形式,也是用户登录网站浏览、搜寻信息的主要渠道。网站导航系统分为两大类:一类是直接嵌入于网页内容之中的导航系统;另一类则是存在于网页内容之外的导航系统。

嵌入式导航系统主要有全局导航、局部导航以及语境导航。全局导航系统即网站一级导航条系统。

全局导航是对网站所有页面进行导航的系统,包括网站内容资源与服务工具两大部分,起到对全局领航的功能,图6.18为Forrester网站全局导航结构图。

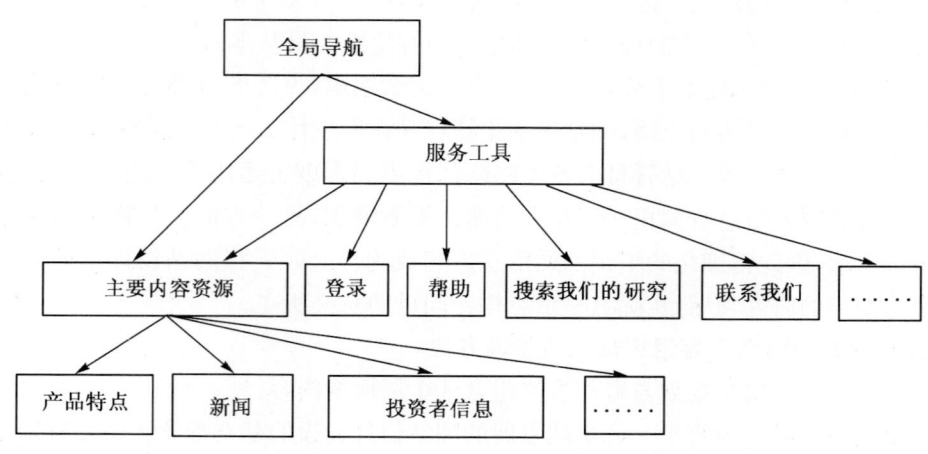

图6.18 Forrester网站全局导航

评价全局导航建设的质量好坏指标主要有:
(1)位置的一致性,即指在整个网站中全局导航在各个网页中是否处于同一个位置;
(2)位置指示符完整性,指每一个网页都设有位置指示符;

(3)标记的一致性(关于标记的可理解性等)。

局部导航(Local Navigation)系统指的是为各个不同内容领域导航所设计的导航系统,即我们通常所称的二级、三级导航体系,主要是方便用户在特定的内容领域里浏览,与全局导航相同,它同样需要关注“位置的一致性、位置指示符的完整性、标记的一致性”的问题。这些问题的控制保证了用户进入任何一个领域以及任何一层的导航体系中,用户始终能对网站资源内容进行整体把握,并能上下左右随意进入与退出。

语境导航(Contextual Navigation)是指用户可以在网站所有相关的内容中进行浏览的一种导航系统,因此也可称语境浏览,即对相关的内容对象进行浏览,还可称为参见导航或预期导航,功能类似主题索引体系中的“参见”项,可以帮助用户扩大搜索与其搜索主题相关的内容。在电子商务网站上经常有类似导航。

数据库系统中的反馈结果中的各种链接,也可以看作是一种语境导航,例如,图 6.19 所示为万方数据库文献查询链接。

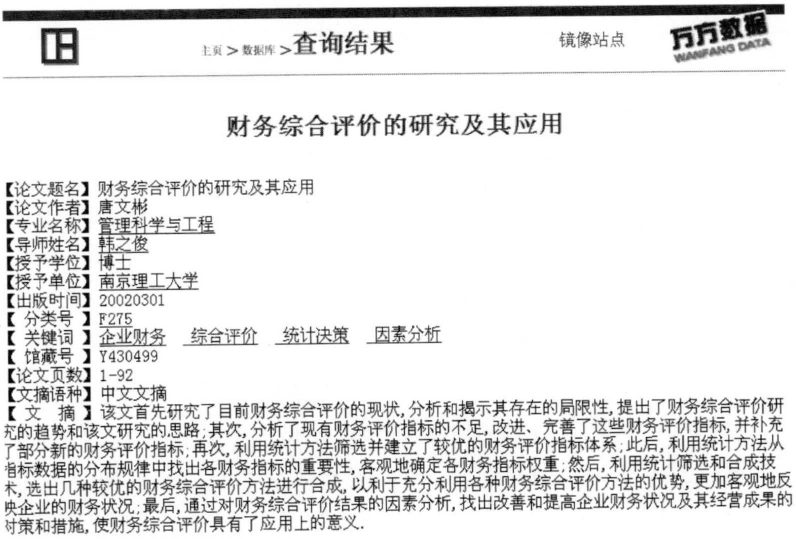
主页 > 数据库 > 查询结果　　镜像站点

财务综合评价的研究及其应用

【论文题名】财务综合评价的研究及其应用
【论文作者】唐文彬
【专业名称】管理科学与工程
【导师姓名】韩之俊
【授予学位】博士
【授予单位】南京理工大学
【出版时间】20020301
【 分类号 】F275
【 关键词 】企业财务　综合评价　统计决策　因素分析
【 馆藏号 】Y430499
【论文页数】1-92
【文摘语种】中文文摘
【 文　摘 】该文首先研究了目前财务综合评价的现状,分析和揭示其存在的局限性,提出了财务综合评价研究的趋势和该文研究的思路;其次,分析了现有财务评价指标的不足,改进、完善了这些财务评价指标,并补充了部分新的财务评价指标;再次,利用统计方法筛选并建立了较优的财务评价指标体系;此后,利用统计方法从指标数据的分布规律中找出各财务指标的重要性,客观地确定各财务指标权重;然后,利用统计筛选和合成技术,选出几种较优的财务综合评价方法进行合成,以利于充分利用各种财务综合评价方法的优势,更加客观地反映企业的财务状况;最后,通过对财务综合评价结果的因素分析,找出改善和提高企业财务状况及其经营成果的对策和措施,使财务综合评价具有了应用上的意义.

图 6.19　万方数据库文献查询链接

一般机构网站中也会涉及不同情形的语境链接,语境导航的设置,与主题索引中的参见条款设置的原理应该是相同的,这是建立在网站内容相关关系分析基础上的。

位于网页之外的补充导航系统(Supplemental Navigation)属于第二类导航系统,包括网站的站点地图(Site Map)、索引(Index)以及指南(Guide)。

补充导航向用户提供一种专门的查询入口,直接进入到用户所需要的网站内容中去,而不需要依据导航条层层进入。其中站点地图提供整个网站的鸟瞰图;按顺序排列的索引可使用户直接进入所需内容;向导则是为特定的用户、任务或主题提供线性的导航。每种补充导航都有其独特的针对性。补充导航系统的设计目的在于,提供一个集搜索和浏览于一体的网站查询工具。

2. 分类系统

大型网站如电子商务网站、数据库网站、搜索引擎网站等，除了建立导航系统外，还会针对网站内容资源建设分类系统，作为栏目导航系统的补充，主题划分得更细化，层次更丰富。比起图书分类法，就现有网站考察来看，网站分类体系有如下的特点：

- 层次比较浅；
- 权威性不足；
- 灵活性较强；
- 多向层次结构、多维层次结构的应用。

超链接技术使得能够体现多重入口、多重归属的分类使用成为可能，从而更加方便了用户搜寻与浏览。

表 6.4 是 Wine.com 网站一个关于多面分类的简单例子。按照多面分类思想，葡萄酒可以按下表中的 5 个"面"进行分类。

表 6.4 葡萄酒的多面分类实例

Facet	受控词汇实例
类型	红酒(Merlot，PinotNoir)，白酒(Chablis，Chardonnay)，汽酒，粉色酒，甜酒
区域(产地)	澳大利亚，美国的加利福尼亚，法国，意大利
葡萄酒酿造厂(制造商)	Blackstone，Clos du Bois，Cakebread
年份	1969，1990，1999，2000
价格	$3.99，$20.99，<$199，便宜，适中，昂贵

3. 搜索系统

搜索系统是用户进入网站内容的另一个途径。它的功能与补充导航类似，可以使用户不必通过导航条一步一步、一层一层地进入网站内容，而是通过输入主题词直接切入所要的内容范畴中。试验调查研究表明，大多数用户一般在网上都是采取搜索系统寻找内容明确的信息。搜索系统是大型数据库网站主要的服务功能。因此对于大型网站(如上所说的电子商务网站、数据库网站、搜索引擎网站)来说，配备一个具有较好的查准与查全功能的搜索系统十分重要。事实上，搜索误差大已经成为了很多网站上的一个普遍问题。用户输入一个主题词，得到的往往是噪音十足的信息反馈，而沉入深处的信息却难以寻觅。因此，语义检索、语义网以及与此相关的受控词表、本体的研究便成为了热点。由此我们看到，网站信息构建一旦要走向深入，还需认真研究探索信息组织问题。

4. 标记系统

标记(Labeling)是表达信息的一种方式。它是指系统地使用一些词汇来描述内容对象的过程，它是在对内容对象进行分类的基础上，使用适当的词汇来给内容对象做标记，以使用户能够正确地识别其指代的内容对象，进而方便地找到他想浏览的内容。在网站上，整个信息内容的组织结构几乎都是通过标记系统表现出来的，通过标记系统，用户才可以直观地感受和理解网站内容的组织体系。

从沃尔曼基于建立一种可理解的信息表述的初衷而提出信息构建来看，标记也是信息构建必须关注的重要内容之一。而我们对网站搜索障碍的测试考察也表明,对网站的各种导航体系标记理解困难是用户网站搜索中最大的障碍。

与物理的信息机构面对面的信息交流不同的是,网站所有者和用户之间的信息交流的中介体是网站,网站所有者必须通过标记准确地描述他要提供给用户的信息内容,用户才能够准确找到他所要的信息。而在网站上,用户实际是在与网页进行交流,网站所有者并不能及时获得用户的反馈信息,及时回答用户的各种疑问,在这种情况下,标记系统设计的质量就非常重要了。

设计标记系统完全要靠我们根据网站的"内容"、"语境"和"用户"去努力思考与设计,实用的才是最好的。在实际的标记设计中经常会出现以下一些问题:

- 表达不明确;
- 表达易误解;
- 标记不一致。

5. 自顶向下与自底向上的信息组织方法

网站信息组织有自顶向下(Top-down)与自底向上(Bottom-up)两种方法。

自顶向下的信息组织是从抽象到具体,从顶层到底层,即从网站组织与用户的需求出发,确定网站需要存放的基本内容,并根据用户使用特点以及内容基本构成对其进行划分,由此构建类似导航体系的网站顶层结构,然后再将底层各类文档与其对接。这是一般网站建设的基本方法。资源较多的网站还会构建层次更加丰富的分类体系。

自底向上的信息组织方法体现了传统图书馆学中的主题法思想。

4.3 网站信息构建的规划方法

网站的信息构建侧重于管理的层面,因此网站信息构建需要按照常规的管理思路,即做规划、制定策略方案、组织与实施,由此完成网站的信息组织。与以往网站设计的不同之处在于,信息构建强调信息生态学理念的应用,强调面向用户需求的网站信息组织和管理。图 6.20 所示为美国信息构建大师 Peter Morville 提出的信息构建规划过程,包括背景研究、策略制定、网站方案设计、网站方案实施、网站维护管理等环节。

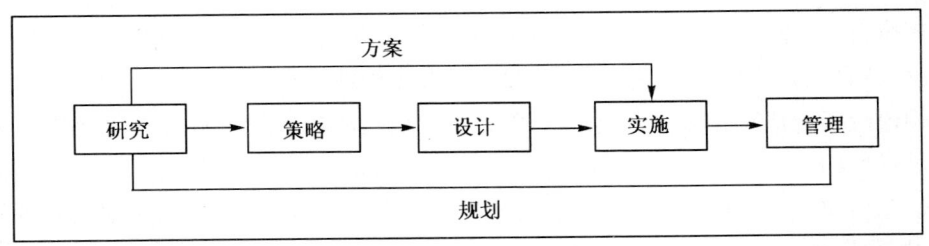

图 6.20 信息构建的规划

4.3.1 环境研究

网站信息构建的目的与背景环境明确后,应根据用户需求和偏好、网站运营目标和特定用户需求,精心组织网站信息内容。具体内容见图 6.21 所示的信息生态环境。

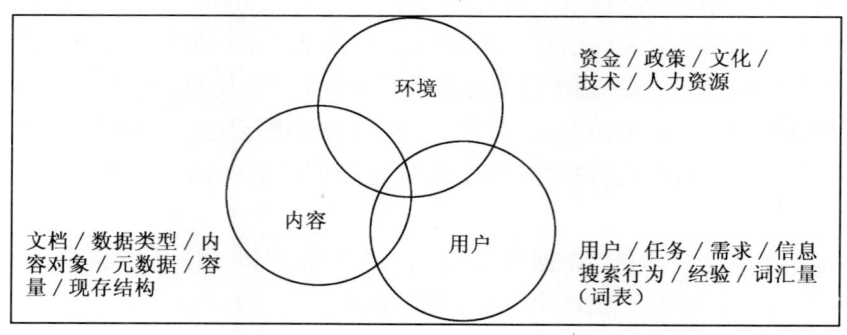

图 6.21 信息生态环境

首先需要理解网站建设目的,了解背景环境,如一个高校网站建设的基本目标一方面是对外宣传,另一方面则是为内部师生提供教学科研等方面的信息沟通,这就决定了高校网站的基本定位,至于网站进一步细节的设置,需要根据这些环境信息来具体部署,如何设计动态新闻栏目、设计醒目位置布局来突出学校工作重点,根据信息化的资源多少决定是否要建立分类系统或搜索系统,以作为导航栏目体系的补充,提供用户多途径的搜索。

4.3.2 用户研究

网站的技术设计、信息内容构建应与组织需要、用户需求偏好进行相互协调,如果网站的内容构建与技术设计几乎全靠网站技术开发人员单方面思维,往往在网站进入使用时,会发现很多不符合用户使用习惯的问题。不同的网站有着不同的用户,不同的用户也就有着不同的需求与偏好。

因此需要研究用户的需求、偏好、思维模型和信息搜寻行为,一般需要在网站设计前对用户做各种调查。网站用户研究方法除了调查法、用户访谈法外,主要还有可用性测试法和卡片分拣法。用户研究的具体方法和内容在本书第 13 章有详述。

4.3.3 内容研究

内容研究是对网站要放什么信息内容进行研究。初建网站的内容研究主要是围绕网站建设目标以及用户需求,分析底层文档类型设置以及组织体系构建的要求。对于二次开发(即网站信息构建改善设计)则主要是考察现有网站的底层信息内容设置以及相关组织体系是否与网站建设目标相吻合、与用户需求相吻合,由此提出改进方案。遇到后者的可能性会更大些,网站的信息构建都需要对其进行评估和二次设计。推断式评估与内容分析是常用的方法。

1. 推断式评估

推断式评估(Heuristic Evaluation)是由专家根据经验或知识对现有网站的信息内容组织体系进行的评估。最简单的做法就是让一个专家对网站情况做一个大致的了解,然后请他找出网站的主要问题,提出可能的改善措施。还有一种方法就是由多个专家共同进行的,在这里评估需要严格依照成文的准则和指南来进行。具体可以依据现有的导航体系,通过设置与执行一些搜索任务来进行评估。主要评估内容包括：

网站信息构建整体评价：具体包括与目标的吻合性、与用户习惯的吻合性、与学校特点的吻合性。

导航体系划分科学性：具体包括划分的概括性（比如各级栏目是否将相关内容都包括完整了）、划分的合理性（比如是否符合用户习惯、符合学校特点）、多入口性/交叉性（比如是否能根据用户需求将有关内容归属到多个上层栏目，提供多入口）、动态/热点表现性（比如是否能根据用户需求偏好，设置热点栏目），等等。

导航体系设计的合理性：具体包括导航路径是否合乎用户习惯思维、是否符合学校业务特点、是否能使用户上下左右退出进入方便，使用户对整体内容始终保持全局把握；导航系统位置是否有指示符、前后是否具有一致性；术语表述是否合理、是否具有一致性；界面布局是否合乎用户习惯；语境链接是否符合信息内容的逻辑关联性、符合用户习惯联想，等等。

可以依据现有的导航体系设置与执行一些搜索任务来进行评估。

2. 内容分析

内容分析（Content Analysis）通过对底层文档的归类、考察其与顶层栏目链接的路径来发现上述问题。推断式评估是自顶向下的评估思路，而内容分析是自底向上的评估思路。

通过考察分析网站的内容样本可以发现它们之间存在什么关联关系，在现有的导航体系中是否得到了揭示，是否还存在有其他一些潜在的相关关系有待链接等等，由此发现新的有用的解决方案。

4.3.4 策略与设计

1. 策略研究

信息构建策略是网站信息组织的高层概念框架，它帮助人们在设计阶段之前统一思想与认识。然而在网站开发中，人们往往会忽略策略研究，而只将重点集中在设计、实施和管理等环节中。

信息构建策略主要是针对以下内容提出建议：

信息构建整体思路：比如用户搜索网站的入口、路径怎么设计？底层是否要建立元数据？是否要建立受控词汇表？等等。

网站内容划分：比如如何才能够依据产品、任务、用户等视角对用户进行导航，由此确定网站内容的主分类层次，等等。

导航系统改善：比如考虑如何使得各类导航系统能够交叉实现自顶向下和自底向上的搜索策略，等等。

设计出来的有关策略思考，可以以报告、会议或者访谈的形式与同行、网站委托方、网站用户进行充分沟通，不断修改，最后还要进行可用性测试，由此形成可供后续技术设计使用的定型的策略方案。

2. 设计研究

设计研究主要包括制作顶层设计蓝图、详细设计图、线框设计图等内容。顶层信息构建蓝图（high-level architecture blueprints）设计主要目的是为客户介绍顶层构建概念。其主要是对网站信息的主要布局进行组织和标识,通常以网站的主页鸟瞰图设计为起点。

实施阶段的工作重点就需要从外部转换到内部。这时的设计目的不是给客户介绍顶层构建概念,而是向技术开发小组介绍详细的网站信息组织,标识和导航的设计决策。因此,详细设计图(detailed blueprints,见图 6.22)必须呈现出从主要页面到目的页面的一个完整的信息层次,必须细化到对网页中的每个区域的标识和导航系统的内容设计。由此使得在网站开发过程中,即使信息建筑师不在场,设计小组也可以根据设计图完成设计计划。

线框图(wireframes,见图 6.23)将对页面上的内容组合以及空间布局与安排进行具体的描述。但是它并不主张进行"真正的可视化设计",这不仅耗费精力,而且会将你的注意力过早地从信息构建目标转移到界面设计上去。

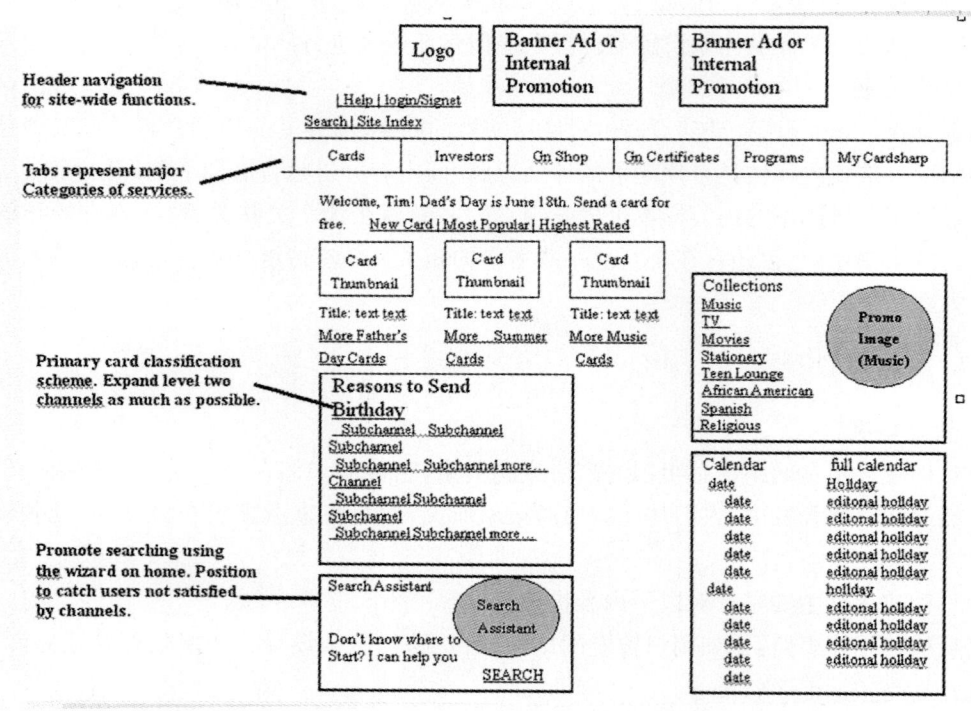

图 6.22　详细设计

第 6 章 信息组织与信息构建

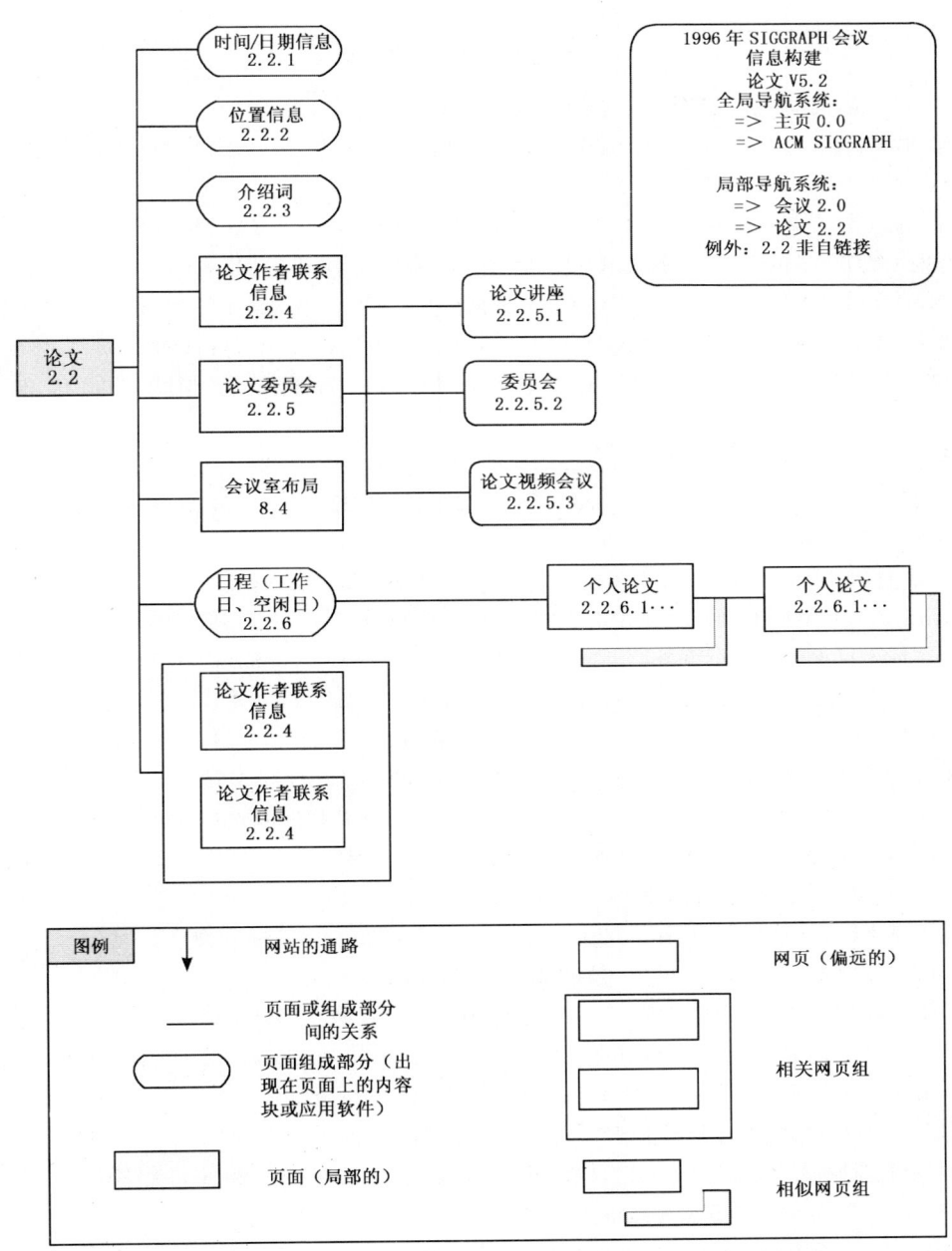

图 6.23 线框图

[本章撰稿人：真溱 王惠临 吴丹 毛军 刘晓鹏 甘立人]

参 考 文 献

[1] 陈庄,刘加伶,成卫. 信息资源组织与管理[M]. 北京:清华大学出版社,2005:92～96
[2] 肖修剑,王家顺,王田苗,等. 信息编码与面向对象的信息编码模型研究[J]. 微计算机信息,2003,19(6):79～80
[3] 刘永,邱均平. 信息标识语言与信息资源管理[J]. 档案管理,2005,155(4):18～19
[4] 张晓林. 数字对象的惟一标识符技术[J]. 现代图书情报技术,2001,87(3):8～14
[5] 毛军,张晓林,曾蕾,等. URI 和数字对象惟一标识符[J]. 现代图书情报技术,2003,99(2):9～12,60
[6] 王海英,龚永红,张金艳. DOI:数字对象标识技术[J]. 情报杂志,2004(12):91～92,95
[7] 任慧玲,胡铁军,李丹亚,等. 中文期刊文献数字对象惟一标识符的研究[J]. 情报学报,2004,23(4):437～443
[8] 曾燕,张建勇. SICI 标准及其应用[J]. 图书情报工作,2003(1):29～32
[9] 李广建,黄岚. 数字对象惟一标识 Handle System[J]. 图书馆建设,2004(3):20～23
[10] 张晓林. 元数据研究与应用[M]. 北京:北京图书馆出版社,2002:1～10
[11] 李培. 数字图书馆原理及应用[M]. 北京:高等教育出版社,2004:114～117
[12] GILLILAND SWETLAND, ANNE J. DEFINING METEDATA. In:Baca, Murtha, ed. Introduction to metadata:pathways to digital information[M]. U.S.A.:Getty Information Institute,1998(3)
[13] 张帆,王梅,吴丹. 信息组织学[M]. 北京:科学出版社,2005:59～60
[14] 毛有桂. 21 世纪的 MARC 格式——MARC21[J]. 图书馆建设,2003(3):4
[15] 罗昊. 元数据在网络教育中的应用研究[J]. 情报科学,2004,22(1):59～62
[16] 喻乒乒. ONIX 元数据标准 2.1 版与 2.0 版对比研究[J]. 现代情报,2006(1):88～91
[17] 张晓林,梁娜. 元数据登记系统:基本概念与基本结构[J]. 现代图书情报技术,2003,87(1):1～4
[18] 凌云. 元数据登记系统[J]. 情报科学,2003,21(1):63～65
[19] 韩夏,李秉严. 元数据的互操作研究[J]. 情报科学,2004,22(7):812～814,877
[20] 张东. 论元数据互操作的层次[J]. 情报理论与实践,2005,28(6):648～650
[21] LINDA HILL, OLHA BUCHEL, GREG JANEÉE etc. 在数字图书馆结构中融入知识组织系统. [EB/OL]. (2003-11-08)[2006-05-27]. http://www.alexandria.ucsb.edu/~gjanee/archive/2002/kos-dl-paper-chinese.pdf.
[22] 毛军. Web 信息服务中受控语言研究[D]. 北京:中国科学院研究生院,2002:50～56
[23] 新疆财经学院图书馆.《图书编目》自编教材[EB/OL]. (2006-03-17)[2006-05-27]. http://202.201.211.66/ver2/data/2006/0317/article_85_3.htm
[24] 马张华. 文献分类法在网络资源组织中的应用[J]. 图书情报工作,1999(12)
[25] 陈树年. 搜索引擎及网络信息资源的分类组织[J]. 图书情报工作,2000(3)
[26] 张琪玉. 概念分面组配型自动分类系统[J]. 图书馆学刊,2002(6)
[27] 张琪玉. 论后控词表[J]. 图书情报工作,1994(1)
[28] 李新华. 各种后控词表实现模式的分析[J]. 图书馆杂志,2003(4):12～15
[29] 侯汉清. 新闻信息数据库后控词表的设计和编制[J]. 江苏图书馆学报,2000(2):12～16
[30] 秦健. 实用分类系统与语义网:发展现状和研究课题[J]. 现代图书情报技术,2004(1):16～20
[31] 高凡,李景. Ontology 及其与分类法、主题法的关系[J]. 图书馆理论与实践,2005(2):44～46
[32] W3C. Simple Knowledge Organisation System(SKOS)[EB/OL]. [2006-05]. http://www.w3.org/

2004/02/skos/

[33] FLICKR. Popular Tags on Flickr Photo Sharing[EB/OL]. [2006-05-29]. http://www.flickr.com/photos/tags

[34] RECHARD P. GABRIEL. the Rise of worse is better[EB/OL]. [2005-07-15]. http://www.jwz.org/doc/worse-is-better.html

[35] ADAM MATHES. Folksonomies: Cooperative Classification and Communication. Through Shared Metadata[EB/OL]. (2004-11-01). [2005-07-15]. http://tinyurl.com/4vrc7

[36] CLAY SHIRKY. folksonomies + controlled vocabularies [EB/OL]. (2005-01-07). [2005-07-15]. http://tinyurl.com/5vhaz

[37] DAVID WEINBERGER. Taxonomies and Tags: From Trees to Piles of Leaves[EB/OL]. [2005-07-15]. http://www.hyperorg.com/blogger/misc/taxonomies_and_tags.html

[38] SHELLEY POWERS. Accidental Smarts à la mode (a response to just about any body who is interested)[EB/OL]. [2005-07-15]. http://tinyurl.com/b2fnv

[39] THOMAS VANDER WAL. Explaining and Showing Broad and Narrow Folksonomies. [EB/OL]. [2005-07-15]. http://www.vanderwal.net/random/entrysel.php?blog=1635

[40] LOUIS ROSENFELD. Folksonomies? How about Metadata Ecologies? [EB/OL]. [2005-07-15]. http://louisrosenfeld.com/home/bloug_archive/00033.html

[41] MARCIA ZENG. Networked Knowledge Organization Systems/Services NKOS[EB/OL]. (2006-04-10)[2006-05-29]. http://nkos.slis.kent.edu/

[42] ANSI/NISO Z39.19-2005 Guidelines for the Construction, Format, and Management of Monolingual Controlled Vocabularies[S]. [2006-05-29]. http://www.niso.org/standards/standard_detail.cfm?std_id=814

[43] 黄晓斌. 网络主题图的原理及应用[J]. 情报理论与实践,2004(3):305～307

[44] Steve Pepper. The TAO of Topic Maps. [EB/OL]. [2006-05-29]. http://www.ontopia.net/topicmaps/materials/tao.html

[45] 马建霞. 主题图技术在沙尘暴知识导航中的应用研究[D]. 北京:中国科学院研究生院(文献情报中心),2004

[46] Ontopia. OperaMap: The Italian Opera Topic Map[EB/OL]. [2006-05-29]. http://www.ontopia.net/operamap/index.jsp

[47] 盛小平. 四种网络知识表示语言的比较研究[J]. 情报学报,2004(3):334～339

[48] OWL Web 本体语言指南[EB/OL]. [2006-5-30]. http://zh.transwiki.org/cn/owlguide.htm

[49] 曾新红.《中国分类主题词表》的 OWL 表示及其语义深层揭示研究[J]. 情报学报,2005(2):151～160

[50] Centre for Digital Library Research. BUBL Information Service[EB/OL]. [2006-05-30]. http://www.bubl.ac.uk/

[51] http://www.nlm.nih.gov/mesh/MBrowser.html

[52] FAO. The Concept Server as the first step towards an "Ontology Service"[EB/OL]. [2006-05-29]. http://www.fao.org/aims/cs.htm

[53] 常春. 联合国粮食与农业组织 AOS 项目[J]. 农业图书情报学刊,2003(2):14～16

[54] http://del.icio.us

[55] Highwire Press. Browse Articles by Topic[EB/OL]. [2006-05-30]. http://highwire.stanford.edu

lists/artbytopic.dtl

[56] 王永成,张坤. 中文文献自动分类研究[J]. 情报学报,1997(5)

[57] 侯汉清,薛春香. 用于中文信息自动分类的《中图法》知识库的构建[J]. 中国索引,2005(3)

[58] OCLC. Scorpion[EB/OL]. [2006-05-30]. http://www.oclc.org/research/software/scorpion/default.htm[59] OCLC. FAST:Faceted Application of SubjectTerminology[EB/OL]. [2006-05-29]. http://www.oclc.org/research/projects/fast/

[59] 梁循. 数据挖掘:建模、算法、应用和系统[J]. 微机发展,2006(1):1~4

[60] 李保利,陈玉忠,俞士汶. 信息抽取研究综述[EB/OL]. [2006-05-30]. http://www.knowlesys.com/research/paper/IE_03_Research_On_Information_Extraction_A_Survey.pdf

[61] ROBERT KAHN,ROBERT WILENSKY. A Framework for Distributed Digital Object Services[J]. D-Lib Magazine,1995(5)

[62] WILLIAM Y. Arms Key Concepts in the Architecture of the Digital Library Corporation for National Research Initiatives Reston,Virginia D-Lib Magazine,1995(7)

[63] WILLIAM Y ARMS,CHRISTOPHE BLANCHI,EDWARD A OVERLY. An Architecture for Information in Digital Libraries[J]. D-Lib Magazine,1997(2)

[64] http://www.loc.gov/standards/mets/mets-home.html

[65] 曹英. MPEG-21多媒体框架标准在数字图书馆中的应用[J]. 情报杂志

[66] 杨轶,董育宁. 下一代多媒体技术标准:MPEG-21[J]. 有线电视技术,2003(4)

[67] http://www.fedora.info/download/2.0/userdocs/tutorials/tutorial.pdf

[68] http://www.ils.unc.edu/~mln/sils-colloq.ppt

[69] http://www.rlg.org/en/pdfs/rlgnews/news56.pdf

[70] http://dspace.org/technology/architecture.pdf

[71] http://dspace.org/technology/architecture.pdf

[72] http://www.ecdl2003.org/presentations/papers/session11b/Tansley/dspace-ecdl2003.ppt

[73] http://www.oclc.org/research/projects/pmwg/premis-final.pdf

[74] http://www.rlg.org/en/page.php?Page_ID=20860&Printable=1

[75] 荣毅虹,梁战平. 信息构建(Information Architecture,IA)探析[J]. 情报学报,2003(2):229~232

[76] 刘多兰. 引入信息构建 创新用户信息需求[J]. 情报杂志,2003(8):69~73

[77] 荣毅虹,梁战平. 论信息构建的三个基本问题[J]. 中国图书馆学报,2004(6)

[78] Trends in information architecture. Louis Rosenfeld,Ann ArborUSA. http://www.online-information.co.uk/2004proceedings/wedam/rosenfeld_1.pdf

[79] Enterprise Information Architecture—Because Users Don't Care About Your Org Chart LouisRosenfeld. http://www.louisrosenfeld.com

[80] http://www.asis.org

[81] 党峰,张玉峰. 国内信息构建研究[J]. 情报科学,2005(5)

[82] 马张华. 信息组织[M]. 北京:清华大学出版社,2001

[83] LONIS ROSENFELD,PETER MORVILLE. Information Architechture for World Wide Web[M]. CA:OReilly & Associates,Ins.,2003

[84] 甘利人等. 可用性测试方法在IA研究中的应用[J]. 情报理论与实践,2004(4)

第 7 章　数据库技术与应用

§1　数据库技术概要

1.1　数据库技术的产生与发展

自 20 世纪 60 年代商用数据库系统面世以来,数据库技术的发展大致经历了以下 3 个阶段:

1.1.1　人工管理阶段

科学计算是计算机产生初期的主要工作,科学计算需要大量的科学数据,这些科学数据的管理即是数据库技术最初的应用。这一阶段的特点是:在计算机系统管理上既没有操作系统也没有数据的直接存储设备,存储设备只是纸带孔/磁带类的顺序读取设备。数据预先编码在存储设备上,由专门的程序进行读取、处理、输出结果。数据的管理者是人,程序和数据是紧密相关的,数据发生变动,也将导致程序的变动,反过来可处理的数据是由特定应用程序所决定的。同时对多个科学计算而言,数据存在大量的冗余,数据描述既无规则也无结构,数据处理的效率极低。人工管理阶段的特点可概括如下:

(1)手工管理阶段不保存大量的数据;
(2)手工管理阶段没有软件系统对数据进行管理;
(3)手工管理阶段基本上没有"文件"概念;
(4)手工管理阶段一组数据对应一个程序。

1.1.2　文件系统阶段

随着计算机软硬件技术的发展,计算机的管理产生了操作系统,同时对数据的存储而言也产生了相应的文件管理系统。数据可以分成记录进行描述,数据记录也有一定的结构,数据可以存储磁鼓/磁盘类的直接存储设备上。有了上述这些软硬件基础,数据处理效率有了一些变化,比如数据可以重复利用,避免了一些数据的冗余,应用程序把数据的存储管理交给了文件系统进行统一管理,简化了应用程序的复杂性;也可以支持一些简单的联机数据的输入/输出。尽管如此,应用程序的数据管理和控制还是和数据紧密联系在一起的,也就是说在数据管理方面应用程序的效率极低,更谈不上独立性。这一阶段的数据管理应用仍然主要是科学计算,也有一些简单的数据管理方面的应用。文件系统的特点概括如下：

(1) 管理的数据以文件的形式长久地被保存在计算机的外存中；
(2) 文件系统有专门的数据管理软件提供有关数据存取、查询及维护功能；
(3) 文件系统中的数据文件已经多样化；
(4) 文件系统的数据存取是以记录为单位的。

文件系统在数据管理方面存在的缺陷概括如下：
(1) 文件系统的数据冗余度(Redundancy)大；
(2) 文件系统中缺乏数据与程序独立性。

文件系统中的数据文件是为某一特定应用服务的，数据文件的可重复利用率非常低。当数据的逻辑结构改变时，必须修改它的应用程序，同时也要修改文件结构的定义；应用程序的改变将影响到文件数据结构的改变。

1.1.3 数据库系统阶段

进入20世纪70年代，计算机的硬件在处理能力、速度、存储容量等方面都有了很大进步，操作系统的管理能力也日趋完善；人们对数据的处理需求也更加复杂。不同的数据应用，需要开发不同的管理软件已经远远无法满足用户的实际需要。计算机科学家们开始研究是否可以开发一种能够统一管理规范数据结构的数据维护和存储管理系统，使应用程序开发者能从数据的基本管理维护中解脱出来，而只关注数据应用的相关处理，这就是数据库管理系统的最初设计目标。为了达到这一目标，需要规范数据结构描述，而数据库系统的作用就是能够自动理解这一规范描述，从而完成对数据的规范存储管理。

下面是与数据库管理技术相关的一些基本概念，也是数据库管理系统(DBMS)所必需考虑解决的一些基本技术问题。

(1) 数据结构化：数据结构化是数据库与文件系统的根本区别。在描述数据时不仅要描述数据本身，还要描述数据之间的联系。

(2) 数据的共享性：数据库系统从整体角度看待和描述数据，数据不再面向某个应用而是面向整个系统。

(3) 数据冗余度：指同一数据重复存储时的重复程度。

(4) 数据一致性：指同一数据不同拷贝的值一样(采用人工管理或文件系统管理时，由于数据被重复存储，当不同的应用使用和修改不同的拷贝时就易造成数据的不一致)。

(5) 物理独立性：当数据的存储结构(或物理结构)改变时，通过对映像(一种规范化描述可以被数据库系统理解的改变前后对应关系)的相应改变可以保持数据的逻辑结构不变，从而应用程序也不必改变。

(6) 逻辑独立性：当数据的总体逻辑结构改变时，通过对映像的相应改变可以保持数据的局部逻辑结构不变，应用程序是依据数据的局部逻辑结构编写的，所以应用程序不必修改。

(7) 数据安全性：数据的安全性是指保护数据，防止不合法使用数据造成数据的泄密和破坏，使每个用户只能按规定，对某些数据以某些方式进行访问和处理。

(8) 数据完整性(Integrity)：数据的完整性指数据的正确性、有效性和相容性。即将数据控制在有效的范围内,或要求数据之间满足一定的关系。

(9)并发控制:当多个用户的并发进程同时存取、修改数据库时,可能会发生相互干扰而得到错误的结果并使得数据库的完整性遭到破坏,因此必须对多用户的并发操作加以控制和协调。

(10)数据恢复(Recovery):计算机系统的硬件故障、软件故障、操作员的失误以及故意的破坏也会影响数据库中数据的正确性,甚至造成数据库部分或全部数据的丢失。数据库管理系统(DBMS)必须具有将数据库从错误状态恢复到某一已知的正确状态(亦称为完整状态或一致状态)的功能。

数据库系统和文件系统相比具有以下主要特点:
(1)数据库设计时面向数据模型对象;
(2)数据库系统的数据冗余度小、数据共享度高;
(3)数据库系统的数据和程序之间具有较高的独立性;
(4)数据库系统通过DBMS进行数据安全性、完整性、并发控制和数据恢复控制;
(5)数据库中数据的最小存取单位是数据项。

1.2 数据库技术的研究领域

数据库技术研究领域主要涉及如下3个方面。

1.2.1 数据库理论

数据库理论的研究主要集中于关系的规范化理论、关系数据理论等。近年来,随着人工智能与数据库理论的结合、并行计算机的发展,数据库逻辑演绎和知识推理、并行算法等理论研究,以及演绎数据库系统、知识库系统的研制都已成为新的研究方向。

1.2.2 数据库管理系统软件开发

DBMS的研制包括研制DBMS本身以及以DBMS为核心的一组相互联系的软件系统。研制的目标是扩大功能、提高性能和提高用户的生产率。

1.2.3 数据库的设计

数据库设计的主要任务是在DBMS的支持下,按照应用的要求,为某一部门或组织设计一个结构合理、使用方便、效率较高的数据库及其应用系统。

1.3 数据库管理模型及其要素

在数据库中用数据模型来抽象、表示和处理现实世界中的数据和信息。采用不同数据模式进行管理,产生了不同类型的数据库系统。在通常的数据库管理系统中,常用的数据模型可归纳为层次、网状和关系3种数据模型。

1.3.1 层次模型

1. 层次模型的基本结构

层次模型用树形结构来表示各类实体以及实体间的联系。每个结点表示一个记录类型,结点之间的连线表示记录类型间的联系,这种联系只能是父子联系。每个记录类型可包含若干个字段,这里,记录类型描述的是实体,字段描述实体的属性。

任何一个给定的记录值只有按其路径查看时,才能显出它的全部意义,没有一个子女记录值能够脱离双亲记录值而独立存在。

层次模型数据结构的限制是:只有一个结点没有双亲结点,称之为根结点;根以外的其他结点有且只有一个双亲结点。这就使得层次数据库系统只能处理一对多的实体关系。

2. 多对多联系在层次模型中的表示

用层次模型表示多对多联系,必须首先将其分解成一对多联系。分解方法有两种:冗余结点法和虚拟结点法。

3. 层次数据模型的操纵与完整性约束

层次数据模型的操纵主要有查询、插入、删除和更新。进行插入、删除、更新操作时要满足层次模型的完整性约束条件。

进行插入操作时,如果没有相应的双亲结点值就不能插入子女结点值。进行删除操作时,如果删除双亲结点值,则相应的子女结点值也被同时删除。进行更新操作时,应更新所有相应记录,以保证数据的一致性。

4. 层次数据模型的存储结构

层次数据模型的存储结构有两种:邻接法与链接法。邻接法是指按照层次树前序穿越的顺序把所有记录值依次邻接存放,即通过物理空间的位置相邻来实现层次顺序。链接法是用指引元来反映数据之间的层次联系。

5. 层次数据模型的优缺点

层次数据模型的优点:数据模型比较简单,操作简单;对于实体间联系是固定的,且预先定义好的应用系统,性能较高;提供良好的完整性支持。

层次数据模型的缺点:不适合于表示非层次性的联系;对插入和删除操作的限制比较多;查询子女结点必须通过双亲结点;由于结构严密,层次命令趋于程序化。

1.3.2 网状模型

1. 网状模型的数据结构

网状数据模型是一种比层次模型更具普遍性的结构,它去掉了层次模型的两个限制,允许多个结点没有双亲结点,允许结点有多个双亲结点,此外它还允许两个结点之间有多种联系(称之为复合联系)。

2. 网状数据模型的操纵与完整性约束

网状数据模型的操纵主要包括查询、插入、删除和更新数据。插入操作允许插入尚未确定双亲结点值的子女结点值。删除操作允许只删除双亲结点值。更新操作时只需更新指定记录即可。查询操作可以有多种方法,可根据具体情况选用。

3. 网状数据模型的存储结构

网状数据模型的存储结构依具体系统不同而不同,常用的方法是链接法,包括单向链接、双向链接、环状链接、向首链接等。此外还有其他方法,如指引元阵列法、二进制阵列法、索引法等。

4. 网状数据模型的优缺点

网状数据模型的优点:能够更为直接地描述现实世界;具有良好的性能,存取效率较高。

网状数据模型的缺点:其数据维护语言(DDL)极其复杂;数据独立性较差,由于实体间的联系本质上通过存取路径指示的,因此应用程序在访问数据时要指定存取路径。

1.3.3 关系模型

1. 关系模型的数据结构

一个关系模型的逻辑结构是一张二维表,它由行和列组成。关系模型的一些基本概念如下:

(1) 关系:对应通常所说的表;

(2) 元组:表中的一行即为一个元组;

(3) 属性:表中的一列即为一个属性;

(4) 主码(Key):表中的某个属性组,它可以惟一确定一个元组;

(5) 域(Domain):属性的取值范围;

(6) 分量:元组中的一个属性值;

(7) 关系模式:对关系的描述,一般表示为:关系名(属性1,属性2,…,属性n)。

在关系模型中,实体以及实体间的联系都是用关系来表示。关系模型要求关系必须是规范化的,最基本的条件就是,关系的每一个分量必须是一个不可分的数据项,即不允许表中还有表。

2. 关系数据模型的操纵与完整性约束

关系数据模型的操纵主要包括查询、插入、删除和更新数据。这些操作必须满足关系的完整性约束条件。

关系模型中的数据操作是集合操作,操作对象和操作结果都是关系,即若干元组的集合。

关系模型把存取路径向用户隐蔽起来,用户只要指出"干什么",不必详细说明"怎么干",从而大大地提高了数据的独立性,提高了用户生产率。

关系数据库标准操作语言是 SQL 语言。

3. 关系数据模型的存储结构

关系数据模型中,实体及实体间的联系都用表来表示。在数据库的物理组织中,表以文件形式存储,每一个表通常对应一种文件结构。

1.4 数据库系统体系结构

1.4.1 单用户系统

单用户系统是指整个数据库系统,包括应用程序、DBMS 与数据,都装在一台计算机上,为一个用户独占,不同机器之间不能共享数据。

1.4.2 主从式结构系统

主从式结构系统指一个主机带多个终端的多用户结构。在这种结构中,数据库系统,包括应用程序、DBMS 与数据,都集中存放在主机上,所有处理任务都由主机来完成,各个用户通过主机的终端并发地存取数据库,共享数据资源。

这种系统的优点是:数据易于管理与维护。缺点是:主机的任务会过分繁重,可能成为瓶颈,从而使系统性能大幅度下降;当主机出现故障时,整个系统都不能使用,因此系统的可靠性不高。

1.4.3 分布式结构系统

分布式结构的数据库系统是指数据库中的数据在逻辑上是一个整体,但物理地分布在计算机网络的不同结点上。网络中的每个结点都可以独立处理本地数据库中的数据,执行局部应用;同时也可以同时存取和处理多个异地数据库中的数据,执行全局应用。

分布式结构系统的优点是:分布式结构的数据库系统是计算机网络发展的必然产物,它适应了地理上分散的公司、团体和组织对于数据库应用的需求。其缺点是:数据的分布存放给数据的处理、管理与维护带来困难;当用户需要经常访问远程数据时,系统效率会明显地受到网络交通的制约。

1.4.4 客户/服务器结构系统

在客户/服务器结构系统中,网络中某个(些)结点上的计算机专门用于执行 DBMS 功能,称为数据库服务器。其他结点上的计算机称为客户机,用于安装 DBMS 的外围应用开发工具,支持用户的应用。

在客户/服务器结构中,客户端的用户请求被传送到数据库服务器,数据库服务器进行处理后,只将结果集返回给它用户(而不是整个数据)。

这种系统的优点是:显著减少了网络上的数据传输量,提高了系统的性能、吞吐量和负载能力;客户/服务器结构的数据库往往更加开放(多种不同的硬件和软件平台、数据库应用开发工具),应用程序具有更强的可移植性,同时也可以减少软件维护开销。

1.5 关系数据库

1.5.1 关系数据库基本知识

关系数据库系统是支持关系模型的数据库系统,关系模型由数据结构、关系操作集合和完整性约束三部分组成。在关系模型中,无论是实体还是实体之间的联系均由单一的结构类型即关系(表)来表示。

(1) 域(Domain)与笛卡尔积(Cartesian Product)

域是一组具有相同数据类型的值的集合。给定一组域 $D_1, D_2, \cdots, D_n$，这些域中可以有相同的。$D_1, D_2, \cdots, D_n$ 的笛卡尔积为：

$$D_1 \times D_2 \times \cdots \times D_n = \{(d_1, d_2, \cdots, d_n) | d_i \in D_j, j=1, 2, \cdots, n\}$$

其中每一个元素 $(d_1, d_2, \cdots, d_n)$ 叫做一个 n 元组(n-tuple)，或简称为元组(Tuple)。元素中的每一个值 d_i 叫做一个分量(Component)。

若 $D_i(i=1, 2, \cdots, n)$ 为有限集，其基数(Cardinal number)为 $m_i(i=1, 2, \cdots, n)$，则 $D_1 \times D_2 \times \cdots \times D_n$ 的基数为：

$$m = \prod_{i=1}^{n} m_i$$

笛卡尔积可表示为一个二维表。表中的每行对应一个元组，表中的每列对应一个域。

(2) 关系(Relation)

定义 $D_1 \times D_2 \times \cdots \times D_n$ 的子集叫作在域 $D_1, D_2, \cdots, D_n$ 上的关系，用 $R(D_1, D_2, \cdots, D_n)$ 表示。这里 R 表示关系的名字，n 是关系的目或度(Degree)。

关系中的每个元素是关系中的元组，通常用 t 表示。关系是笛卡尔积的子集，所以关系也是一个二维表，表的每行对应一个元组，表的每列对应一个域。由于域可以相同，为了加以区分，必须对每列起一个名字，称为属性(Attribute)。n 目关系必有 n 个属性。

若关系中的某一属性组的值能惟一地标识一个元组，则称该属性组为候选码(Candidate Key)。若一个关系有多个候选码，则选定其中一个为主码(Primary Key)。主码的诸属性称为主属性(Prime Attribute)。不包含在任何候选码中的属性称为非码属性(Non-key Attribute)。在最简单的情况下，候选码只包含一个属性。在最极端的情况下，关系模式的所有属性组是这个关系模式的候选码，称为全码(All-key)。

关系可以有 3 种类型：基本关系(通常又称为基本表或基表)、查询表和视图表。基本表是实际存在的表，它是实际存储数据的逻辑表示。查询表是查询结果对应的表。视图表是由基本表或其他视图表导出的表，是虚表，不对应实际存储的数据。基本关系具有 6 条性质，见表 7.1。

表 7.1 基本关系的 6 条性质

序号	性 质
1	列是同质的(Homogeneous)，即每一列中的分量是同一类型的数据，来自同一个域
2	不同的列可出自同一个域，称其中的每一列为一个属性，不同的属性要给予不同的属性名
3	列的顺序无所谓，即列的次序可以任意交换
4	任意两个元组不能完全相同 但在大多数实际关系数据库产品中，例如 ORACLE, MSSQL, FoxPro 等，如果用户没有定义有关的约束条件，它们都允许关系表中存在两个完全相同的元组
5	行的顺序无所谓，即行的次序可以任意交换
6	分量必须取原子值，即每一个分量都必须是不可分的数据项

关系实际上就是关系模式在某一时刻的状态或内容。也就是说,关系模式是型,关系是它的值。关系模式是静态的、稳定的,而关系是动态的、随时间不断变化的,因为关系操作在不断地更新着数据库中的数据。但在实际当中,常常把关系模式和关系统称为关系,读者可以从上下文中加以区别。

关系的描述称为关系模式(Relation Schema)。一个关系模式应当是一个五元组。它可以形式化地表示为:$R(U, D, DOM, F)$。其中 R 为关系名,U 为组成该关系的属性名集合,D 为属性组 U 中属性所来自的域,DOM 为属性向域的映象集合,F 为属性间数据的依赖关系集合。

关系模式通常可以简记为:$R(A_1, A_2, \cdots, A_n)$。其中 R 为关系名,A_1,A_2,$\cdots$,A_n 为属性名。而域名及属性向域的映象常常直接说明为属性的类型、长度。

在关系模型中,实体以及实体间的联系都是用关系来表示。在一个给定的现实世界领域中,相应于所有实体及实体之间的联系的关系的集合构成一个关系数据库。

关系数据库也有型和值之分。关系数据库的型也称为关系数据库模式,是对关系数据库的描述,是关系模式的集合。关系数据库的值也称为关系数据库,是关系的集合。关系数据库模式与关系数据库通常统称为关系数据库。

(3)关系的完整性

关系模型的完整性规则是对关系的某种约束条件。关系模型中可以有三类完整性约束:实体完整性、参照完整性和用户定义的完整性。

① 实体完整性(Entity Integrity)

一个基本关系通常对应现实世界的一个实体集。例如学生关系对应于学生的集合。现实世界中的实体是可区分的,即它们具有某种惟一性标识。相应地,关系模型中以主码作为惟一性标识。主码中的属性即主属性不能取空值。所谓空值就是"不知道"或"无意义"的值。如果主属性取空值,就说明存在某个不可标识的实体,即存在不可区分的实体,这与现实世界的应用环境相矛盾,因此这个实体一定不是一个完整的实体。

实体完整性规则:若属性 A 是基本关系 R 的主属性,则属性 A 不能取空值。

② 参照完整性(Referential Integrity)

现实世界中的实体之间往往存在某种联系,在关系模型中实体及实体间的联系都是用关系来描述的。这样就自然存在着关系与关系间的引用。

设 F 是基本关系 R 的一个或一组属性,但不是关系 R 的码,如果 F 与基本关系 S 的主码 Ks 相对应,则称 F 是基本关系 R 的外码(Foreign Key),并称基本关系 R 为参照关系(Referencing Relation),基本关系 S 为被参照关系(Referenced Relation)或目标关系(Target Relation)。关系 R 和 S 不一定是不同的关系。

参照完整性规则就是定义外码与主码之间的引用规则。

参照完整性规则:若属性(或属性组)F 是基本关系 R 的外码,它与基本关系 S 的主码 Ks 相对应(基本关系 R 和 S 不一定是不同的关系),则对于 R 中每个元组在 F 上的值必须为:或者取空值(F 的每个属性值均为空值);或者等于 S 中某个元组的主码值。

③ 用户定义的完整性(User-defined Integrity)

实体完整性和参照性适用于任何关系数据库系统。除此之外，不同的关系数据库系统根据其应用环境的不同，往往还需要一些特殊的约束条件，用户定义的完整性就是针对某一具体关系数据库的约束条件，它反映某一具体应用所涉及的数据必须满足的语义要求。关系模型应提供定义和检验这类完整性的机制，以便用统一的系统的方法处理它们，而不要由应用程序承担这一功能。

(4)数据库的三级模式结构

从数据库最终用户角度看，数据库系统的体系结构分为单用户结构、主从式结构、分布式结构和客户/服务器结构。从数据库管理系统角度看，数据库系统通常采用三级模式结构。

模式(schema)是数据库中全体数据的逻辑结构和特征的描述，它仅仅涉及型的描述，不涉及具体的值。模式的一个具体值称为模式的一个实例(instance)。同一个模式可以有很多实例。模式是相对稳定的，而实例是相对变动的。模式反映的是数据的结构及其关系，而实例反映的是数据库某一时刻的状态。

数据库系统的三级模式结构是指数据库系统是由外模式、模式和内模式3级构成。

① 模式

模式也称逻辑模式，是数据库中全体数据的逻辑结构和特征的描述，是所有用户的公共数据视图。数据库模式以某一种数据模型为基础。定义模式时不仅要定义数据的逻辑结构(例如数据记录由哪些数据项构成，数据项的名字、类型、取值范围等)，而且要定义与数据有关的安全性、完整性要求，定义这些数据之间的联系。

② 外模式

外模式也称子模式或用户模式，它是数据库用户(包括应用程序员和最终用户)看见和使用的局部数据的逻辑结构和特征的描述，是数据库用户的数据视图，是与某一应用有关的数据的逻辑表示。

③ 内模式

内模式也称存储模式，它是数据物理结构和存储结构的描述，是数据在数据库内部的表示方式(例如，记录的存储方式是顺序存储、按照B树结构存储还是按hash方法存储；索引按照什么方式组织；数据是否压缩存储，是否加密；数据的存储记录结构有何规定)。一个数据库只有一个内模式。

对于每一个外模式，数据库系统都有一个外模式/模式映象，它定义了该外模式与模式之间的对应关系。这些映象定义通常包含在各自外模式的描述中。当模式改变时，由数据库管理员对各个外模式/模式的映象作相应改变，可以使外模式保持不变，从而应用程序不必修改，保证了数据的逻辑独立性。数据库中只有一个模式，也只有一个内模式，所以模式/内模式映象是惟一的，它定义了数据全局逻辑结构与存储结构之间的对应关系，该映象定义通常包含在模式描述中。当数据库的存储结构改变了(例如采用了更先进的存储结构)，由数据库管理员对模式/内模式映象作相应改变，可以使模式保持不变，从而保证了数据的物理独立性。

1.5.2 关系数据库理论

针对一个具体问题，应该如何构造一个适合于它的数据库模式，即应该构造几个关系模式,每个关系由哪些属性组成等。这是数据库设计的问题,确切地讲是关系数据库逻辑设计问题。

(1)关系模式的形式化定义

一个关系模式应当是一个五元组,即 $R(U, D, DOM, F)$。由于 D 和 DOM 对模式设计关系不大,因此在本节中把关系模式看作是一个三元组:$R\langle U,F\rangle$;当且仅当 U 上的一个关系 r 满足 F 时,r 称为关系模式 $R\langle U,F\rangle$ 的一个关系。

关系作为一张二维表,对它有一个最起码的要求:每一个分量必须是不可分的数据项。满足了这个条件的关系模式就属于第一范式(1NF)。

研究模式设计,就是研究设计一个"好"的关系模式的办法。数据依赖是通过一个关系中属性间值的相等与否体现出来的数据间的相互关系。它是现实世界属性间相互联系的抽象,是数据内在的性质,是语义的体现。现在人们已经提出了许多种类型的数据依赖,其中最重要的是函数依赖(Functional Dependency,FD)和多值依赖(Multivalued Dependency,MVD)。

函数依赖极为普遍地存在于现实生活中。比如描述一个学生的关系,可以有学号(SNO)、姓名(SNAME)、系名(SDEPT)等几个属性。由于一个学号只对应一个学生,一个学生只在一个系学习。因而当"学号"值确定之后,姓名和该生所在系的值也就被惟一地确定了。就像自变量 x 确定之后,相应的函数值 $f(x)$ 也就惟一地确定了一样,我们说 SNO 函数决定 SNAME 和 SDEPT,或者说 SNAME,SDEPT 函数依赖于 SNO,记为:SNO→SNAME,SNO→SDEPT。

现在要建立一个数据库来描述学生的一些情况,其对象有:学生(用学号 SNO 描述),系(用系名 SDEPT 描述),系负责人(用其姓名 MN 描述),课程(用课程名 CNAME 描述)和成绩(G)。现实世界的已知事实是:

● 一个系有若干学生,但一个学生只属于一个系;
● 一个系只有一名(正职)负责人;
● 一个学生可以选修多门课程,每门课程有若干学生选修;
● 每个学生学习每一门课程只有一个成绩。

如果只考虑函数依赖这一种数据依赖,就得到了一个描述学生的数据库模式 $S\langle U,F\rangle$,它由一个单一的关系模式构成:

U = { SNO,SDEPT,MN,CNAME,G }
F = { SNO→SDEPT,SDEPT→MN,(SNO,CNAME)→G }

这个模式有下述 3 个"问题",会导致:

① 插入异常

如果一个系刚成立尚无学生,或者虽然有了学生但尚未安排课程,那么,就无法把这个系及其负责人的信息存入数据库。

② 删除异常

反之,如果某个系的学生全部毕业了,在删除该系学生选修课程的同时,把这个系及其负责人的信息也丢掉了。

③ 冗余太大

每一个系负责人的姓名要与该系每一个学生的每一门功课的成绩出现的次数一样多。这样,一方面浪费存储,另一方面系统要付出很大的代价来维护数据库的完整性。如某系负责人更换后,就必须逐一修改有关的每一个元组。

为什么会发生插入异常和删除异常呢?这是因为这个模式中的函数依赖存在一些问题。假如把这个单一的模式分成 3 个关系模式:

S⟨SNO,SDEPT, SNO→SDEPT⟩;
SG⟨SNO,CNAME,G, (SNO,CNAME)→G⟩;
DEPT⟨SDEPT,MN, SDEPT→MN⟩;

这 3 个模式都不会发生插入异常、删除异常的毛病,数据的冗余也得到了控制。一个模式的函数依赖会有哪些不好的性质,如何改造一个不好的模式,这就是下面规范化理论讨论的内容。

(2)范式

① 1NF

关系数据库中的关系是要满足一定要求的,满足不同程度要求的为不同范式。满足最低要求的叫第一范式,简称 1NF。在第一范式中满足进一步要求的为第二范式,其余以此类推。R 为第几范式就可以写成 $R \in x\text{NF}$。

对于各种范式之间的联系有 $5\text{NF} \subset 4\text{NF} \subset \text{BCNF} \subset 3\text{NF} \subset 2\text{NF} \subset 1\text{NF}$ 成立。

一个低一级范式的关系模式,通过模式分解可以转换为若干个高一级范式的关系模式的集合,这种过程就叫规范化。

② 2NF

定义:若 $R \in 1\text{NF}$,且每一个非主属性完全函数依赖于键,则 $R \in 2\text{NF}$。

下面这个例子则不属于第二范式:

关系模式 S-L-C(SNO,SDEPT,SLOC,CNO,G) 其中 SLOC 为学生的住处,并且每个系的学生住在同一个地方。这里码为(SNO,CNO)。函数依赖有:

$$(\text{SNO,CNO}) \xrightarrow{f} G$$

$\text{SNO} \rightarrow \text{SDEPT}, (\text{SNO,CNO}) \xrightarrow{f} \text{SDEPT}$

$\text{SNO} \rightarrow \text{SLOC}, (\text{SNO,CNO}) \xrightarrow{f} \text{SLOC},$

一个关系模式 R 不属于 2NF,就会产生插入异常、删除异常、冗余度大。分析上面的例子,可以发现问题在于有两种非主属性。一种如 G,它对键是完全函数依赖。另一种如 SDEPT、SLOC 对码不是完全函数依赖。解决的办法是用投影分解把关系模式 S-L-C 分解为两个关系模式。

SC(SNO,CNO,G)
S-L(SNO,SDEPT,SLOC)

关系模式 SC 的键为(SNO,CNO),关系模式 S-L 的键为 SNO,这样就使得非主属性对键都是完全函数依赖了。

③ 3NF

定义:关系模式 R⟨U,F⟩中若不存在这样的码 X,属性组 Y 及非主属性 Z(Z⊈Y)使得 X→Y,(YX)Y→Z,成立,则称 R⟨U,F⟩∈3NF。

若 R∈3NF,则每一个非主属性既不部分依赖于码也不全部依赖于码。

(3)准则

全关系型的系统应该完全地支持关系模型的所有特征,这是个原则。关系模型的奠基人 E. F. Codd 具体地给出了全关系型的关系系统应遵循的 12 条基本准则。从实际意义上看,这 12 条准则可以作为评价或购买关系型产品的标准。

从理论意义上看,它是对关系数据模型的具体而又深入的论述,是从理论和实际紧密结合的高度对关系型 DBMS 的评述。

准则 0:一个关系型的 DBMS 必须能完全通过它的关系能力来管理数据库。

准则 0 是下面 12 条准则的基础。准则 0 的一个推论是:任何声称是关系型的 DBMS 必须在关系这个级别上支持数据的插入、修改和删除(即一次多个记录的操作级别)。不管一个系统是否还具有非关系的管理数据的能力,它必须满足准则 0。

准则 1:信息准则。关系型 DBMS 的所有信息都应在逻辑一级上用一种方法即表中的值显式地表示。表名、列名和域名等都用系统内部表(即数据字典表)中的值表示。数据字典本身是一个动态的用来描述元数据的关系数据库。

准则 2:保证访问准则。依靠表名、主码和列名的组合,保证能以逻辑方式访问关系数据库中的每个数据项(分量值)。保证访问准则表明关系系统所采用的是相连寻址(association addressing)的访问模式,而不是那种面向机器的寻址方法。这是关系系统独有的方式。

准则 3:空值的系统化处理。全关系型的 DBMS 应支持空值的概念,并用系统化的方式处理空值。

以往处理空值的办法常常是对每个允许取空值的字段定义一种特殊的值来表示空值。这不是系统化的好办法。因为这样的话,用户必须对每个字段或域采用不同的方法来处理空值。这种方法必然会大大降低用户生产率。

准则 4:基于关系模型的动态的联机数据字典。数据库的描述在逻辑级上应该和普通数据采用同样的表示方式,使得授权用户可以使用查询一般数据所用的关系语言来查询数据库的描述信息。

准则 5:统一的数据子语言准则。一个关系系统必须有一种语言,它的语句可以表示为具有严格语法规定的字符串,并能全面地支持以下功能:

● 数据定义,视图定义;
● 数据操作(交互式或程序式);
● 完整性约束;
● 授权;
● 事务处理功能(事务开始、提交、滚回)。

准则 6:视图更新准则。所有理论上可更新的视图也应该允许由系统更新。

一个视图是理论上可更新的视图,它是指对此视图的更新要求,存在一个与时间无关的算法,该算法可以无二义性地把更新要求转换为对基本表的更新序列。

准则 7：高级的插入、修改和删除操作。 关系系统的操作对象是单一的关系。以关系为操作对象不仅简化了用户查询，提高了用户生产率，而且也为系统提供了很大的余地来进行查询优化，提高了系统的运行效率。它允许系统来选择存取路径，以便得到最有效的运行代码。

准则 8：数据物理独立性。 关系系统的数据库的数据在存储表示或存取方法上作任何变化时，应用程序和终端都保持逻辑上的不变性。

准则 9：数据逻辑独立性。 当对基本关系进行理论上信息不受损害的任何变化时，应用程序和终端活动都保持逻辑上的不变性。

准则 10：数据完整性的独立性。 关系数据库的完整性约束条件必须是用数据库语言定义并存储在数据字典中的，而不是在应用程序中加以定义的。

准则 11：分布独立性。 所谓分布独立性是指关系型 DBMS 具有这样的数据库语言，使应用程序和终端活动无论在最初的数据还是以后的数据重新分布时都能在逻辑上保持不变。

准则 12：无破坏准则。 如果一个关系系统具有一个低级（指一次一个记录）语言，则这个低级语言不能违背或绕过完整性准则。

在关系方法中，为获得数据完整独立性（准则 10）就要让完整性约束条件和数据的逻辑结构相独立。用准则 12 就很容易帮助识别哪些数据库系统是真正的"关系数据库系统"。

1.5.3 关系数据库标准语言 SQL

1. SQL 简介

结构化查询语言（SQL，Structured Query Language）是一种介于关系代数与关系演算之间的语言，其功能包括查询、操纵、定义和控制 4 个方面，是一个通用的、功能极强的关系数据库语言。目前已成为关系数据库的标准语言。

SQL 语言支持关系数据库三级模式结构。其中外模式对应于视图（View）和部分基本表（Base Table），模式对应于基本表，内模式对应于存储文件。

基本表是本身独立存在的表，在 SQL 中一个关系就对应一个表。一些基本表对应一个存储文件，一个表可以带若干索引，索引也存放在存储文件中。

存储文件的逻辑结构组成了关系数据库的内模式。存储文件的物理文件结构是任意的。

视图是从基本表或其他视图中导出的表，它本身不独立存储在数据库中，也就是说数据库中只存放视图的定义而不存放视图对应的数据，这些数据仍存放在导出视图的基本表中，因此视图是一个虚表。用户可以用 SQL 语言对视图和基本表进行查询。在用户眼中，视图和基本表都是关系，而存储文件对用户是透明的。

2. SQL 特点

（1）综合统一

SQL 语言则集数据定义语言 DDL、数据操纵语言 DML、数据控制语言 DCL 的功能于一体，语言风格统一，可以独立完成数据库生命周期中的全部活动，包括定义关系模式、录入数据以建立数据库、查询、更新、维护、数据库重构、数据库安全性控制等一系列操作要求，这就为数据库应用系统开发提供了良好的环境，例如用户在数据库投入运行后，还可根据需要随时地逐步地修改模式，并不影响数据库的运行，从而使系统具有良好的可扩充性。

(2) 高度非过程化

用户只需告诉系统"干什么",而不必指明"怎么做",因此用户无需了解存取路径,存取路径的选择以及 SQL 语句的操作过程由系统自动完成。这不但大大减轻了用户负担,而且有利于提高数据独立性。

(3) 面向集合的操作方式

SQL 语言采用集合操作方式,不仅查找结果可以是元组的集合,而且一次插入、删除、更新操作的对象也可以是元组的集合。

(4) 以同一种语法结构提供两种使用方式

SQL 语言既是自含式语言,又是嵌入式语言。作为自含式语言,它能够独立地用于联机交互的使用方式,用户可以在终端键盘上直接键入 SQL 命令对数据库进行操作。作为嵌入式语言,SQL 语句能够嵌入到高级语言(例如 C、COBOL、FORTRAN、PL/1)程序中,供程序员设计程序时使用。而在两种不同的使用方式下,SQL 语言的语法结构基本上是一致的。这种以统一的语法结构提供两种不同的使用方式的做法,为用户提供了极大的灵活性与方便性。

(5) 语言简洁,易学易用

SQL 语言功能极强,但由于设计巧妙,语言十分简洁,完成数据定义、数据操纵、数据控制的核心功能只用了 9 个动词:CREATE、DROP、SELECT、INSERT、UPDATE、DELETE、GRANT、REVOKE。而且 SQL 语言语法简单,接近英语口语,因此容易学习,容易使用。

3. SQL 命令介绍(部分)

(1) 数据库定义

● 定义表结构

一般格式如下:

CREATE TABLE <表名>(<列名><数据类型>[列级完整性约束条件][,<列名> <数据类型>[列级完整性约束条件]...)[,<表级完整性约束条件>];

其中<表名>是所要定义的基本表的名字,它可以由一个或多个属性(列)组成。建表的同时通常还可以定义与该表有关的完整性约束条件,这些完整性约束条件被存入系统的数据字典中,当用户操作表中数据时由 DBMS 自动检查该操作是否违背这些完整性约束条件。如果完整性约束条件涉及到该表的多个属性列,则必须定义在表级上,否则既可以定义在列级也可以定义在表级。

下面以一个"学生-课程"数据库为例说明 CREATE TABLE 语句的各种用法。

例1:建立一个"学生"表 Student,它由学号 Sno、姓名 Sname、性别 Ssex、年龄 Sage、所在系 Sdept 5 个属性组成,其中学号属性不能为空,并且其值是惟一的。

```
CREATE TABLE Student
        (Sno CHAR(5) NOT NULL UNIQUE,
        Sname CHAR(20),
        Ssex CHAR(1),
        Sage INT,
        Sdept CHAR(15));
```

定义表的各个属性时需要指明其数据类型及长度。不同的数据库系统支持的数据类型不完全相同。

● 修改表结构

一般格式为：

ALTER TABLE <表名>[ADD <新列名><数据类型>[完整性约束]][DROP<完整性约束名><完整性约束名>][MODIFY<列名> <数据类型><数据类型>];

其中<表名>指定需要修改的基本表，ADD 子句用于增加新列和新的完整性约束条件，DROP 子句用于删除指定的完整性约束条件，MODIFY 子句用于修改原有的列定义。

例2：向 Student 表增加"入学时间"列，其数据类型为日期型，格式为：ALTER TABLE Student ADD Scome DATE；

例3：将年龄的数据类型改为半字长整数，格式为：ALTER TABLE Student MODIFY Sage SMALLINT；

例4：删除关于学号必须取惟一值的约束，格式为：ALTER TABLE Student DROP UNIQUE(Sno)。

● 删除表结构

一般格式为：

　　　　DROP TABLE<表名>

例5：删除 Student 表，格式为：DROP TABLE Student

基本表定义一旦删除，表中的数据以及在此表上建立的索引都将自动被删除，而建立在此表上的视图虽仍然保留，但已无法引用。因此执行删除操作一定要格外小心。

● 建立索引

建立索引主要目的如下：使用索引可以明显地加快数据查询的速度；使用索引可保证数据的惟一性；使用索引可以加快表之间连接速度。

建立索引的基本原则为：

a. 索引的建立和维护由数据管理员和数据库管理系统完成；

b. 大表应当建索引，小表则不必建索引；

c. 对于一个基本表，不要建立过多的索引；

d. 根据查询要求建索引。

一般格式为：

CREATE [UNIQUE] [CLUSTER] INDEX <索引名><索引名> ON <表名>（<列名>[<次序>][,<列名>[<次序>]]...）；

其中，<表名>指定要建索引的基本表的名字。索引可以建在该表的一列或多列上，各列名之间用逗号分隔。每个<列名>后面还可以用<次序>指定索引值的排列次序，包括 ASC（升序）和 DESC（降序）两种，缺省值为 ASC。

例6：为学生-课程数据库中的 Student、Couse、SC 3 个表建立索引。其中 Student 表按学号升序建惟一索引，Couse 表按课程号升序建惟一索引，Sno、Cno 表按学号升序和课程号降序建惟一索引。

CREATE UNIQUE INDEX Stusno ON Student(Sno);
CREATE UNIQUE INDEX Coucno ON Couse(Cno);
CREATE UNIQUE INDEX SCno ON SC(Sno ASC,Cno DESC);

● 删除索引

一般格式为：

DROP INDEX<索引名>;

例7：删除Student表的Stusname索引，

DROP INDEX Stusname;

索引一经建立，就由系统使用和维护它，不需用户干预。建立索引是为了减少查询操作的时间，但如果数据增删改频繁，系统会花费许多时间来维护索引。这时，可以删除一些不必要的索引。删除索引时，系统会同时从数据字典中删去有关该索引的描述。

（2）表查询

一般格式为：

SELECT [ALL|DISTINCT]<目标列表达式>[,<目标列表达式>]... FROM <表名或视图名>[,<表名或视图名>]... [WHERE <条件表达式>][GROUP BY <列名1>[HAVING <条件表达式>]] [ORDER BY <列名2> [ASC|DESC]];

整个SELECT语句的含义是，根据WHERE子句的条件表达式，从FROM子句指定的基本表或视图中找出满足条件的元组，再按SELECT子句中的目标列表达式，选出元组中的属性值形成结果表。如果有GROUP子句，则将结果按<列名1>的值进行分组，该属性列值相等的元组为一个组，每个组产生结果表中的一条记录。通常会在每组中作用集函数。如果GROUP子句带HAVING短语，则只有满足指定条件的组才予输出。如果有ORDER子句，则结果表还要按<列名2>的值的升序或降序排序。

（3）数据维护

数据维护是任何数据库系统必不可少的基本功能，涉及数据维护的SQL语句包括：插入数据、修改数据、删除数据等数据操纵语句。

（4）视图

视图在关系数据库中起非常重要的作用，特别对于一些复杂的数据库系统，其主要作用如下：视图能够简化用户的操作；视图机制可以使用户以不同的方式看待同一数据；视图对数据库的重构提供了一定程度的逻辑独立性；视图可以对机密的数据提供安全保护。涉及视图的SQL语句包括：定义视图、查询视图、更新视图、视图特点。

（5）数据控制

● 授权控制语句

SQL语言用GRANT语句向用户授予操作权限，GRANT语句的一般格式为：

GRANT <权限>[,<权限>]
　　　　　[ON <对象类型> <对象名>]
　　　　　TO <用户>[,<用户>]
　　　　　[WITH GRANT OPTION];

其语义为:将对指定操作对象的指定操作权限授予指定的用户。不同类型的操作对象有不同的操作权限。

● 收权控制语句

授予的权限可以由 DBA 或其他授权者用 REVOKE 语句收回,REVOKE 语句的一般格式为:

REVOKE <权限>[,<权限>]...ON <对象类型> <对象名>] FROM <用户>[,<用户>]...;

SQL 语言为关系数据库系统的标准语言,除了上述介绍的基本语句之外还有其他一些内容,由于篇幅有限,本文不再介绍。详细介绍可参见:http://www.w3schools.com/sql/default.asp。

最近几年一些可视化编程工具(比如:Delphi、VC)都已经将 SQL 相关的功能组件化,大大提高了关系数据库系统应用的开发效率。

1.5.4 关系数据库查询优化

关系查询优化是影响 RDBMS 性能的关键因素。关系系统的查询优化既是 RDBMS 实现的关键技术又是关系系统的优点所在。它减轻了用户选择存取路径的负担。查询优化的优点不仅在于用户不必考虑如何最好地表达查询以获得较好的效率,而且在于系统可以比用户程序的"优化"做得更好。

关系数据库都提供了相应的优化功能,可以说自身带有一个"优化器",优化器的作用如下:

(1)优化器可以从数据字典中获取许多统计信息,例如关系中的元组数、关系中每个属性值的分布情况等。优化器可以根据这些信息选择有效的执行计划,而用户程序则难以获得这些信息。

(2)如果数据库的物理统计信息改变了,系统可以自动对查询进行重新优化以选择相适应的执行计划。在非关系系统中必须重写程序,而重写程序在实际应用中往往是不太可能的。

(3)优化器可以考虑数百种不同的执行计划,而程序员一般只能考虑有限的几种可能性。

(4)优化器中包括了很多复杂的优化技术,这些优化技术往往只有最好的程序员才能掌握。系统的自动优化相当于使得所有人都拥有这些优化技术。

关系数据库查询优化的总目标是:选择有效的策略,求得给定关系表达式的值。

实际系统对查询优化的具体实现一般可以归纳为 4 个步骤:

● 将查询转换成某种内部表示,通常是语法树。

● 根据一定的等价变换规则把语法树转换成标准(优化)形式。

● 选择低层的操作算法,对于语法树中的每一个操作需要根据存取路径、数据的存储分布、存储数据的聚簇等信息来选择具体的执行算法。

● 生成查询计划,查询计划也称查询执行方案,是由一系列内部操作组成的。这些内部操作按一定的次序构成查询的一个执行方案。通常这样的执行方案有多个,需要对每个执行计划计算代价,从中选择代价最小的一个。

1.6 数据库设计

数据库设计指对于一个给定的应用环境,构造最优的数据库模式,建立数据库及其应用系统,使之能够有效地存储数据,满足各种用户的应用需求(信息要求和处理要求)。它是数据库在应用领域的主要研究课题。

数据库设计应该和应用系统功能设计相结合。整个设计过程中要把结构设计和行为设计密切结合起来。

数据库设计是在 DBMS 支持下设计数据库应用系统的过程,以逻辑数据库设计和物理数据库设计为核心的规范化设计,一般分为以下 6 个阶段:需求分析;概念结构设计;逻辑结构设计;物理结构设计;数据库实施;数据库运行和维护。

1.6.1 需求分析

需求分析的任务是调查信息需求、处理需求和完整性(安全性)需求。

调查内容和步骤是:调查组织机构,各部门业务活动,明确用户对新系统的要求,确定新系统边界。

调查方法是:跟班作业,开调查会,请专人介绍,询问,设计调查表请用户填写,查阅相关数据记录。

分析和表达方法是 SADT(结构分析与设计技术)、数据流图 DFD 和数据字典 DD。数据流图表达了数据和处理过程的关系图 7.1。

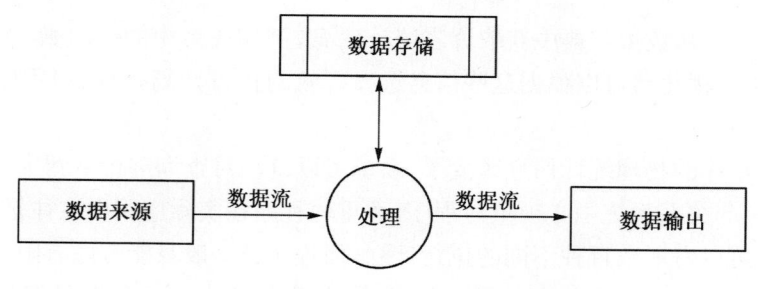

图 7.1 数据流图

数据字典,即描述数据的数据,是各类数据描述的集合,是进行详细的数据收集和数据分析所得的主要结果。DD 将数据流图中的每个对象进行具体详尽的描述。包括数据结构、数据项、数据流、数据存储和处理过程描述。它为后续阶段提供了数据和处理的依据。

1.6.2 概念结构设计

概念结构设计产生整体数据库的概念结构(概念模式),它是整个组织的各个用户关心的信息结构,也是数据库设计的关键。概念结构是各种数据模型的共同基础,它比数据模型更独立于机器、更抽象,从而更加稳定。其特点是:

(1)是对现实世界抽象的一个真实模型;

(2)易于理解；
(3)易于更改和扩充；
(4)易于向关系等各种数据模型转换。

概念设计常用的方法是实体-联系方法，即 E-R 方法(Entity-Relationship)，该方法用 E-R 图来描述现实世界的概念模型，是建立概念模型的有用工具。E-R 图提供了表示实体型、属性和联系的方法：

实体型：客观世界具体的事物，用矩形框表示；
属性：实体型的特性，用椭圆形表示，并用连线与实体连接起来；
实体间的联系：实体集之间的联系，用菱形框表示，框内标联系名称。

1.6.3 逻辑结构设计

逻辑结构设计的任务是把概念结构设计阶段设计好的基本 E-R 图转换为与选用 DBMS 产品所支持的数据模型相符合的逻辑结构。完成后应得到系统的关系模型和各个关系的模式结构和各种完整性约束条件。设计步骤为：

(1)将概念结构转换为一般的关系、网状、层次模型；
(2)将转换来的关系、网状、层次模型向特定的 DBMS 支持下的数据模型转换；
(3)对数据模型进行优化。

E-R 图向关系模型转换需遵从以下原则：

① 一个实体型转换为一个关系模式：实体的属性就是关系的属性，实体的码就是关系的码；

② 一个联系转换为一个关系模式：与该联系相连的各实体的码以及联系的属性转换为该关系的属性。

关系模式的优化方法如下：

① 确定数据依赖(每个关系模式内部各属性之间的数据依赖以及不同关系模式间属性之间的数据依赖)。

② 对模式之间的数据依赖极小化处理，消除冗余的联系。

③ 按照数据依赖的理论对每一个关系模式逐一进行分析，考察是否存在部分函数依赖、传递函数依赖、多值依赖等。确定各关系模式分别属于第几范式。

④ 按照需求分析阶段得到的处理要求，分析这些模式是否适合，确定是否要对某些模式进行合并或分解。

⑤ 对需要处理的模式进行必要的分解，提高数据操作的效率和存储空间的利用率。

1.6.4 物理结构设计

物理结构设计的主要任务是：为一给定的逻辑数据模型选取一个最适合应用要求的物理结构，包括数据库在物理设备上的存储结构和存取方法。

工作内容包括：为关系模式选择存取方法(索引、聚簇或 HASH 方法)；设计关系、索引等数据文件的物理存储结构即确定数据库对象(关系、索引、日志和备份等)的存放位置和存储结构和确定系统配置参数，如用户数、内存、缓冲区分配参数等。

设计过程中需要对时间效率、空间效率、维护代价和各种用户要求进行权衡，其结果可以产生多种方案，数据库设计人员必须对这些方案进行细致的评价，从中选择一个较优的方案。

1.6.5 数据库实施

数据库实施包括以下工作：

(1) 用 DDL 定义数据库结构；

(2) 用选用的 DBMS 提供的数据定义语言来严格描述数据库结构，如 SQL；

(3) 组织数据入库，是该阶段的主要工作。可以人工方法组织数据入库，可以设计一个数据输入子系统，由计算机辅助数据的入库工作；

(4) 编制与调试应用程序：应用程序的设计应该与数据设计并行进行，当数据库结构建立好后，就可以开始编制并调试数据库的应用程序。当数据未入库前可以使用模拟数据；

(5) 数据库试运行：应用程序编写并调试完毕，并且有一部分数据入库后，就可以开始数据库的试运行，也称作联合调试，目的是实际测量系统的各种性能指标，及时修正前面阶段中的错误。同时必须做好数据库的转储和恢复工作，尽量减少对数据库的破坏。

1.6.6 数据库运行与维护

运行阶段，数据库经常性的维护工作主要是由 DBA 完成的，主要工作是调整、修改数据库以及应用程序修改，包括：

(1) 数据库的转存和恢复

数据库转存和恢复是最重要的维护工作之一。DBA 制定转储计划，定期对数据库和日志文件进行备份，以保证一旦发生故障，能利用数据库备份及日志文件尽快将系统恢复到某种一致性状态。

(2) 数据库的安全性、完整性控制

根据用户的实际需要授予不同的操作权限。当安全性要求改变，完整性约束条件改变时也能做出不断的修正。

(3) 数据库性能的监督、分析和改进

目前许多 DBMS 产品都提供了监测系统性能参数的工具，DBA 可以使用这些工具获得性能参数的值，从而分析并调整某些参数以改进数据库性能。

① 数据库重组织

数据库记录的不断增、删、改，会使数据库的物理存储变差，从而降低空间的利用率和数据的存储效率，使数据库性能下降，这时 DBA 要对数据库进行重组织。按照原设计要求重新安排存储位置，回收垃圾，减少指针，不改变设计的数据逻辑结构和物理结构。DBMS 一般都提供了实用程序帮助重新组织数据库。

② 数据库重构造

当增加新的应用或新的实体，取消某些已有应用，有时不得不调整数据库的模式和内模式，如：增加新的数据项，改变数据库的容量，增加或删除索引，修改完整性约束条件等。这就是数据库的重构造。DBMS 都提供了修改数据库结构的功能。

③ 数据库重新设计

数据库重构的程度是有限的,若变化太大,无法通过重构来满足新的需求,或重构的代价太大,则表明现有的系统的生命周期已经结束,应该重新设计新的数据库系统。

1.7 数据库系统的研究与发展

1.7.1 非结构化数据库

从 20 世纪 60 年代末开始,数据库技术经历了层次数据库、网状数据库和关系数据库而进入数据库管理系统(DBMS)阶段,数据库技术的研究也不断取得进展。80 年代,关系数据库成为发展的主流,几乎所有新推出的 DBMS 产品都是关系型数据库。关系型数据库在计算机数据管理的发展史上是一个重要的里程碑,这种数据库具有数据结构化、最低冗余度、较高的程序与数据独立性、易于扩充、易于编制应用程序等优点,目前较大型的信息系统都是建立在结构化数据库之上的。

然而,随着网络技术和软件技术的飞速发展,特别是 Internet 和 Intranet 技术的发展,使得非结构化数据的应用日趋扩大。关系数据库从 1970 年发展至今,虽功能日趋完善,但对数据类型的处理只局限于数字、字符等,对多媒体信息的处理只是停留在简单的二进制代码文件的存储。然而,随着用户应用需求的扩展、硬件技术的发展和 Intranet/Internet 提供的多彩的多媒体交流方式,用户对多媒体处理的要求从简单的存储上升为识别、检索和深入加工,正是用户需求呼唤出"通用"数据库服务器来处理占信息总量 70% 的声音、图像、时间序列信号和视频等复杂数据类型。

从 1989 年起,Lotus 通过其群件产品 Notes 提出了数据库技术的全新概念——文档数据库。文档数据库有别于传统数据库之处是它用于管理文档。在传统数据库中,信息被分割成离散的数据段,而在文档数据库中,文档是处理信息的基本单位。一个文档可以很长、很复杂,可以无结构,与字处理文档类似。为了满足图书、情报业务的需要,针对 ISO-2709、MARC、CCF 等复杂的图书情报处理标准,中国科学技术信息研究所早在 1992 年就推出了其独特的通用信息管理系统,目前正式更名为资源管理系统(RMS,Resource Management System)。由于其处理对象为具有字段变长、字段数可变、字段可重复和具有子字段等特点,和关系数据库的表结构形成了明显的对比,被其研发者命名为"非结构化数据库系统"。非结构化数据库和关系数据库系统相比最大的特点是:关系数据库的处理对象为定长字段的表结构记录集合,所管理的是每一字段的属性(字段名称)及值(字段值)。而非结构化数据库所处理的是由变长字段所组成的变长记录及其内容(详细说明参见"内容管理部分"),当然非结构化数据库也可以管理各类格式的文档。

非结构数据库与 20 世纪 50、60 年代管理数据的文件系统不同,非结构数据库仍属于数据库范畴,是相对关系数据库而命名的。首先,文件系统中的文件基本上对应于某个应用程序。当不同的应用程序所需要的数据有部分相同时,也必须建立各自的文件,而不能共享数据,而非结构化数据库可以共享相同的数据。因此,文件系统比文档数据库数据冗余度更大,更浪费存储空间,且更难于管理维护。其次,文件系统中的文件是为某一特定应用服务的,所以,要想对现有的数据再增加一些新的应用是很困难的,系统不容易扩充,数据和程序缺乏独立性。而非结构化数据库具有数据的物理独立性和逻辑独立性,数据和程序也是完全分离的。

非结构化数据库也不同于关系数据库,关系数据库是高度结构化的,而非结构数据库允许创建许多不同类型的非结构化的或任意格式的字段,与关系数据库的主要不同在于,它不提供对参数完整性和分布事务的支持,但和关系数据库也不是相互排斥的,它们之间可以相互交换数据,从而相互补充、扩展。例如,RMS 系统也支持不同数据库之间的关联处理。

1.7.2　XML 数据库

Internet 的异军突起以及 XML 语言的出现,给数据库系统的发展开辟了一片新的天地。20 世纪 90 年代末,随着德国软件股份公司(Software AG)宣布世界上第一个"原状 XML 数据库系统(Native XML Database System)"产品——Tamino 问世,标志着数据库系统进入了一个新的发展时期。随后,一些大型数据库系统生产厂家,如甲骨文、微软公司等纷纷宣布要发展支持 XML 的数据库产品。

XML 的全称是"可扩展的标识语言(extensible markup language)"。1998 年 2 月 W3C 组织公布了 XML 第一版本的标准,从此 Internet 技术进入了一个新的革命。如果说以 http 传输协议和超文本标识语言 HTML 为标志是第一代 Internet 技术的话,那么,围绕着 XML 所形成的一系列标准和技术将构成新一代的 Internet 技术。

经过多年的研究和探索,虽然尚未发展出一个统一的方案来解决企业与企业间业务交流的自动化的问题,但在其基础技术上各业界几乎已经统一了思想:解决方案必须在跨操作平台、跨软件系统的 Internet 平台上进行,其基础技术就是 XML。

XML 有下列重要特性:

(1)XML 是一种表意而非表形的元语言。采用不同的显示页(stylesheet)就可以做到同一数据源却有不同途径的显示结果。

(2)XML 是 Internet 的标准语言,因而具有跨操作平台、跨区域的特点,因而是网络世界里的一种"世界语"。

(3)由于由 XML 所写的文件能为机器所解读,使得网络世界里"服务器对服务器(Server to Server)"的应用成为可能,从而奠定了 Internet 应用自动化的基础。

(4)XML 是一种可自我描述定义的元语言(self description meta language),所以它将大量用于制定行业内及行业间数据交换的标准。

在发展 XML 数据库上,存在着两种完全不同的方法。第一种方法是在不变动关系型数据库内核层的基础上,将 XML 的树型结构数据拆散、重组转换成关系型表格数据存入数据库。在提取 XML 数据时,利用 SQL 语言的优化将库内的表格型数据取出并还原成 XML 结构型数据。文献[5]详细讨论了有关表格型数据与 XML 数据的转换及优化的问题。第二种方法,也是被业界普遍认为是代表发展方向的方法,就是发展"原状 XML 数据库系统(Native XML Database)"。这一概念由德国软件股份公司(Software AG)首次提出并实施于其新型数据库 Tamino 之中。

§2 数据库技术在图书情报管理中的应用

2.1 图书情报系统数据管理

图书情报系统所管理的数据主要是一次文献(原始文献)和二次文献。早期的图书情报系统受计算机软硬件技术的限制所管理的文献主要是二次文献,二次文献是对一次文献的概要描述,其主要内容包括:文献题目、作者信息、出版发行单位信息、主题词、摘要和原始文献馆藏等信息。近几年由于计算机存储设备的迅速发展,性价比大大提高,用户有能力解决原始文献的存储问题。近几年一次文献数字化工作得到了长足发展,尤其在国内;目前国内几个资源内容提供商(万方数据、重庆维普、清华同方等)都提供包括期刊、会议、学位论文在内的全文资源,国外厂家更是如此。全文资源的管理在数据库管理技术上已提出的新的技术要求。目前图书情报系统的主要功能包括数据采集编目、检索发布和原文请求/传递等管理功能。图书情报系统在数据管理方面有如下一些特点:

① 数据量大,堪称海量数据,系统记录一般是千万级的;
② 数据要求规范,一般要求符合 ISO-2709、MARC、DC 等标准。要求支持重复字段处理和子字段处理,而且字段的长度变化较大;
③ 在检索方面要求支持内容检索,关系数据库仅支持属性值检索,另外行业检索规范语言 CQL 的一些功能在关系数据库中也得不到支持;
④ 系统服务范围广,并发用户多,检索复杂,输出格式多样化;
⑤ 要求系统按一定标准实现系统间的互联互用,比如要求支持 Z39.50,OpenURL,SRW/SRU 等互联标准;
⑥ 原始文献的提供使得图书情报系统的管理更加复杂化,主要是由于原始文献数字化文件的格式多样化所引起的。目前原始文献采用的是 PDF 格式文件。

图书情报系统的上述特点决定系统在数据存储、检索等管理方面都有自身的一些特点,而关系数据库在处理这些技术问题上都存在一些缺陷。目前国内外一些大的图书情报系统均未使用关系数据库系统,其原因会在后面的章节中一一列举。

2.2 数据管理与交换标准

图书馆自动化系统之间传输和交换机读目录数据时共同遵循和使用的标准记录格式,又称机读目录交换格式。它规定书目数据在机读介质上的表示和标识方法,包括机读记录的构成、各数据字段在机读介质上的总体安排及其内容结构。

机读目录的格式有内部处理格式和通讯格式两种。内部处理格式是按系统本身的软硬件特点、数据处理和应用要求而设计的,基本功能是提高机器处理效率,满足系统本身的特殊要求。通讯格式的基本功能则是通讯,即数据交换,它同时要满足各种用户和系统的要求,而不是个别系统的处理效率。

20世纪60年代中期,美国国会图书馆研制机读目录,于1966年制订了一种MARCⅠ格式。经过一年多的试验使用,1968年修订为MARCⅡ格式,1971年,它被美国国家标准学会批准为《书目信息交换磁带美国国家标准》(ANSIZ39.2-1971),为了适应机读书目数据交换的需要,1973年国际标准化组织又将其修改成为国际标准,即《文献目录信息交换用磁带记录格式》(ISO 2709)。由于它规定了机读书目记录的基本结构,适用于各种资料类型和语言,具有很大的灵活性,因此,在世界图书馆和情报界得到普遍采用,成为制定各种机读目录格式的基础。

随着图书馆自动化的发展,许多国家或地区都按照国际标准所规定的记录结构,结合各自的书目著录编目条例和语言等特点,制定了自己的国家或地区的标准机读目录通讯格式。为实现机读目录国际交换从而达到"国际书目控制"的目标,1972年国际图书馆协会和机构联合会(IFLA)成立了内容标识符研究小组,在1977年制订了《国际机读目录格式》(UNIMARC),联合国教科文组织(UNESCO)也于1974年组织制订了国际情报界书目信息交换格式《UNISIST 机读书目著录参考手册》,1983年又组织制订了《共同通讯格式》(CCF),以便国际图书情报界各系统之间交换书目数据。20世纪80年代末,中国开始制订中国机读目录通讯格式。

机读目录通讯格式,按其使用的地区范围可以分成3类:

① 国家通讯格式,在一个国家范围内各系统交换书目数据时使用的格式。如澳大利亚ANBIMARC、加拿大CANMARC、法国MONOCLE、前联邦德国MABI、印度NISSAT、日本Japan MARC、英国UKMARC、美国USMARC等国家的机读目录。

② 地区通讯格式,供一个地区范围内各系统交换书目数据时使用的格式。如经互会国家(MEKOF-2)、法语国家(INTERMARC)、拉丁美洲(MARCAL)、欧洲理事会(EUDISED)等。

③ 国际通讯格式,国际上各国之间交换书目数据使用的格式。如 UNIMARC、CCF 等。此外,机读目录通讯格式还可按照所记录的出版物类型分成图书、连续出版物、地图、档案和手稿、乐谱、音像文献等几种版本。也可按数据类型分为机读书目记录格式和机读规范记录格式两类。

2.2.1 CCF 与 ISO-2709

机读目录通讯格式由记录结构、内容标识符和记录内容三个要素组成。

(1)记录结构,是指书目记录在机读介质上的物理表示方法,记录的总体安排与基本框架。按国际标准 ISO 2709,这种结构由以下几部分组成:

① 头标区:位于记录之首,固定为 24 个字符长,为记录处理提供某些基本参数。

② 目次区:是记录内各数据字段的索引或目次,由一系列目次项构成。它是为检索其后的数据字段而设置的。

③ 数据字段区:分为两部分,一为控制字段区,描述著作和记录本身的特征,大多为固定长的代码性数据;二为书目字段区,包含编目数据的实际内容。由一些可变长的数据字段组成。

④ 记录分隔符:位于记录的最后。

(2)内容标识符,这是标识数据元素并为其提供补充信息的一套符号。包括:

① 字段标识符,这是标识和命名数据字段主要内容的字符;
② 指示符,它是为书目字段提供描述信息和处理信息的代码;
③ 子字段标识符,是标识书目字段内各数据元素的两个字符。每个数据字段的最后都有一个字段分隔符。

(3)记录内容,即编目数据本身。如作者、题名等等。这是按照文献资料的著录和编目条例规定所著录和标引的具体书目数据。此外,数据编码用的字符集、各种数据代码表(如语言代码表,国家和地区代码表等)也是机读目录通讯格式的重要组成部分。

2.2.2 MARC 与 DC

(1)MARC 与 CNMARC

MARC 最初是由美国国会图书馆 LC(Library of CongVem)以阿弗拉姆夫人为首的一个小组于 1965 年开始的试验计划,其目的是探索以机读形式产生目录数据的可行性,后来称之为 LCMARC。但是当时为了编制程序的方便,与传统的编目形式差别很大,因而未能得到推广使用。1968 年 LC 重新考虑设计了 MARC 格式,即 MARC Ⅰ。1969 年开始向全美和一些其他国家的书目中心每月发行一次英文图书的 MARC Ⅰ 磁带,这一格式保留了传统著录的各个项目,使手检目录能与机读目录共存,因而受到肯定并被广泛应用和推广。其他国家由于不同的需要,在 MARC Ⅰ 基础上研制出了自己的 MARC。为了防止失控并且方便国际交换,国际图联于 1977 年研制出通用机读目录格式,即 UNMARCO。1991 年我国有关部门在 UNMARC 的基础上,结合我国的实际加上特定字段,编制出 CNMARC,此后历经多次修订,形成现在的 CNMARC 格式。CNMARC(中国机读目录格式)的格式说明如下:

【记录头标】

记录头标是按照 ISO 2709 的规定设立的。它包括处理记录时可能需要的有关记录的一般性信息。整个头标区固定为 24 个字符长,由固定长数据元素组成,这些数据元素通过字符位置来标识。

固定长数据如下表 7.2 所示。

表 7.2 固定长数据

数据元素名称	字符数	字符位置
记录长度	5	0~4
记录状态	1	5
执行代码	4	6~9
指示符长度	1	10
子字段标识符长度	1	11
数据基地址	5	12~16
记录附加定义	3	17~19
地址目次结构	4	20~23

① 记录长度

记录长度为 5 个十进制数。右边对齐,不足 5 个数字时用零补齐。本域由软件产生,用户不能修改。

② 记录状态

代码:c＝修改过的记录

　　　d＝删除的记录

　　　n＝新记录

　　　o＝曾为较高层次记录

　　　p＝曾为不完整的预编记录

③ 执行代码

(a)记录类型,1 字符

代码:a＝印刷的文字资料

　　　b＝手稿性的文字资料

(b)书目级别,1 字符

代码:m＝单行本——专著或多卷集。

　　　s＝连续出版物——连续发行并趋向无限期连续发行的出版物。

　　　a＝分析性资料——物理上包含在另一种资料里的一种资料,它是另一种资料的组成部分。

　　　c＝汇编性著作——人为配套的著作集。

(c)层次等级代码,1 字符:表示记录和其他记录有层次连接关系,说明在层次中的相对位置以及记录与同一文件中其他记录的从属关系。

代码:空格＝层次关系未定

　　　0＝无层次关系

　　　1＝最高层记录

　　　2＝低层次记录(在最高层以下的记录)

(d)未定义,空格

④ 指示符长度

表示指示符长度的 1 位十进制数字,CN-MARC 格式为 2。用户不可修改。

⑤ 子字段标识符长度:头标区

表示子字段标识符长度的 1 位十进制数字,CN-MARC 格式为 2。用户不可修改。

⑥ 数据基地址

占 5 个字符位,用十进制数表示。它等于头标区和目次区的字符总数。右边对齐,不足 5 位时左边填零。由软件产生,用户不可修改。

⑦ 记录附加定义

(a)编目等级:用 1 个字符代码标识机读记录的完整程度,以及建立该记录时是否查阅过原作品。

代码:空格＝完全级,表示该记录建立时依据了原作品。

  1=次级，表示该记录建立时未依据了原作品。

  2=次级2，表示该记录是预编(在版编目)记录。它是利用校对单编目的，一般不太完整，如缺载体形态项。

  3=次级3，表示编目未达到完全级的记录。

(b)著录格式：用1位字符代码标识记录中的各著录项目是否采用ISBD格式。

代码：空格=完全采用ISBD格式

   b=不是采用ISBD格式

   i=部分采用ISBD格式

(c)未定义，填空格。

⑧ 地址目次项结构

(a)"数据字段长度"的长度：用1位十进制数指明每个目次项的"数据字段长度"部分的字符数，CN-MARC格式为4，用户不可修改。

(b)"起始字符位置"的长度：用1位十进制数指明每个目次项的"起始字符位置"部分的字符数。CN-MARC格式取值为5，用户不可修改。

(c)未定义，填两个空格。

详细的MARC格式介绍请参见http://www.loc.gov/marc/。

(2)DC格式元数据

  MARC格式是用来描述图书馆资源的一套标准的二次文献著录格式，非常复杂，一般仅适用图书馆的专业著录人员使用。互联网技术的发展使得网络资源成为一种发展迅速的主要信息资源，如何简捷有效地描述这些资源成为一种需求，DC元数据集合应运而生。

  DC元数据集首先由Dublin Core工作组在1995年第一次提出，当时包含13个元素，在以后的几次年会中逐渐完善，并形成目前15个元素的标准。其著录项目包括：题名title、作者creator、主题subject、描述description、出版者publisher、其他责任者contributor、日期date、类型type、格式format、标识identifier、来源source、语言language、关联relation、覆盖范围coverage和权限right等15项。整个元素集都是可扩展的，每个元素具有可重复性和选择性。

  DC以第一次专题研讨会的地点都柏林(Dublin Core)命名，又称都柏林核心集。DC的目的是寻求一套简洁而有弹性，且非专业图书馆人员也可轻易掌握和使用的信息资源著录格式，最初主要用于描述文本数据，逐渐支持网络资源的其他非文本资源，目前DC已经成为网络资源著录描述的标准。DC元素的主要工作在于语义的定义，而不是语法或结构，这使得DC元数据能够迅速运用在具体的应用环境中。

  DC的应用将为搜索引擎或网络资源的整合应用提供了标准。同样目前的大多数图书情报系统也在采用DC作为对外服务与信息交换的标准数据，为了规范原有MARC数据和现有格式的转换，美国国会图书馆制定了一套MARC和DC的转换标准，见下表7.3。

表 7.3 MARC 和 DC 的转换标准

DC 项	MARC 字段	说　　明
Title	245	
Creator	100，110，111，700，710，711，720	
Subject	600，610，611，630，650，653	
Description	500～599，except 506，530，540，546	
Contributor		在 MARC 里没有明确限定,可自行定义
Publisher	260 $ a $ b	
Date	260 $ c	
Type	Leader06，Leader07 655	头标区 6、6 两位
Format	856 $ q	
Identifier	856 $ u	
Source	786 $ o $ t	
Language	008/35-37 546	
Relation	530，760-787 $ o $ t	
Coverage	651 752	
Rights	506，540	

MARC 格式经过近 50 年的发展,其描述格式特点已得到业内人士的普遍认可,主要有:

① 完整性。即严格的语义规则和完整的信息描述字段。

② 精确性。能够精确的描述信息资源,尤其是对检索点的选取能够确保其数据元素组成具有统一性。

③ 可靠性。MARC 描述格式得以广泛应用的主要原因之一就在于其著录信息的可靠性。

DC 描述格式的主要特点是:

① 简易性。DC 只有 15 个元素,且都是每一个能够普遍理解的语义,适合各种背景的人员使用。信息著录员不需任何特殊训练,即可使用 DC 进行著录;

② 扩展性。DC 格式的弹性化和扩展性表现在允许使用者。

2.2.3 XML

XML 是一种可扩展标记语言(Extensible Markup Language，XML)，它提供了一种标记内容的方式，可以添加关于数据用途的信息。信息使用 XML 存储之后，称为解析器的应用程序就能够可靠地提取相关信息，并根据不同的需要处理。

XML 可用于各种不同的应用程序，但其实质是：XML 是一种表示数据的方式。有时候数据是为数据库准备的，有些时候则是供人阅读的。与这两方面应用相关的技术，比如数据验证和 XML 转换也已经随着 XML 自身一起发展起来。

XML 包括验证或者确认的能力、文档结构和文档(在某种意义上的)内容。验证文档有助于防止数据与期望具有特定结构的应用程序进行交互时出现问题，当 XML 与非 XML 的遗留系统交互时这一点尤其有用。最初的 XML1.0 推荐标准包括对文档类型定义(Document Type Definitions，DTD)的支持，DTD 提供了一些验证能力。W3C XML Schemas 扩展了这种功能，并提供了一种更加类似 XML 的语法。

可通过多种方式使用 XML 封装的数据。一种常见的处理方式是通过使用可扩展样式表语言转换(Extensible Stylesheet Language Transformations，XSLT)，开发人员可以使用 XSLT 定义对 XML 文档的操作，以生成特定的结果。这种动态转换信息的能力允许从单个源文档产生多种输出，无论输出到不同的数据库还是输出到不同的浏览器。

XSL 格式化对象(XSL Formatting Objects，XSL-FO)是一种强大而灵活的格式化数据的 XML 词汇表，常与 XSLT 结合使用，把 XML 和 HTML 转化成 PDF(可移植文档格式)。

XML 的优势在于它能够在多种环境中使用。大量涌现的各种 XML 词汇表，使人们能够立即互相理解。三种最常用的词汇表是可扩展超文本标记语言(Extensible HyperText Markup Language，XHTML)、资源定义框架(Resource Definition Framework，RDF)和可缩放向量图形(Scalable Vector Graphics，SVG)。

目前传统的 MARC 格式正在逐渐被 XML 格式的 MARC 所取代，XML 的管理技术已经成为图书情报系统的核心管理技术。

总之，XML 可以很方便地将内容从数据规则和表达中分离出来，XML 标记的文档可以使用户更方便地提取和重用自己想用的内容，并使用自己喜欢的表达格式，这为用户提供了一个很好的按需定制的特性，具有非常好的灵活性。通过 XML 还可以使内容脱离格式，成为只和上下文相关的数据，以便于内容的检索、合并或者重用，满足了跨系统检索、整合甚至跨媒体出版的需求。一个基于 XML 的通用存储方式，还可以帮助信息服务商管理和维护大量的不同内容。

2.3 数据存储与检索

无论从数据存储还是从数据检索方面来说，图书情报服务系统都有自身的一些特点，下面的章节将从检索和存储两个方面进行比较。

2.3.1 CQL 与标准数据库查询语言 SQL

(1)CQL 的特点

CQL 是情报检索系统中用来描述检索请求的一种规范化语言,是英文 Common Query Language 的缩写。其设计目标是使用户提交的检索表达式可被人理解和描述的,当描述较复杂的检索请求时,其检索表达式应接近自然语言。

传统的检索语言可以分为两类,一类是功能强大,但需要用比较复杂的表达式描述,非专家用户很难正确使用,比如:SQL、PQF、和 XQuery,其中 PQF 是 Z39.50 协议使用的检索语言;另一类检索语言简单易用,接近自然语言,但很难描述复杂的检索概念,比如:CCL 和 Google。CQL 则试图可以用自然语言描述简单和复杂的检索请求,事实上 CQL 达到了这种目标,成为目前检索系统的通用检索语言。在 SRU/SRW 部分还要介绍其应用。

下面是简单的 CQL 查询语句:

dinosaur

"complete dinosaur"

"程序设计"

title = "complete dinosaur"

title exact "the complete dinosaur"

dinosaur or bird

dinosaur and "ice age"

dinosaur not reptile

dinosaur and bird or dinobird

(bird or dinosaur) and (feathers or scales)

"feathered dinosaur" and (yixian or jehol)

publicationYear < 1980

lengthOfFemur > 2.4

bioMass >= 100

表 7.4 所示是一些复杂的 CQL 查询语句。

表 7.4　CQL 查询语句

举　　例	说　　明
title all "complete dinosaur"	在 Title 里包含检索词 "complete" 和 "dinosaur"
title any "dinosaur bird reptile"	在 title 里含有 "dinosaur"、"bird"、或 "reptile"
(caudal or dorsal) prox vertebra	位置检索:"caudal" 或 "dorsal" 与 "vertebra"
ribs prox/distance<=5 chevrons	更复杂的位置检索:"ribs" within 5 words of "chevrons"
ribs prox/unit=sentence chevrons	"ribs" 和 "chevrons" 在同一句子中
ribs prox/distance>0/unit=paragraph chevrons	"ribs" 和 "chevrons" 在同一记录的不同段落中

续表

举 例	说 明
subject any/relevant "fish frog"	检索与"fish"或"frog"相关的记录,需要词表有效支持
subject any/rel. lr "fish frog"	和上面的类似,但使用了一种特殊的相关度分析算法(线性回归算法)

(2) CQL 的范式

为了和常规数据库 SQL 语言有一个明确的比较,下面对 CQL 的范式(BNF)定义给以简单介绍:

```
cqlQuery         ::=   prefixAssignment cqlQuery | scopedClause
prefixAssignment ::=   '>' prefix '=' uri | '>' uri
scopedClause     ::=   scopedClause booleanGroup searchClause | searchClause
booleanGroup     ::=   boolean [modifierList]
boolean          ::=   'and' | 'or' | 'not' | 'prox'
searchClause     ::=   '(' cqlQuery ')'
                     | index relation searchTerm
                     | searchTerm
relation         ::=   comparitor [modifierList]
comparitor       ::=   comparitorSymbol | namedComparitor
comparitorSymbol ::=   '=' | '>' | '<' | '>=' | '<=' | '<>'
namedComparitor  ::=   identifier
modifierList     ::=   modifierList modifier | modifier
modifier         ::=   '/' modifierName [comparitorSymbol modifierValue]
prefix, uri,     ::=   term
modifierName,
modifierValue,
searchTerm,
index
term             ::=   identifier | 'and' | 'or' | 'not' | 'prox'
identifier       ::=   charString1 | charString2
charString1      :=    不包括下属字符的任意字符串:
                       空格
                       ((开扩号)
                       )(闭括号)
                       =
                       <
```

$$
\begin{array}{c}
> \\
\text{'"',（双引号）} \\
/
\end{array}
$$

charString2　:=　"　"引起的任意字符串

(3)CQL 的使用规则

① CQL 表达式

CQL 表达式描述一个检索语句，多个检索语句可用布尔运算符组合。

② 检索语句(Search Clause)

一个检索语句中包含索引(Index)、关系(Relation)和检索词(Search Term)，每一个检索语句中只能包含一个检索词，可以省略索引和关系，允许检索语句中只有关系或只有索引。

比如：索引(字段限定)/关系/检索词：title ＝ cad，只有检索词：cad。

③ 检索词

检索词是一个可以用英文双引号括起的字符串，如果字符串中包括＜ ＞ ＝ / ( ) 和英文空格，则一定要用英文双引号括起。检索词可以为空，但必须用" "表示。

④ 索引名

索引名一般包含一个基本索引名，也可能包含一个前缀名，用来描述和索引名之间的映射关系。映射关系集合是索引的一部分，如果不指定映射关系，则由服务器指定(缺省)。同样如果不指定索引，也由服务器指定。

举例说明如下：

title ＝cat 由服务器指定关系映射

dc. title ＝cat 映射关系为 DC

cat 映射关系和索引都由服务器指定。

⑤ 关系

在一个检索语句中关系指定了检索词和索引间的映射关系，它总是包含一个基础名，也可以包含一个前缀，描述关系映射集。如果一个关系没有指定映射集，则缺省的映射集是从 cql。如果也没有关系存在，系统缺省为 cql. src，意味由服务器端决定关系及映射集。

举例说明如下：

title ＝ cat 关系映射为 'cql'；完整的关系描述为 cql. ＝title cql. any cat 关系为 'any'；映射集为 'cql'。同等于：title any cat hat 关系和索引均有服务器端决定(关系及映射表现为 'cql. scr')。

⑥ 关系修饰符(Relation Modifier)

关系修饰符可能和关系一起出现，也可能和关系映射集一起出现。如果一个关系映射集没有关系修饰符，则缺省为 CQL 关系映射集。多个关系修饰符时用"/"分割，在"/"两侧可以有空格，关系及关系修饰符组不一定用"/"结束。

举例说明如下：

dc. title any/relevant/rel. CORI "cat fish"

关系'any'的第 1 个修饰符为'relevant',其关系映射集为'cql',第 2 个修饰符为'CORI',其关系映射集为'rel'。

dc. author exact/stem "smith, j."

关系'exact'的修饰符为'stem',其映射集为'cql'。

⑦ 布尔运算符

检索语句可以通过布尔运算符进行组配连接,布尔运算符包括:and,or,not 和 prox。布尔算符的处理顺序自左向右,通过括号可以改变处理顺序。

⑧ 布尔修饰符

和关系一样,布尔运算符也可以有修饰符,多个修饰符用"/"分开。布尔修饰符可以和任何关系映射集配合出现,缺省映射集为 CQL。比如:dc. title=cat and/rel. sum dc. title=dog。

⑨ 大小写无关

除了检索词外,所有 CQL 语句都不区分大小写,检索词有可能区分大小写。

(4)CQL 其他重要特征

① 关系(Relation)

检索词比较类:<, >, <=, >=, 和 < > 分别表示小于、大于、小于等于、大于等于和不等于。

如果检索词为字或单词,则:

=:表示相似;

Any:只要有一个检索词;

All:要有所有的检索词。

对于字符串,exact 要求字符串完全匹配。

举例说明如表 7.5。

表 7.5 CQL 语句的条件

CQL 语句	符合条件	不符合条件
title = "cat in the hat"	"a day in the life of the cat in the hat"	"hat in the cat" or "cat in the green hat"
title all "cat hat"	"hat in the cat"	"cat in the grass"
Title any "cat hat"	"cat in the grass"	"dog in the grass"
title exact "cat in the hat"	"cat in the hat"	"a day in the life of the cat in the hat"

② 特殊关系修饰符

下面两个关系修饰符,需要服务器端在执行 CQL 之前进行算法处理。

a. Stem(词干)

处理这一修饰符要求服务器端对检索词执行词干处理算法,比如:对于 walked 的一词要按词干进行扩展,扩展词为 walking, walker 等,其中词干为 walk;=/stem "these completed dinosaurs"将会匹配 Complete Dinosaur。

b. Relevant(相关)

要求服务器端用特定的相关算法决定检索结果,并按相关度对检索结果进行排序。

比如:subject any/relevant "fish frog"按 frog 或 fish 进行检索,检索结果按和"fish frog"的相关度进行排序。

③ 限制性关系修饰符

word:检索词是由西文词构成;

string:是一个单一的检索词,不能分开;

isoDate:每一检索词为符合 ISO 8601 要求的日期;

number:检索词是一数字;

uri:每一检索词为 uri;

masked:执行特定的字符匹配规则;

unmasked:不执行字符匹配规则。

④ 字符匹配规则

单个星号(＊)匹配 0 个或多个字符。单个问号(?)匹配单个任意字符。

⑤ CQL 系统分级

一个 CQL 服务器(Z39.50 或 SRW 服务器,参见后面章节)在支持 CQL 处理能力方面是分级的。

a. 0 级

其作用是:支持检索词检索;如果接受到不能处理的 CQL,必须能够返回明确的错误信息;

b. 1 级

其作用是:支持 0 级标准;

有能力匹配:检索语句中包括的索引名、关系和检索词;并且允许;

检索词间的布尔组配,比如:"term1 AND term2";

c)至少支持 a)或 b)的检索处理。

c. 2 级

其作用是:支持 1 级功能;能够正确解析所有的 CQL 语句并给出回应或明确的错误信息。

(5)CQL 与 SQL 的比较

SQL 语言与 CQL 二者检索语言定义和检索功能支持上有很大的区别,CQL 有些功能甚至超出了关系数据的处理范畴。二者之间的共同点,都是为用户提供了一种数据操纵语言,用户通过一套标准化的描述语言可以管理或使用数据库。二者之间的区别实际上体现在应用对象上,SQL 是基于关系数据库系统面向计算机专业人员设计的一套数据操纵语言,处理的对象主要为数值或规范化的数据。而 CQL 是针对情报检索系统的功能需求设计面向一般检索用户的数据检索语言,情报检索的一些特殊检索要求和数据对象的不同造成的。二者间的区别可以归纳如下:

① SQL 语言以关系数据库的应用为基础,在技术实现上遵循的是关系模型间的处理和应用,检索的目标是字段的属性值。CQL 是基于行业应用而提出的面向用户的公共检索语言,检索查询的对象为字段的内容,实际上 CQL 的一些关系及关系修饰技术涉及到大量的内容

管理技术;

② CQL 里面的一些检索功能比如:相邻、内容匹配、关系修饰等功能是 SQL 甚至关系数据库系统无法实现的一些功能;确切讲,如果使用关系数据库只能实现 CQL 的 0 级操作功能;

③ CQL 只是一个检索语言,不具备数据维护的功能。

2.3.2 结构化数据与非结构化数据存储管理比较

(1)结构化数据存储特点

关系数据库所管理的表结构数据实际上是一张表,表的每一行为一个表记录,表的行数代表数据库的记录数。每一行又分为多个单元,每个单元代表一个字段。可以说就一个表而言,字段数是固定的,而字段的长度也是定长的。通常我们把适用于表结构存储的数据称为结构化数据。我们以最简单的关系数据库 xBASE 为例来说明关系数据的存储结构。

xBASE 的存储结构可以描述如下:

数据库结构描述(定长)	记录 1	记录 2	...	记录 N

数据库结构中每一字段包括字段名,字段类型和字段长度,结构描述的长度等单一字段描述的长度 * 字段数,是定长的。假定数据库中有 m 个字段,字段 i 的长度用了 Li 描述,则每一数据库的记录长度为:L1+L2+..+Li+..+Ln 是定长的。针对关系数据库的存储结构,可以总结如下:

① 数据库的字段数固定的,字段长度是定长的,每一个记录的长度也是定长的;

② 如果修改字段的长度,需要重新调正整个数据库的数据存储;同样追加/删除一个字段也要重新对数据库的数据存储进行调正;

③ 一旦一个数据库的结构定义完毕,即使一个字段没有数据,也要占用定长空间;反之,如果实际数据超长则只能存储定长的数据,超长的数据无法管理。显然这种结构对于可空字段或长度变化比较大数据字段(比如题录数据库的标题字段)在管理上存在很大缺欠;

④ 一般而言关系数据的定长字段的最大长度为 255 个字符。

针对关系数据库的这种缺陷,关系数据库系统在后来增加了,非定长字段类型,比如:Memo,Binary 等类型字段。但对于这些字段的管理仅限于数据的存储管理,仍然占用一个定长字段,通过指针技术将变长的数据存储到一个特定格式的文件或数据区中,显然基于关系数据库表结构的存储技术是非常简单的。

(2)非结构化数据存储特点

根据 MARC 标准,可以把 MARC 格式数据的特点概述如下:

① 记录的字段长度及字段数都是可变的,这一点对于海量文献数据而言十分重要,MARC 标准到最大可到 969 字段,而且大量的字段可为空。

② 同一记录中的一个字段可以有多个值,这与关系数据库的第三范式有冲突。

③ 一个字段中可以有多个子字段,每一字段是可重复的(ISO-2709 格式对此无特殊要求)。

通常把具有上述特征的数据类型称之为非结构化数据,为管理非结构化数据而设计的数据库管理系统称为非结构化数据库系统。国内知名的非结构化数据库管理系统是 RMS 系统。显然要想实现上述存储目标,从技术上讲要比关系数据库的表存储结构复杂得多,特别是要实现数据库记录/字段的变长管理。下面将通过 RMS 的数据存储结构对非结构化数据存储技术(ISO-2709 构架)做一简单介绍。

(3) RMS 系统数据存储特点

① RMS 数据存储结构

RMS 系统的数据存储的两个核心文件主要包括 d01 和 d02 两个逻辑存储与管理文件文件。

d01 是资源库的数据存储文件,所有的数据库记录都顺序地存贮在该文件里。数据文件记录是变长的,每一个记录由三个部分组成:定长的头标区、目录区和变长的数据区。头标区由 7 个整数组成:对于一个新生成的记录而言,整个头标区的长度为 18 个字节。目录区是一个用来描述记录内容的表,记录中出现的每一个字段(含有数据内容的字段)在目录区中都有一个对应的项,每一项由 3 个整数组成,其说明如下:Tag 为字段标号,Pos 为在变长数据区中该字段的第一个字节的位置(目录区每一项中的 Pos 值为 0),Len 为相应字段的长度。变长字段数据是一个顺序的数据字符串,由所有字段数据组成。

数据文件记录是连续地存贮在数据文件(.d01)中的。数据文件分块是以 512 个字节为单位的,任一记录可以在每一个块中(0—498)的字边界字节开始(500—510 之间没有记录数据),每一个记录可以跨多个块,一个块中也可以有多个记录。

由于.d01 文件是一个顺序的数据库存取文件,所以要想找出某一数据库记录,必须顺序地查找,其查找效率很低。为了能够快速存取该文件,RMS 资源库系统建立了一个对该文件按记录号进行索引的数据文件的索引文件(.d02)。它实际上是对数据文件记录中记录号(MFN)的索引文件。数据文件的所有维护都是通过这一交互参照文件完成的。

这种索引文件与数据文件一样,是以表的形式存储的。其中的每一项实际上是一个指针,第一个指针则指向数据文件的第一个记录。

② 数据存储维护技术

RMS 资源库的一个重要特点是对变长记录进行管理。其数据文件的修改技术如下所述。

a. 生成新的记录

RMS 资源库把一个新生成的记录总是追加在文件的后面。该位置由数据文件控制记录中的字段 nextmfb/nextmfp 确定。新记录的记录号(MFN)由控制记录中的 nextmfn 确定。

追加一个新的记录后,nextmfn 值自动加 1,nextmfb/nextmfp 则指向数据文件的下一个可行的位置,同时在 d02 中增加一个指针,且 DO2MFP 的值加上 1 024,以表明这是一个新记录,需要进行倒排(倒排文件更新后,该字段的值则自动减去 1 024)。

b. 修改已存在的记录

当用户修改完一个记录后,系统将该记录写回数据文件,该记录写回的位置依赖于记录的状态条件。

如果该记录已被倒排,这种记录的状态通常是在 DO2 文件中的指针为 xrfMFP<512,在

DO1 文件中有 MFBWB=0,这种记录修改后,一般写在文件的末尾。在修改后的新记录里,MFBWB/MFBWP 指向修改前记录的位置;而在 DO2 中,所对应的指针指向修改后的记录,并在 DO2 文件对应的指针上加 512,以标识该记录处于倒排悬置状态(等待倒排处理)。倒排时,旧的来确定要删除的那些检索词;而新的记录则用来增加一些新的登录项,倒排文件修改后,xrfMFP 的值减去 512,MFBWB/MFBWP 的值变为 0。

已修改过的记录没有被倒排(即处于倒排悬置状态),对于这种记录,DO2 文件中的 MRFMFP>512,DO1 文件中的 MFBWB>0,MFBWB/MFBWP 所指向的是当前倒排文件所反映的记录。如果修改该记录的长充不增加,则将该记录写回到原来的位置,否则写在文件的末尾。不论在什么情况下,MFBWB/MFBWP 的值不变。

c. 删除一个记录

删除后的记录在 DO2 文件中 xrfMFB<0,在 DO1 文件中记录状态 STATUS=1。

d. 数据文件的初始化

如上所述,数据文件记录修改时,DO1 文件后占空间增长很快,且在数据文件中有许多不能使用的空间,RMS 资源库文件管理系统无法管理这些不再使用的空间。为了收回那些不能再使用的空间,RMS 系统提供了一种重新组织数据库的压缩功能(Compressdb)。

重新组织时,首先生成一个备份文件(Backup),除了不需要 DO2 文件外,该文件的结构及其格式和 DO1 文件一样,各记录之间是顺序相邻的,且不备份那些已作过删除标记的记录。当数据文件中有一个或多个记录处于倒排悬挂状态时(倒排文件和数据文件不一致),不能对该文件进行备份。

备份文件的恢复是顺序的,原来已标记为逻辑删除的记录,这时已被标识为物理删除,即 DO2MFB=-1,DO2MFP=0,这时数据库内记录不是连续的,如果需要数据为号是连续的。

目前国际上一些著名的非结构化数据管理系统基本上都是按照类似上述 RMS 系统管理数据的技术实现对非结构化数据的存储管理。

通过上述比较可以看出图书情报服务系统的一些存储技术的特点和关系数据库的一些应用局限性。可以说目前国内外知名的情报/信息服务系统均没有使用关系数据库作为后台管理数据库。

§3 内容管理技术与数据库技术之比较

内容管理(CM)是目前信息服务技术的前沿和热门技术,但到目前为止内容管理技术到底涉及哪些内容和技术都没有定论,起码在计算机界和图书情报界所谈的内容管理技术是有很大区别的。本书提出的观点可供研究讨论。

3.1 内容管理的内涵

广义上计算机界把内容管理技术归纳为:内容也称为数字内容,一般被定义为任何人在每天的商业和个人生活中都会使用到的电子信息。它包括以数字方式展现的文档、出版物、图像、视频、音频、软件、表格、数据、票据、设计、合同，以及电子邮件。内容管理就是要将不同类型的数字内容全部以数字化的方式妥善保存起来，并利用足够的信息、高效的查询手段对所保存的数字资产进行查询和检索，用智能分析技术对其进行数据挖掘，最终使得这些数字内容能够得到最充分的利用，价值不断地提升，提高企业在信息时代的竞争力。

内容管理技术研究方向的主要研究课题有：

(1) 文字处理技术

主要研究跨媒体出版需求下的文字处理技术，包括各种格式文本如 WORD、PDF、RTF、PS、S2 格式文件向 XML 转化，以及 XML 文件的 Web 表现及出版技术。

(2) 图形图像处理技术

主要研究包括图像数字版权保护技术、图像压缩技术、图像 Web 浏览技术和图片内容检索技术。

(3) 基于内容检索技术

主要面向多媒体数字内容的技术内容检索技术研究，包括全文检索、基于内容的图片内容检索和基于内容的视频检索。

(4) 文本数据挖掘技术

主要包括自动分类技术、聚类技术、相似搜索技术、知识自动问答、自动提取关键词、自动提取摘要、自动消重等技术。这是图书情报界多年来一直在研究试图得到解决的问题。

(5) XML 与数据库技术

主要包括元数据存取技术、数据库存取技术、XML 于信息交换等方面的研究。

(6) 海量信息存储技术

主要包括海量信息存储模型研究，包括 HSM 存储架构、分布式存储架构、信息归档、信息备份、CDN 分发等技术。

(7) BPM 技术

(8) 跨媒体信息发布技术

主要包括面向不同媒体介质的内容发布技术，如 Web 发布技术、数据库出版技术、光盘出版技术等。

内容管理的核心技术可以归纳如下：

① 功能研究：包括数据检索、数据存储、格式转换、多语种支持、安全管理、页面创建、个性化定制、同步和复制等；

② 行业研究：包括流媒体服务、多媒体内容管理、电子数据交换、元数据和标引等；

③ 集成研究：包括工作流管理、数字版权保护、数据挖掘等。

3.2 内容管理技术与一般意义上的数据管理之区别

通常所讲的数据管理可以理解为是常规的数据库管理技术，而内容管理技术则是构架在数据库管理技术之上的深层次应用技术。也有人认为数据库管理技术也是内容管理技术。

3.3 内容管理技术与图书情报检索技术之比较

针对第一部分所讲的内容管理技术所涉及的主要研究核心内容,可以看出检索技术是内容管理技术的一部分,这里的检索是非图书情报界所讲的检索技术。广义上,数据检索技术用来帮助使用者快速定位所需内容。按照搜索方法可分为全文搜索、上下文搜索等。目前,内容检索技术正向异构内容信息源整合检索方向发展。随着人们对信息获取和利用上的认识不断加深,加之跨组织流程再造、内部知识资源整合、供应链管理、客户关系管理、电子商务、电子政务、一站式服务等概念不断冲击着企业经营者,有关企业内部和外部多种信息资源的整合变得比以往更重要,也更紧迫。由于这些信息来源不同,存储格式和系统不同,访问和检索方式也不同,因而出现了异构资源整合检索的问题,用户需要统一对这些内容进行访问和检索。面对海量的内容数据和并发检索压力,要保证检索性能,就需要将分布群集检索、高速缓存和负载均衡这些技术都结合到检索里来。目前,内容管理中的检索技术正向多样化、智能化发展,其中包括智能化知识检索技术、自然语言查询、多媒体信息检索技术等。当然,图书情报检索技术也同样包含这些技术,但是图书情报技术还涉及一些更加明确的专业内容管理要求,这些特殊要求可以概括如下:

● 基于词表的后控检索,这对于提高系统的查全、查准率非常重要。后控检索包括基于词表的相关词、上位词、用、代等关系的扩展检索和基于下位词的概念缩检等功能。基于词表的自动分类和聚类检索等,词表情报检索和加工、分类的基础。

● 多语种检索,从技术上而言,单纯的多语种检索相对简单,只要建立一个多语种对照字典即可。但如果和词表结合起来,再加上西文的词干(参见CQL)关系检索,那就复杂多了,需要大量的基础性工作去做。

● 基于分类的自动检索导航系统,分类表和词表系统相结合。

● 相关性检索,基于语义的相关性检索,并按检索表达式与检索结果的相关性进行排序;确定相关性的算法是核心,但到目前为止还没有比较理想的算法出现。

● 基于字典或无字典的汉字自动切分技术,这是实现自动标引的基础,也是实现高效全文检索不可逾越的技术障碍。

● 自动摘要,在全文自然语言理解基础上,自动生成文献摘要,这一技术的研究进展不大。

● 跨平台资源整合系统,涉及多种标准协议、交换格式及认证的整合应用,是目前图书情报系统最前沿的研发与应用课题。

● 还有Ontology、RDF等与内容相关的一些新理论、新技术的研究课题。

3.4 数据库技术在内容管理方面的拓展研究

3.4.1 内容管理对关系数据库技术的挑战

综上所述,内容管理的一些应用是构建在数据库系统之上的应用技术,数据库系统里还没有直接提供与内容管理相关的技术和功能支持。从理论上讲,尤其关系数据库系统无法提供相关的技术支持,甚至有些功能与关系数据库的理论体系发生冲突。
关系数据库系统最基本的技术特点是:
(1)数据按表格存储,每一字段表示记录的一个属性,字段的内容为对应属性的属性值;
(2)关系数据库把数据属性值作为一个整体内容来看待,为了提高对海量数据的检索效率,需要对可检索字段进行索引,索引的对象为索引值。索引算法和数据结构将直接影响检索的效率;通常而言关系数据库为每一个可检索字段建立一个索引文件。
(3)由于关系数据库在索引的时候把属性值作为一个整体索引,比如字段姓名的一个属性值为"张三",如果我们检索姓名为"张三"的记录,数据库系统会利用姓名索引很快检出对应的记录。如果我们希望查出姓名字段中姓"张"或名"三"的记录,常规的关系数据库系统则无法利用索引进行快速查询,而必须进行顺序检索或其他方式进行检索。如果要实现简单的字段级全文检索,关系数据库必须改变系统的索引方式;全文检索是内容管理的基础。
(4)目前的关系数据库系统大都是为每一个可检索字段建立一个单独的索引;对于不同字段间的组配检索也存在效率问题。
(5)关系数据库是以检索集合的形式构建检索结果,而且保存在内存里面,当检索结果集较大时会占用大量的内存空间。对于海量文献数据库而言,当并发用户较多时,关系数据库面临诸多的技术挑战。
内容管理已经成为目前大量应用中必不可少的功能,用户希望能把与内容相关的一些技术和实现集成到数据库系统中去,从而获取更高的性能和效率。为了支持数据库的全文检索功能,关系数据库 Oracle,MSSQL 等产品都增加了单独的全文索引服务器。但到目前为止这些全文索引服务器在处理中文或中西文混合的数据全文检索时,效果不太理想。当然,对于数据挖掘、在线统计分析、分类聚合等一些与内容管理相关的技术也在最新的关系数据库系统中有所体现。

3.4.2 非结构化数据库系统 RMS 内容管理技术的实现

由于关系数据库在解决内容管理方面的问题所存在的先天不足,甚至从理论体系上都存在问题。因此一些新的面向内容管理的数据库系统应运而生,比如国外的 TRIP,国内的 TRS、RMS 等系统,这些系统目前在对内容管理技术的支持上面,相对关系数据库而言都有很大进步。下面以非结构化数据库系统 RMS 在对文本数据的内容管理所采用的技术做一简单介绍。
针对内容管理,RMS 系统支持如下功能:
(1)数据库内的每一字段可检索,同一字段最多可支持 11 种索引方式,包括整字段、每个子段、人工标引词、单汉字/英文单词、单字母及自动切分等;
(2)为了提高检索词的定位速度、系统采用了独特的数据库结构,即 B*树结构(平衡树),使得在整个 B*树内检索词的定位时间不受检索的多少影响;
(3)为了实现全文检索、精确检索、字段限定检索、相邻检索等高级检索功能,系统对每一检索词的位置信息描述进行了扩充,这些是实现内容管理的基础;
(4)为了实现高效的多字段组配检索,将多个字段的索引文件进行合并,大大提高了组配检索性能。另外为了提高整个系统对海量数据库索引更新的效率,系统支持分段索引等功能;

另外 RMS 还支持如下与内容管理相关的技术和功能：

（5）系统内置了基于检索表达式的统计分析、逻辑分类和自定义报表等功能；

（6）系统内置了基于词表的扩展检索（后控检索）功能；

（7）系统内置了与数据库数据质量控制相关的字段内容替换、字典替换、多字段查重、数据清洗等功能；

（8）内置基于 XML/HTML 的格式化语言，可直接控制系统数据输出格式。

综上所述，无论关系数据库还是非结构化数据库，针对与内容管理技术和功能方面还有大量的工作可做，内容管理技术的不断发展甚至会影响现有数据库理论、构架的改变。为了满足人们对内容管理的需求，数据库技术还有很长的路要走，甚至涉及多个学科的发展和进步。

§4 Open Access 与分布式数据共享服务

近年来，随着信息技术的迅速发展和网络技术的广泛应用，Open Access 出版模式在国际科学界和出版界的影响日趋广泛，并受到越来越多的政府机构、专业性学会、学术出版者、图书情报机构及检索系统等的高度关注。

4.1 Open Access 之起源

Open Access 一词首先广泛应用于信息领域，1995 年 Keller 指出：所谓 Open Access，不仅是指网络物理连接的建立，而且还意味着要保证这些连接易于使用、收费合理，并能提供一整套基本的信息资源；更为重要的是，网络的使用不应仅局限于信息的被动连接；相反，这一环境应是开放、分散和易于漫游的。即使是最为基本的连接，也应使用户既可成为信源，又可成为信宿。对于网络信息环境语境中的 Access 有更为直接的论述，即：Access 不仅指通过网络与信息资源提供商相连，而且还指人们成功地查找、检索和利用各种计算机系统中所含信息的能力。

目前在学术领域被广泛接受的关于 Open Access 的含义基于 3 次重要会议：布达佩斯开放存取倡议（Budapest Open Access Initiative，BOAI）、关于开放存取出版的柏斯达声明（Bethesda Statement on Open Access Publishing，BSOAP）、关于自然科学与人文科学资源的开放存取的柏林宣言（Berlin Declarationon Open Access to Knowledge in the Sciences and Humanities）。三者的表述方式虽不尽相同，但本质内容大体一致。以 BOAI 为例，它认为，Open Access 意味着用户通过互联网可以免费阅读、下载、复制、传播、打印和检索论文的全文，或者对论文的全文进行链接，为论文建立索引，将论文（原始文献）数字化，或者对论文进行任何其他出于合法目的的使用，而不受经济、法律和技术方面的任何限制，除非网络本身造成数据获取的障碍。对复制和传播的惟一约束，以及版权在此所起的惟一作用是，应该保证作者拥有保护其作品完整性的权利，并要求他人在使用作者的作品时以适当的方式表示致谢并注明引用出处。

目前，OA 出版形式大致可分为两类：

（1）OA 期刊（Open Access Journal，OAJ），即基于 OA 出版模式的期刊，OAJ 既可能是新创办的电子版期刊，也可能是由已有的传统期刊转变而来。

（2）开放存档(Open repositories and archives)，即研究机构或作者本人将未曾发表或已经在传统期刊中发表过的论文作为开放式的电子档案储存。

4.2 相关标准

4.2.1 OAI

图书馆和信息资源委员会(Council on Library and Information Resource，CLIR)、数字图书馆联盟(Digital Library Federation，DLF)等组织于1999年底在新墨西哥州Santa Fe召开的会议上，Paul Ginsparg，Rick Luce，Herbert Van de Sompel等人提出OAI设想。OAI(Open Archive Initiative)，意为"开放文档先导"，是一个旨在促进网络信息资源开发、发布与共享的合作组织。现由数字图书馆联盟、网络信息联合会(Coalition Networked Information，CNI)、美国国家科学基金会(NSF)等机构联合资助。OAI下设指导委员会(Steering Committee)和技术委员会(Technical Committee)，分别负责OAI的整体运作和研究今后的需求及发展。

OAI提出了基于元数据的电子文献互操作框架，形成了OAI协议(Open Archives Initiative Protocol for Metadata Harvesting，OAI-PMH)。2001年1月21日发布了OAI-PMH测试版Version 1.0，同年7月2日又发布了一个更新的测试版Version 1.1，2002年6月14日发布了正式版Version 2.0，2005年5月3日公布关于2.0协议的最新文档说明。尽管OAI起源于电子出版界(E-print Community)的互操作计划，但随着OAI的发展，应用已远远超出了这一范围。原则上对任何数字对象都可以适用OAI协议的目标是通过元数据收获这种模式实现Web上发布信息的不同组织(主要在欧美等地)之间的互操作，形成一个与应用无关的互操作框架，同时也为信息资源整合提供有效工具。

（1）OAI协议构架

OAI协议规定了两种角色：数据提供者和服务提供者。数据提供者负责元数据的生成、发布、管理和组织，数据提供者可以有自己的元数据标准，但它应能够通过元数据映射，发布符合OAI协议规范的元数据。数据提供者将各种数字资料处理成数字对象存储在数据库(Repository)中，每一个数字对象都有一个全球惟一、持久的标识符(DOI)。

在基于OAI的元数据互操作框架中，数据提供者提供的元数据质量是非常关键的。服务提供者通过元数据收割机(Metadata Harvester)从数据提供者和其他服务提供者处收割元数据，并对这些元数据进行加工处理，提供增值服务，建立元数据之间的关系，向用户提供统一的查询界面，它提供的最基本的增值服务是对所有元数据根据同一分类体系进行分类整理。服务提供者也可以只按需收割某一学科、某一研究领域的元数据，OAI协议要求数据提供者与服务提供者事先都要在(OAI)注册服务器中进行注册。目的是要对数据提供者与服务提供者进行组织，更重要的是执行相关验证程序来确保所登记的数据提供者或服务提供者是否完全符合OAI协议的规定，确保数据提供者和服务提供者都遵守OAI协议规范框架。注册服务器除了提供注册界面，还提供查询界面，让服务提供者查找数据提供者，用户查找服务提供者，这类似Internet中的域名解析。

OAI协议的实现需要建立在超文本传输协议(HTTP)的基础上，通常采用GET或POST

请求实现元数据采集。OAI 协议指定 DC(Dublin Core)为必须支持的元数据格式,通过元数据前缀说明,支持其他元数据格式,比如 OAI_MARC。一个数据提供者可以向多个服务提供者提供元数据,一个服务提供者可以从多个数据提供者获取元数据。数据提供者和服务提供者只是角色的划分,一个组织(或服务器)既可以是数据提供者,也可以是服务提供者。服务提供者与数据提供者之间的消息传递是通过 OAI request 和 OAI response 实现的。OAI 协议的运行框架如图 7.2 所示。

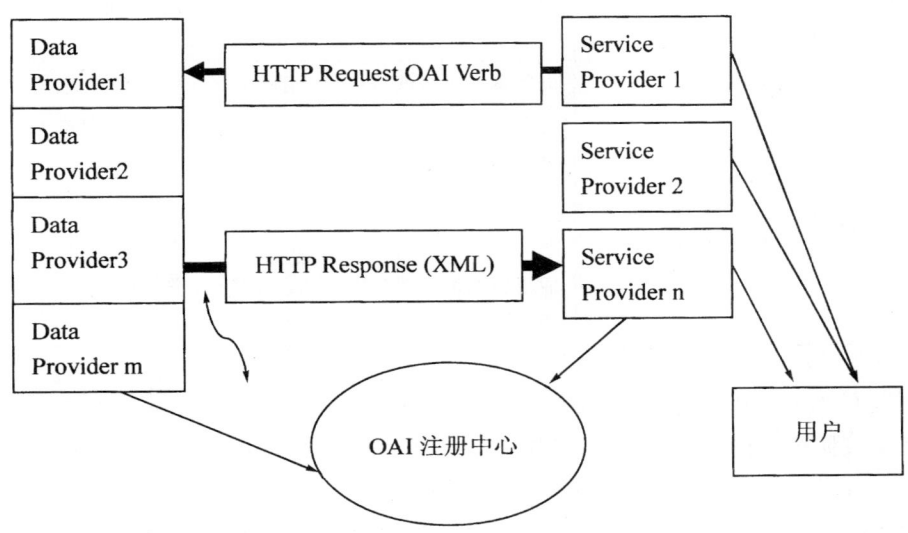

图 7.2　OAI 协议的运行框架

(2)OAI 命令

OAI 协议通过指定命令集(Verb),从数据库前端服务器(数据提供者)向其管理的数据仓库获得所需信息。由于 OAI 是基于 HTTP 的应用协议,故其命令集通过 HTTP 所使用前端服务器向数据库服务器传输变量与内容,由服务器程序根据变量及其内容进行处理,并返回结果。OAI 命令至少有一个以 key=value 形式出现的参数,多个参数则用符号"&."隔开。提供的命令(动作 Action)有 6 种,详见表 7.6。

表 7.6　OAI 命令

命　令	参　数	说　　明
GetRecord	1. Identifier 2. metadataPrefix	从一个数据提供者处获得指定记录的元数据,第一个参数标明提取资源的标识,第二个参数指定所要获得数字资源的格式类型,可由 ListMetadata,Formats 命令获得
Identifier	1. repositor name 2. baseURL 3. protocol Version 4. admin E-mail	用于描述数据提供者的相关信息,包括行政管理、系统标识、特殊社群等信息。4 个参数分别表示:数据库名称、数据库的地址、数据库支持的 OAI 协议版本和管理者的 E-mail

续表

命令	参数	说明
List Identifier	1. until 2. from 3. Set 4. resumptionToken	向数据库请求取得能够获取记录的 ID 明细。4 个参数含义为：数据对象更新的起止日期，datastamp 的起始日期，资料集种类和流量控制认证标识
ListMetadata Formats		取得数据提供者所能支持的元数据的格式种类
ListRecord	1. until 2. from 3. set 4. resumptionToken 5. metadataPrefix	向数据提供者取得指定范围的所有记录命令的前 4 个参数含义与 List Identifier 命令相同，第 5 个参数为所收割的元数据的格式类型，应在 ListMetadataFormats 命令所列出的有效范围中
ListSets	1. resumptionToken	取得数据提供者数据库的数据集（分类）料集(Set)的结构。参数为流量控制认证标识

下面以 GetRecord 命令为例，说明 OAI 命令的具体实现。OAI 规定了请求的格式，服务提供者必须按照这个格式提出请求，首先，服务提供者向数据提供者发出如下请求：

http://arXiv.org/oai2? verb = GetRecord&identifier = oai：arXiv.org：cs/0112017&metadataPrefix=oai_dc

数据提供者返回的信息为：

<? xml version="1.0" encoding="UTF-8"? >
<OAI-PMH xmlns="http://www.openarchives.org/OAI/2.0/"
　　　　xmlns:xsi="http://www.w3.org/2001/XMLSchema-instance"
　　　　xsi:schemaLocation="http://www.openarchives.org/OAI/2.0/
　　　　http://www.openarchives.org/OAI/2.0/OAI-PMH.xsd">
<responseDate>2002-02-08T08:55:46Z</responseDate>
<request verb="GetRecord" identifier="oai:arXiv.org:cs/0112017"
metadataPrefix="oai_dc">http://arXiv.org/oai2</request>
<GetRecord>
　<record>
　　<header>
　　　<identifier>oai:arXiv.org:cs/0112017</identifier>
　　　<datestamp>2001-12-14</datestamp>
　　　<setSpec>cs</setSpec>
　　　<setSpec>math</setSpec>
　　</header>

```
        <metadata>
         <oai_dc:dc
xmlns:oai_dc="http://www.openarchives.org/OAI/2.0/oai_dc/"
            xmlns:dc="http://purl.org/dc/elements/1.1/"
            xmlns:xsi="http://www.w3.org/2001/XMLSchema-instance"
xsi:schemaLocation="http://www.openarchives.org/OAI/2.0/oai_dc/
            http://www.openarchives.org/OAI/2.0/oai_dc.xsd">
          <dc:title>Using Structural Metadata to Localize Experience of Digital Content</dc:title>
          <dc:creator>Dushay, Naomi</dc:creator>
          <dc:subject>Digital Libraries</dc:subject>
          <dc:description>With the increasing technical sophistication of both information consumers and providers, there is increasing demand for more meaningful experiences of digital information. We present a framework that separates digital object experience, or rendering, from digital object storage and manipulation, so the rendering can be tailored to particular communities of users.
          </dc:description>
          <dc:description>Comment: 23 pages including 2 appendices,
            8 figures</dc:description>
          <dc:date>2001-12-14</dc:date>
         </oai_dc:dc>
        </metadata>
      </record>
    </GetRecord>
  </OAI-PMH>
```

有关 OAI PMH 2.0 版的详细说明请参见:
http://www.openarchives.org/OAI/2.0/openarchivesprotocol.htm。
查找目前已经注册的数据提供者:http://www.openarchives.org/Register/BrowseSites。

4.2.2 RSS

(1)RSS 的涵义

RSS 是 Internet 上连锁内容和元数据的一种格式。通常用于共享标题和到新闻文章的链接。对于新闻文章,真正的文章不一定是共享的,但是关于文章的元数据通常是共享的;这种元数据可以包含标题、URL 或者摘要。对于出版商而言,RSS 是一种重要的工具,因为提要可用于连锁内容,并把第三方的内容集成到自己的站点中。RSS 是一种 XML 方言。所有的

RSS 文件必须符合万维网联盟（World Wide Web Consortium，W3C）Web 站点上发布的 XML1.0 规范。

下面一个典型的例子，说明了如何使用 RSS：一个出版商有一些希望发布的内容，他们为这些内容创建了一个 RSS 频道，在这个频道中包含了关于希望宣传的网页的一些项，这个频道可以被远程应用程序读取并转换成标题和链接，这些链接可以加入到新的 Web 页中或者供专门的读者阅读，人们从不同的站点看到这个链接，单击链接进入最初出版商的网站。

尽管标题连锁是最常见的 RSS 用法，但也可用于其他目的。RSS 在 weblog 社区中是一种非常流行的格式。它也被用于照片簿、分类广告列表、食谱、评论以及跟踪软件包的状态。

RSS 提要在电子商务中用作一种传递信息的方式。比如，Amazon 根据其 Web 服务平台向客户提供新闻提要，从而使用户能够在新闻阅读器中了解最畅销的图书，或者在用户自己的 Web 站点中包括关于 Amazon 销售的相关图书的信息。

随着 RSS 服务提要数量的增加，出现了一种新的软件类型：RSS 阅读器。RSS 阅读器是个人聚集器——帮助用户发现和组织感兴趣的频道列表。一旦选择了频道，用户就可以使用阅读器一致的界面查看这些频道。新闻阅读器检查用户所感兴趣的频道的更新，并转化成可以浏览的 HTML。从信息服务的角度来看，RSS 阅读器是一种基于 RSS、RDF 等标准的桌面整合服务系统。

（2）RSS 频道

RSS 的内容服务是以频道的形式出现的，服务商需要每天更新频道相关的内容。频道一般有 3 个元素，提供关于频道本身的信息。这 3 个元素分别是：

● <title>：频道或提要的名称。
● <link>：与该频道关联的 Web 站点或者站点区域的 URL。
● <description>：简要介绍该频道是做什么的。

许多频道子元素都是可选的。常用的<image>元素包含 3 个必需的子元素：

● <url>：表示该频道的 GIF、JPEG 或 PNG 图像的 URL。
● <title>：图像的描述。当频道以 HTML 呈现时，用作 HTML <image> 标签的 ALT 属性。
● <link>：站点的 URL。如果频道以 HTML 呈现，该图像作为到这个站点的链接。

<image>还有 3 个可选的子元素：

● <width>：数字，表示图像的像素宽度，最大值是 188，默认值为 88。
● <height>：数字，表示图像的像素高度，最大值是 400，默认值为 31。
● <description>：包含文本，在呈现时可以作为围绕着该图像形成的链接元素的 title 属性。

此外还可以使用其他许多可选的频道元素。

下面是一个 RSS 频道的 XML 描述格式：

<? xml version="1.0"? >
<rss version="2.0">
<channel>

```
<title>
The channel's name goes here
</title>
<link>
http://www.urlofthechannel.com/
</link>
<description>
This channel is an example channel for an article.
</description>
<language>
en-us
</language>
<image>
<title>The image title goes here</title>
<url>http://www.urlofthechannel.com/images/logo.gif</url>
<link>http://www.urlofthechannel.com/</link>
</image>
<item>
<title>
The Future of content
</title>
<link>http://www.itworld.com/nl/ecom_in_act/11122003/</link> <description>
```
The issue of people distributing and reusing digital media is a problem for many businesses. It may also be a hidden opportunity. Just as open source licensing has opened up new possibilities in the world of technology, it promises to do the same in the area of creative content.
```
</description>
</item>
<item>
<title>Online Music Services - Better than free? </title>
<link>http://www.itworld.com/nl/ecom_in_act/08202003/</link> <description>
```
More people than ever are downloading music from the Internet. Many use person-to-person file sharing programs like Kazaa to share and download music in MP3 format, paying nothing. This has made it difficult for companies to setup online music businesses. How can companies compete against free?
```
</description>
```

```
</item>
</channel>
</rss>
```

(3) RSS 2.0 支持用户自定义扩展

RSS 2.0 有许多可选元素,包括多数频道都需要的那些元素。但是它还支持扩展性,因此用户可以使用规范中没有的元素。关于扩展性,规范中总结为:"RSS 提要可以包含本页中没有描述的元素,只要这些元素定义在一个名称空间中。"

基本的思想是用户可以增加需要的标签。使用您的频道的人们可能并不知道某个标签是什么含义。比如,如果我要在一个频道中使用<analog>标签,它的含义就不很清楚。Web 专家可能认为这个标签指的是 Analog,它是最流行的 Weblog 文件分析器。科幻迷可能认为这个标签是关于 Analog 的一本经典的科幻杂志。音乐家可能认为它指的是流行的合成器类型,生物学家认为这是一种器官,电子工程师认为是一种电路。含糊性使人们很难理解标签的含义。

因此,RSS 允许您增加所喜欢的任何标签,但是要求必须和名称空间一起使用。这样有助于澄清标签的含义。

RSS 2.0 只对不属于规范的元素要求名称空间。所有的基本标签都假定在 RSS 2.0 名称空间中。这使得这种格式更容易使用,因为除非需要扩展 RSS,否则您完全不需要知道名称空间。

(4) RSS 在情报服务中的作用

RSS 技术起源于互联网上推送服务的概念,用户利用任意 RSS 阅读器可以自己订制相关的 RSS 服务,这些服务在 RSS 阅读器上是可整合的。以频道方式服务的 RSS 应用并没有引起图书情报界的注意,但今天众多在数据库检索服务基础上的动态 RSS 服务,将会对未来的信息服务业产生深远的影响,笔者坚信这一点。

RSS 服务(RSS 内容+RSS 阅读器)将会在情报服务中发挥如下作用:

● 用自己直接向服务商提交 SDI 服务请求;
● 用户借助阅读器可个性化订制自己所需要的内容;
● 信息服务商可按用户的个性化需求,向用户提供推送服务。

基于 RSS 技术的服务是互动的(有人称为 Web 2.0),RSS 是一种全新的商业服务模式。RSS 服务模式对靠广告收入维持运营的服务商而言,有一定的副作用,但对靠内容收费的内容服务商而言,是非常好的一种服务模式。

4.2.3 OpenURL 与 SFX

OpenURL 可称之为开放的统一资源定位器(Open Uniform Resource Locators),最初是由比利时 Ghent 大学的 H. 萨姆堡尔(Herbert Van de Sompel)及其同事在研制 SFX(Special Effects)系统时提出,目的是把不同来源和不同通信协议的信息源及相关服务融合在一起,实现不同类型、不同格式和异地分布信息资源的无缝链接。OpenURL,克服传统链接框架的局限,可为用户提供上下文相关(Context sensitive)链接传递服务。2001 年,美国全国信息标准组织(National Information Standards Organization, NISO)成立一个专门小组,在 H. 萨姆堡尔等人工作的基础上,开发基于 Web 应用的 OpenURL 语法。2003 年 3 月 12 日,NISO 的

AX 委员会（Committee AX）将 OpenURL 框架第一部分，即 The OpenURL Framework for Context—Sensitive Services，Part 1：ContextObject and Transport Mechanism 作为标准草案发布。2003 年 3 月 17 日，又将该标准的第二部分，即 The OpenURL Framework for Context—Sensitive Services，Part 2：Initial Registry Content 作为评议标准发布，2003 年 4 月 15 日公众评议期结束后，也作为一个试用标准颁布。这为 OpenURL 成为 NISO 的正式标准打下了良好的基础。

(1)OpenURL 语法

OpenURL 语法与 Internet 上公共网关程序 HTTP GET 或 HTTP POST 相似，可以描述成：

OpenURL ::= BASE-URL '?' QUERY

QUERY ::= DESCRIPTION ('&&' DESCRIPTION)

BASE-URL 资源服务商的 URI

DESCRIPTION 要查找的元数据对象的描述

如果由多个元数据对象描述用两个 &（即 &&）分割。比如：

BASE-URL 可以是 http://sfxserver.uni.edu/sfxmenu

BASE-URL 是用户知道的服务机构或通过菜单（CookiePusher）选择的服务机构所提供 URL 服务的 URI。

DESCRIPTION ::= (ORIGIN-DESCRIPTION '&')? OBJECT-DESCRIPTION | OBJECT-DESCRIPTION ('&' ORIGIN-DESCRIPTION)?

OBJECT-DESCRIPTION OpenURL 中携带的元数据对象的相关信息。

ORIGIN-DESCRIPTION 包含发出元数据请求的系统信息，这些信息作为 OpenURL 的一部分一般需要加密。

OpenURL 至少要包含一个元数据对象信息。

OBJECT-DESCRIPTION 和 ORIGIN-DESCRIPTION 的顺序对 OpenURL 的完整性没有影响。

ORIGIN-DESCRIPTION ::= sid '=' VendorID ':' DatabaseID

VendorID ::= (ALPHANUM)+

DatabaseID ::= (ALPHANUM | ESCAPED)+

ORIGIN-DESCRIPTION 由 sid 标示名（服务标识符）和对应的标示值组成。标示值用冒号":"分割成两部分，前面为服务供应商，后面为元数据对象所在的数据库名。':'表示没有使用 escape 编码。

如果 OBJECT-DESCRIPTION 包括 LOCAL-IDENTIFIER-ZONE 说明，则必须有 ORIGIN-DESCRIPTION 说明。ORIGIN-DESCRIPTION 举例如下：

sid=Ovid:Medline

sid=ERL:BX4

sid=EBSCO:MFA

OBJECT-DESCRIPTION ::= ZONE ('&' ZONE) *

ZONE ::＝（GLOBAL-IDENTIFIER-ZONE ｜ OBJECT-METADATA-ZONE ｜ LOCAL-IDENTIFIER-ZONE）

GLOBAL-IDENTIFIER-ZONE ::＝'id''＝'GLOBAL-NAMESPACE ':'GLOBAL-IDENTIFIER（'&''id''＝'GLOBAL-NAMESPACE ':'GLOBAL-IDENTIFIER）*

GLOBAL-NAMESPACE ::＝（'doi'｜'pmid'｜'bibcode'｜'oai'）

GLOBAL-IDENTIFIER ::＝ VCHAR+

GLOBAL-IDENTIFIER-ZONE 由标示名 id(命名空间)和标示值组成。标示值由两部分组成，用冒号":"分割，前面部分表示全球命名的标示符，后面一部分表示值。

':'表示没有使用 Escape 编码。

一个 OpenURL 中可以使用多个全球标示符，到目前为止已经定义的全球标示符有：

doi：数字对象标示符

pmid：PubMed 标识符

bibcode：Astrophysics Data System 使用的标示符

oai：OAI 中使用的标识符。

举例：

● GLOBAL-IDENTIFIER-ZONE：id＝doi:123/345678&id＝pmid:202123

● 一个没有经过 Escape 编码的 OpenURL：http://sfxserver.uni.edu/sfxmenu? id＝doi:123/345678&id＝pmid:202123

这里用两个全球标识符定义了同一个元数据对象。

● 对应前一个经过 escape 编码的 OpenURL 是：http://sfxserver.uni.edu/sfxmenu? id＝doi:123％2F345678&id＝pmid:202123

OBJECT-METADATA-ZONE ::＝ META-TAG '＝' META-VALUE（& META-TAG '＝' META-VALUE）*

META-TAG ::＝（'genre'｜'aulast'｜'aufirst'｜'auinit'｜'auinit1'｜'auinitm'｜'coden'｜'issn'｜'eissn'｜'isbn'｜'title'｜'stitle'｜'atitle'｜'volume'｜'part'｜'issue'｜'spage'｜'epage'｜'pages'｜'artnum'｜'sici'｜'bici'｜'ssn'｜'quarter'｜'date'）

META-VALUE ::＝ VCHAR+

举例：

● OBJECT-METADATA-ZONE 可以是：

issn＝1234－5678&date＝1998&volume＝12&issue＝2&spage＝134

● 一个有效的 OpenURL：http://sfxserver.uni.edu/sfxmenu? issn＝1234－5678&date＝1998&volume＝12&issue＝2&spage＝134

关于 MATA_TAG 的详细说明，请参见：http://www.exlibrisgroup.com/sfx_openurl_syntax.htm

LOCAL-IDENTIFIER-ZONE ::＝'pid''＝'VCHAR+

LOCAL-IDENTIFIER-ZONE 用来在 OpenURL 中使用原始系统中的元数据对象描述方式描述元数据对象，所以目前没有标准的描述语法。

举例：
- LOCAL-IDENTIFIER-ZONE 可以是：pid=<author>Smith, Paul；Klein, Calvin</author>&<yr>98</yr>
- 包含上面 LOCAL-IDENTIFIER-ZONE 的 OpenURL 为（escape 编码前）：
http://sfxserver.uni.edu/sfxmenu? sid=EBSCO:MFA&id=pmid:203456&pid<author>Smith, Paul；Klein, Calvin</author>&<yr>98</yr>
- escape 编码后的 OpenURL 为：
http://sfxserver.uni.edu/sfxmenu? sid=EBSCO:MFA&id=pmid:203456&pid=%3Cauthor%3ESmith%2C%20Paul%20%3B%20Klein%2C%20Calvin%3C%2Fauthor%3E&%3Cyr%3E98%2F1%3C%2Fyr%3E。

(2) SFX

SFX 是 Specail Effects Cinematography 的缩写，直译为"特技效果"。它是比利时根特大学（University of Ghent）的 H. 萨姆堡尔（Herbert Van de Somepel）为首的研究小组提出的。目前 SFX 作为一种比较成熟的整合技术，通过 OpenURL 框架把复杂的数据库之间的互联通过简单的链接完成。实现检索数据"一步到位式"参考链接，从而在异构的分布式数据库系统之间实现无阻碍导航，不仅能实现二次文献到全文，还能实现文摘到文摘、引文到全文的整合，理论上使用户获得所有可获得的基于 OpenURL 构架服务的资源。

SFX 是一个基于开放的统一资源定位器（OpenURL）标准的上下文相关的参考链接系统，其工作原理如图 7.3 所示。

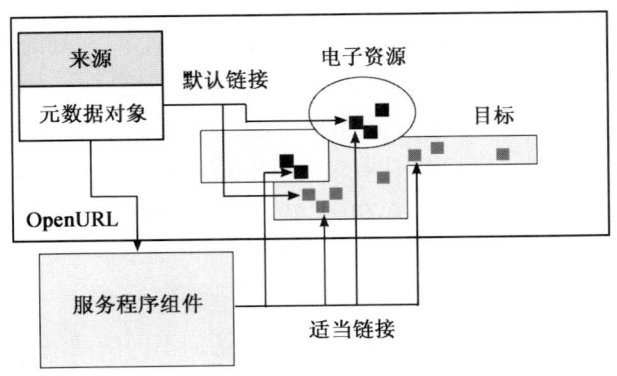

图 7.3 SFX 工作原理

用户通过一个整合检索界面提交检索条件，信息服务商返回给用户默认的链接（source），这些默认链接可能是本地数据库，也可能是远程数据库的查询结果，同时信息服务商将把元数据转换成由 HTTP 请求和元数据传递组成的语句提供给服务器组件（可以是 SFX 服务器或其他的整合服务器）。该 OpenURL 语句把元数据（作者,期刊标题,引文等）以 SFX 服务器可以解析的语法进行编码；SFX 服务器接受 OpenURL 语句后进行解析，创造一个到目标信息源的链接,然后根据用户所在单位订购的电子信息资源情况来提供元数据及服务即适当链接。并根据目标源的可获取情况,分别给予用户相应的资源。这种整合服务的基本思想是目标信息源必须支持 Open URL 框架服务。

基于 OpenURL 协议的 SFX 技术是一种先进、低成本、高性能的图书馆数据库资源整合的解决方案。SFX 技术(原理)的嵌入将会使国外数据库的开发利用更快速,成本也会更低廉。因此随着我国信息服务机构引进电子资源的不断增长,开发基于 OpenURL 协议的图书/情报信息整合系统来管理不同的数据库资源将会成为我国信息业发展的新方向。

4.2.4 ZING 与 SRU/SRW

(1)ZING

ZING 是下一代 Z39.50 协议。Z39.50 是一个美国标准,全称是"信息检索(Z39.50)应用服务定义与协议描述"(Information Retrieval (Z39.50) Application Service Definition and Protocol Specification)。Z39.50 已于 1996 年被 ISO 完全采纳成为国际标准,相应的国际标准号为 ISO Z3950。

Z39.50 在推广中遇到的主要障碍来自标准自身,因为它是一个过于完美的、复杂的、重量级的协议。标准正式文本厚达 156 页,2002 年草案也有 147 页。标准的实施需要软件开发者了解数据结构、网络通讯、编码解码、数据库等诸多面的知识。Z39.50 于 1984 年提出,1988 年制定第一版,展示层(Presentation Layer)采用的编目规则是 20 世纪 80 年代的发展成熟的标准,该规则需要对传输的数据进行二进制编码。协议包含的许多 OSI 中并不流行的概念,如连接(Connection)、状态(Status)等。总之,标准的复杂性使 Z39.50 的实施工作面临技术风险,同时 Z39.50 协议是基于 TCP/IP 协议的,与目前互联网通讯为主的应用相比,也的确有些不跟潮流。为使 Z39.50 能成为主流的信息检索协议,以吸引更多的信息提供者和用户,从而具有更大的应用价值,一部分 Z39.50 的实施者开始讨论 Z39.50 标准的改造。讨论始于 2000 年 12 月的 ZIG(Z39.50 Implementers Group, Z39.50 实施小组)会议并持续至今。在 2001 年 6 月的 ZIG 会议上,一些 ZIG 成员提出了以 Web 服务方式实现 Z39.50 的一些规范,这些规范的基础是 Z39.50 和包括 XML、SOAP、URI 和 HTTP 的 Web 技术。这些规范被称作 ZING(Z39.50 Next Generation),意为"下一代 Z39.50",这些规范在早先的时候称作 ZML(Z39.50 over XML),意为"基于 XML 的 Z39.50"。

这个项目起初的工作主要是力求从概念上证明建立新标准的可行性。新标准的目的是发展一个轻量级检索服务标准并可以通过新标准整合地访问不同的网络资源,更确切地说,新标准是在保留 Z39.50 标准近 20 年积累的知识成果的基础上,减少实施的技术难度,并淘汰没用的和没有意义的内容而制订的。在 ZING 提出后,其他几种 Z39.50 的改良方案也相继提出,包括 ZOOM、ez39.50 和 ZeeRex。其中,ZOOM(Z39.50 Object-Orientation Model,面向对象的 Z39.50 模型)力图推出 Z39.50 服务子集的抽象 API,从而既保留 Z39.50 标准协议又隐藏协议的复杂性。ez.39.50 利用 XER 编码实现 ASN.1 到 XML 的转换,从而可以通过 SOAP-HTTP 传递消息,既避免 BER 编码,又可以不修改 Z39.50 的 ASNI 定义。ZeeRex(Z39.50 Explain, Explained and Re-Engineered in XML)是针对 Z39.50 的解释服务提出的改造计划。

由于这些方案都是对"下一代 Z39.50"的讨论，所以原来的 ZNG 使用更明确的名称 SRW (Search/Retrieve Web Service) 和 SRU (Search/Retrieve URI Service)，这些方案总称为 ZING (Z39.50-InternationaL Next Generation)。由于 SRW/SRU 产生最早，相关标准制定相对成熟，目前已被国外许多信息服务机构所接受。

(2) SRW

SRW (Search/Retrieve Web Service 查询与检索 Web 服务) 就是以 Web 服务方式实现 Z39.50 的功能。SRW 结合了 Z39.50 的查询 (Search) 和提取 (Present) 两个服务，定义了一个单一的 Web 服务。因为查询和提取是紧密联系，互相依赖的关系。

为了简化，直接将它们结合定义成为一个 Search/Retrieve 对。一个 Web 服务只能处理一种形式的请求，如果要将 Z39.50 的浏览 (Scan) 服务包含到 SRW 项目中来，就必须在定义一个新的 Web 服务。考虑到 Z39.50 的主要目的还是信息的查询与检索，目前 SRW 只定义了一个服务，还不包括 Z39.50 其他的服务。

目前，SRW 协议的 1.0 版的草案初稿已经制定出来了。协议对 SRW 的请求和响应包含的参数做出了明确规定。

一个查询/检索请求 (Search/Retrieve Request)，包含如下参数：

① Query 查询语句

SRW 使用 CQL 查询语句，仅归纳为 5 种形式供后面介绍使用。

a. 一个单一的查询子句，例如 dc.Title.Word="computer system"；

b. 布尔运算符连接的多个检索子句；

c. 布尔运算符连接的结果集和检索子句；

d. 单个结果集名，例如"result set RSl"；

e. 布尔运算符连接的多个结果集名，例如("result set RS7" AND "result set RSV")。

② Authentication Token

鉴别标记 SRW 协议里包含这个参数，是为了用于特定的用途，协议没有规定 Authentication Token 的应用的含义，而只是规定了这个参数在请求和响应中出现的规则。具体的应用定义由特定的应用模型确定，例如可以利用它来控制结果集的命名空间，从而可以简化结果集的命名，这样服务器可以对两个不同客户的不同的结果集给以相同的名字，并由鉴别标记加以区别。但是这并不是协议本身的规定。如果客户收到的响应中包含结果集名字和鉴别标记在后续的请求中涉及这个结果集时，协议建议客户在请求中包含鉴别标记这个参数数，并使用响应中提供的值。在 SRW 协议中，鉴别标记和结果集名没有任何联系，但是具体的应用程序可以规定，如果不给出正确的鉴别标记就不能使用结果集，这样可以保证一个客户的结果集不会被其他客户引用。

③ SortSpeco 排序参数

请求中可以包含排序参数，以指定返回记录的顺序。排序参数包含在一个查询/检索请求里，而不像传统的 Z39.50 那样是一个单独操作，一方面是出于简化的目的，SRW 不强制规定服务器保留结果集以备随后的请求使用。另外，如果服务器在处理查询之前就知道排序的规则，就可以对查询进行某些优化，这可能比先生成结果集然后再对结果集排序的效率更高。当查询的形式是前面所列的前 3 种情况时，服务器将连同查询和排序参数处理生成结果集；当查询的形式是第 5 种情况时，服务器将对已有的结果集排序；当查询的形式是第 4 种情况并且布尔运算符是 OR 时，服务器将直接合并多个检索结果集并排序。

④ StartRecord，MaximumRecords，RecordSchema

查询/检索请求可以指定返回记录的范围，也可以指定返回记录的 XML Schema，RecordSchema 的值是一个 XML schema 名称或 schema 的定义 URI。可以通过解释信息获得 Schema 名字与对应 URL 的列表，SRW 预定义的记录 schema 有 DC、MarcXml 等。

以上是查询的全部参数，只有 query 是必选的，其他参数都是可选的。一个查询/检索响应(Search/Retrieve Response)包含如下参数：

● NumberOiRecords，记录数响应总会返回这个参数，这个参数是生成的结果集包含的实际记录数。如果查询失败，这个值是 0。

● AuthenticationToken，鉴别标记。

● AtldleTime，鉴别标记的有效期。

服务器在响应中提供一个鉴别标记的同时还要指定它的有效期，在有效期内，客户可以使用这个鉴别标记。在后续的交互中，如果服务器在响应中包含同样的鉴别标记，表示服务器里重置了鉴别标记的有效期。

● ResultSetId 和 rsldleTime，结果集名和结果集有效期。服务器可能在响应中提供结果集名和结果集有效期，以便客户可以在随后的请求中引用。

rsldleTime 是个大于 0 的整数，代表以秒为单位的时间长度。如果服务器不希望用户在使用结果集，可以不提供 resultSetId 参数，而不是把 rsldleTime 设定为一个足够小的值。

关于 SRW 请求和响应的参数详细说明参见：http://www.loc.gov/standards/sru/srw/index.html。

SRU(search/retrieval URI service)可以说是 SRW 的简化版，不同的是 SRW 的信息是通过 HTTP POST 方法发送的 XML/SOAP/RPC 消息。而 SRU 不使用 SOAP，它的请求信息是通过 HTTP GET 发送的，参数包含在 URL 里。例如：

http://z3950.loc.gov:7090/voyager?version=1.1&operation=searchRetrieve&query=dinosaur。

关于 SRU 请求和响应的参数详细说明参见：http://www.loc.gov/standards/sru/sru-spec.html。

SRW/U 作为下一代 Z39.50 计划成员之一，它不是对 Z39.50-1995 版的更新和替代，而是一种在继承原有 Z39.50 标准合理成分的基础上建立的全新的体系。SRW/U 的成熟和发展，最终不会简单地取代原有 Z39.50 标准，而很可能会与原有 Z39.50 标准共同发展，在不同的领域发挥作用。

SRW/U 实施更简单，更能与目前的计算机行业相接轨，因此也更具有市场潜力，更有希望推广到商业信息检索领域。而传统的 Z39.50 将继续应用于图书、情报等文献信息领域。另外，SRW/U 与原有 Z39.50 显然是不兼容的体系，它们有不同的数据结构和不同的通讯方式。SRW 用户不能直接获得 Z39.50 资源，但是，可以利用 SRW 建立与现有 Z39.50 服务器的网关,从而扩展已有 Z39.50 服务器的服务范围。

关于 Z39.50 与 SRW/U 系统的开源代码可以通过如下地址直接获取:http://www.indexdata.dk/yaz/。

4.3 基于 Open Access 的信息服务模式

4.3.1 元数据收割

开源资源的产生与应用的第一步是需要开源资源的提供者制定相关的二次文献或者是元数据,由专业信息服务商收集这些元数据、经分类整理后对外提供服务。下面将介绍收集信息的几种技术手段:

(1)OAI PHM 方式

OAI PHM 是一个元数据收割协议,前面已经做过详细介绍,这里只介绍技术路线。

① 为资源提供者提供一个加工元数据和支持 OAI Provider 的工具,供资源提供者发布数据;

② 信息服务商通过一个收割系统来定期向资源提供者发出请求,收割自己所需要的元数据;

③ 信息服务商将收割的元数据按自己的加工标准进行二次加工,将加工后的数据放入自己的服务系统,对外提供信息服务。

这种模式主要用于规范化的以图书、情报服务为主的信息服务机构。目前已经有一些成功的开源软件产品和商业化产品可以获取,参见:http://www.openarchives.org/tools/index.html。

(2)RSS 元数据整合

目前基于 RSS 技术通用网站上发布的频道很多,涉及的范围也比较广,是互联网上的主要开源资源。如何整合这些资源已经成为网上内容服务商的重要的工作内容。Google、Yahoo、MSN 都在出重资从事这方面的研究和应用工作。目前成熟技术方案包括:

① 对个人用户而言目前实现各类 RSS 的资源已经非常简单,所有的 RSS 阅读器(RSS 聚类期)都支持这一功能,而且大部分都是免费的。比如:"知天下"可以实现多种 RSS 资源的整合检索。可以通过:http://www.wanfangdata.com.cn/src/rss/wf_rss_index.asp 免费获取。

② 所有 RSS 频道几乎都是随时更新,因此如果通过 RSS 阅读器只能看到最新的 RSS 资源。如何将所有的 RSS 资源整合到一个数据库系统能然后再提供服务,是目前所有内容提供商所需要的。由于 RSS 资源(频道)的规范与标准化,RSS 资源的整合要简单得多。但由于 RSS 起步较晚,目前这类产品很少,即使有,绝大部分也是专用的。"知天下"软件已经内置了 RSS 元数据的自动入库功能,但这一功能是收费的。

(3)其他类资源整合

整合的前提是标准,包括请求(Rquest)和响应(Response)的标准。可惜目前大多数内容提供商并没有按标准提供服务,这就为这类服务的整合增加了难度。这类资源整合(元数据收割)的基本技术路线如下:

① 为每一个要整合的服务配置请求参数;

② 分析每一服务所返回信息的内容及格式，通过配置参数可以提取所需的元数据；

③ 将提取的元数据分发给用户或保存入库，达到数据收割的效果。

该类应用目前比较多，尤其用于竞争情报去收割通用网站上的数据库信息或静态网页信息。

4.3.2 元数据整合检索与源文献分布式服务

元数据整合的目的是为了提供"一站式"元数据检索服务。元数据检索的目的是为了给用户提供一个检索导航，使用户能够方便的通过分类、主题词、作者、题目等检索入口查到所需文献的简要概述，最终能够获取原始文献。原始文献保存在哪里，怎样获取是本节主要介绍的内容。目前人们有两种方式来解决原始文献的存取问题。

(1) 原始文献和元数据都集中保存在本地

这种方法的优点如下：通过元数据获取原始文献时比较简单，通过一般的 HTTP 链接即可获取。在元数据的来源项中，保存一个对应的文件路径即可。管理上也比较简单。

缺点是：

① 需要在收割元数据的同时将相应原始文献收割到本地，并对元数据的来源项进行修改，与保存到本地的文献相关联。

② 由于原始文献较大，收割时速度很慢，占用相当大的本地存储设备。随着文献数字化进程的迅速前进，这一问题越来越严重，主要体现在即时更新和存储设备的空间问题两个方面。

③ 原始文献多数是收费的，特别是新的文献；集中源文献管理在内容提供商和信息服务商之间的利益分配上也存在一些问题。

(2) 元数据集中，原始文献分布式存储

近几年原始文献数字化速度越来越快，原始文献集中存储的服务方式所存在的问题越来越多，人们逐渐向原始文献分布式存储方向过渡，所谓分布式存储，即将原始文献保存在内容提供商的本地，需要时再向内容提供商索取。这种服务方式的优缺点比较如下：

优点：

① 数据收割时比较简单，只收割元数据，在元数据项里包含内容提供商提供的原始文献获取链接，一般为一 URI；在用户获取到的元数据描述中，只要通过 URI 链接指向原始文献即可；

② 原始文献即时更新的问题不再存在；

③ 信息服务商不再为越来越大的存储设备发愁。

缺点：

① 一旦内容服务商的原文提供服务器发生故障或线路出现问题将直接影响信息服务商的服务质量；

② 由于元数据收割是预先完成的，一旦在元数据收割完成后，原始文献的 URI 发生变化，对信息服务商而言将造成一些原始文献的"死链"。为了解决这一问题人们提出"DOI"解决方案，其目的是让内容提供商为每一数字化原始文献提供永久性惟一标识，并通过相应技术实现惟一标识与实际存储位置的关联管理。信息服务商通过惟一标识向内容提供商索取原始文献。目前国际上的标准数字对象标识命名为 DOI（参见：http://www.doi.org/），另外一些大的内容提供商还制定了自己的数字标识，比如 PubMed。

4.4 国内外应用案例

元数据集中管理和分布式原文索取已经成为目前国内外大型信息服务商的主要服务与管理模式,国内外都有较好的案例。

4.4.1 国外典型应用案例

Scirus(www.scirus.com)是国际著名的科学信息出版社 Elsevier Science 于 2001 年创办的科学专业搜索引擎,是目前互联网上最全面、综合性最强的免费科技文献搜索引擎。Scirus 能向研究人员传送最好的网络数据。通过 Scirus 可在网络上获得 1.67 亿多页的相关科学文献信息,包括作者的主页、大学网站、公司信息和其他信息资源。Scirus 索引每月更新,可检索 1973 年至今发表的文献。

Scirus 覆盖的学科范围包括农业与生物学,天文学,生物科学,化学与化工,计算机科学,地球与行星科学,经济、金融与管理科学,工程、能源与技术,环境科学,语言学,法学,生命科学,材料科学,数学,医学,神经系统科学,药理学,物理学,心理学,社会与行为科学,社会学等。

Scirus 提供的元数据检索是免费的,但元数据中链接的全文文献大都是收费的。除了 Elsevier 自己拥有的全文外,其他内容供应商提供的全文都在供应商自己的服务器上,如果用

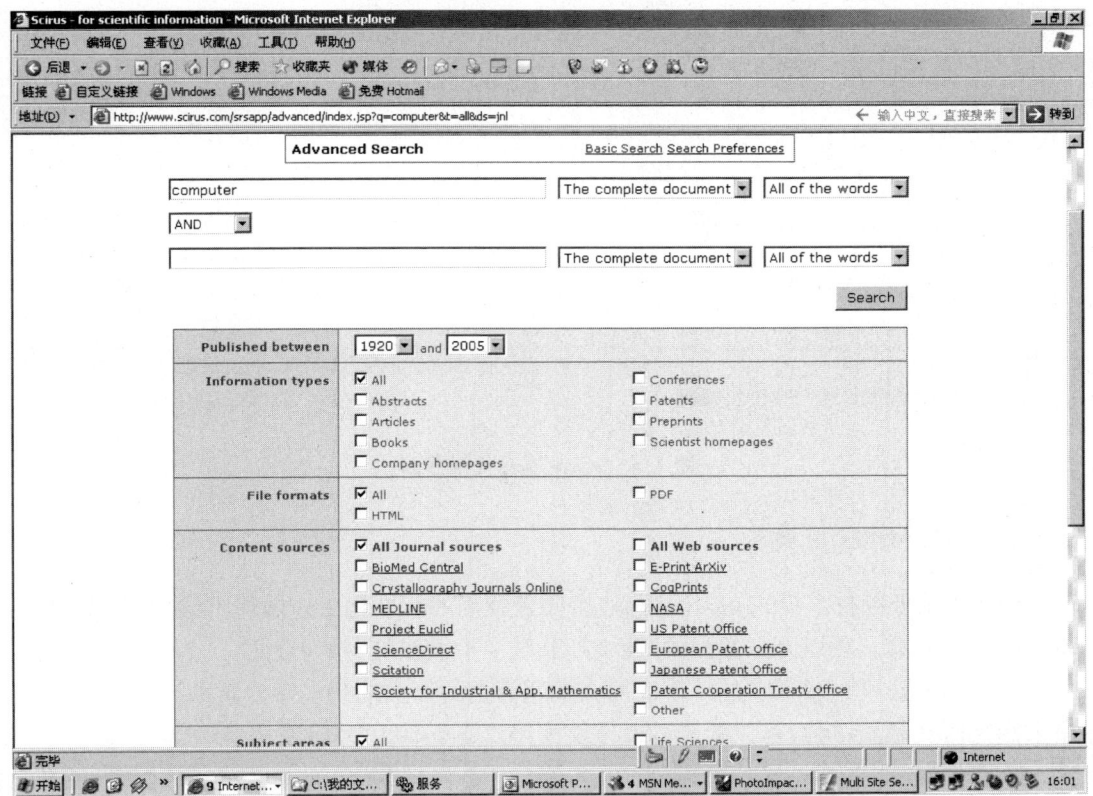

图 7.4 Scirus 高级检索界面

户需要全文,则需向内容拥有者直接支付费用,而与信息服务商无关。当然,不排除信息服务商与内容提供商之间存在某种利益分成关系。

在 Scirus 系统里和全文的链接大都是通过 DOI 进行链接的。Elsevier 定期按照 OAI 收割协议从内容提供商那里收割元数据,进行归类整理建立索引提供信息服务。

从 Scirus 提供的高级检索界面可以了解 Scirus 服务的特点,它是科技信息服务的典范,无论从技术上还是服务模式上都值得学习和借鉴。图 7.4 和图 7.5 所示为 Scirus 的高级检索界面和基础检索界面。

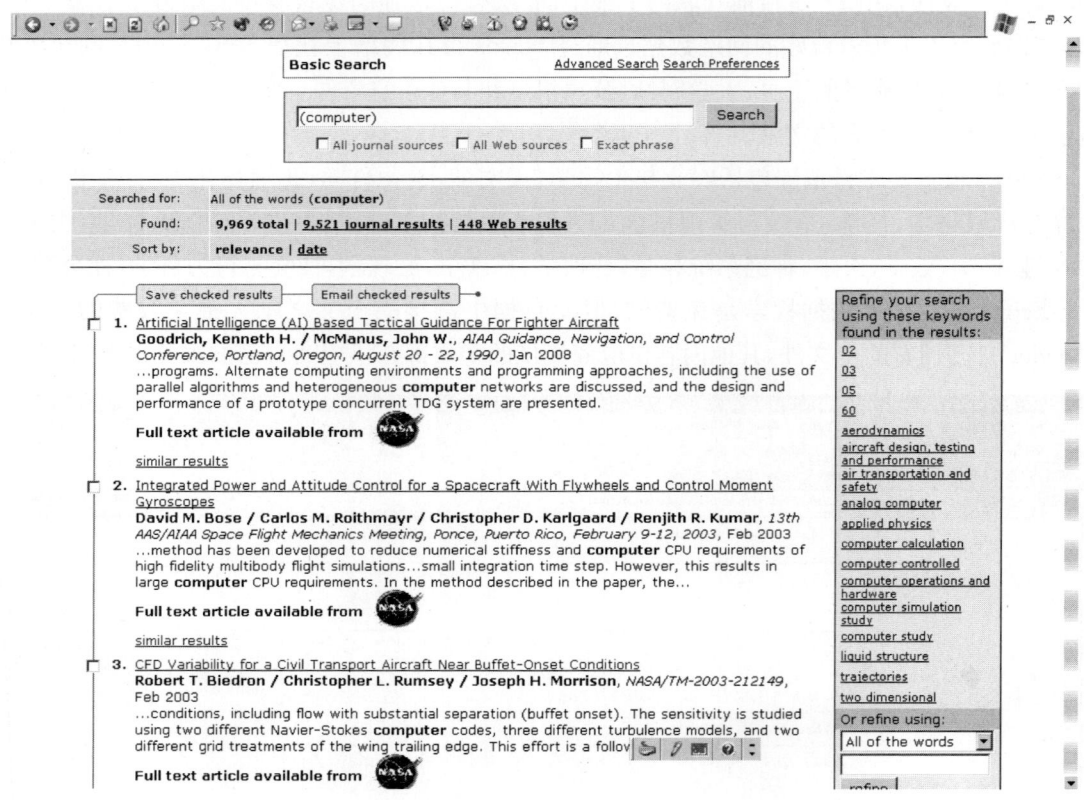

图 7.5 Scirus 基础检索界面

4.4.2 国内典型应用案例

Scirus 的服务和技术模式在国内很少,主要是我们的标准化工作做得不够,在数据收割方面就存在很多问题。现以万方数据的"西文期刊统一检索系统"做一介绍。

"西文期刊统一检索系统"是一个以西文期刊为主的西文期刊多库检索平台系统。目前可以检索涵盖西文刊 687 种,可以检索外文全文文献 2 000 000 多篇,其中肿瘤学 56 种,内分泌 38 种,泌尿学 65 种,影像学 83 种,放射学 105 种,免疫学 46 种,药理学 88 种,核医学 39 种,口腔学 98 种等,内容涉及医学、医学生物学、药学、药物化学、卫生保健及医学边缘学科等各领域。此系统所收录西文期刊目前已收录数据 200 多万条,整合了国外免费医药期刊的所有文摘和全文信息，提供全文检索功能、二次检索、限定检索和组合检索功能。

"西文期刊统一检索系统"对上述所有免费期刊的元数据进行收割，同时在收割的元数据项中含有对免费全文的原始链接。用户在本地进行元数据检索后，通过外部链接可以直接从内容提供商那里获取全文。图7.6所示为该统一检索系统的检索结果显示页面。

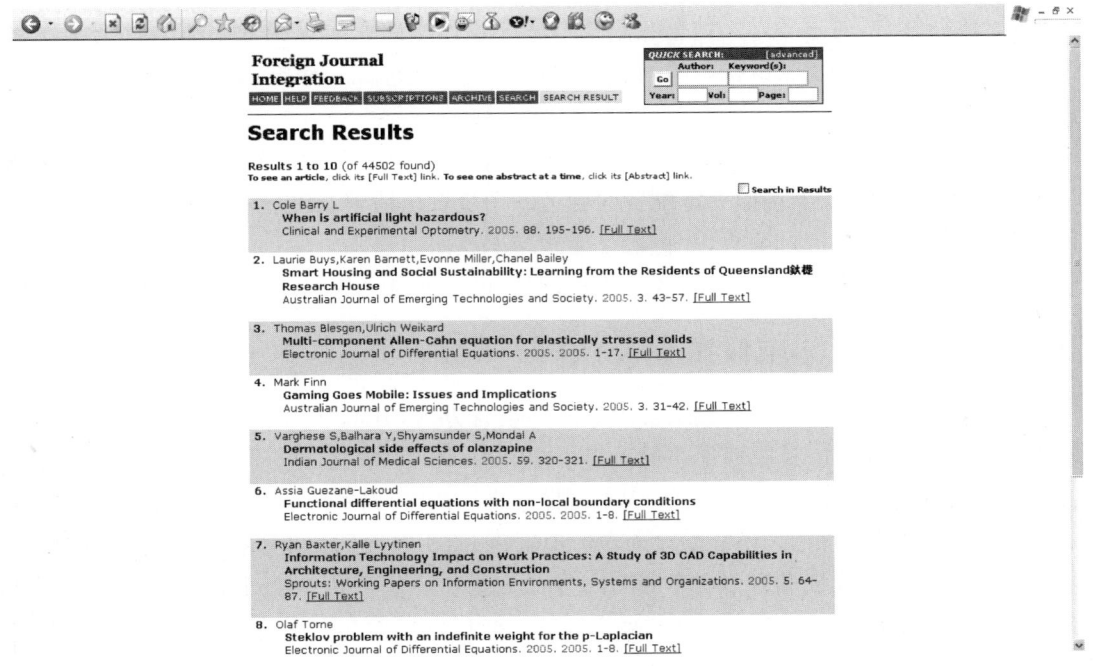

图 7.6　检索结果显示页面

上述元数据服务模式实际上也是一种资源整合模式，大众搜索引擎也是一种元数据整合（不规范）源文献分布存储的一种管理与服务模式。

§5　数据整合与分布式数据服务

数据整合和分布式数据服务是当今信息服务业的两大热门话题，是重要的应用领域。

5.1　数据整合之内涵

随着计算机和互联网的飞速发展，数字图书馆建设方兴未艾，数字图书馆的电子资源日益丰富，各种数字资源层出不穷。但图书馆数字资源和发布方式的多样性使用户在使用过程中越来越感到不便。各种数字资源都有自己的数据结构、组织方式、查询方式以及显示界面，用户为了查准、查全所需要的资料，不得不分别进入不同的查询系统和熟悉每个数据源的检索方式和显示格式。这是由于数字资源建设的不同步以及采用技术及标准的不同造成的，因此跨平台全文库信息检索系统成为目前数字图书馆建设中一个重要的课题，这也就是跨系统的数据服务整合。

数据整合也是消除"信息孤岛"的重要手段。电子政务的"一站式"服务,公安等业务部门的"综合查询"都属于数据整合的范围。数据整合可分为如下3种情况:

(1) 原始文献资源整合,即在某一元数据数据库检索的基础上根据自身电子资源采购情况与不同的系统自动建立适当链接,从而可以从不同的数据源获取原文信息。

(2) 元数据整合,通过各种元数据收割技术从内容提供商或信息服务商那里收割元数据,收割的元数据带有原始文献链接。将所有元数据集中供用户统一检索,如果需要原文通过原文链接获取全文信息。

(3) 虚拟整合,构建一个虚拟整合服务器,用户由统一检索界面向虚拟整合服务器发送检索请求,由虚拟整合服务器按照一定配置向合适的系统发送请求,虚拟整合服务器将合适系统返回的结果按一定模板进行解析,并将最终检索结果返回用户。

目前这三种整合方式都有应用,各有所长,用户可根据自己的实际需要选择使用。

5.2 元数据整合与虚拟整合

元数据整合方式是目前开源数据常用的一种整合方式,开源数据一般都以 OAI Provider 的形式对外提供元数据。其原理是通过对多个全文库(原始)数据源按一定标准进行收割后,组成一个元数据集,通过一个发布系统(WEB 服务器)与客户端进行交互。特点是检索速度和方式不受不同数据源的约束,元数据查询在本地实现,原文获取通过不同的服务方式获得。缺点是需要定期收割元数据和更新维护索引文件,不能和源数据检索同步。对于一些非 OAI provider 的数据也可采用一些特殊技术进行抽取元数据进行整合。比如万方数据的 IRMS 可以通过对不同数据源配置来采集所有通过 Web 发布的信息的元数据。

虚拟整合是目前常用的一种整合方式,整合技术如上节所述。如果单纯把每一系统的检索结果简单返回给用户从技术上是不难做到的,但是如果把所有检索系统的结果进行合并整合,无论在技术上还是硬件环境上都存在大量问题,比如速度、检索结果过大等问题;另外在多用户并发情况下系统负载也是一个问题。

理论上目前可被虚拟整合的系统必须符合 OpenURL 标准或可提供开放的检索 API 接口。

5.3 基于互联网技术的 RSS 数据整合

前面章节我们已经对 RSS 技术及其相关规范及应用进行了介绍,随着 RSS 技术的不断发展和普及,网上 RSS 内容提供商越来越多,一些大型门户网站、论坛、供求信息等网站都在提供 RSS 服务。RSS 的出现为信息服务商又增加了一个新的信息源,由于 RSS 频道只保留最新信息,通过 RSS 阅读器看到的几乎都是最新的或一段时期的信息。如何把所有相关的 RSS 信息整合在一起已经成为信息服务的另一课题,目前已经出现了一些专业 RSS 搜索引擎,就是把相关的 RSS 频道所提供的所有信息采集在一起通过加工分类和索引提供一站式服务。如果只是 RSS 信息的整合,从技术上讲非常简单,归纳如下:

● 按指定频道 URL 进行链接,获取对应的 XML 内容;

- 按 RSS 相关标准解析所获取的 XML 中的每一项进行解析，获取元数据；
- 将获取的元数据按一定的分类规则入库；
- 建立技术数据库的 Web 发布系统。

目前 Yahoo、Sohu、MSN、百度、新华网等都在提供频道服务，尤其 Yahoo、百度等已经开启了动态 RSS 服务，整合这些 RSS 资源将提高传统信息服务商的服务范围。万方数据提供的基于期刊的 RSS 频道服务，使用户可以通过 RSS 阅读器"知天下"对自己关注的期刊进行整合检索，是一种全新的科技文献服务模式。

5.4 基于 Web Service 的分布式信息服务

对 Web Service 目前没有一个严格的定义。一般认为 Web Service 是一种新型的 Web 应用程序，具有自包含、自描述以及模块化的特点，可以通过 Web 发布查找和调用。W3C 将 Web Service 定义为：Web Service 是一个为支持在网络上可互操作的机器到机器的交互的软件系统。Web Service 有一个机器可处理的格式来描述的接口，通常是 WSDL。其他系统通过 SOAP 消息中描述的方式与 WebService 进行交互，一般使用 HTTP、XML 格式串传送消息。

(1) Web Service 的特点

① 完好的封装性，Web Service 是一种部署在 Web 上的对象，它具备对象的良好封装性。使用者仅能看到该对象提供的功能列表。

② 松散耦合，当一个 Web Service 的方法实现发生变更，甚至是当 Web Service 的实现平台发生变更时调用者都不会感到有变化。因为，调用者只关心其接口及其参数，而不必关系该接口是如何实现的。

③ 使用标准协议规范，在 Web Service 中所有的技术实现都基于开放的标准协议规范。

④ 高度可集成能力，由于 Web Service 采用标准 Web 协议作为组件界面描述和协同描述规范，它完全屏蔽了不同软件平台的差异，任何软件都可以通过标准的协议进行互操作，具有较高的可集成性。

(2) Web Service 的体系结构

Web Service 采用面向服务(Service-Oriented Architecture，SOA)的体系结构，如图 7.7 所示。

该 SOA 体系结构中有服务提供者、服务请求者和服务代理 3 种角色，通过 3 个基本操作发布、查找和绑定来相互作用。服务提供者向服务代理发布服务，服务请求者通过服务代理查找所申请的服务，并绑定到这些服务上。在 Web Service 体系结构中使用 WSDL(Web Service Description Language)描述服务；使用 UDDI(Universal Description，Discovery and Integration，统一描述、发现和集成协议)来发布和查找服务；SOAP(Simple Object Access Protocol，简单对象访问协议)则用来执行服务调用。Web Service 体系结构的各个模块之间以及模块内部消息以 XML 格式传递。

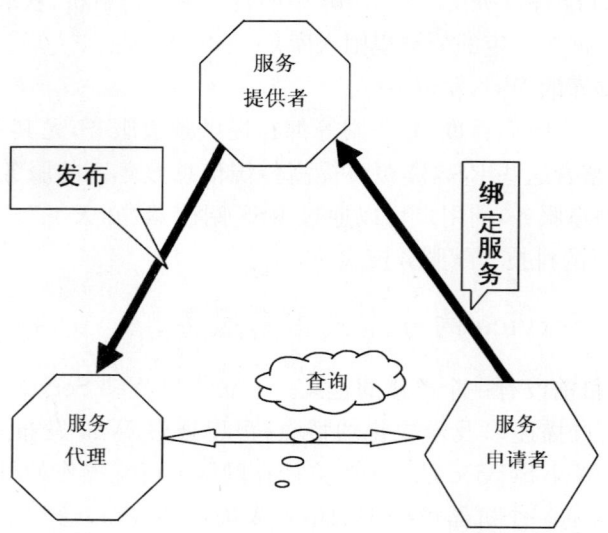

图7.7 Web Service面向服务体系结构

(3) Web Service涉及的技术

① XML

Web Service的所有协议都建立在可扩展标记语言XML的基础上,XML可称为Web Service的基石。XML能增加结构和语义信息,能在结构层次和语义层次上进行进行索引。无论客户端还是服务器都能即时处理多种形式的信息,当客户端向服务器发出请求时,服务器只需将数据封装进XML文件中由用户根据自己的需求选择不同的应用程序来处理数据。这不仅减轻了Web服务器的许多负担,也大大减少了网络流量。XML使用XML Schema作为建模语言。XML Schema具有丰富的数据类型,使用了和XML完全一致的语法,并引入了命名空间的概念。XML Schema规范实现了W3C推荐标准,提供了一种可替代DTD(Document Type Definition,文档类型定义)的方法,使开发人员能够更精确地结构化XML数据,XML Schema已成为Web Service中协议制定的标准语言。

② SOAP

SOAP是一个基于XML的在松散分布式环境中交换结构化信息的轻量级协议。它包括4个部分:

a. SOAP信封(Envelop) 它构造定义了一个整体的表示框架可用来表示在消息中的内容是什么?谁应当处理它?以及是可选的还是强制的SOAP消息的结构。SOAP信封包括一个SOAP头(Header)和一个SOAP体(Body),SOAP头是可选的,它的作用是在松散环境下且通信方之间尚未达成一致的情况下扩展SOAP消息的描述能力。SOAP体是必需的,它包含需要传输给接收者的具体信息内容。

b. SOAP编码规则(Encoding rules) 是一个定义传输数据类型的通用数据类型系统,这个简单类型系统包括了程序语言、数据库和半结构数据中不同类型系统的公共特性。在这个系统中,一个类型是一个简单类型或是一个复合类型。复合类型由多个部分组成,每个部分也是一个简单类型或复合类型。SOAP 规范只定义了有限的编码规则，当用户需要使用自己的数据类型时可以使用自定义的编码规则，按需求扩展该基本定义。

c. SOAP RPC 表示(RPC Representation)定义了远程过程调用和应答的协定。RPC 的调用和响应都在 SOAP Body 元素中传送。在 RPC 中使用 SOAP 时，需要绑定一种协议，可以使用各种网络协议如 HTTP、SMTP、FTP 等来实现基于 SOAP 的 RPC。一般使用 HTTP 来作为 SOAP 协议绑定。SOAP 通过协议绑定来传送目标对象的 URI，在 HTTP 中的请求 URI 就是需要调用的目标 SOAP 节点的 URI。

d. SOAP 绑定(Binding)，定义了一个使用底层传输协议来完成在节点间交换 SOAP 信封的约定。目前 SOAP 协议中定义了与 HTTP 的绑定。利用 HTTP 来传送 SOAP 消息，主要是利用 HTTP 的请求/响应消息模型，将 SOAP 请求的参数放在 HTTP 请求里，将 SOAP 响应的参数放在 HTTP 响应里。当需要将 SOAP 消息体包含在 HTTP 消息中时，HTTP 应用程序必须指明使用 text/xml 作为媒体类型。

虽然这 4 个部分是作为 SOAP 的不同部分，当做一个整体定义的，但它们在功能上相交，彼此独立。特别的信封和编码规则被定义在不同的 XML 命名空间中，这样有利于通过模块化使得定义和实现更加简单。SOAP 基于 XML，本身并没有定义任何编程模型和应用语义，只是定义了一个消息结构的框架，其具有良好的可扩展性。SOAP 消息结构框架扩展的一个特别类型是 MEP(Message Exchange Pattern，消息交换模式)，SOAP MEP 是一个在 SOAP 节点间信息交换模式的样板，以提高对上层应用的有力支持。

SOAP 的设计目标是简单性和可扩展性，所以 SOAP 是一个轻型协议，一些传统消息系统或分布式对象系统中的某些性质将不是 SOAP 规范的一部分。比如，SOAP 没有定义有关分布式垃圾收集、成批传送消息对象引用和对象激活等方面的内容。

③ WSDL

WSDL 是一种 XML 格式，用于将网络服务描述为一组端点，这些端点对包含面向文档或面向过程信息的消息进行操作。这种格式首先对操作和消息进行抽象描述，然后将其绑定到具体的网络协议和消息格式上以定义端点。相关的具体端点即组合成为抽象端点(服务)。WSDL 是可扩展的，使得无论通信时使用何种消息格式或网络协议都可以对端点及其消息进行描述。WSDL 文档将服务定义为网络端点或端口的集合。在 WSDL 中，端点和消息的抽象定义从具体的网络部署或数据格式绑定中分离出来，这样就可以再次使用抽象定义。消息指对交换数据的抽象描述，端口类型指操作的抽象集合。用于特定端口类型的具体协议和数据格式规范构成了可以再次使用的绑定。将网络地址与可再次使用的绑定相关联可以定义一个端口，端口的集合则定义为服务。WSDL 文档在网络服务的定义中使用以下元素：

● Types：types 元素包含与交换的消息相关的数据类型定义。为了最大限度地获得互操作性和平台中立性，WSDL 选用 XSD 作为标准类型系统，并将其当作固有类型系统。WSDL 允许通过扩展性元素来添加类型系统。扩展性元素可能出现在 types 元素之下，标识正在使用的类型定义系统并为类型定义提供 XML 容器元素。该元素的作用与 XML Schema 语言的 schema 元素的作用相似。

● Message：它代表所传输数据的抽象定义。消息由一个或多个逻辑片段构成，每个片段使用一个消息类型属性与某个类型系统的类型相关联,消息类型属性的集合是可扩展的。如果使用的名称空间与 WSDL 所用的名称空间不同,还可以定义其他消息类型属性来绑定扩展性元素,也可以使用消息类型属性。

● Operation:对服务所支持的操作的抽象描述。

● Port Type:一组指定的抽象操作和有关的抽象消息。WSDL 提供 4 个可得到端点支持的传输原语,即:

a. 单向(One-way):端点接收消息。

b. 请求响应(Request-response):端点接收消息和发送相关消息。

c. 要求响应(Solicit-response):端点发送消息和接收相关消息。

d. 通知(Notification):端点发送消息。

● Binding:为特定 portType 所定义的操作和消息指定消息格式和协议细节。对于某个给定的 portType,可能有多个绑定。绑定必须明确指定一个协议,不能指定地址信息。

● Port:通过为绑定指定一个地址来定义一个端口。一个端口不能指定多个地址,它不能指定除地址信息之外的任何绑定信息。

● Service 相关端点的集合。服务中的端口具有如下关系:所有端口都不相互通信;如果一个服务中有几个端口属于同一端口类型,但是使用了不同的绑定或地址,则这些端口是可以互相替换的端口。每个端口根据每个绑定所规定的传输限制和消息格式限制提供在语义上等价的行为。通过检查端口可以确定服务的端口类型,从而使 WSDL 文档的使用者可以根据所支持的端口类型来确定是否要与特定的服务通信。

④ UDDI

UDDI 基于现成的标准,比如:XML 和 SOAP,是一套基于 Web 的、分布式的、为 Web 服务提供的信息注册中心的实现标准和规范,同时也包含一组使企业能将自身提供的 Web 服务注册以使得别的企业能够发现的访问协议的实现标准。UDDI 注册中心是对所有提供公共 UDDI 注册服务站点的统称。UDDI 注册中心是一个逻辑上的统一体,在物理上则以分布式系统的架构实施;不同站点之间采用 P2P(对等网络)结构实现,因此访问其中任意一个站点就基本等于访问了 UDDI 注册中心。UDDI 注册中心提供的信息分成三组。白页:包括地址联系方式和已知的企业标识;黄页:包括基于标准分类法的行业类别;绿页:包括关于商业实体所提供的服务技术信息,包括 Web 服务规范的引,用也支持指向基于发现机制的不同文件和 URL 的指针。

UDDI XML Schema 定义了 4 种主要信息类型,它们是技术人员在需要使用合作伙伴所提供的 Web 服务时必须了解的技术信息。这些元素构成 UDDI 信息结构,它们是:服务信息(business Service 结构)、商业实体信息(business Entity 结构)、绑定信息(binding Template 结构)和技术规范信息(tModel)。

5.4.1 基于 Web Service 的数据服务

Web Service 是一个崭新的面向服务的分布式计算模型,是一种 Web 上数据和信息集成的有效机制,Web Service 在各个领域具有巨大的应用潜力和市场。

(1) 互联网应用构架结构(B/S 结构)

如图 7.8 所示，互联网应用构架特点如下：

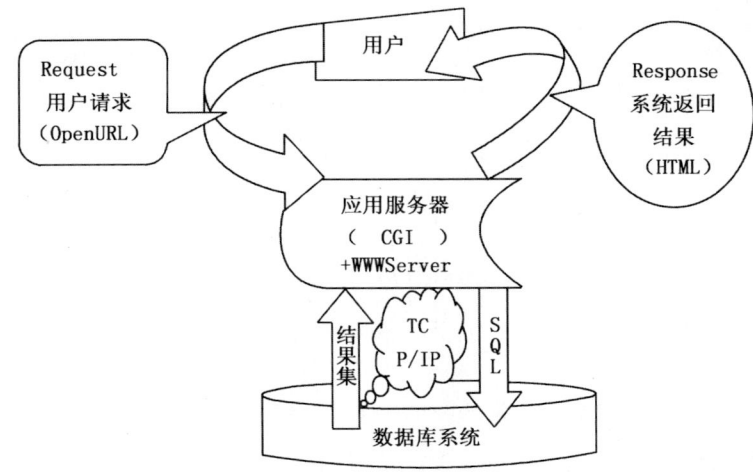

图 7.8　互联网应用构架结构(B/S 结构)

① 对外服务的所有数据存放在数据库系统里进行维护和管理；

② 用户借助浏览器(IE)通过网络(HTTP)向应用服务器发送请求(Get/Post)，该请求一般为 1 个 URL；

③ 应用服务器接到用户请求，转换成 SQL/CQL 等向数据库服务器发送请求，一般情况下数据库服务器和应用服务器通过 TCP/IP 协议链接；

④ 数据库服务器接到 SQL/CQL 请求，并进行处理，将处理后的结果集返回应用服务器；

⑤ 应用服务器将数据库服务器返回的结果集按 OpenURL 的参数要求处理成 HTML 返回用户。

这种 B/S 结构的服务称之为传统的 Web 服务。这种服务是一种功能式服务，用户向应用服务器发出请求只能获得特定的服务，比如：检索服务，而其得到的检索结果只能浏览。

(2) 基于 Web Service 的服务体系结构

如图 7.9 所示，基于 Web Service 的服务体系功能如下：

① SOAP 服务器所提供的接口，可以通过注册中心获得，也可在系统内部获得；

② 用户在知道 SOAP 服务器所提供的接口情况下，通过常规 SOAP 客户端程序直接调用所需的 SOAP 接口(通过 SOAP 服务器 URI、接口名称、参数等)；

③ SOAP 接到用户请求，根据请求的接口名称、参数等信息情况并转化成相应的 SQL 并传递到后台数据库服务器；

④ 后台服务器接到请求，生成相应的结果集并传递到 SOAP 服务器；

⑤ SOAP 服务器接到结果集，先生成相应的 XML 格式数据，然后返回到用户端(SOAP 客户端)；

⑥ SOAP 客户端接到 SOAP 返回的结果，可根据自己需要处理所获得的 XML 信息集。

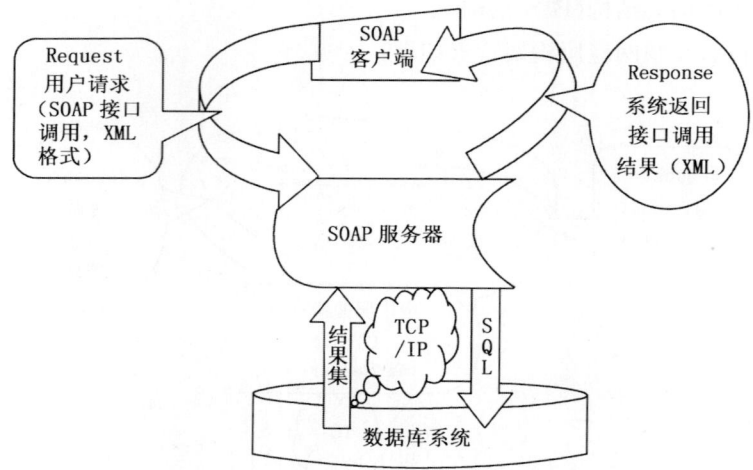

图 7.9 基于 Web Service 的服务体系结构

和传统的 Web 服务相比,基于 Web Service 的服务系统具有如下特点:

① 用户可以通过标准 SOAP 客户端获取 SOAP 服务接口,并可调用;

② 用户获得的数据是 XML 格式数据,用户可利用一些标准 XML 工具处理这些数据,就像使用本地数据一样;

③ 理论上讲,客户通过 Web Service 可以使用服务商的数据库系统和数据,就像使用自己的一样;

④ 当然,Web Service 是需要授权认证的。

和传统 Web 服务相比,基于 Web Service 的服务称为数据服务。这种 Web 服务还有许多特点,本书的后述章节会继续介绍。

5.4.2 基于 Web Service 的数据整合

前面的数据整合章节提到整合的基础是标准,如果信息服务商或内容服务商所提供的接口为符合某种标准的 SOAP 整合接口,那么数据整合将变得更加规范和高效。如果所有接口都符合 SRW 标准,数据整合的结构如图 7.10 所示。

在基于 Web Service(SRW)的 Provider 体系结构中:

(1) 整合服务器或内容收割者向 SRW 服务器发出获取信息的请求(基于 CQL 的 SOAP 请求);

(2) 信息服务商或内容提供商将请求经过处理转换成 SQL,向数据库服务器发出请求,或转换成 PQF(Prefix Query Format Z39.50 服务器使用的一种查询语言);

(3) 数据库服务器或 Z39.50 服务器将查询结果返回给 SRW 服务器;

(4) SRW 服务器将数据库服务器或 Z39.50 服务器返回的结果转换成 XML 格式的 DC 或 MARC 数据,并返回给信息请求者。

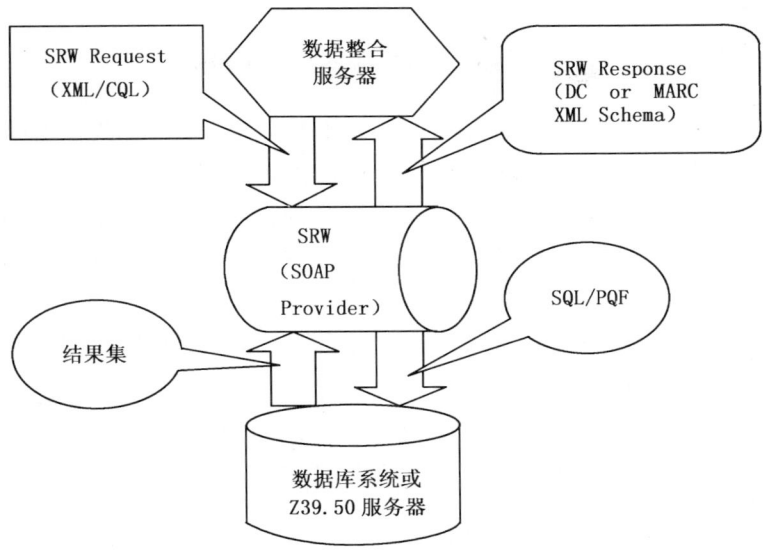

图 7.10　数据整合的结构

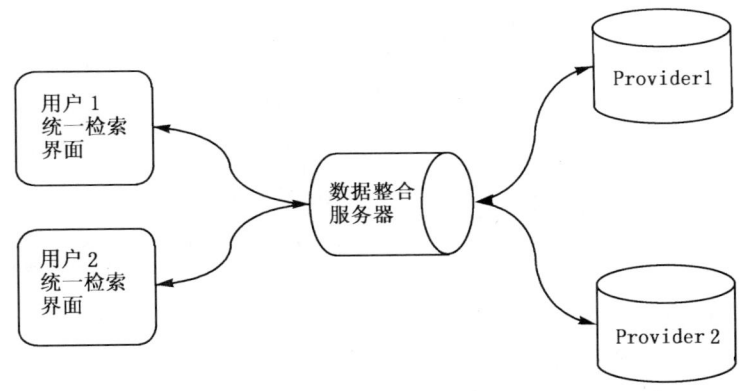

图 7.11　基于 Web Service (SRW) 的系统整合示意图

如图 7.11 所示，基于 SRW 的数据整合系统流程为：

① 用户通过统一检索界面（可选择信息服务商）向整合服务器发出请求；

② 整合服务器根据用户请求和指定的信息服务商（也可以是缺省的信息服务商），首先将用户的检索请求转换成 CQL，然后封装成 SOAP 请求，分发到不同的信息服务商；

③ 信息服务商将数据整合服务的请求进行处理，处理后返回符合 SRW 标准的 XML 数据包；

④ 整合服务器将各信息服务商返回的结果，按照指定的规则进行合并、分类、排序等处理，然后将结果返回给最终用户。

从上面的分析可以得出结论：如果各信息服务商能够提供 SRW 服务，系统整合将变得非常简单和高效。这种整合是基于数据服务基础上的和 OAI 或 OpenURL 的整合方案相比有许多优势。随着 SRW 服务的不断推广和普及，上述整合服务模式必将成为信息服务界的主要整合服务模式。

5.4.3 基于 Web Service 的分布式数据服务

众所周知,近几年信息服务商无论在数据库的数量还是数据库的规模上都在飞速增长,但无论在计算机的处理能力还是在存储设备的存储能力上都存在一些问题。要么采用更高处理能力的计算机和更大的存储设备,要么采用分布式处理技术把大的数据库系统进行分解成多个小的数据库系统,实施分布式计算处理。实际上采用分布式计算技术和采用高性能的计算和存储设备方案相比具有较高的性能价格比。

下面以万方数据资源系统为例来说明一下分布式数据服务的必要性。到 2005 年 12 月分,万方数据的主要资源如表 7.7。

表 7.7 万方数据资源系统数据规模

数 据 库	记 录
期刊篇名数据库	600 多万条
学位论文文摘数据库	671641 条
会议论文数据库	351251 条
法律法规全文数据库	13 万多条
引文数据库	2200 万多条
全文资源	3 个多 TB,每年将增加 1TB 数据
数据库数量	超过 100 多个
在线服务系统	日平均点击量达 500 万次

对于这样一个规模的数据库,如果将数据库集中在一个服务器上服务能力是可想而知的。分布数据服务有以下 3 种情况:

(1)一个数据库由于过大,需要拆分到一个或多个服务器上进行服务;

(2)服务的数据库数量过多,需要将不同数据库分布到不同的服务器上;

(3)以上两种情况都有。

当然,为了解决并发控制问题,即使一个小的数据库也可能分布到多台机器上。

目前国际上采用的分布式数据服务的体系结构如下:

由于基于 Web Service 的信息服务体系的规范化可分布的技术特点,目前人们构建分布式服务/计算系统所采用的应用服务器一般为 SOAP 服务器。下面对上述分布式数据服务体系结构原理做简单介绍。

① 基于 Web Service 的数据服务系统对外提供针对数据的符合 SOAP 接口标准的数据服务,比如:采用 SRW 标准,对于一个内部服务体系而言也可以定义自己的 SOAP 服务标准;

② 智能检索网关它首先是 SOAP 服务器的一个客户端,对用户而言也是一个应用服务器(Application Server)。检索网关负责生成基于分布式结构的检索网页,接受用户的检索请求,根据各 SOAP 服务器的数据库配置情况和繁忙情况确定检索策略,决定向哪些数据发出请

求。请求的格式根据 SOAP 服务器采用的标准而定；

③ 检索网关对各 SOAP 服务器返回的结果进行处理，生成用户所需要的格式并返回用户。

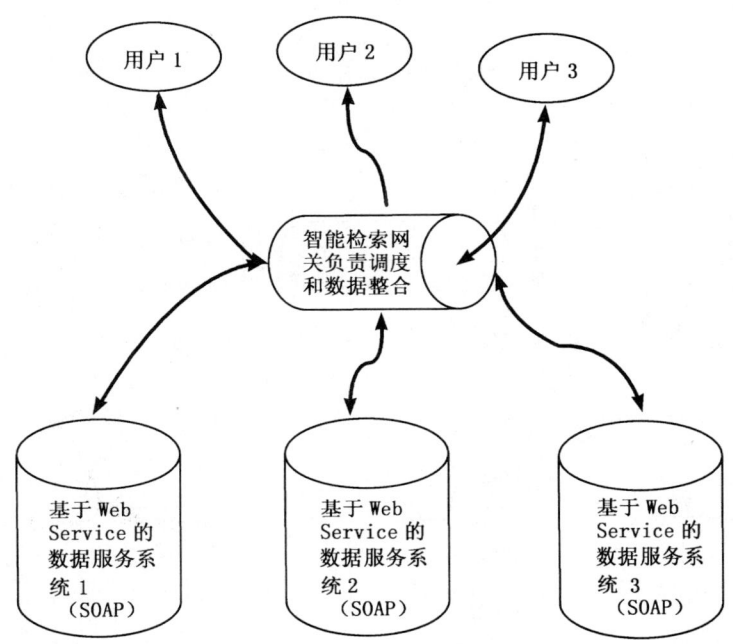

图 7.12　基于 Web Service 的分布式数据服务体系结构

本章对数据库的发展历史、技术体系、关系数据库的理论体系、信息服务相关的标准和规范、服务模式及技术实现等进行了简单讨论，并给出了一些举例。可以归纳如下：

数据库系统是一切信息服务系统基础，它可能是关系数据库或非结构化数据库；图书情报系统有自身的特点非结构化数据库更能满足其需要；一些标准和规范是一个图书情报服务系统所必须遵守的；网络技术的不断发展，一些新的服务模式正在成为信息服务的主流，值得我国信息服务业的关注和采用。

目前国内外的信息服务系统的主要技术和服务模式可用图 7.13 加以概述。

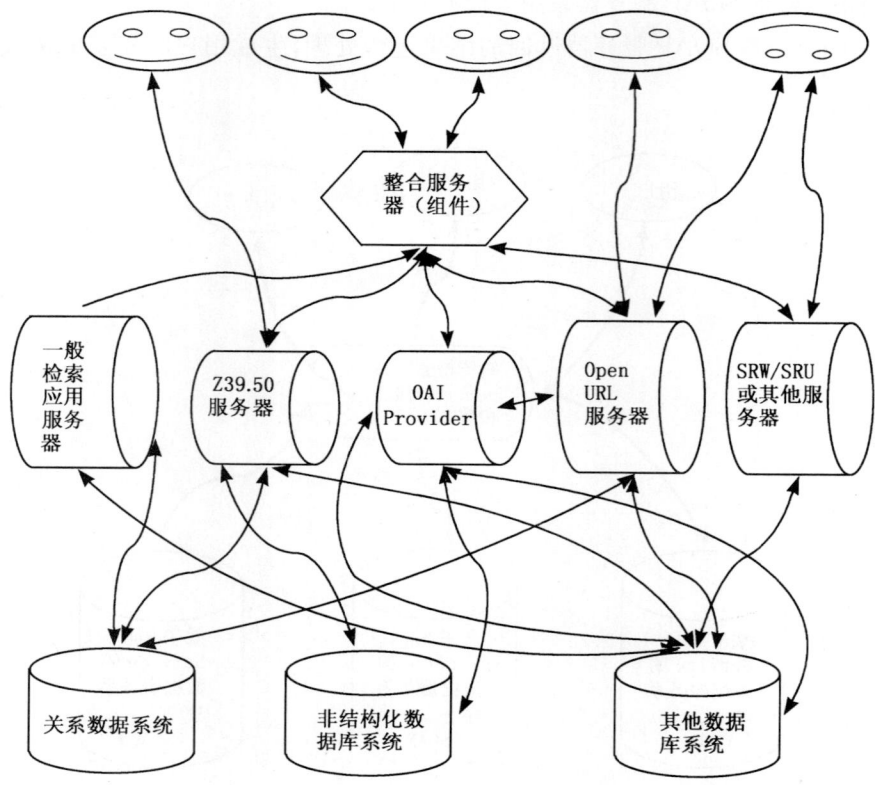

图 7.13 国内外的信息服务系统的主要技术和服务模式

[本章撰稿人:吴广印]

参 考 文 献

[1] 霍明旭等编著. 数据库系统理论及应用教程[M]. 北京:机械工业出版社
[2] EF Codd. A Relational Model of Data for Large Shared Data Banks. 1970
[3] Michael Stonebraker,Dorothy Moore. Object-Relational DBMSs:The Next Great Wave. Morgan Kaufmann, 1996
[4] XML 语言标准. www.w3.org/TR/2000/REC-xml-20001006
[5] Kevin Williams 等. Professional XML Databases. Wrox,2000
[6] MARC 标准. http://www.loc.gov/marc/
[7] MARC 与 DC 格式的数据转换标准. http://www.loc.gov/marc/marc2dc.html
[8] OAI_MARC XML 格式规范. http://www.openarchives.org/OAI/oai_marc.xsd
[9] CQL 语言描述. http://www.loc.gov/standards/sru/cql/
[10] 吴广印. RMS 管理员手册. 万方数据股份有限公司
[11] OAI 相关协议. http://www.openarchives.org/OAI/2.0/openarchivesprotocol.htm
[11] RSS 2.0. http://www.webreference.com/authoring/languages/xml/rss/intro/
[12] OpenURL 语法. http://www.exlibrisgroup.com/sfx_openurl_syntax.htm

[13] SRW/SRU 参数规范. http://www.loc.gov/standards/sru/srw/index.html
[14] DOI. http://www.doi.org/
[15] Heting Chu. INFORMATION Representation and Retrieveval in the Digital Age. ASISt Monograph Serries
[16] Thomas Krichel. The Semantic Web and Introduction to resource Description Framework. Long Island University

第 8 章 情报检索到知识发现

§1 情报检索发展概述

情报检索是指对情报或信息进行加工、组织和存贮,并根据用户的需要从给定的情报或信息集合中找出相关信息的过程。全称是"情报存储与检索"或"信息存储与检索",又简称为"信息检索"。作为一种过程,它包括存储和检索两个阶段。狭义的情报检索仅指上述过程的后半程,即从已有的可供检索的信息集合中找出所需要的信息的过程。本定义将情报检索视为人类信息活动的一种过程,其中包括存与取两个环节,但又不是简单的、机械的存取。在这里,"存"是指一种面向来自各种渠道的大量信息而进行的高度组织化的存贮。"取"是指面向随机出现的信息需求而进行的高度选择性的检索,且尤其强调快速、便利地检出与需求有关的信息。同时,它又是一切与信息存贮和检索有关的理论、技术和方法的总称。

情报检索是一个发展的概念。随着有关技术的进步,应用领域的扩大,它的内涵也会更加丰富。在信息化和网络化社会中,人类获取信息的行为常常都离不开网络。情报检索的范围更广了,包括或涉及了一切有目的和组织化的信息存取和搜索活动。"存取"和"搜索"已成为更为流行的,既含有情报检索过程又能体现社会信息化特征的术语。

1.1 基本原理和作用

人类的情报检索行为是随特定的情报需求产生而开始,并在特定的环境和情报检索系统中完成的。这里所说的环境包括产生需求的环境、情报检索系统的运行环境和其他制约因素。特定的检索系统则包括完成检索过程所需的一定设施和工具,它可以是图书馆、信息中心或信息经纪人,也可以是某种书本式的检索工具(如文摘索引、目录、数据集、手册、词典等)、数字化情报源(如各种机读数据库)和互联网上的信息资源。

人们在完成某一任务或满足某种需要时,往往会觉得缺少某些知识,因而产生了需求,要访问情报检索系统。人类的情报需求千差万别,获取情报的方法也多种多样,但情报检索的基本原理却是相同的。它最本质的部分可以概括为一句话:依靠人或机器对情报集合与需求集合进行匹配与选择。情报集合就是有关某一领域的文献或数据的集合体。如上面提到的书本式检索工具、机读数据库和网络信息资源。它们是一种公共知识结构,有可能弥补某个特定用户的知识结构缺陷,即可以向用户提供所需要的知识或事实,或获取知识的线索,或者提供某种信息去激活人脑中存贮的知识。而匹配和选择则是一种机制,它负责把需求集合与情报集合进行相似性比较,然后根据一定的标准选出符合需要的情报。这种机制至少包括两个要素:执行匹配的动因和选择的标准(或称匹配标准)。前者可以是人或机器,或二者同时作用;后者则要依需求性质和系统的智能水平来确定。

众所周知,现实世界中的信息产出量、发布量和累积量都非常庞大。仅以文献为例,每年发表的科技文献达数百万篇。互联网上的网页目前已有几十亿之多。即使是在一个较小的学科领域,其文献量也往往是数以万计,且来源广泛。所以,要想进行有效的匹配和选择。首先,必须对大量的原始情报进行收集和加工处理,使之从无序到有序,使每件情报都获得某种特征化表示,即让原来隐含的、不易识别的特征显性化。这种加工处理作业通常称为内容分析与标引,其结果是使每件情报的特征都得到了某种表示,称为情报表示或文献表示(体现为分类号、主题词等)。这样,人们就可以按照这种表示来组织和检索情报了,由此形成了各种目录或索引。其次,由于原始情报往往篇幅很长,为了便于管理和检索操作,人们又发明了各种情报压缩方法(做文摘或提要等),把原始情报压缩为一条简短的书目记录,或从中摘取各种有用的数据或事实,使情报更便于组织、存贮和匹配选择。

另一方面,对用户提出的情报需求(问题或检索课题)也需要做类似的加工处理,即分析需求的内容,识别并提取出主题概念或其他属性,并利用与情报集合相同的标识系统(检索语言)来表示需求中所包含的概念和属性。经过这样加工处理的情报需求称为需求表示,即提问式。

这样,原先的情报需求与情报集合的匹配就简化为需求表示与文献表示之间的匹配,即两组有限的、语词符号化的特征之间的匹配比较。这种简化显然可以提高匹配和选择的效率。不过,它也会带来一些问题,如漏检和误检问题。如何减少乃至避免这类问题,就成了情报检索领域中一个经常性课题和追求的目标。

情报检索是传递信息的重要渠道,联系信息生产者与信息用户的主要中介。它可以显著地提高信息传播的效率,促进信息资源的开发与利用。

1.2 发展历史和现状

"情报检索"这个术语出现于 20 世纪 40 年代末。当时,许多国家和地区的经济处于恢复和大规模重建的时期,科学技术高速发展,新知识新成果大量涌现,科技文献数量急剧增长,传统的情报加工和获取方法已越来越难以满足社会需求,迫切需要研究开发新的情报存储与检索技术和系统。虽然,它作为一门技艺可以追溯到较久远的年代。而作为现代技术和独立的研究领域,情报检索和计算机几乎是同时问世,且立即建立了非常密切的关系。

情报检索发展的历史大体上可以分为以下几个时期。

1.2.1 机械化检索时期(20 世纪 50 年代以前)

20 世纪 30 年代,人们开始进行机械化情报检索试验。情报检索机械开始在缩微胶卷检索中应用(一种称为 Rapid Selector 缩微胶卷检索系统于 1938 年问世)。接着,穿孔卡片开始应用于统计数据的管理和查询。这一时期的情报检索技术的主要特征是:①基于顺序检索方式的检索机械的出现;②基于组配检索方式的穿孔卡片的出现。

1.2.2 计算机情报检索摇篮期(20世纪50年代)

数字式电子计算机诞生5年之后，人们开始研究将其应用于情报检索的可能性，促使现代情报检索系统诞生。标志性的事件有：

(1)1951年提出单元词法，1953年建立单元词检索系统，它标志着后组配方式的确立。

(2)开始进行基于计算机的情报检索系统的研究和实验。例如，1951年人们开始研究计算机检索技术。1954年在IBM701机进行了最早的IR试验。1957年卢恩开始进行计算机自动标引和自动做文摘的试验，Cranfield-I评价试验开始。1958年，KWIC开发成功；J. Perry和A. Kent开始研制基于磁带的检索系统Search Selector。

(3)穿孔卡片检索系统和光学(缩微品)检索系统进入实用化阶段。

(4)1958年提出的基于倒排档的存取技术概念。

(5)20世纪50年代末，计算机进入商业化应用时代，逐步应用于财会管理、经营计划、人事管理等领域，促进了情报检索发展，传统的检索机械开始走向衰落。

1.2.3 计算机情报检索成长期(20世纪60年代)

前苏联的人造卫星升空，使美国政府更加重视科研及其情报保障工作。美国宇航局(NASA)、空军、美国国家医学图书馆等机构开始与民营机构共同开发新的情报检索系统，陆续推出了脱机和联机式情报检索实验系统。20世纪60年代初，美国一些机构开始进行脱机批处理式情报检索系统的开发和实验。在第二代机(磁带式外存、穿孔卡片输入)的支持下，美国国家医学图书馆1964年开发出MEDLARS。稍后，又开始进行联机会话式情报检索系统的开发与实验。20世纪60年代中期，在第三代机(基于集成电路的CPU，磁盘式外存，键盘式输入)、计算机网络和分时计算技术的支持下，一些机构开始研制联机式情报检索系统。例如，NASA下属的Lockheed公司1964年开始研制DIALOG，1966年完成。1968年又开发出DIALOG-II，取名Recon Console，1969年投入使用，1970年其数据库已达到70万条记录。属于美国空军的SDC公司也着手开发联机式文献检索系统Protosynthex。它不仅采用了倒排档技术，还具有全文检索、位置检索和截词检索等功能。1965年，它开发出ORBIT检索系统(Online Retrieval of Bibliographic Information Time Shared)，在空军试用，约有20万个记录的数据库，采用ARPANET联通了13个机构进行联机检索试验。

另外，这个时期计算机辅助编制文摘索引逐渐走向实用化，出现了新的情报检索服务方式"定题情报提供"(简称SDI)，新的检索语言和标引方法(叙词语言和叙词法)。自动标引研究在深入发展，建立了新自动标引实验系统(如SMART等)，同时开始了计算机辅助主题标引(赋词标引)试验。IRS评价试验继续升温，开始了一些较大规模的系统评价试验研究，如Cranfield-II、MEDLARS试验等。

1.2.4 计算机情报检索成熟发展期(20世纪70年代起)

这一时期的主要标志是：

(1)基于联机IRS的商业性检索服务走向实用化，ORBIT-II应用于MEDLARS的改造，建成 MEDLINE(1970 年),并利用 Tymnet 和 AT&T 电话网把检索服务推广到全美国,取得了很大成功。1972 年,DIALOG 和 ORBIT 系统也开始投入商业性运营。1977 年,非政府背景的 BRS 联机检索服务推出。

(2) 检索软件包出现,IBM 公司在 20 世纪 50 年代末就开始研制情报检索系统,1966 年推出 BROWSER(Browsing Online with Selective Retrieval),1973 年该系统的改良版 STAIRS(Storage and Information Retrieval System)以软件包形式投放市场。

(3) 全文检索走向实用化,1973 年,Mead Data Central 公司推出 LEXIS 系统和法律法规全文检索服务。

(4) 其他一些国家和地区开始研究和应用情报检索系统和服务。我国 1974 年开始把情报检索系统开发纳入国家"七四八"工程,陆续开始了情报检索技术和服务的引进和自行研制工作。欧洲航天局、日本科技情报中心和日本经济新闻社、(原苏联)全苏科技情报研究所等都先后开始了计算机情报检索系统和范围的研制开发活动。

另外,情报检索系统评价试验在 20 世纪 70 年代初空前繁荣,同时在开展的评价试验有 20 个以上。计算机辅助标引研究和开发活动也非常热,陆续出现了各种试验性或实用性的系统和产品,如:Klingbiel 为美国国防信息中心开发的机助标引系统和美国史密森氏科学情报交换所(SSIE)的机助标引系统、加拿大西安大略省图书情报学院 Craven 主持开发的两个机助标引系统 NEPHIS 和 LIPHIS、英国谢菲尔德大学图书情报学院林奇(M. F. Lynch)和阿米塔奇(J. E. Armitage)开发的机助标引系统 ASIs(挂接主题标引系统)、奥斯丁(D. Austin)为英国国家图书馆书目部开发的 PRECIS(保持原意主题标引系统)等。自动标引研究进一步深入,出现了一批技术先进的自动标引系统,如美国康乃尔大学索尔顿(G. Salton)教授研制开发的著名的 SMART 系统,提出了向量检索模型。这个时期还提出了概率检索模型。而一般的联机检索系统仍然是以命令驱动式系统为主,提供不充分的人-机交互。在情报检索系统设计方面开始把用户个体差异(新手、专家)考虑在系统接口设计中,系统的命令语言和反馈信息的形式(简单、复杂)与内容(少量、详细)都分别考虑这两类用户的需要。数据库数量成倍地增长。更多的非官方机构,特别是商业性公司,开始加入数据库生产者的行列。数据库类型也呈现出多样化。除书目数据库以外,数值数据库和全文数据库的数量不断增加,指南数据库开始出现。

1.2.5 深入扩展期(20 世纪 80 年代至 90 年代初)

进入 20 世纪 80 年代后,全文检索技术和服务走向普及,光盘检索技术出现,社科、经济、人文领域数据库增多,数值数据库、图像数据库地位上升,多媒体检索技术开始受到重视,扩展布尔检索模型、逻辑模型提出,用户接口技术、用户友好系统受到重视,知识基系统、智能型检索系统的研究起步,超文本技术在 IR 中的应用受到重视。联机服务业和数据库产品继续迅速发展。更多的商业性公司进入联机市场。数据库的记录数量每年约增加 20%,联机检索次数每年增加上百万次。非文献数据库及其用户的数量开始超过文献数据库。

20 世纪 80 年代初出现的个人计算机是影响联机检索的重要技术因素之一。它的普遍应用使联机检索的用户从各种中间人转移到最终用户:即自己拥有微机的经营者、专业人员和家庭等。他们更愿意亲自上机检索,也希望联机系统提供更便利的服务。这就促使联机服务机构竭力去提高系统的友善性和易用性,使各种联机检索辅助工具(简称助检工具)或"用户友好系统"相继出现,如菜单驱动式系统、前端机、中介系统、智能接口、网关(gateway)、用户透明系统等。

数据库的开发重点开始转向法律、财政金融、经营管理、广告、专利等领域。影评、广告、名录、传记、黄页、公司信息、金融信息、人事与就业信息、健康娱乐指南等世俗资料以及物质特性、分子结构信息都大量地进入数据库中。由于市场越来越拥挤,竞争日益激烈,为了生存和发展,联机产业界的经营方向也发生了重要变化。"纵向一体化"(vertical integration)已成为一种主导型的经营模式。结果,使联机检索服务商数量大增,从80年代初不足百家发展到80年代末的近600家,联机市场呈现出多元化和群雄割据的局面。纵向一体化也可以通过兼并、收买或联营方式来实现。80年代中后期就发生了几起令人注目的购并事件。例如,1986年ORBIT系统被英国Pergamon集团收买。两年后,BRS系统被Pergamon集团的Macmillan出版公司收买,DIALOG系统则被Knight-Ridder新闻公司所购并。与此同时,联营合作活动也有发展,或者合作建库,或者合作建系统。例如,在80年代初,BRS、Predicasts和Radio Suisse 3家合作建立了Data-Star系统,美国化学文摘社、德国卡尔斯鲁厄公司(FIZ)和日本国际化学会共建了STN系统。

1.2.6 互联网时期(20世纪90年代初期起)

随着网络技术的飞速发展和互联网的商业化,网上的信息几乎是呈指数级增长。因此需要一种导航系统,网络搜索技术的研究、开发和应用得到高度重视,网络上各种各样的信息检索工具不断地涌现。目录式搜索工具、第一代搜索引擎、第二代搜索引擎相继出现。在联机检索技术的基础上又出现了一些新的技术和方法,例如自然语言检索、问答式检索、个性化搜索、智能搜索等。自然语言的丰富性多样性要求情报检索系统有更强的语义网的支持,以满足日益增长的精确检索的需求。搜索引擎开始从基于统计式索引迈向文本内容的自然语言表示。情报检索技术从文本检索开始走向问题解答。面向图像和音视频资料的检索技术的研究和开发得到了广泛的重视,并取得了重要的进展。信息提取和信息过滤技术作为一种姐妹技术,它们的研究和应用也有了显著的发展,并为情报检索提供了宝贵的借鉴和支持。

数据库和联机检索服务业持续快速增长。1999年,美国有数据库生产商3 674家,数据库服务商2 454家,数据库数量11 681个,分别比1975年增长了18倍、23倍、39倍。我国自主开发并向社会公众提供服务数据库有3 000多个,并在数据库的规模和质量上均有提高。互联网上的数据库更是多如牛毛。联机情报检索系统无论在总体功能和服务内容与方式上都有一定的发展。大型商业性的联机情报检索服务网络一般都能提供下列服务:SDI服务、按需检索服务、电子邮件服务、文献浏览服务、文件建立与存贮服务(为用户)、文稿创作、存贮和传送服务、文字处理服务(文章的修改、编辑和格式化)、文献出版服务、全文提供服务。也就是说,情报生产、加工、存贮、检索、传送和提供等各个环节已纳入一个统一的"联机链"中,形成了一种新的更高效的情报传播方式。基于互联网的搜索服务成为一种非常大众化和商业化的新产业。

情报检索系统评价试验进入了大规模化、国际化的阶段。例如,1992年美国国家标准与技术局(NIST,the National Institute of Standards and Technology)和国防部高级研究计划局(DARPA,the Defense Advanced Research Projects Agency)共同发起并主办的"文本检索会议"(TREC,Text REtrieval Conference),成为国际情报检索领域最具权威性的年度评测活动,至今仍在进行。它的试验成果已经并将继续丰富情报检索的知识库。

1.3 研究范围和内容

情报检索作为一个学科领域,属于情报学的主要分支和计算机应用的主要领域之一。围绕需求集合和情报集合的匹配和选择操作,要做大量的信息加工分析工作,解决各种各样的理论和技术问题。这些就是情报检索的研究对象。情报检索的研究内容主要包括以下几方面:

(1) 信息加工、组织和存贮,数据库设计与开发,检索工具的编制,文本自动处理。
(2) 情报检索系统的设计、开发、管理维护与评价技术。
(3) 检索技术与方法,包括手工检索、文档检索和联机检索中使用的各种技术、策略和方法,自然语言检索,跨语言检索,智能检索,基于内容的检索等。
(4) 网络搜索技术和服务研究。
(5) 情报检索理论,如系统的数学模型、知识表示、相关性理论、情报检索语言等。

情报检索是一个发展的概念。随着信息技术的进步,应用领域的扩大,它的研究范围还会继续扩展,内容也会更加丰富。

§2 情报检索理论模型与应用

所谓情报检索理论模型(或数学模型),主要是指运用某种数学的思想和工具,对情报检索系统中的用户需求、信息资源及其处理过程加以抽象和编码而形成的一种数学结构。情报检索的数学模型可以有效地指导情报检索的服务与实践活动。

2.1 情报检索理论模型概述

2.1.1 情报检索系统的形式化表示

情报检索的基本原理可以抽象、概括为:检索系统对用户信息需求(集合)与系统存储的信息资源(集合)所进行的某种匹配与选择。基于这样的理解,一个情报检索系统可以形式化地表示为如下的四元组(quadruple)形式,即:

$$S=(D,Q,F,R(d_j,q))$$

其中,D、Q、F 和 $R(d_j,q)$ 分别表示检索系统的信息资源集合、用户信息需求集合、信息资源与信息需求的匹配处理框架及匹配计算函数。

1. 信息资源集合(D)

检索系统中一般存储着大量的(有时甚至是海量的)、经过搜集与筛选的信息资源,为了便

于用户的查询与访问,通常对这些资源进行过某种组织化处理。用集合论的观点,我们可以把 D 表示为:

$$D=\{d_1,d_2,\cdots,d_N\} \quad (N \geqslant 0)$$

如果以文本信息为例,这里,D 集合是由 N 篇文档所组成的,D 的每一个元素 $d_j(j=1,2,\cdots,N)$ 表示一篇文档。为简单起见,也可以把 D 看作是全体文档逻辑视图的一个集合体。

假设一个情报检索系统存在 t 个索引词,任一索引词用 k_i 表示,则全体索引词的集合 K 可以表示为:

$$K=\{k_1,k_2,\cdots,k_i,\cdots,k_t\}$$

而对于系统中的任一文档 d_j,我们用 w_{ij} 来表示索引词 k_i 在文档 d_j 中的重要性,或称为"权值"。一个索引词权值的大小,定量地表示了该索引词描述或揭示某文档语义内容的能力与价值。很显然,$w_{ij} \geqslant 0$,特别地,当 k_i 不在文档 d_j 中出现时,$w_{ij}=0$。

借用 w_{ij} 的定义,我们可以用一个由索引词权值构成的向量来表示 D 集合中的一篇文档,形式如下:

$$d_j=(w_{1j},w_{2j},\cdots,w_{tj})$$

这种文档的形式化表示将为后面对各种数学模型的理解奠定一个必要的基础。

2. 用户信息需求集合(Q)

用户信息需求的产生是情报检索与情报检索系统存在的基础,而满足用户的信息需求,则是建立情报检索系统的出发点,也是情报检索系统发挥效用的归宿。

这里,我们把用户信息需求集合(Q)简化为用户的提问集合,并表示为:

$$Q=\{q_1,q_2,\cdots,q_m\}$$

集合中的每一个元素 $q_i(i=1,2,\cdots,m)$ 表示一个具体的用户提问。在某一检索系统中,使用自然语言表达的信息需求一般也要采用与文档类似的形式化表示方法加以表述,以形成满足系统检索语言语法要求的提问式。这里,提问式可以理解为用户信息需求的一种逻辑视图表示。

3. 信息资源与信息需求的匹配处理框架(F)

情报检索的根本任务是信息集合(D)与需求集合(Q)之间基于某种相似度规则的匹配处理,匹配处理框架(F)正是寻求在二者之间建立一种沟通与联系机制,提供对文档视图、提问式以及它们之间关系进行模型化处理的框架与规则。不同的检索理论模型,匹配处理的数学基础及采用的匹配规则是不一样的,例如,对布尔模型而言,匹配规则为二值相关性判断,匹配运算主要基于集合论的集合基本运算;对向量空间模型而言,匹配规则采用多值相关性判断,匹配处理建立在多维向量空间理论和标准的向量线性代数操作基础之上;而概率模型则依赖集合论、概率运算和 $Bayes$ 法则来完成检索的匹配处理,其匹配规则也是多值性的相关性判断。

4. 匹配计算函数($R(d_j,q)$)

匹配函数 $R(d_j,q)$ 用于计算任一文档 $d_j(d_j \in D)$ 与任一提问 $q(q \in Q)$ 形成的文档-提问对 (d_j,q) 之间的相似度大小。一般地,$R(d_j,q)$ 的函数值为一实数,其取值区间为 $[0,1]$。从数学上来讲,匹配函数的选取,要求能够具备以下特点:

① 计算方法简单,计算量小;
② 函数值在取值区间均匀分布;
③ 针对某一提问所获取的相关文档集合,能够实现合理的排序输出。

目前,在情报检索的研究和实践活动中,已提出很多有效的匹配函数及其计算方法,其中绝大多数为基于多值相关性判断标准的匹配函数。

2.1.2 情报检索理论模型分类

自1950年代末期以后,情报检索研究人员即着手把数学工具运用于情报检索理论的探讨,先后提出了各种不同类型的情报检索数学模型(见表 8.1)。从宏观层面看,依据用户查询信息的方式不同,表 8.1 把数学模型分为检索型(Retrieval)和浏览型(Browsing)两大类。检索型模型又分为基于文档内容特征的检索模型和基于文档结构特性的检索模型(即结构化模型),其中,基于内容的检索模型又有集合论模型、代数论模型和概率论模型之分。从模型的成熟性和目前的实际应用情况来看,在 3 类基于内容的检索模型中,以布尔模型、向量空间模型和经典概率模型最为流行,而针对它们的各种改进或优化模型,也有着比较丰富的研究成果。

表 8.1 不同类型的情报检索数学模型

检索型数学模型(Retrieval)		基于结构的数学模型(结构化模型)	浏览型数学模型(Browsing)
基于内容的检索模型			
集合论模型	布尔模型	非重叠列表 (Non-Overlapping Lists) 邻近节点 (Proximal Nodes)	平面(Flat) 结构导航(Structure Guided) 超文本(Hypertext)
	模型集合型		
	扩展布尔模型		
代数论模型	向量空间模型		
	广义向量空间模型		
	潜在语义索引		
	神经网络		
概率论模型	(经典)概率模型		
	推理网络		
	信念网络		

2.2 经典检索模型及其应用

情报检索的经典理论模型主要包括表 8.1 中的布尔模型、向量空间模型和经典概率模型,它们的理论基础分别是数学领域中的集合论、线性代数和概率论。限于篇幅,以下只选取这 3 种经典检索模型进行重点说明和分析。

2.2.1 布尔模型

布尔模型是一种简单的检索模型,也是最早提出的一个检索理论模型。1957 年,巴-希列尔(Y. Bar-Hille)开始对布尔逻辑应用于计算机情报检索的可能性进行了探讨;20 世纪 60 年代末期,布尔模型正式被大型文献检索系统所采用;70 年代逐渐成为各种商业性联机检索服务系统的标准检索模式。目前,基于布尔检索框架的各类检索系统仍具有顽强的生命力,并在信息服务领域占据重要地位。

布尔模型主要建立在经典集合论和布尔代数的基础上。鉴于经典集合论中"集合"概念的直观性以及布尔表达式所具有的准确语义,布尔模型非常容易被用户理解和接受,在解释情报检索处理过程时,它主要遵循以下两条基本规则:

(1)系统索引词集合中的每一个索引词在一篇文档中只有两种状态:出现或者不出现。相应地,每个索引词的权值 $w_{ij} \in \{0,1\}$;

(2)检索提问式 q 由 3 种布尔逻辑运算符"And"、"Or"、"Not"连接索引词来构成。

布尔模型的突出优点是:简单、容易理解、简洁的形式化等。但是,随着情报检索理论研究的不断深入,人们对布尔模型存在的诸多缺陷也有了越来越清醒的认识。布尔模型在检索系统的开发与应用中表现出的主要问题有:

① 准确匹配(exact matching)策略问题。布尔模型采用准确匹配策略,对检索过程中客观存在的一些不确定性情形绝对排斥,认为一篇文献对于某一提问要么是"相关的",要么是"不相关的"。这种"非此即彼"的二值判断标准严重影响到检索系统的性能改善,并带来其他一些相关问题,例如:检索结果无法预先估计,容易造成零输出或过量输出,等等。

② 布尔逻辑表达用户需求的能力问题。众所周知,布尔逻辑本身非常简单,其基本逻辑运算具有精确的语义。把用户的一个信息需求转换成一个恰当的布尔表达式,在很多情况下并不容易实现。很多调查发现,布尔检索式构造的这种非友善性会使很多用户在与检索系统交互时处于比较困难、尴尬的境地。

2.2.2 向量空间模型

鉴于布尔模型"准确匹配"策略所造成的检索缺陷,1960 年代末期,信息处理专家、美国著名学者萨尔顿(G. Salton)基于"部分匹配"(partial matching)策略的检索思想,在其开发的试验性检索系统 SMART(System for Mechanical Analysis and Retrieval of Texts)中最早提出并采用线性代数的理论和方法构建出一种新型的检索模型,这就是后来广为人知的向量空间模型(Vector Space Model,VSM)。

对经典向量空间模型基本原理的阐释,可以从以下 3 个方面加以说明。

1. 文档向量的构造

对于任一文档 $d_j \in D$,我们可以把它表示为如下 t-维向量的形式:

$$d_j = (w_{1j}, w_{2j}, \cdots, w_{tj}) \tag{8-1}$$

其中,向量分量 w_{ij} 代表第 i 个索引词 k_i 在文档 d_j 中所具有的权重,t 为系统中索引词的个数。在布尔模型中,w_{ij} 的取值范围是 $\{0,1\}$;在向量空间模型中,由于采用"部分匹配"策略,

w_{ij} 的取值范围则是一个连续的实数区间 $[0,1]$。

通常情况下，一篇文档中会标引出多个不同的索引词，而这些索引词表达该篇文档主题的能力往往是不同的，因此，每个索引词应该具有不同的权值。如何计算文档向量中每个索引词的权值，不仅关系到文档向量的形成，也关系到后续的检索匹配结果。

索引词权值的计算方案有很多种。目前，在进行加权计算时，索引词权值的大小主要依赖于对索引词的各种频率数据的统计，并通常考虑两个方面的因素：局部权值和全局权值。所谓"局部权值"是指第 i 个索引词在第 j 篇文档中的权值；而"全局权值"则是指第 i 个索引词在整个系统文档集合（即 D）中的权值。现在，假设 N 为系统文档总数；n_i 为系统中含有索引词 k_i 的文档数；$freq_{ij}$ 为索引词 k_i 在文档 d_j 中的出现次数；idf_i 表示索引词 k_i 的逆文档频率（inverse document frequency，简称 idf 或 IDF）；$maxtf_j$ 表示文档 d_j 中所有索引词出现次数的最大值。那么，对于文档 d_j 中索引词 k_i 的权值计算方法，可以如下进行：

$$f_{ij} = freq_{ij} / maxtf_j \quad \text{（局部权值）}$$
$$idf_i = \log(N / n_i) \quad \text{（全局权值）}$$
$$w_{ij} = f_{ij} * idf_i \quad \text{（索引词权值）} \quad (8\text{-}2)$$

式(8-2)是一种最为流行的权值计算公式，被研究人员称为 $tf\text{-}idf$（词频-逆文档频率）加权模式。

2. 提问向量的构造

在向量空间模型中，用户的信息需求被加工、转换为提问向量，并用与文档向量类似的表示形式表示，即

$$q = (w_{1q}, w_{2q}, \cdots, w_{tq})$$

这里，t 为系统索引词的总数，向量分量 w_{iq} 表示第 i 个索引词 k_i 在提问 q 中的权值，且有 $w_{iq} \geqslant 0$。至于如何评估 w_{iq} 的权值，一个推荐性的计算公式是：

$$w_{iq} = (0.5 + 0.5 * freq_{iq} / maxtf_q) * \log(N/n_i) \quad (8\text{-}3)$$

其中，$freq_{iq}$ 为在表述用户信息需求的文本内容中索引词 k_i 的出现次数，而 $maxtf_q$ 则为在表述用户信息需求的文本内容中使用的所有索引词出现次数的最大值。

3. 匹配函数的选择及相似度阈值的确定

在文档与提问向量化表示的基础之上，文档与提问之间的相关程度（即相似度）就可以由它们各自向量在 t 维空间的相对位置来决定。一般地，相似度计算函数 $sim(d_j, q)$ 可以有非常多样化的选择，但较常采用的相似度计算指标是两个向量夹角的余弦函数。

这样，检索处理不仅能判断文档是相关还是不相关，而且还可以定量化地判断系统所有文档与某一提问的相关度大小，并能够按照其相关度值的降序排列方式输出命中的结果文档。

为更有效地得到一个规模合理的检索结果，进一步地，需要指定一个相关度的阈值 λ，凡与提问向量的相关度值大于 λ 的文档，都将作为检索结果提供给用户。如此，向量空间模型的检索匹配便在一种"部分匹配"策略的指导思想下完成了。

向量空间模型的提出为人们深入认识和理解情报检索的基本原理做出了重要贡献，并在检索实践中得到广泛应用。此外，该模型还在自动聚类与分类、文本浏览与可视化、数据挖掘等研究领域得到广泛重视和应用。VSM 在检索处理中体现出的先进技术特征主要表现在：

(1) 采用部分匹配策略,使得在算法层面上基于多值相关性的判断处理得以实现;

(2) 采用基于统计学方法的词加权处理模式,使检索效果大大得到改善;

(3) 采用对检索结果排序输出的策略,使对检索结果数量的控制与调整具有相当的弹性与自由度。

当然,向量空间模型理论也存在着明显的缺陷,其中,最为一些研究人员不能认同的是对从文档中抽取出的各索引词之间的关系做了相互独立的基本假定(两两正交假设)。这一正交假设在实际的文本信息处理环境中一般是很难满足的。另外,研究人员也发现,VSM 理论在应用过程中还存在着一些困难,例如:对处理结果的可解释性较差,现有算法在大规模或超大规模真实文本环境中的有效性需要验证,如何与自然语言理解技术进行融合,等等。

2.2.3 经典概率模型

经典概率模型又称为"二值独立检索模型"(BIR,Binary Independence Retrieval),是一种实现简单、效果较好的情报检索模型,最早于 1976 年由英国城市大学的罗伯逊(S. E. Robertson)和斯帕克-琼斯(K. Sparck-Jones)提出。

经典概率模型的基本指导思想是:给定一个用户提问,则检索系统中存在着一个与该提问相关的理想命中结果集合,这里我们不妨用 R 来表示之。如果能有已知集合 R 的主要特征及其描述,则用户的检索要求便不难实现。但问题是:在用户提出检索要求时,并不知道这个理想结果集合的特性。为此,需要在检索伊始对 R 的特性进行某种猜测。根据初始的猜测,系统将检索到一个初步的命中结果集合。在此基础上,用户可以对初始检索结果集合中文档相关与否进行判断,或者,由系统对检索结果文档的相关性情况进行自动判别。根据这些反馈信息,系统便可以在后续的检索处理中不断作出优化与改进,从而在多次交互操作之后使检索结果逐步接近该提问的理想命中结果集合 R。在这里,重要的问题是如何进行初始的猜测(或估计)以及如何通过相关反馈来不断调整、改善检索性能。

从本质上来讲,情报检索是一种具有不确定性的决策判断过程。经典概率模型清楚地认识到了这种不确定性(或相关性),利用概率论原理,通过赋予索引词某种概率值来表示这些词在相关文档集合和非相关文档集合中的出现概率,然后计算某一给定文档与某一给定用户提问相关的概率并做出检索决策。不同于布尔模型和向量空间模型,概率模型具有一种内在的相关反馈机制,它把检索处理过程看作是一个不断逼近并最终确认命中文档集合特征的过程,并通过运用某种归纳式学习方法实现系统对检索结果的优化与完善。因此,概率模型对情报检索的主要理论贡献就在于:吸收了相关反馈原理,并在理论上采用了一种更严密的决策方式。

经典概率模型虽然是一种基于贝叶斯决策的自适应模型,具有较坚实的理论基础,但就其自身来说,仍然存在着一些局限性,例如:

(1) 各种参数估计难度较大;

(2) 索引词权值的计算方法为 0/1 式,没有考虑到词频等加权因素;

(3) 沿用了索引词之间相互独立的基本假定等等。

正是因为这些因素,经典概率模型在实际应用中有时会招致一些批评。另外,有关的检索试验研究表明,该模型在多数情况下不如向量空间模型的检索效果,应用范围也不如向量空间模型来得普及、广泛。

§3 情报检索技术(含搜索引擎技术)进展

情报检索是一个具有浓重技术性色彩的研究领域。回顾其最近50年来的发展历程,检索技术经历了快速而巨大的演变和进步,主要表现在:

(1)检索对象,从早期的结构化书目信息到当前大容量、无结构或半结构化的全文文本,再到包含有音频、图像、视频等类型的多媒体信息;

(2)信息组织方式,从传统的线性文本组织技术到新兴的超文本/超媒体链接技术的广泛运用;

(3)检索匹配水平,从关键词(字面)匹配技术的广泛应用到基于概念匹配技术的研究与应用,再到当前对于概念语义关系匹配与推理的探索性试验;

(4)检索方式,从手工检索到早期的计算机化脱机批处理检索,再到目前流行的联机实时交互检索;

(5)检索应用环境,经历了从单机到网络平台,从集中式网络到分布式、异构性和动态Web网络环境的不断转移和跃迁。

下面主要从4个方面对情报检索的技术进展给予描述和分析。

3.1 定性检索技术

定性检索技术主要指以布尔检索为基础和核心,包含截词检索、位置检索、字段检索等在内的一类检索技术。定性检索技术主要建立并实现在经典的布尔检索模型理论基础上,不仅适用于传统的文本信息检索,而且在当前的非文本检索领域,由于多媒体基于内容检索技术的不够成熟,很多图像检索系统、音乐检索系统等也都比较广泛地使用了这类定性技术。

3.1.1 布尔检索

布尔检索技术最早出现于20世纪50年代。在早期的脱机批处理检索时期,布尔检索主要基于主文档(即顺排文档)来进行,用户的检索问题经分析后利用布尔逻辑算符(And、Or、Not等)对检索词(或检索代码)进行组配,形成检索提问式(Query);然后,使用日本学者菊池敏典提出的表展开法对提问式进行编译和变换,并到主文档中进行检索匹配(这种检索算法也因此被称为菊池敏典算法)。后来,随着计算机技术的进步,信息检索进入联机对话检索阶段。此时的布尔检索则主要基于倒排文档(Inverted File)来进行,对用户的检索问题经分析后仍然使用布尔逻辑算符构造为提问式,不过此时对提问式进行编译和变换的方法不再是表展开法,而是使用诸如逆波兰变换、准波兰变换、析取范式变换等方法进行处理,并将它用作检索匹配的依据完成对倒排文档的查询处理,最后获取查询结果。

图8.1描述了用户检索提问式基于逆波兰变换处理后进行布尔检索的算法框图,其中的

逆波兰输出区存放的是经逆波兰变换后以后缀形式表示的布尔提问式；不同编号的（内存）工作区存放的是检索处理过程得到的各中间结果和最终结果；栈结构主要存放各（内存）工作区的编号，并以此来管理和调度各工作区的运算次序。

布尔检索不仅是最基本、最常用的一种情报检索技术，而且也是各种其他定性检索技术（包括截词检索、位置检索、字段检索等）的基础。

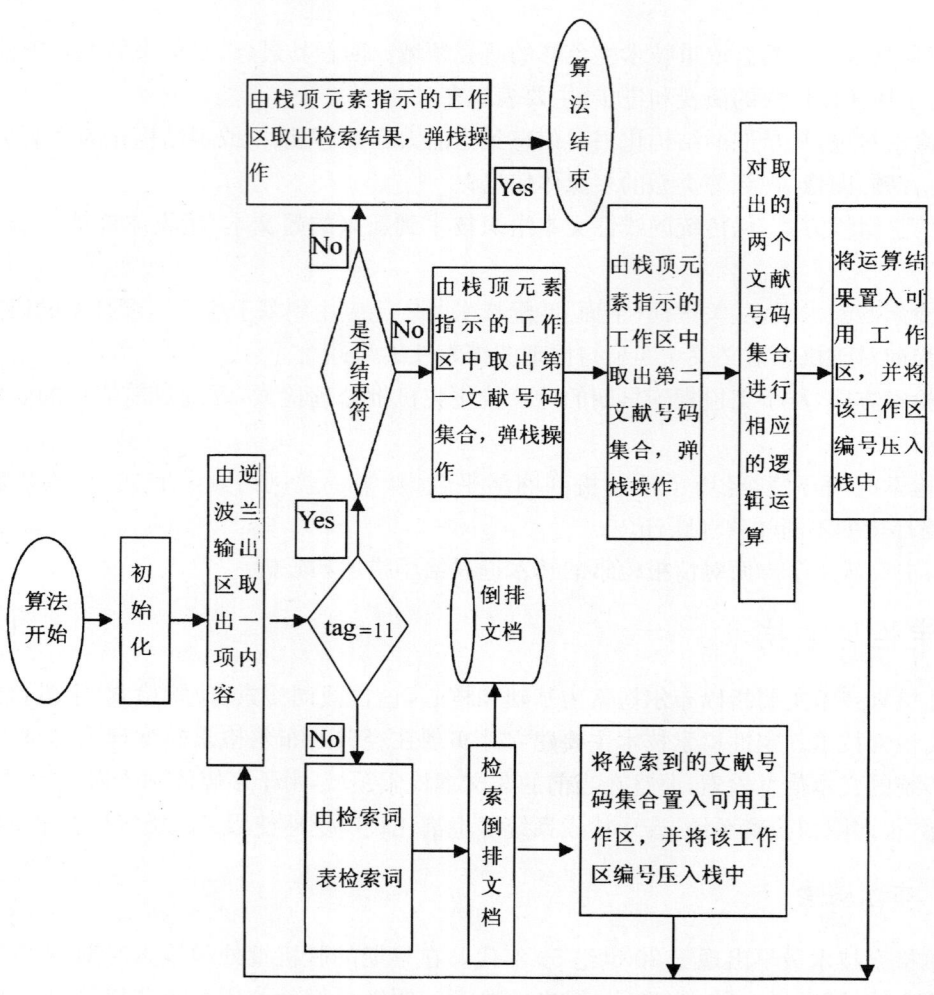

图 8.1　基于倒排文档的布尔检索算法框图

3.1.2　截词检索

所谓"截词检索"，是指在检索时使用词的一个局部（某些位置上的字符被截去）进行检索匹配，并认为凡满足这个词局部中的所有字符要求的记录，都为命中结果。截词检索需要使用专门符号（截词符），以指定截词的具体位置与截断字符的数量。

按照截词位置的不同，截词检索分为右截词、左截词和中间截词 3 种。例如：

右截词检索式"brows＊"将会检索出包含 browse, browser, browsers, browsing 等词汇的

结果；

左截词检索式"＊magnetic"能够检索出含有 magnetic, electromagnetic, paramagnetic, thermomagnetic 等词汇的结果；

中间截词检索式"sul？？ur"可检索到含有 sulfur 和 sulphur 的结果。

这里，暂以"＊"表示多个字符的截断，"？"表示一个字符的截去或屏蔽。

截词检索实际上是一种隐含的"逻辑或"(Or)运算，因此，在技术实现上与布尔检索没有根本性差异。不过，一般来说，右截词检索在技术上容易实现，在检索系统中也比较常见；而左截词检索实现起来要稍微困难些，中间截词检索则只适用于有限个字符的截断。

截词检索的主要功能是可以提高查全率，扩大检索结果。作为一种后控制措施，截词检索是防止漏检的有力手段，对西方语言信息尤为适用。

3.1.3 位置检索

在信息资源急剧增加的今天，单纯依赖检索词的布尔逻辑组配已难以满足某些检索需要。例如，在要求高查准率的情形下，需要使用专门的运算符号把多个检索词汇组织成特定的短语，或者对各个检索词在检索结果中出现的相对位置进行限定，才能较好地完成检索任务。为此，位置检索技术对于文本信息查询系统(尤其是各类全文系统)来说是非常重要的。

位置检索实际上是一种增强的"逻辑与"(And)检索。一般地，位置检索按照对各检索词之间应满足的位置关系要求的不同，可以有多种不同类型的位置检索，例如邻近检索、同句检索、同字段检索等，其中以邻近检索最为多见。

所谓"邻近检索"，是要求检索词在检索结果中出现时，其间的相互距离不应超过若干个字符(或汉字)的范围限制。常用的一个邻近检索运算符是"(nW)"，其中"n"是一个 1~25 之间的整数。例如，检索式"北京(5W)大学"意味着在"北京"和"大学"之间的距离应在 5 个字符(或汉字)之内。即：该检索式可以检索出包含"北京大学"、"北京科技大学"、"北京地区的大学"、"北京协和医科大学"等内容的相关信息；而检索式"北京(2W)大学"在上面的命中结果中，只有包含"北京大学"、"北京科技大学"等两者之间只有两个以内词汇的信息才符合检索要求；而检索式"北京(W)大学"，则相当于直接使用"北京大学"进行短语检索。

同句检索、同字段检索比邻近检索的范围约束要有所放松，它们分别要求多个检索词在同一自然句或同一字段出现，即符合相应的检索条件。

位置检索的本质仍然是布尔检索，因此，位置检索功能的实现和布尔检索的实现技术及要求具有很多共同点，例如，需要倒排文档的支持，需要对提问式进行必要的变换处理等。不过需要强调的是，在位置检索的技术实现中也涉及到一些特殊情况和要求。一个重要而特殊的要求是：位置检索要求系统的倒排文档记录必须能全面、详细地提供每个检索词在数据库中每一次出现时的位置及其相关信息，具体包括：(英文)大小写标识、记录号、字段代码、段落编号、句编号、词位置编号等。为此，位置检索一般需要对文献内容进行自动抽词标引处理。惟有通过计算机对原文信息的扫描、自动分析与标引处理，才有可能获得各检索词出现的各种位置信息，并记录在倒排文档中，从而为位置检索提供匹配的数据来源。

位置检索可以提供深入到文献原文内部词汇之间位置关系的匹配操作，因此，在 20 世纪

80年代中期以来,随着光盘等大容量、高密度存储器技术的成熟和普及,以及全文数据库产品的大量涌现,位置检索技术获得了非常快速的应用和发展。

3.1.4 字段检索

字段检索属于限制检索技术的一种,其目的主要是为了提高查准率。

对于文献型数据库来说,一条文献记录通常设置或包含几十个不同的字段。在这些字段中,能够表达文献主题内容的字段称为主题字段(或基本字段),例如标题、关键词、文摘、分类号等字段。除此而外,还有很多字段,如作者、使用语言、发表时间等主要描述了文献的形式或外表特征,这样的字段称为非主题字段(或辅助字段)。在情报检索系统中,用户的某一检索要求通过指定检索词在主题字段和非主题字段的出现情况,即可实现字段检索。例如:"MBA within AB"可以检索到文献的文摘字段中含有"MBA"的所有文献;而"title:北京大学"这样的检索要求则可以查到网页题名中含有"北京大学"字样的网页。

字段检索的技术实现比较简单,只需要在布尔检索的基础上稍做改进即可。具体的改进措施是:对于采用混合型倒排文档的检索系统,在标引处理过程中,不仅要记录下所提取的检索词出现的文献编号,还应该记录该检索词出现的字段位置编号(或代码),以支持检索时的字段位置匹配。当然,在有些检索系统中,采用的是对不同字段信息分别建立各自倒排文档的处理方法,如此,检索时只需要根据用户的查询要求,到相应字段的倒排索引中匹配就可以了,并不需要在标引时做任何特别处理。

3.1.5 大小写限制

大小写区别是包括英语在内的拼音文字的特点。在许多情况下,大小写的含义是不同的。因此,大多数检索系统都提供了区别大小写的检索功能。例如,可以用<CASE>放在检索词前面,表示检索词要包含在检索结果中,且大小写要完全一致。

例如:输入[<CASE> China],检索结果将包含"China",而包含"china"的内容将不会列入结果中。

不同的检索系统对限制大小写的符号规定不同。在使用时,可参考具体的使用说明。

3.1.6 在结果基础上的检索

在结果的基础上检索是指:在上一次检索的结果中检索;或者对上一次检索词或检索结果进行某种分析,把得出的结果作为后续检索的输入条件(或条件之一)来检索。可以有以下几种情况:

1. 进阶检索

进阶检索指在上一次检索结果中,用新输入的检索词进行下一次检索。上次检索和下次检索之间构成"逻辑和"的关系。这种检索也称为"二次检索"。

例如:上次检索输入[咨询],返回检索结果后选择"进阶检索",然后输入[IT]。相当于要求检索结果既包含"咨询",也包含"IT"。

2. 站内检索

这是检索万维网信息时具有的功能,指在上一次检索结果中任一条记录所在的网站内,用同一检索条件进行检索。

例如:上次检索输入[咨询],返回检索结果后选中某一条记录,它所在的网站的网址是 http://zixun.21dnn.com,点击"站内检索"链接。相当于要求检索结果既包含"咨询",又必须在 http://zixun.21dnn.com 网站中。

3. 相关检索

"相关检索"在一些检索系统中,含义和检索方法不尽一致。这里介绍几种情况。

第一种:在检索结果中,对选定的任一结果网页,点击"相关检索"。这时,系统将找出该结果网页中所含的所有关键词,得出这些关键词各自在该网页的相关度,选出相关度高的词作为下一步检索的关键词(可能有若干个),然后进行检索。显然,这种检索操作所用的检索词会随所选结果记录的不同而不同。

在 Google 的查询结果中每个结果后有一"类似页面"的链接,其作用就属于这种相关检索。单击"类似网页"时,Google 便开始寻找与这一网页相关的网页。

第二种:系统将每次检索提交的检索词都保存下来。用户进行第一次的检索后,系统将把这次输入的检索词与系统已保存的所有检索词相比较,找出与其类似的(可能是部分类似或相同),然后显示在结果页上。这些相关检索词会引导用户进行更有效的后续的检索,点击任何一个相关检索词,都能得到那个相关检索词的检索结果。

百度中的"相关检索"就属于这一种。如果你无法确定输入什么关键词才能找到满意的资料,或者你想参考一下别人在类似情况下是怎样检索的,那么你就可以利用这种相关检索。

3.1.7 自然语言检索

所谓自然语言检索,是用自然语言中的字、词或者整个句子作为检索提问来检索。使用这种检索工具时,检索者不必将检索要求提炼成关键词,不必考虑如何构造检索式,只需像平时说话一样把自己的问题提交给检索系统。例如,你可以用"北京的天气怎么样"、"What is planetnemo"这样的自然语言表达式作为检索提问式。

采用自然语言检索的国外搜索引擎有 Ask Jeeves, GoTo, InQuizit 和 LexiQuest 等,国内一些机构对中文自然语言检索也做了有益的研究和尝试。但总的来说自然语言检索的效果还有待于完善。

3.1.8 多语种检索

首先,多语种检索是指在一个检索工具中,拥有多种语言的资料库;指定某种语言,就可以检索该语言资料库的内容,并用该语言显示检索结果。

其次,多语言检索还指用一种通用的语言(如英语)检索,可以检索多种语言的资料库,并用这种语言统一显示结果。显然,这首先需要将检索词翻译成各种语言,然后还需将其他语言的结果翻译成指定的通用语言。

最早进行多语言检索功能且效果比较好的是 AltaVista。国外许多检索系统可以同时使用多种西文进行检索。但目前中国的检索系统一般只能做到分别检索中、英文,多语种检索的能力还很有限。

3.2 量化检索技术

情报检索及检索词之间的组配关系,不仅可以从布尔逻辑的角度定性地加以表示,还可以用很多定量的方式进行描述和表示。从定性检索发展到量化检索,不仅意味着检索技术的精度与准确性的提高,更重要的是,它预示着情报检索理论基础的更新换代。量化检索技术主要以代数论检索模型(例如 SVM)、概率论检索模型等作为理论基础,目前已有部分量化检索技术比较成熟并投入了实用,但更多的量化检索技术还都处于试验室研究阶段。

3.2.1 聚类检索

作为一种量化检索技术,聚类检索概念的提出起源于向量空间模型(VSM)理论。1968年,在萨尔顿(G. Salton)等人领导、研制的试验性检索系统 SMART 中,最早对聚类检索进行了一系列的试验研究。试验结果的分析表明,聚类检索作为一种量化检索手段,较之已有的各种文本定性检索技术,具有独特的优越性,并值得进一步研究和探讨。

从技术实现上讲,聚类检索主要基于文献聚类文档来进行,而聚类文档的形成,则建立在文献聚类处理的基础上。所谓"文献聚类",则是指针对系统中的全部文献向量,使用一定的相似性(或相异性)度量指标和聚类方法,计算出文献与文献之间的相似度,并把相似度较高的文献聚集在一起,形成一个个的文献类目,进而生成文献的聚类文档。

在进行聚类检索时,首先将用户的检索问题形成为与文献向量等长的提问向量(即两者维度相同);然后,将提问向量与聚类文档中各文献类的类向量进行相似度计算,确定与提问最相关的文献类;最后,在最相关文献类中,将提问向量与其包含的文献逐篇地一一比较、匹配,并将相似度值大于阈值的文献作为检索结果排序输出。

由于在文献聚类处理时,主题相近、内容相关的文献被归入了一个类目,因此,检索操作不必在整个文献数据库中进行,而只需在已经确定的、与提问向量最相关的文献类目内部进行访问、匹配就可以了。

目前,聚类检索技术已经在一些检索系统中开始得到实际应用,例如,部分网络搜索引擎提供的"相似检索"功能,有些就是基于聚类思想而实现的。不过,就具体的聚类标准来说,这些"相似检索"有时是对网页内容相似性的聚类,有时则是对网页结构相似性的聚类。著名搜索引擎 Google 对其检索结果记录提供进一步的"Similar pages"功能,主要是基于网页结构相似性的检索。

聚类检索因为采用了一系列检索词加权、相似度计算等量化处理方法,系统的检索结果往往稳定性和一致性不够好。另外,检索结果的可解释性也比较差些。

3.2.2 其他量化检索技术

除聚类检索外,还有很多情报检索技术也涉及并运用到了定量化的方法与手段,例如相关反馈、检索词加权与提问式扩展、检索结果排序与融合、检索过程可视化等。虽然这些技术并不能作为一种独立的量化检索方式出现,但它们的量化处理思想对于提升情报检索的准确性和效率,无疑具有十分重要的价值。

以检索结果排序技术为例。当前,由于信息数量的急剧膨胀,很多检索系统的数据库容量动辄上千万条,甚至上亿条或十几亿条记录,而针对用户的某一检索要求,有时会得到大量的命中结果。为了便于用户从中选择和判断,虽然目前多数检索工具还是基于布尔检索理论模型而设计,但大都添加或采取了向量空间模型(VSM)的加权思想,对检索结果进行了排序输出处理。其中,最为常用(或默认)的排序标准是相关度排序,即按照检索结果条目和用户检索提问之间匹配程度(相关度)的大小从高到低顺序输出结果,有时还在每条结果前标出具体的相关度数值。这种做法可以把和用户需求最相关的结果排列在最靠前的位置,方便用户的选择、下载或阅读。

相关度大小的计算一般是依据检索词在检索结果中的出现次数和出现位置进行加权处理来实现的,对于网络信息资源,有些搜索引擎还考虑并使用了网页被链接的流行程度、网页被点击次数等信息作为结果排序的依据(详见本章第3.3节)。

3.3 概念检索和模糊检索技术

3.3.1 概念检索

概念检索指检索结果可能包含与检索词含义相同或近似的内容,但不一定包含检索词。例如,输入[电脑]一词,可以检索出包含"计算机"而不包含"电脑"的内容;输入[西红柿],可以检索出包含"番茄"而不包含"西红柿"的内容。

概念检索的基础是检索系统有一个包含同义词、近似词、广义词、狭义词和相关词等语义关系的词库。

3.3.2 模糊检索

这里所说的模糊检索,是指输入检索词的发音与实际要检索的词相同或近似,但实际写法或构成并不一样,检索结果将发音相同和近似的词都显示出来。

也有人把截词检索称为模糊检索,或把概念检索称为模糊检索。我们不妨这样理解,模糊检索也包括截词检索和概念检索两种形式。截词检索中,检索词的构成是"模糊"的;概念检索中,检索词的含义是"模糊"的。

3.4 搜索引擎技术

作为一类大众化的互联网信息查询工具,广义的搜索引擎主要包括独立搜索引擎和元搜索引擎两种不同类型。以下主要从3个方面论述网络搜索技术及其进展。

3.4.1 网络信息自动采集技术

网络信息资源具有海量规模、动态更新、分散无序、多媒体等一系列显著特点,因此,对于独立搜索引擎来说,其首要的核心技术就是网络信息的自动采集,即 robot/spider 的研制与开发。

面对结构复杂而庞大的 WWW 网络，robot/spider 是如何自动进行资源发现和采集的呢？我们可以 robot/spider 的工作原理简单描述如下：

(1)精选一批高质量的 URL 作为初始搜索地址，并将这些地址放入待搜索的地址列表中；

(2)取出待搜索地址列表中的第一项，依据并遵循 HTTP 协议，向有关的 WWW 服务器发出请求，等待并抓取到相应的 HTML 文件(网页)，下载到本地后进行预处理，并在该 HTML 文件中抽取指向其他 HTML 文件的超链接；

(3)对抽取出的超级链接地址逐个进行处理，按照是否已被搜索过分别放入近期已搜索的 Web 站点列表和尚未搜索的地址列表中去；

(4)判断程序是否结束，如果没有结束，返回(2)继续执行。Robot 的结束条件是待搜索的站点地址表为空，或抓取的 HTML 文件已经达到了预定的最大值，或管理员强制终止。

上述 robot/spider 工作流程的描述虽然比较简单，但利用 robot/spider 采集网页的实际工作却是相当有挑战性的，由于 WWW 的分布性、异构性、动态性等因素，整个网页采集和获取过程也是比较脆弱的。因此，在设计 robot/spider 程序时，一些比较重要的问题需要慎重考虑，并能给予妥善解决。这些问题分别是：

① 遍历策略的选择

由于 WWW 上网页数量巨大，robot/spider 搜索整个网络时，遍历策略的选择问题非常重要。目前，可以采用的遍历策略主要有以下几种：

● 顺序搜索——把 IP 地址从(0.0.0.0)到(255.255.255.255)逐个访问，跳过其中为特殊目的而预先保留的一些地址。这种方法在理论上是可行的，但现实中并没有被采用。

● 深度优先搜索——这种策略的目的是要达到被搜索结构的叶节点(即那些不包含任何超链接的 HTML 文件)。深度优先策略适宜遍历一个指定的站点或者深层嵌套的 HTML 文件集，对于大规模的搜索则不宜采用。

● 广度优先搜索——能够尽可能多地采集不同地域、不同服务器上浅层的 HTML 文件，是当前大多数 robot/spider 采用的一种搜索策略。

● 深度-广度结合搜索——利用两者的优点来弥补对方的缺点，但尚不成熟。

● 基于 URL 重要性排序的启发式搜索——启发式搜索策略的主要思想是：随着 robot/spider 的运行，对抓取到的网页所涉及的超链接用某种算法按重要性进行排序，完成一个网页的处理后，robot/spider 选择 URL 队列中最重要的一个(即排在最前面的)进行处理。这一策略需要仔细研究一个问题，即如何判断、计算网页的重要性。

② Robot Exclusion 协议的遵守

robot/spider 沿着特定的搜索策略，几乎可以到达网上的任何地方，但是，并不是每一个站点都希望自己的网页被 robot/spider 所采集。一种拒绝 robot/spider 访问网页的简单方法是利用 Meta 标记中的 robots 标签，不过，上述方式只能逐个设定网页是否被 robot 所采集，比较繁琐。能否针对整个 WWW 服务器，制定一个 robot 的网页访问策略？或者是制定一种规范(或标准)来指导和约束 robot 的采集行为？在 1994 年，这样的标准即 Robot Exclusion

协议就被提出来了。

Robot Exclusion 协议简单地规定，一个 Robot 在采集网页信息时应该首先查看所在 WWW 服务器的根目录，寻找一个叫做 robots.txt 的文件。如果服务器根目录下存在 robots.txt 的文件，就应该按照该文件给出的限制去做。robots.txt 文档为服务器管理员提供了一种手段，使他们可以控制哪些网页资源 robot/spider 可以访问并采集，哪些则不可以或不希望被访问或遍历，等等。

目前，Robot Exclusion 协议还比较简单，而且这种单文件的控制方式只有服务器管理员可以维护 robots.txt，个人文档的拥有者则不能管理和修改。另外，Robot Exclusion 协议不具有强制性，所能发挥的作用比较有限。

③ 网页采集效率与保持 WWW 服务器正常工作状态的平衡机制

robot/spider 工作时，要向网络中的 WWW 服务器发送 HTTP 请求并接受反馈，而 WWW 服务器响应请求需要耗费自身的系统资源（包括内存、CPU 和网络带宽等）。另外，大多数 WWW 服务器对于同时能够处理的 HTTP 连接请求数量都有最大限制，所以，如果 robot/spider 连续不断地向一个 WWW 服务器发送大量请求，会造成其他用户访问该服务器的障碍，以致影响到服务器的正常工作。对于硬件配置较差的服务器，如个人网站等，情况更为严重。

另一方面，如果 robot/spider 在连续的两个 HTTP 请求之间设定一定的时间间隔来避免对服务器的过大冲击，又将对其网页收集速度造成巨大影响。因此，必须在两者之间寻找一个平衡点。

④ 镜像站点的识别

镜像技术是一种减轻服务器和网络压力的有效手段。所谓的镜像就是一个 Web 站点，它的内容是一个称为源 Web 站点的拷贝。由于 WWW 的庞大规模和分布特性，镜像技术得到了广泛的应用。镜像不仅可以分担源站点的负担，提供更快的本地访问，它还有助于提高系统的强壮性——在源站点出现故障时镜像可以充当备份的角色。但是，镜像技术的广泛使用也给机器人的信息采集带来了一定的困难。由于机器人不能识别源站点和镜像站点，因此有可能对两者同时进行访问，从而导致重复的信息采集。另外，在源站点和镜像站点两者都可以访问的情况下，如果选择了镜像则不能保证信息采集的时效性，因为镜像并不能完全与源站点同步更新。

目前，对镜像站点的识别问题可以通过简单扩充 Robot Exclusion 协议来部分解决，例如，在协议中引入 Redirection 行，把访问镜像站点的机器人引向源站点。

⑤ 动态网页的困扰

WWW 网络上除了 HTML 文件（静态网页）外，还有越来越多的动态网页。WWW 动态网页实际上是一些可执行的程序文件，例如 CGI 程序及表格元素等，这些程序文件可以产生 HTML 格式的信息输出。当服务器接收到客户端对一个动态网页的访问请求时，Web 服务器通过调用相应的程序文件，并把包含在 HTTP 请求中的程序参数传递给该程序文件，程序按照调用参数实时地产生 HTML 输出，Web 服务器再将程序产生的 HTML 输出返回给用户。

robot/spider 在网页采集过程中如果频繁发送动态网页请求会造成很大的副作用。因为,动态网页往往要求若干个输入参数,并根据参数的不同取值动态生成不同的结果信息。robot/spider 一旦在采集网页的过程中触及到动态网页,就会掉进"黑洞",有时甚至不能自拔,造成死机。因此,当前的大多数 robot/spider 在抓取 Web 文档时一般都忽略所有带参数的 URL。

3.4.2 搜索结果排序技术

除网页信息自动采集技术外,搜索结果排序是独立搜索引擎的另一项重要的核心技术。目前,独立搜索引擎对搜索结果排序所采取的排序技术主要有以下 4 种类型:

1. 基于 Web 网页内容特征

这种排序思想比较简单,它主要考虑用户所查询的关键词在结果网页中的出现情况,包括出现频率(即词频)和出现位置等因素,并依此来评价命中网页与用户查询请求的相关度大小,进而作为结果输出时的排序依据。

目前,比较流行的词频统计和加权计算方法是"tf-idf"(即词频-逆文档频率)模式,其中对于词的出现位置及相应的加权权重,表 8.2 则给出了一种比较全面的具体方案。

表 8.2 网页关键词的出现位置及排序权重

网页关键词的出现位置	排序权重
第一、第二标题	5
第一段的第一句话	5
相近关键词(多重关键词)	4
句首关键词	1.5
以黑体或斜体出现的关键词	1
文章内容	1
主题属性	1
高亮标签	0.5
描述标记	0.5
关键词标记	0.05

2. 基于网页链接结构

基于网页链接结构分析的排序思想最早出现于 1998 年,它主要根据网页被链接或被引用的情况来判断页面信息的权威性或质量,以此来优化对搜索结果的排序,使排序结果能够更加客观和公正。比较典型的链接排序代表有 Google 中的 PageRank 算法、IBM Clever 的 HITS (Hyperlink-Induced Topic Search)算法,另外还有 HillTop 算法和 SALSA 算法等。

3. 基于用户信息需求与需求行为

基于用户信息需求与需求行为分析的排序策略,主要通过跟踪、统计并挖掘用户的查询需求与需求行为信息,例如:使用的查询关键词、对结果页面的点击行为、浏览网页及浏览的时间等,以发现和识别用户的真正兴趣和真实查询意图,进而对搜索结果实施个性化排序。

目前,这类排序方法主要通过以下3种方式来获取用户的偏好信息:

(1) 检索前主动询问用户;

(2) 利用用户对搜索结果的评测与反馈;

(3) 通过其他途径(或服务)较广泛地收集用户个人信息,例如Google新近推出的电子邮箱服务Gmail,建立用户的偏好模型,进行统计分析。

4. 基于关键词竞价排名

在搜索引擎的各种排序思想中,关键词竞价排名方法争议较多。它的基本思想是:搜索引擎通过将关键词拍卖,让网站(或网页)所有者对其价格进行竞争的办法来产生搜索结果的排序。当网站(或网页)所有者选择了关键词竞价排名服务后,用户用关键词搜索时,含有该关键词的网页将按照竞价的高低排列搜索结果,出价最高的网页将获准排列在结果列表的最前面。

基于关键词竞价排名方法最早为搜索引擎Overture所采用,其后,有许多搜索引擎追随跟进,例如AltaVista、百度(Baidu)等。关键词竞价排名服务可以为搜索引擎公司赢得相当丰厚的利润回报,但这种具有浓重商业化气息的排序策略对真正的检索用户来说,会造成较大的负面影响。

由于目前搜索引擎作弊现象比较严重,上述4种排序技术也各有优缺点,因此在实际排序时,一般需要综合使用多种不同的排序技术。至于各排序技术(或排序算法)具体所占比重或权值的大小,对于搜索引擎来说则是一个非常重要的商业秘密。

3.4.3 元搜索技术

作为一种新型的网络检索工具,元搜索引擎工作在独立搜索引擎之上,对于解决网络信息搜索的问题,不论是对引擎的设计和管理者,还是对网络用户来说,它都具有一定的技术优势和吸引力。不过,要设计或实现一个功能完善的元搜索引擎,还有很多关键的技术性问题需要解决。以下就从5个方面进行说明和分析。

1. 提问式转换

元搜索引擎在接受用户的一个查询请求之后,面临的一个首要问题是:如何将此查询提问式进行映射(或转换),分发给不同的成员引擎进行检索处理。将元查询请求映射为合乎对应独立引擎语法规定的查询请求,关键问题是要保证用户的请求信息不缺损(不失真)。不过,由于各个成员引擎使用的查询语法各不相同,映射过程中一般很难做到这一点。

目前,对于提问式的映射(或转换)处理,元搜索引擎的设计处理还都较为简单,一般以支持、兼顾各成员引擎的基本检索功能为主,而对一些成员引擎提供的高级检索功能,转换后的提问式通常予以忽略,并不给予支持。另外,对于映射过程中产生的信息缺损问题,有些元搜索引擎还考虑采用一定的方法予以弥补,具体方法有2种:搜索前弥补策略和搜索后弥补策略。

2. 成员搜索引擎的选择

在元搜索引擎的诸多关键技术中,需要关注的另一个重要问题是成员引擎(数据库)的选择和调度。因为,在众多的独立引擎中,如何选择适用的成员引擎,或者说将一个具体的用户请求分发给哪些成员引擎,会直接影响到元搜索引擎的搜索质量。如果采用固定策略,每次都直接把用户的查询发送到每一个成员引擎或固定的某几个成员引擎,将会产生许多新的问题,例如:

(1) 传输查询到无关引擎,并从这些引擎返回无用结果,会形成不必要的网络通讯;
(2) 无用或不相关成员引擎的被调用会引起自身资源的浪费;
(3) 无用结果混于检索结果之中,需花费更大代价从中识别出有用结果。

从原则上来说,成员搜索引擎(数据库)的选择方式可以有2种:一种是用户自己选择,一种是元搜索引擎根据检索提问式自动选择。用户选择的方式,要求用户对各个成员引擎的基本情况要比较了解,否则是不可取的。目前,由于独立引擎的数量不断增加,各种技术的发展与变化非常迅速,性能也不断改变和提高,用户选择方式虽然能增加用户参与的自由度,但对用户来说也形成了一个很大的负担。因此,对成员引擎(数据库)的选择问题,研究人员关注的重点主要集中于自动选择技术上。

为了形成一个良好的成员引擎(数据库)自动选择算法,元搜索引擎需要存储能表征每一个成员引擎数据库内容的特征参数,由此,可以得到评价一个成员引擎对于给定的检索提问的有用性的方法,从而实现对数据库的有效选择。目前,研究人员主要提出了以下3类不同的数据库选择算法:粗略描述法、统计法、基于学习的方法。其中,基于学习的方法又分静态学习法、动态学习法、混合学习法等。目前,已有很多元搜索引擎通过学习方法,实现了对其成员引擎的动态选择和调用,并在实用中取得了较好的效果。

最近,国内有研究人员提出利用遗传算法(GA,Genetic Algorithm)来考虑成员引擎的调用问题,以便在不同时刻,针对不同的查询,优化所调用的成员引擎序列。

3. 结果信息的选择与融合

结果信息的选择问题和成员引擎的选择问题关系密切,它需要考虑的是如何决定从选定的成员引擎中分别返回哪些(或多少)相关文档。一种简单的方法是将经过挑选的成员引擎的所有检索结果都返回到元搜索引擎。但是,这样做的结果是返回的检索结果数目非常庞大,从而导致高额的通讯费用,并加重对检索结果进行归并和整合的负担。

原则上,可以有2种方法来限定返回结果的数量:一种是限定从每个成员引擎返回的检索结果的数量;另一种方法是对于每一个成员引擎,确定一个本地相关性阈值,只有超过本地相关性阈值的文献才作为检索结果返回。

为了从独立引擎中获取所有(或尽可能多)的潜在有用文档,同时又保证尽可能少地取回无用文档,目前研究人员提出并具体采用的相关文档选择方法主要有:用户决定法、加权法、基于学习法、计算全局相关性等4种方法。

4. 检索结果的整合

元搜索引擎的检索结果是不同成员引擎检索结果的一个集成,因此,其检索结果的整合处理主要包括:去重、重新排序以及结果聚类显示等。

网络资源的重复现象非常普遍,每个独立搜索引擎的检索结果中也常常出现重复,因此,在元搜索引擎的结果中,重复现象是不可避免的。在汇集、整理来自不同独立引擎的检索结

时,去重处理主要需要考虑以下 3 种情况:

(1)结果 URL 地址相同,可考虑保留更新时间最近的页面;

(2)结果 URL 地址不同,但内容相同,这大多由镜像站点、信息转载等原因造成;

(3)相同起始子串的 URL,这种情况说明,有关结果可能来自同一网站,可予以适当合并或压缩。

另一种更重要的检索结果后处理操作是对搜索结果的重新排序。

优秀的元搜索引擎应该能够将返回的检索结果按照相关性大小重新进行一致性的排序输出。不过,这样做难度比较大,因为不是所有的成员引擎都愿意向元搜索引擎返回其本地的相关性。另外,即使所有成员引擎都返回检索结果的本地相关性,由于各个引擎计算本地相关性的算法差异非常大,这些本地相关性很难具有可比性。

总的说来,由于各个成员引擎的相互独立性,元搜索引擎在结果排序问题上,与其寻找并依赖成员引擎的相关度计算方法和技术细节,不如通过其他方法给出一个统一的相似度函数对所有成员引擎的返回结果进行重新评价。

对于元搜索结果的聚类显示(或输出)问题,可参见本章第 8.4 节中的有关内容。

5. 元搜索引擎的可扩展性

所谓"元搜索引擎的可扩展性",主要是指在元搜索引擎中引入其他搜索引擎的能力。目前,元搜索引擎的规模一般控制在对 5~20 个成员引擎调用的能力范围内,并且对其包含的每一个独立引擎的相关特征都进行了必要的描述和说明,以便针对某一特定的搜索请求,帮助用户选择、调用最合适的独立引擎。

不过,由于各独立引擎特征信息获取和表示技术的复杂性,当利用这类信息进行计算和比较来选择合适的调用引擎时,通常要耗费大量时间,从而对元搜索速度会造成很大影响。因此,元搜索引擎的成员引擎个数不便进行随意的扩展。不便扩展的另一个重要原因是:由于各个独立引擎的异构性和自治性,导致各独立引擎的查询方式和结果表示方式各不相同,每加入一个新的独立引擎,对元搜索引擎来说,都意味着增加很多繁琐的处理工作。可是,从网络搜索的宏观方面来看,现有的独立引擎数量众多,各个独立引擎的性能、负载和数据库的更新速度等都处在不断的变化之中,要想更快地获得更新、更好的搜索结果,又要求元搜索引擎具有一种比较灵活的机制来引入、调用合适的独立引擎。这就提出了对元搜索引擎在可扩展性方面的一种要求。

目前研究人员认为,可扩展性问题的解决在很大程度上取决于是否能够找到一种标准接口来引入成员搜索引擎。

3.5 检索辅助性技术

在情报检索领域,除了上述的定性检索技术、量化检索技术、搜索引擎技术外,还有一些相关或辅助性技术,它们在当前的情报检索服务系统中也得到了广泛的重视与应用。

3.5.1 导航与浏览

传统的情报检索方式是通过提供能表达检索要求的关键词,在数据库索引文档进行快速匹配而直接地获取检索结果,这种方式一般也称为"查询"。现在,查找和发现信息还可以通过"浏览"方式来实现。

在计算机系统中实现"浏览"功能主要得益于超文本链接技术的成功应用。目前,在网络搜索引擎中浏览方式得到了广泛支持。通过把信息资源组织到一个树状分类目录,然后通过分类目录的逐级展开,用户即可在目录的导航作用下浏览、阅读、下载自己感兴趣的信息。浏览方式比起查询方式,其情报检索过程更为自由、灵活、直观,有利于边查边看,随时发现未曾预料的结果。因此,在基于超文本链接而构筑的 WWW 网络空间中,搜索引擎已经将这两种方式进行了充分的融合,用户可以根据检索需要在两种方式之间进行自由切换。

3.5.2 检索结果翻译

这一检索辅助功能主要出现在网络搜索引擎中。Internet 是一个超越国界的计算机网络,网上信息使用的语言多种多样,用户在使用搜索引擎进行信息查询时,常常会遇到较多的语言障碍。为此,提供检索结果的翻译功能就显得很有必要。目前,一些大型、综合性搜索引擎在检索结果翻译或多语种检索技术方面已经展开研究,并开始提供这一服务功能,例如 AltaVista、Google 等。

3.5.3 可视化输出

可视化输出主要是指对结果集合进行某种可视化方式的组织与显示,以便用户比较直观、快速地从中筛选出最想得到的信息。作为一项新技术,目前已在很多搜索引擎(包括元搜索引擎)中得到应用(详细内容可参见本章第 8.4 节)。

3.5.4 统计与计量分析

在检索结果的统计与计量分析方面,美国 ISI 公司的 Web of Science(引文索引数据库系统)是一个最典型的例子。该书目数据库系统基于引文分析的理论指导,对文献之间的引用与被引用关系、期刊文献的书目耦合强度与共引强度等进行了计量与分析,并利用超文本链接技术给予适当表达和实现。

3.5.5 报表生成

报表生成功能主要出现在一些数值型数据库检索服务系统中,它可以针对用户的检索结果进行某些比较专业化的处理,例如数据运算、数据分析、图形处理、报表生成等,以满足特定用户对专业性数据进一步加工处理的需求。

§4 情报检索基本流程与方法

4.1 检索流程

情报存储与检索的流程如图 8.2 所示。

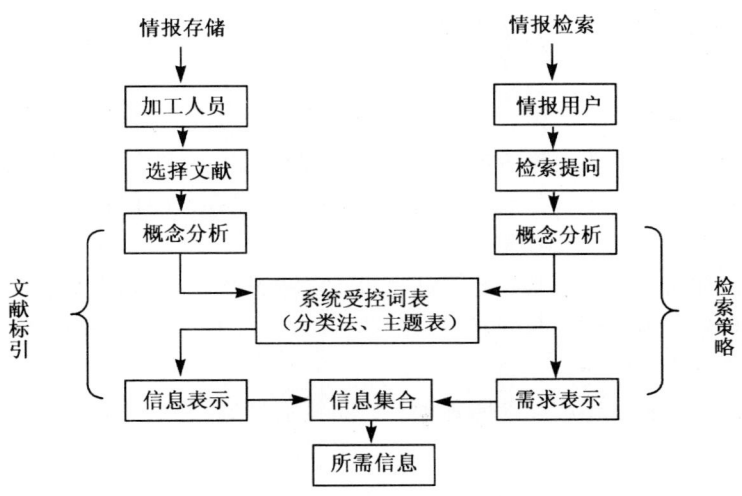

图 8.2 情报存储与检索流程

4.2 检索类型

情报检索可以按照不同的标准来划分为不同的类型：

4.2.1 按存储和检索对象划分

按存储和检索对象，可以分为书目检索、事实检索、数值检索、全文检索。

书目检索：存储和检索对象是某一课题的相关资料的书目信息，如某一学科、某一专业、某一主题、某一著者、某一时期、某一机构的相关资料的题名、作者、机构、摘要、文献类型、原文献收藏情况等信息。通过检索获得的是文献资料的线索，必须根据这些线索来满足用户的需要，有时则需根据这些线索进一步获取原文献。

事实检索：存储和检索对象是某一特定事实，如某一特定人物的简历和爱好，某一特定事件发生的时间和地点，某一特定机构的背景，某一地区的旅游景点和餐饮住宿情况等。通过检索获得的是对某一事物的特定描述。

数据检索：存储和检索对象是各种数据，如科学数据、人口数据、营销数据、股票数据等，以及各种公式、图表等。通过检索获得的是原始数据，有些检索系统还能提供进一步的统计、运算、推导和分析功能，产生新的数据。

全文检索：存储和检索对象是整篇文章、整本图书或其他类型文献的全部内容，通过检索获得的是某一特定主题、特定文献的全文。需要注意的是，虽然现在许多机构提供数字化书刊的全文资料，但有些系统在检索时并没有实现全文检索，而只能对题名、作者、摘要等书目信息检索，所以这还不是真正意义上的全文检索。

4.2.2 按情报存储的载体和检索的技术手段划分

手工检索：也称为印刷型检索。情报存储在印刷型载体上，检索者通过大脑和手工的配合，使用印刷型的检索工具，如卡片式目录、期刊式目录、索引等，来完成检索需求与信息集合的匹配。对于检索需求简单、信息集合不大的情况，这种方法还是有效的，但在信息集合较大的情况下效率很低。

光电检索：也称为缩微型检索。检索标识以黑白点矩阵或条形码的形式，存储在缩微胶卷或缩微平片上，检索者应用光电检索机来完成检索需求与信息集合的匹配。在同样体积大小情况下，缩微型存储介质比纸介质存储信息量大且易于保存，在计算机普及之前有过较多应用。

机器检索：也称为计算机检索。有关计算机检索的发展历史和现状在本章第 1.2 节中已有描述。由于计算机检索在检索时间、信息存储空间和与检索系统之间距离的限制方面取得突破性进展，所以获得广泛应用。

此外，情报检索的类型还可以参照各种检索系统的类型（见本章第 5 节）来划分，这里不再一一介绍。

4.3 检索策略和方法

4.3.1 检索策略

检索策略是指在分析情报提问实质的基础上，确定检索途径与检索用词，并且明确词与词之间逻辑关系与查找步骤的科学安排。在手工检索的情况下，检索策略常常只存在于检索者的脑中，不一定形成书面的表达语言和表达式，而且检索者可以一边思考一边检索，随时改变检索策略。在计算机检索的情况下，由于情报提问与文献的检索标识之间的对比匹配工作是由计算机完成的，必须是使检索策略转换成检索表达式，以便让计算机去执行。机检最常用的表达式是布尔逻辑表达式，任何检索课题，不论其复杂程度，都可以应用布尔逻辑和概念组配的方法予以表达。

检索策略考虑的主要有两个因素，即情报的查全率和查准率。实验表明，查全率与查准率是呈反比关系的。要想做到查全，势必会要对检索范围和限制逐步放宽，则结果是会把很多不相关的文献也带进来，影响了查准率。查全率和查准率都同时提高，不是很容易的。强调一方面，忽视另一方面，也是不妥当的。为了保证检索效果，应当根据具体的要求，合理调节查全率和查准率，而这是通过对检索词的专指度和策略的网罗度来调节的。

4.3.2 情报检索的一般方法

检索方法是指查找所需情报的具体方法。在信息爆炸的时代，检索方法和技术对检索效率有着重要影响。

传统的情报检索的一般方法主要有以下类型：

1. 浏览法

浏览法不使用专门的检索工具，检索者直接浏览各类信息源，通过检索者的判断和分析后，获得所需的情报。

2. 追溯法

利用参考文献进行追溯查找情报的方法。追溯法又分为由新及旧和由旧及新两种方法。

3. 工具法

工具法又称为常用法，是根据文献的外表特征和内容特征，利用检索工具或检索系统查找情报的方法。

从查找文献所覆盖的时间范围考虑，工具法又分为顺查法、倒查法和抽查法。

从计算机检索系统处理检索提问所采用的技术和运算方法来考虑，或者说从系统提供的检索功能来考虑，利用检索工具进行检索有多种方法，如：布尔逻辑检索法、位置检索法、字段检索法、全文检索法、图像检索法、智能检索法等，我们将在下一节讨论这些方法。

4. 综合法

综合法是将浏览法、追溯法和工具法综合运用的检索方法。它适合于课题涉及的研究历史悠久，文献需求量大，同时文献的收藏量又较丰富的情况。综合法又分为交替检索法和分段检索法。

4.4 检索效果评价

4.4.1 检索效果的判定标准

检索效果是指利用检索系统进行检索操作时所产生的有效结果。检索效果如何，直接反映出检索系统的性能。根据1973年兰卡斯特(Lancaster)提出的标准，用户判定一个检索系统的优劣，主要从质量、时间和费用3方面来衡量。因此，对信息检索的效果评价也应该从这3个方面进行。质量标准主要通过查全率与查准率进行评价；时间标准是指检索整个过程花费的时间；费用标准即检索费用是指用户为检索所投入的费用。

对于免费的检索系统来说，费用的标准可以不考虑。所以，查全率、查准率和检索时间是判定检索效果的主要标准。

1. 查全率

查全率是指系统在进行某一检索时，检出的相关文献量与系统文献库中相关文献总量的比率，它反映该系统文献库中实有的相关文献量在多大程度上被检索出来。

$$查全率=(检出相关文献量/文献库内相关文献总量)\times 100\%$$

从信息收集和加工来看，影响查全率的因素主要有：文献库收录文献不全；索引词汇缺乏控制和专指性；词表结构不完整；词间关系模糊或不正确；标引不详；标引前后不一致；标引人员遗漏了原文的重要概念或用词不当等。

从检索的方面来看，影响查全率的因素主要有：检索策略过于简单；选词和进行逻辑组配不当;检索途径和方法太少;检索系统不具备截词功能和反馈功能,检索时不能全面地描述检索要求等。

2. 查准率

查准率是指系统在进行某一检索时,检出的相关文献量与检出文献总量的比率,它反映每次从该系统文献库中实际检出的全部文献中有多少是相关的。

查准率＝(检出相关文献量/检出文献总量)×100%

显然,查准率是用来描述系统拒绝不相关文献的能力,有人也称查准率为"相关率"。查准率和查全率结合起来,描述了系统的检索成功率。

从信息加工来看,影响查准率的因素主要有:索引词不能准确描述文献主题和检索要求;组配规则不严密;选词及词间关系不正确;标引过于详尽;组配错误。

从信息检索来看,影响查准率的因素主要有:检索时所用检索词(或检索式)专指度不够,检索面宽于检索要求;检索系统不具备逻辑"非"功能和反馈功能;检索式中允许容纳的词数量有限;截词部位不当,检索式中使用逻辑"或"不当等等。

3. 相关度

相关度通常是根据检索词在命中记录中出现的次数(词频)和位置,以及不同检索词的相邻程度来计算的。有的检索系统的相关度计算较为复杂,会考虑更多的因素。每个检索系统对相关度计算都有自己的见解、标准和算式,并且秘而不宣。写在公开的论文和报告中的仅是一般性的考虑因素。

4. 检索时间

检索时间包括:检索条件提交所用的时间,系统处理检索提问所用的时间,检索结果传送的时间等。

4.4.2 检索效果的影响因素

影响检索效果的因素有:①检索语言的功能;②检索途径的数量;③著录标引的质量;④检索策略的优劣;各种检索策略的比较见表8.3;⑤检索人员的素质。

表8.3 检索策略的调节

提高查全率	提高查准率
减少使用 AND 和 NOT 连接的相关检索词	增加使用 AND 和 NOT 连接的相关检索词
增加使用 OR 连接的相关检索词	采用加权检索法
降低检索词的专指度	提高检索词的专指度
使用截词检索法	采用连号法和职号法检索
采用聚类法	从多种检索途径进行限定

§5 国内外主要检索系统评价

5.1 检索系统概述

情报检索系统是根据一定社会需要为达到一定情报交流目的而建立的一种拥有一定有序化的情报资源,一套收集、整理、存储、检索这些情报方法和设备,并能向用户提供有用情报服务的系统。它具有吸收情报、加工情报、存储情报、查找情报、提供情报等功能,即输入功能、处理功能、存储功能、检索功能、输出功能等。

5.1.1 检索系统的构成要素

情报检索系统由以下要素构成。

1. 信息资源

信息资源是具有检索标识的信息集合,如:手工检索系统中的书目、索引和文摘中由文献款目组成的正文,工具书中由条目或短文组成的主题;计算机检索系统中以一定形式存储的书目、事实、数据、声音、图像文件等。

2. 技术设备

技术设备是指能够存储文献信息及其检索标识的各种载体,以及实现存储和检索操作的技术和相关设备,例如手工检索系统中的卡片目录、检索刊物;计算机检索系统中的磁盘、磁带、光盘及驱动器,输入装置(如键盘)、运算器、存储器、控制器、输出装置(如监视器、打印机)、相关软件、数据库管理系统、检索引擎;网络检索系统中的网络适配器(网卡)、通信线路、通信设备等。

3. 语言方法

语言和方法是指情报检索语言、标引规则、情报组织管理方法、检索方法、输入和输出标准等。

4. 人员

包括信息加工标引人员、录入人员、检索人员、系统管理维护人员等。这些因素是检索系统中的主导因素。

5.1.2 计算机检索系统的构成

计算机检索系统主要包括操作人员、人机接口(包括输入输出设备和语言工具)、信息通道、计算机、数据库系统(包括数据库管理系统软件和数据资源)等5个部分(见图8.3)。

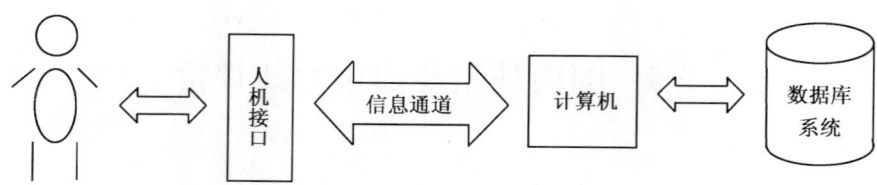

图 8.3　计算机检索系统构成

5.2　检索系统类型

根据情报的载体来划分情报检索系统的类型,包括:印刷型、缩微型、计算机检索系统。

根据信息的类型来划分情报检索系统的类型,包括:书目、事实、数据、全文检索系统。

根据情报的学科、专业和主题内容来划分情报检索系统的类型,包括:综合、专科、专用检索系统。

根据情报的表示媒体来划分情报检索系统的类型,包括:文本、多媒体检索系统。

根据使用范围来划分情报检索系统的类型,包括:自由使用和限制使用检索系统。

此外,根据检索语言、著录标引方式、检索技术、网络类型等,还可以将检索系统划分为不同的类型。这里不再一一介绍。

5.3　检索系统的选择标准

情报检索系统由多种要素和部分构成,又具有不同的类型。所以,在选用检索系统时,对它们的评价要从多方面考虑,对系统构成的不同要素、不同部分需要设立不同的评价因素、指标或标准。例如:

(1)对于信息资源,要考虑系统收录的数据库(文档)数量、数据库之间的重复程度、各个数据库的记录数量、文献类型、专业或主题范围、时间范围、及时性、收录质量、新颖度、标引方法、更新周期等指标。

(2)对于语言工具,要考虑检索语言的功能、标引质量、检索途径数量等。

(3)对于检索功能,首先考虑检索的方式,如浏览检索、提问检索等。对浏览检索,考虑的因素有分类目录的合理性、准确性、方便性。对提问检索,要考虑系统是否支持多种检索方式,如布尔检索、精确检索、截词检索、概念检索、模糊检索、位置检索、字段检索(可检字段或入口)、区分大小写检索、加权检索、多库检索等;是否支持对检索结果显示内容的选择、去重、排序、保存等;是否支持在结果的基础上进一步检索,如进阶检索(二次检索)、相关检索、聚类检索;是否具有全文检索、图像检索、多媒体检索、过滤检索、自然语言检索、多语言检索、智能检索等功能,以及综合以上检索方式的组合检索及效果。

(4)对于用户接口,要考虑系统提供的连接方式(单机、Telnet 和 Web 方式),有无并发用户限制,用户界面的数量、显示形式与易用性,是否提供专用检索软件和原文阅读软件,是否提供下载和打印功能,是否提供用户指南类资料,用户熟悉和掌握检索系统所需的时间等。

(5)对于系统性能,要考虑系统及其软硬件平台、开发工具的通用性、兼容性、先进性、可靠性、速度、吞吐量、可维护性、可扩展性、安全性、可用性、用户友好性、性价比、资源利用率等,对于网络检索系统,特别要考虑通讯的可靠性、畅通性、安全性和可用性等。

(6) 对于检索效果,考虑查全率、查准率、响应时间、相关度排序、检索费用等。

(7) 对服务方式与效果,可以考虑收费方式,是否提供免费试用,是否按时提供用户使用报告,为使用者提供的支持性服务,用户数量、访问量、用户满意度等。

(8) 对检索人员,考虑人员的素质,如文化程度、计算机技能、检索系统的熟练程度、专业知识、从业经验等。

5.4 商业化检索系统

5.4.1 国内外主要商业化检索系统

1. DIALOG

DIALOG 系统是世界上最早也是目前世界上最大的综合性情报检索系统,1966 年由美国洛克希德导弹航空公司所属的情报科学实验室负责建立,1972 年开始商业化运营,1981 年正式成为洛克希德公司的子公司,1988 年售给 Knight-Ridder 公司后成为 KR-DIALOG,1997 年又与欧洲 M.A.I.D. 公司合并成为现在的 DIALOG 公司(DIALOG Corporation PLC)。

DIALOG 系统现有 600 多个数据库,涵盖几乎所有的学科、领域和行业,包括自然科学、社会科学、人文科学、工程技术、医学、生物、商业、经济、贸易、金融、专利、时事报道等,其中 50% 以上为商业、经济、贸易和金融类的数据库。DIALOG 不仅注重提供即时信息,而且拥有多年的历史积累,可以检索行业、技术和公司发展的各阶段的资料。另外,在 DIALOG 中文档(数据库)之间的相关检索非常方便,不仅可以做简单的信息查询,也适合做深入的知识探索和挖掘。

DIALOG 的用户遍及全世界,在中国也有广泛的使用者。

DIALOG 的连接方式有 3 种:

(1) 专线方式。用户在自己的终端或微机上安装 DIALOG 专用的检索软件,接上调制解调器,通过数据专线或电话线与中国通信网和国际通信网接通,就能与 DIALOG 的连接。用这种方式连接检索速度较快。

(2) TELNET 方式。利用 TELNET 远程登录到 dialog.com 实现连接。这种连接方式不如专线稳定,并且检索策略不能预先编制,只能联机输入,占用宝贵的联机机时。

(3) Web 方式。Web 网站界面友好,使用者不必掌握复杂的检索指令,编制繁琐的检索策略,就可以掌握系统的检索技能,实现专业化的检索。目前 DIALOG 提供了面向专业检索人员的 Dialogclassic(http://www.dialogclassic.com)、面向非专业检索人员的 Dialogselect(http://www.dialogselect.com)和普通 Web 界面的 Dialogweb(http://www.dialogweb.com)等 3 个不同的 Web 网站,以满足不同的需要。Web 方式虽然方便友好,但对专业检索人员来说,专线方式有时更加便捷。

2. STN

STN(The Scientific and Technical Information Network International)是世界上最著名的检索系统之一,1983 年由德国卡尔斯鲁厄专业信息中心、美国化学文摘社、日本科技信息中心合作建立,1986年全面对外服务。3个服务中心分别设在德国卡尔斯鲁厄、美国哥伦比亚和日本东京,用户只要与其中任一个中心的主机连接,就可同时访问3个中心的主机。

STN目前收录220多个数据库,其范围以科技为主,独家拥有材料性质数据库,是世界上第一个实现图形检索的系统,能够实现化学物质的结构检索。

STN虽然是付费的,但不以营利为目的,并得到德国政府和日本政府资助,检索费用较低,明显低于DIALOG系统。

STN的连接方式有以下几种:

(1) 基于TELNET界面的STNExpresswithDiscover! 6.0,适合于专业检索人员使用,方便且效率高。

(2) 基于图形Web界面的STNEasy(http://stneasy.fiz-karlsruhe.de,http://stneasy.cas.org,http://stneasy-japan.cas.org),适合于普通用户,操作简单,收费也是最低的。

(3) 基于文本Web界面的STNontheWeb(http://stnweb.fiz-karlsrhe.de,http://stnweb.cas.org,http://stneasy-japan.cas.org),适合于有经验的用户。

3. CNKI

CNKI(中国知识基础设施工程数字图书馆)于1995年立项,由清华同方光盘股份有限公司等6家机构联合承担,经过8年时间,建成CNKI数字图书馆(http://www.cnki.net),拥有中国期刊全文数据库、中国重要报纸全文数据库、中国重要会议论文全文数据库、中国专利数据库、中国企业知识仓库、中国基础教育知识仓库、中国医院知识仓库、中国城市规划知识仓库等数据库。其文献总量超过1 500万篇,日更新量逾万篇,是目前世界上数据量最大的中文全文检索系统。

CNKI的连接方式只有Web方式,检索题录是免费的,浏览全文必须付费,并且必须使用专用浏览器CajViewer。检索分为初级和高级检索,适合于不同的用户需要。

4. VIP

VIP(维普资讯)由重庆维普资讯有限公司开发。重庆维普资讯有限公司是一家大型的专业化信息服务公司,自1989年以来,一直致力于信息资源的深层次开发和推广应用,现在拥有中文科技期刊数据库、外文科技期刊文摘数据库、中国科技经济新闻数据库、中文科技期刊数据库(引文版)等数据库。其中文科技期刊数据库是国内最大的综合性文献数据库之一,也是国内使用频率最高的中文数据库。它收录从1989年至今的8 000余种期刊的600余万篇文献,并以每年100万篇的速度递增。

VIP的连接也只有Web方式(http://www.tydata.com),其界面简洁、紧凑、友好,受到用户和同行的好评。

5. 万方数据资源系统

万方数据股份有限公司是国内第一家以数据库开发和服务为主要业务的专业化公司,目前拥有科技期刊、企业产品、学位论文、会议论文、科技文献、科技成果、专利、科技名人、政策法规、中外标准等方面的数据库100多个,是国内最重要的情报检索系统之一。

万方数据资源系统(http://www.wanfangdata.com.cn)在Web平台下对万方数据库进行了整合,它具有简单检索、高级检索、多库检索的功能。

5.4.2 主要检索系统的检索功能比较

上面介绍的检索系统,如国外的 DIALOG、STN,中国的 CNKI、万方数据、维普资讯等,都具有如下特点:

(1) 系统是限制使用的,需要交付一定费用,获得账号和密码,登录后才能进行检索或查看详细资料;

(2) 检索系统收录了多个数据库(文档),包括了多种学科、专业、主题,以及数据类型,因而是综合性的;

(3) 数据的收集、分析、加工、标引、组织主要由情报专家进行,因而数据库的内容可信度高;

(4) 检索系统已投入使用多年,知名度较高,各行业研究人员都有所了解。根据这些特点,使用者可从系统的资源收录情况、检索功能、检索效果、收费标准、服务支持等方面来重点评价或考察。

表 8.4 列出了上述检索系统检索功能的比较结果。

表 8.4 国内外主要检索系统检索功能比较

	DIALOG	STN	CNKI	万方数据	维普资讯
逻辑检索	有	有	有	有	有
截词检索	有限截,无限截,屏蔽	有限截,无限截,屏蔽	无	无	无
位置检索	有	有	无	有	无
多库检索	有	有	无	无	无
去重	对检索结果去重	对检索结果去重	无	无	无
结果保存	有	有	无	无	无
图形检索	无	无	无	无	无
定题服务	有	有	无	无	无

5.5 免费搜索引擎

5.5.1 国内外主要免费搜索引擎

1. Google

Google (http://www.google.com) 网站和公司创立于 1998 年,是由两位美国斯坦福大学的博士生 Larry Page 和 Sergey Brin 创立的。Google 开发出了世界上最大的搜索引擎,提供了最便捷的网上信息查询方法。通过对 30 多亿面网页进行整理,Google 可为世界各地的用户提供适需的搜索结果,而且搜索时间通常不到半秒。现在,Google 每天需要提供 2 亿次查询服务。

Google 富于创新的搜索技术使它成为第二代搜索引擎的代表。Google 独创的检索结果排序算法 PageRank,是一种针对网页链接的评价体系。它吸收了传统科技文献引文索引分析的原理,认为一个网页 A 的重要性取决于它被其他网页(B、C、D……)链接的数量,以及这些网页的重要性。当从网页 A 链接到网页 B 时,Google 就认为"网页 A 投了网页 B 一票"。Google 还对投票的网页进行分析。这项技术可确保将最重要的搜索结果首先呈现给用户。

2. Yahoo!

Yahoo!(雅虎),是世界上最著名的搜索引擎,由华裔美国人杨致远及他在美国斯坦福大学的同学戴维共同创立。1994 年开始了它的商业运作。雅虎的网上资源搜索和查询服务从一开始就是免费的,进入商业运作后,主要收入来源是网上广告。雅虎的网上资源丰富,分类详细。

雅虎站点上的网上资源是按层次分类的,每类分为许多子类,子类之下又分许多子类。因为计算机的智能还不能代替人的思维与判断,故雅虎的分类工作完全是由人工进行的。这保证了分类的科学性和正确性。

雅虎是目录式搜索引擎的典型代表,但它很早就采用了全文检索的机制。

雅虎目前已不仅仅是个搜索引擎公司,其站点还提供了免费电子邮件、天气预报、股票证券、电子商务、电话黄页等内容服务。

雅虎现在已成为一个国际性的公司。继 1996 年 4 月在日本成立了分公司之后,相继在法国、德国、加拿大、英国、韩国、澳大利亚、丹麦、意大利、挪威、西班牙也成立了分公司,并且还有了雅虎的中文站点。

3. 百度

百度公司于 1999 年底成立于美国硅谷。百度搜索引擎(http://www.baidu.com)于 2000 年推出,是第二代搜索引擎的代表。其创始人在美国首先提出"超链分析"技术,并在美国注册了专利。

百度是中国国内最大的全文搜索引擎,其功能完备,搜索精度高,可与目前国外最好的搜索引擎 Google 相媲美,在中文搜索支持方面有些地方甚至超过了 Google,是目前国内技术水平最高的搜索引擎。

百度目前主要提供中文(简/繁体)网页搜索服务。如无限定,默认以关键词精确匹配方式搜索。百度支持逻辑组合检索。在搜索结果页面,百度还设置了"相关搜索"功能,方便使用者输入与查询和自己希望检索的内容相关的关键词。其他搜索功能包括新闻搜索、MP3 搜索、Flash 搜索等。

4. 中国搜索

中国搜索(http://www.zhongsou.com)的前身是慧聪搜索。在 2000 年互联网不景气时,许多搜索引擎销声匿迹,但慧聪却投了 1 000 多万元人民币,在 2003 年 12 月 23 日正式成立中国搜索。目前中国搜索的提供除提供通用的搜索服务外,还通过中国搜索联盟提供新闻搜索,以及购物搜索和游戏搜索等服务。

5.5.2 搜索引擎功能比较

上面所介绍的搜索引擎都具有如下特点:

(1) 检索系统是自由使用的，不需要付费和登录就能进行检索并查看详细资料；

(2) 检索系统收录的资料来自互联网上公开的信息，涉及的范围是综合、多方面的；

(3) 网页数据的收集、分析、加工、索引、组织主要由计算机软件、硬件和其他设备自动实现，效率高、更新快且资源收录量大；

(4) 具有独特的技术和服务模式，使用比较流行，得到广泛使用者的认可。

根据搜索引擎的特点，使用者可从以下方面来评价或考察其功能。

容量：索引文件的数量，反映搜索引擎的信息总体收录情况。

检索命中记录数量：用随机挑选的若干检索词（可在某些专业范围内限定）进行检索，命中记录总数量的多少可以反映出搜索引擎的相对收录情况。

死链接率：检索结果中死链接网页数量和结果网页总数量的百分比，反映出搜索引擎的检索效果。系统更新频度快的搜索引擎，死链接率应比较低。

重复链接率：检索结果中重复链接网页数量和结果网页总数量的百分比，从另一方面反映出搜索引擎的检索效果。具有较强重复内容分析能力的系统，重复链接率应比较低。

更新周期：搜索引擎更新其索引库全部内容所用的时间。

日访问量：搜索引擎网页每日被访问的数量，有首页访问量和网页总访问量之分。统计时应排除一定时间内（如 20 分钟）重复访问某一页面的次数。

日检索量：搜索引擎每日所做检索的次数。比日访问量更能反映其利用率和市场占有情况，因为访问了主页不一定就做了检索操作。

检索份额：一定时期内搜索引擎所做检索的次数和整个搜索行业所作检索次数的百分比。

市场占有率：一定时期内搜索引擎的营业额和整个搜索行业总收入的百分比。要注意的是，免费搜索引擎虽然不收检索费用，但可以通过广告代理、付费排名、付费收录和其他服务形式赚钱。

由于免费搜索引擎受人关注较多，国内外有许多人进行搜索引擎的评价，包括专业的调查公司和网络公司，如国外的 Nielsen NetRatings（http://www.Nielsen-NetRatings.com）、Bancorp Piper Jaffray，国内的 iResearch 等。

下面是美国 Nielsen 公司 2005 年 6 月对全世界 100 万用户做的调查结果，是月全世界共进行了 45 亿次检索，主要搜索引擎的检索份额如图 8.4 所示。

这一结果显示 Google 和 Yahoo! 两个搜索引擎的检索份额占有极大的优势。

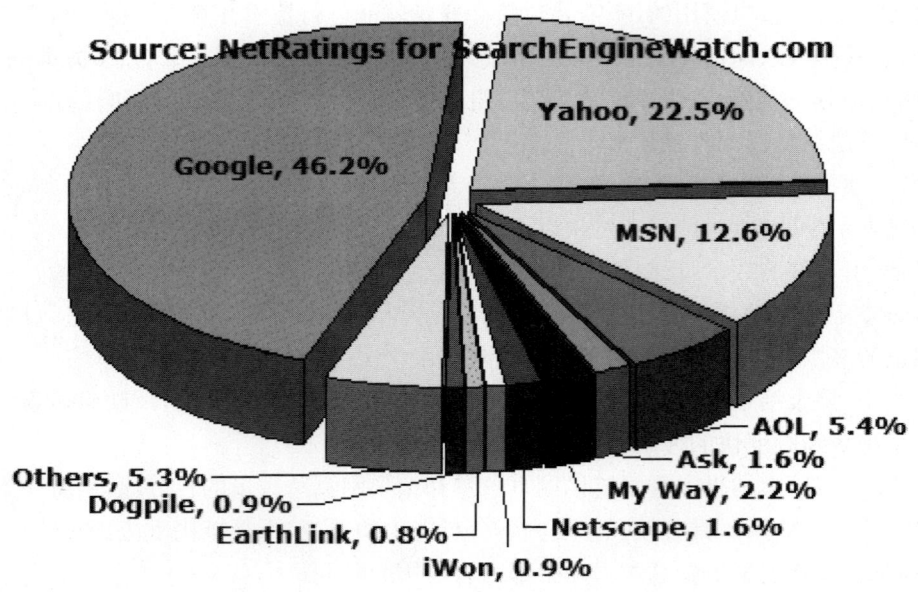

图 8.4　搜索引擎搜索份额(2005 年 6 月)

5.6　检索工具指南

以下介绍的是了解检索工具的工具,我们称其为"检索工具指南"。常用的检索工具指南有工具书指南、搜索引擎指南、各类情报检索教材等,它们提供了各类检索和参考工具列表,介绍各自的收集范围和功能特点;介绍检索技术和检索系统的一般性知识、使用方法、技巧和经验;跟踪和报道检索系统在技术和商务上的进展,进行统计、分析、比较等等。

5.6.1　国外检索工具指南

1. 工具书指南

美国图书馆协会的《工具书指南》和英国沃尔伏德的《参考资料指南》是世界公认的两部最权威的工具书指南。

2. 搜索引擎指南

"Search Engine Watch"(搜索引擎跟踪,http://www.searchenginewatch.com)是美国人 Danny Sullivan 于 1995 年创建的网站。Danny Sullivan 是一名资深互联网顾问和记者,自从 1995 年以来一直在跟踪、研究和报道搜索引擎技术的发展。这个站点在国外和中国都很有影响,是了解、研究搜索引擎的重要资源。

"Search Engine Showdown"(搜索引擎展示,http://www.searchengineshowdown.com)是美国人 Greg Notess 创建的网站。Greg Notess 是位学者,从 1990 年以来就一直在进行有关搜索引擎的研究和报道,他创建这个网站从使用者的角度,比较和评价了各种搜索引擎的特性和功能,提供万维网信息检索指南。

"Beaucoup"(博古,http://www.beaucop.com)是法语,意思是"众多"。顾名思义,"博

古"站点提供了一个包含 2 500 多个搜索引擎的分类查询指南。不仅包括了 Google、Yahoo! 等著名通用网上查询工具,而且还按媒体、软件、语言、文学、健康、医药、食品、休闲娱乐、就业、教育、音乐、艺术、科技、电子邮件、域名、社会、政治、环境、互联网、计算机、政府、工商、金融、商店、分类广告等类别,收集了许多专业搜索引擎。博古的收集范围虽然很广,但它只收录"免费"提供检索服务的站点,不收录需要付费的站点。

"Search Engine Guide"(搜索引擎指南,http://www.searchengineguide.com)是美国人 Robert Clough 在 1998 年建立的网站,其主要内容包括:搜索引擎新闻、搜索引擎营销、互联网搜索引擎列表、有关搜索引擎的书籍和服务等。

5.6.2 国内检索工具指南

1. 工具书指南

如:《国内工具书指南》(上海交通大学出版社 1986 年出版),《国外工具书指南》(中国学术出版社 1984 年出版),《中文工具书大辞典》(福建人民出版社 1990 年出版),《社会科学工具书七千种》(陕西人民出版社 1991 年出版)等。

2. 搜索引擎指南

中文搜索引擎指南网(http://www.sowang.com)主要内容包括搜索引擎新闻、搜索引擎列表、搜索方法和技巧、搜索引擎营销等。

iResearch(http://www.iresearch.com.cn)是国内一家 IT 领域的调查公司,对搜索引擎领域也有较多的研究,特别是技术、市场和发展趋势等方面,收费产品有研究报告等。

3. 检索类教材

这类教材数量很多,如各种中西文工具书使用法、科技和商业情报检索教材、社会科学文献检索与利用教材等。

§6 情报检索服务

情报检索服务是指图书情报机构和商业化信息服务商为用户提供的专业化情报检索服务以及与之有关的一切服务,如咨询、查新、复制、定题服务等。由于信息技术的飞跃发展,情报检索服务的模式和内容都发生了深刻的变化。本书在其他章节介绍了我国信息服务机构和系统,这些机构和系统均提供情报检索服务。

6.1 情报检索服务方式

情报检索服务的方式主要有:自动检索、参考咨询、课题检索、定题服务、科技查新和培训辅导等。

6.1.1 自助检索

用户根据自己的需求利用各种检索工具进行情报检索。在传统的手工检索时期,自助检索的服务方式,就是读者自己查卡片式目录和检索期刊。现在人们可以利用图书馆情报机构提供的各种工具书、免费检索系统、免费的搜索引擎等进行自助检索。当情报需求量大、检索操作复杂、检索系统收费较高、用户距情报检索机构较远时,常可以用委托检索方式交图书情报机构处理。

6.1.2 参考咨询

这是图书情报机构的传统服务,即针对读者提出的问题,利用各种检索系统和参考工具,帮助用户查找有关情报的线索或原文献。虽然由于计算机技术的普及,许多读者能够自己操作计算机进行检索,但专业检索咨询人员还是由于对机构文献收藏的了解,对各种收费检索系统的熟练运用,以及丰富的咨询服务经验,帮助用户提高查询资料的效率,提高信息资源利用的深度和广度。

6.1.3 课题检索

也是一种委托检索。但专业检索人员不是仅仅提供一次性的检索服务,而是根据用户的需求,充分参与到用户研究课题的过程中,在充分了解课题背景、方向和需求的基础上,对用户的情报需求进行检索、跟踪和反馈,为用户的课题提供全面的服务。

6.1.4 定题服务

定题服务(Selective Dissemination of Information)是卢恩(H. P. Luhn)1958年提出的信息服务模式,它是根据用户的需求,由专业情报检索人员对相关的资料进行系统地检索、筛选、整理,定期或不定期地向用户提供。定题服务的优点主要是效率高,由具有丰富检索服务经验的专业检索人员进行系统的收集,比用户自己用同样时间光顾图书馆、信息中心,或是免费网站,收集到的有用情报要丰富得多。

6.1.5 科技查新

科技查新是查新机构根据查新委托人提供的需要查证其新颖性的科学技术内容(查新点),按照查新规范和流程操作,对查新项目的新颖性、科学性、实用性做出客观论证。这里查新点是指从技术要点中提炼出来的、可与同行相比较的技术创新点,并且这种技术创新点在同行业中是唯一性的。因此,查新工作就是根据委托人提出的查新点,在现有公开文献中进行查询和对比,证明提出的查新点是否具有惟一性。

科技查新是在科技文献检索和科技咨询基础上发展起来的一项新型科技信息服务行业。在实际应用中,科技查新常为科研项目的立项、评估及验收、科技成果申报、学位论文开题、专利申请、技术交易、产品推广等提供客观参考和评价依据。

6.1.6 培训辅导

培训辅导服务是检索服务的一种补充,为了提高用户的信息素质,更好地利用各种信息资源和检索工具,情报检索机构可以进行各种培训辅导,如提供教材、现场辅导、专题讲座、集中培训、研讨交流、远程教学以及新技术、新方法、新系统的培训等。

6.1.7 综合性咨询服务

许多商业化的咨询公司把情报检索服务作为其咨询业务的一个环节,不一定单独提供检索服务。主要利用情报检索这一手段,提供诸如行业动态数据库、行业报告、竞争情报、战略咨询、市场调查、资信调查、项目调研与评估等服务。尽管情报检索服务本身仅占其整个业务的极小部分,但它是这类综合性的增值的咨询服务的基础。

6.2 检索服务效果和用户满意度评价

检索服务效果和用户满意度评价包括对信息资源、检索工具、专业检索人员、检索服务方式、服务环境等方面的综合评价,它既包含对有关标准规范和评价指标的符合性、有效性的度量,也可能包括用户的直接感受。

ISO 9000 国际标准系列是一套通用的适合于各行各业的质量管理体系。它强调质量管理的全员性、全面性和全过程性,要求对业务的各个流程都有明确的书面描述、检测控制、作业记录和考核指标,定期作用户满意度评测,并制定改进措施,以达到持续改进,不断满足用户需求的目的。这种先进的管理体系不仅在传统的企业得到广泛的应用,现在许多情报服务机构也在探索和推广。经验证明,ISO 9000 系列的应用对于提高检索服务质量和效果有积极的意义。

6.3 检索服务发展趋势

随着信息技术的飞跃发展、信息内容的爆炸性增长和人们对情报需求的不断变化,情报检索服务的形式也在变化:

6.3.1 个性化和专业化

由于人们对多样化信息内容和服务的选择机会增加,同时情报用户在性别、年龄、教育、技能、专业、职业、工作单位、个人偏好等多方面的存在差异,在提供标准化检索服务的同时,根据用户的特点进行个性化的服务呈增加的趋势,如为用户提供特定的信息资源、人机界面和检索工具等。一些专业的特点,如医药、生化等,专业性、技术性都很强,更需要针对专业特点进行服务。

6.3.2 主动性和互动性

与传统的检索服务相比,今后的检索服务更加强调主动性和互动性,定题服务、推送服务、推拉服务、智能软件都会进一步发展。

6.3.3 多样化和综合化

信息资源的内容、类型和表示媒体的多样化,检索工具和其他技术手段的多样化,导致了检索服务的多样化。人们对情报质量和整体工作效率的要求都提高了,而技术的发展和多样化的方式对一些人来说又难以适从，于是对综合化、整体化服务的需求增加了，如课题检索、信息推拉服务、检索技能培训、综合性咨询服务等。

6.3.4 知识化和智能化

检索服务的知识化表现在：

(1) 检索人员的知识化。不仅要求具有一般情报管理知识、专业知识和计算机网络知识，而且掌握各种实际技能，善于沟通，了解用户需求，又一定经验。

(2) 检索内容的知识化。用户的需要的信息变得复杂、系统、相互关联但又易于理解，由对信息的需求变为对知识的需求。

(3) 检索工具的智能化。全面的智能检索系统将搜索引擎、人工智能、知识检索、数据挖掘、网络和多媒体等多种技术有机结合，通过多样化、综合化的形式，为用户提供个性化的检索服务。

§7 基于内容的检索的技术与应用

随着信息技术的发展，多媒体信息资源日趋丰富。多媒体数据的信息线索往往难以用简单的符号化方式展现，例如一幅图像中某个对象的形状、颜色，一段视频中某个对象的运动、镜头的切换，或者是一段声音录音中某个音调、旋律等。与传统的文本信息相比，多媒体数据具有更多复杂的、深层次的语义线索，因此，沿用文本信息处理与检索的技术处理多媒体数据，其效果变得非常有限。如何使得多媒体系统实现直接从各种媒体中获取高层次的语义信息线索，并且通过这些线索来帮助用户从数据库中检索出相应的媒体对象，这些都是基于内容的检索(CBR,Content-based Retrieval)所致力于研究和解决的问题。

7.1 基于内容检索的概念与特点

基于内容的检索是指根据媒体和媒体对象的内容语义以及上下文联系进行检索，首先从多媒体数据中提取对象的语义特征(如图像的颜色、纹理、形状，视频中的镜头、场景、镜头的运动、声音的音色、音调、响度等)，根据这些线索从多媒体数据库检索出具有相似特性的媒体数据。基于内容检索从大型分布数据库(集)中，以用户可以接受的响应速度和时间，查询到用户所要求的对象进行显示。根据媒体对象的不同类型，基于内容的检索一般包括图像检索、动态视频检索、音频检索。

基于内容的检索属于多媒体的综合集成技术之一，具有如下一些特点。

7.1.1 以综合性学科为基础

它利用图像处理、模式识别、计算机视觉、图像理解等学科中的一些方法作为部分基础技术，从认知科学、用户模型、图像处理、模式识别、知识库系统、计算机图形学、数据库管理系统，以及信息检索等领域中获得启发，引入新的媒体数据表示和数据模型，产生出有效、可靠的查询处理算法和可视化查询接口,以及与领域无关的检索技术和系统结构。

7.1.2 客观性

从媒体内容中提取信息线索。基于内容的检索突破了传统的基于表达式检索的局限,它直接对图像、视频、音频内容进行分析,抽取媒体语义和视觉、听觉等特征,利用这些内容特征建立索引,并进行检索。由于突破了传统的基于文字表达符的局限,避免了用字符标识图像的转化过程,从而大大提高了检索过程的效率和适应性。

7.1.3 相似性比较

基于内容的检索是一种近似匹配。由于对内容的表示不是一种精确描述,因此,基于内容检索采用相似性匹配的方法逐步求精,以获得查询结果,即不断减小查询结果的范围,直到定位于要求的目标,这是一个迭代过程。在这一方面与常规数据库检索中的精确匹配方法不同。

7.1.4 交互性查找

基于内容的检索系统充分发挥人和计算机各自的长处,利用人对于物体的内容特征比较敏感,而计算机善于从大量数据中标识对象和从事重复性的工作,把交互操作引入到查询过程中。

7.1.5 直观的查询方式

采用基于示例的查询方式(QBE,Query by Example),通过用户选择的示例进行样本训练,提取查询的特征标识,以供与特征库进行匹配和选择,最终达到检索的目的。

7.1.6 大型数据库(集)的快速检索

基于内容检索应能对以文本信息为代表的离散媒体和以图像、声音等为代表的连续媒体的内容进行检索,而媒体数据的规模一般都要大于文本信息数据库,基于内容的检索需要涉及媒体特征库、对象库,为了达到较好的检索效果,需要大型数据库进行存储和管理,这对于检索功能实现的速度和效率都有较高要求。

媒体是指信息的载体,包括了文本、内容、图像、音频和视频等等。多媒体则是通过计算机对多种媒体进行集成处理的技术。因此,多媒体信息是由文本、图像、图形、音频和视频等多模态融合而成的。媒体的内容语义是基于内容的检索力求把握的实质,也是实现内容检索的前提和基础。在基于内容检索技术中,媒体的内容语义一般与检索的任务以及检索的领域有关系,不同的检索要求以及不同的领域背景可能会导致对媒体内容语义的不同要求。因此,检索需要一定的领域知识加以辅助。目前,基于内容的检索一般分为两个发展阶段,其一是先用无领域知识限制的方法缩小检索空间;其二是逐步利用领域知识进行更为细致的查询。

常见的媒体内容语义包括下列几种形式:

1. 文本

关于文本的检索是目前发展较为成熟的检索技术,主要对字符、字、词、词组,以及对片断、整篇文献的检索,基于上下文的内容检索是文本检索的高级阶段。对于这种高层次水平的语义检索除串搜索、串匹配和字、词的逻辑组合外,还需要辅以上下文分析和领域知识,例如概念检索、语义 Web 网的应用。

文本检索主要是利用关键词标引,由于关键词标引工作量大,同时不同标引者对于相同概念的标引会有差异,标引词又可能同用户的检索概念不一致,导致查准率和查全率低。因此,需直接对文本进行任意词和字的检索。

2. 图像

图像媒体常用的检索内容包括:

(1) 颜色:图像颜色的分布、颜色的相互关系、颜色的组成等。

(2) 纹理:图像的文理结构、方向、组合以及对称关系等。

(3) 形状:图像的形状特征(区域、主轴方向、矩、偏心率、圆形率、正切角等)或匹配的主要边界。

(4) 图像对象:图像中所包含的静态子对象。查询时可综合颜色、纹理、形状特征、逻辑特征和客观属性等条件。

(5) 领域内容:某一领域下的图像内容,例如头像中嘴与眼的相对位置等。

3. 视频

视频是基于图像之上的结果,图像内容的连续得到视频内容。视频媒体常用的检索内容包括:

① 镜头:镜头是视频的检索单位,包括切换、渐变等的划分;

② 摄像动作:对各种摄像动作的提取,例如拖、拉、推、追踪等;

③ 运动对象:查找视频中的某一个运动的对象;

④ 场景:相同的镜头的查找和组合等。

4. 声音

声音的内容检索包括特定模式的查找,特定词、短语、音乐音调、旋律或者是特定声音的查找等。在早期的研究中,主要研究对象是语音识别,近年来,关于非语音信号检索也得到较大发展,例如说话者的识别、特殊背景声和声音的间隔识别等。现有的方法也据此大致分为两类,一类是针对音频中的语音内容的;另一类是无关语音内容的。

7.2 基于内容检索的系统架构

基于内容的检索是信息检索技术的一种,可以被嵌入在其他多媒体系统当中,如多媒体信息系统、超媒体(浏览器)系统、会议系统、关系数据库系统等,提供基于多媒体数据内容的信息查询和检索。基于内容的检索系统一般包括媒体处理子系统和查询子系统,存储对象、提取特征的对象库和特征库,以及存储知识的知识库,见图 8.5。

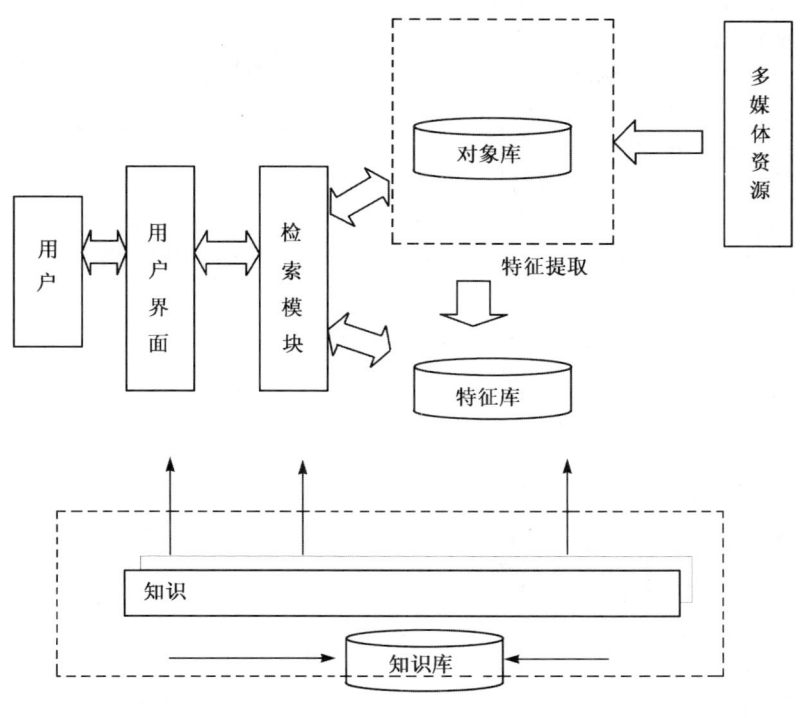

图 8.5 CBIR 系统的一般结构

7.2.1 媒体处理子系统

媒体处理子系统主要负责媒体的输入与媒体特征提取：

(1)媒体输入是指将媒体输入到系统当中，类似于文本检索系统中文本内容的录入过程。同时媒体输入过程会根据需要为用户提供一种工具，以全自动或者半自动（需要用户干预）的方式对媒体进行分割，标识出需要的对象或内容关键点，以便有针对性地对目标进行特征提取。

(2)特征提取是指对用户或系统标明的媒体对象进行特征提取处理。特征提取可以由人完成，例如人工给出一些描述特征的关键词；也可以通过对应的媒体处理程序完成，自动提取出检索用户可能关心的一些媒体特征。提取的特征既可以是全局性的，如整幅图像或视频镜头的颜色分布，也可以是针对某个内部的局部对象，例如图像中的子区域、视频中的运动对象等。在提取特征时，往往需要知识处理模块的辅助，由知识库提供相关的领域知识。

7.2.2 查询子系统

基于内容的检索主要采用示例查询的方式向用户提供检索接口，将用户的检索请求转化为可以对数据库进行操作的提问。检索允许针对全局对象，如整幅图像、视频镜头等，也允许针对其中的子对象以及任意组合形式来进行。检索返回的结果按照相似程度进行排列输出，如果有必要可以基于得到的检索结果进行进一步的查询。基于内容的检索一般实现的是相似性检索,模仿人类的认知过程进行,因此,往往需要在与检索用户不断的交互中提炼检索结果。查询的一般方法如图8.6所示。

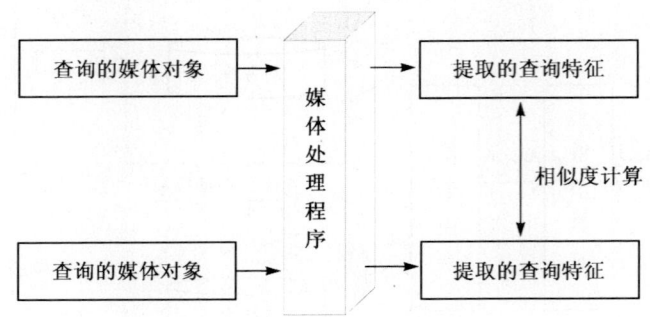

图 8.6　基于内容的检索的查询方法

基于内容的检索在进行匹配、选择时,既可以直接从特征库中查找预存的媒体特征,也可以临时计算对象的特征值。对于不同的媒体数据类型,具有各自不同的相似性测度算法,在基于内容的检索系统中通常包括一个较为有效可靠的相似性测度函数集供选择和应用。

7.2.3　对象库与特征库

媒体数据和输入时得到的特征数据分别存入对象数据库和特征数据库。对象库包含各种媒体数据,实质上是一个媒体数据库,如图像、视频、音频、文本等。特征库则包含该媒体用户输入的特征和预处理自动提取的特征。对象库和特征库通过组织与媒体类型相匹配的索引来实现快速搜索,从而可以应用到大规模媒体数据库检索的过程当中。

7.2.4　知识库

知识库一般是指把各种知识,如专家的知识、书本的知识等不同形式的知识(根据应用的环境和任务要求而定)收集、整理、归纳成若干规则,模拟人的分析思路,为解决问题提供策略和方法。这些集合与机制称为知识库。在基于内容的检索系统中,知识库的目的是为了将检索限定在一定的任何和领域范围内,以免不同的检索要求以及不同的领域背景可能会导致对媒体内容语义的不同要求。因此,检索需要一定的领域知识加以辅助来提高检索的准确性。知识库是一个不断更新的对象,不仅仅是存储知识,更重要的是衍生新的知识,知识更新的一般原理如图 8.7 所示。

知识库的更新依靠的主要动力来自机器学习和推理机,机器学习机制对用户查询以及用户反馈进行学习,以不断修正知识库中已有的知识结构和规则,使得检索得以更加逼近用户的查询需求。同时,知识库使得相关反馈技术也可以得到充分的发挥和应用。

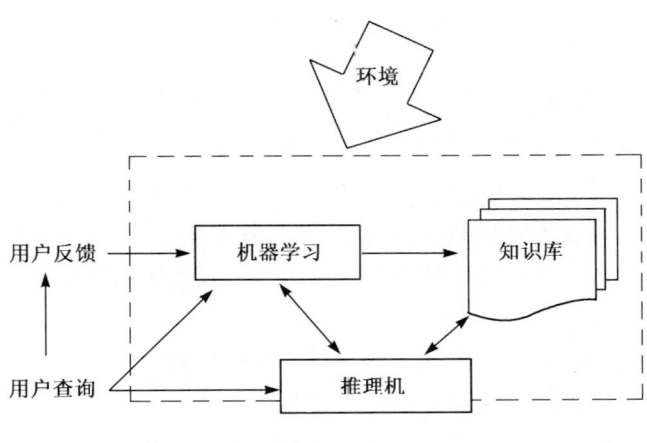

图 8.7 知识库更新的一般原理

7.3 各种媒体基于内容的检索技术及应用

7.3.1 基于内容的图像检索

随着计算机处理数据处理能力的提高和多媒体编码技术的进步,在 20 世纪 90 年代以后,基于内容的图像检索(CBIR, Content-based Image Retrieval)得到发展。

CBIR 是指从图像中分析抽取对象特征(如图像的颜色、形状、纹理以及语义等)来衡量图像之间的相似程度以实现检索。CBIR 是目前基于内容的检索研究中成果最为丰富的一个方面,根据媒体特征的多层次性,CBIR 的检索层次可以相应划分为低层特征层、对象层、语义概念层。目前多数 CBIR 的研究集中在低层特征层、对象层的研究,真正意义上在语义概念层实现基于内容的图像检索难度非常大。

QBIC(Query By Image Content)是由 IBM Almaden 研究中心开发的基于内容的检索系统,它可以对图像、视频、文本和语音进行检索。QBIC 主要由两部分组成,即数据库生成部分和查询部分。QBIC 的数据模型具有以下成分:含有对象(图像的子集)的静态图像和场景;含有运动图像的由一组连续帧组成的视频镜头。QBIC 的数据模型分成两个层次,即场景(或图像)和对象。

典型的 QBIC 查询过程是:用户提出查询请求,系统按照查询请求将检索得到的结果按照相似度排序输出。一般查询都遵循这一模式,查询要求通过图形化或者示例的方式提出,结果是按照相似度输出的图像集合。QBIC 主要有两个部分组成:数据库生成部分和数据库查询部分,在数据库生成时,每一个图像对象和视频对象的内容特征,包括颜色、纹理、形状和摄影机、对象的移动等,都被数据库生成部分提取出来并存入数据库中。在数据库查询时,数据库查询部分将把用户用图形化方法提供的对象特征,与数据库中存储的对象内容特征进行比较匹配,寻找出具有相似特征的图像和视频。

其他的图像检索系统还有 VisualSeek,MARS(Multimedia Analysis and Retrieval System),VIRAGE,Visual RetrievalWare,Photcbook 和 WebSeek 等。

7.3.2 基于内容的视频检索

视频数据是连续的图像序列,视频检索要从大量的视频数据中找到需要的视频片断,传统的检索方法只能通过快进或者快退等顺序查找的方式,消耗时间长。而且,许多视频数据流具有一定的故事情节,如果以手工标引的形式对每一段视频进行标引,这在时间和效率上都很不实用,因此,同样需要一种技术,能够自动分析出视频数据流中蕴含的结构,通过对这些结构进行索引、存储与管理,实现管理和检索的目的。这也是基于内容的视频检索所面临的问题。

视频检索的方法主要有三种:

(1)基于关键帧的检索。用户可以使用目标特征说明的直接查询、可视实例的示例查询和指定的特征集查询等多种方法在数据库中检索需要的关键帧。

(2)基于运动的检索。这是基于镜头和视频对象的时间特征进行的检索,是视频查询的进一步要求。

(3)浏览。一般采用分层结构和集束分类技术。

在视频检索技术中,一般采用关键帧建立索引,关键帧是描述该镜头的关键图像,可以取镜头的第一帧,也可以是中间的任意帧,或者是最后一帧,只要可以表达出视频镜头的含义即可。因此,基于内容的视频检索需要解决的问题是如何基于关键帧,对视频进行索引,实现对视频流的表示和相似度计算,其流程一般是:先将连续的视频流通过特征突变检测,把视频流切分成镜头单元,然后从镜头单元中提取关键帧,关键帧代表了镜头,提取镜头的颜色、纹理、运动等各种特征,形成描述镜头的特征空间,根据这个特征空间进行镜头内容的相似度比较,达到视频检索的目的。

VideoQ(http://www.ctr.columbia.edu/VideoQ)是一套全自动的面向对象基于内容的视频查询系统,它基于传统的关键字和主题浏览的方式,并对其加以扩展,提出了全新的基于丰富视觉特征和时空关系的查询技术,可以帮助用户查询视频中的对象。其目的在于探究视频中潜在的所有视觉线索,并应用于面向对象的基于内容的视频查询中。

熊华、老松杨等开发的NewsVideoCAR系统是一个用于检索新闻节目内容的视频检索系统,该系统可对新闻视频的内容进行自动分析、分类和管理,可根据用户需求快速定位其感兴趣的新闻片段,同时也支持以关键词提问进行能够全文检索定位特定内容的新闻。该系由Anna和Browser两大模块组成。主要采用了突变镜头边界探测算法、镜头聚类方法、自矫正镜头聚类方法。语音识别部分集成了IBM公司开发的ViaVoice识别引擎。

7.3.3 基于内容的音频检索

音频也是多媒体中的一种重要形式,人耳能够听见的音频频率范围是60 Hz~20 kHz,其中语音大约分布在300 Hz~4 kHz 之内,而音乐和其他自然声音可以分布在60 Hz~20 kHz任何区域。人耳听到的音频都是连续模拟信号,而计算机只能够处理数字化的信息,所以模拟连续音频信号要经过离散化,即取样后变成计算机处理的采样离散点,而且,音频信号数字化采样率必须高于信号带宽的2倍,才能正确恢复信号。

基于内容的音频检索是指通过音频特征分析,对不同音频数据赋予不同的语义,使得具有相同语义的音频在听觉上保持相似。与视频检索相似,音频检索中也需要经过特征提取、音频分割、音频识别分类和索引检索这几个关键步骤。

常用的音频检索方法有：

(1) 赋值查询。用户指定某些声学特征的值或范围来说明查询结果。

(2) 示例查询。用户提交一个示例声音,针对一个或多个特征,查出所有与示例相似的声音。

(3) 组织浏览查询。对声音进行分类分组,然后通过浏览选择。

Muscle Fish 公司的一个研究小组开发出一个按照相似度进行音频检索的演示系统 Muscle Fish。这个系统先分析音频文件的心理声学特征,提取音频数据的响度、带宽、音高和调和性等感知属性,然后对属性序列计算其均值、方差和自相关值,最后采用平均矢量量化法将它们分配到矢量空间的特定区域中。相似度计算以欧几里德距离作为测量计算值。该系统的用户检索界面是提供给用户可以按照某个音频范例进行检索,在查找过程中,计算给定的声音范例和所有声音文件之间的距离;检索结果按照距离排序显示。

Muscle Fish 只使用感知属性的统计值(如均值、方差和自相关值等),因此,比较适合于单音色声音的检索。另外,J. T. Foote 提出了一种与 Muscle Fish 完全不同的相似度测量方法。此方法首先计算由一个经过特殊训练的矢量量化器所产生的直方图之间的距离来测量音频相似度。

其他的音频检索系统还有 ARS(Audio Retrieval System)、Muse 等。

基于内容的多媒体检索是一个新兴的研究领域,在国内外仍处于研究、探索阶段,因此在基于内容的检索领域中仍然存在许多问题。这些问题主要包括多媒体特征的描述和特征的自动提取、多媒体的同步技术、匹配和结构的选择问题,以及按多相似性特征为基础的索引、查询和检索等。作为一个新兴的研究领域,同时由于其检索对象和范围的多样性,基于内容的多媒体检索还要解决多种检索手段相结合的问题,以提高检索效率。此外,更好地理解检索内容以及使检索性能更接近人类视觉的特征,也是未来研究中需要解决的问题。

§8 情报检索的可视化技术

8.1 可视化与情报检索

可视化问题的提出最早源于科学计算领域。20 世纪 80 年代,计算机的科学计算任务日益复杂。在大型科学计算工作中,为了把计算过程及其计算结果等转换为图形或图像在屏幕上显示出来,以便提高科学家观察数据现象、认识其中存在规律的能力,美国科学基金会(NSF)发起、召开了有关科学计算可视化的首次学术会议,并由此确立了"Visualization in Scientific Computing"这一涉及多学科知识的研究领域。

随着技术的不断发展,科学计算可视化的研究范围日益扩展,除科学计算数据外,大量的工程计算数据、观察与测量数据等也纳入了可视化研究中,并进而发展到目前更具普遍含义的

"信息可视化"(Information Visualization)阶段。

信息可视化实质上是一种信息转化处理过程,它旨在将信息从某种原有形式转化为一种视觉形式,以充分利用人类对可视模式快速识别的自然能力对信息进行观测、浏览、判别和理解,从而将信息处理过程中人类承担的较多认知负担转变为相对容易完成的感知任务。

目前,信息可视化的研究应用活动非常活跃。天气预报中的云量、风场数据可视化,地球地质领域的全球定位系统(GPS)、地理信息系统(GIS)、遥感(RS)及其数字地球工程,医疗领域的计算机断层扫描(CT)、核磁共振图像(MRI)及可视化人体计划(VHP)等,不仅成为研究工作的热点,而且也都取得了非常成功的应用效果。在情报检索领域,研究人员也逐渐注意到可视化技术的应用价值,并尝试着将一些可视化的技术与方法引入其中。

以文本信息为例,其可视化过程主要由特征抽取、转换与映射、隐喻几个步骤完成。在对文本信息进行检索处理时,不论是系统设计人员,还是检索系统的用户,都需要付出较多的认知劳动。而如果在整个检索操作流程中对文本信息进行适当的可视化处理,利用人类感知系统天生就能迅速理解的一些基本特征,例如颜色、大小、形状、运动、邻近度等,就可将用户在检索过程中的认知负担转变为感知任务。将可视化技术全面引入情报检索领域,不仅有助于营造简洁、高效的情报检索视觉环境,提高检索操作的透明度,而且在激发用户认知思维、帮助用户理解提问与检索结果之间的内在联系、减少理解检索结果所需时间等方面具有重要作用。

从当前技术角度来分析,传统的情报检索存在着以下一些比较明显的缺陷:

① 检索过程是不连续的,用户对检索过程的控制能力较差;

② 检索结果的线性显示,不能显示检索结果之间的关系,也不利于用户对检索结果的理解、接受和利用;

③ 没有充分考虑用户的检索要求与习惯,缺乏有效的检索交互与反馈机制等。下面,我们分别从提问式构造、检索过程、检索结果、检索词表等 4 个方面讨论可视化技术的应用进展,以及其对传统情报检索缺陷问题的改善与解决。

8.2 提问式构造可视化

提问式构造的可视化,是通过检索接口或检索界面,对检索词及其逻辑组配关系进行某种直观的、可视化的显示和表达,辅助用户更轻松、准确地构造出符合系统语法要求的提问式,从而减少检索交互过程中用户的认知负担。

从检索界面的交互风格上来说,提问式的构造和表达主要有命令语言(command language)、菜单选择(menu selection)、表格填充(form filling)、直接操纵(direct manipulation)、自然语言(natural language)等不同方式。当前的可视化研究主要关注直接操纵方式下布尔逻辑提问式构造问题。

例如,VQuery 系统使用文氏图(venn diagram)来辅助用户构造提问式(见图 8.8)。图中,每个提问词对应一个圆或椭圆,圆与圆之间可能存在相交或分离 2 种情形。选取相交部分,表示这些圆所对应的提问词之间是"And"关系;选取圆的非相交区域,表示这些圆对应的提问词之间是"Or"关系;如果一个词所对应的圆出现在界面的活动区域但始终没有被选择,则表示对该词的"Not"操作。

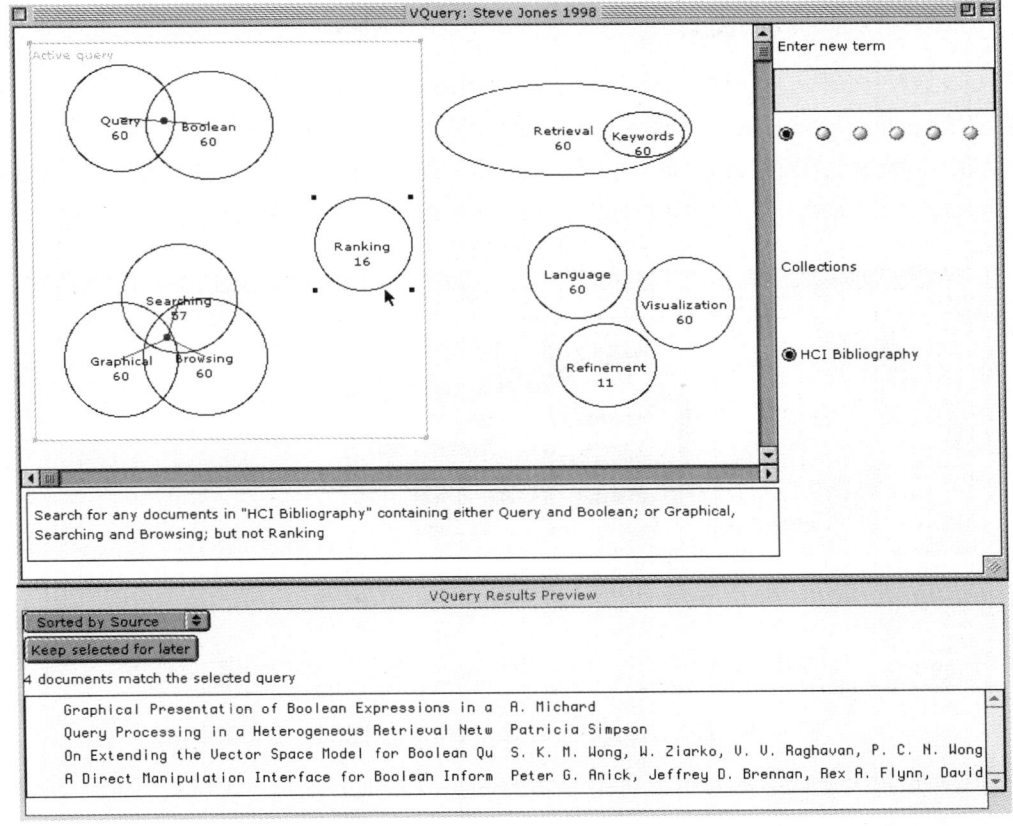

图 8.8　VQuery 系统使用文氏图方式的可视化提问式构造

另一个例子是使用块定位图(block-oriented diagram)方式来分组构造提问式(见图 8.9)。图中每个提问词都用一个块表示,这些块以排和列形式组织起来,以表示特定的提问。其中,同一排中,块间为"And"关系;同一列中,块间为"Or"关系。用户进一步通过将各提问词块置于激活或非激活状态来实现各提问词之间的任意组合。除此而外,界面还提供一种检索结果预览功能,能分别显示出与每个提问词匹配的检索结果数量。

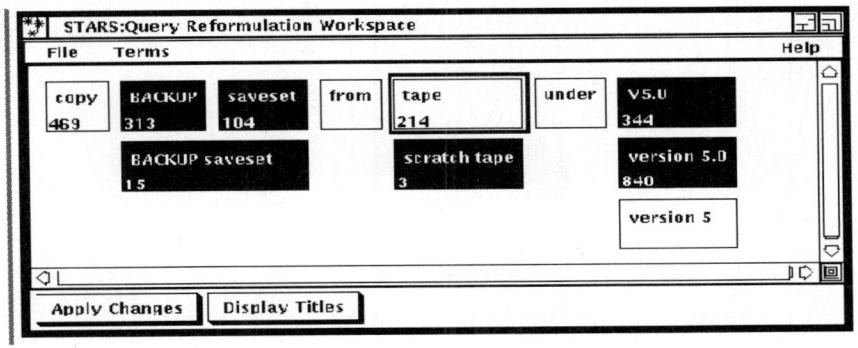

图 8.9　使用块定位图方式的可视化提问式构造

8.3 检索过程可视化

目前已有一些研究工作去尝试解决检索过程可视化问题。例如，美国马里兰大学开发的"过滤流模型"(filter-flow model)系统(见图 8.10)。系统提供了一种图形化界面，并从左向右依次形象地用一系列不同宽度的"水流"展示提问词与提问式、检索匹配过程及不同匹配阶段命中的文献数量。该方法比较适合于结构化的数据库查询操作，对于一般情报检索问题是否适用有待证明。

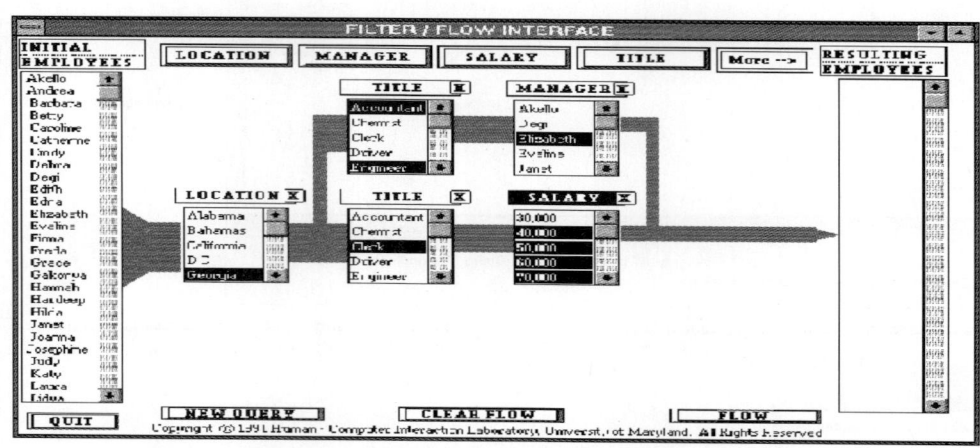

图 8.10　基于过滤流模型的提问式构造及检索过程显示画面

美国斯坦福大学数字图书馆项目中开发的一个检索试验系统(DLITE)也具有一个完全图形化的直接操纵检索界面，并可以提供包括检索过程表达与控制、检索结果展示与后处理等在内的一系列相关功能(见图 8.11)。在 DLITE 系统界面上，所有对象(例如提问式、文献、文献集及检索结果等)都以图形表示，通过对目标对象的拖动可以激活并完成一系列操作。例如，向提问式构造器输入检索词可生成一个提问；将提问图标复制或拖动到文献集或检索工具的图标上，可得到一个检索结果集；而将检索结果集中的文献拖动到文摘编辑器或语言翻译器图标上，则可制作文摘或进行语言翻译。

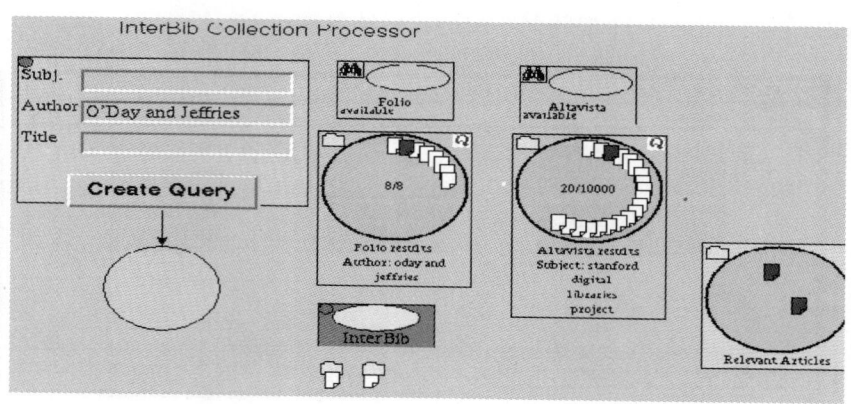

图 8.11　DLITE 检索界面及检索过程显示画面

另外,DLITE 系统对于检索过程中用户提出的一些错误(或非法)操作要求,也能采用非常直观、形象的"摇头说不(shake-the-head-no)"方式加以拒绝,这种表达效果要比简单弹出一个出错信息的文本框更加有效。

8.4 检索结果可视化

目前,检索结果的可视化研究主要建立在对检索结果集合的分析处理基础上,围绕"显示什么"和"如何显示"两个方面进行试验和探讨。

美国斯坦福大学与施乐公司帕洛阿托研究中心(Xerox Palo Alto Research Center)曾于 1997 年联合开发了一个检索系统,该系统界面使用三维动画技术,将巨型的类目层次结构及与其关联的文本集合的检索与浏览集成在一起(见图 8.12)。Cat-a-Cone 这种集成化界面不仅可在界面窗口中展示整个类目层次结构(MeSH),允许用户通过菜单操作显示或隐藏某些类目的子树结构,更重要的是,它可将类目浏览与检索及其检索结果显示等功能相结合。

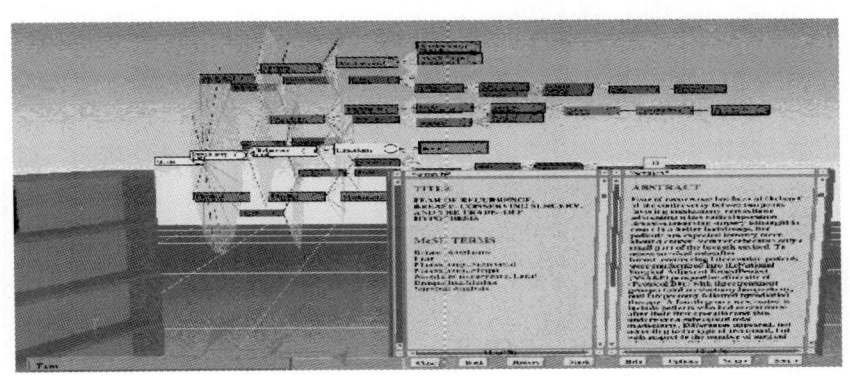

图 8.12 Cat-a-Cone 集成 MeSH 类目结构与检索结果的显示画面

在美国加州大学伯克利分校数字图书馆项目中研制的 TileBars,将检索结果与提问分面匹配的情况给予了图形化的描述(见图 8.13)。其检索结果可视化显示的具体表达方式如下:每篇文献对应一个矩形条,每个矩形条被分割为若干行和若干列,并用灰度不等的小块表示。其中,每行对应一个提问分面,每列对应文献的一个段落,每个块表示某个分面提问词在文献某段落中出现与否及出现次数(块颜色为白,表示没有出现;块为灰或黑,表示出现,且其灰度越大,其出现次数越多)。如此一来,用户可以直观看见某个分面的提问词在某文献中是作为主要论题还是次要论题,有助于抛弃那些容易被误导的非相关文献。

以 DynaCat 系统为代表的对检索结果进行可视化组织与显示的方法是一种更常见的处理形式(见图 8.14)。在该图的检索结果画面中,画面上方显示提问式及命中结果数量;左侧窗口显示与该提问相关的各级类目(由 MeSH 范畴表抽取)及该类目下命中的结果数量;右侧窗口为主窗口,显示了各类目所含的相关文献信息。

DynaCat 系统的这种处理方式为检索结果提供了一种上下文环境,有利于用户对结果的选择和判断。事实上,这种结果显示方式与风格已在很多独立搜索引擎和元搜索引擎中得到广泛应用,不过它们的区别在于:DynaCat 中显示的类目结构来源于 MeSH 的范畴表,而搜索引擎中显示的类目结构则来自于对检索结果的联机聚类(online clustering)处理。

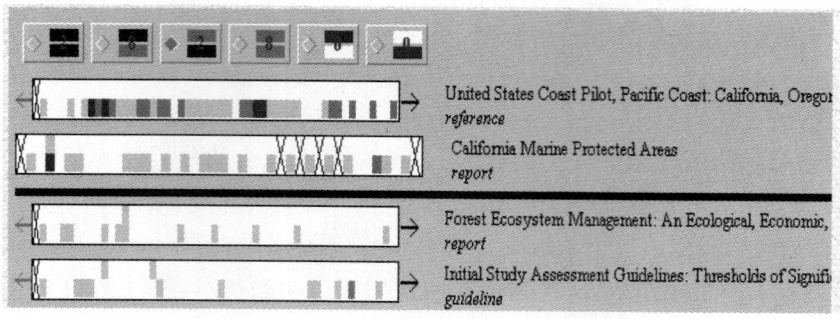

图 8.13　TileBars 检索结果的显示画面

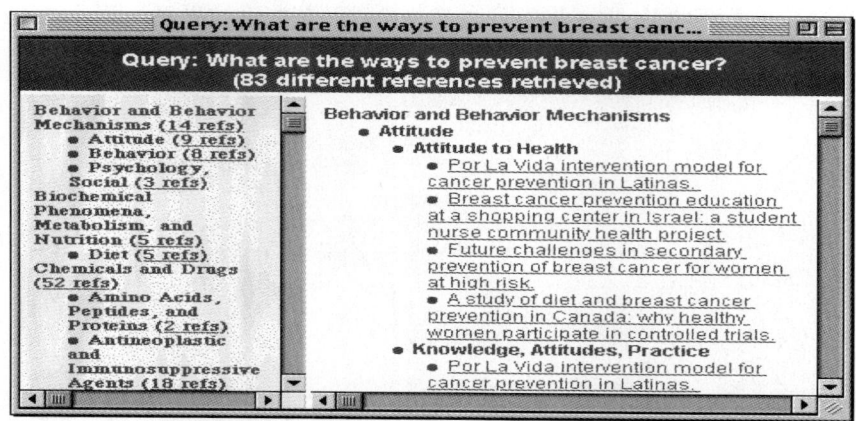

图 8.14　DynaCat 检索结果的显示画面

8.5　检索词表(叙词表)可视化

目前,在情报检索系统中广泛使用的检索词表工具主要以叙词表为主。叙词表的可视化研究旨在探索叙词表如何面向和服务于更广泛的用户群体,提高其易用性和交互性。

事实上,叙词表的可视化可以追溯到 1963 年荷兰武装部队技术文献和情报中心编制的 TDCK 环形叙词表(Circular Thesaurus)。目前,由美国 Thinkmap 公司开发的 The Visual Thesaurus™ 走在了叙词表可视化研究的前列。

The Visual Thesaurus™ 主要分为叙词(动态)显示和叙词操作两个功能部分。叙词(动态)显示部分不仅可以显示叙词之间的等级(或层次)关系,更可以显示叙词之间的相关关系。图 8.15 以叙词"library"为例,给出了以"library"为中心的叙词语义关系显示,其中选中的"library"位于显示界面中央,同"library"相关的其他所有叙词则呈放射状分布在该叙词的周围。当用鼠标点击某个"●"图标时,画面中和画面右栏会分别显示该"●"所代表叙词的定义、解释或说明、叙词的词性(包括 NOUNS、ADJECTIVES、VERBS、ADVERBS 共 4 种)状态等;而当点击"——"图标时,则显示所连接的两个叙词之间的关系,例如"is a type of"。另外,The

Visual Thesaurus™还提供对叙词进行 2-D 或是 3-D 空间的显示选择。

The Visual Thesaurus™的叙词操作部分提供对叙词表中叙词的查询及其他操作功能，可从图 8.15 上方的菜单栏进行选取和设定。

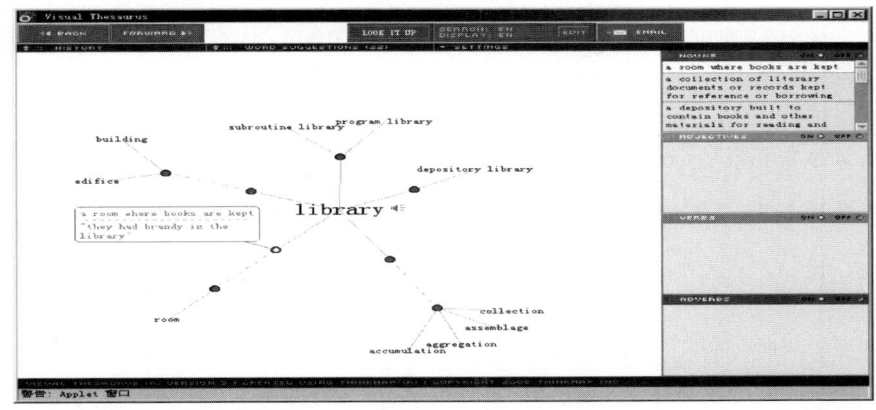

图 8.15　The Visual Thesaurus™ 中的叙词显示（以"library"为例）

另一项叙词表可视化研究试验当推欧洲的 Renardus 项目。该项目的可视化类目等级显示技术比较有特色。它采用从左到右的放射状方式依次深入地显示类目的等级结构（见图 8.16），用 3 个圆弧将类目等级划分为 4 层，灰白相间的颜色将大类和大类下的小类区分开。另外，用蓝色类目表示此类目下对应有具体的文档，黑色类目则表示目前此类目下暂无信息。

其他有关叙词表可视化方面的研究工作还有：美国伊利诺大学等基于"概念空间"（concept space）思路进行的"信息交互空间（INTERSPACE）"项目、美国亚利桑那大学利用"自组织映射"（Self Organization Map，SOM）技术开发的"植物与温度信息叙词表"、美国国家医学图书馆设计的《MeSH》浏览器（或称词表助手），等等。

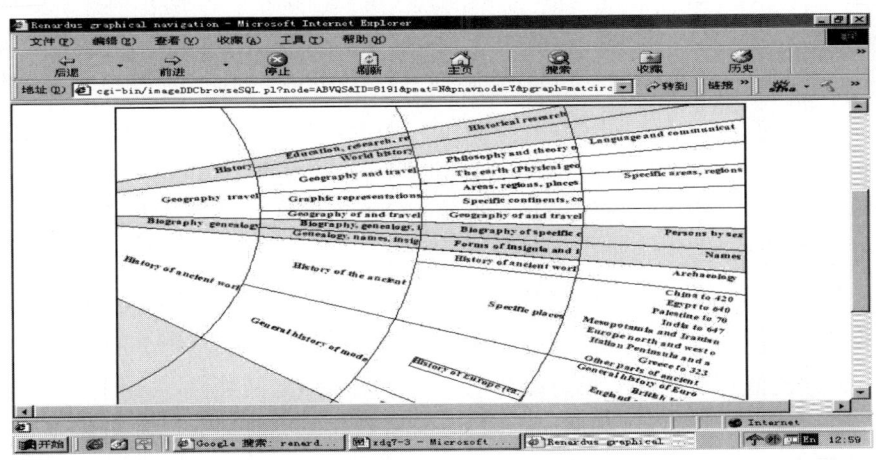

图 8.16　Renardus 的等级式类目浏览图（以"Geography and Travel"为例）

§9 数据挖掘和知识发现

数据库技术和计算机网络已经成为当前计算机应用中的两个最重要的基础领域,触及到人类生活的各个方面。目前,全世界数据库和互联网中的数据总量正以极快的速度增长。虽然简单的数据查询或统计可以满足某些低层次的需求,但人们更为需要的是从大量数据资源中挖掘出对各类决策有指导意义的一般知识。数据的急剧膨胀和时效性、复杂性远远超过了人们的手工处理能力,人们迫切需要高性能的自动化数据分析工具,以高速、全面、深入、有效地加工数据。这样,相对于"数据过剩"和"信息爆炸",人们又感到"信息贫乏",奈斯伯特(John Naisbett)惊呼"We are drowning in information, but starving for knowledge"。数据挖掘(Data Mining)与知识发现(Knowledge Discovery)技术正是在这种背景下产生的。

9.1 概述

知识发现,又称为数据库中的知识发现(KDD, Knowledge Discovery in Databases)。KDD 的研究经历了从机器学习到机器发现再到 KDD 几个阶段,从 20 世纪 80 年代末,人们开始研究 KDD,1989 年 8 月在美国底特律召开的第 11 届国际人工智能联合会议(International Joint Conferences on Artificial Intelligence)的专题讨论会上首次出现 KDD 这个术语。随后在 1991 年、1993 年和 1994 年都举行 KDD 专题讨论会,集中讨论数据统计、海量数据分析算法、知识表示、知识运用等问题。随着 KDD 在学术界和工业界的影响越来越大,KDD 组委会于 1995 年把专题讨论会更名为国际会议,并改为大会代表自愿报名参加,1995 年在加拿大蒙特利尔市召开第一次 KDD 国际学术会议,以后每年召开一次。

1992 年,W. Frawley, G. Piatetsky-Shapiro 和 C. Matheus 共同提出了知识发现的定义:"Knowledge discovery is the nontrivial extraction of implicit, previously unknown, and potentially useful information from data."随后,G. Piatetsky-Shapiro 等人又把 KDD 的概念进行了完善,至今被广泛引用:"Knowledge discovery in database is the nontrivial process identifying valid, novel, potentially useful, and ultimately understandable patterns in data."即数据库中的知识发现是指从数据库中获取有效、新颖、有潜在应用价值并最终可理解的知识模式的非平凡过程。

数据库中的知识发现主要采用机器学习算法或统计方法进行知识学习,一般将 KDD 中进行知识学习的阶段称为数据挖掘(Data Mining)。数据挖掘是 KDD 的关键步骤,也是技术难点所在。数据挖掘算法的好坏将直接影响到所发现知识的准确性。人们往往不加区分地使用两者。一般来说,在工程应用领域多称数据挖掘,而在研究领域人们则多称为数据库中的知识发现。

9.2 知识发现

如前所述,数据挖掘仅是从数据集合中发现知识的一个特定步骤。要形成发现知识的完整过程,数据挖掘还需要有数据收集、数据整理、知识验证等作为前序和后验步骤。

9.2.1 知识发现的过程

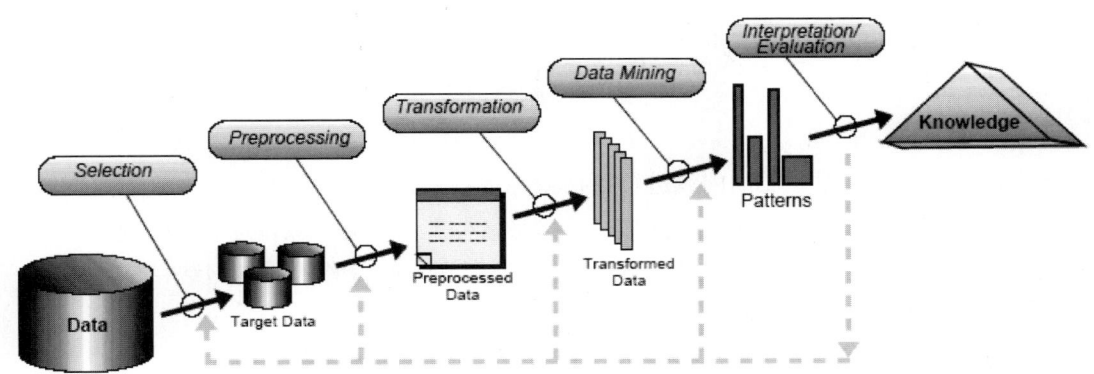

图 8.17　知识发现过程

资料来源:G. Piatetsky-Shapiro 等人给出的处理模型

在图 8.17 处理模型中,KDD 处理过程共分为 9 个处理阶段,这 9 个处理阶段分别是数据准备、数据选择、数据预处理、数据缩减、KDD 目标确定、挖掘算法确定、数据挖掘、模式解释及知识评价。

(1)数据准备。了解 KDD 相关领域的有关情况,熟悉有关的背景知识,并弄清楚用户的要求。

(2)数据选择。根据用户的要求从数据库中提取与 KDD 相关的数据,KDD 将主要从这些数据中进行知识提取,在此过程中,会利用一些数据库操作对数据进行处理。

(3)数据预处理。主要是对数据选择阶段产生的数据进行再加工,检查数据的完整性及数据的一致性,对其中的噪音数据进行处理,对丢失的数据可以利用统计方法进行填补。

(4)数据缩减。对经过预处理的数据,根据知识发现的任务对数据进行再处理,主要通过投影或数据库中的其他操作减少数据量。

(5)确定 KDD 的目标。根据用户的要求,确定 KDD 是发现何种类型的知识,因为对 KDD 的不同要求会在具体的知识发现过程中采用不同的知识发现算法。

(6)确定知识发现算法。根据阶段 5 所确定的任务,选择合适的知识发现算法,这包括选取合适的模型和参数,并使得知识发现算法与整个 KDD 的评判标准相一致。

(7)数据挖掘。运用选定的知识发现算法,从数据中提取出用户所需要的知识,这些知识可以用一种特定的方式表示或使用一些常用的表示方式,如产生式规则等等。

(8)模式解释。对发现的模式进行解释,在此过程中,为了取得更为有效的知识,可能会返回前面处理步骤中的某些步骤,以反复提取,从而提取出更有效的知识。

(9)知识评价。将发现的知识以用户能了解的方式呈现给用户。这期间也包含对知识的一致性的检查，以确信本次发现的知识不与以前发现的知识相抵触。

在上述的每个处理阶段 KDD 系统会提供处理工具完成相应的工作。在对挖掘的知识进行评测后，根据结果可以决定是否重新进行某些处理过程，在处理的任意阶段都可以返回以前的阶段进行再处理。

9.2.2 知识发现技术可以发现的知识模式

1. 概念描述

概念描述就是对某对象类的内涵进行概括或描述，指出其特征。概念描述分为数据区分性描述和数据特征化描述。数据区分性描述是指将目标类对象的一般特征与一个或多个对比类对象的一般特征进行比较，描述不同类对象之间的区别。而后者是通过归纳目标数据的一般特征而描述同类对象间的共同点。

2. 分类

分类是数据挖掘研究的重要分支之一，是一种有效的数据分析方法。分类的目标是通过分析训练数据集，构造一个分类模型（即分类器），该模型能够把数据库中的数据记录映射到一个给定的类别，从而可以应用于数据预测。一般来说，分类规则挖掘过程可以分为两个步骤。第一步通过对训练数据集的分析形成分类模型；第二步是首先使用测试数据评估分类规则的准确率，若模型被认为是可接受的，则可以进而利用模型对新的类标号未知的数据集进行分类。

3. 关联

关联规则挖掘是指发现大规模数据集中项集之间的关联或相关关系，展示属性-值频繁地在给定数据集中同时出现的条件，通俗地说就是挖掘数据库中一组对象之间某种关联关系的规则，这种关联关系可以是诸如"同时发生"、"形如 A=>B 的蕴涵式"。由此可知，关联规则挖掘首先找出频繁项集，然后由频繁项集产生关联规则。大量数据之间的关联规则在决策分析领域或商业管理方面是有用的。一般认为关联规则可以作为进一步探查的切入点，而不应当直接用于没有进一步分析或领域知识的预测。

4. 聚类

聚类分析问题的基本特征就是将具有相似属性的一些目标对象化归为同一个集合；也就是说，在对数据集进行分析时，训练数据中对象的类标记未知，我们可以通过聚类产生这种类标记。类标记的产生是根据"最大化类内对象的相似性，最小化类间对象的相似性"的原则进行分组，形成对象的聚类。这里所形成的对象聚类可以视为对象类，由此导出类规则。它又称为无指导的分类，与分类不同的地方在于分类规则挖掘是基于类标识已知的训练数据，而聚类规则挖掘则是直接针对原始数据进行的。

5. 时间序列模式

时间序列模式根据对随时间变化的对象进行分析，建立模型描述对象的变化规律和趋势。这类分析的重要特点是考虑时间因素，包括对时间序列数据的分析。时间序列模式分析与关联模式分析有一定的类似性，但时间序列模式侧重考虑数据之间在时间影响下的关系。

9.3 数据挖掘的典型方法

数据挖掘是知识发现的核心步骤,是知识发现采用的特定算法或技术。最常用的数据挖掘方法有以下几种。

9.3.1 人工神经网络

神经网络建立在有自学习能力的数学模型基础上,可以对大量复杂的数据进行分析,并完成对人脑或其他计算机来说极为复杂的模式抽取及趋势分析。神经网络的典型应用是建立分类模型。

9.3.2 决策树

决策树是通过一系列规则对数据进行分类的过程。采用决策树,可以将数据的分类规则可视化,其输出结果也容易理解。例如,在金融领域中可以将贷款对象分为低贷款风险与高贷款风险两类。通过判别对象的一系列属性(形成一个树型结构),确定贷款申请者是属于高风险的还是低风险的。比如说,某一个人的月收入 4 000 元,申请"高贷款"时,会被认为属于"低风险"人群。作为对照,某一个人的月收入少于 1 000 元,且工作年限超过 5 年,将被认为属于"高风险"人群。决策树方法的精确度比较高,不像神经网络那样不易理解,同时系统也不需要长时间的构造过程,因此比较常用。

9.3.3 粗糙集(rough set)技术

粗糙集理论由波拉克(Z. Pawlak)在 1982 年提出,是一种新的处理含糊性和不确定性的数学工具,在数据挖掘中发挥了重要的作用,主要用于挖掘关联规则。

9.3.4 联机分析处理

联机分析处理(OnLine Analytical Processing,OLAP)主要通过多维的方式来对数据进行分析、查询和产生报表。OLAP 主要作为一种求证性的分析工具,即已有一个假设,通过 OLAP 来得到验证。OLAP 所采用的验证方法往往基于称为数据立方体的多维数据模型,即通过对数据立方体的切片、切块、旋转、钻取等操作来实现对数据立方体快速的多维存取。因此,用户可从不同的角度和抽象层次去观察所需的数据,以支持决策的制定。

9.3.5 数据可视化(Data Visualization)

数据仓库中包含大量的数据,并且充斥着各种数据模型,将如此大量的数据可视化需要复杂的高性能可视化工具。数据挖掘工具和数据的可视化可以很好地相互协作。就数据可视化系统本身而言,由于数据仓库中的数据量很大,很容易使分析人员变得不知所措。数据挖掘工具则允许用户设定富有成效的探索起点,并按恰当的隐喻来表示数据,为数据分析人员提供很好的帮助。

9.3.6 遗传算法

基于生物进化的概念设计了基因组合、交叉、变异和自然选择等一系列的过程来达到优化的目的,为了应用遗传算法,需要把数据挖掘任务表达为一种搜索问题,从而发挥遗传算法的优化搜索能力。

9.3.7 最邻近技术

通过 K 个与之最邻近的历史记录的组合来辨别新的记录,主要用于聚类、偏差分析等挖掘任务。

9.3.8 规则归纳

通过统计方法归纳、提取有价值的 if-then 规则,归纳技术在数据挖掘中被广泛应用,如关联规则的挖掘。

另外,还有演绎逻辑编程、覆盖正例排斥反例方法、贝叶斯(Bayesian)网络方法等。

9.4 知识发现系统的结构

一般来说,KDD 系统(见图 8.18)可视为用户和数据库之间的沟通桥梁,系统根据用户要求重新组织、汇聚海量数据,使用户能通过系统对自己感兴趣的知识有清晰的了解,或由系统应用所提取的知识解决具体的实际问题。

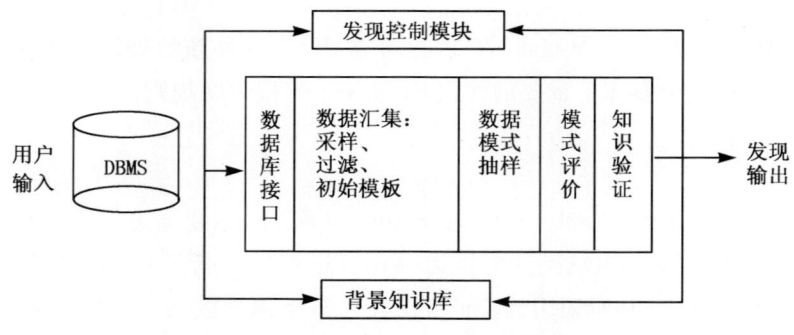

图 8.18 KDD 系统结构示意图

(1) 发现控制模块:初始化系统中的其他构件,控制发现活动的启动、状态转移和终止。

(2) 数据库接口:响应查询请求,执行 SQL 操作,对原始数据进行加工处理。

(3) 背景知识库:与特定领域相关的背景知识库。

(4) 汇聚模块:通过对用户任务需求的理解,利用各种数据库操作和数据统计操作,完成初始知识模板的生成。

(5) 数据模式(知识)抽取模块:集成各种数据挖掘算法,对知识发现的状态空间执行各种操作,完成知识发现任务。

(6) 模式(知识)评价模块:依据评价准则,对发现过程中产生的中间模式(知识)集进行筛选。

(7)知识验证模块:运用各种策略解决结果知识中的冗余和冲突,达到去伪存真的目的。

系统的信息来源由两部分组成:一方面用户提出发现任务,并直接干预发现活动,输入各种高级控制指令和各种特定领域的背景知识;另一方面数据库管理系统提供原始数据。

系统的知识发现过程为:从数据库中选择的数据先经过汇聚模块的过滤形成初始知识模板,再经过发现控制模块调用各种数据挖掘算法形成中间模式集。这些中间模式经由评价模块的筛选,形成最终的知识发现结果。最后,知识验证模块对发现结果进行验证,然后送入系统知识库以支持后续的知识发现活动。

§10 信息过滤和信息提取

与数据挖掘和知识发现技术一样,信息过滤和信息提取技术也是在网络信息数量激增的背景下提出的。

10.1 信息过滤

信息过滤是根据用户的信息需求对动态信息流进行过滤,仅把满足用户需求的文档传送给用户,以提高用户的信息获取效率的一种技术。信息过滤技术在为用户提供所需信息的同时,着重剔除与用户需求不相关的信息,从而提高用户获取信息的效率,极大地减轻用户的认知负担,起到减压的作用。由于信息过滤的反馈机制具有自我学习和自我适应的能力,可以动态地了解用户兴趣的变化,掌握用户的信息需求,从而为用户提供更有针对性的信息。协作信息过滤系统还可以根据用户之间的相似性来推荐信息,从而有可能为用户提供新的感兴趣的信息,拓宽用户的视野。通过信息过滤,可以减少不必要的信息传递,节约宝贵的信道资源。利用信息过滤,可以对网络信息的流量、流向和流速进行合理的配置,使网络更加畅顺。随着网络不良信息的泛滥,信息过滤作为解决不良信息问题的技术手段更是受到社会各方面的广泛关注。

10.1.1 信息过滤系统的一般模型

一个信息过滤系统(见图 8.19)一般包括四个基本组成部分:

(1)数据分析部件(a):从信息提供者处获取或收集信息(例如文档、消息),将信息进行分析并以适当的数据形式(例如向量)来表示。表示结果被输入到过滤部件(b)中。

(2)过滤部件(b):信息过滤系统的核心。将用户模型与信息进行匹配,从而决定一条信息与用户是否相关。过滤部件的相关性判断有两种情形:有时判定输入信息是否相关;有时判定输入信息的相关度。过滤部件的处理对象有两种形式:一种是一条单独的信息(如一个新来的电子邮件消息);一种是一组信息(如文档集合)。用户是过滤结果的相关性的最终决定者。用户的评估可以进一步反馈给学习部件。

(3)用户模型部件(c):显式地或隐式地收集用户的信息需求,并构建用户模型。用户模型也被输入到过滤部件中。

(4)学习部件(d):提供更好的过滤模型。由于建立和改变用户模型的困难,过滤系统必须包括一个学习部件,发现用户兴趣的变化,并通过强化、弱化或取消现存有关用户的知识,来更新用户模型。否则,不精确的用户模型将影响过滤结果。

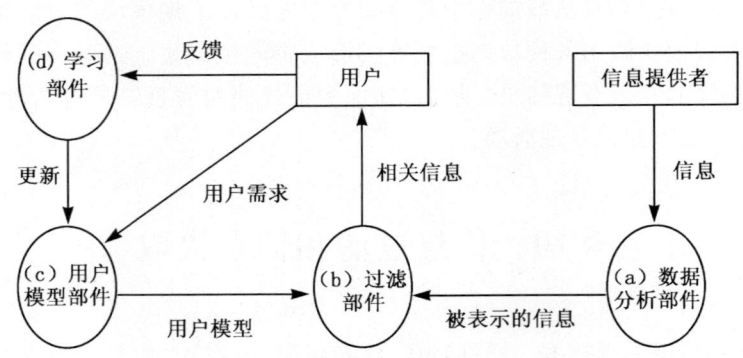

图 8.19　信息过滤系统的一般模型

10.1.2　信息过滤分类

从不同的角度出发对信息过滤系统进行分类可能得到不同的结果。

1. 按操作的主动性分类

(1)主动型信息过滤系统

这类系统主动地按照用户模型的要求为用户搜寻相关信息。搜索可以在较小范围内进行,如相关新闻组的列表;也可以是较大的范围,如互联网。将用户模型提供给系统后,系统就会搜索信息空间,收集并将相关信息传递给用户。这种过滤涉及到推送技术,系统将相关信息推送到用户的计算机中,并在用户其他工作的间隙显示于屏幕上。

(2)被动型信息过滤系统

这种系统将信息流中不相关的信息滤掉,通常用于电子邮件或新闻组信息。由于它们对信息流的处理是自动的,所以不必费力去为用户收集信息。这种过滤系统根据用户模型决定信息与用户需求的相关性。有些信息过滤系统将不相关的信息过滤掉,而另一些系统为用户提供所有的信息,然后依据相关度进行排序。研究发现,电子邮件用户偏爱对所有消息进行排序的过滤方法,而不喜欢选择只包括最相关消息的子集,因为前者可以避免丢失重要消息的风险。

2. 按过滤操作的位置分类

(1)信息源过滤

用户将用户模型提交给一个信息提供者。信息提供者为用户提供与过滤模型匹配的信息。这一类过滤称为剪辑服务。Dialog 提供的 Alert 就是这种类型的服务。在此类系统中用户可以定义用户模型,系统定期把用户模型与 Dialog 数据库中的文档集合进行匹配,然后通知用户最新文献状况。

(2)服务器过滤

用户将用户模型提交给服务器,信息提供者将信息传递给同一个服务器,服务器过滤并将相关信息分发给各个用户,并为不同地理位置或特定兴趣主题小组进行服务。Kay 和 Kummerfeld(1995)已经为这种过滤系统设计了一种结构。其中信息提供者(供应商)将信息传递给发布中心,发布中心对用户相关的信息进行评估并传递给用户。基于用户模型建立的用户代理程序,在信息到达时对其进行检查,并决定每一条信息对哪些用户来说是合适的。

(3) 用户端过滤

本地的过滤系统对进入系统的信息流进行评估,并将不相关的删除或是按照相关度进行排序。用户端的过滤实行的是被动过滤,只是对流过的信息进行评估。

3. 按过滤方法分类

Malone(1987)等学者开展了一项研究,他们发现了两种主要的过滤方法:

(1) 认知过滤:Malone 等学者将其定义为"采用一种机制,描述消息内容和消息接受者的信息需求特征,然后用这些描述智能化地将消息与接受者的要求进行匹配"。有些研究者(如 Morita & Shinoda,1994;Sheth,1994;Beerud,1994)支持这种定义,也有研究者(如 Hofferer 等学者,1994)从心理学角度来解释此概念,认为认知过滤是一种基于"描述用户认知方式、个性、目标和计划的用户模型"的过滤。基于这一事实,程妮等人提出:

● 基于内容的过滤:一方面是用户感兴趣的领域,另一方面是信息的内容。

● 基于属性的过滤:基于比"兴趣、研究范围"更宽泛的用户属性。

这两者在它们识别信息内容、用户兴趣和匹配两者的方法上存在诸多不同。大多数商业过滤系统都是基于内容过滤的,建立在信息与用户偏好的相互关系之上,而且对于机读信息的操作很简单。

(2) 社会过滤:Malone(1987)等学者将其定义为"在一个团体中,利用个人和组织中个体间相互关系进行过滤。过滤系统搜集处理用户使用信息系统的习惯,得出具有相似使用习惯的用户群体,如果某个用户选择了一个信息单元,那么过滤系统就可以把这个信息单元推荐给具有相似习惯的用户群体。还有研究者(Maes & Kozierok,1993)将社会过滤解释为"协同过滤",即自动完成类似人的推荐过程。

因为用户感兴趣的领域在决定信息的相关性时起主要作用,所以社会过滤一般不能完全满足过滤需求,或是代替基于内容的过滤。实验表明将基于内容的过滤和社会过滤相结合的系统可以取得较好的效果。正在进行的研究从多种途径检验将认知和社会过滤结合在一起的过滤策略。Fab 就是结合基于内容和协同过滤的网页推荐系统之一。

4. 按获取用户知识的方法分类

不同的信息过滤系统采用不同的用户知识获取方法(Stadnyk & Kass,1992)。这些知识形成了通常以规则的形式存在的用户模型。获取用户知识的方法包括基于用户询问的"显式方法"、通过记录用户行为的自动推测用户模型的"隐式方法"和显隐混合方法。

(1) 用户询问式过滤

它是普遍采用的显式方法。这种过滤方法通常要求用户填表以描述其感兴趣领域或其他相关参数。有些过滤系统如 Newsedge(McCleary,1994),为用户提供事先定义的一组用户模型,让用户从中选择最合适的用户模型,但却限制了用户选择的自由度。

基于规则的过滤系统利用用户询问方法来定义信息过滤规则。这些系统通常提供一个规则编辑器来指导用户完成规则定义工作。第一个实现这种技术的系统是 Lens(Malone 等学者,1987),它为用户群体提供电子邮件信息过滤。Lens 中的规则应用于消息的结构化字段,如发送者、发送日期和主题。规则编辑器为用户提供每个字段事先定义好的一组可能值。

(2) 用户行为记录式过滤

这是一种不要求用户主动参与的隐式用户需求获取方法。用户对每条信息的反应都被记录下来,以便从中得到信息与用户需求的实际相关度。Morita 和 Shinoda(1994)发现用户对一条数据的兴趣与其阅读该信息的时间有关。协同过滤系统 GroupLens(Konstan 等学者,1997)的实验发现,阅读时间是检验过滤结果相关性的一个指标。该系统为了推知用户模型,除了监测时间外,还使用用户相关性反馈。用户的其他行为,如是否保存、丢弃、打印或发送信息,也可以被用来揭示用户兴趣。

(3) 文档空间式过滤

介于显式方法和隐式方法之间(Foltz & Dumais,1992),用户的参与度最小。系统为那些用户以前判断为相关的文档创建一个文档向量空间。任何新来的文档都要与空间内已存在的文档进行相似性比较。如果新文档的相似性高于某一相关性阈值,就被认为是相关的。用户不需要定义用户模型,只需评估文档的相关性。这种方法有一个潜在的缺陷,如果初始文档空间中没有包含某些领域,就可能出现对用户兴趣的持续偏见。

(4) 典型推导式过滤(Stereotypic Inference)

这种信息过滤方法结合了显式和隐式两种方式的优点。系统要求用户首先提供一些明确的信息,以便可以把该用户和某种典型用户联系起来。隐式推导建立在用户所属的典型上,与关于用户的显性知识互补。典型用户模型是用户建模工作中一个基本环节,它获取各组用户的默认信息。典型用户模型能在很多方面加强用户建模的工作。例如,在一个用户建模工具 UMT(Brajnik 等学者,1990)中,典型用户模型被用于用户的默认模型。典型用户模型同样运用于用户建模工具 UM(Kay,1990)中,在没有其他可用信息时作为用户建模的初始信息源。

10.2 信息提取

信息提取(Information Extraction)是指从一段文本中抽取指定的一类信息(例如事件、事实),将其形成结构化的数据,填入一个数据库中供用户查询使用的过程。例如从一篇关于自然灾害的新闻报道中摘录出灾害的类型、时间、地点、人员伤亡、经济损失、救援情况等;或从产品发布的新闻语料中提取某产品的各种感兴趣的指标,例如计算机网络交换器的协议类型、交换速率、端口数、软件管理方式等。信息提取涉及到两个方面的因素,即:①用户指定感兴趣的信息和待分析的文本集;②系统过滤文本集并以一定的格式输出匹配的信息。

由此定义我们可以明确信息提取的技术目标以及它与相关信息处理技术(例如信息检索、自动文摘、文本理解等)的实质差异。

首先,仅仅依靠信息检索并不能有效地实现信息提取的目标,因为信息检索只是找出满足一定检索条件的信息单元,而人们仍然必须阅读所找到的每一个信息单元才能获得所需要的信息。虽然信息检索的模型和技术一直在不断地发展更新,但其基本目标始终是寻找与检索条件的相关程度最高的信息单元。信息提取不仅查找信息,而且替用户理解信息,并按用户指定的方式输出信息。可以说,信息提取是更深入的信息检索。

其次,信息提取与自动文摘和文本理解也有实质的差别,即信息提取是对一个预先定义好的信息模板进行填充,是一种高度受限的信息处理过程;而自动文摘和文本理解则没有预先规定目标的特性,需要对多种多样的内容进行分析和处理。相对而言,信息提取技术更注重工程性和可操作性,希望通过使用一定程度的语言处理技术进行相当多的信息发现和提取工作,以满足某些基本的应用需求。

可以预见,信息提取技术具有非常广泛的应用领域。首先,它可以应用于传统的信息检索系统之中,在信息检索之后对相关的文本进行指定信息的提取,使单纯的信息查找过程进一步变成信息匹配(理解)过程,从而把传统的信息检索系统变成智能系统,以用户更满意的方式输出信息。例如,可以通过引进信息提取技术来改进,大型联机检索系统、图书情报检索系统、搜寻引擎等,或把信息提取作为辅助功能供用户选用。其次,信息提取技术也可以集成到一些数据库应用系统(例如产品介绍信息、公司机构名录、分类广告信息、光盘图书报刊阅读等应用系统)中,作为由非结构化的文本自动生成结构化数据(例如 XML 数据)的前端工具,使用户能够快速方便地提取某类指定信息。最后,信息提取也可以做成独立的应用系统,直接用于各种文本信息的处理过程之中,例如在办公文档处理、报刊处理、字处理与校对过程中,由用户指定信息来源,直接进行信息提取操作。

10.2.1 信息提取的技术内涵

按照 MUC(Message Understanding Conferences)的任务规定,一个完整的信息提取过程由简到难包括 5 个阶段。

MUC 中定义的 5 个典型的提取阶段(MUC-7 IE Task Definition Version 5.1)分述如下:

(1)命名实体 NE(Named Entities):提取文本中相关的命名实体,包括人名、机构/公司名称的识别,例如,国家财政部/Org 部长 项怀诚/Person。

(2)实体关系 ER(Entity Relations):提取命名实体之间的各种关系(事实)等,如 Location_of,Employee_of,Product_of 等关系。例如,Post_of(部长,项怀诚),Employee_of(国家财政部,项怀诚)。

(3)模板脚本 Template Scenario(Event Structures):提取指定的事件,包括参与这些事件中的各个实体、属性或关系,如召开会议(Time<…>,Spot<…>,Convener<…>,Topic<…>)、航天器发射事件(其涉及的运载工具、负载、时间和场地)等。

(4)共指 Co-reference(Identity descriptions):代词、名词共指分析。

(5)模板合并 Template Merger:把相同的事件合并成为一个。

MUC 定义文本详细地给定了每次评测内容的各个任务,分别以上下文无关语法(CFG)规则和填写规则(Fill Rules)的形式描述相关的各个成分,指明模板的各个槽(slot)的含义,例如 MUC-7 的模板规范包括了与航天器发射事件有关的 ENTITY,RELATION 和 SCENARIO 的 BNF 和 Fill Rules。各个模板槽的语义(为其 Fill Rules)是预定义的原语,因而是内建

(built-in)在系统的分析机制中。

10.2.2 信息提取系统如何工作

典型的信息提取系统的内部工作过程主要包括了如下几个步骤:

(1)用一组信息模式(Info Patterns)描述感兴趣的信息。信息模式通常可表示为简单的一个句式,例如 <公司名>"推出"<产品名>。系统可以针对某一领域的信息特征预定义好一系列的信息模式,存放在模式库中供用户选用。

(2)对文本进行"适度的"(浅层、非完整的)词法、句法及语义分析,并作各种文本标引。这个过程通常包括识别特定的名词短语(人名、机构名、产品名、事件、地点等)和动词短语(事件描述、事实陈述)。这需要使用合适的词典、构词规则库等知识库的支持。

(3)使用模式匹配方法识别指定的信息(即找出信息模式的各个部分)。

(4)进行上下文关联、指代、引用等分析和推理,确定信息的最终形式。

(5)输出结果(例如生成一个关系数据库或给出自然语句陈述等)。

出于效率的考虑,典型的信息提取系统通常包括一个预处理过程,目的在于过滤掉与提取目标不相干的文本;然后通过词法分析和标引,识别所有与提取目标相关的词汇("关键词"识别与标引);句法和语义分析只应用于所有包含了关键词的句子的集合,对每个句子的分析结果近似于该句子的语义框架表示(此框架的定义与提取目标密切相关);最后对这些框架进行合并、综合,便可得到所需信息的各种数据项(关系数据模式的各个字段)。

10.2.3 中文信息提取涉及的若干技术问题

根据汉语的特点,中文信息提取一般需要使用如下几个方面的自然语言处理技术。

1. 词典、词切分和词性标注

制作一个规模适当、分级合理并可灵活配置的词典是建造中文信息提取系统的第一步;开发合适的汉语词切分和词类标注软件,这涉及建立专用于信息提取的词切分方法,特殊的标引方法,已有的切分和标注技术的改进等。

2. 适用于中文信息提取的短语句法及语义分析

这包括句法成分的识别与标引,关键词提取,检索特征集的提取、索引等。信息提取系统的目的在于获取指定的信息,因而往往不需要进行完整的语言分析和理解。其分析过程通常可称作"浅层的"或"部分的"语言分析(只分析所需要的部分),即找出代表指定信息的词汇、短语等块状语言结构,而不是去弄清楚每一语句的句法结构树。在语法分析的阶段一个主要问题是解决代表信息所包含的事件、消息或事实的有关名词性短语和动词性短语的识别问题。对文本的语义理解在于发现指定信息所涉及的各项内容,解决句间成分传递、指代与引用情况等问题。

3. 适用于信息提取的句群分析与篇章表示

这些技术包括表达句间成分的传递,指代、引用信息表的建立和使用,"this 指针"(当前语义焦点 focus)的维护,以及概念关系的推理等。

从上述讨论知道,浅层次句法分析技术在信息提取中具有重要的作用。其目标在于通过牺牲分析的完整性和深度为代价,换来分析系统的健壮性和效率,克服传统句法分析所遇到的困难,以便在大规模真实文本处理的任务中得到有效的应用。

[本章撰稿人:赖茂生　赵丹群　周建平　韩圣龙]

参 考 文 献

[1] 赖茂生,徐克敏等. 科技文献检索[M]. 北京:北京大学出版社,1994
[2] 赖茂生,赵丹群,王延飞. 计算机情报检索[M]. 北京:北京大学出版社,1993
[3] 赖茂生,黄崑. 情报检索技术与方法的研究综述[M]. 情报学进展2002—2003年度评论,第五卷. 北京:国防工业出版社,2003:164~202
[4] 文化部图书馆事业管理局. 图书馆专业基本科目复习纲要[M]. 北京:书目文献出版社,1982:193~220
[5] 武汉大学图书情报学院. 中国图书情报工作实用大全[M]. 北京:科学技术文献出版社,1990:672~787
[6] 刘昭东,陈久庚. 信息工作理论与实践[M]. 北京:科学技术文献出版社,1995:156~232
[7] 赵志坚. 网络信息资源组织和检索[M]. 北京:人民邮电出版社,2004:44~143
[8] 储荷婷,张晓林,王芳. Internet网络信息检索[M]. 北京:清华大学出版社,293~299
[9] 郜明. 商务信息工作[M]. 北京:中国建材工业出版社,53~55
[10] 雷荣. 国内外联机检索数据库系统服务比较研究[M]. 北京:中国科学技术信息研究所,2003
[11] 朱震远. Internet专业导航系统和传统信息检索系统评价标准的比较[J]. 现代情报,2002(9):59~61
[12] 肖珑,张宇红. 电子资源评价指标体系的建立初探[J]. 大学图书馆学报,2002(3):35~42
[13] 韦娜,耿国华,周明全. 基于内容的图像检索系统性能评价[J]. 中国图像图形学报,2004(9):1271~1276
[14] 王梅. 全文检索系统测评的探讨[J]. 情报学报,2000,19(1):11~17
[15] 张燕,惠嘉颖. 网络搜索引擎评价[J]. 现代图书情报技术,2001(4):34~36,58
[16] 王筠,关晶玉. 网络信息检索系统的模糊综合评判[J]. 情报杂志,2003(8):53~54
[17] 梁丽华,朱红. 科技信息检索[M]. 北京:中国轻工业出版社,2004
[18] 谢新洲. 网络信息检索技术与案例[M]. 北京:北京图书馆出版社,2005
[19] 彭鹏,梁春晓. 搜索革命[M]. 北京:企业管理出版社,2004
[20] http://www.google.com
[21] http://www.baidu.com
[22] http://searchenginewatch.com
[23] 李建. 文献信息检索学[M]. 南京:南京师范大学出版社,2002
[24] 李晓明,闫宏飞,王继民. 搜索引擎:原理、技术与系统[M]. 北京:科学出版社,2005
[25] 周宁,张玉峰,张李义. 信息可视化与信息检索[M]. 北京:科学出版社,2005
[26] 周建平. 查新知识管理系统初探[C]. 三峡科技查新工作研讨会,2005
[27] 刘荣. 图书馆信息服务与管理[M]. 北京:北京图书馆出版社,2002
[28] 胡昌平,黄晓梅,贾君枝. 信息服务管理[M]. 北京:科学出版社,2003
[29] 王宁. 浅谈信息检索服务模式的转变[J]. 图书馆学刊,2005(1):9~11
[30] 胡晓峰,李国辉. 多媒体系统[M]. 北京:人民邮电出版社,1997

[31] QBIC. http://www.qbic.almaden.ibm.com
[32] VisualSeek. http://www.ee.columbia.edu/~sfchang/demos.html
[33] 熊华,老松杨,吴玲琦等. NewsVideoCAR:一个基于内容的视频新闻节目浏览检索系统[J]. 计算机工程,2000(11):73~75
[34] WOLD ETBLUM,DKEISLAR,JWHEATION. Content-based Classification,Search,and Retrieval of audio[J]. IEEE Multimedia,1996(3):27~36
[35] 庄飞挺,潘云鹤,吴飞. 网上多媒体信息分析与检索[M]. 北京:清华大学出版社,2002
[36] 林筑英. 多媒体技术[M]. 重庆:重庆大学出版社,2001
[37] 张维明. 多媒体信息系统[M]. 北京:电子工业出版社,2002
[38] 胡晓峰,吴玲达,老松杨,等. 多媒体技术教程[M]. 北京:人民邮电出版社,2002
[39] 韩圣龙. 数字音乐信息组织[M]. 北京:北京图书馆出版社,2005
[40] 苏新宁等. 信息检索理论与技术[M]. 北京:科学技术文献出版社,2004
[41] RICARDO BAEZA-YATES,ETAL. Modern Information Retrieval Addison Wesley,1999
[42] FABIO CRESTANI. Advances in Information Retrieval Springer[M],2002
[43] 周宁等. 信息可视化与知识检索[M]. 北京:科学出版社,2005
[44] http://elib.cs.berkeley.edu/tilebars/
[45] http://www.visualthesaurus.com/
[46] http://www.renardus.org/
[47] WFRAWLEY,GPIATETSKY-SHAPIRO,CMATHEUS. Knowledge Discovery in Databases:An Overview[J]. AI Magazine,1992:213~228
[48] 朱廷劭,高文,CHARLES XLING. 数据库中知识发现的处理过程模型的研究[EB/OL]. http://www.cs.ualberta.ca/~tszhu/paper/CWML98.doc
[49] 程妮,崔建海,王军. 国外信息过滤系统的研究综述. 现代图书情报技术[J]. 2005(6)
[50] 孙斌. 信息提取技术概述(上)[J]. 术语标准化与信息技术,2002.(3)
[51] 孙斌. 信息提取技术概述(中)[J]. 术语标准化与信息技术,2002.(4)
[52] 孙斌. 信息提取技术概述(下)[J]. 术语标准化与信息技术,2003.(1)
[53] 黄崑,赖茂生. Web信息检索技术及研究进展. 现代图书情报技术,2004(6)
[54] 汤艳莉,赖茂生. Ontology在自然语言检索中的应用研究[J]. 现代图书情报技术,2005(2):33~36
[55] 赖茂生,侯艳飞. 跨语言检索技术:策略与方法[J]. 郑州大学学报(哲学社会科学版),2005(4):11~14

第 9 章 信息服务领域

§1 信息服务领域概述

1.1 主要应用领域

在社会信息化进程中,随着信息工作的社会化和信息产业的发展,人们对信息资源及其服务的需求愈加膨胀。同时,伴随电子信息技术如网络技术、通信技术等的日益渗透,信息提供服务也快速发展起来。从军事领域的决策支持服务开始,信息服务就一直力图为满足各层次信息用户需求而努力拓展自己的服务领域和范围。

信息服务的领域和范围在不同的社会门类有不同的规模和速度,面向科学技术、经济、金融、企业、商务、政务等领域的信息服务发展迅速。目前在信息服务应用领域中,发展较为成熟,且正走向信息化、正规化、产业化的领域主要为科技信息服务、政务信息服务和商务信息服务等。

大多数国家信息服务的提供始于科技信息服务领域,科技信息服务已成为一个庞大的科技信息收集、加工、传播的系统网络,在整个社会大生产中具有不可替代的作用。特别是在当前世界科技突飞猛进、全球化经济迅速发展以及加入 WTO 后我国所面临的国际竞争日益激烈的形势下,国家更加重视科技进步和科技创新,已经于 2005 年 10 月将"提高自主创新能力"确定为国家"十一五"规划必须坚持的原则之一,因此,科技信息服务事业将面临着新的发展空间。

当社会经济从工业经济发展到信息经济时,商务信息服务便成为社会生活中最富有生命力的信息服务。商务信息服务包括经济、金融、投资、市场、广告、证券、期货、物资供应、价格等信息服务内容。在西方工业发达国家,如美国、英国等,传统的信息服务活动和机构现在已同电子信息服务业相结合,形成了现代化的信息服务设施。在我国,商务信息服务业以及与之伴生的经济信息机构和系统,大体诞生于 20 世纪 80 年代中期。当前,一些西方主要工业发达国家的经济信息服务和科技信息服务,无论从信息内容、服务手段和服务对象来看都已有机地融合在一起。

政务信息是政府部门为履行其职责而产生、获取、利用、传播、保存和负责处置的信息,它是人们全面考察社会情况,从事经济、国防建设及科学研究等活动必不可少的国家信息资源。据统计,80%的社会信息资源掌握在政府部门手中,政府是最主要的信息生产者、消费者和发布者。作为一种重要的国家资源,政务信息具有全社会所有的公共属性,这就要求我们对可以公开的政务信息及时开放,使其在尽可能大的范围内供人们利用。因此,作为社会信息服务体系中的一个有机组成部分,政务信息服务是政务信息工作的核心,是政务信息和用户之间的桥梁,也是联系政务信息供给与需求达到动态平衡的桥梁。

总之,随着社会的发展,人们对信息的要求不断提高,信息服务的应用领域也在不断地拓展和延伸。相应地,各领域的信息服务提供都发生着深刻的变化:一方面为了更方便用户,所有的信息服务机构对信息加工的程度大大加深,从前主要对信息进行表征加工,对用户提供指示信息源,用户只能接受被动的信息服务;现在开始对信息进行综合分析,对用户提供面向需求的和真正解决问题的主动信息服务。另一方面,以前的无偿的公益性信息服务,一部分正在继续加强,而又有很大一部分正在逐步变为有偿性的信息经营服务。由于信息高科技的不断渗透,信息服务的方式、方法和手段都在与信息技术相结合,实现电子信息服务。基于这样的环境,信息服务者除了提供一些基本服务,如发布、导航、搜索、交互、链接、培训、咨询等外,还针对不同内容、类型、形态的信息资源开展了有特色的服务,以满足不同层次用户的不同需求。

1.2 基本服务

传统的信息服务大家已很熟悉,这里着重介绍一下网络环境下的信息服务。

1.2.1 发布

发布服务几乎是所有信息提供服务最基本的服务功能。网络环境下,利用互联网技术建立网站就是要通过这个平台宣传自己的产品和服务,展示网站拥有者具备提供知识、工具、培训咨询等知识产品开发和服务的能力。网站将整合进来的信息资源整理、加工、过滤,经核批后把内容传送到前台,以公告、重要通知、新闻、最新动向等形式展示给用户,而且为了体现发布信息的重要性和及时性,发布的内容都位于网站最显著的位置。另外,还有一些网站的发布形式采用浮动图片和旗帜"动态"和"互动"的形式,在用户访问的时候自动出现提示用户查看。尤其是现在很多综合性网站中广告信息都采用这种能够引起用户"眼球注意力"的方式进行信息的发布,提高了信息传播的效率。网站的信息发布功能与网站的信息采集、信息管理与信息交互功能紧密地联系在一起,网站将搜集来的信息资源进行组织并结合用户的信息需求将整合后的信息资源发布出去,这一过程既完成了网站对自身的宣传功能,同时也实现了网站对用户的信息提供。

1.2.2 导航

网站导航服务是有效地展示整合进网站的资源的基础,相对于搜索引擎而言,更多的是对网站内容布局的揭示,尤其当网站内容比较丰富的时候这一服务更加重要。网站的导航系统可以指引用户浏览到所需要的信息,减少用户的"迷航"现象,为不同用户获取网站推荐的相关信息资源提供快捷、准确的检索服务。大部分网站都提供了导航服务,导航的主要形式有全局导航、局部导航、补充导航三种形式。其中,全局导航设置在网站主页的顶部或侧面;局部导航是为全局导航下层内容细分而设置的;补充导航是用独立于全局导航条件以外的方式向用户提供另外一种进入网站内容的途径,如站点图、内容目录表、索引以及指南等。导航功能的实现是建立在合理的信息分类组织的基础上,由网站的信息管理人员按照网站预先确定或自动产生的分类原则,对收集来的信息资源组织,一般而言,应按照等级分类的方式进行信息组织,将整个网站的信息内容构建成一个自上至下的结构。

1.2.3 搜索

信息量的空前增长使得人们在享受丰富信息资源的同时又陷入了"信息超载"、"信息迷航"的境地,因此搜索引擎技术应运而生,它为人们快速、准确地定位所需要的网络信息提供了便利。在网站中,搜索功能可以帮助用户快速发现有价值的信息,是多数网站提供的基础功能。网站内置的引擎可以对文档的标题、描述以及物理内容进行检查,产生元数据,并保存下来,借助元数据可以完成功能强大的搜索。在综合性搜索引擎快速发展的同时,专业搜索引擎也针对用户的特殊需求应运而生,以 Google scholar 为例,它提供面向学术研究人员的信息检索服务,可以帮助快速寻找学术资料,如通过了专家评审的论文、书籍、预印本、摘要以及技术报告。

1.2.4 交互

网站提供的交互功能是其开放性的重要体现,可以实现用户与网站、用户与用户、用户与专家之间的信息交流和反馈,推进信息共享和协同。在交互的基础上,网站可以针对用户的需求开展个性化的服务。网上的交互活动具有用户参与的定向性、信息更新的及时性、信息交换的针对性等特点,也是体现网站吸引力和个性的一个方面。网上信息交互是网站与用户交流的窗口,可实现网上定制服务、在线参考咨询、在线讨论、在线辅导、网上文献传递等,能简化工作程序,提高服务效率和服务层次。通过聊天室、BBS,网站既可以组织兴趣爱好相同的用户探讨热门话题,也可就某一专题各抒己见、交流体会,还可为用户向其他人推荐和展示自己喜欢的作品提供机会,而网站也可以借机倾听用户意见,了解用户及其需求,以改进自己的网页及其服务。如通用汽车开展的电子商务就将用户交互服务作为其信息服务的一种手段,用户可以在线选择自己喜欢的汽车配件与汽车款型,一方面方便了用户,另外一方面,扩大了用户群体范围。

1.2.5 链接

在互联网上,链接是一种发布信息、提供服务的重要方式。链接方式有正常链接和埋藏链接两种。对于正常的链接,用户在链接的引导下访问被链接的对象时,就离开了设链者的网页,用户浏览器会清楚地显示地址的变化。网站建设者通过自己对专业知识或者是行业的理解将该领域的信息资源进行整合,这种整合一方面意味着通过在页面上嵌入相关链接以启动特定程序,实现简化网站页面工作空间的能力;另一方面为用户提供了解该领域的知识线索,帮助用户在不同网站进行跳跃式的访问,扩大用户的检索范围。

1.2.6 培训

网络中充斥着各种各样的信息资源,同时存在着面向不同问题和不同需求的搜索引擎,这些搜索引擎的类型、特点以及查询方式都存在着很大的不同,用户在这种环境下会不知所措,所以对具有不同需求的用户的检索培训应该作为信息服务中的重要部分。培训的目的主要是提高用户的信息意识和信息网络资源检索能力。

1.2.7 咨询

信息咨询是咨询产业的基础层。处于信息咨询层次的咨询公司主要从事市场信息调查、收集、整理和分析业务,为企业决策提供准确、完善的辅助信息。著名的咨询公司有"盖洛普(中国)咨询"、"零点调查"等。

管理咨询是咨询产业的核心层。处于管理咨询层次的咨询公司主要按照企业管理的各个层面划分为专业业务领域,一般包括投融资咨询、财务会计咨询、税收咨询、市场营销咨询、人力资源咨询、生产管理咨询、工程技术咨询、业务流程重组与管理信息化咨询等。

战略咨询是咨询产业中的最高层次。处于战略咨询层次的管理咨询公司,主要是为企业提供战略设计、竞争策略、业务领域分析与规划设计等服务,同时也有一些咨询公司主要面向政府提供政策决策咨询。由于提供战略与决策咨询服务的难度较大,因此,专门从事这类服务的公司较少,大多数咨询公司通常是兼及战略咨询和管理咨询。国际上最著名的战略咨询公司要数麦肯锡(http://www.mckinsey.com/)、埃森哲(http://www.accenture.com/)、波士顿(http://www.bcg.com/)、罗兰·贝格(http://www.bergerexecutive.com)等。

§2 科技信息服务

2.1 科技信息服务概念

2.1.1 科技信息

科技信息一般是指国内外各种科学技术领域的成就和动向。它除具有一般信息的属性外,还有其特殊性。首先,科技信息来源于社会实践,又经过了时间或实验的检验,因此一般说来可靠性较高。其次,科技信息又是人们科学思维的产物,是经过人们逻辑加工和提炼概括的有用知识,可指导人们开展新的社会实践。

同一般信息一样,科技信息的表现形式也分为文献形式、语言形式和实物形式。所谓文献形式就是指各种形式的科技信息资料,包括正式和非正式出版物。语言形式是指那些非正式渠道的交流活动中,通过人们的相互语言交流所获得的科技信息。实物形式是指各种产品、模型中包含的科技信息。

科技信息的传播交流以文献形式为主。正式出版物包括:科技图书、科技期刊和其他连续出版物、科技报告、会议文献、专利文献、标准文献、报纸、年鉴等等；非正式出版物包括科技档案、学位论文、手稿、统计资料、国际组织及政府出版物等；除传统的信息来源外，目前 Internet 也成为科技信息获取的主要渠道，如各种网络数据库、专业网站等。

科技信息是科学研究和科技创新的重要资源和基础条件，是整合、管理和协调科技创新体系的重要组成部分。科研人员通过科技信息可了解国内外科技发展水平，研究解决科研及生产过程中的问题，开发新产品，制定科技、经济发展规划等。

2.1.2 科技信息服务

科技信息服务是科技信息机构的一项传统业务，主要是运用科学的方法，把国内外有用的科学知识和新的科研成果，有计划、有目的、准确、及时地提供使用的一种服务。具体讲，就是要在恰当的地点、合适的时间，从正确的来源，以用户能够理解的、可靠、便捷、安全的方式，提供内容准确的信息，为用户完成特定的科学技术任务提供信息服务保障。

科技信息服务具有明显的从属性。科技信息服务必须紧紧围绕着科技系统的实际需要来进行，为科学研究和工程技术的需要服务，为制定科技政策服务，为人类的社会经济发展服务。

科技信息服务当前正在由提供信息指引或原文的信息支持服务向提供知识的决策支持服务的转变之中。传统的科技信息服务的主要内容是科技情报搜集报道与编辑出版、科技翻译、科技情报咨询服务、科技查新服务等。目前，随着科技发展和科技信息用户需求的发展，科技信息服务更注重科技动态跟踪、专业主题信息资源提供、信息分析与预测、战略情报与决策情报提供以及科技信息评估等方面。

不论是在发达国家还是在发展中国家，科技信息服务业都占有重要的地位。西方工业发展国家的科技信息服务业发展已经比较成熟，它们形成了科技信息服务机构和系统，又按学科或专业形成了众多的专业情报信息机构。中国的科技信息机构和全国的科技情报事业是在我国制订12年科学规划、准备向科学进军的1956年，由周恩来总理提议，并由聂荣臻副总理和中科院郭沫若院长执行建立的。经过50年的建设，全国的科技信息服务系统已有坚实的发展基础，科技信息服务业正在蓬勃发展。

2.1.3 科技信息服务的要求

科技信息服务的基本任务是在广泛收集和积累科学文献资料，以及必要的实地调查和考察的基础上，运用科学的研究方法，通过分析、对比、推理、综合等逻辑思维过程，编写成或缩写出可供决策人员、理论或实际工作者借鉴和参考的综述、述评、专题研究报告及其他情报研究产品。

科技信息服务提供面临的第一个问题是如何对收集来的消息进行分析、研究、综合，通过一系列的创造性劳动，编制出各式各样的科技情报。另一个问题是如何传递收到的信息。首先，必须逐次加工研究每条信息，分门别类，才能及时、详细地提供给最需要者，简明扼要地提供给一般需要者。其次，为了把全面准确的信息提供给需要者，情报人员必须深入了解科技内容，知道来龙去脉，才能保证提供信息的准确性和连续性。

科技信息服务的基本目标是跟踪、报道国内外科技发展动态，开展科技政策相关研究，进行科技信息的增值服务,为科研人员、科研管理部门、科技决策机构以及科技成果使用者的决策,提供情报支撑;为科学研究单位承担的科研项目提供情报调研服务;为社会有关行业和部门提供科技信息咨询服务。

2.2 科技信息服务的形式

科技信息服务的形式很多,这里仅列出一些核心内容。

2.2.1 科技动态跟踪

科技动态跟踪主要是跟踪、监测某一领域或学科范围的现有水平和发展方向,着重及时性。一般的动态跟踪只反映主要的观点、特点、结论等,不涉及具体的理论或技术细节。其主要作用是供科技决策人员在确定课题时开拓其思路、为科研人员把握领域前沿提供途径。

科技动态跟踪目前以学科专家或专门的监测人员为主,还可以利用信息抽取工具根据一定的抽取规则进行自动收集,但完全自动抽取具有很大的局限性,因此也需要结合人工来完成。

根据获取内容和目的的不同,科技动态跟踪可以包含以下几个方面:
(1)主题跟踪:紧密围绕特定学科或主题收集国内外最新信息;
(2)国别跟踪:对若干目标国家的整体科技发展动态进行定期跟踪;
(3)科技政策动态跟踪:不关注专门的学科或主题,仅对科技相关的政策、法规、计划、战略等信息进行收集报道,服务对象主要是科技政策决策者。

2.2.2 专业主题信息服务

专业主题信息服务是针对特定专业或学科需求,有机地整合相关资源、服务和工具,全面支持科研和技术创新活动有关的信息检索、交流、传递、处理和管理任务,成为专业或课题科学研究的基础支撑。专业主题信息服务是一种要求高、范围广、专业性强的服务方式,它既包含科技信息调研和咨询,也包含对科技信息的整理、分析、研究与利用。

专业主题信息服务具有针对性、时效性、系统性、连续性以及情报加工层次较高等特点,其中一个重要特征,就是通过定向跟踪,把技术信息及时准确地传递给特定的需要者,从而使情报信息得到最大限度的利用。一般有短期专题服务、长期跟踪服务、专题情报研究、专题情报回溯检索等几种服务形式。另外,专业主题信息服务还可视用户需要向纵深方向发展,开展如专题综述、专题论文分析、前沿专题预测以及专题市场分析等服务。

2.2.3 科技信息分析与预测

科技信息分析以及在分析基础上的未来状况预测,是科技信息服务中的重要组成部分。科技信息分析就是运用科学的理论和方法,对大量历史的和现实的数据和情报资料进行加工处理,进而识别科技的发展模式,揭示科技的发展规律等。科技信息分析还可以判断科技信息的实际价值,确定其可靠性、先进性、创新性等。科学技术预测是对未来科学技术发展的可能结果和途径以及所需的资源和组织措施所作的有科学依据的预测,因此科技信息预测是以信息分析为基础的。

科技信息分析与预测同一般的情报研究方法一样，包括逻辑方法、专家调查方法和定量分析方法。专家调查法中以德尔菲法最为常见，广泛应用于各层次的科技预测中。定量方法可以有科学计量学方法、文献计量学方法、层次分析法、回归分析法、时间序列分析法等，科技信息分析一般需要定量和定性相结合。

随着信息和计算科学技术的发展，科技信息分析与预测的理论方法体系日趋完善，分析与预测技术手段日益现代化，科技分析预测部门都在试图开发利用网络资源，建立信息分析与预测专用数据库，并研究开发智能化信息分析与预测软件系统。

2.2.4 科技评估

科技评估是对科技系统、科技环境、科技活动过程包括科技计划、项目、机构、人员、政策等可能产生的作用、效果与影响进行测算与评价的行为，从总体上把握利害得失，将一系列科技活动的负面影响降至极小，使其活动的正效果达到极大，从而引导科技活动朝着有利于人类、自然、社会和科技发展的方向前进。

科技评估是科技咨询的一部分。科技评估应遵循的原则是独立性、客观性、公正性、科学性、针对性、可行性、回避性。科技评估的范围包括科技政策评估、计划评估、机构评估、技术领域发展评估、项目评估、新技术选择评估、产品开发评估、技术成果转移评估、人员评估、成果评估、技术交易评估、技术投资评估等。

科技评估有不同的分类。根据科技评估的执行时间，可以分为事前评估、事中评估、事后评估和跟踪评估。科技评估按照社会属性可分为职能性评估和经营性评估。前者是指对与政府科技活动有关行为进行的客观的、科学的评价和判断，为政府部门发挥决策、监督职能提供服务；后者是指对企业或其他社会组织与科技活动有关行为进行的客观的、科学的评价和判断，为他们对被评事物的决策、判断提供参考依据。其主要服务对象为各级管理决策部门、监督部门、投资者、技术的应用者和持有者等。

科技评估方法可以归纳为直接评估法和间接评估法两类。直接评估法对评价对象进行直接评价，具体方法包括定性的同行评议、定量的指标体系评估和层次分析法等。间接评估法是对课题的影响进行评价，如论文的被引用次数。

科技评估的主要作用在于：减少科技决策的盲目性和随意性，有重点、有效率地分配科技资源，改善和提高科技决策的质量和水平；通过公平、透明的评价标准、程序及评价结果，创造民主、公平、竞争的科技环境；有助于提高科技管理的质量，改变科技管理的模式，逐步形成科学规范的科技管理运行机制。

2.2.5 科技查新服务

科技查新是科技信息服务中的一项传统服务，指查新机构根据查新委托人提供的需要查证其新颖性的有关资料，按照科技查新规范进行操作，给出客观结论。具体地说，科技查新是通过计算机检索和手工检索等手段，运用综合分析和对比方法，对所查项目做出是否具有新颖性的客观评定业务，从而避免科研项目的重复和浪费，增强科技成果鉴定的公正性和合理性。

科技查新服务实质上是一种情报检索和情报调研相结合的情报咨询、研究工作,它以情报资源为基础,以文献检索方法及其技巧为手段,结合情报调研,以检出结果为依据,通过综合分析,对所查项目的新颖性进行情报学审查,最后对所查项目的新颖性做出结论,并撰写出有依据、有分析、有对比的查新报告。

科技查新服务的作用在于:

(1)为科研立项提供可靠的客观依据。通过查新能够更多地了解和掌握国内外相关技术的进展情况、技术指标和参数以及跨学科问题,防止因重复研究造成人力、物力和财力等方面的浪费;

(2)为科研成果的鉴定、评估、验收、评审、奖励及推广应用提供可靠的客观依据,从而保证这些工作的权威性和科学性;

(3)查新机构一般掌握有丰富的信息资源及完善的联机检索系统,在当前学科综合化日趋明显的今天,可为研发活动和科技人员及时提供更深层次的适用情报。

2.3 科技信息服务组织模式

科技信息服务的组织模式随不同服务机构的服务目标、宗旨或功能而异。一般说来,科技信息服务可以按科技信息资源的类型、学科类型,以及提供服务的形式进行组织。

2.3.1 按照科技信息服务形式

如上节所述,科技信息服务有多种形式,不同的服务需要配置不同的服务人员、资源以及使用不同的方法技术等,因此科技信息机构会根据服务形式的不同组织科技信息服务。如数字图书馆提供科技信息服务的组织模式一般包括资源提供、参考咨询、情报研究服务等方面。

2.3.2 按照学科类型

信息服务提供者需要面向各种类型的用户,而用户往往只关注某一个或几个学科领域,因此,科技信息服务按照不同的学科类型组织是最合理的方式之一。学科信息门户是科技信息服务按学科类型进行组织的典型代表。学科信息门户整合某学科领域的文献信息资源和服务,提供学科领域网络资源权威可靠的导航,并逐步支持开放式集成定制系统,将学科信息资源与服务集成到用户桌面。

按学科类型组织的科技信息服务强调专业型、集成性、知识性等。即要求满足特定专业领域的科学信息需求,将专业领域所需要的各种信息资源和服务集成到一个网络平台上,并利用专业特有的知识内容及其关系来选择、描述和组织信息资源和服务。

学科信息门户资源按照其组织的信息资源所涉及的学科范围可以分为综合性的学科信息门户,如美国 www 虚拟图书馆(http://vlib.org/index.en);若干个学科的学科信息门户,如英国的社会科学信息门户 SOSIG(http://www.sosig.ac.uk/);某一个学科的学科信息门户,如澳大利亚工程学科信息门户 AVEL(http://avel.edu.au/),中国国家科学数字图书馆中的化学、生命科学、图书情报学等学科信息门户。

2.3.3 按照科技信息资源的类型

科技信息服务的主要形式是科技信息资源的提供,因此科技信息服务的组织模式在很大程度上可以按照资源的形式和特征来划分。

科技信息资源的形式包括印刷本的图书、期刊等,还包括电子书、网络数据库、光盘数据库、网络文献等等。因此根据资源的形式,科技信息服务的组织模式可以分为印刷型资源的提供服务、电子文献的检索与提供服务、其他网络信息的收集整理与导航服务等。

另外,根据信息资源的性质,科技信息可以包括科技政策信息、科技知识、科技发展动态信息、科技管理信息等等,因此科技信息服务的组织方式也可以从科技政策信息提供、科技前沿信息提供、科技知识提供等层面进行组织。如"中国科技信息网"(http://www.chinainfo.gov.cn/index.html)将其提供的信息作如下分类组织:政策与战略、计划与规划、基础研究、技术前沿、科技管理、科技条件、科技合作、科技会议、科技新词汇、科技与社会、国外头条、地方合作、资源导引、动态信息等栏目。

2.4 科技信息服务获取

目前的科技信息服务的提供者主要是各类科技信息机构,包括各种类型的图书馆、综合性信息研究所、专业信息研究所或文献情报中心等。这些信息服务机构都从事有目的的信息收集加工、综合与分析等活动,它们为用户提供的获取科技信息服务的渠道往往是借助各种信息系统和服务平台。

2.4.1 数字图书馆

数字图书馆作为信息资源交流和共享的结点,相对集中地汇聚资源,并且有强大的和安全高效的信息收集、整合、存储、检索和发布功能,因此,它是网络环境下用户获取科技信息服务的主要途径,是一个提供科技信息服务的综合平台。

首先,数字图书馆是科技信息资源提供的平台。它整合各种类型的科技信息资源,提供统一的检索界面,甚至是跨库检索平台,还可以按照学科整合各种资源形成学科信息门户,为用户获取科技信息提供便利。

其次,数字图书馆是其他科技信息服务,包括科技信息分析、咨询、推送服务的平台,也是科技信息交流的载体之一。如数字图书馆可以直接针对用户特别需求,对资源进行收集、整合、分析,以提供有序的、甚至于结论性的信息。

以下以中国科学院国家科学数字图书馆(简称CSDL,http://www.csdl.ac.cn/)为例说明数字图书馆提供科技信息服务的内容和形式。CSDL旨在建立和维护中国科学院全院网络共享的科技信息保障环境,提供中国科学院全院"一体化"和"一站式"的科技信息服务。它提供的服务主要有如下几个方面:

1. 资源提供

截至2004年12月,CSDL开通近30个数据库,类型有外文期刊全文数据库、文摘数据库、引文数据库、事实数据库、西文学位论文全文数据库、中文科技期刊数据库、中文电子图书库、科学文献数据库等,内容涉及数学、物理、化学、生命科学、社会科学、天文学、电气与电子学、计算机科学等领域。

另外,学科门户网站也是其资源提供的一大特色,图书馆员精心挑选和组织互联网上专业学科的文献信息资源和服务,为用户提供权威、可靠的目录导航。已建成化学、资源环境、生命科学、数学物理和图书情报5个学科门户,科技政策、微生物等5个特色门户网站,2004年9月又启动了海洋学科、种子植物、新生传染性疾病等5个特色门户网站建设。

2. 参考咨询服务

研究人员可通过网络向图书馆员和学科专家提问,并在3个工作日内得到解答。针对提问,专业人员提供了图书馆常规服务指南、各类文献资源查询指引、信息检索方法和工具指导、科技常识解答、问答知识库检索、网络资源导航等服务。

3. 科技动态监测与科技信息分析

CSDL发布的生命科学、基础科学等动态消息快报、"世界科学中的中国"和中国科学院科技态势展望,以及资源环境、纳米等专题研究报告,为科研决策和科研管理提供比较全面、及时的参考。

2.4.2 网络化学术交流体系

一般而言,学术交流包括正式和非正式交流,这里的网络化学术交流体系是指以网络为载体、为科技信息用户提供学术信息发布和交流的平台。由于网络发布和获取信息的便利性、及时性等特点,网络已经或正在成为学者们进行学术交流的主要场所,因此,科技信息服务的提供者努力从技术和环境上为这种网络化的学术交流提供许多便利,形成了相对完善的网络化学术交流体系。

网络化学术交流的方式主要包括专业网站、专业学术论坛、电子邮件、新闻组、博客等,其中专业网站和论坛是网络化学术交流体系的主要形式。

1. 专业网站

专业网站指的是向用户提供关于某一学科或领域内较为全面的专业内容的网站。专业网站的内容由具有专业技术背景的人员按照专业知识体系结构进行组织和整理。

专业网站与传统的提供数据库服务的信息服务网站的区别是明显的,主要表现在:专业网站的内容非常专一,基本不涉及专业领域以外的内容;专业网站对内容挖掘得非常深,提供了很多原创的、在传统的印刷出版物中没有发表过的内容,而不仅仅限于对传统印刷文献的数字化;专业网站一般具有相当的专业背景,依托特定的专业学术组织或机构。

2. 专业学术论坛

专业学术论坛是学术信息交流的平台。在网络中,活跃着成千上万个各种主题、各种专业领域的电子论坛。学者们可以在电子论坛中共同探讨问题,或是彼此交换信息与心得。电子论坛可以提供多种形式的科技信息服务,如:获取最新的学术信息,发表自己的一些见解供其他成员阅读,张贴各种通知或发布某些消息、新闻,进行资料交流(如软件、文档、信件等)等。

目前专业学术论坛的主要模式有学术机构和学术组织创建的专业论坛、学者个人创建的论坛、依托于信息服务机构和依托商业网站的学术论坛等。

网络化学术交流体系的典型实例如药学领域的 PharmWeb(http://www.pharmweb.net/)，是 Internet 上第一个提供药学信息的专业网站，创建于 1994 年。它面向病人、医药专业人员及科学家，用户遍及世界 150 多个国家和地区。PharmWeb 基本涵盖 Internet 上的各种药学信息资源，包括药学专业讨论组、世界各地的药学院校、继续教育、会议信息、药学杂志、虚拟图书馆、医药学、生理、药理学等 20 多个大类，提供了大量与药学相关网站的链接。

图书情报专业依托商业网站的"e 线图情"(http://www.chinalibs.net/index.asp)，是面向图书情报相关各界和个人，集数据服务、深度研究、专业咨询于一体的专业网站，网站下设图情人物、理论技术、企业产品、行业协会、用户市场、会议中心、馆长论坛、研究报告、图情事业、图情要闻等频道。还有图情学术论坛"e 线论坛"，其中的成员包括许多图书馆的馆员、大学教师和图书情报学在读的本科生和硕士生，成为图书情报界人士进行学术讨论和交流，了解本领域最新动态和信息的有效渠道。

2.4.3 个性化信息服务体系

个性化信息服务是一种能够满足用户个体信息需求的服务方式，科技信息个性化服务即要根据用户提出的明确要求提供准确的科技信息服务，或通过对用户学科专业特征、使用偏好和科研方向的准确捕捉、分析而主动地向用户推荐其可能需要的信息，乃至为用户创建和管理自己的信息或兴趣群。

科技信息个性化服务的提供者包括：各种图书馆(特别是数字图书馆)、其他信息服务机构、科学信息数据库生产商等。其中以数字图书馆的个性化服务最为丰富，而且比较成熟。它们可以通过各种渠道如 E-mail、手机短信、PDA 等方式为用户提供个性化服务。

根据个性化层次不同，科技信息个性化服务可以分为学科层次的个性化、机构层次的个性化和个人层次的个性化。学科层次个性化的对象是属于同一学科领域或方向的科研人员，为他们提供某学科层次的个性化信息。机构层次的个性化将按照特定科研机构的研究方向和重点领域等，为其提供超越学科的综合性科技信息服务，其中的综合性体现在不仅仅提供一般的科技文献信息，还提供包括同行研究进展信息、相关科技政策信息、科研机构知识库如论文统计分析服务等等。个人层次的个性化是针对科研人员个体的兴趣、研究动向和使用偏好提供科技信息推送等服务。

科技信息个性化服务可以体现在如下几个层面：

(1) 构造个性化的信息服务环境，包括资源环境、工具软件、信息交流与发布环境、培训等，其中资源环境即建立专业领域的学科或学科信息数据库或门户，还可以是建立基于个人兴趣的个人资料库，通过个性化的信息服务环境为用户提供资源推介、集成目录、远程培训、数字化参考咨询、Mylibrary 定制等服务。

(2) 设计个性化的信息服务产品，包括基本服务和增值服务。基本服务如目次通报、精品推荐以及主题推送等；增值服务包括：学术成果统计分析、专业述评与学科趋势预测、机构对比分析等。个性化的信息服务产品的提供应与科研项目或科研人员密切联系，有针对性、超前性、持续性和阶段性。

(3) 采用个性化的信息服务形式：包括检索个性化、咨询个性化、培训个性化。

科技信息个性化服务一般通过个性化定制来实现,如提供目次通告、定题检索、阶段性文献述评、自建专业信息库、信息推送等服务。许多大型数据库平台或系统等都提供定制信息服务功能。

法国科研中心的科技信息研究所(http://www.inist.fr)科技监测服务为科研人员提供一系列的由信息专家执行的信息检索和分析服务,并可以按需定制。定制的服务内容如:主题评论,即针对客户需求,在对一个科学或技术领域进行调查的基础上,信息专家提供特定主题的最新发展评论以及引文集合的统计分析等;网络监测,对于一个给定的主题,专家选择信息源来监测和提取数据以形成数据库并对它们进行索引和检索,从而根据给定主题相关的关键词或术语为用户创建 alert 服务。

2.4.4 专业化课题化信息服务平台

专业化课题化信息服务平台是指针对特定专业或课题需要,有机地整合相关资源、服务和工具,支持科研活动有关的信息检索、交流、传递、处理和管理任务,为专业或课题研究提供服务平台,促进信息服务的纵向化和知识化。

在目前信息环境下,专业化课题化信息服务平台的模式包括:主题信息网关、研究资源服务网关、信息交流平台等。主题信息网关即按照特定专业或课题的需要,按照一定的专业化组织体系,往往经过专业人员(包括学科专家和专业图书馆员)精心选择和管理的资源目录或导航库。研究资源服务网关是为支持科学研究及教育,集成与科研教学有关的各种资源、工具和服务,如 Martindale's 信息网关,集成了各种数据库、网络链接目录、地图与邮编、辞典词典、百科全书、科学数表、计算软件、教育与学术机构、学术刊物与预印本、基金与资助、试验手册、设备手册与供应、安全手册等等。信息交流平台集成更为广泛的资源、工具和服务,尤其是支持信息交流、发布与协同工作的工具和服务,支持研究人员通过这个平台检索、汇集、组织、交流和发布科研信息,为研究工作提供一个共同的环境和标准,对研究工作进行组织、协调,W3C 网站是其中的一个典型。其实,许多研究项目或研究组织都建立了自己的网站,提供研究新闻发布、专门资源导航、研究数据发布、邮件列表、专题论坛、会议与培训日程、专家目录、标准库、工具库等方面的服务,有的还提供一定程度的群件机制支持协同工作,甚至可以链接到相关的虚拟试验中心,成为科学研究数字化生存的支撑平台。

专业化课题化信息服务平台的特点在于:综合集成性、可定制性和交互性。综合集成性即将专业和课题的各类资源、工具和服务综合到一个信息平台,同时通过对系统、软件和工具的集成来支持对任何一个专业或课题的全面科技信息服务;可定制性即要求根据专业或课题的需求,灵活地动态地定制资源、工具和服务集合;交互性是指要支持目标用户群的各类交互功能,并支持各个功能之间的交互。

2.4.5 其他

除了上述综合集成的科技信息服务获取途径外,还有各种商业性搜索门户、数据库生产商等也在提供科技信息服务。

商业性搜索门户如著名的 Google 搜索引擎推出的 Google Scholar,提供可广泛搜索学术文献的简便方法。用户可以从一个搜索入口得到众多学科和资料来源,包括学术著作出版商、专业性社团、预印本、各大学及其他学术组织的经同行评论的文章、论文、图书、摘要等。Google Scholar 按相关性对搜索结果进行排序,其排名技术还会考虑到每篇文章的完整文本、作者、刊登文章的出版物以及文章被其他学术文献引用的频率。

数据库生产商提供的电子图书、网络数据库、光盘数据库等科技信息源一般都被数字图书馆集成到其资源提供系统中,用户可以直接从数字图书馆中获取,但大部分数据库生产商还单独建立其生产的数据库的获取入口,为其目标用户提供信息服务。

2.5 科技信息服务实例

2.5.1 韩国科技信息研究所

韩国科技信息研究所(KISTI,Korea Institute of Science and Technology Information,http://www.kisti.re.kr/KISTI/index.jsp)是 2001 年由韩国工业与技术信息研究所(KINITI,Korea Institute of Industry and Technology Information)与韩国研究与开发信息中心(KORDIC,Korea Research and Development Information Center)两个机构合并而成。它的主要职能是作为韩国的科技信息中心和知识资源开发中心,支持数字研究的知识基础设施建设。科技信息门户是科技信息收集、管理和传播的系统,为数字信息传播提供环境;知识资源开发中心为用户提供增值信息服务,通过深入的分析和可靠的研究促进国家的科技创新,支持数字研究的知识基础设施指出是先进的超级计算机和研究网络、知识网格、e-Science 与研究网络等。

韩国科技信息研究所提供的科技信息服务主要包括如下方面:

(1)核心技术分析:针对下一代的核心技术提供高质量的分析信息,开发信息分析与知识垂直门户系统(Knowledge portal system);

(2)核心技术可行性研究:研发计划、可行性和评估等方面的信息分析,以改善公共研发计划;

(3)国外信息趋势分析:通过韩国科学家与工程师全球网络(The Global Network of Korean Scientists and Engineers,KOSEN,http://www.kosen21.org/)提供最新的国外科技信息,该网络由 4 000 多名分布在 24 个不同领域的韩国科学家组成,包括生物技术和纳米技术等;

(4)信息分析系统开发:开发信息计量学和技术计量学的定量信息分析方法,提供针对国家研发计划的趋势性信息分析;

(5)通过提供集成的信息学系统来促进研发环境的改善。例如纳米技术集成信息系统实现的是:建立纳米技术信息内容;建立纳米技术信息门户系统;开发纳米研发支持系统(研发、产业、商业);开发纳米信息内容和分析信息;建立材料与组件技术门户与传播系统;建立材料与组件技术网络;开发与提供分析信息;建立一个集成信息支持系统。

(6)有特色的国外科技趋势信息服务。国外科技趋势信息服务主要是从最新的信息源——期刊、快报、网络站点、杂志、报纸以及实时新闻等获取科技信息,通过邮件、周刊和网上服务3种渠道为用户服务。

2.5.2 中国科技信息网

中国科技信息网(http://www.chinainfo.gov.cn/index.html)是中国科学技术信息研究所建设的一个综合科技信息网络服务平台。其目标是建设一个以互联网为基础信息来源，涵盖我国中央和地方各级省市以及国外先进国家和地区的科技政策与法规、科技基础条件、科技发展动态、科技创新管理等信息，能够满足科技管理部门、科技型企业、科研院所和科技人员的科技信息需求，并通过网络实现交互的网络信息资源系统，为科技管理部门、科技企业、科研院所和科技工作者提供公益性免费服务。其主要任务是：开展国内外科技发展的跟踪研究、预测研究，以及科技政策相关的软科学研究，开展科技论文统计与分析，通过网络平台收集发布最新的科技信息等。为各级政府科技决策人员、科技研究人员、企业管理决策人员等提供同科技有关的精品信息，为了解国内外科技政策、科技发展动态服务。

中国科技信息网开设了38个频道的信息服务，内容涵盖了自然科学与工程的全部领域及社会科学中与科学技术发展密切相关的多个领域。同时，中国科学技术信息研究所和全国20多家地方情报机构签订了合作协议，创建了"共建、共享、共赢"的建设模式。地方情报机构每日向系统提交反映当地科技发展的信息，并通过系统了解其他的科技进展情况。此外，"中国科技信息"通过对专家资源创新式的整合，重点强化了平台的决策支持作用，使专家在高端增值服务上得到了较好的体现。

其检索入口可以直接输入关键词，进行全文检索、google搜索、类比检索或高级检索以获得信息。

中国科技信息网的特点在于：

（1）信息权威、专业、前沿：集中一批高素质的专业情报人员，在各个领域的特约专家指导下进行工作，保证了每一条信息的价值。

（2）信息采集点广泛分布在全球和全国，及时得到当地的科技信息，具有很强的参考价值。

§3 政务信息提供服务概念

3.1 政务信息提供服务的概念

从传播学的角度看，政府工作的首要任务就是处理信息。

政府的组织结构和运行机制必然围绕政府在进行公共管理与服务过程中所形成的信息流动规律有秩序的进行，政府的计划、预算、指挥、组织、执行、协调、监督等环节既是信息的处理过程，也是政府信息流的直接表现。可以说，政府职能的履行无不依赖于适时、准确、相关的信息，而政府信息服务便是实现政府职能有效实施的重要手段。政务信息提供服务是指政务信息服务机构将政务信息按内容、载体进行整理、加工和分析研究后形成系统有序的政务信息，以一定的方式向政务信息用户传递，供政务信息用户利用的活动。

随着信息技术的飞速发展,网络信息服务成为现代信息服务的高级形式。电子政务环境下,政府信息服务逐步向网络化方向发展。网络技术成为政府信息服务的新手段,政府网站则成为其新的信息服务平台。政府网站信息服务作为一种新的政府信息服务形式,有其产生和发展的必要性和必然性。

政府网站信息服务与传统政府信息服务相比,最大的不同之处在于服务方式与手段发生了根本性的变化,网络成为其主要的服务平台,属于网络信息服务范畴。它不仅是政府服务公众的有效工具,而且也变成了推动政府功能转变的一种强大动力。根据网络信息服务定义,结合政府信息服务特性,政府网站信息服务是指,政府为满足公众信息需求,主要通过其外部网络进行的与信息有关的服务活动。

3.2 政务信息提供服务内容

网络环境下,当前政务信息机构提供的服务内容主要包括政务信息的一般查询服务、咨询服务、报道服务、出版服务、研究预测服务、网络服务等。

3.2.1 一般查询服务

政务信息一般查询服务是针对广大政务信息用户的一种服务方式。它是根据政务信息用户的要求查阅政务信息,并为其提供阅览的条件和技术手段。例如,根据《中华人民共和国土地管理法实施条例》的规定,公民、法人可以公开查询土地登记资料。

政务信息一般查询服务属于社会公益服务的性质,一般采取无偿服务的形式进行。

3.2.2 咨询服务

政务信息咨询服务是政务信息服务机构为了帮助政务信息用户更好地利用政务信息而采取的一种政务信息服务方式。它针对政务信息用户所提出的各种问题,准确而及时地为他们提供解答、数据或资料。

政务信息咨询服务可以分为指导性咨询、事实、数据咨询和专题咨询等。指导性咨询是针对政务信息用户进行一般的指导,以帮助政务信息用户查找利用政务信息的咨询;事实、数据咨询是直接向政务信息用户提供的咨询;专题咨询是系统地回答政务信息用户专门问题的咨询。

政务信息咨询服务是政务信息服务的一个重要组成部分,也是政务信息服务工作中最活跃、内容最丰富的一个环节,对咨询人员的素质等方面的要求较高。

3.2.3 报道服务

政务信息报道服务是政务信息机构将搜集到的政务信息经过加工、整理和研究之后,准确、及时、全面地报道出去的政务信息服务工作。它包括根据政务信息用户需求对一定范围内的政务信息用户进行口头通报、实物和文献信息源报道,以及对外宣传报道。口头报道指的是通过直接交谈、讲座、报告、会议、电话、广播等形式进行报道;直观(实物)报道指的是通过实物展览、样品陈列、现场观摩、电影和录像等形式进行报道;文献报道即通过各种形式的文献进行报道。

3.2.4 出版服务

政务信息出版服务是指将政务信息编辑出版发行。政府信息机构可以出版的内容十分广泛，概括起来可分为行政性信息和科技文献信息，行政性信息包括各种会议记录、司法资料、方针政策、规章制度、政府决议报告以及调查统计资料等。科技文献信息则包括各政府部门的研究报告、技术政策文件等。由于政务信息出版是官方正式出版，具有一定的权威性，对于人们了解国家政治、经济、法律、文化、教育、科学技术的发展情况、大政方针及组织规划等，具有重要的参考意义。

3.2.5 研究预测服务

政务信息研究预测服务是指政务信息服务机构以课题的形式正式接受政务信息用户的委托，系统地进行政务信息研究与预测，并提供研究结果报告的政务信息服务。当前，一些政务信息机构就为国家政策的制定和领导的决策承担着研究预测的功能。

3.2.6 网络服务

政府上网是20世纪末涌现出来的新现象，是当今网络时代的大趋势。目前世界上许多国家都在互联网上建立了自己的政府站点体系，实现政府部门内部工作人员以及政府部门与社会公众的信息交流，或者将公开的政府信息资源及时地发放到网上，供社会公众了解和使用。它不仅成为政府与公众之间信息供需与交流的平台，而且也已在很大程度上成为政府服务民众的便捷、高效办公平台。

政务信息网络服务发端于美国。美国除白宫和国会这样的首脑机关外，联邦政府机构和所有州政府已全部上网，几乎所有的县市级政府也都在网上建立了自己的站点。我国从1998年"政务上网年"至今，政府上网工程已取得了明显成效，大多数部委机关和省市县政府都已上了网，在网站中设有专门的政务公开栏目，形成政务信息网络，开展了一定程度的政务信息网上共享和便民服务，构建了我国的"电子政府"或"电子政务"，为政府管理和国内外企业和个人通过网络了解和接触我国政府各级部门提供了重要的途径。

政府上网首先是政务信息上网。政务信息网络服务就是以计算机硬件和通信设备为依托，以应用软件为手段，以数据库信息资源为利用对象，将政务信息提供、发布和咨询服务与中介统一起来，最大限度地实现面向用户的个别化服务。政务信息网络服务的主要形式有：图文政务信息电视广播服务、政务信息电子出版物服务、电子邮件服务、政务信息电子公告服务、联机公共目录查询服务、远程光盘检索服务、远程电视会议服务、政务信息用户电子论坛服务以及政务信息用户专项服务等。

3.3 政务信息提供服务组织

不同类型的政务信息的组织方式也各不相同。按照政务信息的发布类型，可以分为实物政务信息服务、口头政务信息服务和数据政务信息服务；按政务信息的文献类型，可以分为印刷型政务信息服务，图片、照片型政务信息服务，音像型政务信息服务和电子型政务信息服务；按照政务的加工深度，可以分为一次政务信息服务、二次政务信息服务和三次政务信息服务；按照政务信息的内容可以分为政治信息服务、军事信息服务、科技信息服务、经济信息服务和文化信息服务；按行政事项的种类，可以分为政策法规信息服务、行业管理信息服务、统计信息服务和日常事务信息服务等；按政务信息服务的方式，可以分为宣传报道、文献借阅、文献复制、专项委托、政务信息检索、政务信息咨询、政务信息研究预测、政务信息系统开发以及政务信息代理等服务；按政务信息服务的手段，可以分为人工政务信息服务、自动化及网络政务信息服务；按政务信息服务的对象，可以分为面向政府高层领导和主管人员的政务信息服务、面向政府中层管理人员的政务信息服务、面向政府基层办公人员的政务信息服务和面向社会公众的政务信息服务；按政务信息的时效，可以分为长期政务信息服务、短期政务信息服务和即时政务信息服务；按政务信息服务的范围，可以分为内部服务和外部服务；按政务信息服务的能动性，可以分为主动服务和被动服务；按政务信息服务的收费情况，可以分为无偿服务和有偿服务。

鉴于可有多种标准对政务信息服务类型划分，这里我们主要总结网络环境下政务信息网站提供的政务信息服务的组织方式。

3.3.1 按照服务对象

当前网络环境下政务信息提供服务的组织主要是按照服务对象开展的，在明确划分服务对象的基础上，又按服务主题提供服务。

从政府网站信息服务对象上看，主要是面向公务员、居民和企业，利用政府外部网和办公信息数据库，开展以用户满意为目标的信息公开与信息处理等信息服务，其具体目标是提高政府的公共信息服务能力，增强政府工作的透明度，改善政府与民众的关系。

加拿大政府（www.canada.gc.ca）以用户为中心，按照加拿大公民、加拿大企业、国际合作者用户3个主题向用户提供在线信息和服务，并通过下列3个方面的努力使这些信息的访问和使用变得越来越方便。对于加拿大公民个人的服务按照主题（例如教育、税收等）或者按照用户群（例如儿童、青年、老人等）进行功能聚集，提供服务；对于企业的服务则根据企业的生命周期规律，从企业创办、员工雇佣到电子商务，提供全程服务；对于国际用户，向那些希望到加拿大学习、旅游、经商的外国公民，或与加拿大有共同价值观、共同利益的协作者提供服务。以用户为中心的建设思想使得"政府在线工程"取得极大的成功。

上海市政府以努力建设服务政府、责任政府、法治政府为目标，充分吸取各种政府门户网站的优点和成功经验，采用基于用户类型的资源整合方式建立上海电子政务门户网站（www.shanghai.gov.cn）。上海门户网站的资源内容丰富，分为上海要闻、政府信息公开、网上办事、查询服务、便民回答、民意调查、百姓评议、服务导航、链接导航等栏目，并根据用户的类型提供个性化服务。目前，该门户网站将用户服务分成以下5种类型：①市民办事。这个栏目列出了市民从出生到死亡相关的20项服务；②旅游者。这个栏目为旅游者提供相关的信息和电信、邮政等在线服务，指出各种服务的受理机构以及相关的政策法规；③投资上海。投资商可以通过投资新闻、公共招标、重点项目、投资指南、投资环境、人才政策、财税政策以及公共招商等小栏目详细了解上海的投资环境,以做出正确的投资决策;④企业办事。企业办事栏目详细地列出了企业开办申办、企业变更申办、行业准营申办、年检、工商行政管理、金融保险等26种企业相关的服务;⑤救助服务,它并不限于紧急求助服务,更多的是指一些其他类型的服务,如居住证、暂住证、居留证的办理,房屋拆迁服务,土地使用权出让以及政府采购等。

3.3.2 按照职能部门

这种组织方式,主要是向政务信息用户展示各职能部门,使之了解政府各部门的职能,明晰自己获取服务的渠道。目前按照职能部门方式提供政务信息服务的网站,力图尽可能地整合政府管辖的各职能部门,为用户提供全方位的"一站式"服务。

瑞典于1997年开始,由瑞典司法部负责建设、运行和维护瑞典政府门户网站(http://www.sweden.gov.se/)。门户网站实行"一站式"服务,即企业和居民只要进入一个政府门户网站,就可以方便地访问国家各政府部门、市政机构和各地区的政务网站,获得相应的政府信息。考虑到公众的知识差异,不一定人人都了解政府各部门的职能,该门户网站就设计了按政府部门名称、管辖事务、电话、传真、办公地点等各种查询渠道,开发了专门为用户服务的个人搜索引擎。

我国的北京市政府中心网站"首都之窗"(http://www.beijing.gov.cn/)提供政务信息服务的方式也是按照职能部门而展开的,详见本章第3、第4节。

3.4 政务信息服务获取

随着对政务信息及其服务的重视,获取政务信息服务的途径也日益丰富。网络环境下,除传统的印刷型信息形式外,各种数字图书馆、数据库(光盘版和网络版)、电子图书、搜索引擎、政府网站等成为政务信息服务获取的主要方式。由于这些信息或服务获取来源大部分具有综合性的特性,因此这里我们仅介绍两类服务获取方式——专业政务信息数据库检索系统和政府网站。

3.4.1 数据库检索系统

数据库检索系统是目前电子信息资源检索的主要工具,它同样是政务信息服务系统的信息源泉。通常以光盘版或网络版形式提供检索。

1. Academic Universe——LEXIS-NEXIS 学术大全数据库检索系统

美国LEXIS-NEXIS公司创始于1973年,其数据库内容涉及新闻、法律、政府出版物、商业信息及社会信息等,其中法规法律方面的数据库是LEXIS-NEXIS的特色信息源,具有非常大的影响力。

Academic Universe是LEXUS-NEXIS数据库产品中面向大学和学术研究而设计的数据库,共选取了5300种出版物的内容,分为以下5个方面的主题:

(1)综合性新闻;

(2)公司商业信息;

(3)政府规章、政治新闻、法律研究:包括美国法律业界新闻、法律评论、判例分析、联邦法律研究、美国各州法律研究等；

(4)医学、保健信息；

(5)参考性资料数据库。

该数据库的第三部分最为适用于查找政务信息。

2. GPO——美国政府出版物数据库检索系统

GPO数据库的全称是GPO Monthly Catalog，含有552 000多条记录，覆盖了与美国政府相关的多个方面的文件，具体包括：国会报告、国会意见听证会、国会辩论、国会档案、法院资料以及由美国执行部门（如国防部、内政部、劳工部、总统办公室等）出版发行的文件，数据库包含的内容范畴是与美国政府有关的所有相关主题。时间上覆盖了从1976年以来的资料，每月更新。

3.4.2 政府网站

政府网站是政务信息服务获取的另一主要渠道，特别是随着计算机网络的普及和深入，各政府部门纷纷利用互联网满足各方对政务信息服务的获取需求，下面以两个简要的实例说明政务信息服务的获取。

1. "第一政府"网站

1996年，美国政府启动了"重塑政府计划"，提出要让联邦机构在2003年全部实现上网，使民众能够充分获得联邦政府掌握的各种信息。

2000年9月，美国政府开通"第一政府"网站（www.firstgov.gov），这是一个综合性的网络门户，是"通往所有政府信息库的大门"，它整合了400个政府部门的500个网站，同时提供链接服务至近4 000万个网页及2万个相关站点，免费提供民众全天候的信息查询。

2. 北京市政府中心网站"首都之窗"

"首都之窗"（http://www.beijing.gov.cn/）是我国创办时间最长的政府网站，内容积淀很深。"首都之窗"是我国信息量最大的政府网站之一，它能够充分整合各部门、各区县网站的政务信息，依托各类报刊媒体发布北京市经济和社会生活的重大新闻。从网站交互能力衡量，"首都之窗"的公众参与程度居我国政府网站之首，是我国参与型网站的杰出代表。

其主要特色体现在以下几个方面。

(1)政务新闻报道的信息量巨大，文件法规类栏目分类细致

"首都之窗"整合了首都各大报刊媒体的信息，如北京日报、北京晚报、京华时报、北京青年报等，在网站上提供了大量信息报导北京市的经济发展和社会生活的日常动态。"政策法规"栏目按照综合类、城乡规划建设管理类、经济类、社会类等4大类和近20小类对国家和地方法规进行聚类，并且提供了功能强大的搜索引擎，有利于用户快捷地查询到所需的法规信息。

(2)相关信息的公开深度比较领先

"首都之窗"对财政与项目投资类的关键性政务信息公开效果较好，为其他政府网站做出了示范。"投资北京"子网站，将各年度政府投资项目、高技术产业化项目、重点建设项目、基础设施项目等信息进行深度公开，各要素信息清晰明确，如投资金额、建设内容、负责单位及联系人等。

(3) 公众参与

"首都之窗"的公众参与程度和应用效果在全国所有政府网站中处于领先水平。在政府网站的三大定位中,"首都之窗"的公众参与意识和保障措施是最值得其他政府网站学习和借鉴的。其中"政风行风热线"栏目主要包括"直播间"、"留言板"和"反馈栏"3个板块。"首都之窗"公布每周参与访谈的对象和主题,并且提供视频和文本形式的直播,群众参与程度很高。

§4 商务信息提供服务

4.1 商务信息提供服务概念

网络的产生使许多行业都发生了翻天覆地的变化,在信息服务领域中,以网络为媒介的商业信息服务提供的形式和内容都与传统的商业信息服务有很大的不同。传统的商业信息服务致力于帮助用户获取信息,在网络环境和信息技术的发展环境下,用户希望通过获取新信息来获得新知识,通过获得新知识来解决问题,并将其转化为财富、时间、效率等。

网络商务信息服务的定义为:针对用户的商务信息需求,以现代信息技术为手段,依托计算机通信网络,向用户提供原始商务信息以及经过加工整理的有效信息、知识与智能或相应信息系统的活动。

4.2 商务信息提供服务内容

4.2.1 信息集成服务

互联网蕴藏着巨大的信息资源,但互联网资源建设的分散性、无序性和内容的杂乱性导致了互联网信息资源利用的低效性。信息集成服务就是对网络资源及其服务进行集成,实现对分散系统的有效控制,由此提高网络信息资源的利用效率。信息集成服务有以下几个方面的内容:

(1) 面向需求、面向主题的资源集聚。将一个领域主题的信息资源在网上形成逻辑上链接的物理分布环境。

(2) 资源的集中处理。在统一的、可交换的数据标准下采集、加工、整序、集成基础信息和原始信息,形成共享数据库、信息库、知识库,以数据库网上互联和在线分析工具为基础,建设信息仓库。

(3) 信息的集成服务。为用户提供某类主题资源的统一查询入口和某类主题的完整资源空间称信息的集成服务,其具体服务形式有:开放型,全球的用户都能访问这些资源,搜索引擎属于此类;限制型,大多数数字图书馆服务属于此类,这一般是由于投入因素以及知识产权问题所致。

4.2.2 客户服务

随着互联网的发展,很多商务活动都是通过互联网开展的,那么如何向用户提供服务,提供什么样的服务,就成为各个商务信息服务提供者关注的问题之一。面对着市场的激烈竞争,用户需求的不断变化,商务信息服务提供者积极地寻求各种方法来满足用户的各种信息需求,个性化信息服务正是在这种环境下产生的。网络环境下商务信息服务主要是向用户提供这种面向问题、面向需求的个性化服务,其主要的服务类型有:

(1)信息推进服务:信息推进服务是基于推送技术发展而出现的一种新型服务,所谓推进技术(Push Technology)就是一种按照用户指定的时间间隔或根据发生的时间把用户选定的数据自动推送给用户的计算机数据发布技术。

(2)检索定制服务:在数据库检索或网络查询中,不同的用户由于其拥有的检索知识和所处的领域不同,往往其习惯也不同。因此,检索定制需要充分支持用户检索策略、检索方法和检索结果处理方面的个性化特点。检索定制主要包括:

① 从分类号或主题词、文献类型、文献语种、地域、数量、时域等方面表达用户的个性化信息需求;

② 自定义检索工具,即选择数据库和搜索引擎;

③ 自定义个人词表。用户可输入自定义的常用词汇及其同义词和近义词,由系统根据个人词表调用相应词汇优化检索,或弹出相应词汇供用户选择使用;

④ 自定义检索结果处理。用户可自定义检索结果的相关性评价标准、输出格式、排序方式、重复记录整合方式、下载格式、传送地址等;

⑤ 自定义检索历史分析。系统可为用户记录最近的特定数量的检索式,并以下拉列表形式供用户选择使用;用户还可要求系统动态追踪其检索过程,提取用户最常用的检索词和检索式,最经常选择的数据库、期刊、网站等资源;如果经许可,系统还可提供相近用户最常用的检索词、检索式、数据库、期刊及网站等。

4.2.3 市场营销

商务信息中的市场信息主要包括国际和国内市场产品信息,产品信息包括:产品的供应商,产品的各种价格(交易所价、出厂价、批发价和零售价等),同类产品的规格、性能与特点比较,产品市场供需情况(市场销售状况、消费者意愿及其购买力倾向、消费者需求与兴趣的变化、新产品及市场预测、开辟新市场可行性研究和行情调研报告等)。

4.2.4 行业动态监测

商务信息服务者可以提供与企业发展密切相关的外部环境中的行业管制、标准和法律的变化;某项技术发展趋势和新兴技术、突破性技术;监测技术的新市场、新应用;监测改进的工艺和制造方法;监测目标领域中与自己从事相似研究的组织等等。

4.3 商务信息服务模式

目前,电子商务可以分为3大类型:企业间的电子商务(B—B摸式)、企业与消费者之间的电子商务(B—C模式)、消费者与消费者之间的电子商务(C—C模式)、企业与政府间的电子商务(B—G模式)。

企业间的电子商务，即企业与企业（Business-Business）之间，通过互联网或专用网方式进行电子商务活动。企业间的电子商务是电子商务3种模式中最值得关注和探讨的，因为它最具有发展的潜力。Forrester研究公司预计，企业间的商务活动将以3倍于企业与个人间电子商务的速度发展。这是因为，在现实物理世界中，企业间的商务贸易额是消费者直接购买的10倍。

企业与消费者之间的电子商务，即企业通过互联网为消费者提供一个新型的购物环境——网上商店，消费者在网上购物和支付。由于这种模式节省了客户和企业双方的时间和空间，大大提高了交易效率，节省了不必要的开支。

消费者与消费者之间的电子商务，即消费者之间通过互联网相互提供对方所需的物品，它就是网络上的跳蚤市场。随着上网人数的不断增加，这种个人间的网络商务活动会越来越多。

企业与政府间的电子商务（B—G模式）覆盖企业与政府组织间的各项事务，主要包括政府采购、网上报关、报税等。

4.4 商务信息服务组织

随着网络搜索引擎的出现，人们可以轻而易举地在网络上找到各种相关的商务信息资源，但是网络信息资源的杂乱性和随意性，使人们淹没在信息的海洋中，那么就需要专门的信息服务提供商为用户提供帮助其决策的有价值的信息资源。一般来说，商业信息服务应该从最容易取得效益的业务开始，所以应当从向那些需求大的、支付能力强的行业（如金融业）提供信息服务起步，最后才是面向大众消费者的服务。现阶段，我国的大型商务信息服务提供商主要是按照行业、地区、商品类型来组织其所提供的信息服务的。

4.4.1 按照行业

中华商务网（http://www.chinaccm.com/）有限公司通过对海外及国内网络相关资源的优化组合，推出了中华商务网。中华商务网是一个以企业为服务对象，提供电子商务、贸易机会、商业社区及市场信息等综合服务的商务门户网站。目前中华商务网有7个产业板块、28个行业频道和10个综合服务频道。具体表现形式为：农业版块（农副、粮油、饲料、食品）；金属版块（钢材、有色金属、不锈钢、电线电缆）；化工板块（油品、塑料、农化、化纤）；建材版块（建筑材料、木材及制品）；纺织版块（纺织、服装、皮革鞋帽、小商品）；机电版块（汽车、机电）；电子版块（家用电器、广电、电脑）；综合服务频道（外貌商机、供求资讯、英文供求、中国展览、行业论坛、网上商城、人才资讯、中商指数、热点话题、服务专栏）。

4.4.2 按照地区

中经网本着服务于国家、服务于社会的宗旨，对各个省份的年度经济发展状况进行了数据汇总，并利用其专家信息资源对各个地区的发展态势进行了分析。

4.5 商务信息服务获取

网络环境下，商务信息服务的获取方式有很多种，按照信息服务提供商提供的信息内容的深度不同,可以将商务信息服务大致分成以下三种:基础网络信息服务、数据库服务、竞争情报门户服务。基础网络信息服务是大多数商务信息网站提供的主要信息服务形式,商务网站按照某种分类方式组织其提供的信息内容,并提供简单的网站内容的信息检索,方便用户了解网站的信息内容的组织结构,迅速查找到自己感兴趣的商务信息;数据库服务是商务信息提供商经过多年对某一领域的信息积累,形成的组织有序、内容丰富、检索方便、更新迅速的信息资源集合,对很多用户来说这种服务是能够系统了解某一领域的方式之一。竞争情报门户服务是一种深层次的商务信息服务,它利用门户技术,通过统一的平台,根据用户的需要提供对竞争对手、竞争环境的分析,为企业、政府提供科学的决策支持,用户通过竞争情报门户可以满足个性化需求,根据个人需要有针对性地进行各种商务信息定制,从而获得有价值的商务情报。

4.5.1 基础网络信息服务

1. 亚马逊网上书店

亚马逊公司是 1994 年由美国杰夫·贝佐斯创立,1995 年 7 月正式营业的一家网上书店(http://www.amazon.com/)。在短短几年的时间里,迅速从 1000 多家同行中脱颖而出,成为全球最大的网络书店。亚马逊提供的信息服务主要有:

(1)从多角度、深层次揭示图书信息。与图书馆传统的文献著录相似,亚马逊对每一种图书的基本信息都进行详细的描述。

除此之外,为使用户对图书有更形象的认识,亚马逊还提供每一种图书的封面照片,并提供了每一种图书在销售排行榜中的名次、用户对该书的评分以及现有有关书评的篇数等信息。

(2)便捷的查询方式。亚马逊提供 28 个主题范畴,用户可选中任一主题对该主题下的图书进行浏览。

(3)按个人兴趣推荐新书。亚马逊还提供图书推荐跟踪服务,将一个用户推荐的信息,再推荐给其他用户参考。用户任选一个主题范畴,亚马逊都会将该主题内其他用户推荐过的图书列举出来,供选择标识。

2. 海通证券

海通证券公司是国内一家整体竞争力很强的综合性证券公司。其网站(http://www.ht-sec.com)有很强的个性化服务意识,在设置栏目、服务项目时都围绕客户的具体需求而定。其特点是:将用户分为浏览客户、注册客户、海通客户、机构客户等;网站信息也作了相应的划分,不同的客户可以看到不同的信息,如向初入市者推送有关证券投资的基本知识以便其快速入门,向中级或高级投资者推送有关证券投资的技战术理论使其提高技能。网站还根据客户的个人信息、投资风格等内容将网站信息作了交叉分类,以便每个客户看到自己需要的信息。

4.5.2 数据库服务示例

1. 美国科学情报研究所市场商情数据库

美国科学情报研究所 ISI(http://www.isinet.com/)的新兴市场信息服务为客户提供基于互联网传送的关于亚洲、欧洲和拉丁美洲的 35 个国家和地区的全方位市场动态和商务信息。所有信息内容均由当地信息供应商直接提供并以英语和当地语言同时表现。内容包括:

纯文本格式的实时新闻,所有上市公司和部分非上市公司的可供比较的财务报表,公司和行业分析报告,金融证券市场,宏观经济统计数据,法律法规和特定市场动态信息等。

2. Dialog

从1972年建立起第一个商用数据库到现在,Dialog(http://www.dialog.com/)已经成为世界上最大、最完善、历史最悠久的在线数据库信息服务公司。

作为世界上权威的专业资料来源提供者,Dialog公司具有强大而精确的搜索引擎,实时更新的数据。数据产品种类丰富,专业范围涉及科学技术、能源和环境、医药、药品、化学化工、食品和农业、新闻、商业、金融、知识产权、政府和法规、社会科学等。Dialog拥有600多个大型专业数据库系统,如全球公司名录、全球海关统计(Tradstat)、市场研究分析报告(Market Research)、美国\拉美海关进口提单、投资分析报告(Broker Research)等。

3. 中国电子行业信息网

(1)中国电子行业信息网简介

中国电子行业信息网(www.ceic.gov.cn)在信息产业部直接领导下,投资3 000万元人民币,由电子信息中心开发建设的大型电子信息行业综合性信息服务平台。自从1995年建成以来,CEIC一直致力于为政府机关、电子行业的企业、事业单位、研究机构提供准确、及时、丰富的信息产品和服务,已经成为业内人士所认可的具有权威性的线上信息交流中枢。在政府主管部门的支持下,经过近10年的发展,中国电子行业信息网不断增强其"来自行业,面向市场,提供高质量信息产品和服务"的内涵,充实和完善了自身的信息源体系、产品体系和服务体系,并将服务对象扩展到金融证券、投资、咨询等相关行业。

(2)信息采集渠道

● 国家机关及其事业单位的相关统计数据
● 信息产业部电子信息中心的数据资源
● 各地方电子信息产业主管部门、经济开发区主管部门的行业统计数据
● 电子信息行业内各协会、商会、科研院所信息
● 与数十家媒体建立战略合作伙伴关系
● 与上百家企业建立稳定的信息交换渠道
● 与专业的咨询机构建立长期的合作关系
● 通过参加展会、研讨会、行业内工作会议收集信息

(3)服务内容

目前中国电子行业信息网以4个大型专业数据库群15个专业数据库作为支撑,分别为行业数据库、行业管理数据库、电子信息百强数据库、计算机行业数据库、元器件行业数据库、通信行业数据库、视像行业数据库、音响行业数据库、数据精粹、政策法规数据库、软件产业数据库、高新技术园区数据库、信息产品数据库、制造企业数据库、经销企业数据库,通过网上90余个子库为客户提供有偿信息产品和服务。

4. 中国资讯行

中国资讯行(http://www.chinainfobank.com)是一家以提供中国商业经济资讯为主的港资信息公司。现已成为互联网上最大的中文内容提供商之一,拥有一个庞大的中国商业资

讯资料库。每日增加 500 万个中文字,现已载有 500 多万篇商业报告和文章,总计超过 50 亿个中文字。中国资讯行为世界各地各行各业的公司和研究机构提供商业资料库、财经资讯、新闻频道三大信息服务。其特色数据库——中国商业报告库,收录了经济学家及学者关于中国宏观经济、金融、市场行业等的评论文章及研究文献,以及政府的各项年度报告全文,为用户提供具有很高专业水的商务研究资料。

4.5.3 竞争情报门户服务示例

1. 中国竞争情报网

中国竞争情报网(http://www.chinaci.com/index.htm)的投资机构为中国竞争情报网有限公司(香港),境内运营机构为深圳市共好商业资讯有限公司。中国竞争情报网创造了一个独特的信息服务商业模式,宗旨是为企业提供竞争情报,帮助企业确立竞争优势。

(1) 业务范围

通过一个定位明确的网站向国内外企业、政府机构、研究机构提供经过判断、分析过的商业竞争情报、行业研究报告、市场分析报告、广告监测以及包括中国经济新闻数据库、中国企业数据库、中国产品数据库、中国法律法规库等 20 多个数据库的在线查询、检索服务。

信息来源于全国(包括中央、部委、地方、港台地区)、海外共 1 800 多种主要综合性、地方性、经济类报纸杂志以及国内有关部门、社团、企业的内部资料。

(2) 主要内容

——国家、各地区及境外有关部门对行业、产业的最新政策、法规和制度。

——各行业、产业发展动态、现状和前景预测。

——新产品、新技术研究发展动态。

——消费市场格局变动及国民消费心理和消费趋势分析。

——产品市场竞争情况、市场占有率、市场份额及销售、质量反馈情况。

——行业重点名牌企业的生产、经营、销售、人事动态、广告跟踪等。

——各行业、产业的负面报道。

该网站以上述内容为企业决策层、企业信息部门、政府各级经济管理部门、行业产业研究机构和监管机构提供竞争情报服务。网站为会员制,实行有偿信息服务,标准为每个行业 2 800 元/年。

2. 邓白氏公司网站

邓白氏公司(www.dnbasia.com)是美国历史最悠久的企业信用评估公司之一,成立于 1841 年,总部设在新泽西州的小城 Murray Hill,是世界著名的商业信息服务机构。

邓白氏公司的"全球数据库"是全世界信息量最大的企业信用数据库,邓白氏公司的信用产品和服务就是来源于这个数据库。

为了满足客户的需求,邓白氏数据库采取多渠道、多形式收集信息,目前收集信息的主要渠道有:当地的商事登记部门,当地的信息提供机构,当地的黄页、报纸和出版物,官方的公报,商业互联网站,银行和法庭;有的时候,还采取拜访和访谈的形式收集有关的消息。

邓白氏全球数据库采用高科技手段实行联机服务,客户可以通过计算机系统在"视窗"或网上定时检索世界各国企业的商业和资信信息,此外,客户还可以通过邓白氏的全球数据库的联机服务在网上订购邓白氏公司的各种征信产品。

[本章撰稿人:冷伏海　冯　璐]

参 考 文 献

[1] 胡昌平,柯平,王翠萍. 信息服务与用户研究[M]. 北京:科学技术文献出版社,2005
[2] 娄雄. 漫谈咨询产业的三个层次[J]. 经济咨询,2005(1):42
[3] 刘玉萍. 信息用户的需求特点及服务策略[J]. 图书馆学刊,2003,25(6):22~23
[4] 王松俊,霍忠文. 关于情报学理论研究现状一些基本问题的探讨[J]. 情报理论与实践,2004,27(1):15~16
[5] 《科技情报工作概论》编写组. 科技情报工作概论[M]. 北京:科学技术文献出版社,1993
[6] 邓辉. 基于web的竞争情报门户研究[D]. 北京:北京师范大学,2005
[7] 李丹. 试论科技查新服务与专题情报服务的整合[J]. 情报科学,2003,21(11):1204~1206,1216
[8] 张晓林. 走向知识服务:21世纪中国学术信息服务的挑战与发展[M]. 成都:四川大学出版社,2001
[9] 桑健. 科技情报学概论[M]. 沈阳:辽宁人民出版社,1987
[10] 李金算. 试论我国"入世"后科技信息机构的咨询工作[EB/OL]. (2003-10-13)[2005-12-10]. http://www.ncinfo.gov.cn/readnews.asp?newsid=2566&BigClassID=1&SmallClassid=21&Specialid=0
[11] 卫军. 情报学和科技情报研究[J]. 情报杂志,2001,20(7):12
[12] 刘敏. 对科技评估的内涵、问题及对科技管理工作的重要性[J]. 科技管理研究,2001(2):50~53
[13] 吴其业. 科技评估的功能、特点及方法[J]. 今日科技,2004(12):8~10
[14] 周晓英,王英玮. 政务信息管理[M]. 北京:中国人民大学出版社,2004
[15] 王长胜. 中国电子政务发展报告No.2[M]. 北京:社会科学文献出版社,2005
[16] 任鸿雁. 我国政府网站信息服务问题研究[D]. 北京:中国人民大学出版社,2005
[17] 吴鹏,邓三鸿. 加拿大电子政务案例——政府在线工程[J]. 电子政务,2005(10):44~61
[18] 王丹浅. 议电子政务下知识管理的核心问题——政务资源整合[J]. 电子政务,2005(13):62~66
[19] 北京市政府网站[EB/OL]. (2006-01-12)[2006-01-16]. http://www.ciw.com.cn/itnews/ztxw/zhuanti/2006/01/12/13221.html
[20] 李习彬. 电子政务与政务管理创新[M]. 北京:科学出版社,2004
[21] 马燕. 因特网环境下开展信息服务的新思路[J]. 科技情报开发与经济,2002,12(1):1~2,4
[22] 张云瑾. 试论网络环境下的一站式个性化信息服务[J]. 福建师范大学学报:哲学社会科学版,2004(5):138~141,145
[23] 陈建民. 基于网络的个性化信息服务研究[J]. 科技情报开发与经济,2005,15(3):96~98
[24] 郎诵真,王曰芬,朱晓峰. 竞争情报与企业竞争力[M]. 北京:华夏出版社,2001[25],《类似商品和服务类别》(2002年版)[EB/OL]. [2005-12-01]. http://markbook.nease.net/classify/classify_2002.html
[25] 李广健,黄永文. 网络竞争情报源[M]. 北京:华夏出版社,2001
[26] 深圳巨灵公司信息技术研究所. 网络环境下金融证券信息资源开发与信息服务[M]. 天津:南开大学出版社,2001
[27] 国际市场情报资源专家[EB/OL]. [2005-12-01]. http://www.ccpit.info/mytong/mytong/mct_

front/home.htm
[28] 李广健,黄永文. 网络竞争情报源[M]. 北京:华夏出版社,2001
[29] 邓白氏公司[EB/OL]. (2005-07-31)[2006-01-01]. http://www.cerf.org.cn/doc/info_show.asp? Newsid=455&borderid=22&typeid=9
[30] 美国最大的企业征信服务机构——邓白氏集团公司[J]. 经济研究参考,2002(67):23~28
[31] 苏震. 信息服务机构在电子商务时代的定位[J]. 情报理论与实践,2000(6)

第 10 章 情报研究与服务

§1 情报研究基础

1.1 情报研究概念和特点

情报研究是当代社会重要的信息分析研究活动之一。情报研究在各国有不同的提法,但实质含义是一致或基本一致的。

在日本,情报研究一般被称作"情报调查"或"情报分析"。其中,情报调查主要是面向专门领域进行信息搜集、管理、分析、评价和提供。情报分析主要是指信息的搜集、选择、存储、检索、评价、分析、综合、提供等功能。在美国,从事情报研究工作的机构通常称为"信息分析中心",是指以可靠、及时、有效的方式为同行和管理人员编撰、归纳、整理、重组、显示适合的信息或数据,或者为了搜集、选择、存储、检索、评价、分析、综合一个明确规定的专门领域,或与特定任务相适应的大量信息而特别建立的正式组织机构。情报研究还有其他提法,如信息浓缩(information consolidation)、工商情报(business intelligence)、数据分析(data analysis)、技术跟踪(technology tracking/scanning/scouting/watching/monitoring)等。

我国的情报研究是随着科技信息研究机构的建立而逐步开展起来的,目前已成为科技信息机构一项主要的具有特色的研究工作。

情报研究是一项内容广泛的信息加工处理和情报提炼活动,它以大量相关的原生信息为处理对象,通过对原生信息内容的分析、综合或评价,以提炼出对管理、决策等活动有支持作用的情报,为管理、决策等活动服务。

情报研究具有以下主要特点:

1. 针对性

情报研究的目的是为各级各类科学决策、研究与开发、市场开拓活动提供依据。不论是何种来源的情报研究课题,都必须针对上述某一既定的具体目标来进行,如针对国民经济和社会发展的宏观决策需要,针对企业生产、技术开发和营销管理的微观决策需要等。针对性是情报研究的重要特点,是其能否发挥作用,是否具有生命力的体现。

2. 系统性

情报研究最基本的一项工作是使大量有关研究课题的信息系统化,具体来说,就是使大量无序的信息有序化、分散的信息集成化,使不同时空的信息整体化。实际上,这一过程是以分析为基础的信息综合和再创造的过程。情报研究的系统性除表现为所涉及的大量相关信息的系统性外，还有其他表现，如所采用的方法和手段的系统性、所应用学科知识的系统性、所需要研究因素的系统性等。

3. 科学性

情报研究是以事物过去和现在的情况、经验等为依据，运用一定的程序和方法，分析研究对象及其与相关因素的相互联系，从而揭示出研究对象的特性和变化规律。在这一过程中，情报研究人员通常会自觉地以辩证唯物主义认识论为指导，并在大量搜集原生信息的基础上，以实事求是的科学态度和严谨缜密的科学方法进行。

4. 预测性

情报研究是在事件发生之前对其未来状态的预计和推测，或者对已发生事件未知状态的估计和推断。情报研究成果对于决策者把握未来具有重要的参考价值。但另一方面，这些预计和推测，尽管有科学的依据、科学的态度和科学的方法作基础，但毕竟是简约化后对事物发展变化实际情况的一种近似反映。

5. 局限性

情报研究人员对研究对象的认识，往往受到其学识、经验、观察分析能力的限制，受到所搜集到的原生信息的质和量的限制，受到信息处理方式的限制。因此，情报研究的成果往往具有一定的局限性。

1.2 情报研究的作用

实践证明，在科学决策、研究与开发、市场开拓活动中，情报研究都起着非常重要的作用。

1.2.1 为科学决策服务

按照西蒙（H. A. Simon）的观点，科学决策的程序必须至少包含如下几个基本阶段，即：找到问题的症结，确定决策目标；拟定各种可能的行动方案以供选择；比较各种可能的方案并从中选优；对所选择的方案进行评价。这几个阶段又可称为参谋活动阶段、设计活动阶段、选择活动阶段和审查活动阶段，是任何一项科学决策活动都不能缺少的。情报研究在上述各阶段都担当着重任。例如在为国民经济和社会发展远景规划制定服务的过程中，情报研究机构必须充分调查国内外国民经济和社会发展的历史和现状，研究和对比国内外国民经济和社会发展规划制定的依据和背景；分析研究国民经济各部门的内在联系和相互作用，努力找出影响全局的关键部门和薄弱环节；研究国内的资源、资金、技术、市场、环境条件等。这些活动可直接或间接地为决策目标的确定以及行动方案的拟定、选择和评价提供参考依据。

1.2.2 为研究与开发服务

当前，研究与开发活动正日益成为企业、部门、行业乃至国家经济竞争力的焦点。许多发达国家和发展中国家都不遗余力地以提高科技生产力为目标，制定适合于本国的研究与开发战略。情报研究在研究与开发中的作用主要体现在为研究与开发提供背景知识，使人们对某一研究与开发领域的历史、现状及发展方向有一个比较透彻的把握，帮助科研工作者寻找研究与开发的机会,避免重复研究或走弯路。例如,在为应用研究提供信息服务时,情报研究人员应提供有关该应用研究领域的历史概况、当前水平及动向、相关的基础研究进展及其走向应用的可能性、存在的问题及解决的办法等。

1.2.3 为市场开拓服务

成功的市场开拓活动离不开 4 个"适当",即适当的地点、适当的时间、适当的价格和适当的产品。要想做到这 4 个"适当",必须要有充分的市场信息保障。这些信息通常包括两方面:一是市场系统内部产生的与经济活动有关的信息,如市场供求状况、价格水平、消费者偏好等;二是市场系统外部产生的对市场营销活动有影响的信息,如政治、法律、经济、文化、金融、科技、竞争等状况。情报研究在市场开拓中的作用主要体现在通过提供上述两类信息帮助用户寻找、识别和把握市场机会,选准市场开拓的突破口,规避潜在的市场风险。

1.3 情报研究的产生和发展

1.3.1 情报研究的产生

情报研究是信息工作的重要组成部分,它的产生首先体现于科技领域,是科技、经济和信息工作发展到一定阶段的产物。

科技情报研究的产生经历了从自发到自觉的发展历程。15 世纪下半叶,随着欧洲资本主义制度的纷纷建立,科学领域相继发生了一系列革命。16 世纪,文艺复兴运动在欧洲兴起,不仅创造了资产阶级的"古典"文学和艺术,而且孕育了近代自然科学,一些学术组织和学术期刊陆续出现。但总的来看,这些科技信息的传播交流基本上是自发进行的,是科技工作中微不足道的组成部分。18 世纪,以蒸汽机的发明为标志,迎来了近代史上的第一次技术革命。这一革命密切了自然科学与生产技术间的联系,科技图书、科技期刊等文献日益增多,一些专业性的科技情报机构纷纷建立。但这些机构的主要工作还是停留在初级信息的浓缩加工和编写报道上,对科技信息内容的深加工处理仍然由科技人员来进行。

真正意义上的科技情报研究的产生是在第二次世界大战之后。随着科技的更进一步发展以及学科的微分化和积分化双重发展趋势的日益加剧,科技文献呈指数规律急速增长,科技信息的生产与利用之间出现了严重的脱节和矛盾。为解决这些问题,以对科技信息资料内容的深入分析、综合、评价为特色的科技情报研究工作开始脱颖而出。

20 世纪中后期以来,随着信息技术的发展和社会环境的变革,科技、经济和社会间的联系日益紧密,情报研究课题日益综合化、复杂化。为迎合社会需要,情报研究服务突破了传统的科技领域的限制,向多样化方向发展,形成了包括科技情报研究在内的众多分支领域,如技术经济情报研究、市场情报研究、竞争情报研究等。情报研究真正成为当代信息服务业的重要组成部分。

1.3.2 国内外情报研究的发展概况

1. 国内情报研究概况

我国的情报研究发端于科技领域。从 1956 年在中国科学院挂牌成立中国科学院科学情报研究所到现在，整整 50 年的历史。

50 年来，我国的情报研究工作伴随着国家的科技和经济建设在曲折中前进。早在中国科学院科学情报研究所（中国科学技术信息研究所前身）成立之时，该所就设立情报研究部，开展科技情报研究工作。后来，这种建制从中央到地方，得到普遍开展，成为我国科技情报研究活动的主要推进力量。科技情报研究工作为加快我国科技和经济的发展，为我国政府决策和科技管理决策作出了重要贡献。新能源、新材料、新工艺、新技术、新产品、新服务的研究与开发，新型工业和国防工业的建设，无不留下了科技情报研究人员的汗水。

20 世纪 80 年代以来，随着经济和科技体制的改革，我国的科技力量开始按照为经济建设主战场服务、开展高技术研究和促进高新技术产业发展、确保基础性研究持续发展三个层次部署，科技的发展和应用已不单纯是科技问题，而是越来越多地受到科技、政治、经济、文化、国防、管理、国际关系等多种因素的综合影响与制约。这样，情报研究开始突破了科技领域的狭窄范围，进入了广泛的社会领域，成为各级各类科学决策、研究与开发、市场开拓活动的重要依据。在这个时期，各级情报研究机构比较普遍地参与或独立承担了有关产业部门或地方的发展战略研究、新技术革命对策研究、重大工程项目的可行性研究等。与此同时，在改革开放形势下，一些情报机构也进行了改革，传统的全盘无偿信息服务模式被打破，一些情报研究工作在确保为领导决策服务的前提下，逐步推行有偿信息服务，积极开拓信息市场。

1992 年，我国将建立社会主义市场经济体制作为经济体制改革的目标。以此为转折点，大多数情报研究机构开始向服务经营型转变，成为现代科学决策、研究与开发、市场开拓活动的重要力量。我国的情报研究工作在服务目的、服务内容、服务方式、研究方法和工具等方面都在经历着根本性的变化。面向未来，我国的情报研究将进一步与信息技术相结合，形成多层次、多目标、多角度、强渗透性的数字化情报研究服务。

2. 国外情报研究概况

情报研究活动在国外体现为一些专业化的机构和团体，包括政府机构、工商部门、信息服务单位、科学研究机构、行业协会、社会团体等，如美国的兰德（Rand）公司和斯坦福国际咨询研究所、日本的野村综合研究所、英国的伦敦国际战略研究所等。

美国情报研究活动的领域非常广泛，从宏观层面的施政大纲、国民经济发展到微观层面的企业市场营销和调研，几乎无所不包。从机构性质来看，大多数颇有名气的机构为咨询机构，而且是为了进行政治斗争而出现的。如胡佛战争、革命与和平研究所就出版不少有关中国共产党的书籍、报告和资料；布鲁金斯学会带有浓厚的党派色彩，是党派之间利益争夺的主要工具之一。

日本最先开展情报调查的是一类统称为思想库的机构，活动内容主要体现在科技政策研究、技术动向分析、国际技术跟踪、全球性证券金融经济性问题研究以及围绕企业竞争而展开的技术、经济、金融情报调查等方面，如日本科学技术情报中心（JICST）、日本贸易振兴会等。

在情报分析方面,日本很早就有人把"情报分析力"作为影响国力的十大因素之一,表明情报分析水平已成为国家综合国力的重要衡量标志。

1.3.3 情报研究的发展趋势

在数字时代面前,情报研究存在着如下发展趋势:

1. 信息资源数字化、网络化

信息资源数字化、网络化已是不可阻挡的社会发展潮流。信息以数字化方式生产并通过网络传播,不仅给信息的传输和利用带来了极大的方便,而且为信息的分析和处理创造了条件。网上信息资源数量多、品种丰富、覆盖面广,几乎可以任由情报研究人员依据不同的目的从不同的角度取舍。

信息资源数字化、网络化的核心是情报研究专用数据库或数据仓库的建造。人们在利用数据库或数据仓库技术辅助情报研究方面已经有了突破,一些配备专用软件的情报研究专用数据库不断被开发出来,面向海量信息集成和挖掘的数据仓库技术也在不断得到应用。

2. 信息处理智能化、现代化

分析和处理信息是情报研究的重要特征。随着信息技术的发展和广泛应用,信息分析和处理方式发生了革命性的变化,各类统计分析、联机分析、数据挖掘软件陆续被应用于情报研究领域,使情报研究在面向复杂问题和高层次的决策支持方面发挥了重要作用。随着人工智能和专家系统的发展,一些智能化、现代化的情报研究软件系统不断地被开发和研制出来。

3. 信息服务社会化、产业化

随着市场经济的发展,情报研究在服务方式、服务内容、管理体制等方面迅速向社会化、产业化进军。目前,国际市场上信息咨询服务市场规模持续扩大,其中有很大的份额来自情报研究服务。

4. 情报内容综合化、专深化

情报研究以内容服务为主要特色。当代情报研究最重要的趋势之一是借助信息分析和处理技术的进步,推动情报内容向综合化、专深化方向发展。情报研究成果综合了科技、经济、社会等领域大量甚至海量的背景信息,情报研究的基本任务就是从这些信息的背后和深层次中提炼出对管理和决策有用的专门情报。

§2 情报研究流程

情报研究遵循一般的科学研究工作规律,大体上沿着"需求→计划→搜集→处理→分析→传递"的脉络发展,即针对用户具体的情报需求和要求,确定研究题目;制定课题研究的计划,明确研究的方向;展开信息搜集、处理、分析和提炼活动,形成情报研究成果;情报研究成果评价和应用推广;搜集成果应用的反馈信息,寻找新的需求。

2.1 明确需求,确定研究题目

选题是指情报研究课题的选择,即明确情报研究的对象和目标。选题是情报研究工作的起点,选题准确、迎合了用户多样化的情报需求就等于情报研究工作成功了一半;反之,选题不恰当、定位不准确,则不仅不能满足用户的情报需求,使情报研究工作走偏方向,而且情报研究机构本身也不能取得良好的经济效益,不能在社会上树立良好的形象。

情报研究是一项应用性很强的工作。在实际工作过程中,我们会遇到各种各样的问题,并从不同角度反映着人们对某一事物的情报需求。但是,对于既定的情报研究机构而言,无论是其人力、物力还是财力,在一定的时期内总是有限的。另外,可供研究的课题尽管很多,但总有个轻重缓急之分、难易之分和效益大小之分。因此,任何一个情报研究机构都没有必要也没有可能将所有课题作为研究的对象,这样,如何明确用户的情报需求和要求,确定研究的题目便成了情报研究工作十分关键的步骤。

1. 自由选题

这类选题主要是靠情报研究人员根据长期积累和主动调查,针对国民经济和社会发展的实际需要总结出来的。由于情报研究人员长期从事情报研究活动,不仅积累了大量的源信息,熟悉各行各业情报需求和要求,而且涉猎领域广、思路开阔,能在总体上把握某一行业或某一学科或领域当前的动态、存在的问题、解决的办法和发展的趋势,因而由他们替代用户超前提出情报需求和要求并形成选题是完全可能的。实践证明,在大多数情况下,由情报研究人员通过主动跟踪而提出的选题,不仅具有很好的前瞻性,而且选题的后续研究工作也容易开展,容易取得丰硕的研究成果。

2. 为宏观管理决策服务的选题

国家宏观管理部门在制定规划、做出决策前,常常会遇到各种各样影响全局的宏观性问题。为了有效地解决这些问题,国家宏观管理部门常会以课题的形式向下级情报研究机构下达。这类选题大多关系到国家重大规划和决策的制定实施,要求带有战略性和先导性,具有费时长、难度大、成本高的特点。这类选题有时完全由上级下达,有时通过上级下达与主动跟踪相结合的方式产生。

3. 用户委托

各级各类用户由于科研、生产、教学、管理、营销推广的需要,常会以各种形式提出情报研究课题,委托情报研究机构予以解决。这类选题在用户和情报研究机构之间注入市场机制,以经济杠杆平衡供求比例、品种和质量,具备灵活性、开放性、竞争性和高效性特点,是一种广受用户和情报研究机构青睐的课题形式。用户一般将这类选题以咨询委托书的形式提交给情报研究机构。咨询委托书的内容一般包括咨询内容和要求、形式、进度、经费等项。

2.2 制定研究计划

情报研究选题确定之后就要制定研究计划。研究计划是行动的指南和纲领,是研究任务全面、系统的筹划和安排。有了研究计划,就有了工作目标,就可以把整个研究过程有机地组织起来,使课题组成员以及其他相关人员都能明确各自的任务及其与其他研究任务之间的协调关系,保证研究工作有条不紊地顺利进行。一般来说,课题越大、时间越长、参加的单位和人员越多,就越需要一个周密而详细的研究计划。

2.2.1 研究计划的内容

(1) 研究目的。如选题背景和意义、拟解决的关键问题、服务对象、预期效益等。

(2) 调查大纲。包括调查方式、调查范围、调查步骤、调查的广度和深度等。

(3) 研究方法和技术路线。为了提高情报研究工作的效率,应根据课题的性质和研究条件在研究计划中提出课题研究可能采用的研究方法和技术路线。

(4) 成果形式和提交方式。为了合理使用人力、物力、财力和科学安排时间,应根据研究条件和用户的要求,初步确定预期成果的形式和提交方式。

(5) 组织分工。组织分工一般先按单位进行,如主要承担单位应完成什么、协作单位应完成什么。在此基础上,还应当将分工进一步深入到每一课题组成员,即根据每一成员的能力和知识结构,分配其一些合适的、具体的工作任务,如谁是课题组组长,谁负责对外联络,谁负责翻译外文资料,谁采集数据,谁对数据进行计算机处理,谁撰写成果报告等。

(6) 完成时间和实施步骤。为了便于检查计划执行情况,一般按照情报研究工作的程序将整个研究活动分为几个阶段,并提出各个阶段任务的预计完成时间和拟实施的步骤。

(7) 其他。如完成研究任务所需要的人员、经费、技术、设备等条件。

2.2.2 研究计划的组织实施与检查

研究计划拟定完毕后,就应该积极地组织实施。具体地说,就是根据人力、物力、财力和时间状况以及课题的特点和研究计划的要求合理调配各类资源,以保证课题研究按进度安排保质保量、有条不紊地进行。

对研究计划的实施情况进行检查和调整是促进和保证计划顺利实现的有效手段。通过检查,可以随时掌握情况,及时发现问题,并加以解决,从而推动课题计划和目标的实现。研究计划的检查主要是按照研究计划写明的项目逐一对照进行,内容一般包括:是否按进度实施计划,是否按课题的目的、内容和质量要求有条不紊地进行,各类资源调配是否恰当,经费使用是否有阶段性超支行为,课题研究中是否有新情况新问题出现,研究计划是否需要进行适当的调整和改进等。

2.3 信息搜集和处理

此阶段的主要任务是结合情报研究选题,通过文献调查或社会调查的方式,全面、系统地搜集与选题相关的各种信息,并利用合适的方法对这些信息进行处理。

2.3.1 信息搜集

信息搜集是情报研究的基础。不论是何种类型的情报研究活动,都必须充分地占有信息"原料"。为了提高信息搜集效果,信息人员应遵循全面性、系统性、针对性、新颖性、可靠性、科学性、计划性等原则。信息搜集一般包括文献调查和社会调查两种途径。

1. 文献调查

文献调查主要用于文献信息的搜集。其流程为:进行课题分析,即通过课题内容分析明确课题研究的内容概貌、所涉及的学科和领域、所需信息的内容范围和重点,通过文献普查、地域分析和时域分析,确定文献信息搜集的重点、大致范围和方位;根据文献信息源的特点和自身的条件选取一种或几种比较合适的文献信息或文献线索查找方法,以获取较全面的文献信息或文献线索;如果是文献线索,则还应依据这些线索的轻重缓急有计划地通过采购、交换、复制、索取、下载等途径搜集原始文献。文献检索的方法主要有常规法、追溯法、顺查法、倒查法、纵横法等。文献调查的信息源很多,如根据编辑出版形式的不同,可分为图书、期刊、报纸、研究报告、会议文献、专利文献、标准文献、政府出版物等。

2. 社会调查

社会调查是一切以信息搜集为目的的社会实践活动的总称。它既包括对人的访问,也包括对实物、现场的实地考察,如现场调查、访问调查、问卷调查、样品调查等。社会调查是提高情报研究活动效果的一项有力措施。它通过接触实际,可以获得许多文献调查难以获取的信息,如不用或难以用文献形式反映的实物信息,包括新产品、新设备、新材料等;有关人员正在思考和设想的新思想、新方案等。社会调查是搜集非文献信息的主要途径。

网络调查是当前流行的信息搜集方式。与其他信息搜集方式相比,网络调查充分利用了日益发达的互联网络的优势,具有调查费用低廉、调查范围广泛、回收率高、调查效率高等优点,发展前景广阔。网络调查可通过电子邮件、讨论小组、聊天室、Web 站点等进行。

2.3.2 信息处理

经过搜集而获取的原生信息通常繁杂无序、真假混杂,因此需要进行处理。信息处理包括整理和评价两个相辅相成、交替进行的环节。其中,信息整理包括形式整理和内容整理,目的是使信息从无序变为有序,成为便于利用的形式;信息评价则强调对整理出来的原生信息进行鉴别,一般依据可靠性、先进性、适用性等指标进行,目的是筛选出有用信息,淘汰掉无用或不良信息。这两个环节共同作用的结果是使所搜集到的信息不仅是有序的,而且是有用的。

2.4 信息分析和提炼

信息分析和提炼环节侧重于对信息进行精加工。该环节是一项综合性很强的思维活动,它直接或间接调用人脑的思维功能,采用科学的方法、手段和工具,以揭示、总结、提炼和运用研究对象本身固有的本质规律。例如,在运用分析与综合的方法进行情报研究时,一方面要借助于思维的分析活动,把研究对象的整体分解成各个能反映整体特征的部分,从中舍弃掉偶然的、非本质的东西,抽取出必然的、本质的东西,并对其分别进行深入细致的考察;另一方面要运用综合的方法,超越时空的限制,将分解出来的无序、零散的各个部分的本质的认识进行重新组合,研究其间的关系,并将蕴含于其中的各种隐含信息和关联关系揭示出来,达到重现整体、推断未知或预测未来的目的。

信息分析和提炼环节的具体内容,既与研究对象有关,又与研究目标和任务相连。研究对象以及研究目标和任务的广泛性和多样性,决定着信息分析和提炼内容的丰富性和复杂性。情报研究包含着许多具体而实在的内容,其范围比一般的科学研究要广泛得多,大体上涉及科技、经济、军事、政治、文化、市场等广泛领域。情报研究不像一般的科学研究那样可以根据研究对象进行严格的分类，而是出现了许多内容交叉和相互渗透的现象，如科技情报研究离不开对经济和市场的考虑，甚至与军事和政治情报研究相联系。

2.5 情报研究成果及其评价

2.5.1 情报研究成果类型和特点

情报研究成果类型很多，有的学者将其分为综述、述评、专题报告、学科总结、情况反映类成果和系统资料类成果，有的学者将其分为综述性研究报告、述评性研究报告、预测性研究报告和数据性资料，还有的学者将其分为动态简报、水平动向报告、综述、述评、预测报告、可行性研究报告、专题调研报告、背景报告、专用数据集或数据库以及建议、对策与构想报告等。这里，我们将情报研究成果划分为消息、数据和研究报告3种类型。

1. 消息类成果

此类成果是最简单的一种成果形式。它侧重于跟踪监视和及时报道特定领域的国内外发展的最新水平、动向和趋势，具有明显的推荐性质。这类成果的特点是：内容简洁、新颖，报道迅速、及时。消息类成果常见的形式有快报和动态两种。如：中国科学技术信息研究所出版的《科技参考》、《互联网信息专报》、《全球科技投入要览》。

2. 数据类成果

此类成果是以有关课题的各种系统的资料或数据为主要对象，经过加工整理和分析研究所形成的一种成果形式，如"手册"、"汇编"、"指南"、"要览"、"年鉴"、"数据库"、"数据集"、"数据图表"等，具有密度高、系统性强、完整性高和准确性好等特点。用户通过使用数据类成果，可以方便、清楚地了解有关课题的基本情况、水平、动向和趋势，是其他成果所不能替代的。

3. 研究报告类成果

通常所说的情报研究成果主要是指这类成果。它以分析说明、归纳提炼、论证推测为宗旨，具有结构严谨、分析深刻、结论明确等特点。此类成果主要有综述性、述评性、预测性、评估性、背景性等几种类型。其中，综述性研究报告是在一定的时空范围内对某一课题的大量相关信息进行综合分析和浓缩加工后所形成的一种成果，具有叙述性、综合性、浓缩性等特点；述评性研究报告是在综述性研究报告基础上的进一步发展，是在对一定时空范围内的某一课题的大量相关信息进行综合分析和浓缩加工的基础上，对课题的内容、质量、水平、应用情况进行综合评价，并提出有关评论、观点或建议的一种情报研究成果；预测性研究报告是根据有关课题的大量已知信息，运用一定的科学方法和现代信息技术工具，对课题的发展前景及其对国民经济和社会发展的各种可能的影响进行分析研究和预测所形成的一种情报研究成果；评估性研究报告是在掌握有关课题的大量原生信息的基础上，运用现代评估技术，对课题的水平、方案、能力、效益等进行分析研究和评估所形成的一种情报研究成果；背景性研究报告是针对某项具体的专门任务而展开的相关背景信息的分析研究所形成的一种情报研究成果。

2.5.2 情报研究成果的评价

1. 情报研究成果的评价程序和内容

(1)成立评价小组。评价小组通常由情报研究人员、相关领域的评审专家、主管部门负责人、用户等组成。情报研究人员的主要任务是向评审专家、主管部门负责人和用户介绍情报研究成果的形成过程、主要性能指标、国内外同领域的研究状况、本成果的主要特色等。

(2)确定评价目标。评价目标决定了评价工作的方向。情报研究成果评价的基本目标在于确保成果质量合格,满足情报研究课题提出部门的要求。

(3)搜集资料,分析限制性条件。资料是分析评价的基础。在大量占有资料的基础上,需要对情报研究成果完成的各种限制性条件进行分析,以便进一步做出客观、公正、科学的评价结论。

(4)提出评价意见。一般包括概略性评价意见和详细评价意见两种。概略性评价意见是对情报研究成果总体上的理解和评价。详细评价意见是在对情报研究成果各部分进行详细分析之后,给出的具体评价意见。

(5)形成评价报告。情报研究成果在经过认真评价后,通常要形成评价报告。评价报告一般要求以简洁的文字说明评价的目的、背景、时间、地点、专家、内容等,并详细地介绍评价的方法、过程及主要结论。

2. 情报研究成果的评价方法

情报研究成果评价包括即时评价和最终评价。即时评价是指成果交付用户使用或以某种方式面世后,随即或稍后进行的一种评价。这种评价的依据主要是成果本身的质量、所提供内容的内在价值和可使用价值以及用户对成果的初步反映,而不要求考察成果可能产生的最终效果。最终评价是对成果使用后产生的最终效果进行的一种长远评价。这种评价的重点不是成果本身的质量、所提供内容的内在价值和可使用价值以及用户的初步反映,而是成果使用后给科技、经济、社会和环境带来的最终影响和后果。一项完整的情报研究成果评价应包括即时评价和最终评价。即时评价为最终评价奠定基础,最终评价又为即时评价提供验证。在处理即时评价与最终评价之间的关系时应注意具体问题具体分析。

情报研究成果评价的具体方法很多,应用较广的有专家定性判断法、综合评分法、德尔菲法、层次分析法和模糊综合评价法。其中,专家定性判断法是凭借专家个人判断定性描述成果的一种主观评价方法,可通过选择、推荐,以评委寄出评语和回收总结的方式进行;综合评分法是用评分来反映评委对各项指标的评价,并通过数据的综合处理,用一个量化的结果来表达评价结论的方法;德尔菲法是一种在专家个人判断和专家会议调查的基础上,集诸多专家的专业知识、经验和主观判断能力于一体并加以整合和改进的方法,具有匿名性、反馈性和统计性特点;层次分析法强调把复杂的问题结构化,然后根据对一定客观现实的判断就每一结构层次的相对重要性给予定量表示,并通过排序来分析和解决问题。它体现了人类思维活动的基本特征和发展过程,在情报研究成果评价中应用广泛;模糊综合评价法是指借助于模糊数学中模糊变换和综合评判方法对情报研究成果进行评价的方法。它在解决情报研究成果评价中的各种模糊问题方面发挥着重要作用。

2.6 搜集成果应用的反馈信息，寻找新的需求

情报研究成果应用是一个极其复杂的过程。情报从信源传递过来以后，情报用户首先要考虑的是如何理解、消化和吸收情报内容，在此基础上还要进一步考虑如何将其应用于科学决策、研究与开发、市场开拓的社会实践中去。在情报研究成果应用过程中，用户本身已有的知识结构、经验、情报意识、消费心理、习惯偏好、经济承受力以及对情报内容的理解、消化和吸收能力等都会对利用的效果产生影响。1967年，英国著名情报学家布鲁克斯（B. C. Brookes）为情报和知识的关系建立了如下方程：

$$K[S] + \Delta I = K[S + \Delta S]$$

式中，$K[S]$ 为情报用户原有的知识结构，ΔI 为吸收的情报量，$K[S+\Delta S]$ 为新的知识结构。此方程式生动地揭示了情报用户的知识增长过程，即：知识是通过情报的获得而增加的，而所获得的情报量的大小又取决于情报用户原有的知识结构。

考虑到情报传递过程和社会环境的复杂性以及用户情报消费状态的多变性，情报研究成果的应用效果往往不易把握。用户在利用情报过程中常常会对价格水平和支付方式、风险选择方式、市场转让范围、商品包装方式以及情报的内容、质量和提交方式等提出建议和意见。这一过程就是信息的反馈。搜集成果应用的反馈信息是间接控制情报传递和利用效果的有效途径，情报研究活动中的许多修正、调整和改进工作，以及新需求的搜寻均是以用户的反馈信息为依据的。

§3 情报研究方法

3.1 情报研究方法论

方法论要解决的关键问题是如何构建一个合理完整的方法体系。情报研究方法绝大部分引自其他成熟的学科，如逻辑思维方法、系统分析方法、图书情报学方法、社会学方法、统计学方法、预测学方法等。这些方法数量众多，构成了完整的情报研究方法体系，具有开放性。在本书中，我们将这些方法划分为定性、定量和半定量方法。对于一个具体的情报研究课题而言，可采用的方法往往并非是惟一的，而是有多种现实的组合方案可供选择，它与课题的内容、性质、研究阶段、研究目标等具体情况相关。

1. 定性方法

定性方法是情报研究的基本方法。它以认识论及思维科学领域的有关理论为基础，根据有关课题的原生信息及其各种相关关系，对研究对象进行比较、评价、判断、推理、分析、综合，从而揭示出研究对象本身所固有的、本质的规律。由于定性方法以情报研究人员的逻辑思维和推理为基本形式，故又称逻辑思维方法。

定性方法具有定性分析、推论严密、直观性强的特点，在情报研究中有广泛的应用。特别是对于那些不需、不易或不能用定量数据进行分析的研究对象，定性方法具有无与伦比的优越

性。这种方法的缺点在于其推论虽严密但不够精确、分析问题虽深刻但不够具体,特别是所得的结论仅仅是一种定性的认识或描述,没有强劲的说服力,因此在情报研究中常用于这样几种场合:为定量分析做准备;对定量分析的结果进行验证或评价;在缺乏定量分析条件或不需进行定量分析的情况下独立使用。

2. 定量方法

定量方法以基础数学、数理统计、应用数学以及其他数学处理手段为基础,通过分析研究揭示出研究对象本身所固有的、内在的数量规律性。

定量方法具有定量分析、结论具体、高度抽象的特点,在情报研究中有十分广泛的应用。如利用文献增长模型可判断文献内容的新颖性和适用性,利用投入产出模型可进行经济分析、经济预测和经济政策仿真,利用层次分析模型可对经济、管理、研究与开发等领域的方案或成果进行评估,利用马尔科夫链可对产品或服务的市场占有率和利润期望值进行预测等等。这种方法的缺点在于其不能完全替代人脑进行创造性思维。此外,定量方法中所构造的曲线、模型或公式仅仅是客观事物抽象化和理想化的结果,与复杂的、多变量的、动态变化的客观事物本身相比,仅仅是一种近似的、简单的、静态的描述,因此,其结论在许多情况下仅具有参照意义。在具体实践中,人们往往根据课题的条件和要求交叉使用定性方法和定量方法,以达到相互补充、相互完善的效果。

3. 半定量方法

半定量方法是一种定性和定量相结合的方法。其主要做法是在定性方法中引入数学手段,将定性问题按人为标准打分并作出定量化处理,具有数理统计的特征。在情报研究中经常采用的半定量方法主要有德尔菲法、交叉影响分析法、层次分析法等。半定量方法比定性方法精确、更具有可操作性,又不像定量方法那样繁琐、仿真性差。正因如此,半定量方法一经引入情报研究领域即很快得到了推广应用。

半定量方法在综合了定性、定量两类方法的优越性的同时,也产生了新的缺陷和问题,如它不像定性分析那样推论严密,也不像定量分析那样可以利用数学曲线、模型或公式精确求解。特别是专家选择、调查表设计和数据处理的技巧性以及专家的评估意见和打分标准的主观性都很强,有时甚至缺乏科学的依据。因而半定量方法在情报研究中的使用也是有条件限制的,目前主要用于原始数据不足或不易获取、课题所涉及的相关因素过多等不易或不宜采用定量方法的场合。

3.2 常用的情报研究方法

3.2.1 逻辑思维方法

1. 比较

比较就是对照各个事物,以确定其间差异点和共同点的逻辑方法。比较是人类认识客观事物、揭示客观事物发展变化规律的一种基本方法。有比较才能有鉴别,有鉴别才能有选择和发展。比较通常有时间上的比较和空间上的比较两种。在情报研究中,比较的应用是非常广泛的,如政策、规划的比较,科学技术发展历史、现状和走势的比较,科学技术发展条件的比较,企业技术经济指标的比较,技术经济方案的比较,市场营销状况的比较,人口、教育、城市化、生态环境、社会基本结构等的比较,竞争态势的比较,竞争潜力的比较等。这些比较既可以是在时间上的动态、纵向比较,也可以是在空间上的静态、横向比较;既可以是宏观比较,也可以是微观比较;既可以是定性的描述性比较,也可以是定量化的数据比较或图表比较。在情报研究中,比较可用于揭示事物的水平和差距、认识事物发展的过程和规律、判定事物优劣或真伪。

2. 分析

分析就是把客观事物整体按照研究目的的需要分解为各个要素及其关系,并根据事物之间或事物内部各要素之间的特定关系,通过由此及彼、由表及里的研究,达到认识事物的方法。分析的基本步骤是:明确分析的目的;将事物整体分解为若干个相对独立的要素;分别考察和研究各个事物以及构成事物整体的各个要素的特点;探明各个事物以及构成事物整体的各个要素之间的相互关系,并进而研究这些关系的性质、表现形式、在事物发展变化中的地位和作用等。

分析在情报研究中的应用十分广泛,如研究影响某项科学技术发展的主要因素及其关系,研究某个行业或企业的兴衰背景、发展历程和发展趋势,研究技术开发、引进或改造的适用性,研究企业在市场竞争中的优势、劣势、机会和威胁,研究市场供需状况和市场潜力,研究人口分布、构成、教育素质,研究科技、经济、市场、环境等政策实施和管理的效应等。

3. 综合

综合是指人们在思维过程中将与研究对象有关的片面、分散、众多的各个要素联结起来考虑,以从错综复杂的现象中,探索它们之间的相互关系,达到从整体的角度把握事物的本质和规律,通观事物发展的全貌和全过程,获得新的知识、新的结论的方法。综合的基本步骤是:明确综合的目的;把握被分析出来的研究对象的各个要素;确定各个要素的有机联系形式;从事物整体的角度把握事物的本质和规律,从而获得新的知识和结论。

在情报研究中,综合可以将各种来源的分散、片面、内容各异的有关信息按特定的目的汇集、整理、归纳和提炼,从而形成系统、全面、新颖的知识和结论。在时间上,可以总结有关课题的历史、现状,并探索其发展的规律和趋势;在空间上,可以掌握各个国家、地区或部门的有关情况及其变化规律;在内容上,可以恢复和揭示出内容范畴之间本质的固有的联系,概括、提炼出其中的共性或特性,从而获得新的思想、新的观念、新的结论。

4. 推理

推理是由一个或几个已知的判断推出一个新判断的思维形式。具体来说,就是在掌握一定的已知事实、数据或因素相关性的基础上,通过因果关系或其他相关关系顺次、逐步地推论,最终得出新结论的一种逻辑方法。任何推理都包含3个要素:一是前提,即推理所依据的一个或几个判断;二是结论,即由已知判断推出的新判断;三是推理过程,即由前提到结论的逻辑关系形式。

推理在情报研究中有着广泛的应用。例如,通过推理,可以把与设想或假说有关的事物联系起来,从而达到证实或证伪的目的;通过对某些已知事实或数据及其相关性的严密推理,可以获得一些未知的事实或数据,如科技发展的动向、技术优势和缺陷、市场机会和威胁、人口素质、教育水平等;通过对科技、技术经济、市场等的历史、现状的逐步推理,可以顺势推测出其未来发展趋势。

3.2.2 专家调查方法

专家调查法就是根据经过调查得到的情况,凭借专家的知识和经验,直接或经过简单的推算,对研究对象进行综合分析研究,寻求其特性和发展规律,并进行预测的一类方法。专家调查法在科技、经济和社会发展各领域中有广泛的应用,其最大优点是简便直观,无需建立繁琐的数学模型,而且在缺乏足够统计数据和没有类似历史事件可借鉴的情况下,也能对研究对象的未知或未来的状态作出有效的预测。

专家调查法种类很多,常见的有德尔菲法、头脑风暴法和交叉影响分析法。

1. 德尔菲法

德尔菲(Delphi)法是在专家个人判断和专家会议调查的基础上发展起来的。专家个人判断法仅仅依靠专家个人的分析和判断进行预测,容易受到专家个人的经历、知识面、时间和所占有的资料的限制,因此片面性和误差较大;专家会议调查法在某种程度上弥补了专家个人判断的不足,但仍存在如下缺陷:召集的专家缺乏代表性;专家发表个人意见时易受心理因素的影响;由于自尊心的影响而不愿公开修正已发表的意见;缺乏足够的时间和资料来考虑和佐证自己的发言。德尔菲法针对这些缺陷作了重大改进,它是一种按规定程序向专家进行调查的方法,能够比较精确地反映出专家的主观判断能力。

德尔菲法的特点是:

(1) 匿名性。为了消除专家会议调查法中专家易受权威、会议气氛和潮流等因素影响的缺陷,德尔菲法采用匿名征询的方式征求专家意见,受邀参加预测的专家之间互不见面和联系。

(2) 反馈性。经典的德尔菲法要进行四轮的专家意见征询。组织者对每一轮的专家意见进行汇总整理和统计分析,并在下一轮征询中将这些材料匿名反馈给每位受邀专家,以便专家们在预测时参考。

(3) 统计性。德尔菲法采用统计方法对专家意见进行处理,其结果往往以概率的形式出现。这些结果既可反映专家意见的集中程度,又可反映专家意见的离散程度。

德尔菲法的预测征询过程包括:成立预测领导小组、明确预测目标、选择参加预测的专家、编制调查表、进行反馈调查和专家意见的汇总统计和分析预测、编写和提交预测报告。在德尔菲法运作中,专家的选择非常重要,一般来讲,专家的代表面应广泛,专家的权威程度要高,专家应有足够的时间和耐心填写调查表,专家的范围应有所限制,专家的人数不易过多,应事先约请专家对参与活动保密。

经典的德尔菲法存在一些缺陷,如缺乏严格的论证,容易在有限的范围内进行习惯思维,受专家的学识、评价尺度、心理状态及兴趣程度等主观因素的制约等。派生的德尔菲法力图对此加以改进和优化。它大体上可分为两大类:一类是保持德尔菲法基本特点的派生德尔菲法,如列出预测事件一览表、向专家提供背景材料、减少应答轮数、对预测结果进行自我评价、给出事件的多个可能实现时间的日期;另一类是部分地改变德尔菲法基本特点的派生德尔菲法,如部分取消匿名性、部分取消反馈性。

2. 交叉影响分析法

交叉影响分析(cross-impact analysis)法就是根据若干个事件之间的相互影响关系,分析当某一事件发生时,其他事件因受到影响而发生何种形式变化的一种方法。发展该方法的最初目的是为了弥补德尔菲法的不足。因为在应用德尔菲法对未来事件进行预测时,通常只是简单地要求专家估计各个事件在未来某个时间发生的概率或在规定的概率下事件发生的时间,而并没有考虑到各个事件之间可能发生的相互交叉影响。然而在实践中,经常会出现这样的情形,即在若干个相互联系的事件中,当其中的某一事件发生后,其他事件往往会受到程度不同的影响。例如,大气污染的扩大促进了无污染燃料的研制、廉价的电力供应使海水淡化易于实现、铁路的发达延缓了汽车的普及等。可见,当探求某事件发生的概率时,不能仅仅考虑该事件本身,还要考虑其他一些已经发生或者尚未发生的事件可能造成的影响。

若干个事件之间的相互影响关系通常分为有影响、无影响,或者正影响、负影响。交叉影响分析法除了要定性地研究事件之间的这些影响关系外,还要定量地研究其影响程度。

在情报研究中,通常会遇到被研究的若干个事件之间存在某种影响关系的情形。例如,大规模的技术引进制约了技术开发的进程、商品供过于求时价格下降;科技的发展促进了生产和经济的发展。将交叉影响分析法引入情报研究领域,可以定量地考察被研究的各个事件之间的相互影响关系。从实践上看,主要在历史事件验证、未来事件预测、方案评价等方面发挥作用。应用交叉影响分析法进行情报研究的大致程序包括:确定事件之间的影响关系,评定影响的程度,计算影响值,分析并得出预测结果。

此外,在本书第11章中介绍的头脑风暴法也是情报研究常用的一种专家调查法。

3.2.3 文献计量学方法

文献计量学是采用数学、统计学方法定量研究文献信息的分布和变化规律的学科。文献计量学方法包含一系列描述文献信息流动态特征的经验定律和规律,如布拉德福定律、洛特卡定律、齐普夫定律的应用等。由于本书前面已有介绍,此处不再叙述。这里只介绍一下引文分析及其应用。

科学研究活动本身的继承性和协作性决定了科学文献之间是相互联系而不是彼此孤立的,其突出表现就是文献之间的相互引用。引文分析(citation analysis)是运用数学、统计学和逻辑学的方法对论文、专著等各种文献的相互引用现象进行分析,以揭示出其数量特征和内在规律的一种研究方法。

引文分析是情报研究的重要分析工具。就文献本身及其信息交流活动而言,利用引文分析,可以揭示文献的出版、信息传递和应用状况,揭示一个国家科技工作者掌握和使用外语的情况,确定某一学科领域的核心期刊和专业以外的其他相关期刊,确定文献信息源的可靠性、先进性和适用性,研究文献信息流的分布和利用规律。利用引文分析,还可以测定学科的影响和重要性,揭示学科的动态结构和发展规律,研究科技、经济和社会发展的历史过程,研究用户的信息需求,进行组织或个人科学能力和学术水平的比较和评估,考察并比较世界各国或地区的基础研究水平,进行技术评估、竞争力评估。

3.2.4 内容分析法

20世纪初,人们提出在常规性阅读文献以获得理解之外,还可采用量化的统计方法对文献的内容进行系统、客观的分析和解释。这导致了内容分析法(content analysis)的提出。

第二次世界大战期间,美国传播学家拉斯韦尔等在进行战时军事情报研究中,以德国公开出版的报纸为分析对象,分析获取法西斯政权重要军政机密情报,取得了巨大的成功。战后,这一方法开始从传播学领域向政治、经济、社会等领域推广,通过持续改进,目前已发展成为情报研究的一种重要方法。

1. 内容分析法的特征

学术界有许多关于内容分析法的定义,如贝雷尔森(B. Berelson)、韦伯(R. P. Weber)、克里本道夫(K. Krippendorff)等人将内容分析法定义成一种基于清晰的编码规则,将文本中的众多词语压缩成少量内容种类的系统的、重复进行的技术;霍尔斯蒂(O. R. Holsti)认为内容分析法是一种通过客观、系统地识别消息中的特征来进行推理的一种技术。根据大多数专家的意见,"定量"、"统计"、"系统"和"客观"被认为是内容分析法的主要特征。

(1)定量性和统计性。在内容分析法操作过程中,需要运用各种统计学方法和工具对所设计和定义的分析单元出现的频次进行统计分析。通过规范性的频数统计,反映统计意义上的相关性。由于统计分析和处理过程的复杂性,目前,一般借用专用软件(如 WordStat、DI-MAP、Concordance 等)来进行统计分析和处理,这导致了当前的内容分析法具有鲜明的计算机辅助分析的发展趋向。

(2)系统性。内容分析法是一种对大量样本进行特征识别的系统方法。在分析过程中,要求按照科学的抽样规则对所分析的对象进行抽样,制定合理的分析框架,尽量做到全面性、体系性、连续性和代表性相结合。一般情况下,少量的、零散的资料不能作为分析的依据。

(3)客观性。内容分析法强调用事实和数据说话。为此,一旦分析目的和范围确定,就必须按照严格的程序进行,避免人为因素的干扰,做到客观、公正。内容分析必须基于明确和一致的规则进行。

2. 内容分析法的流程

在内容分析法中,信件、日记、报纸文章、会议记录、实况新闻报道、影片、电视广播节目、网上资料等,都可以作为分析的对象。内容分析法大体上沿着"确定目的→选择样本→定义分析单元→制定分析框架→频数统计→结论汇总"的思路开展。

(1)确定目的。内容分析的首要环节是明确分析的目的,这是后续各环节实施的基础。

(2)选择样本。样本一般通过抽样的方式获得。样本力求信息量大,连续性强,与分析目的对应性好,便于统计分析,并尽可能是分析人员所熟悉和方便获取的。

(3)定义分析单元。分析单元是内容的"指示器"。在工作量许可的情况下,分析单元应尽量细化。分析单元是不再细分的测度单位。如文字文献中的词,以及意义独立的词组、简单句、段、意群、篇等。其中,词是最小的分析单元。在复杂的内容分析中,可同时采用几种分析单元。

(4)制定分析框架。该环节是内容分析法取得成功的关键。要求分析人员根据分析目的和分析单元,确定有意义的逻辑结构。其基本出发点是使分析单元的测度结果能反映和说明实质性的问题。

(5) 频数统计。频数统计是一种规范性、繁琐性的操作,包括计数和数据处理,需要通过大数量的统计反映统计意义上的相关性。这一环节通常需要计算机辅助。

(6) 结论汇总。在统计处理和分析的基础上得出结论,并对结论的可靠性、适用性进行评价。

各环节在操作时,应注意具体问题具体分析。例如在奈斯比特(J. Naisbitt)撰写《大趋势——改变我们生活的十个新方向》一书中,作为其基础的《趋势报告》大致是按下述方式完成的:

● 样本选择。以美国地方报纸为分析对象,凡人口10万以上的城市及不足10万人口的州首府的报纸均入选,并考虑报纸质量,适当照顾左右翼平衡和少数民族。每月扫描约6 000种报纸。

● 分析框架确定。根据分析社会动态的目标,采用四层次的分析框架:一级主题共10个,反映了美国社会问题的10个主要方面,即教育、就业、环境、政府和政策、健康、住房、人际关系和经济联系、法律和正义、交通、福利和贫困。这些一级主题再分解为二级、三级和四级主题。每一个一级主题大致分为8~16个小主题,总共有117个小主题。

● 内容单元编码建库。以单篇报道作为分析单元,按主题框架将每篇报道归类编码,建立可供多途径检索的全文数据库,并完成各内容单元的篇幅指数统计。

● 定性和定量分析。利用所建的数据库可以实现多方面的内容分析。如通过某一时点的剖面分析,可反映出各类主题的比例结构,发现社会关注的焦点问题;通过某个主题的篇幅变动分析,可以反映出某一主题篇幅的变化速度,追踪事物的发展趋势。

3.2.5 趋势外推方法

趋势外推(trend extrapolation)法是基于历史数据的观察和分析方法。它认为未来是历史的延伸,可以找出一条误差尽可能小的函数曲线来描绘历史数据,根据此函数曲线预测未来的发展。趋势外推法可广泛地运用于科技、经济和社会发展问题的情报研究,如市场行情分析、产品销售趋势预测等。

趋势外推法最早由赖恩(R. Rhyne)提出并应用于科技预测领域。他将趋势外推法分为如下6个步骤:选择预测参数、搜集必要的数据、拟合曲线、趋势外推、预测说明、研究预测结果在制订规划和决策中的应用。趋势外推法通常建立在以下两个基本假设之上:影响和决定事物过去和现在的发展因素,在未来也基本保持不变;事物的发展属于渐进变化,而不是结构性的突变。

趋势外推法以时间为基本参数,通过归纳分析过去的情况和现在的状况,继而推测预测期内事物未来的发展趋势。为了研究各种不同的发展过程,人们构建了多种时间序列模型,如线性模型、指数曲线模型、生长曲线模型、包络曲线模型等。

1. 线性趋势外推法

线性趋势外推法可用于研究随时间保持恒定增长率变化的事物。在以时间为横坐标的坐标图中，事物变化的某种变量的分布接近于一条直线。

线性趋势外推的一般数学模型是：

$$y = a + b \cdot t \tag{10-1}$$

式中，y 为描述事物发展变化的某一参数（时间序列数据），t 为时间序列的时间编号，a、b 为待定系数。该模型反映到坐标图上，就是一条直线，体现了描述事物发展变化的参数 y 随着时间而呈线性变化的规律。

2. 指数曲线外推法

指数曲线（exponential curve）外推法可用于研究随时间保持指数规律或近似指数规律变化的事物。在以时间为横坐标的坐标图中，事物变化的某种参数的分布接近于一条指数曲线。技术的扩散、文献的增长、网民的增加、经济的起飞、运输工具的速度、发动机的效率等都在一定程度上表现为指数增长的趋势。指数曲线外推法适合于拟合事物发展中的加速阶段的预测。

一次指数曲线的一般数学模型是：

$$y = a \cdot b^t \tag{10-2}$$

二次指数曲线的一般数学模型是：

$$y = a \cdot b^t \cdot c^{t^2} \tag{10-3}$$

修正指数曲线的一般数学模型是：

$$y = K - a \cdot b^t \tag{10-4}$$

上述各式中，y 为描述事物发展变化的某一参数（时间序列数据），t 为时间序列的时间编号，a、b、K 为待定系数。该模型反映到坐标图上，就是一条指数曲线，体现了描述事物发展变化的参数 y 随着时间而呈指数变化的规律。

3. 生长曲线法

生长曲线（growth curve）是描绘各种社会、自然现象的数量指标依时间而呈"S"型规律变化的曲线。在情报研究中，利用生长曲线模型来描述事物发生、发展和成熟的全过程的方法就是生长曲线法。

生长曲线法是基于对事物发展全过程的认识而发展起来的。人口的增长、信息量的增长、技术的发展等，开始几乎都是按指数规律增长，在达到一定程度后，由于自身和环境的制约作用，逐渐趋于一种稳定状态。生长曲线较好地描述了事物的这种发生、发展和成熟的全过程。生长曲线有两种，一种是对称型的生长曲线（图 10.1a），又称逻辑曲线；另一种是不对称型的生长曲线（图 10.1b），又称龚珀兹曲线。

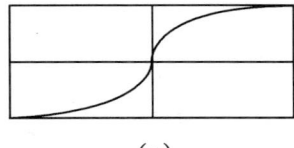
(a)

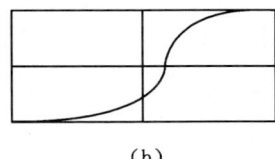
(b)

图 10.1　生长曲线

4. 逻辑曲线

美国统计学家珀尔（Pearl）通过对生物繁殖和生长过程的大量研究，提出了一个模拟生物生长过程的逻辑曲线模型。其数学表达式为：

$$y=\frac{k}{1+ae^{-b^t}} \tag{10-5}$$

式中，$k>0, a>0, b>0$。这个模型同样适用于人口增长、信息量的增长、技术的发展等过程，因而在情报研究中应用广泛。

5. 龚珀兹曲线

英国统计学家和数学家龚珀兹（B. Gompertz）提出了另一个生长曲线模型，即龚珀兹曲线模型。其数学表达式为：

$$y=ka^{b^t} \tag{10-6}$$

式中，$k>0, 0<a<1, 0<b<1$。

3.2.6 多元分析法

多元分析（multivariate analysis）法又称多变量统计分析法，是运用数理统计方法来研究解决多指标问题的理论和方法。

在经济生活中，受多种变量共同作用和影响的现象大量存在。多元分析法通过对多个变量观测数据的分析，来研究变量之间的相互依赖关系以及揭示变量的内在统计规律。常见的多元分析方法有：回归分析、主成分分析、聚类分析、判别分析、因子分析、对应分析、典型相关分析、路径分析、多元标度法等。

多元分析法出现于20世纪30年代，构成多元统计分析模型的数学方法并不新颖。然而，当随机变量较多时，多元分析的计算工作量很大，没有计算机辅助根本无法完成。近20年来，随着计算机辅助分析技术的发展，SAS、SPSS、STATA、SPLM、Statistica等统计分析软件在多元分析中得到广泛应用，多元分析法被广泛地应用于情报学领域，成为情报定量研究的重要方法。

1. 回归分析

回归分析（regression analysis）是处理两个或两个以上变量之间依赖关系的一种数学方法。它不仅提供了建立变量之间依赖关系的数学表达式的一般途径，而且通过计算对所建立的经验公式的有效性进行分析，使之能有效地用于预测和控制。目前，这一方法已在情报研究领域获得广泛的应用。在多元分析中，比较有代表性的回归分析是多元线性回归分析。

情报研究的对象及其影响因素通常牵涉到许多变量，这些变量之间常常存在各种各样的相关关系。多元线性回归分析法主要用于研究两个以上变量之间的线性相关关系。

设 y 与 $x_1, x_2, \cdots, x_k$ 有线性关系，通过观测或实验得到 n 组数据：

$(x_{11}, x_{21}, \cdots, x_{k1}, y_1)$

$(x_{12}, x_{22}, \cdots, x_{k2}, y_2)$

....

$(x_{1n}, x_{2n}, \cdots, x_{kn}, y_n)$

则它们之间的线性关系可表示成：
$$\hat{y} = b_0 + b_1 x_1 + \cdots b_k x_k \tag{10-7}$$

式中的 $b_0, b_1, b_2, \cdots, b_k$ 为参数，可通过最小二乘法求解。求出的回归方程通常不能直接用于预测和控制，它是否符合客观实际，需要进行回归效果的检验。常用的检验方法有 F 检验、t 检验和 R^2 检验。

2. 主成分分析

主成分分析（principal component analysis）是由英国统计学家 Pearson 创立，并由 Hotelling 加以发展的一种在降维思想指导下产生的一种有效的处理高维数据的方法。在实际问题研究中，往往会涉及众多相关的变量。但是，变量太多不仅会增加计算的复杂性，而且也会给合理地分析和预测带来困难。在一般的实际问题研究中，虽然所涉及的每个变量都提供了一定的信息，但其重要性有所不同，且在很多情报下，变量间有一定的相关性，从而使得这些变量所提供的信息在一定程度上有所重叠。信息的重叠越大，变量间的相关性也越大。如何对这些变量加以"改造"，用为数较少的、互不相关的、不可直接测量的新变量来反映原变量所提供的绝大部分信息，并通过对新变量的分析达到解决问题的目的，这正是主成分分析法核心思想之体现。

以二元变量 $X = (X_1, X_2)$ 为例。对此二维变量进行了 n 次观测，得数据 $x_i = (x_{i1}, x_{i2})(i = 1, 2, \cdots, n)$，假设它们在二维平面 $X_1 O X_2$ 上的分布如图 10.2 所示。

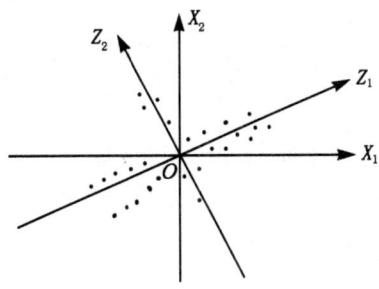

图 10.2　主成分分析示意图

一般地，将 OX_1 轴沿逆时针方向旋转一个角度 θ 到 OZ_1 轴，使得原观测数据 (x_{i1}, x_{i2}) 经过线性组合后所得的新变量 Z_1 具有最大的分散性，即该方向所含的数据间差异的信息最多。相应地，OX_2 转至 OZ_2 方向。在现实世界中，原变量 (X_1, X_2) 是可直接观测的变量，变量 (Z_1, Z_2) 是不可直接观察和测量的，它们通过原变量的线性变换而得到。设转过角度为 θ，则观测点 (x_{i1}, x_{i2}) 在新坐标系下的坐标为：
$$\begin{cases} z_{i1} = x_{i1} \cos\theta + x_{i2} \sin\theta \\ z_{i2} = x_{i2} \sin\theta + x_{i2} \cos\theta \end{cases}$$

这时，$(Z_{i1}, Z_{i2})(i = 1, 2, \cdots, n)$ 均是相应的原数据的线性变换，且线性变换系数满足条件：$\sin^2\theta + \cos^2\theta = 1$。$(z_{i1}, z_{i2})$ 完全反映了原始数据的分布情况，并且各自反映的是彼此不相关的两个方向上的分散性。相应的变量：

$$\begin{cases} Z_1 = X_1\cos\theta + X_2\sin\theta \\ Z_2 = X_1\sin\theta + X_2\cos\theta \end{cases}$$

分别称为 X_1 和 X_2 的第一主成分和第二主成分。如果数据在 OZ_2 方向上的分散性很小，那么可用一元数据 $Z_{i1}, i=1,2,\cdots,n$ 反映原二元数据的绝大部分信息，即可近似地用 Z_1 的分布信息代替原二维变量 (X_1, X_2) 的分布信息。

实践中，反映某个问题的可直接测量的变量很多，并且这些变量之间存在相关性。因此，主成分分析法的应用极其广泛。通常，在主成分分析中，选取 $m(m<p)$ 个主成分，使前 m 个主成分的累计贡献率达到较高的比例（如 80%～90%）。这样，用前 m 个主成分 $Z_1, Z_2, \cdots, Z_m$ 代替原始变量 $X_1, X_2, \cdots, X_p$，不但使变量维数降低（在原始变量反映信息重叠较多的情况下，主成分分析往往可以只取 1～3 个主成分来代替十多个甚至数十个原始变量），而且也不致于损失原始变量中太多的信息。

3. 聚类分析

人类有一种本能的分类倾向，能够根据相似的特征而对事物进行分组。人类的大脑在处理一个复杂的问题时，往往首先对被认识的对象进行分类，通过将问题分解为大量的小问题而使问题容易解决。举一个简单直观的例子，当人们利用计算机组织信息的时候，会事先建立不同的文件夹，并利用分类能力将不同的信息存放在不同的文件夹中。通过分类对信息进行组织，极大地提高了信息的检索和利用效率。但是，尽管分类是人类的本能，且人类具有较强的基于综合分析的分类能力，面对错综复杂的现实世界，面对庞大的变量和数据量，人们还是会感到束手无策。随着人类社会的发展与科学技术的进步，对分类学的要求也越来越高，只凭经验或专业知识对研究对象进行定性分类，已远远落后于人们在处理问题时的需求。为了进行确切的分类，为了揭示客观事物内在本质的分类规律，数学被引进分类学中，形成了数值分类学。随着多元数据分析方法研究的拓展和深入，在数值分类学中又形成了聚类分析这一分支，聚类分析日益成为多元数据分析的重要组成部分。

聚类是把一组个体按照相似性归成若干个类别，即物以类聚。其目的是使得属于同一类别的个体之间的距离尽可能地小，而不同类别上的个体间的距离尽可能地大。

聚类分析的基本思想是在样品之间定义距离，在变量之间定义相似系数。距离或相似系数代表样品或变量之间的相似程度。例如，在分层聚类中，按相似程度的大小，将样品或变量逐一归类，关系密切的样品或变量聚集到一个小的分类单位，然后逐步扩大，使得关系疏远的样品或变量聚集到一个大的分类单位，直到所有的样品或变量都聚集完毕，形成一个表示亲疏关系的谱系图，再对谱系图进行分析，并按照要求对样品或变量进行分类。

聚类分析并不是直观地使用独立的变量去得到指定的输出。在进行聚类分析以前，对总体到底有几个类并不知晓；聚类分析中具体的计算方法很多，不同问题下的数据对象应该采取哪种方法需要根据计算和分析进行不断地探索和调整。在计算机等技术协助下，聚类分析看起来只是简单地将所有的数据提交给系统并让其"魔术"般地将数据进行整齐的堆积，但事实上，聚类分析是一个复杂的过程，它具有完备的理论基础，旨在寻求现实世界中客观的分类规律。

3.2.7 层次分析法

层次分析法(Analytic Hierarchy Process,AHP)是美国运筹学家萨蒂(T. L. Saaty)于20世纪70年代中期提出来的一种实用的多准则评价方法。该方法体现了人类思维活动的基本特征和发展过程(即分解、判断、排序和综合),具有非常广阔的应用领域和应用前景。

层次分析法根据人类的辩证思维过程,先依据问题的性质和要达到的总目标,将一个复杂的研究对象划分为递阶层次结构,同一层的各因素具有大致相等的地位,不同层次因素间具有某种联系;再对单层次的因素构造判断矩阵以得出层次单排序,并进行一致性检验;最后,为了计算层次总排序,采用逐层叠加的方法,从最高层次开始,由高向低逐层进行计算,推算出所有层次对最高层次的层次总排序值。对每一层的递推,都必须作相应的层次总排序的一致性检验。

1. 递阶层次结构

递阶层次结构模型用如图10.3来表示。其中,最高的目标层体现了系统的最终目标;目标层之下的准则层和子准则层是为了实现最终目标而建立起来的一套判断准则;指标层是在准则层的基础上分解出来的各种可操作、可测量的因素。同一层次的因素作为准则对下一层次的某些因素起支配作用,同时又受到上一层次因素的支配。

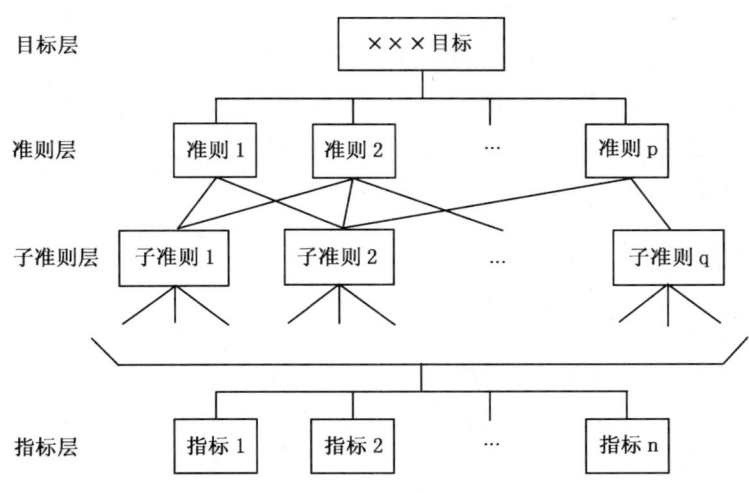

图10.3 递阶层次结构模型

2. 判断矩阵的构成

在一般的分析评估中,构造判断矩阵的方法是:先给定一个尺度,然后将每一个因素与该尺度对照,从而得出评价量值。但是,涉及到社会、经济、人文等因素的决策问题的主要困难在于,这些因素复杂多样,几乎找不到可以用以统一度量的尺度,因而不易定量地量测。而人们凭借自己的经验和知识进行判断,当因素较多时给出的结果往往是不全面和不准确的。萨蒂改进了传统的做法:一是不把所有因素放在一起比较,而是两两相互对比;二是对比时采用相对尺度,以尽可能地减少性质不同的诸因素相互比较的困难,提高准确度。也就是说,层次分析法充分利用人类善于进行分析比较的优势,将各种因素之间的成对比较值作为判断矩阵的元素。显然,这对分析目前尚无统一度量尺度的经济、科技、人的行为以及科学管理等复杂问题显得直观明了。各专家在进行比较时一般以萨蒂专门设计的1~9标度为依据(表10.1)。

表 10.1 判断矩阵尺度及其含义

标 度	含 义
1	表示两个因素相比,具有同样重要性
3	表示两个因素相比,一个因素比另一个因素稍微重要
5	表示两个因素相比,一个因素比另一个因素明显重要
7	表示两个因素相比,一个因素比另一个因素强烈重要
9	表示两个因素相比,一个因素比另一个因素极端重要
2,4,6,8	上述两相邻判断的中值
$1, \frac{1}{2}, \cdots, \frac{1}{9}$	因素 i 与 j 比较得判断 a_{ij},则因素 j 与 i 比较得判断 $a_{ji}=1/a_{ij}$

3. 一致性检验

由于客观事物的复杂性和人们认识能力的局限性,人们在对客观事物进行判断时,难免会出现一些或大或小的差错。萨蒂认为,若差错很小并且在容许的范围之内,则可以考虑接受所得到的结论;但是,如果差错太大,超出了允许的范围,则所得到的结论不能被接受,专家的判断是无效的。为了保证利用层次分析法得到的结论基本合理,必须对专家对客观事物的定性分析判断进行严格的"是否一致"的定量检验。

3.2.8 系统仿真方法

1. 系统仿真及其特点

人类为了研究和解决问题,需要对现实系统做一些必要的实验和数据采集工作,然而,在现实生活中可能并不存在这些系统,或者现有系统与所研究系统之间有较大的差异。有些现实系统虽然具有较好的代表性,但在这些系统上进行实验可能需要耗费大量的人力、物力、财力和时间,有些实验可能还会冒较大的风险或危险,付出不小的代价。在一定程度上,我们可以通过系统仿真达到对这些现实系统进行实验的目的。

系统仿真是一种对系统进行动态实验的理论和建模方法,它以系统理论、形式化理论、随机过程与统计学理论和优化理论为基础,以计算机为工具,对具有不确定性因素的现实系统或未来系统进行动态实验研究。系统仿真是分析和研究系统运动行为,揭示系统动态过程和内在规律的一种重要手段和方法。

通过系统仿真可以解决许多传统方法难以解决的问题,特别是在求解复杂系统时,系统仿真更显示出了不可忽视的优越性。系统仿真具有可控制性、无破坏性、可复现性、经济性、先验性、问题求解的科学性、面向过程的建模等特点。

2. 系统仿真的原理

从实施过程来看,系统仿真是通过对所研究系统的认识和了解,抽取其中基本的关键参数,建立与现实系统相对应的仿真模型,经过模型的确认和仿真程序的验证,在仿真实验设计的基础上,对该模型进行仿真实验,以模拟系统的运行过程,观察系统状态变量随时间变化的动态规律性,并通过数据采集和统计分析,得到被仿真系统参数的统计特性,据此推断和估计系统的真实参数和性能测度,为决策提供辅助依据。组成系统仿真技术的3个要素是系统、模型、计算机。与之相联系的主要活动是建模、模型程序化、仿真实验和分析。系统仿真大体上包括以下7个步骤:

(1) 问题描述。从所研究系统的说明开始,明确需要解决的问题和应达到的目标,并且在这些问题上与行为决策者取得一致意见。

(2) 确定仿真目标。仿真目标是指通过仿真能够回答的问题。在确定一致认可的目标以后,应规定仿真的初始条件,并充分估计初始条件对系统主要性能的影响。凡是与目标和主要状态变量密切相关的环节,都应包含在仿真模型中。

(3) 仿真建模和数据采集。仿真模型给出了系统仿真的构架和躯体,只有在输入正确数据的基础上,仿真运行才能调动模型内部的逻辑关系和数学关系,进行相应的运算和统计计算,并给出准确的仿真输出结果。随着系统复杂性和随机性的增强,数据采集在系统仿真中所占份额也越来越大。

(4) 仿真模型的确认。目前常用的是三步法,即由熟知该系统的专家对仿真模型作直观的和内涵的分析评价;对模型所做的假设、输入数据的合理性进行检验;对模型试运行,观察初步仿真结果与真实系统的统计数据是否一致,或改变主要输入变量的数值时,仿真输出变量的变化趋势是否合理。仿真模型的确认是一个不断修改和完善的过程。

(5) 仿真程序的编制和验证。仿真模型是知识系统的一种抽象和运行框架,必须将仿真模型转化成计算机能识别和执行的代码,以便通过计算机进行必要的仿真实验。为防止所编制的仿真程序不能代表经过确认的仿真模型,使仿真结果失去意义,需要对仿真程序进行验证。

(6) 仿真模型的运行。仿真模型中往往包含多种随机变量,每次仿真运行仅是对系统运行的一次抽查。因此,应用相同的初始条件和输入数据作多次独立的重复仿真运行,以得到仿真输出响应的统计规律。

(7) 仿真输出结果的统计分析。对仿真模型进行多次独立重复运行后,可以得到一系列仿真输出响应和系统性能测度的参数。但是,这些参数仅是对所研究系统所作仿真实验的一个样本,要估计系统的总体参数及其分布特征,还需要在仿真输出样本的基础上,进行必要的统计分析和统计推断。

§4 数字时代情报研究的新进展

数字时代的一个典型特征是人们"淹没在信息中,但却渴求知识"。情报研究要担负起发现知识、运用知识和提供服务的任务，这对其提出了更高的要求：方法更加多元化，工具更加智能化，成果更具综合性和预测性，能为人们的决策提供更好的支持，真正做到把信息和知识用适当的方法和工具、以合适的形式表达并合理地加以运用。

4.1 数据挖掘和知识发现

数据挖掘（Data Mining，DM）和知识发现（Knowledge Discovery in Database，KDD）是情报研究中提高信息利用率的一个新的研究方向，即从大量数据中挖掘出决策所需的深层次信息，转化成知识并有效地加以运用。它们是集数据库技术、人工智能、机器学习、神经网络、统计学、模式识别、知识库系统、知识获取、信息提取、高性能计算和数据可视化等为一体的交叉性研究领域。

数据挖掘和知识发现是数据库和信息决策领域的前沿领域。数据挖掘目前公认的定义是W. J. Frawley等人给出的，指从数据库的数据中提取人们感兴趣的知识，这些知识是隐含的、事先未知的、潜在有用的，提取的知识表示为概念、规则、规律、模式、约束等形式。知识发现是指从大量数据中提取有效的、新颖的、潜在有用的、最终可被理解的模式的非平凡过程。一般认为知识发现是从大量数据集合中挖掘出知识的全过程，而数据挖掘是整个过程中的一个特定步骤且在很大程度上决定了知识发现的效果与效率。在实际应用中，人们往往把数据挖掘和知识发现看作同一概念。

数据挖掘的出现为从海量数据中发现知识、解决知识获取这一难题提供了有效的解决方案，其主要功能如下：关联分析、分类、聚类、异常分析、趋势分析、特征规则分析。在数据挖掘中运用的方法技术十分丰富，如统计学方法、关联规则挖掘、决策树方法、神经网络方法、多层次数据汇总归纳、覆盖正例排斥反例方法、可视化技术、粗集方法、遗传算法、模糊逻辑方法、证据理论等。特别值得关注的是，它运用多种人工智能手段，在具体应用中创造了有效的智能挖掘算法，收到了很好的应用效果。

数据挖掘的研究热点主要集中在以下几个方面：复杂数据源和数据类型的处理，包括更大型数据库和数据仓库、空间数据、多媒体数据、时序数据、序列数据、Web数据等的挖掘；多种形式的输入数据；用户参与和领域知识；验证技术；知识的表达和解释机制；知识的维护和更新；数据挖掘算法的有效性、伸缩性与可测性；与其他系统的集成，如与信息检索系统、网络搜索引擎等的集成应用。

在数字时代，基于信息决策领域的实际应用，数据挖掘的主要发展趋势有：应用领域的探索和扩张，如电子商务；数据挖掘系统的交互性；隐私保护与信息安全；Web数据挖掘；数据挖掘语言的标准化；可视化数据挖掘；不同领域的理论、技术的融合；模型查询与优化的方法；多数据类型、容噪的、递增性的挖掘方法；专家参与和领域知识的指导。

随着互联网的发展，Web数据挖掘成为数据挖掘最为重要和活跃的子领域，它既是当前的研究热点也是未来的发展趋势。

Web数据挖掘起源于数据挖掘，但是传统的数据挖掘对象大多是针对关系数据库或数据仓库的，所处理的数据具有完整的结构，而Web是一个巨大的、广泛分布的、异构的、超媒体的、相互联系并且不断变化的信息仓库，这对Web进行有效的信息抽取和知识发现带来了极大的挑战，也使得 Web 数据挖掘更加复杂。

Web 数据挖掘使用数据挖掘技术在 Web 文档和服务器中自动发现和提取感兴趣的、有用的模式和隐含的信息，新一代的网络数据描述语言 XML 为 Web 挖掘提供了极大的便利。按挖掘对象的不同，可将 Web 数据挖掘分为 3 类：Web 内容挖掘（Web content mining）、Web 结构挖掘（Web structure mining）和 Web 访问日志挖掘（Web usage mining）。Web 内容挖掘是对 Web 页面内容进行挖掘，从大量的 Web 数据中发现信息、抽取知识的过程。这些数据既有文本数据，也有图像、音频、视频等多媒体数据；Web 结构挖掘即挖掘 Web 潜在的链接结构模式；Web 访问日志挖掘是从服务器日志上访问者的交谈（session）或行动（behavior）中提取信息、发现模式。Web 数据挖掘目前已经能很好的应用于以下几个领域：电子商务、网站设计、搜索引擎以及知识管理。

4.2 知识共享与知识服务

在数字时代，随着现代信息技术的发展，情报研究呈现了知识化趋势。在技术、理论以及方法发展的支撑下，情报研究从信息共享发展到知识共享，从信息服务进化到知识服务。知识共享的主要研究内容包括：知识挖掘，知识表示，知识组织，如何克服语言差距、知识基础差距、学科差异、"文化"差异（指两个实体之间，例如国家、企业等，由于氛围、处理手法等形成的差异）等实现知识交流；知识服务研究的主要内容包括：网络环境下基于分析和基于内容的图书馆参考咨询服务研究，网络环境下知识挖掘、知识集成服务研究，利用数据仓库技术支持决策研究，面向用户的智能代理、信息推送等技术服务研究，网络环境下的知识导航服务研究，网络环境下用户信息素养培训服务研究，网络环境下知识服务组织管理研究等等。

知识与信息最大的差异就在于其本体性、总结性以及主观性，知识比信息包含了更多的人性和个性，这也是实现知识共享和知识服务的难点和重点所在，近几年这方面的研究有了比较大的突破，并且有了明确的方向。在知识表示方面，由于本体论的应用，对语义的表示成为可能，Tim Berners-Lee 在 2000 年的 XML 2000 会议上正式提出了语义 Web 的概念，其后很多专家都对其应用模式技术方法等进行了研究，其应用将为知识共享和知识服务带来新的突破；由著名的情报学家布鲁克斯提出的"认知地图"发展而来的知识地图成为知识组织的理想模式，而且现在在各个领域的应用也充分发挥了其优势；由于知识的动态性，诸葛海、Wolverton M、张晓刚等学者都对知识流的模型和利用做了大量研究，提出了规则层映射、协作式工作流中推送信息流、利用组织任务间的逻辑关联进行知识传递以及在工作流中加入知识流引擎等方式实现知识的有效共享和知识服务；构建知识库、知识仓库，建立知识社区，实现知识快速交流。

自从 20 世纪 90 年代中期 Lan Foster 和 Carl Kessman 在"The Grid：Blueprint for New Computing Infrastructure"中第一次对网格做出解释后，网格凭借其组织上的 4 大特点：自优化、自组织、自修复、自保护，获得了广泛运用，被称为继传统互联网、Web 后的第三代互联网。Fran Berman 在"From TeraGrid to Knowledge Grid"中提出知识网格概念后，知识网格受到业内普遍关注。知识网格为知识共享和知识服务提供了一个很好的平台。这个平台是一个多空间模型的智能互联环境，能使用户或虚拟角色有效地获取、发布、共享和管理知识资源，并为用户和其他服务提供所需要的知识服务,辅助实现知识创新、协同工作、问题解决和决策支持。它包含了反映人类认知特性的认识论和本体论;应用社会、生态和经济学原理;采纳下一代互联网所使用的技术和标准。如果能将知识网格平台普及应用,单个人就能直接与整个人类知识成果连接起来,使知识创新以无法预料的速度迅猛增长。

4.3 网络计量分析

网络计量分析是采用数学、统计学等各种定量研究方法,对网上信息的组织、存贮、分布、传递、相互引证和开发利用等进行定量描述和统计分析,以便揭示其数量特征和内在规律。它主要由网络技术、网络管理、信息资源管理与情报计量学等相互结合、交叉渗透而成。网络计量分析方法与成果日益成为情报研究的重要组成部分。

网络计量分析的研究对象大体可以分为如下3类:

(1) 网上信息的直接计量。如对多媒体信息的计量研究,对以字节为单位的信息量和流量的计量研究等。

(2) 网上文献及其相关特征信息的计量。如网上电子期刊、论文、图书、报告等的计量研究,以及文献的分布结构、学科主题、关键词、著者信息、出版信息等的计量研究。

(3) 网络结构单元的计量。对网络结构单元包括站点、布告栏、聊天室、讨论组、电子邮件中的信息增长、信息老化、学科分布、信息传递以及各单元之间的相互引证和联系等的计量研究。

在网络计量分析研究方法中,Web链接分析是一种有代表性的特色方法。它主要应用于3个方面:一是以英国学者 M. Thelwall 为代表的链接用于科学计量指标可行性的研究;二是基于 Web 链接可能反映社会行动者的线下联系和社会关系的研究,或称为社会网络研究;三是 Web 链接用于网站发现与评价的研究。

网络计量的工具可分为两类:一是网络信息和数据搜集的工具,如各种商业搜索引擎、在线数据库、在线专题网站、第三方网站流量分析软件等。二是数据统计分析处理的工具,如办公软件 Excel、社会科学统计软件 SPSS 和 SAS、联机分析处理软件 SQL Server OLAP、内容分析软件 Wordstat 等。

网络计量分析在研究互联网上的学科知识结构、指导网络信息资源建设、促进网络健康发展等方面有着广阔的应用前景。其应用可归纳为以下5个方面:

(1) 从信息组织的角度研究互联网的知识结构,探索网络信息的特点与组织方法,指导网络信息资源的组织建设。从应用角度研究网络信息资源的评价指标,为信息资源的开发利用提供指导。

(2) 研究网络环境下的科学信息交流,探讨各学科发展趋势,分析建立新的科学发展指标,为有关科技决策提供参考。

(3) 通过网络链接分析等研究确立各学科、各研究领域的核心网站从而提高人们的信息搜寻效率。

(4) 研究网络信息资源的挖掘、分类、过滤与排序等,从而指导网络搜索引擎的研究开发工作,推动网络信息检索技术的发展。

(5) 研究网络终端用户的信息需求和上网习惯,指导网络建设和网站管理。

4.4 信息可视化

区别于科学计算可视化,信息可视化是一门以计算机科学、地图学、认知科学、信息传播学与信息系统为基础,为直观、形象地表现、解释、传递信息并揭示其规律,关于信息表达、传播的理论、方法与技术的学科。信息可视化的两大基础是认知心理学和图形设计,前者是理论基础,后者为技术基础。总体来说,其主要研究领域包括可视化变量研究、可视化模型研究、符号系统研究、空间认知与信息传输研究、心理学和认知科学研究、虚拟现实研究等。IEEE 从 1995 年起每年召开一次信息可视化的专题研讨会,并且从第 9 届开始设置了竞赛项目,极大地促进了信息可视化的发展。

信息可视化理论包括相当丰富的内容,如文献信息可视化、多维数据可视化技术、动态探索技术、"聚焦＋关联"技术、信息检索与可视化、层次信息可视化、网络数据的可视化等等。其中,文献信息可视化研究是当前信息可视化研究的核心部分。文献信息可视化可分为文本信息可视化和非文本信息可视化。文本信息可视化的主要方法有图符标识法、高维空间标识法、群集映射法以及自组织地图算法;非文本信息即图像、声频、视频以及数值数据等,例如科学数据、经济信息以及多媒体信息等。

目前,信息可视化技术已经在交通运输、航空航天、科学研究、文化教育、工业生产等方面得到初步应用,在信息检索、决策支持系统、数字图书馆等领域也具有良好的应用前景:

1. 信息检索可视化

信息检索可视化包括检索过程可视化和检索结果可视化。其中检索特征描述可视化分为操作方法可视化和操作过程可视化;检索结果可视化分为命中结果对象显示的可视化和命中集合分析、统计的可视化。在信息检索可视化上,有一些较好的工具如基于距离-距离的可视化工具 GUIDO,二维检索参考点系统 VIBE 等。信息检索中很重要的一部分就是网络信息检索,网络信息检索可视化工具有运用 3D 双曲线浏览器 XML3D 以及日本的 Hayato Ohwada 和 Fumio Mizoguchi 基于 Lampling 提出的双曲线树理论的 WIDAS 等。这些工具极大方便了 WEB 信息发现和利用。

2. 可视化数字图书馆

信息可视化不仅用图像来显示多维的非空间数据,使数字图书馆的读者加深对数据含义的理解,而且用形象直观的图像来指引数字图书馆的信息处理过程,加快信息处理速度。可视化技术在数字图书馆中应用的重点之一是数据挖掘结果的可视化,通过可视化数据挖掘结果,可以从不同的纬度观察数据,从而能更为深入地观察和分析数据。

3. 可视化决策支持系统 VDSS

这种系统还只存在于思想理论领域,在传统的 DSS 研究基础上,结合 GIS、多媒体、网络等高新技术建立的可视化智能决策支持系统 VDSS,可以将系统中的资源与环境信息可视化、模型建立可视化、方案评价可视化、效益成果可视化,提高了使用者选择决策的信心和决策效果。

4.5 技术监测

技术监测(technology monitoring)的概念最初是由朱东华教授在国际会议上提出的,是指以科学技术信息、数据分析为基础,以数据挖掘、信息萃取、知识发现和数据可视化技术等为手段,综合集成各方面专家的战略性智力,对科学技术活动进行动态监视、测量、分析及评估的方法。技术监测的目标是为技术管理及决策提供动态、准确的科学技术发展状态,从而把握技术机会,降低风险,提高效率,其实质是利用信息科学的前沿技术,结合技术预测、技术评估和专家知识,对技术活动的载体进行分析、挖掘并利用技术图谱形象表达所得到的知识,为企业和政府的决策提供有效的支持。

科技情报一直都是情报研究的一个十分重要的内容,科学技术优先发展领域的遴选、科学技术的发展现状及趋势的准确把握,需要有及时、准确和不断更新的科技情报分析与技术评估报告的支持。在整个技术监测过程中,各种科学技术信息是最重要的,只有在充分占有有关监测对象及其相关要素数据的基础上,才有可能做出可靠、准确的监测,做出的判断和决策才可能是客观的。

技术监测所需占有的数据主要包括:标准、技术条件、许可证、专利文献、科学论文和学术论文、政府相关部门科技人员的构成、行业发展及产品开发情况、生产能力数据,以及政府科技政策等。除直接调查和利用政府机构定期发表的数据外,还从各类机构获取信息,如行业协会、国际机构、企业内部等。

一个典型的技术监测过程可描述如下:首先利用技术监测中的"科技信息的动态监测和信息自动获取技术"对结构化的科技数据库和Web上的非结构数据等信息源进行长期不间断的自动监测,以获取所需数据;然后将获取的数据利用"技术组(群)自动识别和分类技术"、"技术组(群)的关联模型和关联关系的表达技术"以及"关键技术生长点识别问题和技术创新指标"等进行数据挖掘和分析;最后通过"数据可视化技术"、"信息萃取和文本报告自动生成技术"将挖掘出的知识表示出来,自动生成某领域的技术动态监测报告。需要特别指出的是,上述技术监测过程的实现不仅需要以上各种信息技术的支持,同时也依赖于专家的参与,其中每一步的实现都是信息技术与专家知识结合、互动的结果。

技术监测是一个国家确定其科学技术未来发展方向的重要依据,是国家重大科技计划制定、关键技术遴选和立项评审过程中的基础性工作。其应用可以从宏观和微观两个方面来看:宏观上,政府通过技术监测来支持其科技政策的制定,为社会创造良好的科研环境,为企业和个人提供科技服务等;微观上,有助于企业寻找科技机会,进行科技创新从而保持竞争优势。

4.6 专利地图

专利地图是指将专利信息加以整理、分类、加工和分析,编制成一目了然的图形、曲线或表格等。专利地图是"专利战"中的"作战地图",是制定专利战略和指挥专利战争的依据。专利地图是专利情报研究的重要方法之一。专利地图早期被分为经营图和技术图,后来较系统地分为专利管理地图、专利技术地图以及专利权利地图。

专利管理图通常包括历年专利动向图、技术生命周期图、各国专利占有比例图、公司专利平均年龄图、专利排行榜表、专利引用族谱表、IPC（国际专利分类）分析图等。主要显示了技术的发展趋势，剖析竞争企业实力，对主要竞争对手的各项实力进行分析，并进行动向预测。专利技术图通常包括专利技术分布鸟瞰表、专利技术领域累计图、专利技术/功效矩阵表、主要公司技术分布表等。技术图锁定某项技术或公司进行地毯式搜索，主要显示技术演变、扩散状况、研发策略、回避设计、挖洞技术的可行性，堵塞己方的防御漏洞或发现对方的空隙，发现未开发领域。专利权利图主要包括专利范围构成要件图、专利范围要点图、专利家族图、重要专利引用族谱图，主要剖析研发空间和市场空间。常用图表形式有折线图、饼型图、柱状图、表格、雷达图等来表示。随着研究的深入，也出现了一些新型图表结构，如三角坐标专利地图、专利网地图、星形专利地图、侦察型专利地图、定性分析树型专利地图等。

在国际上，日本在20世纪60年代就开始了对专利地图的研究，已经初步完成了在各个产业的辐射，是全世界这一领域的领头人；西方各国对专利地图的研究紧随日本之后；韩国与中国台湾也在20世纪中后期开始了对专利地图的研究，并且已经投入使用；中国内地则还处于起步阶段，但是已经得到国家和一些技术含量很高的企业的重视。

4.7 多媒体数据分析

多媒体技术和Internet的发展给人们带来了巨大的多媒体信息海洋，并进一步导致了大型多媒体信息库的产生，情报研究必然将多媒体数据纳入其分析处理的对象之中。

多媒体（multimedia）是指组合文字、图形、图像、声音、动画和视频的一种信息交流和传播媒体。数据分析是决策的前提和基础，多媒体数据分析是指将各种传统的数据分析技术如多维数据分析、OLAP、数据挖掘等运用于多媒体数据，把隐藏在其中的无法直接利用的信息挖掘出来，为决策者提供直观且客观的依据。

多媒体数据多维分析可分解为以下几个步骤：

1. 提取多媒体数据特征

与一般的数据类型相比，多媒体数据具有物理特征和内容特征。物理特征主要包括文件扩展名（如图像文件常以gif、jpg作为扩展名，影像文件以mpeg、avi等作为扩展名，声音文件常用wav等作为扩展名）；多媒体标题和文字解说；其他检索关键字段，如某些Web页的页标题、由人工选择或指定的某些标引多媒体信息内容的关键词等。图像的内容特征主要包括颜色（如不同色彩之间的比例、主体与背景颜色）、纹理（如木纹、布纹）、形状（如某产品的轮廓）、结构（如目标的空间位置关系）；声音的内容特征主要包括音频、响度、频宽、音色和节奏；影像的内容特征主要包括对象运动特征（如某生产流程线上产品的制作过程）、颜色和光线的变化等。

2. 构造多媒体数据立方体

多媒体数据立方体是一种用于存储多维数据并在不同抽象层实现多维集成查询的抽象数据结构，多媒体数据的复杂性使得其特征立方体的构建较一般数值型立方体更为复杂，其中一个关键问题是维数的确定。多媒体数据立方体可以有很多维，如图像的尺寸或视频的字节数、图像或视频的建立时间和最新更新时间、格式类型、帧序列持续时间、关键字、颜色等等。如何设计出既满足效率要求又有足够表达能力的多媒体数据立方体是一个亟待研究的问题。

3. 构建多媒体数据分析和挖掘系统

以多媒体数据库为平台，建立多媒体数据特征立方体，分析和挖掘出隐含规则，并以图形界面向用户解释获取的知识，实现多层次多级别的挖掘。

4.8 人工智能和专家系统

人工智能（AI，Artificial Intelligence）是研究计算和知识之间关系的学科，其实质是研究如何构造智能机器或智能系统，以模拟、延伸、扩展人类的智能。

为提高情报研究的效率和技术水准，系统地应用人工智能进行情报研究是一条重要途径。情报研究中的人工智能运用更多的是从知识工程的角度来理解，即人工智能是一个知识信息处理系统，涉及到知识的获取、确认、表示、推理、解释和验证。智能离不开知识，有了知识才可能谈得上智能，知识在人工智能中占据着重要地位，通过对知识的发现、存储、学习、推理和决策，计算机才能表现出智能。为了使人工智能在情报研究领域发挥更大的作用，要在人工智能的基础研究中把握住以下3个方面：开展思维科学的研究、人机结合和多学科结合。

人工智能与情报研究的结合面相当广。例如，智能信息分析，是运用智能信息处理的理论与方法进行信息分析的学术体系。作为智能信息处理的一个研究分支，智能信息分析应在智能信息学或智能信息处理的框架下，吸收智能信息检索和智能数据分析等相邻领域的研究成果，以智能化的方式对信息进行分析，并自动提供决策建议或分析报告。自动分类、自动标引、自动摘要、自动聚类等智能信息处理技术是智能信息分析的基础。

人工智能的一般研究领域有：专家系统、机器学习、模式识别、自然语言理解、自动定理证明、自动程序设计、机器人学、博弈、人工神经网络、数据挖掘、智能决策系统、知识工程、分布式人工智能等。

专家系统的研究和开发，使人工智能从实验室走出来，进入了实用化的知识工程领域，故成为当前人工智能发展的主流。

通用的解题方法与特定领域的专业知识及实际经验相结合，产生了以专家系统为代表的基于知识的各种人工智能系统，它运用知识和推理步骤来解决以前只有人类专家才能解决的复杂问题。它通过知识表达和推理，模拟人的智能活动和思维过程，突出知识的价值，推广和应用专家知识。专家系统强调在某一专业领域中积累大量的知识，其威力正是在于其大量的专业知识包括实现范例以及该领域专家们所具有的经验和规律。由于专家系统采用的这种"大量专家会诊"的模式，使得它可能在很多方面拥有比人类专家更多的优势。

从本质上说，专家系统就是一个知识服务系统。实施专家系统实际上就是一个知识工程的过程，涉及到知识的获取、表示、推理和解释；其中知识获取是核心技术，它注重知识工程师与领域专家的交互，通过访谈、口头协议分析、观察、仓库网格等方法和技术，由知识工程师提取领域专家解决问题所需的事实、方法、经验教训等，再把这些知识传入计算机进行编码和存储，故专家系统是一种将隐性知识转化为显性知识的理想方式。

4.9 决策支持系统

自20世纪70年代提出决策支持系统（DSS，Decision Support Systems）以来，DSS已经

得到了很大发展。它是在管理信息系统(MIS)基础上发展起来的,为各级管理者提供辅助决策的能力。在发展初期,决策支持系统采用静态模型,不能处理非结构问题,并且不能进行定性分析。后来,由于计算机和网络技术的发展,逐步改变了这一状态,出现了新一代决策支持系统。

决策支持系统的推理机制主要有基于案例的推理、基于模型的推理、基于知识的推理。这几种推理机制一般混合使用,支撑各种类型的决策支持系统。新一代决策支持系统主要有以下几种:

(1)智能决策支持系统(IDSS)。1981 年 Bonczak 等提出了 DSS 三系统结构,即语言系统、问题处理系统、知识系统,是智能决策支持系统研究的前驱。现在智能决策支持系统是人工智能(AI)和 DSS 相结合,并应用了专家系统技术。

(2)群体决策支持系统(GDSS)。它支持群体对非结构化和半结构化问题进行决策。现在,与 Internet 相结合是 GDSS 的一个重要研究方向,优化决策过程提高成员对 GDSS 决策效果满意度是一个研究重点,实现其决策过程和结果可视化无疑将是一个好的解决办法。群体支持工具的例子有:音频会议、公告板和网络会议、文件共享、电子邮件、计算机支持的面对面会议软件,以及交互电视等。

(3)分布式决策支持系统。它支持必须由许多承担不同责任的决策人分布完成的大规模管理决策活动。

(4)3I 决策支持系统,即智能型、交互式、集成化决策支持系统。它是面向决策者、面向决策过程的综合性决策支持系统。

(5)综合决策支持系统。它是数据仓库和数据挖掘、OLAP 与传统决策支持系统的主体技术的结合。其综合体系结构包括三个主体:第一个主体是模型库系统和数据库系统的结合,它是决策支持的基础,为决策问题提供定量分析(模型计算)的辅助决策信息;第二个主体是数据仓库、OLAP,它从数据仓库中提取综合数据和信息,这些数据和信息反映了大量数据的内在本质;第三个主体是专家系统和数据挖掘的结合,数据挖掘从数据库和数据仓库中挖掘知识,并将其放入专家系统的知识库中,由进行知识推理的专家系统达到定性分析辅助决策。这一系统混合了众多关键技术,是决策支持系统的发展方向,但是也决定其研制过程将相当复杂。

很多技术如 Agent 技术、Web 技术、网格技术、神经网络技术、模糊逻辑、遗传算法、GIS 等都有可能被引入到决策支持系统开发中,从而形成基于网格的开放式决策支持系统(GBODSS)、基于 BP 神经网络的 DSS、基于多 Agent 的 DSS、基于 GIS 的 DSS、基于仿真的 DSS 等。

DSS 已经在实践中得到很多应用,并产生了一定的效果。例如:政府宏观经济管理和公共管理、产业规划、资源开发和利用、生态和环境控制、自然灾害预防、企业生产运作管理、航空航天系统等。

§5 情报研究常用的软件工具简介

情报研究除了利用定性方法外，还常常涉及到定量和半定量方法。定量和半定量方法的有效利用必须依赖于相应的软件工具。不同的软件工具可分别在不同的情报研究场合加以应用，下面将着眼于一些常用的情报研究软件，对其做简要介绍。

5.1 Excel

Microsoft Excel 是美国微软公司开发的 Windows 环境下的电子表格系统，它是目前应用最为广泛的办公室表格处理软件之一。Excel 自诞生以来，历经了 Excel 5.0、Excel 95、Excel 97、Excel 2000、Excel 2003 等不同版本。随着版本的不断提高，Excel 软件强大的数据处理功能和操作的简易性逐渐得到大家的共识，整个系统的智能化程度也不断得到提高，使得 Excel 不仅成为现代办公软件的重要组成部分，而且成为情报分析人员的强有力助手。

Excel 具有强有力的数据库管理功能，丰富的宏命令和函数，强有力的决策支持工具，广泛应用于数据分析与情报决策。其主要特点如下：

1. 分析能力

Excel 除了可以做一些一般的计算工作外，还有 400 多个函数，用来做统计、财务、数学、字符串等操作以及各种工程上的分析与计算。Excel 还专门提供了一组现成的数据分析工具，称为"分析工具库"，这些分析工具为建立复杂的统计或计量分析工作带来极大的方便。

2. 数据库管理能力

管理数据库可以用专门的数据库管理软件，如 FoxPro、Access、Sybase 等。但这些软件都很复杂。在 Excel 中提供了类似的数据库管理功能，保存在工作表内的数据都是按照相应的行和列存储的，这种数据结构再加上 Excel 提供的有关处理数据库的命令和函数，使得 Excel 具备了能组织和管理大量数据的能力。

5.2 统计分析相关软件

5.2.1 SPSS

SPSS(Statistical Package for the Social Sciences)是社会科学统计软件包。它是世界上最早的统计分析软件，由美国斯坦福大学的三位研究生于 20 世纪 60 年代末研制。现在已推出 13.0 版。全球用户分布于通讯、医疗、银行、证券、保险、制造、商业、市场研究、科研教育等多个领域和行业，是世界上应用最广泛的专业统计软件之一。

SPSS 的基本功能包括数据管理、统计分析、图表分析、输出管理等。SPSS 统计分析过程包括描述性统计、均值比较、相关分析、回归分析、一般线性模型、对数线性模型、聚类分析、数据简化、时间序列分析、多重响应等几大类，每类中又分好几个统计过程，而且每个过程中又允许用户选择不同的方法及参数。SPSS 也有专门的绘图系统，可以根据数据绘制各种图形。

SPSS 还提供了 OLAP 功能，可以非常简便地用于数据分析和挖掘。

SPSS 中的数据仓库、OLAP 和数据挖掘与情报分析紧密相关。将海量的信息储存在数据仓库中，再从相关联的信息中，提取潜在的知识，获取有用的情报，并进一步指导管理部门的决策。在实践中，SPSS 解决方案广泛应用于市场研究、电信、卫生保健、银行、财务、金融、保险、制造业、零售等领域。例如，SPSS 可以提供揭示客户需求、预测客户行为的解决方案，并把客户关系管理和商业智能有机地结合在一起，使企业和客户之间可以建立更好的互动关系。

5.2.2 SAS

SAS(Statistics Analysis System)是用于决策支持的大型集成信息系统，至今，统计分析功能也仍是它的重要组成部分和核心功能。目前，SAS 用户遍及金融、医药卫生、生产、运输、通讯、政府和教育科研等领域。在数据处理和统计分析方面，SAS 系统被誉为国际上的标准软件系统，并在 1996—1997 年度被评选为建立数据库的首选产品。

SAS 的核心操作方式是程序驱动，经过多年的发展，现在已成为一套完整的计算机语言。它采用多文档界面，用户在视窗中输入程序，分析结果以文本的形式在输出视窗中输出。使用程序方式，用户可以完成所有需要做的工作，包括统计分析、预测、建模和模拟抽样等。但是，这使得初学者在使用 SAS 时必须要学习 SAS 语言，入门比较困难。SAS 的 Windows 版本根据不同的用户群开发了几种图形操作界面，这些图形操作界面各有特点，使用时非常方便。

SAS 提供多个统计过程，每个过程均含有极丰富的任选项。用户还可以通过对数据集的一连串加工，实现更为复杂的统计分析。此外，SAS 还提供了各类概率分析函数、分位数函数、样本统计函数和随机数生成函数，使用户能方便地实现特殊统计要求。

SAS 解决方案拥有的客户很多是全球 500 强企业。SAS 解决方案可帮助企业与其客户和供应商建立更具营利性的合作关系，支持他们更快地做出更明智的决策，并推动企业向前发展。SAS 可将领先的数据仓库和联机分析技术与传统的商务智能应用完全集成在一起，并从海量数据中创造智能。

5.3 系统动力学软件 Vensim

系统动力学(SD，System Dynamics)是由美国麻省理工学院的 Forrester 教授于 20 世纪 50 年代提出的系统仿真方法。其解决问题的独特性在于：基于因果关系和结构决定行为的观点，从系统内部的微观结构入手进行建模，与此同时借助计算机仿真技术来研究系统结构功能与动态行为的内在关系，从而找出解决问题的对策。其基本思想是充分认识系统中的反馈与延迟，前者确定系统中的因果反馈的逻辑结构，后者描述系统中因果反馈的时间效应，然后按照一定的规则建立系统的因果关系图，进一步完成系统动力学流图，最终由计算机求出模型的数值解。

Vensim 是一个基于视窗界面的系统动力学建模工具，提供了功能强大的图形编辑环境。在构建完成包含水平变量、辅助变量、常量、箭头等要素在内的因果反馈环之后，通过使用 Vensim 提供的便捷易用的公式编辑器，生成完整的模拟模型。在通过系统后台的检验、调试后，还可以充分利用一系列分析工具对所模拟系统的行为机制进行深入的分析研究。Vensim

所提供的分析工具可以分为两类：一类是结构分析工具，如 cause tree 功能可以将所有工作变量之间的因果关系用树状的图形形式表示出来；loops 功能可以将模型中所有反馈环以列表的形式表示出来。另一类是数据集分析工具，如 graph 功能可以将各变量在整个模拟周期内的数值以图形的形式直观地给出，Causes Strip Graph 功能则将有直接因果关系的工作变量在模拟周期内的数值变化并列出来，以追踪系统变量间的影响关系。

值得注意的是 Vensim 软件提供了在图形基础上建立相应方程的简便方法，而且在方程中直接使用变量名称。另外，Vensim 软件还提供许多内部函数，使程序编写大大简化。例如在许多情况下，变量之间的非线性关系难以用公式表达，Vensim 软件提供表函数工具，直接用表的形式输入两组数据，以表示两个变量间的函数关系。而且，若对其间的关系有一定了解，则可给定变量的变化范围，然后直接在坐标图上绘出图形函数关系，数值则自动生成。

Vensim 通过对相关问题进行具体分析，抽取关键因子，确定系统边界，建立因果关系图和系统动力学模型，并通过模拟运算得出结论。Vensim 提供了一个很好的平台，在情报分析中具有很多的应用。例如，查先进将网络数字资源共享看成是一个庞大而复杂的系统，针对系统中的网络拥塞问题，利用 Vensim 软件构建出网络拥塞系统动力学模型，并对不同模拟环境下的系统输出进行了比较分析，为最终决策提供了科学支持。

5.4 层次分析法软件 Expert Choice

Expert Choice 是建构在层次分析法（AHP）上的软件，采用图形化的操作界面。Expert Choice 集成了网络功能，通过 Internet，Expert Choice 可以把决策活动带到世界各地。它允许在世界任何地方的小组成员通过 Internet 一起解决问题，在决策活动中，能够包含每一个参与者并直到作出最后决策，这不仅联系了所有成员，而且节省了旅行时间和费用成本。Expert Choice 提供的 keypad 功能能够创造小组成员集体研讨和征询意见的空间，讨论结果能够放到决策层次里。使用这个电子 keypads，可邀请多达 150 个专家参与判断或决定关于一个问题的目标或者子目标。Expert Choice 的优点还体现在：建构决策模型的方式浅显易懂；在模型视图中包含了 TreeView 和 ClusterView，以表现决策的层次（如目标、子目标）；在 TreeView 或 ClusterView 中可以使用拖曳的方式去操作目标或子目标；对层次没有限制，可以构建复杂的架构。

Expert choice 可广泛应用于社会、经济、科技、管理等方面的多目标决策问题，如情报研究成果评价、资源分配、人力资源管理、市场策略制定、成本收益分析、工程设计评估、策略分析及评估、客户反应、IT 投资管理、产品定价、供应链绩效评估等。

§6 情报研究服务示例

6.1 情报研究为科技规划的制定提供参考

科技工作中最基础的工作之一是科技情报工作。它是了解和掌握科技发展的信息，做出科学的判断和决策的重要依据。各个行业各个部门各个地方的科技情报所承担了大量的软课题研究、战略性研究等基础性工作,研究分析世界各国的科技发展的趋势,主要发达国家、发展中国家、新兴工业化国家的科技发展情况,为各级政府部门科技决策提供决策支持等各类情报服务。

我国《国家中长期科学和技术发展规划(2006—2020)》(以下简称《规划》)的制定过程就是一个情报研究为科技工作提供决策支持的典型案例。首先,要不要制定规划、什么时间制定合适、怎样制定等问题,以及规划要包括哪些内容等都是在进行了充分研究论证的基础上开展的。关于规划的内容,科技部根据党中央和国务院的决定,列出20个重大研究专题,分别成立了20个战略研究专题研究组,组织了2000余名来自科技界、社科界、企业界和管理界的专家,进行重大问题的战略性研究。战略研究成果又通过中国科学院、中国工程院和社会科学院"三院"进行咨询。在充分调查研究、反复论证的基础上,根据专家对未来世界科技发展态势的研究预测,以及对我国的具体国情的准确判断制定并发布了《国家中长期科学和技术发展规划(2006—2020)》。

在《规划》的制定过程中,专业的情报研究机构,如中国科学技术信息研究所也做了大量的分析研究工作,为《规划》的制定提供了重要的参考依据。中信所的信息分析研究人员对我国历次科学技术发展规划进行了系统梳理与研究,同时搜集、翻译并整理了美国、俄罗斯、日本、韩国、印度等国家的科技计划、规划、政策等情况,为《规划》的制定提供了大量参阅资料和研究成果。同时,他们还研究了国外政府在促进创新方面的政策、措施以及具体做法,为《规划》配套政策的制定提供了重要参考,获得了科技部领导的好评。

情报研究为战略决策服务的另一个典型例子是中国科学技术信息研究所编写的《科技参考》内刊。《科技参考》的内容可以报送给党中央和国务院领导同志、科技部系统和各省、市、自治区领导。《科技参考》主要跟踪和及时报道全球科技发展与创新的最新动向,主要国家和地区政府促进科学发展的重大举措(包括战略计划、政策法规、规划、经费、人力、研究开发计划等),与科技发展相关的新见解、新观念和新思想,以及其他重大的科技信息。通过开展上述内容和情报分析研究,为科技主管部门及科技相关部门提供决策参考。中央领导对《科技参考》报道内容有过多次批示。

6.2 情报研究为重大工程项目立项提供决策支持

大型工程和建设项目有3个突出的特点:一是规模大、投资多、时间长;二是涉及的学科专业和技术门类多;三是对国民经济和生态环境的影响深远。因此,凡属这一类的项目,在破土动工前,一定要对它的必要性和可行性进行充分的技术经济论证。在施工过程中,要广泛吸收国外成功的经济和失败的教训,采用合理的设计和先进的技术,以避免人力、物力和时间上的浪费。情报研究对大型工程和建设项目的选址、选择施工方案和技术路线等决策有着重要的作用。

"高峡出平湖"的美好蓝图,从20世纪初开始,一直激励着几代中国人。然而,三峡工程规模巨大,技术复杂,涉及到国家经济、科学技术乃至国防等一系列重大问题,是一项庞大的系统工程。因此,要对这个工程进行科学的决策,已不是一个部门能胜任的,它需要多种人才智慧的综合,多学科优势的发挥,多渠道成果资料的分析,多层次的配合,多角度的透视,多方案的筛选。

提供与决策目标有关的丰富准确的成果资料,是科学决策的重要依据。世界各国在大型建设项目上的决策失误,究其根源,往往是成果资料不完备或不准确所致。像三峡工程这样超世界型的综合利用水利工程,在决策时,更需要丰富而准确的地质、地震、水文、泥沙、防洪、电力系统、航运、施工、机电设备、移民、生态与环境、投资估算和综合经济评价等方面的资料和研究成果,否则,决策就缺乏坚实的基础。

为此,水电部和长江流域规划办公室(以下简称"长办")与全国有关部门协作,对三峡工程进行了大规模的长期研究,收集、整理、分析了大量详实可靠的第一手资料。举例来说,在水文研究方面,长办不仅进行了30多年的系统观测研究,还搜集、整理了两千年来的洪水文献记录,近一千年来的洪枯水石刻资料,还根据30年以来的水文、气象资料和宜昌、汉口百余年的实测水位资料,做了大量的暴雨洪水分析,摸清了长江洪水的特性。这样长期的资料积累,在国内外是很少见的。

围绕众多的研究课题,长办和全国有关单位得出了大量的研究成果,截至1986年,仅重要的研究成果报告就有7 275份,积累的各类技术资料要以吨计。这些大量的研究成果,为三峡工程的论证和决策提供了坚实的科学基础。

在三峡工程中,专业的情报研究机构也进行了大量的情报研究工作。例如,中国科学院武汉情报中心完成了长江流域水环境监测中心委托的"国外大型水坝工程生态与环境管理"情报研究课题,搜集、编译、汇编相关资料,为三峡工程和长江流域生态环境监测和建设服务。这些资料内容涉及:国外大型水坝在建设过程中的水环境变化及其他生态影响、大坝建成后的管理应注意的问题以及国外大型水坝建设与管理过程中值得借鉴的经验和教训。报告发挥了很好的参考咨询作用,深获委托方的好评。另外,中国长江三峡工程开发总公司委托武汉中心开展"大型水利工程生态调度情报研究"项目,对国际上有关生态调度研究的理论、应用技术、实践及其他相关研究和应用进行全面的了解,总结出国际上成熟技术和发展方向、国内研究和应用差距、三峡工程生态调度可应用的实用技术,为三峡工程生态调度研究方向和目标的制定提供了决策支持。

6.3 情报研究为科学研究提供借鉴

情报研究工作在科学研究工作中的作用是毋庸置疑的。古语云:工欲善其事,必先利其器。在现代科学技术突飞猛进的今天,学科更趋复杂化、多元化,科技文献的数量更是呈指数增长。因此,情报研究,特别是科技文献情报研究对于科学研究工作者来说是必不可少的重要环节。我们知道,一个科技工作者能否做出创造性的贡献及成果的大小,在一定程度上取决于他是否能正确地确定科研方向及研究课题,而要正确地确定科研方向和选题,就要预先了解该课题的历史和现状,情报研究正可以为其提供学科发展的历程、前沿及研究热点等信息,使其获得启发和借鉴,只有这样,他的选题就有可能创新,他的研究才有希望获得成功。

中科院上海生命科学信息中心生命科学图书馆咨询研究部,除了为科技管理提供决策咨询外,还为具体的科研工作提供咨询:着重对国内外的科技发展战略与科技政策、重要科学规划与计划、国际学科布局与优先领域、学科前沿热点与变化趋势、重要学术机构动态、科研体制与创新研究机制等方面加强比较研究与综合分析,并充分应用情报计量学方法,加强对学科发展态势的定量分析,为中国科学院及国家相关部门的科学决策持续提供具有较高科学价值和应用价值的学科发展参考资料与咨询报告。他们的研究成果,如《生命科学研究态势》系列报告,采用科学文献计量学方法、分析比较方法等,通过对1993年至2002年9月的植物学文献量进行统计,反映著者、研究机构、期刊、国家等的植物学文献产出能力和科学影响力在分子细胞研究、环境研究和药用研究的3个方面的国内外研究状况,报告包括国际植物科学研究态势、国内植物科学研究态势等内容,为该领域的科学研究工作者提供了非常重要的参考。

6.4 情报研究为市场开拓提供服务

在经济全球化、一体化的大背景下,中国企业、产品要想占领国际市场,提高中国企业的国际竞争力,必须首先了解国际市场,了解国际需求,了解我国企业、产品在国际竞争中所处的环境和优劣势,这是开拓国际市场的必要前提。情报研究在这方面可以发挥很好的作用。这方面的成功案例很多,中国科学技术信息研究所开展的中医药发展战略研究就是一个成功的案例。

通过开展中药产业情报研究发现,中药产业是我国在国际上拥有潜在优势和自主知识产权的少数领域之一,并初步形成了具有一定规模、结构完整的产业体系,以中药农业为基础、中药工业为主体、中药商业为枢纽和中药知识产业为动力,相互支持构成一个完整的产业链条。随着全球回归自然的潮流,疾病谱和医疗模式的改变,中药日益受到世人的关注,市场需求日益增加。

从国际中药市场的现状看,2000年全球草药市场销售额就已达160多亿美元,目前年销售额约300亿美元,且以每年10%的速度增长。但我国的中药却仅占国际市场(其中不包括中国大陆市场)份额的3‰～5‰,且其中大部分为低附加值的中药材,中成药自2000年来一直呈现相当高的国际贸易逆差。比如,2004年我国中药出口额为7.25亿美元,其中中药材为3.62亿美元,中成药(以保健品为主)1.40亿美元,植物提取物2.23亿美元,这与我国为中药发源地、资源丰富大国的地位极不相称。

国外很多洋中药其实是仿制我国的,这对我国中药市场产生了巨大的冲击。如"六神丸"是我国很常见的一味中成药,但日本某公司对其稍加改造和包装,就生产出了著名的"救心丹",在国际市场上每年销售额高达6亿～7亿美元;韩国在中国"牛黄清心丸"的基础上开发出来的"牛黄清心液",仅这一种产品年产值就多达7000万美元。但是,我们应该看到,我国中药产业具有独特的优势,中药出口规模增长的潜力仍然很大,产业发展前景可期。

通过对中药市场的情报分析,研究人员对指导我国未来的重要发展战略提供了如下的建议:中药在国际市场上发展仍然任重道远,中药的国际化、现代化仍需进一步加强,中药的标准还需进一步完善并突出中药的特色,特别是中药的知识产权保护与利用制度急需建立,中药企业国际市场的竞争力也需提高。只有这样,才能使我国中药产业潜在优势转化为真正有国际竞争优势的支柱产业。

[本章撰稿人:赵志耘　查先进　宋明娟　李丽娟　陈世银　赵俊杰]

参 考 文 献

[1] 查先进. 信息分析与预测[M]. 武汉:武汉大学出版社,2000
[2] 朱庆华. 信息分析基础、方法及应用[M]. 北京:科学出版社,2004
[3] B Berelson. Content Analysis in Communication Research. Glencoe, Ill: Free Press,1952
[4] K Krippendorff. Content Analysis: An Introduction to Its Methodology. Newbury Park, CA: Sage. 1980
[5] R P Weber. Basic Content Analysis, 2nd ed. Newbury Park, CA. 1990
[6] O R Holsti. Content Analysis for the Social Sciences and Humanities. Reading, MA: Addison-Wesley. 1969
[7] http://w2.laes.tp.edu.tw/rebecca/old_index/U4/u4122.htm
[8] [美]约翰·奈斯比特著. 大趋势——改变我们生活的十个新方向[M]. 北京:科学普及出版社,1985
[9] 朱庆华. 信息分析基础、方法及应用[M]. 北京:科学出版社,2004
[10] 卢泰宏. 信息分析[M]. 广州:中山大学出版社,1998
[11] 韦有双等. 虚拟现实与系统仿真[M]. 北京:国防工业出版社,2004
[12] 李雄飞等编著. 数据挖掘与知识发现[M]. 北京:高等教育出版社,2003
[13] 李敬社,张小木,黄泽贵. 数据挖掘技术的方法和最新进展[J]. 现代电子技术,2004(12)
[14] 员巧云,程刚. 近年来我国数据挖掘研究综述[J]. 情报学报,2005(2)
[15] 苗蔚,李后卿. 知识发现及其实现技术的研究概述[J]. 现代情报,2005(1)
[16] 邱均平等著. 网络数据分析[M]. 北京:北京大学出版社,2004
[17] 王岚,张鹏祥. 基于Web的数据挖掘研究[J]. 长春师范学院学报(自然科学版),2005(3)
[18] 唐建国,胡芒谷. Web数据挖掘对Web数据检索的支持作用[J]. 情报学报,2004(4)
[19] 邱均平,张洋. 网络信息计量学综述[J]. 高校图书馆工作,2005(1)
[20] 袁毅. 链接分析用于学术网站评价存在的问题及解决办法[J]. 情报学报,2005(5)
[21] 靖培栋. 信息可视化——情报学研究的新领域[J]. 情报科学,2003(7)
[22] 周宁,文燕平,刘玮. 文献信息可视化[J]. 情报学报,2003(8)
[23] 刘玮,周宁,张芳芳. 基于文本的信息可视化方法研究[J]. 现代图书情报技术,2003(2)
[24] 杨达. 数字图书馆信息可视化的研究框架[J]. 沈阳教育学院学报,2005(3)
[25] 郝晨健,张文宇. 可视化智能决策支持系统理论及其应用[J]. 西安邮电学院学报,2005(1) http://www.aaaa.org.cn/, 2005-12-05
[26] 赵燕平,朱东华. 科技信息的网络动态监测和信息自动获取技术研究[J]. 科学研究(增刊),2003(12)
[27] 侯婷,朱东华. 技术监测在技术创新项目管理中的应用研究[J]. 科学学与科学技术管理,2004(7)
[28] http://elearning.stut.edu.tw/, 2005-11-12
[29] http://www.istis.sh.cn/, 2005-11-17
[30] http://www.duomeiti8.org/, 2005-12-22
[31] [加]Jiawei Han等著. 数据挖掘:概念与技术[M]. 范明等译. 北京:机械工业出版社,2001
[32] 孙即祥,王晓华,钟山等. 模式识别中的特征提取与计算机视觉不变量[M]. 北京:国防工业出版社,2001
[33] 卢力,田金文,柳健. 统计模式识别研究进展. 军民两用技术与产品,2003(11)
[34] 许延伟,刘希玉. 神经网络用于模式识别的几种重要方法的比较[J]. 信息技术与信息化,2005(4)

[35] 赵喜林,赵喜玲,江祥奎.模式识别方法及其比较分析[J].信阳农业高等专科学校学报,2004(9)
[36] http://www.stats.ox.ac.uk/,2005-12-10
[37] 钟智,尹云飞.数据挖掘与人工智能技术[J].河南科技大学学报(自然科学版),2004(3)
[38] 段美英,许亮.人工智能在解决知识管理难题中的应用[J].微机发展,2004(9)
[39] 熊才权.人工智能研究方法及途径[J].舰船电子工程,2005(3)
[40] 叶鹰.智能信息分析的理论基础与技术模型[J].情报学报,2005(2)
[41] 钟智,尹云飞.数据挖掘与人工智能技术[J].河南科技大学学报(自然科学版),2004(3)
[42] 苏传芳.浅谈专家系统[J].安徽电子信息职业技术学院学报,2003(6)
[43] 李运爽,武建军.人工智能的原理及应用[J].山西电子技术,2004(2)
[44] 段美英,许亮.人工智能在解决知识管理难题中的应用[J].微机发展,2004(9)
[45] 刘旭,余雪丽.DSS中混合推理机制的研究[J].电脑开发与应用,2005(6)
[46] 陈氢.几种新型决策支持系统的比较研究[J].情报科学,2005(1)
[47] 杨帆,刘守义.综合决策支持系统之现状及发展[J].电脑开发与应用,2005(5)
[48] http://www.intsci.ac.cn/,2005-12-06
[49] http://www.bioon.com/biology/Class45/excel/200412/85875.html,2005-12-15
[50] http://www.8sta.com/Soft/soft/comsoft/200411/580.asp,2005-12-15
[51] 查先进.网络数字资源共享的系统动力学模型——基于网络拥塞的实证分析.中国人民大学报刊复印资料(G9),2004(4)
[52] http://www.chaxin.org/,2005-12-15
[53] 罗秀豪.科技情报在我省自主创新中的作用[J].广东科技,2005(10)
[54] 秦铁辉,王国庄,高宇晶.日本情报研究工作探微[J].情报探索,1997(6)
[55] http://www.istis.sh.cn,2005-12-10
[56] 秦铁辉,王延飞等编著.《信息分析与决策》[M].北京:北京大学出版社,2003
[57] 杨马林.三峡工程:决策科学化民主化的典范[J].决策与信息,2005(1~2),总第242~243期
[58] 中国科学院武汉文献情报中心.简报.2004,15(136)

第 11 章 咨询服务

§1 咨询基础

1.1 咨询基本概念

咨询是自人类文明产生以来就有的一种信息交流活动,旨在出谋划策,帮助解决疑难问题。随着语言和文字的产生,咨询活动由简单到复杂,由个体到群体逐渐开展起来。同时,咨询作为一种社会现象,随着社会的不断发展,其本身的内涵也在不断演变。

在现代汉语中,"咨询"有询问、谋划和商量的意思。但在古代汉语中,"咨"和"询"原来并不构成一个词,而是分开使用的,两者都有询问和商量的意思,但"咨"一般用于官方,"询"一般用于平民。三国时期诸葛孔明的《前出师表》中指出:"事无大小,悉以咨之,必能裨补阙漏,有所广益。"我国第一部编年体史书《春秋左传·襄公》,对"咨"的解释是:"咨事为诹","咨亲为询","咨礼为度","咨难为谋"。

"咨询"连用成词,最早见于东汉王逸所著《楚辞章句》一书,该书"九思·疾世"篇中有"分载驱兮高驰,将咨询兮皇羲"。意思是说,屈原离国远去,将要向伏羲请教。

在西方国家,相当于"咨询"的词,均来源于拉丁文"Consulto"。英文对应词为"Consult"、"Consulting"、"Consultation"或"Consultancy",法文对应词为"Consulter"。这些外文词的基本含义与"咨询"相同。

由于历史和文化差异,世界各国的早期咨询活动,在内容和形式上可能有所不同,但具有许多共同点,即早期咨询活动大多是个体的、分散的、经验的和随机的,没有形成社会化和系统化,与现代咨询活动有本质区别。

社会经济的发展是咨询活动的根本驱动力。19世纪之后,随着英国工业革命的兴起和科学技术的发展,社会分工不断细化,使咨询活动作为传递和利用知识的行业行为成为可能。19世纪末,英国建筑专家约翰·斯梅顿创建"土木工程协会",标志着咨询活动开始正式作为一个独立行业。

进入20世纪,特别是在二次世界大战后,随着管理科学、系统科学、信息科学和计算机科学的产生和发展,许多专业咨询机构应运而生,咨询活动进一步社会化和产业化,成为社会经济生活中的重要领域。70年代中期现代咨询业开始迅速发展。80年代以后,随着信息技术的飞跃发展和信息社会的来临,西方国家大批MBA毕业生涌进咨询队伍,成为令人羡慕的"金领工作人员"。进入 21 世纪后,虽然全球咨询业遭受一些波折,但很快又恢复到强劲增长的势头。据美国肯尼迪研究所(Kennedy Information Inc.)和普兰凯特研究公司(Plunkett Research,Ltd.)的研究报告,1995 年全球管理咨询业年收入为 510 亿美元,2000 年突破 1 000 亿美元,2004 年为 1 200 亿美元,如图 11.1 所示。

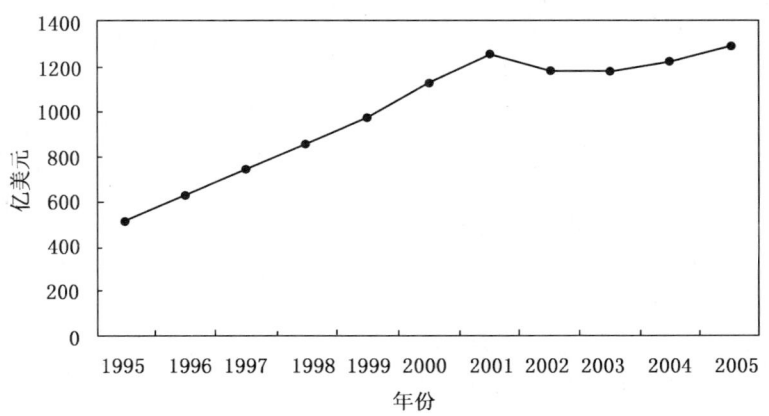

图 11.1　全球管理咨询业收入

资料来源:Kennedy Information Inc.,Research Reports

一般地说,可以把咨询活动分为传统咨询和现代咨询两个阶段。传统咨询一般指二次世界大战以前的咨询活动,它以分散的个体咨询者为中心,以个人经验和感觉作为咨询主要依据,缺少科学性和系统性。另外,传统咨询活动大多是奉命行事,咨询人员往往按照统治者或决策者的旨意出谋划策,依附性强,独立性差,没有形成社会化。现代咨询一般指二次世界大战以后的咨询活动,具有明显的社会性、独立性、系统性和科学性等特点。现代咨询本质上是一种创造性的科学劳动,是一种社会知识的继承、发展、传递和利用的过程,是一种把科学技术转化为直接生产力的过程,也是一种建立在市场机制上的社会化智能服务。现代咨询是现代人类文明的产物,是现代社会分工的必然结果。

那么,现代咨询的定义是什么呢?简单地说,现代咨询是咨询方根据委托方要求,按照咨询合同或协议,利用科学知识和科学方法,进行调查研究,提出解决方案和咨询报告,帮助解决疑难问题的社会化智能服务。这里所说的咨询方是指直接承受咨询项目或任务的咨询机构和咨询人员。委托方是指与咨询方达成咨询协议或签订咨询合同的客户。

1.2　现代咨询性质和功能

现代咨询具有社会性、独立性、知识性、系统性、信息性、市场性、多样性和国际性 8 个属性。

1. 社会性

现代咨询是社会化大生产和社会分工的产物,其宗旨是满足社会需求,为社会经济发展服务。现代咨询活动内容与全球社会经济发展中的重点课题密切相关。例如,ERP、电子商务和知识管理是当前全球管理咨询的重点领域,也是当前全球社会经济发展中普遍关心的问题。

现代咨询社会性的另一方面表现是现代咨询服务的产业化。

2. 独立性

现代咨询是为现代决策服务的。为了保证决策的科学化和民主化，现代咨询必须独立自主，这是现代咨询与传统咨询的一个根本区别，也是现代咨询生命力的所在。如果咨询人员以决策者的意志为出发点，按照决策者的意图，而不是依靠自己的智慧和客观事实去研究和思考问题，就不会有创新，提出的方案也不会有很高的附加价值，因此也就失去了现代咨询本身存在的意义。

3. 知识性

现代咨询本质上是一种创造性科学劳动，是科学知识的继承、发展、传递和利用的过程，咨询产业是知识经济的重要产业部门。咨询工作者，在某种意义上说，就是知识工作者。知识是现代咨询的基本投资。解决问题方案、咨询报告或其他咨询研究成果，都凝聚着咨询工作者的劳动结晶，是社会知识库的组成部分。

4. 系统性

与传统咨询的分散性和随机性不同，现代咨询以系统论和系统工程作为自己的基本理论和方法，具有明确的系统目标、系统要素和系统属性，并遵从系统管理规律。我们可以利用系统管理方法探讨现代咨询活动规律，优化咨询系统功能，提高咨询活动效率。

5. 信息性

现代咨询活动是以信息的收集、处理和分析研究作为基础的，是信息服务的一种高级形式，可以说，没有信息支持，就没有现代咨询活动。现代咨询活动始终伴随着信息运动，是对信息的深入挖掘和提炼。将经过深加工的合适信息，通过合适的方式，在合适的时间传递给合适的客户，是咨询活动的基本规律。

6. 市场性

现代咨询活动是市场经济的产物，具有一定的咨询市场和市场经营属性，服从市场规律。咨询产品和服务的生产、营销和客户关系管理等都是现代咨询价值链上的基本环节。对于一个现代咨询企业来说，保持核心竞争能力，提高咨询产品和服务的质量，开拓市场，搞好客户关系，是企业生存和发展的关键所在。

7. 多样性

由于现代社会需求的复杂性和多样性，为满足现代社会需求的咨询服务也具有多样性。现代咨询活动的多样性主要表现为两个方面，其一是，现代咨询服务种类或领域的多样性，例如，战略咨询、管理咨询、工程咨询、技术咨询和信息咨询等，多种多样。其二是，咨询项目的多样性，即使是同一种类或领域的咨询活动，由于客户所处的环境、地位、专业和文化的不同，每个客户提出的委托任务都有所不同。正如世界上没有完全相同的两个事物一样，世界上也没有完全相同的两个咨询项目。为了适应多样性，一方面，现代咨询活动要不断扩展服务功能，另一方面，对每个咨询项目提出的解决方案，都要有针对性和特指性，都要量体裁衣。包罗万象的解决方案，不可能是成功的方案。

8. 国际性

现代咨询没有国界。随着信息技术和通信技术的迅速发展，众多咨询机构纷纷上网，利用网络开展全球范围的咨询活动已经成为现实,现代咨询的国际化和网络化特点越来越突出。目前许多大型跨国咨询公司的业务都是全球性的。随着全球经济进一步一体化,国际咨询市场的竞争将日益激烈。

现代咨询的社会功能取决于现代咨询的性质和与现代社会的紧密联系。一般地说,可以把现代咨询的社会功能归纳为 4 个方面,即生产功能、变革功能、管理功能和教育功能:

1. 生产功能

现代咨询是社会化大生产和社会分工的产物,其宗旨是满足社会需求,为社会经济发展服务。生产功能的需求是最基本的社会需求,也是客户委托咨询机构进行的一项基本功能。现代咨询本质上是一种创造性科学劳动,是科学知识的继承、发展、传递和利用,科学知识通过咨询活动转化为直接生产力,并在社会物质生产过程中发挥作用,创造财富。现代咨询活动几乎与生产力的每一个要素发生关系,它能够帮助客户提高业务水平,采用新的生产工具,研制新产品,改进生产工艺和流程,加强生产管理,进行企业改造,提高生产力。实际上,每一个成功的咨询项目都伴随着客户生产力和核心竞争能力的提高。例如,在我国岭澳核电站海域工程可行性研究项目中,负责咨询工作的天津海岸带公司专业技术人员 300 余人,根据项目要求进行了系统调查分析和综合论证。该咨询公司历时 8 个月,以同类可行性研究项目中工期最短的时间,完成各类咨询研究报告 8 本,近 400 万字,为岭澳核电站海域工程提出了技术可行、经济合理、安全可靠、工期达标的工程技术方案,在国内首次提出了核电站海域工程的设计标准,有力保证了岭澳核电站的顺利施工。

2. 变革功能

没有变革的咨询不是真正的现代咨询,变革经常是现代咨询的直接目标。无论是国家经济发展长远规划,还是企业的经营战略,无论是可行性研究,还是系统分析评价,都与变革息息相关。咨询是变革的催化剂。咨询人员通过提供改革建议和实施方案,帮助实现客户组织的发展目标。变革是对现实的改革,具有一定阻力和风险。为了帮助客户实现变革,咨询人员不仅要提出建议和方案,还要帮助客户克服阻力,规避风险,化消极因素为积极因素,实施方案,推进变革。1999 年 12 月,浙江电力公司按照世界银行项目的要求,在咨询公司的帮助下,引入国际最佳会计实务,积极向国际会计准则靠拢,利用 SAP R/3 软件,建立以省公司为核心的全省电力系统财务管理信息系统,实现供电局、发电厂和省公司的财务管理集成化,首开大型国有企业应用国外 ERP 系统之先河,实现了会计电算化到财务管理决策的飞跃和变革。

3. 管理功能

现代咨询是随着管理科学的发展而逐渐开展起来的,科学管理的先驱者,包括泰勒(Frederick W. Taylor)、吉尔布勒斯(Lillian Gilbreth)、坎特(Henry L. Gantt)和埃默森(Harrington Emerson)都是现代咨询活动的先行者。泰勒的后半生成为一位专职的管理咨询师。当代管理学之父彼得·杜拉克(Peter Drucker)曾于 60 年前被通用汽车(General Motors)公司聘请为管理顾问。管理科学为咨询服务提供了方法论基础,而咨询则为现代管理和科学决策提供支持和服务。管理的本质就是决策。兰德公司咨询专家认为,在全球破产倒闭的大企业中,85%是由于企业管理者决策失误造成的。因此,管理咨询是现代咨询最活跃的一个领域,管理功能是现代咨询的最基本功能。咨询不仅在微观经济中起作用,而且在宏观经济中也能发挥作用。韩国在制订第二个五年计划期间,曾邀请兰德公司顾问组协助。在兰德公司咨询专家的帮助下,不仅首次利用系统分析和运筹学方法成功地制订了五年计划,保证了国民经济的持续发展,而且还使兰德公司科学的规划和定量方法得到普遍认可,并用来研究各种社会经济发展问题,取得明显成效。第二个五年计划成为韩国社会经济发展的一个里程碑,也成为现代咨询促进社会发展的一个典型案例。

4. 教育功能

教育培训是现代咨询固有的一项基本功能,每一个咨询项目几乎都包括对客户进行培训的内容。从社会功能来说,一个咨询项目重要的不是为客户具体做了什么,而是教会客户做了什么。咨询是一种双向交流,一方面,咨询人员通过咨询活动向客户传授新的知识和技能,帮助客户学会如何评估组织,如何诊断问题和抓住机会,如何制定改进方案和实施变革。另一方面,咨询人员通过与客户接触,也会学到客户有用的经验和特殊的专业技巧,充实自己的专业知识和技能。例如,1995年9月,美国德勤咨询公司在帮助微软公司成功实施ERP系统过程中,按照定制的培训计划和课程,对相关的1 500名微软公司员工进行了终端用户培训。利用德勤咨询公司教育服务部的面向结果培训法,实施分阶段培训计划,与分阶段的方案实施步骤相同步。从编写和审定培训资料,到提供培训课程,不仅包括业务细节,同时还将培训置于现实环境下,让员工切实体会到ERP系统对终端用户实际运作带来的影响,使受培训者很快进入角色,不仅成功地帮助微软公司进行了系统的平稳转换,而且还进一步提高了员工的知识和业务水平。同时,咨询人员在与微软公司有关人员一起开展项目工作中,也学到了不少微软公司特有的专业经验和技能。

1.3 咨询系统

咨询系统是咨询活动现实要素及其相互关系的概括和抽象,它是由相互关联的6个咨询要素组成的有机整体,是一个动态的社会服务系统。

咨询系统可表示为:CS=$\{C, F, I, P, S, E\}$

其中:CS代表咨询系统(Consulting System);

C代表咨询人员(Consultants);

F代表咨询设施(Facilities);

I代表咨询信息(Information);

P代表咨询程序(Procedure);

S代表咨询服务(Service);

E代表咨询环境(Environment)。

咨询要素是决定咨询系统性质和功能的基本因素。

1. 咨询人员

咨询人员是咨询系统最能动的要素,是咨询活动的主要承担者,是咨询功能实现的关键,也是咨询服务或咨询产品的直接提供者和生产者。咨询系统的效能在根本上取决于咨询人员素质和能力。

2. 咨询设施

咨询设施是咨询系统的物质要素,也是咨询系统赖以生存和正常运作的必要条件,包括办公设备、计算机和通信网络设施等。随着信息技术和通信技术的发展,咨询系统的效率和功能会得到相应提高。

3. 咨询信息

咨询信息资源和信息渠道,是咨询系统有效运行的基础,是咨询人员生产咨询产品的首要条件。咨询信息资源包括咨询系统内部资源和咨询系统外部环境资源。咨询系统在正常运行过程中,要不断通过信息渠道与外部环境进行信息交流。

4. 咨询程序

咨询程序是咨询周期所遵循的过程和方法,是咨询系统正常运行的基本机制。咨询程序是咨询活动系统化、有序化和规范化的保证,包括咨询方法、咨询技术和咨询标准等。

5. 咨询服务

咨询服务或咨询产品是咨询系统的输出要素,是咨询人员智力劳动的结晶,包括咨询建议、咨询报告和解决问题方案等。咨询服务或咨询产品的数量和质量是评价咨询系统效率的主要指标。

6. 咨询环境

咨询环境,包括咨询客户,是咨询系统的外界条件。咨询客户及其咨询需求是咨询系统的基本输入要素,也是咨询周期的起点和归宿。咨询系统的基本目标就是在适当的时间和地点,输出适合客户需要的咨询产品和服务,满足社会咨询需求,促进社会知识的交流和扩大再生产。

1.4 咨询机构

咨询机构是社会咨询系统的实体,是承担和提供咨询服务的社会组织。咨询机构的产生,是社会分工和咨询社会化的产物。

1.4.1 国外咨询机构

1. 个体咨询企业

自从上世纪90年代以来,国外个体咨询企业有异军突起之势,甚至在某些领域已经成为与大中型咨询机构抗衡的力量。个体咨询人员往往有在正规咨询公司工作或从事经营管理的经历,具有广泛的社会联系和独特的专业技能,能借助网络环境,针对中小客户需求,提供服务。反应灵活,收费合理。

2. 咨询公司

全球拥有千名以上咨询师的大咨询公司有几十家,多数为跨国性咨询机构,例如,埃森哲公司、麦肯锡公司和波士顿咨询集团等。据美国普兰凯特研究公司的研究报告,埃森哲公司2004年咨询收入151亿美元,雇员10万人,在48个国家设有分部或办事处。另外一些大咨询公司是由会计师事务所演变而来,例如,美国安永咨询公司、德勤咨询公司、毕马威咨询公司等,这些公司既从事财务审计,又开展咨询业务。除了这些少数大公司外,其余的大多为百人以下的中小型咨询公司。

3. 综合性咨询机构

该类咨询机构即通常所说的"思想库"和"智囊团",例如,号称全球三大智囊团的兰德公司、罗马俱乐部和野村综合研究所,以及斯坦福国际咨询研究所、英国国际战略研究所和维也纳国际应用系统分析研究所等。这类咨询机构大多以从事战略咨询为主,属于非营利机构。

4. 咨询行业协会

国外咨询行业协会是独立的行会组织,在发达国家很活跃,其产生和发展标志着咨询业的成熟。例如,美国管理咨询工程师协会(ACME)、管理咨询顾问协会(AMC)、英国咨询社(BCB)、日本咨询工程师协会(AJCE)、法国咨询企业协会(ABE-TEX)和德国咨询协会(BDU)等。此外,还有一些地区性和全球性的国际咨询行会组织,例如,欧洲管理咨询组织联合会(FEACO)、国际咨询工程师联合会(FIDIC)和国际管理咨询协会理事会(ICMCI)。国际咨询工程师联合会创立于1913年,现有67个成员协会。2005年9月5日,国际咨询工程师联合会2005年年会在北京饭店举行,本次年会的主题是"可持续工程咨询业——全球领导作用"。国际管理咨询协会理事会(ICMCI)创建于1987年,经过二十来年的发展,ICMCI已成为国际上具有广泛影响力的咨询业组织。在联合国经社理事会(ECOSOC)的2001年会上,被承认为具有特别咨询地位的非政府组织。目前ICMCI有43个国家和地区的会员。中国企业联合会管理咨询委员会于2004年6月作为中国正式代表加入ICMCI。ICMCI第十届代表大会于2005年9月20~22日在北京召开,本次大会的主题是"面向全球咨询行业,建设伙伴关系,分享知识与最佳实践案例(Towards a Global Consulting Community, Building Partnerships, Sharing Knowledge & Best Practices)"。

1.4.2 国内咨询机构

1. 信息服务机构

国内科技信息服务机构与国外信息机构不同,不但有信息收集、加工、存储和服务的功能,而且还进行信息分析研究,提供研究报告,为科学决策服务,在一定意义上发挥了咨询机构的作用。国内科技信息服务机构开展的参考咨询和查新服务也属于咨询范畴。特别是,近年来随着服务的深化,有些国内信息服务机构以不同形式直接进入咨询市场,并占有一定地位。中国科技信息研究所下属的万方数据公司自创立以来,在深入开展咨询服务方面进行了有益探讨。

2. 软科学研究机构

软科学是指一组与现代社会的组织、管理和决策活动有关的学科体系,其研究范围包括战略研究、政策研究、规划制定、评价与预测以及科技立法等重要领域。主要机构有:国家科技部科技促进发展研究中心、中国科学院科技政策与管理科学研究所、国家教育部教育科学研究所和首都高校软科学联合研究中心等。

3. 政府决策咨询机构

该类咨询机构挂靠政府部门,主要为党政机关决策服务,其中最具代表性的是国务院发展研究中心。该中心是直属国务院的政策研究和咨询机构,主要职责是研究国民经济、社会发展和改革开放中的全局性、综合性、战略性、长期性问题,提供政策建议和咨询意见。国务院发展研究中心自创立以来以其拥有高素质的专家队伍和创造性的工作业绩而驰名,与政府部门、研究机构和企业界保持广泛联系,主办全国政策咨询信息网。

4. 咨询公司

国营咨询公司以中国国际工程咨询公司为代表,该公司成立于 1982 年 8 月,是国内最早成立的咨询组织之一,是由中央企业工委管理的国有重要骨干企业。公司是目前国内综合实力较为雄厚的大型智力服务机构,具有甲级工程咨询、监理、设计、造价和招标代理等专业资质。公司成立 20 年来,为中央政府在国家重大建设项目的决策和实施方面发挥了重要的参谋作用,共完成各类咨询项目 6 000 多项,涉及总投资 60 000 多亿元。该公司在国家工商行政管理局注册,注册资金 5.2 亿元;公司还在世界银行、亚洲开发银行、非洲开发银行登记,为我国在国际咨询工程师联合会的会员单位。主要的民营咨询公司有:新华信集团公司、长城战略研究所、北大纵横管理咨询公司和北京多星咨询公司等。

5. 中国科协和咨询协会

中国科学技术协会是我国最早开展科技咨询活动的主要协会团体,20 世纪 80 年代,中国科协成立科技咨询部,随后各省市科协系统也都建立了科技咨询服务部门,形成具有一定规模的咨询协作网络,在技术咨询方面有很大影响。我国咨询协会成立较晚,不如国外活跃,目前主要有:中国国际工程咨询协会、中国企业联合会管理咨询委员会和中国科技咨询协会等。中国科技咨询协会经国家民政部注册登记,于 2003 年 4 月正式成立。作为一个非营利性的社会团体,其主要职责是通过建立和完善协会会员的资格认证程序和会员职业行为准则,促进会员的专业化服务能力和职业信誉能力的提升,保证咨询工作的价值和有效性。通过咨询行业知识资源的建设,促进会员为各类组织的可持续发展提供专业服务。

1.5 咨询客户与咨询市场营销

咨询客户,又称咨询委托方,是具有咨询需求并与咨询机构签定咨询协议或合同的机构或个人。凡国家机关、企事业单位、科研机构、高等院校和个人(个体工商户和专业户等)提出委托咨询申请、签署咨询协议或合同并支付咨询费用,均可成为咨询客户。咨询活动是由两方面构成的,是双向交流,咨询客户的委托和咨询机构的承受,缺一不可。咨询客户是咨询活动链的起点和终点,没有客户,就没有市场,就没有咨询项目,就没有咨询机构的生存。对咨询机构来说,客户是真正的上帝。

咨询客户主要有 3 类:

1. 政府部门和公共团体

政府部门和公共团体是咨询机构的重要客户,政府采购在咨询市场中占有很大份额。许多著名思想库正是由于得到政府部门和公共团体的支持并为他们提供咨询服务而得以生存和发展的。例如,美国兰德公司一开始就是在空军的支持下创立的,早期的咨询服务集中在国家安全方面,主要为美国政府服务。自 20 世纪 60 年代开始逐渐增加国内和国际政策研究比重,但政府部门和公共团体仍然是主要客户。根据兰德公司 2004 年度财政报告,其研究收入的 72% 来自联邦政府部门,包括合同、拨款和服务费等形式。

2. 企业界

企业需求是咨询市场的原动力，企业是咨询机构的稳定客户。例如，根据2004年普兰凯特研究公司的研究报告，在全球顶级100强企业中有84个，在全球500强企业中有一多半是埃森哲公司的客户。而且许多企业是埃森哲公司的长期稳定客户，例如，在100个顶级客户中，有80多个是长达5年的客户，有50多个是长达10年以上的客户。稳定的客户基础是埃森哲公司可持续发展的保证。随着市场经济的发展，中国企业的咨询意识和需求也在不断增长。目前，国内企业大体可以分成4种情况：

(1) 尚未意识到自己有问题；
(2) 意识到自己有问题，但没有认识到问题的严重性；
(3) 意识到有问题，也认识到问题的严重性，但是没有想到要找咨询机构帮助解决；
(4) 认识到问题的严重性，而且意识到自己解决不了，需要找咨询机构帮助解决。

随着企业改革的深入和市场经济的进一步发展，国内企业对咨询的需求将持续增长。

3. 国际组织和金融机构

世界银行、亚洲开发银行、联合国开发计划署、联合国工业发展组织和联合国粮农组织等国际组织和金融机构，也是咨询机构的稳定客户。这些国际组织和金融机构一般在向发展中国家提供贷款或技术援助时，都通过招标的方式委托咨询机构进行前期可行性研究，作为是否实施项目的决策依据。

请咨询机构或咨询师帮助诊断和解决问题，实现组织发展目标，是客户提出委托的基本动机。在一定意义上，咨询委托是一种学习委托，客户希望在咨询师的帮助下，使自己的组织变成学习组织，而这也正是现代咨询的重要社会功能之一。美国内部管理咨询工程师协会前会长西塔罗(Ferdie Setaro)认为，可以把客户委托咨询的动机归纳为三种情况，即：请咨询人员为客户思考(To think for them)；请咨询人员帮助客户思考(To help them think)；请咨询人员帮助客户改进思考过程(To help them improve their thinking processes)。后两种情况就是学习委托。在现代咨询服务中，咨询的这种学习效应可能是最有价值的效应。

如何赢得客户并与客户建立稳定的合作关系，是咨询市场营销的关键所在。格林鲍姆(T. L. Greenbaum)认为，鉴于咨询服务的特殊性，描述一般市场营销组合的4P，即：产品(Product)、价格(Price)、地点(Place)和推销(Promotion)已不足以反映咨询市场营销的特性，而需要把另外5P，即：计划(Planning)、包装(Packaging)、定位(Positioning)、人员(People)和专业化(Professionalism)包括在内，形成9P咨询市场营销组合，如图11.2所示。可以把咨询市场营销组合看成一个车轮，要使车轮顺利转动，所有辐条(组合要素)都要各尽其职，密切合作，缺一不可。

1.6 咨询人员

咨询人员是咨询系统的主体要素，是咨询活动的直接承担者，咨询项目的成功与否，关键在于咨询人员的素质、能力和经验。美国咨询业在全球咨询市场中处于绝对优势地位，这与其国内的咨询人员队伍是分不开的。美国咨询业人才济济，实力雄厚，大体上由3部分人组成：其一是来自名牌大学的MBA毕业生，其二是来自相关行业有经验的专业人员，其三是政府部

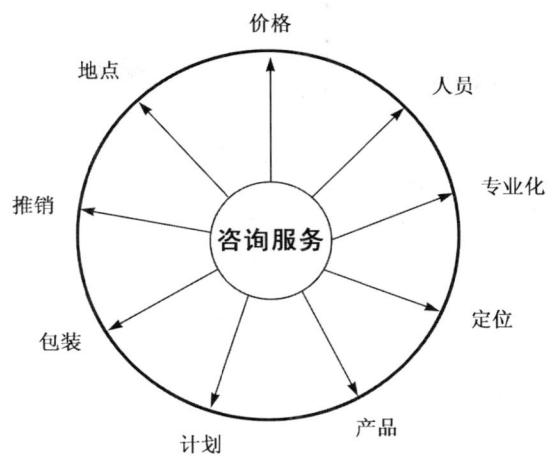

图 11.2　咨询市场营销组合

资料来源：T L Greenbaum. The consultan's Manual

门和企业界退休的管理人员。据美国普兰凯特研究公司的研究报告,美国2004年度在管理和IT领域的咨询师人数为785 000名。咨询师是令人羡慕的职业,被称为金领工作人员,对其素质要求是比较高的。一个合格的咨询人员应该具有3方面要素:其一为个人品德和专业志向;其二为咨询理论和行为科学知识;其三为咨询技能。这3方面要素也可以分别概括为基本素质、知识素质和技能素质。咨询人才可以分成两类,即通才型和专家型。两类人才的基本素质相同,但通才型的知识素质较高,而专家型的技能素质较高。两类人才在咨询服务中需要相辅相成,互相配合,咨询中的整体规划和管理职能往往由通才负责,而专业技术性活动往往由专家承担。

1.7　咨询职业道德与行为规范

咨询是一种建立在信誉基础之上的服务。没有信誉,就等于没有客户和市场,而信誉是以职业道德和行为规范为准绳的。由于文化传统和社会环境不同,各国制订的咨询职业道德与行为规范内容不尽相同,但其基本要求是共同的:要求咨询人员公正;具有称职的业务能力;尊重客户利益;保守客户机密;不索取额外报酬;不承接没有能力完成的项目;不做与咨询师身份不相符合的事情等。为了更有效地对咨询机构和咨询人员进行规范化管理,进行资格认证和实施注册很有必要。国际管理咨询协会理事会为此提出一个关于咨询师进行认证的国际模式。该模式要求被认证的咨询人员应该具备一定学历或专业资格,而且要有三年的管理咨询经验,目前仍从事管理咨询工作。我国科技咨询业在咨询师认证和注册方面也开始启动,1996年11月北京科技咨询业协会试行注册咨询师认证及管理暂行办法。

1.8　咨询业

咨询业是二次大战后发展起来的新兴服务业,它是现代社会发展和社会分工的产物,也是咨询活动市场化和产业化的产物。咨询业具有一系列明显的特点:

其一,咨询业是智力服务产业,属于第三产业。同时,咨询业又是朝阳产业,其增长率长期保持二位数,远远高于其他产业。

其二,咨询业是高度垄断的产业。全球咨询市场有一半以上为美国咨询公司控制,特别是为少数几个垄断巨头所控制,例如,据美国普兰凯特研究公司的研究报告,2004 年全球管理咨询业年收入为 1 200 亿美元,而同年度埃森哲公司咨询收入为 151 亿美元,占该年度全球管理咨询业全部收入的 12.58%。又据研究和市场公司（Research and Markets）的研究报告,在 2002 年全球管理和营销咨询服务市场份额中,美国为 727 亿美元,英国为 69 亿美元,法国为 21 亿美元,日本为 13 亿美元,中国为 11.6 亿美元,澳大利亚为 6.8 亿美元,韩国为 4.6 亿美元。

其三,咨询业是竞争激烈的行业。一方面,一些大型咨询公司不断试图通过兼并或收购,以其拥有的资源和品牌优势,采取多元化战略,进一步垄断和控制咨询市场。另一方面,一些个体和小型咨询企业,则以其专门知识和技能,采取专业化战略,进行市场定位,为中小型客户或有特殊专业需求的客户提供服务。其余的咨询公司,由于在资源和品牌上无法与大型咨询公司竞争,在专门知识和技能上,无法与专业化咨询公司竞争,而面临的生存空间很小,要么通过收购或兼并业务互补的咨询公司走多元化发展之路,要么进行业务重组,走专业化咨询发展之路。1995 年,美国著名的电子数据系统公司（EDS,Electronic Data Systems）收购了科尔尼咨询公司（A. T. Kearney）,将业务领域扩展到 IT 技术咨询,走上了多元化发展之路。

其四,咨询业全球一体化势在必行。自 20 世纪 80 年代开始,由于经济全球一体化的发展,咨询业也不可避免地卷入全球一体化的潮流中。早在 20 世纪 50 年代,麦肯锡公司就提出了全球化战略,于 1959 年开设了它的第一个海外办事处,到 1997 年,该公司已经在 38 个国家和地区设立了 74 个分部或办事处。其他咨询公司,如安永咨询公司、德勤咨询公司、贝恩咨询公司等也都采取了类似全球化战略。在中国实行改革开放政策之后,特别是在加入 WTO 之后,众多跨国咨询机构纷纷抢滩中国,把巨大的中国市场纳入全球化轨道,另一方面,中国的少数咨询公司也开始尝试进入国外咨询市场。

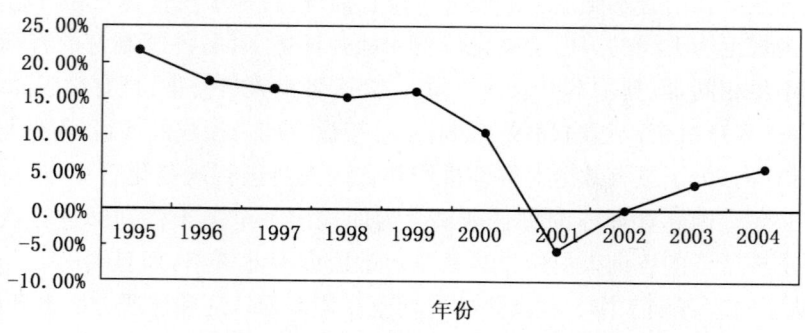

图 11.3　全球管理咨询收入增长率

资料来源：Kennedy Information Inc., Research Reports

其五,全球咨询业当前处于调整时期。进入 21 世纪后,由于全球 IT 行业出现不景气,再加上著名的安达信咨询公司陷入安然事件,出现丑闻,全球管理咨询业 30 年来第一次出现

6%的负增长(图 11.3)。根据罗兰·贝格公司的报告,过去 3 年占全球咨询业务 3/4 份额的欧美市场陷入低迷。中国是全球咨询业惟一还在增长的市场。但根据普兰凯特研究公司新近研究报告,2004 年全球咨询业出现好转,收入达 1 200 亿美元。在由现在至 2007 年期间,全球咨询业将缓慢回升,平均年增长率为 3.10%。

§2 咨询服务流程

2.1 咨询阶段与周期

咨询流程一般可以分为 5 个阶段,即:
(1)立项准备阶段,包括客户委托、初步洽谈、初步调查和提出项目建议书;
(2)立项受理阶段,包括评价建议书和签订合同;
(3)问题诊断阶段,包括咨询小组进驻现场、开始正式调研、进行问题诊断以及收集和分析数据;
(4)提出解决方案阶段,包括提出备选方案、确立评价标准、筛选评估和确定最佳方案;
(5)实施方案阶段,包括提出咨询报告、协助客户实施方案和通过验收。

咨询周期包括 8 个环节,即:客户委托、初步洽谈、初步调查、提出项目建议书、签订合同、正式调研、提出解决问题方案和提交咨询报告(客户验收)。整个咨询运作,通过项目管理实施,如图 11.4 所示。

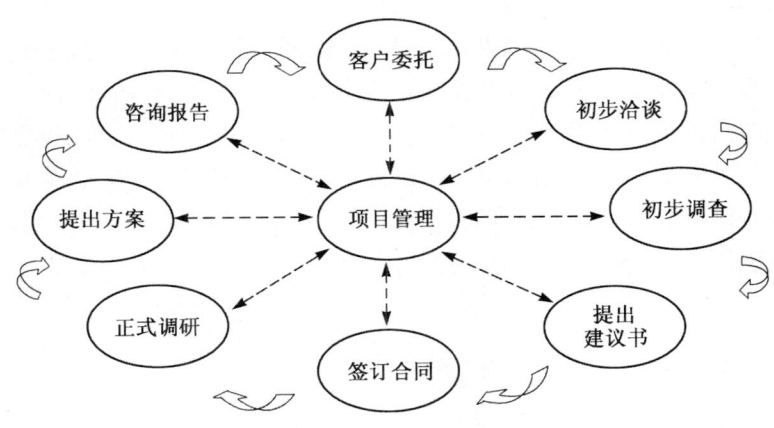

图 11.4 咨询服务周期

2.2 客户委托与预备性调查

客户委托是咨询周期的起点。咨询人员通过接待客户和初步调查,努力了解客户需求,分析项目可行性和成功关键因素,确定项目目标和范围,估计项目成本和潜在收益。在此基础上,如认为项目可行,则着手准备编写项目建议书。

2.3 编写项目建议书

咨询项目建议书是咨询机构根据客户的委托要求,经过初步调查研究,编写并向客户提供的项目计划文件,也是咨询机构与客户进一步洽谈的基础。咨询项目建议书既是开展项目工作的蓝图,又是咨询机构进行营销的工具。因此,项目建议书至少应该有3方面功能,即:清楚地说明对项目问题的理解和解决方式;是一个有说服力的销售文件;为签定合同奠定基础。在世界银行等国际金融机构的咨询项目投标中,能否中标的惟一依据就是咨询机构根据要求提交的项目建议书。项目建议书的具体形式在不同的场合可能会有所不同,但必须包括以下主要内容,即:对问题的理解、咨询方法、项目管理计划和进度、人员计划、公司资质说明和财务计划或预算。

2.4 签定咨询合同

客户在接到咨询项目建议书后,可提出修改意见,并与咨询机构进行深入洽谈,如最后达成一致,即可签定咨询合同。咨询合同是反映咨询机构和客户委托关系的法律文件,也是当双方出现争议或纠纷时进行裁决的正式依据。咨询合同形式在不同的场合会有所不同,但其主要内容一般包括:签约各方,项目名称和范围,咨询师和客户各自的责任、权利和义务,项目成果和咨询报告,收费和支出,结账和付款程序,合同终止和修订,仲裁,签字和日期。咨询项目建议书可以作为咨询合同的附件。

2.5 启动和实施项目

咨询合同签定后,特别是在客户首批支付款到达咨询机构账户后,咨询项目即宣布正式启动,并立即开展相应活动:任命项目经理,组建项目小组;确认咨询范围和内容;确认成功关键因素;确定项目经费管理办法;确定项目小组内部工作关系;确定与客户的合作方式;进驻客户现场;收集必要的信息和数据;深入进行调查研究和问题诊断。咨询人员一般通过4种方法收集信息,即:公司内部文件、个别或群体访谈、问卷调查、现场考察。为保证质量,在实施项目过程中,要切实做好以下工作:严格执行项目计划;控制成功关键因素;进行项目管理;控制费用开支;及时通报项目进展,加强项目小组与总部和客户的联系;重视客户反馈意见,注意客户新的需求。

2.6 提出解决方案

咨询人员在对问题进行诊断的基础上,要针对问题的性质和内在原因提出解决方案。解决方案来自咨询人员的知识、经验和创造性思维,其具体步骤为:明确方案目标、确定方案标准、制订备选方案、比较备选方案、评估方案风险、选择可行最佳方案。在提出解决方案的过程中,应广泛听取客户意见,并争取客户的参与和同意。在方案确定后,要对客户相关人员进行培训,做好实施方案准备工作。方案实施一般以客户为主,咨询人员负责指导和对方案进行必要修改。

2.7 提交咨询报告

咨询报告是咨询活动的主要成果和验收依据,咨询报告的制作、提交和验收要按照咨询合同要求进行。咨询报告一般应包括四个部分,即:题目,应能体现咨询项目的主题;前言,概述项目背景情况;正文,包括咨询方法、咨询过程和咨询成果等内容;结束语,包括主要结论、基本评价和尚未解决的遗留问题等。咨询报告要与一般的学术报告有所区别,要深入浅出,图文并茂。要具有可读性,理论性不宜太强。咨询报告具有一定机密性,要妥善保管,不得随意散发。咨询报告要在征求客户意见的基础上认真修改定稿,并在项目验收会上正式发布。

2.8 项目验收

咨询人员向客户正式发布咨询报告,做好项目验收和收尾工作,包括:最后结账;文件交接;评价客户满意度;落实后续工作;探讨或落实与客户可能合作的新项目;撤出客户现场,结束项目。同时,咨询人员还要按照咨询公司总部的要求,提交项目总结报告,统一存档,或纳入咨询公司的知识管理系统。应该指出,很多咨询项目由于客户关系处理得好,项目往往越做越大,项目第一阶段的结束,并不是真正的结束,而是意味着第二阶段的开始。

2.9 国际金融机构咨询项目竞标程序

世界银行和亚洲发展银行等国际金融机构的咨询项目往往采取一定招标方式,选聘咨询机构或咨询人员。其具体程序是:

(1)首先由主办咨询项目的国际金融机构在网上发布咨询项目有关信息并确定项目任务大纲(TOR:Terms of Reference);

(2)主办国际金融机构从所建的咨询机构和专家数据库中筛选出符合条件的咨询公司短名单;

(3)主办国际金融机构连同项目任务大纲一起向短名单中的咨询公司发出邀标函;

(4)如果咨询公司接受邀标,则根据项目任务大纲要求编写项目建议书,然后按照规定,及时提交给主办国际金融机构;

(5)主办国际金融机构组织评审委员会,按照一定程序对收到的项目建议书进行评审和打分,得分最高的即为中标者;

(6)主办国际金融机构与选中的咨询公司洽谈并签定合同;

(7)中标咨询公司按照合同要求启动咨询项目。

§3 咨询方法

3.1 咨询方法的理论基础与体系

现代咨询是一种创造性的科学劳动,应该遵循一定的科学方法。如图 11.5 所示,咨询方法论的框架体系包括哲学方法、逻辑方法和学科方法。而学科方法包括一般研究方法和咨询专业方法两类。咨询专业方法又包括诊断问题方法和解决问题方法两个方面。咨询方法的特点是：以诊断问题和解决问题作为基本出发点；以定性和定量相结合作为基本手段；以结构化推理作为基本框架；以批判思维(Critical Thinking)和创新思维(Creative Thinking)作为基本思路；以综合性、专业性、社会性和创新性作为基本特征。咨询方法基本来自两个方面，一是借鉴管理科学、系统科学、信息科学、行为科学和社会科学等相关学科。二是在咨询实践中总结和创造出来的，不少著名咨询机构和咨询专家对此都有重大贡献。

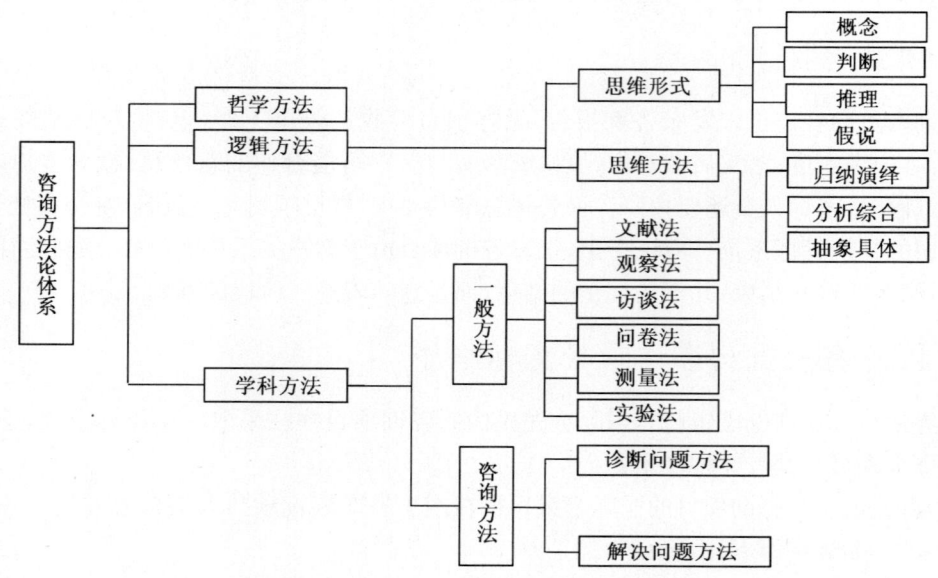

图 11.5　咨询方法论体系

3.2　咨询方法是解决问题的工具

咨询在本质上，就是帮助客户解决问题。麦肯锡的一位员工说过："麦肯锡的存在就是为了解决企业问题。解决问题不是你在麦肯锡要做一件事情，它是你在麦肯锡要做事情的全部。"本质上，咨询方法就是诊断和解决问题的工具。那么，什么是问题呢？

从咨询的角度看，问题是现实情况与计划目标或理想状态之间的差距以及产生该差距的原因。如图 11.6 所示，一项计划在实施过程中，由于某种原因(问题实质)产生改变，使实施过程偏离了既定目标(问题表象)，出现问题。咨询人员的责任就是调查现实情况与计划目标之间的偏离状况，收集必要数据，分析问题表象，进行深入挖掘，找出产生偏离的原因，把握问题实质。这个过程叫做诊断，与医生给病人看病一样。咨询人员在诊断的基础上，利用知识和智慧，针对性地提出解决问题方案，并帮助客户实施方案，克服偏离，使现实情况与既定目标一致。这个过程叫做解决问题，与医生给病人开处方，使病人康复一样。咨询活动主要内容就是诊断问题和解决问题。因此，咨询方法也不外乎两大类，即：诊断问题方法和解决问题方法。前者包括：结构化分析框架方法、系统分析方法、SWOT 分析方法、因果分析法、波士顿咨询集团市场分析矩阵、核心能力与成功关键要素分析法、价值链分析方法、财务报表分析等。后者包括：头脑风暴法、决策表和决策树法、网络规划法和线性规划法等。当然，这是大致分类，有些方法，例如，系统分析方法，既是诊断问题方法，又是解决问题方法。

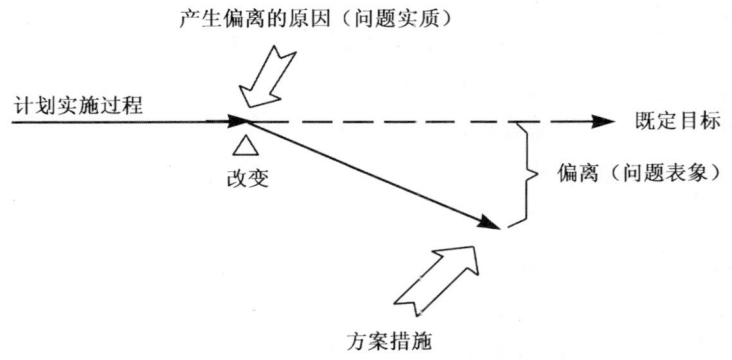

图 11.6　诊断和解决问题示意图

3.3　结构化分析框架方法

结构化分析框架(the structured analytical framework)是一种把思路条理化并把问题限定在一定范围内，进行深入分析探讨的结构化思维方式，是咨询人员必须具备的诊断和解决问题的基本方法。利用这种方法，咨询人员能够很快把摆在桌子上的基本数据和原始材料纳入一个有条理的框架，并把自己的思维集中在问题的"驱动因素"上，朝着解决问题的方向努力。如同照相一样，先要确定好取景框，然后才能聚焦和拍摄。也像不同的取景框会产生不同的照相效果一样，不同的分析框架也会导致不同的决策结果。

分析框架的结构和内容取决于决策目标，要包括基本的决策内容要素，如界定的问题范围、判断标准、参考坐标、内部条件、外部环境等。结构化分析框架的基本要求是：目标明确、逻辑清楚、重点突出、层次分明、内容简洁、可操作性强。

结构化分析框架方法的基本步骤是：

(1) 确定分析主题和范围；

(2) 建立结构化分析框架；

(3) 利用结构化框架进行分析；

(4) 提出解决问题建议。

案例：M咨询公司利用结构化分析框架案例

明星公司是美国一家大型电子消费品制造公司，也是M咨询公司的长期客户。明星公司最近面临一个对智乐公司进行投资的机会，智乐公司是一家网络游戏软件开发企业。为了抓住机遇，及时做出正确判断，明星公司特意委托M咨询公司尽快提供一个关于上述投资机会的初步评价和建议，以便决定是否值得进一步开展该项投资工作。明星公司老总希望第2天下午同M咨询公司代表见面，要求后者在会面时能有一个满意的答复。鉴于时间紧迫，M咨询公司总经理指定咨询专家马丁博士对上述问题尽快进行调查研究，并提出一个初步建议。总经理要求马丁博士次日下午1时45分一同前往与客户见面，并在路上听取汇报。

到目前为止，马丁博士对问题的了解几乎是一片空白，那么，在如此紧迫的情况下，如何快速形成解决问题思路呢？他决定采用结构化分析框架方法，寻求答案。为此，马丁博士采取了以下步骤：

步骤1：确定分析主题和范围

主题：明星公司对智乐公司进行投资的初步可行性研究

完成期限：1天

框架范围：智乐公司及网络游戏软件行业的相关市场

步骤2：建立结构化分析框架

行业背景

  游戏软件行业的规模有多大？

  网络游戏软件行业的增长速度有多快？

  影响今后网络游戏软件行业增长速度的主要因素是什么？

客户状况

  在网络游戏软件市场中有哪些关键客户细分市场？

  哪些关键客户细分市场是最盈利的？

  谁是智乐公司现在的客户？

  谁是智乐公司的目标客户？

竞争环境

  在网络游戏软件市场中谁是主要角色？

  谁可能是该市场的新进入者？

内部能力

  智乐公司网络游戏软件的运行平台是什么？

  何种平台将主导未来？

步骤3：利用结构化框架进行分析

① 针对分析框架中行业背景方面的问题，马丁博士从研究中了解到：

● 网络游戏软件行业的规模比较大；

● 网络游戏软件市场增长很快；

● 网络游戏软件行业正面临结构化改造。

因此，马丁博士认为目前是进入该市场的合适时机。

② 针对分析框架中客户状况方面的问题，马丁博士从研究中了解到：

● "F"细分市场是最赢利的；

● 智乐公司参与的教育娱乐细分市场（"E"）在收入和客户基础方面都较小，但比"S"细分市场赢利稍多；

● 智乐公司目前的市场定位（即教育娱乐）在该行业中不是最有吸引力的；

● 智乐公司既没有大规模的，也没有忠实的客户基础。

③ 针对分析框架中竞争环境方面的问题，马丁博士从研究中了解到：

● 在网络游戏软件市场中大多数开发商都依靠大公司的经济实力，预计智乐公司将从明星公司的投资中受益；

● 互联网技术将对网络游戏软件市场产生巨大影响，与该技术有关的企业有可能成为该市场的新进入者。

④ 针对分析框架中内部能力方面的问题，马丁博士从研究中了解到：

● 智乐公司在开发基于互联网的网络游戏软件方面没有经验。

步骤 4：提出建议

马丁博士根据上述结构化分析框架，很快理清思路，围绕主要问题进行了迅速而有效的调查和分析研究，得出了以下结论和建议：

网络游戏软件开发行业值得关注；

智乐公司在该行业不具备有利竞争地位；

如果明星公司对智乐公司进行投资，后者将收益很大；

智乐公司并不是明星公司进行投资的理想对象。

马丁博士在时间紧迫的情况下，采用结构化分析框架方法，按时完成了任务，M 咨询公司总经理和客户对他的初步判断和建议感到满意。

3.4 系统分析方法

系统分析是咨询研究的基本方法，该方法把咨询项目看作系统工程，通过系统目标分析、系统要素分析、系统环境分析、系统资源分析和系统管理分析，深入诊断问题，有针对性地提出解决方案。

系统分析方法的具体步骤是：

(1) 限定问题：明确问题的本质和特性、问题存在范围和影响程度、问题产生的时间和环境、问题的症状和原因等。

(2) 确定目标：系统分析目标要根据客户的要求和对问题的理解加以确定，如有可能应尽量通过指标表示，以便进行定性和定量分析。

(3) 调查研究和收集数据：调查研究和收集数据应围绕问题起因进行，一方面要验证在限定问题阶段形成的假设，另一方面要深入探讨产生问题的内在原因，为下一步提出解决方案做准备。

(4) 提出方案和评价标准：备选方案是可供选择的解决问题思路或设计，是深入调查研究和创新思维的结果，也是咨询团队集体智慧的结晶。同时，为了对备选方案进行评估和筛选，要提出相应的评价标准和约束条件，建立适当模型。

(5) 备选方案评估：根据上述评价标准和约束条件，或利用适当模型，对备选方案进行评估和筛选。评估小组应该有代表性，除咨询项目组成员外，还要吸收客户代表参加。根据评估结果，确定可行方案。

(6) 提出可行方案：可行方案并不一定是最佳方案，它是在约束条件之内，根据评价标准或利用适当模型筛选出的最现实可行的方案。最终方案应得到客户的同意和认可。

系统分析方法的具体环节如图 11.7 所示。

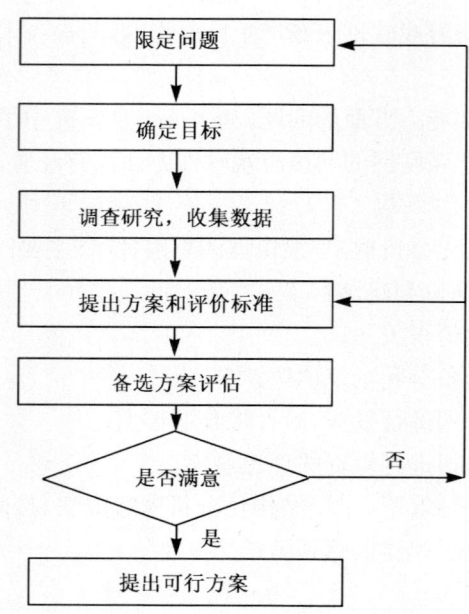

图 11.7 系统分析流程

案例:某锻造厂改造案例

某锻造厂是以生产解放、东风等汽车后半轴为主的乡镇企业,年生产能力 1.8 万根,年产值 130 万元。半轴生产工艺包括锻造、热处理、机加工和喷漆等 23 道工序。前几年对个别设备进行了更新,但效果不明显。厂领导急于提高生产能力,便委托 B 咨询公司进行咨询。咨询目的是如何进行改造,尽快提高生产能力? B 咨询公司在咨询中采用了系统分析方法,对组成生产系统的 23 道工序进行了深入分析和现场调查研究。

B 咨询公司通过现场调查发现问题的症结是,在半轴生产 23 道工序中,生产能力严重失调,机加工和热处理等后道工序生产能力大大超过前道锻造工序,造成前道工序成为"瓶颈",使整体生产能力难于提高。所以,如何提高锻造设备能力是需要解决的核心问题,也是改造方案的出发点。

B 咨询公司在深入现场调查的基础上,提出 4 个改造备选方案,即:

方案一:用轧制机代替原有夹板锤;

方案二:用轧制机和碾压机代替原有夹板锤和空气锤;

方案三:增加一台空气锤;

方案四:上平锻机。

接下来,B 咨询公司通过对该锻造厂财务状况、技术水平和电力供应能力的调查,确定了该锻造厂改造方案的评价指标和约束条件。约束条件是:

① 投资不能超过 20 万元;

② 方案要与该厂目前技术条件相适应,便于维护;

③ 耗电量要低;

④ 建设周期要短,回收期要快。

然后,B 咨询公司组织评价小组,按照评价指标对备选方案进行了评价和筛选。评价小组指出,方案四可使年产量大幅增加到 10 万根,能够根本改变生产工艺,但需投资 130 万元,技术难度大,超出约束条件,目前不可行,因此,该方案应予以放弃,不参加优选。对其余 3 个方案按照评价指标打分,评价结果是,方案三,即增加一台空气锤,得分最高,最为可行。经客户认可,该方案最终作为改造实施方案。通过该方案的实施,在短时间内有效地提高了该厂整体生产能力,达到预期目的。

3.5　SWOT 分析方法

SWOT 分析法又称作态势分析法,也是一种结构化的分析方法。最早是由美国哈佛商学院的安德鲁斯教授在 20 世纪 60 年代初提出来的,自形成以来,广泛应用于战略研究与宏观决策,成为咨询服务常用的重要分析工具。

所谓 SWOT 分析,就是将与研究对象密切相关的内部优势因素(Strengths)、内部劣势因素(Weaknesses)、外部机会因素(Opportunities)和外部威胁因素(Threats),通过调查研究一一整理出来,并依照一定的次序按矩阵形式排列,然后把各种因素相互匹配起来加以综合比较分析,并在分析的基础上,提出相应的发展战略和对策思路。

SWOT 四个英文字母分别代表:优势(Strength)、劣势(Weakness)、机会(Opportunity)和威胁(Threat)。

(1)优势(S)是指一个公司超越其竞争对手的能力,或者指公司所特有的能提高公司竞争力的关键成功要素。优势可以是以下几个方面:

● 技术技能优势:独特的生产技术,低成本生产方法,领先的革新能力,雄厚的技术实力,完善的质量控制体系,丰富的营销经验,上乘的客户服务,卓越的大规模采购技能;

● 有形资产优势:先进的生产流水线,现代化车间和设备,丰富的自然资源储存,吸引人的不动产地点,充足的资金,完备的资料信息;

● 无形资产优势:优秀的品牌形象,良好的商业信用,积极进取的公司文化;

● 人力资源优势:拥有专长的研究开发人员,积极进取的员工,很强的组织学习能力,丰富的经验;

● 组织体系优势:高质量的控制体系,完善的信息管理系统,忠诚的客户群体,强大的融资能力;

● 竞争能力优势:产品开发周期短,强大的经销商网络,与供应商良好的伙伴关系,对市场环境变化的灵敏反应,市场份额的领导地位。

(2)劣势(W)是指某种公司缺少或会使公司处于劣势的条件。可能导致内部弱势的因素有:

● 缺乏具有竞争意义的技能技术;

● 缺乏有竞争力的有形资产、无形资产、人力资源、组织资产;

● 关键领域里的竞争能力正在丧失。

(3)公司面临的潜在机会(O)是指影响公司战略并可使公司获得竞争优势的潜在时机和

因素。潜在的发展机会可能是：
- 客户群体的扩大趋势或产品细分市场；
- 技能技术向新产品新业务转移，为更大客户群体服务；
- 前向或后向整合；
- 市场进入壁垒降低；
- 获得购并竞争对手的能力；
- 市场需求增长强劲，可快速扩张；
- 出现向其他地理区域扩张，扩大市场份额的机会。

(4) 危及公司的外部威胁(T)是指在公司外部环境中对公司的盈利能力和竞争地位构成威胁的因素。公司的外部威胁可能是：
- 出现将进入市场的强大的新竞争对手；
- 替代品抢占公司销售额；
- 主要产品市场增长率下降；
- 汇率和外贸政策的不利变动；
- 人口特征和社会消费方式的不利变动；
- 客户或供应商的谈判能力提高；
- 市场需求减少；
- 容易受到经济萧条和业务周期的冲击。

进行 SWOT 分析的具体步骤是：

① 进行企业外部环境分析，列出环境中的机会(O)和威胁(T)因素。

② 进行企业内部能力分析，列出目前企业的优势(S)和劣势(W)因素。

③ 以环境中的机会和威胁为一方，企业内部能力中的优势和劣势为一方，绘制 SWOT 二维矩阵。

进行组合分析，将优势、劣势与机会、威胁配对组合，形成 SO、ST、WO、WT 战略。

SO 战略：利用企业内部优势去抓住外部机会；

WO 战略：利用外部机会改进内部劣势；

ST 战略：利用企业的优势去避免或减轻外部威胁；

WT 战略：直接克服内部劣势和避免外部威胁。

按照扬长避短的原则，使优势和机会最大化，使劣势和威胁最小化，确定企业目前应该采取的具体战略与策略思路，作为制订发展战略、计划和对策的参考。

SWOT 方法的特点是：简便易行，具有结构性和系统性。首先在形式上，通过构造 SWOT 结构矩阵，并对矩阵的不同区域赋予不同分析意义，使分析过程结构化；其次在内容上，SWOT 分析法的基本原理是从系统观点出发，对企业的外部环境和内部资源进行综合系统分析，可避免片面性，使分析过程系统化。再次，SWOT 方法比较直观、简单易用，即使在没有精确的数据支持和更专业化的分析工具情况下，也可以得出有说服力的结论。但是，正是由于这种直观和简单，使得 SWOT 分析不可避免地带有精度不够的缺陷。它采用定性方法，通过罗列 S、W、O、T 的各种态势，形成一种宏观的企业竞争态势描述。以此为依据做出的判断，不免带有一定程度的主观性。所以,在使用SWOT方法时要注意方法的局限性,在罗列作为判断依据的事实时,要尽量真实、客观、准确,并掌握一定的定量数据,弥补SWOT定性分析的不足。而且,如有可能,最好能与其他方法,如价值链分析方法等,联合应用,效果会更好一些。

案例:某家电公司SWOT分析

国内某家电公司是一家生产电视机的龙头企业。为制订该企业的发展战略,咨询人员在深入调查研究的基础上,采用SWOT方法进行了分析诊断,表11.1为分析结果。

表11.1 某家电公司SWOT分析

企业内部因素＼策略＼企业外部因素	内部优势(S): 技术队伍有实力 占有较大的市场份额 知名品牌 在行业中具有领导地位 劳动力成本低 在国际市场上占有一定的市场份额	内部劣势(W): 巨额应收账款的困扰 产业结构单一 技术储备不足 资本运作水平不高
外部机遇(O): 数字电视有很好的市场前景,而且盈利空间较大 中国加入WTO后,面临广阔的国际市场	优势＋机遇(SO策略): 重点开展数字电视高端产品的研发和生产,寻求新的利润增长点 利用品牌优势,巩固和不断扩大国内市场份额 利用成本优势,开拓国际市场 (S_1,S_3,S_5,O_1,O_2)	劣势＋机遇(WO策略): 开发数字电视新产品,改变产业结构单一状况 提高资本运作水平,打入国际市场 改善产品结构,抓住市场机遇,不断提高利润 (W_2,W_4,O_1,O_2)
外部威胁(T): 国内厂家的激烈竞争 原材料价格上涨 国际市场的反倾销	优势＋威胁(ST策略): 加强新技术的研发 加强成本管理,降低物流成本,控制整机成本,抵消原材料价格上涨因素 加强知识产权以及国际贸易方面的执行能力,规避风险 (S_1,S_3,T_2,T_3)	劣势＋威胁(WT策略): 加强营销管理,应对国内市场的激烈竞争 与国外厂商合资,掌握技术优先权,同时加强自身技术储备 (W_1,T_1,T_3)

根据上述SWOT分析结果,咨询人员认为该家电公司的发展战略应该基于以下思路:

① 重点开展数字电视高端产品的研发和生产,改变产业结构单一状况,寻求新的利润增长点。

② 加强营销管理,利用品牌优势,应对国内市场的激烈竞争,巩固和不断扩大国内市场份额。

③ 加强新技术研发和成本管理,降低物流成本,控制整机成本,抵消原材料价格上涨因素。

④ 利用成本优势,与国外厂商合作,开拓国际市场。同时,加强知识产权以及国际贸易方

面的执行能力,规避风险。

3.6 鱼骨分析法

鱼骨分析法也叫因果分析法,是由日本管理大师石川馨先生首先提出来的,故又名石川图,是咨询人员经常采用的梳理问题的方法,可用于产品质量分析、关键要素分析和企业战略分析等广泛领域。其特点是简洁实用,比较直观。鱼骨分析法的具体步骤是:

(1)确定需要进行因果分析的实际问题;

(2)围绕实际问题进行深入调查和诊断,收集数据,挖掘与问题相关的主要因素和次要因素;

(3)绘制鱼骨图,把需要解决的实际问题作为鱼头,把与问题相关的主要方面作为骨干鱼刺,把与问题相关的主要因素作为大鱼刺,把与问题相关的具体因素作为小鱼刺。

(4)根据鱼骨图,进行因果分析,梳理问题,探讨内在的因果关系,确定产生问题的主要原因,并提出针对性解决问题方案。

案例:某炼油厂市场营销鱼骨分析

图11.8为咨询人员对国内某炼油厂进行鱼骨分析的鱼骨图。图中右侧"鱼头"代表需要解决的问题,即该炼油厂生产的油品在市场中所占份额少,市场被进口油品垄断,如何应对? 咨询人员深入现场调查,对问题进行诊断。结果发现,可以把产生上述问题的原因归结为5个方面,即:人员、渠道、竞争、广告和其他,如鱼骨图中5条骨干鱼刺所示。直接与骨干鱼刺相连的是大鱼刺,代表与问题相关的主要因素,如:缺少营销人才,销售渠道不畅,进口油抢占市场,无形投资少,客户偏好等。每根大鱼刺与若干小鱼刺相连,代表与问题相关的具体因素,如:销售点少,小包装少等。

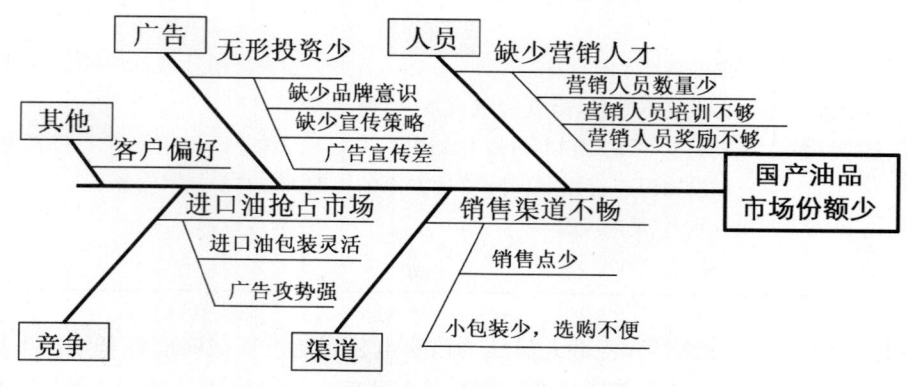

图11.8 某炼油厂市场营销鱼骨分析

咨询人员按照鱼骨图的脉络,对问题进行了梳理。并根据现场调查的实际数据,分析各主要因素在产生问题过程中所起作用的比重。结果发现,缺少营销人才和销售渠道不畅,是使该炼油厂生产的油品在市场中所占份额少的最主要原因,在有限的条件下,根据"20:80"理论,只要针对这两个最主要原因采取有力措施,就可能解决大部分问题,很快扭转局面。于是,咨询人员提出了有关增加和培训营销人员,进一步开拓销售渠道的具体方案,帮助该炼油厂迅速提升了市场地位。

3.7 波士顿咨询集团市场分析矩阵

波士顿咨询集团市场分析矩阵(简称波士顿矩阵)是美国波士顿咨询集团(BCG，Boston Consulting Group)在1960年为一家客户做咨询时提出的一种有助于多元化公司进行战略制订的有效工具，它通过市场增长率——市场占有率矩阵模型，评估企业产品在市场中所处的地位和态势，进而提出对企业投资和产品组合的改进战略，提高市场竞争地位。图11.9的纵坐标为市场增长率，指企业产品前后两年市场销售额增长的百分比，反映企业产品在市场中的吸引力，一般认为超过10%即为高增长率。横坐标为相对市场占有率，采用对数标度，表示企业产品与市场中最大竞争对手相应产品的市场份额之比，反映企业在市场中的竞争地位。相对市场占有率以1.0划界，划分高低两个区域。如果相对市场占有率为0.1，则表示该企业对应产品的销售额仅为其最大竞争对手销售额的10%。如果相对市场占有率为10，则表示该企业产品是市场的主宰者，其销售额是市场中次强者的10倍。图中8个圆圈代表某企业8种产品的当前规模和市场地位，每种产品的具体位置由各自的市场增长率和市场占有率决定。

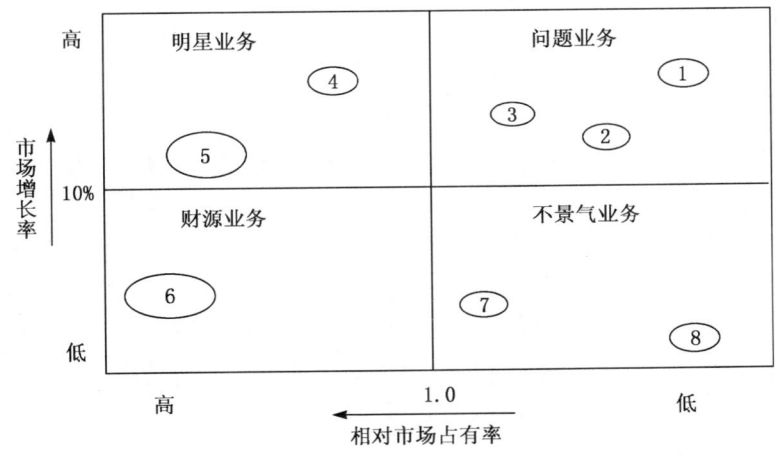

图11.9 波士顿咨询集团市场分析矩阵

资料来源：Boston Consulting Group. The Growth-Share Matrie

波士顿矩阵由4个区域组成，每一区域代表不同类型的业务领域，咨询人员或决策者可以根据产品在其中的分布，研究分析企业的产品开发和经营战略：

(1)问题业务：该类业务具有高市场增长率和低市场占有率，通常处于最差的现金流量状态。对问题业务一般要加大投资力度，促使其向明星业务转化。但进一步投资需要进行分析，判断增加其市场占有率，使其转化为明星业务所需要的投资量，以及分析其未来盈利的可能性，研究决定是否值得投资。如果问题业务得不到足够的投资和扶持，其市场增长率将会下降而变成为不景气业务。

(2)明星业务：如果问题业务经过大力投资和扶持，就会变成为明星业务。该类业务具有高市场增长率和高市场占有率，具有良好的获利和增长的长期机会，是企业未来的主要财源。

为了保护和扩展明星业务的主导地位，企业应该在短期内优先供给其所需资源，支持其继续发展。如果企业缺少明星业务，就应该及时调整策略，加大对问题业务的投资和扶持力度，促其尽快转化。

（3）财源业务：随着产品生命周期的过渡，明星业务进入成熟期，市场增长率逐渐降低，如果低于10%，则进入财源业务领域，即具有低市场增长率和高市场占有率的领域。财源业务盈利率高，本身不需要投资，是企业主要的利润来源，也是企业用于扶持问题业务和支持明星业务的主要资金提供者。

（4）不景气业务：该类业务的市场增长率和市场占有率都很低，大多利润微薄，甚至亏损，不能成为企业资金来源。如果这类业务还能自我维持，则应缩小经营范围，加强内部管理。如果这类业务已经严重亏损，则应及早采取措施，清理业务或退出经营。如果这类业务数量过多，则说明企业产品组合和经营战略有严重问题，需要尽快调整和解决。

波士顿矩阵是综合性战略分析工具，既可用于生产企业，也可用于流通企业。既可用于产品或服务组合分析，也可用于经营战略决策。另一方面，波士顿矩阵是一种动态模型，四个业务领域的构成和分布，随着时间和空间的变化而变化。咨询人员和决策人员应该跟踪变化，通过模型不仅了解现在，还要分析过去，预测未来，为咨询决策提供依据。

案例：大地食品公司产品结构初步诊断

大地食品公司是一家脱胎于国有企业的新公司，产品种类多，销量大，但利润率很低。大地公司全部系列产品将近70种，而利润销量比却很小（销量5亿元，毛利只有50万元）。新来的杜总经理面对的问题很多，他必须着手解决长期存在的高成本低利润的严重问题，并尽快决定要不要上冷冻食品项目。

面对如此困境，从何处入手呢？杜总经理决定借助外脑，委托M咨询公司帮助诊断并提出解决问题的建议。M咨询公司在接受委托之后，很快进入现场进行调查。通过初步调查，M咨询公司认识到，要解决长期存在的高成本低利润的症结问题，首先要弄清大地食品公司的产品结构。在近70种产品中，必须分清有多少赢利，有多少亏损，哪些产品前景广阔，哪些产品会逐步淘汰。这项工作量很大，但能有助于弄清楚，为什么公司的利润如此之低，哪些产品有潜力，哪些要放弃。进而改变目前大而全，成本高的产品现状。

M咨询公司采用"波士顿模型"，将大地食品公司的业务组合分成"财源业务"、"明星业务"、"问题业务"和"不景气业务"四类。按照该模型，对各类饼干、方便面、软饮料、糖果、调味品和奶制品等产品进行了归类。按上述划分后，根据保护"财源业务"、发展"明星业务"、清理"不景气业务"和扶持"问题业务"的基本策略思路，明确市场定位，将资金与设备投入有市场前景的产品。把握业务组合，加以协调，形成良性循环，保证销售与利润稳定地增长。并在此基础上提出初步诊断报告。

M咨询公司在初步诊断报告中建议，大地食品公司要根据上述分析重新规划产品结构，这是扭转利润销量比失衡的关键。对于前景广阔，但利润较薄的产品，应分析成本高在什么地方，在当前的情况下，可以考虑后向一体化，也就是纵向发展，自己提供原材料。同时也可以考虑借机调整开工不足的闲置的生产能力，使一部分下属分厂转向产品原材料的生产，优化整体生产结构。杜总经理接受M咨询公司的建议，并在M咨询公司的进一步帮助下，采取了相应措施，很快打开了局面。

3.8 企业核心能力与成功关键要素分析法

3.8.1 企业核心能力

"企业核心能力"这一术语首次出现在1990年，由美国经济学家普拉哈拉德(C. K. Prahalad)和哈默(Gary Hamel)在《哈佛商业评论》(Harvard Business Review, Vol. 68, No. 3: 79~91)上发表的《企业核心能力》(The core competence of the corporation)一文中提出的，他们指出："核心能力是在一组织内部经过整合了的知识和技能，是企业在经营过程中形成的不易被竞争对手效仿的能带来超额利润的独特能力。"

企业核心能力是企业实施发展战略和实现发展目标并影响企业长期竞争优势的基本能力，主要包括4个方面，即：资源(Resources)，技能(Skills)，竞争能力(Competitive Capability)，综合能力(Meta-capability)。核心能力的具体构成是：洞察、预见和抓住机遇能力，战略企划能力，由技术创新引导市场的能力，融资及理财能力，独特的运作能力，市场营销能力，品牌与企业形象，政治及社会资源等。例如，家电企业的核心能力可能来源于以下3个方面：A. 针对目标客户的新产品开发能力(可以用新产品的技术、性能等方面的领先程度、新产品的数量和推出的速度等来衡量)；B. 确保基本质量前提下的成本领先能力(主要看产销规模和整体管理水平)；C. 营销、分销、服务和管理客户的能力(主要看分销网络、服务水平、客户信息管理能力和品牌在客户心中的地位)。

企业核心能力基本特征是：

(1)它能够创造客户价值；

(2)它是企业长期经营和积累的结果，难以被迅速模仿；

(3)它可以广泛地加以利用；

(4)处于不同产业和不同竞争地位的企业，其核心能力可能大不一样；

(5)核心能力是不断变化的，没有永恒的核心能力，因为产业竞争环境在变，对手也可能逐步学会过去所不会的东西。对于一个企业来说，重要的是不断地学习、不断地塑造自己的核心能力。

3.8.2 成功关键要素

成功关键要素(Success Key Factors)是指影响企业或者其产品在行业中地位的条件、措施或者策略等关键因素。企业要想在竞争中取得有利地位，营造和确定自身成功关键要素十分重要。确定成功的关键要素应该注意几个问题：

(1)成功关键要素具有特指性。不同的行业，不同的企业，不同的产品或者不同的项目，都有各自成功的关键要素；

(2)成功关键要素是动态的，各成功关键要素之间可以相互影响和相互作用；

(3)核心能力与成功关键要素具有内在联系，成功关键要素对核心能力具有支持和驱动作用。

3.8.3 分析步骤

(1) 进行深入调查研究,从全行业出发,确定企业在行业中的地位和核心能力,及其相关的成功关键要素;

(2) 与竞争对手进行比较,分析企业核心能力及其相关成功关键要素的特点和消长态势;

(3) 探讨企业核心能力及其相关成功关键要素消长态势与企业存在问题的内在联系,找出产生问题的症结所在;

(4) 在问题诊断的基础上,提出问题解决方案,以便保证相关成功关键要素的落实,切实提升企业核心能力。

案例:某食品公司核心能力与关键成功要素分析

某食品公司是一家生产多种食品的国有企业,所生产的食品具有一定品牌,深受用户欢迎,但由于生产能力限制,产量不高,市场份额不大,与竞争对手有一定差距。如何增加食品产量,尽快缩小与竞争对手差距?公司决定请咨询人员帮助诊断并提出改进方案。咨询人员在诊断过程中采用核心能力与关键成功要素法进行分析,结果如图11.10所示。

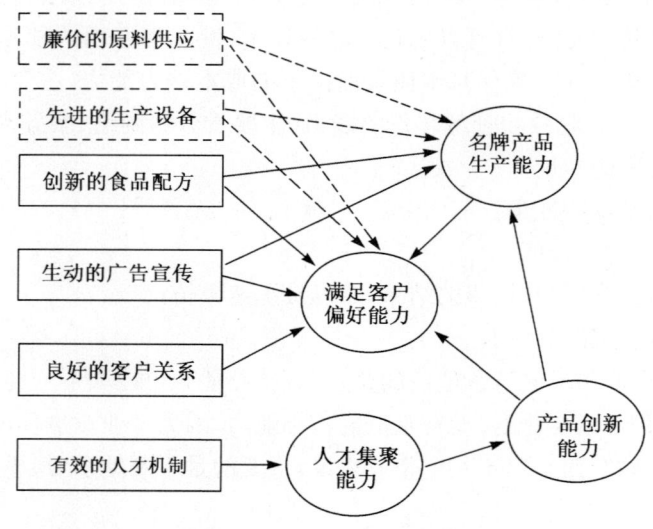

图 11.10 某食品公司核心能力与关键成功要素

由图11.10可见,某食品公司的核心能力主要是满足客户偏好能力,其次是人才集聚能力、产品创新能力和名牌产品生产能力。支持核心能力的关键成功要素是:创新的食品配方、生动的广告宣传、良好的客户关系和有效的人才机制。这些关键成功要素保证了核心能力的发挥。此外,咨询人员通过与竞争对手进行比较分析发现,本企业缺少竞争对手具有的与核心能力密切相关的某些关键成功要素,例如,廉价的原料供应和先进的生产设备(图中用虚线表示)。目前原料成本偏高,原料来源不稳定。有些生产设备比较陈旧,不配套,需要更新换代。实际上,正是由于这些关键成功要素的缺位,限制了公司核心能力的充分发挥,造成产量不高,市场份额不大,影响了竞争优势。因此,解决某食品公司当前困境的基本思路是:继续维持和加强现有的关键成功要素,同时,要开辟廉价原料供应来源,更新改造生产设备,使缺少的关键成功要素尽快到位。

3.9 价值链分析方法

3.9.1 企业价值链基本概念

企业价值链是企业为客户创造价值所进行的一系列经济活动的总称。企业价值链上的活动都是为满足客户需求服务的,分为基本活动和支持活动。基本活动是指一般意义上的生产经营活动,包括原料供应、生产制造、成品储运、市场销售和售后服务等,与产品的实体流转直接相关。支持活动是辅助性活动,包括企业基础设施、人力资源管理、技术开发和采购管理等。在企业价值链中,价值的概念对客户而言,指产品的使用价值。价值的概念对企业而言,指产品能为企业带来销售收入的特性,其数量表现就是客户支付的价款。

不同行业的企业价值链是不相同的。即使同一行业内的不同企业,价值链也是不同的,每个企业的价值链具有与其竞争对手不一样的竞争优势。价值链分析是企业现代管理的工具,旨在找出企业最基本的价值链,区分增值活动与非增值活动,探索提高增值活动效率和降低生产成本的途径。具体可以分为企业自身价值链分析、行业价值链分析和竞争对手价值链分析3种。通过对企业价值链的分析,可以诊断出企业的优势和劣势,以及存在问题之所在。在此基础上通过实施相应战略,对企业价值链进行适当调整和优化,可以强化企业优势,克服劣势,进一步提高企业的核心能力。

3.9.2 企业价值链分析步骤

(1)根据企业实际经营运作机制,对其基本活动进行细化,绘制价值链;
(2)对企业价值链上的各项细化活动进行诊断,并在此基础上进行评价和打分,计算每个基本活动的平均分数;
(3)与竞争对手的企业价值链进行比较,找出本企业的优势和劣势以及核心能力;
(4)通过诊断,找出与企业存在问题相关的变量和行为;
(5)总结诊断结果,提出调整和优化价值链的思路,强化薄弱环节,提升整体优势,形成解决企业存在问题和提高企业核心能力方案。

案例:某家电公司价值链分析

某家电公司是国内大型家电生产企业,近几年连续增产不增收,面临利润下滑困境。问题症结何在?决定请咨询公司协助诊断。表11.2为咨询人员对某家电公司进行价值链分析的结果。由该表可以看出,某家电公司在支持活动方面的平均得分是7.75,属于一般水平。其中,在企业基础设施、技术开发和采购管理方面具有一定优势,得分都是8。人力资源管理是较薄弱环节,得分为7。在基本活动方面的平均得分是7.4,低于支持活动,仍属于一般水平。其中,生产制造为9分,具有明显优势。在原料供应和售后服务方面具有一定优势,得分都是8。成品储运是较薄弱环节,得分为7。市场销售为最薄弱环节,得分为5。通过价值链分析,咨询人员认识到,该家电公司目前价值链运作处于一般水平,需要采取相应措施,强化价值链功能。解决问题的重点应该放在调整市场营销战略上,包括调整国内市场营销策略、应收账款回收策略、国外市场开拓策略和应对反倾销策略等。此外,在人力资源管理和成品储运等方面也要采取相应措施。

表 11.2 某家电公司价值链分析

支持活动	企业基础设施	(1)公司资产雄厚; (2)品牌知名度、认知度高,具有国产自主品牌; (3)与国际大公司进行广泛的技术合作; (4)全面推行国际化战略,并先后获得多项国际认证	8分
	人力资源管理	(1)专业技术人员科技力量较强; (2)重视业务人员、销售人员的培训; (3)地处内地,吸引人才存在一定劣势	7分
	技术开发	(1)技术创新、研发能力较强,取得多项专利; (2)拥有国家级的技术中心和博士后科研流动站; (3)公司投巨资兴建了 CAD、CAE、CAM 工作站系统和全消声实验室、EMC 电磁兼容实验室等一大批先进开发、检测设施	8分
	采购管理	与供应商建立较稳定合作关系	8分
基本活动	原料供应	(1)能够得到可靠的低成本的原材料; (2)拥有保税仓库	8分
	生产制造	(1)公司产品门类齐全,规模宏大,以彩电生产为主; (2)在广东等地拥有多家参股、控股公司; (3)具有大规模配套零部件的生产制造能力	9分
	成品储运	(1)地处内地,运费成为出口障碍; (2)计划在沿海建立生产基地,促进成品运输	7分
	市场销售	(1)坚持国际化市场策略,但遭遇反倾销; (2)国内市场竞争激烈,利润销量比较低; (3)应收账款积压严重	5分
	售后服务	(1)便利的售后服务网络; (2)优质的售后服务	8分

3.10 头脑风暴法

头脑风暴法是 1938 年由美国科学家奥斯本(Alex F. Osborn)提出来的,它与一般的会议讨论不同,是一种结构化的创造性思维方法。该方法指在特定的无拘无束氛围中,充分激发与会人员潜能和积极性,好像掀起一场狂热的头脑风暴,让各种思想火花自由碰撞,使人们思维产生共振和组合效应,形成宏观的智能结构,深入挖掘聪明才智,进行创造性思维,产生创造性提案和新创意。

头脑风暴法的原则:

● 做好准备,有的放矢;

- 主题明确,范围集中;
- 消除顾虑,畅所欲言;
- 言简意赅,鼓励创新;
- 可以补充,但勿重复;
- 相互启发,先不评论。

头脑风暴法的具体操作步骤:

头脑风暴会议一般分成两个阶段,第一阶段,主要是鼓励大家尽量多提创意或方案,首要目标是创意或方案的数量,数量越多越有助于发现有价值的方案。会议开始前,会议组织者要把会议主题或希望解决的问题通知给与会者,请大家做准备,如有相关资料要提前发给与会者。会议开始时,主持人首先要说明会议的程序和头脑风暴法的原则,努力创造无拘无束氛围,鼓励与会者消除顾虑,畅所欲言,言简意赅,尽量多提方案。在第一阶段,不需详细论证,也不要互相评议,但要做好记录,并在休会期间,对记录进行整理,对第一阶段会议提出的创意或提案进行梳理和排序,并列出清单,及时提供给与会者,为第二阶段会议做准备。会议的第二阶段,主要是鼓励大家对第一阶段会议梳理出来的创意或提案进行深入讨论、质疑和评议,可以有争议和不同看法,第二阶段的主要目标是提案的质量和可行性。最后,在充分讨论的基础上,对提案进行不记名投票表决,得票多的即为可行的备选方案。

案例:G 公司是如何开展头脑风暴的?

G 公司是法国一家拥有 300 人的中小型私人企业,这一企业生产的电器产品在市场上面临十分激烈的竞争,最近主要竞争对手开发了一种新产品,对该公司压力很大。如何应对?该公司领导决定聘请咨询公司协助。咨询公司进驻后,经过调查诊断,认为该公司产品结构陈旧,需要致力于新产品的开发,决定在公司内成立一个 10 人创新小组,除咨询人员担任顾问外,基本成员都是公司的业务骨干。

创新小组刚成立,咨询顾问就把整个小组带到了郊区一家偏僻的小旅馆里,咨询顾问要求大家采取措施,在会议期间避免外部的电话或其他干扰,专心参加小组活动。

第 1 天上午由咨询顾问对小组成员进行培训,集中学习头脑风暴法,介绍头脑风暴法的基本特点、操作程序和注意事项,并结合一些案例进行练习。下午,要求小组成员开始传阅公司内部业务资料和有关竞争对手开发新产品的一些简报资料,并着手准备发言提纲。

第 2 天上午,在咨询顾问主持下,正式开始利用头脑风暴法探讨本公司新产品开发问题。题目是"我们应该开发什么样的新产品,才能打败对手?"在中间休息之前,要求大家敞开思想,畅所欲言,尽量多提创意和方案,不需评论。结果发言踊跃,有不少创意。咨询顾问做了记录。中间休息时,咨询顾问根据记录,对大家的发言进行了梳理,整理出 5 个开发新产品的方案。重新开会时,咨询顾问用投影仪把整理出来的 5 个开发新产品方案打到屏幕上,请大家进行评议。在充分评议的基础上,通过无记名投票,推选出 2 个较好的方案。准备带回公司,请公司领导决策。第 2 天下午,继续进行头脑风暴。下午题目是:"我们的新产品,取个什么名字才叫得响?"按照上午开会的办法,在中间休息之前,要求大家畅所欲言,尽量多提起名方案,不需评论。不过,这次,咨询顾问没有做记录。经过两个多小时的热烈讨论,大家为新产品共起了 50 多个名字。中间休息后一开始,咨询顾问让大家根据个人记忆,把刚才起的 50 多个名字中印象最深的5个名字写出来(按印象深刻程度排序)。最后,经过统计,筛选出了3个大家印象最深刻叫得响的名字。准备与新产品方案一起带回公司,请公司领导最后拍板定案。

头脑风暴的成果很快得到公司领导的认可。新产品开发方案最终确定并顺利实施,结果,新产品一上市,便因为其独特新颖的功能和琅琅上口、让人回味的名字,受到了顾客的青睐,迅速占领了大部分市场,在竞争中击败了对手。

3.11 决策表和决策树法

3.11.1 决策表

决策表亦称决策矩阵,由备选方案、自然状态及其发生的概率和效益期望值组成,是在主要变量不确定情况下进行决策的一种模型工具。

决策表解题步骤:
- 列出各种备选方案;
- 列出各种备选方案可能遇到的各种自然状态;
- 列出各种自然状态可能出现的概率;
- 计算不同方案在各种自然状态下的期望值,编制决策表;
- 根据决策表进行决策分析,根据要求,选择期望值最大(或最小)的方案作为最优决策方案。

案例:某石油公司开发方案决策

某石油公司拥有一块土地,准备开发石油。预计在这一块土地上钻探石油需 100 000 美元投资,如果开发成功,可获得 800 000 美元的收入,去掉成本,可望有 700 000 美元利润。但有石油的概率仅为 25%,因此具有一定风险。另一种方案是出售这块土地,可获得 90 000 美元的净收入,能给公司带来不错的现金收入,没有风险。两种方案应该如何抉择?

表 11.3　某石油公司决策表

备选方案	自然状态及相应效益(1 000 美元)		方案期望效益 (1 000 美元)	方案效益比较
	有石油	无石油		
开发石油(方案 A)	700	−100	100	较好
出卖土地(方案 B)	90	90	90	
(自然状态概率)	0.25	0.75		

表 11.3 中:开发石油方案期望效益=700×0.25 + (−100)×0.75=100

出卖土地方案期望效益=90×0.25 + 90×0.75=90

由于开发石油方案期望效益较好,所以可以优先考虑选择该方案。

在该案例中,有石油的自然状态概率对于方案选择影响很大。为了进一步探讨自然状态概率对于方案选择的影响,可以利用 Excel 制作决策表,然后计算出在各种不同自然状态概率下相应的方案期望效益,并以该两组数据制图,如图 11.11 所示:

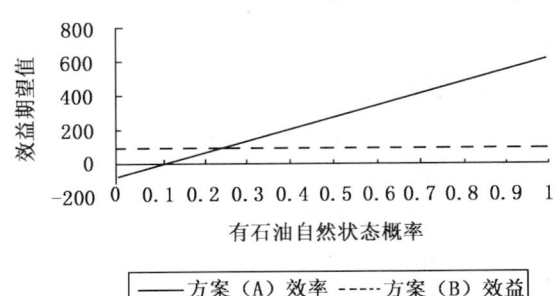

图 11.11　自然状态概率对于方案选择的影响

由图 11.11 可见,当有石油的自然状态概率在 0.25 以下时,方案 A 的效益低于方案 B。随着自然状态概率的增加,方案 A 的效益会越来越高于方案 B。由该分析中也可以看出,在决策表和决策树模型的应用中,自然状态概率的合理确定对于决策结果至关重要。

3.11.2　决策树

决策树是在主要变量不确定情况下,可用于处理多阶段决策问题的一种决策图,其基本原理与决策表相同,由于该图形类似树枝,故称为决策树。它由决策结点、方案枝、事件结点、概率枝和决策终点或末梢组成。图 11.12 为根据上述案例制作的某石油公司开发方案决策树。

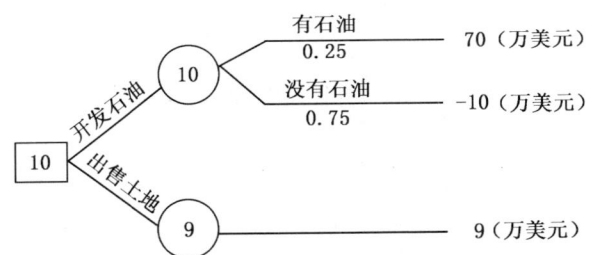

图 11.12　某石油公司开发方案决策树

图中:方块代表决策结点,引出方案分枝,其上数字表示决策方案期望值;

圆圈代表事件结点,引出自然状态(事件)和概率分枝,数字表示备选方案期望值;

树的右侧末端代表决策终点或末梢,表示一个决策方案的末端,数字表示该备选方案在相应自然状态(事件)下的效益值。

决策树绘制原则是:

(1)发自任何结点的并列树枝必须是相同逻辑类型,即同是方案或同是事件。逻辑类型在同一结点不能混用;

(2)与任何事件结点相连的事件树枝应代表全部可能事件,全部事件的概率之和为 1;

(3)与决策结点相连的方案树枝应代表在该决策点全部可能的备选方案;

(4)事件概率和决策树末端效益值的确定十分重要,对方案选择有很大影响,应根据历史数据和合理预测决定。

决策树计算步骤是：

从树的末端往回计算，即先算出每个事件结点上的效益期望值，再根据决策目标对各方案分枝进行比较，砍掉较差方案，剩下的即为最优方案。

由图 11.12 可见，从某石油公司开发方案决策树得出的结果与决策表是一致的。在有多次决策并且变量较多的情况下，使用决策树比决策表更方便，这一点可以从以下案例看出。

案例：M 公司新产品开发决策树

咨询师在帮助 M 公司进行新产品开发策划时，面临两个决策问题：

(1) 是否应把某种新产品推向市场？

(2) 如果需要推向市场，如何对该新产品定价？咨询师决定利用决策树进行分析判断。首先，通过实际调查，取得相关数据，然后根据上述原则绘制决策树，如图 11.13 所示。

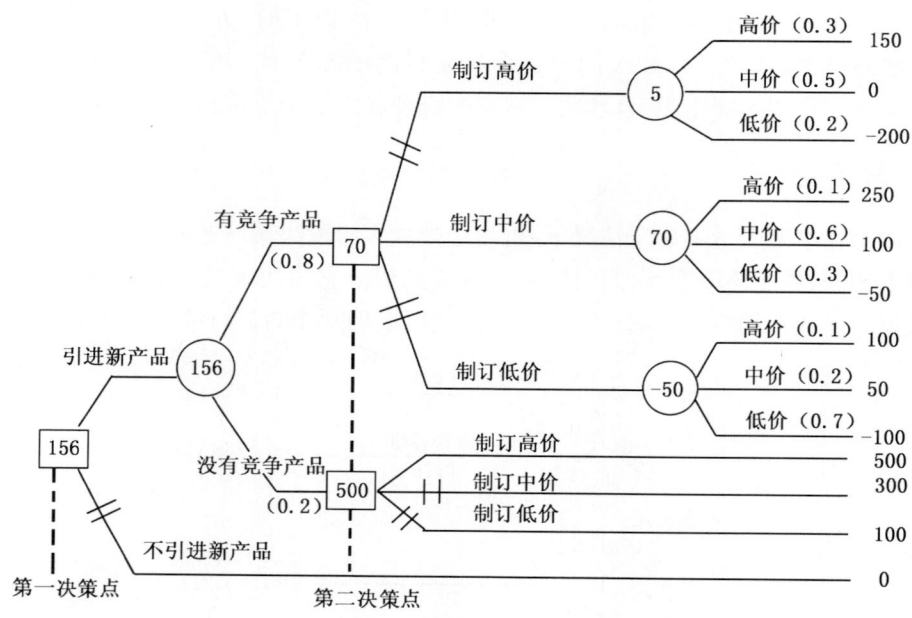

图 11.13　M 公司新产品开发决策树

资料来源：C Bonini. Quantitative Analysis for Management

这是一个顺序决策：先决定是否应把某种新产品推向市场问题，然后再根据竞争对手产品的价格情况决定对该新产品定价策略。

按照决策树计算步骤，先从树的末端往回计算，算出每个事件结点上的效益期望值，再根据决策目标对各方案分枝进行比较，砍掉较差方案，剩下的即为最优方案。结果如图 11.13 所示。根据决策树分析，咨询师选择了引进某种新产品方案，其预期效益为 156 000 美元。对该新产品的定价策略是：如有竞争产品出现，则实施中价策略；如没有竞争产品出现，则实施高价策略。

3.12　网络规划法

网络规划法是咨询项目管理常用的基本方法。20 世纪初，管理学家亨利·甘特提出图表系统法,即甘特图,它体现了"控制关键点"的原理。此研究发展到 1957 年,美国兰德公司和杜邦化学公司联合提出关键路径法(CPM),同一年美国研制核潜艇计划采用了由洛克希德飞机公司(Lockheed Aircraft Corporation)发展的计划评审技术(PERT)。1966 年美国研制核潜艇计划采用了由洛克希德飞机公司(Lockheed Aircraft Corporation)发展的计划评审技术(PERT)。1966 年美国在阿波罗登月计划中也采用了类似的随机网络模拟技术(GERT)。

网络规划技术原理:网络规划技术把一项咨询任务分解,并按照工作流程排序,以网络图的形式进行统筹规划,以关键路径为重点,合理调配人、财、物等资源,保证进度,优化总体功能。

构成网络 3 要素:

(1)作业或工序:是消耗时间和资源的实际活动过程,用带箭头的直线表示,其长度与实际工作量无关;

(2)事件或结点:代表一项作业的起点或终点,用圆圈表示,本身不消耗时间和资源;

(3)路径:从作业起点到终点的任何连续通道。其中消耗时间最长的叫关键路径,可用粗线或红线表示;

关键路径法(CPM,Critical Path Method),所采用的作业时间为确定值。

计划评审技术(PERT,Program Evaluation And Review Technique),采用平均作业时间 T:

$T=(a+4c+b)/6$,其中 a 为最快可能完成的估计工时,b 为最慢可能完成的估计工时,c 为最大可能完成的估计工时。

咨询项目网络图的绘制原则:

① 网络图是有向图,按作业顺序从左到右,由上至下排列;

② 一条箭线只能代表一项作业;

③ 网络图只能有一个始点和一个终点,不应有不能通向终点的箭线;

④ 不应有闭路循环现象,以免产生逻辑错误;

⑤ 虚线表示某种制约或衔接关系,不代表实际作业。

咨询项目网络图的绘制方法:

① 咨询项目任务分解;

② 确定作业顺序、内容和作业时间;

③ 编制作业列表;

④ 按照绘制原则制作网络图;

⑤ 确定关键路径和工期。

案例:某咨询项目网络图

首先将咨询项目任务分解,确定作业顺序、内容和作业时间,制作表格如表 11.4。

表 11.4 某咨询项目任务分解

作业代号	作业内容	作业时间(天)	紧跟前作业
A	客户委托	2	
B	查阅有关资料	3	A
C	初步调查	3	A
D	编制建议书	5	C
E	签定合同	3	B,D
F	组建项目组	3	E
G	正式调查	20	F
H	问题诊断	8	G
I	收集信息资料	10	F
J	分析数据	10	F
K	建立模型	8	J
L	提出解决方案	15	H,I,K
M	提出咨询报告初稿	10	L
N	咨询报告定稿	20	M
O	实施方案	60	L
P	项目验收	7	N,O

然后,按照绘制原则制作网络图,如图 11.14 所示。

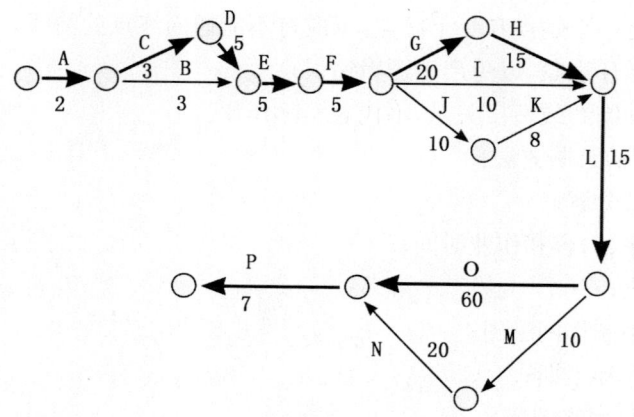

图 11.14 某咨询项目网络图

根据网络图,可利用关键路径(即工期最长的路径)计算出项目工期如下:

项目工期＝2＋3＋5＋5＋5＋20＋15＋15＋60＋7＝137(天)

利用项目管理软件,例如 Microsoft Project 2002,可以自动生成项目甘特图和网络图,并可利用这些图表进行项目管理。

3.13 线性规划法

线性规划是战略咨询常用的一种模型分析方法,旨在将有限的资源(人力、材料、机器和资金等)进行合理分配,以便取得最优方案。其数学模型分为两部分:一部分是目标函数,它是决策变量的函数,用于描述所研究问题的目标,可用来评价各种方案数量指标的好坏。另一部分是约束条件,是决策变量的限制条件,常用一组等式或不等式方程组表示。在线性规划模型中目标函数和约束条件都是线性的。求解线性规划问题,就是从无穷多个解中求得使目标函数达到极值的解。

如有 n 个决策变量,m 个约束条件,则线性规划模型的一般形式为:

目标函数
$$Z = c_1 X_1 + c_2 X_2 + \cdots + c_n X_n = 最大(或最小)$$

约束条件
$$a_{i1} X_1 + a_{i2} X_2 + \cdots + a_{in} X_n \leqslant (或 =, \geqslant) b_i$$
$$X_1 \geqslant 0, X_2 \geqslant 0, \cdots, X_n \geqslant 0 (非负要求)$$

可以利用 Excel 规划求解工具求解线性规划问题,具体步骤如下:

① 在电子表格上构建线性模型;
② 调用 Excel 规划求解工具;
③ 设置目标单元;
④ 设置可变变量单元;
⑤ 添加约束条件;
⑥ 确定选项(选择线性模型,假定非负等);
⑦ 求解;
⑧ 根据需要,保存结果报告、敏感性报告和极限值报告;
⑨ 进行敏感性分析。

案例:某公司产品组合方案线性规划研究

某公司生产 4 种产品:产品 A,产品 B,产品 C 和 产品 D。每生产 1 单位产品 A 需要 2 小时轧制,1 小时装配,和 10 美元的库存成本。每生产 1 单位产品 B 需要 1 小时轧制,3 小时装配,和 5 美元的库存成本。每生产 1 单位产品 C 需要 2.5 小时轧制,2.5 小时装配,和 2 美元的库存成本。每生产 1 单位产品 D 需要 5 小时轧制,和 12 美元的库存成本,不需装配。

根据生产计划,该公司有 1 200 小时的轧制时间和 1 600 小时的装配时间可用。此外,库存成本不能超过 10 000 美元。预计,单位产品 A 的利润为 40 美元,单位产品 B 的利润为 24 美元,单位产品 C 的利润为 36 美元,单位产品 D 的利润为 23 美元。产品 A 的销售量不会超过 200 个单位。产品 C 的销售量不会超过 160 个单位。产品 B 和产品 D 的销售量不限,但为了满足合同要求,产品 D 的产量不得少于 100 个单位。公司经营目标是使通过销售四种产品获得的利润最大化。

试用 Excel 规划求解工具解题,并回答以下问题:根据约束条件,每种产品的产量应该是多少?预期最佳利润是多少?

解题步骤：
① 在电子表格上构建线性规划模型

设 P 代表利润，A，B，C，D 代表每种产品产量，则线性规划模型为：P＝40A＋24B＋36C＋23D（最大化）

根据题意，约束条件为：

2A＋1B＋2.5C＋5D≤1 200（轧制能力约束条件）

1A＋3B＋2.5C≤1 600（装配能力约束条件）

10A＋5B＋2C＋12D≤10 000（库存能力约束条件）

A≤200（产品 A 需求约束条件）

C≤160（产品 C 需求约束条件）；

D≥100（产品 D 的合同要求约束条件）

A，B，C，D≥0（非负约束条件）

② 调用 Excel 规划求解工具

打开 Excel 工作表工具栏，激活"规划求解"工具，打开规划求解对话框。

③ 设置目标单元

设置 H7 为目标值单元，并输入"＝SUMPRODUCT（＄B＄4：＄E＄4，B7：E7）"。输入内容为线性规划模型的另外一种表达方式，规划求解结果中的利润值将出现在该目标值单元。

④ 设置可变变量单元

设置 B4：E4 为可变变量（即决策变量）单元，规划求解结果中的决策变量值将分别出现在这些目标值单元中。

⑤ 添加约束条件

按照规划求解对话框要求，分别将各约束条件添加进去。

⑥ 确定选项

点击规划求解对话框中的"选项"，并选择线性模型和决策变量非负。

⑦ 求解

点击规划求解对话框中的"求解"，并选择保存结果报告、敏感性报告和极限值报告。

该案例在电子表格上构建的线性模型和规划求解结果如表 11.5 所示。

根据规划求解结果，本案例的最优化方案是：产品 A、产品 B、产品 C 和产品 D 的产量分别为 100、500、0 和 100，最大化的利润为 18 300（单位省略）。

为了进一步探讨目标函数系数和约束条件右侧常数的变化对最优解和目标值的影响，可以根据敏感性报告进行敏感性分析。

表 11.5 某公司产品组合方案线性规划

	A	B	C	D	E	F	G	H	I	J
1			某公司产品组合方案线性规划							
2		产品A	产品B	产品C	产品D					
3										
4	决策变量	100	500	0	100					
5										
6							利润合计			
7	目标函数系数	40	24	36	23		18300			
8										
9	约束条件					总用量		限制值	余额	
10	轧制能力	2	1	2.5	5	1200	<=	1200	0	
11	装配能力	1	3	2.5	0	1600	<=	1600	0	
12	库存能力	10	5	5	12	4700	<=	10000	5300	
13	产品A需求	1				100	<=	200	100	
14	产品C需求			1		0	<=	160	160	
15	产品D的合同要求				1	100	>=	100	0	
16										
17										
18										
19										

3.14 财务报表分析方法

3.14.1 财务报表分析的意义

企业财务报表是综合反映企业财务状况、经营成果和财务状况变动的文件，旨在满足投资者、债权人和政府部门对财务信息的需求，其最终目标是为社会资源的合理配置提供必要的财务信息服务。

财务报表分析是评价企业财务状况、衡量企业经营绩效的依据，是企业问题诊断和改进管理的手段，是进行合理投资决策的前提。

3.14.2 三大财务报表简介

企业财务报表按服务对象分，分为内部财务报表和外部财务报表，外部财务报表主要包括资产负债表、利润表和现金流量表，这 3 张表分别从不同角度反映企业的财务状况、经营成果和以现金为基础的财务状况变动态势。

1. 资产负债表

资产负债表是反映企业在某一特定日期财务状况的资产和负债的一个剪影。它表明企业在某一特定日期所拥有或控制的经济资源，所承担的现有债务和所有者对净资产的要求权。

资产负债表的内容：

(1) 企业在某一特定日期所拥有或控制的经济资源，包括流动资产、长期投资、固定资产、无形资产及其他资产；

(2) 企业在某一特定日期所承担的债务，包括各项流动负债和长期负债；

(3) 企业在某一特定日期所拥有的净资产，包括投资者投入的资本、资本公积金、盈余公积金和未分配利润。

资产负债表的会计等式：资产＝负债 ＋ 股东权益

资产负债表举例如表11.6。

表11.6 M股份公司资产负债表（简略）（单位:元）

	2004-12-31	2005-12-31
流动资产		
货币资金	1 645 515 737.49	1 005 119 191.54
短期投资净额	1 073 954 988.18	1 136 356 405.74
应收账款净额	4 351 645 316.27	4 597 368 389.45
预付账款	125 407 605.91	125 819 573.24
存货净额	5 941 300 281.51	7 192 873 908.77
待摊费用	4 509 420.11	1 431 039.38
流动资产合计	14 246 648 967.86	15 259 091 036.60
长期投资合计	568 396 782.53	146 954 360.68
固定资产净值	2 796 091 114.99	2 942 200 562.79
无形资产	450 824 108.92	451 725 016.98
资产总计	17 637 511 664.68	18 670 367 252.39
流动负债		
应付账款	2 063 755 023.86	2 074 397 957.75
预收账款	569 726 811.41	468 711 127.56
其他应付款	127 977 646.80	244 421 658.94
流动负债合计	4 876 743 311.73	5 727 621 896.11
长期负债合计	—	
负债合计	4 876 743 311.73	5 727 621 896.11
股东权益		
股本	2 164 211 422.00	2 164 211 422.00
盈余公积金	4 829 684 182.22	4 860 542 374.58
未分配利润	1 682 257 520.94	1 823 208 126.34
股东权益合计	12 741 313 930.51	12 926 246 501.69
负债和股东权益合计	17 637 511 664.68	18 670 367 252.39

2. 利润表

利润表(或收益表)是反映企业在一定期间或一年的经营成果的财务报表。由于利润是企业经营业绩的综合体现,利润表是财务报表中的主要报表。

利润表的主要内容:
(1) 构成主营业务利润的各项要素;
(2) 构成营业利润的各项要素;
(3) 构成利润总额(或亏损总额)的各项要素;
(4) 构成净利润(或净亏损)的各项要素。

利润表的会计等式：利润＝收入－费用

利润表举例如表 11.7。

表 11.7　M 股份公司利润表(简略)(单位:元)

	2004-12-31	2005-12-31
一、主营业务收入		
主营业务收入净额	9 514 618 511.62	12 585 184 715.40
主营业务成本	8 321 104 995.35	10 710 749 849.73
主营业务税金及附加	57 918 168.00	25 989 916.64
二、主营业务利润		
主营业务利润	1 135 595 348.27	1 848 444 949.03
其他业务利润	86 882 510.11	65 746 307.35
营业费用(销售费用)	1 033 540 638.77	1 414 260 318.10
管理费用	245 531 967.42	356 030 602.60
财务费用	－78 294 478.93	16 458 498.92
三、营业利润		
营业利润	21 699 731.12	127 441 836.76
投资收益	120 262 292.00	77 646 698.38
营业外收入	8 773 691.89	3 148 598.10
营业外支出	42 640 496.25	2 336 360.94
四、利润总额		
利润总额	111 607 618.22	206 633 006.00
所得税	21 676 140.80	30 790 453.87
五、净利润		
净利润	88 535 874.77	176 202 704.06

3. 现金流量表

现金流量表是反映企业一定期间内现金的流入和流出情况的财务报表,是以现金为基础的财务状况变动表。它以现金的流入和流出反映企业在一定期间内的经营活动、投资活动和融资活动的态势。经营活动是指企业投资活动和融资活动以外的所有交易和事项。投资活动是指企业长期资产以及不包括在现金等价物范围内的投资的购建和处置,包括取得或收回权益性证券的投资,购买或收回债券投资,购建和处置固定资产、无形资产和其他长期资产等。融资活动是指导致企业资本及债务规模和构成发生变化的活动,包括吸收权益性资本、发行债券、借入资金、支付股利和偿还债务等。

现金流量表的内容与结构:

经营活动现金流量(与利润表有关的项目)、投资活动现金流量(一般与长期资产有关的项目)、融资活动现金流量(一般与长期负债和所有者权益有关的项目)。

现金流量表的功用:

(1) 评价企业获取未来现金流量的能力;

(2) 评价企业归还债务、支付股利的能力及其外部融资的必要性;

(3) 评价净收益与相应现金收支差异的原因;

(4) 评价会计期间内现金和非现金投资、融资事项对企业财务状况的影响。

3.14.3 财务报表分析

财务报表分析方法主要有比率分析法、趋势分析法、对比分析法、因素分析法(有时也叫差额分析法)和杜邦分析法五种。

1. 比率分析法

指对公司一个财务年度内的财务报表相关项目之间进行比较,计算比率,分析公司的相应偿债能力、经营能力、盈利能力和成长能力情况。比率分析是财务报表分析最基本的方法。

2. 趋势分析法

对公司不同时期的财务报表进行比较分析,可以得出对公司持续经营能力、财务状况变动趋势、盈利能力的判断,从一个较长的时期动态地分析公司发展趋势。

3. 对比分析法

与同行业其他公司进行比较分析,以便探讨本公司在偿债能力、资本结构、经营效率、盈利能力等方面的优势和劣势,以及在行业中的地位。

4. 因素分析法

用来确定几个相互联系的因素对财务指标的影响程度的一种分析方法。其出发点在于,当有几个因素对财务指标发生影响时,可先假定其他因素不变,而顺序确定每一个因素单独变化对财务指标总额变化所产生的影响程度,借以判定谁是主要因素,谁是次要因素。

5. 杜邦财务分析法

对企业财务状况进行的自上而下的综合分析。它通过几种主要的财务指标之间的关系,直观、明确地反映出企业的偿债能力、营运能力、盈利能力及其相互之间的关系,从而提供了解决财务问题的思路和对财务目标的分解、控制途径。由于这种分析法在美国杜邦公司首先使用,故称杜邦分析方法。

3.14.4 比率分析的具体内容

1. 偿债能力分析

偿债能力是指企业偿还到期债务(包括本息)的能力。偿债能力分析包括短期偿债能力分析和长期偿债能力分析。短期偿债能力是指企业流动资产对流动负债及时足额偿还的保证程度,是衡量企业当前财务能力,特别是流动资产变现能力的重要标志。企业短期偿债能力的衡量指标主要是流动比率和速动比率。

流动比率＝流动资产÷流动负债;

速动比率＝速动资产÷流动负债,其中速动资产是指流动资产减去变现能力较差且不稳定的存货、待摊费用和待处理流动资产损失等后的余额。

一般认为流动比率为2,速动比率为1比较合适,如果比率过低,表示企业面临很大的偿债风险。根据前面列举的M股份公司的资产负债表,该企业2005年的流动比率和速动比率分别为:

年初流动比率＝14 246 648 967.86÷4 876 743 311.73＝2.92

年末流动比率＝15 259 091 036.60÷5 727 621 896.11＝2.66

年初速动比率＝(14 246 648 967.86－5 941 300 281.51－4 509 420.11)÷4 876 743 311.73＝1.70

年末速动比率＝(15 259 091 036.60－7 192 873 908.77－1 431 039.38)÷5 727 621 896.11＝1.41

长期偿债能力的主要分析指标为资产负债率:

资产负债率＝负债总额÷资产总额,

该比率越小,表明企业的长期偿债能力越强。但该比率并不是越小越好,如该比率适当大些,从企业所有者来说,能利用较少的自有资金投资,形成较多的生产经营用资产,不仅可扩大生产经营规模,还可以得到较多的投资利润。但如果该比率过大,则表明企业债务负担过重,有濒临倒闭的风险。

根据M股份公司的资产负债表,该企业2005年的资产负债率为:

年初资产负债率＝4 876 743 311.73÷17 637 511 664.68＝0.28

年末资产负债率＝5 727 621 896.11÷18 670 367 252.39＝0.31

计算表明该企业年初和年末的资产负债率均不高,具有较强的长期偿债能力。

2. 营运能力分析

营运能力是指企业管理和经营运作的能力。营运能力分析包括人力资源营运能力的分析和生产资料营运能力的分析。

人力资源营运能力分析一般采用劳动效率指标进行:

劳动效率＝主营业务收入净额÷平均职工人数

通过将实际劳动效率与本企业计划水平、历史先进水平或同行业平均先进水平等进行比较,即可做出对企业当前人力资源营运能力的评价。设定M公司平均职工人数为50 000人,根据M股份公司的利润表,该企业:

2004年的劳动效率＝9 514 618 511.62÷50 000＝190 292.37(元/人)
2005年的劳动效率＝12 585 184 715.40÷50 000＝251 703.69(元/人)

计算表明，2005年人力资源营运能力有提高。

生产资料营运能力实际上就是企业的总资产及其各个组成要素的营运能力。资产营运能力的强弱关键取决于周转速度。常用指标为周转率(或称周转次数)和周转期(或称周转天数)：

周转率＝周转额÷资产平均余额

周转期＝计算期天数÷周转率

周转率越高，周转期越短，表明周转速度越快，资产营运能力越强。具体分析包括流动资产周转情况分析(应收账款周转率、存货周转率)、固定资产周转率分析和总资产周转率分析。其中：

总资产周转率(次数)＝主营业务收入净额÷总资产平均余额

总资产周转期(天数)＝计算期天数÷总资产周转率

根据M股份公司的财务报表，该企业2005年度的总资产周转率具体计算如下：

总资产周转率(次数)＝12 585,184 715.40÷[(17 637 511 664.68＋18 670 367 252.39)÷2]＝0.69

总资产周转期(天数)＝360÷0.69＝519.29

计算结果表明，该公司2005年度总资产周转速度偏低，反映企业利用全部资产进行经营的效率不高。

3. 盈利能力分析

盈利能力是指企业资金增值的能力。常用分析指标为总资产报酬率和自有资金利润率。

总资产报酬率＝利润总额÷总资产平均余额

该指标反映企业资产综合利用效果，也是衡量企业利用债权人和所有者权益总额所取得盈利的重要指标。该比率越高，企业资产利用效益越好，企业盈利能力越强，经营管理水平越高。

根据M股份公司的财务报表，该企业2005年度的总资产报酬率为：

206 633 006.00÷[(17 637 511 664.68＋18 670 367 252.39)÷2]＝0.011(或1.1%)

计算表明该企业2005年资产综合利用效率不高。需要对公司资产的使用和增产节约等情况作进一步的分析考察，以便改进管理，提高效益。

自有资金利润率＝净利润÷平均股东权益

自有资金利润率，也称权益报酬率、资本报酬率或权益净利润率，是反映自有资金投资收益水平的指标。由于企业财务管理的最终目的就是实现所有者财富最大化，因此，该指标是企业盈利能力分析的核心指标，也是整个财务指标体系的核心。盈利能力较高的企业，其自有资金利润率一般应在5%以上。

根据M股份公司的财务报表，该企业2005年度的自有资金利润率为：

176 202 704.06÷[(12 741 313 930.51＋12 926 246 501.69)÷2]＝0.014(或1.4%)

计算表明该企业自有资金投资收益水平不高，与总资产报酬率分析结果一致。

4. 成长能力分析

成长能力是指企业发展和增长的能力。常用分析指标为主营业务收入增长率和净利润增长率。其中：

主营业务收入增长率＝(期末主营业务收入－期初主营业务收入)÷期初主营业务收入
净利润增长率＝(期末净利润－期初净利润)÷期初净利润

根据 M 股份公司的财务报表，该企业 2005 年度的主营业务收入增长率为：
(12 585 184 715.40－9 514 618 511.62)÷9 514 618 511.62＝0.32(或 32%)

3.14.5 利用 Excel 进行财务报表分析

为了提高财务报表分析效率，可利用 Excel 进行分析，方法是：将企业主要财务报表复制到 Excel 工作表上，进行年度跟踪，建立企业财务报表数据库。然后根据需要，分别利用 Excel 软件功能进行比率分析、趋势分析、对比分析、因素分析和杜邦分析。再利用 Excel 制图功能，将分析结果用雷达图等表示出来，为企业决策提供参考依据，如图 11.15 所示。

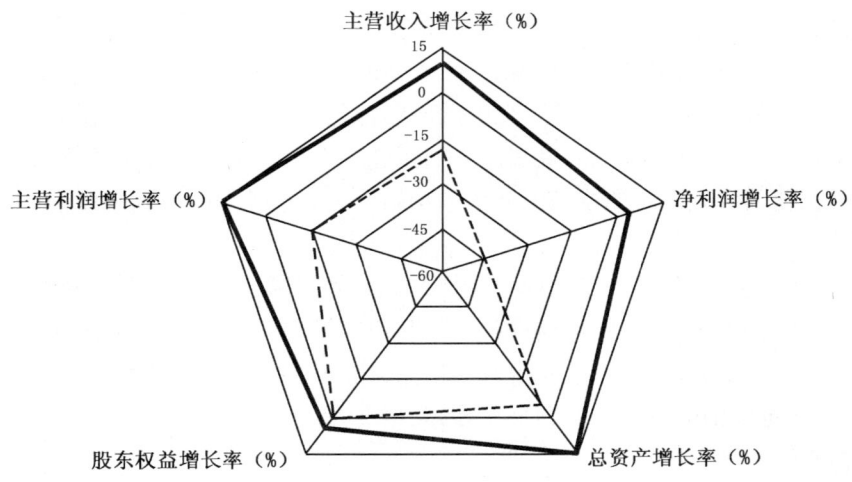

图 11.15 A 公司和 B 公司成长能力对比分析雷达图

§4 咨询服务种类和案例

咨询服务按层次可分为信息咨询服务、管理咨询服务和战略咨询服务。信息咨询服务是基础，主要为客户提供市场调查和其他相关的信息服务。管理咨询服务是较高层次的咨询服务，主要是帮助客户诊断和解决管理问题。战略咨询服务是最高层次的咨询服务，主要是为客户提供战略决策和规划咨询服务。咨询服务按业务内容可分为战略咨询、管理咨询、工程咨询、技术咨询、信息咨询和专业咨询等。

4.1 战略咨询

战略咨询亦称决策咨询或综合咨询,是具有战略性、全局性和综合性的咨询活动,要解决的是应向何处去,应采取何种战略,应制定何种政策和采取何种路线等大政方针问题。

战略咨询的主要内容包括:

(1)为国家、地区和团体机构的发展战略和各种战略性问题提供研究报告和建议方案;

(2)为科学技术发展规划的编制和大型项目的实施提供研究报告和建议方案;

(3)对能源和资源的综合开发和利用、环境保护和可持续发展进行可行性研究和经济论证;

(4)为决策部门服务,对政策措施提出建议方案等。

案例:韩国第二个五年计划的制定

背景

1966年韩国政府准备通过制定第二个五年计划(1967—1971年)采取进一步措施以打破经济停滞不前的局面。由于战后头十年发展计划制定和执行情况不好,经济前景非常暗淡。第二个五年计划的一项主要任务就是达到可行的最高增长率。

韩国政府找到了美国国际开发署(AID,Agency for International Development)希望能得到对方的资助,后者同意向韩国提供更多的援助,条件是韩国必须拟定一个技术上先进并有说服力的计划文件。为此目的,国际开发署向韩国派驻一个顾问团——兰德公司顾问小组。于是,韩国政府在兰德公司咨询专家的协助下开始进行第二个五年计划的编制工作。

确定目标

第二个五年计划编制的第一步是确定规划目标。韩国第二个五年计划编制的总目标是:保证国民经济稳定持续发展;使国民经济各个部门协同发展,使各项经济指标互相衔接配合;找出一条切实可行的增长途径,以便实现这些目标;找出国民经济稳定发展的主要限制条件和相应解决办法;制定详细的投资规划和公共政策。

建立规划模型

在兰德公司咨询专家的协助下,韩国第二个五年计划编制工作采用了一些定量分析和规划手段,主要有:投入产出模型、中期宏观经济模型、短期稳定性模型、钢铁部门和石油化工部门的混合整数线性规划模型、地区平衡发展线性规划模型等。

投入产出模型内包括43个生产部门和34个进口部门,此外还有4个附加价值栏目和7个最终需求量栏目。投入产出系数是根据1965年的价格,并由各工业专家委员会进行技术预测加以修正后确定的。结构系数是以抽样调查数据为基础并根据有关生产成本、固定资产、生产能力和产出量确定的。上述工业专家委员会是由熟悉本行业的工程师、财政分析人员和经济专家组成的跨部门委员会,负责对投入产出预测数据进行审查。

在计划制订过程的初期,利用投入产出模型确定投资项目的优先部门,并拟订各部门投资规划,以便使各工业部门的需求之间协调一致。投入产出模型表明:出口缓慢和国内储蓄是经济增长的制约条件。在深入调查研究和模型分析的基础上,计划人员针对存在的问题和可以利用的资源,提出了切实可行的解决方案,为五年计划的制定奠定了基础。

五年计划编制完成和实施结果

在兰德咨询专家的指导和全体计划人员的努力下,韩国第二个五年计划顺利编制完成和实施,并取得明显效果。

在该计划期间及其以后的相当长时期(指 1973 年和 1974 年石油涨价以前),韩国经济持续以每年约 10% 的比率增长,并且按美元计算的出口收入每年增长 40%,达到计划预期目标。全国人口中最贫穷部分的实际收入同总收入的增长一致,失业人数显著减少。

对于韩国来说,第二个五年计划制定工作的深远结果,不仅在于保证了经济的持续发展,而且还在于兰德公司科学的规划和定量方法得到了普遍认可,并用来研究各种各样的社会经济发展问题。到第二个五年计划末期,虽然该计划文件中的数字预测已过时了,但许多计划分析工具仍在继续使用。第二个五年计划成为韩国社会经济发展的一个里程碑,也成为现代咨询促进社会发展的一个典型案例。

4.2 管理咨询

管理咨询是以企业的经营管理为主要咨询对象的咨询,也被称为经营管理咨询或企业咨询。管理咨询内容包括:企业总体发展战略;市场营销战略;机构设置和重组;财政和行政管理系统;人力资源开发;生产和服务管理;企业信息化和现代化等。

案例:A 厂管理咨询案例

背景

A 厂成立于建国初,是一家大型国营企业。进入 20 世纪 90 年代,企业快速发展,成为行业排头兵,经国家有关部门批准进行公司体制改造,把工厂改制为有限责任公司,再将有限责任公司效益好的部分组建成上市股份有限公司。

A 厂在由一个厂同时改造成为两个公司的改制过程中,深深感到企业在管理组织、资产重组和人事管理等各方面都存在着如何规划和协调发展、有效实施和控制的问题。因此,决定利用"外脑",聘请北京多星咨询公司进行管理咨询。

初步调查

北京多星咨询公司派出得力咨询人员,进入现场进行调查研究,收集必要的信息资料,与中层干部进行座谈,听取对公司改制后组织机构设计的意见。同时,还查阅了 A 厂 1993—1995 年 3 年的财务数据。通过初步调查,咨询人员提出客户应建立和强化六大职能:战略决策支持职能;财务管理职能;企业技术中心职能;市场调研和营销管理职能;人力资源开发职能;资本运作职能。客户对初步调查结果满意,认为现状分析客观,咨询建议针对性强,提出进一步合作的意向,委托咨询公司正式开展咨询工作。

咨询过程

咨询人员正式开展咨询工作后,从输出结果入手,利用 SWOT 方法进行优势、劣势、机会和威胁分析。通过分析,咨询人员认为该厂具有 4 大优势,即:

(1)人才优势。专业技术人员占企业总人数的 50%;

(2)产品优势。确立了以高新技术为主导的通信产品结构,该类产品在国内市场正处于迅速成长期;

（3）市场优势。市场战略和策略应变能力较强，主导产品市场占有率达到20%，在客户中信誉高；

（4）地位优势。该厂是邮电工业总公司的核心企业，地处当地高新技术区内，被认定为高新技术企业，享有多项优惠政策，对省市财政收入做出了巨大贡献，得到省市政府多方支持。

该厂在高速发展中存在的主要内部问题或劣势是：

（1）缺少自己的名牌产品，占销售收入和利润90%以上的两个主导产品都使用着合作伙伴的品牌；

（2）企业管理跟不上形势发展，战略决策支持系统、市场研究系统、人力资源开发系统和财务管理系统的职能亟待加强；

（3）产品尚未打开国际市场。

该厂面临的外部挑战是：

① 国际上众多跨国公司在中国市场上竞争激烈；

② 通信技术高速发展，产品更新换代周期缩短；

③ 国内不少企业转向通信行业，增加了市场竞争压力。

同时，该厂也面临重要机遇，被批准进行公司改制，上市在即，能募集到所需资金。

解决方案和咨询结果

咨询人员从管理环节找产生问题的原因，进行深入调查，与中层以上干部面谈，对职工进行问卷调查。在此基础上进行综合分析，提出了有针对性的改善方案。同时，对于有限责任公司和股份有限公司的关系，也提出了相应的管理解决方案。咨询人员指出，有限责任公司和股份有限公司都是独立的企业法人，应各自按自主经营的原则独立运行，股份公司应只对股东和董事会负责。客户通过本次咨询，在管理组织、财务管理和人力资源管理方面都达到预期目标，对咨询效果表示满意。

4.3 技术咨询

技术咨询是咨询人员利用专业技能和知识为客户解决技术改造和创新问题的活动。其主要内容包括：

（1）提供有关新技术、新产品、新材料和新设备等的咨询服务；

（2）协助举办技术培训班；

（3）为技术转让提供中介服务；

（4）为技术成果推广提供咨询服务；

（5）为贷款项目进行可行性研究等。

近年来，以IT技术为主要内容的技术咨询服务很活跃。

案例：浙江电力公司ERP实施项目

背景

1995年，浙江电力公司获得世界银行贷款，建设北仑电厂。与世界银行的合作使浙江电力公司有机会接受更多的新观念和新思路，同时也由于把自己摆在了国际经济环境之中而发现了自身的差距，特别是传统国有企业在财务体系上与国际业务的差异首先暴露出来。

过去该公司财务报表的利息都是按单利计算的,而世界银行是按国际惯例以复利计算。由于双方的利息算法不一样,几年下来相差不少。利息计算只是问题的一个方面,该公司的财务报表还有很多其他问题,拿到国际上不被认可。鉴于这种状况,世界银行要求浙江电力公司把实行财务系统国际规范化作为接受贷款的一项首要条件。

对于浙江电力公司来说,为了增加对国际投资的吸引力,目前最紧迫的任务是实现会计业务与国际接轨。这是一种来自企业外部的压力,要求企业尽快引入符合国际业务惯例的 ERP 系统。从适应市场化运作、提高管理水平的要求来看,目前最需要的是加强公司理财,也就是内部会计,这就构成了引入 ERP 系统的内在动力。

如何实施 ERP

对于 ERP 系统的两种不同认识,把企业引向两种截然不同的实施路线。一种认识是从信息技术的角度去看,基于这样的认识,就会从建立企业信息网络、安装 ERP 软件入手,试图让信息技术服务于企业管理,实施 ERP 项目的依靠力量主要是计算机厂商和企业的计算机技术人员,而管理的模式并不会因为实施 ERP 系统而发生根本性的变化。对于大型国有企业来说,自身的计算机开发维护技术力量都比较强,很容易采取这样的路线:买机器——买软件——自行安装调试——组织二次开发和应用。

另一种认识是从企业管理的角度去看,基于这样的认识,就会从管理理念更新和工作流重组入手,目标是让整个企业的所有部门和机构实现最佳的配合。在 ERP 软件尚未投入运行之前,首先着手构造新的企业组织形式和运作模式,实施 ERP 项目的主要依靠力量是企业管理咨询人员,计算机技术在其中只是起到共享信息和加快企业运行节奏的作用。对于传统大型国有企业来说,最缺的就是适应市场经济和国际竞争的管理人才,所以也可能走另一条路线:外请咨询顾问——分析调整工作流——购置计算机系统和 ERP 软件——组织二次开发和应用。浙江电力公司走的是第二条路线。

项目启动

1996 年 10 月 26 日对财务管理系统项目进行国际招标,FMIS(Finance Management Information System)财务管理信息系统项目由此正式启动。FMIS 项目分为四个工作流程展开。在四个工作流程中,有关电力企业市场和内部运作的方面由同行业的澳大利亚太平洋电力公司提供咨询,有关财务方面的业务由美国普华永道公司提供咨询。FMIS 项目按照四个阶段组织实施。在前两个阶段提出公司组织机构总体方案、财务管理信息系统总体构架和方案,成立了项目指导委员会和 FMIS 工作小组,完成了财务和管理的总体设计和《会计手册》的编写工作。

1998 年 5 月 5 日,浙江电力公司财务管理信息系统项目进入详细设计和实施阶段,并正式命名为"先锋 FMIS 项目"。从 1996 年 10 月 26 日普华永道公司中标承担浙江电力公司财务管理信息系统项目咨询,到 1998 年 5 月 5 日"先锋 FMIS"正式启动,他们用了大约 1 年半的时间来进行业务分析和重组工作,而不是急于着手进行信息系统的建设和开发。"先锋 FMIS"项目从正式启动到阶段验收历时 19 个月,其中软件选型是占用时间最长的一个阶段。在这个阶段进行了业务需求确认、软件招标书拟定、系统功能适应性评价、备选软件系统的演示与评估、硬件平台的选型等 5 项工作并签订了软件和硬件订购合同。在软件系统平台的选取上,浙江电力公司购买了 SAP R/3。

项目实施效果

系统于 1999 年 8 月投入试运行,会计核算部分与原有的益和财务软件并行运行,结果表明先锋 FMIS 系统不仅在功能上完全覆盖了益和财务软件,而且大大丰富了会计核算和财务管理功能,可以从财务信息中提取大量有价值的管理决策辅助信息。1999 年 12 月底,系统通过了第一阶段验收,首开大型国有企业应用国外 ERP 系统之先河。

4.4 工程咨询

工程咨询是指对各种建设项目提供的咨询服务,是咨询业中历史最悠久的类别。工程咨询是建设项目的前期研究。工程咨询内容广泛,大至规划矿区建设,小至工厂改造。具体包括:可行性研究、工程招标、工程设计、工程监理、工程验收等。

案例:广东岭澳核电站海域工程可行性研究

背景

广东第二核电站海域工程选址工作,始于 1988 年 12 月,至 1994 年 11 月电力部电力规划设计总院批复对厂址的审查意见,历时 6 年,完成了广东第二核电站选址的全部工作。之后,该项工作进入了工程可行性研究阶段。经业主比选,天津市海岸带公司承担了广东第二核电站(1995 年 2 月定名为广东岭澳核电站)海域工程可行性研究项目。

广东岭澳核电站位于大亚湾西海岸的大鹏半岛东南侧,距已建成的大亚湾核电站约一公里,厂区按 4×100 万千瓦机组规划,一期考虑两台 100 万千瓦机组,相应的海域工程包括一、二期取排水、海上建筑物和厂区防护建筑物等。类似规模的核电海域工程规划研究在国内尚无先例,相邻的大亚湾核电站的海域工程是全部由法国人设计的。

该项工作要求在对自然条件充分调查研究的基础上,在大量严格科学试验的支持下,根据有关法律、法规和规范对众多方案进行系统的综合比较研究,提出优选工程建设方案。

项目的主要工作

岭澳核电站海域工程可行性研究项目,由海岸带公司专业技术人员 300 余人进行了系统调查分析和综合论证,历时 8 个月,以同类可行性研究项目中工期最短的时间,完成各类咨询研究报告 8 本,近 400 万字。

主要工作内容包括:

(1)作为可行性研究工作基础的海上作业调查工作;

(2)对论证的中间方案和推荐方案验证和支持的试验研究工作;

(3)经济技术分析和综合论证工作。

在该项目中,直接参与工作的专家包括国家设计、勘察大师 3 人,其他国家级专家近 10 人,公司通过合理的组织形式使专家群体在技术决策的各个方面都发挥了举足轻重的作用,他们丰富的实践经验和专业知识是项目高水平完成的重要保证。

作为核电项目,本项目的质量保证要求是强制性要求,在运作此项目过程中建立了项目质保部,并按 HAF0400 要求制定和执行项目质保大纲。这一要求从多方面促进了海岸带公司的管理。客观上促使公司率先在咨询行业中贯彻 ISO 9000 系列质量管理和质量保证标准,并取得良好的效果和经验。

项目的主要成果

为岭澳核电站海域工程提出了技术可行、经济合理、安全可靠、工期达标的工程技术方案，最终推出的方案是在对大量方案进行了综合论证比较和优化形成的，已用于岭澳核电站施工。对比国际、国内标准，结合国情和国内技术水平，在国内首次提出了核电站海域工程设计标准。在项目执行过程中分阶段向业主提供了咨询意见和建议，为岭澳核电的顺利开工创造了条件。

4.5 信息咨询

信息咨询是以信息的收集、分析、加工、存储、传递和利用为主要内容的咨询活动。

信息咨询主要内容和形式有：参考咨询、查新咨询、专利咨询、市场调查、竞争情报等。

案例：一次成功的专利转让信息咨询

背景

1994年10月，天津市科技评价中心（以下简称"中心"）受天津某电子公司的委托，就该公司拟引进的美国Commodore公司专利技术内容的适用性及目前法律状态等情况进行调查，为其新建年产30万台家用多媒体系统工厂项目与美方谈判做必要的事先准备。专利法律状态主要指专利技术处于公开申请状态、处于已经获取专利权状态、处于被宣布无效状态和处于已自动放弃状态四个方面。

该电子公司拟新建的工厂总投资额为51 668万元人民币，其中无形资产转让费国外报价为19 366万元人民币，约占总投资的37.5%，拟引进专利技术45项，专有技术7项。由于该项目涉及的投资总额和无形资产转让费数额巨大，且美方提供的是一揽子软件技术，其中的专利技术内容、专利的法律状态等情况均不明朗。如不调查清楚，在与美方谈判时，我方势必处于不利地位，可能会使国家蒙受巨大经济损失。"中心"在接受电子公司的委托时，进行专利调查的期限只有6天。

调查过程

为保证调查工作有效、如期地完成，"中心"专门组织了一个由检索人员、专利及软件方面专家组成的调查小组，全力以赴投入紧张的调查工作。委托方提出委托调查的内容包括：专利目前的法律状态、专利申请与批准的国家和地区、专利技术内容概要等。根据该电子公司提供的资料附件中列出Commodore公司提供的以文件号分类的专利技术项目有52项。经过核对分析，52项中已有41项已获得专利，另有11项只有专利申请号，是否获得专利权情况不明，其中尚有多项专利在多国申请或批准获得专利权。调查工作根据调查内容的不同，采用了不同的方式、方法及技术手段，并采取联机检索与走访专家相结合的方式进行。由于调查研究人员的努力，按时完成了咨询任务，及时提供了调查报告。

调查结果和咨询建议

根据调查结果：已终止的专利5项；因未支付专利维持费，视为主动放弃的专利12项；已付专利维持费的有效专利14项；欠付专利费但尚在有效期内的专利10项；已申请但尚未批准的专利10项，共计51项。通过分析确认，目前有效的专利24项，已终止（包括主动放弃）专利17项，已申请未批准的10项。

在调查研究的基础上，"中心"提出在引进时应根据不同情况加以不同选择的谈判策略，建议委托方依据实际情况区别对待。客户对调查结果很满意，并在与外商谈判中采纳了上述咨询建议，赢得了谈判主动权。最终使美国公司被迫降低软件系统价格 600 万美元（按当年汇率折算，约合 5 000 多万元人民币），为国家节约了大量外汇。更重要的是，对咨询服务的价值有了深刻体会，为今后引进项目如何进行科学决策提供了借鉴。

4.6　专业咨询

指针对某一专业领域中的特定问题开展的咨询服务，这类咨询专业性强，咨询目标专一，主要包括金融投资咨询、会计咨询、外贸咨询和旅游咨询等。

案例：埃及某旅游区开发世界银行咨询项目

背景

在埃及尼罗河中游，有个叫拉克沙的小镇，是古时历代国王埋葬之地，每个王陵里有许多金银首饰陪葬。古时希腊盗墓者，把大部分王陵的贵重葬品都洗劫一空，只有一个王陵，因这个国王在位时间不长，不太出名，盗墓者认为那里不会有什么贵重陪葬品，才免遭洗劫。20 世纪 80 年代初，一次偶然机会，发现这个陵墓内有大量完美无损的壁画，还有许多宝贵财物。消息传出后，许多考古学家、画家、记者、作家接踵而至，络绎不绝。经过报道，大量旅游者更是慕名而来，顿时给交通运输带来许多问题和压力。

埃及政府很想发展旅游业，但怎样才能使这个古代国王死后葬身之地，能吸引更多的游人，赚取更多外汇，补充财政不足，同时又能使文物、古迹不被破坏呢？埃及政府决定申请世界银行贷款，并按照世界银行贷款项目的有关规定，向有关咨询公司发出邀请，邀请这些咨询公司投标，参与该世界银行贷款项目的可行性研究。

投标咨询公司

对该项目进行投标的咨询公司一共有 6 家。其中美国 ADI 咨询公司最为积极，ADI 公司的管理委员会当即指定项目负责人，项目负责人经过初步调查研究，写出咨询建议书。除了 ADI 咨询公司外，还有英国两家公司及埃及、瑞典、澳大利亚各一家咨询公司，他们也都递交了各自的建议书。

埃及旅游部接到 6 家咨询公司的建议书后，按照世界银行贷款项目的有关规定，组织由专家构成的评审委员会对收到的建议书进行评价。经过评议，评审委员会认为 6 家咨询公司的建议书各有所长，都有可取之处。考虑到该项目是个大项目，涉及许多领域，单独由 1 家咨询公司承担有困难，最后决定该项目由 ADI 咨询公司总负责，其他几家咨询公司共同参加，分别承担不同任务。ADI 公司负责该世界银行贷款项目经济方面的可行性研究。分给英国一家工程咨询公司的工作是负责对坟墓外围建筑结构、道路分布状况，以及地下管道铺设等进行调查咨询。分给埃及一家社会关系咨询公司的工作是负责调查公众反映，听取旅游者意见，同时向当地 500 家居民进行实地调查。分工给澳大利亚一家文物保护委员会的任务是进行陵墓现场考察。分工给埃及一个文学委员会的工作是负责提供埃及的历史、社会、法律、道德，以及与这些陵墓有关的历史背景情况等。

咨询工作

在各个公司明确各自的工作任务后,便正式开始咨询工作,各公司分别派人员到拉克沙,花3个星期时间进行深入调查。

需要调查的一个关键问题是预测旅游的人员流动状况。根据历史数据,建立了相关数学模型进行分析。当时每天有3 000多游客,预测到1986年,每天将会增加到6 000名游客。其次是预测高峰时每小时的人流数量。咨询人员测量每个墓地之间的距离,设计路线和人员分布,控制最大限额人流量,以免影响古迹的维护。怎样控制人流问题?咨询人员建议,一是适当提高票价,考虑到旅游者心理,票价越高越有吸引力,在一定条件下,不会影响旅游人数。二是在时间上进行控制,票上要注明参观陵墓的指定日期和时间段,以便准确控制人数。

咨询人员还重点调查了居民搬迁问题。当地有150户居民的住宅造在墓地上,强行拆迁会引起群众不满,造成社会混乱。应该用最少的代价,做好这一工作。用什么办法把群众吸引走呢?咨询公司经过调查提出办手工业的方案,吸引当地居民参加工作并安置新居,促使他们搬迁。

6家咨询公司都围绕各自的分工进行了深入调查并提出可选择方案和初步可行性研究报告。

咨询结果

按照咨询计划,这50个领域的可行性研究报告都应在6个月内写好并提交给埃及旅游部,在每个报告中都应写明与总体咨询目标的关系。经过埃及旅游部的审议,这50个领域所提出的初步可行性研究报告和方案都得到通过,埃及政府准备进一步全面实施。但世界银行只能提供3 000万美元贷款,如果50个领域都实施,要大大超过世界银行的贷款额度。最后经过协商,与世界银行达成协议,确定15个领域。又用了8个月时间,咨询公司提出该15个领域的最终可行性研究报告,并得到了通过。世界银行根据这些可行性研究报告正式启动了对埃及政府开辟旅游区贷款项目,有力推动了埃及旅游业的发展。

§5 信息技术对现代咨询服务的影响

20世纪90年代以来,飞跃发展的现代信息技术正在改变一切。它不仅影响着全球社会经济的发展,影响着人们日常生活和工作方式,也影响着咨询服务业的方方面面。现代信息技术的发展,彻底改变了人们获取信息、传递信息和利用信息的方式。随着信息基础设施的进一步完善,它将允许人们在任何时候、任何地点入网。信息技术可以创造条件,使咨询服务业更有效地实现自己的终极目标,即:以合适的方式,将合适的知识和智慧,传递给合适的客户。

5.1 信息技术扩展了现代咨询服务的内涵

20世纪90年代是信息技术日新月异的时代,也是全球咨询业蓬勃发展的时代。这一时期,全球咨询业的年增长率为两位数,是名副其实的朝阳产业。由图11.16也可以看出,全球管理咨询服务近10年的主要热点领域是与信息技术的发展和应用密不可分的,企业重组、企业资源规划、千年虫问题和电子商务成为不同发展阶段的重要咨询课题,这些课题有的已经结束,有的跨入新世纪,继续成为当前的热点领域。

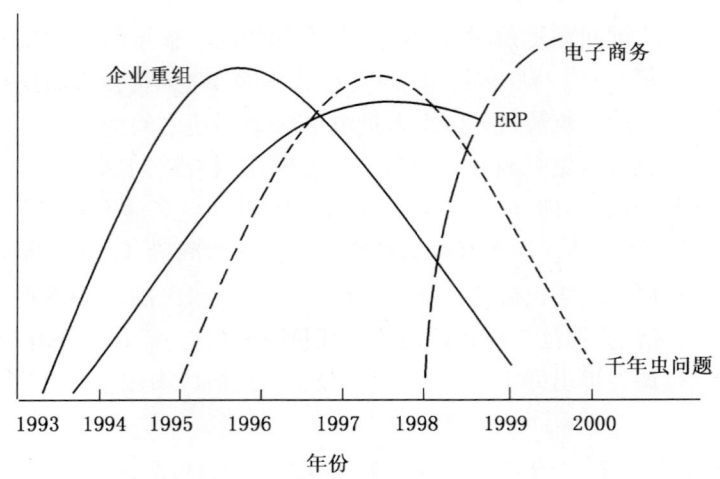

图 11.16　全球管理咨询近 10 年的主要热点领域

资料来源:Kennedy Information Inc.,Research Reports

据美国 Plunkett Research,Ltd. 最新报告,全球咨询业 2004 年度的总收入为 1 200 亿美元,其中,IT 咨询收入大约占 70%。美国从事管理和 IT 咨询服务的咨询师达 785 000 人。数据表明,IT 咨询已逐渐成为全球管理咨询业的主体,咨询业随着 IT 市场的发展而发展,随着 IT 市场的萧条而萎缩。在 2000—2003 年期间,由于全球 IT 市场的不景气,咨询业 30 年来首次出现负增长。专家预测,随着全球 IT 市场的复苏,咨询业的活力可望迅速恢复。

另一方面,信息技术不仅改变了咨询业的内涵,也在扩大咨询业的外延。很多 IT 生产厂家和研究机构纷纷介入 IT 咨询业。在国外,著名的计算机生产巨头 IBM 通过收购,成立 IBM 企业咨询服务部(IBM Business Consulting Services),成为全球最大咨询机构。它利用组分企业模型(Component Business Model)武装 6 万名咨询师,以其在技术方案和信息技术基础结构等方面的独特核心能力和全球网络,帮助客户解决企业复杂的疑难问题,提供创新价值,优化企业性能。其 2002 年度咨询收入达 150 亿美元,占该公司总收入的 18%,占同年全球管理咨询业总收入的 13%。

在国内,赛迪顾问股份有限公司的发展是一个典型事例。赛迪顾问始创于 1986 年,其前身为原电子工业部计算机工业管理局信息处,后并入电子工业部计算机与微电子发展研究中心(CCID)。2000 年 6 月 8 日,赛迪资讯顾问有限公司成立,开始规模化运营中国 ICT 产业与市场的研究咨询业务,并涉足企业战略、信息化管理以及产业规划与投资咨询业务,初步构建了专业化、全方位的咨询业务体系。2002 年 3 月 18 日,赛迪资讯顾问有限公司经股份制改造,更名为赛迪顾问股份有限公司,并于同年 12 月 12 日在香港上市(HK8235),成为中国首家在香港上市的专业咨询顾问企业,开启了中国咨询业全新发展历程。

5.2 信息技术促进了现代咨询服务的知识管理

现代咨询服务的本质是知识的创新、利用和传递,知识是咨询公司的重要资本。而知识管理是对知识及与知识的产生、组织、传播和利用相关过程的系统管理,旨在将个人经验、技能和知识转化为可以共享并为发展目标服务的重要资源,因此,知识管理对于咨询公司来说,至关重要。信息技术不仅为咨询师提供了先进的诊断问题和解决问题的工具和手段,而且还推动了知识管理的实现,促进了知识的利用和共享,有利于提高和保证咨询服务的质量和成效。借助于信息技术,许多咨询公司都成为率先实施知识管理的开拓者。例如,由美国 Teleos 和 KNOWNetwork 公司主办的"2001 年最受赞赏的知识型企业"调查,公布了全球企业知识管理取得重大成就的 20 家公司,它们是:美国通用电气公司、美国惠普公司、美国巴克曼实验室、世界银行、美国微软公司、英国石油公司、德国西门子公司、瑞典斯坎迪亚公司、美国麦肯锡咨询公司、美国思科系统公司、美国安永咨询公司、美国毕马威咨询公司、美国施乐公司、美国 IBM 公司、美国埃森哲咨询公司、加拿大克拉雷卡人身保险公司、荷兰壳牌公司、日本索尼公司和法国施鲁姆博格公司。其中,麦肯锡公司、安永公司、毕马威公司和埃森哲公司都是著名的跨国咨询公司,他们利用信息技术实现了知识管理,增强了核心竞争能力,进一步提高了咨询服务的质量和成效。

以安永咨询公司为例。为了进一步提升咨询业务,安永咨询公司在 1993 年开始实施 Future State'97 Project,该计划的目标是,到 1997 年该公司的年度营业收入要比 1993 年翻一番,达到 10 亿美元。保证该计划成功的五个关键要素是:销售、服务、提供、人员和知识。其中,知识管理尤为关键。安永咨询公司知识管理的目标是:搜集咨询业务中的各种知识,包括显性知识和隐性知识,并使其变成公司资源,发挥知识的杠杆作用;使每一位咨询师都对公司的知识储备做出贡献;利用知识提升为客户提供咨询方案的效率;树立安永咨询公司作为知识源和思想领袖的形象。为此,采取了相应措施:任命首席知识官;创建专门知识管理中心;在 22 个主要咨询业务领域建立知识网络;开发知识体系和分类法;开发用于知识管理的技术平台,建设数据库。安永咨询公司在上述工作的基础上,把有关的知识、模型、工具和技术集成,建成有利于加快咨询方案生成的作业环境,显著提高了咨询公司总体功能和效率,达到预计的知识管理目标。由于成功地进行了知识管理,Future State'97 Project 计划提前实现,并使安永咨询公司成为知识管理领域的公认领袖。

5.3 信息技术推动了咨询服务网络化发展

互联网,作为最广泛应用的一项现代信息技术,为咨询公司提供了空前的发展机遇,为咨询服务网络化提供了迅速发展的平台。这是因为:

(1)咨询公司借助互联网,能在网上直接为客户咨询,提供所需要的知识和方案,回答客户的提问,降低服务成本。

(2)网上咨询费用低,从而吸引了众多的中小型企业,这些中小型企业是企业群体中的绝大多数,但过去由于财力限制,对咨询很少问津。

(3)网上信息容量大,互动性强,灵活机动,摆脱了时空限制,能够更好地为客户量体裁衣,保证咨询质量。

(4)咨询公司遍布全球各地的咨询师,可以通过网络,共享资源,开展团队协作,提高咨询效率和效能。正因为如此,与互联网相伴而生的网络咨询服务目前正在世界范围内蓬勃发展。国外具有深厚实力的咨询公司如麦肯锡、罗兰·贝格、毕马威等在咨询服务网络化方面进展很快,大有势不可挡的趋势。

我国咨询服务网络化的起步比较晚,最早开展这方面工作的是1997年6月成立的中国互联网信息中心(CNNIC)。在此之后,互联网研究与发展中心(CII)、时代财富科技公司、赛迪资讯顾问有限公司、互联网实验室等基于网络的咨询公司相继诞生,并渐成潮流,一些传统咨询企业如北京新华信商业风险管理公司、北京科思瑞智市场调查公司等也纷纷"触网",尝试利用网络开展咨询服务。

[本章撰稿人　吴贺新]

参 考 文 献

[1] 北京科技咨询业协会. 案例[EB/OL]. http://www.bjca.org/freere port.asp 2005
[2] 海比勒. 埃森哲方法[M]. 任锡源译. 北京:高等教育出版社,2004
[3] 李雪. 咨询的真相:新华信管理咨询的故事[M]. 北京:机械工业出版社,2003
[4] 佛莱哲利. 物流战略咨询[M]. 任建标译. 北京:中国财政经济出版社,2003
[5] 艾森·拉塞尔. 麦肯锡意识[M]. 张涛译. 北京:华夏出版社,2002
[6] 艾森·拉塞尔. 麦肯锡方法[M]. 赵睿译. 北京:华夏出版社,2001
[7] 萨德瑞. 管理咨询——优绩通鉴[M]. 段盛华译. 北京:中国标准出版社,2001
[8] 吴贺新,张旭. 现代咨询理论与实践[M]. 北京:科学技术文献出版社,2000
[9] 国际劳工局. 管理咨询专业指南. 第三修订版[M]. 北京:学苑出版社,1998
[10] 徐冠华. 大力推动我国咨询业的发展[J]. 科学学与科学技术管理,1998,19(9)
[11] 全国会计专业技术资格考试领导小组办公室编. 财务管理[M]. 北京:中国财政经济出版社,1998
[12] 国家科委星火计划办公室. 中国乡镇企业咨询服务指南[M]. 北京:地震出版社,1997
[13] 韩光军. 现代企业经营咨询[M]. 北京:中央民族大学出版社,1997
[14] 孔祥智. 信息咨询机构[M]. 北京:中国经济出版社,1995
[15] 杨永志. 中国咨询业发展研究[M]. 太原:山西经济出版社,1995
[16] 廖纲煊. 全国咨询工作研讨会文集[C]. 北京:科学技术文献出版社,1992
[17] 卢绍君. 咨询学原理[M]. 北京:科学技术文献出版社,1990
[18] 侯青云. 实用咨询基础[M]. 北京:气象出版社,1990
[19] Plunkett Research. Major Trends Affecting the Consulting Industry[EB/OL]. http://www.plunkettresearch.com/consulting/consulting_statictics1.htm Sept.1,2005
[20] KENNEDY INFORMATION INC. Research Reports[EB/OL]. http://www.kennedyinfo.com/ Sept.5,2005
[21] CHARLES BONINI. Quantitative Analysis for Management[M].(Ninth Edition). McGraw-Hill Companies,Inc. 1997
[22] RON TEPPER. The 10 Hottest Consulting Practices[M]. JOHN WILLEY & SON INC. 1995

[23] JONELL KIRBY. CONSULTATION :Practice and Practitioner[M]. Accelerated Development Inc. 1994
[24] RON TEPPER. Consultant's Proposal, Fee, and Contract Problem-Solver[M]. John Wiley & Sons, Inc. 1993
[25] ASIAN DEVELOPMENT BANK. Handbook for Users of Consulting Services [M]. 1993
[26] THOMAS L. GREENBAUM. The Consultant's Manual—A Complete Guide to Building a Successful Consulting Practice[M]. JOHN WILEY & SONS, Inc
[27] LARRY E. GREINER AND ROBERT O. METZER: Consulting to Management[M]. Prentice-hall, Inc. ,Englewood cliffs, New Jersey 07632,1983

第 12 章 竞争情报与知识管理

§1 竞争与竞争情报

1.1 企业竞争、产业竞争与国家竞争

1.1.1 变革时代的企业竞争

竞争是自然界和人类社会中普遍存在的一种基本现象。它可以泛指一个生物个体或者社会组织（群体），为了生存与发展的需要，为了获得某种利益、资源或者达到某种目标，与其他生物个体或社会组织/群体——竞争对手进行角逐较量的行为现象。按照达尔文的自然选择法则，"物竞天择，适者生存"，自然界的竞争是没有战略的，竞争者能以概率机会获得自己生存必需的资源组合。但是人类社会的竞争就不是这么简单了，人类社会中的竞争行为是一种复杂现象。人们对于竞争的研究由来已久，哲学、经济学、管理学、社会学、情报学等学科都对竞争进行了研究。特别是我们所要关注的企业竞争，这是市场经济中的最基本现象。因为市场经济是生产力发展到一定阶段而出现的社会生产的特定形式，它的基本特征就是自由竞争，市场机制的本质就是竞争机制，即优胜劣汰的机制。没有自由竞争就没有市场经济，也就没有生产力的不断提高和社会的不断进步。企业是现代社会中的主要组织形式，也是推动社会经济发展的主体力量。因此，企业竞争也是现代社会中最重要和主要的竞争行为。从企业竞争战略的视角来审视企业竞争行为的历史与现状，我们可以粗略地作如下划分。

自然竞争：自发的适应性竞争行为。资源的稀缺性和企业的趋利性决定了竞争存在的必然。自然竞争是最原始与本能的竞争，是没有"战略"的竞争。现实中，企业竞争几乎没有纯粹的"自然竞争"，常见的现代企业行为似乎都处于自然竞争和战略竞争这两极之间。然而我们必须尊重自然竞争。因为自然界的自然竞争造就了我们这个星球上无穷无尽、鬼斧神工般的复杂性和多样性，造就了千姿百态的芸芸众生；而自然的企业竞争奠定了人类社会的经济和生产力基础，自然竞争是所有其他更高级竞争的基础，没有自然竞争这个基础和起点，就不会有竞争战略的发展。所以，我们必须了解自然竞争。

战略竞争：主动的积极性竞争行为。简单地说，就是有战略指导下的企业竞争行为。虽然只有保持自己的差异才能获得优势从而竞争胜利的本质没有变化，但是人类的智慧能够"有意识地选择差异"——这就是战略，所以，战略是对自然竞争的一种有效管理，是创造竞争优势的

一种精密谋划,是不断适应环境变化的一种能力——战略来源于竞争。"自然竞争是渐进性的。战略竞争是革命性的"。狭义或者早期的战略竞争思维最核心的特征是"战争思维模式",即典型的"商场如战场"思想,强调的是竞争的对抗性、排他性,关注的是竞争对手。竞争战略的理论方法最成熟部分就在这个阶段形成。

战略竞合(合竞):在竞争中合作,在合作中竞争,以合作求竞争。高度变革导致高度不确定性的竞争环境,由于生产力水平的不断提高,现代企业必须面对更巨大的战略挑战。于是,人们对于竞争的认识不断升华,一种超越传统的合作、竞争的新思想"竞合(Coopetition)"在20世纪90年代中叶出现了。许多管理者和学者都发现,对于多数企业来说,特别是全球性企业,完全损人利己的竞争时代结束了,一个"有敌无仇"的竞争时代到来了:竞争首先是在产业中各价值区域之间进行;个体企业纷纷加入,形成各个商业生态圈,圈内合作大于竞争,圈外是竞争大于合作。合作者既是竞争者,更是"完善者(complemetor)"。合作竞争意味着在创造更大的商业市场时合作,在瓜分市场时竞争。

价值竞争:通过价值创新超越竞争的企业竞争。"竞合"思想的进一步发展,一个似乎理想主义色彩较浓厚的竞争战略出现了:价值竞争思维模式,这是一种超越竞争的竞争思想。这种新竞争思想与上述所有竞争思想本质的区别在于:无论是自然竞争、战略竞争还是战略竞合,都有一个相同的隐含假设——即市场资源的稀缺性,虽然三者之间对于这个假设的认识与理解还是有相当差异的(正是这种差异导致了三种竞争战略思想对于竞争的对抗性及其范围的认识是不同的),但是本质上都是承认市场资源是有限的、稀缺的;然而价值竞争思想乐观地认为——市场资源的稀缺性总是能够通过"创意"(技术创新、设计创新、商业模式创新、管理创新等等)克服解决的。因此,价值竞争不再关注竞争对手,而是聚焦客户价值,通过价值创新超越传统竞争而实现某种"价值领先优势"乃至"价值垄断"。现实中的确出现了一批几乎不关心与对手较量或击败对手的高增长公司,反之,他们通过对价值链的关注使竞争对手变得无关紧要。当竞争的重点不再是对对手的关注而是对顾客的关注,当竞争的策略不再是从成本和价格上击败对方而是为客户创造多少价值,价值本身就会创造不战而取人之兵的奇迹。按照价值创新论的创造学者的说法,传统的企业竞争都是在一片"红海"中对抗,而价值竞争则是开辟一个新的没有对手的"蓝色海洋"独享其成。

1.1.2 全球化时代的国家竞争

人类社会中除了人与人、企业与企业之间的竞争,更为纷繁复杂与宏大的竞争是国家间的竞争。世界从冷战时代进入全球化时代,国家间竞争的激烈程度并没有丝毫减弱,只是竞争方式——从战略思维到执行策略都有了重大转变,最根本的改变就是"冷战思维"的结束和"全球化竞合"的开始。经济全球化、政治民主化和科技发展日新月异已经成为当今世界的滚滚潮流,顺之者昌,逆之者亡。国家间的关系愈加复杂,竞争与合作错综,"非友即敌"的冷战思维已经过时,"亦友亦敌"的新竞争观要求更高瞻远瞩的战略思维。同时,高新科技的发展将人类带入崭新的知识经济时代,竞争的手段与方式日新月异,又对国家竞争的战略思维提出了新挑战。因此,"在国际竞争愈来愈激烈的世界,国家的作用不减反增。当竞争的基础转为创造和知识积累时,国家的作用就变得日益重要,创造与保持竞争优势也变成本土化的过程。国家在价值、文化、经济结构、制度和历史的差异,都与竞争发生关联。"

国家与国家之间不存在永久的盟友或永久的敌人,存在的只是永恒的国家利益。随着冷战时代的结束和全球化的加速,围绕着永恒的国家利益,传统的军事、安全和外交等领域的对抗性竞争依然存在,但是科技、经济、文化以及新型的非传统安全领域的竞争更为关键和激烈。在以和平发展和多极化为主流趋势的今日地球村中,国家的竞争力和竞争优势更主要地依赖科技、经济和文化等领域的创造力和实力。迈克尔·波特就曾断言:"国家的竞争力在于其产业创新与升级的能力。"因为人类文明已经基本到达了一个对于战争——竞争的极端状态有了充分理智认识的时代,全球化时代的国家竞争最常见的则是一种经济或商业领域的争胜行为,利益驱动是其本质特点,故而其竞争对手往往是非敌非友的他方。因此,全球化时代中,企业竞争、产业竞争可能是国家竞争的最主要表现。

1.1.3 从竞争到竞争情报

竞争是市场经济社会中的一种基本现象。由于竞争使然,信息在社会层面上分配不均,即信息不对称和信息不完全性是客观存在。从理论上看,情报的本质意义在于取得有利于己方的信息不对称。信息的不对称分布对于任何市场主体都是适用的,是普遍的、客观的存在。所以任何市场的主体都要面对信息不对称分配的现实,在市场上取胜的途径就是尽可能地将形势转换成为对己有利的信息不对称。而这种信息状态的转换,乃是以情报的形式而非原始信息的形式去实现的。情报具有减少乃至消除不确定性的功能,成为信息在市场中不均衡分布的"解决方案"。

因此情报是竞争的产物,竞争性是情报的固有属性。从情报的演变进程中,我们可以发现,情报始终是人类竞争行为的产物。情报是人类社会赖以生存的重要资源之一,自从有了人类,就有了人类对自身利益追求的竞争行为,同时也就有了人类因竞争而产生的对情报的客观需求,而无论这种竞争行为是发生在人类与自然界之间,还是人类本身之间。例如,人类最早的情报活动就是远古时代人类为求生存而与自然界竞争的产物。军事情报产生于战争,亦即竞争的极端形式,那是毋庸置疑的。新中国成立以后国内独特的科技情报,事实上也是在面对西方科技封锁下的一种国家级的科技竞争行为的产物。即使是日常的情报工作,从本质上而言,也同样地表现出不同程度的竞争性。因为这类情报工作往往与进行决策和制定行动计划联系在一起。这里的决策、计划等都要经过多方案的分析比较,最后择优决定。通过比较,作出决定,取得成功,其中的每一个环节都包含着强烈的竞争内容。

从中外对情报的命名中看,我们可以发现这样一个基本事实,那就是最后都自觉地或不自觉地隐含了竞争是情报本质属性的一致看法。在历史上对情报的命名中,中外都曾利用情报的某些基本属性包括社会性、智能性等对情报进行命名,如社会情报(国外)、智能情报(国内),但这些命名均未被社会普遍接受。而出现在 20 世纪 80 年代中后期的"竞争情报"(Competitive Intelligence)的称谓,实践表明已为中外社会一致认同。我们认为这并非是一种偶然现象,因为它旗帜鲜明地突现了竞争这一情报的本质属性,因此这是历史的必然选择。

这里还有必要探讨这样一个问题,那就是既然竞争已是情报的本质属性,那么为何不直接使用其元概念"情报",而又要出现"竞争情报"这一称谓?

理论上,"情报"(Intelligence)就是指竞争情报,但在实际操作中,因这一概念和理论的形成较晚,而原本对这一词已有在其他方面先入为主的理解,从而很可能会对该词产生歧义。例如,"Intelligence"在英语中很容易联想到其狭义的用途,即军事安全领域的情报,事实上它也是最早被作为正式概念而使用的场合;或者甚至于因其具有智力性的基本属性会被人们认为是心理学范畴中有关智能的概念。同样,在汉语中讲到"情报"一词,也会被误认为是传统的信息情报工作,或者是狭义的科技情报工作,甚至还可能是专指"007"之类的谍报活动。

因此,在英语中,为区别狭义的军事安全情报或者甚至是心理学中智能的概念,故用"Competitive Intelligence"来对"Intelligence"进行命名;同样,在汉语中,为区别传统的信息情报、狭义的科技情报,甚至是谍报等等,故用"竞争情报"来对"情报"进行命名。可见,无论国内外情报均以其本质属性竞争来限定,这已成为一种无法抗拒的客观现实。

汉语中的"情报"一词,最初用于军事活动中的敌情报告。1915年版《辞源》的解释是:"军中集种种报告,并预见之机兆,定敌情如何,而报于上官者,是为情报";1936年第一版《辞海》则说"战时关于敌情之报告,曰情报";1965年第二版《辞海》在原定义的基础上增加了"亦泛指一切最新的情况报道。如:科学技术情报";1979年第三版《辞海》的定义是"①以侦察手段或其他方法获得的有关敌人军事、政治、经济等各方面的情况,以及对这些情况进行分析研究的成果。②泛指一切最新的情况报道。如:科学技术情报";1999年第四版《辞海》的定义是"获取的他方有关情况以及对其分析判断的成果。按内容和性质分为政治情报、经济情报、军事情报和科技情报等"。

上述不同年代的情报定义的叙述清晰地勾画出了情报的演化过程,即情报经历了一个从早期的军事领域到以后的科技领域再到当前所偏重的经济、社会等领域这几个发展阶段;情报搜集的对象也已从"敌情"或"敌方"演变成了"他方",即竞争对手的情况;情报一词的用法更是从特定的领域转向了一般的泛指,诸如情报"是判断、意志、决心、行动所需要的能指引方向的知识和智慧",是"解决问题所需要的知识",等等。

在国外,"情报"(Intelligence)一词的通用定义是:它是一个组织(按组织行为学,可以是一个国家、一个公司到一个人)感知外部环境变化,并作出反应,使之更好适应环境变化的能力。

同样,"情报"一词在国外的应用最早也是起源于军事政治领域。美国三军军语词典对"Intelligence"所下的定义是:"情报是对从目标国家地区或行动的一个或若干方面所能得到的、对制定规划具有现实或潜在意义的一切资料进行搜集、评价、分析、综合和译释的产物"。

目前经常被引用的是国际情报界的先驱谢尔曼·肯特在其《美国全球政策中的战略情报》中所作的精辟论述:情报是一种知识(knowledge)、一种活动(activity)、一种组织(organization)。若将这三个观念连贯起来,也就可以说:情报是某种组织为追求特定的知识而采取的一系列行动。

这里需要强调的是,肯特的定义虽过于宽泛,但却彰显了情报的3大关键属性。

(1)情报是一种知识性的产品。情报的惟一目的是为了求知,肯特说是追求对国家生存具有必要性的知识。换言之,无论是战时或平时,任何国家的政府在对其国家政策(战略)作重大决定时,都必须以此种知识为基础。

(2)情报由一系列的活动程序组成。为使成品情报富有正确的判断能力,并使这种能力与决策者的需求和对成品情报的使用联系起来,就必须通过"情报活动程序"这一概念来完成。

(3)情报体现的更是一种组织的能力。决策者在作决定或规划时需要"先知",而这类知识由知情者负责提供。在当前的复杂多变的环境中,即令是孙武、孔明在世,仅凭个人的才智也无法一手包办。简言之,现代情报工作是多元化、集体化的工作,必须要有一种组织来负其总责,然后始能收到分工合作之效。

1.2 竞争情报:概念、分类和内容

1.2.1 竞争情报基本概念

对竞争情报下一个确切的定义是困难的。我们可以认为竞争情报是机构组织感知外部环境和内部状况变化,对信息进行收集、整理、分析和传播,直接服务于决策的功能。由此,竞争情报有3大要素,即过程、产品和组织系统。

作为过程,竞争情报是一个周而复始的循环周期,由情报规划、情报收集整理、情报分析、情报传播和反馈评估等环节组成(图12.1)。在规划阶段,又有从关键情报主题到关键情报问题,再到关键情报指标这样一系列步骤。

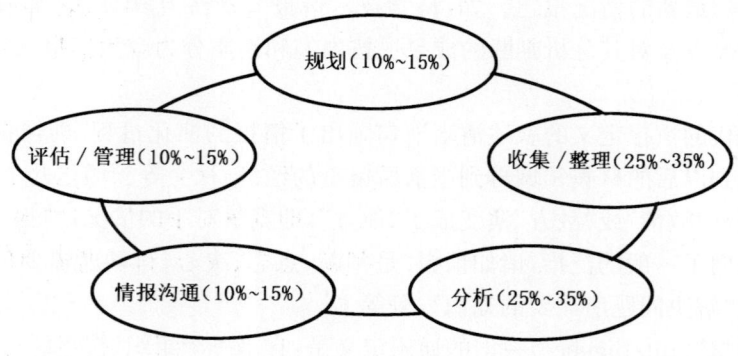

图 12.1 竞争情报循环图

资料来源:柯克·泰森.竞争情报完全指南

在竞争情报活动中,会形成各种情报产品。根据其战略价值和目标受众(服务对象)不同,竞争情报专家泰森将其分为 CEO 特别情报概要、月度情报摘要、战略影响表、竞争对手概况、新闻简报、数据库等(图12.3)。

在竞争情报的组织架构上,有集中型、分散型和混合型等形式。说到系统有两层含义,一是指保证竞争情报顺利开展的机制文化,因为竞争情报是一项需全员动员的工作;二是指人-机系统,计算机软件数据库的引入可以大大提高情报收集、整理、传播等环节的效率。

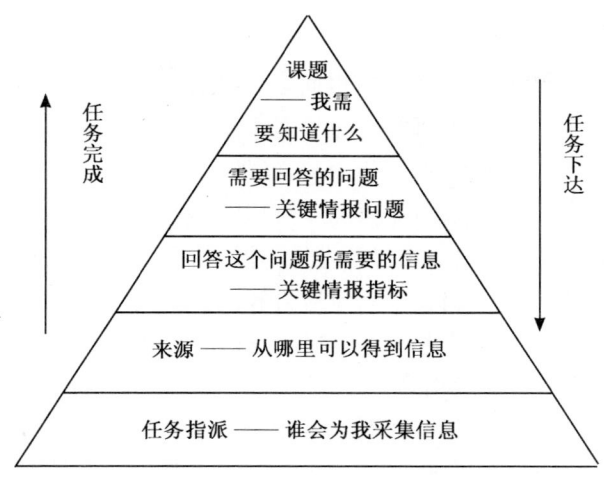

图 12.2　竞争情报过程金字塔

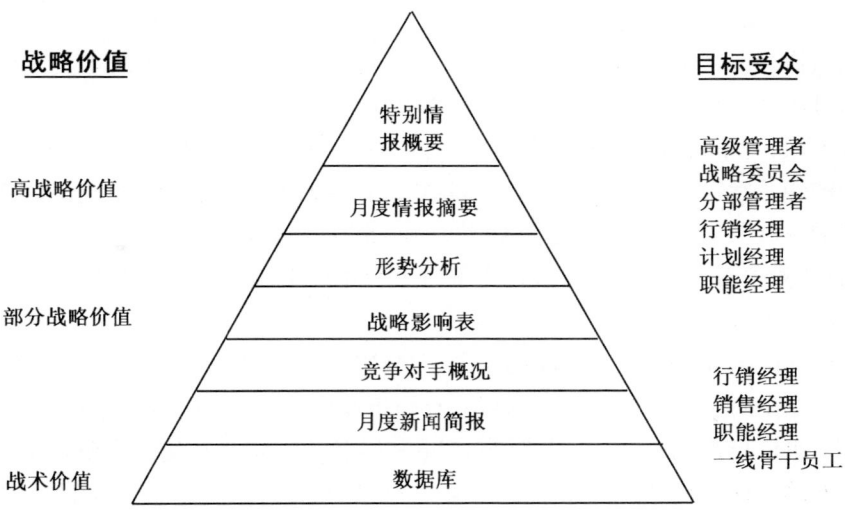

图 12.3　竞争情报产品层次

1.2.2　竞争情报的分类

就企业竞争情报而言，根据不同的经营层面，企业内的不同功能块，它又可以分成战略竞争情报、技术竞争情报、人力资源竞争情报、外购/外包（outsourcing）竞争情报等。战略竞争情报主要服务于企业的整体战略，涉及环境监视、竞争对手战略研究；技术竞争情报（CTI）主要针对企业的研发活动，涉及专利标准策略、技术路线图等；人力资源竞争情报围绕企业的人才战略，涉及行业/对手的薪酬福利调查、猎头等；外购/外包竞争情报则重点是在供应链调查、物流系统分析等。

1.2.3 竞争情报的主要内容

根据竞争情报的内涵,就企业的竞争情报而言,从宏观到微观涉及这样一些内容:宏观环境监视、行业/产业分析、市场/消费者研究、竞争对手跟踪等。

宏观环境的监视一般是从政治的(political)、经济的(economic)、社会的(social)和技术的(technological)4 个维度展开,也就是人们通常说的 PEST 方法。

在中观层面的竞争情报内容之一便是行业/产业研究,一般以波特的五力模型为框架,分析现有行业内的竞争、新进入者、替代产品、供应方和用户。

中观层面竞争情报的另一内容是市场/消费者研究,具体包括消费者的偏好购买行为分析,用户使用习惯分析,产品价格变化等。

竞争情报在英语中有一个近义词是竞争者/竞争对手情报(competitor intelligence),可见竞争对手跟踪分析在竞争情报中的重要性。这部分的内容包括竞争对手的档案建立(profiling)、竞争对手的战略研究、财务分析、销售监测等等。

竞争情报领域内影响最大的组织 SCIP 名称的变化反映了竞争情报内涵的扩大。成立于 1986 年的 SCIP,1990 年前的全称是 Society of Competitor Intelligence Professionals(竞争者情报专业人员协会),考虑到覆盖范围过窄可能影响发展,90 年后改为现在的名字 Society of Competitive Intelligence Professionals(竞争情报专业人员协会)。

从功能上看,竞争情报涉及这样几方面的内容:预警、对标、反竞争情报等。

在企业的经营活动中,竞争情报的作用就是对商业环境的监视,监测政治的变革、社会的演化和经济的发展及其对商业的影响,跟踪行业、市场和技术的变化,了解客户/消费者的动向,监控现有的竞争对手,发现新的潜在竞争对手。在以上各项工作的基础上,对所有变化可能产生的影响作出预警。

对标(benchmarking)有几个层面的含义。最狭义的对标是设立一套指标体系,拿本企业/组织的数据与竞争对手的作对比,找出差距,并分析原因,寻求改进的措施,以期最终赶上并超过竞争对手。更深层次的对标,其基准(benchmark)就不一定是直接的竞争对手,可以是行业内甚至行业外的最佳实践(best practice)企业。对标的另一含义是:在分析研究某一行业未来发展时,可以对照先行国家或地区的发展历史,研究其演化过程中规律性的东西,作为预示的参照系。

如果说竞争情报是以"进攻"为主,在合法的前提下,通过各种途径,利用种种手段,最大限度地获取竞争对手的相关信息;反竞争情报就是以"防守"为主,对竞争情报作逆向思维,发现可被对手利用的竞争信息可能泄露的途径渠道,通过分级、监控及培训员工等方法,最大限度地防止竞争对手获取本企业的机密信息。

值得一提的是,在早期的竞争情报研究中有 Competitive Intelligence 和 Business Intelligence 混用的情况,但现在大家对二者的区别已有认同的看法。前者多指企业/组织外部情报的收集、整合、分析等,译作竞争情报;后者更多的是企业内部数据信息的利用,与数据挖掘、文本挖掘相联系,许多情况下被译作商务智能。另一 Competitor Intelligence 一词,可能由于涵义太窄而遭弃用。

知识管理与竞争情报密切相关。竞争情报强调人际网络，这其中会涉及到知识的固化，以及隐性知识的显性化等问题，而知识管理在这方面可以发挥重要作用；知识管理还有助于情报资源的再利用，提高效率。

1.2.4 竞争情报产业链

竞争情报的一个重要特性就是它的实践性，它的实际应用构成完整的产业链。在这里面有竞争情报的用户——企业/组织，提供竞争情报相关信息数据的商业数据库公司，以IT技术支持竞争情报的软件/系统开发商，以及培养竞争情报人才的学校/培训机构。

哪里有竞争，哪里就需要竞争情报。企业/组织是竞争的主体，也是竞争情报的主要用户；同时，企业/组织的竞争活动又是竞争情报的信息来源。所以，企业/组织既是原始信息的生产者，又是情报产品和服务的最终消费者，所有竞争情报都是围绕企业/组织展开、生产情报产品或提供情报服务的。

社会的发展促进了分工，许多原先由企业/组织自己来做的竞争情报业务开始由外部的第三方来完成。咨询调查公司提供的竞争情报服务有：行业研究、市场分析、信用调查、消费者/用户调查等。其服务形式可以是出售统一格式的多用户报告，也可以接受个案委托，根据客户要求提供量身定制报告。还有一些公司的服务是帮助企业/组织根据其自身的特点、任务要求建立自己的竞争情报系统。

竞争情报的开展是以大量信息数据为基础。尽管一般认为百分之九十以上的信息可以通过公开的途径获得，但信息数据资料大多都是以无序的方式散落于社会各处。商业数据库公司所做的就是使这些无序的资料尽可能地有序化，减少竞争情报人员花在收集上的时间，同时在出售数据库的过程中获取它们的商业利润。它们中有的专做宏观经济数据，有的聚焦商业新闻，有的瞄准新兴市场国家和地区。

IT技术渗透到各行各业，竞争情报也不例外。IT技术在这样几个方面发挥了很大作用：一是互联网信息的自动采集、去重、归类；企业/组织内部各种格式文件数据信息的有效利用；竞争情报在企业/组织内部有针对性的及时散发。

1.3 中国竞争情报的兴起与发展

1.3.1 中国竞争情报的独特起源

与美国的竞争情报缘于军方情报人员大批转投社会企业机构，竞争情报人员具有军事情报背景不同，中国的竞争情报由科技情报界首先提出，然后扩展到其他领域。

1956年，根据当时科技发展十二年远景规划纲要的要求，中央及各省市、各工业部委、高等院校、各军兵种在短时间内相继成立了科技情报机构，形成一个庞大的科技情报体系。在对外开放前的几十年里，中国的科技情报系统为冲破西方国家的封锁和禁运，对发展中国的科技和经济做出了重要的贡献，具体可见本章第5节。

80年代在国家改革开放的形势下，原有的科技情报工作体制和模式受到挑战，全国科技情报人员开始探索新的生存与发展之路，探索新的社会定位，探索新的信息资源发展模式。寻求新的发展的结果之一就是竞争情报在中国的兴起。

1994年9月21日至23日，中国科技情报学会、北京科技情报学会、上海科技情报学会和中国兵工情报学会4家单位联合发起在北京召开了"全国竞争情报与企业发展研讨会"。这是竞争情报业务在我国发展的一次奠基性大会。1995年，经中国科协批准，民政部登记，正式成立了中国科技情报学会竞争情报分会，标志着我国情报工作进入到一个新的发展时期，更直接、更有效地为我国经济建设、企业发展和市场竞争服务。竞争情报在中国的崛起是国际情报界的一个重大事件，也是我国科技情报界的一件大事。

1.3.2 中国竞争情报发展的十年

以中国科技情报学会竞争情报分会的成立和中国加入WTO作为两个里程碑式的事件，可以将中国竞争情报的发展分为3个阶段：1994年底以前的第一阶段，1995年初到2001年底的第二阶段和2002年至今的第三阶段。

第一阶段的重要活动包括情报界对Intelligence概念的讨论及上海科技情报研究所对Intelligence的一系列实证研究，上海科学技术情报所的"上海外向型企业营销环境监视系统建立"、"上海轿车工业竞争环境监视系统"和兵器工业情报研究所的"情报研究的国内外比较研究"等课题研究，以及"全国竞争情报与企业发展研讨会"等。

竞争情报分会的成立使竞争情报活动向正规化方向迈进了一步。在第二阶段，分会组织召开了一系列竞争情报研讨会。这些会议的举行，大大促进了竞争情报的普及和发展，增进了对竞争情报技能的了解，交流了中国竞争情报实践的经验。值得一提的是，竞争情报界的重量级人物美国竞争情报专业人员协会二轮主席普赖斯科特（John Prescott）博士和科尔博（Guy. D. Kolb）先生先后来华举行主题报告会，讲授竞争情报的最新理念和方法。"竞争情报与企业竞争力"、"企业竞争情报系统的模式和运行机制研究"、"北京市竞争情报示范工程"、"网络环境下竞争情报理论与方法研究"、"云南省竞争情报示范工程"、"中美两国竞争情报的比较研究"等课题的研究加深了情报界对竞争情报的理解。

随着市场经济的日趋完善，竞争变得越来越激烈，特别是在中国加入WTO以后。竞争情报也由此进入到一个新的阶段，从先前政府资助、学术机构/协会推动发展到有更多的社会力量的加入，成为许多企业的自觉行动。

在竞争激烈的汽车、电信、快速消费品（FMCG）等行业，竞争情报成为提供企业竞争力的一支重要力量，出现了一批像长安汽车、一汽、广东移动、宝洁这样的竞争情报最佳实践（best practice）企业。

在企业情报需求日渐增多的刺激下，竞争情报服务的市场快速增长。海外咨询调查公司通过并购、开设新公司等方式扩大在中国的业务；本地公司也在竞争和向海外公司的学习过程中迅速成长。

除国外的竞争情报内容提供商Factiva、ISI外，本土的万方数据、中国资讯行、同方光盘等数据库公司也开始从以前主要服务于学术研究机构转而更多地面向企业。

IT公司的介入在很大程度上推动了竞争情报业的发展。2001年7月，百度推出国内首个竞争情报系统eCIS。不久，易地平方、365Agent也先后进入这个市场，形成三足鼎立之势。

经过四五年的激烈竞争,大浪淘沙,目前成了拓尔斯(TRS)和百度两强相争的局面,另有利海、五科开维、赛迪等二线的竞争者。IT公司结合培训的营销模式对普及竞争情报起到了很好的作用。

这些年来,国内从事竞争情报的主要有三支队伍,它们分别是企业/组织、各类中介机构和专职科技情报机构及高等院校相关专业。在这段时间,竞争情报的理论、方法、技术、系统、文化等方面都有一些专著、丛书、教材和重要成果,为竞争情报在我国的发展打下了很好的基础。

1.3.3 新形势背景下中国竞争情报展望

2000年中国政府提出"走出去"的开放战略,将中国经济发展战略从"引进来"为主,调整到"引进来"与"走出去"相结合。2001年底,中国正式加入世界贸易组织,为中国的发展融入全球经济创造了条件。

这些年来,越来越多的中国产品出现在世界各国的市场上,中国正成为"世界工厂""全球制造中心"。与此同时印度巴西等后起的发展中大国也在纷纷崛起,这在一定程度上也导致原材料国际市场的供应紧张和招致国际贸易保护主义势力的抬头,反倾销、原产地规则、技术标准等非关税措施制约着我们中国商品的出口。彩电、自行车、汽车挡风玻璃、节能灯等的反倾销案、纺织品的原产地规则、打火机安全标准等就是这方面的典型案例。同时,中国企业不会仅仅满足于"世界加工场"的现状,正在从两个方面突破,提高企业的附加值和利润空间。一是变产品经营为品牌经营,不只是为跨国公司作贴牌加工,要在国际市场上打出自己的品牌。海尔、青啤等已经开了一个好头,更多的企业在朝着这方面努力。二是提高产品的科技含量,提升产品的档次。这就要求企业有自主创新的能力,形成自有的知识产权(专利、标准等)。

在这种新形势新情况下,竞争情报可以发挥更大的作用,但也对竞争情报提出了更高的要求。这里着重讲几个方面。

1. 国家竞争情报

要突破贸易保护主义的设防,要在目标市场树立中国企业的品牌形象,都不是企业的独立行为能在短时间内做到的。这需要社会资源形成的合力,需要政府的组织协调。经济分析家翟玉忠在纵横对比发展中国家与中国的现实后曾做出过这样的重要判断:事实证明我们的出路只有一条,在政府的主导下,政府、企业和学界形成一股合力——国家经营产业。在竞争情报方面,就需要有国家竞争情报。美日等国的发展经验也充分地说明了这一点,美国的行业协会、商会、商务部,日本的日本贸易振兴机构(JETRO)在它们的产品走向世界的过程中发挥了重要的作用。

2. 技术竞争情报

这里的技术竞争情报(CTI)不是传统科技情报的简单更名,尽管后者曾在计划经济时期发挥过重要作用。根据李艳博士的定义,技术竞争情报是指能给组织的竞争地位带来重大影响的外部科学或技术的威胁、机会或发展的信息,以及这些信息的获取、监控、分析、前瞻和预警过程,是竞争情报理论和方法在科技领域中的应用。如果说传统的科技情报较多地是就技术研究技术情报的话,技术竞争情报更着眼于企业/组织的战略,在战略的大视野下来做技术情报。就中长期来说,技术竞争情报可以帮助企业/组织开展技术预见,现在我国政府的技术预见课题组就有竞争情报背景的人员参与；从微观层面看，技术竞争情报可以帮助企业/组织制定知识产权战略，日本富士通和我国台湾鸿海各数百人的知识产权事业部中，有相当部分的人是从事技术竞争情报的。

3. 竞争情报创新

近期，中国政府提出了国家的创新发展战略。中国的竞争情报也存在如何创新发展的问题。2004年，竞争情报界举行了竞争情报分会成立十周年的纪念活动；2005年，第11届年会的主题定为"开创新局面"。如何把这一设想落到实处，还有很长的路要走，还有很多事情要做。中国的竞争情报要进一步走出书斋，吸引更多的企业/组织第一线的竞争情报人员到协会和各种活动中来，成为竞争情报业的主体。在大量引进国外竞争情报理论和方法的基础上，下一步的重要任务是积极总结这些年来在中国本土开展竞争情报的最佳实践（best practice），并结合中国的现实特点加以推广运用。结合国家的"走出去"战略，创新战略，自主知识产权战略，有针对性地有选择地实现竞争情报应用的突破。

§2 竞争情报能力与系统

2.1 组织的竞争情报能力

组织的竞争情报能力是其适应环境能力的重要组成部分。它取决于组织所处社会环境、组织领导的意志、组织结构和专门资源等各个方面的因素。因此需要建立一个整体的系统，来为组织提供及时、准确，并具有可操作性的情报。组织的竞争情报系统用于感知外部环境变化，帮助组织及时洞悉政治的、经济的、社会的、市场的变化以及这些变化对组织可能构成的威胁和机遇；它也是组织为适应外部环境变化而做出战略决策和竞争策略的支持系统，能为组织的竞争决策提供依据和论证。

组织的竞争情报能力主要取决于其在组织中能否实现以下3方面功能：

1. 危机预警功能

监视竞争环境；跟踪新技术的发展；把握与相关的各种政策法规的变化；跟踪主要客户的动向；跟踪市场需求的变化；预测现有竞争对手的行动以及发现新的或潜在的竞争对手。

2. 决策支持功能

竞争情报对高层管理人员在企业产品开发、技术开发、重大战略动作如并购和投资等方面的战略决策具有关键作用，利用竞争情报能够提高企业主观决策的成功率。

3. 标杆学习功能

在收集和分析竞争情报对手情报的过程中，企业也可以从管理、技术和商业模式等方面学到很多东西。竞争情报的标杆学习功能主要体现在技术借鉴、标杆比较、帮助学习和采用最新的管理工具、激活员工所拥有知识、促进新思想、新方法的交流等等，这同样可使企业提高竞争力。

2.1.1 组织和组织的竞争属性

1. 组织的内外环境

各种组织(人、公司、地区或国家都是组织的一种形式)作为一个有机的、生长着的主体,需要生长空间,它会受到内外环境的制约。外部环境分析不仅指自然环境,而是指处在组织之外,不受组织控制,但会对组织产生影响的那些因素。而内部环境则是组织自身的各种性质,自身的组织结构,自身的优劣势,组织自身的目标和使命以及组织自身的形式。内外部环境应是互相影响的。

2. 组织的竞争属性

竞争作为一种有目的的行为,起源于人类的无限需要和有限资源之间的矛盾。在两种情况下会产生竞争:一是共需性,即竞争者有共同的需要;二是稀缺性,即不能使所有人同时得到满足。由于所有组织的共同需要永远不能充分满足,所以就会不断地产生竞争。在稀缺资源条件下获得超越他人的利益,是竞争持续存在的动力源,竞争的目的就是要争取这种利益的实现。

组织竞争力建设所考虑的两个最重要的方面是:

(1)拥有的资源具备竞争力。用优势人才、技能和技术专长来装备业务单元,这些优质资源使组织在运作一项或多项关键的价值链活动时,相对于对手存在某种竞争优势。

(2)运用资源的能力胜人一筹。在竞争对手有着非常相似的资源和战略的情况下,必须在战略的应用和资源的组合协调上建立对手难以模仿的核心能力,这必须是一种组织的能力。

2.1.2 影响企业竞争情报能力的因素

企业作为竞争情报最主要的用户,是在各类组织中我们最为关注的对象。企业对竞争情报的需求程度的强弱以及组织的竞争情报的能力取决于多方面内容,包括其经营环境、企业结构和领导等。

1. 企业经营环境对竞争属性的影响

当前,国际竞争的焦点逐渐转向经济技术领域。组织所处的各种环境尤其是经营环境发生了巨大的变化。表现出以下几个特征:

(1)技术创新速度加快,产品的生命周期大大缩短;

(2)市场日趋成熟,市场饱和度增加,产品趋同的竞争日趋激烈;

(3)多数产业生产能力过剩,限制了产业利润的增长;

(4)市场细化程度加大,许多公司为保持竞争优势关注越来越小的细分市场;

(5)世界"扁平化",生产乃至研发的移动性增强等。

上述特征使组织与组织尤其是企业与企业之间的互动性增强,企业的成功与否很大程度上取决于市场行为和竞争对手的反应,而不完全靠他们自己的行动。决定一个产品或服务的好坏不完全在于自身提供的产品或服务的好坏,而更取决于你提供的价值与竞争对手的产品或服务的价值相比谁更有竞争力。竞争已经渗透到了每个领域。

因而赢得竞争的关键就在于有价值信息获取的竞争,即关于竞争环境、竞争对手和竞争策略的情报信息和研究的获取的竞争,即竞争情报的获取和解读上的竞争。

2. 企业的组织结构形式对竞争属性的影响

企业的组织结构的形式分为以下 5 种:即直线制、职能制、直线职能制、事业部制、矩阵型。

组织结构关系表现为两个方面:一方面是层的关系,即由于权力分层而产生的领导与被领导的关系;另一方面是协作的关系,即由于职能分工而产生的分工协作关系。

组织结构对竞争属性的影响可以分为:基于流程的管理控制模式和基于规则的管理控制模式。组织结构的工种流程系统包括:

(1)正规的权力系统:即行政指挥系统;

(2)规章制度流程系统:企业规定的生产工艺流程和管理工作流程反映了这种流程系统;

(3)非正式沟通的流程系统:这是组织成员间信息与感情的联系和交流,是对规章制度的补充;

(4)工作群体流程系统:凡在一起工作或工作位置接近而且有共同兴趣的人形成沟通网或团体,称为工作群体流程;

(5)特殊决策流程系统:是指由于进行特殊的非程序决策而引起的工作上的联系或人际交往的流程系统。

3. 企业领导对竞争属性的影响

企业的领导对显性组织的竞争影响主要体现在决策的制定上。领导者负责变革他们的企业,使其在环境条件变化的情况下仍能保持竞争力。对高层管理团队的要求,就是需要以杰出的技能、经验和知识来使企业更好地识别环境中的威胁或机会并做出反应,从而做出需要的组织变革。没有管理层有意识的重视,就不会形成核心能力或得到战略果实。

2.1.3 竞争情报能力的内涵界定

竞争情报是指一个组织感知外部环境变化并做出反应,从而使本组织更好地适应环境变化的能力,即获取环境信息并与之适应的能力,也就是情报能力和对策能力。竞争情报实际上就是关于竞争环境、竞争对手和竞争策略的情报信息和研究活动。其主要功能是辅助组织决策,为组织提供危机预警等。

技能是竞争情报技术体系中最核心的内容,是准确反映实践操作者竞争情报能力的最佳判断依据,它只能在操作者身上体现。竞争情报的技能主要包括识别与满足客户需求技能、收集技能、分析技能。每一项技能又可进行不同程度的细分。

识别与满足客户需求技能具体又可细分为识别用户需求技能、成果提供与表达技能等等。收集技能又可细分为对信息的敏感与判断技能、通过不同信息源获取高质量信息的技能等。分析技能包括对信息质量的甄别技能、透过信息推倒其背后含义的技能、评估其对决策主体竞争优势影响的技能。为决策主题提供高附加值决策产品的技能等。

2.1.4 竞争情报能力与竞争力的关系

企业竞争力是企业在竞争的环境中,在有效利用企业资源的基础上,在产品设计、生产、销售等经营活动中,在产品价格、质量、服务等方面,与竞争对手相比所拥有的优势。企业竞争力的内涵是动态发展的,在不同历史时期、不同经济形态下其侧重点也不同。传统的经济学家认为企业竞争力是企业在基本生产要素如劳动力、资金和自然资源等方面所拥有的相对优势,由企业产品的质量、品种、价格、信誉和服务五个要素构成。增长经济学家则认为企业内部的革新与效率是构成企业竞争力的进步要素。

人们对竞争情报的需求缘于现实竞争的需要,有竞争存在就必然需要竞争情报。企业开展竞争情报工作的驱动力主要源于实现企业目标的需要。不能对企业竞争力作出实质贡献的竞争情报再"高级"也不是企业所需要的。

竞争情报系统(CIS,Competitive Intelligence System),是企业竞争战略管理实践中新出现的概念。美国竞争情报专业人员协会(Society of Competitive Intelligence Professionals,简称 SCIP)前主席、匹兹堡大学商学院约翰·E·普赖斯科特教授指出:"企业竞争情报系统是一个持续演化中的正规化和非正规化操作流程相结合的企业管理子系统。它的主要功能是为组织成员评估行业关键发展趋势,把握行业结构的进化,跟踪正在出现的连续性与非连续性变化,以及分析现有和潜在竞争对手的能力和动向,从而协助企业保持和发展可持续性的竞争优势。"

竞争情报系统可以为企业提供及时、准确且具有可操作性的情报。它是现代企业经营管理的智囊团和思想库,是企业领导集团的重要参谋部;它是企业感知外部环境变化的预警系统,能帮助企业及时洞悉政治的、经济的、社会的、市场的变化以及这些变化对企业可能构成的威胁和机遇。因此它不仅是企业竞争力的一个可观察指标,更是企业维持和发展自身竞争能力的必要保障。

2.2 竞争情报系统的结构分析和功能设计

伴随着汹涌的经济全球化浪潮,社会经济生活的节奏明显加快,企业的外部环境发生了巨大的变化,前所未有的压力与前所未有的机遇交织在一起,企业之间的竞争日趋激烈。为了与迅速变化的外部环境相适应,企业的内部环境必将做出相应调整,在组织制度、管理模式和文化体系方面都会产生相应变革,从而有利于借助外势更好地对企业内部资源进行重组,提高管理水平,提高效率,充分释放企业的内部潜力。

2.2.1 竞争情报系统的流程

竞争情报工作流程就是根据情报用户的需求收集、加工、分析和传播竞争情报的过程。分析竞争情报工作流程是竞争情报系统地设计业务流程的基础。尽管在不同的组织结构中,竞争情报系统所采取的组织形式不尽相同,但一般而言,竞争情报工作周期通常包括规划、收集信息、处理信息、分析信息和传播情报 5 个阶段。上述 5 个阶段之间是相辅相成、互相影响从而产生整体效果。

1. 规划

规划阶段的主要任务是确定竞争情报工作目标、进行情报审计和制定工作计划。

(1)确定竞争情报工作目标

这一阶段的关键是使竞争情报工作目标与整个企业的战略和目标协调一致,从企业全局出发为竞争情报工作制定战略计划。这一过程要涉及较高层次的管理部门,困难很大,但又非常重要,因为竞争情报工作目标是整个竞争情报流程的指导方向,目标的正确与否,将直接决定竞争情报工作的成与败。

(2)情报审计

确定竞争情报工作目标后,竞争情报部门还应对企业现行的情报工作状态进行全面诊断,即进行情报审计,以了解企业内部情报机制运行情况,企业内部现有的情报交流方法,企业内部情报信息资源分布情况,主要情报用户的类型及其情报需求,等等。

(3)制定工作计划

在对企业内部主要情报用户的需求进行调查后,情报人员将得到各种不同的情报需求内容。这时应将用户所反映的情报需求进行归纳、分类和汇总,并进行量化分析,对情报需求的轻重缓急程度进行评估,以确定关键的情报需求区域以及优先级顺序。之后,就应该着手制定工作计划,根据可拥有的时间和需要的情报内容制定实施计划,并将计划告知用户,使他们知道并了解工作进度的安排。同时也征求用户对工作计划的意见和建议,利用用户的反馈信息不断调整计划,使情报工作更贴近用户的需求。

2. 收集信息

(1)确定信息收集范围

竞争情报的收集范围应主要包括本企业自身信息、竞争对手信息、行业环境信息、宏观环境信息4个方面。

● 本企业信息。应该了解本企业当前的经营战略及目标、强势、弱势、产品销售情况、产品及服务特色、用户对本企业产品的满意度、技术实力、新产品开发情况、经营成败的历史、高层管理者的价值观等。

● 竞争对手信息。竞争对手信息是竞争情报的主要内容。在收集竞争对手信息之前,首先要确定竞争对手是谁。从广义上讲,凡是与本企业生产、销售同类产品、替代品或提供类似服务的企业以及在建的相关企业都可以是本企业的竞争对手。

● 市场和行业环境信息。市场和行业环境信息是企业生存的直接环境。行业环境发生的变化、存在的威胁或者机遇都会直接影响企业的发展。对于我国企业而言,由于市场经济体制尚不健全,企业所处的政策环境不稳定,政策变化比较频繁,对企业影响较大。因此应该特别关注行业政策变化趋势。

● 宏观环境信息。宏观环境信息对企业经营活动的影响通常是间接的,它为企业的战略决策提供一个大环境的背景。但有时也可转化为直接的环境因素。对宏观环境应主要注意政治法律信息、经济环境信息、技术环境信息、社会文化环境信息以及自然环境信息,包括地理位置、气候、水土状况等。

(2)收集信息

这一阶段的主要任务是选择合适的信息资源和方法收集所需要的信息。根据竞争情报需求,并结合本企业的实际情况,如资金、人力等因素,选择一批合适的信息源,并给予不同信息源以不同的优先顺序,以便有秩序地从内外信息源收集信息。在收集可能涉及知识产权和商业秘密的信息时必须注意合法。

3. 处理信息

该阶段主要对收集到的信息进行选择、过滤、归类和可靠性评价等。信息选择与过滤很重要。信息是否可靠也在很大程度上影响企业决策的准确性。信息整理主要是将筛选以后的信息有序化,这经常是通过建立数据库的手段,包括建立竞争对手档案和环境监测动态数据库等。当前越来越多的竞争情报分析工作采用了数据挖掘或文本挖掘的方法,其前提就是要建设数据仓库,这也是属于信息整理的范畴。

4. 分析信息

信息分析的最终目的是为了能利用信息采取行动。因此,如果在收集信息的过程中就能得到解决问题的方法,则没有必要进行分析。因此信息分析中要注意以下几点:

(1)信息分析应围绕企业成功的关键因素而进行,对信息做有选择的分析;
(2)信息分析不一定做得很复杂,只要完整、准确、实用就可以,应注意避免过度分析;
(3)信息分析不必拘泥于某种单一的模式或者方法,应该提高分析技能。

5. 传播信息

这既是竞争情报工作周期的最后一步,又往往是下一个周期的开始。因为这一阶段,竞争情报人员不仅要将情报产品传递给最终用户,而且还要主动收集用户对情报产品的反馈信息,而这些反馈信息,特别是新的情报需求和对情报产品的要求又将成为下一个工作周期的起点。在向决策者提供情报产品时,要特别注意以下几点:

(1)在表达方式上,情报报告应尽可能简洁直观,并尽量采用决策者容易接受的形式。应尽可能以简报或者图表等简明形式提供关于竞争形势、关键性问题的研究报告;
(2)应尽可能向决策者提供有决策价值的精准情报,信息过多反而会将重要情报淹没;
(3)竞争情报产品应尽可能反映最新的动态,要有助于企业提前应对,以保证其时效性;
(4)竞争情报产品应根据用户的不同而进行不同的加工包装,以增强针对性。

2.2.2 竞争情报系统的结构分析与设计

1. 竞争情报系统的基本描述

可以把竞争情报系统看作企业领导集团在经营战略和竞争决策过程中的"总参谋部"。对于其结构,我们可以从两个角度进行简要描述。一是从其空间维度,即体系结构角度,看其实体和虚拟的物理结构;另一个角度是从时间维度,即运行流程的角度,看其业务链的构成:

(1)竞争情报系统体系结构的描述

竞争情报系统在物理结构上由三大网络构成:1)组织网络;2)人际网络;3)信息网络。

后文将具体描述这3大网络的基本情况。同时,这3种网络之间也有着非常密切的联系。其中组织网络决定信息流向,信息网络承担显性化知识(信息),而人际网络则承担隐性知识的流向。

(2)竞争情报系统的流程描述

从纵的方向说,竞争情报的生产经历了一个采集、规整、分析加工到其可以按企业需要进行应用服务的过程。这样一个信息资源不断流动转换的过程就构成了竞争情报系统纵向的收集、分析、服务三个子系统。显然,从"采集"、"分析"到"应用服务",再到新的"采集",正是一个信息从低级到高级,从繁杂、没有价值到精炼、具有价值并可以加以运用的信息循环流动过程,这也是竞争情报系统运作的主要过程。因此,竞争情报收集、分析、服务三个子系统就构成了竞争情报系统的核心部分,横向的"组织网络"与"人际网络"都是围绕着这个核心服务的。

2. 构建竞争情报系统的原则

(1)针对性原则

针对性原则是指在建设 CIS 的过程中,始终针对企业的特点和需求,集中力量,作好企业目前最需要竞争情报领域的情报工作。竞争情报工作不能面面俱到,必须采用各种分析手段深入挖掘出真正适合企业发展的竞争情报,切中企业要害,帮助企业获取竞争优势。

(2)经济性原则

经济性原则是指在建设 CIS 的过程中,企业要考虑目前的财政状况、人力资源、投资回报率以及情报需求,力图以相对较少的投入获得相对较大的效益产出。建立一个实用的 CIS 应遵循高投入/产出比的原则。这一方面是指节省整个系统运行过程中的费用,另一方面是指在一定的投入下,要使竞争情报获得最高效率的利用。

(3)客观性原则

客观性原则是指 CIS 对竞争情报的收集、分析和服务都必须是客观的,应尽量减少人为因素的干扰,系统所提供的竞争情报必须是真实的,能准确地反映客观情况。竞争情报既是 CIS 的工作过程,也是 CIS 的主要产品,最终将用于企业竞争决策,因此,从竞争情报的收集、分析到服务都必须保证其客观性。

(4)及时性原则

及时性原则是指 CIS 所提供的情报能迅速、灵敏地反映企业内部及竞争环境、竞争对手的最新变化等方面的动态情况。CIS 的及时性一是体现在具有一定的预见性,二是具有快速反应的能力,以发挥竞争情报的最大价值。

3. 建设竞争情报系统的主要步骤

大体上来说,企业建设 CIS 应遵循以下步骤:情报需求分析、组织网络的模式选择、组织落实、系统设计、系统实施和运行。

(1)情报需求分析

这一步骤的目的就是要查明本企业最主要的情报需求,确定 CIS 目标。这项工作可以通过座谈会、个人访谈、深入分析等方法来完成。

(2)选择组织网络的模式

CIS 的模式多种多样,主要包括分散式、集中式、重点式、独立式等。选择组织网络的模式,需要考虑以下问题:

● 企业内各部门之间业务的关联程度,可以共享的资源和情报比重。如果业务关联密切,可共享的资源比重大,则考虑建立集中式模式,便于各部门共享各种资源和竞争情报,避免重复成本和浪费,否则可考虑建立分散式模式。

● 该企业创造价值最大的部门是否惟一。如果惟一,则可将企业竞争情报部门设置在这个部门,建立重点式模式。

● 竞争情报观念在企业中的深入程度。竞争情报工作如果已成为企业的一项日常工作,各部门经常提出竞争情报需求,而且竞争情报人员能够及时、令人满意地满足这些需求,则可以考虑建立独立式模式。

(3)组织落实

这一步骤的工作重点是建立一套组织机构,以确保 CIS 的建设和运行工作顺利进行。CIS 是一项复杂的系统工程,涉及方方面面的问题。除了各种技术问题外,还有大量的管理、组织协调和普及培训工作要进行,甚至还要克服传统习惯势力对竞争情报工作的阻碍和抵制,消除人为的障碍等。因此,必须建立一套组织机构,以便系统地、深入地开展这项工作,才能及时为企业决策提供可靠的、可操作性强的依据。

(4)系统设计

这一步骤的主要工作有两方面:设计系统所需的软硬件配备方案;设计 CIS 的主要模块,规定各模块的任务和实现方式。这里将 CIS 分解为三个子系统,即企业竞争情报收集子系统、企业竞争情报分析子系统和企业竞争情报服务子系统。

(5)系统实施和运行

分析与设计工作完成后,即可按照上述步骤中所作的既定计划来组织系统实施和运行工作。若发现前面的设计方案有不合理之处,可重复前述步骤,再次进行情报需求分析、模式选择、组织落实和系统设计工作。

2.3 企业竞争情报系统

2.3.1 建立企业竞争情报系统的意义

情报对企业的意义是不言而喻的。而企业要想具有较强的竞争情报能力,一个系统的作用是不可忽视的。

(1)有些企业没有 CIS 也能够应付,这是因为高级管理层有竞争情报的直觉,但是直觉不能保证永远有效,而且极易受到主要领导变化等情况的冲击。建设一个运行良好 CIS 的实质是将企业领导的竞争情报意识固化为组织体制,使竞争情报能力的发挥尽可能减少偶然因素影响,而得到坚实的组织保障;

(2)竞争情报是实现企业战略的关键,它应该是企业战略运作的一个组成部分,建立 CIS 可以使竞争情报行为成为可控制可衡量的过程,将各个部门已有零星分散的竞争情报行为汇聚到支持战略决策和实施,以集中资源,减少重复浪费。

2.3.2 企业竞争情报系统的基本框架

完整的企业 CIS 框架可以归结为一个中心、三个系统和三大网络。实际应用中企业根据自己的具体需求可以有所取舍。

1. 一个中心

即企业竞争情报中心(Competitive Intelligence Center, CIC)。它在 CIS 功能中处于规划和控制地位。CIC 负责组织收集、处理和服务;负责竞争情报人员的管理和培训;负责制定运行程序、工作制度和工作计划,并实施监督检查。

2. 三个系统

CIS 的信息网络是整个系统的核心部分，由竞争情报收集子系统、竞争情报分析子系统、竞争情报服务子系统 3 部分组成。

（1）竞争情报收集子系统：根据确立的情报需求，收集、整理各种信息，并做初步筛选，同时做好文件、记录等资料的保管及定期归档工作。收集子系统是 CIS 的输入系统，竞争情报的收集是否全面、准确、及时，是决定 CIS 质量的基础。

（2）竞争情报分析子系统：应用恰当的分析方法与技术，深入分析竞争情报收集子系统收集的信息，生产竞争情报产品。分析子系统是 CIS 的核心，是竞争情报的"制造车间"，将企业收集子系统所收集的信息有序化、系统化、层次化，通过分析将信息转化为情报，"生产"出真正有用的竞争情报。

（3）竞争情报服务子系统：以各种适当的方式提供竞争情报产品，及时将产品传送到用户手中，并为企业决策层提供快捷友好的浏览、查询服务和情报服务。服务子系统是 CIS 的输出系统，是实现其价值的环节。必须根据任务要求确定主动推送和快速响应等各种具体服务方法和服务内容。

3. 三大网络

（1）组织网络：它是 CIS 的组织保障和基础，组织网络实际上体现了竞争情报活动的构架和流程。

（2）信息网络：以计算机和通讯网为平台，包括竞争情报收集、分析和服务三个子系统，这三个子系统的功能都与组织网络和人际网络息息相关。信息网络是 CIS 运作的核心网络。

（3）人际网络：完善的人际网络是搜集、分析情报的有效机制，也是提供情报服务的最好手段与途径之一。

2.3.3 企业竞争情报系统的管理

一个完整的 CIS 必不可少地需要对每个子系统有良好的管理和维护，以保证系统正常有效地运行，并不断进行完善和优化。企业竞争情报系统管理涉及系统规划、项目管理、人员培训及系统性能评估 4 个方面。

企业竞争情报系统规划是确保在企业计划及目标和 CIS 计划及目标之间达成一致的过程，或是识别出能为组织机构提供竞争优势的过程。系统规划并不着眼于企业自身拥有的信息资源的先进性和完备性程度如何，而是从企业的战略目标和竞争态势出发，强调如何建立和完善一个能够充分有效地开发利用企业内外部信息资源的信息环境。

CIS 的立足点是企业竞争的需要。因此，任何一项系统规划都必须紧紧围绕着面向竞争的信息管理战略来展开。英国学者罗莉（J. Rowley）认为，一个典型的系统规划方法由以下 7 个阶段组成：建立规划过程，理解商业战略和需求，明确现有的信息系统，形成必要的应用方案，形成信息技术供应战略，报告和实施，维护。

CIS 贯穿于企业竞争的各个方面，系统规划成功的关键在于正确的观念和科学的方法。正确的观念是指要正确看待信息技术对现代企业经营管理的渗透和影响，把 CIS 置于企业竞争战略决策的中心地位。科学的方法是不要盲目照搬或被动地模仿已有的系统规划和成功的

CIS案例。企业必须从对自身组织结构和各种竞争因素的分析研究中探索系统规划的可行方案,进行费用—效果分析或风险—利益分析,经过严密的科学论证,选择最佳方案,才能使系统规划得以顺利有效地贯彻实施。

2.3.4 企业竞争情报系统的主要模式

企业竞争情报系统运行的主要模式有分散式、集中式、重点式、独立式4种。

1. 分散式模式

分散式模式是依附在企业现有的职能部门和结构内的。它以现有的职能部门为依托,每一个职能部门既是管理机构,又是企业虚拟CIS中的一个子系统。

它的优点有:

(1)结构比较简单,与各个职能部门结合紧密,便于发挥各部门因业务关系而能接触到来自各种特殊渠道的信息的优势。

(2)可以更紧密地联系顾客。与其他模式相比,分散式CIS的竞争情报收集渠道与顾客更接近,中间环节更少,对市场动态了解更及时。

适用范围:它是一种初级的模式,常见于对竞争情报需求处于开始试验阶段的企业,而企业层面的特定竞争情报项目也可以在企业领导或管理部门的协调下合作完成。

2. 集中式模式

在集中式模式中,设置一个竞争情报中心,企业内外的信息收集、处理和分析等工作均由这个中心统一完成:企业内部各职能部门所需的情报产品由中心统一提供;同时各部门因业务关系联系而得到的各类信息以规定的形式向中心统一汇总,由中心统一处理,然后再提供给需求者使用。

它的优点:对竞争情报过程能够实行统一管理和资源共享,尤其便于建立和进行以计算机管理为基础的有效控制。

缺点:难以发挥基层的作用,缺乏对于企业具体业务机遇和需求的深入了解。这种模式需要很强的管理能力,以便做好竞争情报部门与企业各职能部门之间的交流与沟通。

适用范围:适合信息化程度较高,已经具有完善的计算机管理系统,管理规范科学,具有较强的竞争情报能力的现代大企业。

3. 重点式模式

这是将接触竞争情报最频繁的重要职能部门作为CIS核心而建立的一种模式。在这种模式中,竞争情报部门被设置在情报收集和分析能力较强的职能部门里。目前根据企业对竞争情报需要的侧重不同,一般有设在营销部门、战略规划部门或研发中心等几种情况。

适用范围:适合存在一个创造价值明显大于其他部门,且对竞争情报的需求频率较高的特定部门的情形。

4. 独立式模式

这种模式是指设立一个独立经营、自负盈亏、收支平衡的竞争情报部门,该部门的任务是满足企业内部的竞争情报需求,它需要通过从其他部门得到项目来维持生存。开始时需要主动了解决策者和各职能部门的情报需求,然后搜集信息、处理分析、生成情报产品并传播,随后征集用户对情报产品的反馈信息,以调整、改进竞争情报过程,进入下一轮的情报循环。

它的优点是:能够促进企业打破反应迟钝的文化和心态,向富于创新的组织过渡。在市场经济环境下,情报用户能够从其他渠道满足自己的情报需求。这就迫使竞争情报部门竭尽全力做好工作,更好地为决策者和其他情报用户服务。

适用范围:适用于那些规模较大、机构臃肿,且急需打破现有管理体制的企业。

总之,CIS不是一般的企业信息系统,是计算机辅助的竞争情报系统,是以竞争情报用户需求而不是计算机网络为系统的核心。构建时尤其重视用户界面的友好性。并且,CIS向战略管理人员提供经过分析处理的具有情报价值的信息,而不是大量的、互不关联的数据或信息。

建立CIS的企业经常遇到一个如何处理和企业信息系统、企业其他应用系统的关系问题。CIS与管理信息系统(MIS)、决策支持系统(DSS)和企业资源规划系统(ERP)等都是基于企业信息基础结构的应用系统,它们的功能侧重有明显的区别,然而实际上是有交叉的,实际运作中各搞一套是不必要的,尽管本节强调竞争情报系统的重要,但是成熟企业的理想状态是应该将竞争情报功能整合在统一的企业应用系统内,不管它叫什么名字。

§3 竞争情报方法

3.1 竞争环境监测方法

3.1.1 监测的主要内容和对象

竞争环境的监测就是应用一定的方法和工具连续不断地对构成环境的内部和外部因素进行监视和分析。外部因素在空间分布层次上可分为企业所在的行业环境、地区环境、国家环境和国际环境,亦称大环境或宏观环境,包括经济、社会、文化、政治、技术、政策法律等方面;内部因素主要指企业内部的作业环境,亦称小环境或微观环境,按管理部门或业务种类可分为研发、市场、财务、生产、人员组织等方面。按系统论和生态学的观点,企业所处的内外环境是一个互相影响的复杂系统,系统内的各个子系统互相关联又互相制约,监测的目的就是要研究竞争态势,把握竞争对手动向,及时发现环境中蕴藏着的机会和威胁,分析其影响力和变化趋势,以利于决策层调整企业战略。

外部环境可以具体分成3个层次描述——宏观环境、运行环境(指对企业管理活动有直接影响的外部因素,即市场环境)和产生直接竞争关系的行业环境。

1. 宏观环境监测(STEEP分析)

在影响企业受益的因素中有很大一部分来自政治因素、经济因素、社会文化因素、自然因素、技术因素和市场因素。按这种分类进行分析的方法称为STEEP,即social、technological、economic、ecological和political 5个英文词的首字母,其中每一个部分都包括不同地理范围。

一个国家和地区的政治制度、体制、方针政策和法律法规对企业经营行为有深刻的影响。

不同的社会政治制度,其竞争行为也会受到包括投资规律、收入分配规律在内的社会经济规律体系的支配。科学技术发展所取得的成就不仅仅体现在降低生产成本,提高生产效率,还体现在那些技术含量高的新产品能在市场上取得极高的经济回报,它改变了人们的生产方式、生活方式,甚至行业结构,导致许多企业向有利可图的高新技术领域进军。

2. 运行环境监测

全球经济一体化的冲击波,把中国企业带进了激烈的国际竞争中。企业已不再仅仅依赖市场的增长来增加产品销量和提供利润,而是要从竞争对手那里夺取市场份额或防止对手抢夺自己的市场。更多巨型化、超大型的跨国公司纷纷出现,占据着巨大的市场份额和竞争优势,它们以高新技术为核心,以强势企业间的联合为特征进行跨国兼并重组,实现"低成本"扩张。因此,面临激烈竞争的中国企业需要对以下涉及企业运行的国内外环境因素加强监测,主要包括:人力资源、产业结构变化、市场细分状况和变化、市场集中度、需求与供给环境的变化等因素。

3. 行业环境监测

构成行业竞争行为的主体是参与竞争的个人或组织,他们处于竞争舞台的中心。按照哈佛大学教授麦克尔·波特(Michael E. Porter)的划分,同业竞争者、新加入者、替代者、供应者和顾客构成一个行业竞争状态下的5个基本力量(图12.4),或者是5类竞争者。这5种力量决定企业利润趋势、赢利能力和竞争强度。其中,生产同一产品,或从事同一服务、且具有显在抗衡能力的行业内企业是最直接的竞争对手。

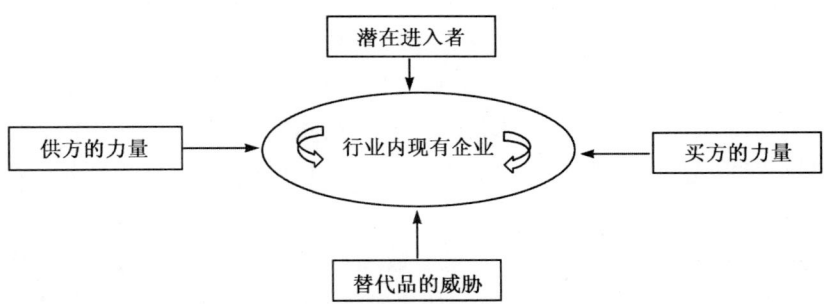

图 12.4　波特划分的影响行业竞争的 5 种力量

上述5种竞争者对企业的影响是不平均的,在一定的时期、一定的环境中,必有其中的一两种施加最重要的影响。决策者在制定竞争战略中要确定关键的力量。

3.1.2　外部环境监测的扫描与跟踪

环境监测的主要方法是进行信息扫描和跟踪。利亚姆·费伊(Liam Fahey)认为,扫描可分为开放式扫描和指导下的扫描。开放式扫描是对一切与竞争有关的原始或二手数据来源的观测,意图在于搜寻所有可得的数据来源,包括焦点组织内部和外部来源,以获得与当前和潜在竞争对手有关的数据。在确定数据需求、辨别数据来源和收集数据方面,不存在先验的约束。指导下的扫描往往局限在经过选择的原始和二手数据来源之内,通常搜寻与一个竞争对手的某一具体方面有关的数据,且在信息载体、渠道和搜集方式方面亦有所选择。两种扫描方式各有优缺点。由于信息似乎是无穷无尽的,要对直接的或间接的竞争者进行开放式扫描,必然会碰到大量分散的、含糊不清的数据,特别是信息搜集人员不清楚自己在搜寻什么数据,到什么程度才算满足需求,这更增加了数据搜集的难度。但正是由于不对扫描进行组织和限定,有用的信息或迹象才会在不经意的地点出现,这是开放式扫描的优点。而指导下的扫描,虽然大大缩小了信息搜寻的范围,但可能造成有价值信息的缺失。

无论哪一种方式的扫描,其真正的意义在于识别扫描对象可能发生的变化及其早期征兆,目的是在变化完全成形之前就产生警觉。利亚姆称之为"前瞻式扫描"。从这个意义上说,扫描的对象应该包括竞争格局中的各方,包括己方和第三方。其次,把握住扫描的时机,对于及时分析和行动方案的调整具有特别重要的价值。

监控和跟踪是不同于扫描的环境监测方式,可以得到扫描所难以收集的数据。监控的意图在于汇编充足的数据来辨别和描绘特定的竞争者正在经历多大程度上的改变,它涉及到拣选、整理和解释数据。跟踪的涵义是,在一定的时间和空间范围内,以事件发生的源头为起点,或事发的当前阶段为切入点,沿着事件发展的过程和脉络搜集相关信息。市场份额、个别产品线或产品类别的销售收入、特定的成本项目、价格涨落情况、技术研发趋势等都是监控和跟踪的内容。事件发生顺序或行动流是监控中的重要关注点。对新厂建设、新产品推出和销售人员队伍重组进行信息监控,可能反映出这些变化的速度、任务完成情况、问题、目的和意义。

3.1.3 几种常用的竞争环境分析方法

1. 行业结构分析模型

上海大学情报研究所研究员樊松林同志在迈克尔·波特的5种基本作用力模型的基础上,提出了行业分析模型,以后经过一些学者修改后构建为行业结构分析模型。对每一项指标的评分采取2、1、0、−1、−2,分别表示非常同意、同意、不置可否、反对、非常反对。分析人员在使用该模型时,可以先征求高层管理者的看法,由他们对各项内容进行打分。然而再根据所搜集到的行业环境信息对各项进行打分。最后对评分结果进行分析。对每一种作用力的分数计算方法为:各项得分之和/所答项数。如果多数高层管理者对某一种作用力的评分都小于0,则说明该作用力对本企业具有较大威胁。如果某种作用力的得分越低,则说明其对本企业可能构成的威胁就越大,因此对该作用力中所存在的问题应认真对待并尽快解决。

2. 产业战略组群分析

战略组群(Strategic group)是某行业中,具有类似竞争手段和类似战略位置的群体或集合。它们的竞争战略因不同的历史背景、资源、能力、目标、细分市场和进入时间而在某个或多个关键部分与同行业中其他的组群不同。战略组群分析的目的就是要研究产业的竞争结构,确定产业内与企业业绩相关的要素,以及同一组群内企业相似或相同的战略要素。这样可以在战略组群图上描绘竞争对手所占据的不同竞争位置、采取相似竞争方法的企业组合、行业群体之内竞争的格局、激烈的程度以及各群体的利润潜力。

战略组群分析的价值在于,它将有关应对产业演变的挑战的战略问题引向更深入的思考,从而有助于企业改善目前所处战略组群的竞争性结构或在此组群中的相对位置,或转向更适合的战略组群。

3. PIMS 分析

PIMS(Profit Impact of Market Strategies)分析可译为"战略与绩效分析"。利用 PIMS 要解决的问题是：

(1)对于一个特定的经营单位，根据其特定市场、竞争地位、技术、成本结构等因素，什么样的利润水平是正常的和可以接受的？

(2)哪些战略因素能够解释各经营单位之间经营业绩的差别？

(3)战略性变化如何影响投资收益率和现金流量？

(4)应进行怎样的战略性变化，以及在什么方向上做出这些变化来改进经营单位的绩效？

PIMS 分析实际上是利用成员公司所成立的"战略规划研究所"经过多年的研究和验证所建立的一个回归模型。其中有采自 3 000 多个经营单位 4~8 年信息资料的专门数据库，对每一经营单位所收集的信息条目多达 300 多项，分别反映了经营单位的特点、竞争地位、生产过程结构、可支配的预算分配方式和业绩。这些丰富而结构化的分析素材和论证体系已经逐步形成了完整的、行之有效的分析方法。

4. 多点竞争分析

多点竞争(Multipoint competition)理论起源于产业组织经济学，是指企业在多个地域产品市场进行竞争的状态，包括进攻、反击和合作等竞争表现。它主要是对企业间在横跨多个市场的竞争问题进行探讨和研究，其关键概念包括 3 个方面：战略群、相互克制(mutual forbearance)和产品线的对抗(product-line rivalry)。3 个不同的问题说明了同一个核心，那就是企业间战略性的联合有利于降低竞争强度，特别是当激烈的竞争会同时损害彼此利益的时候，企业会满足于分享现在的市场。

多点竞争中所说的"点"，指的是企业所处的"市场"。这些市场类型包括产品的细分市场、某个国家的国家市场和某个区域的区域市场、某经营单位或产品生产线，还包括以上这些类型的不同组合。由此可见，具备多点竞争优势的企业，具有多个区域市场，多个细分市场，多个产品线或者横跨多个行业，并具备在多个市场或者行业上进攻或者反击的条件和能力，在市场的激烈竞争中，多点竞争分析是这些企业应该采用的有效的决策分析工具。

进行多点竞争分析一般经历以下 5 个步骤：

(1)掌握竞争对手多点竞争的能力，了解自己发动多点竞争的潜力；

(2)竞争对手比较总结，对整个竞争对手进行评价；

(3)评估多点竞争的证据，列出一系列表格来确定这个市场确实发生了多点竞争；

(4)制定行动计划，提出明确的行动方案；

(5)检测和评估多点竞争，对执行进行监测，对效果进行评估。

3.1.4 征兆分析与预警

1. 征兆的性质和类别

征兆是事前出现的迹象或信号，征兆分析是人们在具体环境下对某事务、活动或竞争者的过去、当前和未来的状态与行为所作的推论。征兆分析主要是对社会活动、尤其是竞争性活动所产生的信号的感知、解释和评价。

感知、辨别和分析征兆的主要目的在于为决策者提供准确的预见性情报。根据利亚姆·费伊的观点，信号会以多种方式激发和聚焦竞争者分析，加强分析人员对竞争者市场战略或其他行为的预测，监控竞争者改变其战略或调整活动的意图，主动进行证据搜集和推理，并对这些判断进行持续性地反思和质疑。这些方式都有助于强化竞争者学习。

竞争者的大多数行动、陈述和组织变革都可能构成征兆的信号，其中包括揭示未来变化的前瞻信号、揭示过去变化的回溯信号、反映正在发生着的变化的当前信号和有直接或间接证据表明可能会发生变化的预期信号。

2. 征兆分析的信号来源

（1）事件：任何事物的产生总是或存在着因果关系，或伴随着关联关系，这种关系总会以各种信息的形式不同程度地向外发散，构成了某种征兆。斯莱特于1984年提出了企业衰退的一般性征兆：利润水平的降低、与行业趋势相比，企业的销量下降、债务增加导致财务杠杆水平也在提高、偿债能力出现问题、延迟公布年度报表，或出现不寻常的会计政策、管理人员严重流失、企业管理层出现问题、市场占有率下降。

（2）统计数据：由于财务指标（或财务比率）之间存在一定的相关关系，采用横向比较、纵向比较等多种财务分析方法进行分析和综合评价，就可以找出其异常表现、评估其潜在风险，因此，财务统计可以最灵敏地反映经济活动的运行情况。

（3）行动或行为：任何一个竞争者的大多数行动或行为（行动的模式）都具有某种程度的信号容量。利亚姆认为，一个组织有能力从中得出关于竞争者的其他行动或行为推论，或者关于竞争者的一个或多个微观组成部分（如假设、素质、组织基础设施或文化）所发生的变化。

在分析这些征兆时，既要注意演绎方法和逻辑推理，也要学会"换位思考"。竞争对手把握市场机会、投放新产品的时间存在很大的不确定性，很难预知。如果仅从自身的角度思考，会很难了解对手的行为，但如果能够站在对手的角度，以对手的思考方式思考，就会发现很多线索。

3. 基于时间序列法（Timelining）的征兆分析

对竞争对手意图进行分析的困难之处在于，意图的含糊性是以多种方式反映出来的：言语、行动和组织属性，直接或间接的，正式或非正式的，清晰或模糊的，令人困惑的或相互矛盾的，信号的发送亦可能是随意的或故意的，对代表意图的信号描述也可能存在不一致的情况。进行征兆分析的基础是经常性的信息扫描，而要从"噪声"中读出有用信号需要将杂乱无章的信息按事物发生的规律进行序化处理，将信号——信息碎片——"拼合"、"还原"出原来的面目。富特（L. M. Fuld）认为，竞争对手的业务行为总是重复性出现，特定的行为总是遵循固定的流程进行。将收集到的竞争对手活动放置在一个"时间轴"上面，分析竞争对手各个行为之间的衔接关系，即使在不完全信息的情况下也可以预测竞争对手的行为。这种方法就是时间序列法。

富特公司曾利用时间序列法帮助客户成功预测了竞争对手新药品上市的机会窗口。该客户估计了为推出一种新药所必须积累的产品存量，获悉了竞争对手这种药品的三种包装，得知其工厂已经开始招募员工和采购可能的关键设备，还从一个供应商处得知产品的品牌名和药品成粒机的容量。随后，富特将这些信息反映的事件按照时间序列法的模式排列，根据一般新药上市的事件先后规律，预测出对手新产品上市的时间。基于这种预测，富特随后又成功地帮助客户制定抢先策略,包括大范围内降价和促销活动等。在这种情况下,时间序列法显示了它对均匀时间间隔的动态数据进行分析的独特优势。通过对历史事件先后的分析,可以评价事物的现状和估计事物未来的变化。

4. 征兆分析与预警

征兆分析(预警)分析是对企业内各种潜在危机的现象进行识别、分析与评价,并由此做出警告的管理活动。

预警分析活动包括明确预警目标、寻找预警源、分析警示信号并发布预警度。预警目标是大前提,是预警研究的基础,而寻找根源,分析预警征兆属于对警情的因素分析及规律分析,发布预警度则是预警的目的所在。

预警分析的"监测、识别、诊断、评价"这4个活动环节,是相互有机联系的,前一部分工作都是后一部分工作的前提和基础。其中对象监测是进行危机预防控制和处理的基础与依据,各个环节均需要使用具有统一度量的评价指标。就分析方法而言,在实际操作中最为常用的有:SWOT分析、持续经营计划(BCP)、统计分析方法与推论、事件树分析方法、失误树分析法、FMEA分析(失败模式与效果分析)。

预警分析的一个很重要的方面是注意弱信号(weak signal)分析。由于危机预警通常是利用大面积扫描环境的方法来把握环境变化趋势,"隐蔽"得很深的危机往往容易被忽视。弱信号一般指向不够明确,需经过一段时间观察,以寻求其中的趋势。忽视弱信号,有可能给企业带来巨大影响。探测微弱信号的目的就是要及早发现威胁和危机的征兆,不断跟踪这些信号的变化,根据情况采取相应的措施。

3.2 竞争对手的识别与分析

3.2.1 当前主要竞争对手的识别

任何企业都有四个层次的竞争对手,范围依次增大,即提供同类产品/服务的企业→提供相似产品/服务的企业→满足同一需要的企业→所有与自己争夺同一顾客购买力的企业。从与本企业关联的角度可以将其分为直接竞争对手和间接竞争对手。直接竞争对手目前就在本行业,表现为显性的正面竞争态势,而间接竞争对手一般目前不在本行业,不易识别,又称为潜在对手。

每一个企业都是在一个或几个特定的行业内生存。在同一行业内,不同的企业可能提供同类甚至同质的产品或服务。辨识国内外竞争者可以先从行业范围进行:先看大的行业范围,再在该范围内细分。用同一产品的市场占有率来确定竞争对手的方法比较简单,但仅靠这一标准是不够的。市场份额仅仅反映现状,而竞争力决定未来市场份额,能够保持和增强竞争力的企业才是真正的竞争对手。

3.2.2 潜在竞争对手的识别

1. 辨别新进入者特征的方法

对于潜在竞争对手的识别则比较复杂,尽管当前他们并不构成明显的威胁,但很可能在一定条件下会转变为强有力的对手。以下这些企业很可能成为未来的竞争对手：

(1)不在本行业但较易克服进入壁垒的企业；

(2)进入本行业后会明显影响现有竞争态势的企业；

(3)其竞争战略的延伸将导致加入本行业竞争的企业；

(4)能与行业中某个(或某些)企业联合的供应商；

(5)能通过兼并或收购行为进入本行业的企业；

(6)对目前地位心存不满，并试图改变地位的现有非主要竞争者；

(7)产品、技术或者业务模式创新的企业；

(8)通过产业链向上或向下整合进入本行业者；

(9)处于成熟期或衰退期而自身经济资源过剩的企业；

(10)领导层有进入新行业并获得成功经验的企业。

2. 监视进入壁垒的方法

新的竞争对手的形成与一个行业的成长密切相关。在高成长性的市场中，进入者对市场份额的侵占，很容易被市场成长所消化。在位者不易觉察到进入者的威胁。因此，在产业生命周期的高成长阶段，往往也是市场进入最为活跃的时期。一旦市场进入成熟期或衰退期，市场容量的扩张放缓，新企业如果不退出，就意味着要蚕食原有企业市场"领地"。

无论是"进入"还是"退出"，都受制于市场进入壁垒和退出壁垒，因此，壁垒研究就成为潜在对手分析不可或缺的一环。按照产业组织理论，市场的进入壁垒主要由这样一些因素组成：技术壁垒、贸易壁垒(关税和非关税)、资源壁垒(关键性资源)、成本壁垒(除原材料、能源外，还包括企业商誉、消费者偏好等)、产品差别壁垒、政策法规壁垒和标准壁垒(环保、安全等)。

市场退出壁垒包括：积淀成本(退出后的无用资产和新产品的资本投入等)、劳动力的安置和培训费用，以及经济关联性(业务上的上下游关系、无形资产的联系等)。

市场进入者在构成直接威胁前要经过进入前准备期、进入期和进入后的成长期。由于其威胁的潜在性和尚未构成当前直接的竞争关系，对这类对手的辨识主要采用跟踪和预测的方法。由于进入威胁的大小主要取决于进入壁垒的高低以及现有企业的反应程度，它既是一个进入企业需要克服的障碍和对付出的代价评估，又是现有企业监测的主要信息搜集指标，即规模经济、产品差异化、资本需求、转换成本、销售渠道、与规模无关的成本劣势和政府政策。随着进入者变成挑战者，其战略的卷入水平可能在各个阶段显著不同。如果恰好在挑战者必须作出是否采取导致退出或进攻战略的决策之前，实施防御行动，那么这些行动可能影响挑战者的决策。情报人员可以借助识别形成价值链所需投资的成本和风险来预见挑战者的关键时机。

3. 反应模式分析和战争模拟方法

在潜在竞争对手的信息不完整的情况下，可以运用假设—判断的方法。任何一个企业的战略部署和规划都是建立在关于未来发展的某种假设推断之上，这些假设推断依据分析者的理论知识、以往经验总结和对事物的观察分析。假设的概念在最宽泛的范围上可以理解为对未来事物的结论和解释。它能够通过收集线索、证据来进行测试。反应模式分析和战争模拟都是假设分析法的具体运用。

反应模式分析是通过假设提问和推理来分析竞争对手。如我方进入了某个竞争对手的市场或改变了本企业的战略，竞争对手将如何反应？具体有几种反应的可能性？每种反应的详细情形又怎样？在竞争对手做出反应之后，我方该如何去应对？如果继续下去的话，我方又如何做？回答这些问题，实际上是要求企业运用对手跟踪所获知的情报，结合自己的目标、能力、认知和现行战略，就竞争双方之间的反应过程做一个迭代式的科学推理，逐步逼近现实中可能展开的一场真实竞争的可能结果。

战争模拟(war gaming)又称为作战室法(war room)，借鉴自从沙盘到电脑的作战参谋作业。即让己方、竞争对手或市场环境中的第三方以及消费者等，在人工构造的尽可能逼真的环境中进行模拟竞争，以发现情报人员凭着想像和推理无法发现的问题，预测竞争对手和市场环境可能的发展动向。游戏没有复杂的规则，现实中可能出现的情况在游戏中都可能出现，如企业兼并、收购、联盟、价格战等等。游戏一般按以下几个步骤进行：情报搜集、参与人员培训、通过一方制定策略、采取行动，另一方或几方审时度势，进行反击来模拟竞争，这是战争游戏的核心部分。然后分析、总结和跟踪分析，把战争游戏与现实竞争进行比较。作战室法有助于实现以下目标：促使情报人员克服思维定势，更清楚地发现本公司和竞争对手的优势和劣势所在；让企业管理层和情报人员更好、更准确地理解市场环境，更深入地预测竞争对手可能采取的行动；发现平时潜伏的危机，对可能产生的危机进行预警。

由于竞争激烈，竞争环境过于复杂，竞争对手太多或彼此互动性太强，市场中存在较多不可知因素，用传统的分析方法难以预测竞争对手的行动，利用以往的经验进行推测具有许多局限性，利用历史的分析进行预测容易导致严重误差，在这种情况下，采用上述方法可能收到较好的效果。

3.2.3 竞争对手战略的分析

主要竞争对手一旦确定，竞争情报就需要从信息分析转向深度的战略分析，监测其行动，分析其意图，比较其优劣，制定相应的战略决策。定标比超(对标)是一种常用的竞争对手战略分析方法。

定标比超又称对标、标杆、基准(Benchmarking)，是不断发现企业内外、行业内外的最佳理念或实践，将本企业的产品、服务或其他业务活动过程与本企业的最佳部门、竞争对手或者行业内外的一流企业进行对照分析的过程，因而也是一种重要的竞争情报分析方法。

针对企业运作的不同层面，定标比超又可分成3类，即战略层的、操作层的和管理层的。在战略层面主要是将本公司的战略和对照公司的战略进行比较，找出成功战略中的关键因素；在操作层面则主要集中在比较成本和产品的差异性，重点是功能分析。主要涉及两个参量(或其中之一)，即竞争性成本和竞争性差异。管理层的定标比超涉及到分析企业的支撑功能，具体指人力资源管理、营销规划、管理信息系统等。

另一种分法是将定标比超分为针对竞争对手的和瞄准一流企业的。前者一般仅限于生产同类产品或提供同类服务的企业，目的在于发现竞争对手的优点和不足；而后者的范围要广得多，可挑选任何业绩和运作优良的企业，其好处是更能博采各家所长，且不存在竞争关系，交流信息的障碍较小。

此外，在本书第 11 章咨询服务中介绍的波士顿矩阵法、价值链分析法、核心能力与成功关键要素分析法和 SWOT 分析法也是常用的竞争情报方法，此处不再重复。

3.3 竞争情报软件和其他工具

3.3.1 竞争情报软件的作用、应用和发展趋势

根据富特公司按情报流程 5 个环节所确立的竞争情报软件评估标准——情报计划制定、公开信息收集、原始信息收集、情报分析和形成报告，可以看到不仅情报工作遵从以下的"链式"模型，大部分的竞争情报软件生产商也是针对这 5 个环节进行产品开发和推广的（图 12.5）。

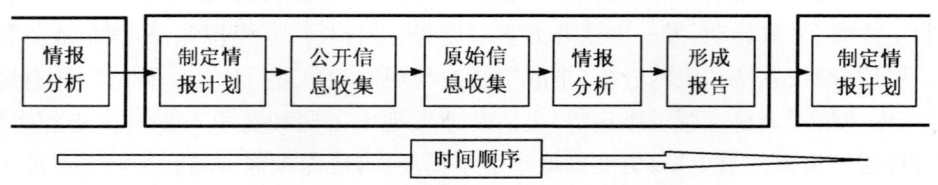

图 12.5　情报流程 5 个环节和软件种类的关系

在情报计划制定阶段，竞争情报软件主要发挥的是引导、任务分解的作用。它可以协助情报人员明晰企业当前最关注的问题。

在收集公开信息阶段，竞争情报软件主要作用是实现信息收集的自动化或半自动化，并对收集到的信息进行分类组织。具体发挥作用的方式有自动摘要、自动定期搜集、将收集来的语法层次上的、结构松散的信息转换为用 xml 描述的结构化信息，以及对特定的网站进行监视等。

在收集原始信息阶段，竞争情报软件的作用就是关注一些特定的信息源。从信息收集对象方面考虑，主要是从企业的内联网、内部出版物、会议纪要等内部信息源，以及信息收集对象企业的员工可能访问的外部网络 BBS、E-mail、新闻组、聊天室，甚至是可以合法获得的电话记录等信息源，以及收集员工有意无意间发布的有用信息。从信息收集方式方面考虑，主要是采用先进的通讯设备、记录设备对一些实时信息进行自动记录。这种记录不仅是语音的记录，还包含有将语音信息自动转化为文字信息记录。

以上两个环节本质上进行的都是信息收集工作，只是信息源的类型不同而已。因此，在这两个环节中，竞争情报软件的作用也有一些共同点，即能够协助竞争情报人员对收集到的信息进行分类组织和标引，增强信息的结构化程度，以便于情报分析。

在情报分析阶段，竞争情报软件主要承担协助分析的任务，即对前两个阶段收集并经结构化处理的信息进行综合分析，通过比较分析提炼出情报，或从收集到的信息中挖掘隐含的联系。主要的分析工具有 SWOT 分析、迈克尔·波特的 5 种竞争力量分析、供应链等。

在形成报告阶段，竞争情报软件的主要作用是提供报告模板和及时地传递信息。这一阶段中，模板的多样化、个性化、适用程度以及发送方式的多样化、及时程度是评价竞争情报软件

的主要指标。一般来说,竞争情报软件能够提供基于已有的结构化信息生成报告、导出到 Word 文档、以邮件方式发送,以及自动打印、发布到企业内部网供浏览查看。有的竞争情报软件还能够在报告中插入一些相关信息的超链接。支持这个阶段的竞争情报软件有 STRATEGY 公司的 STRATEGY!,Wincite 公司的 Wincite。

目前竞争情报软件的应用已经比较广泛。全球 500 强企业中基本上都已经拥有自己的竞争情报系统。在国内,随着 2002 年 8 月百度推出业界的第一款竞争情报产品,易地平方信息有限公司、赛迪数据等公司也随即推出了各自的竞争情报软件产品,并且都拥有着各自的用户群体。需要注意的是,虽然目前市场上主要的竞争情报软件在信息收集和情报分析方面发挥了很大的辅助作用,但是情报人员的作用是始终无可替代的。无论一款竞争情报软件的功能是多么齐全,它都无法完全替代企业运营过程中情报人员的作用。

近年来,竞争情报软件呈现出了以下的发展趋势。第一,信息收集、分析和传递过程的网络化与智能化,信息源不断拓展;第二,信息辨识逐步纳入竞争情报软件的功能范围;第三,竞争情报系统的建设是在现有企业信息系统的基础上增补和改进,而非"另起炉灶";第四,经过多年的发展,市场上主要的竞争情报软件都在更新和升级;第五,不断有更多的分析工具被引入系统,软件的分析能力不断增强。

3.3.2 竞争情报软件评价

富特公司仅根据情报流程的 5 个步骤评定排名前 12 位的竞争情报软件产品,但没有公布具体的评价指标。国内的一些研究者在考察软件功能的基础上提出了自己的标准体系。如将规划与定向细分为:情报需求管理、自定义主题、KIT 列表、KIT 过程实现;将公开信息搜集细分为:自动采集、网站监视、自动摘要、搜索引擎集成等 8 项;将初始信息收集细分为:自动采集、联系人信息采集、人际网络管理、在线交流等 8 项;将信息分析细分为:信息预处理、自动分类、知识挖掘等 6 项;将产品生产和传播细分为:自动生成报告、信息预警、用户界面定义等 6 项。

该指标体系的提出一定程度上对比了国内外竞争情报系统软件的特点,指明了竞争情报软件的主要不足并相应提出了今后的发展方向,具有一定的借鉴意义。然而该体系还存在一些明显的缺陷:一是只是按照软件提供的功能来评分,功能全面的软件得分普遍较高,不能突出专业性软件的优越性,也不能说明高分的软件是否符合竞争情报系统的软件需求;二是没有区分各个功能的重要程度,给予了相同的权重,对于一些重要功能没有显著体现;三是将产品生产划分在最后一阶段,这与国际上公认的分类系统略有不同。

§4 知识管理及其在竞争情报中的应用

4.1 知识管理与竞争情报

知识管理是知识经济时代的一种全新的管理模式,自 20 世纪 90 年代诞生以来,不仅引起了国内外理论界的浓厚兴趣,而且正在被广泛地应用到各种形态的组织实践中,并与其他理论、方法及技术相融形成多样化的研究新热点。将知识管理应用到竞争情报中,并整合互动是时代发展的必然需要。

4.1.1 知识管理产生、内涵与作用

1. 知识管理的产生

与其他的新生事物一样,知识管理的产生同样是建立在社会经济发展需求和科学技术进步支撑的背景下。社会需求和科技进步驱动着知识管理产生与发展,形成了推动知识管理的外生动力。而从知识内在的属性特征来看,其内生动力源于解决由于知识内在的矛盾属性导致其有效利用的障碍。大量实践与研究表明知识具有一些相互关联且互为矛盾的特性,主要体现在:知识存在的外部性与利用效益的不确定性,知识创新过程的长期性和知识使用寿命的短期性,知识的共享性与垄断性,知识的"波粒二相性"(借用量子力学的术语,在这里指的是知识既可作为实体又可作为过程),知识具有的广度与深度。这些矛盾的知识属性直接制约着知识的生产、消费和效用。为了使这些属性在逐步以知识经济为主体的社会活动中发挥正效应,并成为组织机构的知识资产,就必须对知识进行管理,这也是知识管理的本质。

2. 知识管理内涵

迄今为止,关于知识管理(knowledge management,KM)的定义还没有一个统一的认识,不同领域的专家从自身研究出发,对知识管理的内涵进行了探索。主要形成了IT技术学派、知识工程学派、组织行为学派和战略管理学派的定义。

尽管不同学派理解的知识管理内涵存在着一定的差别,但是,对知识管理目标的认识是相通的。因此,约格什·马赫特拉(Yogesh Malhotra)博士的论述,"知识管理是企业面对日益增长的非连续性的环境变化时,针对组织的适应性、组织的生存和竞争能力等重要方面的一种迎合性措施。本质上,它包含了组织的发展进程,并寻求将信息技术所提供的对数据和信息的处理能力以及人的发明创造能力这两方面进行有机的结合",是人们引用最多和广泛认同的观点。

3. 知识管理的作用

(1)提升组织成员个人价值

面对着日益庞杂的网络信息环境和急剧增长的可获得信息量,组织成员处理有效信息的能力越来越弱,迫切需要提高创新性工作的水平,减少日复一日重复的活动或操作。通过知识管理,组织成员个人可以获取所需的最新知识和不断进行知识的转化,实现个人的知识创新,使个人的知识价值最终得以升值。

(2)提高组织知识创新能力

通过知识管理,组织确定创新的目标,建立有效的学习机制和激励制度,驱动着组织个人自觉实现知识的生产和转化,带动组织成员之间的知识共享和创新,进而提高了组织的知识创新能力。

(3)提升组织核心竞争力

在知识经济时代,"知识资本"成为创造财富的实际推动力,成为组织核心竞争力之所在。

通过知识管理,组织机构实施对"知识资本"的有效控制与管理,提高组织的创新能力(Innovation)、应变能力(Responsiveness)、组织工作效率(Efficiency)、组织员工素质(Quality)、实现组织知识资产价值(Value),达到提升核心竞争能力的最终目的。

4.1.2 知识管理的构成要素与流程

1. 知识管理的构成要素

从对象要素角度出发,知识管理的构成主要包含4个方面:知识、知识设施、知识人员和知识活动。其中,知识包括显性知识、隐性知识和狭义的知识资产(如体现为无形财富的知识产权等),它是KM的本源性对象要素;知识设施是指KM实施中所需要的各种技术及其设备,目前主要是指信息技术及其设备,它是KM的条件性对象要素;知识人员是指携带可用隐性知识或知识资产的组织内外成员,它是KM中的能动的主体性对象要素;知识活动是指知识的生产、组织、交流和利用的实践活动,其目的是实现知识的共享、开发、运用和创新,它是KM的实践性对象要素。

从系统组成角度出发,知识管理系统的构成主要包括5个方面:网络平台、知识流程、信息系统平台、CKO管理体制及人际网络。

2. 知识管理的流程

知识管理的流程是由知识活动和知识生命周期组成的,也是知识转化的过程。目前有多种描述,有代表性的有:

(1)从知识活动的起点来看,知识管理的流程可描绘为:知识需求→收集→挖掘→共享→应用;

(2)从知识的生命周期(KMLC)来看,可描绘为:知识创造(Create)→知识组织(Organize)→知识表达(Formalize)→知识分发(Distribute)→知识应用(Apply)→知识进化(Evolve);

(3)从知识价值链来看,可描绘为:知识获取→知识共享→知识创新→知识应用,如图12.6所示;

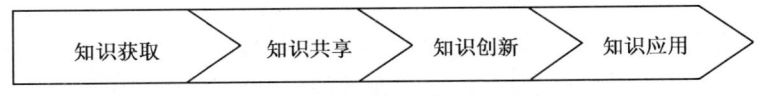

图12.6 基于知识价值链的知识管理流程

资料来源:吴金希. 用知识赢得优秀——中国企业知识管理模式与战略

(4)按照显性知识与隐性知识的转化来看,可分为显性知识管理流程和隐性知识管理流程,两者按照不同的环节运转,共同构成知识管理的流程,如图12.7所示。

3. 知识管理中的知识流与转化

(1)知识流(knowledge flow)的含义与类型

关于知识流的定义,Max H. Boisot 认为知识流是一个解决问题、知识扩散、知识吸收和知识扫描的过程;Hai Zhuge 认为知识流是知识在人们之间流动的过程或是知识处理的机制;Micheal K. Fung 等人提出用专利数据来衡量知识流的强度。

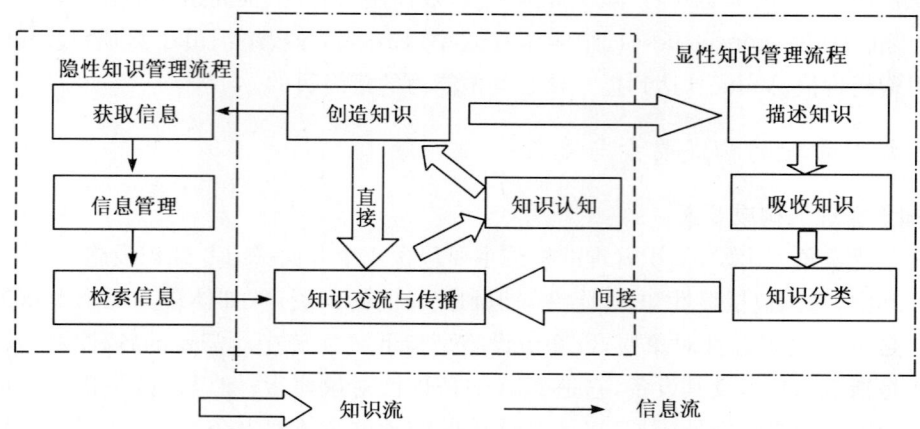

图12.7 基于显性知识与隐性知识转化的知识管理流程

资料来源：周天慧等.知识管理理论与策略研究

知识流的类型主要体现在两个层次上，即组织内的知识流和组织间的知识流。在组织内个体是组织的起点，尤其是个人的隐性知识通过组织内成员的相互沟通与学习转化为组织知识，而组织知识反过来促进个体知识的更新与扩展。组织间的竞争、合作与交流是一种知识的传播、获取与共享过程，从而使组织能够对各类环境信息与知识加以识别、吸收和利用，使组织知识不断扩充和更新。

(2) 知识管理中的知识流及转化

知识包括显性知识(explicit knowledge)和隐性知识(tacit knowledge)两类。从认知论角度(epistemological)看，组织中知识存在显性与隐性的流动与转化，主要包括四个环节：知识的社会化(socialization, tacit to tacit)、外化(externalization, tacit to explicit)、转换(合作)(combination, explicit to explicit)及内化(internalization, explicit to tacit)；从本体论角度(ontological)看，组织包含个人(individual)、团队(group)和组织(organization) 3个层次，组织内的知识相应在个人、团队及组织3个层次之间流动。

综合以上两种角度，结合知识管理流程，即从知识管理的生命循环角度(KMLC)出发，可以看出知识在组织内的流动与转化过程：知识在被创造出来后，组织中的个人为了达到某种目标，在有一定知识需求的基础上通过与其他人进行方式多样的沟通及交流，获得各种各样的隐性知识，实现知识的社会化；再通过对个人隐性知识的整理挖掘，形成可编码化的显性知识，方便团队内他人的利用，实现个人知识的外化；同时组织的各个团队(或部门)间需要传播、共享各自的显性知识，整合各部门分散的显性知识后，形成新的显性知识，实现知识的转换；最后将转换后的显性知识应用于组织中，被组织成员消化吸收后，成为组织内部个人新的知识，实现知识的内化。知识管理中的知识流及转化的描绘如图12.8所示。

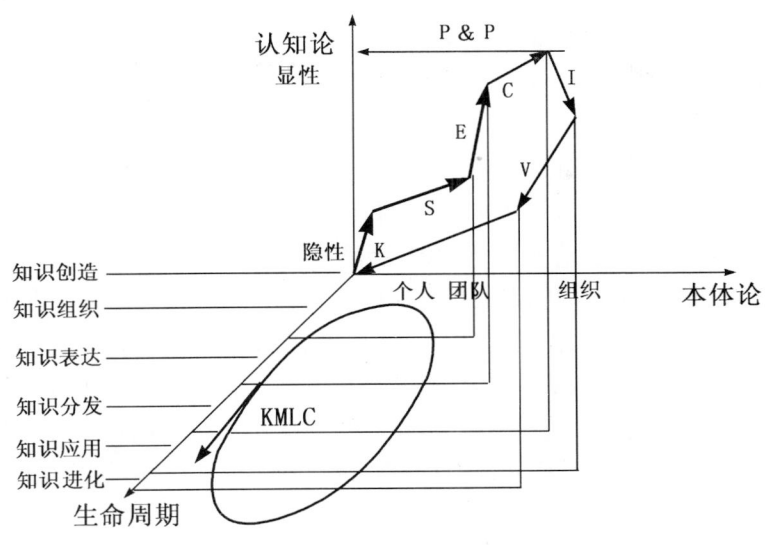

图 12.8　知识管理中的知识流及转化

资料来源：M E Nissen. Dynamic Models of Knowledge-Flow Dynamics，2002

4.1.3　知识管理与竞争情报的关联

虽然竞争情报(CI)与知识管理(KM)是两个不同的概念，且在不同时间段前后诞生，但是由于两者产生的背景、出发点、支撑要素与活动流程等存在着极大的相似性，并日益受到企业实践的关注，成为企业提高核心能力的重要前提和保障。所以，国内外研究者，如荷灵(Jan P. Herring)和普赖斯科特(John E. Prescott)、爱肯(Brook Aken)、萨维斯(Helia Chaves)、壳牌国际公司财务公司主管斯佩茨(Marcus Speh)、朱晓峰、秦铁辉、彭靖里、李炜鸿等纷纷对 CI 与 KM 进行了关联分析与整合研究。大量的研究成果表明，竞争情报与知识管理之间是相互依存与互相促进的，它们之间的关联主要体现在：

1. 在实现的目标上具有共同性

知识管理和竞争情报都是在社会经济形态处于转变、市场竞争愈演愈烈和信息技术快速发展的背景下产生的，如何借助物质能源以外的无形资源，提升组织竞争优势、反应能力及创新能力，在错综复杂、快速变革的社会经济环境下求得更大的生存与发展空间，是两者产生与发展的最终目标。

2. 在活动的起点、对象与流程上具有相近性

知识管理与竞争情报都是以信息运动规律和知识生命周期为起点，通过对数据、信息和知识的采集、处理、分析、综合、传递流程，创造出新的知识和情报。

3. 在采用的策略、方法和技术上具有共同性

无论是知识管理还是竞争情报，为了达到最终的目标，在实施过程中都需要借助科学的策略、方法与技术支撑。如专家调查法、头脑风暴法、主题标引、分类体系、概念空间、自动摘要、数据挖掘、BBS 论坛、视频会议、协同文档管理、个性化推送、集成门户、智能检索、XML/XSL、

ASP/NET/JSP 等。

4. 在关注的侧重点和时效性上具有差异性

知识管理侧重内部环境的优化，帮助企业营造一种有利于知识交流和共享的氛围，使组织和个人的智慧得以发展，从而提升企业的竞争能力，具有比较明显的缓效性和长效性，很有些像武术修炼中的内功；竞争情报着眼于外部环境的监控，想方设法获取竞争对手和市场环境的信息，帮助企业规避风险、寻找商机。具有较强的时效性和针对性，很有些像武术修炼中的外功。

5. 在成果利用与效用体现上存在着一定的差异

知识管理的成果既有法典式的知识文集，也有企业的文化氛围，它是对企业知识的一种浓缩，也是一种激励、创新机制，一旦形成，在相当长的时期内可被企业内部人员所共享；竞争情报围绕企业阶段性战略展开研究，某些研究成果，如研究报告、建议、对策等等，都是针对某个具体问题，与特定的主客观条件相适应的，一般不具备可重用性。在成效上，知识管理的成果是组织机构核心竞争能力培育的基础和保障，竞争情报的成果是核心竞争能力的体现形式。

4.2 竞争情报过程对知识流的管理与控制

从竞争情报活动的对象、流程与目标来看，竞争情报过程的实质就是信息、知识与情报相互交流与转换的过程。对竞争情报过程中的知识流进行有效的管理与控制，是保障竞争情报效用发挥的前提。

4.2.1 竞争情报过程中的知识流及功能

1. 竞争情报过程中的知识流

根据 Jan P. Herring 提出的竞争情报 5 步流程，经分析可以得出，在每一步都存在着来自组织间和组织内的显性知识和隐性知识的流动以及转换，见图 12.9。其中，规划与定向就是对关键情报课题(KITs)的识别，这一环节以隐性知识流运转为主；搜集与报告就是针对 KITs 通过正式渠道和非正式渠道搜集有关竞争对手、环境的信息/知识，这一环节以显性知识流运转为主；加工与存储就是利用信息处理方法将获取的信息/知识有效的组织存储起来，这一环节以显性知识流运转为主；分析和生产就是将加工处理的信息/知识利用科学的分析综合方法，形成可付诸行动并易于理解的知识情报，这一环节以隐性知识流运转为主；发布和应用就是将生产出的利于决策的情报传递给情报用户和决策者，这一环节以显性知识流运转为主。

2. 竞争情报中的知识流功能

下面我们以"知识流"小车来描述竞争情报中的知识流功能，见图 12.10。实线表示知识实体的转移过程，虚线表示知识价值的转移(让渡)过程，一对实线和虚线合起来表示一个知识交易的过程。图的最上部反映了在组织和组织外部实体之间的知识流。图的中间反映组织内个人知识和组织的公共知识情报库之间的知识流，两个知识流相互交融。图底部的三个"轮子"，可以分别描述为：知识创新、知识共享和知识应用，它们对整个组织知识流系统至关重要，正是他们持续不停地运转，才保证了组织知识流系统正常的新陈代谢，推动了整个组织知识流的良性流动，推动知识价值的实现。由此可以看出竞争情报价值的发挥，需要各种信息知识流的有效运转。

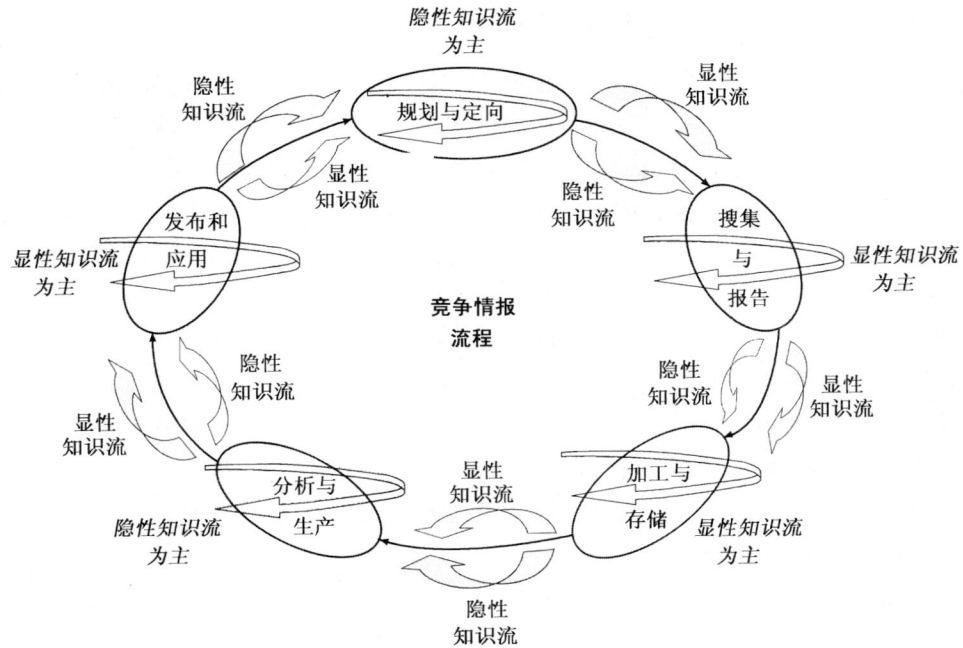

图 12.9　竞争情报流程中的知识流

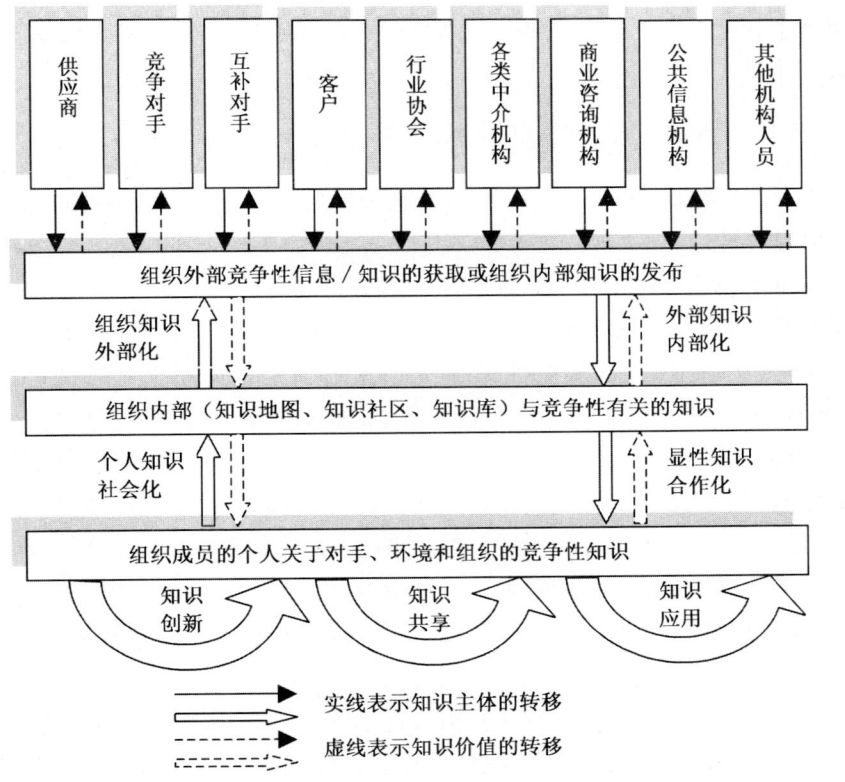

图 12.10　竞争情报中的知识流功能

4.2.2 竞争情报流程中知识流转换的机制

在规划与定向环节,相关的情报人员根据自己对外部环境和对手的把握,依凭工作的经验与智慧,提出并研究 KITs,这一过程主要是隐性知识转换为显性知识,也就是知识的外化。

在搜集与报告环节,通过对大量的分散的显性数据的搜集、聚合,形成关于竞争对手和环境的信息,实现显性知识到显性知识的转换(合作);同时,另一方面通过人际网络获得的他人大脑中的隐性知识,并经过整理形成可编码化的显性知识,实现了知识由隐性到显性的转变(外化)。

在加工与存储环节,将搜集到的分散的显性知识按照不同的研究课题或组织战略需求,利用信息处理的方法和技术,同时结合情报人员的智慧、经验与解决问题的方法及技巧等,将庞杂的有关对手与环境等竞争性知识或信息有效的组织起来。实现显性知识与隐性知识到显性知识的转化,也就是知识的合作与外化。

在分析与生产环节,将组织存储的显性知识经分析比较与综合,形成新的显性知识,是显性到显性的转化(转换)。在此分析过程中为了使显性知识生成有价值的情报,尤其需要情报人员的隐性知识的投入与转化,以及情报人员之间的交流,实现知识的社会化,其中隐性知识包括情报分析人员个人的知识结构、技术要素、认知要素、经验要素、情感要素、信仰要素等。最后,实现了隐性知识向显性知识的转换以及知识的外化。

在发布与应用环节,情报产品通过组织的内部渠道有效的发布与传递,实现了显性知识的转化。情报知识被决策者及组织内部成员接受与学习应用之后,转化为其内在的隐性知识,实现了知识的内化。

4.2.3 知识管理系统与竞争情报系统的整合共建

在理论上,1998 年 Herring 和 Prescott 等联袂提出了基于知识活动的焦点(Focus)、工具(Implement)、制度化(Institutionalize)、转变(Change)和磨合(Hone)的知识管理与竞争情报有效整合的 FIICH 模型;1999 年,Brook Aken 等人详细地分析了国际上 KM 的现状、工作框架和应用案例后认为,先于 KM 发展水平 10 年的 CI 带给 KM 的最大启迪是应关注决策与行动,CI 可使 KM 获得最快/最高的投资回报(ROI),CI 方法论适用于 KM 的全过程。为此提出,应当将 KM 与 CI 结合起来,将 CI 方法论作为 KM 的方法论,并成为知识创新的关键角色;2000 年,Helia Chaves 等人采用 CI 工具对数据库信息进行自动处理,以生成诸如知识地图这样高附加值产品以支持 KM。在实践上,壳牌国际服务公司是国际上将竞争情报与知识管理进行整合的范例,它建立的商业情报知识仓库(Business Intelligence Knowledge House),包含了竞争对手情报知识库、顾客/前景情报知识库、市场情报知识库、技术情报知识库和合作伙伴情报知识库,涵盖了企业关注的主要方面,既解决了企业对 CI 知识的管理,又使 CI 部门能把更大的精力集中于为企业决策层提供战略模拟/决策支持上。通过对竞争情报和知识管理的整合,使得壳牌国际服务公司的 CI 机构实现了由低层次的增值服务活动(响应临时需求的市场预警)向高层次的增值服务活动(战略模拟/决策支持)的过渡,增强了 CI 部门的战略地位和快速反应能力,提高了对企业内部知识的利用率,使得企业能够尽快适应外部环境的非线性变化。以 CI 与 KM 整合著称的壳牌国际公司财务公司提出了以内容为基础和以流程为基础的 KM 框架。

由此可见,知识管理系统与竞争情报系统整合共建,可以扩大 CIS 和 KMS 各自的优势,实现企业信息资源与知识资产的充分挖掘和利用,减少浪费和重复研究。根据已有的研究成果,本节提出的知识管理与竞争情报整合共建的架构,见图 12.11。

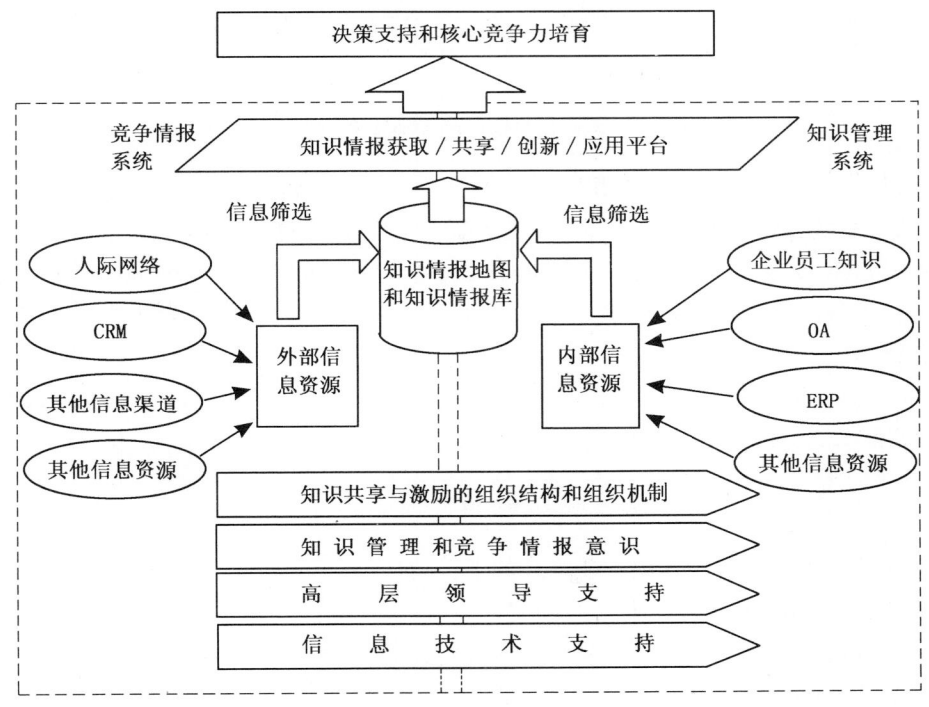

图 12.11　知识管理与竞争情报整合共建架构

资料来源:王倩等. 企业竞争情报系统与知识管理系统整合共建研究

4.3　知识管理工具和方法及其在竞争情报的应用

4.3.1　知识管理工具和方法概述

1. 知识管理工具和方法的主要类型

目前市场上知识管理的技术和工具较多,种类繁杂。可以按知识管理中四种知识转化类型对知识管理的工具和方法分类,图 12.12 描述了在知识管理中的 4 种技术和工具。

2. 知识管理工具和方法的典型产品

目前已有不少体现上述知识管理工具和方法的软件,例如:

(1)Lotus。Lotus 软件(莲花软件)的影响甚为深刻,早在 1998 年前后,知识管理所必需的文档管理和群件技术已成为 Lotus 的主要产品。

(2)Tahoe。微软公司开发的 Tahoe(太湖),由文档服务器、索引服务器和检索服务器组

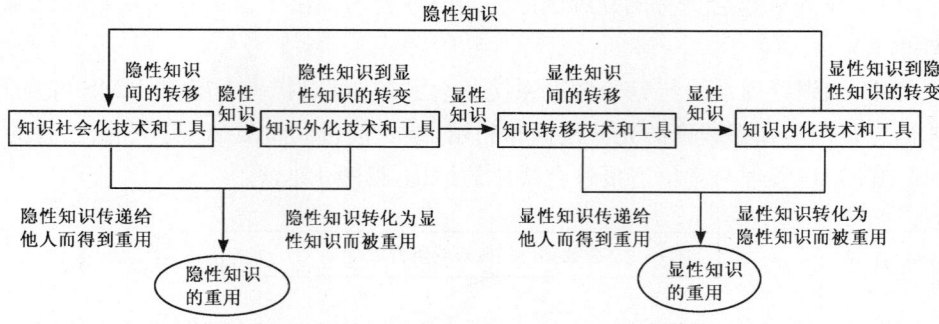

图 12.12　在知识管理中的 4 种技术和工具及作用

成,是集文档管理、文档索引/检索和协同工作于一身的组织门户,可实现文档的签发控制,针对网站、文件系统、Lotus 服务器等多种信息资源进行检索及对文档进行自动分类等。

(3) IBM 的 e-Learning。IBM Mindspan 是一个端到端的 e-Learning 解决方案,是基于标准的新一代远程教学管理和课程发布平台,它提供了强大的自主学习、异步协作和实时学习的课程发布能力。

(4) Kaidara 的 Advisor 3.0。作为服务与支持解决方案的提供商,Kaidara 软件公司近期发布了 Kaidara Advisor 3.0,个性化的支持解决方案平台。

4.3.2　知识管理工具和方法主要功能和作用

知识管理工具和方法的作用主要体现如下:

1. 知识社会化的工具和方法

知识社会化的技术和工具的主要研究内容是:如何快速地找到掌握有关知识的人;如何方便地进行隐性知识的交流;如何建立一种机制和环境,促进隐性知识的交流和共享。具体的工具和方法包括:

(1) 知识专家地图;

(2) 知识社区;

(3) 知识评价和激励工具。

2. 知识外化的工具和方法

知识外化的技术和工具帮助人们将隐性知识转变为显性知识,即将人们头脑中的经验和诀窍总结出来,用可继承、易传播的显性知识表示。这是知识管理技术中的瓶颈。具体包括以下两个方面:

(1) 知识共享平台;

(2) 知识结构图。

3. 知识转换的技术和工具

知识转换的技术和工具实现显性知识向隐性知识的转变。主要研究的内容是知识获取、知识处理、知识存贮和知识挖掘等技术和工具。

4. 知识内化的技术和工具

知识内化的技术和工具可以帮助人们突破常规,加快组织的知识型人才的培养。主要研

究的内容是:

(1) 网上培训系统;

(2) 知识地图+知识仓库;

(3) 知识推送。

4.3.3 典型的知识管理工具和方法及评价

1. 知识社区(Knowledge Community)

知识社区就是利用网络的优势与特色,在以共同兴趣、嗜好或利益而组成团体的一群人组成的网络社群(virtual community)的基础上,沿用网络社群的互动机制,建立知识的讨论空间,例如讨论区、专栏、留言板、聊天室、公布栏等。

传统的隐性知识交流是通过面对面的方法实现的,这使隐性知识的交流存在很大的局限性。知识社区的出现使隐性知识交流变得更加方便和快速,便于组织内知识的分享和创造。

2. 知识库(Knowledge Base)

知识库是知识工程中结构化、易操作、易利用、全面有组织的知识集群,是针对某一(或某些)领域问题求解的需要,采用某种(或若干)知识表示方式在计算机存储器中存储、组织、管理和使用的互相联系的知识集合。这些知识包括与领域相关的理论知识、事实数据,由专家经验得到的启发式知识,如某领域内有关的定义、定理和运算法则以及常识性知识等。

知识库实现了组织的知识记忆,避免了知识的流失。对知识库的管理,有利于组织知识的挖掘,实现了组织知识的共享和知识的转化。

3. 知识地图(Knowledge Map)

知识地图是对组织知识资源总体分布情况的可视化描述,链接组织机构中可分享的各种知识资源,揭示资源间可能存在的千丝万缕的联系,提供问题解决过程的学习路径。知识地图仅指出知识的所在位置或来源,并不包含知识的内容,其所连结的信息包括了人员、程序、内容以及它们之间的关系。知识地图是组织知识资产的指南,能协助使用者快速且正确地找到所欲寻找的知识,据此获得所需的知识,最终目标是帮助组织员工实现知识的共享。

4.3.4 知识管理工具方法在竞争情报中的应用

知识管理与竞争情报工作流程存在着相似性和互融性,借助知识管理的工具与方法,可以提高竞争情报流程的有效运转,使知识管理与竞争情报整合共建。如在竞争情报的工作流程中,竞争情报工作者在一定规划指导下,通过组织的知识地图,找到组织的知识源,再通过组织的知识社区和知识库,获得所需要的隐性和显性知识;将获取的知识经过加工整序形成新的情报产品,固化在组织知识库中,形成新的显性知识。知识的转换工具和方法在竞争情报过程中得以应用。上述思想可描述为图12.13所示的架构。

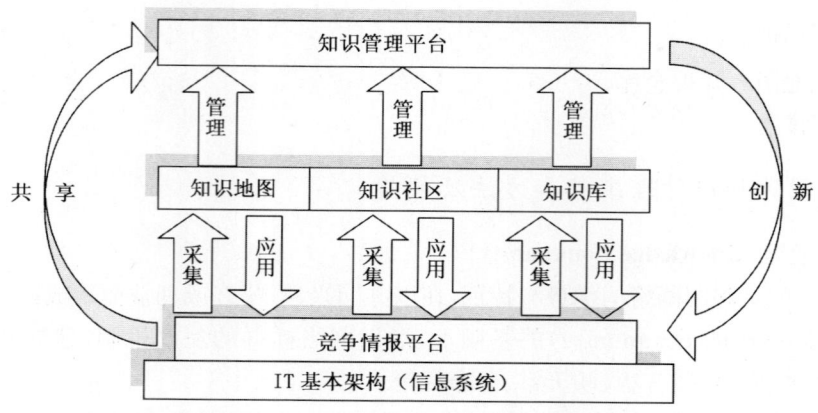

图 12.13 知识管理工具与竞争情报工作流程

§5 国家竞争情报

5.1 国家竞争情报实践和理论的发展

5.1.1 二战期间和以后"国家情报"的实践和理论总结

在全球竞争日益激烈和社会信息化高度发展的今天,国际竞争已经到了一个新阶段。情报,作为人类最古老的竞争工具之一,已经不再仅仅是深藏在军事或传统国家安全的迷雾背后,而成为在经济、政治、产业、文化等领域里重要的国家资源走到前台。国家在国际舞台上的竞争情报能力已经成为综合国力的要素之一,竞争情报理论与实践进入到国家层面因此是顺理成章的发展。

人类历史上最早的国家情报可能起源于民族或国家刚刚诞生的时代,其杰出的代表者就是中国的孙子。孙子的情报思想至今在世界上仍然得到尊重,国际情报学术专著在扉页或前言部分常常会引用孙子的名言,如"知己知彼,百战不殆;知天知地,胜乃无穷"。实际上孙子兵法,特别是其中《用间篇》中,还有许多名句都可以给今天的竞争情报工作者以启发,例如"名君贤将,所以动而胜人,成功出于众者,先知也。先知者,不可取于鬼神,不可象于事,不可验于度,必取于人,知敌情者也"、"非圣不能用间,非仁不能使间,非微妙不能得间之实"等等。

1. 现代国家情报(NI)概念的诞生

一般公认,系统化的现代国家情报理论研究起源于第二次世界大战。由于二战基本上属于是工业化战争,不仅战场情报工作达到空前的程度,而且在战略情报领域也开始了大规模的实践。一些学者总结了战争中美国军事和政治情报活动的经验教训,感觉必须在国家层面上建立一种系统化的国家情报体系,才能真正维护国家安全,实现国家的战略目标。这就是中央情报局得以出现的理由和背景。美国政治学专家威兰斯基 1967 年出版《组织情报》一书,就是其理论上的代表作,他提出复杂组织存在四个基本问题:设定目标(goal setting)、控制(control)、创新(innovation)和情报(intelligence),其中情报是指"收集、处理、解释和传播决策过程所需要的技术性和政治性信息"。诺贝尔经济学奖获得者赫伯特·西蒙后来在组织管理理论中提到组织决策的四个主要步骤为情报活动(intelligence)、设计活动、抉择活动和实施活动。这些著作奠定了情报在一个组织管理决策中作用和地位的原则基础,并且据此提出了国家情报(NI,National Intelligence)的概念。国家情报在美国发展得最为成熟,二战以后中央情报局以及与之有关的各类国家情报机构的先后成立就是一个明证,截止 2004 年中,美国除了中央情报局外,在国家层面上共有四个情报机构,在国防部、陆海空和陆战队、国务院、财政部、司法部、能源部和国内安全局共建有 8 个部级的情报机构,尽管 CIA 成立 60 年来美国的国家情报机器不仅耗资巨大,而且因为常犯错误而屡遭批评,在 1990 年前后冷战结束后还有人认为这样的国家情报机构已经没有必要存在,但是事实表明恰恰相反,这样的情报机器不但没有消失,而且在"九一一"事件后还得到更大的支持,2005 年美国还对其国家情报体系进行了重大的改革,得到了更多的国家资源。

民族或国家诞生以来的千百年历史中,除国家军事和政治所需要的情报和间谍活动外,由于国际竞争实际存在的需求,经济和商业、工业的情报活动也在不断发展繁衍,现在留下的更多是关于国际竞争中情报实践的记录,例如俄国彼得大帝亲自化装考察外国手工业,或者英国罗思柴尔德如何在欧洲建立经济情报网(这个情报王国后来发展成为著名的"路透社");以及 18 世纪由英国首任驻华大使安排的出使中国情报收集之旅等等。但是在理论上,却直到 20 世纪 70 至 80 年代才得到比较完整的总结。

2. 20 世纪 70—80 年代的社会情报(SI)

对现代经济技术竞争的情报活动给予理论上说明的是斯蒂文·德迪约。德迪约在 20 世纪 70 年代提出了社会情报(Social intelligence)概念,这里的社会是广义的,他的着眼点主要是要将情报概念延伸到个人或企业以外的各个方面。有评论家指出,德迪约不喜欢工商情报(business intelligence)或竞争情报(competitive intelligence)这样的提法,他提出的"社会情报"以更加强调全球和人类的价值,但是在概念上并无实质上的差别。在 1980 年的一份报告里,他将"社会情报"称作"一个国家,或者国家的任何组成部分,将信息的获得、评价和利用与计划好的行动或活动结合起来,以适应迅速变化的外部世界的有组织的能力"。以上表述不仅体现了"情报"的核心概念,也为国家竞争情报概念提供了铺垫。按照社会情报的理论,国家不仅应该有整体上的情报功能,而且对于后进国家来说,这还是极其重要的发展工具。虽然随着竞争情报概念的普及化,社会情报的提法现在已经很少出现在文献上了,但是这个概念提醒了我们,情报(Intelligence)不只是国家的政治军事情报,或者企业层面上的竞争情报,国家在技术经济领域的竞争情报实际上已经呼之欲出了。

5.1.2 竞争情报实践和研究上升到国家层面的必要性和重要性

1989 年,在研究日本如何跟踪国际技术的实践经验中,缪其浩和张左之首次提出了国家竞争情报的概念,当时还标出了 State Competitive Intelligence 的英文名称,后来还发表了文章的英文版。数年以后这个概念在中国科技情报界引起了关注,2004 年形成了国家课题"国家竞争情报研究",这不是偶然的,在当前中国的发展中,我们越来越感到不仅企业需要重视竞争情报,在国家和地区政府层面上也需要了解和重视竞争情报。

1. 当前国际形势发展大格局的产物

经过了20年的改革开放,中国已经在世界经济中崭露头角,综合国力得到了显著增强,中国的和平崛起将促使世界多极化的形成,有利于世界经济的发展。然而一些国家则将中国的强大视为对其地位、利益和安全的威胁。随着国际竞争格局的变化,除了在军事和政治上依然存在冲突的潜在和现实的可能性以外,国际竞争越来越多地表现在经济、文化、资源和社会各方面。由于发达国家已经形成比较完善的信息情报支持体制,而由于我国进入市场经济时间还不长,企业、科研所、政府部门和其他机构对非军事领域的情报竞争既缺乏感觉、又没有经验。因此可以说,在国家的情报意识和能力上形成了一个极不对称的局面,急需在理论和实践上对情报如何为国家发展和国际竞争服务做出回答。

2. 入世以后竞争态势的实战需要

随着我国加入WTO,国内市场逐渐全面对外开放,国内企业开始"走出去"。经济的全球化发展也不可避免地会使得国际交往渗透到社会生活的每个方面。我国经济的对外依存度已经达到相当高的程度,不仅客观上造成世界原材料市场紧张,而且招致贸易冲突加剧,我国在和平发展的过程中,因许多国家的保护主义,造成在经济技术和文化领域短兵相接的冲突。

3. 当前中国国情的要求

尽管我国的经济文化发展取得了伟大的成就,国际地位空前提高,但是应当清醒地看到,我国在当前的国际综合国力竞争格局中总体上还处于弱势。我国大多数企业在国际产业价值链上仍然处于低端,其主要原因就是在技术上落后。由于核心技术受制于人,在国际分工中就缺乏"话语权",一般只能承担利润最低,原材料消耗最多,污染最大的那些环节。当前市场竞争情报概念已经在我国初步普及,企业已经普遍认识到竞争情报对于企业市场战略的重要意义,正如迈克尔·波特在《国家的竞争优势》一书中所指出的,"国家是企业最基本的竞争优势,原因是它创造并延续企业的竞争条件",在中国的企业平均情报能力水平仍然远远落后于国际竞争对手的情况下,国家竞争情报的理念和方法能够比较有效地动员我国政府部门、企业、中介机构以及学术和公共服务机构,支持我国入世后企业在经济全球化进程中的整体竞争力。

5.2 中国国家竞争情报的能力建设

正如本章第2节提到的,一般组织的竞争情报系统应该具有决策支持、危机预警和标杆学习三大功能。中国国家竞争情报体系也是这样。但是与企业竞争情报系统不同,建设国家竞争情报能力的重点并非着眼具体建设基础的单元,如机构、工具或培训人员等,这些能力的基本要素和单元可能已经存在于企业、政府部门和其他机构里,尽管不一定叫这个名称。而应该注重使具体的机构必须突出以下几个要素,即意识素养、信息平台、协调机制和预警系统。我国目前在企业、政府机关、研究和中介服务机构中已经存在具有竞争情报能力的元素,虽然需要加强甚至新建一些,但是主要的问题是功能分散,或相互重叠或遗漏缺失,对形成国家的整体竞争力不能起到有力的支持作用。

5.2.1 意识和素养

当前中国建设国家竞争情报的能力,首先要使得国家的领导力量认识和理解这种能力的意义和必要性,以便在工作中自觉应用竞争情报。《中共中央关于加强党的执政能力建设的决定》明确提出要"及时全面分析经济形势,增强预见性";"在更大范围、更广领域、更高层次上参与国际经济技术合作和竞争"。可以认为,掌握竞争情报工具来提高领导干部掌管的国家、地区的竞争力,正是党执政能力的重要内容。要使各级领导干部认识到市场竞争对实现本地区或本行业发展的影响,认识到竞争情报不仅对本地区或本行业发展的整体战略决策至关重要,也是经济、社会和文化战略决策的重要参考。当前在一些省份,政府已经认识到竞争情报对企业的意义,因此已经着力推动这项工作,例如湖南省的"企业竞争情报普及工程"。然而却没有看到这种能力对自己的用处,这里就有一个培训的任务。在党的干部培养体系中目前还没有对这种意识和素养系统培训的经验,它也不是一般管理或图书情报院校竞争情报课程所能够覆盖的,因此需要建立起来。

5.2.2 公共情报平台

这里所说的情报平台不同于由计算机网络组成的国家信息基础结构,那是当前国家信息化的任务。国家竞争情报体系应当充分利用这个国家信息基础结构,但是情报的内容,包括各个单元的信息交流和政府拥有的数据资源及其服务系统,正是在国家竞争情报体系必须自己来完成的任务。

国家竞争情报的公共平台主要应该由一系列数据库和信息交流机制所组成,对所有企业机构开放。其中的数据库有些可以利用现有的文献数据库和统计数据库,还有一些是将现有的数据库中提取有关信息加以重新整理而成,当然还需要新建立一些。国际竞争的性质决定了真正有价值的情报并不是什么秘密图纸,而是对公开和半公开的资料、数据库、媒体和互联网上无穷无尽的信息进行过滤、筛选、整理和分析研究所得到的真知。这些数据库的内容,除了对提高国家竞争力所必须的以外,还应该包括对提高我国企业和科研开发竞争力有用,但是单个企业或机构未必有可能自己去收集整理的那些信息。各个细微的部分经过科学合成以后就会呈现有意义的图像。例如美国有个机构从新闻媒体上收集各种国际商业间谍案件和窃取商业秘密的事例,及时做成简报提供给企业用户。像这类信息积累整理就可以发现孤立事件之间的联系,看出国际经济情报活动的最近动向和规律,构成了国际竞争情报数据库。

5.2.3 国家竞争情报的协调机制

国家竞争情报的主要作用在于动员和协调已有的竞争情报能力要素,将其集中应用于提高国家的综合国力和国际竞争能力。

以近年来中国企业在国际石油市场上的几次竞争为例,可以看出国家需要怎样的协调机制,来"创造并延续企业的竞争条件"。无论是中石油与俄罗斯尤科思石油公司的合作问题上,还是中海油收购美国石油公司尤尼可的案例,中国的石油公司都表现出对国际政治的无知。当然,我们不应该要求每个公司,无论它多么强大,都建立国际问题研究部门,那是没有道理的。然而我国在社会科学院和大学有比较强的国际政治问题研究力量,因此在这里,并不是缺乏竞争情报的能力,而是国家分布在各个不同部门机构中的能力要素未能适当地协调,因而造成了企业乃至国家整体利益的损失。

如何组织国家各个角色特别是传统上并不来往的行业和政府部门的参与和沟通,将是这个协调机制最主要的任务。

5.2.4 预警系统

信息和数据库毕竟是个基础,真正要对国际竞争作出贡献,特别需要从蛛丝马迹中看出竞争对手下一步重大战略动作的先兆,然后在第一时间告知该信息的所有方面,并且迅速做出反应,这就是预警系统的功能。例如美国全国科学基金会支持的一个项目就是采用文本挖掘的技术,在主要国家的专利文献中,例如从滚动数据库中发现最近数月竞争对手不断在某个产业技术领域收集我方重要信息,特别是战术信息,就可能意味着对手下一步可能会有动作,于是对相关产业技术部门的预警信息就会及时发出,因为平时对"如何对付外国关注"都做了预案,得到警告的有关部门就会按照预案的要求及时做出安排,像这样一个假想的例子就是预警系统的作用。

在经贸领域,由于"入世"带来的紧迫需求,建立反倾销和反贸易技术壁垒等预警系统首先得到了普遍的认同。当前国家商务部已经在建立重点进出口商品的监测系统。同时由国家商务部和信息产业部牵头建立的"贸易的技术壁垒(TBT)"预警系统也正在加紧建设。这实际上已经是一种国家竞争情报分系统的雏形。

5.3 国家竞争情报的组织体系

5.3.1 组织化是国家竞争情报系统建设最关键的要素

国内已经发表的大量关于竞争情报的定义文章,尽管具体说法有不同,但是基本相差不大,大多数都将竞争情报定义为一种产品(加了一系列定语的知识或信息),和/或产生这些产品的过程,也有的提到了产生这些产品的组织构架。笔者倾向于将竞争情报的定义包含产品、过程和组织三个要素,认为我们研究的竞争情报应该是"一种由专业人员从事的,有一定的组织保障的专门化工作,因此组织形态是竞争情报的一个基本属性"。可以说,竞争情报已经存在于任何一个生存的组织之中,而平时当我们说某企业有竞争情报能力的时候一般就是指其已经呈现组织化的程度。在国家竞争情报中,这一点尤其重要。

本章第2节在讨论竞争情报能力和系统时,对一般组织,特别是企业的竞争情报组织进行了分析,国家作为一个大型的组织实体,在竞争情报的流程和组织结构上与企业有相似之处。但是国家和企业之间在竞争情报活动上的差别也是很大的。因为企业作为在市场上运作的组织,其结构其实是高度"计划性"的,因此许多公司都建立了集中化的竞争情报系统,有一个指挥中心和相当严密的内部网络和资源平台。这样的模式就不能简单地套用到国家系统上,在国家层面上,只有政治、军事、外交和国家安全这样的领域才适合如此高度集中的情报管理模式,而主要涉及技术经济领域的国家竞争情报工作,需要独特的组织化形式。

5.3.2 中国国家竞争情报体系

表 12.1　中国国家竞争情报体系的组成部分和功能

组成部分	功能描述
机构单元	政府有关部门、中介和服务机构、企业、学术研究机构和教育培训机构
协调机制	国家级、地区级和重要部门或行业领域内的协调组织,实施横向交流的办法和规则
知识基础	竞争情报、国际关系、危机和风险管理、组织战略理论方法、情报分析方法
技术、信息平台	信息采集工具、文本挖掘软件、预警软件、情报分析软件、公网和专用信息网络,数据库和知识库,信息上传、发布和利用规则
行为依据和保障	有关活动所需的法律和制度

中国国家竞争情报的体系如表 12.1 所示。如上一节所述,我们今天要建立的国家竞争情报,其绝大部分能力元素都已经存在,从整体上并不需要重起炉灶,除了少量的补充外,要做的只是对这些业已存在的机构、队伍、平台和工具加以适当的组织,使其能够像一个系统那样协调运转,发挥系统的集成和倍增效应。表中的各个组成部分,主要也是通过协调、合成或整合的方式而组建起来的,其中有一些是国家竞争情报独特的内容,则需要进行必要的建设和提高。

在实际建设过程中,比较可行的途径是按照如图 12.14 所示的部门和地区双重结构进行。

一方面在中央政府的有关部门中建立管理协调的机制,一开始可以在竞争情报需求和意识已经比较明显的商务部和科技部等系统首先开始示范,然后逐步推广;另一方面,随着地区经济的发展,一些发达地区也开始加入国际竞争,在区域的范围内也产生了竞争情报的需求,这在一定意义上也是国家竞争情报的组成部分。首先可以在处于国际竞争前沿的上海市、广东省等地开始建设,还可以在一些与外国接壤的特殊省份,如新疆维吾尔自治区可以建设面向中亚的国家竞争情报分系统,云南省可以建立面向南亚地区的相应系统,等等。

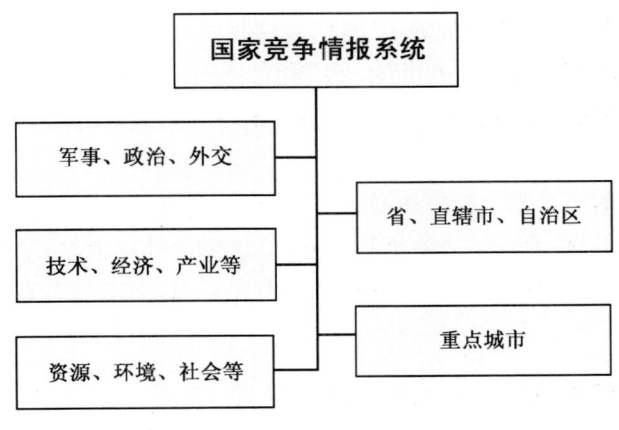

图 12.14　国家竞争情报的结构

5.3.3 市场经济条件下的国家竞争情报

当前在市场经济条件下提出国家竞争情报的目的是要在国家层面上建立起"规划统一、资源共享、服务社会"的竞争情报体系,它必须以国家战略为导向,但同时也应该遵循市场经济原则。在国家层面上建设技术经济性质的大一统情报体系,这在世界上都不曾出现过。一些国家的国家安全情报系统也涉及经济和技术的情报收集,但那些技术侦听或者秘密渠道的工作都不是我们关心的范围。

我们讨论的是建立一个以公开、公平为原则,符合改革开放国家政策,遵守世界贸易组织游戏规则的竞争情报体系。与冷战状态和计划经济下的传统国家情报体系不同,这个体系假定与竞争对手不是"你死我活"的敌我关系,而是共处地球村的利益相关者(stakeholder)。与企业在市场上按照一定规则既竞争又合作的关系有所相似,连接这个体系各个单元的纽带也不仅是行政命令,其主要是利益驱动的机制,也通过法律和规定进行一定的制约;这个体系运转的方式也不是传统国家情报工作的做法。以保密为惯例,不是局限在非常小的圈子里进行,而是与政府办事公开的发展趋势相呼应,遵循"宁可让竞争对手知道,也不能使得自己人不知道"基本准则,尽可能多地公开有利于我国企业和其他各类组织参与市场竞争的政府信息;因此其基础情报平台对公众开放,涉及国家秘密或企业机构商业秘密的内容不要包括在其中;同时对各类企业都公平的服务,不因为其性质属于私营或外资企业就加以歧视。

一方面该体系在设计上不具体帮助某个或某些企业;另一方面,在涉及国家重大利益的时候,有效调动国家各个部门的力量,并不排除政府通过国家竞争情报系统向有关国有企业和其他战略性企业提供特别的指导和帮助,这在世界各国都是通行的做法。

总之,国家竞争情报体系将整合分散于国内各个体系内的以及各自为政的情报信息系统和资源,在国家层面上建立起"规划统一、资源共享、服务社会"的竞争情报体系,从而确保我国的重大战略利益,也为其他各种利益(地区、城市、产业、企业和其他机构等)参与国际竞争提供坚实的基础和可靠的保障。

有人曾经对国家竞争情报体系的存在价值提出异议,认为这是企图囊括一切的"不可能的使命"。他们可能是误解了这个系统的形态,以为这将是一个超级"中央情报局"。实际上,国际上类似的"国家情报(National Intelligence)"概念所阐述的也主要是一种体系、制度甚至观念,而不是囊括一切的庞大机构。美国中央情报局这样的超级机构,即使在其他西方国家也是罕见的。

本章第5节阐述的国家竞争情报体系也是这样,与其说它是一个实体,不如说是一种认识和思维框架、一个跨部门跨地区的协调机制、一种信息情报共享的游戏规则,其作用是为了更好地发挥现有散布在各个企业地方的竞争情报能力和资源,为中国在新世纪取得其应有的国际地位作出贡献。

5.4 中国科技信息工作与国家技术竞争情报

作为纪念中国科技信息事业诞生50周年的专著,本节自然将特别关注国家竞争情报中的技术竞争情报部分。

5.4.1 技术竞争情报(CTI)在当前国家技术竞争情报中的重要地位

国际上公认技术竞争情报(CTI)是竞争情报的重要组成部分,也是我国竞争情报事业中最早进行实践的。中国科技情报事业曾经是国内除国防和国家安全机构外惟一采用"情报"两字为自己名称的事业。我们认为它实际上已经在承担国家科技领域的竞争情报任务,而正如本章第1节已经提到的,我国竞争情报主要是由这个系统的人员首先倡导,然后再在其他各个领域和机构展开发展起来的。

1. 中国科技情报事业的诞生

1956年,周恩来总理主持制订的《1956—1967年科学技术发展远景规划纲要》第57项任务提出开展我国科技情报工作。同年,中国科学院科学情报研究所正式成立,1958年改为中国科学技术情报研究所,1992年起改名为"中国科学技术信息研究所"。在20世纪80年代中期科技情报工作高潮时期,国务院各部委建立了33个情报研究所,各省市自治区建立了35个情报研究所,专职工作者达6万多人,加上兼职人员,总数达10万余人。另据中国科学技术情报学会2004年调查,目前全国有近400家综合性和专业性科技情报机构,近1 000家团体会员。

中国科技情报系统从诞生那天起就承担了在科学技术方面的国家竞争情报使命,包括:
(1)跟踪报道国外科学技术的发展动向;
(2)为政府的重大规划和决策提供信息情报调查研究;
(3)为生产、科研和技术开发单位的重要工程项目、重点科研攻关项目提供技术和产品的文献信息和情报分析。

应该指出,中国的科技情报系统是在一个特殊的条件下产生的。1949年建国以来,西方国家就对我进行了技术封锁,有些国家虽然也向我国输出产品,但是技术含量很低。在相当长的时间内,我们无法正常获得世界上科技发展的基本信息,甚至无法订购一部分公开发行的科技期刊;人员交流的水平一般仅在最低限度,有时还处于停滞状态;同时,由于国家的经济实力相当薄弱,外汇尤其匮乏,即使有些可以通过技术引进或在市场上获得的科技信息也会因为经费原因而不能得到。科技情报系统正是在那样的历史条件下诞生的一种技术方面的国家竞争情报。

2. 在挑战和改革中前进的中国科技情报工作

改革开放以来我国科学技术发展的条件已经发生了很大的变化。与科技情报工作初创时期相比,当今的科学技术已经高度发展,信息通讯技术(ICT)又正在急剧改变着经济活动的方式,使得空间距离的意义变得渺小;继金融、贸易和生产大规模全球化后,科学技术的研究开发和知识交流也正在大步走向全球化。

20多年来,世界和中国都已经发生了翻天覆地的变化。原先在特殊条件下诞生和发展起来的中国科技情报事业早已经不适应变化了的环境。计划经济体制下建立起来的行业和地区科技情报研究所体制受到冲击。首先是省市行业性的科技情报所随着改革或进入企业集团,或自行改组为各类信息服务企业,省级科技情报所基本还是保留下来,但是如上海市,也已经与图书馆合并,在行政建制上脱离了科技行业。大部分科技情报所90年代根据行业改名成为

"信息研究所",还有的走得更远,成为经济技术研究院、发展研究中心,不仅名称,而且服务内容和功能也已经发生了很大变化。

随着贸易、经济等预警系统情报功能的发展,国家经济技术情报工作的体系也面临重新分工改组,国家技术竞争情报不一定由原有的科技情报研究所承担。其他系统机构有可能在实质上承担这方面的功能,例如由国家商务部和信息产业部牵头建立的"贸易的技术壁垒(TBT)"通报预警系统,特别是有些地方已经在地区一级将贸易、专利、标准等管理机构协同作战,这样的预警系统实际上已经是一种国家技术竞争情报系统的雏形,例如广州市正在建立一个"广州贸易技术壁垒联合应对体系",由广州市质量监督局、外经贸局、科技局、知识产权局和广州出入境检验检疫局等国家机关共同组成,其另外一个名称就是"广州 WTO/TBT 联席会议"。

改革开放后的科技情报工作还有没有必要存在?如果存在应该做些什么?这些都是更加实质性的挑战。从系统的名称从"情报"改为"信息",尽管有一些争议,正是反映了试图更好地理清自己的服务范围所做的思考和努力。然而这些问题到目前为止并没有得到完全解决。

5.4.2 国家创新战略中的国家科技竞争情报

现在越来越清楚,在新的形势下科学技术的国际竞争非但没有消亡,反而更加激烈、更加复杂,随着中国经济发展和国际影响的日益增长,中国不仅在技术含量较低的产品领域占据了越来越大的市场,而且,各方的评论都估计在新一轮的竞争中,中国将逐渐向技术高端移动。无论是出于争夺利润高端的商业理由还是为了遏制中国发展的政治原因,技术情报领域肯定是竞争的前沿。在这个意义上,国家的科技情报系统存在的理由和前进的方向这样一些问题都可以得到解答。

1. 中国需要国家科技竞争情报

国家科技竞争情报是国家竞争情报的一个重要组成部分。国家(主要通过中央政府)为了实现其战略目标需要提高整体的技术竞争力,必须组织、协调和领导政府相关部门、产业组织和企业、技术研究开发机构的信息和情报活动。国家科技竞争情报决不是代替其中任何个体组织自身的科技竞争情报活动,理想的国家科技竞争情报体系应该是一种协调机制,它通过竞争情报意识的培育、政府的政策法规、行业协会的组织和企业研究开发机构的具体运作,实现提高国家科技竞争能力的目标。

在党的十六届五中全会上,"自主创新"首次作为一种国家战略被提到议事日程上,科学技术的创新无疑是其中最重要的组成部分。任何有意义的创新必须建立在对内外环境,包括竞争对手信息的掌握和理解基础之上,新的形势对技术竞争情报提出了更高的要求,也是对建立国家科技竞争情报体系的召唤。

2. 整合科技竞争情报力量是基本任务

在纯基础的研究领域,各国主要会体现出合作的一面,而一旦进入应用研究、技术开发乃至产业技术,国际竞争就表现出来,而且越往下游,竞争越是激烈。我们应当意识到,国家的科技竞争力,主要不是比研究成果或专利数量的多少及质量的好坏,而是在产业、产品和服务的竞争上体现出来。为了提高中国的科技竞争力,必须提供全程的竞争情报服务。

在中国科技情报事业发展的早期,体现科技竞争力的情报服务,包括专利、标准、科技报告,连同其他科技文献,都是科技情报机构的服务范围,但是改革开放以后,专利、标准等大都划出了科技信息的范畴而另立门户,这样做有专门化管理的好处,但对于科技研发的主体来说,就有可能造成竞争情报链的割裂。例如最近各地提出的知识产权战略,大都没有将标准、商业秘密等内容包含在内,实际上有损于科技竞争力的形成,这是由于行政体制原因造成的一种令人遗憾的缺失。

国家科技竞争情报系统应当协调和整合现有国家在科技、知识产权(专利、版权和商标)和标准计量,甚至产业和贸易领域的竞争情报力量,从实验室到产业链和产业集群共同打造国家的科技竞争力,并让最终用户可以得到"一门式"的服务。

3. 国家科技竞争情报的建设任务

国家科技竞争情报需要集中资源,为企业和其他用户提供国际技术发展和知识产权动向的情报和预警。因此需要充分利用现有的各类科技情报研究所作为核心和骨干,主要通过意识、政策、体制组织协调各行业部门中的科技情报力量,而不是另搞一套,重复建设。

同时要注意建设更多的中介服务机构,让它们在现有行政体制中间发挥联系和穿针引线的作用,一些技术领域的学会和产业协会都将在科技情报领域发挥越来越大的中介作用。

为了更加有效地跟踪国际科技发展动向,减少中央和各省市重复进行的资源浪费,在领域和专题上进行一定的分工,将国家和各省科技部门正在建设的研究发展公共服务平台上加入科技竞争情报内容,在这方面,上海市已经走在前面,2005年上海市研发公共平台已经正式立项,建设若干行业的竞争情报内容平台。

科技竞争情报的一些重要工具,特别是专利分析的工具,也需要集中国家力量进行研发,这是纯商业化服务机构所难以承担的任务。

在国家科技部需要建立科技竞争情报的协调机构,以便在国家科技发展的重大关键课题上不仅协调科技力量,还要联系协调工业、贸易、法律、文化以及国际政治等领域的管理部门和知识源,真正发挥国家的整体优势。

5.4.3 科技信息系统:走向国家技术竞争情报系统

我们认为中国的科技信息系统改革的最终目标是成为中国国家科技竞争情报系统中的核心部分。

在新的经济技术竞争条件下,如何建设国家竞争情报呢?首先,如前所述,科技竞争情报的环境和角色都发生了很大的变化,简单恢复20世纪80年代那样的队伍和结构,特别是回到过去计划经济体制下国家大一统的体制,不仅已经不再可能,而且完全没有必要。虽然原有的科学技术情报体制已经无法适应今天的形势,但是实践表明,由于这个系统已经在实质上履行国家科技竞争情报的某些功能,在整体上也已经接受竞争情报的概念。因此原有的科技情报机构,特别是省级及以上的那些机构应该而且也能够发挥主力作用。

正如前面所述,在我国,科技内容的竞争情报已经有科技情报研究所和一部分企业的实践,学术界也进行了一定理论总结,但是国家科技竞争情报毕竟是一种从新视角提出的需求,它并不完全是企业技术情报工作和目前科技情报所正在进行工作的简单延伸,甚至也不仅是国家科技部管辖的事业,需要一种改革的新思维。

10多年前作者就已经提出"我们要改变目前情报研究模式单一的现状,可以把一部分情报研究部门转变为工业情报和市场情报研究中心,或依附于大企业或企业集团,或定向联系一批中小企业",现在前一种情况已经成为现实,许多工业情报所,特别是在地方上的,由于工业局的转制为企业而成为了企业或企业集团的情报机构;而目前缺位的是为广大中小企业,特别是民营企业服务的情报机构,而把握机遇就会带来巨大的发展机会,这应当是原科技情报机构,特别是产业部门的科技情报机构应当关注的发展趋势。

[本章撰稿人:缪其浩　陈　超　张左之　李　贺　沈固朝　王曰芬]

参 考 文 献

[1] 布鲁斯·D亨德森. 战略与自然竞争[M]//卡尔·W斯特恩,小乔治·斯托克节[编选]. 公司战略透视[M]. 波士顿顾问公司译. 上海:上海远东出版社,1999

[2] 肯尼思·普瑞斯,史蒂文·L戈德曼,罗杰·N内格尔. 以合作求竞争[M]. 沈阳:辽宁教育出版社,1998

[3] 鲍勇剑. 有敌无仇的竞争时代[N]. 中华工商时报,2002-11-19

[4] W CHAN KIM, RENEE MAUBORGNE. Blue Ocean Strategy[M]. Havard Business School Press,2005

[5] 迈克尔·波特(MICHAELE PORTER). 竞争论(On Competition)[M]. 北京:中信出版社,2003:160

[6] 柯克·W M泰森. 竞争情报完全指南[M]. 王玉,郑逢波,张佳浩,等译. 北京:中国人民大学出版社,2005:17

[7] 王知津. 竞争情报[M]. 北京:科学技术文献出版社,2005:87～93

[8] WALTETR D. BARNDT, JR. Scip at the Crossroads—A Response to the President's Message[J/OL]. Competitive Intelligence Magazine, 2000(6) [2001-10-15]. http://www.scip.org/news/cimagazine.asp?id=4～50k

[9] 王知津. 竞争情报[M]. 北京:科学技术文献出版社,2005:425～430

[10] 张左之. 结合会展强化CI产业链——对标SCIP年度会展[C]. 竞争战略与竞争情报——竞争情报事业十年发展历程. 北京:中国科技情报学会竞争情报分会,2004:172～175

[11] 李艳,赵新力,齐中英. 技术竞争情报的现状分析[EB/OL]. (2005-09-18)[2005-12-21]. http://prep.istic.ac.cn/epr int/upload//2005/1127035665110.doc

[12] 达夫特. 组织理论与设计精要[M]. 李维安译. 北京:机械工业出版社,1999:38～40

[13] 迈克尔·波特. 竞争战略[M]. 陈小悦译. 北京:华夏出版社,1997:72～75

[14] 王重鸣. 组织行为学[M]. 北京:石油工业出版社,民主与建设出版社,2003:312～319

[15] 许广奎,刘持慧. 论企业竞争情报系统的建立与管理[J]. 情报理论与实践,2001(3):197～199

[16] 谢新洲,包昌火,张燕. 企业竞争情报系统的主要模式[J]. 图书情报工作,2002(11):21～26

[17] 谢新洲,包昌火,张燕. 论企业竞争情报系统的建设[J]. 北京大学学报(哲学社会科学版)2001,38(6):55～68

[18] 沈丽容. 竞争情报:中国企业生存的第四要素[M]. 北京:北京图书馆出版社,2003:236～238

[19] 包昌火,谢新洲. 企业竞争情报系统[M]. 北京:华夏出版社,2002:53～59

[20]　利亚姆·费伊.竞争者:以才智、谋略与绩效取胜[M].北京:中国人民大学出版社,2004:76～81
[21]　蓝海林.迈向世界级企业——中国企业战略管理研究[M].北京:企业管理出版社,2001:3
[22]　包昌火,谢新洲.竞争对手分析[M].华夏出版社,2003:125～126
[23]　杨东龙.500种最有效的管理工具第一卷:战略、组织、人力资源[M].北京:中国经济出版社,2002:147
[24]　LEONAR M FULD. The new competitor intelligence: the complete resource for finding, analyzing, and using information about your competitors[M]. John Wiley & Sons, Inc, 1995, NY:386～391
[25]　佘廉.企业经营新机制——预警预控制管理模式[J].科学学研究,1994,12(1):30～35
[26]　陈明森.市场进入退出与企业竞争战略[M].北京:中国经济出版社,2001:285～293
[27]　包昌火,谢新洲,黄英.竞争对手跟踪分析[EB/OL].新华网(2003-08-21)[2006-02-17]. http://news.xinhuanet.com/newmedia/2003-08/21/content-htm
[28]　谢新洲,尹科强.竞争情报软件的分析与评价[J].情报学报,2004(6):736～745
[29]　左美云.国内外企业知识管理研究综述[J].知识经济,2000(7):31～37
[30]　查尔斯.M.萨维奇.第五代管理[M].谢强华译.珠海:珠海出版社,1998
[31]　丁蔚.从信息管理到知识管理[J].情报学报,2000(2):124～129
[32]　丁蔚,倪波.知识管理思想的起源——从管理学理论的发展看知识管理[J].图书情报工作,2001(19):5～8
[33]　邱均平,马海群.再论知识管理与信息管理[J].图书情报工作,2000(10):5～8
[34]　吴金希.用知识赢得优势——中国企业知识管理模式与战略[M].北京:知识产权出版社,2005:17～22
[35]　MARIANNE BROADBENT. The phenomenon of knowledge management: what does it mean to the information profession? [J]. Information Outlook, 1998(5):23～36
[36]　林山.组织创新:基于知识与知识创新的研究[J].科学学与科学技术管理,2005(3):134～137
[37]　彭靖里.论知识管理在企业竞争情报研究中的应用[J].情报理论与实践,2002(4):270～272
[38]　白波,张晓玫.关于知识管理的几个理论问题[J].图书情报工作,2001(8):20～23
[39]　季晓林.企业知识管理系统的构建[J].中国信息导报,2004(5):47～49
[40]　秦铁辉.竞争情报与知识管理的互动关系[J].情报科学,2004(7):780～784,791
[41]　M E NISSEN, M N KANMEL, K C SENGUPTA. Integrated analysis and design of knowledge systems and processes[J]. Information Resources Management Journal, 2000, 13(1):24～43
[42]　吴金希.用知识赢得优势——中国企业知识管理模式与战略[M].北京:知识产权出版社,2005:109
[43]　周天慧,蔡耿谦.知识管理理论与策略研究[J].中国软科学,(9):88～92
[44]　MAX H BOISOT. Is your firm a creative destroyer? competitive learning and knowledge flows in the technological strategies of firms [J]. Research Policy, 1995(24):489～506
[45]　HAI ZHUGE. A knowledge flow model for peer-to-peer team knowledge sharing and management [J]. Expert Systems with Applications, 2002(23):23～30
[46]　MICHEAEL K FUNG, WILLIAM W CHOW. Measuring the intensity of knowledge flow with patent statistics[J]. Economics Letters, 2002(74):353～358
[47]　张培富,李艳红.知识流与技术创新的群体社会互动[J].科技管理研究,2004(4):105～109
[48]　MARK E NISSEN, RAYMOND LEVITT. Dynamic models of knowledge-flow dynamics[R]. Cife Working Paper. Stanford University, 2002(11):9

[49] 包昌火. 竞争情报的崛起和发展[M]//情报学进展(第五卷). 北京:国防工业出版社,2003:310～373

[50] 朱晓峰. 知识管理和竞争情报[J]. 情报理论与实践,2000(4):263～265

[51] 彭靖里. 论知识管理在企业竞争情报研究中的应用[J]. 情报理论与实践,2002(4):270～272

[52] 李炜鸿. 用知识管理思想构建企业竞争情报[J]. 科技与管理,2005(2):125～128

[53] 王倩,邵凌赟. 企业竞争情报系统与知识管理系统整合共建研究[J]. 情报杂志,2004(12):56～57,61

[54] 徐福缘. 企业知识管理技术与工具在当今的发展[J]. 计算机集成制造系统-CIMS,2004(5):487～491

[55] 徐福缘. 企业知识管理的实现技术与工具[J]. 系统工程理论方法应用,2004(1):38～42,48

[56] 不同视角看知识管理技术. 深蓝软件产品知识库[N/OL]. 2005-12-20. http://www.hi-blue.com/application/document/0608_003387.htm

[57] 陈冠宇. 开启知识管理的动力心脏-建置知识社群[J/OL]. 知识管理中心,2005-12-20. http://www.kmcenter.org/articleshow.asp?articleid=1161

[58] 什么是知识库. 中国协议分析网[N/OL]. 2005-12-20. http://www.cnpaf.net/class/jsjjs/0551622005870194856.htm

[59] FU-REN LIN,CHIH-MING HSUEH. Knowledge map creation and maintenance for virtual communities of practice[C]. Proceedings of the 36th Hawaii International Conference on System Sciences,2003:1～10

[60] HAROLD L. WILENSKY. Organizational intelligence:knowledge and policy in government and industry[M]. Basic Books,Inc,New york/London,1967

[61] 西蒙. H A. 管理决策新科学[M]. 李柱流译. 北京:中国社会科学出版社,1982:34

[62] 911调查委员会报告(政府正式版)[EB/OL]. (2004-7)[2006-2-5]:407-8. http://www.9-11commission.gov/report/911report.pdf

[63] SAVITZ S. Mission to Beijing:government-sponsored CI in the 18th Century[J]. Competitive Intelligence Magazine,1999,2(2):27～29

[64] 缪其浩. 喝水不忘掘井人:纪念竞争情报国际先驱者德迪约[J]. 竞争情报,2005年夏季号:1～2

[65] CARLSSON MATE. Stevan dedijer—the world jumper,in Jon Sigurdson and Yael Tagerud edited:the Intelligent Corporation[C]. The privatization of intelligence,London:Taylor Graham,1992:195

[66] DEDIJER S. Social engineering of intelligence for development document[R]. No. 6 at the Meeting on the Knowledge Industry and the Process of Development,Paris:OECD Development Center,1980:1～59

[67] 缪其浩,张左之. 对JETRO海外技术情报活动的剖析[J]. 情报学报,1989,8(4):281～291

[68] MIAO QIHAO,ZHANG ZUOZHI. Anatomy of jetro's overseas technology monitoring:bibliometrical and content analysis[J]. Scientometrics,1990,19(1～2):75～90

[69] 迈可尔·波特. 国家的竞争优势[M]. 北京:华夏出版社,2004:17

[70] 中共中央关于加强党的执政能力建设的决定[R]. 2004年9月19日中国共产党第十六届中央委员会第四次全体会议通过

[71] 缪其浩. 市场竞争与竞争情报. 北京:军事医学出版社,1996:44

[72] JON SIGURDSON. Introduction—the changing role of national intelligence, in Jon Sigurdson and Yael Tagerud edited:The intelligent corporation,the privatization of intelligence[C]. Taylor Graham,London,1992:5～13

[73] 国家科学技术委员会. 中国科学技术政策指南(科学技术白皮书第1号)[M]. 北京:科学技术文献出

版社,1986:216~217
[74] 晓枫. 向内走,向外走——广东的 TBT 选择[N]. 21 世纪经济报道,2004-10-14(11)
[75] 缪其浩. 科技情报研究——挑战和对策[J]. 情报学报,1993,12(1):69~71

第 13 章　数字环境下的用户研究

§1　数字环境下的用户及其信息需求

1.1　用户及其类型

1.1.1　用户定义

自有人类存在以来,就存在着信息的制造、传播、接受和使用的问题。从这个意义上来说,几乎所有能够接受信息的人都是信息用户。从研究信息利用的角度而言,信息用户一般指具有利用信息资源条件的一切社会成员。

用户的构成是由不同时空的社会实践决定的,它与社会制度、国家体制、经济发展、科技水平和文化教育有密切的联系。由于传统的信息用户研究起源于图书馆读者研究,因此,信息用户在 20 世纪 60 年代和 70 年代被称为图书馆读者(library reader)。随着社会经济结构的巨大变革所带来的使用信息方式的变化,信息用户的称谓也是多种多样,如情报用户、科技人员、"客户"(patron 或 client)、网络用户、媒体受众、电信用户、短信用户等等。但不管哪一种称谓,都与人与信息的关系、人与信息系统的关系和人的使用信息方式相关。

从人与信息的关系来看,传统研究认为信息用户是信息的接受者。这一观点是根据信息从产生、传递到使用的流程,将用户定位在信宿端。但在网络时代,每一终端既是信宿又是信源,网络信息用户既是信息的接受者,也是信息的发送者。

从人与信息系统的关系来看,传统研究认为,信息系统是为整序信息流而建立的,与信息系统建立联系的人成为信息用户,或者说信息用户就是信息系统的服务对象。这个根据是以信息消费者与信息生产者之间信息流动不畅和处于中介地位的信息系统成为用户直接依赖的对象为前提的。但信息化带来的一个深刻变化是,当信息以数字方式表达,信息生产者与消费者接触日益频繁,信息在信源和信宿之间快速流动后,作为中介的经纪人、中间商、代理和部分信息系统的生存空间日益缩小。到图书馆接受信息服务的人越来越少就是一个明显的例证。这是任何信息服务机构都要认真研究的新问题。

从使用信息的方式来看,传统研究认为信息用户是指利用特定信息的个人和群体。每种实践活动都产生特定的信息,实践内容的性质就决定了用户的类型,如技术信息用户、学生用户、教师用户等。而随着信息传递和储存技术的发展,同样的信息可以采用不同的方式,使用不同的信息载体。昨天是图书馆传统用户的科研人员今天可能是某网站的常客或数据库的用户,参加讨论组、博客成为获取信息的新方式,而 e-mail 和手机成为他们传递信息的主要工具,因而即使从事同一实践活动的信息用户,其构成在相当程度上也因信息使用方式和工具的不同而具有不同的名称。

总之,信息用户是指利用某种信息工具和方式获取、使用和传递特定信息以满足特定需求的个人或群体。

1.1.2 用户类型

用户分类至今尚未有统一的标准和稳定的分类体系,不同的视角、不同的研究目的将会产生不同的类别。划分方法有以下 5 种。

(1)按学科范围/职业划分。

根据人们实践活动所属的学科范围划分,信息用户的类型有:
- 科学和生产技术信息用户,如数学、物理、医学等自然科学的应用科学领域的研究人员、教学人员、管理人员和生产、施工单位的工程技术人员等;
- 社会科学和人文科学信息用户,包括政治、经济、法律、文学、艺术等学科范围内的研究人员、教学人员、管理者、经营者等从业人员。

值得注意的是,随着学科融合、交叉,学科归属的划分往往不是很明确的,而某一学科范围的用户其需求又可能涉及多个学科。

根据人们的实践活动所属的职业范围划分,信息用户的类型有:
- 科学家、研究员等自然科学领域的科研人员;
- 工程师、技术人员、医生等应用科学领域的从业人员;
- 各类、各层次学校的教师和学生;
- 工人、农民等生产人员;
- 作家、艺术家、演员等文学艺术工作者;
- 商业人员、企业经营者、律师、秘书等管理人员;
- 政府部门工作人员、各级决策部门人员;
- 咨询业、调查业、软件业、培训业等信息产业领域的从业人员;
- 军事、安全部门从业人员;
- 其他人员。

(2)按使用信息载体的类型划分。
- 文献信息用户,主要指纸质文献的使用者,如图书、报刊读者和专利、档案等的使用者;
- 声像影视信息用户,主要指利用广播、电视、视频等方式传递和使用视觉信息的用户;
- 实物信息用户,主要指借助会展、博物馆等或通过反求工程获取实物信息的用户;
- 言语信息用户,指利用电话、手机等工具获取和传递口语信息的用户;
- 网络信息用户,根据上网频率有不同的界定。WIP(World Internet Project)的定义是,凡一年内至少上过一次网的人;许多研究机构将三个月上过网的人定义为用户,还有的将时间长度缩为最近四个星期内,或每周至少上网一次并在网上累计逗留至少一个小时以上的人。

中国互联网络信息中心CNNIC定义为：平均每周使用互联网至少1小时的中国公民。

(3) 按信息服务方式划分。

一般说，有多少信息服务的种类和方式，就有多少类信息用户。如同样接受图书馆服务，有咨询用户、定题服务用户、借阅用户、网络用户等。接受不同信息服务方式的用户有不同程度的需求。咨询用户希望能得到对具体问题的满意回答；借阅用户获取文献的需求具有求近、求快、求便的特点，定题服务用户要求信息服务机构经常推送给自己个性化需求的最新信息；通过网络数据库获取同样信息的读者，没有空间的要求，却有更强烈的时间要求——往往以秒计算，希望以最简捷的路径，通过最佳链接和最快传输速度获得最满意信息。

(4) 按信息利用的情况划分。

如果就用户与某一信息系统的关系而言，有的是直接使用者，或称正式用户、显在用户、当前用户等，有的是间接使用者，也有的从不使用，被有关研究称为"非用户"(nonuser)。其中，正式用户中又可以按使用信息系统的能力和水平进一步分为初级用户、中级用户和高级用户。"非用户"只代表当前没有利用，不等于过去没有利用或将来不利用，更不等于没有信息需求，只不过需求没有被意识到或表达出来，因此又被称为"潜用户"、"未来用户"。一旦条件具备，外部信息刺激达到相当的强度，使处于潜意识状态的需求克服压制因素，形成能够表达信息需求的显意识，并驱动信息行为成为显用户。用户研究实际上就是要研究什么是非利用，怎样测量和评估非用户，非利用的原因是什么，应该采取什么措施促使非用户或潜用户向显用户转化。

(5) 按信息保证级别划分。

用户总是希望信息能按自己的需求流向自己，即信息内容与解决问题的需要相匹配，信息数量与需求量相符合，信息质量与自己的知识结构和使用水平相适应，信息获取方式符合最小努力原则，信息提供的时机最佳。为了有组织地、不间断地为用户提供所需信息，信息部门需要具备各种有形的条件和无形的条件，有形条件包括足够的时间、充足的经费、必要的设备、一定的空间和胜任的人员；无形条件包括管理、决策、技术和知识。在资源有限，用户信息需求水平不断提高，信息资源利用率呈平均化趋势的情况下，信息服务部门往往将用户按信息保证级别分为一般用户、重点用户和特殊用户，对重点用户（如重点学科、大型高新技术企业、国家攻关项目等）需要建立起长期稳定的信息保障供需关系，加强经费投入，加强信息服务人员与有关科研人员的密切合作，对于推荐的信息力求"需有所藏"。

1.2 用户信息需求

1.2.1 信息需求定义

对于什么是信息需求，目前还没有统一的定义，存在着几种不同的看法。一种看法认为，信息需求是主观的，它反映了信息用户个体心理状态、主观意向，表现了人的一种欲求。不同的心理状态和动机，产生不同的需求，因此，信息需求主要是精神需求。另一种看法认为，就本质而言，信息需求是一种客观需求。虽然人们有时感觉不到，但这种需求是客观存在的，是社会发展的产物，并随着社会经济、科技和文化的不断发展而增强。客观信息需求决定了社会信息意识,才会产生信息不足和求足之感,形成主观信息需求。还有一种看法认为,信息需求赖以存在的必要和充分的条件并非是信息愿望,缺乏信息也与信息需求无关。只有使用信息的目的,才是信息需求的必要条件。因此,信息需求必须具备两个条件才存在:一是信息目的,二是所需信息有助于这个目的的实现。"目的说"对于咨询人员了解用户的真正需求有独特作用。由于"验证"个体的心理状态的困难性,在咨询实践中从心理角度研究需求并不有助于识别和评估用户真正的信息需求。因此,要确定用户的需求时,首先要了解用户为什么需要这些信息,然后才能确定什么样的信息更有助于满足这些目的。

无论是"主观说"、"客观说"还是"目的说",都有其一定的理论价值和实践意义。我们说,需求就其本质而言,即按有机体、社会与客观环境之间的关系而言,是客观的,它的存在不以人们如何认识它而转移,而是社会发展和客观环境的产物。信息需求的主观性会使信息服务人员往往只注意用户表达出来的需求,忽视了背后存在着需求的必然性,忽略了潜在的、未表达的需求,这是信息分析往往不能满足用户甚至导致失误的原因之一。

当然,只有当人们认识到自己的需求时,才能产生满足需求的动机和行动。反映在人类意识中的需求是个体在社会生活中缺乏某种东西在人脑中的反映,它的形成还受到个人价值观、社会经历、知识素养、性格爱好等众多因素的影响,在表达时,还受到思维能力、语言能力的制约。

我们研究信息需求的客观性,就是要在宏观上联系社会经济、科技、文化的发展,因为这些因素决定了需求的实质和发展方向,在微观上联系人们处理事情的过程、背景和问题的性质,以便更好地了解信息需求。我们研究信息需求的主观性,也是要在宏观上联系群体信息意识、民族文化传统和社会心理影响,在微观上关注个人的性格、心理、语言、思维、价值观及物质环境对需求的影响。从主观和客观两个方面探索,有助于研究在信息服务中如何最大限度地满足用户需求和如何更好地将潜在需求转化为显在需求。

1.2.2 信息需求的基本特征

对信息需求特征的认识是随着时代的发展而变化的。20 世纪 80 年代的研究认为,信息心理、信息环境和信息时间相互作用形成了信息需求的特点,"广、快、精、准"成为许多科技情报机构满足读者需求的标准。但也有的观点认为,这仅仅是对以满足需求为目的的服务要求,而非信息需求本身的特征。需求本身的特征是:

(1)模糊性,反映在时间、速度、数量、内容、范围等因素需求上,都呈现出不确定性。用户提出的是一种"阈值",在阈值中存在一个能准确代表需求的核心。如果表达的需求正是这个核心点,则需求是准确的,否则就是模糊的,偏离越远,模糊性越大。

(2)随机性,即需求的产生随着随机性事件的不断发生而出现,往往是难以预测的。

(3)矛盾性,一是指个体需求与整体需求的矛盾性(这在图书馆的环境中特别明显),二是指个体需求自身的矛盾性(如信息价值与获取信息最省力原则的矛盾)。

(4)需求满足的不可穷尽性,即信息需求随事物发展而不断发展,知识的增长与信息需求也永远不会同步。

(5)需求的选择性,随着信息量的剧增、信息载体和获取渠道的多样化,也必然会产生对信息新颖性、效用性、价值性的选择。鉴于上述信息需求的特点,可以认为任何信息需求的满足都只是相对的。

如果我们把用户的信息提问看作是表达的需求,则需要注意的是,"需"和"求"往往处于分离的、不一致的状况,即所要求的不一定是所需的,而所需的并不一定体现在"求"的表达中。根据罗伯特·泰勒(Robert S. Taylor)关于需求与提问关系的论述,提问的产生需经过四个阶段:处于第一阶段的信息需求在性质、形式和数量上变化不定,是"出于内心的需求"(visceral need),因而提出的问题可称为"意识性问题"(ideal question)——来自人的意识深处且代表了准确的需求,但往往只能意会,无法言传;处于第二阶段的需求是"意识到的需求"(conscious need),即可用语言描述,但含糊不清;第三阶段是"正式表达的需求"(formalized need),用户部分地修正了他的表达,但这种描述是基于他自己对需求的理解;第四阶段被称为"妥协的需求"(compromised need)——由于担心"系统"不能理解而被拒绝,用户摒弃了真实需求中的细枝末节,或简化提问,或采用易于被他人理解的语言,或根据他自己对系统的理解来提问。处于这一阶段的提问已经不是问题(questions),而是要求(commands)。因此,表述的问题(stated questions)往往不代表真正的问题(real questions),满足用户的要求并不一定是满足了真正的需求。正如兰开斯特指出的,提问并非都是构成这个问题的信息需求的理想表达,提问的范围可能大于或小于信息需求。

"需"和"求"的分离恰恰是需求客观性和主观性这一既对立又统一的矛盾体所决定的。分清两者的意义在于要识别和克服信息沟通中的种种障碍,善于把用户的要求转变为反映真正需求的问题。

1.2.3 信息需求的类型

信息需求是多样化的,它不仅仅取决于用户所需信息的内容或形式,还包括用户所需信息的活动形式。信息需求的类型有以下划分方法。

(1)按信息内容划分。

① 政务信息需求:广义的政务信息需求包括用户对政务信息本身的需求,以及为满足这一需求而产生的对政务信息检索和信息服务方面的需求;狭义的政务信息需求仅指政务信息用户对政务信息的需求。政府的各级领导、决策者、一般管理人员是政务信息的主要用户,他们的需求可分为知识型、消息型、数据型、事实型和资料型。企业也是政务信息的重要用户,他们在生产、经营活动中需要的政务信息包括市场动态、科技动态、社会、经济、政治动向、自然资源和能源、地理、气候、交通运输、社会习俗、法律法规、能源环保、财政金融、进出口贸易等。

② 商务信息需求:从广义上理解,商务信息(business information)包含经济信息(economic information)、商业信息(commercial information)、市场信息(market information)、营销信息(marketing information)等。而狭义的商务信息是指在一定的时间和条件下,同商品交换以及与之相联系的生产与服务有关的各种消息、数据、资料的总称,是商品流通运行中物流、商流运动变化状态及其相互联系的表征。研究商务信息需求,是企业情报工作和商务咨询活动的出发点。

③ 科技信息需求:科技信息包括自然科学与工程技术各个学科领域的信息。其中,数学、

物理、化学、生物学、天文学等自然科学各领域是第一层次的基础学科,也是发展比较完善的成熟的科学体系,在此基础上产生的各应用科学领域,如医学、农学、建筑学、电子、计算机与系统、自动控制、工业信息技术、环境工程、制造与加工工程、材料科学、机械工程,以及在相互交叉、渗透的基础上迅速发展起来的高新技术领域,是我国现代化建设的直接推动力。科学技术领域的研究人员,活跃在工农业生产第一线技术人员,高等院校师生等,构成了这个庞大用户群的主力和信息需求的主要来源。

④ 生活信息需求:满足人类生存需要、交往需要、成长需要、生理需要和自我实现需要的信息都可以认为是生活信息需求。其中第一种需求围绕着解决人类衣食住行等生存条件,第二种需求包括人们在社会中与他人、组织、社区等方面的交往,是最基本的信息需求,而人类有别于动物所具备的精神生活构成了生存以外的精神、文化生活信息需求,包括社会交往的信息需求,增长知识的信息需求,实现某种生活目标的信息需求。狭义的生活需求主要指休闲娱乐类信息,满足用户听觉、视觉和精神上的快感。目前网上提供的这一类信息包括网上游戏、聊天、多媒体娱乐(MP3、FLASH……)、VOD点播、网上直播、网上图书馆等。"娱乐型网民"在网络服务市场占了网民一半多,以年轻人和低学历用户为主。

(2) 按信息的形式划分。

① 文献信息的需求:文献被定义为"记录有知识的一切载体",是便于存储和传递人类精神信息的人工固态负载物,其形式有以纸张为载体的印刷文献、以感光材料为载体的缩微文献、以磁性材料和光学材料为载体的音像文献以及磁盘、光盘文献等。从对文献的生产加工层次来分,又可以分成一次文献、二次文献和三次文献。三种层次的文献在人们寻找文献信息的过程中发挥着不同的作用。由于全文数据库的迅速普及,以及搜索引擎等网络检索工具的出现,二、三次文献作为文献信息检索工具的作用正逐步弱化。

② 视听信息的需求:人类信息交流在初始阶段是难以通过文献实现的,而是通过口语交流来实现。口语信息的特点是出现早、传递快、偶发性强,因而作为信息源受到重视,它在学术研究、科技活动和经济建设中有不可低估的作用。视觉信息,包括物体形状、位置、大小、色彩以至表情等,比起符号、语言来要丰富得多。在人通过五官所感受的信息之中,视觉信息要占六成以上。假如没有视觉信息,人类会失去绝大部分的信息来源。口头和视觉信息无时不在,无处不有,这一极为丰富的信息源可以为一切人所享用。它们可以通过个人交流、会议、广播、电视、电话、展览、参观等方式获取。

③ 实物信息的需求:实物,包括自然实物和人工实物(人类文化的创造物如文物、产品等),内含着大量科技文化信息,它具有直观性强、客观性强、实用性强等文献信息所不具备的种种优点,看得见,摸得着,真实可靠,信息直达受者,不需经文字等中间媒介转达,可以避免人为因素(夸大、掩饰)造成的信息扭曲。文化信息、科技信息、市场信息等都可以通过举办展览、展销、陈列、博物馆、样品交换等途径进行搜集和交流。

④ 对信息系统和信息服务的需求:早先的信息服务以手工方式服务为主要特征,以传统文献为主要信息资源,后来则是以计算机和现代通信等电子信息技术手段为主要方式的信息服务,包括向用户提供网络信息查询及各种电子信息媒介物的服务。由于社会正在转向一个以知识为基础,以网络为信息传递重要方式的注重学习的创造性社会,人们面临的是一个数字

化的资源和开放式的信息交流模式,因而对网络信息系统及其服务提出了更高的要求,如更准确的信息,更快的速度,更方便、更人性化的查询,更低廉的费用,信息共享但同时保护隐私和知识产权,提供全文的、个性化的、非线性的多媒体信息和全球信息。

(3) 按信息活动形式分。

① 获取信息的需求:用户获取信息包括信息检索和信息采集两大方式。

② 发布和交流信息的需求:互联网时代,信息用户既是信息的接受者,又是信息的发布者,他们可以利用作为信息源之一的 PC 机终端在个人站点、论坛、讨论组、BBS、博客、播客发表文章或各种言论,通过电子邮件、MSN 等与朋友互通信息。

③ 信息咨询的需求:在知识经济时代,社会价值观从"获取"转向学习,个人学习知识的动力增强,开始有更多的人要学会如何创造性地利用信息。因此,借助网络虚拟咨询和联合咨询则成为用户的新需求。

1.2.4 社会因素对用户信息需求的影响

1. 政治因素对用户的影响

政治因素包括政治体制、国家方针政策和社会法律法规等,这些因素通过人们的思想观念和行为准则影响用户的信息需求和行为。以言论表达为例,美国的"信息自由法"在一定程度上是鼓励和保护言论自由表达的,因而对信息需求的产生起着促进作用。当然应该看到,西方的信息制度之所以比较自由和开放,是因为它们把对言论自由的限制融进了有利于其统治的普通法之中,一切言论均在法律认可的范围内进行,一切社会阶层都可以在这范围内享受发表自己的见解,甚至激烈地批评政府的自由,这是以承认和接受国家统治的合法性为先决条件的,是一种限制范围较为宽泛的自由,但这种宽泛不能损害国家政治制度的根本利益,超过法律允许的范围就要负法律责任,这是包括中国在内的任何国家宪法早已明确了的。在中国,逐步适应社会发展需要的政治改革正在从根本上推动社会生产力的发展,从而也逐步优化用户的信息需求和利用模式。

2. 经济因素对用户的影响

经济因素主要指社会经济体制、产业结构和政策、经济发达程度等,它关系到人们信息意识的变化、信息活动的导向、信息交流的模式、对信息服务的认识以及信息需求的类型,决定了信息消费行为。社会经济环境的变化所带来的许多市场机会也同时培育了大量相关的信息需求:竞争的日趋激烈和工作压力的增大引发了市民生理和心理的变化,导致更多对医药保健和心理咨询的需求;社会老龄化导致老人护理需求上升;国有企业改造和国内市场国际化引起了对咨询服务的需求;旅游业的发展促进了人们对旅游信息的重视;"三废"对人民健康的危害以及建设对自然环境的破坏,催生了环保市场、保健药品市场、健身器材市场、纯净水市场、健美减肥食品市场、化妆品市场,也促使这方面的信息需求的大量产生。

3. 技术因素对用户的影响

技术因素对用户的影响表现在两大方面:一是信息技术和信息装备水平的提高,丰富了信息活动的内容,提高了信息活动的效率,并推动信息消费的扩大和信息需求的升级;二是以科技进步为内涵的扩大再生产成为企业的发展战略,科研成果也从过去的"样品"、"展品"转变为商品,由此引发技术贸易活跃,技术市场出现并发育成熟,开辟了知识形态商品的流通渠道。成果转让、技术承包、技术联营、科研生产联合、技术培训、技术服务等各种形式的技术贸易活动加快了信息在技术市场的流动,推动了技术咨询业的兴起,因而使技术开发方、技术受让方和技术中介方都成为新型的信息用户。

4. 科学文化教育因素对用户的影响

一个国家的文化传统、价值取向和习俗观念对国民素质的影响是根深蒂固的。民族文化中消极的东西会妨碍信息意识的养成。如长期缺乏商品意识、竞争意识,轻视独立人格,不崇尚科学实验和自由讨论,以及抱着"与世无争"、"安贫乐道"、"万事不求人"心态的人很难认识到自己的信息需求,也很难产生积极进取的动力和探究知识的需求。

科学发展、社会教育水平的高低与信息素质的强弱也有密切的关系。科学与教育实践表明,用户所需的信息数量和质量与学术水平知识相适应。知识程度越高,越关注学术动态和文献的利用。早在1985年美国教育家就认为,面向21世纪的学生,除了要接受传统的阅读、写作和数学教育外,还需要培养信息交流、批判性思考和解决问题的能力。教育的最基本的目标是让每个学生学会如何识别所需的信息,如何寻找、组织并以明晰和有说服力的方式描述信息。因此,科学水平教育制度、教学方法、教学质量和受教育程度将直接关系到信息素质的养成。

5. 心理因素对用户的影响

心理因素对信息需求的形成和表达有直接的影响。以信息意识为例,人的信息搜集活动是受需求驱使的,影响需求力量大小的主要是需求被意识的清晰程度。意识越明确,行动目标越清楚,则信息活动的动机越稳定、持久、强烈,努力程度也就越高。因此,信息意识是人们利用信息系统获取所需信息的内在动因。信息意识决定着人们捕捉、判断和利用信息的自觉程度。信息意识的强烈与否,对能否挖掘出有价值的信息以及对知识获取能力的提高起着关键的作用。如,从认知、情感和行为倾向来看,对信息和信息活动的了解和看法构成了信息认知(其中最重要的是评价性的认知),这种认知促使人们从多次感受信息的过程中,逐渐形成反映本质的需求关系以及相对持久、稳定的内心体验,这种体验在个人的信息活动中驱动行为趋向,形成信息行为的心理准备状态。

由于网络空间具有虚拟性、匿名性、地位平等性、空间界限的消失等特点,用户的思维意识活动常常表现出以下几种形式:平等心理、自由心理、好奇心理、从众心理、宣泄心理、逃避心理、虚荣心理、窥隐心理等,网络用户可以不花代价或花很少的代价体验现实生活中接触不到的经历,在虚拟世界中"重塑自我"。如果不能处理好虚拟和现实的关系,会导致部分用户产生网络成瘾、网络焦虑、社教恐惧等行为。这是用户研究中一个越来越引起人们关注的新领域。

6. 环境因素对用户的影响

"需"、"求"分离在很大程度上与用户所处的环境相关,包括宏观环境和实体环境。人与环境处在一个相互作用的生态系统中,行为的产生是人对外部环境作出的反应。信息环境是否能激发用户的需求,转变用户的行为,在很大程度上取决于用户对环境的评估,即在这一环境下能否以最小的努力获取最大价值的信息。美国情报学家罗森瑞等人在调查的基础上发现,用户对信息获取的期望几乎都是建立在可获取的基础上的,最便于获取的信息渠道首先被选用,对质量的要求则是第二位的,即使在搜寻层次较高的学术性信息也似乎遵循着"最小努力原则"。托马斯·曼认为,大多数研究人员,甚至一些严肃认真的学者,都习惯于使用那些容易到手的信息源,哪怕这些信息源质量不高。同时,他们也容易满足于那些容易到手的东西,而不愿意花费更多力气去追寻质量更高的信息源。

1.2.5 数字时代用户的信息需求的新特点

(1) 信息需求数量急剧增加。

随着现代信息技术的发展,文献信息资源的主体逐渐由文本型向网络化转变,逐步形成了传统文献、电子文献、网络文献三者并存的局面。互联网信息资源不仅内容丰富、覆盖面广,涉及不同学科、不同地区、不同语言的各种信息,而且资源的类型也呈现多样化:电子书报刊物、各类型数据库/动态信息、软件资源、超媒体信息等。用户不仅可以随时上网,方便迅速地获取,还可以将自己的成果和意见在网上发布。此外,借助信息技术建立虚拟知识社区,在更广泛的范围内为实现从隐性知识到显性知识的转化创造了条件,社会性软件(如 BLOG、WIKI 和 BBS 等)使知识在社群成员中广泛传播,参与者在接受了这些新知识后,消化、吸收而成的个人知识通过系统化形成显性知识为更多的人共享,从而为下一轮更广泛的扩散打下了基础。如此螺旋式循环往复,促使用户数量和信息需求数量急剧增长。

(2) 信息获取途径多样化且更为高效。

① 信息获取渠道:20 世纪 70 年代、80 年代,人们获取信息的主要渠道是收音机、电视机和报刊;到了 90 年代,增加了寻呼机、固定电话、车载收音机、DSL、数据库和网络;进入 20 世纪后,利用移动电话和网络成为获取信息的主要渠道。网络提供的信息服务包括 WAIS,News、BBS、FTP、WWW、E-mail 等。高效、实用的网络信息检索工具有:搜索引擎,包括单一搜索引擎和元搜索引擎;大型信息系统或数据库群的导航系统或导航数据库;各种资源指南,包括网上联合目录,资源链接中心等;大型图书馆的检索系统;学科信息门户和行业协会网站;12 类传统工具书的网络版;搜索软件;智能代理(见图 13.1)。

② 信息获取方式:用户信息获取方式发生了很大变化,特别是网络信息的获取完全不同于传统的计算机联机检索。例如:查看,即检查查询返回结果或已组合的信息结构(如聚类结果、分类目录、词典项等),然后通过选择某个返回项加入到新的查询中;航行,通过一系列的查看和选择操作,沿着一条条链,从一个视图切换到另一个视图;浏览,又分为文字浏览、视频浏览、图像浏览、基于事件和叙事的浏览等,是对信息源进行的一种随意的、无指导的探查,发现信息及信息线索;查询,从大量未组合好的文档集中检索出信息。

③ 信息检索方式:信息检索方式也有了新的变化,如元搜索、搜索扩展、人工参与的"交互式"检索、"定制"和"推送"信息等。

(3) 用户的信息需求不受时空限制。

与传统信息用户必须到信息机构登记注册才能取得用户资格的方式不同,网络信息用户只要通过网络终端而不必通过任何中介就可以利用网络信息资源。由于没有时空的限制,用户的需求信息和反馈信息都能迅速获取,借助网络所进行的反复的、即时性的交流在一定程度上保证了信息需求与服务机构提供的服务之间有较高的匹配度和合作性,反过来,又大大促进

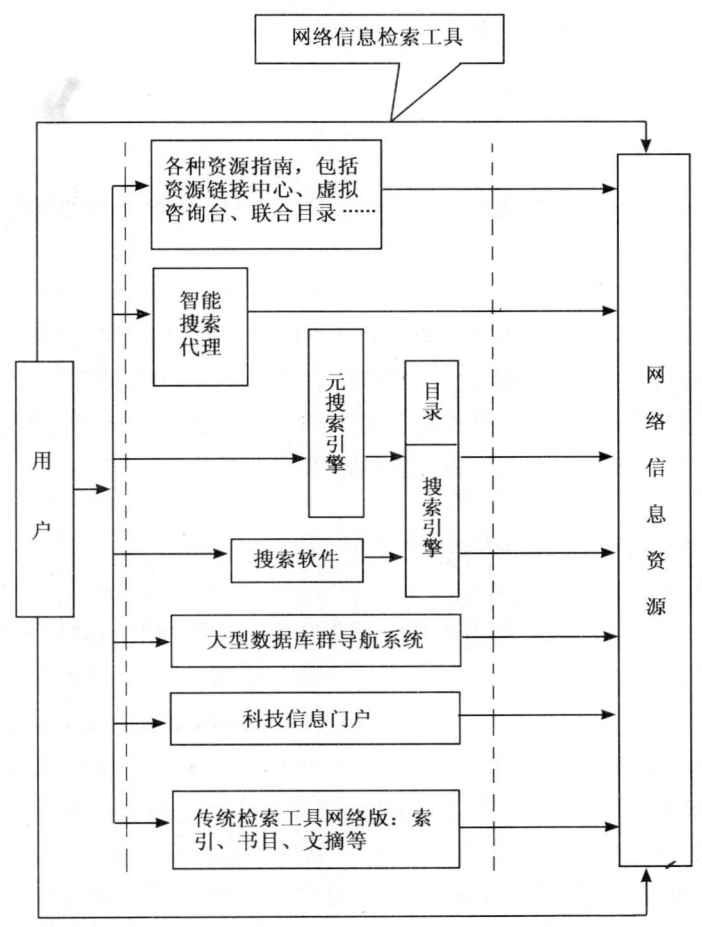

图 13.1 信息用户、网络信息资源与网络信息检索工具的关系图

了信息在更广层面上的交流。这一特点在虚拟世界中比在现实世界中更为明显——网页制作从静态到动态,从简单的浏览到即时的交互,从单机的游戏到网络游戏以及众多的论坛、MSN、博客等。

(4) 从信息需求到知识需求。

信息不等于知识。只有将反映自然现象和社会现象的信息经过加工,上升为对自然和社会发展客观规律的认识,这种再生信息才构成知识。正如英国著名情报学家 B.C. 布鲁克斯所说:"信息是使人原有的知识结构发生变化的那一小部分知识。"网络空间是一个尚未成形的新社会,是一种被动的信息供给系统。它对加入其中的信息几乎不作任何组织,只是为之分配一个惟一地址,信息的组织加工需要人来完成。今天人们常感叹自身知识的匮乏,重要原因不在于世界上缺乏所需的基本知识和相关信息,而在于信息的存储过于庞大和无序,堵塞了通向知识之门的道路,超载的信息耗费了人们大量探索自然和社会规律的精力,大大降低了他们的工作效率和决策效率,降低了网络信息资源的利用价值,以至于人们不得不认真学习和研究获取信息的方法,掌握从大量无序知识中搜索有用的、准确的知识的技能。从信息的生产、组织和服务方面来看，需要利用诸如智能检索技术、信息过滤技术、自动分类和标引技术、跨语言机器翻译技术、基于用户模型的学习技术、相关反馈技术、信息推送技术等信息技术对大量庞杂无序的信息进行组织加工，提炼出人们需要的知识。

1.2.6 用户需求的调研方法

数字环境下的用户研究主要集中在网络用户的信息需求和信息搜寻行为方面，包括网络心理、人-机关系和与个性化服务相关的问题。由于用户在网上以其独有的心理和行为模式进行信息活动，他们在与信息系统的交互、对查寻进程的判断等各个方面都与现实世界有很大差别。

对网络用户的研究始于网络用户行为调查，如对经常使用的网上工具、网络资源的调查，对使用电子讨论组和电子期刊、学术信息发布、浏览策略以及界面选取等情况的调查。其主要方法是日志文件方式、线上问卷方式和其他用户需求调研方式。

1. 日志文件方式

利用网站的原始日志（如服务器日志文件、代理服务器日志文件、Cookie 日志），通过整理、分析，发现用户的浏览行为具有的共同规律，采用数学模型来模拟或预测用户的查寻行为。用于 WEB 用户访问模式发现的常用技术大多数是基于数据挖掘领域的，如统计分析、关联规则、聚类、分类、序列模式，以及 WEB 数据挖掘所特有的路径分析技术。统计分析是 WEB 用户访问分析中最常用的方法，可用于对诸如浏览时间和导航路径进行分析，具体结果体现为频率、中值和均值等；关联规则主要用于查找与用户访问中一起出现的网页，这些网页之间在内容或结构上呈现很大的相关性；聚类主要是指根据用户的访问特点，将其分为多种类型，从而有利于针对特定类型用户提供个性化的服务；序列模式是指找出访问过程中连续出现的多组数据项，如按时间排序的会话（session），这一分析可用于预测用户未来的访问倾向；路径分析是将用户的访问序列对应网站结构而转化为一有向图，而后从图中分析出最频繁的路径模式。

2. 线上问卷方式

随着互联网的迅速发展和电子商务的兴起，利用互联网和其他一些在线服务进行调研，已经成为了解用户需求的常用手段。但这些调研大多属于与电子商务有关的市场调查和评估，如网站人数统计或上网人口、消费者与市场之间的互动关系、趋势分析、网络购物习惯、顾客意见以及信息媒介公司的跟踪调查和分析等。网上调查的一般方式是用电子邮件或者来客登记簿（guest book）收集用户信息。电子邮件可以附有 HTML 表单，用户在表单界面上点击相关主题并且填写附有收件人电子邮件地址的有关信息，然后将问卷答案发回指定的邮箱。来客登记簿是将 HTML 格式的问卷放置在网页上供受访者填写。用这种方式可以进行跳问、错误检查，可以将图片和动画加入到问卷中去，提高问卷的质量。线上问卷调查的一般步骤是：确定调查对象，通过电子邮件向互联网上的个人主页、新闻组和邮件清单发出相关查询。其中，邮件清单与新闻组大体相似，也是为方便公众讨论相关话题而设立的公告板块。营销人员可以针对邮件清单中的信息提出询问，并得到回复。在 E-mail 地址中进行随机抽样是线上调查对象选择和问卷发放的常用方式，这种方法达到的效果与传统调研方法中按地址或电话号码随机抽样的效果一样。此外，还可以采用 POP-UP 技术——对网站的访问者进行计数，按预先设定好的间隔弹出一个窗口，邀请访问者参加访问。这种方法类似于传统的街头拦截方式，但由于自动控制，随机性更好。还有一种方式是所谓 OPEN 方式，即在网站上公开调查问卷，进行广泛的链接和广告，受访者主动参加。

3. 其他用户需求调研方式

传统的用户调研方式是文献调研、个人访谈、小组访谈或集体座谈、电话访谈等，在网络环境下亦可以采用相近的方法，如利用 BBS、讨论组、公告板、聊天工具、群体博客、播客、邮件列表等，通过与用户的信息交流了解和分析用户的各种信息需求。

§2 数字环境下的用户信息行为

2.1 用户获取信息行为的研究

2.1.1 用户获取信息的渠道

在数字环境下，用户面对着数据库、Web 站点的信息和 FTP 服务器上的各类文件等各种类型的信息源。为了减少盲目性，用户往往会选择一个自己比较熟悉的或者比较信任的信息渠道进行信息查询。在现有的技术水平下，用户常常选择数字化文献、数据库、搜索引擎、门户网站、网络媒体、无线网络、数字化交流平台、FTP 服务中的一个或者几个作为自己获取信息的渠道，以满足自己的信息需求。

1. 数字化文献

数字化文献的来源主要有两种：一种来源是将馆藏的印刷型文献数字化，另一种来源是将传统出版方式逐步转变为电子出版方式后产生的大量电子出版物。数字化文献已经成为人类信息资源的重要组成部分，因此，它是人们不可忽视的信息获取渠道之一。

2. 数据库

这里的数据库是指信息资源库，主要是以数据库为容器，各类信息、数据为内容的并以一定的方式组织在一起的一组相关数据的集合。数据库的形势是多样的，内容是丰富的，已成为人们获取信息的重要渠道之一。

3. 搜索引擎

搜索引擎是互联网环境中的信息检索系统，它通过搜集大量的信息源，主要是 Web 网站，并对它们进行语义分析，把信息源的分类、索引、来源等有价值的信息存储在本地服务器上。这些信息成为搜索引擎服务商提供服务的信息资源，也是从互联网上获取信息的一个重要渠道。

4. 门户网站

门户原意是指正门、入口，现在被用于称呼互联网上的一些特殊网站，即门户网站。门户网站一般用来称呼通向某类综合性信息资源并提供有关信息服务的网站，是一类基于浏览器/服务器结构的应用系统。这些站点充当了各种资源的汇集地，从而使需要访问这些资源的信息用户可以更加有效地获取信息。

对企业而言,门户网站可以将各种信息资源集成到一个信息管理平台之上,并以统一的用户界面提供给用户,使企业可以快速地建立企业对客户、企业对内部员工和企业对企业的信息通道,使企业能够发布存储在企业内部和外部的各种信息;对政府而言,门户网站是提供"一站式"公共服务和整合发布政务信息的窗口,是区域内所有政府网站的统一入口;对新闻媒体而言,门户网站提供多家新闻媒体登载的信息资料。因此,针对特定的信息需求,浏览或者检索特定的门户网站,往往可以高效地完成信息获取任务。

5. 网络媒体

所谓"网络媒体",就是以互联网为信息传播平台,以计算机、电视机以及移动电话等为终端,以文字、声音、图像等形式来传播新闻信息的一种数字化、多媒体的传播媒介,通常指新闻媒体网站和登载新闻的门户网站。在我国,新闻单位建立的网络媒体有人民网、央视国际网站等,非新闻单位的综合性门户网络媒体有新浪、雅虎、网易等。同传统媒体相比,网络媒体在快捷、海量存储、表现形式、互动等方面具有绝对的优势,也为用户提供了更加有效的信息渠道。随着 IPV6、搜索技术、即时通信、网络视频等新技术逐步被应用于网络媒体,网络媒体将会发挥更大的作用。

6. 无线网络

无线网络和移动计算技术的发展使信息传递不再受时间、空间和设备的制约。无线网络是有线网络的补充,它是不使用网络线作为传输媒介的计算机网络,与有线网络用途基本相同。使用无线网络技术构建计算机网络具有更多的优势,它可以为用户提供灵活性更高、移动性更强的信息获取方法。例如,利用无线网络,用户不仅能够在办公室访问互联网,而且也能够很方便地在酒店、机场、餐厅等公共场所访问互联网,获取信息和业务处理;使用手机这种无线通信设备作为信息终端,用户可以轻松获取互联网上的各种信息。

7. 数字化交流平台

数字化交流平台一般是指利用计算机网络帮助用户进行沟通和交流的应用软件系统。例如,互联网上 E-mail 服务、BBS 服务(电子公告牌服务)、即时通讯(instant messenging,IM)、视频会议系统、BLOG(网络日志,又称博客)等类型的应用系统都属于数字化交流平台。BBS 系统、BLOG 系统同时还提供站内信息的检索功能。相对于传统的交流方式,这些交流工具具有方便快捷的优势。E-mail 服务(电子邮件服务)是一种极为简单、方便、快速、经济的通讯服务方式,信息服务部门常常通过用户 E-mail 进行个性化推送服务。

8. FTP 服务

FTP 服务是基于文件传输协议的服务,在 Web 出现之前,它是互联网用户获取信息的主要手段。目前,FTP 方式仍是互联网上传递文件的主要方法之一,用户只要知道某一特定信息资源所在的 FTP 服务器的地址,就可以使用 FTP 客户端软件,采取匿名方式或者用户验证方式登录这台 FTP 服务器,获取所需的信息资料。FTP 服务器上任何类型的数字化文件都可以为用户提供下载服务,不需要专门的网页链接这些文件。

在数字环境下,上述 8 种途径都是人们在满足自身信息需求时经常采用的有效的信息获取渠道。但是,对某个信息用户而言,选择何种渠道获取信息因人而异,受到用户的认知能力、情感状态、用户背景和对计算机、网络以及其他信息检索工具的经验等因素的影响。

2.1.2 用户获取信息的方式与技术

获取数字化信息的方法和技术有多种。在现有的信息获取技术中，E-mail，Telnet，Gopher，Archie，Finger，Usent，WAIS 等方式虽然还在被人们使用，但是已经逐渐淡出众人的视线，用户更多的是利用 Web 网页浏览、查询，登录 FTP 服务器，网络订阅，网络信息调查，手机点播和订制，数据库检索等方式获取数字化信息。

1. Web 网页浏览、查询

通过 Web 浏览器直接访问 Web 站点获取信息的方式具有操作简便、交互性强等特点，已经成为当前人们从互联网上获取信息的主要方式。使用该方式获取信息的基本途径是寻找 Web 站点，进一步发现信息源，从信息源中寻找所希望得到的信息资源，进而下载信息。尽管用户的信息浏览行为不一定具有明确的信息需求目标，也不一定具有计划性，但是一定具有某种目的，例如，顺着超级链接查寻一些与已获得信息相关的信息，以延伸已有信息范围；定期浏览某些网站或者栏目，以便跟踪新信息，确保及时了解某一领域的新信息；在一定范围内收集资料以备使用，以休闲、消磨时间为主要目的进行浏览；等等。

当用户访问某个 Web 站点时，他最关心能否在该站点找到自己感兴趣的信息资源，如新闻、文章、图片，甚至音乐、电影等多媒体节目。然而，对于刚刚尝试使用互联网获取信息的用户而言，通常对与信息需求相关的站点一无所知或者知之甚少，他们往往会面对 Web 浏览器无所适从，不知道该做什么。这就需要他首先去寻找门户网站或搜索引擎，并将其作为浏览网络的起始站点或导航站点，由此来获得更多的 Web 站点和信息源。

2. 网络订阅

网络订阅是指以互联网作为信息交流平台，信息用户向信息服务商订阅信息，然后信息服务商将满足用户需求的信息发送给用户。它是用户获取信息的一种方式。目前，网络订阅主要有 E-mail 订阅、RSS 订阅等形式。

E-mail 订阅方式简单易行，目前比较流行。用户可以通过登录网站，填写并提交包含自己 E-mail 地址的订阅表格以完成订阅登记，也可以直接发一封 E-mail 给指定的地址，并在信的内容或者主题部分填写简短的命令，服务器在收到订阅邮件之后自动进行处理，帮用户完成订阅登记。但是，这种订阅方式也具有一些缺陷。例如，有时邮箱中收到垃圾邮件，有时用户在收到信息的同时也会感染计算机病毒，等等。

RSS 订阅服务的推出，改变了以往订阅邮件的不足。RSS 代表什么？简单地说，RSS 是一种简单的信息发布和传递方式，它使得一个网站可以方便地调用其他提供 RSS 订阅服务的网站的内容，从而形成"信息聚合"，使得网站发布的内容能够在更大的范围内传播。与 E-mail 方式相比，RSS 还具有更强的时效性，非常适合用户与其他人保持及时沟通。同时，它能够为用户提供个人信息门户，用户接受信息的行为由被动变为主动，用户可以任意地阅读自己真正所需的信息。因此，从 RSS 阅读者的角度来看，可以简单地将 RSS 理解为一种方便的信息获取工具。

3. 网络信息调查

网络调查是一种新型的调查方法，既可以实现问卷调查，也可以实现访谈调查。它是统计调查理论与互联网技术相结合的产物，它以互联网作为信息采集的途径和工具，在统计调查理论的指导下进行信息调查设计、组织实施和信息处理。目前已经出现多家专业的网上调查服务网站，这些网站已经成为了解民意及获取其他各种信息的重要平台。对企业而言，也可以开展网络调查，科学、系统地收集客户对企业产品和服务的意见和建议，以及客户选择某种产品的原因等相关信息。

以下四种方式是实现网络调查的常用手段：一是建立 Web 网站，将调查问卷以网页的形式放置在一个或几个网站上，由浏览这些网站并对该调查感兴趣的网络用户自愿填答；二是根据随机抽样的理论随机抽取一批 IP 地址作为样本，并向这些 IP 发出呼叫，如果用户对该项调查感兴趣，则可通过访问调查机构的网页参与调查；三是将问卷以电子邮件的形式发送给一些特定的网上用户，由用户填写以后以电子邮件的形式反馈给调查者；四是基于视频会议进行调查。

4. 手机点播和订制

对用户而言，通过手机点播和订制信息比较方便、快捷，相应的服务类型有短信息、彩信、WAP、IVR，等等。

短信是用户通过手机或其他电信终端直接发送或者接收的信息。它的出现为人们提供了一种新的用文字传递信息和沟通的方式。手机用户可以通过发送短信的方式向信息服务运营商提出服务请求，然后就可以通过接收短信的方式迅速及时地获取所需信息。另外，用户还可以利用短信平台系统获取信息。

WAP 是无线应用协议的英文简称，它提供了通过手机访问互联网的途径。使用一个支持 WAP 的手机，用户可以随时随地随身地访问互联网。

彩信的英文名称是 MMS，意为多媒体信息服务，它利用 GPRS（通用无线分组业务）网络，以 WAP 无线应用协议为载体传送文字、图像、声音、数据等各种多媒体格式的信息。

IVR(Interactive Voice Response，互动式语音应答)业务是指无线语音业务增值服务，和目前的固定电话声讯服务类似。手机用户拨打指定号码可进入服务中心，根据电话提示音菜单获得所需信息或者参与互动式的服务。

5. 数据库检索

数据库检索系统是人们从数据库中获得所需信息的专用工具。数据检索系统在本书第 8 章已做了详细描述，此处不再重复。

2.2 用户利用信息行为的研究

用户使用信息时表现各异，体现在信息行为的起因、信息检索行为、信息交流行为、信息使用效果等多个方面。

2.2.1 用户信息行为的起因

用户信息行为的背后必然有一定的起因，即信息动机，可分为学习动机、解疑动机、娱乐动机等种类。信息动机是用户信息需求、信息环境、用户信息意识综合作用于用户的结果,是用户信息行为的根本动力。当信息需求达到较强烈的程度并且被用户意识到时,用户就会产生信息行为。

信息动机对信息行为的作用包括两个方面,一是激发用户产生某种信息行为,并对用户的实际信息行为进行控制,表现为控制信息行为的发动、强化、维持或终止。二是选择信息行为的目标,使信息行为总是朝着特定的方向、预期的目标进行。在实践活动中,用户的信息动机往往不止一个,具有强度不同的推动力,其中最强烈、最稳定的信息动机决定着用户信息行为的性质和方向。如果这一主导动机受到阻碍,用户首先会产生对抗倾向,克服障碍,如果对抗失败,用户可能会暂时放弃信息行为。

数字化环境下,不同类型的用户其信息行为的起因差异很大。例如,在网络环境下,教师索取信息的主要动机是不断地从国内的信息资源中获取有关专业的新知识、新理论、新方法,不断地把现代科学的最新成果随时吸收到教材之中,广泛地进行学术交流,以更新和丰富自己的专业知识,更好地教书育人。科研人员索取信息的主要动机是密切关注国内外理论研究、科研动态以及市场需求等方面的信息,力求在科研领域做出成绩。大学生索取信息的主要动机是全方位地吸收和利用信息,补充新知识,开阔视野,增长才干,以弥补正常教学活动的不足,提高自己将来在社会活动中的竞争力。大学生接触网络媒体的主要动机是增加体育的新知见闻,了解国内和世界体育赛事,寻求娱乐。

2.2.2 用户信息检索行为分析

数字环境下的用户信息检索行为因人而异。例如,对于同一个检索问题,不同用户使用的检索词不尽相同;用户从检索系统返回的结果中挑选相关信息的行为具有一定的主观性和随机性;理性的用户不容易受情绪的影响,比较有耐心;与具有丰富经验和领域知识的用户相比,新手的检索效果会比较差,等等。

对数字环境下的用户信息检索行为进行研究,了解信息用户的构成、用户的检索过程以及检索目的,了解不同类型的用户在这些方面的差异以及产生这些差异的原因,研究结果一方面可以为信息提供者和检索系统的设计者提供具有参考价值的信息,推动设计机构设计出更加优秀的检索工具,另一方面可以促进信息服务机构提供更好的信息服务。

进行数字环境下的信息检索行为研究时主要采用表格调查、在线调查、重点小组采访、服务器日志分析、案例研究等方法,或者采用这些方法的综合,以确保研究的公正性、可靠性和合理性。目前,此类研究大多是实验性质的,主要考察儿童、专业检索者、信息技术工作者、大学生和成年志愿者等5种类型的用户检索数字化信息的情况,研究需求、性别、年龄、性格、知识和经验等因素对信息检索行为的影响情况,信息检索行为特征以及检索提问式的构成特征,等等。研究表明,用户参与者的认知能力、情感状态、用户背景和对计算机、网络以及其他信息检索工具的经验等因素会影响用户对信息资源和搜索方式的选择。

2.2.3 用户信息交流行为分析

数字环境下,用户喜欢使用网络信息交流系统进行信息交流。网络信息交流系统集信息的发布、组织、传递和服务于一体,大大简化了信息的交流过程,使信息的生成者和接受者在虚拟的网络系统中直接沟通,进行双向互动式的信息交流。在这种交流方式中,信息交流的各个阶段没有明显的界限,传统的正式交流和非正式交流区别起来将越来越困难。人们可以通过 BBS、Usenet、E-mail、Newsgroup 等方式实现异地一对一、一对多、多对一、多对多的同时信息交流。用户可以将自己的研究成果或者观点通过网络专题论坛发表,也可以订阅专题论坛组的文章。即时通讯软件的发展,使人们在网络上交流更加方便。

数字环境下,用户选择信息交流行为受到交流工具易用性的制约。用户一般先是选择最容易使用的交流工具,然后才是比较困难的交流工具。从中国互联网络信息中心(CNNIC)2004 年 1 月的调查结果可以看出,使用 E-mail 的用户占 91.8%,利用聊天室、QQ 聊天工具的占 45.4%,而参加 Newsgroup 和 BBS 论坛的只占 20% 多一点。

数字环境下,用户的网络信息交流行为受到计算机病毒、信息污染等信息噪音的严重影响。例如,计算机病毒的破坏性和计算机容易被感染的特性使得用户在体会到了信息交流快捷、方便的同时,也体会到了计算机病毒带来的恐惧。有些用户不敢使用容易被计算机病毒攻击的软件 OUTLOOK 来收发电子邮件,而是使用安全性更高、功能更强的 FoxMail 软件;有些用户在接收电子邮件的时候不敢打开通过陌生电子邮件账号发来的信件,有的干脆直接删除而不阅读,等等。

2.2.4 用户使用信息的效果分析

数字环境下,用户使用信息的效果受多种因素的影响。首先,信息发布的结构影响用户使用信息的效果,例如,通过 Web 网站或 FTP 服务器来进行信息发布,信息之间的关系通常是层次树的结构,位于高层的信息,被人们接收到的可能性较大,而位于低层的信息,被人们接收的可能性较小;其次,信息资源的质量影响信息利用的效果,高质量的信息是提高信息利用效果的前提;另外,信息用户的知识水平决定用户捕捉、判断和利用信息的自觉程度,决定用户搜集、处理、分析、综合、利用信息的能力,等等。

信息噪音也会削弱信息使用的效果,因此必须尽可能地消除信息噪音,提高数字化信息资源的可信度与有效度。完善法律、行政管理制度是消除人为信息噪音的根本,同时,缩短信息传输路径和减少中间环节是减少信息噪音的技术手段。

互联网上信息噪音增多的原因很多,主要有:信息垃圾膨胀的速度远比信息精品产生的速度快;资料拷贝、存储成本的大幅度降低,使人们将不再精心挑选并保存有价值的信息,导致信息资源中的信息含量下降;无节制地增加不必要的明细数据;图像、声音、影像等感性资料的过度膨胀挤占了信息用户通过语言、文字、符号、概念来进行理性思考的时间,等等。

2.3 用户行为与用户心理

2.3.1 信息意识

信息意识又称信息心理,它是人们对信息做出的能动反映,具体表现为对信息的敏感程度。信息意识一般包括对信息的认知程度、对信息的情感、信息行为实施的倾向等三个方面,这都可以通过实践不断地得到强化。良好的信息意识主要表现为能明确信息需求,能广泛获取有关新信息,能从中筛选有用信息,能知道如何获取信息,在遇到问题时知道并善于依靠信息进行判断、分析和决策。

信息意识决定信息行为。具体地说,信息意识是人们搜集、处理、分析、综合、利用信息等能力的前提和基础,它决定人们捕捉、判断和利用信息的自觉程度,影响到用户的信息需求。信息意识越强的人对信息越敏感、越重视,总是能在瞬息万变的事态中捕捉信息,在满足原有信息需求的过程中又发现一些新的、层次更深的、有价值的信息,不断产生出一些新的想法,而对这些新想法的进一步论证,需要更多、更深层次的信息,激发新一轮的信息需求。相反,信息意识淡漠的人信息需求不高,不善于利用信息资源,不能吸取信息资源中的精华,难以产生出新思想,信息需求也随之减少。在某种程度上,一个人获取知识的愿望和能力可能比他目前拥有的知识水平更为重要。

在数字化时代,更要培养用户的信息意识。因为,随着网络的迅速普及,许多人面对海量数字化信息时由于信息意识不强以及缺乏最基本的信息技能,要么无所适从,要么找不到或者不能快速从庞杂散乱的信息中筛选出自己所需要的、有价值的信息。有些人尽管文化素养较高,但面对海量的信息以及网站导航结构不友好等情况,由于自身搜索策略不得当等原因,也会迷失在信息海洋之中。通过培养用户的信息意识,可以使他们能够采取一种积极的态度去获取信息,并对信息具有敏锐的洞察力和快速的发掘及分析判断能力,使他们能从大量繁杂的数字化信息资源中发现有价值的信息。

信息服务机构可以利用网站、宣传材料和开办讲座等方式,按不同对象、不同层次进行对数据库的使用培训,以及各种类型的计算机检索系统的利用培训,同时让信息用户了解最新的电子资源、信息获取渠道、信息获取工具,以提高他们的信息意识和信息能力。

2.3.2 信息认知心理

信息认知是人们对信息、信息环境和信息活动的了解,以及对信息知识的掌握和看法,其中最重要的是评价性的看法和认识。一般来说,用户的信息认知能力主要包括观察力、注意力、记忆力、想像力、思维力、语言文字能力、计算机应用能力、信息检索与处理能力等几个方面。信息认知能力能够帮助用户明确信息行为的目标,确定信息行为方式,并排除信息行为过程中的干扰和障碍,其强弱大小对于信息动机向信息行为的转化有加速或抑制作用。

信息认知受数字化环境的影响。首先,数字化环境拓宽了人们的信息来源渠道,拓展了人们的视野,增加和扩大了信息量,缩短了收集信息的时间,提高了汇集信息的效率;其次,数字化环境为人们提供了更多学习的途径和机会;同时,数字化环境对人认知也有消极影响,例如,对某些辨别能力较差的人来说,数字化环境内的海量信息会使他们眼花缭乱,无从选择,形成思维模式的非清晰状态。

数字化环境为信息用户创造出广阔的认知空间,对人们的价值观念、道德观念、信息获取渠道、信息获取方式和生活方式产生了广泛的影响。一方面,信息用户逐渐意识到数字化环境提供给自己的是一座取之不尽、用之不竭的知识库和图书馆,它可以把学校、家庭、政府机关、科研机构和企业等联结在一起,能够传输声像图文并茂的多媒体信息,保证自己获取知识不再受空间和时间的严格限制,使自己获取知识的途径和方式趋于多样化。另一方面,信息用户逐渐意识到数字化环境提供了新的交互性强的信息交流方式,利用新的数字化的信息交流工具,可以使自己和他人的沟通、交流更加快捷。随着用户的信息认知水平的逐步提高,用户在数字化环境下获取信息、知识的能力也在逐步提高。

信息认知心理学认为,如果用户能够清楚地了解数字化环境中常见的刺激因素以及由此而产生的反应,那么通过强化训练,不断熟悉这样的刺激-反应模式,相应的信息认知水平就会得到提高。因此,应该通过各种途径让现实的或潜在的信息用户尽可能快地熟悉新的数字化环境,熟悉和使用新的信息渠道和新的信息获取工具,以提高他们的信息认知水平。

2.3.3 信息接受心理

数字环境为信息用户提供了海量信息源、多种信息获取渠道和各种功能强大的信息获取工具,其中有的被信息用户接受,有的被信息用户拒绝。从心理学角度看,不同的信息用户对信息源、信息渠道、信息获取工具的态度尽管差异很大,但是具有一定的规律性。

1. 求便心理

信息用户总是希望在最短的时间内以最简便的方法获取到自己所需要的信息,总是希望花最小的努力得到最大的满足。对信息用户来说.如果利用某个工具获取信息比不获取信息更伤脑筋和麻烦,那么,用户就会放弃使用这个工具。新闻网站提供导航功能,使用超级链接方式组织新闻信息,设计简洁性的新闻网页,这些措施都是在考虑了信息用户的求便心理之后而设立的,它为信息用户浏览新闻提供了良好的阅读界面以满足信息用户的阅读习惯。用户对信息源、信息渠道、信息获取工具的选择一般都遵从求便心理。

2. 求全心理

信息用户希望能够尽可能全面地看到自己感兴趣的某个领域的信息。对普通民众而言,他们对信息的需求不再满足于浅尝辄止,更渴望自己全面获得相关信息,从而能够及时对各种变动作出有利于自己的反应。互联网上的专题新闻正是迎合了他们的这种信息接受心理,将同一事件的众多信息集中展示发布,保证受众在最短时间内,以最方便的方式获取最大限度的信息。对科研人员,全面获取相关领域的信息是进行科学创新的前提,因此,他们在进行信息检索时,一般优先选择领域相关的、内容比较全面的特色数据库,然后检索其他次要数据库,当某个数据库中的信息不能满足要求时,他们会利用搜索引擎搜索网页信息,当中文网页信息不能满足自己的信息需求时,他们会利用比较好的英文搜索引擎搜索外文网页信息。对图书馆等信息服务机构而言,在条件许可的前提下通常会购买若干著名的国内外文献资源数据库,并在自己的网站上给用户提供网络电子资源导航,以满足用户的求全心理。

3. 求新心理

信息用户希望能够看到时效性强的信息。对研究者而言,他们希望获取自己感兴趣的学科领域的最新成就、最新动态,不断补充、完善自己的知识结构,因此他们往往优先检索那些数据更新比较快的数据源;对普通民众而言,那些内容更新比较快的新闻网站或媒体网站,其访问量都比较大。

4. 适应心理

适应心理有多种表现形式。例如，长期处于落后信息环境中的人，缺少信息需求，当他处于数字化信息环境之中时，新环境中信息的交互式、大容量和多媒体传播会使他产生心理疲劳，产生不适应，因而消极对待新的信息环境；信息用户在寻求信息的过程中受到信息欺骗或信息挫折之后，通常会对新的信息环境产生不信任，宁愿选择自己熟悉的信息源、信息渠道、信息获取工具而拒绝更好的替代物，从而弱化自己对信息获取的兴趣，等等。

2.3.4 信息加工心理

认知心理学有广义、狭义之分。目前西方心理学界通常所指的认知心理学是指狭义的认知心理学，即信息加工心理学或者信息加工理论。

信息加工理论认为，搜索是人们解决信息处理问题时使用的最基本手段。在数字化资源不丰富的时候，人们主要查看印刷型文献或通过交流获取信息，当计算机网络出现且数字化资源逐渐丰富但网络信息检索工具还没有出现的时候，人们只能靠自己的力量在网络上寻找需要的信息。现在，各种网络信息渠道和网络信息检索工具纷纷涌现，海量化信息资源较好地解决了信息资料不足问题，互联网特有的超文本链接方式和强大的检索功能，能够使学习者更加高效地搜索有关信息，并能够使学习者的信息判断能力、信息筛选能力和利用多种有效手段、多种途径获取信息的能力得到有效锻炼，从而促进学习者学习能力的提高。目前，人们所需的大部分信息都可以比较方便地在数字环境中找到，信息素质比较高的信息用户已经把数字化环境尤其是互联网作为搜索信息的主要渠道，逐渐养成从互联网获取资源的习惯。

信息加工理论还认为，人的认知过程是一个信息加工过程，是信息的接受、有序化、编码、存储、交换、操作、检索、提取和使用的过程，其目的是揭示知识之间的内在联系，使之系统化、体系化。其中，信息编码过程至为重要，通过这种信息加工手段可以使零乱的信息组合成有内在联系的、有序的认知结构，既有利于信息用户的理解，也有助于信息的存储和提取。数字化环境中信息资源、工具软件、网络平台为人们的信息加工提供了更加有利的条件。例如，搜索引擎、相关的计算机软件工具为用户的学习提供了研究、探索、实践的辅助工具，特色数据库和XML格式的电子文档等各种类型的信息资源都已经被有序化，人们利用这种信息资源进行信息加工可以减轻部分劳动强度和工作负担。另外，互联网的交互性为信息用户提供了更为开放的互动的学习环境。信息用户通过围绕一个需要研究解决的问题展开，以解决问题为目标，通过与他人的交流，能够培养自己发现问题、提出问题的能力，收集资料的能力、分析资料并得出结论的能力，以及表述思想和交流成果的能力。

从心理学角度来看，信息的意义、呈现方式、刺激强度等直接影响学习者的意义建构。数字化环境提供的虚拟科学实验，能够提供给学习者一些在现实中无法体验的情景，辅助学习者进行探索与思考，使学习者通过亲身体验培养直觉思维和形象思维；网络平台使得学习者能够与他人进行交流，互相从问题的不同侧面进行辩论与探讨，可以使学习者能够全面地认识问题，有利于培养学习者的辩证思维能力。

综上所述，数字化环境是理想的认知工具，它能有效地促进信息用户的认知发展。

2.3.5 信息创造心理

信息创造就是在信息加工过程中通过归纳、综合、抽象、联想等思维活动,找出相关性、规律性的线索,或者从表面现象中分析出事物的本质属性,从而获得创新的信息。获取信息是手段,而不是目的。信息用户应在对所掌握的信息从新角度、深层次加工处理的基础上,进行信息创新,在拥有新创造的信息之后,还应通过各种渠道将其传递给他人,与他人交流、共享,促进更多的新知识、新思想的产生。

从创造心理学的角度来看,每个人都充满着创造潜能,每个人都充满着创造欲望,但是,只有具备了创新性环境才可能极大地激发人才的创新动力。随着信息技术的不断发展,数字化环境得以不断完善,人们拥有了一个全新的创新性环境——互联网。人们将会利用互联网进行学习,信息创造行为将会相应增加。

数字化环境为信息创新提供了广阔的空间,表现在以下几个方面:

(1) 多媒体技术能综合处理图像、声音、动画和视频,使得数字化信息资源具有丰富的表现力,能够诱发信息用户的好奇心与求知欲,而好奇心和求知欲是人与生俱来的特点,是创造意识和创新精神的基础,也是主动学习的最初动力。

(2) 使信息用户进行网上交互式的学习成为可能。信息用户面对网络和计算机,可以在没有任何心理障碍的情况下提出问题或者发表观点。创造心理学研究表明,讨论、争论、辩论有利于创造性思维的发展。因此,这种可参与的交互式交流环境有利于培养信息用户大胆、自主的精神,也有利于锻炼信息用户的信息创新能力。

(3) 为信息用户进行研究性学习提供了便利条件。研究性学习是指学习者带着对某一领域的浓厚兴趣,主动地在该领域查询、收集资料,并通过对资料的加工、处理,尝试提出新观点,从而掌握该领域的丰富知识和专门技能的学习过程。进行研究性学习需要查阅大量资料,数字化环境为学习者提供丰富的信息资源,也提供了强大的信息获取工具,甚至提供了信息资料加工、分析的工具,为学习者进行研究性学习提供了极为便利的条件。学习者根据自己的学习要求,主动地、有目的地去发现信息,并能通过互联网等各种媒体或渠道收集自己所需要的信息。在学习者拥有了自己亲手完成的研究成果之后,既能得到自我满足,又将促进自己热爱信息创新活动。

信息服务机构应充分发挥自身在信息资源提供、信息查询、信息网络、信息人才等多方面的优势,引导信息用户把资料查寻和搜索范围进行横向扩展,实施跨领域检索,以增大信息量,拓宽思路,寻求启迪,激发灵感,引导信息用户由一个点、一个角度看问题转向多视角、多方面地思考问题,引导信息用户熟悉信息获取渠道、信息获取技术、信息获取策略,引导信息用户充分应用语言、文字、图形、图像、表格、实物、模型、幻灯等形式对信息进行复杂的表征。采取相应的措施可以进一步提高信息用户的信息创新能力、信息创新效率。

2.3.6 信息交流心理

人有与他人、与社会、与组织进行交流以满足自身在信息需求方面的心理需要。人们在获取信息、使用信息时,如果发现某个观点与自己产生了共鸣或者与自己对立,往往希望能够利用信息交流工具自由地发表意见,参与到对某个问题的讨论之中。数字化环境为人们的认识活动和交往活动提供了一个开放的空间,它的信息海量性、连通性、互动性、即时性给处于分散状态的信息用户以最好的沟通环境,更好地满足人们进行信息交流的心理需求。因此,当QQ、MSN等实时性、交互性很强的交流工具一出现,很快就拥有了一批忠实的使用者。

在网络环境下,人们之间的信息交流行为不是面对面、实实在在的交流,是在"虚拟世界"中发生的交流。在这种交流形式中,交流活动的参与者通常互不相识,容易形成一种良好的相互讨论、信息共享和合作学习的网上交流氛围,因此,人们常常借助网络信息交流工具或平台,参与到各种各样的活动之中,发表自己的观点或者见解,以满足参与心理、交流心理。在信息交流的过程中,参与者的行为举止通常比较大胆,敢于发表自己观点,敢于倾吐自己的心声,敢于和别人争论,久而久之,参与者们就会加深相互之间的了解,在获取到信息的同时,也会发现和结交志同道合的朋友,变成情感交流的伙伴。

数字化环境加强了人们之间的交往,增大了人们日常交往的紧密程度,增强了人们的群体归属感,催生了"版聚"这类社会活动。但是,过分偏重网络环境下的虚拟交往会产生负面影响,如人际关系冷漠,人际情感萎缩,人际距离疏远,从而造成新的人际关系障碍。因此,即使网络能够使人学会在网上与更多的人进行信息交流,也不能代替最直接的人际交流体验,因为直接交流的方式比网上交流更复杂,更有人情味。

§3 数字环境下的用户信息保证与用户信息满意

3.1 用户信息保证

3.1.1 用户信息保证的意义与原则

人们从事任何一项工作,都需要有与之相对应的基础和条件,如足够的时间、充足的经费、必要的设备、一定的人员、可靠的信息,等等。上述条件大部分是有形的(包括经费、设备、人员等),只有信息保证等少数条件是无形的。当人们所需求的有形条件得到满足时,其无形条件的满足便是事业成败的关键。信息作为一种主要的无形条件在人们的各项社会活动中有着特殊的意义。

信息保证是用户开展工作的前提和基础。用户开展任何工作,首先要占有大量的文献资料和信息,及时为用户提供全面、系统、准确的信息资料,就能帮助用户完成前期劳动,为用户工作奠定必要的基础。如果没有充分的信息保证,即便用户的工作开展起来了,也常常会导致不正常的结果。

信息保证可以帮助用户节省时间,提高工作效率。有关调研表明,一个科研人员用在查找和阅读情报资料上的时间占其完成科研课题时间的50.9%。信息服务机构如果能主动地开展用户信息保证工作,必将大大节约用户由于得不到信息而浪费的时间,提高工作效率。原苏联信息服务机构曾做过调查,如果科技信息服务机构能完成用户信息保证工作量的75%,余下工作量由用户自身完成,则可以完全避免用户工作中的盲目行动,省去由此而浪费的时间。

信息保证可以改变和优化用户的知识结构,提高工作质量。信息保证工作的有效开展,将有力地促进用户特别是科研人员对新学科的了解和新知识的吸收,开阔视野,拓展思路,并对未来的研究产生潜在的影响,同时将有助于提高用户的素质,优化其知识结构,取得高质量的研究成果。

用户信息保证工作应遵循完备性、针对性、可靠性、有序性、阶段性和方便性等原则。

完备性原则即用户信息保证的完备性,主要指充分地满足用户的信息需求,即按用户所需信息的学科范围、类型等组织信息服务工作,使用户始终得到充足的信息供应。完备性原则可以保证用户的研究工作在全面吸收前人研究成果的基础上展开。

针对性原则,即针对不同的用户提供不同的信息,针对同一用户的不同工作提供适当的信息,针对同一用户同一工作的不同阶段提供合适的信息。总之,应该针对用户的工作性质、知识结构、个人特点开展信息保证工作,力求向用户提供针对性强的适用信息。

可靠性原则即所提供的信息必须是客观的、准确的和可靠的,任何主观的、误传的、虚假的、失真的信息都将给用户的研究工作带来极大危害,应将信息的熵值控制在最小限度内。

有序性原则即向用户提供的是经过加工、整理、有序化后的信息。有序的信息有助于提高用户对信息的实际利用率,充分体现信息的实际使用价值。

阶段性原则即信息保证分阶段进行。一般情况下,用户的工作都是按计划、分阶段进行的,比如课题研究,其过程包括课题的准备阶段、进行阶段以及结束阶段等。因此其信息保证也应有相应的阶段性。在信息化社会中,阶段性的信息保证尤为重要。

方便性原则意指用户信息保证的手段和形式必须以方便用户为前提,即信息保证的手段和方式都应当符合"最小努力原则",使用户用最便捷、最节约的途径利用信息。

3.1.2 用户信息保证的方式

用户信息保证的实现有赖于人们所采用的信息保证方式及其系统建设。所谓用户信息保证的方式,就是人们为实现信息保证目标而采取的各种手段和措施。

(1)需要广泛开发信息资源,形成丰富信息库和信息资源保障体系。丰富的信息资源是用户信息保证工作的物质基础,因此要多渠道、多层次地开发信息资源,形成丰富的信息库,以满足用户工作中的信息需求。

(2)应该开展各种形式的信息服务,最大限度地满足用户需求。信息服务是对社会信息资源的开发,其目的是将已经开发出来的信息和信息加工品作为服务内容,向用户提供。如配合科研建立专题文献数据库,提供计算机联机和光盘检索服务,对科研课题进行文献跟踪服务、外文资料的编译服务。总之要开展各种形式的信息服务,以最大限度地满足用户需求。在现代数字化环境,面向用户的信息服务方式有在线参考咨询服务、信息智能代理服务、导航服务、专业化网上定题信息服务、E-mail咨询、实时聊天、自动摘要服务等。

在线参考咨询服务,也称虚拟参考或数字化参考咨询服务,它是以互联网为基础,利用网络上丰富的信息资源和快捷的通讯方式而开展的信息服务。在线参考咨询服务包括实时网上咨询服务系统、学科馆员咨询网站、FAQ知识库管理、网络合作化咨询服务四种模式。

信息智能代理服务,即通过跟踪用户在信息空间中的活动,自动捕捉用户的兴趣爱好,主动搜索可能引起用户兴趣的信息并提供给用户。

导航服务,即建设学科专业指引系统,信息服务人员按照某种体系结构将物理上分散的大量原始信息资源集合整理和组织,逻辑地联系起来,并且通过各种导航手段,为用户方便地定位并实现跨主题资源的互操作。

专业化网上定题信息服务,即通过对用户知识需求和问题环境的分析,经过信息挖掘、分析重组和创新,向用户提供有针对性的信息及其服务。专业化网上定题信息服务是目前一些商业网站较常见的服务方式,如 Yahoo 网站提供的 My Yahoo 功能,网易公司推出的具有个性化色彩的"我的网易"等。

E-mail 咨询,一般是将咨询员的邮箱地址公布于网页上,用户咨询时利用自己的电子邮箱向咨询员发送问题。E-mail 咨询是实时在线咨询的补充形式,也是虚拟参考咨询必不可少的一部分。

实时聊天,即通过实时聊天,咨询人员和用户能够进行实时信息交流,迅速掌握并满足用户的信息需求。因此,实时聊天是一种便捷的咨询服务方式。

自动摘要服务,即在检索结果中为每篇文献提供一个简短的内容摘要以帮助用户迅速判断文献的相关性,而不必浪费时间再去下载和阅读文献全文。

在用户信息保证中,各种保证方式的综合构成了信息保证系统。关于用户信息保证系统的建设,主要从两方面着手。一是加强传统的文献情报保证系统,二是建设和完善现代的网络信息保证系统。

3.1.3 用户信息保证工作的组织与管理

从本质上看,信息保证是有组织地不断地为用户准备和提供信息的过程,其实质在于有计划地供给,以满足用户研究等工作的需要。因此,信息保证工作的规划与组织便成为关键性问题。用户信息保证工作的组织可采取以下措施:

首先,建立信息服务机构及其体系。信息服务机构承担了信息宣传教育、信息服务、信息管理和人员培训等任务,因此,它是开展信息保证工作的主体。

其次,建设先进的信息服务系统。信息服务系统按其发展的演化过程可以分为三种:面向信息源的信息服务系统、面向信息交流过程的信息服务系统以及面向信息用户的信息服务系统。其中"面向信息用户"的信息服务系统是以主动、适时地为用户提供满意的信息服务为中心,因此它是高效的、先进的信息服务系统。美国之所以成为世界首屈一指的经济大国,重要原因之一是其多渠道、多层次、广泛围传播、及时"面向信息用户"的外经贸信息服务体系发挥了重要的推动作用。近年来,欧洲各国也在向"面向信息用户"的信息服务迈进,最著名的是欧洲信息网络服务中心(european information network service,EINS)。我国对"面向用户的信息服务系统"的研究与实践于 20 世纪末起步,到目前为止,初步出现了一些以"面向用户"为中心的信息服务系统,例如 2001 年底正式启动的国家科学数字图书馆。

用户信息保证工作的管理须注意的问题有:

统一规划,加强协调。利用调控机构对用户信息保证工作进行管理。目前,还缺乏全国性的管理机构,只有部委内的规划、协调与管理。国家科技图书文献中心在跨部门合作进行信息资料建设,向科技用户提供信息保证方面做出了开拓性工作。另外,文化部的图书馆司对全国的图书馆事业进行宏观管理,地方性的调控机构也建立了许多协作委员会、中心图书馆委员会等。但现在的问题是调控机构的调控缺乏强制性和约束力,只有建立起调控机构的权威性以及经费的保障机制,才能保证信息服务系统的健康运行。

通过培训提高信息服务人员的素质。这里的素质包括信息服务人员的职业道德、业务知识和信息处理能力三个方面。通过制定信息机构服务人员行为条例、职业道德行为规范,促使信息服务人员做到公平、公开、合理、公正客观、中立地为用户服务,严守保密制度,遵守职业道德和有关规章制度等,提高信息服务的道德修养。业务知识的深化可以通过信息服务人员亲自参与、承担科研课题,完成科研成果或发表学术论文等活动来完成,甚至参加进修班进行专门进修。由于数字化技术的普及,信息服务人员必须不断地学习和掌握计算机及网络技术知识,以便能熟练地使用计算机从互联网提取信息,通过鉴别、选择、加工组建各种类型数据库,编制目录、技术报告等供用户使用。

加强用户研究,开展用户教育。信息保证的最终目的是向用户提供各种类型的信息服务,满足用户的工作需求。所以,用户的需求决定了信息服务的内容和方法,了解用户的知识状况、科研范围、职业性质、使用信息的能力等是信息保证的基础。另外,随着计算机、通讯和网络技术的进一步发展,人们所面对的信息环境发生了巨大的变化,信息量的急剧增长与人们希望在最短时间内找到最有用的信息之间的矛盾日益突显,因此,对数字环境下的用户进行教育至关重要。

3.2 用户信息满意

3.2.1 用户信息满意的概念与特征

早在20世纪80年代中期,庄子逸先生提出:"任何一个服务系统,如果没有用户的评价,都将是一种片面的评价。"90年代中后期,用户信息满意度开始被许多学者探讨和研究。在数字时代的大环境中,不仅仅要考虑到信息资源的基础建设,关于信息服务质量方面的因素也不能忽视,用户信息满意就是服务质量的最直接的反映。

1. 用户信息满意的理念和内涵

用户信息获取的对象通常是一种无形的服务或有形的产品,这些服务或产品是否可以准确地满足用户需求,是否可以在这个数字化大环境下长久生存,对于信息机构的长效发展而言,特别是对于某些以营利为目的的信息机构来说,无疑是十分重要的。用户满意是一种无形资产,用户是否满意的结果直接影响着信息机构的发展前途和经济效益。

很多学者都对用户满意给出了自己的定义,如:

——是用户对所接受的有形产品和无形服务感到满意;是用户的一种内心感受和主观评价。

——从用户角度出发,是指用户在购买商家提供的商品或者服务时的一种达到或者超过预期的心理状态;从商家和企业的角度出发,是指成功地理解某一用户或部分用户的爱好,并着手为满足用户的需要做出相应努力的结果。

——是用户的感觉状况水平,这种水平是用户对企业的产品和服务所预期的绩效和用户期望的比较结果。

从上述几个定义中可以看出,用户满意是一种内心感受,是用户对服务或者产品的情感表现,是用户的一种主观反映。顾名思义,用户对自己获取的信息资源和服务的满意程度就是用户满意度。

根据萨缪尔森幸福公式(幸福=效用/欲望)相关近似推导,可以用一个简单化的公式来表示用户满意的机理,即

$$用户满意度 = \frac{用户接受信息服务周期后的感知值}{此次服务周期前的预期值}$$

从这个公式中可以看出,在其中某一因素固定不变的前提下,用户期望越高,满意度就越小,而感知值越大,满意度就越高。

通常,用户对信息服务的期望很高,他们期望得到最好的服务,获取最大限度的信息。用户期望是指用户在准备利用信息机构资源或者接受信息机构的信息服务时希望出现的结果,包括信息利用结果、服务范围、所花费的时间等。为了满足用户期望,只有更清楚地了解影响用户预期值的因素有哪些,才能从本质上解决用户满意度的问题。影响期望值因素应该分别从用户角度和机构提供服务的角度出发来分析。

从用户的角度来看,用户的知识层次是影响用户期望的一个很重要的因素。用户的类型多种多样,任何人都有自己的信息需求和信息期望,并且他们的文化程度、知识层次也大不一样。对于文化知识层次较高的用户来说,他们对信息服务的目标更强,需求更明确,文献信息可替代性较差,获取渠道单一,所以获取难度相应较大,但是他们有一定的信息工具的使用经验,所以他们期望一般较现实。而文化知识层次低的用户则对信息机构的服务比较模糊,一般没有使用信息工具的经验,觉得这些信息机构应该是可以解决任何问题的地方,一般期望较高,有些可能得不到现实。

从信息服务机构来看,首先,文献资源是影响用户期望的一个因素。不同文献需求类型的用户会针对不同信息机构的文献资源的充分与否产生不同的期望。用户对文献信息的需求与文献资源储备量一致的时候则期望高,否则期望低。其次,信息机构的形象也是影响用户期望的一个因素。如果一个信息机构比较重视自身公关形象,它就会利用各种方式多做关于本机构的服务特色、服务能力的客观宣传,有的服务注重个性化、人性化,会使用户心中产生亲切感从而使得对此机构的期望值增加。如果此信息机构的地位比较显著的话,用户对其服务会更加信赖,从而期望值也会更高。再次,网络环境和系统配备比较完善的话也会影响用户的期望值。比如该信息机构提供的检索方式比较齐全,用户有更多选择的机会,获取文献途径更加多样化,从而使得用户期望值增加。

2. 用户信息满意的特征

用户信息满意主要是来自用户对服务的感受,它是用户对信息服务机构的服务或产品所预期的绩效和用户期望的比较结果。要使这种绩效和期望相称,实现用户最大限度的满意,应该首先深入了解用户满意的特征。

(1) 主观性：用户满意度是建立在用户对信息机构提供的服务或产品的使用经验上，感受对象是客观存在的服务或产品，但是产生的结论则是用户的主观性判断。用户的自身素质（如知识层次、信息使用经验、信息素质、信息技能、生活习惯、价值观等）与用户满意度是有关的。用户会根据自身条件的不同对信息机构提供的服务进行主观判断。

(2) 层次性：处于不同知识需求层次的人对自己所需信息服务或产品的评价标准各不相同，因而不同地区、不同阶层的人或同一个人在不同条件和时期下对同一信息服务或产品的评价可能也不尽相同。可见，层次性主要表现在用户知识层次的不同和用户不同阶段的认识以及地域、阶层的不同。

(3) 相对性：同一层次的用户由于自身信息知识、信息使用技能与经验的不同，对同一信息系统的服务或产品会有不同的评价标准，由此得出的满意或不满意具有相对性。而且用户会把不同机构提供的信息服务或产品进行横向或者纵向比较，得出相对的满意度。这一点可以看出用户满意不是固定不变的。

(4) 阶段性：就某个用户而言，对信息系统的满意与否具有阶段性。在信息系统使用初期，由于对信息不熟悉，或缺乏经验，对同一系统的评价是不同的。使用初期往往不会满意，随着与信息系统的不断交流，互相增进理解，满意度会逐渐提高。但是也有的在使用初期由于信息需求不高，可能会对系统比较满意，但是随着对知识体系结构认知的加强，信息服务或产品越来越不能满足用户的需求，从而可能会降低用户满意度。

另外，任何信息产品都具有生命周期，服务也有时间性，特别是数字化环境下的服务和产品更是如此。用户对服务或产品的满意度来自于过去的使用体验，是过去享受过程中逐渐形成的，因而呈现出阶段性。

3.2.2 用户信息满意程度测评

对信息用户满意度的测评，是图书馆学、信息管理学、情报学等研究中的一个崭新领域。国内理论界也有文章将其称为信息服务质量测评，而且已经取得了一些初步的结果。

1. 用户信息满意度测评的概念

用户满意理念的本质在于：用户对信息满意与否是由用户根据自己的价值标准给出的判断，而用户的价值标准往往是不尽相同的。如何来量化各种各样带有主观色彩的评价？人与人之间对不同的服务或者产品的满意标准是否具有可比性？这两点一直是学者们关于用户满意测评中争论不休的焦点。

用户信息满意度测评就是为了解决用户信息满意度问题的方法。首先应该对信息用户发放调查问卷，通过对问卷结果的分析，深入了解影响用户满意的因素以便准确把握满意度测评的指标。其次，采用一定测评模型以及测评方法对用户信息满意度进行测评。

2. 用户满意度指数概念及模型

(1) 用户满意度指数概念

用户满意度指数（customer satisfaction index，CSI）亦称顾客满意度指数，是用户满意程度的定量描述。它既体现了用户的满意，也反映了信息机构提供的服务或产品满足用户需求的成效。用户满意度指数目前已经成为国内外经济领域和质量领域一个热门而又前沿的话题,是许多国家积极研究和使用的一种新型宏观经济指标,现在很多服务领域都采用这种指标来测评自身服务的质量。在信息服务业,它可被用来测定用户对信息服务或产品的满意程度。

早在 1989 年,瑞典就已经建立了瑞典用户满意度指数(SCSB),它是世界上第一个真正意义上的用户满意度指数,并且它的数据的构建是来自于瑞典国内的 32 个大型企业的 130 家公司和企业,从此人们有了一种更为科学的评价服务或者产品甚至国家经济的宏观指标。之后,美国于 1994 年秋季正式发布了美国用户满意度指数(ACSI),它的数据构建则是通过对 34 个行业的 200 家公司的调查分析得出的。目前,ACSI 已经发展成为全球用户满意度指数中的一个重要范例,并且它的理论也被大多数国家所采用。随后,加拿大、韩国、意大利、新西兰等国家和台湾地区都使用了 CSI 这一新型宏观经济指标。欧洲质量组织(EOQ)和欧洲质量管理基金会(EFQM)以及从事顾客舆论调查的 8 所大学共同研究了"欧洲顾客满意度指数(ESOMAR)",并于 1999 年开始在欧盟 11 个国家使用,现已获通过。

(2)ACSI 指数模型

ACSI 是美国用户满意度指数,是目前世界上最流行的并且有一定权威性的一种指数模型。ACSI 模式是在借鉴瑞典和德国用户满意度指数的基础上,进行了若干改进后制定的,它对影响顾客行为的产品或服务质量的各方面赋值,运用数学模型来计算满意度指数。ACSI 采用的方法叫费耐尔法,通过建立用户满意度指数模型将用户满意度置于一个相互关联的因果系统中(见图 13.2)。

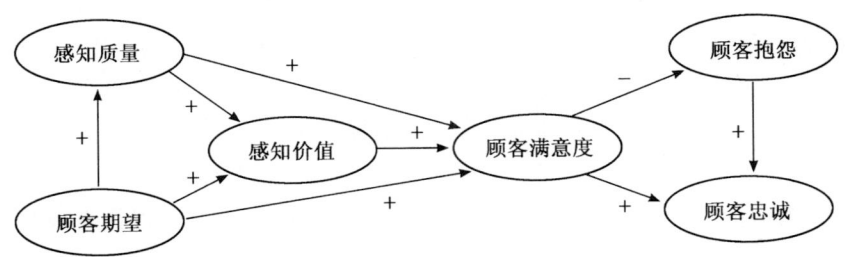

注:"+"表示两变量正相关,"－"表示两变量负相关。

图 13.2　ACSI 模型

这个模型在信息服务行业同样适用。从图 13.2 中可以看出,用户抱怨和用户忠诚以及满意程度是成反比的。当信息用户对服务比较满意的时候,用户抱怨就比较少;同样,用户抱怨多了,说明信息用户对服务比较关注,这表示用户相对比较忠诚。还可以看出,信息感知质量、用户对信息获取量的期望以及对信息感知的价值是满意程度的原因变量,决定了用户信息满意程度;用户抱怨和用户忠诚是信息满意程度的结果变量,是用户信息满意度的反映。

● CCSI 指数模型

CCSI 是中国用户满意度指数的缩写,由杜晖、谢赞、赵平提出。为了同国外的评价体系接轨,CCSI 的理论基础基本采用国外的满意度指数研究,即采用多个方程的计量经济模型来产生各种水平的指数。

国内用户满意度研究业已逐渐被政府重视起来,1999 年国务院发布了《关于进一步加强产品质量工作若干问题的规定》,这个文件是我国第一次明确提出要研究和探索顾客满意度指数评价方法，并且向消费者提供真实可靠的产品质量信息。

到目前为止，我国对满意度测评的研究与实践已经初具规模，但它们基本上仍局限于部分行业和企业层次，仅有少数文献是针对构建全国性用户满意度指数的普遍规则进行探讨，而且在很多问题上仍然有争议或是偏差。这一点与国际上已经渐趋完善的满意度指数体系有很大的差距。

中国用户满意度指数体系的构建是一项庞大的系统工程，针对信息服务这个特定领域来说，为保证整个服务体系的科学性与实际可行性应该遵循一定的原则，如充分考虑我国各地区发展不平衡的现状，考虑我国目前市场集中度低的现状，考虑信息服务行业的特异性，仅选取与用户最终消费密切相关的信息服务进行满意度测评，等等。但是，具体的构建，各个信息服务机构应该不仅要根据中国整个大环境形势来定，而且还要根据自己机构特色和实际情况统筹构建，这样才能事半功倍。

3. 用户满意度测评方法

我国的用户满意度测评体系研究起步较晚，且大多数关注的是具体产品的用户满意度，涉及到信息服务方面的少之甚少。综观已有的用户满意度指数体系，其基础构架都源于 ACSI 模型，测评的基本程序是用户需求分析（调查方式收集）→确定用户满意度指标→确定用户感受等级→用户满意度测评。下面是参考 ACSI 模型建立的用户满意度测评方法。

● 用户满意度评价指标选择

对于用户满意度评价指标的选择主要是根据用户对数字环境下信息服务或产品的满意度反馈，综合所有可能因素，制定合理的符合本信息机构的指标体系。获取用户的满意信息主要是通过调查问卷，当然也可以通过电话采访、座谈会、上门访问、网络调查等方式。

史田华、蒋琳根据 ACSI 模型的理论，结合数字环境下信息服务的特征，针对信息服务这个行业性质，可以将指标体系划为 4 个等级指标。每个等级指标都是由上一层次展开而来的。同时，展开的等级指标又可以反映上一等级指标。这 4 个等级指标要根据行业特点的不同给予不同的指标值。最后一个等级的指标是由前 3 个等级指标展开而来的，是整个指标体系中直接关系到用户的指标，对信息服务业用户满意指标的选择主要是选好三、四级指标（见表 13.1）。

● 用户满意等级划分

用户满意度有其感受程度的不同，人们借助心理学的研究，可以把用户感受划分为 5 个等级。有的学者把这个度划分为 7 个等级，等级过多显得太复杂，也过于细致，根据信息服务这个行业的特点，划分为 5 个等级已经足够了。

柴雅凌、李学塈把用户感受划分为 5 个等级，分别是：很满意、满意、基本满意、不满意、很不满意。为了计算的方便，可以用数值具体化表示（见表 13.2）。

表 13.1　用户信息满意度一、二、三、四级指标

一级指标	二级指标	三级指标	四级指标
用户的信息满意度	感知质量	对服务质量的总体评价 对服务质量满足需求程度的评价 对服务质量的可靠性的评价	信息产品质量
	感知价值	对信息服务总体成本的感知 对信息服务总体价值的感知 对信息服务性价比的评价	业务素质 产品及服务价格
	用户期望	用户对服务质量的总体期望 对服务质量满足自身需求的期望 对服务质量稳定性的期望 用户期望与用户满意度的比较	购买及交付 用户培训
	用户抱怨	用户抱怨的情况 对其抱怨解决的态度	反馈响应
	用户忠诚	重复购买的情况 在价格变动时用户的购买情况	

表 13.2　用户感受等级数值化

用户感受	权数
很满意	1.0
满意	0.8
基本满意	0.6
不满意	0.3
很不满意	0

● 权值公式

ACSI 模型主要采用的是费耐尔法,这种方法主要适用于宏观的用户满意度测评。柴雅凌、李学塾认为,在微观上,采用权值公式方法进行用户满意度测评更加准确。

设 i 是影响因子个数,j 是满意度个数,n 是影响因子总个数,设 S 是满意度,S_i 是用户对第 i 个影响因子的满意度,计算方法如下:

$$S_i = \sum X_{ij} Y_{ij} \quad (i=1,2,3,\cdots,n; j=1,2,3,4,5)$$

其中,X_{ij} 是用户对第 i 项影响因子选择满意度为 j 类时所对应的评价分值,Y_{ij} 是用户对第 i 项影响因子选择满意度为 j 类时的人数比率。

如果再通过调查问卷调查出不同用户心中对列出的各个影响因子重视程度,用 W_i 表示(W_i 的计算可以通过用户期望测评来计算),则可以计算出整个信息机构综合的用户满意度:

$$S = \sum S_i W_i / i \quad (i=1,2,3,\cdots,n)$$

通过以上的计算,可以知道用户满意度的定量结果,对于信息机构制定下一步发展策略起

到了积极作用,从而能够更好地为各种用户服务。

● 用户调查表

针对数字环境下信息服务机构的特点,根据以上获取测评指标和权值公式的方法,可以针对信息机构制定一个调查表格,以便准确测评本机构的用户满意度指数。可以通过上面谈到的信息产品质量、业务素质、产品及服务价格、购买及交付、用户培训、反馈响应这几个指标对一个信息机构进行测评(见表13.3)。

表13.3 用户满意度调查问卷表格

等级 影响因子	很满意	满意	基本满意	不满意	很不满意
信息产品质量					
业务素质					
产品及服务价格					
购买及交付					
用户培训					
反馈响应					

实际上,具体的信息服务机构所提供的信息服务不同,不同的信息服务机构应该根据自身特点制定符合自己的调查问卷内容,这样便能更准确地获取用户满意度信息,为今后的发展提供有利的依据。

3.3 用户信息素质教育

3.3.1 用户信息素质教育的意义与原则

1. 用户信息素质教育的意义

随着知识经济的到来和现代信息技术的迅猛发展,加强用户信息素质教育已成为一项基础性工作。用户信息素质教育的目的就是通过教育帮助用户提高有效地利用信息资源的能力。对信息用户进行信息素质教育是开拓、发展信息市场的主要途径,只有通过对信息用户的教育,才能增强用户的信息需求和技能。

首先,用户教育有助于提高用户的信息意识,唤起当前用户未表达出以及未意识到的潜在信息需求和潜在用户应该利用某种信息服务而实际上并未利用的信息需求;其次,有助于促进用户与信息服务机构的互动,密切用户与信息服务机构的联系,使用户对信息服务机构的服务有更深层的认识,从而及时得到相应的服务;再次,用户信息素质教育将大大提高用户的信息处理能力,同时,用户的知识结构也将得到优化,检索效果和决策能力将得到提高,为用户完成相关科研创造更加有利的条件。

对信息服务机构而言,第一,为适应用户信息素质教育的需求和科学技术的发展,相关工作人员必须不断地学习业务知识,研究新情况,开发新技术,这不仅有助于提高工作人员的业务水平,提升用户的满意度,同时也将对信息服务机构队伍的建设产生深远的影响;第二,通过用户信息素质教育,可以对外宣传信息服务机构,让更多的用户了解信息服务机构和利用其信息服务,提高其知名度和社会地位,发挥其品牌效应;第三,通过用户信息素质教育,及时了解用户需求,在保持传统服务特色的同时,使信息服务机构服务跃上一个新台阶,实现信息服务的开放化、网络化、集成化和智能化。随着用户信息素质教育工作的持续开展和用户信息素质及信息能力的稳步提高,信息服务机构用户服务工作的重点将会从简单、低水平的参考咨询服务转移到复杂的、高水准的深层次服务,如定题、定向等服务。信息工作人员的主要精力也将会集中在加强信息组织,提高信息加工能力等创新性工作上来,从而使信息服务的效率和水平实现质的飞跃。

2. 用户信息素质教育的原则

用户信息素质教育要适应社会环境和信息系统自身条件,同时也要考虑用户的不同特征,因此,在开展用户信息素质教育前,应遵循以下几个原则:

● 分层次培训,针对性培训

现代用户信息素质教育非常关注对教育对象及其相关的内外环境的准确认知,并因地制宜地实施特定的教育手段和方法,这一特征在现代用户教育活动中日益明显。用户信息素质教育一方面要重视教育手段的共性,另一方面又不排斥针对特定对象的专门教育方法。

首先,用户对知识的掌握程度不同,包括文化教育水平、职业工作经验、外语水平、信息行为等,用户的文献信息意识、文献信息的利用能力和利用效果及网络应用能力都会有明显的差别,因此在制定教学内容和方式时,必须根据用户的不同层次、不同类型来开展用户教育,实现特定用户的特定信息需求与特定信息资源的有机结合。比如,"对一般用户,主要传授网络的基本知识、上网的基本方法,诸如联机公共检索、拷贝、下载等。对基础较好的用户则侧重于讲授多种信息查询工具的使用技巧和方法,主要信息类型、搜索引擎、数据库的查询技巧等。"

其次,针对特定的用户,教育内容也要有阶段性。随着用户教育的进行,用户的知识在进步,教育的内容要逐步细化、深化。

● 建立用户教育计划

用户教育是一项长期的连续的教育过程,应根据所在地区和各系统用户的实际需要及具体条件,制定相应的教育目标和中长期计划,并照此有组织、有步骤地安排用户教育工作。

首先,用户教育计划的制定应与数字环境下用户的信息素质要求相对应。通过用户教育计划的实施,使用户建立起合理的知识结构,掌握一定的信息检索技术,学会获得信息、分析信息、利用信息等。另外计算机技术、网络技术、人工智能技术也应包括在这一计划之内。

其次,在数字环境下,信息用户具有广泛性、多层次性,因此应针对不同类型的用户分别制定用户教育计划。对于初级用户可以采用媒介教育法,使其掌握一些最基本的检索技术,尽快地提高其信息能力。对于中级用户主要是进一步地提高他们的信息能力,应向他们提供最新的信息知识及信息技能,为其继续教育、进行科研打好基础。对于高级用户应侧重计算机检索系统、信息分析、信息筛选能力的培养,从而帮助他们更加灵活地运用有关信息,解决科研问题。

● 理论与实践相结合

用户信息素质教育最终要落在实处,要注重理论与实践的结合。用户信息素质教育中场景演示和提供实物演示图示是非常重要的。在这方面,大多数网站已开始提供实际操作演示文档及帮助手册。他们把一些基本的操作流程、技术应用编制为文档,同时还配置专职人员解答用户咨询,并将用户经常询问的问题及其解答编制成常用问题数据库,为用户提供在线咨询。这些类似的服务都是为了培养用户熟练地操作、熟练地上网,从而快速、准确地查找自己需要的信息,为用户教育从理论教育走向实践操作提供了一个很好的平台。因此,注重用户的实践教育,从原来传统的口头教学和实习转向以计算机和网络教学为主的实际操作上,加强理论与实践的结合是用户信息素质教育的重要原则。

3.3.2 用户信息素质教育的内容与方法

用户信息素质教育是社会信息化进程的产物,是社会教育的组成部分,也是信息服务的深化。随着信息技术和信息服务的进步,数字环境下的用户信息素质教育向传统教育提出了挑战,教育内容和方法都有了新的变化,这就要求我们对用户的信息素质教育重新定位,紧跟时代步伐,不断地对其进行完善和优化。

1. 用户信息素质教育的内容

用户的信息素质教育内容是培育用户的信息素质,训练用户的信息技能。信息素质是指信息意识、信息能力、信息处理技术的素养。具有信息素养的人是懂得如何获取、组织、开发、利用信息的人。他们懂得如何进行学习,何时需要信息,如何组织信息,如何寻找信息,并拥有确定、评价和有效利用所需信息的能力。所以信息素质是信息智能的种种表现,是创新型人才的基本素质,也是培训科研素质的基础。可以从以下几个方面阐述用户信息素质教育的内容。

信息导向教育。当今社会信息化进程不断加快,信息化已是不争的事实,而此时用户的信息化理念和意识也需要得到加强。信息导向教育的内容包括知识经济、信息社会、知识、信息在经济社会中的作用、所处的地位以及信息法规、信息伦理道德以及信息意识、信息心理、信息思维、信息行为等方面的教育。信息导向教育是一种理性教育,只有向用户普及信息化的理念,才能推动信息化的进程,促进信息的利用。

信息处理能力教育。信息处理能力的培养是用户信息教育的最终落脚点。信息处理能力是指对信息的搜集、鉴别、整理、分析、传递、利用等技能,具体体现在对各种信息检索工具的使用、信息系统使用和计算机的操作能力等。用户只有具备了信息能力,才能有效地、迅速地、准确而全面地获取所需信息,通过对信息进行选择、整序、分析、研究、评述等,促进知识的创新,提高决策能力。

现代信息技术教育。信息技术以常用的信息检索技术为主,其内容包括:网上资源的检索和下载方法,网上数据库的使用,搜索工具的使用,联机公共检索目录(OPAC)、网络数据库的使用与评价,网络版电子期刊、电子图书等的利用,网络信息的生产、组织、存储以及传递,网络信息资源的搜集、选择和评价等。它是指有关数字环境下与信息获取、搜集、识别、分析、整理、评价、利用等有关的一切技术。只有用户熟练掌握了信息技术,才能高效、灵活地获得信息,利用信息。

2. 用户信息教育方法

用户的信息素质教育具有教育对象的广泛性、教育目标的层次性、教育内容的多样性,因此在外界条件及信息机构内部条件等多方面因素的影响下,用户信息教育方式也呈现出多样性。传统的图书馆、情报机构一般采用"培训班、信息技术专题讲座、播放录像和宣传栏等多种形式"向用户介绍信息工具的运用、信息资源的获取、信息的处理与创新等方面的知识,而在现代数字化的环境下,用户信息素质教育有了一些新的方法。概括起来讲,数字时代用户信息素质教育主要有课程教育、定期培训、讲座和报告会及远程教育等形式。

教育向来以课程教育形式为主,目前最典型的信息用户课程教育是在大学开展"文献检索"课程。早在1984年2月22日教育部就印发了《关于在高等学校开设文献检索课的意见》的通知,该通知规定,凡有条件的学校可将《文献检索与利用》作为必修课,不具备条件的学校可作为选修课或开设专题讲座。其目的即在于提高用户的信息检索技能。文献检索可分为科技文献检索、社科文献检索、中外文工具书等课程分别进行,通过课程教育使用户掌握各种信息的检索原理、检索工具、检索语言、检索步骤和检索途径,提高信息检索的技能,帮助用户在科研攻关、创造发明、做出决策的过程中及时、准确地检索到适合自己需要的文献信息。

定期培训,指信息服务机构举办信息素质教育培训班,由信息专家或从事信息咨询的专业人员主讲,并让学员进行具体操作,理论和实践相结合,包括集中培训、专题培训、在线培训等方式。通过定期的培训,可以增强用户的现代信息素养,帮助用户充分利用现代化信息服务环境,准确表述他们的信息要求,从而掌握网络信息的获取技能。

信息素质教育讲座或报告会,则根据信息服务机构网络资源的现状及广大用户的普遍需要设计题目和内容,邀请社会信息专家或者信息服务机构的专家主讲。用户通过参加讲座和报告会,与专家切磋交流,使知识不断更新、深化,信息能力不断提高。讲座和报告会的长处是形式灵活、实用,针对性强,而不足是宣传范围有限,难以引起用户的重视,当然,现在也有些机构把讲座或报告会的现场录下来,并放置到网上提高信息的利用价值。

现代远程教育是随着现代信息技术特别是计算机和通信技术的发展而产生的一种新型教育方式。传统的教育方式常受到教育地点远近、时间长短和教育费用等因素的影响,而远程教育却使教育对象摆脱了时间、地点的限制,有利于提高用户的学习主动性,提高信息服务机构和用户之间的交互性,更好地实现人性化和个性化的用户教育。在数字化环境下,信息服务机构已经开始利用远程教育系统对用户进行信息教育。据调查,网上教育可以减少40%的时间和30%的费用,而多学30%的课程,可见,远程教育作为一种用户信息素质教育方式是非常高效和方便的。

[本章撰稿人:苏新宁 沈固朝 杨建林 黄水清]

参 考 文 献

[1] 陈建龙.信息市场经营与信息用户[M].北京:科学技术文献出版社,1994
[2] 黄莉.深化情报需求研究的理论探讨[J].情报学刊,1998(3)
[3] 谢元泰.现代情报需求特点试析[J].情报科学技术,1987(1):27
[4] 赵春昊.对读者满足理论的析疑[J].晋图学刊,1989(1):1
[5] Taylor, Robert S. The process of asking questions. American Documentation, Oct. 1962:391~396

[6] 刘圣梅,沈固朝.参考服务概论[M].南京:南京大学出版社,1993.78～79
[7] 周晓英,王英玮.政务信息管理[M].北京:中国人民大学出版社,2003.36～37
[8] 倪波,姚健.经济信息分析[M].成都:电子科技大学出版社,1995.30～32
[9] 胡昌平,乔欢.信息服务与用户[M].武汉:武汉大学出版社,2001.149～151
[10] 田建新.基于用户需求的网络信息服务建设[J].情报科学,2004(4)
[11] 沈固朝.网络信息检索——工具·方法·实践[M].北京:高等教育出版社,2004.15～16
[12] 冷伏海,王宏义.网络环境下市场信息行为理论体系初探[J].中国图书馆学报,2003(6):50～52
[13] 顾凡.试论网络对人的心理影响[J].黑龙江高教研究,2004(6):158～159
[14] 张金凤,翟江,李志忠.大学生信息消费心理及行为分析[J].河北科技图书,2005(1):53～55
[15] 王慧琳,闫伟.我国大学生大众传媒体育信息需要的调查与分析[J].成都体育学院学报,2005(1):40～43
[16] 韩瑞平.浅谈网络环境下高校图书馆的信息服务[J].河北科技图苑,2003(5):62～63,67
[17] 严慧英.影响网络信息检索行为的主体因素[J].情报杂志,2004(4):94～95
[18] 李书宁.网络用户信息行为研究[J].图书馆学研究,2004(7):82～84
[19] 强月新,邓敏.网络信息噪音及网站新闻编辑对策[J].武汉大学学报(人文科学),2002(9):632～634
[20] 董小英.中国学术界用户对互联网信息的利用及其评价[J].图书情报工作,2002(10):29～40
[21] 任真,李博.大学生信息行为调查[J].图书情报工作动态,2004(6):18～20
[22] 曹树金,胡岷.国外网络信息查寻行为研究进展[J].国家图书馆学刊,2002(2):46～53
[23] 杨玫.电子政府与公众的信息行为[J].情报杂志,2004(6):66～68
[24] 中文搜索引擎分类体系的构建及发展趋势浅析.http://www.happycampus.com.cn/pages/2003/01/23/D106417.html
[25] 邓小昭.因特网用户信息检索与浏览行为研究[J].情报学报,2003(6):653～658
[26] 郭维家.网络调查中的非抽样误差:成因及控制初探.http://Web.cenet.org.cn/Web/huaxia/index.php3?file=detail.php3&nowdir=&id=6956,2006-01-27
[27] 任慧玲,等.中文生物医学文献数据库全文链接功能的实现.http://prep.istic.ac.cn/eprint/Upload/2004/1100573331393.doc,2006-01-27
[28] 宋琼凤,林直.网络环境下高校图书馆服务模式的创新[J].现代情报,2004(3):147～148
[29] 高民.信息加工心理学的"知识","技能"观.http://61.174.215.165/teacherWeb/wwz/jxky/lilun/信息加工心理学.doc,2006-01-27
[30] 胡昌平.信息服务与用户研究[M].武汉:武汉大学出版社,1993
[31] 张玲玲.决策咨询研究的信息保证[J].决策探索,1996(9):17～18
[32] 蒋丽静.略论高校院系资料室的信息保证职能[J].江西图书馆学报,2005(1):107～108
[33] 马费成.信息资源开发与管理[M].北京:电子工业出版社,2004
[34] 聂鑫.面向用户的信息服务方式[J].情报科学,2005,23(4):560～564
[35] 袁明伦.传统参考咨询服务与数字参考咨询服务的比较研究[J].四川图书馆学报,2004(3):79～81
[36] 郭海明,刘桂珍.面向用户的数字信息服务方式探讨[J].图书馆建设,2005(2):66～68
[37] 刘振祥.高校科技情报保证系统及其效果评价[J].应用科技,1989(4):60～62
[38] 王春生.论文献资源共享的保障系统[J].图书馆理论与实践,1996(4):18～20
[39] 苏震.信息服务机构在电子商务时代的定位[J].情报理论与实践.2000(6):417～419
[40] 王勇.传统信息服务机构开展网络信息服务初探[J].科技情报开发与经济,2004(11):61～62

[41] 姜晓,吕先竞.国内外"面向用户的信息服务体系"的发展研究综述[J].图书情报知识,2004(1):25~28
[42] 张晓林.国家科学数字图书馆:面向用户的数字信息服务体系[J].现代图书情报技术,2002(5):1~2
[43] 赵金星.试论跨世纪信息服务人员的素质要求和队伍建设[J].鞍山社会科学.2002(3):42~43
[44] 高仁忠.从信息管理业务发展看我国信息服务机构改革[J].情报杂志,1997(6):4~6
[45] 张丽.关于提高信息服务人员素质的思考[J].山西统计,2003(5):31
[46] 初景利.用户满意论[J].情报资料工作,1999(4):10~12
[47] 刘玉娥.信息用户满意研究[J].图书馆工作与研究,2004(2):81~83
[48] 史田华,蒋琳.网络信息服务业用户满意度测评研究[J].情报杂志,2004(10):12~14
[49] 黄坚平,李晋明.用户满意理念及用户满意度指数在中国的应用[J].北京商学院学报(社会科学版),2000,15(5):60~63
[50] 范兴坤.图书馆用户文献信息获得过程中的满意度影响因素分析[J].河南图书馆学刊,2004,24(5):10~13,37
[51] 沈光亮.图书馆用户满意分析[J].科技情报开发与经济,2004,14(4):42~43
[52] 刘禾,臧如意.顾客满意度的美国模式——ACSI方法及其应用[J].企业改革与管理,2000(9):38~39
[53] 杜晖,谢赟,赵平.中国用户满意度指数若干问题研究[J].消费经济,1999(2):49~52
[54] 金勇进,王华.中国顾客满意度指数体系的构建[J].统计与信息论坛,2005,20(2):5~9
[55] 柴雅凌,李学堃.信息用户满意研究——信息用户满意度指标与测评[J].情报科学,2004,22(1):22~28
[56] 李慧琴.用户信息教育发展浅析[J].情报信息,2003(6)
[57] 门友珍.浅谈网络环境下图书馆信息用户的教育[J].甘肃科技,2004(7)
[58] 何汶.大学图书馆的信息保证与用户培训[J].高校图书馆,2003(3)
[59] 颜惠.新时期图书馆的用户教育[J].情报探索,2005(1)
[60] 庄淑针.与时俱进的用户信息教育[J].情报探索,2002(3)
[61] 杨丽.论信息素质[J].图书馆理论与实践,2003(4)
[62] 许文娟.网络环境下高校图书馆的用户教育[J].海南师范学院学报,2004(6)
[63] 罗红宁.学校图书馆对学生信息处理能力的培养[J].中小学图书馆情报世界,2004(12)
[64] 高晋蜀.论新世纪我国大学图书馆用户信息素养教育[J].农业图书情报学刊,2005(8)
[65] 郑丽娟.网络信息用户教育刍议[J].牡丹江师范学院学报,2005(3)
[66] 罗圣敏.浅析现代远程教育中多媒体技术的运用[J].科技咨询,2005(27)

第 14 章 信息服务与知识服务的管理

信息服务与知识服务的管理是信息与知识管理的延伸和发展,是在面向用户和问题的服务过程中,为了达到服务效果的动态优化,而对信息和知识资源,以及与之有关的其他有形和无形资产资源、组织结构、运行机制、保障条件等众多服务效果制约因素的管理。

如果把"信息"和"知识"比喻为"资源"和"资本",那么"信息管理"就是对资源进行有效的开发、组织和配置;而"知识管理"就是根据需求对"资源"进行挖掘和加工,从而形成"知识资本"以创造价值;"信息服务"管理则主要致力于"开发和配置"结果的优化,而"知识服务管理"则追求泛在信息环境下的智能服务最佳化,以使"知识资本"最快、最有效地物化为生产力。

信息服务与知识服务管理的内容很多,本章着重介绍服务管理的政策法规、知识产权管理、技术标准管理和信息安全等几个方面的内容。

§1 信息与知识服务机构及其服务机制

信息服务和知识服务机构是各类基本信息资源开发的主导者,是信息资源传播的重要渠道,是各种基本形态信息资源的集散地,是国家信息基础设施的组成部分。

20 世纪 90 年代以来,随着计算机技术、现代通信技术、网络技术突飞猛进的发展,信息服务方式迅速由传统的人工方式为主过渡到主要依靠计算机的现代信息服务方式,中国的信息服务领域进入了快速发展时期。随着中国信息化的快速发展,不同所有制、不同运行机制、不同经营与服务方式的信息服务和知识服务机构相继出现,信息服务与知识服务向多领域发展,形成了政府、企业与非营利组织共同参与的全社会信息资源开发利用格局。

1.1 信息与知识服务机构类型

信息服务和知识服务机构采集或提供的信息资源内容不同,机构类型也不相同,按目前的组织形式,信息服务和知识服务机构可分为以下几种类型:档案机构、图书馆机构、信息(情报)机构、咨询服务机构、大众传播机构。

1.1.1 档案机构

档案是国家机构、社会组织或个人在社会活动中直接形成的有价值的各种形式的历史记录。档案机构的主要任务是档案的收集、整理、保管、鉴定、统计和提供利用等,注重点是信息资源的价值。

密级等方面的限制约束了档案机构信息资源的使用范围,因此档案机构的服务方式以静态服务为主。

我国档案机构类型分为:中央级档案馆、地方档案馆、专业档案馆。目前已有各级各类档案馆3 816个,其中国家综合档案馆3 046个,国家专门档案馆225个,部门档案馆142个,企业档案馆304个,文化事业单位档案馆40个,科技事业单位档案馆59个。

1.1.2 图书馆机构

图书馆机构的主要任务是对知识、信息的物质载体进行收集、整理和提供。工作的注重点是信息资源的外部特征,旨在揭示馆藏;对各种公开的一次性文献进行加工、聚集、流通。

图书馆机构是一个开放的系统,强调的是实用、流通、知识传播和读者服务。

我国图书馆机构目前主要分为:国家图书馆、公共图书馆、高等学校图书馆、专业图书馆及其他类型的图书馆。

1.1.3 信息(情报)机构

主要任务是通过数据挖掘、语义网智能识别和知识发现等各种技术手段发现获取情报和提供解决方案。具体是广泛获取国内外的相关文献,通过各种手段提供情报检索服务,开展情报研究和情报交流,直接或间接帮助解决研发领域中遇到的技术问题。信息(情报)机构工作的注重点是信息资源的内部特征,旨在挖掘知识、传播知识;对各种类型文献进行加工、提炼、分析、综合、解释、评价与交流。

信息(情报)机构同样是一个开放的系统,强调的是权威、有效和及时,通过先进、高效、快捷的检索平台协助社会各界获取知识;通过顺畅的交流平台向服务对象提供解决方案。信息(情报)机构采集或提供的信息资源内容涉及各个层次。

目前世界各国的信息(情报)机构体制大体上可分为两类,一类以英国、美国为代表,公共图书馆与情报服务合一,向社会提供包括科技信息在内的公众信息服务;另一类就是设立有专门的信息(情报)服务机构。无论是哪种类型的国家,都有一个强大的专业信息体系为特定专业提供相关的信息服务。

我国信息(情报)机构的类型主要有:国家、部委、省市级的信息(情报)研究所及中心网站,企业、研究院所下设的情报部门等。此外,以市场及用户需求为导向的专门从事信息服务的企业群体也是我国信息(情报)机构中的一个重要组成部分。

1.1.4 咨询服务机构

根据合同方的委托,针对特定问题,提出解决办法,以提供知识服务为职业的机构,其业务范围十分宽泛,涉及科学技术、国民经济、国防军事、社会生活等方面的各个领域。咨询服务机构注重点是信息资源的价值与内部特征,研究不同类型信息资源之间的关联、作用及影响,旨在通过信息的深度挖掘,获取有价值的知识;针对特定的问题,广泛收集各类信息并进行加工、累积、提炼、分析、评价与整合。

咨询服务机构强调的是全面、权威的知识提供,注重的是向用户提供深层次的、专业化的解决方案,以解决诸如宏观决策、战略决策等重大问题。咨询服务机构采集或提供的信息资源内容涉及各个层次。

依据咨询的内容,咨询服务机构划分为专业咨询机构、技术咨询机构、管理咨询机构、工程咨询机构、政策咨询机构等。

1.1.5 大众传播机构

大众传播机构是通过现代化的传播手段,利用各种传播媒介,有组织地、大规模地向大范围的受众快速传递大批量即时信息和知识的机构。大众传播机构的作用是传递信息,传播文化,交流思想,启发教化。大众传播机构在对采集的大量信息进行加工、整理、组织、编辑、审查的基础上,广泛利用各种高技术的传媒系统传播信息与知识。

大众传播机构注重的是信息及知识传播的受众面、传播的及时性及传播速度。

大众传播机构主要包括以下几类机构:通过广播、电视传播信息的机构——广播影视机构;通过报刊传播信息的机构——新闻出版机构;通过互联网传播信息的机构——网络媒体(如各类网络内容服务商、网站等);通过手机短信,以信息点播方式传播信息的机构——短信平台服务商(service provider,SP)。

1.2 信息与知识服务业的机制

机制是系统各个要素相互依存、相互制约的关系,这种关系是系统的自组织功能。机制为一系列隐含的或明确的原则、规范、规则以及决策程序,行为者对某个既定关系领域(问题)的预期围绕着它们而汇聚在一起。机制的本质是关系的集合体,是系统构成要素相互依存、相互制约关系的总和。这种关系相当复杂,十分微妙。所以,对机制的框架可以描述,但具体细节往往难以表达。

信息市场是信息商品交换的场所,包括购买信息商品的用户及其与信息生产者、经营者之间的经济关系。商品既包括信息本身也包括信息服务和信息流通。信息服务行业与信息市场是密不可分的,它在信息市场的整个大环境中运营,遵循着信息市场的运行机制,并受其机制的影响。

信息市场的运行机制具体分为:

(1)供求机制:信息供给由信息需求所引导,信息需求又要由信息供给来满足。供求机制是最基本的运行机制,对其他机制有着直接或间接的影响作用。

(2)价格机制:指价格变动与市场需求变动之间相互影响制约的作用和联系。运用价格机制就要考虑到供求关系和需求弹性,遵循定价依据。

(3)竞争机制:引用竞争机制可加快信息资源的开发利用和传递的速度,使信息资源尽快转化为生产力,从而缩短信息资源的物化过程。竞争机制有其刺激功能和约束功能。刺激和约束功能的同步与对称是保证信息服务机构采取合理的信息行为的前提,并规定机构的决策和行为。通过竞争,完善价格体系,建立灵敏的价格约束及法律约束,促进行业市场的健康发展。

(4)激励机制:与信息服务行业适应的激励机制在系统结构的层次上主要有三方面内容:

需求约束型的总量波动机制;产业市场的自由进入或退出机制;产权市场、经理市场、劳动力市场三位一体的利益激励机制。

(5)风险机制:信息市场中各方都承担着风险因素。买方风险因素有产品投资额、市场需求量、信息产品开发周期、供方集团规模。中介方风险因素有信息产品质量、需求方支付能力。卖方风险因素有信息商品价值、商品效用、需求方本身吸收利用能力、该商品的垄断性。

(6)利润机制:是信息经济的动力源,是利润变动与生产者经营利益变动之间相互制约的联系和作用。

(7)控制机制:是指查核交易行为是否与已采用的计划、原先的指标和原则一致。可以把整个行业看作一个控制系统,它包括下面的要素:目标与标准、衡量、比较与评价、校正行为的控制决策。控制包括回馈控制和前瞻控制。

知识服务机制是指知识服务系统的组成、构造及工作原理。从知识到服务需要在语义、逻辑和功能上经过很大的跨越。知识服务系统根据用户需求提供某种功能的知识服务,需要考虑的问题包括:如何获得或选择所需要的知识,以何种形式提供服务,以及从知识到服务要经过哪些加工。因此,知识服务机制研究的主要问题可以分为三个方面:第一,知识相关的问题;第二,服务相关的问题;第三,从知识到服务转化的问题。

知识服务的运营应当建立在其功能特点和用户的利益之上,要建立一种类似家庭医生、特别法律顾问式的服务机制,提供方便的、个性化的、适时的、系统的、高智能的、解决问题的服务。知识服务运营机制可以细化为以下几个步骤和内容:

① 知识服务团队组织机制。知识服务的定制化和专业化决定了知识服务团队的建立应该按照专业领域的具体问题来组织人力资源,以便具备专业知识的服务人员深入到专业领域。知识服务团队是动态有序的,广泛引入各行业专家,按照柔性组织机制,以嵌入用户问题的方式提供服务。

② 用户问题管理机制。组织资深人员与用户沟通交流以获取用户需求,针对用户问题进行分析,尽可能多地了解用户的专业背景、知识水平、信息的获取能力及外语水平等。

③ 知识服务资源与问题的匹配机制。组织选取合适的服务团队回答并帮助解决用户的问题,达到知识资源与用户问题的合理匹配和资源的优化管理。

④ 归档管理机制。知识服务档案管理包括用户档案管理、服务内容手段的档案管理和服务团队档案管理。通过档案可以帮助了解知识服务的发展历史、用户需求的演变、服务手段的革新、服务内容的变化等,还可以积累知识服务团队的建设和组织的经验。所以,知识服务归档管理机制的建立和维护不可忽视。

§2　信息与知识服务管理政策与法规

社会化的信息与知识服务需要政策、法律、法规的保障。以下作简要介绍。

2.1 信息政策

信息政策就是国家为发展信息业和开展信息工作所制定的概括性的原则和一系列指导方针。

信息政策包括：
(1)信息机构管理政策；
(2)信息资源政策；
(3)信息服务政策；
(4)信息市场政策；
(5)信息技术政策；
(6)信息教育与人才政策；
(7)信息合作政策。

2.2 信息法律

任何一个国家的法律都涉及到信息管理的内容或有信息方面的条款。用法律手段管理知识和信息领域，甚至构造专门的信息法律，可以追溯到17世纪初期。最早的一部关于专利的法律是1624年英国颁布的《垄断法》。最早的一部著作权法是1624年英国实施的《安妮女王法》。专门的信息法律与法规的产生是社会进步的结果，也是社会信息业的发展需要。

信息服务法律包含在信息法律之中。同其他法律一样，信息法律也必须体系完整，结构严密，逻辑严谨，设计科学。信息法律的体系构成大致包含三部分：主要法律，即一部完整的、长期起作用的专门的信息法律；辅助法，即根据主要法律所颁布的有关细则、补充规定和条例等法律文件；必要的单行法规、条例、章程等法律文件。这样，就可以形成一套完整的信息法律体系。

一般而言，信息法律体系包括以下几个方面的信息法律：
(1)信息产权法律；
(2)信息安全法律；
(3)信息市场法律；
(4)信息产业法律。

我国的信息法律还很不健全，信息立法本身滞后于信息产业的发展，这给信息服务业带来了负面影响。在应用网络的信息与知识服务方面应制定以下法律、法规：

(1)规定网络信息主体的权利和义务，确认其主体资格及法律地位的法律、法规，如网络资源管理法、网络信息产业投资法、数据库产业管理法、网络信息服务管理法、网络交流法等。

(2)关于宏观调控的法律法规，如网络资源规划法、网络信息资源保护法、政府信息资源管理法等。

(3)确定网络信息活动主体市场行为的法律，如网络信息市场管理法、网络信息产品检测与质量监督法、信息资源审查法等。

(4)关于网络信息产品知识产权保护的法律，如数据库保护法、软件保护法等。

(5)涉及网络信息服务社会保障方面等的法律,如政府信息公开法、信息保密与解密法、跨国数据库流管理法等。

2.3 国内外政策与法规介绍

我国信息与知识服务业相关的法律、法规、条例有:《中华人民共和国经济合同法》;《中华人民共和国专利法》;1985年国家科委参考联合国教科文组织发表的《国家科技情报政策指南》;1987年1月1日起施行的《中华人民共和国邮政法》。1991年5月,国务院召开了加快发展第三产业工作会议,部署了《加快发展第三产业方案》的制定工作;1992年4月,颁布了《计算机软件著作登记办法》;1992年7月全国常委会通过我国加入《保护文学和艺术作品伯尔尼公约》和《世界版权公约》;1992年国家信息中心和国家计委政策法规司制定了《信息市场管理条例》和《政府信息资源管理暂行条例》;1992年9月30号施行了《实施国际著作权条约的规定》;1993年4月22日国务院发布了《股票发行与管理暂行条例》,1993年6月10日公布了《公开发行股票公司信息披露实施细则》;1993年9月"2000年中国信息政策与发展战略研讨会"在北京召开,会议代表由中国和英国的专家组成,主要议题之一就是"信息服务业的现状与政策建议"。

互联网信息服务是指通过互联网向上网用户提供信息的服务活动。互联网信息服务分为经营性互联网信息服务和非经营性互联网信息服务两类。其相关政策、法规有:《计算机信息网络国际联网安全保护管理办法》;《互联网信息服务管理办法》(国务院令第292号);2000年9月20日国务院第31次常务会议通过的《中华人民共和国电信条例》;2002年3月14日信息产业部第9次部务会议审议通过的《国际通信设施建设管理规定》;2002年8月1日起施行的《通信行业统计管理办法》;2004年9月1日施行的《中国互联网协会互联网公共电子邮件服务规范》;2005年1月28日信息产业部第12次部务会议审议通过,2005年3月20日起施行的《非经营性互联网信息服务备案管理办法》(信息产业部33号令);信息产业部第8次部务会议审议通过,2005年4月20日起施行的《电信服务规范》;等等。

信息立法首先是从发达国家开始的。仅1998年以来,美国国会就讨论了多达150项与互联网有关的法案;1995年美国犹他州颁布了世界上第一部全面规范电子交易行为的法律——《犹他州数字签名法》;1996年美国政府提出了《发展电子商务的战略框架》;1999年7月,由全美300名法学教授、法官、律师等组成的"全美通用州立法委员会(NCCUSL)"草拟了《计算机及信息交易统一法》。1997年7月,克林顿总统发表了《全球电子商务纲要》,宣布即将制定电子商务法。1998年8月,美国伊利诺伊州通过了世界上第一部关于电子商务安全的专门立法《电子商务安全法》。2000年6月,美国国会众议院通过了《电子签名法》。

1998年,欧盟首次提出了《关于电子商务的欧洲建议》,此后于1998年发表了《欧盟电子签名法律框架指南》和《欧盟隐私保护指令》。1999年12月7日,欧盟通过了《统一数字签名规则》(简称"统一法令"),明确规定了在某一成员国签订的电子商务合同,其效力在其他任何一个成员国都应被承认等重要问题。2000年3月,在里斯本举行的欧盟首脑特别会议上,欧盟又通过了2000年电子贸易的法律框架。2000年6月,英国政府颁布了《电子通信法案》。

2002年1月,俄罗斯正式出台了《2002—2010年俄罗斯信息化建设目标纲要》,制定和公布了《俄罗斯网络立法构想》、《俄罗斯联邦信息和信息化领域立法发展构想》、《2000—2004年大众传媒立法发展构想》等纲领性文件,从宏观上界定了俄罗斯需要在哪些领域加快立法,以保障信息化建设的顺利进行。俄罗斯先后起草和修订了《电子公文法》、《俄罗斯联邦互联网发展及利用国家政策法》、《信息权法》、《个人信息法》、《国际信息交易法》、《电子合同法》、《电子商务法》、《电子数字签名法》等法律法规。

表14.1至表14.3列举了一些代表性的法律或政策文件。

表14.1 中国发布的与互联网有关的法律或文件

发布(实施)日期	发布单位	名称
1994-2-18	国务院	中华人民共和国计算机信息系统安全保护条例
1996-2-1	国务院	中华人民共和国计算机信息网络国际联网管理暂行规定
1996-4-3	邮电部	中国公用计算机互联网国际联网管理办法
1996-4-9	邮电部	计算机信息网络国际联网入口信道管理办法
1997-6-3	国务院信息办	中国互联网络域名注册暂行管理办法
1997-6-3	国务院信息办	中国互联网络域名注册实施细则
1997-12-1	邮电部	中国公众多媒体通信管理办法
1997-12-12	公安部	计算机信息系统安全专用产品检测和销售许可证管理办法
1997-12-30	公安部	计算机信息网络国际联网安全保护管理办法
1998-3-6	国务院信息办	中华人民共和国计算机信息网络国际联网管理暂行规定实施办法
1999-9-7	信息产业部	电信网间互联管理暂行规定
1999-10-7	国务院	商用密码管理条例
2000-1-1	国家保密局	计算机信息网络国际联网保密管理规定
2000-11-7	信息产业部	互联网电子公告服务管理规定
2002-8-1	信息产业部	互联网出版管理暂行规定
2003-7-1	文化部	互联网文化管理暂行规定
2005-3-20	信息产业部	互联网IP地址备案管理办法
2005-5-30	信息产业部	互联网著作权行政保护办法

资料来源:http://www.angelaw.com/weblaw/c-weblaw.htm

表14.2 国外发布的与互联网有关的法律或政策文件

年份	国家/机构	名称
1987	美国	计算机安全法(Computer Security Act)
1996	世界知识产权组织	版权条约(WIPO Copyright Treaty)
1996	联合国国际贸易法委员会	电子商务示范法(Uncitral Model Law on Electronic Commerce)
1996	美国	通信法(Telecommunications Act)
1996	美国	通信规范法(Communications Decency Act)
1996	美国NSI公司	域名争议政策(第二版)(Domain Name Dispute Policy, Rev 2)
1997	德国	多媒体法
1998	美国NSI公司	域名争议政策(第三版)(Domain Name Dispute Policy, Rev 3)

续表

年份	国家/机构	名称
1998	美国	数字千年版权法(Digital Millennium Copyright Act)
1998	美国	儿童在线保护法(Child Online Protection Act)
1998	美国	计算机欺骗与滥用法(Computer Fraud and Abuse Act)
1998	美国	信用卡滥用法(Credit Card Abuse)
1998	美国	电子通信隐私法(Electronic Communication Privacy Act)

资料来源:http://www.angelaw.com/weblaw/f-weblaw.htm

表 14.3　世界各国的信息法律或政策文件

年份	国家/机构	名称
1883	多个国家	保护文学艺术作品伯尔尼公约
1952		世界版权公约
1964	英国	公共图书馆与博物馆法案
1966	加拿大	加拿大全国研究所委员会修正法案
1966	前苏联	关于全国科技信息系统的决议案
1967	美国	信息自由法案
1969	加拿大	国家图书管法案
1972	美国	行政公开法案
1972	英国	图书馆法
1972	菲律宾	知识产权保护法
1974	美国	隐私法
1975	美国	信息自由法修正案
1975	美国	技术创新法案
1976	美国	国家科学技术政策、组织和重点法案
1977	世界知识产权组织	保护计算机软件规范条例
1978	美国	联邦信息中心法
1979	保加利亚	软件应用法
1981	英国	英国远程通讯法
1981	英国	私人远程通讯法
1981		欧洲数据保护公约
1984	英国	数据保护法
1984	中国	中华人民共和国专利法
1985	法国	版权与邻接权法
1985	经济合作与发展组织	跨国界数据流宣言
1985	中国	中华人民共和国科学技术进步奖励条例
1986	日本	日本技术文献法案
1988	英国	新版权法

续表

年代	国家/机构	名称
1990	中国	中华人民共和国著作权法
1991	中国	计算机软件保护条例
1992	中国	中华人民共和国专利法修正案(草案)
1992	中国	新闻出版保密规定
1992	中国	实施国际著作权条约的规定

资料来源:胡昌平.信息管理科学导论.北京:科学技术文献出版社,1995.331~332

§3 信息服务与知识服务的知识产权管理

信息服务与知识服务的基本要素包括信息与知识的产生、加工、传播、应用与创新,它们与知识产权密切相关。在新世纪,搞好信息服务与知识服务的重要保证措施之一就是大力加强并认真实施与信息与知识服务相关的知识产权保护。

3.1 知识产权的基本概念、内容与相关法律

知识产权在我国又称为"智力财产权",系指"公民、法人、非法人单位对自己的创造性智力活动成果依法享有的民事权和其他科技成果权的总称"。世界知识产权组织(WIPO)将知识产权定义为"在工业、科学、文学或艺术领域的智力创造性活动所产生的所有权利"。知识产权的分类见图14.1。

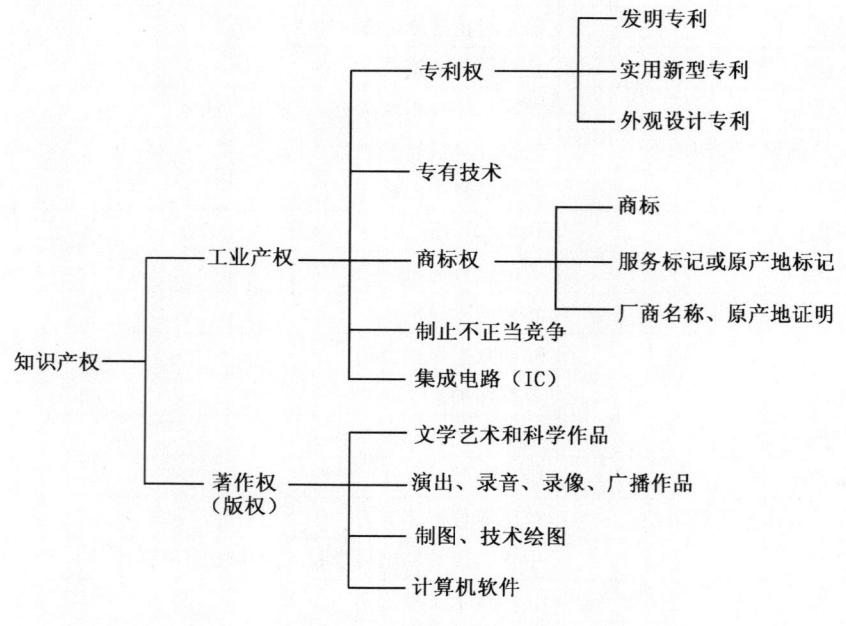

图14.1 知识产权的分类

知识产权包括两方面的权利：一是人身权，指智力成果的创造者对其成果享有的精神权利；二是财产权，指智力成果创造者对其成果享有的财产所有权。

知识产权具有专有性、时间性、地域性的特点。专有性系指：权利主体对自己的智力成果享有专有的权利，任何人未经许可不得使用或占有；时间性系指：法律对各项知识产权的保护均在一定的时间范围之内；地域性系指：该项权利只在对其提供法律保护的国家主权领域内有效。

知识产权法是为确认和保护知识劳动者对其智力成果的所有权，协调智力产品作为商品参与商品经济活动所形成的各种社会关系的法律。

知识产权法以保护智力成果创造者的人身权利和财产权利为主要目的，保护的主体是依法享有权利和承担义务的人，即智力成果的所有者或持有者。它保护的客体是经法律确认的权利和义务，即具有财产内容的智力成果。

我国的知识产权保护系统和法律制度是从上世纪80年代初才逐步开始建立的。经过20多年的努力已形成了完善的法律体系和以国家知识产权局、国家工商管理总局、国家新闻出版总署等机构为主体的知识产权管理和执法体系。目前，我国已经建立起基本符合国际惯例的知识产权法律体系，知识产权正在得到越来越有力的保护。

我国颁布的知识产权相关法律已在本章第3节述及，此处不再赘述。

我国迄今已加入的国际公约有：《建立世界知识产权组织公约》(Convention Establishing the World Intellectual Property Organization)、《保护工业产权巴黎公约》(Paris Convention for the Protection of Industrial Property)、《关于集成电路的知识产权条约》(Treaty on Intellectual Property in Respect of Integrated Circuits)、《商标国际注册马德里协定》(Madrid Agreement Concerning the International Registration of Marks)、《保护文学艺术作品伯尔尼公约》(Berne Convention for the Protection of Literary and Artistic Works、《世界版权公约》(Universal Copyright Convention)、《保护音像制作者防止非法复制公约》、(Convention for the Protection of Producers of Phonograms against Unauthorized Duplication of their Phonograms)《专利合作条约》(Patent Cooperation Treaty)、《商品和服务国际分类尼斯协定》(Nice Agreement Concerning the International Classification of Goods and Services for the Purposes of the Registration of Marks)、《为专利程序目的进行微生物存放的国际承认的布达佩斯条约》(Budapest Treaty on the International Recognition of the Deposit of Microorganisms for the Purposes of Patent Procedure)、《建立工业设计国际分类洛加诺协定》(Locarno Agreement Establishing an International Classification for Industrial Designs)、《国际专利分类斯特拉斯堡协定》(Strasbourg Agreement Concerning the International Patent Classification)、《保护植物新品种国际联盟》(Union for the Protection of New Plant Varieties)等，并将加入被称为国际互联网条约的《世界知识产权组织版权条约》(WIPO Copyright Treaty)和《世界知识产权组织表演和录音制品条约》(WIPO Performances and Phonograms Treaty)。

2001年我国加入世界贸易组织，根据该组织《TRIPS协定》的规定，进一步完善知识产权保护是我国必须承担的国际义务。为了全面履行已承诺的义务，我国对知识产权国内法进行了全面的修改，以适应WTO《TRIPS协定》的基本要求。因此保护知识产权不仅是我国保护知识创新,促进经济和科学技术发展的需要,也是融入全球经济和开展国内外科技合作的需要。

3.2 信息服务与知识服务的知识产权属性

3.2.1 信息服务、知识服务与知识产权

信息服务和知识服务与知识产权的产生与发展息息相关,密不可分。知识产权的核心内容,如专利权、版权和包括信息网络传播权在内的相关权,都源自信息与知识的传播与利用。实现知识产权有效保护的关键因素之一就是在信息与知识服务中加强对知识产权权利持有人利益的保护。

信息服务与知识服务中的主要知识产权问题在不同程度上涉及版权和相关权、专利权、未披露信息的保护、计算机软件保护、工业品外观设计等,其中主要是版权和相关权。

保护版权和相关权的国际法规很多,最权威的国际性条约是《伯尔尼公约》、《TRIPS》协定、《世界知识产权组织版权条约》和《世界知识产权组织表演和录音制品条约》。

上述国际公约和世界上多数发达国家的版权法不同程度地规定一部作品的作者对其作品享有35种权利。我国版权法根据我国国情规定了作者享有17种权利:发表权、署名权、修改权、保护作品完整权、复制权、发行权、出租权、展览权、表演权、放映权、广播权、信息网络传播权、摄制权、改编权、翻译权、汇编权和应当由作者享有的其他权利。

3.2.2 传统信息服务的主要知识产权问题

传统信息服务中知识产权保护的规范做法已为大多数国家和世人所接受,并被越来越广泛而又严格地遵守着。传统信息服务中的主要侵权行为表现如下:

(1)出于赢利目的,未经许可而非法整本影印和出版书籍或其他各种享有版权的文献;
(2)未经许可,整本或大量复印享有版权的印刷载体文献;
(3)未经许可,在刊物上或在资料汇编中刊载他人文章;
(4)未经许可,或只注明出处来源,大量引录、应用他人文章;
(5)从内容到结构上明显抄袭他人作品;
(6)将国外作品翻译变为自己作品的抄袭行为;
(7)非法拷贝、发行录音录像制品。

以上侵犯知识产权的行为较为明显,易于发现,但也是至今仍需加强防范的问题。

3.3 数字时代信息服务与知识服务的知识产权问题

在数字化、网络化的信息环境中,信息与知识传播和服务的方式、途径和速度发生了根本变化。这种环境下的知识产权问题变得更为复杂,侵权行为变得易于实现、难以防范和不易控制。

3.3.1 信息资源建设中的知识产权问题

1. 信息搜集

下载网络信息资源是一些信息服务机构经常利用的搜集途径，更是许多网络服务商最为常见的信息搜集方式。网上信息资源多数会有信息提供商的"版权所有，未经许可不得使用"的声明。这意味着该信息的版权归信息提供者所有，不得随意整体、大量下载。未经许可的下载、传播、提供服务，并从中获取利润和荣誉的做法，属于侵犯版权的行为。

2. 数据库建设

数据库建设中涉及的知识产权问题较多，也较为复杂。

(1) 数据库收录信息的知识产权保护。根据我国著作权法的规定，全文数据库所收录论文的原作者对其作品享有发表权、署名权、汇编权和网络信息传播权。将这些信息源全文纳入数据库或汇编成新的信息产品需要获得作者同意，并付以报酬。

文摘数据库的原文作者对其作品享有版权。数据库加工过程中摘编、引用文摘需要经过原作者的同意。

事实数据库所收录的数据和信息是否具有知识产权需要看其是否以一定的载体形式加以记录。凡是固定在一定载体上的，属于智力劳动成果的信息均应受知识产权保护，在对其进行引用和摘录时要征得原作者同意。没有以一定方式表述的或已进入公有领域的事实、数据不受保护。

(2) 数据库产品的知识产权归属。数据加工后形成的信息产品，即数据库是否享有知识产权，各国的处理方法不同。《TRIPS》协定和多数国家法律规定原创性数据库享有知识产权。一些国家对非原创性数据库施以"特殊权利"(*sui generis*)保护。

一般说来凡是将记录的内容和字段以独特的排列方式形成文档结构的数据库均包含了数据库加工者的独立构思，构成智力创造产品，应受到知识产权保护。

(3) 数据库开发应用软件的保护。《TRIPS 协定》和《伯尔尼公约》都直接或间接地规定，为建设数据库而开发的计算机软件不管是否作为软件产品出版发行，都应当与任何"文学艺术作品"相同，享有版权，受到保护。

我国新的《计算机软件保护条例》规定了软件开发者对其开发的软件享有著作权人应当享有的 9 种权利。未经许可，对软件作品的使用和网上传播都是侵权行为。

3.3.2 信息传播中的知识产权问题

《世界知识产权组织版权条约》(WCT)规定了作者享有向公众传播的专有权，并且在对例外和限制的注释中指出"这些规定……适用于数字网络环境。"

信息传播过程中存在的主要知识产权问题包括：

(1) 未经许可上网传输享有版权的信息。未经许可在互联网上公开发表他人的论文，未经作者同意把有关文章、图片、说明书或其他相关文字作品上传到网上供公众使用等行为均侵犯了作者向公众传播权。

(2) 信息的非法复印和下载。信息服务机构从网上查获信息后，不受任何约束地下载到自己的计算机存储器中或专门的硬件阅读器中阅读、保存,或毫无创新地加工、包装成自己的数据库,无论出于哪种目的,都涉及对版权作品的复制,侵犯原作品的市场利益,损害了版权人的复制权和发行权。

(3)网上信息汇编、出版。一些网络书店根据读者的意愿打印、装订,向用户提供纸质的网上书刊副本;一些信息服务商从网上套录数据库印刷成汇编等,都是非法的。

出版者对版式设计享有专有权利。我国《著作权法》对版式设计的知识产权保护给予明确规定。任何抄袭、套用或在完成自己作品时使用别人享有版权的版式设计和封面、图样设计的属侵权行为。

3.3.3 信息服务中的知识产权问题

1. 信息资源共享与信息提供服务

通过网络进行信息资源查询意味着共享受到版权保护的数据库,需要获得数据库所有者的许可。

利用网络向用户提供所需信息,特别是提供全文资料和经整合的知识方案是一种网络传播信息的行为。不经原版权持有者许可进行全文文献信息和原创性知识方案的网络传播将会侵犯他人知识产权。

2. 信息分析研究服务

信息分析研究服务过程中既不能侵犯他人知识产权,也要保护好自身研究成果的知识产权。海量的信息源是信息分析服务的依据。除了从公开渠道获取的公开信息外,专家通过专门渠道收集到的未披露信息对信息分析有十分重要作用。根据《TRIPS协定》的规定,未披露信息应该受到保护。在提供信息分析研究产品时要注意不泄露未披露信息,例如技术秘密和商业秘密等。

信息分析研究产品,无论是研究报告、综述、述评还是分析预测都是研究人员的智力劳动成果,应当受到版权法保护,而具有独创性的研究分析方法、机理框图、模型也应受到保护。汇编和消息类产品主要是汇集报刊新闻、有关政策、法规和他人的作品信息,是进入公有领域的作品,对其内容的引用和汇编无需征得预先同意。但对其他作品的汇编则必须经过原作者同意。

3. 信息检索和查新服务

信息服务机构需要保护查新用户的知识产权。要把委托人提供的全部用以查新的数据和信息(如项目的创意、目标、创新内容、关键技术等)作为未披露信息给予保护;对查新检索的提问式进行保护,不向他人披露;对检索成果给予保密,因为它可能涉及委托人申请专利的优先权;不能使用该研究成果,甚至不能以任何方式向其他组织和人员提供该成果。

将查新或其他检索结果累积建成数据库并进一步开发和使用,需慎之又慎,要注意避免违犯著作权法中规定的编辑权、演绎权和改编权。

4. 网络服务

网络服务是数字化信息网络时代信息服务的重要特征。网络服务中的许多技术和内容均涉及知识产权问题,我国即将颁布的"网络信息传播条例"将对相关问题做出明确规定。目前,《最高人民法院关于网络著作权的司法解释》对网络服务提供者、提供内容服务的网络服务者的责任已有一些规定。信息机构提供网络服务时需要避免因转载他人享有版权的作品而侵犯版权,也要防止因"通过网络参与他人侵犯著作权行为,或者通过网络教唆、帮助他人实施侵犯著作权行为",和"明知网络用户通过网络实施侵犯他人著作权的行为,或者经著作权人提出确有证据的警告,但仍不采取移除侵权内容等措施以消除侵权后果"而承担共同侵权责任。

网页往往是由图、文、声并茂的多媒体信息组成,只要其内容的选择或编排构成智力创作,即应受到保护。网站对该网页享有无可争议的版权。任何对该网页的抄袭都是侵权行为。但是,当网站经营者有时必须以某些页面元素(包括文章、图形等)的版权保护自己的权利,而这些页面元素的所有权又可能不属于网站经营者时,这就涉及到作品的许可使用问题。

计算机生成的图像符号、屏幕显示、图像用户界面(GUIs)均有可能被原创作者注册作为工业品外观设计而受到保护。

网站运营过程中,链接是必不可少的,从而也引发了链接是否侵犯知识产权的问题。网络服务提供者对链接的内容要有足够的注意。如果链接的内容涉及到享有版权保护的数据库、其他网站登载的版权作品、一些公司的商业秘密,则可能侵犯他人版权或违反了反不正当竞争法。

关于网络广告,如果搜索引擎把他人商标作为弹出式广告链接,或网络运营商把他人商标作为点击式广告或弹出式广告关键词出售,就形成了商标侵权或不正当竞争。

权利管理信息是"识别作品、作品的作者及对作品拥有的任何权利的所有人的信息,或有关作品使用的条款和条件的信息,和代表此种信息的任何数字或代码"。"未经著作权人或者与著作权有关的权利人许可,故意删除或改变作品、录音录像制品等的权利管理电子信息的","应承担侵权责任"。保护电子形式的网上权利管理信息十分必要。未经权利人许可不得删除、修改这些信息。

5. 其他方面的信息服务

在网络环境下,各方面、多种形式的信息服务都面临着不同种类和形式的知识产权保护问题,如:

(1)信息咨询服务。咨询服务涉及多方面知识产权问题,例如:战略决策服务中未披露信息的保护;科技成果推广服务中研究成果的技术秘密的保护;企业管理咨询中商业秘密和商业方法的保护;技术转让或使用许可的合同或协议方式与内容;用户研究成果的专利保护,专利申请程序和专利申请书撰写方法,等等。

(2)声像信息服务。"使用他人作品制作录音录像制品,可不经权利人许可,但要支付报酬。翻录、翻拍、改编、翻译、注释、整理已有作品应当取得原作品的权利人的许可,并支付报酬。"制作录音、录像使用他人的音乐或画面元素时要注意了解这些音乐、元素是否依旧在版权保护期内,已进入公有领域的可以不经著作权人许可,但需要支付使用费;著作权人声明不许使用的不可使用。

3.4 信息与知识服务中知识产权的合理使用与保护措施

对知识产权权利的保护并不是无限制的。各国著作权法在强调保护著作权的同时,又规定了一定程度的限制,从而保障社会公众能够更广泛地获取信息。

信息和知识服务是公益性服务,最大程度地满足用户需求是公益性信息服务机构的宗旨。如何利用版权法中对权利的限制来保证信息服务和知识服务,是需要认真研究的重要问题。在法律允许的范围内合理利用信息资源同样是知识产权建设的重要内容,在信息传播和服务手段发生巨大变化的数字时代更是如此。

3.4.1 相关条款的适用性

世界上许多国家的版权法和国际版权公约,为使权利人和社会公众的利益得到某种平衡,都允许对权利人的权利进行必要的限制,但在掌握上,宽严程度不尽相同。所规定的限制条款,即所谓权利的"例外",就是有关"合理使用"和"法定许可"的规定。

各国的版权法还就不属于上述范围的使用而需要征得权利持有人的同意、与权利人订立使用许可合同、支付报酬的做法等设立了相应条款。

1. 关于"合理使用"

"合理使用"是版权法对版权持有人所行使权力加以限制的主要手段。法律承认作者享有特定的专有权利,但出于社会进步以及科技创新和经济、文化发展的需要,法律又同时规定在一定条件下可以使用享有版权的作品而无需获得权利人许可,也不向作者支付报酬。尽管各国对于"合理使用"范围的规定有一定差异,但对是否属于"合理使用"的主要判断标准大体相同。我国《著作权法》列出了可以"不经著作权人许可,不向其支付报酬,但应当指明作者姓名、作品名称,并且不得侵犯著作权人依照本法享有的其他权利"的12种情况。美国版权条例列出了帮助法官确定"合理使用"的4个要素:

(1)使用的目的和性质:出于个人学习、新闻报道、注释、嘲讽性模仿、评论研究和教育目的的使用,国家机关为执行公务的使用,图书馆、档案馆、纪念馆、博物馆、美术馆等为陈列或者保存版本的需要而复制的使用,均不具有商业的营利性质。

(2)使用版权作品的总体数量和实质性:出于上述目的而使用或引用他人作品的数量不超过三分之一,性质上不构成新作品的实质。

(3)受版权保护作品的性质:报纸、期刊、广播电台、电视台等媒体可刊登或者播放其他媒体已经发表的关于政治、经济、宗教问题的时事性文章,或在公众集会上发表的讲话,但不能包括作者声明不许刊登、播放的内容。

(4)使用版权作品是否影响该作品的潜在市场或版权作品的价值:使用不能对原作品的销售市场造成任何影响。

2. 关于"法定许可"

"法定许可"是指在特定情况下,经法律许可以特定方式并在某些条件下使用享有版权的作品如"教科书中汇编享有版权的作品"时,可以不经作者许可,"但应当按照规定支付报酬,指明作者姓名、作品名称,并且不得侵犯著作权人依照本法(著作权法)享有的其他权利"。

3. 关于"使用许可"

不属于法律允许范围的使用,需要征得权利人的同意。获准后使用时需支付报酬,或与其签订使用许可合同。使用许可合同包括的主要内容有:许可使用的权利种类;许可使用的权利是专有使用权或者非专有使用权;许可使用的地域范围、期间;付酬标准和办法;违约责任;双方认为需要约定的其他内容。

3.4.2 我国信息服务机构可以选择的措施

我国信息服务机构要借鉴发达国家的做法,同时也要立足于中国的具体国情。各国的合理使用制度有不同特点,对著作权人保护力度也不相同。在提供信息服务和知识服务的过程中要注意保护他人的知识产权,也要对自己享有知识产权的作品和自己应享有的合法信息权加以保护。要防止在不知情时,间接参与用户的侵权行为,必要时应采取技术措施来规避网络信息服务中的侵权。

1. 对"合理使用"和"法定许可"原则的使用

信息服务的目的是传播信息和知识,其性质有两类,一是公益性行为;二是营利的商业行为。大量的信息机构是公益性事业单位。关于"合理使用"的有关规定对它们完全适用。在对作品的使用不属于"合理使用"范畴的情况下,也可采用"法定许可"的原则,使用时向权利人付以一定的报酬。

2. 信息资源建设中的使用许可合同

尽管信息服务的目的是使信息、知识资源最大限度地得到利用,但由于知识产权是一种私权,权利持有人一般不会放弃其应当得到的权利,至少是署名权。而且,越来越多的信息企业的数据库产品有相当一部分是作为商品销售的,其性质超出了"合理使用"范围。因此在信息资源建设(包括数据库建设)中,分清信息机构的性质以及数据来源和版权的属性十分必要。

数据库加工使用文献和数据信息时要首先确定哪些虽然享有版权,但可以无偿使用,哪些需要付以适当报酬。不论是哪种情况都要尊重原作品的作者署名权,有些作品还需得到权利人的使用授权,并支付使用费。使用载有版权声明或不得转载或使用声明的文献,需要与版权持有人签订许可使用合同,以避免侵权纠纷。

我国一些信息服务机构如万方数据集团和超星数字图书网采取了与权利持有人签订使用许可授权协议的做法,并支付一定报酬,从而合法实现将其作品纳入数据库或通过数字化图书馆和网络提供给广大读者。

3. 信息服务中的知识产权声明

信息产品与服务的提供者要明确产品和服务的类型和性质,信息和知识的服务过程中要注意用户的使用目的和有版权作品的使用范围。

信息机构往往难以确定用户如何利用所获得的信息,为使用户不违反有关版权法的规定,在提供信息时应附有信息机构的知识产权声明,提示用户遵守有关法律规定。这也是信息机构免除承担共同侵权责任的一种做法。

4. 网络信息资源的管理

(1)数据库共享协议和使用限制

把属于创造性智力劳动成果的数据库提供网上服务时，或与其他信息机构一起实现资源共享时，需要注意保护数据库的知识产权。具体措施是与信息提供商、信息用户以及共享单位签订使用协议和合同，除保证各方对数据库的所有权、使用权外，还需规范本机构用户对网络信息的使用限制。

一些信息服务机构限定用户在局域网内使用数据库，例如，实行浏览和借阅为主，限制打印、传播和永久下载；一些机构采用发行读书卡的方式，限制性地允许读者将加密后的资料下载到本地硬盘，只供读者本人在下载机器上阅读，不能传播。下载资料在读书卡过期后自动失效，相当于传统图书馆的借阅和归还，这意味着读者对资料不拥有长期使用权。

(2) 网络检索和服务的协议措施

提供网络服务时必须采取有力措施防止侵权并避免在不知情的情况下承担共同侵权责任。可以与链接网络提供商签署知识产权保护协议，并要求本网络的用户签订不侵权协议，在登陆时，用户首先要阅读不侵犯知识产权协议，同意后方能进入网站。

在网页上还应载有本网站"未经许可不得下载、转载或使用"的版权声明。

5. 防止网络侵权的技术措施

技术措施是数字化时代用以防止网络侵权的技术手段之一，如数字水印技术、密码措施或加密措施。为适应网络化信息传输中防止侵犯知识产权的需要，我国修改后的著作权法和WCT都对技术措施给予明确保护，并认定"规避技术措施"是一种侵权行为。

3.5 信息服务与知识服务的知识产权管理

信息服务机构、信息用户和信息管理机构共同承担着传播知识，创新信息服务，促进科技和经济发展的重任。实现知识产权的有效管理可以避免或正确处理层出不穷的知识产权问题，保护所有者的合法知识产权权益和对投资者利益的回报，避免在侵权情况下片面追求所谓的效益最大化，减少国内外诸多法律诉讼的麻烦，从根本上有利于信息与知识服务工作的开展。所有信息机构都需要认真研究和对待知识产权问题，对知识产权进行专门的管理。

知识产权管理是对所拥有的和所使用的知识产权资源进行有效的计划、组织和控制。通过管理形成尊重知识、遵守法律的氛围，实现对信息资源的合理利用和对知识产权的有效保护。为此，需要对知识产权资源进行分析、了解，制定使用策略，对知识产权相关法律进行学习、研究，保证依法开展信息和知识服务。

3.5.1 知识产权专门管理机构或专职人员的设置

信息机构所面临的复杂且不断变化的知识产权问题很难由业务人员自身解决。设立专门机构或专职人员对知识产权进行归口管理，全面了解和解决本单位涉及的知识产权问题，可以减少在解决知识产权问题上的片面性、局限性和花费的时间，提高整体工作效率，从而取得有效利用知识产权，促进创新和发展的强势地位。

3.5.2 知识产权管理机构的职责

知识产权管理机构的主要职责是负责本单位的知识产权计划和策略的制定；与知识产权

相关信息的收集、分析和管理；相关法律的学习、研究和运用；日常的知识产权保护和相关事务管理；侵权纠纷和诉讼的应对和处理；本单位人员的知识产权培训。

3.5.3 知识产权管理的内容

知识产权机构实施管理的重点业务范围如下：

(1) 学习、研究和跟踪国内外有关知识产权的条约和法规。根据法律规定和本单位实际情况，研究制定本单位的知识产权策略和管理办法。

(2) 负责本单位知识产权的鉴定、登记、评估和管理；登记备案和办理本单位研究人员申请职务专利；登记职务计算机软件；职务技术成果转让、使用许可授权；以及发表的职务作品（论文、专著、译著等）。

(3) 审核、签订本单位知识产权开发、使用许可和转让合同。

(4) 归口管理对外部专利、软件、技术成果和作品的使用许可谈判和签订合同。

(5) 审核各类申请、承接研究项目的协议书或委托书，对研究成果的知识产权归属做出明确约定，避免在项目结束时发生争议。

(6) 监督管理本单位业务工作范围内知识产权保护的实施情况，从根本上避免侵权纠纷的发生。

(7) 调查、了解本单位拥有的知识产权的保护状况，发现受到侵权干扰的情况予以及时提醒或必要时考虑付诸法律诉讼。

(8) 对侵权和被侵权行为予以认定，协调解决有关知识产权的争议和纠纷。

3.5.4 知识产权意识的提高与人员培训

1. 提高知识产权保护意识

知识产权意识是实现知识产权保护的重要基础。信息机构应当采取措施提高信息人员的知识产权意识，让每个工作人员对我国相关法律法规有清楚的了解，意识到信息服务面临的知识产权效益与风险，树立尊重知识产权和防止侵权的意识。当被追究侵权责任时，能在知识产权管理机构或专职人员的帮助下结合相关法律法规和法定的"例外"条款解决问题。

2. 知识产权管理相关业务培训

知识产权方面的定期培训制度有助于信息人员知识产权意识和水平的提高。针对不同对象进行不同内容的培训会收到较好效果。对部门主管人员进行知识产权法律和管理的培训，可以在领导层形成知识产权保护观念，在本单位建设知识产权保护的环境，提高知识产权管理意识和水平。

§4 信息标准管理

4.1 信息标准的重要作用

标准是对一定范围内的重复性事务和概念所做的统一规定。标准化是为了在一定范围内获得最佳秩序,对现实问题或潜在问题制定共同使用或重复使用的条款的活动。标准和标准化来源于人们改造自然的社会实践,并服务于社会实践。

在市场经济中,法律法规和技术标准是管理市场经济有序运行的两种工具,法律法规是管人的(法人、自然人),管的是行为主体;市场行为客体是商品,主要靠技术标准来规范。只有市场行为主体遵守法律法规,市场行为客体符合技术标准,市场经济才能正常有序的运行。一般来说,管理市场的法律法规是由国家立法机关和政府制定,而技术标准由国家授权的标准化机构组织制定。

知识产权是指人类直接利用知识从事智力活动,在科学、技术、文化等领域创造的具有交换价值和使用价值的财产,是法律确定的产权。技术标准与知识产权的联系日益紧密。但知识产权和技术标准是不同的,知识产权的权利体现在制造权、销售权、使用权和进口权,即知识产权权利人有权禁止在知识产权权利人获得权利后的未经许可的制造、销售、使用和进口等行为。而标准是公开的、透明的、协调一致的,标准中涉及的技术是无偿使用的。

20世纪90年代以来,以数字化和网络化为特征的信息技术的快速发展,信息数字化的技术突破,使信息的表达和传输发生了质的飞跃。在信息服务和知识服务中,标准化是信息资源数字化、信息共建共享及知识共享和服务的前提和必要保障。在信息化时代,加强信息领域标准研究、标准战略研究、标准评价指标研究等工作具有以下重要意义:

(1)有利于中文信息资源融入全球信息资源共享体系;
(2)有利于打破部门条块分割,实现真正意义的信息共享;
(3)有利于遵循信息生命周期自身规律,实现科学管理;
(4)有利于培养社会公众的信息素养;
(5)为创新型国家建设和知识经济建设提供服务和支撑;
(6)是信息行业自身发展的迫切需要。

4.2 国内外信息领域的标准化工作概况

4.2.1 国际标准化组织 ISO/IEC 的相关技术委员会

1. ISO TC46

ISO/TC46 是 ISO 的第二大技术委员会,由(指2001年重组后的TC46)32个P成员,38个O成员组织(不包括参加分技术委员会和工作组的国家成员)组成,并与10个ISO内部组织、20个国际组织建立了广泛的联系。

ISO/TC46 已经和正在制定的标准约有120项左右,正式出版的ISO标准共87项,其所制定的标准主题分布如下:

基础标准 ⎰ 文献格式　　16 项
　　　　　⎪ 语言转写　　13 项
　　　　　⎨ 永久保存　　6 项
　　　　　⎪ 术语　　　　1 项
　　　　　⎩ 代码　　　　4 项

技术互操作　　　　20 项
统计与绩效评估　　6 项
识别与描述　　　　18 项
文件管理　　　　　3 项

随着信息技术的发展和市场环境的变化，TC46 标准正从传统的文献领域向信息资源开发领域过渡，80%以上的新标准涉及信息资源开发，所制定的标准在信息系统与资源主机的互操作、全球信息共享、文化遗产保护、商业活动中文件管理以及多语种转化等方面正起着重要影响。

2. ISO/IEC JTC1

ISO/IEC JTC1（国际标准化组织/国际电工委员会的第一联合技术委员会）是一个信息技术领域的国际标准化委员会。ISO/IEC JTC1 是在原 ISO/TC97（信息技术委员会）、IEC/TC47/SC47B（微处理机分委员会）和 IEC/TC83（信息技术设备）的基础上，于 1987 年合并组建而成的。

为适应信息化时代的要求，JTC1 近年来进行了全方位的改革。通过改革，JTC1 建立了一个较完善的组织机构，由 17 个分委员会（SC）和 2 个报告小组组成，各设有秘书处。这样的 17 个分委员会分别处于不同的 12 个技术领域（见第八部分的组织机构图）。

JTC1 改革后的工作范围限于信息技术的国际标准化。信息技术包括系统和工具的规范、设计和开发，涉及信息的采集、表示、处理、安全、传送、交换、显示、管理、组织、存储和检索等内容。到目前为止，JTC1 一共制订了 1000 多项国际标准，尤其是近年来，每年都制订了 100 多项，供各国和各种组织的广泛应用，满足商务和用户的需求。JTC1 涉及的技术领域见表 14.4。

表 14.4　JTC1 涉及的技术领域

技术领域	分技术委员会
应用技术	SC36-教育技术
文化和语言适用性与用户接口	SC2-编码技术 SC22/WG20-国际化 SC35-用户接口
数据采集与识别系统	SC17-卡与身份识别 SC31-自动识别与数据采集技术
数据管理服务	SC32-数据管理与交换
文件描述语言	SC34-文件描述与处理语言

续表

技术领域	分技术委员会
信息交换媒体	SC11-数字数据交换用软磁媒体 SC23-信息交换用盒式光盘
多媒体与表示	SC24-计算机图形与图像处理 SC29-音频、图像和多媒体及超媒体信息的编码
联网与互连	SC6-系统间的通信与信息交换 SC25-信息技术设备的互连
办公设备	SC28-办公设备
程序设计语言与软件接口	SC22-程序设计语言、环境和系统软件接口
安全	SC27-信息技术安全技术
软件工程	SC7-软件与系统工程

其他与信息技术相关的 ISO 技术委员会还有：ISO/TC154（电子业务标准化技术委员会）、ISO/TC184（工业自动化标准化技术委员会）、ISO/TC211（地理信息标准化技术委员会）、ISO/TC68（金融标准化技术委员会）等。

4.2.2 美国国家标准信息协会 ANSI/NISO

美国国家信息标准协会（NISO）是被美国国家标准协会（ANSI）认可的制定、发展、维护、出版技术标准以便在日益变化的数字环境中来管理信息的非营利性协会。NISO 的标准可应用于与信息有关的所有范围内的传统和新技术，包括检索、再定目标（re-purposing）、存储、元数据保存等。

NISO 成立于 1939 年，1983 年注册成为非营利教育机构，1984 年至今一直采用现有名字，并从它所服务的行业中获得大力支持，在出版界、图书馆领域、信息技术业、媒体行业中有 70 多个机构和协会的领导人是其具有投票选举权的成员。

NISO 已经正式出版的美国国家标准共 34 项，主要涉及信息检索、图书馆管理、保存和存储技术、出版及信息管理，其中很多技术标准后来都成为 ISO 国际标准，如 Z39.50（信息检索）、Z39.2（信息交换格式）等。

4.3 信息标准简介

4.3.1 信息标准总体概况

信息标准可分为两大类。一类是以信息通信技术为核心的技术标准规范，另一类则是具体业务建设项目，如电子政务、电子商务、电子社区和数字图书馆等。所涉及的业务应用标准，可分为业务应用层、信息资源服务层、应用支撑平台层、网络基础设施层、物理环境层、项目管理层、信息安全支撑层等 7 层。

4.3.2 信息标准热点领域

1. 电子商务

电子商务正日益改变着全球传统的贸易、政务管理和信息服务的方式,给各国和世界经济的增长方式、社会形态和人民生活质量带来巨大变革。电子商务标准包括电子商务的数据体系及其维护、电子商务的业务描述技术标准、电子支付标准、电子商务安全保密技术标准、电子商务CA认证体系标准、面向B2B,B2C的综合性标准实施协议、电子商务服务与认证规范、现代物流配送标准等。

2. 电子政务

建立电子网络政府,推动电子政务的发展,是一种世界性潮流,也是电子信息技术应用到政府管理的必然趋势。近50年来,计算机在政府中的应用从技术上来说,经历了主机、微机加局域网、互联网三个阶段;从处理内容上来说,由数据管理、信息管理逐步走向知识管理;从覆盖的范围来说,由政府内部的管理职能走向政府外部的服务职能。在标准方面,均制订统一的规划和技术标准,规划电子政务的发展。如美国于1993年制定并颁布了《美国国家基础设施行动计划》,1994年又提出了《政府信息科技服务远景》,从而确定了美国联邦政府推动电子政府发展目标。欧盟制定了"信息社会行动纲领",对未来的政府信息化做了周密的安排。

为推动我国的电子政务建设,我国成立了电子政务标准化总体组,负责组织制订电子政务领域的相关国家标准,并将电子政务标准分为6类:电子政务总体标准,包括电子政务总体框架、其他电子政务综合标准等;电子政务应用业务标准,包括电子政务基础数据、电子政务业务流程等;电子政务应用支撑标准,包括电子政务信息交换、电子政务置标语言等;电子政务网络基础设施标准,包含电子政务建设规范、电子政务网络管理规范;电子政务信息安全标准,包含电子政务物理安全标准、电子政务系统与网络标准等;电子政务管理标准,包含电子政务软件工程、电子政务系统测试和评估等。

3. 信息安全

安全性是IT产品和系统的一项重要质量指标。信息技术安全性评估准则对促进信息产业,特别是信息安全产品或系统产业的发展和建设是一个根本性的、基础性的、应用极为广泛的标准,必须迅速建立。目前关于信息安全的标准研制主要涉及:金融行业的安全性技术要求;电信行业的安全性技术要求;涉密信息系统安全性要求;电子商务系统安全性技术要求等。

4. 数字图书馆

数字图书馆崛起于信息社会,以信息资源的数字化加工、存储、管理与传输为主要特征,数字图书馆借助网络环境和高性能计算机等实现信息资源的有效利用和共享。数字图书馆是下一代互联网上信息资源管理模式,它将从根本上改变目前互联网上信息分散、不便使用的现状。数字图书馆是一个环境,它将收藏、服务和人员整合到一起以支持数据、信息乃至知识的全部流程,包括从创造、传播、使用到保存的信息资源生命周期全过程。

数字图书馆涵盖多个分布、超级、可互操作的异构多媒体资源库,其标准化是数字图书馆管理的核心。各国数字图书馆建设,在项目启动初期都致力于建立数字信息资源建设的标准规范描述体系,包括内容创建、描述、组织、管理、服务、长期保存和项目建设等。

4.4 我国的信息领域标准化

4.4.1 我国的信息领域标准

我国信息领域标准化工作从整体上说处于不断进步上升中，但同时也存在诸多问题和挑战：

（1）信息化标准体系有待完善。目前，我国在信息化标准的研究制订上缺少整体规划，存在应急性和盲目性。

（2）国家标准技术含量不足。由于技术方面的差距，我国国家标准大都采用国际标准的技术内容，由我国主导编制的国际标准过少。同时采用国际标准还存在"落后"和"滞后"的现象。

（3）采用国际标准的模式有待改进。我国是一个发展中国家，在标准工作的许多方面，仍处于学习和借鉴的阶段。由于我们科学研究底蕴的不足，目前，相当多的标准采取了拿来主义。标准的编写者来自各个不同部门，对已有的标准、需要制定的标准、当前起草的标准的了解不全面不深入，缺乏实质性合作和沟通，缺乏系统管理。

（4）缺乏高素质的标准化专门人才。标准化工作从本质来说是一项技术性工作，建设一支专业过硬、技术精良的标准化人才队伍必不可少。标准化专门人才需要有专业背景的丰富知识，要有外语能力，要在国内国际标准化发展的大环境下磨炼，要对新技术敏感，具有强烈的责任心等。我国目前在标准人才队伍建设中还存在很多问题。

4.4.2 我国信息领域标准面临的机遇和挑战

我国信息领域标准化工作外界条件优越：我国加入WTO后，进入了推行人才、专利、技术标准三大战略的有利时期；信息技术高度发展，高新技术成为新世纪标准化工作的广阔舞台；国家标准化管理委员会大力加强标准化工作。

我国信息领域标准化工作也面临诸多挑战：需要解决国家标准与事实标准之间的矛盾，需要调整国家标准与行业标准、地方标准之间的关系；需要建立标准的快速反应机制，满足用户的多种需求；需要提高标准的可操作性和提高标准的宣传推广与培训等。图14.2为信息服务和知识服务标准框架。

第 14 章 信息服务与知识服务的管理 · 601 ·

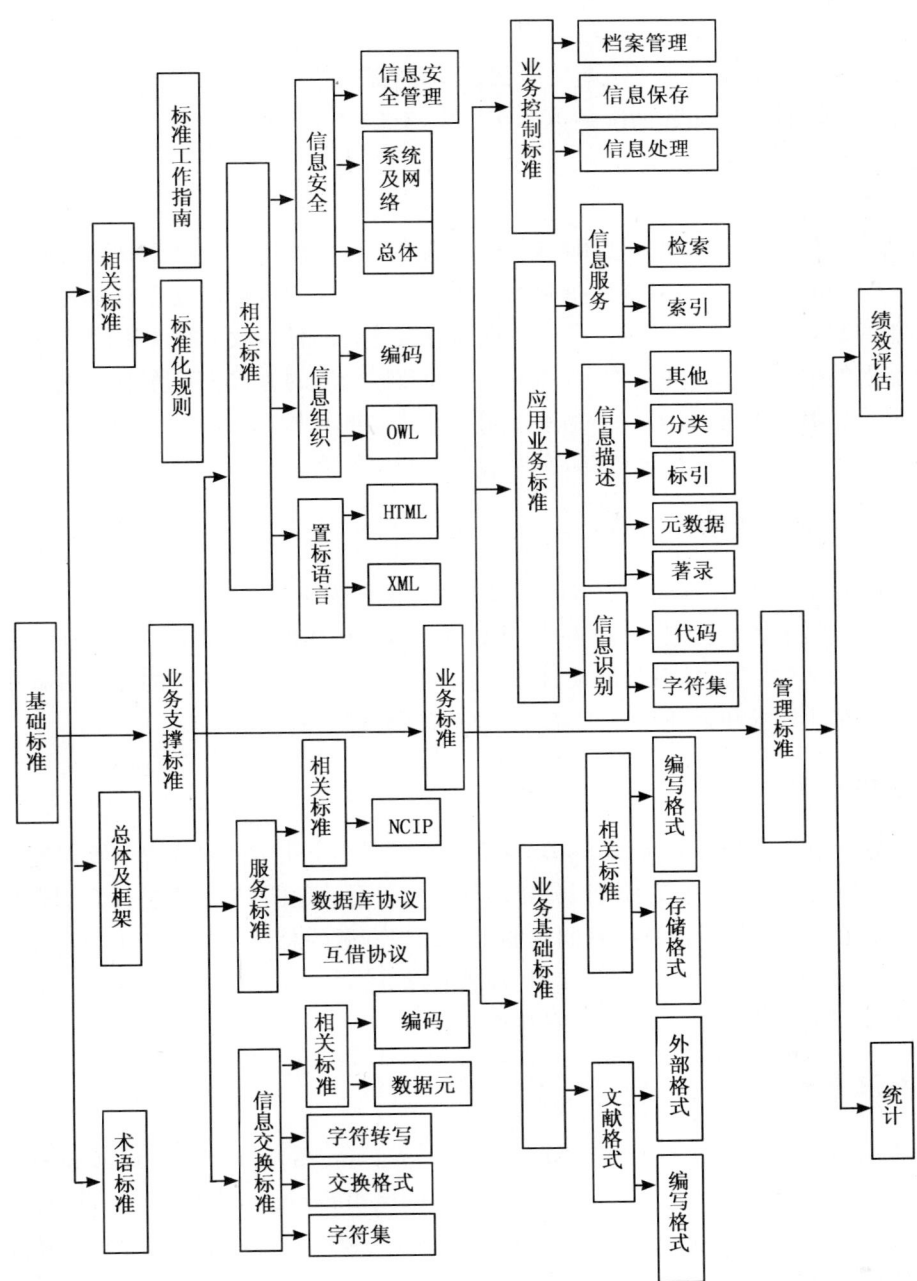

图 14.2 信息服务和知识服务标准框架

§5 信息共享与信息安全

信息共享与信息安全管理是一对矛盾,既要不断提高信息共享的程度,同时也要保证信息自身安全的管理。两者在矛盾的统一中相互依存,又在对立中发展、提高。

5.1 信息共享

数据共享就是让在不同地方使用不同计算机、不同软件的用户能够读取他人数据,并进行各种操作、运算和分析。信息共享是指利用交换媒介在组织内进行信息传递和共享的过程,承担交换功能的媒介可以是硬件、软件等。实现信息共享有两种有效的解决途径:一种是把分散的数据节点上的数据规范化和结构化,用数据库和数据仓库的方式进行管理,依靠数据和知识挖掘来实现信息的利用价值;另一种是基于元数据建立的异构、非结构化数据的共享机制,依靠数据格式转换工具和智能代理机制,实现信息的利用价值。

5.1.1 从信息共享到知识共享

美国《福布斯》杂志于 1998 年 4 月 22 日发表了《迎接知识经济,实施知识管理》一文,指出:"知识管理不同于信息管理,它是通过知识共享,运用集体的智慧提高应变和创新能力。"知识管理要求把信息与信息、信息与活动、信息与人联系起来,在人际交流的互动过程中实现知识的共享。在新的技术和管理环境下,知识共享可以通过下列技术实现。

5.1.2 知识地图

英国著名情报学家布鲁克斯(B. C. Brookes)提出了"知识地图"的概念。知识地图是指用清单、图表等各种信息模式来表示知识分布及其各种关系的地图,是组织进行知识管理的良好工具。它实质上是利用现代信息技术制作的组织知识资源的总目录及各知识条目之间关系的综合体,借助知识地图,员工可以学习知识、解决问题、搜寻专家,提高组织内部知识流通率和使用率,并可以为组织知识创新提供良好基础。

5.1.3 知识仓库

Hamid R. Nemati 等在其论文"Knowledge warehouse: an architectural integration of knowledge management, decision support, artificial intelligence and data warehousing"中提出:建设知识仓库以支持企业的知识捕获、编码、检索和共享,最终实现扩展了的决策支持系统目标即知识创新。知识仓库一词就其本身的涵义而言,是泛指存储知识的场所,而现在对知识仓库的讨论是限于组织知识管理的语境之中。作为编码化知识管理策略的一个重要手段,组织需要对其知识资产进行清理和存储,以实现知识共享,促进知识创新。而这种知识存储必须面向组织全局,将不同类型、不同形式的知识,存储在组织的计算机网络系统,并提供高效、多样的知识存取手段。

5.1.4 知识网络

据美国国家科学基金会(NSF)于1999年的定义,知识网络是一个社会网络,该网络提供知识、信息的利用等。具体地说,知识网络是组织为适应知识管理的需要,有效解决知识管理运作中存在的知识缺口、信息堆积、知识价值评估、知识创造和知识转换等问题,而基于企业知识链中的知识管理环节与能为其提供所缺知识的外部企业或组织进行合作构成的网络体系。知识网络中包括以下构成要素:

(1)构建知识网络的动机;
(2)知识网络中枢组织;
(3)知识网络共享;
(4)知识网络管理;
(5)知识网络内容。

5.1.5 知识群落

知识群落(knowledge community),或称知识社群,是指自动自发(或半自动自发)而组成的"知识分享"的团体,其凝聚的力量是人与人之间的交流及信任,或是共同的兴趣,而不是正式的任务与职责。知识群落都有比较明显的兴趣范围。网络上很多主题论坛实际上就是知识群落的一种形式。知识群落对知识的传播有非常重要的作用,一方面它使得围绕主题的各种相关知识可以迅速汇集,另一方面它能够很好地过滤无用信息,最后它还使得知识价值得到深度挖掘。

5.2 信息安全

信息安全就是在网络环境下信息系统的数据受到指定保护,不因偶然和恶意的原因遭到破坏、更改、泄露,使信息系统能够连续、可靠地运行,或遭破坏后还能迅速恢复正常使用。信息安全的本质是保护信息的拥有权和使用权。在网络社会,信息共享成为一种基本需求,信息安全实质体现为网络共享信息安全的保护。

信息安全包括监察安全、管理安全、技术安全、立法安全等4类。从20世纪80年代开始,信息安全的发展经历了3次浪潮,分别为20世纪80年代以主机安全为代表的"技术浪潮",20世纪90年代面向分布式计算、互联网和电子商务的"管理浪潮",以及目前正在经历的"制度浪潮",其特征是信息安全管理的标准化、信息安全文化的建立和信息安全认证国际化等。

5.2.1 信息安全管理的内容和条件

安全管理涉及如下基本方面:人事管理、设备管理、场地管理、存储媒体管理、软件管理、网络管理、密码和密钥管理等。要完成这些内容,信息安全管理应该具备以下4个基本条件:

(1)专门的安全管理机构。设置专门的安全管理机构,一方面体现了安全管理的重要程度,另一方面也能充分保证组织安全管理的连贯性和有序性。

(2)专门的安全管理人员。信息安全管理是涉及高技术的管理,专门的安全管理人员保证了他们能对系统各个安全环节有清晰的了解和熟练的掌握。

（3）逐步完善的安全管理制度。安全管理的制度化可以使安全活动标准化和规范化。要依据不同的办公流程、各个部门的工作范围和工作性质，建立各种层次的安全管理条例，完善个人的岗位安全责任制度，减少涉及安全的不确定因素和不规范行为。

（4）拥有逐步提高的安全技术工具。信息安全技术工具是指组成信息安全系统所必需的各种设备和技术手段的总和。这些安全技术工具，应该根据使用的场所以及总体设计的要求，决定是购置还是自行研制。

5.2.2 信息安全策略

信息应用的安全问题涉及范围广泛。首先，它是一个复杂的管理问题，组织内部的网络环境已经极其复杂，当把具体的业务流程与 Internet 技术相结合时，性能、安全、可管理性等方面就面临更加严峻的挑战；其次，它是一个技术安全问题，通过信息网络传输业务数据和进行业务活动，与传统的业务方式相比减少了直接的纸质资料的传递和确认等活动，这就必须采用电子签名、电子识别等技术手段以充分保证其安全；最后，它是一个法律问题，信息应用安全问题的真正解决需要通过法律的完善来加以保证，文件上的数字签字在法庭上与书面签字具有同等效力。因此，考虑信息应用安全策略时，也应该从下述角度考虑。

（1）技术方面的保证。技术方面的保证是信息应用安全的前提，从技术而言，必须考虑以下三个方面：首先为了保证信息通信的安全性，必须采取必要的措施加以防范；其次，在传输过程中，必须确保信息传递的安全、保密；最后，必须平衡技术的先进性和具体业务活动之间的关系。

（2）制度方面的保障。信息安全必须要有相应的法律来保障，必须保证电子文件和数字签名的制度化，签约双方的电子文件的认可，电子文件的不可否认或修改，确保电子文件得以实施。另外，由于现代信息共享是通过计算机及网络来实现的，其安全完全依赖于计算机及网络自身的安全程度，必须有专门针对计算机以及网络安全的法律法规。

（3）组织文化的规范。解决信息安全问题，除了要有技术方面的保证和法律方面的保障外，组织文化的规范也是不容忽视的因素之一。由于信息安全的实施者和管理者都是具体的人，因此，需要宣传安全的重要性和必要性，在全体工作人员心中建立安全意识，树立人人重视安全的企业文化。

（4）管理策略的完善。对于现代信息系统这样一个人机高度综合的系统，除了应用的安全外，人员的管理也是非常重要的，它对信息的安全往往起决定性的作用。所以，对于信息安全而言，最为关键的仍然是管理问题。加强信息安全，完善信息安全管理策略，必须制定出一套完善的规章制度，包括分配和监督人员在应用中的管理权限，培训和考核人员，培养必要的安全意识和业务水平，等等。

5.2.3 信息安全的实施

信息安全的实施应该做好6个方面的工作：

（1）树立正确的安全观念。计算机安全专家 Jeff Crume 在《互联网安全内幕——黑客不愿让你知道的事情》一书中指出：一些最常见误解导致了脆弱的、不安全的系统。因此我们需要树立正确的安全观念。

(2) 进行详细全面的规划。尽管信息应用的安全隐患越来越多，但是已经有了建立有效防御的经验和工具，并且这些经验和工具还在不断完善。随着规划的逐渐详细和日益全面，我们完全可以迅速地和适当地对安全威胁作出响应。

(3) 确立全面的安全保护策略。信息安全应包括网络安全、服务器安全、用户安全、应用程序和服务安全、数据安全等多方面。

(4) 实施风险分析。风险分析（risk analysis）是 Web 应用安全中的一个重要工作。它不但是 Web 应用系统建设初期应该考虑的问题，而且在信息系统生命周期的全过程应加以关注。它是信息系统最初设计和检查修订安全防护措施所必需的。

(5) 建立审计跟踪机制。审计跟踪是信息安全的重要环节，通过审计跟踪有助于发现未经授权人入侵信息系统的企图和授权用户越权操作的行为。它不但能够帮助信息系统管理人员分析系统存在什么样的安全性问题，以便改进安全防护的能力，而且对许多部门的业务管理监督提供有力的依据。

5.3 信息共享中的安全保障

安全控制是保障信息共享系统正常运行的重要手段。信息共享建设必须同步实施安全工程，建立安全控制模式，逐步完善信息共享中的安全保障体系。

5.3.1 信息共享中的安全需求

随着信息共享范围的不断扩大，在网络环境下，必然出现共享与安全的矛盾。使信息在一个开放的、共享的网络环境中得到有效的保护，是信息共享的安全需求。

典型的现代信息共享平台由 Intranet/Internet/Extranet 这 3 部分组成，其安全设计也分别围绕这 3 个方面进行。例如：Intranet 间数据交换的安全，采用的防火墙、隔离网闸（GAP）、防病毒软件的保护措施；网内外数据传递过程中使用的加密手段；进入网络、存取信息采取的电子认证和数字签名；系统硬件方面安全预防的容灾和数据备份系统；操作系统方面安全考虑的病毒防治和入侵检测等。信息安全贯穿于信息共享从开始到正常运作的全过程，必须从一开始就在各方面对共享信息的安全性引起全面重视，制定统一的策略，包括硬件的安全需求、操作系统的安全需求、网络平台安全需求、安全规章制度等。

5.3.2 基于 XML 技术的安全信息共享平台

基于 XML 的 Web 信息共享是采用应用层协议（如 HTTP，SMTP 等）作为其传输协议的。因此，主要考虑传输中的安全问题。在基于 XML 技术的信息共享中，应用程序通过数据交换进行集成，这样总是存在着消息被窃听、丢失或修改的风险。根据上述存在安全隐患的表现形式，我们可以将 Web 数据交换的安全因素归纳为 7 个安全要求，即一致性、机密性、身份鉴别和验证、授权和访问控制、信任、会话、策略。

为了构建安全的信息共享平台，需要引入先进的安全技术，其中包括公共密钥基础设施

(public key infracstructure，PKI)、权限管理基础设施(priviledge management infrastrcture，PMI)，利用 PKI/PMI 可以为 XML 安全技术提供 PKC 证书，对相关 Web 应用实现基于角色的安全访问控制。用户以 PKC 证书进行用户身份认证。认证合法，则进入访问控制流程，验证该合法用户的有关信息和合法用户所拥有的访问权限，访问控制流程的功能在于根据浏览器请求执行的 URL 信息和经认证合法的用户相关信息在 AC 数据库中查找该用户对他所请求的 URL 页面是否有权执行，若有，则可以进行 Web 服务功能调用，否则返回登录主页。

针对 Web 数据交换的安全问题，各大计算机组织和公司正在努力研究，制订一系列的标准，开发相应的技术和解决方案。现阶段已经取得了一些成果，提出了一系列的规范和草案。目前在 PKI/PMI 体系下可以采用表 14.5 所列的技术。

表 14.5 XML 安全技术表

解决问题	解决方案	阶段
一致性	XML 身份认证	W3C 推荐规范
机密性	XML 数据加密	W3C 推荐规范
验证和授权信息交换	XML 安全声明和标记语言	OASIS 标准
访问控制	XML 可扩展访问控制标记语言	OASIS 标准
数字权利管理	XML 可扩展权利标记语言	OASIS 草案
证书密钥管理	XML 密钥管理规范	W3C 工作草案
Web 服务安全会话	Web 服务安全会话语言	初始草案
信任关系管理	Web 服务信任语言	初始草案
策略定义	Web 服务策略框架	初始草案
安全策略声明	Web 服务安全策略语言	初始草案

§6 信息与知识服务的评价与监督

6.1 评价与监督是科学管理的手段

"评价是指评价主体根据一定的评价目的和标准采用适当的方法技术对评价客体的价值进行认识评定"，是衡量人类行为结果的一种管理活动；监督的含义是察看并督促，是控制人类行为过程的一种管理活动。衡量和管理信息与知识服务活动效果和过程的评价与监督，主要应围绕着服务资源配置和服务能力展开。

6.1.1 服务资源的评价与监督

服务资源是信息与知识服务的基础和主要条件，是保障服务质量与效果的客体因素。基于经济学观点，在信息和知识服务过程中，服务资源配置是指能使资源浪费最小化和使效益价值最大化的各种服务资源投入要素的有机组合。信息与知识服务作为一种经济活动，应遵循客观经济规律，优化服务资源配置使其运用到产生最大服务效益的地方。

服务资源评价与监督的目的，就是对体现服务资源投入要素及组合效果的主要指标进行评估与督促，以促进服务资源有效配置，实现机构的目标和价值。

6.1.2 服务能力的评价与监督

服务能力是信息与知识服务的前提和必要条件，是把握服务质量与效果的主体因素，决定着服务资源的利用。从个人角度来看，能力是保证顺利完成某种活动所需要的心理特征的综合。从组织角度来看，能力是指已经具备的（或者可以获取的）将组织产品传递给用户所必需的资源、系统和结构的适当组合，也是使组织走向未来的一种不断积蓄的特定的执行水准。如在网络信息环境下要求个人具备的对信息判断、选择、整合、获取和使用的能力，要求图书情报机构具备的决策支持、资源保障、快速反应、协同作业等能力。

服务能力评价与监督的目的，就是对体现服务能力的主要指标进行评估与考察，以促进服务机构科学决策与管理，改善服务质量，提高服务水平，提升服务竞争力。

6.2 信息与知识服务评价的对象与范围

在信息与知识服务中，体现服务资源和服务能力的主要方面包括：服务资源配置、服务质量与水平、服务方式与手段、服务设施与支撑环境、服务效益。

6.2.1 服务资源配置的评价

从信息与知识服务的过程出发，衡量服务资源配置的主要指标包括资源分布的时空性、层次性、动态性和合理性。时空性是指在时间上资源配置要体现其强时效性，在空间上要满足不同部门和不同地区的多种要求；层次性是指资源配置时要考虑内容与载体的层次性以及用户需求的层次性；动态性是指要不断研究资源供给能力、需求能力以及价格等因素变化的影响；合理性是指资源开发的数量既要充分满足用户需求，又要防止造成经济上的浪费。所以，服务资源配置的评价主要是评估服务工作所需的各项资源要素建设与配置能否满足目标任务需要，并达到评价指标的程度。

6.2.2 服务质量与水平的评价

服务质量与水平是一个主观范畴，同用户的感受有很大关系。由于每个用户的个人经历、职业环境和信息需求不同，对服务质量的要求及感知也不同。根据克里斯蒂·格鲁诺斯（Christian Grongroos）的服务向导理论，用户可感知的服务质量一方面取决于服务交易时用户（顾客）获得实际支出（收获）的技术（或产出）层面，另一方面是用户对如何得到这种服务关心的职能（或过程）层面。技术层面的评价比较客观，用户容易感知，而过程方面的评价比较主观，难以进行客观评价。如果实际质量达到了用户所期望的水平，则用户得到的服务是满意的；如果用户的期望未能实现，即使实际质量以客观标准来衡量是达标的，但用户对所接受的服务仍然无法感到满意。因此，服务质量与水平评价的主要方面是用户满意度。

6.2.3 服务方式与手段的评价

服务方式和手段其实就是服务的组织过程。随着服务形式由被动服务向主动服务转移，规模服务向个性化服务转移，服务手段也在灵活多样地变化。评价内容主要包括：一般服务、特殊服务（个性化信息服务、远程信息传递）、宣传教育、知识服务（解答参考咨询、提供定题情报、开发情报产品）。此外，多样化、人性化和便利化等都是评价优劣的标准。

6.2.4 服务设施与支撑环境的评价

服务设施和支撑环境属于服务的技术过程。计算机技术（包括硬件和软件）和网络属于服务设施。文献信息的广泛数字化处理，提供了越来越多网上运行的数据信息，是信息与知识服务的支持环境。评价内容可包括：信息机构的软件应用程度、网络设备先进程度、数据库建设、网络资源应用程度、资源共享程度等。

6.2.5 服务效益的评价

信息与知识服务效益是指服务单位投入成本后产生的直接或间接的效果和收益，体现在经济效益和社会效益两方面。经济效益即信息与知识服务的产品和成果带来的经济收益与产生这些产品及成果耗费的人力、物力和财力成本之差额；社会效益则从宏观、全局的角度考虑服务在国民经济发展中体现的价值和对社会进步起到的作用。评估内容可包括：投入成本、产出的效益、用户满意度。

6.3 信息与知识服务评价的体系

6.3.1 评价的原则

（1）经济效益与社会效益相结合。信息与知识服务带来的经济效益和社会效益都是服务的积极作用所在。通过对这两者的结合分析，促进服务的不断完善，满足机构本身和用户经济利益的最大化，并促进社会进步。

（2）短期直接效用为主，兼顾长期间接效用。信息与知识服务的滞后性使服务效果往往难以在近期得到完整的体现。因此，要使评价客观科学，既要注重短期内服务成果一次利用获得的直接效用，又要看到长期内服务成果被二次、三次再利用产生的效用。

（3）结合服务的具体对象进行评价。由于信息与知识服务具有很强的针对性，同时用户实际的需求与其表达常存在着差异性，所以，需要在对用户的主观需要和客观需求具体分析基础上加以评价。

（4）相关性分析。由于服务机构包含许多相互关联的环节或子系统，因此，评价时不能只片面地强调某一环节或子系统，而要分析各个环节或子系统在整个服务过程中的配合和协调作用，使评价完整而科学。

（5）定性分析和定量计算相结合。信息与知识服务评价就是对服务进行优劣评判和价值估算。优劣评判，要求定性分析；价值估算，则要定量分析。定性与定量结合互补，以保证评价的准确性。

6.3.2 评价的主体和客体

评价的主体是指服务组织者、提供者和业务承担者,主要有三类:其一是学术领域专业人员即专家;其二是互联网站点或搜索引擎;其三是接受服务的用户。

评价的客体就是评价活动要把握的对象,如提供服务的机构、过程及产品,信息机构的服务态度与效果,服务的项目设置、资源配置、技术设施,服务产品的信息量度、内容价值等。

6.3.3 评价的流程

可采用决策论中"层次结构分析"的科学思想,遵循定性分析→定量排序→综合评价的辨证思路,建立如下评价流程(图 14.3):

(1)根据服务的过程、对象,搜集评价素材,提出评价服务的目标,并分析影响评价的因素。

(2)分析服务所涉及的内容和评价指标,筛选出对评判具有重要控制作用的一组指标,然后根据各项指标之间的相互关系,确定评价层次结构体系,建立评价模型。

(3)科学地确定各评价指标在系统中的相对重要性或权重,并运算求解,研究模型中某些难以精确定量的指标在具体应用过程中的量化问题,提出对这些指标的具体考评和赋值办法。

(4)根据计算的结果进行排序,得出评价指标的重要性排序,与实际工作比较分析,找出差距,及时调整。

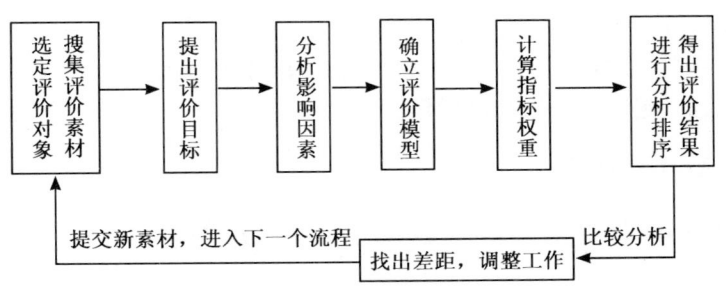

图 14.3 信息与知识服务评价流程

6.3.4 影响评价的因素

信息和知识服务的评价总是在一定条件下开展的,必然受到相应条件的制约和影响。主要的影响因素可以归为主体、客体和社会三类。

(1)主体因素。评价者对评价过程的主观影响,包括人的价值观、认知水平、能力结构等。

(2)客体因素。信息与知识服务活动随着社会的不断变化产生的对评价过程的影响,如活动的状态、性质、功能以及发展水平。

(3)社会文化因素。如科学认识和文化分布对服务能力评价的影响。

6.3.5 评价的指标体系及构建

1. 评价指标体系构建的原则

(1) 科学性原则。指标的选取与层次划分要遵循基本的科学逻辑思维,并与现实状况紧密结合,使得测度结果能够科学而准确地反映实情。

(2) 系统性原则。指标体系作为一个有机的整体,不但应从各个层次、各个角度反映被评价对象的特征和状况,还要体现对象的变化趋势与发展动态。

(3) 实用性原则。指标体系并非越庞大越好,要考虑指标量化的可行性和可靠性。选用指标最好有能够计算的数据作为基础。

(4) 可比性原则。选用指标时必须注意比较指标口径的一致性,要具有一定的弹性区间,保证指标体系不仅能进行地区性横向比较,且可以进行某一时间序列上的纵向比较。

(5) 水平与潜力相结合的原则。对服务水平的评价,不能局限在仅仅评价其目前状态,更应重视发展潜力的评价。

2. 评价体系构建方法

在评价指标设计上,一般采用逻辑法,即首先确定评价的目标及评价客体的特征,由此进行逻辑推理,得出与评价目标相一致的指标,并赋予其不同的权重,构成完整的评价指标体系。但这种方法主要依赖于内容效度,缺乏实证效度的检测,受主观影响强,可信度易受到怀疑。

采用新的方法如"标杆瞄准法"来设计评价指标可以较好地解决"信度"问题。标杆瞄准法是指以行业内外处于领先的有名望的单位作为参照标杆,将本单位的管理措施和组织效率等实际状况与"参照体"进行定量化评价和比较,分析差距的原因,提出改进的策略方案并选优实施。应用该方法,可对参照标杆进行多次周密反复的设计—筛选—检测—再筛选过程,使评价指标不断完善,达到一定的科学性和可操作性。

6.3.6 用户反馈机制的建立

信息与知识服务引入用户反馈机制后可成为一个闭环系统。用户反馈机制的建立,可从以下几个方面着手:

(1) 通过调查问卷收集用户对服务效果的反馈信息。一份合适的调查问卷可以充分了解用户对服务的满意情况,并为建立、巩固和强化"一对一"的个性化服务提供有价值的依据。

(2) 服务机构在充分收集用户信息的基础上,可考虑建立用户信息数据库。以分析用户人员变数、心理变数、需求状况、行为规律等,并形成与用户互动的局面。

(3) 在连续地收集用户信息、定期汇总与分析用户数据库中反映其需求和行为规律信息的基础上,建立明确有序的信息反馈渠道和科学可行、系统化的评测指标,进行质和量的多方比较研究,为客观准确地反映与评估服务运行的状态、效率及不断完善服务指明方向。

6.4 评价的方法与工具

6.4.1 定性的评价方法

定性评价是指按照一定的评价标准从主观角度对信息和知识服务所做的优选与评价。如对服务理念和服务开放性进行的宏观评价,针对服务活动的组织层、技术层和结果层的微观评价。优点是可以对服务的各方面进行深入分析,覆盖面广;缺点是评价指标体系的选择、相关指标赋值、评价的方法与过程往往具有不可克服的主观性,导致其合理性、可信性和客观性受到影响。

6.4.2 定量的评价方法

定量评价是基于量化分析方法的评价,其中的关键是各级指标体系的构建和指标权重的赋值。如可以采用层次分析方法(analytic hierarchy process, AHP)构建指标体系;采用加权法、线性分配法、比值评价法等数学方法确定各因素指标权重。

6.4.3 综合评价方法

影响服务质量与水平的因素复杂而多变,决定了评价参数具有模糊性和间接性的双重属性。对于信息和知识服务的综合评价有多种方法,应用比较广泛的有 Delphi 法、层次分析法、模糊综合评价法等。

6.4.4 基于用户满意度的评价方法

用户满意是建立在用户对信息与知识服务的期望和认知基础上的,属于主观范畴。用户的期望是指用户在准备或接受信息与知识服务时希望出现的结果,包括信息与知识利用结果、服务范围、所花费时间、服务态度等。用户的认知包括用户对服务范围、层次和态度的了解程度。用户的认知值和期望值之间可能是相等的,也可能有一定差距,两者之间的比较结果即为用户满意度。SERVQUAL(服务质量差距理论)提出从有形性、可靠性、响应效率、保证性与移情性五个层面来反映用户的感受。

要科学评价用户对信息服务的满意度,首先要确定影响用户满意度的要素,其次划分此用户满意度的级别,构建用户满意度指数,确定各类影响因素的权重,最后处理测评数据。

6.4.5 计算机辅助的评价工具软件

随着计算机技术的发展,计算机辅助评价成为可能。Super decisions 软件就是基于 AHP 理论的一个决策分析软件,由 Creative Decisions Foundation 的 ANP 小组创作,用于辅助层次分析指标的计算与检验,该软件可以将一个复杂问题分解成各个元素组和元素,按支配关系将各个元素组和元素聚类形成网状结构,确定元素组之间和元素之间的关系,并可以构造超矩阵、加权超矩阵、极限超矩阵,计算出相应的权重,最终可得综合优势度和一致性检验的 CR 值。

6.5 信息与知识服务的监督

6.5.1 监督的对象与范围

信息与知识服务监督涉及面广,其基本内容既包括对信息与知识服务有关各方及其行为

的监督,又包括对服务过程和业务的监督。主要监督的对象和范围如下:

(1)服务中的主、客体信息行为。在服务中,无论是主体还是客体,如果存在有损于国家信息资源的社会共享,妨碍公益性服务的组织,不正当服务经营,违反正常信息秩序,影响他人及用户等行为,都应该受到约束和制裁。

(2)服务技术与质量。信息与知识服务技术的先进性和手段的可靠性直接关系到服务的质量问题,此外,质量问题还与服务人员的责任心、服务水平和素质等方面因素有关。所以,需要通过技术监督部门对服务商品进行分析,发现服务产品质量问题,并进行惩处。

(3)服务市场监督与服务价格。一是要监督进入市场各方的经营业务与竞争行为,防止不正当竞争和非法垄断信息与知识服务及产品的现象发生;二是要监督信息与知识服务及其物化产品的价格,使服务定价规范、合理,防止价格欺骗、不适当提价、压价和扰乱市场运作的经营发生。

(4)服务中各方权益。在监督中有效地维护各方利益是信息与知识服务正常运转的前提,主要包括信息服务资源所有权保护监督,国家安全和国家利益保护监督,信息服务业务组织权益保护监督,社会公益性信息资源共享权保护监督,信息服务中知识产权保护监督,信息服务合法利用权益保护以及用户和行业的自律性监督权益等。在权益保护监督中,必须弄清各种权益的发生关系及其相互影响。

(5)信息与知识服务的网上部分。网络信息与知识服务活动难以有效控制,因而这一问题的解决必须在政府部门集中控制下进行业务监督。

6.5.2 监督的指导原则

信息与知识服务监督必须全面、及时、合理。要达到这些要求,须遵循以下原则:

(1)公开原则。随着技术的广泛应用、信息与知识共享需求和信息服务市场化的发展,服务开放化、公开化已成为信息与知识服务业的发展主流。所以,必须实施公开原则。

(2)公平原则。现代信息与知识服务的丰富的内容、多元的对象,决定着监督实施者和接受者之间呈现出错综复杂的关系网络。如果某一引发纠纷的问题没有得到公平客观的处理,会造成多方矛盾。因此,必须遵循公平原则。

(3)法制原则。"信息立法"是监督的基本依据和准则。坚持"法制"原则就是根据国家法律建立信息与知识服务法制体系,实施对执法者的有效监督,保证监督有法可依,在法律原则上解决基本的监督问题。

(4)发展原则。信息与知识服务的社会监督体系一旦形成,在一定时期内应具有稳定性,但随着环境、技术的变化,由需求变革引发的新的服务业务将会导致原有监督内容、关系和体系的变化,从而提出原有监督体系的改革需要。只有遵循发展的原则才能保障监督具有对未来的适应性。

(5)可行性原则。即监督机构的形成、监督措施的制定都要从实际情况出发,使监督体制符合国情、民情,适应国际信息环境和社会的进步,具有可操作性。

6.5.3 监督的体系结构

我国的信息服务监督长期以来以管理为主,除部门、系统监督外,由政府控制,其结构为政府管理下的逐层监督体系(图14.4)。

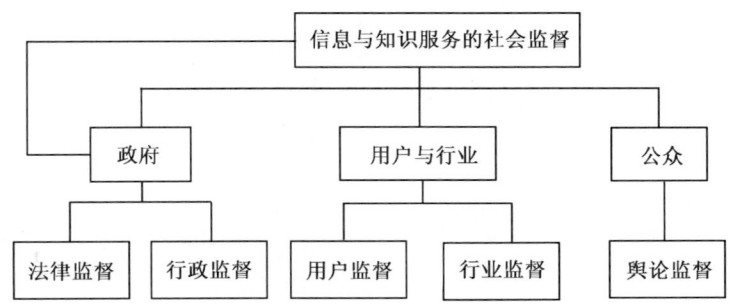

图 14.4 信息与知识服务的社会监督体系结构

(1)法律监督。包括明确监督的主体、客体,规定各方面的法律关系,确定有效的监督保障体系。

(2)行政监督。包括信息与知识服务机构的认证、审批和注册中的监督,服务业务的行政监督,信息服务效果监督以及服务中政府政策、法规的执行监督等。

(3)用户监督。是指用户或用户组织在法律允许的范围内,对信息与知识服务质量和效果进行评价与衡量,以便在利益受损情况下通过有效途径或方式得到保护的一种监督。

(4)行业监督。通过行业协会(或相应组织)的规则与制度进行监督、约束、协调和控制其成员的行为,同时行使对成员利益的保护监督。包括服务市场行业监督、服务提供业务监督、行业合作监督、行业形象监督等。

(5)舆论监督。是以社会道德规范、法律规范和国家利益的维护为基础的社会监督行为,通过舆论,不正确和不正当的行为受到谴责,正当的道德行为受到鼓励。

6.5.4 监督机构的运行管理

在监督过程中,监督的社会各机构是共同作用与协同运作的。在以"信息立法"作为依据的基础上,国家政府部门通过运用政策、规定、条例、命令等行政手段规范信息服务业,发挥其主导作用;有关的行业部门是监督的直接执行者,对信息与知识服务的提供方、接受方及相关方的社会行为、服务业务、权益保障及其作用进行检查、评价和约束;舆论可起良好的预防和导向作用。

6.6 典型案例枚举

6.6.1 公共图书馆信息与知识服务能力的评价

公共图书馆是向不同文化层次的社会大众提供文献及信息服务的公益性机构。现代公共图书馆的信息与知识服务可包括：宣传报道服务、文献借阅服务、文献代译服务、专项委托服务、信息检索服务、咨询服务、预测服务、系统开发服务等。评价的主要步骤：确立评价的指标体系—层次结构模型设计—评价参数的相对权重—评价参数的相对权重。

根据公共图书馆服务涵盖的内容和提高服务质量与水平的评价目的,可设计包括4个方面的14个指标的评价层次结构模型,如图14.5所示。

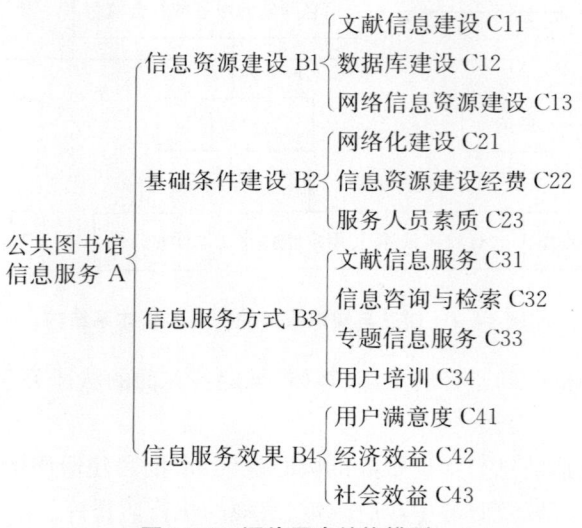

图 14.5　评价层次结构模型

6.6.2　大学图书馆信息与知识能力的评价

与公共图书馆相比,大学图书馆的读者群相对比较固定。大学图书馆主要是为教师提供科研及教学所需专业信息,为学生提供学习所需的教辅资料及扩大知识面的文献信息,其服务类型包括：一般问题咨询、馆际互借、课题检索、教育培训等。

高校图书馆信息与知识服务的评价方式可分为内部评价与外部评价两种。内部评价是在服务机构内部,依据相应的质量方针和质量标准,对阶段性服务工作进行评价;外部评价是由用户群体所进行的评价,是基于服务价值的评价,其中评价的层次结构模型见表14.6,服务级别可分为5个：一级——无正规方法；二级——初步反应式方法；三级——稳定的系统方法；四级——持续性改进方法；五级——最优运作方法。

表 14.6　高校图书馆信息与知识服务评价的层次结构模型

级别	运作描述			
	一般咨询	馆际互借	课题检索	教育培训
一级	咨询工作处于原始状态,各部门随机承担,无统一管理	设有馆际互借点,并开展少量的纸本型服务	有课题检索服务	有图书馆资源利用的培训或讲座

续表

级别	运作描述			
	一般咨询	馆际互借	课题检索	教育培训
二级	设有固定咨询台,责任相对明确	设有馆际互借点,与外界有一定的互借关系并开展服务	课题检索服务处于等待用户上门状态	有定期介绍图书馆资源利用的讲座
三级	设有固定咨询台及相应的咨询承诺,并与各部门形成有机整体	馆际互借形成一定规模,与本校资源需求构成一定的补充关系	主动宣传、服务,检索过程中注重动态研究,善于发现用户的隐性需求,课题检索能做到适度、适量、适时	举办有多种类型图书馆资源利用培训讲座,并有相应的反馈渠道
四级	有良好的交流、反馈系统,读者获得帮助的同时能利用反馈系统	馆际互借关系成为馆藏资源建设的一个重要方面,与本校资源体系有互补关系,并可通过网络完成,互借的文献类型多样化	为学校的重点科研主动开展定题服务	注重调研,针对调研结果调整各层次、各类培训,并能根据反馈及时调整培训
五级	有方便固定的咨询系统和技术支持系统。在一定范围内形成纵横交错的咨询网络,开展多层次、多形式的咨询服务	馆际互借关系在更大范围内开展,形成网络,馆际互借系统智能化,并为社会提供服务	参与重大科研课题申报的前期调研,提供研究分析报告、综述等,并实行定题跟踪服务,直至结题	培训内容、形式能与专业需求紧密结合

6.6.3 专业性数据库网站用户满意度评价

数字环境下的专业数据库网站以信息用户为导向,在现代信息技术支撑下,提供网络信息服务。典型的数据库网站有CNKI,其知识服务功能主要包括查新服务、远程服务、引文服务、推送服务、个性化服务和数字参考咨询等。对专业数据库网站的评价可主要从服务内涵出发,对用户满意度进行评估。在这类数据库网站中影响用户满意度的因素可分为以下几类:

(1)资源的可获得性。指收罗信息的学科领域范围、信息的广度(覆盖特定学科主题概念的程度)、信息的深度(某一学术主题的详细程度)是否可以满足用户需求,是否提供多种服务产品,更新是否及时,获取是否方便;是否重视用户对交叉学科的信息需求,某一学科的网络信息资源能否链接到相关学科的信息资源,链接的内容是否与主题直接相关。

(2)网络环境。是否能便捷地向用户传递信息,对计算机软硬件要求大众化与否,站点的浏览器是否兼容,信息传输速度是否较快;是否具有良好的交互性,即是否具有用户反馈与交流讨论的机制与途径;用户界面是否友好、清晰明了,对用户有无特别技术要求。

(3) 信息服务能力。能否为用户提供分布异构统一检索系统,节省用户同时查询多个数据库的时间;能否为用户提供专门的数据接口,满足用户在特定学科或研究方向相关的知识需求;知识元库的构建是否满足用户快速了解各学科知识基本内容的需求和发现知识之间内容关联的需要。

(4) 增值服务能力。指能否对某一领域的知识进行深入挖掘,自身创建发行特色知识库提供给用户;能否为读者提供查新、引文统计、项目可行性分析、定题服务、科研绩效评价等个性化知识服务;能否建立网上授课系统、网上咨询系统、个性化服务系统。

6.6.4 网络信息资源评价

网络信息资源范围广、内容多,分散而庞杂,发布自由而任意,组织动态且无序,具有跨时间、跨地域、跨行业、多语种等特点,这些为其评价带来许多困难。近年来,网络信息资源的评价受到了国内外学者的关注,评价的对象与内容主要有以下几个方面:

(1) 目的和用户群。一个好的网站在建立之初就应确定存在的目的及潜在用户。因此,需要考察信息源是否实现目标,以及面向哪些用户与能否满足不同层次的用户需要。

(2) 信息内容。信息内容是网络信息资源评价的核心,是网络信息资源评价的最重要指标,主要包括:广度和深度、客观性、权威性、时效性、准确性、新颖性、独特性。

(3) 信息组织。包括元数据水平、信息的结构层次、美观与效果。元数据的准确和权威是描述、定位、搜寻、评价和选择信息资源及价值的重要前提;信息结构层次多,信息的容量大,但用户检索起来比较麻烦。一般来说,用户可以接受的层次是2或3个;美观与效果包括网站的总体布局、图案、色彩的搭配是否合理,是否具有欣赏性,采用的视觉效果是否增强了信息内容,是否采用了多媒体表现形式等。

(4) 信息利用。主要包括可获得性和稳定性。可获得性主要是指信息资源服务器是否可靠地被连接,是否经常因过分拥挤而提供不了服务,用户等待时间是否过长,当地的镜像站点能否连通;稳定性是指网站所在的地址(URL)是否稳定且容易记,是否出现空链、死链等现象。

[本章撰稿人:赵新力 沈玉兰 韩莉 罗勇 赵捷 李贺 王曰芬]

参 考 文 献

[1] 赵新力. 信息资源的开发与发展趋势[J]. 广东科技,2006,152(4):12
[2] GB/T 4894-85,情报与文献工作词汇基本术语[S]. 北京:中国标准出版社,1996a
[3] 王惠珠. 浅谈图书馆档案馆的相互关系及其信息服务[J/OL]. 黄河科技大学学报,2003,5(2):147. 2005-12-8. http://www.wanfangdata.com.cn/qikan/periodical.Articles/hhkjdxxb/hhkj2003/0302pdf/030232.pdf
[4] 国家档案局. 全国档案馆工作概况[/OL]. 2005-9-20. http://www.saac.gov.cn/saac/2005-05/28/content_5053.htm
[5] 中国第一历史档案馆. 馆藏简介[/OL]. 2005-9-20. http://www.isdag.com
[6] 中国国家图书馆. 国图简介[/OL]. 2005-9-20. http://www.nlc.gov.cn/about/index.htm

[7] 中国科学技术信息研究所. 中国科学技术信息研究所简介[/OL]. 2006-1-10. http://www.istic.ac.cn/jj.html

[8] 赵静,宋辉. 制约我国咨询业发展的因素及应对措施[J/OL]. 现代情报,2005,(1):37. http://www.wanfangdata.com.cn/qikan/periodical.Articles/xdqb/xdqb2005/0501pdf/050111.pdf

[9] 国务院发展研究中心. 国务院发展研究中心简介[/OL]. 2005-12-16. http://www.drc.gov.cn/zxjj.asp?id=2

[10] 人民网. 人民网简介[/OL]. 2005-12-16. http://past.people.com.cn//GB/other7018/7019/20030718/1016664.html

[11] 中华人民共和国民法通则

[12] Convention Establishing the World Intellectual Property Organization

[13] 中华人民共和国著作权法

[14] World Trade Organization. Agreement on Trade Related Aspects of Intellectual Property, TRIPS. 1995

[15] Berne Convention for the Protection of Literary and Artistic Works. 1971

[16] WIPO Copyright Treaty. WIPO,1996

[17] 网站建设若干版权问题研究. http://www.ccm.gov.cn

[18] Lien Verbauwhede. Intellectual Property Issues In Advertising. WIPO, 2005

[19] Lesley Ellen Harris. What To Do If You're Accused Of Copyright Infringement. WIPO, 2006

[20] Ian Cockburn. On-Line Patent Searching — A cautionary Tale. WIPO,2006

[21] 许春明. 论数据库的版权保护——IP 评论,http://www.xuchunming.blogchina.com

[22] European Union Copyright Directive. 2001,http://www.staffs.ac.cn

[23] Commission of the European Communities. Green Paper. Copyright and Related Rights in the Information Society. 1995,7

[24] 袁晔. 数字图书馆信息资源建设中的知识产权保护. 上海交通大学学报,2003 年增刊

[25] 江向东. 数字千年版权法立法实践及其对图书情报工作的影响. 福建师范大学学报,2002(02)

[26] 莫少强. 我国数字图书馆解决版权问题的实践与研究. http://www.ssreader.com

[27] Gaoshou. 信息高速公路中知识产权保护的若干问题. http://www.zhupao.com

[28] Digital Millennium Copyright Act of 1998 – US Copyright Office Summary. http://www.copyright.gov

[29] 王辉. 数字时代版权法利益平衡机制的重构. www.chinacourt,org

[30] 高云. 数据库法律保护问题浅析. http://www.chinaiprlaw.com/

[31] U.S. Copyright Act of 1976. http://www.worldwideschool.org/

[32] 《最高人民法院关于网络著作权的司法解释》

[33] William New. U.S. File-Sharing Case Could Have International Impact. http://www.ip-watch.org/weblog/

[34] 杨旭东主编. 知识产权实用手册. 北京:经济日报出版社,1991

[35] 吴东敏. 科技查新与知识产权保护的互动作用. 情报探索,2004,第 3 期(总第 91 期)

[36] 迟菲,胡萍. 数据库之法律保护. http://www.studa.net/paper

[37] European Union Copyright Directive. 2001,http://www.staffs.ac.cn

[38] 张平. 美国网络法律研究纵观. www.xielunwen.com

[39] 马琳. 德国著作权法中的私人复制与反复制问题. www.myipr.com

[40] Database Legal Protection. http://www.bitlaw.com/
[41] 吴志刚. 我国信息化标准体系建设的思考[J]. 信息技术与标准化, 2005(8)
[42] 房庆. 我国高新技术标准化综述. http://www.tcm114.cn/html/Dir/2004/10/18/48/47/39.htm
[43] 刘江. 谈知识网络构建[J]. 情报方法, 2005(11)
[44] 于增贵. 信息安全发展的三次浪潮[J]. 信息安全与通信保密, 2001(7)
[45] 邓三鸿. 企业知识地图研究: [博士学位论文]. 南京: 南京大学, 2003(6)
[46] 丁蔚. 企业知识管理系统实施研究: [博士学位论文]. 南京: 南京大学, 2001(6)
[47] 苏新宁、吴鹏等. 电子政务技术[M]. 北京: 国防工业出版社, 2003
[48] 周军. 知识管理中的知识仓库. [博士学位论文]. 南京: 南京大学, 2003
[49] 胡昌平. 信息服务的社会监督（Ⅰ）[J]. 情报学报, 2001(3): 336~342
[50] 黄宇萍. 论互联网信息资源评价[J]. 图书馆学研究, 2004(5): 9~11
[51] 赵俊玲,陈兰杰. 国外网络信息资源评价研究综述[J]. 图书馆工作研究, 2004(3): 24~26
[52] 王韬,敬卿. 网络信息资源的评价[J]. 中国信息导报, 2003(9): 33~35
[53] 刘峥. 图书馆服务评价与 LIBQUAL+[J]. 图书馆建设, 2004(1): 45~47
[54] 靖继鹏. 应用信息经济学[M]. 北京: 科学出版社, 2002. 65~75
[55] 胡昌平. 信息管理科学导论[M]. 北京: 科学技术文献出版社, 1995.8; 331~332
[56] 杨旭东主编. 知识产权实用手册[M]. 北京: 经济日报出版社, 1991.5
[57] Convention Establishing the World Intellectual Property Organization. WIPO, 1995
[58] 中华人民共和国著作权法, 第三十四条
[59] TRIPS 协定
[60] 伯尔尼公约第二条第 1 款。
[61] 计算机软件保护条例, 2001 年第 339 号国务院令
[62] 世界知识产权组织版权条约, 第八条, 第十条例外与限制的注释
[63] 中华人民共和国著作权法, 第四十七条第(一)款
[64] 中华人民共和国著作权法, 第三十五条
[65] On-Line Patent Searching - A cautionary Tale. WIPO, 2006
[66] 最高人民法院关于网络著作权的司法解释, 第三至六条
[67] Lien Verbauwhede. Intellectual Property Issues in Advertising. WIPO, 2005
[68] Lesley Ellen Harris. What to do if You're Accused of Copyright Infringement. WIPO, 2005
[69] WIPO Copyright Treaty. WIPO
[70] 中华人民共和国著作权法, 第四十七条(七)
[71] 中华人民共和国著作权法, 第三十九条
[72] 中华人民共和国著作权法, 第二十二条
[73] U. S. Copyright Act of 1976, http://www.worldwideschool.org/library/
[74] 中华人民共和国著作权法, 第二十三条
[75] 莫少强. 我国数字图书馆解决版权问题的实践与研究. http://www.ssreader.com
[76] 祖彩霞. 基于元数据的信息共享管理系统的安全控制[J]. 物探化探计算技术, 2003, 25(4)
[77] 刘江. 谈知识网络构建[J]. 情报方法, 2005(11)
[78] 你的博客网. Blog 与知识经济. 2004-1-11
[79] 于增贵. 信息安全发展的三次浪潮[J]. 信息安全与通信保密, 2001(7)

[80] 王金山. 关于评价理论的探讨[J]. 石家庄经济学院学报,1998(2):21~23
[81] 王光艳. 创造型思维原理与方法[M]. 北京:经济管理出版社,1999,100
[82] State Services Commission. Measuring Human Resource Capability in the State Sector Occasional Paper No. 13[M/OL]. Wellington, New Zealand, 1999[2005-12-25]. http://www.ssc.govt.nz
[83] 余彩霞. 从社会信息学角度看信息能力的评价标准[J]. 情报理论与实践,2003(5):415~416,396
[84] 池建文,王一然. 新环境下的国防科技情报发展断想[C]. 中国国防科学技术信息学会第八届学术年会论文集. 无锡,2004:1~4
[85] 曹作华. 图书馆信息服务质量综合评价层次结构模型[J]. 情报学报,2003(1):65~71
[86] 汪洋. 网络环境下图书馆信息服务质量的评价与思考[J]. 内蒙古图书馆工作,2002(1):21~25
[87] 何能. 信息服务质量评估与持续改进[D]. 合肥:中国科学技术大学,2000,36~37
[88] 陈红梅. 试论图书馆知识服务评估与反馈机制的建立[J]. 情报探索,2005(1):91~92
[89] 卢晓宾. 我国信息服务企业技术创新能力评价指标体系与评价方法[J]. 评价与管理,2004(2):44~50
[90] 蒋琳. 网络环境下图书馆信息服务能力评价研究[D]. 南京:南京理工大学,2005,14~15
[91] 李玲. 高校图书馆服务质量评估体系研究[J]. 评价与管理,2003(1):32~37,39
[92] 徐晓琳,邓胜利. 高校信息服务指标体系研究[J]. 图书馆建设,2003(6):60~62
[93] 沈光亮. 图书馆用户满意分析[J]. 科技情报开发与经济,2004(4):42~43
[94] 柴雅凌,李学堃. 信息用户满意研究——信息用户满意度指标与测评[J]. 情报学报,2004(1):22~24
[95] 谢朝蓉. 浅议网络信息服务监督中的伦理道德监督[J]. 经济与社会发展,2003(8):129~130
[96] 李晓红. 我国网络信息服务监督机制研究[J]. 中国图书馆学报,2002(3):22~25
[97] 胡昌平. 信息服务的社会监督（Ⅰ）[J]. 情报学报,2001(3):336~342
[98] 张丽华. 高校信息服务的评价组织系统及其运作[J]. 国家图书馆学,2004(1):52~55
[99] 姜永常. CNKI数字图书馆知识服务研究[J]. 情报学报,2004(3):265~274
[100] 范翠玲. 数字化时代提高大学图书馆信息服务质量的有效措施[J]. 图书馆学研究,2005(2):46~49
[101] 沈洁,朱庆华. 国内外网络信息资源评价指标研究述评[J]. 情报科学,2005(7):1104~1109

第 15 章　信息、知识服务人才培养与情报学教育

§1　数字时代信息与知识服务人才需求

1.1　信息与知识服务人才培养与知识更新

当今世界科学技术迅猛发展，科技成果日新月异，新兴学科、边缘学科、交叉学科层出不穷，知识更新的周期越来越短，以微电子、计算机、网络数据库、多媒体等技术为代表的信息技术应用日趋深入，为信息服务、知识服务人才的培养和情报学教育既创造了机遇也带来了挑战。

在数字时代，知识的存量巨大，知识的增长率大体上与社会总产值增长率呈正比关系。据统计，每年世界各地产生的新发现和新发明有 400 万项之多，发表的论文有 600 万篇以上。知识数量的急剧增长，一方面给人们的吸收利用带来极大困难，另一方面则使知识更新换代加快。旧知识的淘汰，新知识的涌现，主要是通过情报的采集、加工、分析研究和及时传播来实现的，因此，在数字时代加强信息与知识服务人才的培养与情报学教育及知识更新至关重要。

信息服务业与经济、社会的发展程度关系密切。一方面，伴随着经济与社会的发展，产业结构中第三产业的比重以及信息服务业在第三产业中的比重将逐渐增大；另一方面，信息服务业作为高附加值、高渗透型产业，其发展也将大大促进经济与社会的发展。党的十六大提出全面建设小康社会的宏伟目标，最根本的是坚持以经济建设为中心，推动经济结构战略性调整，大力推进信息化，基本实现工业化，不断提高人民生活水平。大力推进信息化将促使信息产业、信息服务业高速发展，必然会伴随着对信息与知识服务人才的强烈需求。

许多发达国家在信息与知识服务人才的供给与需求之间都存在着较大差距。如美国 2002 年与 IT 有关的职位空缺约 60 万个。日本此类人才供不应求，在 2000 年以后需要由高等学校培养出 150 万至 225 万人才，方可适应社会经济发展之需要。为达到这一目标，日本的各私立、国立和公立大学招收相关专业的人数正以每年 7%~10% 的比率递增。

在我国，信息服务业作为一个朝阳产业，正处于迅猛发展阶段，对信息与知识服务人才需求同样迫切。教育部、信息产业部等部委联合调查的专业领域人才需求状况表明，全国 IT 人才的需求每年将增加 100 万人左右。1995—2002 年，咨询业从业人数由 236 余万人增加到 408 余万人。零点调查提供的数据显示，目前国内信息人才缺口在 10 万人以上。

根据 2003 年全国人才工作会议衡量人才的标准，结合信息服务业的具体情况，信息与知识服务人才是指具备信息服务领域的专门知识和专门技能，具有大专以上学历和初级以上职称，在信息服务业中以及在其他各行各业中从事信息与知识的开发、组织、传播、提供和管理的各级从业人员。无论是管理类（如情报学、图书馆学、档案学等）专业背景的人才，还是受过其他理工农医、社会科学与外语教育的人才，接受信息教育并且不断地进行知识更新，以适应数字时代的需要，是完全必要的。

1.2 数字时代信息与知识服务人才培养必要性

（1）社会发展的需要。时代的进步，科技的发展，使人类文明发展到了数字化、网络化时代，信息与知识服务形成产业并得到迅速发展，其他各行各业产品与服务中信息与知识的比重也大大增加。因此，社会需要专门的信息与知识服务人才，投身到信息服务业和其他行业中去，大幅度提高信息与知识服务人才的数量和质量是时代的需要。

（2）信息与知识服务业发展的需要。产业结构是衡量一个国家经济发展阶段的重要标志，第三产业在产业结构中将占有越来越大的比重。而在第三产业中，信息与知识服务业则是最具有生命力和蓬勃前景的行业，是整个国民经济的重要支撑和先导行业。信息与知识服务行业是一个正在崛起的新兴行业，在未来的信息化社会中，具有很重要的地位，将发挥关键的作用。

（3）学科发展的需要。信息产业和信息服务业的发展同情报学、信息资源管理的学科建设密不可分，相互促进。我们要遵循信息产业与信息服务业的发展规律建设和发展我国的情报学及其学科群，要体现出我国的发展特点，要创新我国的情报学，这一任务需要一大批具有复合知识结构、良好信息素质、爱岗敬业精神、开拓创新能力的人才，特别是学科带头人。

1.3 数字化、网络化环境对人才的要求

数字化、网络化环境导致传统情报工作发生了重大变革，为情报学教育和信息与知识服务人才的培养提出了新的课题。网络环境下，对信息与知识服务人才的要求可以从不同角度进行划分，下面主要从质和量两方面来进行考虑。

（1）质的要求。首先，数字化、网络化环境对信息与知识服务人才的知识结构提出了新的要求。需要具备情报学专业知识、背景专业知识、外语知识、信息技术知识和其他技术知识等。在其知识结构中，越来越强调背景专业知识。如美国医学图书馆学会（MLA）规定，要成为医学图书馆员，除拥有美国图书馆协会（ALA）认可的图书馆学或情报学硕士学位外，还必须具有与医学相关的专业背景。其次，数字化、网络化环境对信息与知识服务人才的能力结构提出了新的要求，主要包括研究能力、实践操作能力、创新能力和组织管理能力等。

（2）量的要求。首先，社会对信息与知识服务人才需求的绝对数量增大。由于信息服务业自身的快速发展，以及各行各业信息化程度的提高，对信息与知识服务人才产生了强烈的需求。可以预见，将来对信息与知识服务人才数量上的需求，将呈绝对化增长趋势。其次，情报学专业人员数量尽管不断增加，但其在信息与知识服务业中的比例毕竟有限。未来的信息与知识服务人才，不仅仅来源于情报学专业，还会来自于各个专业，形成多学科人才共建信息与

知识服务的格局。情报人才在信息与知识服务领域中,将继续保持核心与引领地位,掌握信息与知识服务的核心技能,把握信息与知识服务的方向。

(3)网络环境对信息与知识服务人才的需求特征。网络环境需求的信息与知识服务人才要有以下特征:

① 扎实的专业技能。信息与知识服务人才的核心能力,来自于对数字化、网络化信息资源的管理能力,以及对信息技术的掌握与使用能力。对信息、信息资源、信息设备、信息组织乃至信息产业的管理是信息与知识服务人才的时代使命。这就要求信息与知识服务人才具备扎实的专业知识与专业技能。

② 开放的能力结构。信息时代是一个快节奏的时代,信息技术的不断进步,知识管理的不断发展,要求信息与知识服务人才必须不断更新自己的知识,提高自己的能力。要求信息与知识服务人才具有较强的工作适应能力,能够在不同的角色之间进行切换。自我教育、继续教育、终身教育将成为对信息与知识服务人才的必然要求。

③ 较高的信息素质。信息素质集中体现在三个方面,即信息意识、信息能力和信息伦理道德。信息意识是发现、判断、筛选、表达信息的能力;信息能力是检索、评估、利用、传播信息的能力;信息伦理道德是处理人、信息和社会三者之间关系的能力。只有具备了上述的信息素质,才能适应数字化、网络化社会环境的要求。

④ 独立工作能力与团队协作能力。数字化时代,一方面要求信息人才具有独立作战能力,具有较强的专业能力和特长。另一方面,数字化、网络化环境使跨地域的大规模团队的协作成为可能,能够将分布广泛的信息资源和信息人才结合起来,提供更加高效的信息与知识服务。

⑤ 专业敏感度。信息与知识服务人才应能敏锐地感觉到专业前沿以及信息技术的变化,并迅速学习掌握所需知识,时刻处于前导地位,凭借学科优势,引领信息与知识服务的进步。

1.4 社会对信息与知识服务人才的需求

1.4.1 需求的层次

信息与知识服务人才的层次,可以从不同角度进行划分,如采用学历结构、职称结构、职务结构,等等。从学历结构进行划分,可以分为高、中、初三个层次。根据我国的教育现状,中专教育属于初级专业教育,大专和本科教育属于中级专业教育,研究生教育(包括硕士生教育和博士生教育)属于高级专业教育。

从发展趋势看,社会各界对高层次人才的需求比例增大,尤其是对硕士研究生的需求。随着社会经济的发展,对高级应用型人才的需求增加,硕士的就业途径已大大拓宽,进入应用型岗位成为重要选择。我国高等教育从1999年连续扩招以来,研究生教育一直保持快速增长的势头,招生规模年递增的平均速度达平均26.9%。目前在读硕士生与博士生之比为5∶1,而美国是10∶1,这说明硕士研究生需求与培养还有上升的空间。

1.4.2 需求的领域

在数字时代,以下行业领域对信息与知识服务人才均有不同程度的需求。

(1) 教育科研。教育和科研领域将是信息与知识服务人才需求的大户,原固有三。其一,科研机关和教育机构担负着知识创新的任务,而知识创新离不开信息与知识服务的支持;其二,教育和科研机构自身既是培养信息与知识服务人才的重要基地,也是提供信息与知识服务的重要机构;其三,教育和科研机构是实现信息化的带头行业。教育和科研机构因从业人员素质较高,以及对国家发展的重要性,通常能够得到国家的财政拨款支持。

(2) 政府。我国的政府信息化从"政府上网工程"开始起步,目标是建设电子政府。在实现政府信息化的过程中,信息与知识服务人才是不可或缺的。政府信息化建设的人才结构可以分为三个层次:总体规划管理者、实施开发者和应用操作者。政府信息化的建设不仅需要有高明的领导和精通信息技术的专业技术人员,还必须拥有既通晓信息技术又善于管理的复合型人才,由他们牵头可以事半功倍。

(3) 图书情报机构。图书情报机构作为国家信息基础设施的组成部分,在信息资源的占有、信息与知识服务人才的培养与使用、信息与知识服务的提供与开拓方面具有无可比拟的优势。随着知识经济的发展和数字时代的到来,图书情报机构的优势地位越发显得重要,将在信息与知识服务的创新、信息与知识产业的形成和发展方面发挥重要的作用。图书情报机构长久以来就是信息与知识服务人才的重要培养和就业场所,对信息与知识服务人才具有广泛的需求。在网络环境下,图书情报机构相对于其他行业来说,对于信息与知识服务的人才需求将具有高端特征,以高精尖的专家型人才为主。

(4) 企业。到 1996 年,全国拥有信息企业 8000 多家,政府信息机构 400 多家,信息咨询公司 3 万多家,从业人数为 70.8 万人。许多企业已经设置了与信息管理、情报分析相关的岗位,如市场分析、市场信息搜集和调查等。CIO(首席信息官)的风行,同样是情报专业人才需求上升的表现。根据 2001 年《中国第二次基本单位普查资料汇编》数据,我国东中西部地区信息服务业(企业部分)就业人员达到 281.72 万人。

2005 年,"竞争情报分析员"被列入上海市劳动部门发布的新职业,企业对情报人才的需求日益显性化。上世纪 80 年代,世界企业 500 强中建立竞争情报系统的只有 10%;到 90 年代增至 80%;如今,500 强中已经有 90% 以上的公司建立了竞争情报系统。国内专业研究人员中具有硕士以上学历的不到 30%,绝大部分为工程技术人员,缺乏综合性竞争情报分析人才。专家预计,我国企业目前对竞争情报人才的需求在 15 万人左右,而目前从业人员只有 4 万~5 万人,其中专业竞争情报从业人员只有约 1000 名。

(5) 电信业。电信业是信息产业的重要组成部分。2000 年,国务院制定了鼓励软件产业和集成电路产业发展的若干政策,对人才吸引与培养做出了具体规定。电子信息产业全行业从业人员 2001 年为 301.7 万人,2002 年为 326 万人,2003 年为 408 万人,从业人员增加较快,对人才需求迫切。

(6) 咨询业。据有关资料显示,仅北京市就有各类咨询机构近 0.7 万家,形成了国有、股份制、民营和外企等多种所有制共同发展的格局。咨询业从业人员约 30 万人,年营业总收入达 80 多亿元,服务领域逐步扩大,市场范围也扩展到了我国东、西、南、北众多省区。但是,具有高素质、高水平的咨询企业或机构尚为数不多,人才结构不够合理,咨询服务业不够规范。开拓咨询市场困难的主要原因在于高级咨询人才特别是高级分析人才及高水平咨询管理人才缺乏。

(7) 软件业。从 1998 年到 2001 年的 4 个年份,我国高校培养的计算机及软件专业人员分别为 2.9 万人、3.3 万人、4.1 万人和 6.2 万人,其中硕士、博士以上的高层次人才占 5%。普通高等学校计算机及软件专业在校生总数 58.6 万人。为适应我国经济结构战略性调整的要求和软件产业发展对人才的迫切需要,实现我国软件人才培养的跨越式发展,教育部和国家发展计划委员会共同研究决定选择清华大学等 35 所高校试办示范性软件学院。

我国在全球软件产业总额中的比重较低,1999 年为 1.0%,2000 年为 1.2%,软件业仍具有相当大的发展潜力。2002 年,全国软件从业人员约 40 万人,其中专门从事软件技术工作的软件人员约 25 万人。此外,还有近 30 万人在社会各领域从事与计算机软件应用、研究与教学相关的工作。我国在软件总体设计、软件项目管理、软件研发等方面,人才缺口较大,同时也需要大批能够根据流程图进行编码的"软件工人"。

1.5 我国中长期社会发展对信息与知识服务人才的需求预测

当今时代,人才已成为集中体现先进生产力、先进文化的创造者,成为国家发展的最强大动力和最重要的战略资源。党的十六大报告明确了我国全面建设小康社会、加快推进社会主义现代化的宏伟目标,提出了"加快培养数以亿计高素质的劳动者、数以千万计具有创新精神和创新能力的专门人才"的战略任务。我们必须抓住本世纪头 20 年这一重要战略机遇期,认真分析经济增长与科技人才队伍之间的关系,分析全面建设小康社会对我国科技人才的巨大需求,采取必要的措施,加强人才的培养,满足我国中长期科学与技术发展对人才的需求。

1.5.1 总体需求

信息服务业在中国虽有多年的发展历史,但人员的总数量并不多。近年来信息服务业的发展速度很快,信息服务业从业人员一直在快速增长。2001 年年末,我国计算机应用服务业从业人员 43.2 万人,比 1996 年增长 338.9%;广告业从业人员 17.7 万人,增长 136.5%;信息、咨询服务业从业人员 69.1 万人,增长 125.3%;房地产行业从业人员 167.3 万人,增长 125.3%;邮电通信业 38.2 万人,增长 30.3%。

有专家估算 1996 年我国信息服务业从业人员约为 76 万人,1998 年为 110 万人。遵照国家统计局普查中心 2001 年第二次基本单位普查时对信息服务业的定义,使用《中国第二次基本单位普查资料汇编》中的数据进行测算,可以得出 2001 年我国信息服务业人数约为 649.69 万人,此数字明显偏大。据《中国人才前沿》统计,2002 年信息产业就业 320 万人,预计 2010 年就业人数不少于 800 万。

以 1996 年信息服务业从业人数为 76 万人,1998 年为 110 万人,2002 年为 320 万人,2010 年为 800 万人进行回归分析,得到信息服务业从业人数与年份之间的回归方程为:

$$Y = -106\,832 + 53.539\,13X\ (R\text{ 平方值 } 0.987\,341, F\text{ 显著值为 } 0.006\,35)$$

以此回归方程对 2020 年数据进行测算,信息服务业从业人员为 1 317 万人。1996 年至 2002 年期间信息服务业从业人数平均年增长 40.67 万人,进行趋势外推,则 2020 年信息服务业从业人员为 1 052 万人。因此我们预测,2020 年信息服务业从业人员约为 1 052 万~1 317

万人。

1.5.2 不同行业和地区需求

1. 不同行业对信息与知识服务人员的需求

按照我国国民经济行业分类来看,不同行业拥有的信息与知识服务人员的分布极不均衡。信息与知识服务人员的分布,一方面同该行业的产业结构和产业特征有一定的关系,另一方面与该行业的信息化程度息息相关。国家统计局普查中心于2001年进行第二次基本单位普查时,按照《国民经济行业分类与代码》(GB/T4754—94)把信息服务业分为社会调查业、信息处理业、信息提供业、电信服务业、咨询业、经纪业、公共信息服务业和其他信息服务业等8个大类,表15.1是将18个种类按照性质的不同归类整理为8个大类的目录。

表15.1 信息服务业所包括的行业类目

	归类后的大类	行业目录中的种类
1	社会调查业	社会调查业(8224)
2	信息处理业	计算机服务(8310) 数据处理业(8320) 数据库服务(8330)
3	信息提供业	咨询、广告(8210)出版业(9020)
4	电信服务业	电信业(6020)
5	咨询业	公证业(8221) 律师事务所(8222)
6	经纪业	商业经济与代理(6500) 证券经济与教育(6860) 房地产经济与代理(7400) 文化艺术与代理(9080) 技术推广与交流(9370)
7	公共信息服务业	图书馆业(90400) 群众文化业(9050)
8	其他信息服务业	其他未包括的咨询业(8290)

信息与知识服务人才密度的分布,以信息服务业为中心,随着各个行业信息化程度的降低而逐渐减弱,基本呈正态分布。各行业对信息与知识服务人才的需求,也符合同样的规律,即信息服务业构成了信息与知识服务人才需求的核心,无论对信息与知识服务人才的质量需求还是数量需求,均居绝对优势地位。其他行业则由于产业结构和信息化程度的关系,构成了正态分布两侧的延伸部分。

2. 不同地区对信息与知识服务人员的需求

在全国31个省市、自治区信息服务业单位中,北京、上海、广东、江苏、浙江五省市信息服务单位的总和已占全国总数的56.2%,而西部地区的宁夏、青海、西藏、贵州、甘肃共有信息服务业单位3 930个,只占全国总数的2%。可以看出信息服务业的发展极不平衡,和全国经济发展的总体趋势是一样的,东部发展较快,西部较慢。

根据《中国第二次基本单位普查资料汇编》(2-6 按行业小类东中西部地区分组的企业法人数及就业人数),得出东中西部地区信息服务企业就业人员分别为199.97万人、48.25万人和33.5万人,比例(百分比)约为71%:17%:12%。由以上数据可以看出,东部地区在信息服务发展中居于绝对优势地位,这一点是和东部地区在经济发展的优先地位分不开的。由于东部地区经济在未来相当长一段时间还将处于优势地位,可以预见,在2020年前后,信息服务业仍是东部地区占绝对优势地位。因此,对信息服务业人才的需求,东部地区也将远远超过中西部地区。

中部和西部相比,信息服务业发展水平相差不大,中部地区具有相对优势地位。国家对发展西部地区和东北地区进行政策倾斜。如 2002 年 2 月 10 日,中共中央办公厅、国务院办公厅印发了《西部地区人才开发十年规划》,2004 年,中央制定实施了《贯彻落实中央关于振兴东北地区等老工业基地战略,进一步加强东北地区人才队伍建设的实施意见》(中办发[2004]22号)。由此我们可以推断,中西部信息服务业的发展速度将大大加快,但由于经济总量相对比例较低,信息服务业总体增长相对东部来讲仍较为缓慢。因此,中西部地区对信息服务业人才的需求将快速增加,绝对数量会有较大增加,但同东部地区相比,仍将有相当大的差距。

§2 信息与知识服务人才培养的目标

信息与知识的产生、传播和利用是信息经济和知识经济社会发展的源泉和动力。然而,杂乱无章的信息只有运用现代化手段予以有效整理,才能服务于人类;条理化的信息资源,只有强化管理才能保持其有序性并获得最佳开发和利用;获取的信息数据,只有经过分析研究解决了实际问题,才能体现出它的价值所在。因此,培养和造就高素质的信息与知识服务人才,是信息社会发展的必然要求,也是提高社会生产力、竞争力的重要手段。

现代信息技术推动了信息事业的发展,也对信息与知识服务人才的培养提出了更高的目标。

信息与知识服务是专业性很强的工作,涉及的方面很多,培养出的人才必须是复合型的"通才"才能适应社会各行业信息工作的要求。以下从知识结构、信息素质、综合素质三个方面进行阐述。

2.1 知识结构

数字时代的到来使信息日益综合化、竞争化和产业化。从我国信息事业发展的特点来看,综合性是新时代信息与知识服务人才知识结构的基本特点。他们应具有宽口径的专业知识面,以适应现代科学技术发展既高度化分又高度综合的趋势。

2.1.1 专业基础知识和学科专业背景

专业基础知识是信息人才知识结构的核心,它不仅是从事信息与知识服务应有的基本条件,更是完成这项工作的重要保证。信息与知识服务是系统性很强的工作,对专业知识的要求也较复杂。信息与知识服务人才应拥有广博的信息知识,通晓信息理论与方法。除了熟悉收集、信息检索、信息组织与传递、信息处理与利用、信息分析与研究等方面的知识外,还应掌握计算机技术、现代通信技术和人工智能等知识。此外,各行业的信息人才应具备本行业的专业基础知识,如医学行业的信息人才应具有医学专业的基础知识,农林行业的信息人才应具有农林专业的基础知识等。

2.1.2 相关学科知识

信息与知识服务是学科交叉性很强的工作，涉及范围较广。首先，信息人才应具有管理学方面的知识，如会计学和财务管理学等。国外实践证明，成功的信息人才是对管理学有深入研究和造诣的人才。其次，信息人才应具有法学方面的知识，如知识产权法、合同法、税法等。第三，信息人才要了解信息事业发展史，懂得信息事业发展的基本原理，熟悉国家的信息政策。第四，市场经济就是法制经济，信息人才还要知法、懂法，更要依法进行信息与知识服务。

2.1.3 汉语表达能力

汉语作为母语，是我们相互间交流的最主要工具。无论社会如何发展，时代如何变迁，汉语文字能力依然是每个中国人文化素质的基础，是综合素质的重要内涵。无法设想一个汉语文字能力差的人能在科学研究方面取得很大的成就。同样，信息与知识服务人才也不例外，能说会写、善于表达和沟通是做好信息工作的前提。信息人才必须具备较强的汉语阅读能力、表达能力和写作能力，只有这样才能有效地从浩如烟海的中文信息中获取自己所需的信息，才能把有价值的信息和分析结果很好地传递给用户。

2.1.4 外语知识

在经济全球化和改革开放的今天，人们所接触和需要的外文信息日益增加，外语在工作学习中变得极为重要。外语水平和计算机应用水平如同信息人才的左膀右臂，就像独臂人在海洋中游泳一样，可以想象不懂外语知识的信息人才在信息海洋中遨游将是何等艰难。掌握一两门外语知识已成为做好信息与知识服务工作的先决条件。目前，外语（尤其是英语）在丰富、新颖的网络信息资源中占有相当大的比例，信息人才只有具备良好的外语水平，才能在网上畅游，才能浏览、检索、分析和利用网上的信息，才能更好地为用户提供所需的信息与知识服务。

2.2 信息素质

2.2.1 信息素质的概念

信息素质(information literacy)从 20 世纪 70 年代开始就是图书情报界研究的一个热门话题。世界上许多高校和研究机构从不同角度和研究重心出发，对信息素质给予了不同的定义。1974 年，美国信息产业协会(ILA)主席保罗·泽考斯基(Paul Zurkowski)在提交给全美图书馆学和信息学委员会(NCLIS)的一份报告中首次提出了"信息素质"这一概念。他解释为：所有经过培训能把信息资源运用于工作中的人称为具有信息素质的人，他们已掌握利用大量的信息工具及主要信息源解决问题的技术和技能。

1989 年，美国图书馆协会下属的信息素质主席委员会在其总结报告中给出了目前使用最广泛、最权威的信息素质定义：一个具有信息素质的人能够确定何时需要信息，能够有效地获取、评价和利用所需要的信息。该报告同时系统地论述了信息素质对个人、企业乃至整个社会的重要意义。

在对信息和技术高度依赖的社会,每个人都拥有利用信息提高生活质量的权利,而生活的复杂性也对个人和社会的信息素质提出了更高的要求。无论是个人、企业还是整个社会都需要具备信息素质,需要从众多的信息中获取所需的信息以解决问题或满足要求,这样才能跟上时代发展的步伐。

2.2.2 信息素质的内涵

信息素质不是单纯的一种能力,它的内涵非常丰富。目前,国内外专家学者对信息素质内涵所持的观点多种多样,但如果细究其具体内容,就会发现这些从不同角度进行阐述的不同观点却包含着基本一致的内涵。综合对信息素质概念的理解,受到人们广泛认同的观点是:信息素质内涵主要包括三个方面的内容——信息意识、信息能力和信息伦理道德。三者之间相互联系、相互依存。

1. 信息意识

信息意识是指:

(1) 对信息需求的自我感悟,即捕捉、分析、判断和利用信息的自觉程度;

(2) 对信息重要性的认识,即认识信息资源及信息技术对人类社会变革、经济和文化发展的重大作用;

(3) 对信息的有特殊的、敏锐的感受力,即从大量瞬息万变、司空见惯,甚至微不足道的事物和社会现象中发现有价值的信息;

(4) 对信息的持久的注意力,即习惯地、长久地集中于对信息的发现、搜集、组织和利用;

(5) 对信息价值的判断力和洞察力,即从形式多样、杂乱无序的信息中去粗取精,进行识别,做出准确的判断和选择。

信息意识是信息素质的先导,它决定着信息需求者对主观需求的客观表达,并对其信息行为起着支配作用。信息意识越明确,信息行为目的越清楚,信息行为也就越稳定、持久。信息与知识服务人才应具备强烈的信息意识,能独具慧眼,善于在短时间内做出判断,从成千上万的信息中捕捉有价值的信息,从而为用户提供优质服务奠定基础。

2. 信息能力

信息能力是指人们有效利用信息工具获取、加工、处理、利用信息并创造新信息的能力,主要包括信息技术应用能力、信息认知能力、信息获取能力、信息处理能力、信息利用能力、信息交流能力和信息创新能力。信息能力是信息素质的核心,也是信息时代重要的生存能力。信息能力的提高可以增强信息意识,而信息意识的增强可以促进信息能力的提高。

(1) 信息技术应用能力。信息技术应用能力是指对信息系统(计算机系统)的操作能力,文字处理能力,以及使用互联网、浏览器的能力。这是对信息与知识服务人才最基本的要求。

(2) 信息认知能力。信息认知能力是数字时代处理信息爆炸的关键,它是信息获取、组织、处理、利用、交流的开端。数字时代的信息资源复杂、多样、无序,人们没有足够的时间在信息海洋中捕捉有价值的信息,也难以形成深刻的理论和独特的见解。因此,信息与知识服务人才应具备良好的信息认知能力,应能处理好信息质与量的关系,对繁杂的信息资源做出敏锐的反应,并及时准确地识别出有价值的信息。

(3) 信息获取能力。信息获取能力是指运用现代信息技术手段从信息载体中获取所需信息的能力。具有良好信息获取能力的信息与知识服务人才，应了解和熟悉各种信息源，能根据不同用户的需求，熟练运用多种信息检索工具和查找技能搜集有关信息，并保证获取信息的全面性、及时性和准确性。

(4) 信息处理能力。信息处理能力是指根据特定任务要求，把获取的信息进行整理、归纳、筛选、重组，使之有序化和专业化，提高其使用价值的能力。信息与知识服务人才只有具备良好的信息处理能力，才能为用户提供既有序又有参考价值的信息。

(5) 信息利用能力。信息利用能力是指把获取、处理的信息用于解决实际问题，使信息价值得以实现的能力。它包括信息分析能力、信息综合能力、信息决策能力等。有效利用信息完成特定的任务，真正体现出信息资源的价值所在，是信息与知识服务人才信息素质高低的重要体现。

(6) 信息交流能力。信息交流能力是指根据交流的对象和目的采用适当的方式(尤其是利用网络)表达和传递信息的能力。信息的可传递性使信息可以发挥更大的作用，也决定了信息交流的必要性。信息与知识服务人才应具有良好的信息交流能力，能有效地选用最迅速、便捷的交流媒体和方式把信息传递给用户。

(7) 信息创新能力。信息创新能力是指在对已有信息进行搜集、归类、综合、研究的基础上，根据一定的目标，用独立新颖的思维方法创造出具有科学价值的突破性信息，这是最深层次的信息加工能力。

3. 信息伦理道德

信息伦理道德是指人们在从事信息活动时应遵循的行为规范的总和，其主要内容包括：遵循信息法律法规；抵制违法信息行为，不制作、传播、使用不良信息；在信息活动中坚持公平、公正、真实的原则；尊重他人知识产权、商业机密、个人隐私，不非法进入未经许可的信息系统；不利用信息技术进行犯罪活动等。信息伦理道德是信息素质的方向盘，它用于调节信息创造者、信息传播者、信息使用者之间的关系。

信息技术犹如一把双刃剑，它为人们提供极大便利的同时，也产生了一些新问题，如散布计算机病毒，大量传播不良和有害信息，非法侵入、破坏他人计算机和窃取网络情报信息的行为屡见不鲜，因此，这就对从事信息活动的人们的道德水平、文明程度提出了新的要求。随着信息技术的高度发达，信息伦理道德在信息素质中的地位日益重要，它已成为保证信息素质发展方向的指示器和调节器。

作为数字时代的信息与知识服务人才，应严格遵循信息伦理道德，规范自身的信息行为活动，抵制信息污染，不侵犯他人的知识产权、隐私权，不利用信息技术进行犯罪等。

2.2.3 信息素质的评价标准

从信息素质的内涵可知，信息素质除了信息能力外，还包括信息意识和信息伦理道德。信息能力可以通过对信息的处理行为给予较为客观的评价，但信息意识和信息伦理道德更多的是体现信息主体的主观思想，评价难以量化。对于信息素质评价标准的研究和制定，国内外许多学者都进行了深入研究，并提出了多个评价标准。2000年1月18日，美国大学和研究图书馆协会(Association of College and Research Libraries,ACRL)公布了《高等教育信息素质能力标准》,它于 1999 年 10 月获得美国高等教育协会的认可,2004 年 2 月获美国独立大学理事会(CIC)的认可。该标准具有一定的代表性并被广泛引用,它包括 5 项标准和 22 项执行指标,较全面地反映了信息素质的内涵要求,对信息素质教育的开展和评价具有很强的指导意义。下面是该标准的具体内容。

标准一:能确定所需信息的性质和范围。

执行指标具体包括:

(1)详细而清楚地表述信息需求;

(2)确定各种类型和形式的潜在信息源;

(3)考虑获取所需信息的成本和效益;

(4)再次评价信息需求的性质和范围。

标准二:能有效并高效地存取所需信息。

执行指标具体包括:

(1)选择最适合的研究方法或信息检索系统存取所需信息;

(2)构建并有效实施设计的搜索策略;

(3)检索网络信息或通过各种方法亲自检索;

(4)必要时精炼检索策略;

(5)提取、记录并管理信息及其来源。

标准三:能批判性地评价信息及其来源并将所获取的信息融入自己已有的知识基础和价值体系中。

执行指标具体包括:

(1)从收集的信息中提取并总结主要的思想;

(2)清楚地表达并应用评价信息及其来源的最初标准;

(3)综合主要思想构建新的观念;

(4)比较新知识和原有的知识,并确定信息的增值、新旧知识间的矛盾或其他独特的特点;

(5)确定新知识是否对个人的价值体系造成影响并采取措施调节差异;

(6)通过与其他人、学科领域的专家和/或从业人员交流讨论,确认能理解和解释信息;

(7)确定是否应该修订最初的提问。

标准四:有效地利用信息达到特定的目的。

执行指标具体包括:

(1)运用新的和原有的信息来规划和创造特定的产品或成果;

(2)为实现产品或成果修改开发过程;

(3)有效地向他人传播产品或成果。

标准五:了解与利用信息有关的经济、法律和社会问题并能合理、合法地存取和利用信息。

执行指标具体包括:

(1)了解与信息和信息技术相关的伦理、法律和社会经济问题;

(2)遵循与存取和利用信息资源相关的法律、规则、机构政策和礼节;

(3)传播产品或成果时承认对信息源的利用。

上述信息素质评价标准虽然为系统地评价信息素质能力奠定了坚实的基础,但精确地定量评价信息素质是非常复杂和困难的,这将是一个长期研究的课题。

中国科技信息研究所于 2005 年 9 月承担了联合国教科文组织全民信息计划(IFAP)项目,名称为"中国和印度尼西亚国民信息素质教育研究",重点针对高校大学生(含研究生)进行调查。在该项目中,专家学者们对信息素质教育评价标准进行了专项研究,为国内信息素质评价标准研究做出了积极贡献。

2.3 综合素质

除了广博的知识结构和良好的信息素质,信息与知识服务人才还应该具备终身学习能力、开拓创新能力、协调沟通能力和爱岗敬业精神。

2.3.1 终身学习能力

终身学习能力是信息与知识服务人才自身发展的基础。面对科学技术的飞速发展和日益激烈的社会竞争,信息与知识服务人才必须要有清醒的认识,积极吸收新的知识,不断拓展和提高知识面和业务素质,以适应业务工作发展的需要。

2.3.2 开拓创新能力

创新是一个民族进步的灵魂,一个国家兴旺发达的不竭动力,也是促进信息事业发展的力量。信息与知识服务人才在为用户提供信息与知识服务的基础上,不能只满足于前人取得的成果,而应勇于创新,敢于超越,用新的思维、新的眼光、新的观念去看待信息,从新的视角去思考,进行深层次的分析,创造出新的更有价值的信息。

2.3.3 协调沟通能力

协调沟通能力是信息与知识服务人才必备的一种工作技能。因为他们需要了解用户的信息需求,提供信息咨询,并准确无误地传播信息,他们还需要广交朋友,以便从更多的渠道获取信息知识,所以信息与知识服务人才只有具备较强的协调沟通能力,才能协调好方方面面的关系。

2.3.4 爱岗敬业精神

信息与知识服务是一项复杂而繁琐的工作,信息与知识服务人才首先要充分认识到信息工作的地位及重要作用,为自己所肩负的重任感到自豪。其次,要有"爱岗敬业"的职业道德,以"用户第一,服务至上"的宗旨要求自己,用热心、细心、耐心的服务态度和高度的责任心为广大用户提供高质量的服务。此外,不论遇到什么困难和挫折,都能以坚韧不拔的精神和百折不挠的毅力去战胜它们。

毕业于北京大学信息管理系的李彦宏,留学美国并获布法罗纽约州立大学计算机科学硕士学位,先后担任道琼斯公司高级顾问、国际知名企业 Infoseek 技术主管等职务。期间,他在全球最先创建 ESP 技术,发明并获得美国专利的"超链分析"技术被全球搜索引擎采用。回国后,在北京创建"百度",仅用三年时间就将百度做成全球最大的中文搜索引擎公司。2005 年 8 月 5 日,百度在纳斯达克成功上市。李彦宏的成功说明信息人才在知识结构、信息素质、综合素质方面的"通才"是极其重要的。

2.4 不同岗位与层次的培养目标

随着我国信息产业化的大力发展,信息工作已经渗透到各个行业。从事信息工作所必需的知识和技能已在前面做了详细的介绍,但不同行业、不同岗位对信息与知识服务人员要求的侧重面有所不同,培养的目标方向也有区别。

2.4.1 不同岗位目标

信息与知识服务人员可以分为两类,一类是专门从事信息与知识的生产、传播、管理、研究和教学的人员,主要包括信息研究人员、信息教育人员、信息管理人员等;另一类是在各行各业中从事与信息与知识服务相关工作的人员,应用信息理论和技术、成果等提供服务,主要包括企业信息人员、各专业领域的信息人员等。

1. 信息研究人员

信息研究主要是对信息内容、知识内容进行分析和研究,对信息理论、方法和技术的研究等。比如情报调研、学科跟踪、决策咨询等;还比如各种信息及信息载体的采集、加工、利用和传播的研究;知识组织、知识管理、信息构建、现代情报技术、信息管理与服务等领域的研究;信息市场、信息社会学以及知识产权和信息立法的研究等。

针对这些工作内容和性质,信息研究人员必须具有深厚的信息相关知识和较强的信息能力,熟悉信息政策,了解国内外科技发展现状,善于追踪世界科技发展趋势,具有相当强的思维能力、开拓创新能力和综合分析能力。此外,一丝不苟的钻研精神和良好的信息道德素质也是信息研究人员不可缺少的品质。

2. 信息教育人员

信息教育人员不仅仅要传授信息相关知识,更主要的是传播思想,培养学生自觉查找、利用信息的意识,引导学生如何在海量、复杂、多样的信息中捕捉有价值的信息,并增强他们处理信息的能力。信息教育人员还需要增强学生的法制观念,加强网络安全知识及国家有关法律法规的宣传,尽量减少或避免网络中的一些不健康东西对学生的负面影响,提高学生的信息辨别能力,养成良好的信息道德品质。

俗话说:"教给学生一杯水,教师要有一桶水。"信息教育人员要为人师表,言传身教,并应该具备以下几个方面的素质:

(1)具有先进的信息意识,能跟随信息技术的潮流不断提高自己的信息素质;

(2)熟练应用计算机信息技术,较高的信息能力,使用先进的教学模式,在信息化教学环境中授课并开展科研工作;

(3)能运用信息工作和方法准确有效地对学生的信息能力做出评价;

(4)能尊重他人的知识版权,不非法获取、传播他人的隐私,遵循信息道德规范;

(5) 具有很强的终身学习能力,利用丰富的信息资源不断扩充自己的专业知识,提高自己的信息能力;

(6) 具有良好的协调沟通能力,把自己丰富的信息知识和信息经验传授给学生。

3. 企业信息人员

企业信息化是一项复杂的系统工程。它不单纯是一项技术问题,也不单纯是一个管理问题,它涉及到企业战略、生产过程、技术力量、管理方式、企业成员素质等许多因素。它是指企业利用计算机、网络、通讯等现代信息技术,通过对企业内外信息资源的深度开发和广泛利用,不断提高生产、经营、管理、决策的效率和水平,从而提高企业经济效益和核心竞争力的过程。

根据企业信息化建设所涉及的问题和研究的内容,企业信息人员应该既精通信息相关知识,又掌握最新的计算机信息技术,善于市场研究和宏观决策,还要具有扎实的经济和管理知识,同时也要具有一定的法律知识和人文知识。企业信息人员一方面要有很强的管理能力和信息能力,另一方面要有很好的综合分析能力。他们应能够运用计算机信息技术对企业生产经营中的实际问题进行分析,通过对信息资源的挖掘和利用,为管理者提供竞争情报和有力的决策支持。另外,组织协调能力,与人交往的沟通能力,以及团队精神,对企业信息人员也是非常重要的。

4. 专业信息人员

随着计算机、互联网、数据库在各学科专业中的应用和渗透,人们对理工农医及社会科学的专业信息人员越来越重视。专业信息人员既要当好领导者的参谋,又要做好本专业信息与知识资源的采集、组织、分析研究和服务工作。因此,专业基础知识、信息专业知识、计算机知识、经济学知识是专业信息人才必备的知识结构,他们作为专业信息的搜集、处理、分析研究的专家,良好的信息获取、处理、交流能力等是他们必备的业务技能。此外,还应具备良好的外语水平,及时了解国外同专业的发展状况,借鉴国外先进经验,为本专业的战略发展和领导决策提供科学依据。

2.4.2 不同层次目标

按层次来讲,信息与知识服务人员可以分为初级信息人员、中级信息人员和高级信息人员。不同层次的信息人员对技能要求的"精深"和"宽广"不同。

1. 初级信息人员

初级信息人员主要从事信息的采集和加工,即实现信息的有序化、矢量化和信息增值,这是信息工作的基础。具体来讲是指运用先进的计算机信息技术,把采集到的各类信息及数据进行加工和处理,使之形成一种可以有效查找和利用的系统化信息服务、产品和数据,成为用户可以接受和开发利用的信息流和数据源。

从初级信息人员的主要任务和职责可以看出,他们应具有信息基本理论知识,熟练的计算机操作技能和信息采集、分类与鉴别能力,同时还要具有胜任外文信息采集工作的外语水平,以及较强的信息意识和良好的信息道德素质。

2. 中级信息人员

中级信息人员主要从事信息提供、咨询及信息管理等工作,即利用现代信息技术手段,对信息资源进行计划、组织、领导和控制及向用户提供信息咨询服务。

中级信息人员应具有较高的文化修养和敏锐的信息意识,包括对信息特殊的、敏锐的感受力和持久的注意力;应具有较强的信息加工处理能力,能运用计算机多媒体技术搜集、选择、整理、下载各类信息,能有针对性地选择信息进行加工处理,能运用信息技术使咨询服务工作自动化、网络化、信息传递智能化;应具有较强的信息调查分析、评价、鉴别的能力,能运用数理统计、信息经济、情报研究等知识进行分析研究;应具有较高的外语能力和良好的公关交际能力。

3. 高级信息人员

高级信息人员主要从事开发性、研究性的工作,即根据特定的需求,从无序信息中筛选和提炼出有参考作用的信息,并对其进行深层加工和分析,为拟解决的问题提供决策服务。高级信息人才应具有广博的知识面、扎实的信息理论知识和相关学科知识以及较强的计算机信息技术应用能力;应具有极强的信息意识和信息分析能力;应具有极强的战略眼光、极强的开拓创新能力和宏观决策能力;应善于学习,具有较强的组织协调能力;应具有跨语言、跨文化的交流能力。

§3 情报学正规教育

情报学教育可以分为正规教育和继续教育。正规教育是培养专门人才的高等院校和科研院所提供的本科和研究生教育。继续教育指的是以更新、拓展知识提高信息与知识服务人员专业技能和创造能力的教育。

3.1 国外主要国家情报本科生、研究生教育概述

3.1.1 美国情报学正规教育

1. 历史沿革

情报学正规教育最早产生于美国,是以图书情报教育为基础的。美国图书情报教育可以划分为创立阶段、黄金阶段、关闭阶段和复苏阶段。

(1) 创立时期。1887年美国著名的图书馆学家杜威(Melvil Dewey)创建哥伦比亚大学图书馆经营学校(School of Library Economy)。1926年,芝加哥大学图书馆学设立研究生学位。20世纪50年代,在传统图书馆学教育的基础上,美国凯斯西部大学教授A.福克(A. Focker)于1950年开设"文献课",此举被认为是情报学教育事业的开端。

(2) 发展时期。美国的情报学教育在20世纪60年代后期曾经历了一段辉煌发展时期。高峰时图书情报学院高达137所,在校学生超过2万人。70年代,随着信息技术的发展,"情报学"一词进入各院系名称,成为图书情报学院(系)。

(3) 低谷时期。从1978年开始,美国的情报学教育开始走下坡路。起初是俄勒冈大学关闭了图书情报学院,随后又有16所著名图书情报学院(系)先后关闭,关闭风一直持续了近20年,直到1997年8月,才以夏威夷大学图书情报学院作为一个学组并入信息与计算机系暂时

平息。对于美国情报学教育的关闭风,有学者认为,原因之一是教育不能适应信息技术革命和社会信息化需要,错过了发展时机;原因之二是教学计划和专业设置学术水平不高。

(4)复苏时期。20世纪90年代中期以来,以计算机技术、网络技术为代表的信息产业极大地带动了美国经济的持续发展,情报学教育在总结经验教训的基础上,纷纷对课程设置进行调整,适应了市场需求变化,推进了原图书情报学教育向图书馆与信息科学教育的发展。经过总结失败的经验教训之后,又采取了许多新的措施,因而使美国仍然保持着图书情报学教育的领先地位。据统计,到20世纪末,美国的图书情报学院经ALA认可的有49所,其中24所可授予博士学位。每年招收硕士生约12 000人,博士生约600人。每年授予硕士学位人数不到5 000人,博士学位约60人。

2. 教师

美国图书情报学院各院系的专职教师人数相对较少,许多图书情报学院都有不少兼职教师和访问教师,兼职教师的数量往往大于专职教师,这是美国情报学教育的一个重要特点,也是中国情报学教育少有的现象。兼职教师可能来自其他学科,如心理学、计算机科学、经济学、管理学等,无疑有利于情报学与其他学科的交叉融合。

3. 学位

在学位设置方面,美国情报学学位主要是硕士、双硕士、博士,获上述学位后,还可从事硕士后、博士后的实践,本科极少。美国情报学在硕士学位设置上由单一的图书馆学情报学硕士发展成为几十种学位,如信息学经济管理硕士、信息资源管理理学硕士、信息学生物学硕士、信息学化学信息专业硕士、远程通信与网络管理理学硕士等。

4. 学制

在学制方面,图书情报院系的全日制硕士研究生一般在3～4年内修满学分,考试合格即可毕业。硕博连读通常为5年制。非全日制学生学制长短不同,相对灵活,但必须学完全部课程。

5. 课程

美国在图书情报专业教育中非常重视课程的评估、调整。课程设置具有明显的层次性,选修课的比例远大于必修课,重视信息技术课程和新的领域(如人机交互、信息构建、网络检索等),引入许多管理类课程和其他专业的课程,如经济、法律、认知、系统科学等,体现学科间的开放性和定义融合的特点。在教学方式上重视培养学生科研能力和创造力的发挥。

6. 教育认可制度

美国图书情报专业教育的认可制度非常具有特色。教育认可制度是国际上发达国家为保护公众利益和保障专业教育质量与水平的一项通行教育制度,医学、法律、图书馆等几十种专业都纳入此范畴。在美国,图书情报与信息科学教育(LISE)的认可,是由全国教育认可委员会(NCC)授权美国图书馆学会(ALA)担任图书馆学教育的认可机构,具体负责美国图书馆学会下设的认可委员会(Committee on Accreditation)。现在美国LISE已经形成了一个比较完整的包括学士、硕士和博士各层的学位授予体系。根据2000年的统计数据,美国图书馆与信息科学(LIS)学院、所、系共191所。学位等级可分为本科(BA/BS/BLS)、硕士(MA/MS/MLS)、高级硕士(Advanced MLS)或超硕士(CAS-Certificate of Advanced Study)、博士(Ph.

D 或 DLS)4 级。

最近几年,美国的情报学教育又有新的动向,原先所称的图书情报学院(系)中,相当一部分取消了"图书馆(library)"一词,而以情报(信息)(information)代之,或将情报(信息)调至"图书馆"之前。最新资料显示(2006 年 2 月),在美国图书馆协会认可的 52 所大学图书情报学院中,完全没有"图书馆"一词的学院有 19 所,情报(信息)放在"图书馆"前面的有 5 所,这两种情况约占学院总数的 46%,比 2002 年提升了 15 个百分点,有意突出情报学特征,这种变化比较大。

3.1.2 英国情报学正规教育

英国的图书情报学教育创始于 1885 年,1919 年开始设立硕士学位。目前设置图书情报学硕士课程的大学有 17 所,每年招收硕士生 800~1 000 人。学制比较短,学士学位 3 年,研究生毕业证书(graduate diploma)9 个月,硕士学位 12 个月,博士学位 24 个月,此外还有介于硕博之间的 MPhil 学位。过去,图书情报学院系在招生中非常重视工作经验,有时甚至可以取代学位要求。

英国的教育体制与中国有很大的区别,以研究生教育为例,英国的研究生课程分为两类:讲授式课程和研究式课程。前者分为 9 个月的研究生文凭课程及 12 个月的硕士学位课程。研究式课程可分为硕士研究班和博士研究班两类。申请从事硕士研究者须具有学士学位,一般要从事 1~2 年全日制研究工作,获得 MPhil 学位,若研究进度令校方满意,方可申请继续进行博士研究。

英国 LIS 院系大多是二战后设立的。从 20 世纪 60 年代起,英国 LIS 教育进入大发展时期。具体表现为:政府和社会高度重视;向情报化方向发展,许多院系名称中加上"情报学"字样,增设情报学课程;全日制教育普遍确立,所有 LIS 院系都开展了研究生教育,有些还招收博士生。70 年代是巩固提高时期,是乐观、扩展和向上的黄金时期。

但是从 20 世纪 70 年代末开始,英国的情报学教育也进入了一个困难和动荡时期。当时英国的社会环境发生了很大变化,经济不景气,政府紧缩财政开支并推行私有化政策,就业市场竞争激烈。传统的图书情报学就业市场不景气,失业人数迅速增加,由 1972 年的 4.4%猛增到 1981 年 15.4%。主要原因是图书情报学毕业生知识结构不能适应雇主的需要,尤其是计算机、统计学、表达和公共关系方面的知识和技能贫乏。

为了适应新的形势和摆脱困境,英国大学中各 LIS 院系进行了一系列的改革,主要有:

(1)院系重组、合并与改名。为了向信息业靠拢和发展,强调情报学的重要性,有些 LIS 院系更改了名称。有些把"情报"提到"图书馆"前面,有些干脆去掉了"图书馆"这个词,如北伦敦理工大学、谢菲尔德大学、伯明翰市理工学院等。到 90 年代中期,在 17 个院系中,只有两家在名称中仍保留"图书馆",6 家改为情报学(或研究)系,4 家改为信息管理系,2 家与媒体和传播系合并,1 家并入商学院。

(2)改变招生策略。对新生的资历要求更加灵活和务实,不强求工作经验,放宽年龄的限制,不要求新生承诺毕业后一定从事图书情报工作。学生来源多样化,吸收了其他学科和专业的人来学习。

(3)改革课程。首先是推行模块化教学,根据学生的兴趣、志向和能力来配置不同的课程模块,供学生按块选修。其次是革新课程和教学内容,重点加强 IT、IM、传播学和人际传播、市场营销学等方面的课程。第三,增加一些专门化的课程,如商业情报。第四,非常重视用户的分析、研究,人际交流方面的培训是必不可少的。

3.1.3 日本情报学正规教育

1903 年日本文库协会开设了"图书馆事务讲习会",表明日本图书情报学教育的开始。1951 年,在美国图书馆协会的帮助下,首次在庆应大学文学部设置了图书馆学科,它标志着图书馆学在大学正规教育中取得了独立的学术地位。其他一些大学也先后设置了同样的专业,如东京大学、京都大学、北海道大学、名古屋大学等。1967 年和 1975 年又是庆应大学率先设立"图书馆·情报学"硕士课程和博士课程。当时规定,本科生教育以传统的图书馆学课程为主,研究生则重点学习情报学课程。

目前,日本有 200 余所高校提供图书馆情报学教育,大多数院校一般只设本科,提供研究生教育的有 5 所大学:庆应大学、东京大学、京都大学、图书情报大学和爱知淑德大学,其中前 4 所还可以提供博士课程教育。

日本大学中的图书馆学情报学教育,主要在三个层次上展开。一是图书馆学情报学专门教育;二是司书(包括司书补)、司书教谕专门课程。日本大学中的司书、司书教谕专门课程,是日本图书情报学教育的一个明显特色,在整个专业教育体系中,这种类型的教育具有压倒性的优势;三是在相关学科中开展的以普及图书情报学知识为主要目的的一般教育。

近年来,日本的情报学教育又有一些新的变化。日本惟一的国立图书情报大学大幅度修改了它的学科方向,把全部教学和科研领域重新组合为四大领域:信息媒体社会、信息媒体系统、信息媒体管理、信息媒体开发。把硕士生培养改称为博士前期课程,博士生培养称为博士后期课程。

3.1.4 亚太地区其他国家状况

就总体状况而言,一般都起步比较晚,发展也有快有慢。相比较来说,韩国、印度、澳大利亚等发展是比较快的。

1. 韩国情报学正规教育

韩国的图书情报教育始于 1946 年,当时的国立中央图书馆着手创建国立图书馆学校,学制一年。1955 年,梨花女子大学开设图书馆学专业课程,1959 年正式设立图书馆学科。1957 年延世大学率先设立图书馆学系,提供本科和硕士教育。1974 年成均馆大学首先开设图书情报学博士教育。到 1996 年,有 32 所大学设有文献情报学系,其中 20 所设有硕士学位,6 所设有博士点。另外,还有 7 所高等专科学校和 2 所图书教育学院。

韩国图书情报教育的过程大体可以划分为以下三个阶段:第一阶段为初创期,从 1945 年到 1957 年,大学里开设图书馆学科课程的时期;第二阶段为发展期,从 1957 年到 1972 年在大学里设置图书馆学科,同时又开设硕士课程的时期;第三阶段是变革时期,从 1973 年以后,大学设置实行全面改革,并设置博士课程的时期。

韩国的图书情报学专业隶属于教育学，教育学课程占有较大比重。目前，韩国图书情报教育的32所正规大学中有29所设立了文献情报学系，一般来说，专业必修课占35%，选修课占65%。韩国图书情报教育参照美国的比较多，如何适应本国需要是目前韩国图书情报界和教育界正在探讨的问题。

2. 印度情报学正规教育

印度著名图书馆学和分类专家阮岗纳赞1937年在马德拉斯(Madras)大学开设了第一个全日制的图书馆学课程。到1947年印度获得独立时，已有5个大学提供图书馆证书教育。1948年，阮氏在新德里大学建立了第一个图书馆硕士专业，1950年又开设了博士专业。

由于经济发展需要，加上没有严格的审查许可制，因而印度的LIS教育发展很快。目前，印度的大学中大约设有LIS硕士点67个，MPhil学位点11个，博士点32个。大多数LIS院系都设在人文学院内。LIS方面的专职教师仅有250人，每年招收研究生约850人。学制较短，硕士1~2年，博士2~4年，学士1年(但必须先获得其他学士学位)。

印度各大学的LIS教育水平差异很大。它们面临的主要问题是师资不足和资源缺乏。为此大多数院系除有专职教师外，还聘用许多图书馆员做讲师。教材大多依靠英美的教材。

3. 澳大利亚情报学正规教育

1960年，新南威尔士大学创办了澳大利亚第一个图书馆学系。此后，在政府、专业协会和大学的支持下，各州陆续在一些大学中开设图书馆学课程。到1974年，各州至少有一所大学设有LIS专业。据1993年统计，澳大利亚有13所大学招收LIS专业的学生，其中9所可以招收硕士生，5所可招收博士生。招生专业名称多种多样，情报学和信息管理占大多数，单纯的图书馆专业已经很少。学制一般为3年(全日制)，在职学习需要6年。课程设置和教学内容日益情报化。情报学和信息管理课程占主导地位。此外，这类教育很重视实践环节，3年中要安排3次(共6周)的专业实践课。毕业生的就业去向主要是各类图书情报机构、政府部门的记录中心。

除此之外，还有其他一些国家(如菲律宾、马来西亚、孟加拉等)的情报学教育似仍以传统的图书馆学为主，课程设置总的来看滞后于环境的发展。然而，近些年已普遍重视信息技术发展对信息服务的影响，纷纷重构课程设置。有的国家已开始授予硕士、博士学位。

3.2 我国情报学本科生、研究生教育概述

3.2.1 情报学本科生教育概述

中国情报学本科生教育起步并不晚，追根溯源要从1958年中国科学技术情报研究所创办的科技情报大学算起。该校设置了图书馆学、情报学、编辑出版三个专业，后于1959年并入中国科技大学，在培养出第一批学生后，于1963年停办。北京大学图书馆学系20世纪60年代初专门聘请我国化学与情报专家袁翰青先生讲授科技情报。"文革"后，情报学本科生教育于1978年恢复。武汉大学创办了(本科)科技情报专业，随后吉林大学(原吉林工业大学)、南京大学、北京大学、山东大学、中国科技大学、西安电讯工程学院等相继建立情报学专业。中国人民大学分校则开办了社会科学情报专业。80年代中期起，又有一批院校开办了图书情报学专

业,这类专业一般以图书馆专业为主体,把情报学专业的一部分融入其中。

1. 历史沿革

我国情报学专业教育可以划分为三个阶段:

(1)科技情报专业阶段(1958—1992年)。自1958年中国科学技术情报研究所创办科技情报大学后,该所在上世纪60年代初一直对进所大学生进行科技情报的培训。"文革"后,1978年又率先创办了科技情报研究生班。同时,继武汉大学1978年创办科技情报专业之后,南京大学等一大批院校纷纷建立情报学专业,情报本科教育在我国正式兴起。到1992年,全国共有30多个本科教学点。

(2)科技信息专业阶段(1993—1998年)。80年代以来,许多学科、许多领域逐渐向信息领域渗透,以文献信息管理为重点的情报学教育开始向更广阔的信息管理领域迈进。1993年,国家教委在修订本科专业目录时,决定把科技情报专业改名为科技信息专业,隶属于理学大类,与系统科学组合为一个一级学科,即"科技信息与系统科学",下设科技信息专业和系统科学专业。另外,把原来的"图书情报学"专业和社科情报专业合并为"信息学"专业,隶属于历史学大类之下。图书情报院系纷纷改称信息管理系,图书情报教育向以信息管理为轴心的方向延伸和发展,开始了新的变革。

(3)信息管理与信息系统专业阶段(1999年至今)。在1998年7月确定的新的本科专业目录中,科技信息专业与管理信息系统专业、经济信息管理专业、信息学专业以及林业信息管理专业合并为一个专业,即信息管理与信息系统专业,隶属于管理学大类"管理科学与工程"这个一级学科之下。据当时统计,合并改名之后,设有"信息管理与信息系统"专业的高校有151个。据教育部高教司提供的统计资料,到2000年12月31日为止,大陆高校共设有"信息管理与信息系统"专业教学点177个。

2. 师资结构

据对全国21所图书情报院系的调查,2003年图书情报院系共有教师323人,平均每个院系约有15人,扣除一些冗余数据,我国图书情报院系教师平均数与美国图书信息学院专职教师的平均数(10人)大体相当。

从职称角度讲,正高职称、副高职称与中初级职称比例约为1:2:2,而美国图书情报院系教授、副教授和助理教授的比例为1:1:1,我国正高职教师比例偏低,职称结构整体偏低,仍有较大发展空间。

从学历结构看,图书情报院系教师中博士、硕士、学士比例关系约为1:3:3,说明学历结构处在中等偏下水平,亟待改善提高。

从学科角度看,图书馆、情报与文献学学科约占64%,文科约占16%,理科约占17%,工科约占3%,同图书情报专业教学基本相适应,学科背景仍显单调。

3. 课程设置

为了执行新的专业目录,由北京大学信息管理系和武汉大学信息管理学院发起,1998年10月在河北大学召开了全国高校信息管理专业教育研讨会。会议确定了信息管理专业的8门主干课程,它们是:管理学原理、经济学、信息管理学、数据结构与数据库、信息组织、信息存储与检索、计算机网络、管理信息系统。主干课程的确定,为规范情报学本科教育起到了重要作用。

从课程体系上来看，我国信息管理与信息系统专业的课程体系可分为图书情报型、情报科学型和计算机信息管理型三种。图书情报型的学科背景是图书情报或图书馆学，其专业课程设置偏重于文科，并明显带有图书馆学专业的特点。情报科学型的学科背景是科技情报，其专业课程设置偏重于理工科。计算机信息管理型的学科背景是管理信息系统或计算机应用专业新增的专业方向。

4. 培养模式

对于本科生的培养模式主要有以下几种：

(1) 先学外专业课，后学本专业课。实行过这种模式的代表是北京大学，毕业生在工作实践中表现出多学科知识的优势，受到了用人单位的欢迎。

(2) 实行主辅修制。这种模式有利于拓宽学生知识面，培养一专多能的复合型人才。北京大学、南开大学、南京大学等很多院校都曾实行过主辅修制。

(3) 实行双学位制。这是近几年来许多高校采用的模式，效果良好，较受学生欢迎。

(4) 第二学士学位制。这种制度对于已经取得外专业学士学位的在职人员进行图书情报学教育，考核合格授予第二个学士学位。

3.2.2 情报学研究生教育概述

研究生教育作为高层次的专业教育，是培养情报学高级专门人才的重要途径。在我国，同本科阶段"信息管理与信息系统专业"相对应的研究生专业，主要是管理学门类下的情报学专业。经过近20年的发展，我国情报学研究生教育已经形成由硕士和博士两级学位授权点组成的学位结构体系，在推动情报学学科建设，培养情报学高级专门人才方面取得了巨大成就。

图书情报学研究生专业原来隶属于理学大类之下，授予理学学位。20世纪90年代中期修订研究生专业目录时，把图书馆学、情报学和档案学归并为一个一级学科，隶属于管理学大类，授管理学学位。

1. 硕士研究生教育

1978年起，中国科技信息研究所率先创办科技情报研究生班，随即武汉大学、北京大学等单位也开始招收情报学专业或方向的研究生。1984年，武汉大学和中国科技信息研究所首批获得国务院学位委员会批准，建立了情报学专业硕士学位授权点。其他一些高校和著名的图书情报机构如吉林大学、中国科学院文献情报中心等单位也陆续获得了情报学专业硕士学位授予权。截至2004年，我国共建立了45个情报学专业硕士学位授权点，这些授权点包括：武汉大学、中国科技信息研究所、北京大学、吉林大学、中国科学院文献情报中心、中国国防科技信息中心、中国中医研究院、中国协和医科大学、中国航空航天研究院、南京大学、南京理工大学、北京师范大学、中国军事医学科学院、上海交通大学、中南大学、华东师范大学、西安电子科技大学、上海大学、天津师范大学、黑龙江大学、南开大学、中国人民大学、中山大学、东北师范大学、兰州大学、南京农业大学、华中师范大学、第二军医大学、四川大学、郑州大学、山西大学、浙江大学、安徽大学、中国科学院成都文献情报中心、福州大学、同济大学、华东理工大学、西南师范大学、重庆大学、华中科技大学、南京航空航天大学、山东理工大学、天津大学、中国农业大学、中国科学院资源环境科学信息中心(兰州)等。2006年1月,国务院学位办下达了第十批学位授权学科专业名单,又新增20个情报学硕士学位授权点,他们分别是:北京航空航天大学、北京理工大学、天津理工大学、河北大学、陕西财经大学、中国医科大学、苏州大学、河海大学、江苏大学、安徽财经大学、南昌大学、山东大学、山东科技大学、青岛科技大学、新乡医学院、湘潭大学、华南师范大学、西南科技大学、上海社会科学院、山东省医学科学院。

此外,在"图书馆、情报与档案管理"一级学科下,2000年图书馆学硕士学位授权点有18个,档案学硕士授权点12个,从而使我国"图书馆、情报与档案管理"类的硕士学位授权点达到75个,学科发展迅速。2006年,又有包括第二军医大学、南京政治学院、中国科学技术信息研究所、云南大学、重庆大学、四川大学、中山大学、郑州大学、浙江大学、南京理工大学、南京大学、上海大学、华东师范大学、上海交通大学、黑龙江大学、山西大学、南开大学等17所高校和科研院所成为"图书馆、情报与档案管理"硕士学位一级学科单位。

有研究成果表明,我国硕士研究生排在前十位的研究方向有:(1)信息资源管理;(2)信息管理;(3)情报学理论;(4)信息组织;(5)信息系统;(6)信息检索;(7)竞争情报;(8)信息咨询;(9)知识管理;(10)信息技术。

目前,我国硕士研究生学制有两年、两年半、三年等几种,正在逐渐向两年学制转变。

2. 博士研究生教育

我国的图书馆学、情报学博士生教育始于1990年,当时北京大学和武汉大学分别获得了图书馆学专业和情报学专业博士学位授予权并开始招收博士研究生。到2006年,中国内地共有情报学博士学位授权点7个,涵盖9个单位,即武汉大学、北京大学、中国科技信息研究所、中国国防信息中心、吉林大学、南京大学、中国科学院文献情报中心、华中师范大学和南开大学。其中北京大学、武汉大学、中国人民大学和南京大学具有一级学科授予权,并且北京大学、武汉大学等院校设立了专业博士后流动站,中国科技信息研究所建立了"图书馆、情报与档案管理"博士后科研工作站。到目前为止,在"图书馆、情报与档案管理"学科类别中,有图书馆学博士学位授权点7个,即北京大学、武汉大学、南开大学、中科院文献情报中心、南京政治学院上海分院、吉林大学、中山大学;有档案学博士学位授权点4个,分别为中国人民大学、武汉大学、南京政治学院、云南大学。

博士研究生学制主要为3年,北京大学为了提高博士研究生培养质量,在国内率先尝试将博士研究生学制延长为4年。

我国情报学教育形成了博士、硕士、学士三级学位制度和招生比例基本合理的教育体系,尤其是硕士研究生比重较大,为博士研究生教育的进一步发展打下良好基础。

3.2.3 情报学学位授权点介绍

在情报学学位授权点中,有许多培养单位为我国的信息与知识服务业培养了大量优秀人才,在图书情报教育界赢得了良好声誉和尊重,如北京大学、武汉大学、中国科学技术信息研究所、南京大学、吉林大学、中国科学院文献情报中心、南开大学、中山大学、中国人民大学等,限于篇幅这里只介绍其中的几所。

1. 北京大学信息管理系

北京大学信息管理系创建于1947年,是我国自己创办的最早的图书馆学情报学教育机构之一,原名图书馆学系,20世纪80年代改称图书馆学情报学系,1992年更名为信息管理系。目前,北京大学信息管理系本科教育设有图书馆学专业、信息管理与信息系统两个专业。研究生教育已有40余年的历史,硕士和博士研究生教育设有图书馆学、情报学以及图书馆、情报与档案管理三个专业。其中图书馆学博士点是我国该专业建立的最早的博士点之一,教学与科研水平居国内前列;情报学博士点是由北京大学联合中国科技信息研究所、中国国防信息中心共同创办的,具有雄厚的科研实力。2000年,北京大学信息管理系获"图书馆、情报与档案管理"一级学科硕士授予权;2002年,图书馆学专业被批准为国家重点学科;设有专业博士后流动站。

2. 武汉大学信息管理学院

武汉大学信息管理学院是我国历史最久、规模最大的信息管理学教育研究机构。目前,拥有情报学和图书馆学两个国家级重点学科,拥有"图书馆、情报与档案管理"以及"管理科学与工程"两个一级学科博士点,且设有专业博士后流动站,以及图书馆学、情报学、档案管理、信息资源管理和出版发行管理学科博士学位授权点。

信息管理学院1978年招收第一届研究生。1981年建立图书馆学硕士点,1984年建立情报学硕士点。1990年建立情报学博士点,1993年建立图书馆学博士点。2000年批准获得图书馆、情报与档案管理一级学科博士学位授予权。2001年更名为信息管理学院。2002年图书馆学和情报学两个博士点学科被批准为国家重点学科。2002年12月建立信息资源管理和出版发行学博士点。2003年管理科学与工程被批准获得一级学科博士学位授予权,并被批准建立图书馆、情报与档案管理博士后流动站。

3. 中国科学技术信息研究所(简称中信所)

中国科学技术信息研究所是国内最早开展情报学研究生教育的单位之一。1978年开始招收情报学(科技情报)专业研究生,1984年被国务院学位委员会批准为管理学硕士学位授予权单位。1997年经北京市学位委员会批准,开展以同等学力申请硕士学位的在职研究生培养工作。1998年起与北京大学合作培养情报学博士研究生。2003年9月获得图书馆学硕士学位授予权,2006年获得"图书馆、情报与档案管理"一级学科硕士学位授予权。2002年经人事部批准,设立我国第一个"图书馆、情报与档案管理"博士后科研工作站。

半个世纪以来,作为国家级科技信息机构,中信所为国家的科技、经济、国防和社会发展做出过重要贡献,培养造就了一批有影响的情报学专家学者。承担的诸多国家级、省部级科研项目,为在理论与实践结合上培养高质量情报学人才提供了理想平台。

到2006年上半年,中信所已培养硕士毕业研究生329人,博士生11人;在校博士生16人,在站工作博士后4名。中信所按照图书馆、情报、档案管理一级学科的要求,全面致力于高级人才培养工作,力争建设成为全国科技信息人才培养中心。

4. 中国科学院文献情报中心

中国科学院文献情报中心的研究生教育始于1979年,是"文革"后国内最早招收图书馆学情报学研究生的单位之一。1986年,该中心获得"图书馆学"和"情报学"两个专业的硕士学位授予权。1993年,获得图书馆学专业博士学位授予权。1995年,与南京大学联合获得情报学专业博士学位授予权。2002年又获单独的情报学博士学位授予权。至此,该中心已成为我国唯一获得国务院学位委员会授权可培养本学科领域博士研究生和硕士研究生的文献情报机构,成为本学科领域研究生学位点最密集的单位之一,成为国内高层次应用性专业人才培养的重要基地。

5. 南京大学、吉林大学、中山大学

南京大学图书情报学专业1985年建系,现称为信息管理系,1986年获得图书馆学硕士学位授予权,1993年获情报学硕士学位授予权,1995年设立情报学博士学位授予点,2006年成为"图书馆、情报与档案管理"一级学科博士学位授予权单位。重点培养专业基础扎实,知识面宽,素质高,竞争能力强的复合型应用性专业人才。

吉林大学信息管理系创建于1985年,属管理学院管辖。1986年设立情报学硕士学位点,是国内较早设立的情报学硕士点之一。2003年获情报学博士学位授权点,2006年经批准获得图书馆学博士学位授予权。主要研究方向为情报科学理论与应用、信息经济理论与应用、信息系统与信息网络、网络信息管理、知识管理与数据挖掘。

中山大学信息科学与技术学院建于1996年1月,由计算机科学系、电子与通信工程系、信息管理系、计算机基础教育中心、计算机软件研究所、计算机应用研究所、电气及工程软件研究中心等7个单位组成。现拥有图书馆学、档案学、信息管理与信息系统三个本科专业以及图书馆学、情报学、档案学三个硕士点;2006年获得图书馆学博士学位授予权。

3.2.4 我国台湾地区资讯学教育

1. 台湾地区资讯学教育概述

台湾地区的图书资讯学教育始于1954年,当时的台湾大学外语系开设一门"图书馆学"课程。1955年,台湾师范大学社会教育系下设立图书馆学组,开始有组织地从事图书馆学的教学和研究工作。1961年,台湾大学图书馆学系成立,标志着这个学科在综合性大学中取得了独立的学术地位。后来,台湾地区的资讯学教育同美、英、日、韩等国一样,在原来图书馆学的框架内慢慢地发展起来,但始终未脱离其母体。到1997年,台湾地区共有5所大学设有图书馆学系,包括台湾大学、台湾师范大学、辅仁大学、淡江大学和世新大学,前面4家还设有研究所,招收和培养图书馆学硕士和博士研究生。前几年,台湾地区的图书馆学研究所才开始改名为图书馆与资讯学系或研究所,比大陆同行晚10年以上。

2. 人才培养目标

首先,台湾地区的图书资讯教育注意培养学生的学科特长。美国等西方国家图书情报学教育以专业教育方式培养人才,以研究生教育为主。具有学士学位的大学毕业生具有学科专长,经过图书资讯专业课程教育,获得硕士学位,即可到图书资讯机构服务。而台湾图书资讯教育以本科教育为主,导致毕业生进入图书资讯机构时,往往缺乏学科特长。因此,部分院校如台湾大学采用辅助课程或副修课程的形式,让学生选修某一学科的专业知识,使其具有相应的学科专长。

其次,台湾地区的图书资讯教育注重与社会接轨。台湾地区的图书资讯院校一方面压缩传统图书馆学的课程,另一方面开设并整合信息技术与网络资源方面的课程,如世新大学开设网络与通讯课程,淡江大学开设自动化专题研究等。

3. 特点和发展趋势

有学者认为,台湾地区的图书资讯高等教育具有以下特点及发展趋势:

(1)以研究生阶段与推广教育为发展目标,注重提高专业人员综合素质;

(2)增强资讯学理论与信息技术的研究;

(3)传统的课程逐步减少,计算机、通讯技术课程不断增加;

(4)开设英语之外的第二外语及工商管理供学生选修。这说明台湾地区正在努力开展培养复合人才方面的工作。

3.3 国外信息、知识服务人才培养的发展动向

有学者考察了美国情报学课程的设置,认为这一课程设置为我国信息与知识服务人才的培养提供了有启发意义的参照系。美国情报学课程大致可以归纳为:

(1)情报学理论;

(2)情报方法论;

(3)信息组织管理、检索与提供;

(4)用户需求与服务;

(5)专门情报工作;

(6)新型信息媒介;

(7)计算机与网络;

(8)信息系统;

(9)信息环境、信息产业。

英国图书情报教育界将课程内容设置为信息技术、信息交流与人际交流技术、信息管理、专业化课程等几大模块,强调信息技术是关键性因素,应贯穿在整个课程之中。

从国外情报学教育改革的探索来看,今后我国情报学教育深化改革,应注意以下几个方面:

(1)明确本科教育与研究生教育的分工。本科教育主要培养信息机构工作人员和各行各业信息资源管理与服务的职业人才。研究生教育要注重从其他专业毕业生中获得生源,主要培养知识管理和竞争情报的高级专业人才。

(2)吸收国外的成功经验,进一步改革课程设置。以信息技术课程、新型信息资源的管理与检索课程为核心,建设新的课程体系。

(3)从教学手段上讲,要全面采用信息技术改造教学内容与教学方式,利用网络开展情报学远程教育,建立新型情报人才培养模式。

下面介绍国外信息与知识服务人才培养的主要发展动向。

3.3.1 社会化和综合化的趋势

社会活动的信息化和信息活动的社会化是当今社会的主要特征。原有的图书、情报、档案

机构已经不再是信息获取、提供的唯一场所,人们获取信息的途径和渠道多种多样。面对这样的竞争形势,国外的图书、情报、档案等学科专业教育都抓住机遇,进行大胆的改革,培养综合一体化的信息与知识服务人才,要求培养对象具备图书、情报、档案方面的知识、计算机与通信方面的知识和能力,同时还应具备管理学、经济学等方面的知识和能力。

3.3.2 专业化和层次化的趋势

为适应社会信息化过程中各行业对信息与知识服务人才的不同需求,国外图书、情报、档案等学科专业教育在重视进行综合素质教育的同时,更加注重对这些人才的专业化和层次化的教育。如美国,不仅大多数图书情报学院或大学开设了专业化课程,而且还在计算机科学、商业管理、工程技术各领域实施了信息专业教育计划。通过三方面的努力来保障社会对信息与知识服务人才在数量和质量方面的需求。还以正规教育与继续教育、中等教育与高等教育、本科教育与硕士、博士教育相结合的方式培养不同层次的信息与知识服务人才。

3.3.3 强化人才能力的趋势

面对知识经济和社会信息化、信息社会化的挑战,发达国家普遍加强了对信息与知识服务人才能力的培养。所谓能力,这里指的是掌握扎实、宽厚的基础科学知识的能力,针对需求获取信息、知识的能力,以及分析问题、研究问题、解决问题的能力。

3.3.4 课程建设呈不断更新的趋势

传统的图书、情报、档案等学科专业的课程设置越来越不适应数字时代的需求。西方国家早在20世纪70年代和80年代就开始了课程设置的改革,而且这种改革并非一成不变,而是不断更新。如美国早在1985年发布的《图书馆和情报科学教育统计报告》就表明,信息技术类课程就已占新增课程的主导地位。他们要求信息服务人员不仅要懂得应用技术,而且要懂得设计;不仅要懂得信息组织,而且要懂得信息开发;不仅要懂得信息资源,而且要懂得用户的培训。

3.3.5 大力发展继续教育和远程教育的趋势

信息技术与信息产业的快速发展,使得信息与知识服务人才在适应能力和知识更新方面遇到了很大的挑战。西方发达国家不仅在20世纪80年代以来不断强调继续教育的地位作用,而且实施了大规模的信息与知识服务人员继续教育的计划。依靠日益发展的信息技术,远程教育在西方发达国家发展很快。在加拿大,54%的国立大学、68%的社区大学、36%的大中型高校都开展了远程教育。据《图书馆和情报科学教育统计报告》,目前美国有17所院校已采用远程通信形式来转播课程。远程教育不仅满足了广大地区信息管理人员和信息用户的需求,而且可使教学资源得到最大程度的节约。

3.3.6 联合办学的趋势

信息与知识服务人才的培养需要动员社会上方方面面的力量。除了校际间的合作外,国外联合办学的另一特点是产学研联合办学。如日本一些大学的情报工程专业与企业联合办学,其效果就十分明显。联合办学可以起到教学资源共享和优势互补的作用,最终受益的是广大信息与知识服务人才。

3.4 我国信息、知识服务人才培养的改革与创新

3.4.1 当前情报学教育存在的问题

我国情报学正规教育自创始以来,为国家培养了大量的专业人才,为科技、经济、决策等做出了重要贡献。当今社会已经进入数字化时代,信息经济、知识经济初露端倪,信息服务业已经形成独立的产业并得到迅猛的发展,其他行业对信息和知识服务的需求也大大增加。在数字化网络化环境下,我们如何跨越到培养信息与知识服务人才的轨道上来,并大幅度地提高信息与知识服务人才培养的数量和质量,是需要信息界、教育界、科技界乃至国家必须重视的课题。

目前我国情报学教育存在一些不适应的问题:

(1)情报学教育发展满足不了社会需求。目前我国在校攻读信息管理学、图书馆学、情报学的本科生、硕士生、博士生总共才几千人。其中本、硕、博学生所占百分比为61％、7％和2％,硕士课程班学生约占30％。而美国图书馆情报学教育1986年的招生数字就达8557人,1996年高达12586人。相比之下,我国图书情报教育发展缓慢,远不能满足社会需求。

(2)定位有待进一步明确。传统的情报学教育定位于培养科技情报人才,近年来为了适应社会大环境的变化,开始面向社会各行各业。发达国家(如英国)十分重视情报教育与经济、社会的联系,注重向工商企业倾斜,培养目标从过去的单一目标向多目标、多层次过渡,使被培养人员渗透至工商业管理、信息系统、企业专家系统等诸多领域。我国情报学教育为了适应社会发展,也做出了相应的调整。教育部于1998年7月颁布新的《普通高等学校本科专业目录和专业简介》,对信息管理与信息系统专业的培养目标做出了新的规定,该培养目标具有宽口径、厚基础、重素质的特点,适应了信息化社会对信息管理人才的总体需求。但与其他发达国家相比,我国情报学教育的培养目标仍需随着社会的发展而不断调整,以适应时代的需要。

(3)课程设置有待改进。20世纪80年代以来,我国图书馆学情报学专业的课程体系经历了两次大的变化:第一次是从以手工作业为基础的传统专业课程向以自动化作业为基础的现代专业课程的转变;第二次是从专门化的专业课程向多样化的专业课程的转变,增加了大量的交叉专业的课程。当前,图书馆学情报学专业的课程体系正在面临着数字化、网络化的挑战,急需做出相应的调整。美国图书情报教育的改革情况可以提供借鉴,据美国《图书情报学教育统计报告》提供的情况,每年都有一批学校停开一些课程,新增一批课程,或对整个教学计划进行修订。总的趋势是由过去的机构导向转为信息的内容和用户导向,重视信息资源管理、信息技术、网络、数字图书馆、知识管理等方面的课程建设。相对于美国图书情报学院,我国图书馆学情报学专业课程还存在一些不足。如必修课与选修课的比例、课程设置的层次性、新研究领域的课程开设、对管理类课程的重视程度、课程设置学科间的交叉融合和开放性等方面,都值得借鉴美国同行的经验,进行改革与修正。

(4)学生的能力需进一步加强。互联网带来了全新的数字环境,在这种环境下,信息管理人才的核心能力是能熟练利用计算机技术、网络技术和其他相关信息技术手段获取、分析、评价、组织、开发、管理和提供信息与知识。同时,信息与知识人才的创新能力成为社会需求的显著特征,信息与知识服务人才的培养应该着眼于培养富于创新精神和创新能力的信息管理人才。从企业招聘情况看,学历、专业背景、行业经验和专业技能、外语及计算机能力五个方面都有要求。除专业技能外,着重强调行业经验和外语、计算机知识。有学者指出情报学人才的知识结构应该包括:

① 情报学理论;
② 信息知识组织与检索;
③ 信息需求与服务;
④ 信息技术;
⑤ 知识挖掘与知识创新;
⑥ 管理知识与专业领域知识。

(5)教学基础设施和教学方法有待完善。教学基础设施不完善的表现是教学设备跟不上时代的发展,实验室、资料室建设落后于时代的要求,先进教学方法不能及时引进,如电化教育和远程教育等。

(6)师资结构有待调整。在师资方面,图书情报教育界侧重于吸收本专业的毕业生来充实教师队伍,而忽视了对其他专业人才的吸收,这导致了整个师资队伍知识结构的严重偏倚。在美国,其他学科如计算机科学、经济学、管理学等的专家学者大量参与到图书情报专业教育中来,成为图书情报专业的兼职教师,数量上甚至超过专职教师。其他学科教师加入,毫无疑问极大地促进了图书情报专业与其他学科的交叉融合,加快了图书情报学科的发展。

3.4.2 信息与知识服务人才培养的改革与创新

在信息与知识服务人才培养的改革方面,情报学界不断地做出努力和尝试,以适应时代的发展。我国大陆情报学教育经历了几次较大的变革:第一次是情报学独立成系或专业(1978—1980);第二次是图书情报学系改名为信息管理系;第三次是科技信息专业和信息学专业等合并为信息管理与信息系统专业。

进入信息与知识经济时代,在数字化网络化环境下,情报工作正在发生新的变革。

首先,工作对象由面向文献到面向信息与知识。信息资源由文献实体向数字化、虚拟化演变,信息资源的加工深度正在加大。

其次,工作环境协作化。数字时代信息与知识服务的提供,往往以团队的形式进行。借助于先进的网络技术,以更密切的形式进行协作,呈现一种全新的工作形式。单枪匹马、封闭式的情报研究模式,已不太可能完成重大的情报研究课题,创造高质量的情报产品。

第三,同应用结合紧密。信息与知识服务,已经形成以信息与知识产业为核心,广泛渗透到各行各业的格局。即使在信息与知识行业中,解决各种实际问题,也离不开深厚的行业背景知识,信息与知识服务与具体应用的结合越来越紧密。

为适应需求的发展,信息与知识服务人才的培养也需要进行改革与创新,主要体现在以下几个方面：

(1) 调整培养目标：由面向图书情报机构到面向社会、面向市场，同经济、商业、管理结合。

迄今为止的图书情报专业教育目标有两个明显的缺陷：一是面向特定的机构——图书馆、情报中心；二是以文献为载体的学术信息为主要对象。这就使得图书情报专业教育一直被限定在图书馆的狭小空间中。数字和网络化时代，给图书情报教育带来新的发展机遇，也改革了图书情报人才的培养目标，使图书情报人才面向广阔的行业空间。

面对经济社会的转变，大部分图书情报院系及时对办学方向和培养目标进行了调整，增设了大量有关经济信息、市场经济、信息处理、自动化等方面的课程，使图书情报专业教育不仅面向图书情报机构，而且还更多地面向社会与经济的发展需求培养人才，以增强学生的就业能力与竞争能力。

(2) 调整课程设置。

① 课程设置模块化，同信息技术结合紧密。所谓模块化的课程结构，是依一定的标准划定几个教学单元，每一个单元由不同的小专题和课题组成，一个单元即一个模块，学生可以根据自己的需要选择不同的模块组合。目前英国大多数图书馆学情报学院系已经以模块为基础设计课程。美国的图书情报教育也广泛采用模块化的课程结构。国内学术界也对图书情报课程结构模块化予以重视，有的专家提出信息管理专业课程体系由科学文化知识基础和语言工具知识模块、经济学知识模块、现代信息技术模块、专业化课与专门化课模块、学科背景知识模块五大模块组成。需要特别指出的是，在课程模块中信息技术模块占有重要的比重。

② 增加选修课的比例，明确课程层次。学生如果要选择较高层次的课程，必须具备先修课程的知识。可以采用核心课程和新课程模块的形式，即重视专业培养，又结合学生兴趣。

③ 课程设置细致深入，不但开设导论性的基础课，而且在某一概述性的课程下，还可以细分出许多专题研究课程。

④ 重视新的研究方向，如人机交互、人工智能、专家系统、社区问题等。

(3) 调整学历层次和培养方式。

为了培养出高素质高层次的复合型人才，许多国家，尤其是美国和加拿大，把情报学教育放到研究生层次来进行。据统计，在美国专业情报学工作者中，男性情报学工作者有 26% 获得了博士学位，62% 获得了硕士学位，9% 获得了学士学位，只有 2% 未受过大学教育；女性情报学工作者中，有 8% 获得了博士学位，69% 获得了硕士学位，16% 获得了学士学位，只有 5% 未接受过大学教育。

随着时代的进步，我国情报或信息机构对情报学人才的需求也在逐渐提高，对本科毕业生的需求大大减少了，转而需要具有一定学科背景的复合型专业人才。实践证明，情报学教育发展到今天，必须转变模式，走与国际接轨的道路，退出本科层次，向高层次发展，以培养硕士生为主。信息与知识服务人才将形成以硕士研究生为重点的学历需求结构。从未来发展及信息社会和知识经济发展的需要来看，扩大研究生招生规模是大势所趋。从目前人才市场供求状况和未来发展趋势来看，情报学本科毕业生的供求状况基本平衡，而研究生的供给状况明显短缺。

培养方式的变化主要体现在联合培养与远程教育方面。目前，与其他学科专业联合培养的主要方式有辅修、双学士学位、双硕士学位、合作计划(如法律博士和图书馆学硕士)等。联合培养在国外的大学比较常见,通常方式为双硕士学位。据《世界图书馆学教育进展》,有21所大学设有图书馆学情报(信息)学双硕士学位。国内一些院校如中国科技大学,采取从其他院校招收二年级学生,再学习三年情报学课程的培养模式,以满足社会对专业信息人才的需要。武汉大学信息管理学院允许其他专业的学生辅修图书馆学专业,编有图书馆学专业辅修与双学位培养方案。

(4)加强素质教育和终身教育。

现代教育科学认为:知识与能力相比,能力更重要;智能与素质相比,素质更基本。为了适应现代社会,各国都十分强调素质教育,特别是高等教育,已经从过去强调知识传授到20世纪80年代后强调能力培养,再到20世纪90年代中期之后强调综合素质的全面提高。这里讲的综合素质指业务素质、文化素质、心理素质、身体素质和思想道德品质等方面。

20世纪60年代法国著名成人教育家保罗·朗格朗提出了终身教育这一观点。"终身教育"是指完成某一阶段教育的人员,在参加工作以后重新接受一定形式的、有组织的教育。由于知识更新、知识老化速度加快,即使大学阶段学到的知识也只是工作所需要的10%左右,而其余90%的知识都要靠在工作中不断学习取得。对信息与知识服务人才来说,信息技术在发展,分析方法在变革,信息与数据在更新,应用环境在变化,因此继续教育是非常需要的,终身教育也是必须坚持的。

(5)大力发展远程教育。

发达国家已经大量采用远程教育方式来培养本科生与研究生。基于网络技术的教学(Web-based instruction,WBI)或网络支持教学(Web-supported instruction,WSI)正在兴起和发展。至1994年秋,在美国ALA认可的学院中,18所已经使用远程教育来传授课程。加州大学伯克利分校、伊利诺斯大学厄巴纳-尚佩恩校区、圣何塞州立大学的图书情报学院、威斯康星大学密尔沃基校区的图书情报学院、亚利桑那大学的信息资源与图书馆学院等学校都有自己的图书情报学专业远程教育模式。佛罗里达州立大学、锡拉丘兹大学等校的图书情报学院也提供远程网络教育。

清华大学图书馆围绕学校信息教育的两门课程——"文献检索和利用"及"图书馆概论",与多媒体教育研究中心合作,进行了教学软件的研究开发。该教学软件是"985"建设重点项目,也是教育部"新世纪教育改革工程"中"网络条件下的文献信息用户教育改革研究"课题的一个重要方面。这两个课件已被列为清华大学首批上网课程试点的教学软件,可以看作是情报学远程教育的有益尝试。

我国情报学远程教育基本上还是空白,要开展符合我国实际情况的图书馆学情报学远程教育,应该首先借鉴国外已经开展此类教育的学校的经验,确立有中国特色的图书情报学远程教育模式。

(6)改进教学方法。

在教学方法上,我们需要借鉴美国图书情报教育界的经验。美国图书馆学情报学的教学方法主要特点有:

① 重视学生的科研能力和表达能力,多采用小班授课或以讨论组的形式让学生充分发表

自己的观点；

② 不但重视技术类的课程，教学中也尽量使用先进的技术；

③ 重视学生的实践与实习课程，为学生提供很多社会实习的机会；

④ 改革课堂教学方式，建立开放的、交互式的教学结构，开展远程教育，激发学生的创造力。

(7)加强学科交叉融合。

首先，发展图书馆学、情报学一体化，整合图书馆学情报学与经济管理、计算机网络等学科，适应社会的需要，培养具有综合素质的复合人才。其次，广泛吸引相关学科的资深专业人才，充分利用兼职教师来弥补师资力量不足的缺点，加强与其他学位院系间教学和人员的交流。

(8)加强教育评估认证。

此外，我们还需要建立教育评估认证制度，采用科学的指标来评估专业教育的质量。美国图书馆协会具有图书学情报学专业的认证功能，这种认证制度具有科学性和权威性，值得我们借鉴。英国高等教育质量保障局(The Quality Assurance Agency, QAA)负责对英国国内图书馆学情报学专业院校的课程质量和学术标准进行评估。

(9)采取新的情报研究人才培养模式。

情报学专业退出本科层次，被专业面更宽的信息管理专业所取代，在某种程度上体现了情报研究人才的高素质要求。培养情报研究人才，可采用两种模式。

①信息管理专业本科毕业模式。对于信息管理专业本科及以上毕业生，首先需要经过文献/情报工作实践，通过专业知识培训等方式获得硕士/双学位或同等学力，再经过专业技术工程实践，成为专业情报研究人才。

②专业技术本科毕业生模式。对于工程技术本科及以上专业技术毕业生，首先经过工程技术实践后，通过图书/情报知识培训等方式获得硕士/双学位或同等学力，再经过图书馆/情报工作实践，成为专业情报研究人才。

也有学者提出情报人才的培养模式分为：① 学校教育培养，包括双学位教育和研究生教育；②学校→实践→培训→实践提高；③ 学校→实践→学校培养；④ 学校→实践→自学提高。

§4 信息与知识服务人才的继续教育

国家人事部1995年发布的《全国专业技术人员继续教育暂行规定》指明："继续教育的对象，是事业、企业单位从事专业技术工作的在职专业技术人员。""继续教育的任务，是使专业技术人员的知识和技能不断得到增新、补充、拓展和提高，完善知识结构，提高创造能力和专业技术水平。"从教育性质和任务来看，继续教育有别于普通学历教育和岗位培训。"继续教育坚持理论联系实际，按需施教，讲求实效的原则""根据学习对象、学习条件、学习内容等具体情况的不同，采用培训班、进修班、研修班、学术讲座、学术会议、业务考察和有计划、有组织、有考核的自学等多种方式组织实施。"以下分别就信息与知识服务人员和信息与知识资源使用者的继续教育做出论述。

4.1 信息与知识服务人员的继续教育

在信息服务业以及在其他各行各业中从事信息与知识的开发、组织、传播、提供和管理的从业人员中,信息管理类人才,特别是情报人才,由于系统地接受过有关信息与知识组织方面的教育,应当说具有一定的优势。然而,这并不等于他们就可以高枕无忧,接受继续教育仍然是他们必须面对的重要任务。

4.1.1 必要性

(1)科技发展的需要。科学的发展、技术的进步使信息服务、知识服务由传统的手工操作变为计算机操作,以全新的方式收集、整理、加工、组织、存储和传递知识信息。只有那些掌握科技发展动向和能够采用先进技术手段开发、传递和利用信息的工作者,才能够适应知识经济时代对信息服务工作的要求。

(2)信息服务人员自身发展的需要。信息服务人员,既是信息资源的管理者又是信息资源的分析研究者、信息资源的提供与传播者、信息资源利用的导航者、信息知识的教育者,这就要求每个信息服务人员应及时更新知识,努力学习和掌握现代化信息技术,调整自己的知识结构和技能结构,不断提高知识水平和信息技能。从目前情况看,专业队伍的知识结构、技术技能与信息社会的要求相比还存在很大的差距,如竞争观念不强,情报意识淡薄,知识结构老化等,因此迫切需要继续教育来缩小这些差距。

(3)信息产业发展的需要。由于知识经济带来的科技飞速进步,社会上出现了许多新兴的信息服务机构,在世界许多地方都建立分支或办事处,以最快的速度为用户提供第一手的全球性、战略性信息产品,呈现出经营国际化、全球化的势头。面对这样强大的市场竞争力,作为信息服务行业本身,为了能在竞争中立于不败之地,要及时对人才结构进行调整,定时对人员进行教育,使其具有适应社会发展的各种新观念,如信息观念、创新观念、速度观念、商品观念和市场观念等。

(4)信息资源管理的需要。信息资源管理是在社会信息化日益加速,尤其是信息经济、信息技术迅猛发展的形势下兴起的一种新观念、新体制。它已成为图书情报、计算机与通信、经济与管理界普遍关注的一个新研究领域,被认为是当前社会经济发展和国际竞争的一个新战略制高点。信息资源管理发展到知识管理时期,已突破了传统的文献管理,发展到广泛的信息资源管理;突破了纯技术性的信息管理,发展到技术因素与人文因素相结合的信息管理;超越了纯操作过程的信息管理,发展到在战略决策和管理层次的信息管理;打破了局限于内部信息系统的管理,发展到内外部信息系统整合的管理;跨越了公共文化信息设施的信息管理,发展到各个行业具体机构的信息管理;超越了单纯的信息管理,发展到超领域参与性的信息管理。面对这样的形式,我国信息与知识服务人员继续教育更是任重道远。

4.1.2 功能

(1)科学知识的传播。继续教育的内容主体是新知识、新理论、新方法,以及适应知识经济时代需要的新技术、新理念、新信息。继续教育的过程就是科学知识传播的过程，也是信息与知识服务人员主动、积极、有效地接受、吸纳信息、情报、知识的过程。

(2) 知识技能的迁移。继续教育属于改善性、提高性过程，信息与知识服务人员已有的知识技能、经验能力，同将要获得的知识技能、经验能力互相影响，心理学上称之为迁移。如发生积极作用，称为顺向迁移，如发生消极作用，称为逆向迁移。不断的继续教育，带来不断的顺向迁移，造成信息与知识服务人员知识、技能的不断累积和丰富。

(3) 创新精神的开启。继续教育的一贯理念是培养训练人员的创新能力、创新品格和创新思维。心理学家认为，大脑有四个区，分别有四项功能：感受区——接受感觉（感知）；存储区——聚集信息（记忆）；判断区——评价信息（思维）；想像区——糅合信息（创造）。创新精神的开启，是在继续教育活动中对创新型人才进行培养训练，也是人才自身上述四种功能或潜能的综合开发。

(4) 人才开发的催化。继续教育是人才开发过程中必不可少的环节。在一定意义上而言，人才开发过程就是培训教育过程，没有培训教育的人才开发，那是对人才资源的乱砍滥伐，重视培训教育的人才开发，才是对人才资源可持续发展式的开发。

(5) 人才结构的调整。国外很多专家都认为，中国拥有最多的人才，而受过训练的人才只占总潜在人才的一小部分。要想使信息与知识服务人员的整体素质得到进一步提高，要想使地区行业的分布相对合理，加强继续教育以促进人才结构调整必然是一个基本手段。

4.1.3 模式

目前，国内外信息与知识服务人员的继续教育主要有以下几种模式：

1. 国家级综合培训中心

中心通常采用先进教学手段、方法及设备进行跨行业、跨学科、跨地区的培训，让信息与知识服务人员到这个培训中心来接受继续教育，以学到信息科学知识和相关学科的先进技术。我国各类信息机构都非常重视人员的继续教育，如中国科学技术信息研究所早在20世纪60年代初就已经开始了这方面的工作。除对入所的大学毕业生进行脱产培训外，还与部委及地方合作在全国组织培训。近几年这方面的工作又有了新的进展。在国外，也出现了许多这样的中心，如世界各国国家图书馆开办的培训中心、法国的 CIEFOP 职工培训中心、美国的媒体继续教育工程联合会（AMCEF）、印度的国防科学情报文献中心（Defense Scientific Information and Documentation Center）、爱沙尼亚的文化职业继续教育中心（The Center for Continuing Education of Cultural Workers）、日本情报中心，等等。

这一模式的优势在于可以加速信息与知识服务人员知识结构的更新，使信息与知识服务人员业务素质提高同科研人员、技术人员的继续教育有机地衔接起来，促进学科渗透，技术杂交。

2. 专业协（学）会短期培训

世界各国都办有各自的图书馆学会、情报学会，如国内的中国科学技术情报学会、中国图书馆学会；国外的如美国的大学图书馆协会、印度的图书馆协会等。他们针对新的专业理论和技术，举办讲座或进行专业岗位培训，这是提高专业人员理论水平和实践能力的重要措施。这种模式的特点是针对性、实用性强。

3. 高校图书情报学院(系)及研究中心

高校图书情报院(系)及研究中心占有一大批高层次的教授和情报学科研究专家,他们本身就是信息、情报学专业领域新成果、新理论、新技术的直接创造者、鉴定者和学科带头人。

20世纪80年代中期以后,武汉大学信息管理学院、北京大学图书馆学情报学系等相继开办了专本连读的五年制本科函授班和大专起点的本科函授班。近几年来,北京大学信息管理系、武汉大学信息管理学院、华东师大国际商学院信息系、南京大学信息管理系、中国科学技术信息研究所等举办了研究生课程进修班,开展在职人员以同等学力申请硕士学位的工作。此外,武汉大学信息管理学院、北京大学信息管理系、南京大学信息管理系、吉林大学管理学院信息管理系和中科院文献情报中心等都接受并指导了在职博士生、从业人员。初步形成了大专、本科、研究生三个层次和函大、电大、业大、夜大、自考大专生、函授学士生、在职硕士生、在职博士生四个级别的继续教育体系。此外,还有大量的非学历继续教育,使各级各类人员的业务素质和专业水平都得到了提高。

4. 高校院(系)与企业联合进行信息与知识服务人员继续教育

这是由高校院(系)同企业或公司联合,形成既开展信息情报咨询服务、联合开发信息资源,又联合开展情报学继续教育活动的联合体。

5. 专业协会、图书馆、高校信息管理院(系)多部门合作办学

克罗地亚2002年建立了多部门合作的继续教育办学模式,包括国家和大学图书馆、萨格勒布市图书馆、克罗地亚图书馆协会、萨格勒布大学情报学系共同签署协议建立图书馆继续教育训练中心,当年就开设59门课程,来自全国500多名专业学员参加了培训。这种模式可充分发挥协会的组织协调能力与高校师资、资源的优势。

6. 建立情报学教育特别训练学校

一些国家为信息与知识服务人员提供专门的继续教育学校,以提高他们情报活动能力,如前苏联的斯维尔德洛夫斯克情报训练学校,专门为情报人员提供情报继续教育的机会。这种模式的优势在于没有固定的学制,没有固定的课程,也没有明确的专业划分,一切以情报工作需要为出发点,以传授情报技能为主。同时根据不同对象、不同层次、不同培养目标,采取各种各样形式的办学方式和现代化教学手段,以适应来自各个方面情报人员的继续教育。

7. 按工作需要自学

有计划地组织和引导在职信息与知识服务人员,根据自身客观条件和工作需要,利用有关主管部门编制的指导继续教育的科目指南,进行自学或专题研究与讨论,可加快在职专业人员的知识更新。与此同时,定期举行各类业务水平的测试,可促进业务知识的消化吸收,又可为晋升职务等提供一定的依据。

8. 开展行业间交流与互访

有计划地组织信息与知识服务人员到国内外的同行业同部门间进行考察,开阔视野,吸取经验;定期组织专业人员对服务工作取得新成果的单位进行走访学习,拓宽思路,吸取经验取长补短;邀请行业中有突出技术的人员前来交流推广经验。这种模式便于及时掌握行业间发展动态,较快地提高专业人员的素质。

4.2 信息与知识资源使用者的继续教育

4.2.1 必要性

21世纪是新知识、新技术、新观念层出不穷的时代,也是知识大爆炸的时代。一个人想通过一时一刻的阶段性学习掌握知识经济时代生存所需的全部知识是不可能的,无论是具有理工科专业背景的人员,还是具有人文、社会科学专业背景的人员,或者说是广大的信息用户,都必须掌握现代信息技术,开发利用信息和知识资源,以满足自身科研、生产、教学、市场开发乃至各项管理工作的需要。这就是说,除了信息管理专业、情报学专业和信息与知识服务从业人员外,其他各行各业的信息与知识资源使用者也都面临一个如何提高信息素质,接受信息素质教育的重要课题,而信息管理专业、情报学专业和信息与知识服务人员则面临着一个如何抓住这一巨大的潜在需求、潜在市场,承担起提高全民信息素质,帮助广大信息用户充分和有效地利用信息资源的使命。如今,国家间的竞争更突出地表现为人才的竞争,综合国力的增强要靠较高素质的国民来支撑和创造,而国民素质的提高除了受到国家经济水平的制约,教育起着至关重要的作用。

信息是人们驾驭社会、驾驭市场的重要手段,开发利用信息资源是人们的不懈追求。因此,各行各业的人们接受信息素质的继续教育是完全必要的。它有助于信息意识的加强、信息需求的表达,促使其更加充分和有效地利用信息资源,提高信息与知识资源的收集、分析、吸收能力,在各自的岗位上发挥更大的作用。

4.2.2 功能

信息与知识资源使用者或者是信息用户的继续教育主要有以下功能:

(1)经济功能。继续教育是现代经济结构变革的重要条件,信息与知识资源使用者只有通过继续教育,实现个人智能增新和改组,在群体智能结构得到调节的情况下,才能保证经济结构的变革。只有当劳动者通过接受继续教育,掌握了科学技术,成为科学技术的支配者,才能在现代经济结构中发挥出劳动者的潜在生产力。

(2)科技功能。科学技术的迅猛发展,要求信息与知识资源使用者必须不断再学习,补充新的信息技术、信息能力和新的科技知识来适应时代和社会的需要,共同促进科学技术的发展。

(3)补缺功能。继续教育对信息与知识资源使用者来说,可以弥补正规教育后信息素质方面的不足,加强信息素质薄弱环节。

(4)增新功能。在知识经济时代,世界各国综合国力的竞争将进入以科技和教育为基础的阶段,我国需要努力培养一大批拔尖型人才、创新型人才、复合型人才,让他们能在科学研究方面攀登世界高峰,进行高新技术的创新。而信息与知识资源开发利用的继续教育则是人们不断获取最新知识的重要途径。

(5)转换功能。继续教育可使信息与知识资源使用者具有从一个领域转向另一个领域研究的能力,能适应科研项目的转换及工作岗位的变动,为一专多能的复合型人才的大量涌现开辟了广阔的途径。

4.2.3 模式

(1)实行双学位。信息与知识资源的使用者,根据具体工作和实际情况的需要,可以通过获得第二学位的方式来提高自己的信息素质。对于工程技术本科及以上专业技术毕业生,经过工程技术实践后,通过对情报学基础知识学习,再经过文献/情报工作实践,即可具备基层情报研究人才的基本素质要求。

(2)集中开办培训班。根据信息管理工作实践的要求以及信息管理学科的发展,具备相应条件的高校和研究院所可以集中开办各种培训班,针对各行业所需要的信息和知识管理技能进行培训,提高信息与知识资源使用者的信息应用水平。如中国科技信息研究所举办的全国科技查新与文献检索培训、信息分析师培训、信息素质教育师资培训等。

(3)在实践中培训。对于不能离岗培训的信息与知识资源的使用者,可以采取在实践中培训的形式。单位可以组织具有一定信息工作理论和实践的工作人员,采取讲授、传帮带等形式提高信息与知识资源使用者的信息应用技能。在实践中培训具有针对性强、见效快的特点,但缺点是系统性不强,需要其他继续教育模式的配合和补充。

(4)提供辅导教材。开设信息管理专业课程的高等院校和研究院所,可以组织师资力量编写相关的继续教育教材,提供给信息和知识资源使用者,以帮助他们提高信息管理方面的理论素养和工作水平。

(5)召开各种研讨会。针对信息与知识资源使用者工作实践中出现的新方向新趋势,可以组织各种形式的研讨会,通过业内人士的及时交流和总结,使信息与知识资源管理、服务方面的新成果得到有效的传播和推广,使信息与知识资源的使用者能够得到及时的教育和提高。

4.3 远程教育

4.3.1 远程教育的必要性

联合国教科文组织1998年在其一项调查中指出:无论是发达国家还是发展中国家,都不同程度地存在教育滞后于现实需要的问题,第三世界国家尤其严重。普及远程教育,尤其是网络教育,不仅是解决这一问题的有效途径,而且将成为革新传统教育模式的重要动力。

信息与知识服务具有很强的实践性和操作性,无论情报学的人才培养还是信息与知识服务人才的培养,都需要发展远程教育的形式。我国情报学人才缺乏,依靠传统教育方式难以满足信息社会日益增长的情报人才需求,情报人员知识也需要不断更新。此外现代社会人们(包括各类信息用户、社会大众)的信息素质更需要不断提高。因此,发展情报学远程教育势在必行。

开展情报学远程教育的必要性,主要表现在以下几点:

(1)培养情报学专业人才的需要。我国情报学专业人才缺乏,依靠传统教育方式难以满足信息社会日益增长的情报人才需求。利用网络开展情报学远程教育可以打破现有的情报学教育在时间和空间上的局限,满足社会对情报学专业的学习要求,培养出各种层次和类型的情报学人才。

(2) 提高社会大众信息素质的需要。现代社会人们的信息素质有待提高,开展情报学远程教育可以培养并提高人们的信息素质。情报学远程教育面向情报学专业人员的同时,还可以面向社会大众。通过制定网络信息素质教育计划,开展全方位信息用户培训服务,可以培养远程学生独立获取网络信息资源的能力。

(3) 情报人员知识更新和继续教育的需要。信息社会要求情报人员必须具备广博的知识,具备学习新知识、接受新思想、掌握新技术、适应新情况的各种能力,能够捕捉和利用国内外有用的信息。利用计算机网络的自主性、共享性、交互性及其丰富的资源开展远程教育是很有必要的。

(4) 有效配置情报学教育资源的需要。我国情报学专业教育师资分布不均,目前情报学师资力量主要分布于武汉、北京等大城市,西部和边远地区师资力量极其匮乏。开展远程教育可以充分利用发达地区的高水平师资和各种教学资源,提高整体效益。

(5) 传播推广信息研究方法的需要。远程教育将使得情报学中的信息研究方法得以广泛传播。信息研究方法是情报学的特色内容,同时也是情报学科的优势所在,应该通过网络使它得以更加广泛的传播,使其焕发出新的生命力。

4.3.2 远程教育的功能

(1) 信息与知识服务教育大众化的功能。现代远程教育具有不受时空限制、技术手段先进等特点,这种新型的教育形式可以将信息与知识服务的相关理论、技术、方法及时有效地传播出去,使普通工作人员能够得到必要的知识和培训,提高他们的信息素质,进而提高他们的工作效率和工作水平。

(2) 构建终身教育体系的功能。终身教育的实现,最重要的条件是科学技术,尤其是信息技术在教育领域中的广泛应用,如卫星电视教学、多媒体教学、计算机辅助教学等使人们的终身学习成为可能。现代远程教育最显著的标志就是运用信息技术,把一切具有教育功能的机构联结起来,凭借遍布城乡的教学网络,将教学活动渗入全社会的各个角落,为人们提供灵活的学习方式和多样化的学习内容,使超越时空限制随时随地的学习得以实现,从而在广度和深度上极大地扩展教育的各项功能,为大力开发信息与知识服务的人力资源,提高全民信息素质服务。

(3) 优化配置教育资源的功能。现代远程教育在我国的兴起,能够最大限度地发挥现有各种教育资源的优势。在实施现代远程教育工程的过程中,通过政府宏观调控、统筹规划,可以形成"一个机制"(开放办学机制)、"三张网"(天网——卫星电视网;地网——计算机网、有线电视网、电信网;人网——以教师、技术及管理人员为主体的教学与管理网络),同时积极开发远程教育软件和建设远程教育资源库,构建起现代远程教育体系,从而大幅度提高教育的整体效益。借助现代远程教育工程,可以有效地配置现有信息与知识服务方面的教育资源,使之发挥更大的效益。

(4) 解决教育发展不平衡矛盾的功能。现代远程教育可以在一定程度上平衡信息和知识资源,弥补经济不发达地区教育资源的不足,缩小落后地区与发达地区信息与知识服务人才培养方面的差距。

4.3.3 模式

在对各国远程高等教育进行了多年的比较研究后,中国远程教育领域专家丁兴富教授首次提出了远程教育的三种实践模式:开放大学模式、双重院校模式及多重系统模式。

1. 英国等国的开放大学模式

开放大学模式(简称单一院校模式)是指以英国为代表的主要由开放大学这类单一模式的院校来实施的远程高等教育。开放大学模式分布很广,欧洲除英国外还有西班牙和荷兰,亚洲有印度、印度尼西亚、泰国、马来西亚、巴基斯坦、斯里兰卡等英联邦国家,以及伊朗、土耳其和韩国等,还有拉丁美洲的哥斯达黎加和委内瑞拉等国。在这些国家,传统高等学校主要进行校园面授教育,成人业余高等教育则主要由国家专门建立的远程教学大学(通常取名开放大学)来开展。

单一模式的开放大学大多应用多种教育技术和教学媒体来进行远程教学。除了印刷教材、函授指导和电话辅导外,各种视听学习材料作为辅助教材发挥着重要而特殊的教学功能。

2. 美、俄和澳大利亚的双重院校模式

美、俄和澳大利亚的双重院校模式(简称双重院校模式)既有共性,又有个性。双重院校模式的共同特征是:在这类国家,一般没有专门建立的开放大学或远程教学大学(即使有,也为数不多,且不占主导地位),开放与远程高等教育主要由传统高等学校承担。这类传统院校既进行校园面授教学,又开展开放与远程教育,因而称为双重模式院校。

3. 中国、法国和加拿大的多重系统模式

这是指在同一个国家中并行存在多种模式的开放与远程教育系统,即既有独立设置、专门开展远程教育的院校,又有举办开放与远程教育的传统院校。众所周知,我国既有传统高等学校举办的函授教育和现代远程教育,又有国家专门建立的广播电视大学开展的远程教育,还有作为国家考试制度的高等教育自学考试。

4.3.4 国内外远程教育发展概述

1. 国外远程教育发展概述

1849年可以看作是世界远程高等教育的诞生年份,这一年,伦敦大学首创校外学位制度,即允许英国国内和英联邦各国未经特许的任何高等院校的学生,都可报考伦敦大学的校外学位(按英国体制,只有特许大学有权授予学位)。对各国远程高等教育发展有重要影响作用的第二个历史事件是发源于英国和美国的大学推广运动。英国剑桥大学在19世纪60年代首先倡导大学推广运动,为校外学生开设扩展课程教育,此后牛津和其他大学相继仿效。美国的大学推广运动始于1862年莫里尔法案(Morill Act)的颁布和一批授地大学(land grant universities)的创建。

世界各国远程教育工作者和研究者都承认,英国开放大学在远程教育发展史上占有重要历史地位。英国开放大学的建立标志着20世纪70年代开始兴盛的新一代远程教学大学运动的崛起。1969年,依据英国皇家法令正式建立了英国开放大学,一所可以授予学位,向整个社会开放，进行多种媒体教学的自治的远程教学大学。进入70年代以来，在英国开放大学创新精神的鼓舞下，世界各地掀起了一股兴办远程教育的热潮。

国外发达国家远程教育已经相当普及，分类方法也有很多种，按教学模式划分可分为基于网页、基于网络、基于产品及混合模式四种类型。按教学时空的不同，可分为多种教学媒体支持的自主学习模式和课堂教学远程传播模式。前者的典型代表是英国开放大学，后者的典型代表为美国国家技术大学。

国外情报学远程教育开展得较早，目前国外以在线远程教育方式开展的图书馆情报学硕士学位课程教学，正在被广泛接受。1995年，美国伯克利加州大学信息管理与信息系统研究院与密执安大学图书情报学院联合进行了远程教育实验。伊利诺斯大学厄巴纳-尚佩恩校区的图书情报学院，设立有LEEP3(Library Education Experimental Program3)项目。1999年，美国圣何塞州立大学的图书情报学院成立了"虚拟图书情报学院"，专门建立了一个网站提供远程教育服务。2001年5月，匹兹堡大学的图书情报系开展了首次在线学位课程实现计划"FastTrack Program"。此外，匹兹堡大学还实施了基于网络的多校合作情报学远程教育计划(Web-based Information Science Education，WISE)。

2. 中国远程教育发展情况

远程教育在中国的发展经历了三代：第一代是函授教育，这一方式为我国培养了许多人才；第二代是广播电视教育，这一远程教育方式和中央电视大学在世界上享有盛名；随着信息和网络技术的发展，产生了以信息和网络技术为基础的第三代现代远程教育。

与世界各国一样，我国远程教育也是从函授教育开始的，我国的函授教育发源于20世纪初。1902年，蔡元培等在上海成立中国教育会，这是中国函授教育的起始。1997—1998学年，有635所普通高校开展函授教育，其中包括信息管理类的函授教育。

我国电化教育(长期以来我国以电化教育称呼视听教育)始于20世纪初。各种大众传播媒介依次在非正规的社会教育领域发挥作用，并且很快渗透到各级各类学校的正规教育中，掀起了电化教育热。全国广播电视大学的建立，标志着我国开放与远程高等教育进入了一个全面发展的历史新时期。从此，广播电视卫星教育蓬勃兴起，成为我国开放与远程教育的主要发展方向。经过20年的发展，中国广播电视大学已形成为一个由1所中央广播电视大学、44所省级广播电视大学、814所地市级广播电视大学分校和1742所县级广播电视大学工作站及17 076个教学点组成的世界上最大的开放与远程教育系统(1998年统计数)。

为实现教育的信息化和发展以网络教育为主的现代远程教育，1994年我国相关部门开始建设中国教育科研计算机网(CERNET)。截至2003年12月，CERNET覆盖全国31个省市近200多座城市，联网大学、教育机构、科研单位超过1300个，用户超过1500万人，成为我国远程教育信息化的基础平台。

1998年，国务院转发了教育部制定的《面向21世纪教育振兴行动计划》，启动了现代远程教育工程。1999年11月，中国教育部在《现代远程教育资源建设指南》中指出：现代远程教育是利用网络技术、多媒体技术等现代信息技术手段开展起来的新型教育形式，发展现代远程教育是扩大教育规模，提高教育质量，增强办学效益，建立终身教育体系，办好大教育的重大战略措施。这表明教育部对现代远程教育定位定性的转变：现代远程教育是建立在现代电子信息通讯技术基础上的网络教育。

1999年3月25日教育部批准清华大学、浙江大学等四所高校作为启动我国现代远程教育第一批试点高校以来,相继又批准中国人民大学、复旦大学等15所高校开展现代远程教育试点工作,2005年全国共有64所现代远程教育试点高校进行网络高等学历教育招生。

虽然我国的远程教育取得了不错的成绩,但图书情报教育领域的远程教育目前基本上仍属空白,这与社会日益增长的情报需求是不相符合的,开展情报学远程教育势在必行。

[本章撰搞人:关家麟　张　德　毕　强　张庆来　刘　敏　贺　伟]

参 考 文 献

[1] 刘冬青. 日本情报信息教育概况及启示[J]. 晋图学刊,2001(2)
[2] 潘晨光. 中国人才发展报告 No.2[M]. 北京:社会科学文献出版社,2005
[3] 夏磊. 美国图书馆专业资格认证制度对我国的启示[J]. 图书情报工作,2003(1)
[4] 程妮. 论知识管理态势下的图书情报专业人才培养[J]. 情报科学,2005(3)
[5] 发展规划通讯[EB/OL]. http://fzgh.nxu.edu.cn/main/download/%CD%A8%D1%B62004%C4%EA10.doc
[6] 韩铁曼. 政府信息化的人才需求[EB/OL]. http://www.chinainfo.gov.cn/data/200107/1_20010703_5559.html
[7] 邹荫生. 我国信息服务业的发展模式[J]. 图书与情报,1994(2)
[8] 2003年电子信息产业经济运行统计公报. http://www.mii.gov.cn/art/205/102/18/art_942_1961.html
[9] 高交会弥补人才缺口,咨询业求才正盛. http://hr.cyol.com/gb/rencai/2005-10/21/content_1104062.htm
[10] 汪敏华. 竞争情报,第四竞争力. http://www.kmcenter.org/ArticleShow.asp?ArticleID=2674
[11] 信息服务业就业前景. http://www.fzkj.gov.n/kjzt.asp?nameid=28&upperid=34&articleid=5416
[12] 基普分析之十:第三产业呈现出快速增长的态势. http://www.stats.gov.cn/tjfx/ztfx/decjbdwpc/t20030523_79571.htm
[13] 陈建龙. 信息服务论[D]. 2002.80
[14] 我国信息服务业的现状、问题与对策研究. http://www.stats.gov.cn/tjfx/ztfx/decjbdwpc/t20030814_97724.htm
[15] 基普分析之二十二:我国信息服务业的现状、问题与对策研究. http://www.stats.gov.cn/tjfx/ztfx/decjbdwpc/t20030814_97724.htm
[16] 梁冬,麦子. 相信中国寻找百度[M]. 武汉:长江文艺出版社,2006
[17] 李建国. 中小学生的信息素质及其培养(2)[EB/OL] (2003-3-17)[2006-1-6]. http://paper.studa.com/2003/3-17/2003317172913-2.html
[18] 吴莉霞,常颖,郝兆杰. 浅析高校大学生信息素养教育[EB/OL]. http://www.ceta.edu.cn/news/zt/zt12/wz34.doc
[19] 罗冰眉. 网络环境下图书馆馆员的信息素质培养[EB/OL]. http://www.iolaw.org.cn/library/shownews.asp?id=9765

[20] 杜栋. 21世纪初企业信息化人才的培养研究[J]. 高等理科教育, 2003(4)
[21] Information Literacy Competency Standards for High Education[EB/OL]. [2005-12-10]. http://www.ala.org/ala/acrl/acrlissues/acrlinfolit/infolitstandards/stnd1/standardone.htm
[22] 陈琴英. 信息教育中的教师信息素养及培养[J]. 继续教育研究, 2005(2): 83~85
[23] 潘燕桃, 程焕文. 世界图书馆学教育进展[M]. 北京: 北京图书馆出版社, 2004: 34
[24] 蔡巍. 中英图书情报教育改革的比较[J]. 晋图学刊, 1998(3)
[25] 陈耀盛. 跨世界信息管理学专业教育的发展与对策[J]. 国外情报科学, 1996(1)
[26] 邱均平. 我国情报学教育的回顾与展望[J]. 中国信息导报, 2001(10)
[27] 付立宏. 美、英、加、日、韩、俄等国图书情报教育的特色及其给我们的启示[J]. 大学图书馆学报, 2005(2)
[28] 信息管理与信息系统专业的来龙去脉. http://www.guanyuan.org/sunion/ArticleShow.asp?ArticleID=30
[29] 寒网. http://www.libs.cn
[30] 王洪林. 高级情报人才的培养规格和培养模式研究[J]. 情报教育, 2002(12)
[31] 全国专业技术人员继续教育暂行规定[R]. 人事部文件. 人核培发[1995]131号. 1995-11-1
[32] 杨敏. 信息时代高校图书馆员的继续教育[J]. 广西中医学院学报, 2004, 7(4)
[33] 高庆殿. 关于高职院校图书馆人员素质问题的思考[J]. 安徽电子信息职业技术学院学报, 2004, 3(2): 41~42
[34] 法珑珑, 李国荣. 当前医学图书情报人员的继续教育[J]. 预防医学情报杂志, 2002(5)
[35] 孙丹. 试论图书馆员继续教育的必要性[J]. 洛阳师范学院学报, 2002(6)
[36] 詹德优. 论我国图书情报人员继续教育的现状？要求与对策[EB/OL]. [2006-2-10]. http://www.cacee.org.cn/PHP_file/jijiao/jijlt/jingyjl/tushu.htm
[37] 成银生. 对继续教育面临新发展的思考[J]. 继续教育, 2001(4)
[38] 王红梅. 科技情报继续教育研究三题[J]. 现代情报, 1997(2): 25~28
[39] AIRA LEPIK. Librarians in Changing Estonia[J]. Professional Education and Development Library Management. 1995, 16(8): 27~32
[40] 谭静. 信息化在图书馆员继续教育中的必要性[J]. 理工高教研究, 2002, 21(2): 122~123
[41] ALEKSANDRA HORVAT. Continuing Education of Librarians in Croatia: Problems and Prospects[J]. New Library World, 2004, 105(9): 370~375
[42] 周永喜, 魏丽娜. 21世纪我国高校图书馆的继续教育[J]. 大学图书馆学报, 1998, 16(6)
[43] 包虹. 议图书工作人员继续教育的必要性[J]. 山西医科大学学报(基础医学教育版), 2004, 6(6): 661~663
[44] 史志谨. 成人继续教育研究[M]. 西安: 陕西人民教育出版社, 2002
[45] 崔振风主编. 继续教育学概论[M]. 北京: 兵器工业出版社, 1987. 171~173
[46] 周宗华, 李富河. 发达国家的继续教育及其发展趋势[J]. 比较教育研究, 1994(4): 25~30
[47] 郑慕琦, 刘政权. 继续教育与新技术革命[M]. 长春: 吉林教育出版社, 1991. 53~70
[48] http://www.moe.edu.cn/edoas/website18/info12448.htm
[49] 庄英翘. 我国继续教育的发展和研究(一)[J]. 继续教育, 1995(2)
[50] 中国继续工程教育学会简介[EB/OL]. http://www.cacee.org.cn/PHP_file/jijiao/xiehjs/index.html
[51] 2004年全国教育事业发展统计公报公布[N]. 中国教育报, 2005-7-28

[52] 王根顺. 西部开发与西部高等教育发展[EB/OL]. http://www.edu.cn/20010823/207963.shtml
[53] 冉红. 现代远程教育的六种功能[J]. 重庆广播电视大学学报,1999(3):12～13
[54] 丁兴富. 远程教育学[M]. 北京:北京师范大学出版社,2001
[55] 丁兴富. 远程教育的全球化趋势[J]. 广播电视大学学报(哲学社会科学版),2001(4):110～113
[56] 郭雅. 远程教育(二)[M]. 长春:吉林摄影出版社,2004
[57] 中国教育和科研计算机网简介. http://www.edu.cn/20040326/3102434.shtml
[58] 记录 2005 之数字. http://www.cvae.edu.cn/allfile/20060123/news03.html
[59] 教育部发布开展现代远程教育的最新政策. http://www.cvae.edu.cn/allfile/20040811/new5_002.htm
[60] 彭斐章等. 信息资源管理人才培养研究[M]. 武汉:武汉大学出版社,2002
[61] 21世纪情报学教育发展战略研讨会文集[C]. 北京:科学技术文献出版社,2002
[62] 郝婷. 我国情报学远程教育系统功能评价研究[D]. 北京:中国科学技术信息研究所,2005
[63] 朱苏. 浅析台湾地区图书馆学情报学高等教育的发展趋势[J]. 图书馆建设,2001(1)
[64] 蔡金燕. 两岸图书馆学教育之比较研究[D]. 中国文化大学史学研究所,1993
[65] 吴慰慈. 中国图书馆学情报学教育的改革与发展[J]. 图书馆工作与研究,2003(6)
[66] 钟守真,王知津. 中国图书馆学情报学专业教育二十年[M]. 中国图书馆事业二十年(1979—1999)(下册). 北京:北京图书馆出版社,1999
[67] 赖茂生. 情报学教育的现状和发展[J]. 情报理论与实践,2003(1)
[68] 王知津,孙立立. 我国情报学硕士研究生教育走势分析[J]. 情报理论与实践,2005(5)

第 16 章 国内外信息服务与知识服务业发展概况

在信息技术、新兴产业的带动下,欧美工业发达国家和以中国、印度、巴西等为代表的一些发展较快的发展中国家都正在以不同的水平和速度向着人类文明的一个崭新发展阶段——信息化社会迈进。信息服务的演进和变革,大体分为 5 个历史阶段:17 世纪至二次世界大战时期的图书馆时代;二次世界大战后至 20 世纪 50 年代的图书馆-文献-科技情报的演变时代;1958 年美国老戈尔(戈尔副总统之父)提出高速公路概念后至 20 世纪末的数据库、联机检索、信息高速公路时代;20 世纪 80 年代美国 Internet 网"军转民"后至世纪之交的互联网络时代;20 世纪后期直至 21 世纪的数字化信息时代。在这一漫长的历史进程中,大致经历了传统的信息服务、计算机信息服务、网络信息服务、信息服务的市场化与产业化,直至今天国际社会正在形成的信息服务数字化和知识服务业等这样几个阶段。在这一过程中,信息服务的内涵不断升华,新兴的现代信息服务业已成为 21 世纪信息经济和信息社会形成和发展的基础。

信息服务业概念的提出、内涵的确定,以及产业实体的形成都是以美国和欧洲国家的实践为先导的。特别是由于美国在信息技术领域一直处于领先地位,在国民经济统计领域又最早确立包含传统信息服务业和新兴信息产业在内的信息服务业门类,因此各个国家都在不同程度上接受了美国信息服务业的概念和产业划分体系。

受国情和信息服务发展实际情况的制约,我国的信息服务业在沿革、发展阶段、概念体系、产业门类的划分等方面有着自己的特点。但是自 20 世纪 90 年代以来,受全球信息技术革命和国际信息服务业蓬勃发展的影响,我国信息服务业开始融入国际信息服务业,成为突破传统门类和行业,孕育和构筑信息化社会的现代信息服务业,成为我国经济高速发展的支柱产业,并被列为我国国民经济和社会发展第十一个五年计划纲要的重要发展目标之一。

§1 我国信息服务与知识服务业

1.1 发展过程与概况

1.1.1 沿革与阶段

我国信息服务业形成的初始基础是中国科技情报事业。新中国成立后,百废待兴,经过短暂的恢复,中央政府便着手制订我国第一个科学技术发展规划,即"十二年科学技术长远发展规划"。在周恩来总理的亲自关怀下,将成立中国科学院情报研究所(后改为中国科学技术情报研究所,现名为中国科学技术信息研究所)和创建中国科技情报事业列为该规划的第 57 项。从此,我国科技情报服务机构和科技情报服务事业不断发展和壮大。到 20 世纪 60 年代末,在全国中央各部委,大多数省、市、地和部分州县以及各个主要工业行业系统和大专院校先后建成了 400 多个科技情报研究所,30 多个行业科技情报网和上千个情报站点,形成了强大的全国科技情报服务系统。这一体制基本上与前苏联科技情报体制相同。70 年代末期我国的专利情报服务和标准情报服务从中国科技情报系统的业务范围中剥离出去,独立发展,逐步壮大成为国家的重点信息服务行业。而社会科学、经济领域和商贸等各行各业的信息机构与服务,在我国改革开放后的 80 年代和 90 年代才因经济改革和发展的历史机遇得到迅速发展。

我国信息服务业的沿革与发展大体可划分为 3 个阶段:

(1)科学技术情报事业为主体的初始阶段(20 世纪 50~80 年代初期)

这一阶段的信息服务完全是公益性服务事业,主要是围绕指示信息源开展信息业务活动。其服务方式较之现在也是传统和被动的。但是,这一阶段的信息服务的历史意义和作用非常重大。一是那时没有如同现在这样门类健全的信息服务系统,科技情报系统为我国科技发展、经济和国防建设提供了几乎是惟一的信息服务,为我国"两弹一星"等重大科技攻关项目的成功做出了重大贡献;二是为我国信息基础结构奠定了初始而又坚实的基础;三是在此基础上衍生或新生了大量的现代信息服务机构和系统,对我国现代信息服务业和信息系统的臻成做出了历史贡献。

(2)信息服务面向经济和市场,信息服务业逐步形成并蓬勃发展的阶段(20 世纪 80 年代~20 世纪末期)

形成和指导这一发展格局的主要因素有:国家的改革开放政策,"科学技术面向经济建设,经济建设依靠科学技术"的方针,"社会主义市场经济初级阶段"的经济体制改革,高速发展的通讯和计算机技术在我国信息服务系统和国家经济建设各个领域的广泛应用,数据库、联机检索系统的兴起,信息高速公路等信息基础设施建设的启动,一批以"金桥"、"金关"、"金卡"为核心的"金"字系列国家重点信息工程的建设。我国信息服务事业在史无前例的改革洗礼中迅速向着与国际信息产业或美欧所称的信息服务业目标演进。

在这一重要阶段,我国信息化建设的规划与计划的制订全面展开,产生了一批决定我国信息服务业形成和发展的重要指示、文件和里程碑事件。如:邓小平同志题词"开发信息资源 服务四化建设"(1984 年);江泽民同志提出了"四个现代化哪一化也离不开信息化"(1991 年);国务院批准建设我国经济信息系统和国家经济信息中心(即国家信息中心)(1986—1988 年);中共中央和国务院做出部署"逐步建设现代化的信息网络,加强国民经济信息化的进程……大力推动与科技进步密切相关的信息、咨询等第三产业的发展";"八横八纵"的通讯基础线路和设施开始建设;国务院信息化领导小组成立推动着全国以信息产业和信息服务业为核心内容的全国信息化建设进程。

我国各行各业各部门的信息服务面向市场,蓬勃发展,国家信息化进程和信息服务业呈现出以下基本特点:信息服务业市场化、产业化、网络化;信息服务业的物质基础是信息技术、电子产业、计算机产业、通信业和网络产业；信息服务方式开始向面向"解决问题"的主动服务和个性服务过渡。

(3)信息服务业的网络与数字化阶段(20世纪90年代~21世纪)

这一发展阶段的主要政策、技术和产业基础包括：国务院信息化领导小组制订的一系列国家信息化计划与政策,我国国民经济发展的"九五"和"十五"计划以及已经颁布的"十一五"规划纲要和我国科学技术中长期发展规划中有关我国信息化进程的规定与措施；中共中央办公厅和国务院办公厅颁布的《2006—2020年国家信息化发展战略》；自20世纪90年代初进入我国的Internet网络技术与信息网络基础建设；世纪之交进入我国的数字化技术与数字化信息服务；以中国自主知识产权的半导体芯片产业和3G宽带网络通讯产业为核心的产业基础；以科学技术、经济贸易、文化和政务信息为核心的全方位社会信息化服务。

这一阶段信息服务业的明显特点是：我国已跻身于国际信息化建设的行列,它的活动和成就正在构筑迈向国际先进水平的信息化社会；政府推进社会信息化和信息服务业的国家意志和计划进一步加强；信息数字化、网络化、信息内容产业高速发展；信息服务升华到知识服务,信息服务业构成信息经济的主体内容,有力推动着整个社会的信息化进程。

1.1.2 发展现状

我国现代信息服务业发展概况可从以下几个方面加以描述。

(1)信息服务系统的新构架正在形成

信息服务系统正在以信息管理、服务体制与机制的改革为先导,广泛开发信息与知识资源,大力建设数据库产业,迅速应用数字化和网络化技术,以加紧培养复合型信息人才为手段,全方位开拓并建设面向解决我国现代化建设实际问题的、信息资源共享的、高效个性化、数字化和网络化的综合信息与知识服务业。

除科技信息系统外,国家投资逾百亿元建成的统计信息、经济信息、外贸信息、物价物资信息、铁道运营信息、新闻信息和证券、股票、房地产信息等近20个专业信息系统近年来相继投入运行。"国民经济信息化"的格局已初露端倪,信息服务业开始崛起。

20世纪90年代初由中科院高能物理研究所、中国科技情报研究所和一批回国创业的年轻美籍华人在国内首先开拓了Internet技术培训、网络建设和试点业务。

1998年2月,依据风险投资创办的"爱特信信息技术有限公司"推出搜狐,中国首家大型分类查询搜索引擎问世。1999年,搜狐推出新闻及内容频道,奠定了综合门户网站的雏形,开启了中国互联网门户时代。

1999年6月2日,中国数字化3C(计算机技术、通信和消费类电子产品)产业联盟宣布成立,标志着我国信息服务业的重大转折。

2000年,我国网络信息已涵盖科研、教育、商业、娱乐等各个领域,不仅有Email、Telnet、FTP等基本信息服务,还有Archie、Gopher、WAIS、WWW等高级应用服务形式。2003年,我国电信服务业的市场规模为4 610亿元；据CNNIC统计,截至2003年底,基于网络的互联网信息服务市场规模在100亿元左右,增长速度超过100%。

在信息技术和市场的双重驱动下,从传统的信息服务业向现代信息服务业的转型已是大势所趋。信息服务大行业观念的逐步确认和提升,正推进信息机构和系统架构的优化调整。

目前,信息服务已经广泛渗透到社会经济生活的各个领域,信息服务业产值在国民经济中的比重不断上升,信息服务业就业规模不断增加。新的信息服务机构、系统和信息服务活动如雨后春笋般孳生。

(2) 传统电信服务业已相对成熟,互联网服务业进入高速起步阶段

电信业务收入平稳增长,电话用户规模继续保持较高的增长趋势,电信业务结构多元化趋势增强,电信网络规模继续扩大,电信服务水平进一步提高,电信服务质量明显改善。2005年全年累计完成通信业务总量12 198.9亿元。我国固定电话主线普及率和移动电话普及率分别达到27.0部/百人和30.3部/百人。电信业务种类多样化,异质竞争效果明显,广大用户有了更多的选择权。

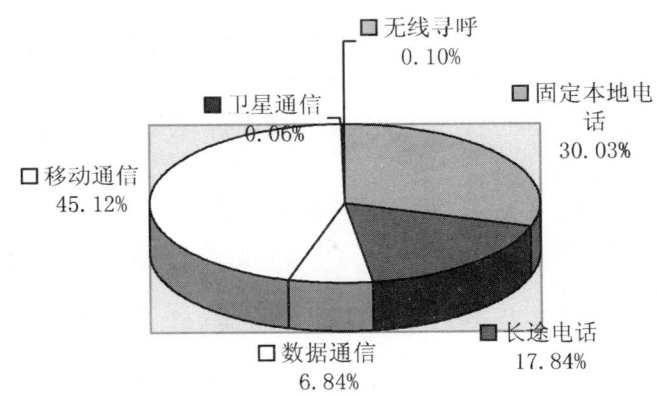

图 16.1　2005 年电信业务收入构成

资料来源:2005 年通信业发展统计公报

互联网业务更加普及,互联网接入用户宽带化趋势明显,互联网宽带接入技术及业务的发展,使得拨号接入用户向宽带接入用户的更迭加快。

我国网民上网经常使用的网络服务:浏览新闻、搜索引擎、收发邮件、即时通讯、论坛/BBS/讨论组、获取信息、网络游戏、网上校友录、网上购物、网络聊天室等服务已基本迈入可持续发展轨道。2005年中国互联网个人消费市场规模达1 876.53亿元,预计2006年互联网个人消费规模将达2 862.27亿元,增长率为52.5%。

目前,在线广告、电子商务、网络音视频、在线媒体、搜索引擎、网络金融、网络教育等已进入起步阶段;网络医疗与卫生服务等则处于萌芽阶段,与国外先进水平的差距很大;作为未来的发展方向之一,网格计算应用逐渐升温;互联网通信中的宽频道电话 VoIP(Voice over Internet Protocol)等业务技术上已相对成熟,商业运营尚待挖掘潜力。

(3) 三网融合带动网络市场发展,挑战现有产业模式

随着信息技术的发展,三网合一已经是大势所趋。"十一五"规划的建议提出:"加强宽带通信网、数字电视网和下一代互联网等信息基础设施建设,推进'三网(电信网、互联网、广电网)融合'。"中国网络电视用户已从 2000 年的 1 万户左右增长到 2004 年的 219 万户,2008 年可能达到 2 000 万户。在三网融合业务的研发、推广和应用过程中,从技术创新、运营方式变

革到营销手段的更新,都会对当前的信息服务产业模式和系统结构带来一系列的挑战,VoIP、IPTV等新业务已经对传统业务即语音业务形成冲击。

(4) 对其他产业效应明显,国民经济效益增长

信息服务业更加深入地融入国民经济各领域和各行业之中,借助自己的网络、技术和业务降低社会流通与交易成本,带动传统产业的优化升级,提高资源的利用效率和质量,促进国民经济增长方式的转变。例如在金融证券领域,电信服务业极大地推动了网上银行和电子商务的发展,2004年我国网上银行总交易量达到40万亿元。我国电子商务正以每年100%的速度增长,从事电子商务的企业共达300万家,2005年我国电子商务市场规模已达6 800亿。数据库服务业的产业规模也发生了可喜的变化。

(5) 整体服务水平不均衡,区域性"数字鸿沟、信息孤岛"特征明显

尽管我国信息服务业发展十分迅速,但整体服务水平不均衡,区域间的"数字鸿沟"特征明显。数字鸿沟不仅表现在我国与发达国家之间的差距,而且反映在我国信息化发展的区域性、行业性。由于基础条件、经济发展水平等因素的制约,西部地区与东部地区在信息技术应用水平、信息和知识的获取能力上的差距十分明显,一般而言,存在着由东南向西北,由城市向农村,由制造业向其他行业的落差。

2005年东、中、西部通信业务收入同比增长分别为10.3%、13.5%和12.6%,通信固定资产投资分别同比下降12.6%、7.1%和15.4%,中部信息服务业增长潜力逐渐显现。

1.1.3 信息服务业的内容与结构

我国信息服务业的内容是在我国改革开放和经济发展的过程中逐步形成的,至今仍在不断调整、丰富和发展中。

(1) 1993年英国政策研究所(PSI)曾对全球新兴的信息服务业做过广泛研究,并将其内容界定为"一种包括商业性质和非商业性质活动的产业活动。这些产业活动与生产、出版和推广发现信息产品和信息服务直接有关"。

中国科技信息研究所研究员刘昭东曾在1993年中英联合举办的"2000年中国信息政策与发展战略研讨会"上对信息产业和信息服务的定义与含义作过阐述,并在当年英国Aslib杂志上发表论文,提出了信息产业和信息服务业的结构与要素图。自那之后,十余年来,信息技术、信息产业和信息服务业的形式、内涵和结构均发生了惊人的变化。最近刘昭东研究员根据我国新兴产业和信息服务业的十年变迁,又提出了如下新的信息产业和信息服务业内容与结构(图16.2)。

(2) 武汉大学马费成教授等人曾对我国信息产业的内容与结构做过深入的研究和探讨。他根据信息活动的规律把信息产业的内容划分为6大支干产业(图16.3):

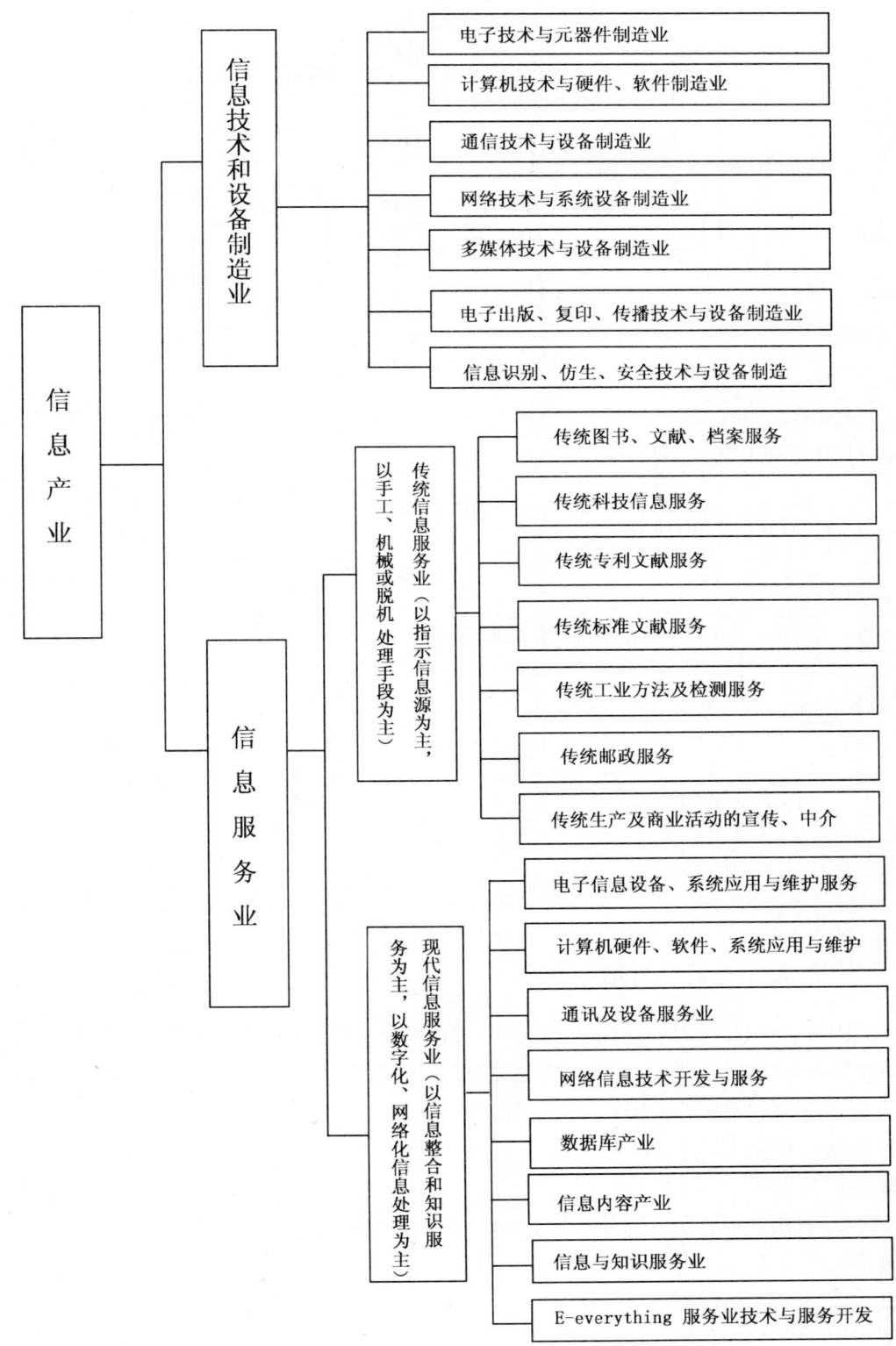

图 16.2 信息产业和信息服务业的内容与结构

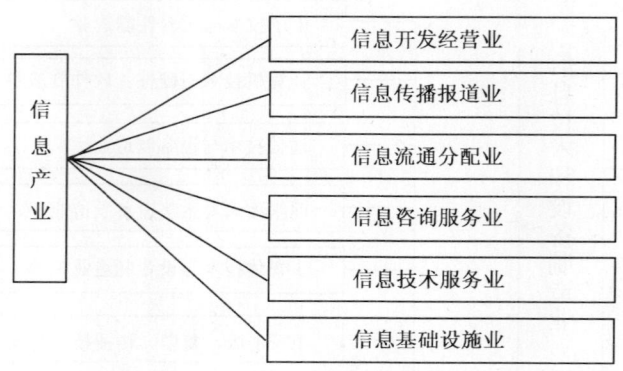

图 16.3 信息产业的内容划分

（3）根据我国国家统计局等有关部门所推行的产业名称、行业代码和有关内容的国家标准，我国信息服务业的内容与结构有以下 8 大类（表 16.1）：

表 16.1 我国信息服务业内容

序号	名称	内容
1	社会调查业	社会调查业
2	信息处理业	计算机服务、数据处理业、数据库服务
3	信息提供业	咨询、广告、出版业
4	电信服务业	电信业
5	咨询业	公证业、律师事务所
6	经纪业	商业经济与代理、证券经济与教育、房地产经济与代理、文化艺术与代理、技术推广与交流
7	公共信息服务	图书馆业、群众文化业
8	其他信息服务业	其他，包括咨询业

1.1.4 信息服务业的门类划分

在我国推进信息化和信息服务的活动中，不同政府部门、不同信息系统以及众多的信息专家对信息服务业提出了不同的门类划分角度和看法。但是，其核心内容基本上都是一致的。

（1）按信息技术和信息服务的水平，可分为：

● 传统信息服务
● 现代信息服务

（2）按信息服务内容所属的领域门类，可分为 4 大主要门类：

● 科技信息服务
● 经济信息服务
● 社会信息服务
● 信息产业信息服务

(3)按信息服务业的服务性质划分,根据 2004 年 12 月 12 日中共中央办公厅和国务院办公厅"关于加强信息资源开发利用工作的若干意见",可分为:
- 公益性信息服务
- 商业性信息服务

1.2 国家信息基础结构、系统与服务机构

1.2.1 信息基础结构

"信息基础结构"(Information Infrastructure)这一信息术语和概念的形成始于 20 世纪 70 年代的美国,而后在联合国教科文组织的"世界科学信息系统计划"(UNISIST)的推动下在北美、欧洲、日本以及发展中国家传播开来。信息基础结构的基本内容包括以下 6 个方面:

(1)信息政策、法规、标准、协议;
(2)各种形式的信息资源和数据库资源;
(3)信息系统、机构和信息服务部门;
(4)各种信息设施,包括信息采集、加工、传播的设备和设施、计算机系统设施、通讯设施、缩微复印设施、视听设施、多媒体设施;
(5)网络资源和网络设施;
(6)信息人力资源以及信息教育与培训系统与设施。

1997 年底,国家信息化专家组对我国的信息基础结构进行了研究,并提出了我国的信息基础结构的基本定义。我国的信息基础结构的定义包括 6 大环境要素,如图 16.4 所示。

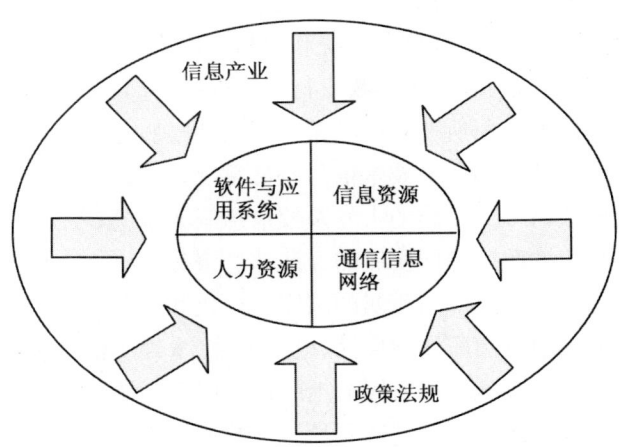

图 16.4 我国的国家信息基础结构概念

资料来源:中国信息年鉴

改革开放以来,我国的国家信息基础结构有了较大的发展,实现了历史性跨越,信息化推进工作以科学发展观为指导,更加务实,更加注重应用,国民经济和社会信息化整体水平得到不断提高,以下的一些统计数据充分说明了这一变化。

我国已拥有全球最大的通信网络与最多的用户，2005年全国新增固定电话用户3 867.7万户，总数达到35 043.3万户。新增移动电话用户5 860.4万户，总数达到39 342.8万户。移动分组数据用户新增4 493.7万户，总数达到7 101.1万户。

基础电信企业互联网用户中，拨号用户达到3 566万户，专线用户达到68 618户；宽带接入用户达到3 750.4万户，宽带接入用户中xDSL用户2 635.9万户，LAN用户968.2万户，WLAN用户3.4万户；全社会互联网使用人数新增约1 700万，总数达到1.11亿人，我国互联网用户位居世界第二位，互联网国际出口带宽13 6106M，网站总数约为69.4万个，域名总数约为259.2万个。

全国村村通电话工程自2004年1月开始实施，截至2005年11月24日，第一阶段指定工程任务已全部超额完成。提前超额完成邮电"十五"计划中"95％行政村通电话"的目标。

各地相继建立农业网络服务体系，通过互联网向广大农民提供农产品市场信息；信息技术改造传统制造业、传统服务业等的水平不断提高，促进经济结构调整的效果日益显著；电子政务稳步开展，推进了政府职能转变，促进了政府信息公开和共享，改善了公共服务；信息资源开发利用取得重要进展，信息资源的数字化程度不断提高，互联网上中文信息内容日益丰富；信息安全体制和工作机制初步建立，信息化基础工作不断改善。

《中华人民共和国电子签名法》已自2005年4月1日起施行。信息化标准体系逐步完善，信息化培训工作广泛开展，信息化人才队伍不断壮大。

1.2.2　主体信息系统

20世纪80年代以前，我国的主体信息服务系统只有图书馆、档案系统和含专利、标准在内的科技情报系统。改革开放后经过20多年的发展，我国的信息系统大量繁衍和新生，形成了社会各行各业不同性质的众多国家信息系统和机构。除私有信息公司和企业信息系统外，多数信息机构仍在不同程度上隶属于国家政府行政系统和部门，构成了主体信息服务系统。

（1）以文化部为主的政府部门所属的图书馆、文献、档案服务系统；
（2）科技部和各产业部所属的科学技术信息服务系统；
（3）以教育部为主的政府部门所属的大专院校信息服务系统；
（4）以国家发改委为主的政府部门所属的经济信息服务系统；
（5）以信息产业部为主的政府部门所属的国家信息化和信息产业信息服务系统；
（6）以广电部为主的政府部门所属的广播、电影电视、多媒体信息服务系统；
（7）以新闻出版署为主的政府部门所属的出版信息服务系统；
（8）以国务院办公厅为主的政府部门所属的全国政务信息系统；
（9）以总装备部和国防科工委为主的军口部门所属的国防科技情报系统。

以上9大系统的活动构成我国信息服务业的主体。当前它们都在继续实行"政企"和"政事"分离的体制改革，都在市场化、产业化或企业化的道路上拓宽自己，以求尽快发展成符合市场经济法则和与国际接轨的现代化信息服务业。

1.2.3 主要信息单位与网络

了解我国信息服务业的总体状况、水平、问题和发展趋势,就需要了解我国有代表性的主要信息服务单位与网络,并把握它们的发展脉搏。根据发展历史、影响程度和服务实力,以下主要信息服务单位和网站是具有代表性的:
- 国家图书馆
- 中国科学技术信息研究所
- 国家信息中心
- 中国科学院文献情报中心
- 国家专利文献中心
- 国家标准文献馆
- 以清华大学、北京大学、武汉大学、复旦大学、南京大学、同济大学、中国科技大学、中山大学、南开大学等著名高等院校为主的全国大专院校图书信息服务单位
- 国务院各产业部和产业协会所属的专业信息服务中心
- 以新浪、百度、搜狐、网易、阿里巴巴、网络家庭、中华网、新华网、硅谷动力等点击率全球排序处于200名之前的中国信息服务网站
- 以万方数据、同方光盘公司、维普等数据库集团为主的数据库企业单位
- 以信息产业部所属电子信息技术中心为主体的信息产业服务部门

1.3 国家信息政策与计划

1.3.1 积极推进国家信息化

(1)我国"十一五"国民经济发展规划和中长期科技发展规划已对推进信息化的战略目标和任务做了明确的规定,内容要点如下:
- 坚持以信息化带动工业化,以工业化促进信息化,提高经济社会信息化水平
- 加快制造业信息化

以信息化改造制造业,推进生产设备数字化、生产过程智能化和企业管理信息化,促进制造业研发设计、生产制造、物流库存和市场营销变革。提高机电装备信息化水平,实现精准、高效生产。推广集散控制、现场总线控制、敏捷制造等技术,强化生产过程的在线监测、预警和控制。
- 深度开发信息资源

加快国家基础信息库建设,促进基础信息共享。优化信息资源结构。加强生产、流通、科技、人口、资源、生态环境等领域的信息采集,加强信息资源深度开发、及时处理、传播共享和有效利用。
- 完善信息基础设施

积极推进"三网融合"。建设和完善宽带通信网,加快发展宽带用户接入网,稳步推进新一代移动通信网络建设。建设集有线、地面、卫星传输于一体的数字电视网络。构建下一代互联

网,加快商业化应用。制定和完善网络标准,促进互联互通和资源共享。

● 强化信息安全保障

积极防御、综合防范,提高信息安全保障能力。强化安全监控、应急响应、密钥管理、网络信任等信息安全基础设施建设。加强基础信息网络和国家重要信息系统的安全防护。推进信息安全产品产业化。发展咨询、测评、灾备等专业化信息安全服务。健全安全等级保护、风险评估和安全准入制度。

(2)2006—2020年国家信息化发展战略

根据我国制订的"十一五"国民经济发展规划纲要和中长期科技发展规划,中共中央办公厅和国务院办公厅又于2006年5月8日印发了《2006—2020年国家信息化发展战略》,把大力推进信息化视为"覆盖我国现代化建设全局的战略举措,是贯彻落实科学发展观、全面建设小康社会,构建和谐社会和建设创新型国家的迫切需求和必然选择"。该项发展战略对我国信息化发展的战略目标、战略重点、战略行动和保障措施都作出了明晰的决定。

1.3.2 积极发展信息服务业

我国国民经济和社会发展第十一个五年规划纲要更明确地规定了我国发展信息服务业的重要任务:

● 调整电信业务结构,发展互联网产业;

● 积极发展电子商务;

● 推进电子政务。整合网络资源,建设统一的电子政务网络,构建政务信息网络平台、数据交换中心、数字认证中心,推动部门间信息共享和业务协同;

● 健全政府与企业、公众互动的门户网站体系,依法开放政务信息;

● 培育公益性信息服务机构,开发利用公益性信息资源;

● 发展地理信息产业;

● 鼓励教育、文化、出版、广播影视等领域的数字内容产业发展;

● 支持发展市场调查、工程咨询、管理咨询、资信服务等咨询服务。

1.3.3 加强信息资源开发利用

指导我国当前,乃至整个"十一五"计划期间信息服务业发展的另一个重要政策文件是中共中央办公厅和国务院办公厅2004年11月12日发布的"关于加强信息资源开发利用工作的若干意见"。文件中提出:

● 要高度重视信息资源开发利用对促进经济和社会发展的重要作用。信息资源是生产要素、无形资产和社会财富,与能源、材料资源同等重要。

● 加强信息资源开发利用的主要原则是统筹兼协调、需求导向、创新开放、确保安全。

● 加强信息资源开发和利用的主要任务是:加强政务信息资源的开发利用,加强信息资源的公益性开发利用和服务,完善信息资源开发利用工作的保障环境。

《2006—2020年国家信息化发展战略》又强调指出:"建立和完善信息资源开发利用体系";"鼓励企业、个人和其他社会组织参与信息资源的公益性开发利用。完善知识产权保护制度,大力发展以数字化、网络化为主要特征的现代信息服务业,促进信息资源的开发利用"。

1.3.4 建设科学技术发展基础条件平台

在我国信息政策领域,另一项重大举措是科技部联合"五科"部门和财政部共同建设"科学技术发展基础条件平台"。这些内容已充分列入"国家中长期科技发展规划"、"全国科技大会"文件和国家"十一五"经济发展规划中。其主要政策要点包括:

● 构建国家科学技术基础条件平台,促进科技信息资源共建共享,加强国家自主创新能力建设;
● 建设包括网络子平台、科学数据子平台和科技文献子平台等7大子平台在内的科技发展基础条件平台,保证科技发展和水平提升的条件;
● 大力加强科学技术数据资源的开发和数字化,发展数据库产业;
● 发展网络化信息服务;
● 建设我国科技信息资源的安全保障系统

1.3.5 2006—2020年国家信息化的战略目标和发展阶段

(1) 2006—2010年我国信息化发展的总体战略目标

在国务院科技领导小组和信息化领导小组的领导下,科技部和信息产业部分别组织了全国大量的信息专家对我国2020年前的国家信息化具体发展目标和发展阶段进行了科学规划。这些规划内容清晰地展现出我国信息化和信息服务业发展的远景,其总体战略目标已列入《2006—2020年国家信息化战略》和国家中长期科技发展规划,具体内容是:综合信息基础设施基本普及,信息技术自主创新能力显著增强,信息产业结构全面优化,国家信息安全保障水平大幅提高,国民经济和社会信息化取得明显成效,新型工业化发展模式初步确立,国家信息化发展的制度环境和政策体系基本完善,国民信息技术应用能力显著提高,为迈向信息社会奠定坚实基础。

大力发展集成电路、软件等核心产业,重点培育数字化音视频、新一代移动通信、高性能计算机及网络设备等重点产业群,以自主创新提升产业技术水平;加强宽带通信网、下一步互联网等信息基础设施建设,推动电信业转型,增强企业业务创新和市场拓展能力,提高对信息化建设的支撑服务水平;加强信息资源开发与共享,推进信息技术的普及和应用,推动全社会信息应用水平的提高;实施互利共赢的开放战略,在更加开放的市场条件下,不断增强企业的国际竞争力;健全行业管理和监管体系,坚持依法行政,创造良好的外部环境,保持行业持续协调健康发展态势,加快推进信息产业由大到强的转变。

(2) "十一五"至2020年信息化具体目标

在我国信息化发展总体战略目标的规范下,一系列的具体目标也已制订,它们是:

● 促进经济增长方式的根本转变。广泛应用信息技术,改造和提升传统产业,发展信息服务业,推动经济结构战略性调整;
● 实现信息技术自主创新、信息产业发展的跨越;
● 提升网络普及水平、信息资源开发利用水平和信息安全保障水平;

● 增强政府公共服务能力、社会主义先进文化传播能力、中国特色的军事变革能力和国民信息技术应用能力。

2005年，我国计算机装机台数超过6 000万台，网络化程度达30%～40%；互联网用户数达到1亿。2010年，我国计算机装机台数超过1亿台，互联网用户数超过2亿，计算机网络设施进一步完善，带宽与数据传输速度有显著提高。2020年，我国计算机装机台数超过2亿台，互联网用户数超过4亿，占总人口的25%～30%。

电子政务与政府信息化有重大进展，政府信息资源进一步共享，政府积极为广大企业和人民群众提供信息服务，政府工作透明度及效率也进一步提高。2010年，12个"金"字系列重点应用工程基本完成，电子政务与政府信息化普及率、覆盖率达70%～80%。2020年，全面实现政府网上办公。

届时，国民经济信息化将有重大进展。各类电子商务(B2B、B2G、B2C、G2C、C2C)在国民经济主要领域如工业、农业、商业、交通运输业、金融、保险、证券业及信息服务业全面发展，以网络营销为重点的电子商务基本普及，网上支付随环境改善而逐步发展，主要行业的信息化有很大发展。信息技术在传统产业改造中有显著成效，计算机辅助设计、辅助制造、过程控制及辅助管理在各类企业中进一步普及，分阶段实现了不同层次的企业信息化：初级企业信息化(CAD、CAM、DCS、MIS、ERP的普及率达30%～50%)；中级企业信息化(CAD、CAM、MIS、ERP、EC的普及率达60%～80%)；高级企业信息化(CAD、CAM、ERP、EC的普及率达80%～90%以上)。

地区、城市、社区信息化加速发展。"十五"期间，北京、上海、广东等地电子商务试点经验进一步推广，将建成若干信息化示范省、市、地区、社区及乡镇。2010年，全国各地区中小城市电子商务快速发展。"金"字系列重点应用工程与"数字奥运"已胜利完成，公共领域信息化步伐加快。社区服务等公共领域广泛应用信息技术，为人民群众衣食住行提供良好的服务。智能建筑逐步推广，信息技术进入家庭，电话、手机、信息家电、家用电脑进一步普及。2010年，全国家庭电脑普及率将达16%～20%，城市家庭电脑普及率达40%～50%；2020年，全国家庭电脑普及率达35%～40%，城市家庭电脑普及率达60%～70%，居家办公逐步普及，家庭信息化的发展将大大提高生活质量。

(3)"十一五"至2050年我国信息化长远发展战略的目标和阶段正在规划之中。自2003年起，国务院信息化领导小组在抓紧准备"十一五"规划纲要有关内容和《2006—2020年国家信息化发展战略》文件的同时还邀请组织了一大批信息专家讨论和规划我国信息化发展长远目标和发展阶段，以下主要内容反映了将来发展的走向。

● 第一阶段(2005—2020年)，信息化夯实基础

到2020年，信息技术在国民经济与社会生活主要领域的应用水平与国外中等发展国家的差距从目前十几年缩短到6至7年；国家信息能力总水平(信息化指数)排序从目前50至60名进入全球30名、亚洲前5名；我国东部沿海经济发达地区开始进入初级信息化社会。

● 第二阶段(2020—2035年)，信息化全面推进

到2035年，信息技术应用水平跨越式提高，经济、社会信息化水平与国外中等发达国家水平的差距缩短到2至3年；国家信息能力总水平排序进入全球前20名、亚洲前3名；我国东部

沿海经济发达地区经济、社会信息化水平接近和赶上中等发达国家;我国开始全面进入初级信息化社会。

● 第三阶段(2035—2050年),信息化高度发展

到2050年,我国经济、社会信息化高度发展,总体水平赶上和超过国外中等发达国家水平;国家信息能力总体水平排序进入全球前10名;我国东部沿海经济发达地区经济、社会信息化水平接近和赶上国外发达国家水平:我国开始进入中高级信息化社会。

1.4 数字化信息基础建设

1.4.1 建设概况

数字化信息基础建设已经成为我国现代化建设的重要支撑力量,在各地区实现工业化和信息化的经济建设中起着拉动性作用。数字化建设已成为北京、上海、天津、南京、广州、武汉、重庆等十几个大都市和珠江三角洲经济区、长江三角洲经济区、环渤海经济区经济建设的前沿建设项目,迅速加快了我国的信息化进程。

2005年全国光缆线路长度达到405.0万千米,互联网国际出口带宽136 106 M,网站总数约为69.4万个,域名总数约为259.2万个。2006年1月20日,信息产业部正式将TD-SCDMA列为我国通信行业标准,中国信息产业部已指定中国电信、中国移动和中国网通分别选择一个城市开始TD-SCDMA试验商用网测试。据Research and Markets 2005年1月的预测,2006年中国的3G用户将达到2 267万人。到2008年,由于3G网络在全国范围内铺开,中国的3G用户数量将达到1.060 8亿人。我国电信产业和服务业的快速持续发展为我国数字化基础建设夯实了基础。

首都北京的信息化建设、上海信息港建设、广东"一个平台、两个中心,三个基地"的数字化建设以及中国数字图书馆等重大国家信息工程项目正在为我国经济、科技、文化信息服务业的演变换代发挥重大影响和推动作用。

1.4.2 主要数字化工程与研究项目

在我国信息化过程中,具有前导影响的主要数字化工程与研究项目多数集中在科技、教育、文化领域,是北京、上海、广州、西安等主要大城市数字化城市建设的部分内容。国家图书馆、中国科技信息研究所、中国科学院图书文献中心和清华大学、北京大学、中国科技大学、武汉大学等国家重点大学,以及广电出版、媒体、动漫等文化产业单位都实施了不同的信息资源和信息内容数字化项目,如:

(1)1996年5月中国国家图书馆发起了"中国试验型数字图书馆项目",1997年被科技部和文化部批准成为国家重点科技项目;

(2)1997—1998年科技部主持的国家"863"攻关项目设立"知识网络,数字图书馆系统工程"项目;

(3)中国电子杂志社和清华同方联合建设的"中国知识资源总库"数字化项目;

(4)中国万方数据公司于90年代末期开始全面启动的数据库数字化项目;

(5)2001年中科院发起了"国家数字图书馆项目";

(6)由国家科技图书文献中心牵头,联合中科院图书文献中心、中国科技信息研究所、国家图书馆等单位进行的"数字图书馆与规范建设项目";

(7)全国文化信息资源共享工程。

1.4.3　实施缩小数字鸿沟计划

我国从2006年开始实施"缩小数字鸿沟计划"。它的基本方针是"政府主导、社会参与,缩小区域之间、城乡之间和不同社会群体之间信息技术应用水平的差距,创造机会均等、协调发展的社会环境"。它的工作重点是加大支持力度,加快推进中西部地区的信息网络建设,普及信息服务,推进农业信息化。

1.5　传统信息服务向知识服务的过渡

在信息技术、信息产业和信息经济的带动下,我国信息服务业发展迅速,空前繁荣。信息服务业从内容到形式,从观念到手段,从影响到作用都在发生着巨大变化,变化的实质是正在实现从传统信息服务向知识服务的转变。

1.5.1　转变的特点和发展趋势

(1)信息服务正沿着专门化、专业化、产业化、信息网络化、信息数字化、信息社会化的总体方向发展;

(2)从指示信息源的信息服务向着面向解决问题的"一站式"知识服务、内容开发的数字化服务升华;

(3)信息服务的态势已从被动信息服务转化为主动信息服务;

(4)用户(IU)、信息提供者(IP)和技术开发者(IT)三者交融,为信息化社会的形成夯实基础(图16.5);

(5)数字化技术和Internet网络催生信息内容产业的诞生和发展。

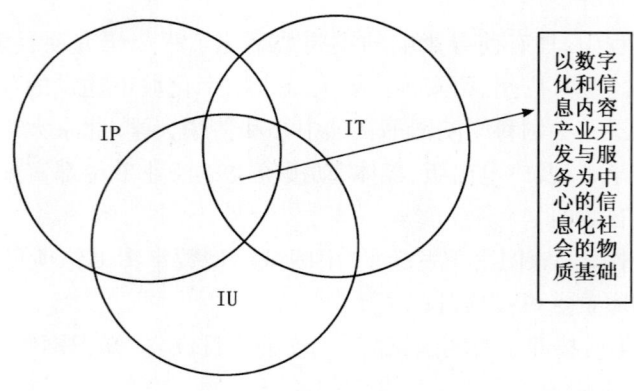

图16.5　IU/IP/IT三者交融

1.5.2 我国的知识服务业

我国正处于从信息服务业向知识服务业的过渡阶段。国务院发展研究中心在这方面做了大量调查研究,它把知识服务产业简称为知识服务业(Knowledge Service Industry)。国务院发展研究中心还强调我国知识服务业的三个特点:运用互联网、电子商务等现代化信息手段;其产品价值体现在信息服务的传输、流通上;典型的知识产权特点。它的基本内容包括以下几方面:

- 知识服务业是知识产业,是国家经济统计中信息服务业的组成部分;
- 知识服务业是对信息进行收集、整理、分析、研究、加工、并转化为可用知识,为用户提供知识产品和知识服务的行业;
- 知识服务业具有长积累、高增值、高带动性的产业特征,与高新技术产业共同构成知识经济的主体;
- 知识服务业是在提供服务时融入科学、工程、技术等产业或协助科学、技术、工程推动经济发展的服务业;
- 知识服务业涵盖的行业主要包括管理咨询、工程咨询、法律、教育、健康医疗、出版、影视、动画片、博物馆、通讯、金融服务、商业服务(包括电脑软件,电脑及资料处理、研究发展与工程服务、专业服务、形象策划等)、中介服务等。

1.6 我国信息服务业发展的主要问题和走向

如前所述,我国信息服务业是在改革开放过程中发展壮大起来的。其发展速度之快,所取得的成就之巨大,对我国经济发展和新世纪信息产业的影响都是前所未有的。然而,就是这样一个生机勃勃的信息服务业也面临繁多而严重的问题。主要瓶颈问题有以下几个方面。

1.6.1 技术与产业基础薄弱

我国大多数产业的物质基础都很薄弱,尤其是以机械工业为基础,以电子信息技术为支撑的信息产业基础更为薄弱,它体现在技术基础与水平,相关产业支撑,知识与技术开发和管理以及人才资源等主要方面。因此,克服产业基础先天薄弱所带来的影响和局限,求得跻身世界信息服务业发展的先进水平尚需时日和努力。

1.6.2 部门分割,不利发展

我国信息服务业的发展已取得相当大的改革和成就。这些成就的取得,与政府各部门一直大力支持建设各种门类的专业信息系统息息相关。但是,随着经济体制改革的深入,随着市场经济的发展,特别是随着信息网络的发展,行政管理部门对信息系统的分割管理和缺乏有力的协调行动正在造成对信息服务业相当严重的不利。

目前负责制订我国信息服务业发展政策和予以条件支撑的主要政府部门及其所属信息系统尚没有在信息服务业的全国规划、计划、具体政策、基础设施建设、信息资源的开发利用,以及网络建设方面进行令人满意的相互协调和统筹安排。九大信息管理和信息服务系统尚没有建成符合科学发展观的有效协调发展机制。值得信息服务业界人士欢欣鼓舞的是,我国国民经济的第十一个五年发展规划、我国科学技术发展的中长期规划已就发展国家信息服务业提出了规划的目标:管理机制的深化改革,政府部门加强主动协调,信息服务的进一步市场化、产业化将是保障规划目标胜利实现的基本条件。

1.6.3 信息服务业自身发展中的问题

根据"十五"期间国家统计局对全国经济和基本单位的经济普查结果,我国信息服务业发展中的主要问题如下。

1. 单位规模偏小,竞争力较弱

信息服务业的发展现状是:资产在50万元以下的法人单位有16.5万个,占到单位总数的84.6%。法人单位从业人员在50人以下的达到18.4万个,占到了单位总数的94.4%。经营收入在50万元以下的达到14.4万个,占到单位总数的73.9%。如此小的资金投入、人员投入和经营规模很难参加国际竞争,特别是在大力发展信息产业的今天,更显得我国信息服务业单位规模的偏小和竞争力的薄弱。

2. 区域发展极不平衡

在全国31个省市的信息服务业单位中,北京、上海、广东、江苏、浙江五省市单位的总和已占全国总数的56.2%。而西部地区的宁夏、青海、西藏、贵州、甘肃共有信息服务业单位3 930个,只占总数的2%。

3. 吸引外资数量和力度不够

在信息服务业中有4 167个外资单位,占总数的2.1%。约3 507个港澳台合资单位,占总数的1.7%。而在社会调查业中只有20个外资单位,占本行业的0.4%,信息提供业中只有123个,占本行业的0.3%,咨询业只有24个,占本行业的0.07%,公共信息服务业中只有2个,占本行业的0.04%。这与我国电子行业、汽车行业的吸引外资水平形成了鲜明的对比。信息服务业要想得到加速发展就要加大吸引外资的力度。

4. 信息服务业的研究活动较为单一和薄弱

信息服务业涉及多个学科和领域,当前信息服务业的研究活动在我国主要集中在图书馆学、情报学领域,在产业经济学、国民经济管理学等学科领域从事研究者非常欠缺。

科技部和财政部会同"五科"对2003—2004年所进行的一系列科技发展基础条件调查发现,信息资源与服务方面的差距包括:信息基础结构建设有所失衡;科技文献资源数量和质量差距较大;数据库加工与产业能力低;信息加工与服务技术落后;信息共享环境差;产业化水平低;国家投入不足;管理体制薄弱。

以上问题的发现或暴露,警示我们万万不可"坐井观天"、"洋洋自得"。实现我国信息化的目标,赶上世界先进水平尚需时日,需要加倍努力。

1.6.4 发展对策研究及发展走向

1. 对策研究

围绕着信息服务业的界定、现状、问题和加快发展的对策建议,我国有成百上千的信息部门和单位以及数以万计的信息专家在从事专门研究和探讨,形成了一个以"促盼发展"为共同愿望的百花齐放局面。在这当中,国务院信息化领导小组办公室、国家发改委、信息产业部、科技部、教育部、文化部、国家统计局以及中国科学院等部门和单位所发起的发展对策研究,不仅数量上遥遥领先,而且在研究结论上值得信息服务业界重视。

从面上来看,大多数对策建议是围绕以下议题展开的。
- 我国信息服务业的发展、管理机制与政策法规建设;
- 国家信息化、信息产业及信息服务业的发展战略规划、计划、管理与创新;
- 信息资源的开发、共建共享与应用;
- 信息服务的市场化、产业化、网络化;
- 信息技术研发创新与信息产业和信息服务业的发展关系;
- 信息标准、规范;
- 信息、信息流通、信息服务的知识产权合理应用与保护;
- 国家信息保障与信息安全;
- 信息伦理与信息文化;
- 新世纪复合型信息人才的培养与教育;
- 信息化与国际合作。

2. 发展走向

在长期大量研究的基础上,国家发布的《2006—2020年国家信息化战略》规定了我国信息化发展的以下9大战略重点,它们充分反映了我国信息产业和信息服务业今后发展的趋势和走向:
- 推进全民经济信息化;
- 推进电子政务;
- 建设先进网络文化;
- 推进社会信息化;
- 完善综合信息急促设施;
- 加强信息资源的开发利用;
- 提高信息产业竞争力;
- 建设国家信息安全保障体系;
- 提高国民信息技术应用能力,造就信息化人才队伍。

1.7 港、澳、台地区的信息服务与知识服务业

1.7.1 香港信息服务业

1. 香港信息服务业概况

我国香港是亚洲信息产业的一个重要行政中心。香港能发展成为国际商业和金融中心,必备条件之一是通讯和资讯发达。香港电讯市场是世界上最先进的电讯市场之一。该地区传媒发展蓬勃,香港年报2004显示,香港作为亚洲主要的电讯枢纽,拥有超过380万固定电话

线,并约有 820 万个移动电话用户(占人口 118%)。宽频网络差不多覆盖所有商业楼宇和住宅,而且 71% 家庭拥有个人电脑。"Information"一词在香港、台湾、澳门地区被译成"资讯",香港特区政府资讯科技总监办公室和内地的信息产业(厅)局的部分行政职能大体相当,它提供支援及服务,促进本地资讯科技业的发展。

2. 香港的信息政策

香港信息政策的主要目的是要建立起完善的信息基础设施,如"数字 21 计划"。1998 年,香港地区政府为了促进信息技术的发展,制订"数字 21 计划信息科技战略",其目标是加强香港信息基础设施建设和服务。2001 年 5 月发表新修订的"数字 21 信息科技战略",其目标是把香港发展成为先进的电子商务社会和数字城市。2004 年 3 月又发表新的"数字 21 信息科技战略",其目标是令香港普通市民受惠,并巩固香港在全球的竞争地位。

"数字 21 计划"是香港信息基础设施建设的指导性文件,其具体目标包括:增强香港地区良好的电子商务环境;确保香港地区政府以身作则,带动电子商务发展;培育人才,配合香港信息经济发展;加强香港社区掌握数字科技的能力;充分发挥香港本身应用促进信息技术发展所具备的优势。

3. 香港主要的信息机构

香港的信息开发服务机构形式多样,服务对象和服务范围各有特色,既有官方、半官方机构,也有民间机构;既有本地机构,也有国外及内地驻港机构;有专门机构,也有兼职机构;有营利机构,也有无偿的非营利机构。

(1)香港的大学图书馆

香港地区的大学图书馆在信息服务中起着重要作用,香港目前有 8 所大学:香港大学、香港中文大学、香港理工大学、香港科技大学、香港城市大学、香港浸会大学、岭南大学、香港教育学院。

(2)香港公共图书馆

香港公共图书馆馆藏丰富完备,共有书籍 898 万册和多媒体资料 119 万项;登记读者多达 297 万名。

1.7.2 澳门的信息服务业

1. 澳门信息服务业的概况

澳门地区的通讯方便快捷,电讯网络覆盖面广,1991 年 10 月澳门电话网络全面数码化,2005 年底,澳门固定电话线总数为 174 389,公用移动电话有 259 336 户,公用移动电话循环储值卡 273 422 张,公用电话分布市区各处。

2000 年 6 月,澳门电信暨资讯科技发展办公室成立,2001 年 8 月澳门颁布《电信纲要法》,2003 年 10 月根据《内地与澳门关于建立更紧密经贸关系的安排》及其附件的有关规定,澳门电信服务提供者可申请在内地设立合资企业提供五项增值电信服务。

1995 年 5 月,澳门推出互联网服务。2000 年 7 月宽频互联网服务推出。2002 年 10 月,制定了《提供互联网服务》的行政法规。

中国互联网络信息中心(CNNIC)统计 2005 年澳门网民使用的互联网信息服务包括:获

取资讯80%、交流沟通48%、休闲娱乐40%、网上新闻25%、教育/学习11%、下载或上传软件11%、网上社区6%、网上理财5%、公共服务5%、网上购物3%、网上求职2.7%、网页制作1.9%、D网上博彩1.6%、网上电话1.2%、售卖货品或服务0.7%、其他0.3%。

2. 澳门主要信息机构

(1)澳门欧洲信息中心

澳门欧洲信息中心1992年投入服务,该中心是由葡国储金局、澳门投资促进局及大西洋银行合作开办的中心。它可向澳门商人及亚洲国家投资者提供欧共体法律、投资、贸易和市场等方面的讯息。

(2)澳门中央图书馆

澳门中央图书馆成立于1895年,其前身为澳门"国立"图书馆。馆藏以西文为主,该馆下属七个分馆。其电子信息资源有中国学位论文数据库、中国学术会议论文数据库、澳门地区政府出版物等。

1.7.3 台湾信息服务业

1. 台湾信息服务业概况

台湾地区的信息产业发端于20世纪80年代初,在政策措施的推动之下,台湾信息产业迅猛发展,信息服务业发达。

根据台湾网络信息中心《TWNIC 2005年7月台湾地区宽频网络使用状况调查》报告,按上网人数与比例推估,台湾地区12岁以下的民众有228万人曾使用过网络;12岁以上的民众有1 238万人曾使用过网络;所有的民众中有1 466万人曾使用过网络。

台湾目前有20多家电视台(包括有线电视近百套节目),200多家广播电台,100多家报纸及各种数不清的刊物在争夺2300万受众。

预计2006年台湾移动电话产值将有逾三成的增长。2005年台湾3G移动电话市场规模首度突破1亿,台湾厂商占全球3G机种出货比重将不及1%,亟待技术升级以提高产业附加价值。

台湾地区的软件产业在20世纪90年代以来发展十分迅速。2001年,台湾信息软件产业产值为1 344亿元新台币。按台湾的规划,预计2006年产值将达到170亿美元。

2. 台湾的信息政策

2002年,台湾"行政院"提出"挑战2008——'国家'发展重点计划",将信息服务业纳入产业高值化计划中4大新兴服务业(研发服务产业、信息服务业、流通服务产业、照顾服务产业)之一,以期将信息服务产业发展为高品质、高应用、高创意的知识服务产业,转型为具外销竞争力之产业,进一步达到提高台湾制造业与其他服务业之整体竞争力的目的。

2003年,台湾"经济部"工业局开始推动中长期"信息服务业发展计划"。随后,"行政院"科技顾问组于2003年举办的产业科技战略会议将"信息服务业"列入讨论议题,以协助确立"信息服务业发展计划"发展策略与推动方向。2003年10月"总统府"经济顾问小组第5次会议建议强化"技术服务业"发展,并委托"经济部"研究"技术服务业发展方案","信息服务业"为其中之一。"行政院"经建会于2003年底着手研拟"服务业发展纲领及行动方案",将"信息服务业"列为台湾未来策略性发展的 12 项服务业之一。

依据台湾"行政院"制定的"挑战 2008——'国家'发展重点计划",台湾"经济部"拟定信息服务业至 2008 年的发展远景为：以有效分工整合体系发展信息服务业,提升制造业的附加价值及策略性服务业的竞争力,促使台湾成为全球特定领域信息服务的主要供应者。目标是 2008 年以前总产值达新台币 3 000 亿元规模,其中出口值达新台币 600 亿元。

3. 台湾主要信息机构

台湾的科技信息服务体系由科技资料中心、高等院校和公共图书馆构成,建成了由科技网、学术网和书目网组成的网络信息资源。此外,台湾"经济部"、"教育部"、"卫生署"、"农委会"等部门也结合自身的特点建立了各自的信息服务机构,提供资料和咨询服务。

台湾地区的科技政策协调部门是"国家科学委员会"(简称"国科会"),而产业技术政策的推动部门是"经济部"及工业技术研究院(简称"工研院")。因此,"国科会"主管的实验研究院科技政策研究与资讯中心和"经济部"主管的工业技术研究院及其图书馆是台湾创新服务机构的典型代表,前者是台湾最重要的公立科技信息服务机构,后者则是台湾最重要的公立研发机构。

(1)台湾实验研究院科学技术资料中心

台湾实验研究院科学技术资料中心(简称科资中心,STIC,http://www.stic.gov.tw/)于 1974 年成立,原来属于"国科会"主管,2005 年 1 月转型纳入"国家"实验研究院,以搜集、处理、分析及提供科技信息,促进台湾科学技术研究发展为服务宗旨。近年科资中心配合"国科会"推动台湾科技发展任务的需要,加强科技政策研究工作,为当局制定政策提供决策参考信息。为了强调这一功能,科资中心已在最近改名为"科技政策研究与资讯中心"(简称科技政策中心,STPI)。

(2)台湾工业技术研究院及其图书馆

台湾工业技术研究院(简称"工研院",http://www.itri.org.tw/index.jsp)建于 1973 年,由原来的联合工业研究所、联合矿业研究所和金属研究所合并而成。

除了直接参与重点科技领域的研发活动,工研院还为产业和企业的创新活动提供先进的信息服务,工研院图书馆就是提供信息服务的部门,其重点是文献服务,用户重点是工商界。因而它的文献收藏不仅包括通常的科技文献,还包括产业界所关注的新闻、统计数据、市场调查报告、产业信息等资料。它为用户提供文献、信息、资料收取一定的费用。

(3)台湾财团法人资讯工业策进会(Institute for Information Industry,III)

台湾财团法人资讯工业策进会(http://www.iii.org.tw/)在台湾信息与通讯技术行业中扮演了关键角色。它是"政府"PMO(项目管理办公室)和 CIO(信息主管办公室)的智库和管理咨询机构。III 负责"政府"主导的多个办公室和项目办公室,如"国家"资讯通信发展推动小组(NICI)办公室、数位台湾(e-Taiwan)计划办公室、信息及通信行业推动办公室以及数位内容行业高级办公室等工作。

台湾文献传递服务系统(NDDS):可以查阅期刊联合目录、学术会议论文、"国科会"研究报告、博硕士论文、Concert 电子期刊联合目录。

台湾学术电子信息资源共享联盟:为协助台湾各学术研究机构顺利引进国外最新信息,共享数字图书馆资源,并获得更佳产品及服务,科技政策研究与资讯中心特邀集相关单位,共同组成"全台湾学术电子信息资源共享联盟"。英文全名为"CONsortium on Core Electronic Resources in Taiwan",简称"CONCERT"。

(4)台湾"国立"图书馆

台湾"国立"图书馆的宣传口号是"教育社会、传播新知、传承文化、导航未来"。其服务的目的是协助学术研究,推行文教活动,并促进台湾图书馆事业发展。该馆工作包括:搜集、整理、典藏"国家"图书文献,广征世界各国重要文献资料,编印书目索引,提供参考阅览与信息服务,办理出版国际交换,加强台湾岛内外图书馆间的交流与合作,研究与辅导图书馆事业的发展。

§2 美国的信息服务与知识服务业

在全球信息服务业发展中,美国是现代信息服务业的发源地和排头兵。美国信息服务业不仅发展最完备、市场规模最大、技术最先进,而且今天随着知识经济的到来正在发生着深刻演变。美国信息技术和知识经济的发展正在改变信息服务业的基础结构,从广度和深度上拓展信息服务业的内涵和范围。信息的数字化和网络化,促进了信息产业和技术融合的相互渗透,不同行业出现越来越多的共性,改变了原有产品特征和市场需求,打破了传统产业边界,导致产业界限的模糊化,形成新的产业交叉或重组。在信息服务业的演变中,数字内容产业和知识服务业应运而生,从广度上拓展了信息服务业的内涵和范围。研究和跟踪美国信息服务业发展的历史、现状和未来趋势,具有重要的学术意义和现实意义。

2.1 美国信息服务业的内容与产业门类

2.1.1 美国信息服务业的含义

信息服务业是指利用计算机、通信网等现代科学技术对信息进行收集、加工、处理、生产、存储、传输、检索和利用,并以信息产品的形式为社会提供服务的行业群体。

2.1.2 美国信息服务业体系范围的界定

信息服务产业链由信息产品的生产,信息的发布与传输,信息源的收集、组织、管理以及加工组织后的信息向信息用户提供等诸多环节构成,在美国和世界各国大致都认同对信息服务业范围的这一基本界定。

2.1.3 美国信息服务业组成

按照 NAICS 关于信息服务业的界定,信息服务业是由众多产业群组成的。美国信息服务业主要产业部门包括:

1. 数据库产业

数据库产业就是按照一定的社会信息需求把信息加工为计算机可读介质并提供服务的信息服务行业，是信息服务产业的重要组成部分。数据库内容覆盖范围、数量、质量、品种、类型、使用率和数据库产业规模等，通常能够代表一个国家信息资源开发利用的水平，也是"信息强国"的衡量指标。数据库产业包括数据库、数据库生产者、数据库提供者三个部分。美国数据库产业的发展是信息服务产业和信息产业中增长速度最快的产业之一。美国数据库产业从20世纪70年代到20世纪末的发展概况见表16.2所示。

表16.2 美国数据库发展规模和速度

年代	1975	1985	1996	1997	1998	1999	2000	增长率（比1975年）
数据库数（一库一类）	301	2 700	9 290	9 662	10 597	10 917	11 604	41.2倍
数据库数（一库多类）	301	3 010	10 033	10 338	11 339	11 681	12 417	41.2倍
数据库生产者数	200	1 210	2 938	3 216	3 686	3 674	4 017	20倍
数据库提供者数	105	614	805	2 115	2 459	2 454	2 891	27.5倍
数据库记录条数	0.52亿	16.8亿	108亿	110.27亿	120亿	128.6亿	152.5亿	293倍

美国数据库产业从一开始就迅速发展，并且一直保持着它在全世界的领先地位。其迅速发展的原因主要有以下几点：

● 政府大力支持数据库产业的发展

美国政府很早就认识到数据库产业的发展对整个国民经济和社会信息化过程所起到的重要作用，因此大力扶植数据库产业的发展。美国的数据库产业实际上是由政府信息部门建立的数据库开始起步的。从20世纪50年代开始，美国各政府信息部门开始生产和使用大批高质量的科学技术和工程数据库。这些政府数据库为美国数据库的发展奠定了良好的基础。不仅如此，美国政府还大力促进数据库产业向商业化转化，其政府数据库的数据成为许多商业数据库的信息来源。美国政府历来注重协调联邦政府和私营机构的关系，使两者在信息资源的开发活动中建立起了亲密合作的伙伴关系。政府的高度重视和支持最主要体现在数据库开发初期的投入上，当数据库进入产业化和商业化之后，政府则主要通过建立权威性的协调机构，利用经济和政策杠杆，通过对美国政府制订的政策内容加以必要的限制，引入竞争机制，修改税收政策等措施，确保私营机构在信息资源开发战略中的主导地位，以进一步促进信息资源的有效开发和利用。

● 利用先进的信息技术开发和利用数据库

美国数据库产业有着雄厚的技术背景的支持。数据库产业是一个高技术含量的产业，它的发展和计算机技术、通讯技术和网络技术的发展息息相关，同时还需要数据库结构的科研成果，以及数据库查询搜索算法的优化等多方面的支持。这些条件在信息技术发展处于世界前列的美国都分别得到满足。

● 数据库产业的发展重点和方向明确

早期的美国数据库产业以科学技术和工程方面的数据库为重点，随着其数据库产业向商业化转变,美国生产数据库的中心也转移到以商业、经济和金融领域的数据库为主的发展方向上来,建立了以商用数据库为主的数据库产业结构。在保证重点的同时,美国的数据库产业还向外围领域逐渐扩展,开始面向家庭和社会服务的数据库。美国的数据库产业还重视对国外优秀数据库的兼并以弥补本国生产数据库的不足。这使得美国的数据库在国际上能够得到广泛的接受。美国数据库重点建设规模大、信息容量大、功能齐全、更新较快,商业化程度较高的数据库。例如:

◆ 文献数据库(题录、文摘、全文)
◆ 公司信息库
◆ 时序数据库
◆ 专利数据库
◆ 电话和地址名簿数据库
◆ 人员档案数据库
◆ 传记数据库
◆ 职业求征数据库
◆ 化学数据库
◆ 人口数据库
◆ 新闻数据库
◆ 词语数据库(词典、主题词表等)
◆ 商标数据库
◆ 采办和合同数据库

● 以政策法规创造和保障信息资源开发的良好环境

有关信息产业的政策立法:如 1996 年的《电信法》;

有关信息自由的政策立法:如 1966 年的《信息自由法》及其 1993 年修订法案《电子化信息自由强化法案》等;

有关保护知识产权的政策立法:如 1995 年《知识产权与国家信息基础设施:白皮书》;有关保护个人隐私权类政策立法:以 1995 年《美国个人隐私权与国家信息基础设施:白皮书》为代表。

2. 数字内容产业

在美国,NAICS 的 51 类"信息业"通常既是"信息服务业"的分类体系,也被作为"内容产业"的分类体系。其他与数字内容产业类似或相近的概念还有:信息文化产业、数字文化产业、数字娱乐业、新媒体产业、网络文化产业等。从产业涵盖范围上,这些都应包含在数字内容产业中。数字内容产业既是信息服务业的发展和延伸,也将成为信息服务业中最具产业潜质而备受世界关注的明星产业。美国数字内容产业产值在 2000 年 710 亿美元基础上,2005 年将超过 1 400 亿美元,年复合增长率 15% 左右。据统计,2002 年,全球数字内容产业 2001 年市场规模为 1 780 亿美元,预计 2006 年将提高到 4 340 亿美元,年增长率达 30%。数字内容产业目前还处于早期阶段,预计在 2005—2006 年左右会形成大规模产业群。

在产业范畴上,国际上尚未形成统一的标准,美国数字内容产业通常被划分为 8 大产业:

● 数字游戏产业，如家用游戏机游戏、电脑游戏、网络游戏、大型游戏机游戏、掌上游戏机游戏等；

● 电脑动画产业，如用于影视、游戏、网络等娱乐方面的应用和用于建筑、工业设计等工商业的应用；

● 移动内容产业，如短信、铃声下载、新闻及其他数据服务；

● 数字影音应用产业，如传统的电影、电视、音乐的数字化和新的数字音乐、数字电影、数字KTV、互动的数字节目等；

● 数字学习产业，包括网络远程教育、教育软件及各种课程服务等以电脑等终端设备为辅助工具的学习活动；

● 网络服务产业，各种ICP、ASP、ISP、IDC、MDC等；

● 数字出版典藏产业，如数字出版、数字图书馆、各类数据库等；

● 内容软件产业，主要是指提供数字内容产业服务所需的应用软件和平台。

2000年，美国的内容产业领域发生了一件轰动全球的并购案。具有80年历史、世界上最大的传媒娱乐公司"时代华纳"（Time Warner）被只有15年历史、世界上最大的网络服务商"美国在线"（American Online）兼并，组建一个庞大的互联网传媒业集团。它意味着美国最大的网络商开始向内容产业转移。不幸的是，3年之后这件备受瞩目的世纪合并案却陷入窘境。AOL时代华纳的市值缩水了2 000亿美元，2002年该公司亏损了987亿美元，仅2002年第4季度即亏损449亿美元，创下美国企业亏损最大的记录。2003年9月18日，该公司董事会决定，从公司名称"美国在线-时代华纳"中去掉"美国在线"，只保留"时代华纳"，以反映由于原美国在线的那部分资产大幅缩水以及整个公司的资产主要由原时代华纳的那部分资产构成的现实。

美国在线与时代华纳公司合并的产业模式说明，内容产业是各种媒体汇集的产业群，是信息与通讯技术产业和文化产业的融合体。内容产业与数字技术和网络技术有着密切的关系。数字化技术和网络技术既是催生内容产业的重要动力，也是内容产业存在与发展的技术基础。

信息产业著名评论家、《数字化经济》一书作者坦普斯克特说："新经济的主导产业就是新型媒体业，它融合了计算机、通讯和传统的内容产业。在美国，与电脑通讯相结合的新型媒体业占了国内生产总值的15％。新产业部门的利润移向内容，因为这里正是价值产生之所在。"

3. 软件业

信息服务产业链的每个环节以及信息服务的全生命周期都涉及软件的开发应用。软件产业作为信息服务业的核心和灵魂，不仅对信息服务业而且对整个信息产业和国民经济发展都有着极为突出的影响和作用。

美国的软件产业在技术上处于世界领先地位，对国际软件行业起到引导作用，垄断着全球超过80％的计算机系统软件、支撑软件和网络应用软件的市场。2000年全球的软件销售收入有1 450亿美元，每年增长15％，其中美国的企业占全球收入的四分之三左右。

4. 咨询业

按照美国咨询工程师协会的定义，"现代咨询服务是利用专家已有的科学技术专门知识，解决社会经济和企业中的科学技术与管理的一种活动。"美国许多企业的成长壮大离不开咨询业的支撑。例如,美国 AT&T 公司有 1 000 多家咨询公司为其进行全方位、多层面的咨询,每年投入的咨询费用多达 3 亿多美元。世界 500 强企业中 50% 左右的公司拥有自己长期合作的国际著名咨询公司,百分之百接受过多次咨询服务。美国《商业周刊》对于咨询业有这样的评价:"美国商业成就的背后都闪耀着兰德智慧的荣光。"

按照咨询服务的对象和目的,美国咨询服务可分为以下几类:

(1) 宏观决策咨询

宏观决策咨询往往也称为"思想库"(Think tank)。"思想库"一词缘自二战时期的美国,是指战争期间美军讨论战略和作战计划的保密室。二战结束后,"思想库"一词开始被用于军工企业中的研究与发展部,其中最有名的当属道格拉斯飞机公司的研究发展部(Research and Development Sections)。20 世纪 50 年代,该部成为独立实体,将研究与发展两个英文单词复合而为 RAND,即人所共知的兰德公司。因此,人们普遍认为兰德公司是第一个被称为"思想库"的研究机构。

美国思想库大致可分以下 4 大类型:

● 国家拨款型的纯官方思想库。比较著名的纯官方思想库有美国"总统科学顾问委员会"、美国"国会研究服务部"等。

● 政府资助型的半官方思想库。这类思想库得到政府或执政党的资助,但不直接隶属于政府或执政党,它们的服务对象不只限于政府机关或执政党组织,也可以是一些大企业。美国比较著名的半官方思想库主要有"兰德公司"和"斯坦福国际咨询研究所"。

● 民间学会、基金会支持的思想库。比较著名的这类思想库有卡内基国际和平基金会、布鲁金斯学会等。

● 大学附属的思想库。乔治城大学华盛顿战略与国际问题研究中心、斯坦福大学胡佛研究所、哥伦比亚大学国际动态研究所以及耶鲁大学经济发展中心等都是很有影响的大型思想库。

(2) 管理咨询

美国哈佛《企业管理百科全书》对管理咨询的定义是:"对现营的事业实行确实的诊断,进而针对经营环境的变化,确立现行事业的基本方针与有关未来的事业的发展方针,然后根据方针制定计划并且予以执行。"管理咨询业成为"企业经营诊断",它面向企业,目的是为了帮助企业提高经营管理水平和效率。它主要针对企业经营管理中出现的问题和薄弱环节,提出各种优化方案供管理者作决策参考。美国管理咨询服务的著名公司有安盛(Andersen Consulting)、普华永道(PwC)、麦肯锡(Mckinsey)等。

(3) 工程咨询

工程咨询主要针对工程建设项目提供系统的技术论证,它以尽可能避免工程建设的失误为目标。工程咨询通常包括从可行性研究到勘察、设计、招标、施工一级竣工验收等项目建设全过程。据国际工程师联合会(FIDIC)1997 年的调查报告,工程咨询服务业在全球已经形成了年营业额 4 420 亿美元的产业。美国《工程新闻纪录》(ENR)1999 年公布的国际工程咨询服务 200 强排行榜中,美国占 97 家。

(4) 科技咨询

科技咨询服务主要指针对科学技术研究获科技成果推广而进行的咨询服务工作,由于技术动向调查在科技和经济发展中的重要作用,近年来技术跟踪(Technology Monitoring)已发展成为一个独立的工作领域。

(5)专业咨询

美国咨询业是伴随着市场经济发展起来的,特别是产业分工后,专业性要求愈来愈强,社会结构日益复杂,为各种专业咨询服务的发展提供了客观条件和市场需求。专业咨询是就某一特定专业领域而进行的咨询服务工作,如会计/审计咨询、法律咨询、建筑设计服务、信用评级、标准认证等。

5. 互联网服务

在美国,互联网服务业的产业链大致可划分为4个层次:

(1)基础通信层:进行骨干网建设组织管理,Internet出口、升级、分配管理;

(2)网络增值服务层:在邮电物理链路上架构广域网,面向集团、企业,提供网络管理、运行服务;

(3)增值服务层:在网络增值服务的基础上提供公众信息、增值信息、广告、电子商务等服务,主要解决信息产品商品化及营销问题;

(4)信息内容层:提供信息内容的开发和增值及其产品销售和服务获利。

在美国,互联网服务业已有比较清晰的商业化分工,大致可分以下类型:

● 电话通信公司(TELECOM)

例如 AT&T、Sprint、MCI、WorldCom、GTE 等。

● 网络增值服务公司(NSP)

例如 BBN、Winactive、AOL 和 CompuServe 等。

● 联机在线服务公司

例如 AOL、CompuServe、Prodigy、MSN 等。

● 信息内容提供商(ICP)

例如 CNN、ZDNET、Yahoo!、Infoseek 等。

● 提供IT相关产品的公司

例如 Cisco、Intel、Microsoft、Netscape 等提供网络设备、Internet 系统软件及应用软件的公司。

● 应用服务供应商(Application Service Provider,ASP)是一种全新的网络应用软件服务经营模式。

美国于1999年6月成立ASP工业协会,主要目的是推动ASP模型的标准化,使得顾客可以放心使用多个ASP而不至于形成内容冲突。专家预测,将来人们租用ASP提供的服务就像打电话一样方便。据IDC公司称,到2003年应用程序服务外包市场的规模超过220亿美元,年增长率达70.3%,从而使它成为IT服务市场发展最快的部分。在未来5年内,大企业10%的应用程序是面向ASP租赁使用的,中小企业则将通过ASP满足其75%的应用软件需求。

2.2 美国信息系统与服务机构

2.2.1 美国信息服务机构的结构

美国在不同阶段建立了各类信息服务机构,逐步形成了信息服务系统与基本层次结构(图16.6)。

第一个层次,美国政府重点支持的信息服务机构。如美国国会图书馆、国家农业图书馆、国家医学图书馆、国家标准技术图书馆、国家技术信息服务中心、国家专利商标文献中心以及各部所属的专业信息中心。

第二个层次,州政府支持的信息服务机构。如,每个州都有一个州图书馆以及一些信息中心、研究中心,都是由州政府预算支持的。

第三个层次,美国教育系统的信息服务机构。

第四个层次,公司企业所属的信息服务机构。

第五个层次,独立经营的各种私人信息机构。这种信息机构寿命可长可短,优胜劣汰,非常活跃。

以上不同的信息机构层次构成了整个美国的信息服务业,形成了为美国信息化社会服务的信息基础结构。

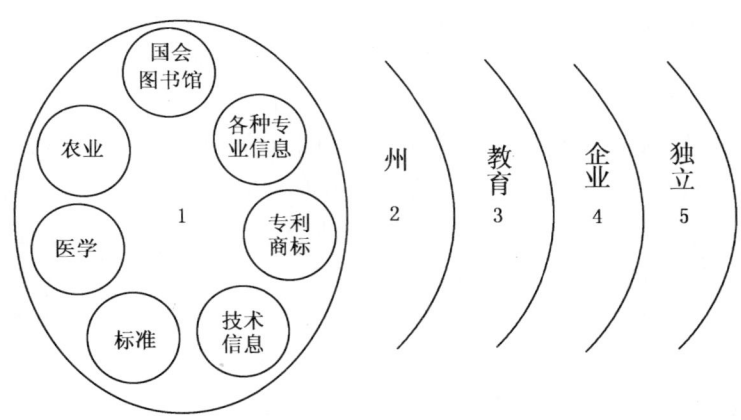

图 16.6　美国信息服务机构的结构

资料来源:刘昭东. 美国的信息服务机构与信息服务业. 中国信息导报,2001(7)

2.2.2　美国主要信息服务机构

(1)美国图书信息服务机构

据 2004 年 8 月美国图书馆协会统计(http://www.ala.org/),美国的各类图书馆总数超过 11 万个,其中公共图书馆 9 129 个,学术图书馆 3 527 个,中小学图书馆 93 861 个,专门图书馆(包括公司、医院、法律、宗教图书馆等类型)9 781 个,军队图书馆 312 个,政府机构图书馆 1 249 个,共计 117 859 个。到目前为止,美国所有图书馆的书刊资料都已实现了全国性的网络共享。这主要是通过 OCLC、Ohio LINK 和 RLIN 等几个大型联机联合目录系统来实现的。

(2)美国图书馆网

① OCLC

美国图书馆联机中心 OCLC（Online Computer Library Center，Inc，（http://www.oclc.org））原由俄亥俄州的一些学校于 1967 年发起组建，现已发展成为全球最大的书目资源共享网。早期名字叫俄亥俄学院图书馆中心（Ohio College Library Center），由于中心服务范围的扩大，图书馆成员馆的增多，1981 年改为现名。据 2002 年最新资料，利用 OCLC 产品和服务的用户已有 82 个国家和地区的 410 000 个图书馆和科研机构。OCLC 的联合编目数据库 WorldCat 中存储的书目记录已有 40 700 万条，平均每 15 秒增加一条新纪录；馆藏记录已达 840 063 万条。从 2000 年 7 月 1 日到 2001 年 6 月 31 日一年中 WorldCat 数据库中增加了 260 万条书目记录；各成员馆使用 OCLC 联机编目和资源共享服务（Cataloging and Resource Sharing Service，OCLC）对 494 万条馆藏记录进行了编目。全球有 190 246 个图书馆使用 OCLC 的 Firstsearch 联机信息检索服务，目前通过该系统可检索 70 多个数据库，其中有 30 多个库可检索到全文。OCLC 拥有世界上最庞大和实用的馆际互借系统 ILL，当用户从书目记录中查到一种图书，系统会自动显示距该用户最近的收藏该书的 5 家图书馆，并提供各馆馆际互借的收费标准让用户选择。

② Ohio LINK

俄亥俄州图书馆和信息网络——Ohio LINK（http://ohiolink.edu）。俄亥俄州各大学、学院图书馆具有图书馆合作的优良传统，有成功建设 OCLC 的经验。为增加全州范围内图书馆间的合作与资源共享，于 1986 年成立一个特别小组，经过调查协商，决定建立一个全州范围的地区电子文献资源共享网络。90 年代初，Ohio LINK 进入实质性安装与运作阶段。当时参加馆为俄亥俄州的 18 所大学和公共图书馆，现已扩展到全州 79 个图书馆。Ohio LINK 实现全州范围内图书馆联合与合作的绩效体现为如下方面：实现了全州范围内图书馆采购协调，形成了集团购买，从出版商手中获得了最大的价格优惠；方便了读者网上借书，实现了馆际互借，约 85% 的借书需求可获得满足；有 20 500 种电子期刊（全文版）在系统网上运行，现每年约有 100 万篇全文文章从网上下载。

③ RLG

美国研究图书馆信息网络 RLG（http://www.rlg.org）是 1978 年以斯坦福大学大型图书馆书目自动化作业分时系统 BALLOTS 为基础建立起来的，由美国研究图书馆组织（RLG）管理。目前研究图书馆组织的成员馆有 160 余个。RLG 向成员馆提供检索参考服务，该服务采用按年度固定收费方式，允许用户对其文献数据库进行无数量限制的检索。对需求量较小的用户也提供按检索文献数量收费的服务。RLC 和 OCLC 总的说来都是利用计算机网络，通过图书馆联机编目，共同利用书目，并开展多种形式服务的图书馆资源共建共享网络。

2.2.3 数字图书馆的发展

(1)DLI-1(1994—1998)

1994 年 9 月，美国国家科学基金会（NSF）、美国国防部高级研究计划署（DARPA）、美国国家宇航局(NASA)共同支持数字图书馆预研一期工程(Digital Library Initiative,DLI-1),该工程投资 2 400 多万美元共资助六个子项目:

①构造大学空间:为大学的工程学科建立数字图书馆基础设施(承担单位:伊利诺伊大学厄巴拉-尚别恩分校);

②密西根大学数字图书馆研究;

③斯坦福集成数字图书馆研究;

④亚历山大工程:建立具有图像和空间参照信息的综合性服务功能的分布式数字图书馆(承担单位:加利福尼亚大学圣巴巴拉分校);

⑤环境科学数字图书馆:一个可放大的、智能化的分部式数字图书馆原型(承担单位:加利福尼亚大学伯克利分校);

⑥信息媒体:综合的声音、图像和语言理解技术用于数字视听图书馆的创建和探索(承担单位:卡内基梅隆大学)。

(2)DLI-2(1999—)

数字图书馆预研第二期工程(DLI-2)于 1998 年开始全面筹划和招标,1999 年正式启动。DLI-2 明显扩大了对数字图书馆领域不同学科的支持,包括人类学、生物医学信息、计算机科学、经济、美术、地理学、地质科学、电子工程、环境科学、历史、信息管理、信息研究、语言技术、图书馆及信息科学、语言学、管理信息系统、政治学、心理学、社会学等。DLI-2 强调:数字图书馆是以人为中心的系统;注意相互合作能力和技术综合能力,对内容和收藏的发展与管理、应用和操作的基础结构,以及对在特定专业领域,在经济、社会、国际环境中的数字图书馆的理解。

(3)后数字图书馆

2003 年 6 月,美国国家科学基金会(NSF)召开了"后数字图书馆的未来"又称"泛在知识环境"研讨会,提出数字图书馆要协同 NSF/ACP 知识基础设施的建设,创建"泛在知识环境",并设定了"泛在知识环境"的总体目标:个人知识的无所不在存取;个人在任何时间任何地点按照任何内容需要获取个性化信息/知识;从非结构化信息中抽取知识;信息自组织和知识生成;信息的自然交流;知识社会化;用询问式学习方式改革教育;知识生命周期;扩大知识基础结构;知识的个人组织。

从以上标志性发展过程可以归纳出美国 DLI 经历了如下 4 个阶段:

① 图书馆文献资源数字化。这个阶段研究的重点是图书馆文献资源、科技成果的数字化转换(字符编码文本、电子化的位图映像等)、存贮、标引与检索、显示和输出等方面的解决方案。

② 数字图书馆技术研究。这一阶段的研究重点是数字化图书馆的信息存取、服务提供技术的解决方案。

③ 数字图书馆综合研究。以美国数字图书馆先导研究计划(DLI)为标志,表明数字图书馆的研究已进入综合研究时期。

④ 走向后数字图书馆研究。把后数字图书馆提升为国家知识基础设施的重要支柱来看待,更加关注数字图书馆对知识社会终身教育和继续学习的作用,更加强调以人为本,技术上

强调解决语义化等问题。

2.3 美国从信息服务走向知识服务

2.3.1 走向知识服务的保障——建设泛在知识环境

为迎接知识经济社会的到来,美国正在重构其国家知识基础结构,创建和整合以人为本的泛在知识环境。2001年,美国总统信息技术咨询委员会(PITAC)向美国总统布什提交了题为"Digital Libraries: Universal Access to Human Knowledge"(数字图书馆:人类知识的普适存取)的报告,描绘了未来人类利用知识的前景:"任何公民在任何地方、任何时候、能够利用与Internet连接的任何数字设备,检索人类全部知识。通过Internet,他们能够访问全世界传统图书馆、博物馆、档案馆、大学、政府机构、专业组织乃至个人创建的数字化资源所包含的知识。这些新型图书馆提供传统图书馆、博物馆、档案馆等包括文本、文件、视频、图像等在内的电子版信息资源。而且,它们提供强大的新技术能力,使最终用户能够不断反馈提问,分析结果,并改变信息的形式,同系统沟通、对话。"

2003年美国NSF召开的"后数字图书馆的未来"研讨会把以上描绘的图景称为"泛在知识环境"(UKE, Ubiquitous Knowledge Environment),并指出这个环境应具有的技术特点为:

(1)一次登录,访问全网格。

(2)提供任何人、任何地点、任何内容、任何格式的个性化智能化信息检索。

(3)从非结构化信息中抽取知识,通过信息自组织和知识自生成,对不同应用能够自动辨别并进行语义整合。

(4)信息资源高效采集、组织、检索、传播和利用,计算、存储、数据传输等将达到前所未有的水平,从人员、数据、信息、工具、手段等方面对科研人员更互动、功能更完整。

2.3.2 美国信息服务向知识服务演进及其基本原因

(1)知识服务业的产生

知识服务业属于知识产业的范畴。1962年美国经济学家弗里茨·马克卢普在《美国的知识生产与分配》一书中首次提出"知识产业"的概念,并给出了知识产业的一般范畴和最早的分类模式。马克·卢普根据对美国1958年国民生产总值的测度提出,知识产业大约占到美国国民生产总值的29%。马克·卢普的知识产业的思想是知识经济理论先导,在知识经济的发展史上具有重要的意义。丹尼尔·贝尔在《后工业社会的来临》中提出了后工业社会理论,这个理论最早提出了知识型服务业的概念。他认为,知识型服务业是相对于劳动密集型服务业而言的一种以运用智力资源为主的服务业,它越来越注重人力资源的知识水平和创新能力,有别于一般的家庭服务、商业、饮食业、交通运输业、修理业和公用事业的劳动力服务。同一时期,经济学家托夫勒·奈斯比特等也相继提出类似概念与理论,认为人类社会经历了农业经济社会、工业经济社会以后,正在迈向以服务经济或信息经济为特征的后工业社会或信息社会。

(2)信息技术迅速发展迎来知识服务

信息技术正在整体更新换代。计算、存储、通信以指数速度发展,发展还在继续中。1999年,世界仅两台计算机达到每秒 1 teraflop 理论能力。2003 年已有数十台。预计 2005 年计算机处理能力将达到 10 teraflop。磁盘容量(每平方米位数)过去每年增长 60%,最近几年每年增长 100%。存储能力的提高,使建立 TB 级数据库成更加普及。计算机通信网正在实现网格化。过去网络通信速度通常是 45MB/s,现在是 2.5GB/s。美国自然科学基金支持的 TeraGrid 项目以 40Gb/s 连接主要的科学资源节点,构成美国新的科学基础设施。目前实验室单根光纤已实现 11TB/s。在显示技术方面,过去典型产品是 1 megapel,现在是 9 megapel,实验室已实现 15 megapel。高精度 3D 互动显示已广泛普及。内容开发技术也取得长足进步。内容开发深度从点(字、词)、线(字符串、全文文本)、面(数据库、关系数据库)、立体(信息流、物流、资金流的结合)、三维空间(A/V、数据挖掘)、万象空间(虚拟真实)到思维空间(知识表现、概念形式化、知识量化等),在不断突破传统界限。毫无疑问,信息技术的发展速度是惊人的,信息技术的发展为推进信息服务向知识服务演进奠定了技术和物质基础:

- 生产、存储、检索信息的能力极大地提高,使信息转变为知识成为可能;
- 网络技术和传输速度极大地提高,使网络信息共享成为可能;
- 网页数量成指数增长,网络理解网页内容的能力大大提高;
- 信息资源开发广度在不断提高,信息内容开发(例如语义)进入智能程度阶段;
- 多媒体信息比重越来越大,多媒体内容检索能力提高;
- 信息服务已经实现个性化信息服务。

(3)信息资源价值观变化迎来知识服务

信息资源全面实现了数字化、网络化和多媒体化,与昔日相比发生了翻天覆地的变化。据《How much information 2003》一书统计,2002 年全球信息总量为 5EB。5EB 是什么样一个概念?世界最大的美国国会图书馆馆藏的数字化量为 10TB,5EB 则相当于 50 万个美国国会图书馆的馆藏量。以全世界 63 亿人口计算,则每人平均拥有 800MB 的信息量,相当于地球上每人都拥有 30 英尺高的图书馆藏。专家估计,更多的信息尚未开发利用,目前的信息资源大多是按网页统计,实际上非网页信息比网页信息大 500 倍,而且内容质量高 1000 倍。网络信息的特点是无序、多媒体、多语种、多类型、多结构、多垃圾,用传统的方法根本无法处理。由于技术的进步,过去可望不可即的科学数据,现在可依靠各种监测仪器实时实地采集、网络传输和存储、计算机处理和远程访问。信息资源的另一个特点是繁殖更新速度急速加快。有人估计,有用知识翻番的时间,1900 年是每 30 年翻一番,1970 年代是每 7 年翻一番,而到 2010 年将是每 11 小时翻一番。信息资源的重大变化出现了如下的局势:人类产生、收集信息的能力超过了人类组织、管理和有效利用信息的能力,人们急切需要的信息通常被实际不需要的信息垃圾淹没掉。《大趋势》一书的作者奈斯比特指出,"没有经过整理的信息不是我们的朋友,甚至是我们的敌人,当然更不是财富和资源。"信息资源开发的增值,正在从量的增值向质的增值转化。信息资源的价值不再取决于信息资源的数量、品种、形态、介质、传播方式、获取方式等,而是信息资源中知识的利用、创造和创新。

(4)信息需求发生巨大变化

由于科研环境的变革、信息技术的发展和信息资源在内容、形态、介质、传播方式、获取方式等方面的变化,美国的信息需求主流从20世纪80年代就已开始从寻求"指示信息源"的服务向"一站式"、个性化的知识服务发展。信息需求模式发生重大改变。目前从网上获取替代图书馆获取,已成为科技人员获得信息的主流方式。在许多领域,科技人员要获取最新信息,首先是通过网络,其次是会议预印本和参加会议,最后才是传统印刷文本。不仅从网上获取替代从图书馆获取成为信息利用主流方式,而且新的信息供需关系正在取代传统信息供需关系,促进信息提供方式的改变。科技人员需要从信息网络化、数字化和联机检索等现代化信息服务中,从信息中提取知识、情报等直接可用的信息。信息需求的变化主要表现在以下几个方面:

● 美国科技人员要求为他们提供全方位信息服务和协同工作环境。
● 要求以人为本提供开放型、主动型、针对型、专业化、速效化、多样化、本地化、个性化、可视化、人性化等信息服务。
● 要求信息服务部门对信息进行知识密集加工,从以文献单元的组织方式。
● 变为以知识单元为主的组织方式,不仅能够回答 know-who、know-what、know-when、know-where 的需求。
● 希望检索系统能够用数据挖掘、文本挖掘、语义检索等帮助他们挖掘、发现、推断、提示由于需求表达困难等原因而"不知所缺"的有用知识。
● 用户希望把信息变成知识创造的工具。
● 要求可从多途径、多渠道、多选择、方便快捷、成本低廉获取信息和知识。
● 要求科学家之间密切合作与交流。
● 要求不仅可通过网络直接访问全部科研成果而且可以通过网络发表和交流科研成果。

(5)"信息污染"与服务模式弊端

美国乃至不少国家已出现的"信息污染"与服务模式弊端,导致美国率先通过知识服务予以解决。主要问题包括信息垃圾、知识荒漠、信息孤岛、功能简单、服务僵化、生态失调。

2.4 美国对知识服务业的基本界定

2.4.1 知识服务业定义

知识服务业(Knowledge-Based Service Industries),这是美国通常的叫法,英国和欧盟则通常称为知识密集型服务业(Knowledge-Intensive Business Industries)。目前有关知识服务业的概念还没有统一的定义。

美国商务部对知识型服务业的定义是:"以技术知识、信息或专利权为产品,支持其他产业进行科学、工程、技术推动的服务业,或提供服务时融入科学、工程、技术等的产业。"

2.4.2 美国知识服务业的范围划分

知识服务业范围划分主要依据不同国家对服务业的统计口径和研究者的研究内容,由于各个国家统计口径和研究目的的差别,对知识服务业范围的划分也是多种多样的。

根据美国商业部的分类,知识服务业包括:通讯服务、金融服务、商业服务(计算机软件、计算机及数据处理、研究发展与工程服务及相关服务)、教育服务及健康医疗服务等。

2.4.3 转向知识服务的关键技术

(1)知识采集(Knowledge Acquisition)

(2)知识模型化(Knowledge Modeling)

(3)知识交换(Knowledge Interchange)

(4)知识表达/人工智能(Knowledge Representation/Artificial Intelligence)

(5)知识组织和图书馆(Knowledge Organization/Libraries)

(6)知识检索和导航(Knowledge Access and Navigation)

(7)知识业务(The Business of Knowledge)

(8)知识管理(Knowledge Management)

(9)主题图(Topic Maps and XTM)

(10)知识本体和分类体系(Ontologies and Taxonomies)

(11)电子媒体管理(Electronic Media Management)

(12)语义网(Semantic Web)

(13)Internet/语义网(Internet/Semantic Web)

(14)文献/资产管理(Document/Asset Management)

(15)专家系统和代理计算(Expert Systems/Agent Computing)

(16)机器学习(Machine Learning)

2.4.4 知识服务业成功要素

信息服务与知识服务业界的不少专家在论及美国知识服务业成功的经验时,从不同的角度指出了以下成功要素:

- 视信息、知识、高素质人力资源、员工的经验和专业知识、学习型组织等为知识资产;
- 把握高新技术;
- 重在开展知识服务;
- 挖掘、整合隐性知识;
- 高度创新。

§3 日本信息服务与知识服务业

日本是信息服务业高度发达的国家。从产业地位看,信息服务确已成为推动日本经济飞速发展的巨大推动力和保持其国际竞争优势地位的战略性新兴产业。

3.1 日本信息服务业的发展

20世纪70年代之前是日本信息服务业兴起时期,直到80年代前半期,日本经济一直稳定增长,信息服务业随之迅速发展壮大,并出现了多元化经营业务。90年代以来,日本因泡沫经济崩溃陷入了长期停滞的局面,信息服务业也受到了很大的冲击。尽管如此,由于企业经营者提高了对信息化的认识,把对信息化的投资视为走出困境的关键举措,信息服务业保持了发展的态势,整体营业额呈增长态势。

3.1.1 总体发展水平

日本在全世界信息服务业位于前列,仅次于美国。以2000年为例,全世界信息服务业的市场销售额约为5 362亿美元,其中日本的市场占有率为11.2%,居第二位。

据日本经济贸易产业省发布的2003年度报告,2003年日本的信息服务业销售额达到14.17万亿日元,较2002年增长1.4%;日本信息服务业2003年雇员数567 467个,企业数7 380个。

3.1.2 信息服务类别

根据日本经济产业省进行的"定题服务产业调查",信息服务产业分为定制软件服务、信息处理服务、软件产品、设备与系统管理服务、数据库服务、研究和其他等7大类。

3.2 日本信息服务业的国家战略计划与基础建设

日本政府认为,信息服务业在国家经济发展中的作用是非常重要的,因此制定了信息化的重大推进计划和措施,通过IT基本法、e-Japan、u-Japan等战略的实施,加强信息化基础建设,实现政府信息化、机构企业信息化、国民信息化,并在此基础上向全社会提供更便捷、更简化、更高效以及更透明、更安全的信息服务。

日本的国家信息化战略经历了几个重要阶段。

3.2.1 从IT基本法到e-Japan

2000年,日本政府首先提出了"IT基本法",这是一部指导信息和通信网络建设的基本法律,规定了国家和地方政府各自承担的工作,以及IT战略总部的部署等。

2001年1月22日IT战略本部提出了e-Japan战略,希望集合政府与民间力量,提升日本ICT(Information and Communication Technologies)领域整体的基础建设,在5年内将日本建成世界最先进的IT国家。

在e-Japan的第二阶段,日本政府更新修订了IT战略,从IT基础设施的建设转变到IT的利用。其推动内容包括两大主轴,第一主轴是七大优先应用领域的信息应用,包括医疗、饮食、生活、中小企业金融、教育、劳动就业、行政服务。第二主轴是新加入五项基础网络环境整备以扩大信息应用的范围,包括新时代IT网络建设、发展安心及安全的信息应用环境、促进研究发展、培育资讯应用的人才、应用信息科技发展新国际关系。

3.2.2 从 e-Japan 到 u-Japan

2004年8月,基于未来发展,日本又提出了"u-Japan"规划,目标是"2010年成为世界最先进的 ICT 国家并领先全球"。

"u"的理念包含四个细化的基本原则:Ubiquitous 无所不在(连接每一个人和每一件事)、universal 普及(老年人也可以轻易地使用)、user-oriented 面向用户(站在用户的立场)以及 unique 独特性(创新的重要性)。其中 ubiquitous 是最重要的,它强调一个无所不在的网络环境,可以用4个A来描述,即 anytime 任何时间(24小时)、anywhere 任何地点(工作、家中、各城市、各国家、移动中)、anything 任何事情(家用应用、个人物品、汽车、食品)、anyone 任何人(小孩、成年人、老年人、残障人士)都可以轻易上网的环境。

u-Japan 政策有三大推动主轴,包括:

● 从宽频到无所不在网络

基础建设是发展无所不在网络的关键,必须将现有的有线与无线宽频网络整合成随时都可接取的无缝网络环境,使得网络可融入每个人的日常生活当中。

● 有效利用通讯解决各项 e 化议题

除持续推广通讯应用外,必须重视如何通过通讯技术解决各项民众所重视的社会议题,尤其是 e 化进展较为缓慢的领域。

● 强化通讯应用环境的安心与安全

在无所不在的环境中,最受民众关心的是安全议题,尤其是通讯已深入民众生活之际,个人隐私安全问题将变得更为重要,安心及安全才足以消除民众心理上的阴影,强化民众对无所不在网络的信任。

3.3 日本信息服务业的发展特点

3.3.1 政府干预,宏观调控

总体来说,日本信息服务业是一种典型的"政府干预"发展模式。高层领导十分关心和重视,亲自推动本国的信息发展战略和行动计划,健全法律法规,加强组织领导,充分发挥政府的宏观调控作用。

(1)从全局高度制定重大综合性政策、法律及实施计划

日本信息服务业主要是在政府倾斜性产业政策,加之多种经济手段的扶植下才得以迅速发展。进入20世纪90年代后,日本更加意识到信息服务业的重要性,出台了各种政策措施加强发展,并在此过程中颁布了一系列的法规,推动重大战略计划的制定与实施。

政府在这个过程中体现了"总体战略"的特色,出面组织、协调,使得政府、企业、研发机构之间充分互动,官、产、学、研联合攻关。这样的政策制定出来,政府避免了闭门造车的窘迫,企业也能找到执行的落脚点。

(2)创造有利于信息服务业发展的市场环境

日本政府坚持鼓励与允许市场竞争,使新进业者能够进入市场,活化市场机能。为促进信

息化基础设施建设和相关信息服务的发展,日本政府采取了一系列鼓励自由竞争的政策,引入自由竞争机制,增强产业的国际竞争力。日本政府在市场竞争中采取的一系列有效手段,成为推动成功的事实原因。

(3) 积极推行信息技术标准化

日本政府非常重视信息技术标准化的贯彻实施,并将信息技术标准化作为信息技术发展的基本前提。为推动高度信息化社会的进程,日本政府先在国内推行 ISO 制定的开放型系统互连标准,其次规定日本各数据库的互连均采用 ISO 标准。日本特别重视跟踪国际信息技术标准化发展的动向,加强与美国在信息技术标准化领域的联系与合作,成立了日本信息技术标准化协作委员会,并在 JIS 标准系列中增加了一个新类别——信息类。同时在日本标准化协会 JSA 中设立一个专门研究信息技术标准化的机构——信息技术标准化研究中心,对有关网络技术、多媒体、软件等系列进行标准化研究。

日本在信息技术标准化管理方面的主要特点,一是重视各种信息技术标准之间的协调,二是重视信息技术标准的柔性化,发挥民间标准化机构的作用。日本已经制定出名词术语、字符集和编码、文字识别、输入和输出多媒体、数据通信和数据代码等信息技术标准。

(4) 稳定强大的管理机构

日本信息服务业的管理机构相对稳定,职能相对集中,这给统筹规划、制定政策法规、支持研发创新、引导市场走向、进行宏观调控和规范市场秩序等都带来极大的便捷。具体来说,总务省、经济产业省和信息技术本部各有分工,相互配合,管理人员的配备十分充足。高层次的公务员通过大量研究调查工作,做出正确的判断和科学决策,政府对宏观管理和市场规范得心应手。

3.3.2 企业为信息服务的重点

在日本,企业是研发活动的主体,各产业 90% 以上的先进技术都掌握在民间企业手中。中小企业的数量占全国企业的 99.4%,职工人数占全国企业的 81.4%。因此,政府十分重视对企业的信息服务,目前已经形成了对企业界的全方位服务。

各信息服务机构在促进新技术的产业化发展、技术转让计划的制定和实施等方面为企业提供了较好的服务。他们将获得的研究成果制作成技术源信息、专利信息和研究报告信息数据库,通过互联网免费提供给企业。同时在企业与大学、研究机构间进行斡旋,通过研究成果实用化促进委员会,以演讲会、讨论班、研讨会、说明会等各种形式将有关产业技术的最先端信息和最新研究成果广泛地普及到产业界。创建技术转让窗口,向企业无偿提供技术转让咨询,在有意技术开发的企业中物色出最佳选择,制定实用化方案,实现新技术的社会化和产业化。

在日本还建立了研究成果应用广场,充分调研企业的需求,开展广泛的协调工作,推动官产学交流,开展培育研究成果的研究,促进成果的产业化。此外还在专业人才的培养、研究开发战略的制定、融资、企业诊断等诸多方面向企业提供服务。

政府积极推动企业信息化发展,特别对中小企业的信息化建设提供多方面的支持服务,利用各地现有的商会举办信息化知识讲座,利用现有的法律咨询窗口提供信息化方面的法律咨询服务等。通产省建立了"SI 企业登陆制度",鼓励企业之间通过计算机相互交换并共享信息,被认定的 SI 企业将享受优税等优惠政策。据日本信息化建设较好的企业估计,通过利用先进信息化技术,大大提高了企业各个环节的效率,效果十分明显,一般可降低成本 10%~30%。

日本信息技术企业在提供信息技术服务方面也不断创新。例如,日本电气公司(NEC)提出"五 i"理念,即想像力(imagination)、灵感(inspiration)、思想(idea)、信息(information)和互联网(internet)相融合,目标是借助宽带互联网和移动终端(如笔记本电脑、移动电话等),实现"i 社会"(i-Society)。NEC 还推出了"互联网广播"(Internet Broadcast),通过设在日本各地的数字摄像机,按照顾客要求的比例实时传输指定城市、建筑物或风景的现况,还提供网上购物服务,通过与生产商、速递公司、24 小时便利店合作,共同开展 B-C 业务。

3.3.3 行业协会发挥重要作用

在政府的大力支持下,日本信息服务界成立了许多行业性的团体组织,他们的目标和职责都非常明确,主要任务是促进技术产业化,为企业提供技术咨询和研究成果,资助民间企业发展信息技术产业。

日本比较著名的信息服务行业协会有:日本信息处理开发协会(JIPDEC)、电子信息技术产业协会(JEITA)、信息处理振兴事业协会(IPA)、信息服务产业协会(JISA)等。这些行业协会是自律性机构,没有任何在职的政府官员兼任职务,政府没有专门的经费支持。他们的生存主要靠会员单位交纳的会费和自己合法的有偿服务或举办交流会、展览会等获取的收入。企业参加行业协会可以获得很多资源,增加和商会打交道的机会,可以与政府达成共识,因为政府在制定政策时比较容易听取行业协会的意见。

3.3.4 选择重点行业,带动信息服务业整体发展

日本政府通过刺激和扶持重点产业来带动整个信息服务业的发展,目前的重点放在软件服务上。

日本的软件开发是同信息服务业一起进行的,但在发展过程中却发生了严重的决策失误。由于过分重视制造业,轻视软件业,使日本付出了沉重的代价。从 90 年代起日本开始纠正错误,逐渐重视软件业的发展,从政府到企业都投入了大量资金和人力物力。

现在,软件服务是日本信息服务业中最大的一项,占总销售额的 60%。其中向大型计算机用户"定制软件"的受托服务比例明显高过其他国家,占日本信息服务业的 40%,是日本信息服务业的特色之一。据日本软件服务产业协会的调查显示,今后日本软件服务企业将在以下 4 个领域重点投入人力、物力:①应用于骨干业务的信息服务系统的开发;②战略应用软件的开发;③使用于电子商务交易的系统开发;④企业间连接系统的开发。

3.4 主要信息服务机构

在日本,从事信息服务的机构类型较多,可分为三大类:政府机构、半官方组织、民间组织,具体包括国家机关、国家研究机构、社会团体、特殊法人、民间咨询机构、公司企业等。

3.4.1 政府机构

包括科学技术振兴机构、国立情报学研究所、各省厅下设法人机构中的信息服务中心、地方科技情报中心、国立国会图书馆、高等院校图书馆、地方公共图书馆等。其中,科学技术振兴机构在整个信息服务流通过程中具有中枢机构地位。

日本科技振兴机构(JST,Japan Science and Technology Agency)隶属于文部科学省,是执行日本国家科技基本计划的主要机构之一。它的前身是日本科学技术情报中心(JICST),成立于1957年8月,1996年9月与新技术事业团(1961年7月~1996年9月)合并为科学技术振兴事业团。因此,作为日本科学技术信息流通的中枢机构,JST还担负着促进新技术产业化的任务。它的使命是:

- 整备包括促进科技信息流通在内的科技振兴所必需的基础环境;
- 以实现科技创新立国为目标,促进从基础研究到产业化全过程的研究开发。
- 目前科学技术振兴机构的主要业务内容是:
- 支援新技术创造性研究;
- 新技术的产业化开发;
- 促进科技信息的流通;
- 支援科学技术交流;
- 促进科学技术普及,增进国民对科学的理解。

科学技术振兴机构的促进信息流通业务主要分为两个大的方面:其一,采集全世界的科技信息;其二,为研究开发建立和提供必要的数据库。

3.4.2 半官方组织

这种组织是由政府和民间合办的。由于性质特殊,在提供信息服务时具有一些民间机构和组织所不具备的优势,具有足够的可靠性,受市场影响的因素较小,从而能够很好地为小企业服务。同时由于不是政府机构,可以避免政府机构固有的体制僵化等问题,做到了可靠性与灵活性两者的有效统一。如日本信息服务产业协会(Japan Information Technology Services Industry Association,JISA),该协会前身是1970年成立的日本信息处理中心协会和日本软件产业协会,于1984年6月6日由通产省批准合并。JISA是日本最大的信息服务行业团体,也是仅次于美国的世界第二大同类产业团体。它联合了日本国内最有实力的信息服务公司。截至2005年5月,会员涵盖650家企业与70家协会,包括日本主要的软件开发商、信息处理服务提供商、数据库服务提供商、VAN服务提供商以及来自IT硬件、银行、保险、制造、贸易等行业企业,约占日本全部IT服务公司的10%左右,从业人数占全国总数的50%,营业额占全国信息服务业总营业额的50%以上。其主要任务是:保护个人隐私和信息安全;振兴软件业;促进学术单位与企业间合作;就软件产业与发展趋势等合作计划,促进日本国内相关机构、海外单位与各国信息产业联盟。

3.4.3 民间组织和机构

包括公司企业、民间咨询机构、特殊法人,以及一些专门的协会——行业组织机构、行业协会、行业协会联合会。《基本法》和《e-Japan 战略》都明确规定,民间机构是信息化的主体,在信息化建设中起主导作用。

中小企业基盘整备机构中的中小企业情报中心的前身是中小企业事业团。中小企业事业团成立于 1975 年,其时,促进中小企业信息化是其主要业务之一。2004 年 7 月 1 日,中小企业综合事业团与地域振兴整备公团和产业基盘整备基金的部分业务得到合并,开始以独立行政法人中小企业基盘整备机构(Organization for Small & Medium Enterprises and Regional Innovation)名义运营。

§4 欧洲信息服务与知识服务业

在世界经济论坛发布的《2004—2005 年全球信息技术竞争力报告》的前 10 名中有冰岛、芬兰、丹麦、瑞典和瑞士等 5 个欧洲国家。在排名前 41 位中,更是有 22 个欧洲国家。从这个角度来看,欧洲的信息服务与知识服务业的发展水平是非常高的。

4.1 欧盟的信息服务与知识服务业

4.1.1 欧盟的信息发展计划

2000 年 3 月,在里斯本召开的新世纪第一次欧盟首脑会议上,欧盟提出了三条未来 10 年的发展新战略,其中一条就是发展信息产业。要求通过普及互联网知识、发展电子商务、加快高技术特别是信息技术的开发与应用,创建"电子欧洲";制订电子商务法规,放宽电子商务政策;2001 年以前实现电子通信市场的自由化;2005 年之前在全社会普及互联网应用。

2000 年 6 月,欧盟发布了面向 2002 年的"数字欧洲计划",把"消除数字鸿沟,构建信息社会"作为优先目标。

在此背景下,欧盟各国也纷纷制订了本国的信息化发展规划和措施。

欧盟的信息发展计划主要由"eEurope"计划和"i2010"战略组成。下面就对这两个计划作分别的介绍。

1. "eEurope"计划

"eEurope"计划成形于 1999 年 12 月的欧盟执行委员会议,从 2000 年 6 月开始正式实施。eEurope 主张提升欧洲大陆的数字科技水准,并能使每一位欧洲人有能力使用新兴资讯科技产品,其中有八个领域最被重视,包括:新技术平台通讯服务、高速宽频建设、e 化学习及 e 化工作流程、电子商务、e 化内涵、e 化政府、网络安全以及行动通讯等。

为了支援 eEurope 计划,欧盟又提出几个具体计划:

● eCounter(Dec. 2000):为企业组织提供一个欧洲创意内容、文化传播及技术知识合适的商业使用环境。

●eLearning(May. 2000)：是最新的"欧洲就业战略"重要内容之一。为改善学校基础设施、加强电子化教育的程度、提供高品质且内容丰富的教育服务，并将欧洲的学校连成教育网络，以各国现有机构为基础，成立整合性的资源平台。

●GoDigital(March. 2001)：鼓励中小企业数字化的行动，充分运用资讯及通讯产业以增进其效率。

●eInclusion(March. 2000)：防止数字时代中，知识基础上的使用权利被剥夺，并强调重视弱势者的需要。

●Data Security(March. 2001)：欧盟整体提出一个通则政策以捍卫资讯安全，拟定新的法规，提高行政资讯系统的安全标准，以支援国际间整合的标准化动作。

在欧洲制定的eEurope战略计划中，宽带是一个重点。eEurope2002的着重点在推动宽带接入；eEurope2005则关注如何推进业务、应用和内容，致力于宽带架构和安全事务的发展。

欧盟执行委员会在2002年5月底公布了"eEurope 2005: An information society for all"计划。这项新计划目的在于提供更好的投资、就业环境，提升欧洲各国的产业竞争力、公共服务的现代化，并改善教育品质，让欧洲人民享受信息化社会的便利性。

"eEurope 2005"计划主要分为两个执行项目，其一是公共服务与电子化的应用与内涵的改进；其二是重在宽带基础建设与信息安全议题上。此外，还将致力于建设安全的信息基础设施。

2. i2010战略——信息化欧洲

i2010是一个指导信息社会和媒体政策的综合战略。它阐述了欧盟委员会各种政策的共同目标，包括法规、研究与开发投资、信息与通信技术在经济与社会中的创新和推广。它是欧盟提升里斯本竞争战略措施的关键组成部分。

i2010的第一个支柱是把所有的法规措施在欧盟委员会的架构上结合起来，使欧洲能建立一个现代化的、市场导向的数字经济法规框架。第二个支柱是把欧盟的研究与开发设备进行数字组合，设立与私人企业合作的优先次序，促进创新，确立技术领先地位。第三个支柱是在有效的、客户友好的ICT公共服务的支持下，建立一个包容的欧洲信息社会。缩小数字鸿沟是i2010议程的一个关键性的主题。

另外，欧盟还有两个重要的计划——第七研究框架计划(FP7)和竞争与创新计划(CIP)，都把信息与通信技术视为竞争的第一动力。

4.1.2 主要科技信息服务机构与信息系统

欧盟非常重视科技信息服务业的发展，在欧盟执行委员会中有许多机构与科技信息服务业有关。

(1)研究总司：主要负责研究与发展，技术创新，制定研究和发展政策，提高欧盟研究能力，协调成员国研究活动。它也是欧盟研究框架计划的执行机构。

(2)信息社会总司：主要制定和实施信息社会竞争和发展政策，促进信息技术研究，支持和鼓励所有欧洲公民参与和共享信息社会。为此，欧盟信息总司制定和实施了欧盟2005年电子欧洲行动计划(eEurope 2005 Action Plan),在信息社会研究方面,信息社会总司与研究总司的研究框架计划衔接,并注重强调集成欧盟的大学、研究单位、企业和政府组织的力量,重点放在智能环境和新一代互联网技术。

(3)企业总司:主要负责提高欧洲企业竞争能力,创造企业发展环境,帮助企业进入市场,促进企业合作和创新。企业总司实施了《欧洲企业创新计划》。

(4)教育和文化总司:负责建设知识欧洲,发展欧洲文化区,促进欧洲公民的融合。

(5)欧洲联合研究中心(JRC):JRC成立于1960年,直属欧盟委员会,主要职能是支持和执行欧盟科研政策,同时向欧洲议会、欧盟理事会和科研委员会提供科技支持,为建立一个稳定、健康、祥和、具有竞争力和创新能力的欧洲做贡献。欧盟有25%以上的科技法规是由该研究中心制定的。该中心下设7个研究所,中心经费预算达3亿欧元/年。

(6)欧洲尤里卡研究计划秘书处:1985年11月6日,欧盟部长理事会在德国汉诺威举行会议通过了尤里卡计划框架原则,并由17国成立了尤里卡委员会。尤里卡计划的目标是开展由市场为导向的工业科学研究和技术创新,原则是以企业为主、自下而上开展泛欧合作研究与开发。

(7)欧洲企业和创新合作网:欧洲企业和创新合作网(European Business and Innovation Centre Network,EBN)在欧盟委员会和欧盟工业领导人的支持下于1984年成立,EBN秘书处设在布鲁塞尔,主要任务是协调欧洲企业和创新中心(BICS,Business and Innovation Centres)活动,如孵化器、创新中心等。

(8)欧洲技术转让中心:全称为欧洲技术转让、创新和工业信息中心(European Association for the Transfer of Technologies, Innovation and Industrial Information,TII),成立于2001年,目前有30个国家300个会员。

4.2 英国的信息服务与知识服务业

4.2.1 英国信息服务业、信息化的计划与政策

英国从1994年开始电子政务建设,虽晚于美国,却有后来居上的态势。英国政府先后制定了《政府现代化白皮书》、《信息时代公共服务战略框架》和《21世纪政府电子服务》等一系列规划。英国于2001年1月启动政府的网关,该网关把公民网站、商业和部门网站与政府的办公室系统等安全地连接在一起,以提供每年365天和每天24小时的"无缝"服务。

英国"电子政府"战略框架中提出的首要问题就是要建立"以公众为中心的政府"。它贯穿英国政府信息化建设的始终,是英国政府在信息化建设中最为强调的观点,要求各部门在制定信息化方针时必须考虑到这点。

为规范政府信息化,英政府颁布了一系列指导政府各部门信息化建设的导则,其内容涉及政府信息化的各个方面,规定了政府各部门信息化所遵循的共同原则。

英国为鼓励人们在网上纳税,规定对网上纳税者给予10英镑的优惠。鼓励措施不仅限于经济上,也可从其他方面入手。如对采用电子方式同政府打交道的人,在回复时间上给予保证或提前等。为鼓励人们采用现代信息技术,英政府还在全国建立了6 000个信息中心,以保证

所有想上网而又不具备条件的人都能上网，同时，政府还为低收入家庭提供微机贷款。

英国在信息化建设中，十分注重对工作进行总结及评价，它是世界上惟一确立正式程序监测信息化进程的国家。从1999年5月起，英国政府的信息化进程由政府电子专员办公室每半年总结1次，并在网上公布，以此接受群众的监督，并不断鞭策自己。同时，每月都由电子商务大臣及电子商务专员向首相提交一份关于英国信息化进程情况汇报（包括电子商务、电子政府及全民上网3个方面），每年政府颁布一份信息化进程的年度报告。与此同时，英国还不断将其信息化进程同其他国家进行比较，以找出差距，出版了一系列国际基准报告。

英国涉及信息领域的政策很多，目的是减少官方活动的投资，以刺激从其他方面寻求资金或者收费。图书馆界也受到同样的敦促和鼓励，扩充图书馆计划（LIPT）的目的就是鼓励地方合作，以改善服务降低费用。

在信息服务私有化的过程中，英国政府制定了一项旨在减少政府介入那些可由私人机构承担的活动的政策。政策规定，官方部门不能以不平等的条件同私人机构竞争。

2004年7月，英国财政部、贸工部和教育技能部联合发布了英国未来10年（2004—2014）科学与创新投入框架文件，提出了国家科技创新的总体战略：即紧紧抓住知识经济时代发展的特征，提高国家竞争力。通过科学研究生产知识；通过教育和培训传授知识；利用信息和通信技术传播知识；在技术创新中应用知识。紧紧抓住知识生产、传授、传播和应用链条的起端和终端，使英国成为全球经济的关键知识枢纽，同时成为将知识转换为产品和服务的世界领先者。

4.2.2 英国信息服务体系及机构介绍

1. 科技信息服务机构和信息网络

英国没有我国这样单独的科技信息服务体系，英国科技信息服务主要由大英图书馆、其他几个国家图书馆和大学图书馆等各级图书馆以及各个专业学会和相应机构来提供；另外还有一些颇具实力的私营机构在提供科技信息的数据库服务（如：巴斯信息与数据服务中心-BIDS，几乎所有英国的高等院校和科研机构都与BIDS联网）。

2. 大英图书馆：传统图书馆

大英图书馆是英国的国家图书馆，是世界上最著名、藏书最丰富的图书馆之一，也是世界上最大的学术图书馆之一。英国100强的研发机构中的91％都在利用大英图书馆提供，在大英图书馆的收入中，政府拨款占74％，其他收入占26％。

除了为科技和学术研究以及为公众服务外，大英图书馆还致力于为经济和商业服务。它全面收集英国境内出版的商业信息资源，对于其他地区的有关商业资料也进行选择性的收集。收集的领域覆盖制造业、批发贸易、主要行业的零售和物流，以及财经服务、能源、环境、交通、食品、饮料等服务领域。因此，它拥有英国最广泛的商业信息文献，包括市场研究报告、期刊、名录、公司年报、商业杂志、公司内部刊物、贸易文献和电子资源等。它所收集的商业信息有助于用户获取企业、产品和市场信息，了解有关公司的新闻和财务情况、竞争对手信息以及市场研究（包括趋势分析和统计分析）。

大英图书馆具有很强的信息分析与研究能力。它拥有一支由信息专家和专业人员组成的研究队伍,具有丰富的服务经验,可以直接获得世界上数量最多的研究文献和电子信息,为各个行业的所有组织提供服务。

大英图书馆非常重视为企业创新服务,并且独具特色。它专门为新创业公司提供一揽子服务。此外,大英图书馆于2004年5月专门成立了"企业知识产权中心"(BIPC)。该中心已向企业家提供了许多信息——全世界最大的市场调查报告的收藏,免费登录公司信息和金融新闻的网上数据库,以及包括约5000万项专利详情的知识产权记录。到目前为止,该馆的"企业之师产权中心"吸引的企业家人数已超过25万。据2005年6月24日《全球经济报道》称,伦敦经济发展署于2005年5月向大英图书馆拨款100万英镑,以"加强对创新者、企业家和中小企业的支持力度"。

大英图书馆在信息资源建设、信息加工、信息分析研究与信息服务上均处于世界一流水平,已经成为全世界图书馆的楷模。根据大英图书馆于2003年12月的"保守"估计,该馆每获得1英镑公共资金,对英国经济产生的价值为4英镑。自2004年"企业知识产权中心"成立以来,这个数字很可能已有所增加。

3. 超级学术网(Super-JANET)

英国从1983年开始建立了一个基于互联网的,连接各个学术机构、图书馆、大学并与世界各国连接的超级学术网(Super-JANET),它为英国社会科研、开发信息的传递发挥了相当大的作用。

4.2.3 英国信息服务研究重点与产业创新服务案例

英国的网络化信息技术和服务的研究重点集中在信息数字化技术领域。以大英图书馆为主体,联合美国图书馆联盟、英国兰卡斯特大学图书馆信息机构的精干力量,英国制定了一个五年信息数字化技术计划(称为Access Project),目的是大力开展数字图书馆(或称电子图书馆)技术和服务模式的研究。

其研究内容包括网络信息资源的开发和获得、信息(包括图像信息)的数字化技术及其实现、电子信息传递技术的研究与开发、电子文献的知识产权保护、信息服务的质量保证、全文数据库技术(包括全文检索技术)以及网络环境下的人员培训。

2002年5月中旬,英国科技部和英国贸易工业部联合宣布成立"全球科技观察网"(www.globalwatchonline.com),为英国企业提供全球各地最新科技发展相关信息。此站点成立的主要目的是希望让企业界了解关于电讯、自然科学、机械工程、可持续发展等相关科技领域的最新信息,为英国企业提供创新性的技术和实践,进而提升英国产业竞争力。

"全球科技观察网"可以被认为是一个典型的由政府创办的面向产业的公益性科技信息门户网站。它不以营利为目的,主要提供公益性科技信息服务和辅助政府管理。

该网站拥有非常丰富的信息内容,包括英国驻外机构科技人员所撰写的有关科学技术方面的研究报告;全球600个精选网站中关于科技与商业发展的资料和世界范围内的科技新闻。

4.3 法国的信息服务

4.3.1 法国的科技信息政策

法国的信息政策是在科技情报领域内建立强大的信息产业,为信息技术设备和电子信息服务建立大规模的本国市场,寻求信息出口服务的发展,以及健全文献信息资源的基础结构。同时,继续让私人机构在其允许的范围内积极地活动。

此外,法国教育部的图书馆、博物馆和科技情报处(DBMIST)、国家科学研究中心的科技情报处(DIS5T)等都有自己的发展规划。

DBMIST 目前提出的规划有 30 个新项目,其中包括:科技情报的收集传播中心;远程订购和馆际互借系统;数据库开发;光盘数据库;电子出版物;使大量服务更易利用的方式;电子文本的存储与提供;大学科技情报集群;学生、科技情报用户和职员的培养和教育;致力于科技情报的地区中心;情报科学的研究;信息与国际关系;发展国际活动等。

法国政府认为,没有必要建立一个权力集中的信息管理部门,主张设立一个顾问机构。

4.3.2 法国全国性科技信息机构和信息网络概况

(1)法国科学技术信息研究所(INIST)

法国科学技术信息研究所是全法提供原始文献的最大中心,是法国国家科学研究中心(CNRS)下属的一个服务机构,是法国国家综合性科技信息中心,专门收集科技信息并负责传播、发行。该所每年向用户提供 70 万份文献复印件,每年新增 60 万条书目记录。法国科技信息研究所(INIST)虽直接由非政府机构主管,但其大部分预算(约 65%)来自政府,其余为产品和服务的收入。

(2)国家工业产权局

目前,法国已形成多层次的工业产权信息服务体系,具体如下。

中央级工业产权信息服务机构有:首都巴黎,法国工业产权局(INPI)的文献出版与地方工作处,促进企业服务处;贡比涅,INPI 的老文献库。

地方工业产权信息服务机构有:里尔、南锡、斯特拉斯堡、里昂、马赛、尼斯、图卢兹、雷恩、格勒诺布尔和波尔多,INPI 的十个地方分局;贝藏松、冈城、奥弗涅、第戎、蒙彼利埃、南特、鲁昂、贝尔福,INPI 的 8 个文献合伙中心;法国各省,地方科技信息所(ARIST)。

国家工业产权局在专利、法律业务、商标、商业贸易及公司企业的信息方面有丰富的情报库藏。目前,该局管理着 2 000 多万份专利和商标,占全世界的 8%。产权局有 8 个关于工业产权的数据库(每年输入 75 万条有关专利及商标记录)和 2 个关于企业动态的数据库(即贸易、财务和计划数据库)。工业产权数据库的年使用时间为 35 万小时,企业动态数据库的年使用时间为 40 万小时。

(3)法国科技信息数据库服务中心(QUESTELORBIT)具有 200 多种专业数据库,拥有世界上最完整的数据库。中心有职工 190 多人,年营业额为 2.1 亿法郎。

(4)国家计算机科学与控制研究所(INRIA)

为方便科学家存储文章,也便于图书馆员们创建元数据,INRIA 设计了专门的用户界面。研究人员自存储的文章作为原始信息,自动地映射到 ArXiv 中。存档的文献主要包括已发表或录用的会议、期刊论文、著作的章节、指南、INRIA 的各种报告、演讲、学位论文,以及由 INRIA 的科学家组织编辑的会议录。

法国的科技信息部门和机构还有:技术信息推广署、武器文献中心、各大区工商会、各地区信息转让中心、工业技术中心网络和法国的技术经纪中介机构。

4.3.3 法国软件和信息服务业

法国的信息服务以国内软件制造业和相关信息服务为核心。在相当有利的宏观经济和地理政治环境之下,法国国内的企业纷纷投资软件和信息服务行业。法国软件和信息服务行业中最有发展前景的主要业务部门,有电信部门、媒体部门、行政机构部门和公用事业部门,这些业务市场营业总额增长率均大于或者等于 5%。

法国国内的信息服务业,目前主要沿着两个方向发展:①大力促进高附加值软件产品和服务的发展;②努力使开发项目实现信息化,推行各种 CMMI 类型的工作方式。

4.4 德国的信息服务与知识服务业

近年来,德国信息产业增长速度比整个经济增长速度快五倍。2004 年,德国信息产业国内销售额超过 1 300 亿欧元,就业人员约 75 万人,是德国的第三大产业。

4.4.1 德国信息社会发展概况

2002 年 3 月通过的《德国信息社会》进展报告表明,在规划迈向信息社会的道路上德国联邦政府首次确定了可比的具体目标。自 1999 年实施信息社会行动计划以来,采取了下列八项措施:上网演示和宣传运动;多媒体教育以及培养 IT 人才的多项计划以及绿卡政策;确定电子商务的框架条件;扩建了 27 个电子商务能力中心;资助依靠电子商务创造就业的计划;加强 IT 研究开发投入以及改革,确定技术和基础设施开发重点;通过电子政务加强政府管理的现代化;加深与欧洲和国际的合作。以上举措取得了显著的成果:据统计,14 岁以上上网人数由 1998 年 1 400 万增加到 2001 年的 3 000 万;截至 2001 年秋季所有学校全部可以上网,几乎所有大学生都在教学中使用 PC;移动通讯用户 2001 年初首次超过了固定电话用户,2001 年底约有 5 600 万户;信息通讯行业就业人数超过 80 万人,产值占国民生产总值的 7%,成为德国主导产业,并保持年两位数的增长速度。2003 年,电子商务业务量首次突破 1 000 亿欧元,成为欧洲最重要的电子商务市场,目前为欧洲第一。

2002 年 10 月连接新老联邦州的莱比锡—法兰克福数据高速公路正式扩建成为 10G bit/s 的网络,是以前速度的 4 倍。作为德国研究网的重要组成部分,该网的扩建标志着德国已跻身国际先进列。联邦教研部为德国研究网建设和扩建已投入了约 1.8 亿欧元。联邦教研部 2002 年 10 月底又为网络扩建和运行投入了 3 500 万欧元。研究网几乎把德国所有的高校和研究机构以及其他发达国家的科学网连接起来。目前约有 550 所高校和研究机构接入德国研究网。

4.4.2 德国信息服务业发展政策

1. 联邦德国时期的科技情报政策

德国统一前,联邦德国的研究技术部制定了两个科技情报发展纲要:《1974—1977 年联邦政府促进情报文献纲要》和《1985—1988 年专业情报工作规划》。这两个纲要成了德国统一后开展科技情报工作和情报活动的政策基础和指导方针。

2. 德国 21 世纪的信息社会行动计划

为了增强综合国力和国际竞争力,德国非常重视信息化建设,1999 年制定的"21 世纪信息社会的创新与工作机遇"纲要是德国第一个走向信息社会的战略计划,简称"D21"。

D21 计划有三个基本目标:一是发展传输速度更高的互联网基础设施;二是实施"全民享有互联网"(Internet for All)项目;三是帮助平时接触不到网络的弱势群体也能够上网。D21 计划的实施取得了良好的效果。

3. 2006 德国信息社会行动纲领

进入新世纪后,德国又制定了"2006 年德国信息社会行动纲领",这是德国走向信息社会的主体计划,对信息化建设的主要方面提出了明确的目标,强调要通过政府创造环境,实行政府与产业界及社会各界的合作,形成向信息社会转移的体制和机制。

"2006 德国信息社会行动纲领"指出,德国在未来几年必须继续提高在 ICT 普及和应用方面的排名。目前,德国正在制定第三套信息化行动计划(2006—2010 年)。

4.4.3 信息服务体系及机构

行业协会和技术转移中心是德国重要的科技中介组织,是科技中介服务体系中主要的执行主体,是使德国科技实力仅次于美、日而排世界第三的一个重要原因。

1. 德国行业协会

德国行业协会由三大类系统组成,第一类是"德国雇主协会";第二类是"德国工业联合会"、"手工业联合会"、"交通运输业联合会"以及其他专业协会;第三类是"工商会"。

德国行业协会的中介服务功能十分强大,主要体现在信息、咨询、职业教育三个方面。

2. 技术转移中心

技术转移中心是德国的一个全国性组织,原则上德国每个州有一个这样的机构。德国的技术转移中心以中小企业作为自己服务的重点,为它们提供技术咨询和科技创新服务、国内外专利信息查询以及申请专利的咨询;还对中小企业的技术创新活动提供财政补助,帮助企业从欧盟申请科技创新补助经费和寻找欧盟范围内的合作伙伴;组织生动活泼的学术报告会、技术洽谈会,帮助研究院所、高校、企业的新技术、新产品进入市场。

3. 德国哥廷根大学与州立图书馆

德国哥廷根大学与州立图书馆(http://www.sub.uni-goettingen.de)是德国最大的图书馆。SUB 同时是德国数字图书馆建设的主要图书馆之一。SUB 的研究与发展着重于国家和国际标准活动、面向服务的 WEB 门户、电子出版物和数字资料的长期保存。

4.4.4 德国信息服务的发展方向

为了发展信息社会确保德国的创新优势,德国政界、企业界和社会未来几年努力的目标是:

- 促进增长和提高竞争力的数字经济;
- 2005 年宽带将成为互联网接入的主导技术,2010 年德国的宽带线路将超过 2 000 万条;
- 移动通信市场继续扩大,2004 年 GSM 用户将超过 6 500 万,到 2005 年底,UMTS(通用移动通信系统)网络超过 50%;
- 迅速普及数字广播,尽快使空间、电缆和卫星电视广播完全数字化,从 VHF(台式甚高频)转向数字无线电的时间是 2015 年,但要取决于市场的反映;
- 未来五年大力推动中小企业和手工业/贸易行业中的电子商务应用,到 2008 年 40% 的公司要拥有完整的价值链和电子商务解决方案;
- 改善法律环境,鼓励竞争,并考虑多方利益,特别是要修订电信法,进一步完善版权法,简化媒体规则;
- 促进开发新产品和新方法的研究,特别是"任何时间,任何地点"的网络;
- 从 2004 年起,进一步加强移动信息和通信系统领域中的领先作用;
- 到 2006 年使德国在开发可靠的软件和 IT 系统方面领先;
- 从 2004 年起,增强研究机构和公司的网络化,保证研究成果迅速转化为市场产品;
- 从 2004 年起,制订未来网络的全球标准。

§5 俄罗斯国家信息化与信息服务业

前苏联解体后,俄罗斯社会政局动荡,经济大幅度滑坡。经过近几年的大力发展,俄罗斯信息基础设施有了长足进展,但由于长期以来俄罗斯对现代信息基础设施建设重视不够,致使国家信息基础设施非常薄弱,通信设备陈旧,通信质量较差,远远不能满足国家信息化发展的需求。

5.1 俄罗斯信息政策

90 年代初期,俄罗斯根据当时的社会经济形势,制定了《俄罗斯信息化和形成信息市场纲要》和《俄罗斯信息化(1993—1995 年)国家纲要》;90 年代中后期,俄罗斯针对与信息化、信息社会密切关联的因素制定了多个专门领域的信息化纲要和政策,如《建立独联体国家之间统一的信息空间纲要》、《法律信息化纲要》、《对国家信息资源的形成、利用、保护管理活动纲要》、《俄联邦信息安全纲要》、《电子图书馆纲要》、《国家信息政策纲要》、《在俄罗斯建立信息社会纲要》、《俄罗斯联邦在信息和信息化领域立法纲要》以及近期制定和通过的两个重要纲要:《至 2010 年俄罗斯信息化发展纲要》、《2002 年至 2010 年电子俄罗斯联邦发展纲要》。

其中,最具有代表性的包括:《国家信息政策纲要》(1998年),《至2010年俄罗斯信息化发展纲要》(2001年)和《2002年至2010年电子俄罗斯》联邦规划(2002年)。

5.1.1 国家信息政策纲要

"国家信息政策纲要"是俄罗斯制定和公布的第一个综合性国家信息政策。该纲要是在俄罗斯市场经济转轨继续深入、公民社会和民主国家思想的广泛传播以及信息和通信技术对俄罗斯社会、经济、文化生活产生广泛影响的社会背景下制定的,它反映了国家对信息活动宏观干预的加强。具体体现为:

第一,组织和开发统一的国家信息资源系统,建立发达的信息通信基础设施。通过税收和信贷等优惠措施支持国有信息生产者、开发者和经营者,促进国内信息市场的发展以及提高国家信息产品的竞争力;

第二,开发独立的大众信息手段。强调现代大众信息手段不仅要反映国家权利机关的活动,而且应该成为沟通国家机关和社会公民的桥梁,成为影响人们思想意识的重要手段;

第三,强调信息立法是实现国家信息政策的基础和保障;

第四,将信息安全问题作为国家在制定一切信息政策时都应该考虑的重点;

第五,强调所有主体参与信息活动的平等地位;

第六,重视区域信息化发展。

该纲要的制定和实施对于扶持和推动俄罗斯民族信息产业的发展,保持俄罗斯民族文化传统,使俄罗斯以平等的地位加入到世界信息共同体之中具有十分重要的意义。同时,作为俄罗斯制定和公布的第一个综合性的国家信息政策,该纲要为各专门领域信息政策的制定和实施提供了纲领性指导。

5.1.2 至2010年俄罗斯信息化发展纲要

2001年3月,俄罗斯推出了一份向信息化社会过渡的纲要——"至2010年俄罗斯信息化发展纲要"。该纲要是保持俄罗斯社会经济持续稳定发展战略最重要组成部分,体现了俄罗斯在21世纪头十年向信息化社会过渡的国家政策。该纲要具有如下突出特点:

第一,把教育信息化放在首位。纲要突出了建立信息化教育体系、发展信息基础设施和丰富具有民族历史文化精神的信息资源三个战略方向,并要求在所有国家纲要都要把教育信息化工作放在首位,培养在自身发展水平和生活方式上都符合信息化社会要求的一代新人。

第二,建设俄语互联网。在实施信息化过程中,强调要建立符合俄罗斯历史文化传统精神内容的信息服务环境,包括建立强大的俄语互联网,并把这当作一项政治任务,目的是保证把多样性的俄罗斯文化传到下一代,在民族精神财富和理念的氛围中教育年轻一代,最大限度地削弱通过大众媒体渠道和互联网上英语信息扩张带来的负面影响。

第三,强调国家的协调作用。要把加强国家对信息化进程的作用作为国家信息化政策的核心。

第四,加强信息立法。俄罗斯在通过法律协调社会关系方面已经取得一些成绩。该纲要确定了信息立法的优先方向,并将在5~10年内建立起比较完善的有关信息生产和信息关系的法律基础。

第五,宏观目标与具体目标并重。

第六,强化对纲要实施的管理和评价。纲要提出从两个方面加强对纲要实施的管理:一是申请立项方面,二是经济管理方面。

5.1.3 2002—2010年电子俄罗斯联邦发展规划

2001年6月,俄罗斯经济发展贸易部向俄联邦政府提交了一份报告,指出由于多年的经济危机,俄多数居民的物质生活水平较低,俄罗斯与西方发达国家之间已形成了"数字鸿沟"。基于这种考虑,俄联邦政府于2002年1月批准制定了《2002—2010年电子俄罗斯联邦发展规划》,4月份该规划已正式启动。

该规划的主要宗旨是:在俄罗斯境内铺设"电子大道",发挥俄罗斯在信息技术方面的潜力,带动信息业的发展;制定相关的倾斜政策,创造有利于信息技术产业生存的空间,扶植其发展;完善、充实和发展俄罗斯新型传播媒体——互联网的建设。在落实该规划的过程中,俄罗斯将以官方机构为主力,以政府采购的形式促进信息产业发展,拉动信息产业需求;出台有关法规,消除各部门和行业间的信息传播障碍;增加公共上网场所,降低上网费,使所有俄公民和单位都有条件使用互联网;官方还将鼓励媒体从业人员学习信息技术设备的使用,并从联邦预算中拨款帮助媒体使用国际信息资源,扶助传统媒体创办网络版。

规划的实施分为三个阶段:

第一阶段(2002年),重点工作是对法规基础进行分析,找出阻碍信息通信技术大规模推广应用的关键问题;研究经济发展水平,分析用于信息化预算资金的使用效率;全面分析国家信息资源;分析国外实施类似纲要的经验等。与此同时,还将出台一揽子旨在解决与发展信息通信技术及信息化有关的法律草案,实施一批推广和应用信息通信技术的试验项目。这个阶段的主要目的是为实施该纲要做好基础性的准备工作,为今后发展信息化创造良好的条件。

第二阶段(2003—2004年),在第一阶段工作的基础上实施与税收、海关报关、法人注册和清算、股份公司和有价证券市场年终报告等相关的项目。拟在国家经济部门内实施推广信息通信技术的综合措施,以建立财务经济活动监督体系。在该阶段将为国家权力机构和地方自治机构、非商业组织利用统一的通信基础设施以及为国家采购供货方面应用电子商务系统打下基础。此外,还为保证将国家掌握的先进信息通信技术转移到民用领域创造必要条件,同时建立相关科技园,促进信息通信技术领域创新企业的发展。在教育领域则建立起现代化的物质技术基础,在主要的教育机构培训信息通信技术领域的专家并切实增加这方面的毕业生人数。

第三阶段(2005—2010年),这一阶段的主要目标是为在社会活动的各领域大规模普及信息通信技术创造前提条件。在联邦级和联邦主体级国家采购供货方面推广电子商务系统,推广标准化的电子文件处理和信息安全保障系统。在这一阶段要完成第二阶段规定的任务和目标。在俄罗斯逐步建立起高效的法律调整体系,形成统一的信息通信基础设施。基本完善国家的管理体系以及培养大量的信息通信技术领域人才。这一切将为俄罗斯的经济结构调整创造前提条件。

5.2 俄罗斯信息服务业

5.2.1 俄罗斯信息服务机构与信息服务系统

1989年以前,俄罗斯信息化过程是在苏联的国家科技情报信息系统的框架内进行的,在这个阶段形成了广泛的信息机构网络,以一个共同规范的方法论为基础,形成标准化的信息交换方式,所有信息机构的基本要素和工作方法都是统一的。在俄罗斯信息社会形成的初级阶段,这个系统(或网络)发挥了重要作用。

1. 前苏联科技情报信息系统的变革

前苏联国家科技情报信息系统有1.5万多个机构,其中有11个全苏级机构,90个中央部委级机构,14个加盟共和国级机构,113个跨部门地区机构,1.2万多个企业院校级机构,还有包括科技图书馆、学术图书馆在内的9000多个图书馆。当前,俄罗斯的科技情报信息系统的情况是:

① 以前冠以全苏称号的全国著名的情报信息机构保存下来,并继续发挥着巨大的作用。例如:原全苏科技情报所、原全苏科学院情报所、国家公共科技图书馆、全苏科技情报分类和编码研究所、全苏跨部门情报研究所等。由国家财政支持这些国家级信息机构,保持其职能,继续进行大型数据库建设。正是上述这些机构向俄罗斯全社会提供了90%以上的新的情报信息服务,而其他非国家级的信息机构仅限于对国家级情报信息机构所有的信息产品进行分包装、再包装。但由于国家财政困难,这类大型项目较少。

② 前苏联所有跨部门的地区性情报信息机构基本保存下来,许多部门的情报信息机构也保存了下来,但它们的工作方向已大多转向商贸信息。

③ 前苏联的图书馆网络基本完整地保存下来。

④ 前苏联的企业、院校、设计部门的科技情报信息机构几乎全部关闭了。

2. 俄罗斯"国家科技信息系统"

根据《2002至2010年电子俄罗斯》联邦规划中有关建立开放型科技信息数据库、发展国家科技信息系统的要求,俄联邦政府提出要建立一个有组织的、规范的、权威性的综合系统,以整合和利用俄罗斯联邦国家科技信息系统资源。1997年7月24日,原俄罗斯联邦总理切尔诺梅尔金签署命令,决定组建国家科技信息系统,并由原俄罗斯联邦科技部负责协调组建工作。1998年11月24日,原俄罗斯联邦科技部宣布成立俄罗斯联邦科技部国家科技信息系统协调委员会,开始实施组建国家科技信息系统的方案。

俄罗斯国家科技信息系统是由各个成员单位组成的国家级信息系统。该系统成立的目的是保障国家科技信息资源的整合和有效使用,并在国际信息领域推广俄罗斯信息产品、建立信息服务市场。

组建国家科技信息系统及科技信息资源整合的必备资金,按照有关法律规定纳入国家预算。

3. 地区图书馆联盟协会

地区图书馆联盟协会(ARBICON)创建于2002年,该联盟协会为分布式信息系统,包含

13个图书馆联盟。联盟间利用Z39.50协议对信息资源进行分布式访问,通过中心访问点可访问俄罗斯54个地区的194个图书馆:包括83个高校图书馆,73个公共图书馆,9个医学图书馆,12个学术、部委和专业图书馆。信息资源的编目统一使用俄罗斯UNIMARC(RUSMARC)标准。ARBICON的数据总量为2800万条,全文数据10万篇,主要应用于教育系统。

4. 国家电子和信息联盟

国家电子和信息联盟隶属于俄罗斯文化部。其组建目的是联合所有对科技信息有兴趣的图书馆,以最低代价获取世界共同体的数字信息资源。这一项目的实施将有助于边远地区跨越数字鸿沟。但联盟的最终目标并不是提供对西方科技信息资源的访问,而是向世界互联网用户提供俄语信息资源。近些年来,俄语信息资源正在引起学术界和一般公众越来越多的关注。

5. 国家数字图书馆

国家数字图书馆(RSL)是一个国家级的文化科学遗产数字化与现有数字资源获取项目。其中,电子学位论文图书馆的创建是规模最大的项目。它的任务是:将学位论文数字化,建立电子学位论文资料库,对论文收藏和提供单位的用户开放获取全文学位论文。在与著者签署了版权协议后,硕博士论文可以向所有互联网用户开放。

5.2.2 俄罗斯信息资源建设

电子资源的建设虽然受到社会和经济危机的影响,但还是取得了一些进展。据俄罗斯国家统计局数据,1996年俄罗斯的国产数据库已达到80万个(总量为160TB)。俄罗斯国家图书馆给读者提供有600多种光盘、170多个专题数据库,俄国立公共科技图书馆提供有500多种光盘、80多个专题数据库,这些数据库最大限度地上了互联网。

1996年,俄罗斯联邦文化部划拨专项经费给俄罗斯图书馆协会,委托其与文化部的保护图书馆馆藏问题跨部门专家委员会共同制定《保护图书馆馆藏国家规划》,此规划的实践工作从2000年开始。该规划包括7个子项目:①《图书馆馆藏防腐计划》;②《保护信息与建立保险的图书馆馆藏计划》;③《俄罗斯联邦图书馆文化遗产》计划;④《图书馆和图书馆馆藏安全》计划;⑤《在流通使用中的图书馆馆藏的保护》计划;⑥《图书馆统计》方案;⑦《保护图书馆馆藏国家规划的干部保障》计划。

档案数字化最成功的项目是COMINTERN Archive项目。联邦档案局和国际档案委员会于1996年签署了项目合作协议。德国、瑞士、西班牙、法国、意大利、瑞典、美国国会图书馆等参与了此计划。

5.2.3 俄罗斯联邦图书馆政策

俄罗斯拥有的信息资源数量和规模非常庞大和丰富,但俄罗斯在利用信息资源满足社会需求方面还落后于发达国家。为了促进国家信息资源的有效组织、利用和开发,保障公民自由地获取文献信息的基本权利,俄罗斯加强了相关领域的政策和法律法规建设,出台了《信息、信息化和信息保护法》、《国家信息政策纲要》、《图书馆信息化规划》(1992年至今)、《在全俄公共图书馆建立网络化的法律信息公共中心联邦规划》(1998—2005年)以及《俄罗斯电子图书馆部际规划》。

§6 亚太地区国家信息服务与知识服务业

亚太地区信息与通讯技术产业的增长很快，根据国际数据公司（IDC）的一份调查，在亚太地区（不包括日本）的 IT 投资 2003 年是 106.6 亿美元，信息服务业是其中重要的内容。

6.1 澳大利亚的信息服务与知识服务业

澳大利亚信息基础设施的建设居于世界先进行列，联合国 2005 年各国电子政务的调查中，澳大利亚的信息基础设施的排名为第五位，仅次于瑞士、冰岛、丹麦和美国。信息基础设施条件的完善为澳大利亚信息服务业的发展提供了很好的环境。

6.1.1 澳大利亚的信息政策

澳大利亚政府于 1987 年引入信息政策，注重信息技术的影响力与重要性，其信息政策最大的特点是将信息与经济结合起来考虑，如 1999 年的"信息经济战略框架"以及 2004 发布的"2004—2006 年澳大利亚信息社会战略框架：信息时代的机遇和挑战"。

1999 年 1 月正式提出的"信息经济战略框架"，其目的是要将澳大利亚转型发展成信息经济，此框架是在 1998 年 7 月提出的"澳大利亚信息经济战略初步提案（Towards an Australian Strategy for the Information Economy: Preliminary Statement）"的基础上形成的。此框架作为澳大利亚政府推动信息建设与数字经济发展的参考蓝图，希望借此计划的实行，使该国转型进入信息经济，以丰富并改善澳洲的生活品质与工作环境，创造工作机会，并提升国家竞争力。

为了继续保持在全球信息社会发展中的领先地位，澳大利亚政府 2004 年 7 月份发布了《2004—2006 年澳大利亚信息社会战略框架：信息时代的机遇和挑战》。该战略将所有领域的资源集中到一起，包括政府、私人部门、教育机构和非营利组织。为了继续推进澳大利亚信息社会的发展，该战略确定了四个优先发展领域：确保所有澳大利亚人都拥有从信息经济中获益的技能、网络和工具；确保澳大利亚信息基础设施的安全和互操作性，支持数字化服务；开发澳大利亚创新系统，作为提高生产力和产业改革的平台；通过有效使用信息、知识和 ICT 技术，提高澳大利亚公共领域的生产力，加强合作。

6.1.2 主要科技信息服务机构与信息系统

1. 澳大利亚国家图书馆

澳大利亚国家图书馆（Australia National Library）已建立 PANDORA（Pre-serving and Accessing Networked Documentary Resources of Australia）档案服务系统，2001 年又制订了 2001—2002 年电子信息资源发展战略。其电子信息资源馆藏建设的首要目标：收藏有关澳大利亚历史和创业的综合记载并有选择地收藏世界人文知识予以保护。同时与其他图书馆和出版商及有关机构合作，以保证重要的文献遗产资源能通过电子资源的分布式档案系统继续使用。

国家图书馆将根据馆藏发展政策收藏澳大利亚载体格式和联机格式的电子资源。

澳大利亚国家图书馆还通过确定数字化对象的类型和文件格式的手段使国家馆自身的电子资源能被长期保存,并在发展政策和技术方面为其他图书馆提供指导,参加制定电子资源保存标准的国际论坛,继续与 OCLC/RLG 工作组联系,制定元数据保存国际标准;支持 PADI 主题入口的开发,鼓励分布式提供相关信息资源。

澳大利亚图书馆正在建立新服务模式向远程用户提供澳大利亚各个图书馆和其他机构的馆藏数字目录,这是基于元数据检索收藏的网上服务。

澳大利亚已有很多重要资源实现了全国共享,还将开展活动促进利用全国性使用的书目和元数据服务来描述、发现和递送电子信息资源。

2. 澳大利亚高校图书馆委员会(CAUL, Council of Australian University Librarians)

CAUL 是澳大利亚高校图书馆委员会(Council of Australian University Librarians)的简称,她及她的成员对澳大利亚高等教育具有三个方面的责任,一是为了满足现有师生的信息需求而管理高校图书馆,二是管理合法的馆藏,三是为未来的需求做设计与规划。在 CAUL 的统一规划下,澳大利亚高校图书馆为用户提供丰富的信息资源与信息服务。

3. WORLD1 系统

WORLD1 系统是在澳大利亚书目网络 ABN(Australian Bibliographic Network)的基础上发展来的。ABN 于 1980 年建立,到 1991 年为止,ABN 已经有了 1 100 个用户,几乎包括了澳大利亚全国所有大中型图书馆。20 世纪 90 年代中期,澳大利亚国家图书馆和新西兰国家图书馆开始实施一项宏伟的计划——全国文献和信息服务网络 NDIS(National Document and Information Service),以取代当时全国普遍采用的 ABN 网络。NDIS 在澳大利亚的名称为 WORLD1。

WORLD1 是由澳大利亚国家图书馆和新西兰国家图书馆联合投资开发的一个开放性计算机系统——国家文献信息服务系统。该系统实现从文献信息查询到文献快速传递的一条龙服务,用户只要进入 WORLD1 即可直接查询和获取全球网络信息和各种文献资料。根据设计要求,WORLD1 由检索服务、馆藏管理和馆际互借 3 个子系统组成。从澳大利亚将其国家文献信息服务系统称为 WORLD1 以及该系统所具有的先进功能,都可看出澳大利亚在提高文献信息服务方面争创世界一流的雄心壮志。

6.2 韩国的信息服务与知识服务业

6.2.1 韩国信息服务业的特点

韩国信息服务业中最具有特色的是韩国的数据库产业,虽然起步较晚,但由于政府和民间的重视,发展很快。始于 1978 年的建库工作,到了 1993 年全国已有数据库提供单位 200 家,建成了 400 多个数据库,并且其中多是民间信息机构根据经济、社会发展的需要集资而建。1996 年数据库的应用金额已提高到 3 亿美元。政府加强数据库的应用服务,使联机数据库的利用率骤增,并努力发展数据通信网,使韩国的数据产业迅速崛起。

6.2.2 韩国的信息政策

1. 韩国信息基础设施建设政策

韩国政府注重信息基础设施的建设,自 20 世纪 90 年代中期颁布了一系列的政策(表 16.3),使韩国在信息基础设施建设方面取得显著的成就。

表 16.3　韩国政府颁布的信息基础设施建设的政策

时间	主要计划	计划主要目的
1995 年	Informatization Promotion	促进信息技术水平的提高
1998 年	Cyber Korea 21	强调数字技术的普遍应用
2002 年	e-Korea	强调创新价值的实现,注重产业环境建设
2005 年	u-Korea	强调信息技术对经济、社会、生活等各方面的影响

韩国目前涉及信息基础设施建设的政策主要是韩国信息通信部于 2002 年 4 月所颁布的 e-Korea 国家发展计划以及 2005 年的 u-Korea 计划。e-Korea 计划阐明如何在新兴的信息通信架构之下,发展信息化社会,建立韩国整体竞争力,并与国际接轨,最终目标在于使韩国成为信息通信产业的国际领导者。而 u-Korea 是在无所不在网络社会中,所有人可以在任何地点任何时刻享受现代信息技术带来的便利。

2. 信息技术扩散政策

信息技术扩散政策体现在信息技术与产业的广泛联系上,主要的政策是韩国政府推出的一项科技强国新战略——"839 战略"。"839 战略"既为发展本国的科学技术服务,也为实现人均国内生产总值 2 万美元的经济发展战略服务。韩国实施"839 战略"将进一步促进信息通信产业的发展,使之名副其实地成为本国经济的支柱。

所谓"839 战略",是指发展 8 项信息通信服务,进行 3 项信息通信基础设施建设,创造 9 种新的"经济增长动力"。韩国将实施的 8 项信息通信服务分别是高速无线网接入服务、数字多媒体广播服务、家庭网络服务、车载无线网络服务、无线射频识别服务、W-CDMA 移动通信服务、地面波数字电视广播服务和网络电话服务。

3. 韩国政府 2005 年数字内容产业资金政策

韩国内容产业的政策是信息与通讯部(MIC)推出的 2005 数字内容产业资金政策,目的是使韩国于 2010 年前跻身世界前 5 大数字内容提供国家,2005 年将重点放在在线游戏进军海外市场。

韩国数字内容产业的范围,包括在线影音游戏、卡通动画、手机内容,以及为数字多媒体广播、数字学习、车载系统(Telematics System)、智能机器人与智能家电网络所开发出来的程序与软件。自 2001 年到 2004 年底,韩国数字内容整体产业平均增长 35.7%,约为韩国信息科技产业(Information Technology Industry)两倍。

6.2.3 韩国主要信息服务机构与信息系统

(1)韩国科技情报研究院(KISTI)

KISTI 成立于 2001 年，由韩国工业与技术信息研究所（KINITI）与韩国研究与开发信息中心（KORDIC）两个机构合并而成。该院由早期的一个综合性科技信息服务机构，转而投入产业信息服务并奠定产业信息服务基础。其目标是成为国家领先的技术创新研究机构。

KISTI 以信息服务系统、高速计算能力、生物信息及信息分析为业务主轴，对产、官、学、研提供知识性信息服务。其中信息分析业务从产业信息角度提供产业分析、专利技术分析、技术移转和评估、纳米技术分析和材料与组件分析各项服务，并扩大深化到科技产业与政策研究工作领域。

(2) 韩国国立中央图书馆

韩国国立中央图书馆为了适应未来发展的需要，目前也在积极地进行电子图书馆的试验。伴随着 1996 年韩国国家项目"超高速情报通信基础构筑"事业的起步，1997 年电子图书馆模式系统启动。由国立中央图书馆、国会图书馆、韩国科学技术院科学图书馆、研究开发中心、韩国学术振兴财团五个机构共同开展了电子图书馆的实验。内容包括 Z39.50、数据库建设、SGML 应用程序、管理系统等，目的在于通过互联网进一步提供文献全文服务。

6.2.4 韩国信息服务与知识服务的发展趋势

于 2001 年成立的韩国科技情报研究院代表着韩国信息服务的方向，对她的解读可以发现韩国信息服务业与知识服务业的发展趋势。

趋势一：由目前的信息服务向知识服务的方向发展。

KISTI 业务主要有知识管理系统开发，高性能研究网络，技术、政策和标准研究和超级计算机体系，相应地为用户提供数字化研究的支撑体系（超级计算机、高性能网络）、先进信息体系（信息分析、事实信息）、知识入口系统（信息资源、信息技术）和发布与反馈。这些业务与服务反映了 KISTI 由为用户提供信息向提供深度分析报告、知识管理系统的方向转变，培训从事知识性研发和先进信息技术开发的研究者。

趋势二：将信息服务与知识服务与韩国经济的发展紧密结合，成为技术战略的引擎。

KISTI 搜集并建立关于韩国发展引擎和技术战略的信息资源；生产并发送研发及商业分析的数据；采用超级计算机开发并管理先进的高性能信息系统，以确保韩国经济与技术水平的提高。

趋势三：加强并巩固全国电子网络化科学的知识体系。

以开发一个全国性研发管理及发送的信息系统为主体，为数字化信息的发送开发一个平台，建立全国电子网络化的知识体系，满足经济与技术发展的需要。

6.3 新加坡的信息服务与知识服务业

世界经济论坛发布的 2004—2005 年度《全球信息技术报告》显示，新加坡网络准备度由 2003—2004 年度的第 2 名上升至第 1 名，已成为信息化程度最高的经济体。新加坡之所以成为世界上信息化程度最高的国家，在很大程度上是由于政府的大力推动。

6.3.1 新加坡信息政策发展的特点

首先是新加坡政府大力改组以顺应信息化发展的形势。

1999年6月成立通讯与信息科技部,同年12月将通讯与信息科技部中的国家计算机局及新加坡电信局合并,另行成立信息通讯发展部(Infocomm Development Authority,IDA)。IDA目前致力于发展通讯技术、信息技术与媒体技术,并肩负着使新加坡成为世界信息通讯技术中心的使命。

第二是积极地将信息技术纳入到国家企业的经营环境与国民生活之中。

自1991年后积极地开始规划将信息技术纳入国家企业的经营环境与国民生活之中。一是鼓励市场的自由竞争,二是以适度与一致的政策法令措施加速国家在信息与通讯,特别是在电子商务应用上的发展,即希望借由信息与通讯应用,将国际专业知识、技术、服务、资金、人力、研发等资源汇集于新加坡内,并进一步扮演经贸、信息交换中心的角色,吸引更多的外商、企业、专家及技术到新加坡发展,形成一良性循环;并促使新加坡的知识触角能扩展至全球世界各地,进而发挥国际影响力。

第三是注重信息政策的延续性(表16.4),不断推进国家信息环境的建设。

从20世纪80年代始,新加坡就非常重视信息技术在社会中的应用,目的是提升新加坡的创新竞争优势与提高人民生活质量,1992年发布IT2000计划(《The IT2000 Report:Vision of an Intelligent Island》)的报告中,计划将新加坡建设成为一个智能岛(Intelligent Island)。IT2000对新加坡信息化程度的提升起了关键的作用。为了保持未来的竞争优势,新加坡于2000年开始国家性的计划方案ICT21,即"信息与通讯技术Information and Communication Technologies 21",内容由IDA拟定,此计划为新加坡2010前的发展提供了指导与目标,目标是促使新加坡在ICT(信息与通讯技术)应用居于领先地位,成为亚太地区的门户,并成为全球信息基础建设中心,并希望新加坡转型为全球最活跃繁荣的ICT首都,并掌握2010年网络经济的优势。

表16.4 新加坡信息政策的延续

阶段	时间段	主要计划
第一阶段	1980—1985	Launch of Civil Service Computerization Program and formation of NCB
第二阶段	1986—1990	National IT Plan
第三阶段	1991—2000	IT2000 Master Plan
第四阶段	2000	ICT 21 Master Plan

资料来源:新加坡信息通讯发展部(IDA)

第四个特点是信息政策鼓励产业界的发展。

新加坡政府鼓励产业界积极地参与到国家信息基础设施的建设与信息服务业的发展中。如数字信息基础设施建设Singapore ONE计划的概念来自于政府部门,但在实施方面却十分依赖私人及产业界的自由发挥,在网络建设、安全防护、网络接取以及一般公众可享受到的交互式游戏、远距学习等宽带多媒体的内容与服务,都在政府的引导下由来自于本土及海外的企业完成。

6.3.2 新加坡国家图书馆发展战略

新加坡政府大力推进信息技术在各行业的应用，各行业也积极地做出反应。新加坡国家图书馆分别于1994年和2005年制订了"图书馆2000"与"图书馆2010"战略。由于新加坡的图书馆与情报事业没有截然的界限，因而国家图书馆的发展战略为引导信息服务的发展提供了政策依据。

"图书馆2010"战略的名称为"Library 2010: Libraries for Life, Knowledge for Success"，即"图书馆2010：图书馆为生活服务，知识为成功服务"。

新加坡国家图书馆将在应用研究、知识创造、知识出口、知识获取、知识应用等方面起到重要的作用，到2010年，新加坡在经济、社会、生活中扮演着不可或缺的角色，支持研发合作，提供数字内容服务，加强区域与全球信息的获取、参与商务活动，并保存国家的文化遗产。

6.3.3 数字化信息基础设施建设

新加坡除了通过各种信息政策、计划推动信息化的发展，还非常注重信息基础设施建设，1996年9月开始推动的Singapore ONE（One Network for Everyone）计划为信息基础设施建设的蓝图，它是IT2000的核心计划。其计划宗旨是要在新加坡岛上铺设宽带高速网络，将岛内的各个通讯网络网网相连，使所有的政府机构、学校、图书馆、企业和家庭连起来，达到"智能岛"的目标。

6.3.4 主要信息服务机构：新加坡国家图书馆

新加坡国家图书馆（National Library of Singapore）主馆分为：国家参考图书馆（National Reference Library）和中央社区图书馆（Central Community Library）两大部分。"服务处处，信息处处"是国家图书馆的服务宗旨，已经逐步实施从传统印刷媒体的图书馆转变为兼及网络、激光影碟、录像带等多媒体服务的现代化图书馆。

新加坡"图书馆2000年评估委员会"由信息与艺术部部长责成成立于1992年6月，旨在就该国图书馆的未来制订规划，随后有"图书馆2000"、"图书馆2010"问世。"图书馆2000"提出建立全面适应社会需求的公共图书馆系统；强化网络连接，建立无国界图书馆；开发以合作为主的国家馆藏政策，全面收集国家信息资源；通过市场导向，保证服务质量；强化与商业及社区积极的互动关系；支持全球性知识创新。而"图书馆2010"更是在"图书馆2000"的基础上，极力倡导信息、知识在经济、社会、商务活动以及个人发展中的作用。

为保证以上目标的实现，新加坡国家图书馆在人力资源方面提高员工信息检索、附加值服务、资料库建设、信息科技开发、专门学科知识、公共关系、索引技术、信息资源了解、研究方法、分析/写作以及信息科技系统知识和读者服务诸方面的能力。技术方面引进光盘、资料库搜索引擎、以电子为媒介的远距离信息检索等服务模式。组织领导上则成立新的图书馆管理机构。

这些措施都保证了以国家图书馆为代表的公共图书馆系统在信息搜集、获取、检索等方面贴近需求，使信息能发挥其潜能，成为经济与社会发展的内生力量。

6.3.5 新加坡信息服务与知识服务业的发展趋势

在国家信息政策以及"图书馆2000"与"图书馆2010"的总体指导下，新加坡信息服务业注重实用技术的开发与应用，如加强信息检索、增值服务、信息的建构，拓展专业学科知识，广泛了解信息资源，并促进公众信息素质的提高。

新加坡信息服务的最大特点是为商业、百姓的生活服务，今后这仍是新加坡信息服务业与知识服务业的发展趋势。

6.4 印度的信息服务与知识服务业

印度政府重视信息服务业始于1986年，当年首次制订奖励信息软件开发政策，获得各界支持与大批人才进入此领域。1998年，信息技术正式列入国家5大优先政策，并设立 IT Task Force，专门负责国家 IT 政策。1999年，政府设立国家信息技术部（Ministry of Information Technology），给 IT 产业的发展以强力的法令政策与环境支持。

6.4.1 印度的信息政策

2004年10月，印度信息技术产业部宣布了一项推动宽带基础设施建设的政策，以期加大网络普及率，迎头赶上其他亚洲国家。政府将使用更多的光纤技术取代铜线缆来提高宽带接入，并利用电视电缆线来提供高速网络设备，卫星和无线技术也将进一步推动技术设施建设。该政策的目标是要在2010年年底，将宽带用户数目和网络用户数目分别提升至2000万和4000万。

根据印度硬件产业组织 MAIT 的报告，目前印度网络用户有236万，仅占印度10多亿人口的0.2%，而宽带普及率也仅为0.4%。这表明印度的网络和宽带普及率远远低于亚洲其他国家。

6.4.2 印度的主要信息服务机构与信息系统

(1) 印度国家科技信息中心（NCSI：National Sci-Tec Center）

NCSI 成立于1983年，是印度科学院（IISC）信息科学部下设的一个机构，旨在为 IISC 学术界提供全球的电子版分类信息服务。NCSI 目标如下：

● 为 IISC 学术界提供无缝网络接入，连接全球学术信息资源，推动学习、教学、研究、协作和信息共享。

● 为 IISC 学术界指引方向并提供相关培训，以有效利用电子信息资源、工具和设施。

● 参与 IISC 知识产品的电子出版与电子分发。

● 引导信息和知识方面的教学、研究和培训管理，重点是建立、运营并管理数字化的信息设施与服务。

(2) 印度国家图书馆（National Library of India）

目前印度国家图书馆隶属于印度新德里中央政府的人文资源开发部下属的文化部。印度国家图书馆向任何年满18岁的印度公民提供免费服务。

印度国家图书馆是印度最大的科技文献收藏机构,馆藏各类科技文献 20 余万册,还提供电子信息资源服务。为用户的信息服务有文献计量学、文献检索、外文翻译、期刊目录与摘要服务等。

(3)印度国家科技文献中心

印度国家科技文献中心(INSDOC,Indian National Scientific Documentation Centre)于1952 年成立,起着收藏国家科技信息的作用,印度全部的科技期刊与重要的科技图书在 INSDOC 都有收藏。

该中心还为用户提供联机检索服务,用户可检索国家联合书目检索系统 NUCSSI(National Union Catalogue of Scientific Serials in India)、印度期刊多媒体服务系统 ISCOMM (Indian Serials Contents on Multi-media)、印度专利数据库 INPAT(Database on Indian Patents)、聚合物科学文献库(Polymer Science Literature)、冶金学数据库(Metallurgy Database),药用植物与芳香植物数据库(Medicinal and Aromatic Plants Database,MAPA),Database on Indian Experts and BIS Database。此外还提供期刊的影印服务等。

印度国家科技文献中心的主要任务是建立科技不同领域的信息收藏,为用户提供科技信息服务,使国内外信息系统与信息服务建立起有机的联系并提供数据检索服务,建立国家级科技信息的储备系统,承担信息科学与技术的研发,承担信息科学与技术领域高级水平的培训工作,为了提高国家的信息网络与服务的生产力采用与提升适当的技术与管理活动(图 16.7)。

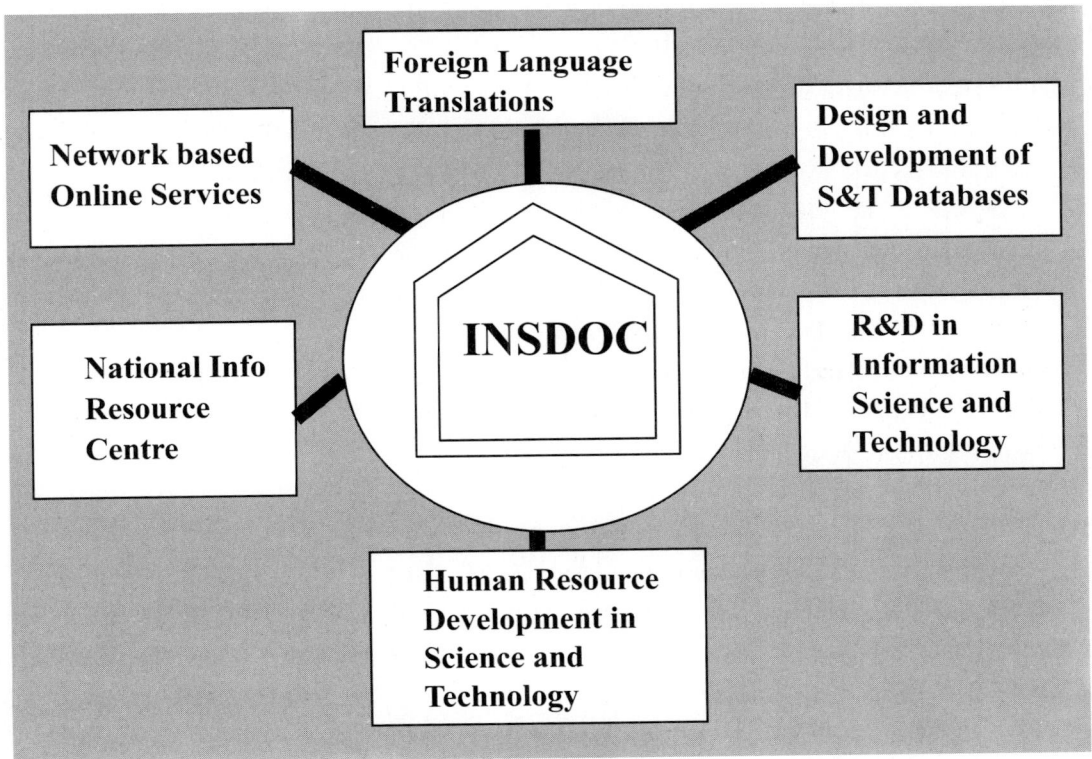

图 16.7　印度国家科技文献中心的职能

(4) 国家科学交流与信息资源研究所

印度国家科技文献中心在 2002 年 9 月与印度国家科学交流研究所(NISCOM)合并,合并后的新机构为国家科学交流与信息资源研究所(NISCAIR)。目前 NISCAIR 隶属于印度科技部科学与工业研究局的科学与工业研究理事会。

NISCAIR 作为目前印度最大的全国综合性科技信息服务机构,除了提供文献服务外,还为企业提供各种信息增值服务。这些信息服务包括定题检索服务、最新文献通报、国际联机检索服务、专利内容分析服务、技术发展趋势报告、技术评价与预测、技术方案设计、确定有前景的研究领域与商业机会、产业与技术咨询服务、市场情报与竞争情报等服务。

[本章撰稿人:刘昭东　曾民族　靖继鹏　张海涛　刘绿茵　张翼燕　于　薇　吴雯娜]

参 考 文 献

中国

[1] 十届人大四次会议.中华人民共和国国民经济和社会发展第十一个五年规划纲要.北京:人民出版社,2006
[2] 温家宝.政府工作报告.十届人大四次会议.北京:人民出版社,2006
[3] 中共中央办公厅,国务院办公厅.2006—2020 国家信息化发展战略.http://www.sina.com.cn,2006-5
[4] 国家中长期科学和技术发展规划纲要(2006—2020)
[5] 中共中央办公厅,国务院办公厅.关于加强信息资源开发利用工作的若干意见[中办发(2004)34 号]. 2004
[6] 中国信息协会,国家信息中心.中国信息界,2004—2006.中国信息界杂志社
[7] 科技文献信息资源与服务平台建设专题组.科技文献信息资源与服务平台建设研究报告.北京:科学技术文献出版社,2003
[8] 台湾财团法人"国家"实验研究院科技政策研究与信息中心.http://www.stpi.org.tw/
[9] 台湾科技信息网络.http://sticnet.stpi.org.tw/sticweb/html/index.htm
[10] 香港数字 21 计划.http://www.info.gov.hk/digital21/chi/strategy2001/strategy_part44.html
[11] 台湾"国立"图书馆.http://www.ncl.edu.tw/
[12] JenniferRowley. Digital Information Environments, Lib. +Info. Update, Lodon, Cilip, 2005, 4(9)
[13] Michael E O Koenig. Knowledge Management Lessons Learned[M]. Washington, D. C., ASIS&T
[14] 澳门中央图书馆.http://www.library.gov.mo/

日本

[1] 日本经济产业省.http://www.meti.go.jp/
[2] 日本总务省.http://www.johotsusintokei.soumu.go.jp/
[3] 日本数据库振兴中心.http://www.dpc.or.jp/
[4] 日本科技振兴机构.http://www.jst.go.jp/
[5] 日本信息服务产业协会.http://www.jisa.or.jp/
[6] 中小企业基盘整备机构主页.http://www.smrj.go.jp/
[7] white paper 2005 Information and Communications in Japan. http://www.johotsusintokei.soumu.go.jp/whitepaper/eng/WP2005/2005-index.html

[8] Database in Japan 2004. http://www.dpc.or.jp/english/index.html
[9] 俞鸿雁. 日本、美国发展信息服务业的做法与启示[J]. 图书馆建设, 2001(3)
[10] 方爱乡. 日本信息服务业的发展现状及其新动态[J]. 现代日本经济, 2005(1)
[11] 朱庆华. 日本信息产业研究[D], 2001
[12] 国家经贸委经济信息中心. 进军发达信息网络社会——日本信息化状况考察报告. http://www.chinaentercom.com.cn/Project/project08.htm
[13] 万婷. 世界各国信息服务面面观. http://home.donews.com/donews/article/7/77564.html
[14] 郭福华. 美日韩信息产业发展与管理给我们的启示和思考. http://www.softscience.gov.cn/view_info.jsp?INFOID=3806
[15] 小村元. 实现崭新的IT社会——在e-Japan中富士通的战略. 富士通株式会社
[16] 亚太各国无所不在的网络社会推动政策概述. http://www.jecio.com/
[17] 日本RFID技术的应用发展及产品研发现状. 中国自动识别技术协会. http://www.autoid-china.com.cn/html/2005-1-5/200515183448.asp
[18] 中国自动识别技术协会. 赴日本参加国际会议及交流总结. http://www.aimchina.org.cn/backoffice/news/viewnews.asp?id=788
[19] 谷竣战. 世界主要信息产业大国软件产业的特点和发展趋势. 中国科学技术信息研究所
[20] 乌云其其格. 日本科技信息机构为产业创新服务的借鉴研究. 中国科学技术信息研究所

欧盟

[1] 欧盟有关科研管理及研究机构简介. http://israel.cistc.gov.cn/districtmember/browse.asp?id=55113&site=2774&column=7161
[2] 张新民. 英国科技信息机构面向产业创新的信息服务[J]. 信息导报, 2005(11)
[3] 全球掀起信息化浪潮. http://www.zgxxb.com.cn/news.asp?id=2275
[4] PETER SUBER. INRIA launches its Open Archive in April 2005[EB/OL]. [2005-03-25]. https://mx2.arl.org/Lists/SPARC-OAForum/Message/1787.html
[5] 法国科技中介服务业[EB/OL]. [2006-2-8]http://202.127.12.206/showyjck.asp?num=562
[6] 辛仁周. 德国信息化战略的主要特点及启示. http://www.ciia.org.cn
[7] 2002年德国科技发展综述. http://www.chinainfo.gov.cn/data/200303/1_20030303_54039.html
[8] 全球掀起信息化浪潮. http://www.zgxxb.com.cn/news.asp?id=2275
[9] 2006年德国信息社会行动纲领——德国走向信息社会的主体计划. http://www.ciia.org.cn
[10] 朱桂龙,彭有福. 发达国家构建科技中介服务体系的经验及启示. http://www.ynst.net.cn/jctj/200402130008.htm
[11] 中欧数字资源长期保存国际研讨会. http://www.csdl.ac.cn/meeting/cedp/zuzhi.html
[12] 王凯. 2002年法国科技发展综述. http://www.chinainfo.gov.cn/data/200303/1_20030305_54195.html
[13] 樊会文. 德国信息化启示录——德国的信息社会战略及对我国的启示. http://www.echinagov.com/dzzw/ReadNews.asp?NewsID=8735
[14] "电子欧洲的总战略与分战略". http://www.chinaunicom.com.cn/profile/xwdt/sczh/file544.html
[15] Activities of the Europe Union Information Society. http://europa.eu.int/pol/infso/index_en.htm
[16] 2004年法国电脑服务和软件市场的现状及发展前景. http://www.chinatradenews.com.cn/news/Article_Show.asp?ArticleID=5267

[17] Initiative D21. http://www.initiatived21.de/english/index.php
[18] 德国电子政府快速推进的基本经验. http://www.itha.gov.cn/ExternalNet/ModulInfo.aspx?id=319
[19] Department of Trade and Industry Departmental Report 2005. http://www.dti.gov.uk/expenditureplan/report2005/

俄罗斯

[1] 肖秋惠. 俄罗斯信息政策和信息法律问题研究[D]. 武汉大学, 2003
[2] 余涛. 试论俄罗斯信息化发展纲要[J]. 全球科技经济瞭望, 2001(8)
[3] 张丹. 俄罗斯填补"数字鸿沟"[J]. 环球之窗
[4] 余涛.《2002至2010年电子俄罗斯》联邦专项纲要浅析
[5] 刘青芬. 俄罗斯国家科技情报信息系统[J]. 情报杂志(5)
[6] 文海. 俄罗斯国家科技信息系统[J]. 全球科技经济瞭望
[7] Digitisation of Cultural and Scientific Heritage in Russia, Nadezhda Brakker, Leonid Kuybyshev. http://www.minervaeurope.org/structure/nrg/statusreports/russia0604.pdf
[8] 刘伟东. 俄罗斯的信息产业[J]. 西伯利亚研究, 2000, 27(1)
[9] 刘青芬. 俄罗斯图书馆信息资源的整体化建设[J]. 上海高校图书情报学刊, 2001(2)
[10] 尤小明. 俄罗斯联邦国家图书馆政策[J]. 图书馆建设, 2002(4)
[11] Vladimir P. Nechiporenko, Yakov L. Shraiberg. Information Infrastructure for Science and Technology and the Inter-Agency Russian Digital Library Programme. http://www.iis.ru/el-bib/2000/200005/200005.en.html
[12] Russia: Computing, Internet Diffusion & Cultural Attitudes toward Technology. http://www.american.edu/initeb/sw5840a/diffusion.htm

亚太

[1] http://www.nlc.gov.cn/nav/nlibs/au/, 国图所做的各国国家图书馆介绍
[2] 澳大利亚国家图书馆. http://eprints.rclis.org/archive/00004482/, E-prints in library and information science
[3] 澳大利亚通讯、信息技术与艺术训. http://www.dcita.gov.au/ie/benchmarking
[4] 周智佑. 现代信息服务产业与市场. 北京: 北京图书馆出版社, 2001
[5] 澳大利亚高校图书馆委员会(CAUL). http://www.caul.edu.au
[6] 韩国科技信息研究院 http://www.kisti.re.kr/kisti/english
[7] 印度国家科技信息中心 http://www.ncsi.iisc.ernet.in
[8] 上海科技文献资源库. http://sgst.sibsnet.org/xw91.asp
[9] 新加坡国家图书馆. http://www.nlb.gov.sg/
[10] 印度国家图书馆. http://nlindia.org/index2.html
[11] 印度国家科技文献中心. http://sunsite.tus.ac.jp/asia/india/jitnet/flash/insdoc.html
[12] 印度国家科技交流与信息资源研究所. http://www.niscair.res.in/
[13] 兰崇远, 张新民. 印度科技信息机构的组织体系与信息服务[J]. 中国信息导报, 2005(12)

编 后 记

《数字时代情报学理论与实践——从信息服务走向知识服务》一书，在各级领导、作者和有关工作人员的不懈努力下，经过一年半的时间，终于在我国科学技术信息事业创建50周年前夕出版了。《数字时代情报学理论与实践——从信息服务走向知识服务》是中国科技信息工作50年实践经验的总结，也是我国情报学理论与方法的研究结晶。

首先我们要感谢各级领导对本书在编撰过程中所给予的关怀与支持，这种支持与关怀，对按时完成本书的编撰和出版工作是必不可少的。

其次，本书凝聚着全国情报信息领域近70位撰稿人和供稿人的辛勤劳动，他们中许多人是国内知名专家，也有一些是年轻的后起之秀，没有他们提供的宝贵知识，本书不可能体现应有的价值。对他们的无私贡献，在此表示真挚的谢意。

我们还要感谢科学技术文献出版社的领导和相关人员的大力支持与合作，这为本书高质量出版问世提供了保证。

由于撰稿人和供稿人较多，书写格式不尽统一，尽管编审人员作了相当的努力，但稿件内容交叉和重复在所难免，加上全书图表和文字量都很大，编务工作的难度可想而知。可以说，没有编务人员的辛勤付出，稿件很难成书。

需要说明的是，由于本书结构和篇幅的限制，有些供稿没有完全被采用，有些供稿的章节有所改动，对此深表歉意。

总之，本书是近百人共同努力的成果，我们期待它在促进情报学学科发展和信息人才培养方面发挥应有的作用。

尽管本书是集体劳动的成果，但错误和欠妥之处恐怕仍然难以避免，诚恳希望各位读者和专家不吝指正。

编　者

2006年10月

图书在版编目(CIP)数据

数字时代情报学理论与实践——从信息服务走向知识服务/贺德方等编著.-北京:科学技术文献出版社,2006.10
ISBN 7-5023-5445-X

Ⅰ.数… Ⅱ.贺… Ⅲ.①数字技术-应用-情报服务 Ⅳ.G358

中国版本图书馆 CIP 数据核字(2006)第 113978 号

出 版 者	科学技术文献出版社
地 址	北京市海淀区西郊板井农林科学院农科大厦 A 座 8 层/100089
图书编务部电话	(010)51501739
图书发行部电话	(010)51501720,(010)68514035(传真)
邮 购 部 电 话	(010)51501729
网 址	http://www.stdph.com
E-mail:	stdph@istic.ac.cn
策 划	中国科学技术信息研究所
责 任 编 辑	秦 致
责 任 校 对	赵文珍 唐 炜
责 任 出 版	王杰馨
发 行 者	科学技术文献出版社发行 全国各地新华书店经销
印 刷 者	富华印刷包装有限公司
版 (印) 次	2006 年 10 月第 1 版第 1 次印刷
开 本	787×1092 16 开
字 数	1074 千
印 张	47
印 数	1~5000 册
定 价	80.00 元

ⓒ 版权所有 违法必究

购买本社图书,凡字迹不清、缺页、倒页、脱页者,本社发行部负责调换。